# 독일경영참가법전

오윤식 편역

pnc
publishing and culture
피앤씨미디어

# 머리말

노사관계는 신뢰(信賴)를 바탕으로 한다. 한편으로는 '국민경제(國民經濟)의 발전(發展)'에 일조하면서도 궁극적으로는 '노동자들의 삶의 질(質) 향상(向上)'에 이바지하는 노사관계가 지속적으로 유지되기 위해서는 신뢰를 바탕으로 한, 노동자들의 경영참가의 제도화가 필수적이다.

흔히 우리는 '협력적(協力的) 노사관계'를 말하곤 한다. 이 협력적 노사관계는 경영이 우위에 서고 집단화된 노동자들 혹은 노동조합은 이에 순응(順應)하며 협력하는 의미를 내포하고 있다. 이러한 협력적 노사관계는 노사관계의 평화는 유지시킬 수 있을지언정 진정한 노사관계의 발전을 이루기 어렵다고 본다. 그렇다면 이 협력적 노사관계에 무엇이 더해질 때 진정한 이상적 노사관계를 이룰 수 있을 것인가? 그것은 '노동자들의 제도화(制度化)된 참여(參與)'가 있을 때만이 가능하다고 본다. 이 참여는 어쩌면 우리나라에서는 아직까지는 터부시되는 경영참가가 활발하게 이뤄지는 것을 전제로 한다. 인사사항에 대한 관여를 넘어서 노동자들의 지위에 근본적 영향을 미치는 이른바 '사업주의 고도의 결단사항'인 기업의 분할·합병 또는 사업의 축소·이전·매각 등에도 노동자들의 집단적 참여가 보장되어야 한다. 물론 그러한 고도의 경영사항에 대하여는 사업주의 우위에 선 결정이 인정되어야 하지만, 집단화된 노동자들은 이에 대해 충분한 정보를 얻고 의견을 개진하며 그러한 경영사항으로 불이익을 입을 때에는 그 불이익의 제거 내지 경감을 위한 사회적 지원이 시행되어야 할 것이다. 이와 같이 협력적 노사관계를 뛰어넘는 이상적인 노사관계를 '참여적(參與的) 노사관계'라 칭할 수 있을 것이다.

민주주의(民主主義)는 공장 문 앞에 멈춰 선다는 말이 있다. 직장이 우리의 삶의 물질적 토대를 제공하지만, 명령(命令)을 근간으로 하는 지휘명령관계를 기반으로 서 있기 때문에 민주주의라는 용어는 직장생활과는 덜 친화적인 용어이다. 조직(組織)이 지니는 의미로 말미암아 조직이 설정한 목표 달성을 위해서는 개인의 사사로운 이기심 내지 방향은 극복되어야 하고 통일적인 집단의사의 형성이 필요한 것도 사실이다. 그럼에도 불구하고 조직이 달성하고자 하는 것도 궁극적으로 따지고 보면 인간을 빼놓고서는 상정할 수 없기에, 조직에 사상화(捨象化)된 인간의 모습이 넘쳐날 때 그것은 필시 '생기를 잃은 죽은 조직'임에 틀림없을 것이다! 여기서 조직에 활력을 불어넣고 보다 인간미 넘치는 모습을 유지하게 하는 것이 노동자들의 집단화된 힘의 조직이고, 이것의 제도화일 것이다. 웹(Webb) 부처(夫妻)가 이론적으로 체계화한 노동조합이 아직까지는 왕좌(王座)의 지위에서 그 역할을 하고 있다. 그럼에도 노동조합만으로는 그러한 바람직한 조직상을 달성하는 데 한계가 있다. 노동조합은 태생적으로 계급에 기반한 이익 추구를 1차적으로 하는 까닭이다. 노사 양측의 계급적 이익추구가 첨예화될 때 산업평화는 위협받을 것이다. 노동자계급의 이익 달성도 충분히 추구하면서도 산업평화를 제도적으로 담보하기 위해서는 경영참가가 필수적이라고 본다. 따라서 경영참가는 집단화된 노동자들의 힘을 바탕으로 직장 내의 직장민주주를 구현하고 나아가 산업민주주를 실현하는 기제이기도 한 것이다.

여기 집단화된 노동자들의 경영참가를 바탕으로 산업민주주의(産業民主主義)를 실현하며 번영(繁榮)하는 국민경제를 구가하는 나라가 있다. 독일이 바로 그런 나라이다. 독일의 경우 산업수준 내지 전국적 수준에서는 산업별로 조직된 노동조합(Gewerkschaft)이 노동자들의 이익실현에 복무하고, 사업(장) 내지 기업 수준에서는 이른바 근로자평의회(Betriebsrat)를 통한 경영참가와 감사회 및 이사회에서의 경영참가를 통한 노동자들의 이익실현이 제도적으로 보장되고 있다. 즉, 공동결정을 비롯하여 광범위한 경영참가, 즉 의사결정참가(Beteiligungen)를 함으로써 산업평화를 안정적으로 달성하며 이로써 국가경쟁력도 수위(首位)로 이룬 모범국가가 바로 독일이다. 특히나 독일에서는 경영참가도 이중구조의 모습을 띄는데, 사업(장) 수준에서는 근로자평의회가 정보권, 동의권, 이의제기권, 공동결정권, 청문권 등 광범위한 권한을 행사하며 경영(經營)에 깊숙이 관여하고 있다. 또한 500명을 초과하는 근로자들을 고용한 기업의 최고의사결정 단계의 감사회(Aufsichtsrat)와 이사회(Vorstand; 대표기관)에서는 노동자측감사회구성원이 선출되어 경영을 감독(監督)하는 감사회에서 참여하고, 공동결정법(Mitbestimmungsgesetz)이나 몬탄공동결정법(Montan-Mitbestimmungsgesetz)의 적용을 받은 주식회사, 유한회사, 주식합자회사 등의 경우에는 다른 이사들과 동등한 권한을 가지는 상임(常任)의 노동이사(Arbeitsdirektor)가 선출되어 경영에도 본격적으로 참여하고 있다(아래 그림 참조; 공공부문도 기본적으로 민간부문과 동일). 현재 서울시에서 시행하고 있는 근로자이사제의 원형적 모습이 바로 독일의 노동이사제이다. 많이 부족한 수준에 머무르고 있으나 향후 장족의 발전이 있을 것으로 믿는다.

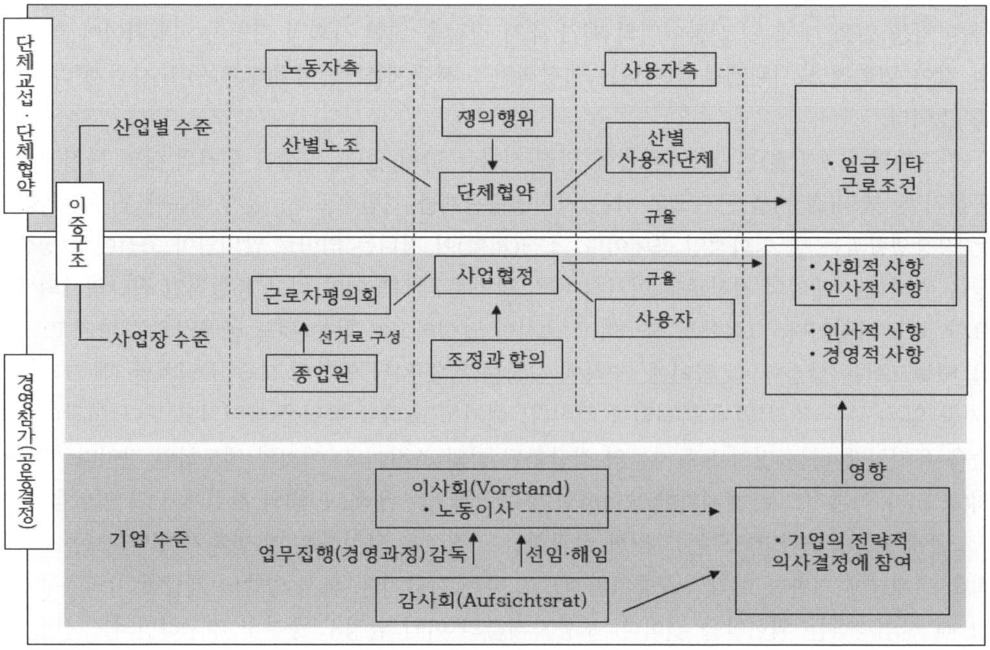


출처: 필자

**<독일의 민간부문 노사관계와 경영참가 개요도>**

노동자들의 경영참가를 강조하면 알레르기적 반응을 보이며 이를 백안시(白眼視)하는 사람들도 꽤 있을 것이다. 그러나 노동자들의 경영참가가 기업의 성과를 저해한다는 실증적 연구자료가 많지 않을 뿐만 아니라 오히려 기업의 성과를 유인하는 기제로 작동한다는 연구결과가 더 많다. 필자가 보기에 독일의 최고수준의 제조업(製造業) 강국(强國)을 유지하고 있는 밑바탕에는 노동존중 문화와 바람직한 교육제도도 있지만, 직장 내 근간인 우리 인간들이 조직(組織)의 명령(命令)에 압살당하지 않고 인간적 생기(生氣)를 불어넣게 하는 '제도화된 직장 내 민주주의 수단'을 강구한 것, 즉 '노동자들의 활발한 경영참가의 제도화'가 그 비결이라 믿는다.

그렇다면 우리의 직장모습이 나아갈 길도 어느 정도 분명해지라 본다. 이를 위해 선진적인 경영참가를 가능하게 하는 독일의 여러 경영참가법의 본 모습을 알 수 있게 하는 책 한 권을 세상에 내놓는다. 비록 해설수준에 이르지 못한 독일 경영참가법의 번역에 머물렀지만, 본서를 통해 독일에서의 노동자들의 경영참가의 모습과 그 수준을 충분하게 알 수 있게 될 것이라 생각한다.

본서를 완성하면서 우여곡절도 있었다. 본서는 필자의 고려대학교 노동대학원 논문작성의 기초로 삼을 목적으로 시작되었으나 뜻하지 않은 암초를 만나 논문 작성에는 활용하지 못했고, 독일의 선진적 경영참가제도에 '지적(知的) 감동(感動)'을 받은 후 이를 출판하기로 결심하여 2018년 여름에 초고를 완성한 후 올해 1월초 완성된 원고를 출판을 위해 넘겼으나, 독문과 국문의 근본적 차이로 말미암아 독문 원문이 15줄 정도 분량이면 이를 번역한 국문은 10줄 정도에 불과하여 옆줄이 맞지 않아 출판하기에는 부적합한 상태임을 뒤늦게 알게 되어, 부득이하게 넘겨준 원고를 다시 회수하여 일일이 옆줄을 맞추는 작업을 직접 진행할 수밖에 없었다. 국문 번역문에 독일어 단어를 넘어서 때론 독일 원문 문장까지 들어간 사연이 여기에 있다. 가독성이 떨어질 우려가 있음에도 부득이한 작업임을 독자 여러분의 너그러운 양해를 구하고자 한다. 그 작업은 상당한 시간이 필요한 작업이었는데, 필자도 다소 타이트한 조직생활에 몸을 담게 되면서 이른 새벽에 한 그 작업은 하세월이 되어 가며 한 동안 이를 포기했다가, 더 이상 때를 놓쳐서는 안 된다는 작심으로 여름 휴가기간에 10여 일 집중적으로 그 작업을 해서 출판수준의 원고를 마침내 탈고하게 되었다. 이 과정에서 직장 생활 첫 휴가를 집에서만 보내게 되었음에도 말 없이 성원해 준 '아내의 고마움'은 잊을 수 없다.

본서가 빛을 보게 해주신 피앤씨미디어의 박노일 사장님께 크나큰 감사를 드리며 편집에 많은 애를 써주신 심성보 이사님께도 고마움을 전한다. 피앤씨미디어의 사업 번창을 기원해 본다.

협력적(協力的) 노사관계를 뛰어넘어 집단화된 노동자들의 경영참가가 활발하게 이뤄지는 선진적인 참여적(參與的) 노사관계가 실현되는 그 날에 본서를 통해 작은 디딤돌이라도 놓는다는 심정으로, 한편으로는 두려운 마음과 졸고에 대한 질정(叱正)을 바라며 본서를 세상에 내놓는다.

2019년 성하(盛夏)의 한가운데서

편저자 씀

# Inhaltsverzeichnis

## Betriebsverfassungsgesetz

# 차 례

## 사업조직법
## (BGBl. I S. 2509)

## Erste Verordnung zur Durchführung des Betriebsverfassungsgesetzes (Wahlordnung-WO)



## Zweite Verordnung zur Durchführung des Betriebsverfassungsgesetzes (Wahlordnung Seeschifffahrt-WOS)

## 사업조직법 시행을 위한 첫째 명령 (BGBl. I S. 1393)



## 사업조직법 시행을 위한 둘째 명령 (해운선거규정 – WOS)(BGBl. I S. 594)

## Gesetz über Sprecherausschüsse der leitenden Angestellten (Sprecherausschußgesetz – SprAuG)



## Gesetz über Europäische Betriebsräte (Europäische Betriebsräte-Gesetz – EBRG)

## 고위직사원평의회법
## (BGBl. I S. 2407)



## 유럽근로자평의회에 관한 법률
## (유럽근로자평의회법 – EBRG)(BGBl. I S. 2509)

## Aktiengesetz



## Gesetz über die Mitbestimmung der Arbeitnehmer in den Aufsichtsräten und Vorständen der Unternehmen des Bergbaus und der Eisen und Stahl erzeugenden Industrie

## 주식법
## (BGBl. I S. 2446)(일부)



## 광업에 속하는 기업과 철강을 생산하는 산업에 속하는 기업 내 감사회 및 대표기관에서 근로자들의 공동결정에 관한 법률
## (몬탄공동결정법)(BGBl. I S. 642)

## Gesetz zur Ergänzung des Gesetzes über die Mitbestimmung der Arbeitnehmer in den Aufsichtsräten und Vorständen der Unternehmen des Bergbaus und der Eisen und Stahl erzeugenden Industrie



## Gesetz über die Mitbestimmung der Arbeitnehmer (Mitbestimmungsgesetz)



## Gesetz über die Drittelbeteiligung der Arbeitnehmer im Aufsichtsrat (Drittelbeteiligungsgesetz – DrittelbG)

## 광업에 속하는 기업과 철강을 생산하는 산업에 속하는 기업 내 감사회 및 대표기관에서의 근로자들의 공동결정에 관한 법률 보충법 (몬탄공동결정법보충법)(BGBl. I S. 642)



## 근로자들의 공동결정에 관한 법률 (공동결정법 – MitbestG)(BGBl.I S. 642)



## 감사회에서의 근로자들의 1/3경영참가에 관한 법률 (BGBl. I S. 642)

## Gesetz über die Mitbestimmung der Arbeitnehmer bei einer grenzüberschreitenden Verschmelzung(MgVG)



## Gesetz über die Beteiligung der Arbeitnehmer in einer Europäischen Gesellschaft (SE-Beteiligungsgesetz – SEBG)

## 국경을 초월하는 합병시 근로자들의 공동결정에 관한 법률 (MgVG)(BGBl. I S. 2479)



## 유럽회사에서의 근로자들의 경영참가에 관한 법률 (유럽회사경영참가법-SEBG)(BGBl. I S. 3675, 3686)

## Gesetz über die Beteiligung der Arbeitnehmer und Arbeitnehmerinnen in einer Europäischen Genossenschaft(SCE-Beteiligungsgesetz – SCEBG)



## Bundespersonalvertretungsgesetz(BPersVG)

## 유럽협동조합에서의 근로자들의 경영참가에 관한 법률 (유럽협동조합경영참가법-SCEBG)(BGBl. I S. 1911, 1917)



## 연방직원대표법 (BGBl. I S. 2581)

## Wahlordnung zum Bundespersonalvertretungsgesetz(BPersVWO)



## Personalvertretungsgesetz(PersVG)
## (GVBl. S. 695)

## 연방직원대표법선거령(BGBl. I S. 2906)



## 베를린주직원대표법 (GVBl. S. 446)

## Wahlordnung zum Personalvertretungsgesetz(WOPersVG)



## Sozialgesetzbuch Neuntes Buch – Rehabilitation und Teilhabe von Menschen mit Behinderungen – (Neuntes Buch Sozialgesetzbuch – SGB IX)(BGBl. I S. 2541)



## Deutsches Richtergesetz

## 베를린주직원대표법선거령(GVBl. S. 227)



## 사회법전 제9권 – 장애인의 사회복귀와 사회참여 (사회법전 제9권 – SGB IX)(BGBl. I S. 1025)(일부)



## 독일법관법 (BGBl. I S. 1570)(일부)

# 사업조직법

(BGBl. I S. 2509)

# Betriebsverfassungsgesetz

# Betriebsverfassungsgesetz

https://www.gesetze-im-internet.de/betrvg/BJNR000130972.html

## Erster Teil Allgemeine Vorschriften

§ 1 Errichtung von Betriebsräten

(1) In Betrieben mit in der Regel mindestens fünf ständigen wahlberechtigten Arbeitnehmern, von denen drei wählbar sind, werden Betriebsräte gewählt. Dies gilt auch für gemeinsame Betriebe mehrerer Unternehmen.

(2) Ein gemeinsamer Betrieb mehrerer Unternehmen wird vermutet, wenn

1. zur Verfolgung arbeitstechnischer Zwecke die Betriebsmittel sowie die Arbeitnehmer von den Unternehmen gemeinsam eingesetzt werden oder
2. die Spaltung eines Unternehmens zur Folge hat, dass von einem Betrieb ein oder mehrere Betriebsteile einem an der Spaltung beteiligten anderen Unternehmen zugeordnet werden, ohne dass sich dabei die Organisation des betroffenen Betriebs wesentlich ändert.

§ 2 Stellung der Gewerkschaften und Vereinigungen der Arbeitgeber

(1) Arbeitgeber und Betriebsrat arbeiten unter Beachtung der geltenden Tarifverträge vertrauensvoll und im Zusammenwirken mit den im Betrieb vertretenen Gewerkschaften und Arbeitgebervereinigungen zum Wohl der Arbeitnehmer und des Betriebs zusammen.

(2) Zur Wahrnehmung der in diesem Gesetz genannten Aufgaben und Befugnisse der im Betrieb vertretenen Gewerkschaften ist deren Beauftragten nach Unterrichtung des Arbeitgebers oder seines Vertreters Zugang zum Betrieb zu gewähren, soweit dem nicht unumgängliche Notwendigkeiten des Betriebsablaufs, zwingende Sicherheitsvorschriften oder der Schutz von Betriebsgeheimnissen entgegenstehen.

(3) Die Aufgaben der Gewerkschaften und der Vereinigungen der Arbeitgeber, insbesondere die Wahrnehmung der Interessen ihrer Mitglieder, werden durch dieses Gesetz nicht berührt.

§ 3 Abweichende Regelungen

(1) Durch Tarifvertrag können bestimmt werden:

1. für Unternehmen mit mehreren Betrieben
   a) die Bildung eines unternehmenseinheitlichen Betriebsrats oder
   b) die Zusammenfassung von Betrieben,

wenn dies die Bildung von Betriebsräten erleichtert oder einer sachgerechten Interessenvertretung der Arbeitnehmer dient;

# 사업조직법(BGBl. I S. 2651)

법률 공포일: 1972년 1월 15일
최근 법률 개정일: 2018년 12월 18일(BGBl. I S. 2651)

## 제1편 총칙

제1조 근로자평의회의 구성

① 선거권이 있는 상임의 근로자가 상시적으로 최소 5명이 있고 그 근로자들 중에서 3명이 피선거권이 있는 근로자인 사업[1])에서 근로자평의회[2])가 선거로 구성된다.[3]) 이는 다수 기업의 공동의 사업에도 적용된다.

② 다음 각 호의 경우에 다수기업의 공동의 사업으로 추정된다,

1. 기업이 자신의 노동목적(arbeitstechnischer Zwecke)을 추구하기 위해 공동으로 설비(Betriebsmittel)와 근로자들을 투입한 경우,
2. 기업의 분할(Spaltung)로 인해, 하나의 사업의 1개 또는 수개의 사업일부가 그 분할에 참가한 다른 기업에 편입되고 이때 관련 사업의 업무조직이 본질적으로 변경되지 않게 된 경우.

제2조 노동조합과 사용자단체의 지위

① 사용자와 근로자평의회는 근로자들과 사업의 번영(Wohl)을 위해 적용되는 단체협약을 깊은 신뢰로 준수하고 당해 사업에 조합원인 근로자가 있는 노동조합과 사용자단체와 협력(協力)한다.

② 사업과정의 불가피한 필요성(unumgängliche Notwendigkeiten des Betriebsablaufs), 강행적 안전규정(zwingende Sicherheitsvorschriften) 또는 기업비밀(Betriebsgeheimnissen) 보호에 배치되지 않는 한, 당해 사업에 조합원인 근로자가 있는 노동조합이 이 법상의 임무(Aufgaben)를 수행하고 그 권리(Befugnisse)를 행사하기 위해 그 노동조합의 대리인(Beauftragten)은 사용자 또는 사용자의 대리인에 대한 통지 후 사업장에 출입할 수 있다.

③ 노동조합 및 사용자단체의 임무, 특히 그 구성원의 이익대변(Wahrnehmung der Interessen)은 이 법에 의한 영향을 받지 않는다.

제3조 본 법과 다른 규율

① 단체협약으로 다음 각 호의 사항을 정할 수 있다:

1. 그것이 근로자평의회의 구성을 쉽게 하고 근로자들의 적절한 이익대변(利益代辯)에 기여하는 경우에는 다수의 사업이 있는 기업에 대해
   a) 기업단위의 근로자평의회의 구성이나,
   b) 근로자평의회의 통합;

2. für Unternehmen und Konzerne, soweit sie nach produkt- oder projektbezogenen Geschäftsbereichen (Sparten) organisiert sind und die Leitung der Sparte auch Entscheidungen in beteiligungspflichtigen Angelegenheiten trifft, die Bildung von Betriebsräten in den Sparten (Spartenbetriebsräte), wenn dies der sachgerechten Wahrnehmung der Aufgaben des Betriebsrats dient;
3. andere Arbeitnehmervertretungsstrukturen, soweit dies insbesondere aufgrund der Betriebs-, Unternehmens- oder Konzernorganisation oder aufgrund anderer Formen der Zusammenarbeit von Unternehmen einer wirksamen und zweckmäßigen Interessenvertretung der Arbeitnehmer dient;
4. zusätzliche betriebsverfassungsrechtliche Gremien (Arbeitsgemeinschaften), die der unternehmensübergreifenden Zusammenarbeit von Arbeitnehmervertretungen dienen;
5. zusätzliche betriebsverfassungsrechtliche Vertretungen der Arbeitnehmer, die die Zusammenarbeit zwischen Betriebsrat und Arbeitnehmern erleichtern.

(2) Besteht in den Fällen des Absatzes 1 Nr. 1, 2, 4 oder 5 keine tarifliche Regelung und gilt auch kein anderer Tarifvertrag, kann die Regelung durch Betriebsvereinbarung getroffen werden.

(3) Besteht im Fall des Absatzes 1 Nr. 1 Buchstabe a keine tarifliche Regelung und besteht in dem Unternehmen kein Betriebsrat, können die Arbeitnehmer mit Stimmenmehrheit die Wahl eines unternehmenseinheitlichen Betriebsrats beschließen. Die Abstimmung kann von mindestens drei wahlberechtigten Arbeitnehmern des Unternehmens oder einer im Unternehmen vertretenen Gewerkschaft veranlasst werden.

(4) Sofern der Tarifvertrag oder die Betriebsvereinbarung nichts anderes bestimmt, sind Regelungen nach Absatz 1 Nr. 1 bis 3 erstmals bei der nächsten regelmäßigen Betriebsratswahl anzuwenden, es sei denn, es besteht kein Betriebsrat oder es ist aus anderen Gründen eine Neuwahl des Betriebsrats erforderlich. Sieht der Tarifvertrag oder die Betriebsvereinbarung einen anderen Wahlzeitpunkt vor, endet die Amtszeit bestehender Betriebsräte, die durch die Regelungen nach Absatz 1 Nr. 1 bis 3 entfallen, mit Bekanntgabe des Wahlergebnisses.

(5) Die aufgrund eines Tarifvertrages oder einer Betriebsvereinbarung nach Absatz 1 Nr. 1 bis 3 gebildeten betriebsverfassungsrechtlichen Organisationseinheiten gelten als Betriebe im Sinne dieses Gesetzes. Auf die in ihnen gebildeten Arbeitnehmervertretungen finden die Vorschriften über die Rechte und Pflichten des Betriebsrats und die Rechtsstellung seiner Mitglieder Anwendung.

§ 4 Betriebsteile, Kleinstbetriebe

(1) Betriebsteile gelten als selbständige Betriebe, wenn sie die Voraussetzungen des § 1 Abs. 1 Satz 1 erfüllen und

1. räumlich weit vom Hauptbetrieb entfernt oder
2. durch Aufgabenbereich und Organisation eigenständig sind.

Die Arbeitnehmer eines Betriebsteils, in dem kein eigener Betriebsrat besteht, können mit

2. 기업과 콘체른이 성과관련적 또는 프로젝트관련적 업무분야(부문)에 따라 조직되고 그 부문의 경영이 의사결정참가의무가 있는 사항의 결정에 관련되는 경우에, 그러한 구성이 근로자평의회의 임무의 적절한 수행에 기여하는 때에는, 기업과 콘체른의 해당 부문에서의 근로자평의회의 구성(부문별근로자평의회);
3. 그 기구가 특히 사업조직, 기업조직 또는 콘체른조직에 기초하거나 기업 협력의 다른 형식에 기초하여 근로자에 대한 효과적이고 적절한 이익대변에 기여하는 한, 기타 근로자대표기구;
4. 근로자대변에 관한 기업 간 협력에 기여하는 추가적인 사업조직법상의 평의회(Arbeitsgemeinschaften; 노동평의회);
5. 근로자평의회와 근로자 간 협력을 용이하게 하는 추가적인 사업조직법상의 근로자측대표자(Vertretungen).

② 제3조 제1항 제1호, 제2호, 제4호 또는 제5호의 경우에 단체협약상의 규율이 없고 다른 단체협약도 적용되지 않는 경우에는 사업협정에 의한 규율이 정해질 수 있다.

③ 제3조 제1항 a)목의 경우에 단체협약상 규율(Regelung)이 없고 당해 기업에 근로자평의회도 없는 경우에, 근로자들은 과반수투표(Stimmenmehrheit)로 기업단위의 근로자평의회의 선거를 결의할 수 있다. 그 결의에 관한 발의(Abstimmung)는 당해 기업의 선거권(選擧權)이 있는 3명 이상의 근로자들 또는 당해 기업에 조합원인 근로자가 있는 노동조합(勞動組合)에 의해 이뤄질 수 있다.

④ 단체협약 또는 사업협정에서 달리 규정되어 있지 않는 한, 제3조 제1항 제1호 내지 제3호에 따른 규정은 바로 다음 정례적 근로자평의회선거의 경우에 최초로 적용되고, 다만 근로자평의회가 없거나 다른 이유에서 근로자평의회에 대한 새로운 선거가 필요한 경우에는 그러하지 아니하다. 단체협약 또는 사업협정에서 다른 선거시기가 규정되어 있는 한, 제3조 제1항 제1호 내지 제3호에 따른 규정에 의해 소멸할 현존하는 근로자평의회의 임기(任期)는 그 선거결과의 공고로써 만료된다.

⑤ 제3조 제1항 제1호 내지 제3호에 따른 단체협약(Tarifvertrag) 또는 사업협정(Betriebsvereinbarung; 事業協定)에 기초하여 조직된 사업조직법적 조직단위(Organisationseinheiten)는 이 법상의 사업(事業)으로 본다. 근로자평의회의 권리의무(權利義務)와 그 구성원의 법적지위(Rechtsstellung)에 관한 규정은 그러한 조직단위에 조직된 근로자대표기구(Arbeitnehmervertretungen)에 적용된다.

제4조 사업일부(Betriebsteile), 소규모사업

① 그 사업일부가 제1조 제1항상의 요건을 충족하고 다음 각 호에 해당하는 경우에는, 사업일부[4)]는 독립적 사업으로 본다,

1. 공간적으로 주(主)사업(이 행해지는 장소)과 멀리 떨어진 경우,
2. 임무범위와 조직에 의해 독자성이 있는 경우.

고유한 근로자평의회가 없는 사업일부의 근로자(Arbeitnehmer eines Betriebsteils)는 과반수투

Stimmenmehrheit formlos beschließen, an der Wahl des Betriebsrats im Hauptbetrieb teilzunehmen; § 3 Abs. 3 Satz 2 gilt entsprechend. Die Abstimmung kann auch vom Betriebsrat des Hauptbetriebs veranlasst werden. Der Beschluss ist dem Betriebsrat des Hauptbetriebs spätestens zehn Wochen vor Ablauf seiner mitzuteilen. Für den Widerruf des Beschlusses gelten die Sätze 2 bis 4 entsprechend.

(2) Betriebe, die die Voraussetzungen des § 1 Abs. 1 Satz 1 nicht erfüllen, sind dem Hauptbetrieb zuzuordnen.

§ 5 Arbeitnehmer

(1) Arbeitnehmer (Arbeitnehmerinnen und Arbeitnehmer) im Sinne dieses Gesetzes sind Arbeiter und Angestellte einschließlich der zu ihrer Berufsausbildung Beschäftigten, unabhängig davon, ob sie im Betrieb, im Außendienst oder mit Telearbeit beschäftigt werden. Als Arbeitnehmer gelten auch die in Heimarbeit Beschäftigten, die in der Hauptsache für den Betrieb arbeiten. Als Arbeitnehmer gelten ferner Beamte (Beamtinnen und Beamte), Soldaten (Soldatinnen und Soldaten) sowie Arbeitnehmer des öffentlichen Dienstes einschließlich der zu ihrer Berufsausbildung Beschäftigten, die in Betrieben privatrechtlich organisierter Unternehmen tätig sind.

(2) Als Arbeitnehmer im Sinne dieses Gesetzes gelten nicht

1. in Betrieben einer juristischen Person die Mitglieder des Organs, das zur gesetzlichen Vertretung der juristischen Person berufen ist;
2. die Gesellschafter einer offenen Handelsgesellschaft oder die Mitglieder einer anderen Personengesamtheit, soweit sie durch Gesetz, Satzung oder Gesellschaftsvertrag zur Vertretung der Personengesamtheit oder zur Geschäftsführung berufen sind, in deren Betrieben;
3. Personen, deren Beschäftigung nicht in erster Linie ihrem Erwerb dient, sondern vorwiegend durch Beweggründe karitativer oder religiöser Art bestimmt ist;
4. Personen, deren Beschäftigung nicht in erster Linie ihrem Erwerb dient und die vorwiegend zu ihrer Heilung, Wiedereingewöhnung, sittlichen Besserung oder Erziehung beschäftigt werden;
5. der Ehegatte, der Lebenspartner, Verwandte und Verschwägerte ersten Grades, die in häuslicher Gemeinschaft mit dem Arbeitgeber leben.

(3) Dieses Gesetz findet, soweit in ihm nicht ausdrücklich etwas anderes bestimmt ist, keine Anwendung auf leitende Angestellte. Leitender Angestellter ist, wer nach Arbeitsvertrag und Stellung im Unternehmen oder im Betrieb

1. zur selbständigen Einstellung und Entlassung von im Betrieb oder in der Betriebsabteilung beschäftigten Arbeitnehmern berechtigt ist oder
2. Generalvollmacht oder Prokura hat und die Prokura auch im Verhältnis zum Arbeitgeber nicht unbedeutend ist oder
3. regelmäßig sonstige Aufgaben wahrnimmt, die für den Bestand und die Entwicklung des

표로 특별한 형식 없이 주사업(主事業)의 근로자평의회 선거에 참여하기로 결정할 수 있다; 제3조 제3항 제2문을 준용한다. 그 결의의 발의는 주사업(主事業)의 근로자평의회에 의해서도 이뤄질 수 있다. 그 결의(Abstimmung)는 늦어도 근로자평의회의 임기(Amtszeit)가 만료하는 때로부터 10주 전에 주사업(主事業)의 근로자평의회에 통지한다. 그 결의에 대한 철회(Widerruf)는 제4조 제2항 내지 제4항을 준용한다.

② 제1조 제1항 제1문상의 요건(要件)을 충족하지 못한 사업은 주사업(主事業)으로 편입되어야 한다.

제5조 근로자

① 이 법상의 근로자는 직업훈련생(der zu ihrer Berufsausbildung Beschäftigten)을 포함하여 현업(現業)근로자(Arbeiter) 및 사무직근로자(Angestellte)[5]이고, 그들이 사업장 내에서 근무를 하는지, 외근을 하는지 또는 재택근무(Telearbeit)를 하는지는 불문한다. 주로 사업을 위해 일하는 가내노동종사자(die in Heimarbeit Beschäftigten)도 근로자로 본다. 또한 공무원(Beamte), 군인(Soldaten)과, 직업훈련생을 포함하여 사법(私法)적으로(privatrechtlich) 조직된 기업의 사업에서 일하는 공공부문(公共部門)의 근로자(Arbeitnehmer des öffentlichen Dienstes)도 근로자로 본다.

② 다음 각 호의 사람은 이 법상의 근로자로 보지 않는다,

1. 법인의 사업에서 법인(法人)의 법률상 대표할 권한 있는 기관(gesetzlichen Vertretung)로 설치된 기관의 구성원;
2. 법률, 정관 또는 회사계약에 의해 그 구성원이 인적회사(Personengesamtheit)를 대표하도록 임명되거나 그 사원이 업무집행을 하도록 임명된 경우에, 그 합명회사 또는 인적회사의 사업에서, 그 합명회사(offene Handelsgesellschaft)의 사원 또는 기타 인적회사의 구성원;
3. 그의 고용이 주로 영리를 위한 것이 아니라 주로 자선적 또는 종교적 종류의 동기에서 이뤄진 사람;
4. 그의 고용이 주로 영리를 위한 것이 아니라 주로 치료, 갱생(更生), 도덕적 개선 또는 교육을 위한 사람;
5. 가정공동체(häuslicher Gemeinschaft) 내에서 사용자와 함께 생활하는 부부, 생활동반자(Lebenspartner) 및 1촌의 친인척.

③ 이 법에서 명시적으로 달리 정함이 없는 한, 이 법은 고위직사원(leitende Angestellte; 高位職社員)에 대해서는 적용되지 않는다. 고위직사원은 근로계약과 기업 또는 사업 내 지위에 따른 다음 각 호의 사람을 말한다,

1. 사업 또는 사업부문(Betriebsabteilung)에서 고용된 근로자에 대한 독자적 채용 및 해고의 권한을 부여받은 사람,
2. 포괄대리권(Generalvollmacht)을 가지고 있거나 사용자와의 관계에서도 중요한 지배권(Prokura)을 가지고 있는 사람,
3. 그 임무 수행시 통상적으로(im Wesentlichen) 지시(Weisungen)에 구속(拘束)되지 아니하고

Unternehmens oder eines Betriebs von Bedeutung sind und deren Erfüllung besondere Erfahrungen und Kenntnisse voraussetzt, wenn er dabei entweder die Entscheidungen im Wesentlichen frei von Weisungen trifft oder sie maßgeblich beeinflusst; dies kann auch bei Vorgaben insbesondere aufgrund von Rechtsvorschriften, Plänen oder Richtlinien sowie bei Zusammenarbeit mit anderen leitenden Angestellten gegeben sein.

Für die in Absatz 1 Satz 3 genannten Beamten und Soldaten gelten die Sätze 1 und 2 entsprechend.

(4) Leitender Angestellter nach Absatz 3 Nr. 3 ist im Zweifel, wer

1. aus Anlass der letzten Wahl des Betriebsrats, des Sprecherausschusses oder von Aufsichtsratsmitgliedern der Arbeitnehmer oder durch rechtskräftige gerichtliche Entscheidung den leitenden Angestellten zugeordnet worden ist oder
2. einer Leitungsebene angehört, auf der in dem Unternehmen überwiegend leitende Angestellte vertreten sind, oder
3. ein regelmäßiges Jahresarbeitsentgelt erhält, das für leitende Angestellte in dem Unternehmen üblich ist, oder,
4. falls auch bei der Anwendung der Nummer 3 noch Zweifel bleiben, ein regelmäßiges Jahresarbeitsentgelt erhält, das das Dreifache der Bezugsgröße nach § 18 des Vierten Buches Sozialgesetzbuch überschreitet.

§ 6 (weggefallen)

## Zweiter Teil Betriebsrat, Betriebsversammlung, Gesamt- und Konzernbetriebsrat

### Erster Abschnitt Zusammensetzung und Wahl des Betriebsrats

§ 7 Wahlberechtigung

Wahlberechtigt sind alle Arbeitnehmer des Betriebs, die das 18. Lebensjahr vollendet haben. Werden Arbeitnehmer eines anderen Arbeitgebers zur Arbeitsleistung überlassen, so sind diese wahlberechtigt, wenn sie länger als drei Monate im Betrieb eingesetzt werden.

§ 8 Wählbarkeit

(1) Wählbar sind alle Wahlberechtigten, die sechs Monate dem Betrieb angehören oder als in Heimarbeit Beschäftigte in der Hauptsache für den Betrieb gearbeitet haben. Auf diese sechsmonatige Betriebszugehörigkeit werden Zeiten angerechnet, in denen der Arbeitnehmer unmittelbar vorher einem anderen Betrieb desselben Unternehmens oder Konzerns (§ 18 Abs. 1 des Aktiengesetzes) angehört hat. Nicht wählbar ist, wer infolge strafgerichtlicher Verurteilung die Fähigkeit, Rechte aus öffentlichen Wahlen zu erlangen, nicht besitzt.

결정을 하거나 그 결정에 중대하게 영향을 끼치는 한, 기업 또는 사업의 존속(Bestand) 및 발전(Entwicklung)에 중요하고 그 이행에 특별한 경험(Erfahrungen) 및 지식(Kenntnisse)을 필요로 하는 기타 임무를 통상적으로 수행하는 사람; 이는 규정, 특히 법규정(Rechtsvorschriften), 계획(Plänen) 또는 지침(Richtlinien)에 근거한 경우에도 또 다른 고위직사원과 협력하는 경우에도 이러한 사람에 해당할 수 있다.

제5조 제1항 제3문에 기재된 공무원과 군인에 대해서 제1문, 제2문을 준용한다.

④ 제5조 제3항 제3호에 따른 고위직사원에 의문이 있는 경우에 있어, 다음 각 호의 사람은 제5조 제3항 제3호에 따른 고위직사원에 해당한다,

1. 근로자평의회, 고위직사원평의회 또는 근로자측감사회구성원의 최근 선거를 계기로 또는 확정된 법원의 재판으로 간부직사원으로 분류된 사람,
2. 기업에서 주로 고위직사원(leitende Angestellte)으로 대표되는 경영진(Leitungsebene)에 속한 사람,
3. 기업에서 통상적으로 고위직사원에 대해 지급하는 정기적인 연봉(Jahresarbeitsentgelt)을 받는 사람,
4. 제3호를 적용하더라도 여전히 고위직사원인지에 대해 의문이 있는 경우에 사회법전 제4권(Vierten Buches Sozialgesetzbuch) 제18조상의 소득기준금액(Bezugsgröße)의 3배를 초과하는 정기적 연봉을 받는 사람,

제6조 삭제

## 제2편 근로자평의회, 근로자총회, 기업근로자평의회 또는 콘체른근로자평의회

### 제1장 근로자평의회의 구성과 선거

제7조 선거권

만 18세에 달한 당해 사업의 모든 근로자는 선거권(選擧權)을 가진다. 다른 사용자에게 근로를 제공하도록 근로자를 파견한 경우에, 3개월을 초과하여 그 사업에 파견된 때에는 그 근로자들도 선거권을 가진다.

제8조 피선거권(Wählbarkeit)

① 당해 사업에서 6개월간 근무하거나, 가내노동종사자로 주로 당해 사업을 위해 6개월 이상 일한 선거권이 있는 사람은 피선거권(被選擧權)을 갖는다. 이러한 6개월간 사업소속(Betriebszugehörigkeit)을 계산함에 있어 근로자가 동일한 기업 또는 주식법 제18조 제1항상의 콘체른(Konzern)의 다른 사업에서 근무한 기간의 직전 기간도 산입된다. 형사법원의 유죄판결로 인하여 공공선거에서 파생된 권리를 향유할 능력(Fähigkeit)을 보유하지 못한 사람은 피선거권이 없다.

(2) Besteht der Betrieb weniger als sechs Monate, so sind abweichend von der Vorschrift in Absatz 1 über die sechsmonatige Betriebszugehörigkeit diejenigen Arbeitnehmer wählbar, die bei der Einleitung der Betriebsratswahl im Betrieb beschäftigt sind und die übrigen Voraussetzungen für die Wählbarkeit erfüllen.

§ 9 Zahl der Betriebsratsmitglieder*)

Der Betriebsrat besteht in Betrieben mit in der Regel
5 bis 20 wahlberechtigten Arbeitnehmern aus einer Person,
21 bis 50 wahlberechtigten Arbeitnehmern aus 3 Mitgliedern,
51 wahlberechtigten Arbeitnehmern
bis 100 Arbeitnehmern aus 5 Mitgliedern,
101 bis 200 Arbeitnehmern aus 7 Mitgliedern,
201 bis 400 Arbeitnehmern aus 9 Mitgliedern,
401 bis 700 Arbeitnehmern aus 11 Mitgliedern,
701 bis 1.000 Arbeitnehmern aus 13 Mitgliedern,
1.001 bis 1.500 Arbeitnehmern aus 15 Mitgliedern,
1.501 bis 2.000 Arbeitnehmern aus 17 Mitgliedern,
2.001 bis 2.500 Arbeitnehmern aus 19 Mitgliedern,
2.501 bis 3.000 Arbeitnehmern aus 21 Mitgliedern,
3.001 bis 3.500 Arbeitnehmern aus 23 Mitgliedern,
3.501 bis 4.000 Arbeitnehmern aus 25 Mitgliedern,
4.001 bis 4.500 Arbeitnehmern aus 27 Mitgliedern,
4.501 bis 5.000 Arbeitnehmern aus 29 Mitgliedern,
5.001 bis 6.000 Arbeitnehmern aus 31 Mitgliedern,
6.001 bis 7.000 Arbeitnehmern aus 33 Mitgliedern,
7.001 bis 9.000 Arbeitnehmern aus 35 Mitgliedern.
In Betrieben mit mehr als 9.000 Arbeitnehmern erhöht sich die Zahl der Mitglieder des Betriebsrats für je angefangene weitere 3.000 Arbeitnehmer um 2 Mitglieder.

*) Gemäß Artikel 14 Satz 2 des Gesetzes zur Reform des Betriebsverfassungsgesetzes (BetrVerf-Reformgesetz) vom 23. Juli 2001 (BGBl. I S. 1852) gilt § 9 (Artikel 1 Nr. 8 des BetrVerf-Reformgesetzes) für im Zeitpunkt des Inkrafttretens bestehende Betriebsräte erst bei deren Neuwahl.

§ 10 (weggefallen)

§ 11 Ermäßigte Zahl der Betriebsratsmitglieder

Hat ein Betrieb nicht die ausreichende Zahl von wählbaren Arbeitnehmern, so ist die Zahl der Betriebsratsmitglieder der nächstniedrigeren Betriebsgröße zugrunde zu legen.

§ 12 (weggefallen)

② 사업의 존속기간이 6개월이 되지 않은 경우에는 6개월간 기업소속에 관한 제8조 제1항으 규정과 달리, 근로자평의회선거의 개시시(bei der Einleitung)에 당해 사업에 고용되어 있고 피선거권의 그 밖의 요건(übrigen Voraussetzungen)을 충족한 근로자는 피선거권(被選擧權)을 가진다.

제9조 근로자평의회구성원수*)

상시적으로 다음의 근로자가 있는 사업의 경우 다음과 같이,
5명~20명 선거권이 있는 근로자의 경우에 1명의 근로자평의회구성원으로,
21명~50명 선거권이 있는 근로자의 경우에 3명의 근로자평의회구성원으로,
51명~100명 선거권이 있는 근로자의 경우에 5명의 근로자평의회구성원으로,
101명~200명 선거권이 있는 근로자의 경우에 7명의 근로자평의회구성원으로,
201명~400명 선거권이 있는 근로자의 경우에 9명의 근로자평의회구성원으로,
401명~700명 선거권이 있는 근로자의 경우에 11명의 근로자평의회구성원으로,
701명~1,000명 선거권이 있는 근로자의 경우에 13명의 근로자평의회구성원으로,
1,001명~1,500명 선거권이 있는 근로자의 경우에 15명의 근로자평의회구성원으로,
1,501명~2,000명 선거권이 있는 근로자의 경우에 17명의 근로자평의회구성원으로,
2,001명~2,500명 선거권이 있는 근로자의 경우에 19명의 근로자평의회구성원으로,
2,501명~3,000명 선거권이 있는 근로자의 경우에 21명의 근로자평의회구성원으로,
3,001명~3,500명 선거권이 있는 근로자의 경우에 23명의 근로자평의회구성원으로,
3,501명~4,000명 선거권이 있는 근로자의 경우에 25명의 근로자평의회구성원으로,
4,001명~4,500명 선거권이 있는 근로자의 경우에 27명의 근로자평의회구성원으로,
4,501명~5,000명 선거권이 있는 근로자의 경우에 29명의 근로자평의회구성원으로,
5,001명~6,000명 선거권이 있는 근로자의 경우에 31명의 근로자평의회구성원으로,
6,001명~7,000명 선거권이 있는 근로자의 경우에 33명의 근로자평의회구성원으로,
7,001명~9,000명 선거권이 있는 근로자의 경우에 35명의 근로자평의회구성원으로,
근로자평의회가 구성된다. 9000명을 초과하는 사업의 경우에 추가되는 3,000명의 근로자당 2명꼴로 근로자평의회구성원수가 증가된다.

*) 2001년 7월 23일의 사업조직법 개혁을 위한 법률(BetrVerf-Reformgesetz)(BGBl. I S. 1852) 제14조 제2문에 따라 위 제9조(사업조직법 개혁을 위한 법률 제1조 제8호)는 그 근로자평의회의 새로운 선거를 실시하고 난 후 비로소 그 법률 발효시에 존재하는 근로자평의회에 대해 적용된다.

제10조 삭제

제11조 근로자평의회수의 감소

사업에 피선거권을 가진 근로자의 수가 충분하게 존재하지 않은 경우에, 근로자평의회구성원수는 그 다음으로 작은 사업규모의 근로자평의회구성원수로 정해진다.

제12조 삭제

§ 13 Zeitpunkt der Betriebsratswahlen

(1) Die regelmäßigen Betriebsratswahlen finden alle vier Jahre in der Zeit vom 1. März bis 31. Mai statt. Sie sind zeitgleich mit den regelmäßigen Wahlen nach § 5 Abs. 1 des Sprecherausschussgesetzes einzuleiten.

(2) Außerhalb dieser Zeit ist der Betriebsrat zu wählen, wenn

1. mit Ablauf von 24 Monaten, vom Tage der Wahl an gerechnet, die Zahl der regelmäßig beschäftigten Arbeitnehmer um die Hälfte, mindestens aber um fünfzig, gestiegen oder gesunken ist,
2. die Gesamtzahl der Betriebsratsmitglieder nach Eintreten sämtlicher Ersatzmitglieder unter die vorgeschriebene Zahl der Betriebsratsmitglieder gesunken ist,
3. der Betriebsrat mit der Mehrheit seiner Mitglieder seinen Rücktritt beschlossen hat,
4. die Betriebsratswahl mit Erfolg angefochten worden ist,
5. der Betriebsrat durch eine gerichtliche Entscheidung aufgelöst ist oder
6. im Betrieb ein Betriebsrat nicht besteht.

(3) Hat außerhalb des für die regelmäßigen Betriebsratswahlen festgelegten Zeitraums eine Betriebsratswahl stattgefunden, so ist der Betriebsrat in dem auf die Wahl folgenden nächsten Zeitraum der regelmäßigen Betriebsratswahlen neu zu wählen. Hat die Amtszeit des Betriebsrats zu Beginn des für die regelmäßigen Betriebsratswahlen festgelegten Zeitraums noch nicht ein Jahr betragen, so ist der Betriebsrat in dem übernächsten Zeitraum der regelmäßigen Betriebsratswahlen neu zu wählen.

§ 14 Wahlvorschriften

(1) Der Betriebsrat wird in geheimer und unmittelbarer Wahl gewählt.

(2) Die Wahl erfolgt nach den Grundsätzen der Verhältniswahl. Sie erfolgt nach den Grundsätzen der Mehrheitswahl, wenn nur ein Wahlvorschlag eingereicht wird oder wenn der Betriebsrat im vereinfachten Wahlverfahren nach § 14a zu wählen ist.

(3) Zur Wahl des Betriebsrats können die wahlberechtigten Arbeitnehmer und die im Betrieb vertretenen Gewerkschaften Wahlvorschläge machen.

(4) Jeder Wahlvorschlag der Arbeitnehmer muss von mindestens einem Zwanzigstel der wahlberechtigten Arbeitnehmer, mindestens jedoch von drei Wahlberechtigten unterzeichnet sein; in Betrieben mit in der Regel bis zu zwanzig wahlberechtigten Arbeitnehmern genügt die Unterzeichnung durch zwei Wahlberechtigte. In jedem Fall genügt die Unterzeichnung durch fünfzig wahlberechtigte Arbeitnehmer.

(5) Jeder Wahlvorschlag einer Gewerkschaft muss von zwei Beauftragten unterzeichnet sein.

§ 14a Vereinfachtes Wahlverfahren für Kleinbetriebe

제13조 근로자평의회선거의 시기

① 정례적 근로자평의회선거는 3월 1일부터 5월 31일까지의 기간에 4년마다 실시된다. 그 선거는 고위직사원평의회법 제5조 제1항에 따른 정례적 선거(regelmäßigen Wahlen)와 동시에 실시된다.

② 다음 각 호의 경우에는 제1항상의 시기 이외에도 근로자평의회선거가 실시된다,

1. 선거일(Tage der Wahl)로부터 기산(起算)하여 24개월이 경과한 이후에 상시적으로 근무하는 근로자수(勤勞者數)의 절반(Hälfte)으로, 50명 이상이 증가(增加)하거나 감소(減少)하는 경우,
2. 대체근로자평의회구성원 총원의 충원(Eintreten) 후에도 전체 근로자평의회구성원수가 규정된 근로자평의회구성원수에 미치지 않는 경우,
3. 근로자평의회가 그 구성원의 과반수로 해산(Rücktritt)을 결의한 경우,
4. 근로자평의회선거에 대한 선거취소가 인용된 경우,
5. 근로자평의회가 법원의 재판으로 해산된 경우,
6. 사업 내에 근로자평의회가 존재하지 않은 경우.

③ 정례적 근로자평의회선거(regelmäßigen Betriebsratswahlen)로 정해진 시기 이외의 시기에 근로자평의회선거가 실시된 경우에, 근로자평의회는 정례적 선거 시기 직후의 다음 정례적 선거 시기에 선거에 의해 새롭게 구성된다. 정례적 근로자평의회선거로 정해진 시기의 개시시점기준으로 근로자평의회의 임기가 1년에 달하지 않은 경우에는, 근로자평의회는 정례적 근로자평의회선거의 다음다음의 정례적 선거 시기(dem übernächsten Zeitraum der regelmäßigen Betriebsratswahlen)에 선거에 의해 새롭게 구성된다.

제14조 선거규정

① 근로자평의회는 비밀(秘密)·직접(直接)선거로 구성된다.

② 그 선거는 비례대표선거원칙에 따라 실시된다. 하나의 후보자추천서만이 제출되거나, 근로자평의회가 제14a조에 따른 간소화된 선거절차에 의해 구성되는 경우에는 그 선거는 다수대표제선거원칙에 따라 실시된다.

③ 근로자평의회의 선거에 의한 구성을 위하여 선거권이 있는 근로자들과 당해 사업에 조합원인 근로자가 있는 노동조합은 후보자추천서를 제안할 수 있다.

④ 근로자들의 각 후보자추천서(Wahlvorschlag)에는 선거권이 있는 근로자들 중 1/20 이상으로 최소 선거권이 있는 근로자 3명이 서명(署名)해야만 한다; 상시적으로(in der Regel) 20명 이하의 선거권이 있는 근로자가 있는 사업(事業)에서는 2명의 선거권(選擧權)이 있는 근로자의 서명(書名)으로 족하다. 어느 경우라도 50명의 선거권(選擧權)이 있는 근로자의 서명(書名)으로 족하다.

⑤ 노동조합의 각 후보자추천서에는 2명의 그 대리인이 서명해야만 한다.

제14a조 소규모 사업에 대한 선거절차의 간소화

(1) In Betrieben mit in der Regel fünf bis fünfzig wahlberechtigten Arbeitnehmern wird der Betriebsrat in einem zweistufigen Verfahren gewählt. Auf einer ersten Wahlversammlung wird der Wahlvorstand nach § 17a Nr. 3 gewählt. Auf einer zweiten Wahlversammlung wird der Betriebsrat in geheimer und unmittelbarer Wahl gewählt. Diese Wahlversammlung findet eine Woche nach der Wahlversammlung zur Wahl des Wahlvorstands statt.

(2) Wahlvorschläge können bis zum Ende der Wahlversammlung zur Wahl des Wahlvorstands nach § 17a Nr. 3 gemacht werden; für Wahlvorschläge der Arbeitnehmer gilt § 14 Abs. 4 mit der Maßgabe, dass für Wahlvorschläge, die erst auf dieser Wahlversammlung gemacht werden, keine Schriftform erforderlich ist.

(3) Ist der Wahlvorstand in Betrieben mit in der Regel fünf bis fünfzig wahlberechtigten Arbeitnehmern nach § 17a Nr. 1 in Verbindung mit § 16 vom Betriebsrat, Gesamtbetriebsrat oder Konzernbetriebsrat oder nach § 17a Nr. 4 vom Arbeitsgericht bestellt, wird der Betriebsrat abweichend von Absatz 1 Satz 1 und 2 auf nur einer Wahlversammlung in geheimer und unmittelbarer Wahl gewählt. Wahlvorschläge können bis eine Woche vor der Wahlversammlung zur Wahl des Betriebsrats gemacht werden; § 14 Abs. 4 gilt unverändert.

(4) Wahlberechtigten Arbeitnehmern, die an der Wahlversammlung zur Wahl des Betriebsrats nicht teilnehmen können, ist Gelegenheit zur schriftlichen Stimmabgabe zu geben.

(5) In Betrieben mit in der Regel 51 bis 100 wahlberechtigten Arbeitnehmern können der Wahlvorstand und der Arbeitgeber die Anwendung des vereinfachten Wahlverfahrens vereinbaren.

§ 15 Zusammensetzung nach Beschäftigungsarten und Geschlechter *)

(1) Der Betriebsrat soll sich möglichst aus Arbeitnehmern der einzelnen Organisationsbereiche und der verschiedenen Beschäftigungsarten der im Betrieb tätigen Arbeitnehmer zusammensetzen.

(2) Das Geschlecht, das in der Belegschaft in der Minderheit ist, muss mindestens entsprechend seinem zahlenmäßigen Verhältnis im Betriebsrat vertreten sein, wenn dieser aus mindestens drei Mitgliedern besteht.

*) Gemäß Artikel 14 Satz 2 des Gesetzes zur Reform des Betriebsverfassungsgesetzes (BetrVerf-Reformgesetz) vom 23. Juli 2001 (BGBl. I S. 1852) gilt § 15 (Artikel 1 Nr. 13 des BetrVerf-Reformgesetzes) für im Zeitraum des Inkrafttretens bestehende Betriebsräte erst bei deren Neuwahl.

§ 16 Bestellung des Wahlvorstands

(1) Spätestens zehn Wochen vor Ablauf seiner Amtszeit bestellt der Betriebsrat einen aus drei Wahlberechtigten bestehenden Wahlvorstand und einen von ihnen als Vorsitzenden. Der Betriebsrat kann die Zahl der Wahlvorstandsmitglieder erhöhen, wenn dies zur ordnungsgemäßen Durchführung der Wahl erforderlich ist. Der Wahlvorstand muss in jedem Fall aus einer ungeraden Zahl von Mitgliedern bestehen. Für jedes Mitglied des Wahlvorstands kann für den Fall seiner

① 상시적으로 5명~50명의 선거권이 있는 근로자가 있는 사업에서 근로자평의회는 2단계 절차에 의해 선거(選擧)로 구성된다. 1단계의 선거총회(Wahlversammlung)에서 제17a조에 따른 선거위원회(Wahlvorstand)가 구성된다. 2단계의 선거총회에서 근로자평의회가 비밀·직접선거로 구성된다. 이러한 선거총회는 선거위원회 구성을 위한 선거총회의 개최시로부터 1주일 후에 개최된다.

② 후보자추천(Wahlvorschläge)은 제17a조 제3호에 따른 선거위원회 구성을 위한 선거총회의 종료시까지 제안될 수 있다; 이러한 선거총회에서 비로소 제안된 후보자추천은 서면형식을 필요로 하지 않는다는 기준하에(mit der Maßgabe) 제14조 제4항이 근로자들의 후보자추천에 대해 적용된다.

③ 상시적으로 5명~50명의 선거권이 있는 근로자가 있는 사업에서 선거위원회가 제16조와 연결된 제17a조 제1호에 따라 근로자평의회, 기업근로자평의회 또는 콘체른근로자평의회에 의해 구성되거나 제17a조 제4호에 따라 지방노동법원(Arbeitsgericht)[6]에 따라 구성된 경우에는, 제14a조 제1항 제1문, 제2문과 달리 근로자평의회는 1회의 선거총회에서 비밀·직접선거로 구성된다. 후보자추천은 근로자평의회 구성을 위한 선거총회 1주일 전까지 제안될 수 있다: 제14조 제4항은 그대로 적용된다.

④ 근로자평의회 구성을 위한 선거총회에 참여할 수 없는 선거권이 있는 근로자들은 서면에 의한 투표행사(schriftlichen Stimmabgabe)의 기회를 부여받는다.

⑤ 51명~100명의 선거권이 있는 근로자가 있는 사업에서 선거위원회와 사용자는 간소화된 선거절차의 적용에 관하여 합의할 수 있다.

제15조 고용형태(Beschäftigungsarten)와 성별에 따른 구성

① 근로자평의회는 가능한 한 각각의 조직부문(Organisationsbereiche)의 근로자와 당해 사업에서 근무하는 다양한 고용형태의 근로자로 구성되어야 한다.

② 근로자평의회가 3명 이상으로 구성되는 경우에, 종업원들 중에서 소수인 성(Geschlecht)은 최소 그 성에 상응하여(mindestens entsprechend seinem zahlenmäßigen) 근로자평의회에서 대표되어야 한다.

*) 2001년 7월 23일의 사업조직법 개혁을 위한 법률(BetrVerf-Reformgesetz)(BGBl. I S. 1852) 제14조 제2문에 따라 위 제15조(사업조직법 개혁을 위한 법률 제1조 제8호)는 그 근로자평의회의 새로운 선거를 실시하고 난 후 비로소 그 법률 발효시에 존재하는 근로자평의회에 대해 적용된다.

제16조 선거위원회의 구성

① 근로자평의회는 늦어도 근로자평의회 임기 만료 10주 전까지 선거권이 있는 근로자 3명이 참가하는 선거위원회(Wahlvorstand)를 구성하고 그 선거위원회위원 중에서 1명을 선거위원회 위원장으로 임명한다. 그 증원이 그 선거의 원활한 시행(Durchführung)에 필요한 경우에는 근로자평의회는 선거위원회위원수를 증원할 수 있다. 선거위원회는 어떤 경우라도 홀수의 구성원으로 구성되어야 한다. 선거위원회의 각 구성원에 대해 직무수행장애(Verhinderung)의 경우

Verhinderung ein Ersatzmitglied bestellt werden. In Betrieben mit weiblichen und männlichen Arbeitnehmern sollen dem Wahlvorstand Frauen und Männer angehören. Jede im Betrieb vertretene Gewerkschaft kann zusätzlich einen dem Betrieb angehörenden Beauftragten als nicht stimmberechtigtes Mitglied in den Wahlvorstand entsenden, sofern ihr nicht ein stimmberechtigtes Wahlvorstandsmitglied angehört.

(2) Besteht acht Wochen vor Ablauf der Amtszeit des Betriebsrats kein Wahlvorstand, so bestellt ihn das Arbeitsgericht auf Antrag von mindestens drei Wahlberechtigten oder einer im Betrieb vertretenen Gewerkschaft; Absatz 1 gilt entsprechend. In dem Antrag können Vorschläge für die Zusammensetzung des Wahlvorstands gemacht werden. Das Arbeitsgericht kann für Betriebe mit in der Regel mehr als zwanzig wahlberechtigten Arbeitnehmern auch Mitglieder einer im Betrieb vertretenen Gewerkschaft, die nicht Arbeitnehmer des Betriebs sind, zu Mitgliedern des Wahlvorstands bestellen, wenn dies zur ordnungsgemäßen Durchführung der Wahl erforderlich ist.

(3) Besteht acht Wochen vor Ablauf der Amtszeit des Betriebsrats kein Wahlvorstand, kann auch der Gesamtbetriebsrat oder, falls ein solcher nicht besteht, der Konzernbetriebsrat den Wahlvorstand bestellen. Absatz 1 gilt entsprechend.

### § 17 Bestellung des Wahlvorstands in Betrieben ohne Betriebsrat

(1) Besteht in einem Betrieb, der die Voraussetzungen des § 1 Abs. 1 Satz 1 erfüllt, kein Betriebsrat, so bestellt der Gesamtbetriebsrat oder, falls ein solcher nicht besteht, der Konzernbetriebsrat einen Wahlvorstand. § 16 Abs. 1 gilt entsprechend.

(2) Besteht weder ein Gesamtbetriebsrat noch ein Konzernbetriebsrat, so wird in einer Betriebsversammlung von der Mehrheit der anwesenden Arbeitnehmer ein Wahlvorstand gewählt; § 16 Abs. 1 gilt entsprechend. Gleiches gilt, wenn der Gesamtbetriebsrat oder Konzernbetriebsrat die Bestellung des Wahlvorstands nach Absatz 1 unterlässt.

(3) Zu dieser Betriebsversammlung können drei wahlberechtigte Arbeitnehmer des Betriebs oder eine im Betrieb vertretene Gewerkschaft einladen und Vorschläge für die Zusammensetzung des Wahlvorstands machen.

(4) Findet trotz Einladung keine Betriebsversammlung statt oder wählt die Betriebsversammlung keinen Wahlvorstand, so bestellt ihn das Arbeitsgericht auf Antrag von mindestens drei wahlberechtigten Arbeitnehmern oder einer im Betrieb vertretenen Gewerkschaft. § 16 Abs. 2 gilt entsprechend.

### § 17a Bestellung des Wahlvorstands im vereinfachten Wahlverfahren

Im Fall des § 14a finden die §§ 16 und 17 mit folgender Maßgabe Anwendung:

1. Die Frist des § 16 Abs. 1 Satz 1 wird auf vier Wochen und die des § 16 Abs. 2 Satz 1, Abs. 3 Satz 1 auf drei Wochen verkürzt.

에 대체구성원(Ersatzmitglied)이 임명될 수 있다. 남성 및 여성 근로자가 있는 사업에서 남성과 여성 모두가 선거위원회에 속해야 한다. 의결권이 있는 선거위원회위원이 그 노동조합에 속하지 않은 경우에, 당해 사업에서 조합원인 근로자가 있는 각 노동조합은 당해 사업소속의 대리인(Beauftragten) 1명을 의결권이 없는 구성원으로 선거위원회(選擧委員會)에 추가적으로 파견할 수 있다.

② 근로자평의회 임기 만료 10주 전에 선거위원회가 없는 경우에, 지방노동법원은 3명 이상의 선거권이 있는 근로자 또는 당해 사업에 조합원인 근로자가 있는 노동조합의 신청에 의해 선거위원회를 구성한다; 제16조 제1항을 준용한다. 그 신청에서 선거위원회의 구성을 위한 제안을 할 수 있다. 그 임명이 선거의 원활한 시행에 필요한 경우에는, 지방노동법원(Arbeitsgericht)은 상시적으로 20명을 초과하는 선거권이 있는 근로자가 있는 사업에 대해 당해 사업에 조합원인 근로자가 있는 노동조합의 조합원으로 당해 사업의 근로자가 아닌 조합원도 선거위원회위원으로 임명할 수 있다.

③ 선거위원회 임기 만료 전 8주전에 선거위원회가 없는 경우에, 기업근로자평의회 또는 기업근로자평의회가 없는 경우에는 콘체른근로자평의회가 선거위원회(選擧委員會)를 구성한다. 제16조 제1항을 준용한다.

제17조 근로자평의회가 없는 사업의 선거위원회의 구성

① 제1조 제1항 제1문상의 요건을 충족하는 사업에 근로자평의회가 없는 경우에, 기업근로자평의회 또는 기업근로자평의회가 없는 경우에 콘체른근로자평의회가 선거위원회를 구성한다. 제16조 제1항을 준용한다.

② 기업근로자평의회(Gesamtbetriebsrat)와 콘체른근로자평의회(Konzernbetriebsrat)가 모두 없는 경우에, 근로자총회에서 그에 출석한 근로자의 과반수로 선거위원회를 구성한다; 제16조 제1항을 준용한다. 기업근로자평의회 또는 콘체른근로자평의회가 제17조 제1항에 따른 선거위원회 구성을 하지 않는 경우에도 또한 같다.

③ 당해 사업의 3명의 선거권이 있는 근로자 또는 당해 사업에 조합원인 근로자가 있는 노동조합은 이러한 근로자총회(Betriebsversammlung)를 소집할 수 있고 선거위원회 구성을 위한 제안을 할 수 있다.

④ 소집에도 불구하고 근로자총회(Betriebsversammlung)가 개최되지 않거나, 근로자총회에서 선거위원회가 구성되지 않는 경우에, 지방노동법원은 선거권이 있는 3명의 근로자 또는 당해 사업에 조합원인 근로자가 있는 노동조합의 신청(Antrag)에 의해 선거위원회를 구성한다. 제16조 제2항을 준용한다.

제17a조 간소화된 선거절차에 의한 선거위원회의 구성

제14a조의 경우에 제16조 내지 제17조는 다음 각 호의 기준하에 적용된다:

1. 제16조 제1항 제1문상의 기간은 4주로, 제16조 제2항 제1문, 제3항 제1문의 기간은 3주로 각각 단축된다.

2. § 16 Abs. 1 Satz 2 und 3 findet keine Anwendung.
3. In den Fällen des § 17 Abs. 2 wird der Wahlvorstand in einer Wahlversammlung von der Mehrheit der anwesenden Arbeitnehmer gewählt. Für die Einladung zu der Wahlversammlung gilt § 17 Abs. 3 entsprechend.
4. § 17 Abs. 4 gilt entsprechend, wenn trotz Einladung keine Wahlversammlung stattfindet oder auf der Wahlversammlung kein Wahlvorstand gewählt wird.

§ 18 Vorbereitung und Durchführung der Wahl

(1) Der Wahlvorstand hat die Wahl unverzüglich einzuleiten, sie durchzuführen und das Wahlergebnis festzustellen. Kommt der Wahlvorstand dieser Verpflichtung nicht nach, so ersetzt ihn das Arbeitsgericht auf Antrag des Betriebsrats, von mindestens drei wahlberechtigten Arbeitnehmern oder einer im Betrieb vertretenen Gewerkschaft. § 16 Abs. 2 gilt entsprechend.
(2) Ist zweifelhaft, ob eine betriebsratsfähige Organisationseinheit vorliegt, so können der Arbeitgeber, jeder beteiligte Betriebsrat, jeder beteiligte Wahlvorstand oder eine im Betrieb vertretene Gewerkschaft eine Entscheidung des Arbeitsgerichts beantragen.
(3) Unverzüglich nach Abschluss der Wahl nimmt der Wahlvorstand öffentlich die Auszählung der Stimmen vor, stellt deren Ergebnis in einer Niederschrift fest und gibt es den Arbeitnehmern des Betriebs bekannt. Dem Arbeitgeber und den im Betrieb vertretenen Gewerkschaften ist eine Abschrift der Wahlniederschrift zu übersenden.

§ 18a Zuordnung der leitenden Angestellten bei Wahlen

(1) Sind die Wahlen nach § 13 Abs. 1 und nach § 5 Abs. 1 des Sprecherausschussgesetzes zeitgleich einzuleiten, so haben sich die Wahlvorstände unverzüglich nach Aufstellung der Wählerlisten, spätestens jedoch zwei Wochen vor Einleitung der Wahlen, gegenseitig darüber zu unterrichten, welche Angestellten sie den leitenden Angestellten zugeordnet haben; dies gilt auch, wenn die Wahlen ohne Bestehen einer gesetzlichen Verpflichtung zeitgleich eingeleitet werden. Soweit zwischen den Wahlvorständen kein Einvernehmen über die Zuordnung besteht, haben sie in gemeinsamer Sitzung eine Einigung zu versuchen. Soweit eine Einigung zustande kommt, sind die Angestellten entsprechend ihrer Zuordnung in die jeweilige Wählerliste einzutragen.
(2) Soweit eine Einigung nicht zustande kommt, hat ein Vermittler spätestens eine Woche vor Einleitung der Wahlen erneut eine Verständigung der Wahlvorstände über die Zuordnung zu versuchen. Der Arbeitgeber hat den Vermittler auf dessen Verlangen zu unterstützen, insbesondere die erforderlichen Auskünfte zu erteilen und die erforderlichen Unterlagen zur Verfügung zu stellen. Bleibt der Verständigungsversuch erfolglos, so entscheidet der Vermittler nach Beratung mit dem Arbeitgeber. Absatz 1 Satz 3 gilt entsprechend.
(3) Auf die Person des Vermittlers müssen sich die Wahlvorstände einigen. Zum Vermittler kann

2. 제16조 제1항 제2문, 제3문은 적용되지 않는다.
3. 제17조 제2항의 경우에 선거위원회는 선거총회(Wahlversammlung)에서 그에 출석한 근로자 과반수로 구성된다. 선거총회(Wahlversammlung)의 소집(Einladung)에 대해 제17조 제3항을 준용한다.
4. 그 소집(召集)에도 불구하고 선거총회가 개최되지 않거나 선거총회에서 선거위원회가 구성되지 않는 경우에 제17조 제4항을 준용한다.

제18조 선거의 준비와 시행

① 선거위원회는 지체 없이 선거에 착수해야 하고, 이를 시행해야 하며 선거결과를 확정해야 한다. 선거위원회가 이러한 책임을 다하지 않은 경우에, 지방노동법원은 근로자평의회, 선거권이 있는 3명 이상의 근로자 또는 당해 사업에 조합원인 근로자가 있는 노동조합의 신청에 의해 선거위원회를 대신하여 이를 행한다. 제16조 제2항을 준용한다.

② 어느 조직단위(Organisationseinheit)가 근로자평의회를 구성할 능력이 있는지에 대해 의심이 있을 경우에, 사용자, 해당 근로자평의회의 각 구성원, 해당 선거위원회의 각 위원 또는 당해 사업에 조합원인 근로자가 있는 노동조합은 지방노동법원의 재판을 신청할 수 있다.

③ 선거 종료 후 지체 없이 선거위원회는 공개적으로 득표수 계산을 하고 그 결과를 의사록(Niederschrift)으로 확정하며 이를 당해 사업의 근로자들에게 공고한다. 선거의사록의 복사본(Abschrift)이 사용자와 당해 사업의 조합원인 근로자가 있는 노동조합(勞動組合)에 제공(提供)되어야 한다.

제18a조 선거에서 고위직사원의 분류

① 제13조 제1항에 따른 선거와 고위직사원평의회법 제5조 제1항에 따른 선거가 동시에 실시되는 경우에, 그 각 선거위원회는 선거인명부 작성 후(nach Aufstellung der Wählerlisten) 지체 없이, 늦어도 선거 개시 2주 전에 상호간에 어느 사원이 고위직사원으로 분류되는지에 관하여 통지한다; 법적 의무(Verpflichtung)가 없더라도 그러한 선거가 동시에 실시되는 경우에도 또한 같다. 각 선거위원회 간에 그 분류(Zuordnung)에 관하여 합의가 이뤄지지 않은 경우에는, 각 선거위원회는 공동의 회의(gemeinsamer Sitzung)에서 합의를 시도할 수 있다. 합의(Einigung)가 이뤄진 경우에 그 합의된 분류에 따라 그 고위직사원은 각각의 선거인명부(Wählerliste)에 등재(登載)된다.

② 그 합의가 성사되지 않은 경우에, 중재인(Vermittler)이 늦어도 선거 개시 1주일 전에 다시 그 분류에 관한 선거위원회 간의 합의에 대해 시도할 수 있다. 사용자는 중재인의 신청이 있는 경우 중재인에게 도움을 제공해야 하고, 특히 필요한 정보(Auskünfte)와 필요한 서류(Unterlagen)를 사용할 수 있도록 제공해야 한다. 합의시도(Verständigungsversuch)가 실패한 경우에 중재인(Vermittler)은 사용자와 협의(Beratung) 후 결정한다. 제18a조 제1항 제3문을 준용한다.

③ 누가 중재인(Vermittler)이 될지에 대해 각 선거위원회가 합의해야 한다. 그 사업의 근로자

nur ein Beschäftigter des Betriebs oder eines anderen Betriebs des Unternehmens oder Konzerns oder der Arbeitgeber bestellt werden. Kommt eine Einigung nicht zustande, so schlagen die Wahlvorstände je eine Person als Vermittler vor; durch Los wird entschieden, wer als Vermittler tätig wird.

(4) Wird mit der Wahl nach § 13 Abs. 1 oder 2 nicht zeitgleich eine Wahl nach dem Sprecherausschussgesetz eingeleitet, so hat der Wahlvorstand den Sprecherausschuss entsprechend Absatz 1 Satz 1 erster Halbsatz zu unterrichten. Soweit kein Einvernehmen über die Zuordnung besteht, hat der Sprecherausschuss Mitglieder zu benennen, die anstelle des Wahlvorstands an dem Zuordnungsverfahren teilnehmen. Wird mit der Wahl nach § 5 Abs. 1 oder 2 des Sprecherausschussgesetzes nicht zeitgleich eine Wahl nach diesem Gesetz eingeleitet, so gelten die Sätze 1 und 2 für den Betriebsrat entsprechend.

(5) Durch die Zuordnung wird der Rechtsweg nicht ausgeschlossen. Die Anfechtung der Betriebsratswahl oder der Wahl nach dem Sprecherausschussgesetz ist ausgeschlossen, soweit sie darauf gestützt wird, die Zuordnung sei fehlerhaft erfolgt. Satz 2 gilt nicht, soweit die Zuordnung offensichtlich fehlerhaft ist.

§ 19 Wahlanfechtung

(1) Die Wahl kann beim Arbeitsgericht angefochten werden, wenn gegen wesentliche Vorschriften über das Wahlrecht, die Wählbarkeit oder das Wahlverfahren verstoßen worden ist und eine Berichtigung nicht erfolgt ist, es sei denn, dass durch den Verstoß das Wahlergebnis nicht geändert oder beeinflusst werden konnte.

(2) Zur Anfechtung berechtigt sind mindestens drei Wahlberechtigte, eine im Betrieb vertretene Gewerkschaft oder der Arbeitgeber. Die Wahlanfechtung ist nur binnen einer Frist von zwei Wochen, vom Tage der Bekanntgabe des Wahlergebnisses an gerechnet, zulässig.

§ 20 Wahlschutz und Wahlkosten

(1) Niemand darf die Wahl des Betriebsrats behindern. Insbesondere darf kein Arbeitnehmer in der Ausübung des aktiven und passiven Wahlrechts beschränkt werden.

(2) Niemand darf die Wahl des Betriebsrats durch Zufügung oder Androhung von Nachteilen oder durch Gewährung oder Versprechen von Vorteilen beeinflussen.

(3) Die Kosten der Wahl trägt der Arbeitgeber. Versäumnis von Arbeitszeit, die zur Ausübung des Wahlrechts, zur Betätigung im Wahlvorstand oder zur Tätigkeit als Vermittler (§ 18a) erforderlich ist, berechtigt den Arbeitgeber nicht zur Minderung des Arbeitsentgelts.

## Zweiter Abschnitt Amtszeit des Betriebsrats

§ 21 Amtszeit

당해 기업(Unternehmen) 또는 콘체른(Konzern)의 다른 사업의 근로자나 사용자만이 중재인으로 임명(任命)될 수 있다. 그 합의가 성사(成事)되지 않은 경우에 그 각 선거위원회는 중재인 후보자(候補者)로 1명씩을 추천한다; 누가 중재인(仲裁人)으로 활동할지는 추첨(Los)으로 결정된다.

④ 제13조 제1항 또는 제2항에 따른 선거가 고위직사원평의회법(Sprecherausschussgesetz)에 따른 선거와 동시에 실시되지 않은 경우에, 선거위원회는 제18a조 제1항 제1문의 둘째소문(小文)을 준용하여 고위직사원평의회에 통지해야 한다. 그 분류에 관하여 합의(Einvernehmen)가 되지 않는 경우에 고위직사원평의회(Sprecherausschuss)는 선거위원회(選擧委員會) 대신에 그 분류절차에 참여할 구성원을 임명해야 한다. 이 법에 따른 선거가 고위직사원평의회법 제5조 제1항 또는 제2항에 따른 선거와 동시에 실시되지 않은 경우에 근로자평의회에 대해 제1문, 제2문을 준용한다.

⑤ 제소(Rechtsweg; 提訴)는 그 분류에 의해 배제되지 않는다. 근로자평의회선거 취소(Anfechtung)나 고위직사원평의회법에 따른 선거의 취소(取消)는 그 분류에 오류(誤謬)가 있음을 이유로 하는 경우에는 배제된다. 그 분류에 명백한 오류(誤謬)가 있는 경우에 제2문을 적용하지 않는다.

제19조 선거취소

① 그 위반으로 선거결과가 바뀌지 않거나 그에 영향이 없는 경우를 제외하고, 그 선거가 선거권(Wahlrecht), , 피선거권(Wählbarkeit) 또는 선거절차(Wahlverfahren)에 관한 중요한 규정에 위반되고 시정이 이뤄지지 않은 경우에 선거취소(選擧取消)가 '지방노동법원'에 의해 이뤄질 수 있다.

② 선거권이 있는 3명의 근로자, 당해 사업에 조합원인 근로자가 있는 노동조합 또는 사용자가 그 취소소송을 제기할 수 있다. 그 취소소송은 선거결과 공고일로부터 기산(起算)하여 2주의 기간 내에만 제기할 수 있다.

제20조 선거보호와 선거비용

① 누구든지 근로자평의회선거를 방해해서는 안 된다. 특히 근로자는 선거권 및 피선거권의 행사에 있어 제한을 받아서는 안 된다.

② 누구든지 불이익의 부과 또는 위협이나 이익의 부여 또는 약속으로 근로자평의회선거에 영향을 미쳐서는 안 된다.

③ 선거비용은 사용자가 부담한다. 사용자는 선거권의 행사, 선거위원회에서의 활동 또는 중재인으로서 활동(제18a조)에 필요한 근로시간손실(Versäumnis)에 대해 임금을 감액할 수 없다.

## 제2장 근로자평의회의 임기

제21조 임기

Die regelmäßige Amtszeit des Betriebsrats beträgt vier Jahre. Die Amtszeit beginnt mit der Bekanntgabe des Wahlergebnisses oder, wenn zu diesem Zeitpunkt noch ein Betriebsrat besteht, mit Ablauf von dessen Amtszeit. Die Amtszeit endet spätestens am 31. Mai des Jahres, in dem nach § 13 Abs. 1 die regelmäßigen Betriebsratswahlen stattfinden. In dem Fall des § 13 Abs. 3 Satz 2 endet die Amtszeit spätestens am 31. Mai des Jahres, in dem der Betriebsrat neu zu wählen ist. In den Fällen des § 13 Abs. 2 Nr. 1 und 2 endet die Amtszeit mit der Bekanntgabe des Wahlergebnisses des neu gewählten Betriebsrats.

§ 21a Übergangsmandat*)

(1) Wird ein Betrieb gespalten, so bleibt dessen Betriebsrat im Amt und führt die Geschäfte für die ihm bislang zugeordneten Betriebsteile weiter, soweit sie die Voraussetzungen des § 1 Abs. 1 Satz 1 erfüllen und nicht in einen Betrieb eingegliedert werden, in dem ein Betriebsrat besteht (Übergangsmandat). Der Betriebsrat hat insbesondere unverzüglich Wahlvorstände zu bestellen. Das Übergangsmandat endet, sobald in den Betriebsteilen ein neuer Betriebsrat gewählt und das Wahlergebnis bekannt gegeben ist, spätestens jedoch sechs Monate nach Wirksamwerden der Spaltung. Durch Tarifvertrag oder Betriebsvereinbarung kann das Übergangsmandat um weitere sechs Monate verlängert werden.

(2) Werden Betriebe oder Betriebsteile zu einem Betrieb zusammengefasst, so nimmt der Betriebsrat des nach der Zahl der wahlberechtigten Arbeitnehmer größten Betriebs oder Betriebsteils das Übergangsmandat wahr. Absatz 1 gilt entsprechend.

(3) Die Absätze 1 und 2 gelten auch, wenn die Spaltung oder Zusammenlegung von Betrieben und Betriebsteilen im Zusammenhang mit einer Betriebsveräußerung oder einer Umwandlung nach dem Umwandlungsgesetz erfolgt.

*) Diese Vorschrift dient der Umsetzung des Artikels 6 der Richtlinie 2001/23/EG des Rates vom 12. März 2001 zur Angleichung der Rechtsvorschriften der Mitgliedstaaten über die Wahrung von Ansprüchen der Arbeitnehmer beim Übergang von Unternehmen, Betrieben oder Betriebsteilen (ABl. EG Nr. L 82 S. 16).

§ 21b Restmandat

Geht ein Betrieb durch Stilllegung, Spaltung oder Zusammenlegung unter, so bleibt dessen Betriebsrat so lange im Amt, wie dies zur Wahrnehmung der damit im Zusammenhang stehenden Mitwirkungs- und Mitbestimmungsrechte erforderlich ist.

§ 22 Weiterführung der Geschäfte des Betriebsrats

In den Fällen des § 13 Abs. 2 Nr. 1 bis 3 führt der Betriebsrat die Geschäfte weiter, bis der neue Betriebsrat gewählt und das Wahlergebnis bekanntgegeben ist.

§ 23 Verletzung gesetzlicher Pflichten

근로자평의회의 통상적인 임기는 4년이다. 그 임기는 선거결과의 공고(Bekanntgabe)로써 또는 선거결과의 공고시에 근로자평의회가 있는 경우에는 근로자평의회의 임기의 만료로써 개시된다. 그 임기는 늦어도 제13조 제1항에 따라 정례적 근로자평의회선거가 실시되는 해의 5월 31일에 만료(滿了)된다. 제13조 제3항 제2문의 경우에 그 임기는 늦어도 근로자평의회가 새로이 선거로 구성되는 해의 5월 31일에 만료된다. 제13조 제2항 제1호, 제2호의 경우에 그 임기는 새로이 선출된 근로자평의회의 선거결과의 공고로써(mit der Bekanntgabe des Wahlergebnisses) 만료(滿了)된다.

제21a조 과도기위임*)

① 하나의 사업이 분할(分割)된 경우에 그 사업일부(Betriebsteile)가 제1조 제1항 제1문상의 요건을 충족하고 근로자평의회가 있는 사업에 속하지 않게 된 때에는, 그 사업의 근로자평의회는 그 직을 유지하고 그때까지 그 근로자평의회가 담당한 그 사업일부에 대한 사무를 계속적으로 수행한다(과도기위임; Übergangsmandat). 특히 그 근로자평의회는 지체 없이 선거위원회를 구성한다. 그 과도적 위임은 그 사업일부에 새로운 근로자평의회가 구성되고 그 선거결과가 공고된 때, 늦어도 사업분할의 효력이 발생한 때로부터 6개월 후에는 종료(終了)된다. 단체협약 또는 사업협정(Betriebsvereinbarung)으로 과도기위임이 6개월간 추가적으로 연장(延長)되는 것으로 정할 수 있다.

② 사업 또는 사업일부가 어느 사업에 통합(統合)된 경우에, 선거권이 있는 근로자수가 가장 많은 사업 또는 사업일부의 근로자평의회가 과도기적으로 그 직을 수행한다. 제21a조 제1항을 준용한다.

③ 사업의 분할 또는 통합이 기업구조재편법(Umwandlungsgesetz)에 따른 사업양도(Betriebsveräußerung) 또는 구조변경(Umwandlung)과 관련되어 이뤄진 경우에도 제21조 제1항, 제2항이 적용된다.

*) 위와 같은 규정들은 기업, 사업 또는 사업일부의 이전시 근로자의 청구권 유지에 대한 회원국의 법규정 일치에 관한 2001년 3월 12일의 유럽연합이사회 2001/23/EG 지침 (ABl. EG Nr. L 82 S. 16)의 제6조 시행에 기여한다.

제21b조 잔여위임(Restmandat)

사업이 폐업(Stilllegung), 분할 또는 통합(Zusammenlegung)에 의해 소멸하는 경우에는, 그 사업의 근로자평의회는 그러한 폐업, 분할 및 통합과 관련이 있는 의사결정참가권 및 공동결정권(Mitwirkungs- und Mitbestimmungsrechte)의 행사에 필요할 때까지 그 직을 수행한다.

제22조 근로자평의회의 사무의 계속적 수행

제13조 제2항 제1호 내지 제3호의 경우에 근로자평의회는 새로운 근로자평의회가 선거로 구성되고 그 선거결과가 공표(公表)될 때까지 그 사무를 계속적으로 수행한다.

제23조 법률상 의무의 위반

(1) Mindestens ein Viertel der wahlberechtigten Arbeitnehmer, der Arbeitgeber oder eine im Betrieb vertretene Gewerkschaft können beim Arbeitsgericht den Ausschluss eines Mitglieds aus dem Betriebsrat oder die Auflösung des Betriebsrats wegen grober Verletzung seiner gesetzlichen Pflichten beantragen. Der Ausschluss eines Mitglieds kann auch vom Betriebsrat beantragt werden.
(2) Wird der Betriebsrat aufgelöst, so setzt das Arbeitsgericht unverzüglich einen Wahlvorstand für die Neuwahl ein. § 16 Abs. 2 gilt entsprechend.
(3) Der Betriebsrat oder eine im Betrieb vertretene Gewerkschaft können bei groben Verstößen des Arbeitgebers gegen seine Verpflichtungen aus diesem Gesetz beim Arbeitsgericht beantragen, dem Arbeitgeber aufzugeben, eine Handlung zu unterlassen, die Vornahme einer Handlung zu dulden oder eine Handlung vorzunehmen. Handelt der Arbeitgeber der ihm durch rechtskräftige gerichtliche Entscheidung auferlegten Verpflichtung zuwider, eine Handlung zu unterlassen oder die Vornahme einer Handlung zu dulden, so ist er auf Antrag vom Arbeitsgericht wegen einer jeden Zuwiderhandlung nach vorheriger Androhung zu einem Ordnungsgeld zu verurteilen. Führt der Arbeitgeber die ihm durch eine rechtskräftige gerichtliche Entscheidung auferlegte Handlung nicht durch, so ist auf Antrag vom Arbeitsgericht zu erkennen, dass er zur Vornahme der Handlung durch Zwangsgeld anzuhalten sei. Antragsberechtigt sind der Betriebsrat oder eine im Betrieb vertretene Gewerkschaft. Das Höchstmaß des Ordnungsgeldes und Zwangsgeldes beträgt 10.000 Euro.

§ 24 Erlöschen der Mitgliedschaft

Die Mitgliedschaft im Betriebsrat erlischt durch

1. Ablauf der Amtszeit,
2. Niederlegung des Betriebsratsamtes,
3. Beendigung des Arbeitsverhältnisses,
4. Verlust der Wählbarkeit,
5. Ausschluss aus dem Betriebsrat oder Auflösung des Betriebsrats aufgrund einer gerichtlichen Entscheidung,
6. gerichtliche Entscheidung über die Feststellung der Nichtwählbarkeit nach Ablauf der in § 19 Abs. 2 bezeichneten Frist, es sei denn, der Mangel liegt nicht mehr vor.

§ 25 Ersatzmitglieder

(1) Scheidet ein Mitglied des Betriebsrats aus, so rückt ein Ersatzmitglied nach. Dies gilt entsprechend für die Stellvertretung eines zeitweilig verhinderten Mitglieds des Betriebsrats.
(2) Die Ersatzmitglieder werden schlagslisten entnommen, denen die zu ersetzenden Mitglieder angehören. Ist eine Vorschlagsliste erschöpft, so ist das Ersatzmitglied derjenigen Vorschlagsliste zu entnehmen, auf die nach den Grundsätzen der Verhältniswahl der nächste Sitz entfallen würde.

① 선거권이 있는 근로자 중 1/4 이상, 사용자 또는 당해 사업에 조합원인 근로자가 있는 노동조합은 그 법률상 의무(seiner gesetzlichen Pflichten)의 중대한 위반을 이유로 지방노동법원에 그 구성원의 근로자평의회에서의 제명(Ausschluss) 또는 근로자평의회의 해산(Auflösung)을 신청을 할 수 있다. 그 구성원의 제명(除名)은 근로자평의회도 신청할 수 있다.
② 근로자평의회가 해산(解散)된 경우에 지방노동법원은 지체 없이 새로운 선거를 위한 선거위원회를 구성한다. 제16조 제2항을 준용한다.
③ 근로자평의회 또는 당해 사업에 조합원인 근로자가 있는 노동조합은 사용자의 이 법에 따른 의무의 중대한 위반이 있는 경우에 지방노동법원에, 사용자에게 부작위(Handlung zu unterlassen), 작위에 대한 수인(Vornahme einer Handlung zu dulden)이나 작위(Handlung vorzunehmen)를 명할 것을 신청할 수 있다. 사용자가 법원의 확정된 재판(rechtskräftige gerichtliche Entscheidung)에 의해 자신에게 부과된, 부작위의무 또는 작위에 대한 수인의무를 위반하는 경우에, 지방노동법원은 그 신청이 있는 때에는 사용자에게 사전경고에 따른 각각의 위반행위를 이유로(wegen einer jeden Zuwiderhandlung nach vorheriger Androhung) 과태료(Ordnungsgeld)를 부과한다. 사용자가 확정된 재판에 의해 자신에게 부과된 행위를 수행하지 않는 경우에, 지방노동법원은 신청에 의해 사용자가 강제금(Zwangsgeld)에 의한 작위(Vornahme der Handlung)를 명한다. 근로자평의회 또는 당해 사업에 조합원인 근로자가 있는 노동조합이 그 신청을 할 수 있다. 과태료와 강제금의 상한(Höchstmaß)은 10,000유로이다.

제24조 구성원자격의 상실

근로자평의회의 구성원자격은 다음 각 호에 의해 상실된다,

1. 임기 만료,
2. 사직,
3. 근로관계의 종료,
3. 근로관계의 종료(Beendigung),
4. 피선거권의 상실(Verlust),
5. 법원의 재판에 의한 근로자평의회에서의의 제명(Ausschluss) 또는 근로자평의회의 해산(Auflösung),
6. 제19조 제2항상의 기간의 경과 후에 피선거권부존재(Nichtwählbarkeit)를 확인하는 법원의 재판, 그 하자가 더 이상 존재하지 않는 경우에는 그러하지 아니하다.

제25조 대체구성원

① 근로자평의회구성원이 사직하는 경우에 대체구성원이 그 직을 승계한다. 이는 일시적으로 직무수행장애가 있는 근로자평의회구성원에 대한 직무대리에 대해서도 준용한다.
② 대체구성원은 제15조 제2항의 고려하에, 대체되는 구성원이 속한 후보자명부에 있는 선출되지 않은 근로자 중에서 순위에 따라 선출된다. 그 후보자명부에 배치된 인원이 소진된 경우에 비례대표선거원칙에 따라 다음 대체구성원자리가 할당되는 후보자명부에 있는 대체구성

Ist das ausgeschiedene oder verhinderte Mitglied nach den Grundsätzen der Mehrheitswahl gewählt, so bestimmt sich die Reihenfolge der Ersatzmitglieder unter Berücksichtigung des § 15 Abs. 2 nach der Höhe der erreichten Stimmenzahlen.

## Dritter Abschnitt Geschäftsführung des Betriebsrats

§ 26 Vorsitzender

(1) Der Betriebsrat wählt aus seiner Mitte den Vorsitzenden und dessen Stellvertreter.

(2) Der Vorsitzende des Betriebsrats oder im Fall seiner Verhinderung sein Stellvertreter vertritt den Betriebsrat im Rahmen der von ihm gefassten Beschlüsse. Zur Entgegennahme von Erklärungen, die dem Betriebsrat gegenüber abzugeben sind, ist der Vorsitzende des Betriebsrats oder im Fall seiner Verhinderung sein Stellvertreter berechtigt.

§ 27 Betriebsausschuss

(1) Hat ein Betriebsrat neun oder mehr Mitglieder, so bildet er einen Betriebsausschuss. Der Betriebsausschuss besteht aus dem Vorsitzenden des Betriebsrats, dessen Stellvertreter und bei Betriebsräten mit

9 bis 15 Mitgliedern

aus 3 weiteren Ausschussmitgliedern,

17 bis 23 Mitgliedern

aus 5 weiteren Ausschussmitgliedern,

25 bis 35 Mitgliedern

aus 7 weiteren Ausschussmitgliedern,

37 oder mehr Mitgliedern

aus 9 weiteren Ausschussmitgliedern.

Die weiteren Ausschussmitglieder werden vom Betriebsrat aus seiner Mitte in geheimer Wahl und nach den Grundsätzen der Verhältniswahl gewählt. Wird nur ein Wahlvorschlag gemacht, so erfolgt die Wahl nach den Grundsätzen der Mehrheitswahl. Sind die weiteren Ausschussmitglieder nach den Grundsätzen der Verhältniswahl gewählt, so erfolgt die Abberufung durch Beschluss des Betriebsrats, der in geheimer Abstimmung gefasst wird und einer Mehrheit von drei Vierteln der Stimmen der Mitglieder des Betriebsrats bedarf.

(2) Der Betriebsausschuss führt die laufenden Geschäfte des Betriebsrats. Der Betriebsrat kann dem Betriebsausschuss mit der Mehrheit der Stimmen seiner Mitglieder Aufgaben zur selbständigen Erledigung übertragen; dies gilt nicht für den Abschluss von Betriebsvereinbarungen. Die Übertragung bedarf der Schriftform. Die Sätze 2 und 3 gelten entsprechend für den Widerruf der Übertragung von Aufgaben.

원이 선출된다. 사임한 구성원 또는 직무수행장애가 있는 구성원이 다수대표제선거원칙에 따라 선출된 경우에, 대체구성원의 순위는 제15조 제2항의 고려하에 획득한 득표수의 크기(der Höhe der erreichten Stimmenzahlen)에 따라 결정된다.

## 제3장 근로자평의회의 사무처리

### 제26조 의장

① 근로자평의회는 그 구성원 중에서 의장과 부의장(Stellvertreter)을 선출한다.

② 근로자평의회의 의장 또는 의장에게 직무수행장애(Verhinderung)가 있는 경우에는 부의장이 근로자평의회가 결의한 범위 내에서 근로자평의회를 대표한다. 근로자평의회의 의장 또는 의장에게 직무수행장애가 있는 경우에는 부의장이 근로자평의회에 대해 행해진 의사표시(Erklärungen)를 수령할 권한이 있다.

### 제27조 근로자집행위원회

① 근로자평의회에 9명 이상의 근로자평의회구성원이 있는 경우에 그 근로자평의회에 1개의 근로자집행위원회(Betriebsausschuss)가 조직된다. 근로자집행위원회는 근로자평의회 의장, 부의장과,

9명~15명의 구성원이 있는 근로자평의회의 경우
3명의 추가적 근로자집행위원회위원으로,
17명~23명의 구성원이 있는 근로자평의회의 경우
5명의 추가적 근로자집행위원회위원으로,
25명~35명의 구성원이 있는 근로자평의회의 경우
7명의 추가적 근로자집행위원회위원으로,
37명 이상의 구성원이 있는 근로자평의회의 경우
9명의 추가적 근로자집행위원회위원으로 구성된다.

추가적인 근로자집행위원회위원은 근로자평의회에 의해 근로자평의회구성원 중에서 비밀선거(geheimer Wahl)와 비례대표선거원칙(Grundsätzen der Verhältniswahl)에 따라 선출된다. 하나의 후보자추천서(Wahlvorschlag)만이 제출된 경우에 다수대표제선거원칙(Grundsätzen der Mehrheitswahl)에 따라 선거가 실시된다. 추가적인 근로자집행위원회위원이 비례대표선거원칙에 따라 선출되는 경우에 비밀투표로 이뤄지고 근로자평의회구성원 투표의 3/4의 다수결(Mehrheit)을 필요로 하는, 근로자평의회의 결의에 의해 해임(Abberufung)이 이뤄진다.

② 근로자집행위원회는 근로자평의회의 일상적 사무(laufenden Geschäfte)를 처리한다. 근로자평의회는 근로자평의회구성원의 투표의 과반수로 근로자집행위원회에게 임무를 독자적으로 처리하도록 그 임무를 이양할 수 있다; 이는 사업협정의 체결에는 적용하지 않는다. 그 이양은 서면형식을 필요로 한다. 제27조 제2문, 제3문은 그 이양의 철회(Widerruf) 에 준용된다.

(3) Betriebsräte mit weniger als neun Mitgliedern können die laufenden Geschäfte auf den Vorsitzenden des Betriebsrats oder andere Betriebsratsmitglieder übertragen.

§ 28 Übertragung von Aufgaben auf Ausschüsse

(1) Der Betriebsrat kann in Betrieben mit mehr als 100 Arbeitnehmern Ausschüsse bilden und ihnen bestimmte Aufgaben übertragen. Für die Wahl und Abberufung der Ausschussmitglieder gilt § 27 Abs. 1 Satz 3 bis 5 entsprechend. Ist ein Betriebsausschuss gebildet, kann der Betriebsrat den Ausschüssen Aufgaben zur selbständigen Erledigung übertragen; § 27 Abs. 2 Satz 2 bis 4 gilt entsprechend.

(2) Absatz 1 gilt entsprechend für die Übertragung von Aufgaben zur selbständigen Entscheidung auf Mitglieder des Betriebsrats in Ausschüssen, deren Mitglieder vom Betriebsrat und vom Arbeitgeber benannt werden.

§ 28a Übertragung von Aufgaben auf Arbeitsgruppen

(1) In Betrieben mit mehr als 100 Arbeitnehmern kann der Betriebsrat mit der Mehrheit der Stimmen seiner Mitglieder bestimmte Aufgaben auf Arbeitsgruppen übertragen; dies erfolgt nach Maßgabe einer mit dem Arbeitgeber abzuschließenden Rahmenvereinbarung. Die Aufgaben müssen im Zusammenhang mit den von der Arbeitsgruppe zu erledigenden Tätigkeiten stehen. Die Übertragung bedarf der Schriftform. Für den Widerruf der Übertragung gelten Satz 1 erster Halbsatz und Satz 3 entsprechend.

(2) Die Arbeitsgruppe kann im Rahmen der ihr übertragenen Aufgaben mit dem Arbeitgeber Vereinbarungen schließen; eine Vereinbarung bedarf der Mehrheit der Stimmen der Gruppenmitglieder. § 77 gilt entsprechend. Können sich Arbeitgeber und Arbeitsgruppe in einer Angelegenheit nicht einigen, nimmt der Betriebsrat das Beteiligungsrecht wahr.

§ 29 Einberufung der Sitzungen

(1) Vor Ablauf einer Woche nach dem Wahltag hat der Wahlvorstand die Mitglieder des Betriebsrats zu der nach § 26 Abs. 1 vorgeschriebenen Wahl einzuberufen. Der Vorsitzende des Wahlvorstands leitet die Sitzung, bis der Betriebsrat aus seiner Mitte einen Wahlleiter bestellt hat.

(2) Die weiteren Sitzungen beruft der Vorsitzende des Betriebsrats ein. Er setzt die Tagesordnung fest und leitet die Verhandlung. Der Vorsitzende hat die Mitglieder des Betriebsrats zu den Sitzungen rechtzeitig unter Mitteilung der Tagesordnung zu laden. Dies gilt auch für die Schwerbehindertenvertretung sowie für die Jugend- und Auszubildendenvertreter, soweit sie ein Recht auf Teilnahme an der Betriebsratssitzung haben. Kann ein Mitglied des Betriebsrats oder der Jugend- und Auszubildendenvertretung an der Sitzung nicht teilnehmen, so soll es dies unter Angabe der Gründe unverzüglich dem Vorsitzenden mitteilen. Der Vorsitzende hat für ein

③ 9명 미만의 구성원이 있는 근로자평의회는 일상적 사무를 근로자평의회 의장 또는 다른 근로자평의회구성원에게 이양(移讓)할 수 있다.

제28조 부문위원회로의 임무에 대한 권한위임

① 근로자평의회는 100명을 초과한 근로자가 있는 사업에서 부문위원회를 설치할 수 있고 그 부문위원회(Ausschüsse)에게 일정한 임무를 이양할 수 있다. 부문위원회의 선거 및 해임에 대해 제27조 제1항 제3문 내지 제5문을 준용한다. 근로자집행위원회(Betriebsausschuss)가 조직된 경우에는 근로자평의회는 그 근로자집행위원회에게 임무를 독자적으로 처리하도록 그 임무를 이양할 수 있다; 제27조 제2항 제2문 내지 제4문을 준용한다.

② 제28조 제1항은, 근로자평의회구성원이 그 구성원이 근로자평의회와 사용자에 임명되는 근로자집행위원회(Ausschüssen) 내의 근로자평의회구성원에게 그 구성원이 독자적인 결성을 하도록 하는 임무의 이양(Übertragung von Aufgaben)에 대하여 준용한다.

제28a조 근로자집단에로의 임무에 대한 권한위임

① 100명을 초과하는 근로자가 있는 사업에서 근로자평의회는 근로자평의회구성원의 투표의 과반수로 근로자집단(Arbeitsgruppen)에게 일정한 임무(任務)를 이양할 수 있다; 이는 사용자와 체결한 기본협정(Rahmenvereinbarung)의 기준에 따라 실시된다. 그 임무는 근로자집단이 처리할 수 있는 활동(Tätigkeiten)과 관련이 있어야만 한다. 그 이양(移讓)은 서면형식(Schriftform)으로 한다. 제1문 첫째소문(小文)과 제3문을 그 이양의 철회(Widerruf der Übertragung)에 대해 준용한다.

② 근로자집단은 자신에게 이양된 임무의 범위 내에서 사용자와 협정(協定)을 체결할 수 있다; 그 협정(Vereinbarungen)은 근로자집단구성원의 투표의 과반수를 필요로 한다. 제77조를 준용한다. 사용자와 근로자집단이 어느 사항에 대해 합의할 수 없는 경우에, 근로자평의회가 의사결정참가권을(Beteiligungsrecht)행사한다.

제29조 회의의 소집

① 선거일로부터 1주일이 경과하기 전에 선거위원회는 제26조 제1항에 따라 규정된 선거를 위해 근로자평의회구성원을 소집(召集)해야 한다. 선거위원회위원장은 근로자평의회가 근로자평의회구성원 중에서 임시의장(Wahlleiter)을 임명할 때까지 회의를 주재(主宰)한다.

② 기타 회의는 근로자평의회의장이 소집한다. 그는 의사일정(Tagesordnung)을 정하고 평의를 주재한다. 근로자평의회의장은 의사일정을 통지하여(unter Mitteilung der Tagesordnung) 근로자평의회구성원을 회의로 적시에 소환(召喚)해야 한다. 그들이 근로자평의회 회의에 참석할 권리를 가지고 있는 경우에, 이는 중증장애인대표단(Schwerbehindertenvertretung), 연소자·직업훈련생대표위원(Jugend- und Auszubildendenvertreter)에 적용된다. 근로자평의회구성원이나 연소자·직업훈련생대표위원이 그 회의에 참석할 수 없는 경우에 그들은 그 사유를 기재하여 이를 의장에게 통지해야 한다. 근로자평의회의장은 직무수행장애(職務遂行障碍)가 있

verhindertes Betriebsratsmitglied oder für einen verhinderten Jugend- und Auszubildendenvertreter das Ersatzmitglied zu laden.

(3) Der Vorsitzende hat eine Sitzung einzuberufen und den Gegenstand, dessen Beratung beantragt ist, auf die Tagesordnung zu setzen, wenn dies ein Viertel der Mitglieder des Betriebsrats oder der Arbeitgeber beantragt.

(4) Der Arbeitgeber nimmt an den Sitzungen, die auf sein Verlangen anberaumt sind, und an den Sitzungen, zu denen er ausdrücklich eingeladen ist, teil. Er kann einen Vertreter der Vereinigung der Arbeitgeber, der er angehört, hinzuziehen.

§ 30 Betriebsratssitzungen

Die Sitzungen des Betriebsrats finden in der Regel während der Arbeitszeit statt. Der Betriebsrat hat bei der Ansetzung von Betriebsratssitzungen auf die betrieblichen Notwendigkeiten Rücksicht zu nehmen. Der Arbeitgeber ist vom Zeitpunkt der Sitzung vorher zu verständigen. Die Sitzungen des Betriebsrats sind nicht öffentlich.

§ 31 Teilnahme der Gewerkschaften

Auf Antrag von einem Viertel der Mitglieder des Betriebsrats kann ein Beauftragter einer im Betriebsrat vertretenen Gewerkschaft an den Sitzungen beratend teilnehmen; in diesem Fall sind der Zeitpunkt der Sitzung und die Tagesordnung der Gewerkschaft rechtzeitig mitzuteilen.

§ 32 Teilnahme der Schwerbehindertenvertretung

Die Schwerbehindertenvertretung (§ 177 des Neunten Buches Sozialgesetzbuch) kann an allen Sitzungen des Betriebsrats beratend teilnehmen.

§ 33 Beschlüsse des Betriebsrats

(1) Die Beschlüsse des Betriebsrats werden, soweit in diesem Gesetz nichts anderes bestimmt ist, mit der Mehrheit der Stimmen der anwesenden Mitglieder gefasst. Bei Stimmengleichheit ist ein Antrag abgelehnt.

(2) Der Betriebsrat ist nur beschlussfähig, wenn mindestens die Hälfte der Betriebsratsmitglieder an der Beschlussfassung teilnimmt; Stellvertretung durch Ersatzmitglieder ist zulässig.

(3) Nimmt die Jugend- und Auszubildendenvertretung an der Beschlussfassung teil, so werden die Stimmen der Jugend- und Auszubildendenvertreter bei der Feststellung der Stimmenmehrheit mitgezählt.

§ 34 Sitzungsniederschrift

(1) Über jede Verhandlung des Betriebsrats ist eine Niederschrift aufzunehmen, die mindestens den Wortlaut der Beschlüsse und die Stimmenmehrheit, mit der sie gefasst sind, enthält. Die Niederschrift ist von dem Vorsitzenden und einem weiteren Mitglied zu unterzeichnen. Der

는 근로자평의회구성원 또는 연소자·직업훈련생대표위원의 대체구성원(Ersatzmitglied)을 소환(召喚)해야 한다.

③ 근로자평의회구성원의 1/4 또는 사용자가 이를 신청하는 경우에는 근로자평의회의장은 회의를 소집해야 하고 논의안건으로 신청된 안건(Gegenstand)을 의사일정(Tagesordnung)에 부의해야 한다.

④ 사용자는 자신의 요구에 따라 잡힌 회의, 명시적으로 자신이 소환된 회의에 참가한다. 사용자는 자신이 속한 사용자단체의 대리인(Vertreter der Vereinigung der Arbeitgeber)을 그 회의에 참석하게 할 수 있다.

제30조 근로자평의회 회의

근로자평의회 회의는 통상적으로 근로시간 중에(während der Arbeitszeit) 개최된다. 근로자평의회는 근로자평의회 회의를 잡음에 있어 사업상 필요성(betrieblichen Notwendigkeiten)을 고려해야 한다. 회의시기에 관하여 사전에 사용자와 협의를 해야 한다. 근로자평의회 회의는 공개되지 않는다.

제31조 노동조합의 회의참가

근로자평의회구성원의 1/4의 신청에 의하여 당해 사업에 조합원인 근로자가 있는 노동조합의 대리인이 옵서버(beratend)로 회의에 참석할 수 있다; 이러한 경우 회의시기와 의사일정은 노동조합에 적시에 통지되어야 한다.

제32조 중증장애인대표단의 회의참가

사회법전 제9권(Neunten Buches Sozialgesetzbuch) 제177조상의 중증장애인대표단(Schwerbehindertenvertretung)은 근로자평의회의 모든 회의에 옵서버로 참석할 수 있다.

제33조 근로자평의회의 결의

① 이 법에서 달리 정해져 있지 않는 한, 근로자평의회의 결의는 출석한 근로자평의회구성원의 투표의 과반수(Mehrheit der Stimmen)로 이뤄진다. 가부동수(Stimmengleichheit)인 경우에는 그 안건은 부결(否決)된다.

② 근로자평의회는 최소한 근로자평의회구성원의 절반(Hälfte der Betriebsratsmitglieder)이 참석한 경우에만 결의할 수 있다; 대체구성원에 의한 직무대리(Stellvertretung)가 허용된다.

③ 연소자·직업훈련생대표단(Jugend- und Auszubildendenvertretung)이 결의(Beschlussfassung)에 참석하는 경우에 연소자·직업훈련생대표위원들의 투표는 과반수결의의 확정(Feststellung)에 산입(算入)한다.

제34조 회의의사록

① 근로자평의회의 모든 평의(jede Verhandlung des Betriebsrats)에 대해 최소한 결의원문(Wortlaut)과 이뤄진 다수결을 포함하는 의사록(Niederschrift)을 작성해야 한다. 의사록에 근로자평의회의장이 서명하고 1명의 근로자평의회구성원이 추가로 서명(署名)해야 한다. 의사록

Niederschrift ist eine Anwesenheitsliste beizufügen, in die sich jeder Teilnehmer eigenhändig einzutragen hat.

(2) Hat der Arbeitgeber oder ein Beauftragter einer Gewerkschaft an der Sitzung teilgenommen, so ist ihm der entsprechende Teil der Niederschrift abschriftlich auszuhändigen. Einwendungen gegen die Niederschrift sind unverzüglich schriftlich zu erheben; sie sind der Niederschrift beizufügen.

(3) Die Mitglieder des Betriebsrats haben das Recht, die Unterlagen des Betriebsrats und seiner Ausschüsse jederzeit einzusehen.

§ 35 Aussetzung von Beschlüssen

(1) Erachtet die Mehrheit der Jugend- und Auszubildendenvertretung oder die Schwerbehindertenvertretung einen Beschluss des Betriebsrats als eine erhebliche Beeinträchtigung wichtiger Interessen der durch sie vertretenen Arbeitnehmer, so ist auf ihren Antrag der Beschluss auf die Dauer von einer Woche vom Zeitpunkt der Beschlussfassung an auszusetzen, damit in dieser Frist eine Verständigung, gegebenenfalls mit Hilfe der im Betrieb vertretenen Gewerkschaften, versucht werden kann.

(2) Nach Ablauf der Frist ist über die Angelegenheit neu zu beschließen. Wird der erste Beschluss bestätigt, so kann der Antrag auf Aussetzung nicht wiederholt werden; dies gilt auch, wenn der erste Beschluss nur unerheblich geändert wird.

§ 36 Geschäftsordnung

Sonstige Bestimmungen über die Geschäftsführung sollen in einer schriftlichen Geschäftsordnung getroffen werden, die der Betriebsrat mit der Mehrheit der Stimmen seiner Mitglieder beschließt.

§ 37 Ehrenamtliche Tätigkeit, Arbeitsversäumnis

(1) Die Mitglieder des Betriebsrats führen ihr Amt unentgeltlich als Ehrenamt.

(2) Mitglieder des Betriebsrats sind von ihrer beruflichen Tätigkeit ohne Minderung des Arbeitsentgelts zu befreien, wenn und soweit es nach Umfang und Art des Betriebs zur ordnungsgemäßen Durchführung ihrer Aufgaben erforderlich ist.

(3) Zum Ausgleich für Betriebsratstätigkeit, die aus betriebsbedingten Gründen außerhalb der Arbeitszeit durchzuführen ist, hat das Betriebsratsmitglied Anspruch auf entsprechende Arbeitsbefreiung unter Fortzahlung des Arbeitsentgelts. Betriebsbedingte Gründe liegen auch vor, wenn die Betriebsratstätigkeit wegen der unterschiedlichen Arbeitszeiten der Betriebsratsmitglieder nicht innerhalb der persönlichen Arbeitszeit erfolgen kann. Die Arbeitsbefreiung ist vor Ablauf eines Monats zu gewähren; ist dies aus betriebsbedingten Gründen nicht möglich, so ist die aufgewendete Zeit wie Mehrarbeit zu vergüten.

(4) Das Arbeitsentgelt von Mitgliedern des Betriebsrats darf einschließlich eines Zeitraums von

에 각 참석자(jeder Teilnehmer)가 자필(自筆)로 기재한 참석자목록(Anwesenheitsliste)을 첨부(添附)해야 한다.

② 사용자 또는 노동조합의 대리인이 회의에 참석한 경우에, 그들에게 관련 의사록 부분(entsprechende Teil der Niederschrift)의 사본이 교부(交付)되어야 한다. 의사록에 대한 이의(Einwendungen)는 지체 없이 서면(書面)으로 제기해야 한다; 그 이의에 의사록을 첨부(添附)해야 한다.

③ 근로자평의회구성원은 근로자평의회와 그 부문위원회(Ausschüsse)의 서류를 언제든지 열람할 수 있는 권리를 갖는다.

제35조 결의의 연기(延期)

① 연소자·직업훈련생대표단 또는 중증장애인대표단의 과반수(Mehrheit)가 근로자평의회의 결의에 대해 자신들이 대표(代表)하는 근로자들의 중대한 이해관계에 대한 현저한 침해(erhebliche Beeinträchtigung wichtiger Interessen)로 여기는 경우에는, 그들의 신청이 있는 때에는 결의는, 필요한 경우에는 당해 사업에 조합원인 근로자가 있는 노동조합의 도움을 받아, 그 기간 내에 합의가 시도(試圖)될 수 있도록 결의(決議)한 때로부터 1주일의 기간 후로 연기(延期)되어야 한다.

② 그 기간이 경과 후에 그 사안에 대해 새롭게 결의를 해야 한다. 최초의 결의(erste Beschluss)가 확인된 경우에, 연기 신청은 다시 반복되지 않는다; 최초의 결의가 단지 근소하게 변경된 경우에도 또한 같다.

제36조 사무규정

사무처리에 관한 기타 규정(Bestimmungen)은 근로자평의회가 근로자평의회구성원 투표의 과반수로 결의한, 서면에 의한 사무규정(Geschäftsordnung)으로 정해져야 한다.

제37조 명예직 활동, 근로시간손실

① 근로자평의회구성원은 무보수 명예직으로(unentgeltlich als Ehrenamt) 그 직무를 수행한다.

② 그러한 면제가 사업의 규모와 종류를 고려했을 때 자신의 임무의 원활한 수행(ordnungsgemäßen Durchführung)을 위하여 필요한 경우에, 근로자평의회구성원은 필요한 범위 내에서 임금의 감액 없이 자신의 근무(beruflichen Tätigkeit; 勤務)에서 면제되어야 한다.

③ 근로자평의회구성원은 경영상의 이유에서 근로시간 외의 시간에 수행된 근로자평의회의 활동에 대한 보상(Ausgleich für Betriebsratstätigkeit)으로, 그 시간에 상응하는 유급의 근로시간면제청구권(Anspruch auf entsprechende Arbeitsbefreiung unter Fortzahlung des Arbeitsentgelts)을 갖는다. 근로자평의회 활동이 근로자평의회구성원의 근로시간이 다양하여 그 자신의 근로시간 내에 행해질 수 없는 경우에는 경영상 이유가 존재한다. 근로시간면제가 (그 근로자평의회 활동시로부터) 1개월이 경과하기 전에 부여되어야 한다; 이것이 경영상 이유에서 가능하지 않은 경우에 그 근로자평의회활동 시간에 대해 연장근로처럼 임금이 지급된다.

④ 근로자평의회구성원에 대한 임금(Arbeitsentgelt)이 그 임기 종료 후 1년의 기간을 포함하여

einem Jahr nach Beendigung der Amtszeit nicht geringer bemessen werden als das Arbeitsentgelt vergleichbarer Arbeitnehmer mit betriebsüblicher beruflicher Entwicklung. Dies gilt auch für allgemeine Zuwendungen des Arbeitgebers.

(5) Soweit nicht zwingende betriebliche Notwendigkeiten entgegenstehen, dürfen Mitglieder des Betriebsrats einschließlich eines Zeitraums von einem Jahr nach Beendigung der Amtszeit nur mit Tätigkeiten beschäftigt werden, die den Tätigkeiten der in Absatz 4 genannten Arbeitnehmer gleichwertig sind.

(6) Die Absätze 2 und 3 gelten entsprechend für die Teilnahme an Schulungs- und Bildungsveranstaltungen, soweit diese Kenntnisse vermitteln, die für die Arbeit des Betriebsrats erforderlich sind. Betriebsbedingte Gründe im Sinne des Absatzes 3 liegen auch vor, wenn wegen Besonderheiten der betrieblichen Arbeitszeitgestaltung die Schulung des Betriebsratsmitglieds außerhalb seiner Arbeitszeit erfolgt; in diesem Fall ist der Umfang des Ausgleichsanspruchs unter Einbeziehung der Arbeitsbefreiung nach Absatz 2 pro Schulungstag begrenzt auf die Arbeitszeit eines vollzeitbeschäftigten Arbeitnehmers. Der Betriebsrat hat bei der Festlegung der zeitlichen Lage der Teilnahme an Schulungs- und Bildungsveranstaltungen die betrieblichen Notwendigkeiten zu berücksichtigen. Er hat dem Arbeitgeber die Teilnahme und die zeitliche Lage der Schulungs- und Bildungsveranstaltungen rechtzeitig bekannt zu geben. Hält der Arbeitgeber die betrieblichen Notwendigkeiten für nicht ausreichend berücksichtigt, so kann er die Einigungsstelle anrufen. Der Spruch der Einigungsstelle ersetzt die Einigung zwischen Arbeitgeber und Betriebsrat.

(7) Unbeschadet der Vorschrift des Absatzes 6 hat jedes Mitglied des Betriebsrats während seiner regelmäßigen Amtszeit Anspruch auf bezahlte Freistellung für insgesamt drei Wochen zur Teilnahme an Schulungs- und Bildungsveranstaltungen, die von der zuständigen obersten Arbeitsbehörde des Landes nach Beratung mit den Spitzenorganisationen der Gewerkschaften und der Arbeitgeberverbände als geeignet anerkannt sind. Der Anspruch nach Satz 1 erhöht sich für Arbeitnehmer, die erstmals das Amt eines Betriebsratsmitglieds übernehmen und auch nicht zuvor Jugend- und Auszubildendenvertreter waren, auf vier Wochen. Absatz 6 Satz 2 bis 6 findet Anwendung.

§ 38 Freistellungen

(1) Von ihrer beruflichen Tätigkeit sind mindestens freizustellen in Betrieben mit in der Regel
200 bis 500 Arbeitnehmern ein Betriebsratsmitglied,
501 bis 900 Arbeitnehmern 2 Betriebsratsmitglieder,
901 bis 1.500 Arbeitnehmern 3 Betriebsratsmitglieder,
1.501 bis 2.000 Arbeitnehmern 4 Betriebsratsmitglieder,
2.001 bis 3.000 Arbeitnehmern 5 Betriebsratsmitglieder,
3.001 bis 4.000 Arbeitnehmern 6 Betriebsratsmitglieder,

그 임기 동안에 사업 내 통상적인 직업경력을 가진(mit betriebsüblicher beruflicher Entwicklung) 비교가능한 근로자의 임금보다 적게 책정(策定)돼서는 안 된다. 이는 사용자의 통상적인 부가급여(Zuwendungen)에도 적용된다.

⑤ 긴박한 경영상의 필요성에 배치되지 않는 경우에(Soweit nicht zwingende betriebliche Notwendigkeiten entgegenstehen), 근로자평의회구성원은 그 임기 종료 후 1년의 기간을 포함하여 그 임기 동안에 제37조 제4항상의 근로자의 업무와 동등한 가치가 있는 업무(Tätigkeiten)에만 종사할 수 있다.

⑥ 그 행사가 근로자평의회의 업무에 필요한 지식을 전해주는 한, 제37조 제2항, 제3항은 직업교육·훈련행사(Schulungs- und Bildungsveranstaltungen)에 대한 참가에 대해 준용한다. 사업 내 근로시간형성의 특수성(Besonderheiten der betrieblichen Arbeitszeitgestaltung)으로 인하여 근로자평의회구성원에 대한 교육훈련(Schulung)이 근로시간 이외의 시간에 행해지는 경우에 제37조 제3항상의 경영상 이유가 있다; 그러한 경우에 보상청구권의 범위(Umfang des Ausgleichsanspruchs)는 제37조 제2항에 따른 근로시간면제를 포함하여, 교육훈련일마다(pro Schulungstag) 전일제근로자의 근로시간으로 한정된다. 근로자평의회는 직업교육·훈련행사에 대한 참가 시간(zeitlichen Lage der Teilnahme)을 정함에 있어 사업상의 필요(betrieblichen Notwendigkeiten)를 고려해야 한다. 근로자평의회는 사용자에게 직업교육·훈련행사의 참가자(Teilnahme)와 그 시간을 적시에 알려야 한다. 사용자가 근로자평의회가 사업상 필요를 충분하게 고려하지 않은 것으로 여긴 경우에, 사용자는 중재위원회를 소집할 수 있다. 중재위원회의 판정(Spruch der Einigungsstelle)은 사용자와 근로자평의회 간의 합의를 대체한다.

⑦ 제37조 제6항의 규정에도 불구하고(Unbeschadet der Vorschrift des Absatzes 6), 근로자평의회구성원은 자신의 통상적인 임기 동안에 주의 관할 최상급 노동행정당국(zuständigen obersten Arbeitsbehörde des Landes)이 노조정상조직 및 사용자정상조직과 논의 후에 적절한 것으로 공인(公認)한 직업교육·훈련행사에 참가하기 위한 총 3주의 유급의 근로시간면제(Anspruch auf bezahlte Freistellung)를 청구할 수 있다. 근로자평의회구성원의 직을 최초로 맡고 이전에도 연소자·직업훈련생대표위원직에 재직하지 않았던(auch nicht zuvor Jugend- und Auszubildendenvertreter waren) 근로자에 대해 제1문의 청구권은 4주로 증가된다. 제37조 제6항 제2문 내지 제6문이 적용된다.

제38조 근무면제

① 상시적으로 다음과 같은 근로자가 있는 사업의 경우, 최소 다음과 같이 자신의 근무에서,

200명~500명의 경우 1명의 근로자평의회구성원이,

501명~900명의 경우 2명의 근로자평의회구성원이,

901명~1,500명의 경우 3명의 근로자평의회구성원이,

1,501명~2,000명의 경우 4명의 근로자평의회구성원이,

2,001명~3,000명의 경우 5명의 근로자평의회구성원이,

3,001명~4,000명의 경우 6명의 근로자평의회구성원이,

4.001 bis 5.000 Arbeitnehmern 7 Betriebsratsmitglieder,
5.001 bis 6.000 Arbeitnehmern 8 Betriebsratsmitglieder,
6.001 bis 7.000 Arbeitnehmern 9 Betriebsratsmitglieder,
7.001 bis 8.000 Arbeitnehmern 10 Betriebsratsmitglieder,
8.001 bis 9.000 Arbeitnehmern 11 Betriebsratsmitglieder,
9.001 bis 10.000 Arbeitnehmern 12 Betriebsratsmitglieder.

In Betrieben mit über 10.000 Arbeitnehmern ist für je angefangene weitere 2.000 Arbeitnehmer ein weiteres Betriebsratsmitglied freizustellen. Freistellungen können auch in Form von Teilfreistellungen erfolgen. Diese dürfen zusammengenommen nicht den Umfang der Freistellungen nach den Sätzen 1 und 2 überschreiten. Durch Tarifvertrag oder Betriebsvereinbarung können anderweitige Regelungen über die Freistellung vereinbart werden.

(2) Die freizustellenden Betriebsratsmitglieder werden nach Beratung mit dem Arbeitgeber vom Betriebsrat aus seiner Mitte in geheimer Wahl und nach den Grundsätzen der Verhältniswahl gewählt. Wird nur ein Wahlvorschlag gemacht, so erfolgt die Wahl nach den Grundsätzen der Mehrheitswahl; ist nur ein Betriebsratsmitglied freizustellen, so wird dieses mit einfacher Stimmenmehrheit gewählt. Der Betriebsrat hat die Namen der Freizustellenden dem Arbeitgeber bekannt zu geben. Hält der Arbeitgeber eine Freistellung für sachlich nicht vertretbar, so kann er innerhalb einer Frist von zwei Wochen nach der Bekanntgabe die Einigungsstelle anrufen. Der Spruch der Einigungsstelle ersetzt die Einigung zwischen Arbeitgeber und Betriebsrat. Bestätigt die Einigungsstelle die Bedenken des Arbeitgebers, so hat sie bei der Bestimmung eines anderen freizustellenden Betriebsratsmitglieds auch den Minderheitenschutz im Sinne des Satzes 1 zu beachten. Ruft der Arbeitgeber die Einigungsstelle nicht an, so gilt sein Einverständnis mit den Freistellungen nach Ablauf der zweiwöchigen Frist als erteilt. Für die Abberufung gilt § 27 Abs. 1 Satz 5 entsprechend.

(3) Der Zeitraum für die Weiterzahlung des nach § 37 Abs. 4 zu bemessenden Arbeitsentgelts und für die Beschäftigung nach § 37 Abs. 5 erhöht sich für Mitglieder des Betriebsrats, die drei volle aufeinanderfolgende Amtszeiten freigestellt waren, auf zwei Jahre nach Ablauf der Amtszeit.

(4) Freigestellte Betriebsratsmitglieder dürfen von inner- und außerbetrieblichen Maßnahmen der Berufsbildung nicht ausgeschlossen werden. Innerhalb eines Jahres nach Beendigung der Freistellung eines Betriebsratsmitglieds ist diesem im Rahmen der Möglichkeiten des Betriebs Gelegenheit zu geben, eine wegen der Freistellung unterbliebene betriebsübliche berufliche Entwicklung nachzuholen. Für Mitglieder des Betriebsrats, die drei volle aufeinanderfolgende Amtszeiten freigestellt waren, erhöht sich der Zeitraum nach Satz 2 auf zwei Jahre.

§ 39 Sprechstunden

(1) Der Betriebsrat kann während der Arbeitszeit Sprechstunden einrichten. Zeit und Ort sind mit

4,001명~5,000명의 경우 7명의 근로자평의회구성원이,
5,001명~6,000명의 경우 8명의 근로자평의회구성원이,
6,001명~7,000명의 경우 9명의 근로자평의회구성원이,
7,001명~8,000명의 경우 10명의 근로자평의회구성원이,
8,001명~9,000명의 경우 11명의 근로자평의회구성원이,
9,001명~10,000명의 경우 12명의 근로자평의회구성원이,
근무면제를 받아야 한다.
10,000명을 초과하는 근로자가 있는 사업의 경우에 추가되는 2,000명의 근로자당 1명꼴로 추가로 근무면제가 이뤄져야 한다. 근무면제(Freistellungen)는 일부근무면제 형태로도 가능하다. 이는 모두 합하여 제1문, 제2문에 따른 근무면제의 범위를 넘어서는 안 된다. 단체협약 또는 사업협정으로 근무면제에 관한 다른 규율에 대해 합의할 수 있다.

② 근무면제가 되는 근로자평의회구성원은 사용자와 근로자평의회 간 협의 후 그 구성원 중에서 비밀선거와 비례대표선거원칙(Grundsätzen der Verhältniswahl)에 따라 선출된다. 하나의 후보자추천서가 제출된 경우에는 다수대표제선거원칙(Grundsätzen der Mehrheitswahl)에 따라 선거가 실시된다; 1명의 근로자평의회구성원만이 근무면제가 되어야 하는 경우에 그는 단순과반수투표로(mit einfacher Stimmenmehrheit) 선출된다. 근로자평의회는 근무면제가 되는 근로자평의회구성원의 성명을 사용자에게 통지해야 한다. 사용자가 그 근무면제에 대해 객관적으로 대표성이 없다(für sachlich nicht vertretbar)고 생각하는 경우에, 사용자는 그 통지받은 때로부터 2주의 기간 내에 중재위원회를 소집할 수 있다. 중재위원회의 판정(Spruch der Einigungsstelle)은 사용자와 근로자평의회 간의 합의를 대체한다. 중재위원회가 그러한 사용자의 반대를 인용하는 경우에, 중재위원회는 다른 근무면제가 되는 근로자평의회구성원의 결정시에 제1문상의 소수자보호(den Minderheitenschutz)도 존중해야만 한다. 사용자가 중재위원회를 소집하지 않는 경우에 2주의 기간의 경과로써 근무면제에 관해 합의가 이뤄진 것으로 본다. 그 해임(Abberufung)에 대해서는 제27조 제1항 제5문을 준용한다.

③ 제37조 제4항에 따라 책정되는 보수의 지급기간과 제37조 제4항에 따른 근로제공기간은, 연속적으로 이어진 3년 만기의 재직기간 동안 근무면제를 받은 근로자평의회구성원에 대해 그 임기만료(Ablauf der Amtszeit) 후 2년으로 확대된다.

④ 근무면제가 된 근로자평의회구성원은 사업 내외의 직업훈련조치(inner- und außerbetrieblichen Maßnahmen der Berufsbildung)에서 배제되어서는 안 된다. 근로자평의회구성원의 근무면제 만료된 때로부터 1년 이내에 그 구성원은 사업의 가능성의 범위 내에서 근무면제로 인해 생긴 사업 내 통상적 직업경력(unterbliebene betriebsübliche berufliche Entwicklung)을 만회할 기회를 부여받아야 한다. 연속적으로 이어진 3년 만기의 재직기간 동안 근무면제를 받은 근로자평의회구성원에 대해 제2문에 따른 기간은 2년으로 늘어난다.

제39조 상담시간

① 근로자평의회는 근로시간 동안에 상담시간(Sprechstunden)을 가질 수 있다. 시기와 장소는

dem Arbeitgeber zu vereinbaren. Kommt eine Einigung nicht zustande, so entscheidet die Einigungsstelle. Der Spruch der Einigungsstelle ersetzt die Einigung zwischen Arbeitgeber und Betriebsrat.

(2) Führt die Jugend- und Auszubildendenvertretung keine eigenen Sprechstunden durch, so kann an den Sprechstunden des Betriebsrats ein Mitglied der Jugend- und Auszubildendenvertretung zur Beratung der in § 60 Abs. 1 genannten Arbeitnehmer teilnehmen.

(3) Versäumnis von Arbeitszeit, die zum Besuch der Sprechstunden oder durch sonstige Inanspruchnahme des Betriebsrats erforderlich ist, berechtigt den Arbeitgeber nicht zur Minderung des Arbeitsentgelts des Arbeitnehmers.

§ 40 Kosten und Sachaufwand des Betriebsrats

(1) Die durch die Tätigkeit des Betriebsrats entstehenden Kosten trägt der Arbeitgeber.

(2) Für die Sitzungen, die Sprechstunden und die laufende Geschäftsführung hat der Arbeitgeber in erforderlichem Umfang Räume, sachliche Mittel, Informations- und Kommunikationstechnik sowie Büropersonal zur Verfügung zu stellen.

§ 41 Umlageverbot

Die Erhebung und Leistung von Beiträgen der Arbeitnehmer für Zwecke des Betriebsrats ist unzulässig.

## Vierter Abschnitt Betriebsversammlung

§ 42 Zusammensetzung, Teilversammlung, Abteilungsversammlung

(1) Die Betriebsversammlung besteht aus den Arbeitnehmern des Betriebs; sie wird von dem Vorsitzenden des Betriebsrats geleitet. Sie ist nicht öffentlich. Kann wegen der Eigenart des Betriebs eine Versammlung aller Arbeitnehmer zum gleichen Zeitpunkt nicht stattfinden, so sind Teilversammlungen durchzuführen.

(2) Arbeitnehmer organisatorisch oder räumlich abgegrenzter Betriebsteile sind vom Betriebsrat zu Abteilungsversammlungen zusammenzufassen, wenn dies für die Erörterung der besonderen Belange der Arbeitnehmer erforderlich ist. Die Abteilungsversammlung wird von einem Mitglied des Betriebsrats geleitet, das möglichst einem beteiligten Betriebsteil als Arbeitnehmer angehört. Absatz 1 Satz 2 und 3 gilt entsprechend.

§ 43 Regelmäßige Betriebs- und Abteilungsversammlungen

(1) Der Betriebsrat hat einmal in jedem Kalendervierteljahr eine Betriebsversammlung einzuberufen und in ihr einen Tätigkeitsbericht zu erstatten. Liegen die Voraussetzungen des § 42 Abs. 2 Satz 1 vor, so hat der Betriebsrat in jedem Kalenderjahr zwei der in Satz 1 genannten

사용자와 합의해야 한다. 그 합의가 성사되지 않은 경우에 중재위원회가 그에 대해 결정한다. 중재위원회의 판정(Spruch der Einigungsstelle)은 사용자와 근로자평의회 간의 합의(Einigung)를 대체한다.

② 연소자·직업훈련생대표단이 자신의 상담시간(Sprechstunden)을 가지지 못하는 경우에, 연소자·직업훈련생대표단원은 제60조 제1항상의 근로자에 대한 논의를 위해 근로자평의회의 상담시간에 참여할 수 있다.

③ 상담의 참석에 필요하거나 그밖에 근로자평의회의 청구(sonstige Inanspruchnahme des Betriebsrats)에 의해 필요한 근로시간의 손실(Versäumnis)에 대해 사용자는 근로자의 임금을 감액시킬 수 없다.

제40조 근로자평의회 비용과 물품비용

① 근로자평의회의 활동으로 인해 생긴 비용(Kosten)은 사용자가 부담한다.

② 사용자는 회의, 상담시간과 일상적인 사무처리에 대해 필요한 범위 내의 사무실, 물적 시설, 정보통신기술매체(Informations- und Kommunikationstechnik) 및 사무직원(Büropersonal)을 이용하도록 제공해야 한다.

제41조 회비부담의 금지(Umlageverbot)

근로자평의회 (활동) 목적을 위해 근로자에게서 회비를 징수(徵收)하거나, 그에게 이를 지출(支出)하게 하는 것은 허용되지 않는다.

## 제4장 근로자총회

제42조 편성, 일부근로자총회, 부문근로자총회

① 근로자총회(Betriebsversammlung)는 당해 사업의 근로자들로 이뤄진다; 근로자총회는 근로자평의회의장이 주재한다. 근로자총회는 비공개이다. 사업의 특성으로 인하여(wegen der Eigenart des Betriebs) 모든 근로자들의 집회가 동시에 개최되지 못하는 경우에 일부근로자총회(Teilversammlungen)가 개최되어야 한다.

② 그러한 편성이 근로자들의 특별한 이해관계의 논의(Erörterung der besonderen Belange der Arbeitnehmer)에 필요한 경우에는, 조직적으로 또는 공간적으로 구획된 사업일부의 근로자들은 근로자평의회에 의해 부문근로자총회(Abteilungsversammlungen)로 편성되어야 한다. 부문근로자총회는 가능한 한 근로자로서 관련된 사업일부(beteiligten Betriebsteil als Arbeitnehmer)에 속한 근로자평의회구성원이 주재한다. 제42조 제1항 제2문, 제3문을 준용한다.

제43조 정례적인 근로자총회 및 부문근로자총회

① 근로자평의회는 역에 의한 분기마다(in jedem Kalendervierteljahr) 1회의 근로자총회를 소집해야 하고 그 총회에 자신의 활동보고를 해야 한다. 제42조 제2항 제1문의 요건이 있는 경우에, 근로자평의회는 역년마다(in jedem Kalenderjahr) 제1문상의 근로자총회로서 부문근로자총

Betriebsversammlungen als Abteilungsversammlungen durchzuführen. Die Abteilungsversammlungen sollen möglichst gleichzeitig stattfinden. Der Betriebsrat kann in jedem Kalenderhalbjahr eine weitere Betriebsversammlung oder, wenn die Voraussetzungen des § 42 Abs. 2 Satz 1 vorliegen, einmal weitere Abteilungsversammlungen durchführen, wenn dies aus besonderen Gründen zweckmäßig erscheint.

(2) Der Arbeitgeber ist zu den Betriebs- und Abteilungsversammlungen unter Mitteilung der Tagesordnung einzuladen. Er ist berechtigt, in den Versammlungen zu sprechen. Der Arbeitgeber oder sein Vertreter hat mindestens einmal in jedem Kalenderjahr in einer Betriebsversammlung über das Personal- und Sozialwesen einschließlich des Stands der Gleichstellung von Frauen und Männern im Betrieb sowie der Integration der im Betrieb beschäftigten ausländischen Arbeitnehmer, über die wirtschaftliche Lage und Entwicklung des Betriebs sowie über den betrieblichen Umweltschutz zu berichten, soweit dadurch nicht Betriebs- oder Geschäftsgeheimnisse gefährdet werden.

(3) Der Betriebsrat ist berechtigt und auf Wunsch des Arbeitgebers oder von mindestens einem Viertel der wahlberechtigten Arbeitnehmer verpflichtet, eine Betriebsversammlung einzuberufen und den beantragten Beratungsgegenstand auf die Tagesordnung zu setzen. Vom Zeitpunkt der Versammlungen, die auf Wunsch des Arbeitgebers stattfinden, ist dieser rechtzeitig zu verständigen.

(4) Auf Antrag einer im Betrieb vertretenen Gewerkschaft muss der Betriebsrat vor Ablauf von zwei Wochen nach Eingang des Antrags eine Betriebsversammlung nach Absatz 1 Satz 1 einberufen, wenn im vorhergegangenen Kalenderhalbjahr keine Betriebsversammlung und keine Abteilungsversammlungen durchgeführt worden sind.

§ 44 Zeitpunkt und Verdienstausfall

(1) Die in den §§ 14a, 17 und 43 Abs. 1 bezeichneten und die auf Wunsch des Arbeitgebers einberufenen Versammlungen finden während der Arbeitszeit statt, soweit nicht die Eigenart des Betriebs eine andere Regelung zwingend erfordert. Die Zeit der Teilnahme an diesen Versammlungen einschließlich der zusätzlichen Wegezeiten ist den Arbeitnehmern wie Arbeitszeit zu vergüten. Dies gilt auch dann, wenn die Versammlungen wegen der Eigenart des Betriebs außerhalb der Arbeitszeit stattfinden; Fahrkosten, die den Arbeitnehmern durch die Teilnahme an diesen Versammlungen entstehen, sind vom Arbeitgeber zu erstatten.

(2) Sonstige Betriebs- oder Abteilungsversammlungen finden außerhalb der Arbeitszeit statt. Hiervon kann im Einvernehmen mit dem Arbeitgeber abgewichen werden; im Einvernehmen mit dem Arbeitgeber während der Arbeitszeit durchgeführte Versammlungen berechtigen den Arbeitgeber nicht, das Arbeitsentgelt der Arbeitnehmer zu mindern.

회를 2차례 개최해야 한다. 부문근로자총회(Abteilungsversammlungen)는 가능한 한 동시에 개최되어야 한다. 그 개최가 특별한 이유에서 합당한 것으로 보이는 경우에는, 근로자평의회는 역년마다 1회의 추가적 근로자총회(weitere Betriebsversammlung)를 개최하거나, 제42조 제2항 제1문상의 요건이 있는 때에는 1회의 추가적 부문근로자총회(weitere Abteilungsversammlungen)를 개최할 수 있다.
② 사용자는 의사일정을 통지하여(unter Mitteilung der Tagesordnung) 근로자총회 및 부문근로자총회를 소집(召集)해야 한다. 사용자는 그 총회에서 발언할 권리를 갖는다. 그러한 보고로 인하여 기업비밀 또는 사업비밀(Betriebs- oder Geschäftsgeheimnisse)이 위태롭게 되지 않는 한, 사용자 또는 그 대리인은 역년마다 1차례 이상 근로자총회에서, 사업 내 남녀평등 상황(Stands der Gleichstellung von Frauen und Männern im Betrieb), 당해 사업에 고용된 외국인 근로자의 통합(Integration)을 포함하여 인사사항 및 사회사항(Personal- und Sozialwesen), 사업의 재무 상황 및 추이(wirtschaftliche Lage und Entwicklung des Betriebs), 그리고 사업 내 환경보호(betrieblichen Umweltschutz)에 관하여 보고(報告)해야 한다.
③ 근로자평의회는 근로자총회를 소집하고 신청된 논의안건(beantragten Beratungsgegenstand)을 의사일정(Tagesordnung)으로 부의할 수 있고, 사용자의 요구 또는 선거권이 있는 근로자 1/4 이상의 근로자들의 요구가 있는 경우에는 근로자총회를 소집하고 신청된 논의안건을 의사일정으로 부의할 의무가 있다. 사용자의 요구에 따라 개최되는 근로자총회의 시기에 관하여는 사용자와 적시에 합의되어야 한다.
④ 당해 사업에 조합원인 근로자가 있는 노동조합의 신청이 있는 경우에, 역(曆)에 의한 직전의 반년(半年)에 근로자총회 또는 일부근로자총회가 개최되지 않을 때에는 근로자평의회는 그 신청을 접수한 때로부터 2주가 경과하기 전에 제43조 제1항 제1문에 따른 근로자총회를 소집(召集)해야 한다.

제44조 총회 개최시간과 임금손실(Verdienstausfall)
① 사업의 특성으로 다른 규율(andere Regelung)이 불가피하게 필요로 하지 않는 한, 제14a조, 제17조, 제43조 제1항상의 근로자총회로, 사용자의 요구에 의해 소집된 근로자총회는 근로시간 중에 개최된다. 추가적인 이동시간(zusätzlichen Wegezeiten)을 포함하여 이러한 근로자총회에 참가하는 시간에 대해 근로자에게 근로시간처럼 보수가 지급되어야 한다. 사업의 특성으로 인하여 이러한 근로자총회가 근로시간 이외의 시간에 개최되는 경우에도 또한 같다; 이러한 근로자총회에 참가로 인하여 근로자에게 발생한 교통비(Fahrkosten)는 사용자가 이를 상환(償還)해야 한다.
② 그 밖의 근로자총회 및 부문근로자총회는 근로시간 이외의 시간에 개최된다. 이에 대하여 사용자와의 합의로(im Einvernehmen mit dem Arbeitgeber) 달리 정해질 수 있다; 사용자와 합의에 의해 근로시간 중에 개최된 근로자총회에 대해 사용자는 근로자의 임금을 감액(減額)할 수 없다.

§ 45 Themen der Betriebs- und Abteilungsversammlungen

Die Betriebs- und Abteilungsversammlungen können Angelegenheiten einschließlich solcher tarifpolitischer, sozialpolitischer, umweltpolitischer und wirtschaftlicher Art sowie Fragen der Förderung der Gleichstellung von Frauen und Männern und der Vereinbarkeit von Familie und Erwerbstätigkeit sowie der Integration der im Betrieb beschäftigten ausländischen Arbeitnehmer behandeln, die den Betrieb oder seine Arbeitnehmer unmittelbar betreffen; die Grundsätze des § 74 Abs. 2 finden Anwendung. Die Betriebs- und Abteilungsversammlungen können dem Betriebsrat Anträge unterbreiten und zu seinen Beschlüssen Stellung nehmen.

§ 46 Beauftragte der Verbände

(1) An den Betriebs- oder Abteilungsversammlungen können Beauftragte der im Betrieb vertretenen Gewerkschaften beratend teilnehmen. Nimmt der Arbeitgeber an Betriebs- oder Abteilungsversammlungen teil, so kann er einen Beauftragten der Vereinigung der Arbeitgeber, der er angehört, hinzuziehen.

(2) Der Zeitpunkt und die Tagesordnung der Betriebs- oder Abteilungsversammlungen sind den im Betriebsrat vertretenen Gewerkschaften rechtzeitig schriftlich mitzuteilen.

## Fünfter Abschnitt Gesamtbetriebsrat

§ 47 Voraussetzungen der Errichtung, Mitgliederzahl, Stimmengewicht [*)]

(1) Bestehen in einem Unternehmen mehrere Betriebsräte, so ist ein Gesamtbetriebsrat zu errichten.

(2) In den Gesamtbetriebsrat entsendet jeder Betriebsrat mit bis zu drei Mitgliedern eines seiner Mitglieder; jeder Betriebsrat mit mehr als drei Mitgliedern entsendet zwei seiner Mitglieder. Die Geschlechter sollen angemessen berücksichtigt werden.

(3) Der Betriebsrat hat für jedes Mitglied des Gesamtbetriebsrats mindestens ein Ersatzmitglied zu bestellen und die Reihenfolge des Nachrückens festzulegen.

(4) Durch Tarifvertrag oder Betriebsvereinbarung kann die Mitgliederzahl des Gesamtbetriebsrats abweichend von Absatz 2 Satz 1 geregelt werden.

(5) Gehören nach Absatz 2 Satz 1 dem Gesamtbetriebsrat mehr als vierzig Mitglieder an und besteht keine tarifliche Regelung nach Absatz 4, so ist zwischen Gesamtbetriebsrat und Arbeitgeber eine Betriebsvereinbarung über die Mitgliederzahl des Gesamtbetriebsrats abzuschließen, in der bestimmt wird, dass Betriebsräte mehrerer Betriebe eines Unternehmens, die regional oder durch gleichartige Interessen miteinander verbunden sind, gemeinsam Mitglieder in den Gesamtbetriebsrat entsenden.

(6) Kommt im Fall des Absatzes 5 eine Einigung nicht zustande, so entscheidet eine für das Gesamtunternehmen zu bildende Einigungsstelle. Der Spruch der Einigungsstelle ersetzt die

제45조 근로자총회 및 부문근로자총회의 논의주제

근로자총회 및 부문근로자총회는 협약정책적·사회정책적·환경정책적·경제적 종류의 문제, 남녀평등증진 문제, 가정과 일의 양립의 문제(Vereinbarkeit von Familie und Erwerbstätigkeit) 그리고 당해 사업에 고용된 외국인근로자의 통합문제를 포함하여 당해 사업 또는 그 소속 근로자에 직접적으로 관련된 안건(Angelegenheiten)을 다룰 수 있다; 제74조 제2항의 원칙을 적용한다. 근로자총회 및 부문근로자총회는 근로자평의회에 안건을 제출하고 그 안건의 결의에 대한 의견을 표명할 수 있다. 근로자총회 및 부문근로자총회는 근로자평의회에 안건을 제출하고 그 안건의 결의에 대한 의견을 표명할 수 있다.

제46조 단체의 대리인

① 당해 사업에 조합원인 근로자가 있는 노동조합의 대리인은 근로자총회 및 부문근로자총회에 옵서버로 참여할 수 있다. 사용자가 근로자총회 및 부문근로자총회에 참여하는 경우에 사용자는 자신이 속한 사용자단체의 대리인을 그 총회에 참석하게 할 수 있다.

② 근로자총회 및 사용자총회의 시기와 의사일정은 당해 사업에 조합원인 근로자가 있는 노동조합에 서면으로 적시(適時)에 통지(通知)되어야 한다.

## 제5장 기업근로자평의회

제47조 조직의 요건, 구성원수, 투표비중*)

① 하나의 기업(Unternehmen)7)에 수개의 근로자평의회가 있는 경우에 기업근로자평의회(Gesamtbetriebsrat)가 조직되어야 한다.

② 3명 이하의 구성원이 있는 각 근로자평의회는 기업근로자평의회에 자신의 근로자평의회 구성원 1명을 파견한다; 3명을 초과하는 근로자평의회구성원이 있는 각 근로자평의회는 자신의 근로자평의회구성원 2명을 파견(派遣)한다. 성은 적절하게 고려되어야 한다.

③ 근로자평의회는 각 기업근로자평의회구성원에 대해 1명 이상의 대체구성원을 임명하고 그 직승계순위(Reihenfolge des Nachrückens)를 정해야 한다.

④ 단체협약과 사업협정으로 제47조 제2항 제1문과 달리 기업근로자평의회구성원수를 정할 수 있다.

⑤ 제47조 제2항 제1문에 따라 40명을 초과한 구성원이 기업근로자평의회에 속해 있고 제47조 제4항에 따른 단체협약상의 규율이 없는 경우에, 근로자평의회와 사용자는 기업근로자평의회구성원수에 관한 사업협정을 체결할 수 있고, 그 사업협정으로 하나의 기업의 다수 사업에 대한 근로자평의회로, 지역적 이해관계 또는 같은 종류의 이해관계(die regional oder durch gleichartige Interessengleichartige Interessen)로 서로 간에 결합된 근로자평의회는 공동의 구성원을 기업근로자평의회에 파견한다는 점을 정한다.

⑥ 제47조 제5항의 경우에 그 합의(合意)가 성사(成事)되지 않은 경우에, 기업 전체에 대해 조직된 중재위원회(Einigungsstelle)가 이에 대해 결정한다. 중재위원회 판정(判定)이 사용자와 기

Einigung zwischen Arbeitgeber und Gesamtbetriebsrat.

(7) Jedes Mitglied des Gesamtbetriebsrats hat so viele Stimmen, wie in dem Betrieb, in dem es gewählt wurde, wahlberechtigte Arbeitnehmer in der Wählerliste eingetragen sind. Entsendet der Betriebsrat mehrere Mitglieder, so stehen ihnen die Stimmen nach Satz 1 anteilig zu.

(8) Ist ein Mitglied des Gesamtbetriebsrats für mehrere Betriebe entsandt worden, so hat es so viele Stimmen, wie in den Betrieben, für die es entsandt ist, wahlberechtigte Arbeitnehmer in den Wählerlisten eingetragen sind; sind mehrere Mitglieder entsandt worden, gilt Absatz 7 Satz 2 entsprechend.

(9) Für Mitglieder des Gesamtbetriebsrats, die aus einem gemeinsamen Betrieb mehrerer Unternehmen entsandt worden sind, können durch Tarifvertrag oder Betriebsvereinbarung von den Absätzen 7 und 8 abweichende Regelungen getroffen werden.

*) Gemäß Artikel 14 Satz 2 des Gesetzes zur Reform des Betriebsverfassungsgesetzes (BetrVerf-Reformgesetz) vom 23. Juli 2001 (BGBl. I S. 1852) gilt § 47 Abs. 2 (Artikel 1 Nr. 35 Buchstabe a des BetrVerf-Reformgesetzes) für im Zeitpunkt des Inkrafttretens bestehende Betriebsräte erst bei deren Neuwahl.

§ 48 Ausschluss von Gesamtbetriebsratsmitgliedern

Mindestens ein Viertel der wahlberechtigten Arbeitnehmer des Unternehmens, der Arbeitgeber, der Gesamtbetriebsrat oder eine im Unternehmen vertretene Gewerkschaft können beim Arbeitsgericht den Ausschluss eines Mitglieds aus dem Gesamtbetriebsrat wegen grober Verletzung seiner gesetzlichen Pflichten beantragen.

§ 49 Erlöschen der Mitgliedschaft

Die Mitgliedschaft im Gesamtbetriebsrat endet mit dem Erlöschen der Mitgliedschaft im Betriebsrat, durch Amtsniederlegung, durch Ausschluss aus dem Gesamtbetriebsrat auf Grund einer gerichtlichen Entscheidung oder Abberufung durch den Betriebsrat.

§ 50 Zuständigkeit

(1) Der Gesamtbetriebsrat ist zuständig für die Behandlung von Angelegenheiten, die das Gesamtunternehmen oder mehrere Betriebe betreffen und nicht durch die einzelnen Betriebsräte innerhalb ihrer Betriebe geregelt werden können; seine Zuständigkeit erstreckt sich insoweit auch auf Betriebe ohne Betriebsrat. Er ist den einzelnen Betriebsräten nicht übergeordnet.

(2) Der Betriebsrat kann mit der Mehrheit der Stimmen seiner Mitglieder den Gesamtbetriebsrat beauftragen, eine Angelegenheit für ihn zu behandeln. Der Betriebsrat kann sich dabei die Entscheidungsbefugnis vorbehalten. § 27 Abs. 2 Satz 3 und 4 gilt entsprechend.

§ 51 Geschäftsführung

(1) Für den Gesamtbetriebsrat gelten § 25 Abs. 1, die §§ 26, 27 Abs. 2 und 3, § 28 Abs. 1 Satz 1 und 3, Abs. 2, die §§ 30, 31, 34, 35, 36, 37 Abs. 1 bis 3 sowie die §§ 40 und 41 entsprechend.

업근로자평의회 간의 합의를 대체한다.

⑦ 각 기업근로자평의회구성원은 그 구성원을 선출한 당해 사업에서 그 선거인명부에 등재된 선거권이 있는 근로자수 비율만큼의 투표권을 가진다. 그 근로자평의회가 수인의 근로자평의회구성원을 파견한 경우에 제1문에 따른 투표권은 비례적으로 그 구성원들에게 귀속한다.

⑧ 기업근로자평의회구성원 1명이 다수의 사업을 대표하여 파견된 경우에, 그 1명의 기업근로자평의구성원은 자신을 파견한 당해 사업에서 그 선거인명부(Wählerlisten)에 등재(登載)된, 선거권(選擧權)이 있는 근로자수의 비율(比率)만큼의 투표권을 가진다; 수인의 근로자평의회구성원이 파견된 경우에는 제47조 제7항 제2문을 준용한다.

⑨ 단체협약 또는 사업협정으로(durch Tarifvertrag oder Betriebsvereinbarung), 다수의 기업의 공동의 1개 사업에서 파견된 기업근로자평의회구성원에 대해 47조 제7항, 제8항과 달리 정할 수 있다.

*) 2001년 7월 23일의 사업조직법 개혁을 위한 법률(BetrVerf-Reformgesetz)(BGBl. I S. 1852) 제14조 제2문에 따라 위 제47조 제2항(사업조직법 개혁을 위한 법률 제1조 제35호)은 그 근로자평의회의 새로운 선거를 실시한 후 비로소 그 법률 발효시에 존재하는 근로자평의회에 대해 적용된다.

제48조 기업근로자평의회구성원의 제명

당해 기업의 선거권이 있는 근로자의 1/4 이상, 사용자, 기업근로자평의회 또는 당해 기업에 조합원인 근로자가 있는 노동조합은 지방노동법원에(beim Arbeitsgericht) 그 구성원의 법률상 의무에 대한 중대한 위반을 이유로 기업근로자평의회에서의 그 구성원의 제명(Ausschluss)을 신청할 수 있다.

제49조 구성원자격의 상실

기업근로자평의회의 구성원자격(Mitgliedschaft im Gesamtbetriebsrat)은 근로자평의회 구성원 자격의 소멸(消滅), 사직, 법원의 재판에 기한 기업근로자평의회에서의 제명(除名) 또는 근로자평의회의 해임(解任)으로써 상실된다.

제50조 관할

① 기업근로자평의회는 기업 전체 또는 다수의 사업에 관련되고 각각의 근로자평의회에 의해 그 사업 내에서 처리될 수 없는 사항의 처리를 관할(管轄)한다; 기업근로자평의회의 관할(Zuständigkeit)은 그러한 범위 내에서 근로자평의회가 없는 사업에도 미친다. 기업근로자평의회는 각각의 근로자평의회의 상위기관(上位機關)은 아니다.

② 근로자평의회는 근로자평의회구성원 투표의 과반수로 기업근로자평의회에게 어느 사항의 처리를 위임할 수 있다. 이 경우 근로자평의회가 결정권을 유보(留保)할 수 있다. 제27조 제2항 제3문, 제4문을 준용한다.

제51조

① 기업근로자평의회에 대해 제25조 제1항, 제26조, 제27조 제2항, 제3항, 제28항 제1항 제1문, 제3문, 제2항, 제30조, 제31조, 제34조, 제35조, 제36조, 제37조 제1항 내지 제3항, 제40조,

§ 27 Abs. 1 gilt entsprechend mit der Maßgabe, dass der Gesamtbetriebsausschuss aus dem Vorsitzenden des Gesamtbetriebsrats, dessen Stellvertreter und bei Gesamtbetriebsräten mit
9 bis 16 Mitgliedern aus 3 weiteren Ausschußmitgliedern,
17 bis 24 Mitgliedern aus 5 weiteren Ausschußmitgliedern,
25 bis 36 Mitgliedern aus 7 weiteren Ausschußmitgliedern,
mehr als 36 Mitgliedern aus 9 weiteren Ausschußmitgliedern
besteht.

(2) Ist ein Gesamtbetriebsrat zu errichten, so hat der Betriebsrat der Hauptverwaltung des Unternehmens oder, soweit ein solcher Betriebsrat nicht besteht, der Betriebsrat des nach der Zahl der wahlberechtigten Arbeitnehmer größten Betriebs zu der Wahl des Vorsitzenden und des stellvertretenden Vorsitzenden des Gesamtbetriebsrats einzuladen. Der Vorsitzende des einladenden Betriebsrats hat die Sitzung zu leiten, bis der Gesamtbetriebsrat aus seiner Mitte einen Wahlleiter bestellt hat. § 29 Abs. 2 bis 4 gilt entsprechend.

(3) Die Beschlüsse des Gesamtbetriebsrats werden, soweit nichts anderes bestimmt ist, mit Mehrheit der Stimmen der anwesenden Mitglieder gefasst. Bei Stimmengleichheit ist ein Antrag abgelehnt. Der Gesamtbetriebsrat ist nur beschlussfähig, wenn mindestens die Hälfte seiner Mitglieder an der Beschlussfassung teilnimmt und die Teilnehmenden mindestens die Hälfte aller Stimmen vertreten; Stellvertretung durch Ersatzmitglieder ist zulässig. § 33 Abs. 3 gilt entsprechend.

(4) Auf die Beschlussfassung des Gesamtbetriebsausschusses und weiterer Ausschüsse des Gesamtbetriebsrats ist § 33 Abs. 1 und 2 anzuwenden.

(5) Die Vorschriften über die Rechte und Pflichten des Betriebsrats gelten entsprechend für den Gesamtbetriebsrat, soweit dieses Gesetz keine besonderen Vorschriften enthält.

§ 52 Teilnahme der Gesamtschwerbehindertenvertretung

Die Gesamtschwerbehindertenvertretung (§ 180 Absatz 1 des Neunten Buches Sozialgesetzbuch) kann an allen Sitzungen des Gesamtbetriebsrats beratend teilnehmen.

§ 53 Betriebsräteversammlung

(1) Mindestens einmal in jedem Kalenderjahr hat der Gesamtbetriebsrat die Vorsitzenden und die stellvertretenden Vorsitzenden der Betriebsräte sowie die weiteren Mitglieder der Betriebsausschüsse zu einer Versammlung einzuberufen. Zu dieser Versammlung kann der Betriebsrat abweichend von Satz 1 aus seiner Mitte andere Mitglieder entsenden, soweit dadurch die Gesamtzahl der sich für ihn nach Satz 1 ergebenden Teilnehmer nicht überschritten wird.

(2) In der Betriebsräteversammlung hat

1. der Gesamtbetriebsrat einen Tätigkeitsbericht,
2. der Unternehmer einen Bericht über das Personal- und Sozialwesen einschließlich des Stands

의제41조를 준용한다. 제27조 제1항은, 기업근로자집행위원회가 기업근로자평의회의장, 그 부장 그리고,

9명~16명의 구성원이 있는 기업근로자평의회의 경우 3명의 기업근로자집행위원회위원으로,
17명~24명의 구성원이 있는 기업근로자평의회의 경우 5명의 기업근로자집행위원회위원으로,
25명~36명의 구성원이 있는 기업근로자평의회의 경우 7명의 기업근로자집행위원회위원으로,
36명을 초과하는 구성원이 있는 기업근로자평의회의 경우 9명의 기업근로자집행위원회위원으로 구성된다는 기준하에 준용한다.

② 기업근로자평의회가 조직된 경우에, 당해 기업의 본사(Hauptverwaltung des Unternehmens)의 근로자평의회 또는 그러한 근로자평의회가 없는 경우에 선거권이 있는 근로자수의 크기에 따라 그 근로자수가 가장 많은 사업의 근로자평의회가 기업근로자평의회 의장 및 부의장 선출을 위해 기업근로자평의회구성원을 소집(召集)해야 한다. 소집하는 근로자평의회의 의장은 기업근로자평의회에서 그 구성원 중에서 임시의장을 선출될 때까지 회의를 주재해야 한다. 제29조 제2항 내지 제4항을 준용한다.

③ 기업근로자평의회의 결의는, 다른 정함이 없는 한, 출석한 기업근로자평의회구성원 투표의 과반수(過半數)로 이뤄진다. 가부동수인 경우에 그 의안(Antrag)은 부결된다. 기업근로자평의회는, 기업근로자평의회구성원의 절반 이상이 결의에 참여하고 참가한 그 구성원이 전체 투표의 절반 이상을 대표하는 경우에만 결의할 수 있다; 대체구성원에 의한 직무대리(Stellvertretung durch Ersatzmitglieder)는 허용된다. 제33조 제3항을 준용한다.

④ 기업근로자집행위원회(Gesamtbetriebsausschuss) 및 기타 기업근로자부문위원회(Ausschüsse des Gesamtbetriebsrats)의 결의(決議)에 대해 제33조 제1항, 제2항을 적용한다.

⑤ 이 법이 특별한 규정을 정하고 있지 않는 한, 근로자평의회의 권리의무에 관한 규정은 기업근로자평의회에 대해 준용한다.

제52조 전체중증장애인대표단의 기업근로자평의회의 참석

사회법전 제9권 제180조 제1항상의 전체중증장애인대표단은 옵서버로(beratend) 기업근로자평의회의 모든 회의에 참석할 수 있다.

제53조 기업근로자평의회집회

① 기업근로자평의회는 역년마다(in jedem Kalenderjahr) 1회 이상 근로자평의회의 의장 및 부의장과 근로자집행위원회의 나머지 구성원(構成員)을 그 집회에 소환(召喚)해야 한다. 그러한 파견에 의해 제1문에 따른 참가자의 총수를 초과하지 않는 한, 근로자평의회(Betriebsra)t는 제1문과 달리 근로자평의회구성원 중에서(aus seiner Mitte) 다른 구성원을 그 집회에 파견(派遣)할 수 있다.

② 기업근로자평의회집회(Betriebsräteversammlung)에서,

1. 기업근로자평의회는 자신의 활동에 대해,
2. 사업주(Unternehmer)는, 그러한 보고로 인하여 기업비밀 또는 사업비밀이 위태롭게 되지

der Gleichstellung von Frauen und Männern im Unternehmen, der Integration der im Unternehmen beschäftigten ausländischen Arbeitnehmer, über die wirtschaftliche Lage und Entwicklung des Unternehmens sowie über Fragen des Umweltschutzes in Unternehmen, soweit dadurch nicht Betriebs- und Geschäftsgeheimnisse gefährdet werden, zu erstatten.

(3) Der Gesamtbetriebsrat kann die Betriebsräteversammlung in Form von Teilversammlungen durchführen. Im Übrigen gelten § 42 Abs. 1 Satz 1 zweiter Halbsatz und Satz 2, § 43 Abs. 2 Satz 1 und 2 sowie die §§ 45 und 46 entsprechend.

## Sechster Abschnitt Konzernbetriebsrat

§ 54 Errichtung des Konzernbetriebsrats

(1) Für einen Konzern[8)] (§ 18 Abs. 1 des Aktiengesetzes) kann durch Beschlüsse der einzelnen Gesamtbetriebsräte ein Konzernbetriebsrat errichtet werden. Die Errichtung erfordert die Zustimmung der Gesamtbetriebsräte der Konzernunternehmen, in denen insgesamt mehr als 50 vom Hundert der Arbeitnehmer der Konzernunternehmen beschäftigt sind.

(2) Besteht in einem Konzernunternehmen nur ein Betriebsrat, so nimmt dieser die Aufgaben eines Gesamtbetriebsrats nach den Vorschriften dieses Abschnitts wahr.

§ 55 Zusammensetzung des Konzernbetriebsrats, Stimmengewicht

(1) In den Konzernbetriebsrat entsendet jeder Gesamtbetriebsrat zwei seiner Mitglieder. Die Geschlechter sollen angemessen berücksichtigt werden.

(2) Der Gesamtbetriebsrat hat für jedes Mitglied des Konzernbetriebsrats mindestens ein Ersatzmitglied zu bestellen und die Reihenfolge des Nachrückens festzulegen.

(3) Jedem Mitglied des Konzernbetriebsrats stehen die Stimmen der Mitglieder des entsendenden Gesamtbetriebsrats je zur Hälfte zu.

(4) Durch Tarifvertrag oder Betriebsvereinbarung kann die Mitgliederzahl des Konzernbetriebsrats abweichend von Absatz 1 Satz 1 geregelt werden. § 47 Abs. 5 bis 9 gilt entsprechend.

§ 56 Ausschluss von Konzernbetriebsratsmitgliedern

Mindestens ein Viertel der wahlberechtigten Arbeitnehmer der Konzernunternehmen, der Arbeitgeber, der Konzernbetriebsrat oder eine im Konzern vertretene Gewerkschaft können beim Arbeitsgericht den Ausschluss eines Mitglieds aus dem Konzernbetriebsrat wegen grober Verletzung seiner gesetzlichen Pflichten beantragen.

§ 57 Erlöschen der Mitgliedschaft

Die Mitgliedschaft im Konzernbetriebsrat endet mit dem Erlöschen der Mitgliedschaft im Gesamtbetriebsrat, durch Amtsniederlegung, durch Ausschluss aus dem Konzernbetriebsrat

않는 한, 사업 내에서 남녀평등 상황, 당해 기업에 고용된 외국인 근로자의 통합을 포함하여 인사사항 및 사회사항(Personal- und Sozialwesen), 기업의 재무 상황 및 추이(wirtschaftliche Lage und Entwicklung des Unternehmens), 기업 내 환경보호 문제(Fragen des Umweltschutzes in Unternehmen)에 대해 보고해야 한다.

③ 기업근로자평의회는 일부기업근로자평의회집회 형식으로(in Form von Teilversammlungen) 기업근로자평의회집회를 개최할 수 있다. 기타 경우에 제42조 제1항 제1문 둘째소문(小文), 제2문, 제43조 제2항 제1문, 제2문, 제45조, 제46조를 준용한다.

## 제6장 콘체른근로자평의회

제54조 콘체른근로자평의회

① 콘체른근로자평의회(Konzernbetriebsrat)가 주식법 제18조 제1항상의 콘체른[9]에 대해 각각의 기업근로자평의회의 결의로 설치될 수 있다. 그 설치는, 콘체른기업들(Konzernunternehmen; 콘체른에 속한 기업들)의 근로자평의회의 동의를 필요로 하고, 그 콘체른기업들에서 근로자들 중 총 50프로를 초과하는 근로자들이 고용되어 있어야 한다.

② 콘체른기업에 하나의 근로자평의회만이 있는 경우에, 그 근로자평의회가 본장의 규정에 따른 기업근로자평의회의 임무를 수행한다.

제55조 콘체른근로자평의회의 구성, 투표비중

① 기업근로자평의회는 자신의 구성원 2명을 콘체른근로자평의회에 파견(派遣)한다. 성은 적절하게 고려되어야 한다.

② 기업근로자평의회는 각 콘체른근로자평의회구성원에 대해 최소 1명의 대체구성원을 임명하고 그 직승계순위(Reihenfolge des Nachrückens)를 정해야 한다.

③ 자신을 파견한 기업근로자평의회의 구성원 투표권이 각 콘체른근로평의회구성원에게 각각 절반까지(je zur Hälfte) 귀속된다.

④ 단체협약 또는 사업협정으로 제55조 제1항 제1문과 달리 콘체른근로자평의회구성원수가 정해질 수 있다. 제47조 제5항 내지 제9항을 준용한다.

제56조 콘체른근로자평의회구성원의 제명

당해 콘체른기업의 선거권이 있는 근로자 중 1/4 이상, 사용자, 콘체른근로자평의회 또는 당해 콘체른에 조합원인 근로자가 있는 노동조합은 그 법률상 의무의 중대한 위반을 이유로 (wegen grober Verletzung seiner gesetzlichen Pflichten) 콘체른근로자평의회구성원을 제명(除名)을 할 수 있다.

제57조 구성원자격 상실

콘체른근로자평의회의 구성원자격(Mitgliedschaft)은, 기업근로자평의회 구성원 자격의 소멸(消滅), 사직, 법원의 재판에 기한 기업근로자평의회에서 제명(除名) 또는 기업근로자평의회의

aufgrund einer gerichtlichen Entscheidung oder Abberufung durch den Gesamtbetriebsrat.

§ 58 Zuständigkeit

(1) Der Konzernbetriebsrat ist zuständig für die Behandlung von Angelegenheiten, die den Konzern oder mehrere Konzernunternehmen betreffen und nicht durch die einzelnen Gesamtbetriebsräte innerhalb ihrer Unternehmen geregelt werden können; seine Zuständigkeit erstreckt sich insoweit auch auf Unternehmen, die einen Gesamtbetriebsrat nicht gebildet haben, sowie auf Betriebe der Konzernunternehmen ohne Betriebsrat. Er ist den einzelnen Gesamtbetriebsräten nicht übergeordnet.

(2) Der Gesamtbetriebsrat kann mit der Mehrheit der Stimmen seiner Mitglieder den Konzernbetriebsrat beauftragen, eine Angelegenheit für ihn zu behandeln. Der Gesamtbetriebsrat kann sich dabei die Entscheidungsbefugnis vorbehalten. § 27 Abs. 2 Satz 3 und 4 gilt entsprechend.

§ 59 Geschäftsführung

(1) Für den Konzernbetriebsrat gelten § 25 Abs. 1, die §§ 26, 27 Abs. 2 und 3, § 28 Abs. 1 Satz 1 und 3, Abs. 2, die §§ 30, 31, 34, 35, 36, 37 Abs. 1 bis 3 sowie die §§ 40, 41 und 51 Abs. 1 Satz 2 und Abs. 3 bis 5 entsprechend.

(2) Ist ein Konzernbetriebsrat zu errichten, so hat der Gesamtbetriebsrat des herrschenden Unternehmens oder, soweit ein solcher Gesamtbetriebsrat nicht besteht, der Gesamtbetriebsrat des nach der Zahl der wahlberechtigten Arbeitnehmer größten Konzernunternehmens zu der Wahl des Vorsitzenden und des stellvertretenden Vorsitzenden des Konzernbetriebsrats einzuladen. Der Vorsitzende des einladenden Gesamtbetriebsrats hat die Sitzung zu leiten, bis der Konzernbetriebsrat aus seiner Mitte einen Wahlleiter bestellt hat. § 29 Abs. 2 bis 4 gilt entsprechend.

§ 59a Teilnahme der Konzernschwerbehindertenvertretung

Die Konzernschwerbehindertenvertretung (§ 180 Absatz 2 des Neunten Buches Sozialgesetzbuch) kann an allen Sitzungen des Konzernbetriebsrats beratend teilnehmen.

## Dritter Teil Jugend- und Auszubildendenvertretung

### Erster Abschnitt Betriebliche Jugend- und Auszubildendenvertretung

§ 60 Errichtung und Aufgabe

(1) In Betrieben mit in der Regel mindestens fünf Arbeitnehmern, die das 18. Lebensjahr noch

해임(解任)으로 써 상실된다.

제58조 관할

① 콘체른근로자평의회는 콘체른(Konzern) 또는 다수의 콘체른기업(mehrere Konzernunternehmen)에 관련되고 그 콘체른기업 내에 있는 각각의 근로자평의회에 규율될 수 없는 사항의 처리를 관할(管轄)한다; 그러한 사항에 대한 관할권은 그 범위 내에서 기업근로자평의회가 설치되지 않은 기업과, 근로자평의회가 없는 콘체른기업의 사업(Betriebe der Konzernunternehmen)에도 미친다. 콘체른근로자평의회는 개별 기업근로자평의회의 상위기관이 아니다.

② 기업근로자평의회는 기업근로자평의회구성원 투표의 과반수로(mit der Mehrheit der Stimmen) 콘체른근로자평의회에게 기업근로자평의회 사항의 처리를 위임(委任)할 수 있다. 이 경우 기업근로자평의회는 결정권(Entscheidungsbefugnis)을 유보(留保)할 수 있다. 제27조 제2항 제3문, 제4문을 준용한다.

제59조 사무처리

① 콘체른근로자평의회에 대해 제25조 제1항, 제26조, 제27조 제2항, 제3항, 제28조 제1항 제1문, 제3문, 제2항, 제30조, 제31조, 제34조, 제35조, 제36조, 제37조 제1항 내지 제3항, 제40조, 제41조, 제51조 제1항 제2문, 제3항 내지 제5항을 준용한다.

② 콘체른근로자평의회가 설치된 경우에, 당해 지배기업(herrschenden Unternehmens)의 기업근로자평의회 또는 그러한 평의회가 없는 경우에 선거권이 있는 근로자수가 가장 많은 콘체른기업(Konzernunternehmen)의 기업근로자평의회가 콘체른근로자평의회 의장 및 부의장(Vorsitzenden und des stellvertretenden Vorsitzenden)의 선출을 위해 기업근로자평의회구성원을 소집(召集)해야 한다. 소집하는 기업근로자평의회의 의장은 콘체른근로자평의회(Konzernbetriebsrat)가 그 구성원 중에서 임시의장(Wahlleiter)을 선출(選出)할 때까지 회의를 주재(主宰)해야 한다. 제29조 제2항 내지 제4항을 준용한다.

제59a조 콘체른중증장애인대표단의 콘체른근로자평의회의 참석

사회법전 제9권 제180조 제2항상의 콘체른중증장애인대표단은 콘체른근로자평의회의 모든 회의에 옵서버로 참석할 수 있다.

## 제3편 연소자·직업훈련생대표단

### 제1장 사업 내 연소자·직업훈련생대표단

제60조 구성 및 임무

① 만 18세에 달하지 않은 근로자(연소근로자; jugendliche Arbeitnehme) 또는 직업훈련(職業

nicht vollendet haben (jugendliche Arbeitnehmer) oder die zu ihrer Berufsausbildung beschäftigt sind und das 25. Lebensjahr noch nicht vollendet haben, werden Jugend- und Auszubildendenvertretungen gewählt.

(2) Die Jugend- und Auszubildendenvertretung nimmt nach Maßgabe der folgenden Vorschriften die besonderen Belange der in Absatz 1 genannten Arbeitnehmer wahr.

§ 61 Wahlberechtigung und Wählbarkeit

(1) Wahlberechtigt sind alle in § 60 Abs. 1 genannten Arbeitnehmer des Betriebs.

(2) Wählbar sind alle Arbeitnehmer des Betriebs, die das 25. Lebensjahr noch nicht vollendet haben; § 8 Abs. 1 Satz 3 findet Anwendung. Mitglieder des Betriebsrats können nicht zu Jugend- und Auszubildendenvertretern gewählt werden.

§ 62 Zahl der Jugend- und Auszubildendenvertreter, Zusammensetzung der Jugend- und Auszubildendenvertretung

(1) Die Jugend- und Auszubildendenvertretung besteht in Betrieben mit in der Regel
5 bis 20 der in § 60 Abs. 1 genannten Arbeitnehmer aus einer Person,
21 bis 50 der in § 60 Abs. 1 genannten Arbeitnehmer aus 3 Mitgliedern,
51 bis 150 der in § 60 Abs. 1 genannten Arbeitnehmer aus 5 Mitgliedern,
151 bis 300 der in § 60 Abs. 1 genannten Arbeitnehmer aus 7 Mitgliedern,
301 bis 500 der in § 60 Abs. 1 genannten Arbeitnehmer aus 9 Mitgliedern,
501 bis 700 der in § 60 Abs. 1 genannten Arbeitnehmer aus 11 Mitgliedern,
701 bis 1.000 der in § 60 Abs. 1 genannten Arbeitnehmer aus 13 Mitgliedern,
mehr als 1.000 der in § 60 Abs. 1 genannten Arbeitnehmer aus 15 Mitgliedern.

(2) Die Jugend- und Auszubildendenvertretung soll sich möglichst aus Vertretern der verschiedenen Beschäftigungsarten und Ausbildungsberufe der im Betrieb tätigen in § 60 Abs. 1 genannten Arbeitnehmer zusammensetzen.

(3) Das Geschlecht, das unter den in § 60 Abs. 1 genannten Arbeitnehmern in der Minderheit ist, muss mindestens entsprechend seinem zahlenmäßigen Verhältnis in der Jugend- und Auszubildendenvertretung vertreten sein, wenn diese aus mindestens drei Mitgliedern besteht.

§ 63 Wahlvorschriften

(1) Die Jugend- und Auszubildendenvertretung wird in geheimer und unmittelbarer Wahl gewählt.

(2) Spätestens acht Wochen vor Ablauf der Amtszeit der Jugend- und Auszubildendenvertretung bestellt der Betriebsrat den Wahlvorstand und seinen Vorsitzenden. Für die Wahl der Jugend- und Auszubildendenvertreter gelten § 14 Abs. 2 bis 5, § 16 Abs. 1 Satz 4 bis 6, § 18 Abs. 1 Satz 1 und Abs. 3 sowie die §§ 19 und 20 entsprechend.

(3) Bestellt der Betriebsrat den Wahlvorstand nicht oder nicht spätestens sechs Wochen vor Ablauf

2訓鍊)에 종사하고 아직 만 5세에 달하지 않은 근로자(勤勞者)가 상시적으로 최소 5명이 있는 사업(事業)에서, 연소자·직업훈련생대표단(Jugend- und Auszubildendenvertretungen)이 선거로 구성된다.

② 연소자·직업훈련생대표단은 다음와 같은 규정 기준에 따라 제60조 제1항에서 언급된 근로자의 특별한 이해관계(besonderen Belange)를 대변한다.

제61조 선거권 및 피선거권

① 당해 사업의 제60조 제1항상의 모든 근로자는 선거권을 가진다.

② 피선거권은 만 25세에 달하지 않은, 당해 사업의 모든 근로자가 피선거권을 가진다; 제8조 제1항 제3문을 적용한다. 근로자평의회구성원은 연소자·직업훈련생대표위원으로 선출될 수 없다.

제62조 연소자·직업훈련생대표위원의 수와 연소자·직업훈련생대표단(Jugend- und Auszubildendenvertretung)의 구성

① 연소자·직업훈련생대표단은 다음과 같이 상시적으로,
제60조 제1항상의 근로자가 5명~20명이 있는 사업에서 1명의 위원으로,
제60조 제1항상의 근로자가 21명~50명이 있는 사업에서 3명의 위원으로,
제60조 제1항상의 근로자가 51명~150명이 있는 사업에서 5명의 위원으로,
제60조 제1항상의 근로자가 151명~300명이 있는 사업에서 7명의 위원으로,
제60조 제1항상의 근로자가 301명~500명이 있는 사업에서 9명의 위원으로,
제60조 제1항상의 근로자가 501명~700명이 있는 사업에서 11명의 위원으로,
제60조 제1항상의 근로자가 701명~1,000명이 있는 사업에서 13명의 위원으로,
제60조 제1항상의 근로자가 1,000명을 초과하는 사업에서 15명의 위원으로 구성된다.

② 연소자·직업훈련생대표단은 가능한 한 당해 사업에서 근무하는 제60조상의 근로자들 중에서 다양한 고용형태(Beschäftigungsarten) 와 직업훈련직종(Ausbildungsberufe)의 대표자로 구성된다.

③ 제60조 제1항에서 언급된 근로자 중에서 소수자에 해당하는 성은 그 비율에 상응한 것 이상으로 연소자·직업훈련생대표단에서(in der Jugend- und Auszubildendenvertretung) 대표되어야만 한다.

제63조 선거규정

① 연소자·직업훈련생대표단은 비밀·직접선거로 구성된다.

② 늦어도 연소자·직업훈련생대표단의 임기가 만료되기 8주전까지 근로자평의회는 선거위원회를 구성하고 그 위원장을 임명한다. 연소자·직업훈련생대표위원의 선거에 대해 제14조 제2항 내지 제5항, 제16조 제1항 제4항 내지 제6항, 제18조 제1항 제1문, 제3항, 제19조, 제20조를 준용한다.

③ 근로자평의회(Betriebsrat)가 선거위원회(Wahlvorstand)를 구성하지 않거나 늦어도 연소자

der Amtszeit der Jugend- und Auszubildendenvertretung oder kommt der Wahlvorstand seiner Verpflichtung nach § 18 Abs. 1 Satz 1 nicht nach, so gelten § 16 Abs. 2 Satz 1 und 2, Abs. 3 Satz 1 und § 18 Abs. 1 Satz 2 entsprechend; der Antrag beim Arbeitsgericht kann auch von jugendlichen Arbeitnehmern gestellt werden.

(4) In Betrieben mit in der Regel fünf bis fünfzig der in § 60 Abs. 1 genannten Arbeitnehmer gilt auch § 14a entsprechend. Die Frist zur Bestellung des Wahlvorstands wird im Fall des Absatzes 2 Satz 1 auf vier Wochen und im Fall des Absatzes 3 Satz 1 auf drei Wochen verkürzt.

(5) In Betrieben mit in der Regel 51 bis 100 der in § 60 Abs. 1 genannten Arbeitnehmer gilt § 14a Abs. 5 entsprechend.

§ 64 Zeitpunkt der Wahlen und Amtszeit

(1) Die regelmäßigen Wahlen der Jugend- und Auszubildendenvertretung finden alle zwei Jahre in der Zeit vom 1. Oktober bis 30. November statt. Für die Wahl der Jugend- und Auszubildendenvertretung außerhalb dieser Zeit gilt § 13 Abs. 2 Nr. 2 bis 6 und Abs. 3 entsprechend.

(2) Die regelmäßige Amtszeit der Jugend- und Auszubildendenvertretung beträgt zwei Jahre. Die Amtszeit beginnt mit der Bekanntgabe des Wahlergebnisses oder, wenn zu diesem Zeitpunkt noch eine Jugend- und Auszubildendenvertretung besteht, mit Ablauf von deren Amtszeit. Die Amtszeit endet spätestens am 30. November des Jahres, in dem nach Absatz 1 Satz 1 die regelmäßigen Wahlen stattfinden. In dem Fall des § 13 Abs. 3 Satz 2 endet die Amtszeit spätestens am 30. November des Jahres, in dem die Jugend- und Auszubildendenvertretung neu zu wählen ist. In dem Fall des § 13 Abs. 2 Nr. 2 endet die Amtszeit mit der Bekanntgabe des Wahlergebnisses der neu gewählten Jugend- und Auszubildendenvertretung.

(3) Ein Mitglied der Jugend- und Auszubildendenvertretung, das im Laufe der Amtszeit das 25. Lebensjahr vollendet, bleibt bis zum Ende der Amtszeit Mitglied der Jugend- und Auszubildendenvertretung.

§ 65 Geschäftsführung

(1) Für die Jugend- und Auszubildendenvertretung gelten § 23 Abs. 1, die §§ 24, 25, 26, 28 Abs. 1 Satz 1 und 2, die §§ 30, 31, 33 Abs. 1 und 2 sowie die §§ 34, 36, 37, 40 und 41 entsprechend.

(2) Die Jugend- und Auszubildendenvertretung kann nach Verständigung des Betriebsrats Sitzungen abhalten; § 29 gilt entsprechend. An diesen Sitzungen kann der Betriebsratsvorsitzende oder ein beauftragtes Betriebsratsmitglied teilnehmen.

§ 66 Aussetzung von Beschlüssen des Betriebsrats

(1) Erachtet die Mehrheit der Jugend- und Auszubildendenvertreter einen Beschluss des Betriebsrats als eine erhebliche Beeinträchtigung wichtiger Interessen der in § 60 Abs. 1 genannten

·직업훈련생대표단의 임기가 만료되기 6주전까지 이를 구성하지 않거나, 선거위원회가 제18조 제1항 제1문에 따른 자신의 책임을 다하지 않은 경우에, 제16조 제2항 제1문, 제2문, 제3항 제1문, 제18조 제1항 제2문을 준용한다; 연소근로자(jugendlichen Arbeitnehmern)도 지방노동법원에 대한 신청을 할 수 있다.

④ 제60조상의 근로자가 상시적으로 5명~50명이 있는 사업에서 제14a조도 준용한다. 선거위원회 구성의 기간은 제63조 제2항 제1문의 경우에 4주로, 제63조 제3항 제1문의 경우에 3주로 단축된다.

⑤ 제60조상의 근로자가 상시적으로 51명~100명이 있는 사업(事業)에서 제14a조 제5항을 준용한다.

제64조 선거시기와 임기

① 연소자·직업훈련생대표단의 정례적 선거(regelmäßigen Wahlen)는 2년마다 10월 1일부터 11월 30일까지의 기간에 실시된다. 이러한 시기 이외의 연소자·직업훈련생대표단(Jugend- und Auszubildendenvertretung)의 선거(選擧)에 대해 제13조 제2항 제2호 내지 제6호, 제3항을 준용한다.

② 연소자·직업훈련생대표단(Jugend- und Auszubildendenvertretung)의 통상적인 임기는 2년이다. 그 임기(Amtszeit)는 선거결과의 공표로써 또는 이러한 시기에 여전히 연소자·직업훈련생대표단이 있는 경우에는 그 임기의 경과(經過)로써 개시된다. 그 임기는, 늦어도 제64조 제1항에 따른 정례적 선거가 실시된 해의 11월 30일에 만료(滿了)된다. 제13조 제3항 제2문의 경우에 그 임기는 늦어도 연소자·직업훈련생대표단(Jugend- und Auszubildendenvertretung)이 새롭게 선출되어야 하는 해의 11월 30일에 만료한다. 제13조 제2항 제2문의 경우에 그 임기는 새롭게 선출된 연소자·직업훈련생대표단의 선거결과의 공고로써(mit der Bekanntgabe des Wahlergebnisses) 종료된다.

③ 그 임기 중에 만 25세에 달한 연소자·직업훈련생대표위원(Mitglied der Jugend- und Auszubildendenvertretung)은 연소자·직업훈련생대표위원의 임기종료까지 그 직을 유지한다.

제65조 사무처리

① 연소자·직업훈련생대표단에 대해 제23조 제1항, 제24조, 제25조, 제26조, 제28조 제1항 제1문, 제2문, 제30조, 제31조, 제33조 제1항, 제2항, 제34조, 제36조, 제37조, 제40조, 제41조를 준용한다.

② 연소자·직업훈련생대표단(Jugend- und Auszubildendenvertretung)은 근로자평의회와 협의하여 회의를 개최할 수 있다; 제29조를 준용한다. 근로자평의회의장 또는 위임을 받은 근로자평의회구성원은 이러한 회의에 참석할 수 있다.

제66조 근로자평의회의 결의의 연기

① 연소자·직업훈련생대표위원 과반수가 근로자평의회의 결의에 대해 제60조 제1항상의 근로자들의 중대한 이해관계(wichtiger Interessen)에 대한 현저한 침해(侵害)로 여기는 경우에는,

Arbeitnehmer, so ist auf ihren Antrag der Beschluss auf die Dauer von einer Woche auszusetzen, damit in dieser Frist eine Verständigung, gegebenenfalls mit Hilfe der im Betrieb vertretenen Gewerkschaften, versucht werden kann.

(2) Wird der erste Beschluss bestätigt, so kann der Antrag auf Aussetzung nicht wiederholt werden; dies gilt auch, wenn der erste Beschluss nur unerheblich geändert wird.

§ 67 Teilnahme an Betriebsratssitzungen

(1) Die Jugend- und Auszubildendenvertretung kann zu allen Betriebsratssitzungen einen Vertreter entsenden. Werden Angelegenheiten behandelt, die besonders die in § 60 Abs. 1 genannten Arbeitnehmer betreffen, so hat zu diesen Tagesordnungspunkten die gesamte Jugend- und Auszubildendenvertretung ein Teilnahmerecht.

(2) Die Jugend- und Auszubildendenvertreter haben Stimmrecht, soweit die zu fassenden Beschlüsse des Betriebsrats überwiegend die in § 60 Abs. 1 genannten Arbeitnehmer betreffen.

(3) Die Jugend- und Auszubildendenvertretung kann beim Betriebsrat beantragen, Angelegenheiten, die besonders die in § 60 Abs. 1 genannten Arbeitnehmer betreffen und über die sie beraten hat, auf die nächste Tagesordnung zu setzen. Der Betriebsrat soll Angelegenheiten, die besonders die in § 60 Abs. 1 genannten Arbeitnehmer betreffen, der Jugend- und Auszubildendenvertretung zur Beratung zuleiten.

§ 68 Teilnahme an gemeinsamen Besprechungen

Der Betriebsrat hat die Jugend- und Auszubildendenvertretung zu Besprechungen zwischen Arbeitgeber und Betriebsrat beizuziehen, wenn Angelegenheiten behandelt werden, die besonders die in § 60 Abs. 1 genannten Arbeitnehmer betreffen.

§ 69 Sprechstunden

In Betrieben, die in der Regel mehr als fünfzig der in § 60 Abs. 1 genannten Arbeitnehmer beschäftigen, kann die Jugend- und Auszubildendenvertretung Sprechstunden während der Arbeitszeit einrichten. Zeit und Ort sind durch Betriebsrat und Arbeitgeber zu vereinbaren. § 39 Abs. 1 Satz 3 und 4 und Abs. 3 gilt entsprechend. An den Sprechstunden der Jugend- und Auszubildendenvertretung kann der Betriebsratsvorsitzende oder ein beauftragtes Betriebsratsmitglied beratend teilnehmen.

§ 70 Allgemeine Aufgaben

(1) Die Jugend- und Auszubildendenvertretung hat folgende allgemeine Aufgaben:

1. Maßnahmen, die den in § 60 Abs. 1 genannten Arbeitnehmern dienen, insbesondere in Fragen der Berufsbildung und der Übernahme der zu ihrer Berufsausbildung Beschäftigten in ein Arbeitsverhältnis, beim Betriebsrat zu beantragen;

그들의 신청이 있는 경우 그 결의는 1주일의 기간 후로 연기되어야 하는데, 그러한 기간 내에, 필요한 경우에는 당해 사업에 조합원인 근로자가 있는 노동조합의 도움을 얻어 합의가 시도될 수 있도록 연기되어야 한다.

② 최초의 결의가 확인된 경우에, 재연기신청은 행해지지 않는다; 최초의 결의가 단지 근소하게 변경된 경우에도 이를 적용한다.

제67조 근로자평의회 회의의 참석

① 연소자·직업훈련생대표단은 모든 근로자평의회회의(Betriebsratssitzungen)에 대표자를 파견할 수 있다. 특히 제60조 제1항상의 근로자에 관련되는 안건(案件)이 다뤄지는 경우에는 연소자·직업훈련생대표단원 전원은 그러한 의안(Tagesordnungspunkten)와 관련하여 참가권을 가진다.

② 행해질 근로자평의회 결의가 주로 제60조 제1항상의 근로자와 관련된 경우에 연소자·직업훈련생대표단은 투표권(投票權)을 가진다.

③ 연소자·직업훈련생대표단(Jugend- und Auszubildendenvertretung)은 근로자평의회에 대해, 제60조 제1항상의 근로자와 관련되고 자신들이 논의해야 하는 사항을 차회(次回)의 의사일정(die nächste Tagesordnung)으로 부의(附議)해줄 것을 신청할 수 있다. 근로자평의회는 특히 제60조 제1항상의 근로자에 관련되는 사항을 연소자·직업훈련생대표단의 논의(Beratung)에 부의(附議)해야 한다.

제68조 공동의 평의에 참석

특히 제60조 제1항상의 근로자에 관련되는 사안이 다뤄지는 경우에는, 근로자평의회는 연소자·직업훈련생대표단이 사용자와 근로자평의회 간의 평의(Besprechungen)에 참석할 수 있도록 해야 한다.

제69조 상담시간

제60조 제1상의 근로자가 상시적으로 50명을 초과하여 근무하는 사업에서 연소자·직업훈련생대표단은 근로시간(勤勞時間) 중에 상담시간(Sprechstunden)을 가질 수 있다. 그 시기(時期)와 장소(場所)는 근로자평의회와 사용자 간에 합의(合意)되어야 한다. 제39조 제1항 제3문, 제4문, 제3항을 준용한다. 근로자평의회의장 또는 위임(委任)을 받은 근로자평의회구성원은 연소자·직업훈련생대표단의 상담시간(Sprechstunden der Jugend- und Auszubildendenvertretung)에 참여할 수 있다.

제70조 일반적 임무

① 연소자·직업훈련생대표단은 다음 각 호의 일반적 임무를 가진다:

1. 제60조 제1항상의 근로자에게 기여하는 조치, 특히 직업훈련 문제(Fragen der Berufsbildung)와 근로관계에 있는 직업훈련종사자의 인수(Übernahme der zu ihrer Berufsausbildung Beschäftigten)의 문제에 관한 조치를 근로자평의회에 신청하는 것;

1a. Maßnahmen zur Durchsetzung der tatsächlichen Gleichstellung der in § 60 Abs. 1 genannten Arbeitnehmer entsprechend § 80 Abs. 1 Nr. 2a und 2b beim Betriebsrat zu beantragen;
2. darüber zu wachen, dass die zugunsten der in § 60 Abs. 1 genannten Arbeitnehmer geltenden Gesetze, Verordnungen, Unfallverhütungsvorschriften, Tarifverträge und Betriebsvereinbarungen durchgeführt werden;
3. Anregungen von in § 60 Abs. 1 genannten Arbeitnehmern, insbesondere in Fragen der Berufsbildung, entgegenzunehmen und, falls sie berechtigt erscheinen, beim Betriebsrat auf eine Erledigung hinzuwirken. Die Jugend- und Auszubildendenvertretung hat die betroffenen in § 60 Abs. 1 genannten Arbeitnehmer über den Stand und das Ergebnis der Verhandlungen zu informieren;
4. die Integration ausländischer, in § 60 Abs. 1 genannter Arbeitnehmer im Betrieb zu fördern und entsprechende Maßnahmen beim Betriebsrat zu beantragen.

(2) Zur Durchführung ihrer Aufgaben ist die Jugend- und Auszubildendenvertretung durch den Betriebsrat rechtzeitig und umfassend zu unterrichten. Die Jugend- und Auszubildendenvertretung kann verlangen, dass ihr der Betriebsrat die zur Durchführung ihrer Aufgaben erforderlichen Unterlagen zur Verfügung stellt.

§ 71 Jugend- und Auszubildendenversammlung

Die Jugend- und Auszubildendenvertretung kann vor oder nach jeder Betriebsversammlung im Einvernehmen mit dem Betriebsrat eine betriebliche Jugend- und Auszubildendenversammlung einberufen. Im Einvernehmen mit Betriebsrat und Arbeitgeber kann die betriebliche Jugend- und Auszubildendenversammlung auch zu einem anderen Zeitpunkt einberufen werden. § 43 Abs. 2 Satz 1 und 2, die §§ 44 bis 46 und § 65 Abs. 2 Satz 2 gelten entsprechend.

## Zweiter Abschnitt Gesamt-Jugend- und Auszubildendenvertretung

§ 72 Voraussetzungen der Errichtung, Mitgliederzahl, Stimmengewicht

(1) Bestehen in einem Unternehmen mehrere Jugend- und Auszubildendenvertretungen, so ist eine Gesamt-Jugend- und Auszubildendenvertretung zu errichten.

(2) In die Gesamt-Jugend- und Auszubildendenvertretung entsendet jede Jugend- und Auszubildendenvertretung ein Mitglied.

(3) Die Jugend- und Auszubildendenvertretung hat für das Mitglied der Gesamt-Jugend- und Auszubildendenvertretung mindestens ein Ersatzmitglied zu bestellen und die Reihenfolge des Nachrückens festzulegen.

(4) Durch Tarifvertrag oder Betriebsvereinbarung kann die Mitgliederzahl der Gesamt-Jugend- und Auszubildendenvertretung abweichend von Absatz 2 geregelt werden.

1a. 第80조 제1항 제2a, 제2b를 준용하여 제60조 제1상의 실질적인 평등대우의 실행 (Durchsetzung der tatsächlichen Gleichstellung)을 위한 조치를 근로자평의회에 신청하는 것;
2. 제60조 제1항상의 근로자에 대해 적용되는 법률, 명령, 산업재해보호규정 (Unfallverhütungsvorschriften), 단체협약(團體協約) 및 사업협정이 집행(執行)되는지에 대한 감시(監視);
3. 제60조 제1항상의 근로자의 제안, 특히 직업훈련문제(Fragen der Berufsbildung)에 관한 제안을 받은 다음, 그것이 정당한 것으로 보이는 경우에 근로자평의회가 이를 처리하도록 노력하는 것. 연소자·직업훈련생대표단은 제60조 제1항상의 근로자인 이해관계인에게 그에 관한 평의의 상황 및 결과(Stand und das Ergebnis der Verhandlungen)에 관한 정보를 제공해야 한다;
4. 당해 사업에서 근무하는, 제60조 제1항상의 외국인근로자의 통합(Integration)을 촉진하고 관련 조치를 근로자평의회에 신청하는 것.

② 연소자·직업훈련생대표단은 자신의 임무(任務) 수행을 위하여 근로자평의회에게서 적시에 포괄적으로 통지를 받아야 한다. 연소자·직업훈련생대표단은 근로자평의회에 대해 자신들의 임무를 수행하기 위하여 필요한 서류(書類)를 자신들이 이용할 수 있도록 제공해줄 것을 요구할 수 있다.

제71조 연소자·직업훈련생총회

연소자·직업훈련생대표단은 근로자평의회와 협의 후 근로자총회 전후에 사업 내의 연소자·직업훈련생총회(betriebliche Jugend- und Auszubildendenversammlung)를 소집할 수 있다. 사용자 및 근로자평의회와 협의하여(Im Einvernehmen mit Betriebsrat und Arbeitgeber) 사업 내의 연소자·직업훈련생총회가 다른 시기에 소집될 수 있다. 제43조 제2항 제1문, 제2문, 제44조, 제46조, 제65조 제2항 제2문을 준용한다.

## 제2장 기업연소자·직업훈련생대표단

제72조 설치의 요건, 위원수, 투표비중

① 기업에 수개의 연소자·직업훈련생대표단이 있는 경우에, 기업연소자·직업훈련생대표단 (Gesamt-Jugend- und Auszubildendenvertretung)이 설치되어야 한다.

② 각 연소자·직업훈련생대표단은 자신의 구성원을 기업연소자·직업훈련생대표단에 파견한다.

③ 연소자·직업훈련생대표단(Jugend- und Auszubildendenvertretung)은 기업연소자·직업훈련생대표위원에 대해 최소 1명의 대체구성원을 임명해야 하고 그 직승계순위(Reihenfolge des Nachrückens)를 정해야 한다.

④ 단체협약 또는 사업협정(Tarifvertrag oder Betriebsvereinbarung)으로 제72조 제2항과 달리 기업연소자·직업훈련생대표위원수를 정할 수 있다.

(5) Gehören nach Absatz 2 der Gesamt-Jugend- und Auszubildendenvertretung mehr als zwanzig Mitglieder an und besteht keine tarifliche Regelung nach Absatz 4, so ist zwischen Gesamtbetriebsrat und Arbeitgeber eine Betriebsvereinbarung über die Mitgliederzahl der Gesamt-Jugend- und Auszubildendenvertretung abzuschließen, in der bestimmt wird, dass Jugend- und Auszubildendenvertretungen mehrerer Betriebe eines Unternehmens, die regional oder durch gleichartige Interessen miteinander verbunden sind, gemeinsam Mitglieder in die Gesamt-Jugend- und Auszubildendenvertretung entsenden.
(6) Kommt im Fall des Absatzes 5 eine Einigung nicht zustande, so entscheidet eine für das Gesamtunternehmen zu bildende Einigungsstelle. Der Spruch der Einigungsstelle ersetzt die Einigung zwischen Arbeitgeber und Gesamtbetriebsrat.
(7) Jedes Mitglied der Gesamt-Jugend- und Auszubildendenvertretung hat so viele Stimmen, wie in dem Betrieb, in dem es gewählt wurde, in § 60 Abs. 1 genannte Arbeitnehmer in der Wählerliste eingetragen sind. Ist ein Mitglied der Gesamt-Jugend- und Auszubildendenvertretung für mehrere Betriebe entsandt worden, so hat es so viele Stimmen, wie in den Betrieben, für die es entsandt ist, in § 60 Abs. 1 genannte Arbeitnehmer in den Wählerlisten eingetragen sind. Sind mehrere Mitglieder der Jugend- und Auszubildendenvertretung entsandt worden, so stehen diesen die Stimmen nach Satz 1 anteilig zu.
(8) Für Mitglieder der Gesamt-Jugend- und Auszubildendenvertretung, die aus einem gemeinsamen Betrieb mehrerer Unternehmen entsandt worden sind, können durch Tarifvertrag oder Betriebsvereinbarung von Absatz 7 abweichende Regelungen getroffen werden.

§ 73 Geschäftsführung und Geltung sonstiger Vorschriften

(1) Die Gesamt-Jugend- und Auszubildendenvertretung kann nach Verständigung des Gesamtbetriebsrats Sitzungen abhalten. An den Sitzungen kann der Vorsitzende des Gesamtbetriebsrats oder ein beauftragtes Mitglied des Gesamtbetriebsrats teilnehmen.
(2) Für die Gesamt-Jugend- und Auszubildendenvertretung gelten § 25 Abs. 1, die §§ 26, 28 Abs. 1 Satz 1, die §§ 30, 31, 34, 36, 37 Abs. 1 bis 3, die §§ 40, 41, 48, 49, 50, 51 Abs. 2 bis 5 sowie die §§ 66 bis 68 entsprechend.

## Dritter Abschnitt Konzern-Jugend- und Auszubildendenvertretung

§ 73a Voraussetzung der Errichtung, Mitgliederzahl, Stimmengewicht

(1) Bestehen in einem Konzern (§ 18 Abs. 1 des Aktiengesetzes) mehrere Gesamt-Jugend- und Auszubildendenvertretungen, kann durch Beschlüsse der einzelnen Gesamt-Jugend- und Auszubildendenvertretungen eine Konzern-Jugend- und Auszubildendenvertretung errichtet werden. Die Errichtung erfordert die Zustimmung der Gesamt-Jugend- und Auszubildendenvertretungen der

⑤ 제72조 제2항에 따라 기업연소자·직업훈련생대표단에 20명을 초과하는 그 위원들이 있고 제72조 제4항에 따른 단체협약상의 규율도 없는 경우에, 기업근로자평의회와 사용자 간에 기업연소자·직업훈련생대표위원수(die Mitgliederzahl der Gesamt-Jugend- und Auszubildendenvertretung)에 관한 사업협정을 체결할 수 있고, 그 사업협정으로 지역적 이해관계 또는 같은 종류의 이해관계에 의해 상호 간에 결합된 사업으로, 기업에 속한 수개의 사업의 연소자·직업훈련생대표단(Jugend- und Auszubildendenvertretungen)은 공동의 위원을 기업연소자·직업훈련생대표에 파견(派遣)할 수 있다.
⑥ 제72조 제5항의 경우에 그 합의가 성사되지 않은 경우에, 기업 전체에 대해 조직된 중재위원회가 이에 대해 결정한다. 그 중재위원회 판정(判定)이 사용자와 기업근로자평의회 간의 합의를 대체한다.
⑦ 각 기업연소자·직업훈련생대표위원은 그 위원을 선출한 당해 사업에서 선거인명부에(in der Wählerliste) 등재된, 제60조 제1항상의 근로자수 비율만큼의 투표권(投票權)을 가진다. 수개의 사업에 대해 기업연소자·직업훈련생대표위원(Mitglied der Gesamt-Jugend- und Auszubildendenvertretung)이 파견된 경우에, 그 위원을 파견한 당해 사업에서 선거인명부에 등재된, 제60조 제1항상의 근로자수 비율만큼의 투표권(投票權)을 가진다. 수인의 기업연소자·직업훈련생대표위원이 파견된 경우에, 제1문에 따른 투표권은 비례적으로 그들에게 귀속한다.
⑧ 단체협약 또는 사업협정으로 다수의 기업의 공동의 사업(gemeinsamen Betrieb mehrerer Unternehmen)에서 파견된 기업연소자·직업훈련생대표위원에 대해 제72조 제7항과 달리 정할 수 있다.

제73조 사무처리와 기타 규정의 적용
① 기업연소자·직업훈련생대표단은 기업근로자평의회와 합의(Verständigung) 후 회의를 개최할 수 있다. 기업근로자평의회의장과 위임(委任)을 받은 기업근로자평의회구성원은 그 회의에 참석할 수 있다.
② 기업연소자·직업훈련생대표단에 대해 제25조 제1항, 제26조, 제28조 제1항 제1문, 제30조, 제31조, 제34조, 제36조, 제37조 제1항 내지 제3항, 제40조, 제41조, 제48조, 제49조, 제50조, 제51조 제2항 내지 제5항, 제66조 내지 제68조를 준용한다.

## 제3장 콘체른연소자·직업훈련생대표단

제73a조 설치의 요건, 위원수, 투표비중
① 주식법 제18조 제1항상의 콘체른(Konzern)에 수개의 기업연소자·직업훈련생대표단이 있는 경우에, 콘체른연소자·직업훈련생대표단(Konzern-Jugend- und Auszubildendenvertretung)이 각각의 기업연소자·직업훈련생대표단기업의 결의로 설치될 수 있다. 그 설치(Errichtung)는, 당해 콘체른기업들(Konzernunternehmen)의 기업연소자·직업훈련생대표단의

Konzernunternehmen, in denen insgesamt mindestens 75 vom Hundert der in § 60 Abs. 1 genannten Arbeitnehmer beschäftigt sind. Besteht in einem Konzernunternehmen nur eine Jugend- und Auszubildendenvertretung, so nimmt diese die Aufgaben einer Gesamt-Jugend- und Auszubildendenvertretung nach den Vorschriften dieses Abschnitts wahr.

(2) In die Konzern-Jugend- und Auszubildendenvertretung entsendet jede Gesamt-Jugend- und Auszubildendenvertretung eines ihrer Mitglieder. Sie hat für jedes Mitglied mindestens ein Ersatzmitglied zu bestellen und die Reihenfolge des Nachrückens festzulegen.

(3) Jedes Mitglied der Konzern-Jugend- und Auszubildendenvertretung hat so viele Stimmen, wie die Mitglieder der entsendenden Gesamt-Jugend- und Auszubildendenvertretung insgesamt Stimmen haben.

(4) § 72 Abs. 4 bis 8 gilt entsprechend.

§ 73b Geschäftsführung und Geltung sonstiger Vorschriften

(1) Die Konzern-Jugend- und Auszubildendenvertretung kann nach Verständigung des Konzernbetriebsrats Sitzungen abhalten. An den Sitzungen kann der Vorsitzende oder ein beauftragtes Mitglied des Konzernbetriebsrats teilnehmen.

(2) Für die Konzern-Jugend- und Auszubildendenvertretung gelten § 25 Abs. 1, die §§ 26, 28 Abs. 1 Satz 1, die §§ 30, 31, 34, 36, 37 Abs. 1 bis 3, die §§ 40, 41, 51 Abs. 3 bis 5, die §§ 56, 57, 58, 59 Abs. 2 und die §§ 66 bis 68 entsprechend.

## Vierter Teil Mitwirkung und Mitbestimmung der Arbeitnehmer

### Erster Abschnitt Allgemeines

§ 74 Grundsätze für die Zusammenarbeit

(1) Arbeitgeber und Betriebsrat sollen mindestens einmal im Monat zu einer Besprechung zusammentreten. Sie haben über strittige Fragen mit dem ernsten Willen zur Einigung zu verhandeln und Vorschläge für die Beilegung von Meinungsverschiedenheiten zu machen.

(2) Maßnahmen des Arbeitskampfes zwischen Arbeitgeber und Betriebsrat sind unzulässig; Arbeitskämpfe tariffähiger Parteien werden hierdurch nicht berührt. Arbeitgeber und Betriebsrat haben Betätigungen zu unterlassen, durch die der Arbeitsablauf oder der Frieden des Betriebs beeinträchtigt werden. Sie haben jede parteipolitische Betätigung im Betrieb zu unterlassen; die Behandlung von Angelegenheiten tarifpolitischer, sozialpolitischer, umweltpolitischer und wirtschaftlicher Art, die den Betrieb oder seine Arbeitnehmer unmittelbar betreffen, wird hierdurch nicht berührt.

동의를 필요로 하고, 그 콘체른기업들에서 제60조 제1항상의 근로자들 중 최소 총 75프로를 초과하는 근로자들이 고용되어 있어야 한다. 당해 콘체른기업에 하나의 연소자·직업훈련생대표단이 있는 경우에는, 그 대표단이 본장의 규정에 따른 기업연소자·직업훈련생대표단의 임무를 수행한다.

② 각 기업연소자·직업훈련생대표단은 자신의 위원들을 콘체른연소자·직업훈련생대표단에 파견할 수 있다. 각 기업연소자·직업훈련생대표단은 콘체른연소자·직업훈련생대표위원에 대해 최소 1명의 대체구성원을 임명하고 그 직승계순위를 정해야 한다.

③ 각 콘체른연소자·직업훈련생대표위원(Jedes Mitglied der Konzern-Jugend- und Auszubildendenvertretung)은 파견한 기업연소자·직업훈련생대표단원이 합하여 가진 투표비율대로 투표권(投票權)을 가진다.

④ 제72조 제4항 내지 제8항을 준용한다.

제73b조 사무처리와 기타 규정의 적용

① 콘체른연소자·직업훈련생대표단은 콘체른근로자평의회와 합의에 따라 회의를 개최할 수 있다. 콘체른근로자평의회의장과 위임을 받은 콘체른근로자평의회구성원은 그 회의에 참석할 수 있다.

② 콘체른연소자·직업훈련생대표단에 제25조 제1항, 제26조, 제28조 제1항 제1문, 제30조, 제31조, 제34조, 제36조, 제37조 제1항 내지 제3항, 제40조, 제41조, 제51조 제3항 내지 제5항, 제56조, 제57조, 제58조, 제59조 제2항, 제66조 내지 제68조를 준용한다.

## 제4편 근로자들의 의사결정참가(Mitwirkung)와 공동결정(Mitbestimmung)

### 제1장 총칙

제74조 협력(Zusammenarbeit)의 원칙

① 사용자와 근로자평의회는 매달 1회 이상 평의회(Besprechung; 評議會)를 위해 회합해야 한다. 사용자와 근로자평의회는 다툼이 있는 문제에 대해 합의를 위해 진지한 의사로 교섭해야 하고 의견대립이 있는 사안에 대한 해결을 위한 제안(提案)을 해야 한다.

② 사용자와 근로자평의회 간의 쟁의행위(Maßnahmen des Arbeitskampfes)는 허용되지 않는다; 단체협약당사자들은 이에 의하여 영향을 받지 않는다. 사용자와 근로자평의회는 사업의 업무과정(Arbeitsablauf)이나 사업평화(Frieden des Betriebs)를 해치는 활동(活動)을 해서는 안 된다. 사용자와 근로자평의회는 사업 내에서 모든 정파적 활동(parteipolitische Betätigung)을 해서는 안 된다. 사업 또는 그 사업의 근로자에 직접적으로 관련된, 협약정책적·사회정책적·환경정책적·경제적 종류(tarifpolitischer, sozialpolitischer, umweltpolitischer und wirtschaftlicher Art)의 사안의 처리는 이에 영향을 받지 않는다.

(3) Arbeitnehmer, die im Rahmen dieses Gesetzes Aufgaben übernehmen, werden hierdurch in der Betätigung für ihre Gewerkschaft auch im Betrieb nicht beschränkt.

§ 75 Grundsätze für die Behandlung der Betriebsangehörigen

(1) Arbeitgeber und Betriebsrat haben darüber zu wachen, dass alle im Betrieb tätigen Personen nach den Grundsätzen von Recht und Billigkeit behandelt werden, insbesondere, dass jede Benachteiligung von Personen aus Gründen ihrer Rasse oder wegen ihrer ethnischen Herkunft, ihrer Abstammung oder sonstigen Herkunft, ihrer Nationalität, ihrer Religion oder Weltanschauung, ihrer Behinderung, ihres Alters, ihrer politischen oder gewerkschaftlichen Betätigung oder Einstellung oder wegen ihres Geschlechts oder ihrer sexuellen Identität unterbleibt.

(2) Arbeitgeber und Betriebsrat haben die freie Entfaltung der Persönlichkeit der im Betrieb beschäftigten Arbeitnehmer zu schützen und zu fördern. Sie haben die Selbständigkeit und Eigeninitiative der Arbeitnehmer und Arbeitsgruppen zu fördern.

§ 76 Einigungsstelle

(1) Zur Beilegung von Meinungsverschiedenheiten zwischen Arbeitgeber und Betriebsrat, Gesamtbetriebsrat oder Konzernbetriebsrat ist bei Bedarf eine Einigungsstelle zu bilden. Durch Betriebsvereinbarung kann eine ständige Einigungsstelle errichtet werden.

(2) Die Einigungsstelle besteht aus einer gleichen Anzahl von Beisitzern, die vom Arbeitgeber und Betriebsrat bestellt werden, und einem unparteiischen Vorsitzenden, auf dessen Person sich beide Seiten einigen müssen. Kommt eine Einigung über die Person des Vorsitzenden nicht zustande, so bestellt ihn das Arbeitsgericht. Dieses entscheidet auch, wenn kein Einverständnis über die Zahl der Beisitzer erzielt wird.

(3) Die Einigungsstelle hat unverzüglich tätig zu werden. Sie fasst ihre Beschlüsse nach mündlicher Beratung mit Stimmenmehrheit. Bei der Beschlussfassung hat sich der Vorsitzende zunächst der Stimme zu enthalten; kommt eine Stimmenmehrheit nicht zustande, so nimmt der Vorsitzende nach weiterer Beratung an der erneuten Beschlussfassung teil. Die Beschlüsse der Einigungsstelle sind schriftlich niederzulegen, vom Vorsitzenden zu unterschreiben und Arbeitgeber und Betriebsrat zuzuleiten.

(4) Durch Betriebsvereinbarung können weitere Einzelheiten des Verfahrens vor der Einigungsstelle geregelt werden.

(5) In den Fällen, in denen der Spruch der Einigungsstelle die Einigung zwischen Arbeitgeber und Betriebsrat ersetzt, wird die Einigungsstelle auf Antrag einer Seite tätig. Benennt eine Seite keine Mitglieder oder bleiben die von einer Seite genannten Mitglieder trotz rechtzeitiger Einladung der Sitzung fern, so entscheiden der Vorsitzende und die erschienenen Mitglieder nach Maßgabe des Absatzes 3 allein. Die Einigungsstelle fasst ihre Beschlüsse unter angemessener Berücksichtigung

③ 이 법의 범위 내에서 임무를 맡은 근로자는 자신이 가입한 노동조합을 위한 활동을 함에 있어 사업 내에서도 이에 의하여 제한을 받지 않는다.

제75조 근로자 대우 원칙

① 사용자와 근로자평의회는 당해 사업에서 활동하는 모든 사람이 법과 공평원칙에 따라 대우를 받는지에 관하여 감시해야 하고, 특히 인종(Rasse), 인종적 출신(ethnischen Herkunft), 혈통(Abstammung)이나 기타 출신(Herkunft), 국적, 종교, 세계관, 장애(Behinderung), 연령, 정치적 또는 노동조합의 활동(politischen oder gewerkschaftlichen Betätigung) 내지 태도Einstellung, 고용, 성 또는 성정체성(sexuellen Identität)을 이유로 하는 사람에 대한 모든 불이익이 발생하지 않도록 감시해야 한다.

② 사용자와 근로자평의회는 사업에 고용된 근로자의 인격의 자유로운 발현을 보호하고 촉진해야 한다. 사용자와 근로자평의회는 근로자 및 근로자집단의 독립성(Selbständigkeit)과 자주성(Eigeninitiative)을 신장시켜야 한다.

제76조 중재위원회

① 사용자와 근로자평의회, 기업근로자평의회 또는 콘체른근로자평의회 간 의견대립이 있는 사안을 처리하기 위하여 필요한 경우 중재위원회를 설치한다. 사업협정으로 상설중재위원회(ständige Einigungsstelle)가 설치될 수 있다.

② 중재위원회는 사용자와 근로자평의회가 임명한 동수의 위원과 그 양 당사자의 합의가 있어야만 하는 1명의 중립적 의장(unparteiischen Vorsitzenden)으로 구성된다. 누구를 의장으로 할 것인지에 관해 합의가 성사되지 않은 경우에, 지방노동법원이 의장을 임명한다. 위원수에 관한 합의가 이뤄지지 않은 경우에(wenn kein Einverständnis über die Zahl der Beisitzer erzielt wird)도 지방노동법원이 이를 결정한다.

③ 중재위원회는 지체 없이 활동에 들어가야 한다. 중재위원회는 구술심의(mündlicher Beratung) 후 과반수로(mit Stimmenmehrheit) 결의한다. 결의에 있어 의장은 처음에는 투표권을 행사하지 않는다; 과반수(Stimmenmehrheit)가 이뤄지지 않은 경우에, 추가적 심리 후 의장도 새로운 결의(決議)에 참가한다. 중재위원회 결의(Beschlüsse der Einigungsstelle)는 서면(書面)으로 이뤄져야 하고, 의장(議長)이 이 서면에 서명(書名)한 후 이를 사용자와 근로자평의회에 송부한다.

④ 사업협정(Betriebsvereinbarung)으로 중재위원회의 절차에 대한 그밖의 상세사항(Einzelheiten)을 정할 수 있다.

⑤ 중재위원회의 판정(Spruch der Einigungsstelle)이 사용자와 근로자간의 합의를 대체해야 하는 경우에, 일방 당사자의 신청에 의하여 중재위원회가 활동한다. 일방이 위원을 임명하지 않거나 일방이 임명한 위원이 적시의 회의소집(rechtzeitiger Einladung der Sitzung)에도 불구하고 이에 참석하지 않는 경우에는, 의장과 출석한 위원들(Vorsitzende und die erschienenen Mitglieder)이 제76조의 기준에 따라 독자적으로 결정한다. 중재위원회는 관련 근로자와 사업

der Belange des Betriebs und der betroffenen Arbeitnehmer nach billigem Ermessen. Die Überschreitung der Grenzen des Ermessens kann durch den Arbeitgeber oder den Betriebsrat nur binnen einer Frist von zwei Wochen, vom Tage der Zuleitung des Beschlusses an gerechnet, beim Arbeitsgericht geltend gemacht werden.

(6) Im übrigen wird die Einigungsstelle nur tätig, wenn beide Seiten es beantragen oder mit ihrem Tätigwerden einverstanden sind. In diesen Fällen ersetzt ihr Spruch die Einigung zwischen Arbeitgeber und Betriebsrat nur, wenn beide Seiten sich dem Spruch im voraus unterworfen oder ihn nachträglich angenommen haben.

(7) Soweit nach anderen Vorschriften der Rechtsweg gegeben ist, wird er durch den Spruch der Einigungsstelle nicht ausgeschlossen.

(8) Durch Tarifvertrag kann bestimmt werden, dass an die Stelle der in Absatz 1 bezeichneten Einigungsstelle eine tarifliche Schlichtungsstelle tritt.

§ 76a Kosten der Einigungsstelle

(1) Die Kosten der Einigungsstelle trägt der Arbeitgeber.

(2) Die Beisitzer der Einigungsstelle, die dem Betrieb angehören, erhalten für ihre Tätigkeit keine Vergütung; § 37 Abs. 2 und 3 gilt entsprechend. Ist die Einigungsstelle zur Beilegung von Meinungsverschiedenheiten zwischen Arbeitgeber und Gesamtbetriebsrat oder Konzernbetriebsrat zu bilden, so gilt Satz 1 für die einem Betrieb des Unternehmens oder eines Konzernunternehmens angehörenden Beisitzer entsprechend.

(3) Der Vorsitzende und die Beisitzer der Einigungsstelle, die nicht zu den in Absatz 2 genannten Personen zählen, haben gegenüber dem Arbeitgeber Anspruch auf Vergütung ihrer Tätigkeit. Die Höhe der Vergütung richtet sich nach den Grundsätzen des Absatzes 4 Satz 3 bis 5.

(4) Das Bundesministerium für Arbeit und Soziales kann durch Rechtsverordnung die Vergütung nach Absatz 3 regeln. In der Vergütungsordnung sind Höchstsätze festzusetzen. Dabei sind insbesondere der erforderliche Zeitaufwand, die Schwierigkeit der Streitigkeit sowie ein Verdienstausfall zu berücksichtigen. Die Vergütung der Beisitzer ist niedriger zu bemessen als die des Vorsitzenden. Bei der Festsetzung der Höchstsätze ist den berechtigten Interessen der Mitglieder der Einigungsstelle und des Arbeitgebers Rechnung zu tragen.

(5) Von Absatz 3 und einer Vergütungsordnung nach Absatz 4 kann durch Tarifvertrag oder in einer Betriebsvereinbarung, wenn ein Tarifvertrag dies zulässt oder eine tarifliche Regelung nicht besteht, abgewichen werden.

§ 77 Durchführung gemeinsamer Beschlüsse, Betriebsvereinbarungen

(1) Vereinbarungen zwischen Betriebsrat und Arbeitgeber, auch soweit sie auf einem Spruch der Einigungsstelle beruhen, führt der Arbeitgeber durch, es sei denn, dass im Einzelfall etwas anderes

의 이해관계를 적절하게 고려하여 공평한 재량(billigem Ermessen)에 의해 결의한다. 사용자와 근로자평의회는 재량의 한계를 일탈하는 것(Überschreitung der Grenzen des Ermessens )에 대하여 결의서가 송부된 때로부터 2주 이내의 기간에만 지방노동법원에(beim Arbeitsgericht) 제소할 수 있다.

⑥ 그밖에 중재위원회는 양 당사자가 이를 신청하거나 중재위원회 활동에 대해 합의한 경우에만 활동한다. 이러한 경우에는 양 당사자가 그 판정을 미리 따르기로 하거나 사후적으로 이를 수용한 때에만(wenn beide Seiten sich dem Spruch im voraus unterworfen oder ihn nachträglich angenommen haben) 그 판정이 사용자와 근로자평의회간 합의를 대체한다.

⑦ 다른 규정에 따라 제소(Rechtsweg)가 이뤄진 경우에, 그 제소는 중재위원회 판정에 의해 배제되지 않는다.

⑧ 단체협약으로 협약에 의한 중재위원회(tarifliche Schlichtungsstelle)가 제76조 제1항상의 중재위원회를 대신하는 것으로 정할 수 있다.

제76a조 중재위원회의 비용

① 중재위원회 비용은 사용자가 부담한다.

② 당해 사업에 속한 중재위원회위원은 그 활동에 대해 보수를 지급받지 않는다; 제37조 제2항, 제3항을 준용한다. 중재위원회가 사용자와 기업근로자평의회(Gesamtbetriebsrat) 또는 콘체른근로자평의회(Konzernbetriebsrat) 간의 의견대립이 있는 사안의 처리를 위해(zur Beilegung von Meinungsverschiedenheiten) 설치된 경우에, 제1문은 기업 또는 콘체른기업의 사업에 속한 위원에 대해서도 적용한다.

③ 제76a조 제2항 언급된 사람에 속하지 않는 중재위원회의장 및 위원은 사용자에 대해 자신의 활동에 대한 보수청구권(Anspruch auf Vergütung)을 갖는다. 보수한도는 제76a조 제4조 제3항 내지 제5항에 따른다.

④ 연방노동사회부(Das Bundesministerium für Arbeit und Soziales)는 법규명령으로 제3에 따른 보수를 정할 수 있다. 그 보수에 관한 법규명령에 한도요율(Höchstsätze)을 정한다. 이 경우 특히 필요한 시간의 소요, 분쟁의 난이도(die Schwierigkeit der Streitigkeit), 보수손실(Verdienstausfall)을 고려해야 한다. 위원의 보수는 의장의 보수보다 낮게 책정해야 한다. 한도요율을 정함에 있어 중재위원회위원과 사용자의 정당한 이익(berechtigten Interessen)을 고려해야 한다.

⑤ 단체협약이 이러한 규율을 허용하거나 협약상의 규율이 없는 경우에는, 단체협약 또는 사업협정으로 제76a조 제3항과 달리 정할 수 있고 또 동조 제4항에 따른 보수법규명령과 달리 정할 수 있다.

제77조 공동 결의의 이행, 사업협정

① 그것이 중재위원회 판정에 근거할지라도, 근로자평의회와 사용자 간의 사업협정(Vereinbarungen zwischen Betriebsrat und Arbeitgeber)은 사용자가 이행하되, 개별 사안별로(im vereinbart ist. Der Betriebsrat darf nicht durch einseitige Handlungen in die Leitung des Betriebs eingreifen.

(2) Betriebsvereinbarungen sind von Betriebsrat und Arbeitgeber gemeinsam zu beschließen und schriftlich niederzulegen. Sie sind von beiden Seiten zu unterzeichnen; dies gilt nicht, soweit Betriebsvereinbarungen auf einem Spruch der Einigungsstelle beruhen. Der Arbeitgeber hat die Betriebsvereinbarungen an geeigneter Stelle im Betrieb auszulegen.

(3) Arbeitsentgelte und sonstige Arbeitsbedingungen, die durch Tarifvertrag geregelt sind oder üblicherweise geregelt werden, können nicht Gegenstand einer Betriebsvereinbarung sein. Dies gilt nicht, wenn ein Tarifvertrag den Abschluss ergänzender Betriebsvereinbarungen ausdrücklich zulässt.

(4) Betriebsvereinbarungen gelten unmittelbar und zwingend. Werden Arbeitnehmern durch die Betriebsvereinbarung Rechte eingeräumt, so ist ein Verzicht auf sie nur mit Zustimmung des Betriebsrats zulässig. Die Verwirkung dieser Rechte ist ausgeschlossen. Ausschlussfristen für ihre Geltendmachung sind nur insoweit zulässig, als sie in einem Tarifvertrag oder einer Betriebsvereinbarung vereinbart werden; dasselbe gilt für die Abkürzung der Verjährungsfristen.

(5) Betriebsvereinbarungen können, soweit nichts anderes vereinbart ist, mit einer Frist von drei Monaten gekündigt werden.

(6) Nach Ablauf einer Betriebsvereinbarung gelten ihre Regelungen in Angelegenheiten, in denen ein Spruch der Einigungsstelle die Einigung zwischen Arbeitgeber und Betriebsrat ersetzen kann, weiter, bis sie durch eine andere Abmachung ersetzt werden.

§ 78 Schutzbestimmungen

Die Mitglieder des Betriebsrats, des Gesamtbetriebsrats, des Konzernbetriebsrats, der Jugend- und Auszubildendenvertretung, der Gesamt-Jugend- und Auszubildendenvertretung, der Konzern-Jugend- und Auszubildendenvertretung, des Wirtschaftsausschusses, der Bordvertretung, des Seebetriebsrats, der in § 3 Abs. 1 genannten Vertretungen der Arbeitnehmer, der Einigungsstelle, einer tariflichen Schlichtungsstelle (§ 76 Abs. 8) und einer betrieblichen Beschwerdestelle (§ 86) sowie Auskunftspersonen (§ 80 Absatz 2 Satz 4) dürfen in der Ausübung ihrer Tätigkeit nicht gestört oder behindert werden. Sie dürfen wegen ihrer Tätigkeit nicht benachteiligt oder begünstigt werden; dies gilt auch für ihre berufliche Entwicklung.

§ 78a Schutz Auszubildender in besonderen Fällen

(1) Beabsichtigt der Arbeitgeber, einen Auszubildenden, der Mitglied der Jugend- und Auszubildendenvertretung, des Betriebsrats, der Bordvertretung oder des Seebetriebsrats ist, nach Beendigung des Berufsausbildungsverhältnisses nicht in ein Arbeitsverhältnis auf unbestimmte Zeit zu übernehmen, so hat er dies drei Monate vor Beendigung des Berufsausbildungsverhältnisses

Einzelfall) 달리 정한 경우에는 그러하지 아니하다. 근로자평의회는 일방적인 행위로 사업의 운영에 간여(干與)해서는 안 된다.
② 사업협정(Vereinbarungen)은 근로자평의회와 사용자가 공동으로 결정하고 서면(書面)으로 작성해야 한다. 사업협정에 양 당사자가 서명(署名)해야 한다; 사업협정이 중재위원회 판정에 기초하는 경우에는 이는 적용하지 않는다. 사용자는 사업 내 적당한 장소에 사업협정을 게시(揭示)해야 한다.
③ 단체협약으로 정해져 있거나 통상적으로 단체협약으로 정해지는(durch Tarifvertrag geregelt sind oder üblicherweise geregelt werden) 임금 및 기타 근로조건(Arbeitsentgelte und sonstige Arbeitsbedingungen)은 사업협정의 대상이 될 수 없다. 이는 단체협약이 보충적 사업협정의 체결을 명시적으로 허용하는 경우에는 적용하지 않는다.
④ 사업협정은 직접적이고도 강행적(unmittelbar und zwingend)으로 적용된다. 근로자가 사업협정으로 권리를 인정받은 경우에, 그 권리의 포기(Verzicht)는 근로자평의회의 동의가 있어야만 가능하다. 이러한 권리의 실효(Verwirkung)는 인정되지 않는다. 그 권리행사에 대한 제척기간(Ausschlussfristen)은, 그것이 단체협약 또는 사업협정으로 합의된 경우에만 허용된다; 소멸시효의 단축(Abkürzung der Verjährungsfristen)도 또한 같다.
⑤ 달리 정함이 없는 한, 사업협정은 3개월의 기간을 두고서(mit einer Frist von drei Monaten) 해지할 수 있다.
⑥ 중재판정이 사용자와 근로자평의회 간의 합의를 대체할 수 있는 사항에 관한 규정은, 사업협정의 만료 후에도(Nach Ablauf einer Betriebsvereinbarung) 그러한 규정이 다른 협정(andere Abmachung)에 의해 대체될 때까지 계속적으로 적용된다.

제78조 활동보호규정

근로자평의회, 기업근로자평의회 및 콘체른근로자평의회의 구성원, 연소자·직업훈련생대표위원, 기업연소자·직업훈련생대표위원, 콘체른연소자·직업훈련생대표위원, 기업경제위원회위원, 선원대표위원, 해상근로자평의회구성원, 제3조 제1항상의 근로자대표기구(Vertretungen der Arbeitnehmer)의 구성원, 중재위원회위원, 협약에 의한 중재위원회위원(제76조 제8항), 사업 내 고충처리위원회위원(제86조), 기업정보제공자(Auskunftspersonen; 제80조 제2항 제4호)는 자신의 활동을 함에 있어 교란(攪亂)되거나 방해(妨害)를 받아서는 안 된다. 그들은 자신의 활동을 이유로(wegen ihrer Tätigkeit) 불이익(不利益) 대우(待遇)를 받거나 유리한 대우(待遇)를 받아서는 안 된다; 이는 그들의 직업적 경력(berufliche Entwicklung)에도 적용된다.

제78a조 특별한 경우에 있어 직업훈련생의 보호

① 사용자가 연소자·직업훈련생대표위원, 근로자평의회구성원, 선원대표위원, 해상근로자평의회구성원인 직업훈련생(Auszubildenden)을 직업훈련관계 종료 후(nach Beendigung des Berufsausbildungsverhältnisses) 기간의 정함이 없는 근로관계(勤務關係)로 인수(引受)하려고 하지 않는 경우에, 사용자는 직업훈련관계(Berufsausbildungsverhältniss) 종료 전(前) 3개월까지

dem Auszubildenden schriftlich mitzuteilen.

(2) Verlangt ein in Absatz 1 genannter Auszubildender innerhalb der letzten drei Monate vor Beendigung des Berufsausbildungsverhältnisses schriftlich vom Arbeitgeber die Weiterbeschäftigung, so gilt zwischen Auszubildendem und Arbeitgeber im Anschluss an das Berufsausbildungsverhältnis ein Arbeitsverhältnis auf unbestimmte Zeit als begründet. Auf dieses Arbeitsverhältnis ist insbesondere § 37 Abs. 4 und 5 entsprechend anzuwenden.

(3) Die Absätze 1 und 2 gelten auch, wenn das Berufsausbildungsverhältnis vor Ablauf eines Jahres nach Beendigung der Amtszeit der Jugend- und Auszubildendenvertretung, des Betriebsrats, der Bordvertretung oder des Seebetriebsrats endet.

(4) Der Arbeitgeber kann spätestens bis zum Ablauf von zwei Wochen nach Beendigung des Berufsausbildungsverhältnisses beim Arbeitsgericht beantragen,

1. festzustellen, dass ein Arbeitsverhältnis nach Absatz 2 oder 3 nicht begründet wird, oder
2. das bereits nach Absatz 2 oder 3 begründete Arbeitsverhältnis aufzulösen,

wenn Tatsachen vorliegen, aufgrund derer dem Arbeitgeber unter Berücksichtigung aller Umstände die Weiterbeschäftigung nicht zugemutet werden kann. In dem Verfahren vor dem Arbeitsgericht sind der Betriebsrat, die Bordvertretung, der Seebetriebsrat, bei Mitgliedern der Jugend- und Auszubildendenvertretung auch diese Beteiligte.

(5) Die Absätze 2 bis 4 finden unabhängig davon Anwendung, ob der Arbeitgeber seiner Mitteilungspflicht nach Absatz 1 nachgekommen ist.

§ 79 Geheimhaltungspflicht

(1) Die Mitglieder und Ersatzmitglieder des Betriebsrats sind verpflichtet, Betriebs- oder Geschäftsgeheimnisse, die ihnen wegen ihrer Zugehörigkeit zum Betriebsrat bekannt geworden und vom Arbeitgeber ausdrücklich als geheimhaltungsbedürftig bezeichnet worden sind, nicht zu offenbaren und nicht zu verwerten. Dies gilt auch nach dem Ausscheiden aus dem Betriebsrat. Die Verpflichtung gilt nicht gegenüber Mitgliedern des Betriebsrats. Sie gilt ferner nicht gegenüber dem Gesamtbetriebsrat, dem Konzernbetriebsrat, der Bordvertretung, dem Seebetriebsrat und den Arbeitnehmervertretern im Aufsichtsrat sowie im Verfahren vor der Einigungsstelle, der tariflichen Schlichtungsstelle (§ 76 Abs. 8) oder einer betrieblichen Beschwerdestelle (§ 86).

(2) Absatz 1 gilt sinngemäß für die Mitglieder und Ersatzmitglieder des Gesamtbetriebsrats, des Konzernbetriebsrats, der Jugend- und Auszubildendenvertretung, der Gesamt-Jugend- und Auszubildendenvertretung, der Konzern-Jugend- und Auszubildendenvertretung, des Wirtschaftsausschusses, der Bordvertretung, des Seebetriebsrats, der gemäß § 3 Abs. 1 gebildeten Vertretungen der Arbeitnehmer, der Einigungsstelle, der tariflichen Schlichtungsstelle (§ 76 Abs. 8) und einer betrieblichen Beschwerdestelle (§ 86) sowie für die Vertreter von Gewerkschaften oder von Arbeitgebervereinigungen.

직업훈련생에게 이를 통지해야 한다.

② 제78a조 제1항에서 언급된 직업훈련생이 직업훈련관계 종료 전 3개월 이내에 사용자에게 서면으로 계속고용(Weiterbeschäftigung)을 청구하는 경우에, 직업훈련생과 사용자 간에 직업훈련관계에 연이어(im Anschluss an das Berufsausbildungsverhältnis) 기간의 정함이 없는 근로관계(Arbeitsverhältnis auf unbestimmte Zeit)가 성립된 것으로 본다. 이러한 근로관계에 대해 특히 제37조 제4항, 제5항을 준용한다.

③ 직업훈련관계가 연소자·직업훈련생대표단, 근로자평의회, 선원대표단 또는 해상근로자평의회의 임기가 만료(滿了)한 때로부터 1년이 경과하기 전에 종료(終了)한 경우에도 제78a조 제1항, 제2항을 적용한다.

④ 제반 사정을 고려할 때(unter Berücksichtigung aller Umstände) 사용자에게 계속고용을 기대할 수 없는 사정이 있는 경우에, 그 사용자는 늦어도 직업훈련관계가 종료한 때로부터(nach Beendigung des Berufsausbildungsverhältnisses) 2주일이 경과하기 이전에 지방노동법원에 다음 각 호를 신청할 수 있다,

1. 제78a조 제2항, 제3항에 따른 근로관계가 성립되지 않았다는 점의 확인, 또는
2. 제78a조 제2항, 제3항에 따라 성립한 근로관계의 해소.

근로자평의회, 선원대표단, 해상근로자평의회는 지방노동법원의 소송절차에서 이해관계인이 되고, 이는 연소자·직업훈련대표단원의 경우에도 마찬가지이다.

⑤ 제78a조 제2항, 제3항은 사용자가 제78a조 제1항에 따른 자신의 통지의무(Mitteilungspflicht)를 이행했는지를 불문하고 적용된다.

제79조 비밀엄수의무

① 근로자평의회구성원과 그 대체구성원은, 근로자평의회에 소속됨으로써 지득하고 사용자에 의해 명시적으로 비밀유지필요성이 있는 것으로 표시된 기업비밀 또는 사업비밀(Betriebs- oder Geschäftsgeheimnisse)을 누설해서 안 되고 이를 이용해서도 안 된다. 이는 근로자평의회에서 탈퇴하는 경우에도 적용된다. 그 의무는 근로자평의회구성원에 대하여는(gegenüber Mitgliedern des Betriebsrats) 적용하지 않는다. 또한 그 의무는 기업근로자평의회, 콘체른근로자평의회, 선원대표단, 해상근로자평의회, 감사회에서의 근로자측대표자에 대하여도 적용하지 않고, 중재위원회 절차, 협약에 의한 중재위원회(제76조 제8항) 절차 또는 사업 내 고충처리위원회(Beschwerdestelle) 절차(제86조)에서도 적용하지 않는다.

② 제79조 제1항은 기업근로자평의회, 콘체른근로자평의회, 연소자·직업훈련생대표단, 기업연소자·직업훈련생대표단, 콘체른연소자·직업훈련생대표단, 기업경제위원회위원, 선원대표단, 해상근로자평의회, 제3조 제1항에 따라 조직된 근로자대표기구(Vertretungen der Arbeitnehmer), 중재위원회, 협약(協約)에 의한 중재위원회(제76조 제8항), 사업 내 고충처리위원회(betrieblichen Beschwerdestelle)(제86조)의 구성원 또는 대체구성원에 대하여, 또 노동조합 또는 사용자단체의 대리인에 대하여도(für die Vertreter von Gewerkschaften oder von Arbeitgebervereinigungen) 준용한다.

§ 80 Allgemeine Aufgaben

(1) Der Betriebsrat hat folgende allgemeine Aufgaben:

1. darüber zu wachen, dass die zugunsten der Arbeitnehmer geltenden Gesetze, Verordnungen, Unfallverhütungsvorschriften, Tarifverträge und Betriebsvereinbarungen durchgeführt werden;
2. Maßnahmen, die dem Betrieb und der Belegschaft dienen, beim Arbeitgeber zu beantragen;

2a. die Durchsetzung der tatsächlichen Gleichstellung von Frauen und Männern, insbesondere bei der Einstellung, Beschäftigung, Aus-, Fort- und Weiterbildung und dem beruflichen Aufstieg, zu fördern;

3. Anregungen von Arbeitnehmern und der Jugend- und Auszubildendenvertretung entgegenzunehmen und, falls sie berechtigt erscheinen, durch Verhandlungen mit dem Arbeitgeber auf eine Erledigung hinzuwirken; er hat die betreffenden Arbeitnehmer über den Stand und das Ergebnis der Verhandlungen zu unterrichten;
4. die Eingliederung schwerbehinderter Menschen einschließlich der Förderung des Abschlusses von Inklusionsvereinbarungen nach § 166 des Neunten Buches Sozialgesetzbuch und sonstiger besonders schutzbedürftiger Personen zu fördern;
5. die Wahl einer Jugend- und Auszubildendenvertretung vorzubereiten und durchzuführen und mit dieser zur Förderung der Belange der in § 60 Abs. 1 genannten Arbeitnehmer eng zusammenzuarbeiten; er kann von der Jugend- und Auszubildendenvertretung Vorschläge und Stellungnahmen anfordern;
6. die Beschäftigung älterer Arbeitnehmer im Betrieb zu fördern;
7. die Integration ausländischer Arbeitnehmer im Betrieb und das Verständnis zwischen ihnen und den deutschen Arbeitnehmern zu fördern, sowie Maßnahmen zur Bekämpfung von Rassismus und Fremdenfeindlichkeit im Betrieb zu beantragen;
8. die Beschäftigung im Betrieb zu fördern und zu sichern;
9. Maßnahmen des Arbeitsschutzes und des betrieblichen Umweltschutzes zu fördern.

(2) Zur Durchführung seiner Aufgaben nach diesem Gesetz ist der Betriebsrat rechtzeitig und umfassend vom Arbeitgeber zu unterrichten; die Unterrichtung erstreckt sich auch auf die Beschäftigung von Personen, die nicht in einem Arbeitsverhältnis zum Arbeitgeber stehen, und umfasst insbesondere den zeitlichen Umfang des Einsatzes, den Einsatzort und die Arbeitsaufgaben dieser Personen.Dem Betriebsrat sind auf Verlangen jederzeit die zur Durchführung seiner Aufgaben erforderlichen Unterlagen zur Verfügung zu stellen; in diesem Rahmen ist der Betriebsausschuss oder ein nach § 28 gebildeter Ausschuss berechtigt, in die Listen über die Bruttolöhne und -gehälter Einblick zu nehmen. Zu den erforderlichen Unterlagen gehören auch die Verträge, die der Beschäftigung der in Satz 1 genannten Personen zugrunde liegen. Soweit es zur ordnungsgemäßen Erfüllung der Aufgaben des Betriebsrats erforderlich ist, hat der Arbeitgeber

제80조 일반적 임무

① 근로자평의회는 다음 각 호의 임무를 가진다:

1. 근로자에 대해 적용되는 법률, 명령, 산업재해보호규정, 단체협약 및 사업협정이 집행되는지에 대한 감시(監視);
2. 사업과 종업원들에게 도움이 되는 조치를 사용자에게 신청하는 것;

2a. 실질적인 남녀평등의 시행, 특히 채용, 고용, 직업훈련·직업능력향상교육·직업능력개발교육(Aus-, Fort- und Weiterbildung) 및 승진(beruflichen Aufstieg)에서 실질적인 남녀평등의 촉진하는 것;

3. 근로자들과 연소자·직업훈련생대표단의 제안을 받은 다음, 그것이 정당한 것으로 보이는 경우에 사용자와의 논의를 통해(durch Verhandlungen mit dem Arbeitgeber) 그 처리를 위해 노력하는 것; 근로자평의회는 관련 근로자에게 평의의 상황과 결과(Stand und das Ergebnis der Verhandlungen)를 통지해야 한다;
4. 사회법전 제9권 제166조에 따른 장애인포용협약(Inklusionsvereinbarungen)의 체결의 촉진을 포함하여 중증장애인과 기타 특별하게 보호필요성이 있는 사람들의 직장 내 통합(Eingliederung)의 촉진하는 것;
5. 연소자·직업훈련생대표단의 선거를 준비하고 이를 시행하며 제60조 제1항에 언급된 근로자들의 이해관계(Belange)를 촉진하기 위하여 이러한 근로자들과 협력하는 것; 이러한 근로자들은 연소자·직업훈련생대표단(Jugend- und Auszubildendenvertretung)에 대하여 제안과 그 입장표명을 요구할 수 있다;
6. 사업 내 장년(長年)근로자(älterer Arbeitnehmer) 고용을 촉진하는 것;
7. 사업 내 외국인근로자의 통합과 외국인근로자와 독일인 근로자들 간의 의사소통(Verständnis)을 촉진하고, 사업 내 인종주의(Rassismus)와 외국인혐오(Fremdenfeindlichkeit)에 관한 대처를 위한 조치를 신청하는 것;
8. 사업 내 고용을 촉진하고 확보(確保)하는 것;
9. 산업안전보건조치(Maßnahmen des Arbeitsschutzes)와 사업 내 환경보호조치를 촉진하는 것.

② 이 법에 따른 임무를 수행하기 위하여 근로자평의회는 사용자에게서 적시에 또 포괄적으로(rechtzeitig und umfassend) 통지를 받는다; 그 통지(Unterrichtung)는 사용자와 근로관계가 없는 사람들의 고용(Beschäftigung von Personen, die nicht in einem Arbeitsverhältnis zum Arbeitgeber stehen)에도 미치고, 특히 이런 사람들의 사용기간(zeitlichen Umfang des Einsatzes), 사용장소(Einsatzort) 및 업무(Arbeitsaufgaben)에 미친다. 그 청구에 있는 경우 언제든지 근로자평의회의 임무 수행에 필요한 서류(Unterlagen)를 근로자평의회에게 이용하도록 제공해야 한다; 이러한 범위 내에서 근로자집행위원회나 제28조에 따라 조직된 부문위원회(Ausschuss)는 세전임금 및 세전보수(Bruttolöhne und -gehälter)에 관한 목록을 열람할 수 있다. 제1문에서 언급된 사람의 고용의 기초가 되는 계약에 필요한 서류에 포함된다. 그것이 근로자평의회의 원활한 임무(任務) 수행을 위해 필요한 경우에, 사용자(使用者)는 근로자평의회에

ihm sachkundige Arbeitnehmer als Auskunftspersonen zur Verfügung zu stellen; er hat hierbei die Vorschläge des Betriebsrats zu berücksichtigen, soweit betriebliche Notwendigkeiten nicht entgegenstehen.

(3) Der Betriebsrat kann bei der Durchführung seiner Aufgaben nach näherer Vereinbarung mit dem Arbeitgeber Sachverständige hinzuziehen, soweit dies zur ordnungsgemäßen Erfüllung seiner Aufgaben erforderlich ist.

(4) Für die Geheimhaltungspflicht der Auskunftspersonen und der Sachverständigen gilt § 79 entsprechend.

## Zweiter Abschnitt Mitwirkungs- und Beschwerderecht des Arbeitnehmers

§ 81 Unterrichtungs- und Erörterungspflicht des Arbeitgebers

(1) Der Arbeitgeber hat den Arbeitnehmer über dessen Aufgabe und Verantwortung sowie über die Art seiner Tätigkeit und ihre Einordnung in den Arbeitsablauf des Betriebs zu unterrichten. Er hat den Arbeitnehmer vor Beginn der Beschäftigung über die Unfall- und Gesundheitsgefahren, denen dieser bei der Beschäftigung ausgesetzt ist, sowie über die Maßnahmen und Einrichtungen zur Abwendung dieser Gefahren und die nach § 10 Abs. 2 des Arbeitsschutzgesetzes getroffenen Maßnahmen zu belehren.

(2) Über Veränderungen in seinem Arbeitsbereich ist der Arbeitnehmer rechtzeitig zu unterrichten. Absatz 1 gilt entsprechend.

(3) In Betrieben, in denen kein Betriebsrat besteht, hat der Arbeitgeber die Arbeitnehmer zu allen Maßnahmen zu hören, die Auswirkungen auf Sicherheit und Gesundheit der Arbeitnehmer haben können.

(4) Der Arbeitgeber hat den Arbeitnehmer über die aufgrund einer Planung von technischen Anlagen, von Arbeitsverfahren und Arbeitsabläufen oder der Arbeitsplätze vorgesehenen Maßnahmen und ihre Auswirkungen auf seinen Arbeitsplatz, die Arbeitsumgebung sowie auf Inhalt und Art seiner Tätigkeit zu unterrichten. Sobald feststeht, dass sich die Tätigkeit des Arbeitnehmers ändern wird und seine beruflichen Kenntnisse und Fähigkeiten zur Erfüllung seiner Aufgaben nicht ausreichen, hat der Arbeitgeber mit dem Arbeitnehmer zu erörtern, wie dessen berufliche Kenntnisse und Fähigkeiten im Rahmen der betrieblichen Möglichkeiten den künftigen Anforderungen angepasst werden können. Der Arbeitnehmer kann bei der Erörterung ein Mitglied des Betriebsrats hinzuziehen.

§ 82 Anhörungs- und Erörterungsrecht des Arbeitnehmers

(1) Der Arbeitnehmer hat das Recht, in betrieblichen Angelegenheiten, die seine Person betreffen, von den nach Maßgabe des organisatorischen Aufbaus des Betriebs hierfür zuständigen Personen

기업정보제공자(Auskunftspersonen)로서의 전문직 근로자(勤勞者)를 붙여주어야 한다; 사업상 불가피성에 배치되지 않는 한, 사용자(使用者)는 이 경우에 근로자평의회의 제안(提案)을 고려해야 한다.
③ 그러한 참여가 자신의 원활한 임무수행을 위해 필요한 경우에, 근로자평의회는 사용자와의 보다 세부적인 합의에 따른 자신의 임무를 수행함에 있어서 전문가(Sachverständige)를 참여시킬 수 있다.
④ 기업정보제공자와 그 전문가의 비밀엄수의무(Geheimhaltungspflicht)에 대하여는 제79조를 준용한다.

## 제2장 근로자들의 의사결정참가권과 고충제기권

제81조 사용자의 통지의무 및 설명의무

① 사용자는 근로자에게 근로자의 임무 및 책임(Aufgabe und Verantwortung), 그 업무방식(Art seiner Tätigkeit), 사업 내 업무과정에서의 근로자의 편성(Einordnung)에 관하여 통지(通知)해야 한다. 사용자는 고용개시 전에 근로제공시 근로자가 노출되는 산업재해위험·건강상 위험(Unfall- und Gesundheitsgefahren), 이러한 위험을 방지하기 위한 조치 및 설비(Maßnahmen und Einrichtungen zur Abwendung dieser Gefahren), 산업안전보건법(Arbeitsschutzgesetz) 제10조 제2항에 따라 취한 조치를 알려주어야 한다.
② 근로자는 자신의 과업(Arbeitsbereich; 課業)의 변경에 관하여 적시에 통지를 받아야 한다. 제81조 제1항을 준용한다.
③ 근로자평의회가 없는 사업에서 사용자는 근로자들의 안전과 건강에 영향(Auswirkungen auf Sicherheit und Gesundheit der Arbeitnehmer)을 미칠 수 있는 모든 조치에 관하여 근로자들의 의견을 청취를 해야 한다.
④ 사용자는 근로자에게 기술적 설비계획(Planung vontechnischen Anlagen), 업무절차(Arbeitsverfahren) 및 업무과정 계획에 근거한 조치나, 일자리에 근거하여 규정된 조치와 그 조치가 직무, 노동환경(Arbeitsumgebung), 업무의 내용·방식(Inhalt und Art seiner Tätigkeit)에 미치는 영향을 통지해야 한다. 근로자의 업무가 변경되고 근로자의 업무지식과 업무능력(beruflichen Kenntnisse und Fähigkeiten)이 그 업무 수행에 충분하지 않는다는 점이 때에는, 사용자는 근로자에게 그 근로자의 업무지식과 업무능력(dessen berufliche Kenntnisse und Fähigkeiten)이 사업의 가능성 범위 내에서(im Rahmen der betrieblichen Möglichkeiten) 장래 사업적 요구(künftigen Anforderungen)에 어떻게 적응될 수 있는지를 설명(說明)해야 한다. 근로자는 그 설명을 받는 자리에 근로자평의회구성원을 참석시킬 수 있다

제82조 근로자에 대한 청문권 및 설명권

① 근로자는 자신의 신상(Person)과 관련된 사업 내 사항에 있어 사업의 조직 구조화의 기준에 따라(nach Maßgabe des organisatorischen Aufbaus des Betriebs) 이를 담당하는 사람에게 의

gehört zu werden. Er ist berechtigt, zu Maßnahmen des Arbeitgebers, die ihn betreffen, Stellung zu nehmen sowie Vorschläge für die Gestaltung des Arbeitsplatzes und des Arbeitsablaufs zu machen.

(2) Der Arbeitnehmer kann verlangen, dass ihm die Berechnung und Zusammensetzung seines Arbeitsentgelts erläutert und dass mit ihm die Beurteilung seiner Leistungen sowie die Möglichkeiten seiner beruflichen Entwicklung im Betrieb erörtert werden. Er kann ein Mitglied des Betriebsrats hinzuziehen. Das Mitglied des Betriebsrats hat über den Inhalt dieser Verhandlungen Stillschweigen zu bewahren, soweit es vom Arbeitnehmer im Einzelfall nicht von dieser Verpflichtung entbunden wird.

§ 83 Einsicht in die Personalakten

(1) Der Arbeitnehmer hat das Recht, in die über ihn geführten Personalakten Einsicht zu nehmen. Er kann hierzu ein Mitglied des Betriebsrats hinzuziehen. Das Mitglied des Betriebsrats hat über den Inhalt der Personalakte Stillschweigen zu bewahren, soweit es vom Arbeitnehmer im Einzelfall nicht von dieser Verpflichtung entbunden wird.

(2) Erklärungen des Arbeitnehmers zum Inhalt der Personalakte sind dieser auf sein Verlangen beizufügen.

§ 84 Beschwerderecht

(1) Jeder Arbeitnehmer hat das Recht, sich bei den zuständigen Stellen des Betriebs zu beschweren, wenn er sich vom Arbeitgeber oder von Arbeitnehmern des Betriebs benachteiligt oder ungerecht behandelt oder in sonstiger Weise beeinträchtigt fühlt. Er kann ein Mitglied des Betriebsrats zur Unterstützung oder Vermittlung hinzuziehen.

(2) Der Arbeitgeber hat den Arbeitnehmer über die Behandlung der Beschwerde zu bescheiden und, soweit er die Beschwerde für berechtigt erachtet, ihr abzuhelfen.

(3) Wegen der Erhebung einer Beschwerde dürfen dem Arbeitnehmer keine Nachteile entstehen.

§ 85 Behandlung von Beschwerden durch den Betriebsrat

(1) Der Betriebsrat hat Beschwerden von Arbeitnehmern entgegenzunehmen und, falls er sie für berechtigt erachtet, beim Arbeitgeber auf Abhilfe hinzuwirken.

(2) Bestehen zwischen Betriebsrat und Arbeitgeber Meinungsverschiedenheiten über die Berechtigung der Beschwerde, so kann der Betriebsrat die Einigungsstelle anrufen. Der Spruch der Einigungsstelle ersetzt die Einigung zwischen Arbeitgeber und Betriebsrat. Dies gilt nicht, soweit Gegenstand der Beschwerde ein Rechtsanspruch ist.

(3) Der Arbeitgeber hat den Betriebsrat über die Behandlung der Beschwerde zu unterrichten. § 84 Abs. 2 bleibt unberührt.

견을 진술할 권리를 갖는다. 근로자는 자신에 관련된 사용자의 조치에 대해 의견진술을 할 권리가 있고, 일자리 및 업무과정의 형성에 대한 제안(Vorschläge für die Gestaltung des Arbeitsplatzes und des Arbeitsablaufs)을 할 권리가 있다.

② 근로자는, 자신에게 자신의 임금의 산정 및 구성(Berechnung und Zusammensetzung seines Arbeitsentgelts)에 대한 설명을 요구하고, 자신의 근로제공에 대한 평가와 사업 내 자신의 직업적 경력의 발전가능성(Möglichkeiten seiner beruflichen Entwicklung im Betrieb)에 대한 설명을 요구할 수 있다. 그는 그러한 설명에 근로자평의회구성원을 참여시킬 수 있다. 근로자평의회구성원이 개별 사안별로 근로자에게서 이러한 묵비의무(Stillschweigen)에서 면제를 받지 않는 한, 그는 이러한 설명을 위한 평의(Verhandlung)의 내용에 관하여 묵비해야 한다.

제83조 인사서류의 열람

① 근로자들은 자신에 관하여 작성된 인사서류(die über ihn geführten Personalakten)를 열람할 수 있다. 근로자들은 근로자평의회구성원을 이러한 열람에 참여시킬 수 있다. 근로자평의회구성원이 개별 사안별로 근로자에게서 이러한 묵비의무(Stillschweigen)를 면제받지 않는 한, 그는 이러한 인사서류의 내용에 관하여 묵비해야 한다.

② 근로자의 요구가 있는 경우 인사서류의 내용에 관한 근로자의 의견진술(Erklärungen des Arbeitnehmers)은 인사서류에 부기(附記)되어야 한다.

제84조 고충제기권(Beschwerderecht)

① 모든 근로자는 사용자 또는 사업의 다른 근로자에게서 불이익을 받거나 불공정한 대우를 받거나 기타 방식으로 권리가 침해된 것으로 여기는 경우에, 그 근로자는 당해 사업의 관할부서(zuständigen Stellen)에게 고충(苦衷)을 제기할 권리가 있다. 모든 근로자는 근로자평의회구성원에게 지원(Unterstützung) 또는 중재(Vermittlung)를 요청할 수 있다.

② 사용자는 근로자에게 고충처리에 대하여 통지해야 하고, 사용자가 그 고충을 정당한 것으로 보는 경우에는, 그 고충을 수용(受容)해야 한다.

③ 고충의 제기로 인하여 근로자는 어떤 불이익(不利益)도 받아서는 안 된다.

제85조 근로자평의회를 통한 고충의 처리

① 근로자평의회는 근로자에게서 고충을 수리한 다음 그 고충이 정당한 것으로 보이는 경우에는 사용자가 이를 수용하도록 노력해야 한다.

② 근로자평의회와 사용자 간에 고충의 정당성(Berechtigung der Beschwerde)에 관하여 의견대립이 있는 경우에 중재위원회를 소집할 수 있다. 중재위원회의 판정은 사용자와 근로자평의회 간의 합의를 대체한다. 고충의 대상이 법적청구권(Rechtsanspruch)인 경우에는 이를 적용하지 않는다.

③ 사용자는 근로자평의회에 고충처리(Behandlung der Beschwerde)에 관하여 통지해야 한다. 제84조 제2항이 이에 영향을 받지 않는다.

§ 86 Ergänzende Vereinbarungen

Durch Tarifvertrag oder Betriebsvereinbarung können die Einzelheiten des Beschwerdeverfahrens geregelt werden. Hierbei kann bestimmt werden, dass in den Fällen des § 85 Abs. 2 an die Stelle der Einigungsstelle eine betriebliche Beschwerdestelle tritt.

§ 86a Vorschlagsrecht der Arbeitnehmer

Jeder Arbeitnehmer hat das Recht, dem Betriebsrat Themen zur Beratung vorzuschlagen. Wird ein Vorschlag von mindestens 5 vom Hundert der Arbeitnehmer des Betriebs unterstützt, hat der Betriebsrat diesen innerhalb von zwei Monaten auf die Tagesordnung einer Betriebsratssitzung zu setzen.

## Dritter Abschnitt Soziale Angelegenheiten

§ 87 Mitbestimmungsrechte

(1) Der Betriebsrat hat, soweit eine gesetzliche oder tarifliche Regelung nicht besteht, in folgenden Angelegenheiten mitzubestimmen:

1. Fragen der Ordnung des Betriebs und des Verhaltens der Arbeitnehmer im Betrieb;
2. Beginn und Ende der täglichen Arbeitszeit einschließlich der Pausen sowie Verteilung der Arbeitszeit auf die einzelnen Wochentage;
3. vorübergehende Verkürzung oder Verlängerung der betriebsüblichen Arbeitszeit;
4. Zeit, Ort und Art der Auszahlung der Arbeitsentgelte;
5. Aufstellung allgemeiner Urlaubsgrundsätze und des Urlaubsplans sowie die Festsetzung der zeitlichen Lage des Urlaubs für einzelne Arbeitnehmer, wenn zwischen dem Arbeitgeber und den beteiligten Arbeitnehmern kein Einverständnis erzielt wird;
6. Einführung und Anwendung von technischen Einrichtungen, die dazu bestimmt sind, das Verhalten oder die Leistung der Arbeitnehmer zu überwachen;
7. Regelungen über die Verhütung von Arbeitsunfällen und Berufskrankheiten sowie über den Gesundheitsschutz im Rahmen der gesetzlichen Vorschriften oder der Unfallverhütungsvorschriften;
8. Form, Ausgestaltung und Verwaltung von Sozialeinrichtungen, deren Wirkungsbereich auf den Betrieb, das Unternehmen oder den Konzern beschränkt ist;
9. Zuweisung und Kündigung von Wohnräumen, die den Arbeitnehmern mit Rücksicht auf das Bestehen eines Arbeitsverhältnisses vermietet werden, sowie die allgemeine Festlegung der Nutzungsbedingungen;
10. Fragen der betrieblichen Lohngestaltung, insbesondere die Aufstellung von Entlohnungsgrundsätzen und die Einführung und Anwendung von neuen Entlohnungsmethoden sowie deren Änderung;
11. Festsetzung der Akkord- und Prämiensätze und vergleichbarer leistungsbezogener Entgelte,

제86조 보충적 협정

단체협약 또는 사업협정으로 고충처리절차의 상세한 사항을 규정할 수 있다. 단체협약 또는 사업협정으로 제85조 제2항의 경우에 사업 내 고충처리위원회가 중재위원회를 대신한다는 점을 정할 수 있다.

제86a조 근로자의 제안권(Vorschlagsrecht)

모든 근로자는 근로자평의회에 논의안건(Themen zur Beratung)을 제안할 권리를 갖는다. 제안이 당해 사업 근로자의 5% 이상의 지지를 얻는 경우에, 근로자평의회는 이러한 제안을 2개월 이내에 근로자평의회회의 의사일정으로(auf die Tagesordnung einer Betriebsratssitzung) 부의(附議)해야 한다.

## 제3장 사회적 사항

제87조 공동결정권(Mitbestimmungsrechte)

① 근로자평의회는, 법률 또는 단체협약에서 규정하지 않는 한, 다음 각 호의 사항에 대하여 공동결정을 해야 한다:

1. 사업장질서(Ordnung des Betriebs) 와 사업 내 근로자의 행동의 문제;
2. 휴게시간과, 근로시간의 각 주근무일에 대한 배분(Verteilung der Arbeitszeit auf die einzelnen Wochentage)을 포함하여 1일 근로시간의 개시와 종료;
3. 사업 내 통상적인 근로시간(betriebsüblichen Arbeitszeit)의 일시적 단축 또는 연장;
4. 임금의 지급 시기·장소·방식;
5. 일반적 휴가원칙과 휴가계획의 수립Aufstellung allgemeiner Urlaubsgrundsätze und des Urlaubsplans), 사용자와 해당 근로자 간에 합의가 이뤄지지 않은 경우에 그 각 근로자에 대한 휴가의 시기의 결정(Festsetzung der zeitlichen Lage des Urlaubs);
6. 근로자의 행동 또는 근로제공을 감시하기 위해 설치된 기술적 장치의 도입과 사용(Einführung und Anwendung von technischen Einrichtungen);
7. 산업재해와 직업병의 방지(Verhütung von Arbeitsunfällen und Berufskrankheiten)에 관한 규율과, 법률 규정 또는 산업재해방지규정의 범위 내의 건강보호에 관한 규율;
8. 그 적용 범위가 사업, 기업 또는 콘체른으로 제한되는 복리후생제도(Sozialeinrichtungen)의 형태, 형성 및 운영(Form, Ausgestaltung und Verwaltung);
9. 근로관계의 존속을 고려하여(mit Rücksicht auf das Bestehen eines Arbeitsverhältnisses) 근로자에게 임대된 사택(社宅)의 배정 및 배정회수(Zuweisung und Kündigung von Wohnräumen), 그에 대한 일반적 이용조건의 설정(allgemeine Festlegung der Nutzungsbedingungen);
10. 사업 내 임금형성의 문제, 특히 임금원칙의 수립(Aufstellung von Entlohnungsgrundsätzen), 새로운 임금산정방법(Entlohnungsmethoden)의 도입 및 적용, 그 방법의 변경;
11. 화폐요소를 포함하여 직무임금률·상여금요율(Akkord- und Prämiensätze)의 설정과 이와

einschließlich der Geldfaktoren;

12. Grundsätze über das betriebliche Vorschlagswesen;
13. Grundsätze über die Durchführung von Gruppenarbeit; Gruppenarbeit im Sinne dieser Vorschrift liegt vor, wenn im Rahmen des betrieblichen Arbeitsablaufs eine Gruppe von Arbeitnehmern eine ihr übertragene Gesamtaufgabe im Wesentlichen eigenverantwortlich erledigt.

(2) Kommt eine Einigung über eine Angelegenheit nach Absatz 1 nicht zustande, so entscheidet die Einigungsstelle. Der Spruch der Einigungsstelle ersetzt die Einigung zwischen Arbeitgeber und Betriebsrat.

§ 88 Freiwillige Betriebsvereinbarungen

Durch Betriebsvereinbarung können insbesondere geregelt werden

1. zusätzliche Maßnahmen zur Verhütung von Arbeitsunfällen und Gesundheitsschädigungen;
1a. Maßnahmen des betrieblichen Umweltschutzes;
2. die Errichtung von Sozialeinrichtungen, deren Wirkungsbereich auf den Betrieb, das Unternehmen oder den Konzern beschränkt ist;
3. Maßnahmen zur Förderung der Vermögensbildung;
4. Maßnahmen zur Integration ausländischer Arbeitnehmer sowie zur Bekämpfung von Rassismus und Fremdenfeindlichkeit im Betrieb;
5. Maßnahmen zur Eingliederung schwerbehinderter Menschen.

§ 89 Arbeits- und betrieblicher Umweltschutz

(1) Der Betriebsrat hat sich dafür einzusetzen, dass die Vorschriften über den Arbeitsschutz und die Unfallverhütung im Betrieb sowie über den betrieblichen Umweltschutz durchgeführt werden. Er hat bei der Bekämpfung von Unfall- und Gesundheitsgefahren die für den Arbeitsschutz zuständigen Behörden, die Träger der gesetzlichen Unfallversicherung und die sonstigen in Betracht kommenden Stellen durch Anregung, Beratung und Auskunft zu unterstützen.

(2) Der Arbeitgeber und die in Absatz 1 Satz 2 genannten Stellen sind verpflichtet, den Betriebsrat oder die von ihm bestimmten Mitglieder des Betriebsrats bei allen im Zusammenhang mit dem Arbeitsschutz oder der Unfallverhütung stehenden Besichtigungen und Fragen und bei Unfalluntersuchungen hinzuzuziehen. Der Arbeitgeber hat dem Betriebsrat auch bei allen im Zusammenhang mit dem betrieblichen Umweltschutz stehenden Besichtigungen und Fragen hinzuzuziehen und ihm unverzüglich die den Arbeitsschutz, die Unfallverhütung und den betrieblichen Umweltschutz betreffenden Auflagen und Anordnungen der zuständigen Stellen mitzuteilen.

(3) Als betrieblicher Umweltschutz im Sinne dieses Gesetzes sind alle personellen und organisatorischen Maßnahmen sowie alle die betrieblichen Bauten, Räume, technische Anlagen, Arbeitsverfahren, Arbeitsabläufe und Arbeitsplätze betreffenden Maßnahmen zu verstehen, die dem

유사한 성과관련 임금(leistungsbezogener Entgelte)의 설정;

12. 사업 내 제안제도(betriebliche Vorschlagswesen)의 원칙;

13. 그룹작업의 수행(Durchführung von Gruppenarbeit)에 관한 원칙; 일단의 근로자들이 사업 내 업무과정의 틀 내에서 자신들에게 이양된 전체업무를 통상적으로 자기책임으로(eigenverantwortlich) 수행하는 경우에는 이러한 원칙상의 그룹작업에 해당한다.

② 제87조 제1항에 따른 사항에 관하여 합의가 성사되지 않은 경우에, 중재위원회가 이에 대해 결정한다. 중재위원회 판정(Spruch der Einigungsstelle)이 사용자와 근로자평의회 간의 합의를 대체한다.

제88조 임의적인 사업협정

사업협정으로 특히 다음 각 호를 정할 수 있다,

1. 산업재해와 건강침해(Gesundheitsschädigungen)의 방지를 위한 추가적 조치;

1a. 사업 내 환경보호조치;

2. 그 적용범위가 사업, 기업 또는 콘체른에 한정되는 복리후생제도의 설치(Errichtung von Sozialeinrichtungen);

3. 재산형성 촉진(Förderung der Vermögensbildung)을 위한 조치;

4. 외국인근로자의 통합(Integration)을 위한 조치와 사업 내 인종주의(Rassismus)와 외국인적대주의(Fremdenfeindlichkeit)에 대처하기 위한 조치;

5. 중증장애인의 직장 내 통합(Eingliederung)을 위한 조치.

제89조 산업안전보건과 사업 내 환경보호

① 근로자평의회는 사업 내의 산업안전보건규정 및 산업재해방지규정(Arbeitsschutz und die Unfallverhütung im Betrieb)과 사업 내 환경보호규정(betrieblichen Umweltschutz)이 시행되도록 노력해야 한다. 근로자평의회는 산업재해위험·건강상 위험의 대처에 있어 제안·협의를 하고 정보를 제공함으로써 산업안전보건을 관할하는 행정관청, 법률상 산업재해보험 담당기관(Träger der gesetzlichen Unfallversicherung), 기타 문제가 되는 기관을 지원해야 한다.

② 사용자와 제89조 제1항에 언급된 기관은, 근로자평의회 또는 근로자평의회가 지정한 그 구성원을 산업안전보건(Arbeitsschutz) 또는 산업재해방지(Unfallverhütung)와 관련되어 시행된 모든 검사(Besichtigungen) 및 문의(Fragen; 問議), 산업재해조사(Unfalluntersuchungen)에 임석하게 할 의무가 있다. 사용자는 근로자평의회를 사업 내 환경보호와 관련되어 시행된 모든 검사 및 문의(問議)에 임석하게 해야 하고, 지체 없이 근로자평의회에게 산업안전보건, 산업재해방지 및 사업 내 환경보호와 관련된, 관할 기관의 제한(制限) 및 명령(Auflagen und Anordnungen der zuständigen Stellen)을 통지해야 한다.

③ 환경보호에 기여하는 모든 인사적·조직적 조치와, 사업 내 건물(Bauten), 사무실(Räume), 기술적 설비(technische Anlagen), 업무절차(Arbeitsverfahren), 업무과정(Arbeitsabläufe) 및 직무(Arbeitsplätze)에 관련된 조치로 환경보호에 기여하는 모든 조치는 이 법상의 사업 내

Umweltschutz dienen.
(4) An Besprechungen des Arbeitgebers mit den Sicherheitsbeauftragten im Rahmen des § 22 Abs. 2 des Siebten Buches Sozialgesetzbuch nehmen vom Betriebsrat beauftragte Betriebsratsmitglieder teil.
(5) Der Betriebsrat erhält vom Arbeitgeber die Niederschriften über Untersuchungen, Besichtigungen und Besprechungen, zu denen er nach den Absätzen 2 und 4 hinzuzuziehen ist.
(6) Der Arbeitgeber hat dem Betriebsrat eine Durchschrift der nach § 193 Abs. 5 des Siebten Buches Sozialgesetzbuch vom Betriebsrat zu unterschreibenden Unfallanzeige auszuhändigen.

## Vierter Abschnitt Gestaltung von Arbeitsplatz, Arbeitsablauf und Arbeitsumgebung

§ 90 Unterrichtungs- und Beratungsrechte

(1) Der Arbeitgeber hat den Betriebsrat über die Planung
1. von Neu-, Um- und Erweiterungsbauten von Fabrikations-, Verwaltungs- und sonstigen betrieblichen Räumen,
2. von technischen Anlagen,
3. von Arbeitsverfahren und Arbeitsabläufen oder
4. der Arbeitsplätze
rechtzeitig unter Vorlage der erforderlichen Unterlagen zu unterrichten.
(2) Der Arbeitgeber hat mit dem Betriebsrat die vorgesehenen Maßnahmen und ihre Auswirkungen auf die Arbeitnehmer, insbesondere auf die Art ihrer Arbeit sowie die sich daraus ergebenden Anforderungen an die Arbeitnehmer so rechtzeitig zu beraten, dass Vorschläge und Bedenken des Betriebsrats bei der Planung berücksichtigt werden können. Arbeitgeber und Betriebsrat sollen dabei auch die gesicherten arbeitswissenschaftlichen Erkenntnisse über die menschengerechte Gestaltung der Arbeit berücksichtigen.

§ 91 Mitbestimmungsrecht

Werden die Arbeitnehmer durch Änderungen der Arbeitsplätze, des Arbeitsablaufs oder der Arbeitsumgebung, die den gesicherten arbeitswissenschaftlichen Erkenntnissen über die menschengerechte Gestaltung der Arbeit offensichtlich widersprechen, in besonderer Weise belastet, so kann der Betriebsrat angemessene Maßnahmen zur Abwendung, Milderung oder zum Ausgleich der Belastung verlangen. Kommt eine Einigung nicht zustande, so entscheidet die Einigungsstelle. Der Spruch der Einigungsstelle ersetzt die Einigung zwischen Arbeitgeber und Betriebsrat.

## Fünfter Abschnitt Personelle Angelegenheiten

환경보호로 본다.

④ 근로자평의회에게서 위임을 받은 근로자평의회구성원은 사회법전(Siebten Buches Sozialgesetzbuch) 제7권 제22조 제2항의 범위 내에서 사용자와 안전보건수임인(Sicherheitsbeauftragten)의 평의(Besprechungen)에 참여한다.

⑤ 근로자평의회는 제89조 제2항, 제4항에 따라 임석한 조사, 검사 및 평의에 관한 의사록을 사용자에게서 제공받는다.

⑥ 사용자는 근로자평의회에게 사회법전 제7권 제193조 제5항에 따라 근로자평의회가 서명해야 하는 산업재해신고서(Unfallanzeige)의 사본을 교부해야 한다.

## 제4장 일자리, 업무과정 및 노동환경의 형성

제90조 통지권 및 협의권(Beratungsrechte)

① 사용자는 근로자평의회에게 다음 각 호의 계획에 관하여,

1. 공장·사무실과 기타 사업 공간(Fabrikations-, Verwaltungs- und sonstigen betrieblichen Räumen)의 신축·개축·증축,
2. 기술설비,
3. 업무절차(Arbeitsverfahren)와 업무과정(Arbeitsabläufen),
4. 일자리(Arbeitsplätze),

필요한 서류를 제공하면서 적시에 통지해야 한다,

② 사용자는 구상 중인 조치와 그 조치의 근로자에 대한 영향, 특히 근로자들의 업무특성(Art ihrer Arbeit)에 미치는 영향과 이로 인하여 생기는 근로자에 대한 요구사항(Anforderungen)에 관하여, 근로자평의회의 제안과 구상(Vorschläge und Bedenken)이 그러한 조치에서 고려될 수 있도록 근로자평의회와 적시에 협의해야 한다. 사용자와 근로자평의회는 그러한 협의를 함에 있어 인간존중의 노동형성에 관하여 확립된 인간공학[10]적 지식(gesicherten arbeitswissenschaftlichen Erkenntnisse)도 고려해야 한다.

제91조 공동결정권

근로자는 인간존중의 노동형성에 관하여 확립된 인간공학적 지식에 명백히 반하는, 직무, 업무과정 또는 노동환경의 변경으로 인하여 특별한 업무부담의 가중이 이뤄지는 경우에, 근로자평의회는 그 부담을 방지하거나 완화시키기 위한 또는 그 부담을 조정하기 위한 적절한 조치(angemessene Maßnahmen zur Abwendung, Milderung oder zum Ausgleich der Belastung) 를 요구할 수 있다. 그에 관하여 합의가 성사되지 않은 경우에, 중재위원회가 결정한다. 중재위원회의 판정이 사용자와 근로자평의회 간의 합의를 대체한다.

## 제5장 인사적 사항

## Erster Unterabschnitt Allgemeine personelle Angelegenheiten

§ 92 Personalplanung

(1) Der Arbeitgeber hat den Betriebsrat über die Personalplanung, insbesondere über den gegenwärtigen und künftigen Personalbedarf sowie über die sich daraus ergebenden personellen Maßnahmen einschließlich der geplanten Beschäftigung von Personen, die nicht in einem Arbeitsverhältnis zum Arbeitgeber stehen, und Maßnahmen der Berufsbildung anhand von Unterlagen rechtzeitig und umfassend zu unterrichten. Er hat mit dem Betriebsrat über Art und Umfang der erforderlichen Maßnahmen und über die Vermeidung von Härten zu beraten.

(2) Der Betriebsrat kann dem Arbeitgeber Vorschläge für die Einführung einer Personalplanung und ihre Durchführung machen.

(3) Die Absätze 1 und 2 gelten entsprechend für Maßnahmen im Sinne des § 80 Abs. 1 Nr. 2a und 2b, insbesondere für die Aufstellung und Durchführung von Maßnahmen zur Förderung der Gleichstellung von Frauen und Männern. Gleiches gilt für die Eingliederung schwerbehinderter Menschen nach § 80 Absatz 1 Nummer 4

§ 92a Beschäftigungssicherung

(1) Der Betriebsrat kann dem Arbeitgeber Vorschläge zur Sicherung und Förderung der Beschäftigung machen. Diese können insbesondere eine flexible Gestaltung der Arbeitszeit, die Förderung von Teilzeitarbeit und Altersteilzeit, neue Formen der Arbeitsorganisation, Änderungen der Arbeitsverfahren und Arbeitsabläufe, die Qualifizierung der Arbeitnehmer, Alternativen zur Ausgliederung von Arbeit oder ihrer Vergabe an andere Unternehmen sowie zum Produktions- und Investitionsprogramm zum Gegenstand haben.

(2) Der Arbeitgeber hat die Vorschläge mit dem Betriebsrat zu beraten. Hält der Arbeitgeber die Vorschläge des Betriebsrats für ungeeignet, hat er dies zu begründen; in Betrieben mit mehr als 100 Arbeitnehmern erfolgt die Begründung schriftlich. Zu den Beratungen kann der Arbeitgeber oder der Betriebsrat einen Vertreter der Bundesagentur für Arbeit hinzuziehen.

§ 93 Ausschreibung von Arbeitsplätzen

Der Betriebsrat kann verlangen, dass Arbeitsplätze, die besetzt werden sollen, allgemein oder für bestimmte Arten von Tätigkeiten vor ihrer Besetzung innerhalb des Betriebs ausgeschrieben werden.

§ 94 Personalfragebogen, Beurteilungsgrundsätze

(1) Personalfragebogen bedürfen der Zustimmung des Betriebsrats. Kommt eine Einigung über ihren Inhalt nicht zustande, so entscheidet die Einigungsstelle. Der Spruch der Einigungsstelle ersetzt die Einigung zwischen Arbeitgeber und Betriebsrat.

## 제1절 일반적 인사적 사항

제92조 인력계획

① 사용자는 인력계획(Personalplanung), 특히 현재 및 장래의 인사수요(Personalbedarf)와, 사용자와 근로관계가 없는 계획중인 인력의 고용(der geplanten Beschäftigung von Personen, die nicht in einem Arbeitsverhältnis zum Arbeitgeber stehen)을 포함하여 그러한 인사수요로 인해 생기는 인사조치와 직업훈련 조치에 관하여, 근로자평의회에 서류로(anhand von Unterlagen) 적시에 또 포괄적으로 통지해야 한다. 사용자는 필요한 조치의 종류 및 범위와 어려움(Härten)의 방지에 관하여 근로자평의회와 협의해야 한다.

② 근로자평의회는 인력계획의 수립 및 시행에 관한 제안(Vorschläge für die Einführung einer Personalplanung und ihre Durchführung)을 할 수 있다.

③ 제92조 제1항, 제2항은 제80조 제1항 제2a호, 제2b상의 조치, 특히 남녀평등의 촉진을 위한 조치의 수립 및 시행(Aufstellung und Durchführung von Maßnahmen zur Förderung der Gleichstellung von Frauen und Männern)에 대하여 준용한다. 제80조 제1항 제4호에 따른 중증 장애인의 직장 내 통합(Eingliederung schwerbehinderter Menschen)에도 또한 같다.

제92a조 고용의 확보

① 근로자평의회는 고용의 확보와 촉진을 위한 제안(Vorschläge zur Sicherung und Förderung der Beschäftigung)을 할 수 있다. 이러한 제안은 특히 근로시간의 유연한 형성, 단시간근로와 장년(長年)근로(Teilzeitarbeit und Altersteilzeit)의 촉진, 새로운 업무조직 형태, 업무절차 및 업무과정의 변경, 근로자의 직무능력향상, 다른 기업에 대한 업무의 외주화 또는 그 외주화의 시행에 대한 대안(Alternativen zur Ausgliederung von Arbeit oder ihrer Vergabe an andere Unternehmen)과 생산프로그램 및 투자프로그램에 대한 대안을 대상으로 한다.

② 사용자는 그 제안에 대해 근로자평의회와 협의해야 한다. 사용자가 근로자평의회의 제안에 대해 부적절한 것으로 여기는 경우에는, 근로자평의회는 이에 대하여 근거를 제시해야 한다; 100명을 초과하는 근로자가 있는 사업에서 그 근거제시는 서면으로 이뤄진다. 사용자 또는 근로자평의회는 협의에 연방노동사무소[11]의 대리인을 참석시킬 수 있다.

제93조 일자리에 대한 인력충원공고

근로자평의회는 일반적으로 또는 특정한 종류의 업무에 대해 충원(Besetzung)이 이뤄져야 하는 일자리가 그 충원 전에 사업(事業) 내에서 인력충원공고(人力充員公告)가 이뤄지도록 제안할 수 있다.

제94조 인사질문지, 인사평가원칙

① 인사질문지(Personalfragebogen)는 근로자평의회의 동의를 필요로 한다. 그 내용에 관하여 합의가 이뤄지지 않은 경우에는, 중재위원회가 이에 대하여 결정한다. 중재위원회의 판정이 사용자와 근로자평의회 간의 합의를 대체한다.

(2) Absatz 1 gilt entsprechend für persönliche Angaben in schriftlichen Arbeitsverträgen, die allgemein für den Betrieb verwendet werden sollen, sowie für die Aufstellung allgemeiner Beurteilungsgrundsätze.

§ 95 Auswahlrichtlinien

(1) Richtlinien über die personelle Auswahl bei Einstellungen, Versetzungen, Umgruppierungen und Kündigungen bedürfen der Zustimmung des Betriebsrats. Kommt eine Einigung über die Richtlinien oder ihren Inhalt nicht zustande, so entscheidet auf Antrag des Arbeitgebers die Einigungsstelle. Der Spruch der Einigungsstelle ersetzt die Einigung zwischen Arbeitgeber und Betriebsrat.

(2) In Betrieben mit mehr als 500 Arbeitnehmern kann der Betriebsrat die Aufstellung von Richtlinien über die bei Maßnahmen des Absatzes 1 Satz 1 zu beachtenden fachlichen und persönlichen Voraussetzungen und sozialen Gesichtspunkte verlangen. Kommt eine Einigung über die Richtlinien oder ihren Inhalt nicht zustande, so entscheidet die Einigungsstelle. Der Spruch der Einigungsstelle ersetzt die Einigung zwischen Arbeitgeber und Betriebsrat.

(3) Versetzung im Sinne dieses Gesetzes ist die Zuweisung eines anderen Arbeitsbereichs, die voraussichtlich die Dauer von einem Monat überschreitet, oder die mit einer erheblichen Änderung der Umstände verbunden ist, unter denen die Arbeit zu leisten ist. Werden Arbeitnehmer nach der Eigenart ihres Arbeitsverhältnisses üblicherweise nicht ständig an einem bestimmten Arbeitsplatz beschäftigt, so gilt die Bestimmung des jeweiligen Arbeitsplatzes nicht als Versetzung.

## Zweiter Unterabschnitt Berufsbildung

§ 96 Förderung der Berufsbildung

(1) Arbeitgeber und Betriebsrat haben im Rahmen der betrieblichen Personalplanung und in Zusammenarbeit mit den für die Berufsbildung und den für die Förderung der Berufsbildung zuständigen Stellen die Berufsbildung der Arbeitnehmer zu fördern. Der Arbeitgeber hat auf Verlangen des Betriebsrats den Berufsbildungsbedarf zu ermitteln und mit ihm Fragen der Berufsbildung der Arbeitnehmer des Betriebs zu beraten. Hierzu kann der Betriebsrat Vorschläge machen.

(2) Arbeitgeber und Betriebsrat haben darauf zu achten, dass unter Berücksichtigung der betrieblichen Notwendigkeiten den Arbeitnehmern die Teilnahme an betrieblichen oder außerbetrieblichen Maßnahmen der Berufsbildung ermöglicht wird. Sie haben dabei auch die Belange älterer Arbeitnehmer, Teilzeitbeschäftigter und von Arbeitnehmern mit Familienpflichten zu berücksichtigen.

§ 97 Einrichtungen und Maßnahmen der Berufsbildung

② 제94조 제1항은 사업에서 일반적으로 사용되어야 하는 근로계약서상의 인사 사항(persönliche Angaben in schriftlichen Arbeitsverträgen)과 일반적인 인사평가원칙(Beurteilungsgrundsätze)의 수립에 대하여 준용한다.

제95조 인사선발기준

① 채용, 배치전환(Versetzungen), 임금등급재설정(Umgruppierungen) 및 해고의 인사선발에 관한 기준(Richtlinien über die personelle Auswahl)은 근로자평의회의 동의를 필요로 한다. 그 기준 또는 기준 내용에 관하여 합의가 이뤄지지 않은 경우에는, 사용자의 신청에 따라 중재위원회가 결정한다. 중재위원회의 판정이 사용자와 근로자평의회 간의 합의를 대체한다.

② 500명을 초과하는 근로자가 있는 사업에서 근로자평의회는 제95조 제1항 제1문상 조치시 준수해야 하는 직무적·개인적 요건과 사회적 관점에 관한 기준의 수립을 요구할 수 있다. 그 기준 또는 기준 내용에 관하여 합의가 이뤄지지 않은 경우에는, 사용자의 신청에 따라 중재위원회가 결정한다. 중재위원회의 판정(Spruch der Einigungsstelle)이 사용자와 근로자평의회 간의 합의를 대체한다.

③ 이 법상의 배치전환(Versetzung)은, 1개월의 기간을 넘을 것으로 예상되거나 근로제공에 관한 사정의 중대한 변경(erheblichen Änderung der Umstände)을 수반하는 다른 직무영역으로 배치하는 것(Zuweisung eines anderen Arbeitsbereichs)이다. 근로자가 자신의 근로관계의 특성으로 인해 통상적으로 특정한 일자리(bestimmten Arbeitsplatz)에서 상시적으로 고용되지 않는 경우에, 그때그때의 직무의 결정은 배치전환으로 보지 않는다.

## 제2절 직업훈련

제96조 직업훈련(Berufsbildung의 촉진

① 사용자와 근로자평의회는 사업 내 인력계획의 범위 내에서 또한 직업훈련 및 직업훈련 촉진(促進)을 담당하는 기관과의 협력하에(in Zusammenarbeit mit) 근로자의 직업훈련(Berufsbildung der Arbeitnehmer)을 촉진해야 한다. 사용자가 근로자평의회의 요구가 있는 경우에 직업훈련수요(Berufsbildungsbedarf)를 조사해야 하고 근로자평의회와 사업 내 근로자에 대한 직업훈련 문제(Fragen der Berufsbildung der Arbeitnehmer des Betriebs)에 대해 협의(協議)해야 한다. 근로자평의회는 이에 대해 제안을 할 수 있다.

② 사용자와 근로자평의회는 사업의 불가피성의 고려하에(unter Berücksichtigung der betrieblichen Notwendigkeiten) 사업 내외(內外)의 직업훈련조치(betrieblichen oder außerbetrieblichen Maßnahmen der Berufsbildung)에 대한 참여가 가능하도록 노력해야 한다. 사용자와 근로자평의회는 이 경우에 있어 장년근로자, 단시간근로자의 이해관계와 가족을 돌볼 의무가 있는 근로자(Arbeitnehmern mit Familienpflichten)의 이해관계도 고려해야 한다.

제97조 직업훈련시설과 그 조치

(1) Der Arbeitgeber hat mit dem Betriebsrat über die Errichtung und Ausstattung betrieblicher Einrichtungen zur Berufsbildung, die Einführung betrieblicher Berufsbildungsmaßnahmen und die Teilnahme an außerbetrieblichen Berufsbildungsmaßnahmen zu beraten.

(2) Hat der Arbeitgeber Maßnahmen geplant oder durchgeführt, die dazu führen, dass sich die Tätigkeit der betroffenen Arbeitnehmer ändert und ihre beruflichen Kenntnisse und Fähigkeiten zur Erfüllen ihrer Aufgaben nicht mehr ausreichen, so hat der Betriebsrat bei der Einführung von Maßnahmen der betrieblichen Berufsbildung mitzubestimmen. Kommt eine Einigung nicht zustande, so entscheidet die Einigungsstelle. Der Spruch der Einigungsstelle ersetzt die Einigung zwischen Arbeitgeber und Betriebsrat.

§ 98 Durchführung betrieblicher Bildungsmaßnahmen

(1) Der Betriebsrat hat bei der Durchführung von Maßnahmen der betrieblichen Berufsbildung mitzubestimmen.

(2) Der Betriebsrat kann der Bestellung einer mit der Durchführung der betrieblichen Berufsbildung beauftragten Person widersprechen oder ihre Abberufung verlangen, wenn diese die persönliche oder fachliche, insbesondere die berufs- und arbeitspädagogische Eignung im Sinne des Berufsbildungsgesetzes nicht besitzt oder ihre Aufgaben vernachlässigt.

(3) Führt der Arbeitgeber betriebliche Maßnahmen der Berufsbildung durch oder stellt er für außerbetriebliche Maßnahmen der Berufsbildung Arbeitnehmer frei oder trägt er die durch die Teilnahme von Arbeitnehmern an solchen Maßnahmen entstehenden Kosten ganz oder teilweise, so kann der Betriebsrat Vorschläge für die Teilnahme von Arbeitnehmern oder Gruppen von Arbeitnehmern des Betriebs an diesen Maßnahmen der beruflichen Bildung machen.

(4) Kommt im Fall des Absatzes 1 oder über die nach Absatz 3 vom Betriebsrat vorgeschlagenen Teilnehmer eine Einigung nicht zustande, so entscheidet die Einigungsstelle. Der Spruch der Einigungsstelle ersetzt die Einigung zwischen Arbeitgeber und Betriebsrat.

(5) Kommt im Fall des Absatzes 2 eine Einigung nicht zustande, so kann der Betriebsrat beim Arbeitsgericht beantragen, dem Arbeitgeber aufzugeben, die Bestellung zu unterlassen oder die Abberufung durchzuführen. Führt der Arbeitgeber die Bestellung einer rechtskräftigen gerichtlichen Entscheidung zuwider durch, so ist er auf Antrag des Betriebsrats vom Arbeitsgericht wegen der Bestellung nach vorheriger Androhung zu einem Ordnungsgeld zu verurteilen; das Höchstmaß des Ordnungsgeldes beträgt 10.000 Euro. Führt der Arbeitgeber die Abberufung einer rechtskräftigen gerichtlichen Entscheidung zuwider nicht durch, so ist auf Antrag des Betriebsrats vom Arbeitsgericht zu erkennen, dass der Arbeitgeber zur Abberufung durch Zwangsgeld anzuhalten sei; das Höchstmaß des Zwangsgeldes beträgt für jeden Tag der Zuwiderhandlung 250 Euro. Die Vorschriften des Berufsbildungsgesetzes über die Ordnung der Berufsbildung bleiben unberührt.

(6) Die Absätze 1 bis 5 gelten entsprechend, wenn der Arbeitgeber sonstige Bildungsmaßnahmen

① 사용자는 사업 내 직업훈련시설의 설치와 설비(設備)(die Errichtung und Ausstattung betrieblicher Einrichtungen zur Berufsbildung), 사업 내 직업훈련조치의 도입과 사업 외의 직업훈련조치의 참여에 관하여 근로자평의회와 협의해야 한다.
② 사용자가, 관련된 근로자의 업무가 변경되고, 그 업무의 수행을 위한 그 근로자의 업무지식 및 업무능력(ihre beruflichen Kenntnisse und Fähigkeiten)이 더 이상 충분하지 않은 결과를 초래하는 조치를 계획하거나 이를 시행하는 경우에, 근로자평의회는 사업 내 직업훈련조치의 도입시(bei der Einführung von Maßnahmen der betrieblichen Berufsbildung) 공동결정을 해야 한다. 그에 관한 합의가 이뤄지지 않은 경우에 중재위원회가 결정한다. 중재위원회의 판정이 사용자와 근로자평의회 간의 합의를 대체한다.

제98조 사업 내 직업훈련조치의 시행
① 사용자가 사업 내 직업훈련조치를 시행함에 있어(bei der Durchführung von Maßnahmen der betrieblichen Berufsbildung) 공동결정해야 한다.
② 그 수임자가 개인적 또는 전문적인 적성, 특히 직업훈련법상의 직업교육적 및 노동교육적 적성(berufs- und arbeitspädagogische Eignung)을 보유(保有)하지 않거나 그 임무를 게을리한 경우에는, 근로자평의회는 사업 내 직업훈련의 시행을 맡은 사람의 임명에 이의를 제기하거나 그 해임을 요구할 수 있다.
③ 사용자가 직업훈련에 대한 사업 내 조치(betriebliche Maßnahmen der Berufsbildung)를 시행하거나 근로자의 직업훈련에 대한 사업외 조치(außerbetriebliche Maßnahmen der Berufsbildung)를 위해 근무면제(勤務免除)를 하거나, 그러한 조치에 대해 근로자가 참여함으로써 생기는 비용의 전부 또는 일부를 부담하는 경우에, 근로자평의회는 사업 내 근로자들 또는 근로자집단의 직업훈련의 이러한 조치에 대한 참여를 위해 제안을 할 수 있다.
④ 제98조 제1항의 경우나 제98조 제3항에 따라 근로자평의회가 제안한 참여자에 관하여 합의가 이뤄지지 않은 경우에, 중재위원회가 결정한다. 중재위원회의 판정이 사용자와 근로자평의회 간의 합의를 대체한다.
⑤ 제98조 제2항의 경우에 합의가 이뤄지지 않은 경우에(Kommt im Fall des Absatzes 2 eine Einigung nicht zustande), 근로자평의회는 지방노동법원에 그 임명을 중지하거나 해임할 것을 명하는 신청을 제기할 수 있다. 사용자가 법원의 확정된 재판에 반하여(einer rechtskräftigen gerichtlichen Entscheidung zuwider) 그 임명을 시행한 경우에, 근로자평의회의 신청에 따라 지방노동법원은 그 임명을 이유로 사전경고에 따라 과태료를 부과할 수 있다; 과태료의 상한은 10,000유로이다. 사용자가 확정된 법원의 재판에 반하여 그 해임을 시행하지 않은 경우에, 근로자평의회의 신청이 있는 경우 지방노동법원은 사용자가 강제금에 의해 그 해임(Abberufung durch Zwangsgeld)을 시행하도록 명령을 선고한다; 강제금의 상한은 위반행위 1일당 250유로이다. 직업훈련교육의 질서에 관한 직업훈련법(Berufsbildungsgesetz)상의 규정은 이에 영향을 받지 않는다.
⑥ 사용자가 사업 내 기타 직업훈련조치(sonstige Bildungsmaßnahmen im Betrieb)를 시행하는

im Betrieb durchführt.

### Dritter Unterabschnitt Personelle Einzelmaßnahmen

§ 99 Mitbestimmung bei personellen Einzelmaßnahmen

(1) In Unternehmen mit in der Regel mehr als zwanzig wahlberechtigten Arbeitnehmern hat der Arbeitgeber den Betriebsrat vor jeder Einstellung, Eingruppierung, Umgruppierung und Versetzung zu unterrichten, ihm die erforderlichen Bewerbungsunterlagen vorzulegen und Auskunft über die Person der Beteiligten zu geben; er hat dem Betriebsrat unter Vorlage der erforderlichen Unterlagen Auskunft über die Auswirkungen der geplanten Maßnahme zu geben und die Zustimmung des Betriebsrats zu der geplanten Maßnahme einzuholen. Bei Einstellungen und Versetzungen hat der Arbeitgeber insbesondere den in Aussicht genommenen Arbeitsplatz und die vorgesehene Eingruppierung mitzuteilen. Die Mitglieder des Betriebsrats sind verpflichtet, über die ihnen im Rahmen der personellen Maßnahmen nach den Sätzen 1 und 2 bekanntgewordenen persönlichen Verhältnisse und Angelegenheiten der Arbeitnehmer, die ihrer Bedeutung oder ihrem Inhalt nach einer vertraulichen Behandlung bedürfen, Stillschweigen zu bewahren; § 79 Abs. 1 Satz 2 bis 4 gilt entsprechend.

(2) Der Betriebsrat kann die Zustimmung verweigern, wenn

1. die personelle Maßnahme gegen ein Gesetz, eine Verordnung, eine Unfallverhütungsvorschrift oder gegen eine Bestimmung in einem Tarifvertrag oder in einer Betriebsvereinbarung oder gegen eine gerichtliche Entscheidung oder eine behördliche Anordnung verstoßen würde,
2. die personelle Maßnahme gegen eine Richtlinie nach § 95 verstoßen würde,
3. die durch Tatsachen begründete Besorgnis besteht, dass infolge der personellen Maßnahme im Betrieb beschäftigte Arbeitnehmer gekündigt werden oder sonstige Nachteile erleiden, ohne dass dies aus betrieblichen oder persönlichen Gründen gerechtfertigt ist; als Nachteil gilt bei unbefristeter Einstellung auch die Nichtberücksichtigung eines gleich geeigneten befristet Beschäftigten,
4. der betroffene Arbeitnehmer durch die personelle Maßnahme benachteiligt wird, ohne dass dies aus betrieblichen oder in der Person des Arbeitnehmers liegenden Gründen gerechtfertigt ist,
5. eine nach § 93 erforderliche Ausschreibung im Betrieb unterblieben ist oder
6. die durch Tatsachen begründete Besorgnis besteht, dass der für die personelle Maßnahme in Aussicht genommene Bewerber oder Arbeitnehmer den Betriebsfrieden durch gesetzwidriges Verhalten oder durch grobe Verletzung der in § 75 Abs. 1 enthaltenen Grundsätze, insbesondere durch rassistische oder fremdenfeindliche Betätigung, stören werde.

(3) Verweigert der Betriebsrat seine Zustimmung, so hat er dies unter Angabe von Gründen innerhalb einer Woche nach Unterrichtung durch den Arbeitgeber diesem schriftlich mitzuteilen.

경우에 제98조 제1항 내지 제5항을 준용한다.

## 제3절 개별적 인사조치

제99조 개별적 인사조치시 공동결정

① 상시적으로 20명을 초과하는 근로자가 있는 사업에서 사용자는 모든 채용, 임금등급설정(Eingruppierung), 임금등급재설정(Umgruppierungen) 및 배치전환(Versetzung)을 하기 전에 근로자평의회에 이를 통지하고, 그에 필요한 지원서류(erforderlichen Bewerbungsunterlagen)를 제공하며 이해관계인의 신상(Person der Beteiligten)에 관한 정보를 제공해야 한다; 사용자는 필요한 서류를 제공하며 계획 중인 조치의 영향에 관한 정보를 제공해야 하며, 그 조치에 대한 근로자평의회의 동의를 얻어야 한다. 채용 및 배치전환시(Bei Einstellungen und Versetzungen) 사용자는 특히 계획한 일자리(Arbeitsplatz)와 정해진 임금등급설정(vorgesehene Eingruppierung)을 통지해야 한다. 근로자평의회구성원은, 자신이 인사조치의 범위 내에서 제1문, 제2문에 따라 지득한 것으로, 그 의미 또는 내용에 따라 비밀취급(vertraulichen Behandlung)를 요하는 근로자의 개인적 사정 및 사항(persönlichen Verhältnisse und Angelegenheiten der Arbeitnehmer)에 대해 묵비해야 한다; 제79조 제1항 제2문 내지 제4문을 준용한다.

② 다음 각 호의 경우에 근로자평의회는 동의를 거부할 수 있다,

1. 그 인사조치가 법률, 명령, 산업재해방지규정이나 단체협약규정이나 사업협정규정 또는 법원의 재판(gerichtliche Entscheidung) 또는 행정관청 명령(behördliche Anordnung)에 위반되는 경우,
2. 그 인사조치가 제95조에 따른 기준에 위반되는 경우,
3. 사실에 의해 뒷받침되는 우려로, 인사조치로 인해 사업에서 고용된 근로자가 해고되거나 기타 불이익을 받을 것이라는 우려가 있는 경우, 다만 그러한 해고나 불이익이 경영상 이유 또는 개인적 이유(betrieblichen oder persönlichen Gründen)에서 정당화되는 경우에는 그러하지 아니하다; 기간의 정함이 없는 근로자의 채용시에 동동하게 적임(適任)인 기간의 정함이 있는 근로자에 대해 고려하지 않는 것도 불이익(Nachteil)으로 본다,
4. 해당 근로자가 인사조치에 의해 불이익을 받는 경우, 그러한 불이익이 경영상 사유 또는 그 근로자의 일신상 사유(in der Person des Arbeitnehmers liegenden Gründen)에 의해 정당화되는 경우는 제외한다,
5. 제95조에 따른 인력충원공고가 사업 내에서 실시되지 않은 경우,
6. 사실에 의해 뒷받침되는 우려로, 계획한 인사조치를 받을 지원자(Bewerber) 또는 근로자가 위법행위 또는 제75조 제1항에 포함된 원칙에 대한 중대한 위반, 특히 인종주의적 활동 또는 외국인 적대활동으로 사업평화(Betriebsfrieden)를 교란할 것이라는 우려가 있는 경우.

③ 근로자평의회가 동의(同意)를 거부(拒否)하는 경우, 근로자평의회는 사용자에게서 통지받은 때로부터 1주일 이내에 이에 대해 근거(根據)를 기재해서 서면(書面)으로 통지해야 한다.

Teilt der Betriebsrat dem Arbeitgeber die Verweigerung seiner Zustimmung nicht innerhalb der Frist schriftlich mit, so gilt die Zustimmung als erteilt.
(4) Verweigert der Betriebsrat seine Zustimmung, so kann der Arbeitgeber beim Arbeitsgericht beantragen, die Zustimmung zu ersetzen.

§ 100 Vorläufige personelle Maßnahmen

(1) Der Arbeitgeber kann, wenn dies aus sachlichen Gründen dringend erforderlich ist, die personelle Maßnahme im Sinne des § 99 Abs. 1 Satz 1 vorläufig durchführen, bevor der Betriebsrat sich geäußert oder wenn er die Zustimmung verweigert hat. Der Arbeitgeber hat den Arbeitnehmer über die Sach- und Rechtslage aufzuklären.
(2) Der Arbeitgeber hat den Betriebsrat unverzüglich von der vorläufigen personellen Maßnahme zu unterrichten. Bestreitet der Betriebsrat, dass die Maßnahme aus sachlichen Gründen dringend erforderlich ist, so hat er dies dem Arbeitgeber unverzüglich mitzuteilen. In diesem Fall darf der Arbeitgeber die vorläufige personelle Maßnahme nur aufrechterhalten, wenn er innerhalb von drei Tagen beim Arbeitsgericht die Ersetzung der Zustimmung des Betriebsrats und die Feststellung beantragt, dass die Maßnahme aus sachlichen Gründen dringend erforderlich war.
(3) Lehnt das Gericht durch rechtskräftige Entscheidung die Ersetzung der Zustimmung des Betriebsrats ab oder stellt es rechtskräftig fest, dass offensichtlich die Maßnahme aus sachlichen Gründen nicht dringend erforderlich war, so endet die vorläufige personelle Maßnahme mit Ablauf von zwei Wochen nach Rechtskraft der Entscheidung. Von diesem Zeitpunkt an darf die personelle Maßnahme nicht aufrechterhalten werden.

§ 101 Zwangsgeld

Führt der Arbeitgeber eine personelle Maßnahme im Sinne des § 99 Abs. 1 Satz 1 ohne Zustimmung des Betriebsrats durch oder hält er eine vorläufige personelle Maßnahme entgegen § 100 Abs. 2 Satz 3 oder Abs. 3 aufrecht, so kann der Betriebsrat beim Arbeitsgericht beantragen, dem Arbeitgeber aufzugeben, die personelle Maßnahme aufzuheben. Hebt der Arbeitgeber entgegen einer rechtskräftigen gerichtlichen Entscheidung die personelle Maßnahme nicht auf, so ist auf Antrag des Betriebsrats vom Arbeitsgericht zu erkennen, dass der Arbeitgeber zur Aufhebung der Maßnahme durch Zwangsgeld anzuhalten sei. Das Höchstmaß des Zwangsgeldes beträgt für jeden Tag der Zuwiderhandlung 250 Euro.

§ 102 Mitbestimmung bei Kündigungen

(1) Der Betriebsrat ist vor jeder Kündigung zu hören. Der Arbeitgeber hat ihm die Gründe für die Kündigung mitzuteilen. Eine ohne Anhörung des Betriebsrats ausgesprochene Kündigung ist unwirksam.
(2) Hat der Betriebsrat gegen eine ordentliche Kündigung Bedenken, so hat er diese unter Angabe

근로자평의회가 사용자에게 동의거부를 그 기간 내에 서면으로 통지하지 않는 경우 동의한 것으로 본다.
④ 근로자평의회가 동의를 거부하는 경우 사용자는 지방노동법원에 그 동의에 갈음하는 동의를 신청할 수 있다.

제100조 잠정적 인사조치

① 그 조치가 객관적 이유(sachlichen Gründen)에 의할 때 긴박한 필요가 있는 경우에 사용자는, 근로자평의회가 동의하기 전에 또는 동의를 거부하기 전에도, 제99조 제1항 제1문상의 인사조치를 잠정적으로(vorläufig) 시행할 수 있다. 사용자는 사실적 상황 및 법적 상황(Sach- und Rechtslage)에 관하여 설명해야 한다.
② 사용자는 지체 없이 근로자평의회에 잠정적으로 시행한 인사조치에 대해 통지해야 한다. 근로자평의회가 그 조치가 객관적 이유에 의할 때 긴박한 필요가 있다는 점에 대해 다투는 경우에, 근로자평의회는 이를 사용자에게 지체 없이 통지해야 한다. 이러한 경우에 있어 사용자는, 자신이 그 통지를 받은 때로부터 3일 내에 지방노동법원에 근로자평의회의 동의에 갈음하는 동의를 구하고 그 조치가 객관적 이유에 의할 때 긴박한 필요가 있다는 점을 확인하는 소송을 제기할 때에만, 잠정적 인사조치(personelle Maßnahme)를 계속 시행할 수 있다.
③ 법원이 확정된 재판으로 근로자평의회 동의에 갈음하는 동의를 구하는 신청을 기각하거나, 확정된 재판으로 그 조치가 객관적 이유에 의할 때 긴박한 필요가 없었다는 점이 명백하다고 확인하는 경우에는, 그 결정의 확정력이 발생한 때로부터(nach Rechtskraft der Entscheidung) 2주가 경과함으로써 그 잠정적 인사조치는 종료된다. 이러한 시기부터 그 인사조치는 더 이상 유지될 수 없다.

제101조 강제금

사용자가 근로자평의회의 동의를 얻지 않고 제99조 제1항 제1문의 인사조치를 시행하거나, 제100조 제2항 제3문 또는 제3항에 위반하여 잠정적 인사조치를 계속적으로 시행하는 경우에는, 근로자평의회는 지방노동법원에(beim Arbeitsgericht) 그 인사조치를 취소하는 명령을 발하는 신청을 제기할 수 있다. 사용자가 확정된 법원의 재판(rechtskräftigen gerichtlichen Entscheidung)에 위반하여 인사조치를 취소하지 않는 경우에, 지방노동법원은 근로자평의회의 신청이 있는 경우에 강제금에 의해 사용자가 그 인사조치를 취소(Aufhebung der Maßnahme durch Zwangsgeld)하도록 하는 명령을 선고한다. 강제금의 상한은 위반행위 1일당 250유로이다.

제102조 해고시 공동결정

① 모든 해고를 단행하기 전에 근로자평의회의 청문(聽聞)을 실시해야 한다. 사용자는 근로자평의회에 그 해고의 사유(Gründe für die Kündigung)를 통지해야 한다. 그 청문을 실시하지 않고 단행된 해고는 무효이다.
② 근로자평의회가 통상해고(ordentliche Kündigung)에 대해 반대(Bedenken)하는 경우, 근로자

der Gründe dem Arbeitgeber spätestens innerhalb einer Woche schriftlich mitzuteilen. Äußert er sich innerhalb dieser Frist nicht, gilt seine Zustimmung zur Kündigung als erteilt. Hat der Betriebsrat gegen eine außerordentliche Kündigung Bedenken, so hat er diese unter Angabe der Gründe dem Arbeitgeber unverzüglich, spätestens jedoch innerhalb von drei Tagen, schriftlich mitzuteilen. Der Betriebsrat soll, soweit dies erforderlich erscheint, vor seiner Stellungnahme den betroffenen Arbeitnehmer hören. § 99 Abs. 1 Satz 3 gilt entsprechend.

(3) Der Betriebsrat kann innerhalb der Frist des Absatzes 2 Satz 1 der ordentlichen Kündigung widersprechen, wenn

1. der Arbeitgeber bei der Auswahl des zu kündigenden Arbeitnehmers soziale Gesichtspunkte nicht oder nicht ausreichend berücksichtigt hat,
2. die Kündigung gegen eine Richtlinie nach § 95 verstößt,
3. der zu kündigende Arbeitnehmer an einem anderen Arbeitsplatz im selben Betrieb oder in einem anderen Betrieb des Unternehmens weiterbeschäftigt werden kann,
4. die Weiterbeschäftigung des Arbeitnehmers nach zumutbaren Umschulungs- oder Fortbildungsmaßnahmen möglich ist oder
5. eine Weiterbeschäftigung des Arbeitnehmers unter geänderten Vertragsbedingungen möglich ist und der Arbeitnehmer sein Einverständnis hiermit erklärt hat.

(4) Kündigt der Arbeitgeber, obwohl der Betriebsrat nach Absatz 3 der Kündigung widersprochen hat, so hat er dem Arbeitnehmer mit der Kündigung eine Abschrift der Stellungnahme des Betriebsrats zuzuleiten.

(5) Hat der Betriebsrat einer ordentlichen Kündigung frist- und ordnungsgemäß widersprochen, und hat der Arbeitnehmer nach dem Kündigungsschutzgesetz Klage auf Feststellung erhoben, dass das Arbeitsverhältnis durch die Kündigung nicht aufgelöst ist, so muss der Arbeitgeber auf Verlangen des Arbeitnehmers diesen nach Ablauf der Kündigungsfrist bis zum rechtskräftigen Abschluss des Rechtsstreits bei unveränderten Arbeitsbedingungen weiterbeschäftigen. Auf Antrag des Arbeitgebers kann das Gericht ihn durch einstweilige Verfügung von der Verpflichtung zur Weiterbeschäftigung nach Satz 1 entbinden, wenn

1. die Klage des Arbeitnehmers keine hinreichende Aussicht auf Erfolg bietet oder mutwillig erscheint oder
2. die Weiterbeschäftigung des Arbeitnehmers zu einer unzumutbaren wirtschaftlichen Belastung des Arbeitgebers führen würde oder
3. der Widerspruch des Betriebsrats offensichtlich unbegründet war.

(6) Arbeitgeber und Betriebsrat können vereinbaren, dass Kündigungen der Zustimmung des Betriebsrats bedürfen und dass bei Meinungsverschiedenheiten über die Berechtigung der Nichterteilung der Zustimmung die Einigungsstelle entscheidet.

평의회는 그 이유를 기재하여 늦어도 1주일 내에 이를 서면으로 사용자에게 통지를 해야 한다. 근로자평의회가 이 기간 내에 그러한 서면 통지를 하지 않는 경우에, 그 해고에 대해 동의한 것으로 간주한다. 근로자평의회가 즉시해고(außerordentliche Kündigung)에 반대하는 경우에, 근로자평의회는 이유를 기재하여 지체 없이, 늦어도 3일 내에 이를 서면으로 사용자에게 통지를 해야 한다. 그러한 의견청취가 필요한 것으로 보이는 경우에 근로자평의회는 자신의 의견진술에 앞서 해당 근로자의 의견을 청취해야 한다. 제99조 제1항 제3문을 준용한다.

③ 다음 각 호의 경우에 근로자평의회 제102조 제2항 제1문상의 기간 내에 통상적 해고에 대하여 이의를 제기할 수 있다,

1. 사용자가 해고할 근로자의 선발시 사회적 관점(soziale Gesichtspunkte)을 고려하지 않거나 그 고려가 불충분한 경우,
2. 그 해고가 제95조에 따른 기준에 위반되는 경우,
3. 해고되는 근로자가 동일한 사업의 다른 일자리나 당해 기업의 다른 사업의(in einem anderen Betrieb des Unternehmens) 다른 일자리에서 계속적으로 고용될 수 있는 경우,
4. 감당할 수 있는 전직직업훈련조치 또는 직업능력향상교육조치(zumutbaren Umschulungs- oder Fortbildungsmaßnahmen) 후에 근로자의 계속고용이 가능한 경우,
5. 변경된 근로조건으로(unter geänderten Vertragsbedingungen) 근로자의 계속고용이 가능하고 근로자가 그 고용에 동의의 의사표시를 한 경우.

④ 근로자평의회가 제102조 제3항에 따른 해고에 이의를 제기했음에도 사용자가 해고를 단행한 경우에, 사용자는 해고를 당한 근로자에게 근로자평의회가 진술한 의견(Stellungnahme des Betriebsrats)의 사본을 송부해야 한다.

⑤ 근로자평의회가 통상해고에 대해 기간과 규정에 맞게(frist- und ordnungsgemäß) 이의(異意)를 제기하고 해당 근로자가 해고보호법에 따라 그 해고에 의해 근로관계가 종료되지 않았다는 해고무효확인소송(Klage auf Feststellung)을 제기한 경우에, 사용자는 근로자가 요구하는 때에는 해고기간이 경과한 때로부터 법적 분쟁에 대한 확정력 있는 재판에 의한 종결시까지 기존의 근로조건으로 그 근로자를 계속적으로 고용해야만 한다. 다음 각 호의 경우에 사용자의 신청이 있는 때에는, 법원은 가처분으로(durch einstweilige Verfügung) 제1문에 따른 사용자의 계속고용의 의무(Verpflichtung zur Weiterbeschäftigung)를 면하게 할 수 있다,

1. 근로자의 소송이 상당한 정도의 승소가능성(hinreichende Aussicht auf Erfolg)이 없거나 그 소송이 남용된 것(mutwillig)으로 보이는 경우,
2. 근로자의 계속고용이 사용자의 감당하기 어려운 경제적 부담(unzumutbaren wirtschaftlichen Belastung)을 야기하는 경우,
3. 근로자평의회의 이의제기(Widerspruch)가 이유 없음이 명백한 경우.

⑥ 사용자와 근로자평의회는 해고가 근로자평의회의 동의를 필요로 하고 의견대립(Meinungsverschiedenheiten)이 있는 경우에 중재위원회가 그 동의의 거부의 정당성에 대해 결정하는 것으로 합의할 수 있다.

(7) Die Vorschriften über die Beteiligung des Betriebsrats nach dem Kündigungsschutzgesetz bleiben unberührt.

§ 103 Außerordentliche Kündigung und Versetzung in besonderen Fällen

(1) Die außerordentliche Kündigung von Mitgliedern des Betriebsrats, der Jugend- und Auszubildendenvertretung, der Bordvertretung und des Seebetriebsrats, des Wahlvorstands sowie von Wahlbewerbern bedarf der Zustimmung des Betriebsrats.

(2) Verweigert der Betriebsrat seine Zustimmung, so kann das Arbeitsgericht sie auf Antrag des Arbeitgebers ersetzen, wenn die außerordentliche Kündigung unter Berücksichtigung aller Umstände gerechtfertigt ist. In dem Verfahren vor dem Arbeitsgericht ist der betroffene Arbeitnehmer Beteiligter.

(3) Die Versetzung der in Absatz 1 genannten Personen, die zu einem Verlust des Amtes oder der Wählbarkeit führen würde, bedarf der Zustimmung des Betriebsrats; dies gilt nicht, wenn der betroffene Arbeitnehmer mit der Versetzung einverstanden ist. Absatz 2 gilt entsprechend mit der Maßgabe, dass das Arbeitsgericht die Zustimmung zu der Versetzung ersetzen kann, wenn diese auch unter Berücksichtigung der betriebsverfassungsrechtlichen Stellung des betroffenen Arbeitnehmers aus dringenden betrieblichen Gründen notwendig ist.

§ 104 Entfernung betriebsstörender Arbeitnehmer

Hat ein Arbeitnehmer durch gesetzwidriges Verhalten oder durch grobe Verletzung der in § 75 Abs. 1 enthaltenen Grundsätze, insbesondere durch rassistische oder fremdenfeindliche Betätigungen, den Betriebsfrieden wiederholt ernstlich gestört, so kann der Betriebsrat vom Arbeitgeber die Entlassung oder Versetzung verlangen. Gibt das Arbeitsgericht einem Antrag des Betriebsrats statt, dem Arbeitgeber aufzugeben, die Entlassung oder Versetzung durchzuführen, und führt der Arbeitgeber die Entlassung oder Versetzung einer rechtskräftigen gerichtlichen Entscheidung zuwider nicht durch, so ist auf Antrag des Betriebsrats vom Arbeitsgericht zu erkennen, dass er zur Vornahme der Entlassung oder Versetzung durch Zwangsgeld anzuhalten sei. Das Höchstmaß des Zwangsgeldes beträgt für jeden Tag der Zuwiderhandlung 250 Euro.

§ 105 Leitende Angestellte

Eine beabsichtigte Einstellung oder personelle Veränderung eines in § 5 Abs. 3 genannten leitenden Angestellten ist dem Betriebsrat rechtzeitig mitzuteilen.

## Sechster Abschnitt Wirtschaftliche Angelegenheiten

### Erster Unterabschnitt Unterrichtung in wirtschaftlichen Angelegenheiten

§ 106 Wirtschaftsausschuss

⑦ 해고보호법에 따른 근로자평의회의 의사결정참가(Beteiligung)에 관한 규정은 이에 영향을 받지 않는다.

제103조 특별한 경우에 있어 즉시해고와 배치전환

① 근로자평의회구성원, 연소자·직업훈련생대표위원, 선원대표위원, 해상근로자평의회구성원, 선거위원회위원 또는 선거출마자에 대한 즉시해고(außerordentliche Kündigung)는 근로자평의회의 동의를 필요로 한다.

② 근로자평의회가 동의를 거부하는 경우에, 지방노동법원은 사용자의 신청이 있는 경우로, 즉시해고가 제반사정을 고려했을 때(unter Berücksichtigung aller Umstände) 정당한 경우에는 그 동의에 갈음하는 동의를 발령할 수 있다. 해당 근로자는 지방노동법원의 소송절차에서 이해관계인(Beteiligter)이다.

③ 그 직의 상실 또는 피선거권의 상실을 초래하는, 제103조 제1항상의 사람에 대한 배치전환(Versetzung)은 근로자평의회의 동의를 필요로 한다; 해당 근로자가 그 배치전환에 동의한 경우에는 이는 적용하지 않는다. 해당 근로자의 사업조직법상의 지위를 고려하더라도 그 동의가 긴박한 경영상의 이유에서 불가피한(aus dringenden betrieblichen Gründen notwendig) 경우에는 지방노동법원은 그 배치전환에 대한 동의에 갈음하는 동의를 발령할 수 있다는 기준하에 제103조 제2항을 준용한다.

제104조 사업을 교란하는 근로자에 대한 배제조치

근로자가 위법행위 또는 제75조 제1항상의 원칙에 대한 중대(重大)한 위반, 특히 인종주의(人種主義)활동 또는 외국인적대(外國人敵對)활동으로 사업평화(事業平和)가 반복적으로 중대하게 교란(攪亂)된 경우에는, 근로자평의회는 사용자에게 그의 해고나 배치전환(Entlassung oder Versetzung)을 요구할 수 있다. 지방노동법원은 근로자평의회의 신청이 있는 경우에 사용자에게 그 해고 또는 배지전환(Entlassung oder Versetzung)을 시행할 것을 명하고, 사용자가 법원의 확정된 재판(rechtskräftigen gerichtlichen Entscheidung)에 위반하여 그 해고 또는 배치전환을 시행하지 않는 경우에, 지방노동법원은 근로자평의회의 신청이 있는 경우에 사용자가 강제금에 의해 그 해고나 배치전환을 시행하도록 명령을 선고한다. 강제금(Zwangsgeld)의 상한은 위반행위 1일당 250유로이다.

제105조 고위직사원

근로자평의회는 제5조 제3항상의 고위직사원에 대한 계획하고 있는 채용 또는 인사이동(Einstellung oder personelle Veränderung)에 관하여 적시에 통지받아야 한다.

## 제6장 경제적 사항

### 제1절 경제적 사항에 대한(in wirtschaftlichen Angelegenheiten) 통지

제106조 기업경제위원회

(1) In allen Unternehmen mit in der Regel mehr als einhundert ständig beschäftigten Arbeitnehmern ist ein Wirtschaftsausschuss zu bilden. Der Wirtschaftsausschuss hat die Aufgabe, wirtschaftliche Angelegenheiten mit dem Unternehmer zu beraten und den Betriebsrat zu unterrichten.

(2) Der Unternehmer hat den Wirtschaftsausschuss rechtzeitig und umfassend über die wirtschaftlichen Angelegenheiten des Unternehmens unter Vorlage der erforderlichen Unterlagen zu unterrichten, soweit dadurch nicht die Betriebs- und Geschäftsgeheimnisse des Unternehmens gefährdet werden, sowie die sich daraus ergebenden Auswirkungen auf die Personalplanung darzustellen. Zu den erforderlichen Unterlagen gehört in den Fällen des Absatzes 3 Nr. 9a insbesondere die Angabe über den potentiellen Erwerber und dessen Absichten im Hinblick auf die künftige Geschäftstätigkeit des Unternehmens sowie die sich daraus ergebenden Auswirkungen auf die Arbeitnehmer; Gleiches gilt, wenn im Vorfeld der Übernahme des Unternehmens ein Bieterverfahren durchgeführt wird.

(3) Zu den wirtschaftlichen Angelegenheiten im Sinne dieser Vorschrift gehören insbesondere

1. die wirtschaftliche und finanzielle Lage des Unternehmens;
2. die Produktions- und Absatzlage;
3. das Produktions- und Investitionsprogramm;
4. Rationalisierungsvorhaben;
5. Fabrikations- und Arbeitsmethoden, insbesondere die Einführung neuer Arbeitsmethoden;

5a. Fragen des betrieblichen Umweltschutzes;

6. die Einschränkung oder Stillegung von Betrieben oder von Betriebsteilen;
7. die Verlegung von Betrieben oder Betriebsteilen;
8. der Zusammenschluss oder die Spaltung von Unternehmen oder Betrieben;
9. die Änderung der Betriebsorganisation oder des Betriebszwecks;

9a. die Übernahme des Unternehmens, wenn hiermit der Erwerb der Kontrolle verbunden ist, sowie

10. sonstige Vorgänge und Vorhaben, welche die Interessen der Arbeitnehmer des Unternehmens wesentlich berühren können.

§ 107 Bestellung und Zusammensetzung des Wirtschaftsausschusses

(1) Der Wirtschaftsausschuss besteht aus mindestens drei und höchstens sieben Mitgliedern, die dem Unternehmen angehören müssen, darunter mindestens einem Betriebsratsmitglied. Zu Mitgliedern des Wirtschaftsausschusses können auch die in § 5 Abs. 3 genannten Angestellten bestimmt werden. Die Mitglieder sollen die zur Erfüllung ihrer Aufgaben erforderliche fachliche und persönliche Eignung besitzen.

(2) Die Mitglieder des Wirtschaftsausschusses werden vom Betriebsrat für die Dauer seiner Amtszeit bestimmt. Besteht ein Gesamtbetriebsrat, so bestimmt dieser die Mitglieder des

Wirtschaftsausschusses; die Amtszeit der Mitglieder endet in diesem Fall in dem Zeitpunkt, in dem
① 상시적으로 100명을 초과하는 상임의 근로자가 있는 모든 기업에서 기업경제위원회(Wirtschaftsausschuss)가 설치된다. 기업경제위원회는 사업주(Unternehmer)와 경제적 사항에 대해 협의하고 그에 대해 근로자평의회에 통지할 의무를 갖는다.
② 그러한 제공이나 통지에 의해 기업의 기업비밀 또는 사업비밀(die Betriebs- und Geschäftsgeheimnisse des Unternehmens)이 위태롭게 되지 않는 한, 사업주는 기업경제위원회에 적시에 포괄적으로 기업의 경제적 사항에 대하여 필요한 서류를 제공하며 통지해야 하고, 그 경제적 사항으로 인해 발생한, 인력계획에 대한 영향(Auswirkungen auf die Personalplanung)을 설명해야 한다. 제106조 제3항 제9a호의 경우에 특히 잠재적 기업인수자(potentiellen Erwerber)에 관한 사항, 기업의 향후 사업활동과 관련한 그 기업인수자의 계획에 관한 사항, 그 계획으로 인하여 발생하는, 근로자에 대한 영향에 관한 사항이 필요한 서류에 포함된다; 기업의 인수 전에 입찰(入札)절차(Bieterverfahren)가 진행되는 경우에도 또한 같다.
③ 특히 다음 각 호의 사항은 위와 같은 조항상의 경제적 사항에 포함된다,

1. 기업의 경제적 및 재무적 상황(wirtschaftliche und finanzielle Lage);
2. 생산·매출상황(Produktions- und Absatzlage);
3. 생산·투자프로그램;
4. 기업합리화구상(Rationalisierungsvorhaben);
5. 생산기술 및 작업방식(Fabrikations- und Arbeitsmethoden), 특히 새로운 작업방식의 도입;

5a. 사업 내 환경보호의 문제;

6. 사업의 전부 또는 일부의 축소 또는 폐지(Einschränkung oder Stillegung);
7. 사업의 전부 또는 일부의 이전(Verlegung);
8. 기업 또는 사업의 합병 또는 분할(Zusammenschluss oder die Spaltung);
9. 사업조직 또는 사업목적(Betriebsorganisation oder des Betriebszwecks)의 변경;

9a. 지배권의 획득을 수반하는(wenn hiermit der Erwerb der Kontrolle verbunden ist) 기업의 인수(Übernahme des Unternehmens);

10. 기업의 근로자의 이해관계에 중대한 영향을 미치는 그 밖의 사안 또는 계획(Vorgänge und Vorhaben).

제107조 기업경제위원회의 구성

① 기업경제위원회는 당해 기업에 소속되어 있어야 하는, 최소 3명 이상 최대 7명의 위원으로 구성되고 그 위원들 중에서 1명 이상의 근로자평의회구성원이 있어야 한다. 제5조 제3항상의 고위직사원도 기업경제위원회위원(Mitgliedern des Wirtschaftsausschusses)으로 임명될 수 있다. 그 위원은 그 임무수행에 필요한 전문적 및 개인적 자질(fachliche und persönliche Eignung)을 갖춰야만 한다.
② 기업경제위원회위원는 근로자평의회(Betriebsrat)에 의해 근로자평의회의 임기 동안 임명된다. 기업근로자평의회가 있는 경우에, 기업근로자평의회(Gesamtbetriebsrat)가 기업경제위원

die Amtszeit der Mehrheit der Mitglieder des Gesamtbetriebsrats, die an der Bestimmung mitzuwirken berechtigt waren, abgelaufen ist. Die Mitglieder des Wirtschaftsausschusses können jederzeit abberufen werden; auf die Abberufung sind die Sätze 1 und 2 entsprechend anzuwenden.

(3) Der Betriebsrat kann mit der Mehrheit der Stimmen seiner Mitglieder beschließen, die Aufgaben des Wirtschaftsausschusses einem Ausschuss des Betriebsrats zu übertragen. Die Zahl der Mitglieder des Ausschusses darf die Zahl der Mitglieder des Betriebsausschusses nicht überschreiten. Der Betriebsrat kann jedoch weitere Arbeitnehmer einschließlich der in § 5 Abs. 3 genannten leitenden Angestellten bis zur selben Zahl, wie der Ausschuss Mitglieder hat, in den Ausschuß berufen; für die Beschlussfassung gilt Satz 1. Für die Verschwiegenheitspflicht der in Satz 3 bezeichneten weiteren Arbeitnehmer gilt § 79 entsprechend. Für die Abänderung und den Widerruf der Beschlüsse nach den Sätzen 1 bis 3 sind die gleichen Stimmenmehrheiten erforderlich wie für die Beschlüsse nach den Sätzen 1 bis 3. Ist in einem Unternehmen ein Gesamtbetriebsrat errichtet, so beschließt dieser über die anderweitige Wahrnehmung der Aufgaben des Wirtschaftsausschusses; die Sätze 1 bis 5 gelten entsprechend.

§ 108 Sitzungen

(1) Der Wirtschaftsausschuss soll monatlich einmal zusammentreten.

(2) An den Sitzungen des Wirtschaftsausschusses hat der Unternehmer oder sein Vertreter teilzunehmen. Er kann sachkundige Arbeitnehmer des Unternehmens einschließlich der in § 5 Abs. 3 genannten Angestellten hinzuziehen. Für die Hinzuziehung und die Verschwiegenheitspflicht von Sachverständigen gilt § 80 Abs. 3 und 4 entsprechend.

(3) Die Mitglieder des Wirtschaftsausschusses sind berechtigt, in die nach § 106 Abs. 2 vorzulegenden Unterlagen Einsicht zu nehmen.

(4) Der Wirtschaftsausschuss hat über jede Sitzung dem Betriebsrat unverzüglich und vollständig zu berichten.

(5) Der Jahresabschluss ist dem Wirtschaftsausschuss unter Beteiligung des Betriebsrats zu erläutern.

(6) Hat der Betriebsrat oder der Gesamtbetriebsrat eine anderweitige Wahrnehmung der Aufgaben des Wirtschaftsausschusses beschlossen, so gelten die Absätze 1 bis 5 entsprechend.

§ 109 Beilegung von Meinungsverschiedenheiten

Wird eine Auskunft über wirtschaftliche Angelegenheiten des Unternehmens im Sinn des § 106 entgegen dem Verlangen des Wirtschaftsausschusses nicht, nicht rechtzeitig oder nur ungenügend erteilt und kommt hierüber zwischen Unternehmer und Betriebsrat eine Einigung nicht zustande, so entscheidet die Einigungsstelle. Der Spruch der Einigungsstelle ersetzt die Einigung zwischen Arbeitgeber und Betriebsrat. Die Einigungsstelle kann, wenn dies für ihre Entscheidung

회위원을 임명한다; 이러한 경우 그 위원의 임기는, 그 결정에 참여할 수 있었던, 과반수의 기업근로자평의회구성원의 임기가 만료하는 시기에 만료한다. 기업경제위원회위원은 언제든지 해임될 수 있다; 그 해임(Abberufung)에 대해 제107조 제1항, 제2항을 준용한다.

③ 근로자평의회는 그 위원의 투표수의 과반수로 근로자집행위원회(Ausschuss des Betriebsrats)에게 기업경제위원회의 임무를 이양할 것을 결의할 수 있다. 기업경제위원회위원 수는 근로자집행위원회 위원수(Zahl der Mitglieder des Betriebsausschusses)를 초과해서는 안 된다. 그럼에도 근로자평의회는 제5조 제3항상의 고위직사원(leitenden Angestellten)을 포함하여 근로자집행위원회 위원수와 동일한 수 이내에서 추가적으로 근로자를 기업경제위원회에 임명할 수 있다; 그 결의에 대해 제1문을 적용한다. 제1문 내지 제3문에 따른 결의의 변경 및 철회(Abänderung und den Widerruf der Beschlüsse)에 대해 제1문 내지 제3문의 결의와 같은 과반수투표를 필요로 한다. 기업에 기업근로자평의회(Gesamtbetriebsrat)가 설치된 경우에, 기업근로자평의회가 기업경제위원회의 임무에 대한 다른 방식의 수행(anderweitige Wahrnehmung der Aufgaben des Wirtschaftsausschusses)에 관하여 결의한다; 제1항 내지 제5항을 준용한다.

제108조 회의

① 기업경제위원회는 매달 1차례 회합해야 한다.

② 사업주와 그 대리인은 기업경제위원회의 회의에 참석해야 한다. 제5조 제3항상의 고위직 사원을 포함하여 회사의 담당직원을 참여시킬 수 있다. 전문가의 참석과 묵비의무(Hinzuziehung und die Verschwiegenheitspflicht von Sachverständigen)에 대해 제80조 제3항, 제4항을 준용한다.

③ 기업경제위원회위원은 제106조 제2항에 따라 제출된 서류(書類)를 열람(閱覽)할 권리를 갖는다.

④ 기업경세위원회는 모든 회의에 관하여 근로자평의회에 지체 없이 또 전말(顚末)을 (vollständig) 보고해야 한다.

⑤ 기업경제위원회는 근로자평의회구성원이 참석한 가운데 연도결산(Jahresabschluss; 年度決算)에 대해 설명을 받는다.

⑥ 근로자평의회 또는 기업근로자평의회가 기업경제위원회의 임무 수행에 대한 다른 방식을 결의한 경우에는, 제108조 제1항 내지 제5항을 준용한다.

제109조 의견대립이 있는 사안의 처리

제106조상의 기업의 경제적 사항(wirtschaftliche Angelegenheiten des Unternehmens)에 관한 정보 기업경제위원회의 요구에 위반하여, 제공되지 않거나 적시에 제공되지 않거나 또는 불충분하게 제공되고, 경제적 사항에 관하여 사업주와 근로자평의회 간에 합의가 이뤄지지 않은 경우에 중재위원회기 이에 대하여 결정한다. 중재위원회의 판정은 사용자와 근로자평의회 간의 합의를 대체한다. 그것이 중재위원회의 결정에 필요한 경우에는 중재위원회는 전문가

erforderlich ist, Sachverständige anhören; § 80 Abs. 4 gilt entsprechend. Hat der Betriebsrat oder der Gesamtbetriebsrat eine anderweitige Wahrnehmung der Aufgaben des Wirtschaftsausschusses beschlossen, so gilt Satz 1 entsprechend.

§ 109a Unternehmensübernahme
In Unternehmen, in denen kein Wirtschaftsausschuss besteht, ist im Fall des § 106 Abs. 3 Nr. 9a der Betriebsrat entsprechend § 106 Abs. 1 und 2 zu beteiligen; § 109 gilt entsprechend.

§ 110 Unterrichtung der Arbeitnehmer
(1) In Unternehmen mit in der Regel mehr als 1.000 ständig beschäftigten Arbeitnehmern hat der Unternehmer mindestens einmal in jedem Kalendervierteljahr nach vorheriger Abstimmung mit dem Wirtschaftsausschuss oder den in § 107 Abs. 3 genannten Stellen und dem Betriebsrat die Arbeitnehmer schriftlich über die wirtschaftliche Lage und Entwicklung des Unternehmens zu unterrichten.
(2) In Unternehmen, die die Voraussetzungen des Absatzes 1 nicht erfüllen, aber in der Regel mehr als zwanzig wahlberechtigte ständige Arbeitnehmer beschäftigen, gilt Absatz 1 mit der Maßgabe, dass die Unterrichtung der Arbeitnehmer mündlich erfolgen kann. Ist in diesen Unternehmen ein Wirtschaftsausschuss nicht zu errichten, so erfolgt die Unterrichtung nach vorheriger Abstimmung mit dem Betriebsrat.

## Zweiter Unterabschnitt Betriebsänderungen

§ 111 Betriebsänderungen
In Unternehmen mit in der Regel mehr als zwanzig wahlberechtigten Arbeitnehmern hat der Unternehmer den Betriebsrat über geplante Betriebsänderungen, die wesentliche Nachteile für die Belegschaft oder erhebliche Teile der Belegschaft zur Folge haben können, rechtzeitig und umfassend zu unterrichten und die geplanten Betriebsänderungen mit dem Betriebsrat zu beraten. Der Betriebsrat kann in Unternehmen mit mehr als 300 Arbeitnehmern zu seiner Unterstützung einen Berater hinzuziehen; § 80 Abs. 4 gilt entsprechend; im Übrigen bleibt § 80 Abs. 3 unberührt. Als Betriebsänderungen im Sinne des Satzes 1 gelten
1. Einschränkung und Stillegung des ganzen Betriebs oder von wesentlichen Betriebsteilen,
2. Verlegung des ganzen Betriebs oder von wesentlichen Betriebsteilen,
3. Zusammenschluss mit anderen Betrieben oder die Spaltung von Betrieben,
4. grundlegende Änderungen der Betriebsorganisation, des Betriebszwecks oder der Betriebsanlagen,
5. Einführung grundlegend neuer Arbeitsmethoden und Fertigungsverfahren.

§ 112 Interessenausgleich über die Betriebsänderung, Sozialplan

(Sachverständige)의 의견을 청취할 수 있다; 제80조 제4항을 준용한다. 근로자평의회 또는 기업근로자평의회가 기업경제위원회의 임무 수행에 대한 다른 방식을 결의한 경우에는, 제1문을 준용한다.

제109a조 기업인수(Unternehmensübernahme)

기업경제위원회가 설치되지 않은 기업에서 제106조 제3항 제9a호의 경우에 제106조 제1항 제2항을 준용하여 근로자평의회가 그 의사결정에 참가해야 한다; 제109조를 준용한다.

제110조 근로자들에 대한 통지

① 상시적으로 1,000명을 초과하는 상임의 근로자가 있는 기업에서 사업주는 기업경제위원회나 제107조 제3항상의 기관 또는 근로자평의회와 사전 조율을 거친 후에(nach vorheriger Abstimmung mit dem Wirtschaftsausschuss) 역에 의한 분기마다(in jedem Kalendervierteljahr) 한 차례 이상 기업의 재무상황 및 추이(wirtschaftliche Lage und Entwicklung des Unternehmens)에 관하여 서면으로 근로자들에게 통지해야 한다.

② 제110조 제1항상의 요건을 충족하지 못한 기업으로 상시적으로 20명을 초과하는 선거권(選擧權)이 있는 상임의 근로자들(ständige Arbeitnehmer)을 고용한 기업에 대해 근로자에 대한 보고는 구두로 실시될 수 있다는 기준하에 제110조 제1항을 준용한다. 이러한 기업에서 기업경제위원회가 설치되지 않은 경우에, 근로자평의회와의 사전 협의를 거쳐(nach vorheriger Abstimmung mit dem Betriebsrat) 통지가 시행된다.

## 제2절 사업변경(Betriebsänderungen)

제111조

상시적으로 20명을 초과하는 선거권이 있는 근로자가 있는 기업에서 사업주는, 종업원들 전체 또는 중요한 일부에 중대한 불이익(wesentliche Nachteile für die Belegschaft oder erhebliche Teile der Belegschaft)을 초래할 수 있는 구상 중인 사업변경 (Betriebsänderungen)에 관하여 근로자평의회에 적시에 포괄적으로 통지해야 하고 구상 중인 사업변경에 관하여 근로자평의회와 협의해야 한다. 300명을 초과하는 근로자가 있는 기업에서 근로자평의회는 도움을 위해 컨설턴트(Berater)를 참여시킬 수 있다; 제80조 제4항을 준용한다; 기타 경우에 제80조 제3항은 이에 영향을 받지 않는다. 다음 각 호의 경우에 제1문상의 사업변경으로 본다,

1. 사업의 전부 또는 중요한 일부의 축소 또는 폐지(Einschränkung und Stillegung),
2. 사업의 전부 또는 중요한 일부의 이전(Verlegung),
3. 사업의 다른 사업과 합병(Zusammenschluss)이나 사업의 분할(Spaltung),
4. 사업조직, 사업목적 또는 사업설비(Betriebsanlagen)의 근본적(grundlegende) 변경,
5. 혁신(革新)적인 업무방식(Arbeitsmethoden) 또는 생산방식(Fertigungsverfahren)의 도입.

제112조 사업변경에 관한 이해조정, 사회적지원계획

(1) Kommt zwischen Unternehmer und Betriebsrat ein Interessenausgleich über die geplante Betriebsänderung zustande, so ist dieser schriftlich niederzulegen und vom Unternehmer und Betriebsrat zu unterschreiben. Das Gleiche gilt für eine Einigung über den Ausgleich oder die Milderung der wirtschaftlichen Nachteile, die den Arbeitnehmern infolge der geplanten Betriebsänderung entstehen (Sozialplan). Der Sozialplan hat die Wirkung einer Betriebsvereinbarung. § 77 Abs. 3 ist auf den Sozialplan nicht anzuwenden.

(2) Kommt ein Interessenausgleich über die geplante Betriebsänderung oder eine Einigung über den Sozialplan nicht zustande, so können der Unternehmer oder der Betriebsrat den Vorstand der Bundesagentur für Arbeit um Vermittlung ersuchen, der Vorstand kann die Aufgabe auf andere Bedienstete der Bundesagentur für Arbeit übertragen. Erfolgt kein Vermittlungsersuchen oder bleibt der Vermittlungsversuch ergebnislos, so können der Unternehmer oder der Betriebsrat die Einigungsstelle anrufen. Auf Ersuchen des Vorsitzenden der Einigungsstelle nimmt ein Mitglied des Vorstands der Bundesagentur für Arbeit oder ein vom Vorstand der Bundesagentur für Arbeit benannter Bediensteter der Bundesagentur für Arbeit an der Verhandlung teil.

(3) Unternehmer und Betriebsrat sollen der Einigungsstelle Vorschläge zur Beilegung der Meinungsverschiedenheiten über den Interessenausgleich und den Sozialplan machen. Die Einigungsstelle hat eine Einigung der Parteien zu versuchen. Kommt eine Einigung zustande, so ist sie schriftlich niederzulegen und von den Parteien und vom Vorsitzenden zu unterschreiben.

(4) Kommt eine Einigung über den Sozialplan nicht zustande, so entscheidet die Einigungsstelle über die Aufstellung eines Sozialplans. Der Spruch der Einigungsstelle ersetzt die Einigung zwischen Arbeitgeber und Betriebsrat.

(5) Die Einigungsstelle hat bei ihrer Entscheidung nach Absatz 4 sowohl die sozialen Belange der betroffenen Arbeitnehmer zu berücksichtigen als auch auf die wirtschaftliche Vertretbarkeit ihrer Entscheidung für das Unternehmen zu achten. Dabei hat die Einigungsstelle sich im Rahmen billigen Ermessens insbesondere von folgenden Grundsätzen leiten zu lassen:

1. Sie soll beim Ausgleich oder bei der Milderung wirtschaftlicher Nachteile, insbesondere durch Einkommensminderung, Wegfall von Sonderleistungen oder Verlust von Anwartschaften auf betriebliche Altersversorgung, Umzugskosten oder erhöhte Fahrtkosten, Leistungen vorsehen, die in der Regel den Gegebenheiten des Einzelfalles Rechnung tragen.
2. Sie hat die Aussichten der betroffenen Arbeitnehmer auf dem Arbeitsmarkt zu berücksichtigen. Sie soll Arbeitnehmer von Leistungen ausschließen, die in einem zumutbaren Arbeitsverhältnis im selben Betrieb oder in einem anderen Betrieb des Unternehmens oder eines zum Konzern gehörenden Unternehmens weiterbeschäftigt werden können und die Weiterbeschäftigung ablehnen; die mögliche Weiterbeschäftigung an einem anderen Ort begründet für sich allein nicht die Unzumutbarkeit.

① 사업주와 근로자평의회 간에 계획 중인 사업변경에 관한 이해조정에 관한 합의가 성사된 경우에, 그 합의는 문서로 작성해야 하고 이에 사업주와 근로자평의회가 서명해야 한다. 계획 중인 사업변경으로 인하여 근로자에게 발생하는 경제적 불이익의 조정 또는 완화(Ausgleich oder die Milderung der wirtschaftlichen Nachteile)에 관한 합의(사회적지원계획; Sozialplan)에 대해서도 또한 같다. 그 사회적지원계획은 사업협정과 같은 효력을 지닌다. 제77조 제3항은 그 사회적지원계획에 적용하지 않는다.
② 계획 중인 사업변경에 관한 이해조정이나 사회적지원계획에 관한 합의가 이뤄지지 않은 경우에, 사업주 또는 근로자평의회는 연방노동사무소의 이사회(Vorstand der Bundesagentur für Arbeit)에 중재(Vermittlung)를 요청할 수 있고, 그 이사회는 연방노동사무소의 관리(Bedienstete; 官吏)에 그 임무를 이양할 수 있다. 그 중재요청이 없거나 중재시도가 성공하지 못한 경우에, 사업주 또는 근로자평의회는 중재위원회(Einigungsstelle)를 소집할 수 있다. 중재위원회위원장의 요청이 있는 경우 연방노동사무소의 이사회의 일원이나 연방노동사무소의 이사회(理事會)가 임명한, 연방노동사무소의 관리(Bedienstete)는 그 교섭(Verhandlung)에 참석할 수 있다.
③ 사업주와 근로자평의회는 중재위원회에 이해조정 및 사회적지원계획에 관한 의견대립이 있는 사항을 처리하기 위하여 제안(提案)을 해야 한다. 중재위원회는 당사자들 간의 합의를 시도해야 한다. 그 합의가 이뤄진 경우에 그 합의는 서면으로 작성되어야 하고 그에 그 당사자들과 중재위원회위원장이 서명(署名)을 해야 한다.
④ 사회적지원계획에 관하여 합의가 성사되지 못한 경우에 중재위원회가 사회적지원계획의 수립(Aufstellung eines Sozialplans)에 관하여 결정한다. 중재위원회의 판정이 사용자와 근로자평의회 간의 합의를 대체한다.
⑤ 중재위원회는 제112조 제4항에 따른 결정시 관련 근로자들의 사회적 이해관계(sozialen Belange der betroffenen Arbeitnehmer)도 고려해야 하고 그 결정으로 인해 기업에 생기는 경제적 부담(wirtschaftliche Vertretbarkeit)도 고려해야 한다. 이 경우 중재위원회는 공평한 재량(billigen Ermessens)의 범위 내에서 특히 다음 각 호의 원칙을 따라야 한다:

1. 중재위원회는 이해관계 조정시 또는 경제적 불이익의 완화시에 특히 소득감소, 특별급부의 상실(Wegfall von Sonderleistungen) 또는 기업연금에 대한 기대권 상실(Verlust von Anwartschaften auf betriebliche Altersversorgung), 이사비(Umzugskosten) 또는 교통비증가에 대한 고려에 의해, 통상적으로 개별 사안의 사정을 고려한 지원을 정해야 한다.
2. 중재위원회는 노동시장에서의 관련 근로자의 전망(Aussichten der betroffenen Arbeitnehmer auf dem Arbeitsmarkt)을 고려해야 한다. 동일한 사업이나 당해 기업의 사업 또는 당해 콘체른에 속한 기업의 사업에서 감당할 수 있는 근로관계로 계속적으로 고용될 수 있지만 그 계속고용을 거부한 근로자들을 지원에서 배제한다; 다른 곳에서의 계속고용의 가능성(mögliche Weiterbeschäftigung) 그 자체만으로 감당(堪當)불가능성(Unzumutbarkeit)이 인정되어서는 안 된다.

2a. Sie soll insbesondere die im Dritten Buch des Sozialgesetzbuches vorgesehenen Förderungsmöglichkeiten zur Vermeidung von Arbeitslosigkeit berücksichtigen.
3. Sie hat bei der Bemessung des Gesamtbetrages der Sozialplanleistungen darauf zu achten, dass der Fortbestand des Unternehmens oder die nach Durchführung der Betriebsänderung verbleibenden Arbeitsplätze nicht gefährdet werden.

§ 112a Erzwingbarer Sozialplan bei Personalabbau, Neugründungen

(1) Besteht eine geplante Betriebsänderung im Sinne des § 111 Satz 3 Nr. 1 allein in der Entlassung von Arbeitnehmern, so findet § 112 Abs. 4 und 5 nur Anwendung, wenn

1. in Betrieben mit in der Regel weniger als 60 Arbeitnehmern 20 vom Hundert der regelmäßig beschäftigten Arbeitnehmer, aber mindestens 6 Arbeitnehmer, aus betriebsbedingten Gründen entlassen werden sollen
2. in Betrieben mit in der Regel mindestens 60 und weniger als 250 Arbeitnehmern 20 vom Hundert der regelmäßig beschäftigten Arbeitnehmer oder mindestens 37 Arbeitnehmer,
3. in Betrieben mit in der Regel mindestens 250 und weniger als 500 Arbeitnehmern 15 vom Hundert der regelmäßig beschäftigten Arbeitnehmer oder mindestens 60 Arbeitnehmer,
4. in Betrieben mit in der Regel mindestens 500 Arbeitnehmern 10 vom Hundert der regelmäßig beschäftigten Arbeitnehmer, aber mindestens 60 Arbeitnehmer

aus betriebsbedingten Gründen entlassen werden sollen. Als Entlassung gilt auch das vom Arbeitgeber aus Gründen der Betriebsänderung veranlasste Ausscheiden von Arbeitnehmern auf Grund von Aufhebungsverträgen.

(2) § 112 Abs. 4 und 5 findet keine Anwendung auf Betriebe eines Unternehmens in den ersten vier Jahren nach seiner Gründung. Dies gilt nicht für Neugründungen im Zusammenhang mit der rechtlichen Umstrukturierung von Unternehmen und Konzernen. Maßgebend für den Zeitpunkt der Gründung ist die Aufnahme einer Erwerbstätigkeit, die nach § 138 der Abgabenordnung dem Finanzamt mitzuteilen ist.

§ 113 Nachteilsausgleich

(1) Weicht der Unternehmer von einem Interessenausgleich über die geplante Betriebsänderung ohne zwingenden Grund ab, so können Arbeitnehmer, die infolge dieser Abweichung entlassen werden, beim Arbeitsgericht Klage erheben mit dem Antrag, den Arbeitgeber zur Zahlung von Abfindungen zu verurteilen; § 10 des Kündigungsschutzgesetzes gilt entsprechend.

(2) Erleiden Arbeitnehmer infolge einer Abweichung nach Absatz 1 andere wirtschaftliche Nachteile, so hat der Unternehmer diese Nachteile bis zu einem Zeitraum von zwölf Monaten auszugleichen.

(3) Die Absätze 1 und 2 gelten entsprechend, wenn der Unternehmer eine geplante Betriebsänderung

2a. 중재위원회는 특히 사회법전 제3권에서 규정된 실업을 회피하기 위한 지원계획(Förderungsmöglichkeiten)을 고려해야 한다.

3. 중재위원회는 사회적지원계획상의 급부총액의 책정시(bei der Bemessung des Gesamtbetrages der Sozialplanleistungen) 기업의 존속 또는 사업변경의 실행에 따라 남은 일자리(verbleibenden Arbeitsplätze)가 위태롭게 되지 않아야 한다는 점을 고려해야 한다.

제112a조 직원감축시 강행적인 사회적지원계획, 신규설립시 그 적용

① 제111조 제3문 제1호상의 구상 중인 사업변경(geplante Betriebsänderung)만으로 근로자의 해고가 발생하는 경우에 다음 각 호와 같이 경영상 이유에서 해고되어야 하는 때에만 제112조 제4호, 제5호를 적용한다.

1. 상시적으로 60명 미만인 근로자가 있는 사업에서 상시 고용된 근로자의 20프로를 초과한 경우로 6명 이상인 근로자의 해고의 경우,
2. 상시적으로 60명 이상 250명 미만인 근로자가 있는 사업에서 상시 고용된 근로자의 20프로 또는 37명 이상의 근로자의 해고의 경우,
3. 상시적으로 250명 이상 500명 미만인 근로자가 있는 사업에서 상시 고용된 근로자의 15프로 또는 60명 이상의 근로자의 해고의 경우,
4. 상시적으로 500명 이상인 근로자가 있는 사업에서 상시 고용된 근로자의 10프로로 60명 이상의 근로자의 해고의 경우.

사업변경의 이유로 사용자에 의해 유발된 사직(Gründen der Betriebsänderung veranlasste Ausscheiden)으로, 법률관계해소계약에 근거한(auf Grund von Aufhebungsverträgen) 근로자의 사직도 해고로 본다,

② 제112조 제4항, 제5항은 기업의 설립 후 최초 4년 동안에는 그 기업의 사업에 대해서는 적용하지 않는다. 이는 기업 또는 콘체른의 법적구조변경에 의한 신규설립(Neugründungen im Zusammenhang mit rechtlichen Umstrukturierung von Unternehmen und Konzernen)에 대해서 적용하지 않는다. 조세기본법(Abgabenordnung) 제138조에 따라 세무서가 통지를 받는 영리활동의 개시가 설립 시점의 기준이 된다.

제113조 불이익조정(Nachteilsausgleich)

① 사업주가 타당한 이유 없이 구상 중인 사업변경에 관한 이해조정(Interessenausgleich)을 지키지 않은 경우에, 이러한 미준수로 인해 해고된 근로자는 지방노동법원에 사업주에게 손해배상금의 지급(Zahlung von Abfindungen)을 명하는 청구의 소송을 제기할 수 있다; 해고보호법(Kündigungsschutzgesetz) 제10조를 준용한다.

② 근로자가 제113조 제1항에 따른 사업주의 미준수로 인해 기타 경제적 불이익(wirtschaftliche Nachteile)을 입는 경우에 사업주는 그때로부터 12개월 이내에 그 불이익(不利益)에 대해 배상(賠償)해야 한다.

③ 그 사업변경에 대하여 근로자평의회와 이해조정(Interessenausgleich mit dem Betriebsrat)을

nach § 111 durchführt, ohne über sie einen Interessenausgleich mit dem Betriebsrat versucht zu haben, und infolge der Maßnahme Arbeitnehmer entlassen werden oder andere wirtschaftliche Nachteile erleiden.

## Fünfter Teil Besondere Vorschriften für einzelne Betriebsarten

### Erster Abschnitt Seeschifffahrt

§ 114 Grundsätze

(1) Auf Seeschifffahrtsunternehmen und ihre Betriebe ist dieses Gesetz anzuwenden, soweit sich aus den Vorschriften dieses Abschnitts nichts anderes ergibt.

(2) Seeschifffahrtsunternehmen im Sinne dieses Gesetzes ist ein Unternehmen, das Handelsschifffahrt betreibt und seinen Sitz im Geltungsbereich dieses Gesetzes hat. Ein Seeschifffahrtsunternehmen im Sinne dieses Abschnitts betreibt auch, wer als Korrespondenzreeder, Vertragsreeder, Ausrüster oder aufgrund eines ähnlichen Rechtsverhältnisses Schiffe zum Erwerb durch die Seeschifffahrt verwendet, wenn er Arbeitgeber des Kapitäns und der Besatzungsmitglieder ist oder überwiegend die Befugnisse des Arbeitgebers ausübt.

(3) Als Seebetrieb im Sinne dieses Gesetzes gilt die Gesamtheit der Schiffe eines Seeschifffahrtsunternehmens einschließlich der in Absatz 2 Satz 2 genannten Schiffe.

(4) Schiffe im Sinne dieses Gesetzes sind Kauffahrteischiffe, die nach dem Flaggenrechtsgesetz die Bundesflagge führen. Schiffe, die in der Regel binnen 24 Stunden nach dem Auslaufen an den Sitz eines Landbetriebs zurückkehren, gelten als Teil dieses Landbetriebs des Seeschifffahrtsunternehmens.

(5) Jugend- und Auszubildendenvertretungen werden nur für die Landbetriebe von Seeschifffahrtsunternehmen gebildet.

(6) Besatzungsmitglieder im Sinne dieses Gesetzes sind die in einem Heuer- oder Berufsausbildungsverhältnis zu einem Seeschifffahrtsunternehmen stehenden im Seebetrieb beschäftigten Personen mit Ausnahme des Kapitäns. Leitende Angestellte im Sinne des § 5 Abs. 3 dieses Gesetzes sind nur die Kapitäne.

§ 115 Bordvertretung

(1) Auf Schiffen, die mit in der Regel mindestens fünf wahlberechtigten Besatzungsmitgliedern besetzt sind, von denen drei wählbar sind, wird eine Bordvertretung gewählt. Auf die Bordvertretung finden, soweit sich aus diesem Gesetz oder aus anderen gesetzlichen Vorschriften nicht etwas anderes ergibt, die Vorschriften über die Rechte und Pflichten des Betriebsrats und die Rechtsstellung seiner Mitglieder Anwendung.

(2) Die Vorschriften über die Wahl und Zusammensetzung des Betriebsrats finden mit folgender Maßgabe Anwendung:

시도하지 않고서 사업주가 구상 중인 사업변경을 제111조에 따라 시행하고, 그러한 조치로 인하여 근로자가 해고되거나 기타 경제적(經濟的) 불이익(不利益)을 입는 경우에는, 제113조 제1항, 제2항을 적용한다.

# 제5편 개별 사업종류에 대한 특칙

## 제1장 해상근로자평의회

제114조 원칙

① 본장에서 달리 규정되어 있지 않는 한, 해운기업(Seeschifffahrtsunternehmen)과 그 사업에 대해 이 법을 적용한다.

② 이 법상의 해운기업(Seeschifffahrtsunternehmen im Sinne dieses Gesetzes)은 상선을 운행하고 이 법의 적용범위 내에 그 본점소재지를 둔 기업이다. 본장의 해운기업은, 연락선선주(Korrespondenzreeder), 용선주(傭船主; Vertragsreeder), 선박임차인(Ausrüster)으로서 또는 이에 유사한 법률관계에 기초하여 영리로(zum Erwerb) 선박을 해상운송에 이용하는 자로서, 선장 및 선원의 사용자(Arbeitgeber des Kapitäns und der Besatzungsmitglieder)이거나 주로 사용자의 권한을 행사하는 자이다.

③ 제114조 제2항 제2문상의 선박을 포함하여 해운기업의 전체 상선을 이 법상의 해상사업으로 본다.

④ 이 법상의 선박은 국기법에 따라 독일연방공화국의 깃발을 내걸고 운항하는 상선을 말한다. 통상적으로 출항 후 48시간 이내에 육상사업부지로 귀환하는 선박은 해운기업의 육상사업의 일부(Teil dieses Landbetriebs des Seeschifffahrtsunternehmens)로 본다.

⑤ 연소자·직업훈련생대표단(Jugend- und Auszubildendenvertretungen)은 해운기업의 육상사업에 대해서만 조직된다.

⑥ 이 법상의 선원은, 해운기업과 고용관계 또는 직업훈련관계에 의해 해상사업에 종사하는 사람으로, 선장은 제외한다. 이 법의 제5조 제3항상의 고위직사원(Leitende Angestellte)은 선장(Kapitäne)만을 말한다.

제115조 선원대표단

① 상시적으로 선거권(選擧權)이 있는 5명 이상의 선원이 근무하고 그 중에서 3명이 피선거권(被選擧權)이 있는 선원(船員)이 있는 선박에서 선원대표단(Bordvertretung)을 구성(構成)한다. 선원대표단에 대해 이 법 또는 다른 법률의 규정에서 달리 규정되어 있지 않는 한, 근로자평의회의 권리의무와 근로자평의회구성원의 법적지위(Rechtsstellung)에 관한 규정을 적용한다.

② 근로자평의회의 선거와 구성(Wahl und Zusammensetzung des Betriebsrats)에 관한 규정은 다음 각 호의 기준에 따라 적용된다:

1. Wahlberechtigt sind alle Besatzungsmitglieder des Schiffes.
2. Wählbar sind die Besatzungsmitglieder des Schiffes, die am Wahltag das 18. Lebensjahr vollendet haben und ein Jahr Besatzungsmitglied eines Schiffes waren, das nach dem Flaggenrechtsgesetz die Bundesflagge führt. § 8 Abs. 1 Satz 3 bleibt unberührt.
3. Die Bordvertretung besteht auf Schiffen mit in der Regel
   5 bis 20 wahlberechtigten Besatzungsmitgliedern aus einer Person,
   21 bis 75 wahlberechtigten Besatzungsmitgliedern aus drei Mitgliedern,
   über 75 wahlberechtigten Besatzungsmitgliedern aus fünf Mitgliedern.
4. (weggefallen)
5. § 13 Abs. 1 und 3 findet keine Anwendung. Die Bordvertretung ist vor Ablauf ihrer Amtszeit unter den in § 13 Abs. 2 Nr. 2 bis 5 genannten Voraussetzungen neu zu wählen.
6. Die wahlberechtigten Besatzungsmitglieder können mit der Mehrheit aller Stimmen beschließen, die Wahl der Bordvertretung binnen 24 Stunden durchzuführen.
7. Die in § 16 Abs. 1 Satz 1 genannte Frist wird auf zwei Wochen, die in § 16 Abs. 2 Satz 1 genannte Frist wird auf eine Woche verkürzt.
8. Bestellt die im Amt befindliche Bordvertretung nicht rechtzeitig einen Wahlvorstand oder besteht keine Bordvertretung, wird der Wahlvorstand in einer Bordversammlung von der Mehrheit der anwesenden Besatzungsmitglieder gewählt; § 17 Abs. 3 gilt entsprechend. Kann aus Gründen der Aufrechterhaltung des ordnungsgemäßen Schiffsbetriebs eine Bordversammlung nicht stattfinden, so kann der Kapitän auf Antrag von drei Wahlberechtigten den Wahlvorstand bestellen.

Bestellt der Kapitän den Wahlvorstand nicht, so ist der Seebetriebsrat berechtigt, den Wahlvorstand zu bestellen. Die Vorschriften über die Bestellung des Wahlvorstands durch das Arbeitsgericht bleiben unberührt.

9. Die Frist für die Wahlanfechtung beginnt für Besatzungsmitglieder an Bord, wenn das Schiff nach Bekanntgabe des Wahlergebnisses erstmalig einen Hafen im Geltungsbereich dieses Gesetzes oder einen Hafen, in dem ein Seemannsamt seinen Sitz hat, anläuft. Die Wahlanfechtung kann auch zu Protokoll des Seemannsamtes erklärt werden. Wird die Wahl zur Bordvertretung angefochten, zieht das Seemannsamt die an Bord befindlichen Wahlunterlagen ein. Die Anfechtungserklärung und die eingezogenen Wahlunterlagen sind vom Seemannsamt unverzüglich an das für die Anfechtung zuständige Arbeitsgericht weiterzuleiten.

(3) Auf die Amtszeit der Bordvertretung finden die §§ 21, 22 bis 25 mit der Maßgabe Anwendung, dass

1. die Amtszeit ein Jahr beträgt,
2. die Mitgliedschaft in der Bordvertretung auch endet, wenn das Besatzungsmitglied den Dienst an Bord beendet, es sei denn, dass es den Dienst an Bord vor Ablauf der Amtszeit nach

1. 당해 선박의 모든 선원이 선원대표단선거의 선거권을 가진다.
2. 선거일 기준으로 만 18세에 달하고 국기법에 따라 독일연방공화국의 깃발을 내걸고 운항하는 선박의 선원으로 1년간 재직한 선원은 피선거권(被選擧權)을 갖는다. 제8조 제1항 제3문은 이에 영향을 받지 않는다.
3. 선원대표단은 다음과 같이 구성된다,
   상시적으로 선거권이 있는 5명~20명의 선원이 있는 선박에서 1명의 위원,
   상시적으로 선거권이 있는 21명~75명의 선원이 있는 선박에서 3명의 위원,
   상시적으로 75명을 초과하는 선거권이 있는 선원이 있는 선박에서 5명의 위원.
4. 삭제
5. 제13조 제1항, 제3항은 적용하지 않는다. 선원대표단은 그 임기가 경과하기 전에 제13조 제2항 제2호 내지 제5호상의 요건에 따라 새롭게 선거로 구성된다.
6. 선거권이 있는 선원은 모든 투표의 과반수로 선원대표단선거를 24시간 이내에 실시하기로 결의할 수 있다.
7. 제16조 제1항 제1문상의 기간은 2주로, 제16조 제2항 제1문상의 기간(期間)은 1주로 각각 단축된다.
8. 재임 중인 선원대표단이 적시에 선거위원회를 구성하지 않거나 선원대표단이 없는 경우에, 선원총회(Bordversammlung)에서 출석한 선원의 과반수에 의해 선거위원회가 선거로 구성된다; 제17조 제3항을 준용한다. 원활한 해상사업의 유지를 이유로(aus Gründen der Aufrechterhaltung des ordnungsgemäßen Schiffsbetriebs) 선원총회를 개최할 수 없는 경우에, 선장은 3명의 선거권이 있는 선원의 신청이 있는 경우에 선거위원회를 구성할 수 있다.

선장이 선거위원회를 구성하지 않는 경우에 해상근로자평의회(Seebetriebsrat)가 선거위원회를 구성할 권리를 갖는다. 지방노동법원에 의한 선거위원회 구성에 관한 규정은 이에 영향을 받지 않는다.

9. 선거취소의 기간은, 승선 중인 선원에 대해서 선박이 선거결과 공표 후 이 법의 적용범위 내에 있는 항구(Hafen im Geltungsbereich dieses Gesetzes) 또는 해상심판소(Seemannsamt)가 있는 항구에 최초로 입항한 때로부터 기산(起算)한다. 선거취소는 해상심판소의 조서(Protokoll)로도 선고될 수 있다. 선원대표단의 선거에 이의가 제기된 경우에 해상심판소는 선박에 있는 선거서류(Wahlunterlagen)에 대해 압류(押留)한다. 해상심판소는 선거취소판정서와 압류된 선거서류(Anfechtungserklärung und die eingezogenen Wahlunterlagen)를 지체 없이 그 취소를 관할하는 지방노동법원에 송부해야 한다.

③ 선원대표단의 임기에 대해 다음 각 호의 기준하에 제21조, 제22조 내지 제25조를 적용한다,

1. 그 임기는 1년일 것,
2. 선원이 승선(乘船)업무(Dienst an Bord)를 종료하는 때에도 선원대표단 구성원 자격(Mitgliedschaft in der Bordvertretung)이 만료되고, 제1호에 따른 임기가 경과하기 전에 다시

Nummer 1 wieder antritt.

(4) Für die Geschäftsführung der Bordvertretung gelten die §§ 26 bis 36, § 37 Abs. 1 bis 3 sowie die §§ 39 bis 41 entsprechend. § 40 Abs. 2 ist mit der Maßgabe anzuwenden, dass die Bordvertretung in dem für ihre Tätigkeit erforderlichen Umfang auch die für die Verbindung des Schiffes zur Reederei eingerichteten Mittel zur beschleunigten Übermittlung von Nachrichten in Anspruch nehmen kann.

(5) Die §§ 42 bis 46 über die Betriebsversammlung finden für die Versammlung der Besatzungsmitglieder eines Schiffes (Bordversammlung) entsprechende Anwendung. Auf Verlangen der Bordvertretung hat der Kapitän der Bordversammlung einen Bericht über die Schiffsreise und die damit zusammenhängenden Angelegenheiten zu erstatten. Er hat Fragen, die den Schiffsbetrieb, die Schiffsreise und die Schiffssicherheit betreffen, zu beantworten.

(6) Die §§ 47 bis 59 über den Gesamtbetriebsrat und den Konzernbetriebsrat finden für die Bordvertretung keine Anwendung.

(7) Die §§ 74 bis 105 über die Mitwirkung und Mitbestimmung der Arbeitnehmer finden auf die Bordvertretung mit folgender Maßgabe Anwendung:

1. Die Bordvertretung ist zuständig für die Behandlung derjenigen nach diesem Gesetz der Mitwirkung und Mitbestimmung des Betriebsrats unterliegenden Angelegenheiten, die den Bordbetrieb oder die Besatzungsmitglieder des Schiffes betreffen und deren Regelung dem Kapitän auf Grund gesetzlicher Vorschriften oder der ihm von der Reederei übertragenen Befugnisse obliegt.
2. Kommt es zwischen Kapitän und Bordvertretung in einer der Mitwirkung oder Mitbestimmung der Bordvertretung unterliegenden Angelegenheit nicht zu einer Einigung, so kann die Angelegenheit von der Bordvertretung an den Seebetriebsrat abgegeben werden. Der Seebetriebsrat hat die Bordvertretung über die weitere Behandlung der Angelegenheit zu unterrichten. Bordvertretung und Kapitän dürfen die Einigungsstelle oder das Arbeitsgericht nur anrufen, wenn ein Seebetriebsrat nicht gewählt ist.
3. Bordvertretung und Kapitän können im Rahmen ihrer Zuständigkeiten Bordvereinbarungen abschließen. Die Vorschriften über Betriebsvereinbarungen gelten für Bordvereinbarungen entsprechend. Bordvereinbarungen sind unzulässig, soweit eine Angelegenheit durch eine Betriebsvereinbarung zwischen Seebetriebsrat und Arbeitgeber geregelt ist.
4. In Angelegenheiten, die der Mitbestimmung der Bordvertretung unterliegen, kann der Kapitän, auch wenn eine Einigung mit der Bordvertretung noch nicht erzielt ist, vorläufige Regelungen treffen, wenn dies zur Aufrechterhaltung des ordnungsgemäßen Schiffsbetriebs dringend erforderlich ist. Den von der Anordnung betroffenen Besatzungsmitgliedern ist die Vorläufigkeit der Regelung bekannt zu geben. Soweit die vorläufige Regelung der endgültigen Regelung nicht entspricht, hat das Schifffahrtsunternehmen Nachteile auszugleichen, die den Besatzungsmitgliedern

승선업무를 개시하는 때에는 그러하지 아니하다.

④ 선원대표단의 사무처리에 대해 제26조 내지 제36조, 제37조 제1항 내지 제3항, 제39조 제41조를 적용한다. 제40조 제2항은, 선원대표단이 자신의 활동에 필요한 범위 내에서 신속한 소식의 전달을 위하여 선박과 선박회사 간의 연락을 위해 설치된 통신설비(die für die Verbindung des Schiffes zur Reederei eingerichteten Mittel eingerichteten Mittel)도 이용할 수 있다는 기준하에 적용한다.

⑤ 근로자총회에 관한 제42조 내지 제46조는 선박에 속한 선원들의 총회(선원총회; Bordversammlung)에 대해 준용한다. 선원대표단의 요구가 있는 경우 선장은 선원총회에 선박의 항해와 이와 결부된 사항(Schiffsreise und die damit zusammenhängenden Angelegenheiten)에 대해 보고해야 한다. 선장은 해상사업, 항해, 해상안전(Schiffssicherheit)에 관련된 문제에 대해 책임을 부담해야 한다.

⑥ 기업근로자평의회와 콘체른근로자평의회에 관한 제47조 내지 제59조는 선원대표단에 대해하여는 적용하지 않는다.

⑦ 근로자의 의사결정참가와 공동결정에 관한 제74조 내지 제105조는 다음 각 호의 기준하에 선원대표단에 대해 적용한다:

1. 선원대표단은, 이 법에 따라 근로자평의회의 의사결정참가와 공동결정(Mitwirkung und Mitbestimmung des Betriebsrats)을 필요로 하는 사항으로, 해상사업(Bordbetrieb) 또는 선원(船員)에 관련되고 그 사항의 규율이 이 법상의 규정을 기초로 한 선장(船長)의 결정에 속하거나 선박회사에 의해 선장에게 이양된 권한(Befugnisse)에 속하는 사항의 처리에 대해 관할(管轄)한다.
2. 선장과 선원대표단 간에 선원대표단의 의사결정참가권과 공동결정을 필요로 하는 사항에 있어 합의가 이뤄지지 않은 경우에, 그 사안은 선원대표단에 의해 해상근로자평의회로 이관(移管)된다. 해상근로자평의회는 그 사항의 처리에 관하여 선원대표단에 통지해야 한다. 해상근로자평의회가 선거로 구성되지 않은 경우에 선원대표단과 선장은, 중재위원회를 소집하거나 지방노동법원에 그에 대해 제소할 수 있다.
3. 선원대표단과 선장은 자신의 관할권(Zuständigkeiten)의 범위 내에서 선원협정(Bordvereinbarungen)을 체결할 수 있다. 사업협정에 관한 규정은 선원협정에 준용한다. 어느 사항이 해상근로자평의회와 사용자 간 사업협정으로 정해진 경우에는 그에 대해 선원협정은 허용되지 않는다.
4. 그러한 규정이 원활한 선박사업의 유지를 위해 긴박하게 필요한 경우에 선원대표단의 공동결정을 필요로 하는 사안(Angelegenheiten, die der Mitbestimmung der Bordvertretung unterliegen)에 대해 선장은, 선원대표단과의 합의가 아직 이뤄지지 않더라도, 임시로 규정할 수 있다. 그 규율의 임시성(Vorläufigkeit der Regelung)은 관련 선원(船員)에게 공지되어야 한다. 임시적 규정이 최종적인 규율(endgültigen Regelung)과 일치하지 않는 경우에는 해운기업은 임시 규정(vorläufige Regelung)으로 인해 선원(船員)에게 생긴 불이익(Nachteile)을

durch die vorläufige Regelung entstanden sind.

5. Die Bordvertretung hat das Recht auf regelmäßige und umfassende Unterrichtung über den Schiffsbetrieb. Die erforderlichen Unterlagen sind der Bordvertretung vorzulegen. Zum Schiffsbetrieb gehören insbesondere die Schiffssicherheit, die Reiserouten, die voraussichtlichen Ankunfts- und Abfahrtszeiten sowie die zu befördernde Ladung.
6. Auf Verlangen der Bordvertretung hat der Kapitän ihr Einsicht in die an Bord befindlichen Schiffstagebücher zu gewähren. In den Fällen, in denen der Kapitän eine Eintragung über Angelegenheiten macht, die der Mitwirkung oder Mitbestimmung der Bordvertretung unterliegen, kann diese eine Abschrift der Eintragung verlangen und Erklärungen zum Schiffstagebuch abgeben. In den Fällen, in denen über eine der Mitwirkung oder Mitbestimmung der Bordvertretung unterliegenden Angelegenheit eine Einigung zwischen Kapitän und Bordvertretung nicht erzielt wird, kann die Bordvertretung dies zum Schiffstagebuch erklären und eine Abschrift dieser Eintragung verlangen.
7. Die Zuständigkeit der Bordvertretung im Rahmen des Arbeitsschutzes bezieht sich auch auf die Schiffssicherheit und die Zusammenarbeit mit den insoweit zuständigen Behörden und sonstigen in Betracht kommenden Stellen.

§ 116 Seebetriebsrat

(1) In Seebetrieben werden Seebetriebsräte gewählt. Auf die Seebetriebsräte finden, soweit sich aus diesem Gesetz oder aus anderen gesetzlichen Vorschriften nicht etwas anderes ergibt, die Vorschriften über die Rechte und Pflichten des Betriebsrats und die Rechtsstellung seiner Mitglieder Anwendung.

(2) Die Vorschriften über die Wahl, Zusammensetzung und Amtszeit des Betriebsrats finden mit folgender Maßgabe Anwendung:

1. Wahlberechtigt zum Seebetriebsrat sind alle zum Seeschifffahrtsunternehmen gehörenden Besatzungsmitglieder.
2. Für die Wählbarkeit zum Seebetriebsrat gilt § 8 mit der Maßgabe, dass

a) in Seeschifffahrtsunternehmen, zu denen mehr als acht Schiffe gehören oder in denen in der Regel mehr als 250 Besatzungsmitglieder beschäftigt sind, nur nach § 115 Abs. 2 Nr. 2 wählbare Besatzungsmitglieder wählbar sind;

b) in den Fällen, in denen die Voraussetzungen des Buchstabens a nicht vorliegen, nur Arbeitnehmer wählbar sind, die nach § 8 die Wählbarkeit im Landbetrieb des Seeschifffahrtsunternehmens besitzen, es sei denn, dass der Arbeitgeber mit der Wahl von Besatzungsmitgliedern einverstanden ist.

3. Der Seebetriebsrat besteht in Seebetrieben mit in der Regel

5 bis 400 wahlberechtigten Besatzungsmitgliedern aus einer Person,

401 bis 800 wahlberechtigten Besatzungsmitgliedern aus drei Mitgliedern,

조정(調停)해야 한다.

5. 선원대표단은 정기적으로 또 포괄적으로 해상사업에 대한 통지를 받을 권리를 갖는다. 필요한 서류는 선원대표단에게 제공되어야 한다. 특히 해상안전(Schiffssicherheit), 운항경로(Reiserouten), 예상되는 도착 및 출발시각(Ankunfts- und Abfahrtszeiten), 운송하는 화물(befördernde Ladung)은 그러한 해상사업에 속한다.
6. 선원대표단(Bordvertretung)의 요구가 있는 경우 선장은 선박에 있는 항해일지(Schiffstagebücher)를 선원대표단이 열람할 수 있도록 제공해야 한다. 선장이 선원대표단의 의사결정참가 또는 공동결정을 필요로 하는(der Mitwirkung oder Mitbestimmung der Bordvertretung unterliegen) 사항에 대하여 기재한 경우에, 선원대표단은 그 기재한 것의 사본을 요구할 수 있고 항해일지에 의견을 기재한다. 의사결정참가 또는 공동결정을 필요로 하는 사항에 관한 선장과 선원대표단 간의 합의가 이뤄지지 않은 경우에, 선원대표단은 이에 관하여 항해일지에 의견을 기재하고 그 기재의 사본(Abschrift dieser Eintragung)을 요구할 수 있다.
7. 선원대표단의 관할은 산업안전보건 범위 내에서(im Rahmen des Arbeitsschutzes) 해상안전(Schiffssicherheit)에도 미치고, 그러한 범위 내의 관할 행정관청 및 기타 문제가 되는 기관과의 협력에 미친다.

제116조 해상근로자평의회

① 해상사업에서 해상근로자평의회(Seebetriebsräte)가 선거로 구성된다. 이 법률(法律) 또는 다른 법률 규정에서(anderen gesetzlichen Vorschriften) 달리 규정(規定)하고 있지 않는 한, 해상근로자평의회에 대해 근로자평의회의 권리의무와 근로자평의회구성원의 법적지위에 관한 규정을 적용한다.

② 근로자평의회의 선거, 구성 및 임기(Wahl, Zusammensetzung und Amtszeit)에 관한 규정은 다음 각 호의 기준에 따라 적용된다:

1. 당해 해운기업에 소속된 모든 선원(船員)은 해상근로자평의회선거의 선거권(選擧權)을 가진다.
2. 해상근로자평의회에 대한 피선거권에 대해 제8조가 다음과 같은 기준에 따라 적용된다,
   a) 8척을 초과하는 선박이 있거나 상시 250명을 초과하는 선원(船員)이 고용된 해운기업(Seeschifffahrtsunternehmen)에서 제115조 제2항 제2호에 따라 피선거권(被選擧權)을 가진 선원만이 선출될 수 있고,
   b) a)목상의 요건이 충족되지 않은 경우에 제8조에 따라 해운기업의 육상사업(陸上事業)에서 피선거권을 가진 근로자만이 피선거권을 가지되, 사용자가 선원의 선거에 동의한 경우에는 그러하지 아니하다.
3. 해상근로자평의회는 다음과 같이 구성된다,
   상시적으로 5명~400명의 선거권이 있는 선원이 있는 해상사업에서 1명의 위원,
   상시적으로 401명~800명의 선거권이 있는 선원이 있는 해상사업에서 3명의 위원,

über 800 wahlberechtigten Besatzungsmitgliedern aus fünf Mitgliedern.

4. Ein Wahlvorschlag ist gültig, wenn er im Fall des § 14 Abs. 4 Satz 1 erster Halbsatz und Satz 2 mindestens von drei wahlberechtigten Besatzungsmitgliedern unterschrieben ist.
5. § 14a findet keine Anwendung.
6. Die in § 16 Abs. 1 Satz 1 genannte Frist wird auf drei Monate, die in § 16 Abs. 2 Satz 1 genannte Frist auf zwei Monate verlängert.
7. Zu Mitgliedern des Wahlvorstands können auch im Landbetrieb des Seeschifffahrtsunternehmens beschäftigte Arbeitnehmer bestellt werden. § 17 Abs. 2 bis 4 findet keine Anwendung. Besteht kein Seebetriebsrat, so bestellt der Gesamtbetriebsrat oder, falls ein solcher nicht besteht, der Konzernbetriebsrat den Wahlvorstand. Besteht weder ein Gesamtbetriebsrat noch ein Konzernbetriebsrat wird der Wahlvorstand gemeinsam vom Arbeitgeber und den im Seebetrieb vertretenen Gewerkschaften bestellt; Gleiches gilt, wenn der Gesamtbetriebsrat oder der Konzernbetriebsrat die Bestellung des Wahlvorstands nach Satz 3 unterlässt. Einigen sich Arbeitgeber und Gewerkschaften nicht, so bestellt ihn das Arbeitsgericht auf Antrag des Arbeitgebers, einer im Seebetrieb vertretenen Gewerkschaft oder von mindestens drei wahlberechtigten Besatzungsmitgliedern. § 16 Abs. 2 Satz 2 und 3 gilt entsprechend.
8. Die Frist für die Wahlanfechtung nach § 19 Abs. 2 beginnt für Besatzungsmitglieder an Bord, wenn das Schiff nach Bekanntgabe des Wahlergebnisses erstmalig einen Hafen im Geltungsbereich dieses Gesetzes oder einen Hafen, in dem ein Seemannsamt seinen Sitz hat, anläuft. Nach Ablauf von drei Monaten seit Bekanntgabe des Wahlergebnisses ist eine Wahlanfechtung unzulässig. Die Wahlanfechtung kann auch zu Protokoll des Seemannsamtes erklärt werden. Die Anfechtungserklärung ist vom Seemannsamt unverzüglich an das für die Anfechtung zuständige Arbeitsgericht weiterzuleiten.
9. Die Mitgliedschaft im Seebetriebsrat endet, wenn der Seebetriebsrat aus Besatzungsmitgliedern besteht, auch, wenn das Mitglied des Seebetriebsrats nicht mehr Besatzungsmitglied ist. Die Eigenschaft als Besatzungsmitglied wird durch die Tätigkeit im Seebetriebsrat oder durch eine Beschäftigung gemäß Absatz 3 Nr. 2 nicht berührt.

(3) Die §§ 26 bis 41 über die Geschäftsführung des Betriebsrats finden auf den Seebetriebsrat mit folgender Maßgabe Anwendung:

1. In Angelegenheiten, in denen der Seebetriebsrat nach diesem Gesetz innerhalb einer bestimmten Frist Stellung zu nehmen hat, kann er, abweichend von § 33 Abs. 2, ohne Rücksicht auf die Zahl der zur Sitzung erschienenen Mitglieder einen Beschluss fassen, wenn die Mitglieder ordnungsgemäß geladen worden sind.
2. Soweit die Mitglieder des Seebetriebsrats nicht freizustellen sind, sind sie so zu beschäftigen, dass sie durch ihre Tätigkeit nicht gehindert sind, die Aufgaben des Seebetriebsrats

상시적으로 800명을 초과하는 선거권이 있는 선원이 있는 해상사업에서 5명의 위원.

4. 제14조 제4항 제1문 첫째소문(小文), 제2문의 경우에 후보자추천서에 선거권을 가진 3명 이상의 선원이 서명하는 때에는 그 후보자추천서가 유효하다.
5. 제14a조는 적용하지 않는다.
6. 제16조 제1항 제1호상의 기간(期間)은 3개월로, 제16조 제2항 제1호상의 기간은 2개월로 연장된다.
7. 당해 해운기업의 육상사업에 종사하는 근로자도 선거위원회위원(Mitgliedern des Wahlvorstands)으로 임명될 수 있다. 제17조 제2항 내지 제4항은 적용하지 않는다. 해상근로자평의회가 없는 경우에, 기업근로자평의회 또는 기업근로자평의회도 없는 경우에 콘체른근로자평의회가 선거위원회를 구성한다. 기업근로자평의회(Gesamtbetriebsrat)와 콘체른근로자평의회(Konzernbetriebsrat) 모두 없는 경우에, 사용자와 당해 해상사업에 조합원인 근로자가 있는 노동조합이 공동으로 선거위원회를 구성한다; 기업근로자평의회 또는 콘체른근로자평의회가 제3문에 따른 선거위원회 구성을 하지 않은 경우에도 또한 같다. 사용자와 노동조합이 합의하지 못한 경우에, 사용자, 당해 해상사업에 조합원인 근로자가 있는 노동조합 또는 선거권이 있는 3명 이상의 신청에 따라 지방노동법원이 선거위원회를 구성한다. 제16조 제2항 제2문, 제3문을 준용한다.
8. 제19조 제2항에 따른 선거취소의 기간(Frist für die Wahlanfechtung)은 승선 중인 선원에 대하여, 선박이 선거결과 공표 후 이 법의 적용범위 내에 있는 항구(Hafen im Geltungsbereich dieses Gesetzes) 또는 해상심판소(Seemannsamt)가 있는 항구에 최초로 입항한 때로부터 기산한다. 선거결과가 공표된 때로부터 3개월이 지난 경우에 선거취소는 허용되지 않는다. 선거취소는 해상심판소의 조서로도 선고될 수 있다. 해상심판소는 선거취소판정서(Anfechtungserklärung)를 지체 없이 그 취소를 관할하는 지방노동법원(zuständige Arbeitsgericht)에 송부해야 한다.
9. 해상근로자평의회가 선원으로 구성된 경우에 해상근로자평의회구성원이 더 이상 선원이 아닌 때에도 해상근로자평의회의 구성원 자격(資格)은 종료된다. 선원으로서의 자격(Eigenschaft als Besatzungsmitglied)은 해상근로자평의회에서의 활동 또는 제116조 제3항 제2호에 따른 고용에 의해 영향을 받지 않는다.

③ 근로자평의회 사무처리에 관한 제26조 내지 제41조의 규정은 다음 각 호의 기준하에 적용된다:

1. 해상근로자평의회가 이 법에 따라 정해진 기간 내에 의견을 표명해야 하는 사항과 관련하여, 그 구성원이 규정에 맞게 소환(召喚)된 때에는, 해당 근로자평의회는 회의에 출석한 해상평의회구성원수를 불문하고(ohne Rücksicht auf die Zahl der zur Sitzung erschienenen Mitglieder) 제33조 제2항과 달리 결의할 수 있다.
2. 해상근로자평의회구성원이 근무면제(勤務免除)를 받지 않는 경우에 그 구성원은 자신의 근로로 인해 해상근로자평의회의 임무(任務)를 수행하는 데 방해받지 않는 정도로 근로(勤勞)

wahrzunehmen. Der Arbeitsplatz soll den Fähigkeiten und Kenntnissen des Mitglieds des Seebetriebsrats und seiner bisherigen beruflichen Stellung entsprechen. Der Arbeitsplatz ist im Einvernehmen mit dem Seebetriebsrat zu bestimmen. Kommt eine Einigung über die Bestimmung des Arbeitsplatzes nicht zustande, so entscheidet die Einigungsstelle. Der Spruch der Einigungsstelle ersetzt die Einigung zwischen Arbeitgeber und Seebetriebsrat.

3. Den Mitgliedern des Seebetriebsrats, die Besatzungsmitglieder sind, ist die Heuer auch dann fortzuzahlen, wenn sie im Landbetrieb beschäftigt werden. Sachbezüge sind angemessen abzugelten. Ist der neue Arbeitsplatz höherwertig, so ist das diesem Arbeitsplatz entsprechende Arbeitsentgelt zu zahlen.
4. Unter Berücksichtigung der örtlichen Verhältnisse ist über die Unterkunft der in den Seebetriebsrat gewählten Besatzungsmitglieder eine Regelung zwischen dem Seebetriebsrat und dem Arbeitgeber zu treffen, wenn der Arbeitsplatz sich nicht am Wohnort befindet. Kommt eine Einigung nicht zustande, so entscheidet die Einigungsstelle. Der Spruch der Einigungsstelle ersetzt die Einigung zwischen Arbeitgeber und Seebetriebsrat.
5. Der Seebetriebsrat hat das Recht, jedes zum Seebetrieb gehörende Schiff zu betreten, dort im Rahmen seiner Aufgaben tätig zu werden sowie an den Sitzungen der Bordvertretung teilzunehmen. § 115 Abs. 7 Nr. 5 Satz 1 gilt entsprechend.
6. Liegt ein Schiff in einem Hafen innerhalb des Geltungsbereichs dieses Gesetzes, so kann der Seebetriebsrat nach Unterrichtung des Kapitäns Sprechstunden an Bord abhalten und Bordversammlungen der Besatzungsmitglieder durchführen.
7. Läuft ein Schiff innerhalb eines Kalenderjahres keinen Hafen im Geltungsbereich dieses Gesetzes an, so gelten die Nummern 5 und 6 für europäische Häfen. Die Schleusen des Nordostseekanals gelten nicht als Häfen.
8. Im Einvernehmen mit dem Arbeitgeber können Sprechstunden und Bordversammlungen, abweichend von den Nummern 6 und 7, auch in anderen Liegehäfen des Schiffes durchgeführt werden, wenn ein dringendes Bedürfnis hierfür besteht. Kommt eine Einigung nicht zustande, so entscheidet die Einigungsstelle. Der Spruch der Einigungsstelle ersetzt die Einigung zwischen Arbeitgeber und Seebetriebsrat.

(4) Die §§ 42 bis 46 über die Betriebsversammlung finden auf den Seebetrieb keine Anwendung.

(5) Für den Seebetrieb nimmt der Seebetriebsrat die in den §§ 47 bis 59 dem Betriebsrat übertragenen Aufgaben, Befugnisse und Pflichten wahr.

(6) Die §§ 74 bis 113 über die Mitwirkung und Mitbestimmung der Arbeitnehmer finden auf den Seebetriebsrat mit folgender Maßgabe Anwendung:

1. Der Seebetriebsrat ist zuständig für die Behandlung derjenigen nach diesem Gesetz der Mitwirkung oder Mitbestimmung des Betriebsrats unterliegenden Angelegenheiten,

를 제공해야 한다. 배정된 일자리(Arbeitsplatz)는 해상근로자평의회구성원의 능력 및 지식과 이전의 그의 직위(bisherigen beruflichen Stellung)에 상응해야 한다. 그 직무를 해상근로자평의회와의 합의하여 정한다. 그 직무에 관한 결정에 대해 합의가 이뤄지지 않은 경우에 중재위원회가 결정한다. 중재위원회의 판정(Spruch der Einigungsstelle)은 사용자와 해상근로자평의회 간의 합의를 대체한다.

3. 선원인 해상근로자평의회구성원은 육상사업에 종사할지라도 선원의 임금을 계속적으로 지급받는다. 현물급여(Sachbezüge)는 적절하게 조정되어야 한다. 새로운 직무등급이 이전보다 더 높아지는 경우에(Ist der neue Arbeitsplatz höherwertig), 이러한 직무에 상응하는 보수가 지급되어야 한다.
4. 그 직장에 숙소가 없는 경우에 그 지역적 사정을 고려하여(Unter Berücksichtigung der örtlichen Verhältnisse), 해상근로자평의회와 사용자간의 규율이 해상근로자평의회의 구성원으로 선출된 선원의 숙박(Unterkunft der in den Seebetriebsrat gewählten Besatzungsmitglieder)에 대해 정해져야 한다. 중재위원회가 결정한다. 중재위원회의 판정은 사용자와 해상근로자평의회 간의 합의를 대체한다.
5. 해상근로자평의회는 해상사업에 속한 모든 선박에 출입(出入)하고, 그 선박에서 자신의 임무의 범위 내에서 활동하며 선원대표단 회의에 참석(參席)할 권리가 있다. 제115조 제7항 제5호 제1문을 준용한다.
6. 선박이 이 법의 적용범위 내의 항구에 있는 경우에, 해상근로자평의회는 선장에 통지 후(nach Unterrichtung des Kapitäns) 선박에서의 상담시간(Sprechstunden an Bord)을 가질 수 있고 선원총회를 개최할 수 있다.
7. 선박이 1년의 역년 내에 이 법의 적용범위 내의 항구에 입항(入港)하지 못하는 경우에, 유럽의 항구에 대해 제5호, 제6호를 적용한다. 킬운하의 수문(Schleusen des Nordostseekanals)은 그 항구로 보지 않는다.
8. 그에 대해 긴박한 필요가 있는 경우에, 사용자와 합의하여 상담시간과 선원총회(Sprechstunden und Bordversammlungen)가 제6호, 제7호와 달리 선박의 다른 정박항에서(in anderen Liegehäfen des Schiffes)도 개최될 수 있다. 그 합의가 이뤄지지 않은 경우에 중재위원회가 결정한다. 중재위원회의 판정(判定)은 사용자와 해상근로자평의회 간의 합의(合議)를 대체한다.

④ 선원총회에 관한 제42조 내지 제45조가 해상사업에 대해 적용되지 않는다.

⑤ 해상사업에 있어서 해상근로자평의회가 제47조 내지 제59조에 따라 근로자평의회에게 이양된 임무를 수행하고 권리의무를 행사한다.

⑥ 근로자들의 의사결정참가권 및 공동결정(Mitwirkung und Mitbestimmung der Arbeitnehmer)에 관한 제74조 내지 제113조는 다음 각 호의 기준하에 적용된다:

1. 해상근로자평의회는 이 법에 따라 근로자평의회의 의사결정참가 또는 공동결정을 필요로 하는 사항으로 다음의 사항의 처리를 관할한다,

a) die alle oder mehrere Schiffe des Seebetriebs oder die Besatzungsmitglieder aller oder mehrerer Schiffe des Seebetriebs betreffen,

b) die nach § 115 Abs. 7 Nr. 2 von der Bordvertretung abgegeben worden sind oder

c) für die nicht die Zuständigkeit der Bordvertretung nach § 115 Abs. 7 Nr. 1 gegeben ist.

2. Der Seebetriebsrat ist regelmäßig und umfassend über den Schiffsbetrieb des Seeschifffahrtsunternehmens zu unterrichten. Die erforderlichen Unterlagen sind ihm vorzulegen.

### Zweiter Abschnitt Luftfahrt

§ 117 Geltung für die Luftfahrt

(1) Auf Landbetriebe von Luftfahrtunternehmen ist dieses Gesetz anzuwenden. Auf im Flugbertrieb beschäftigte Arbeitnehmer von Luftfahrtunternehmen ist dieses Gesetz anzuwenden, wenn keine Vertretung durch Tatifvertrag nach Absatz 2 Satz 1 errichtet ist

(2) Für im Flugbetrieb beschäftigte Arbeitnehmer von Luftfahrtunternehmen kann durch Tarifvertrag eine Vertretung errichtet werden. Über die Zusammenarbeit dieser Vertretung mit den nach diesem Gesetz zu errichtenden Vertretungen der Arbeitnehmer der Landbetriebe des Luftfahrtunternehmens kann der Tarifvertrag von diesem Gesetz abweichende Regelungen vorsehen. Auf einen Tarifvertrag nach den Sätzen 1 und d 2 ist § 4 Absatz 5 des Tarifvertragsgesetzes anzuwenden

### Dritter Abschnitt Tendenzbetriebe und Religionsgemeinschaften

§ 118 Geltung für Tendenzbetriebe und Religionsgemeinschaften

(1) Auf Unternehmen und Betriebe, die unmittelbar und überwiegend

1. politischen, koalitionspolitischen, konfessionellen, karitativen, erzieherischen, wissenschaftlichen oder künstlerischen Bestimmungen oder
2. Zwecken der Berichterstattung oder Meinungsäußerung, auf die Artikel 5 Abs. 1 Satz 2 des Grundgesetzes Anwendung findet,

dienen, finden die Vorschriften dieses Gesetzes keine Anwendung, soweit die Eigenart des Unternehmens oder des Betriebs dem entgegensteht. Die §§ 106 bis 110 sind nicht, die §§ 111 bis 113 nur insoweit anzuwenden, als sie den Ausgleich oder die Milderung wirtschaftlicher Nachteile für die Arbeitnehmer infolge von Betriebsänderungen regeln.

(2) Dieses Gesetz findet keine Anwendung auf Religionsgemeinschaften und ihre karitativen und erzieherischen Einrichtungen unbeschadet deren Rechtsform.

## Sechster Teil Straf- und Bußgeldvorschriften

a) 당해 해상사업의 모든 선박 또는 다수의 선박에 관련되거나 당해 해상사업의 모든 선박 또는 다수의 선박의 선원에 관련된 사항,
b) 제115조 제7항 제2호에 따라 선원대표단에서 해상근로자평의회로 이관된 사항,
c) 제115조 제7항 제1호에 따라 선원대표단의 관할권이 없는 사항.

2. 해상근로자평의회는 적절하게 또 포괄적으로 해운기업의 해상사업에 관하여 통지를 받는다. 해상근로자평의회에 필요한 서류도 제공해야 한다.

## 제2장 육상운송

제117조 항공기운송에 대한 적용

① 항공운송기업의 '육상사업'에 이 법을 적용한다. 제117조 제2항 제1문에 따른 단체협약에 기하여 어떤 근로자대표기구도 설치되지 않은 경우에는 항공운송기업의 '항공사업'에 종사하는 근로자들에 대해서 본 법을 적용한다.[12)]

② 항공운송기업의 항공운항사업에 종사하는 근로자에 대하여(Für im Flugbetrieb beschäftigte Arbeitnehmer von Luftfahrtunternehmen) 단체협약으로 근로자대표기구(Vertretung)를 설치할 수 있다. 이 법에 따라 설치된 근로자대표기구로, 항공운송기업의 육상사업의 근로자들의 대표기구와 이러한 근로자대표기구의 협력(協力)에 관하여 단체협약(團體協約)으로 이 법과 달리 정할 수 있다. 제1문, 제2문에 따른 단체협약(團體協約)에 대하여 단체협약법 제4조 제5항을 적용한다.

## 제3장 경향사업과 종교공동체

제118조 경향사업과 종교공동체에 대한 적용

① 이 법의 규정이 기업 또는 사업의 특성에 배치되는 한, 직접적으로 또 주로 다음 각 호에 기여하는 기업과 사업에 대해서는,

1. 정치적, 연정정책적, 신앙적, 자선적, 교육적, 학술적 또는 예술적 사명(Bestimmungen),
2. 기본법 제5조 제1항 제2문의 적용을 받는 보도 또는 의사표현의 목적(Zwecken der Berichterstattung oder Meinungsäußerung),

이 법의 규정을 적용하지 않는다. 제106조 내지 제110조를 적용하지 않고, 제111조 내지 제113조는 사업변경으로 인해 근로자에 대한 이해관계조정 또는 경제적 불이익의 완화(Ausgleich oder die Milderung wirtschaftlicher Nachteile für die Arbeitnehmer)를 규율하는 범위 내에서만 적용된다.

② 이 법은 종교공동체에 대해 적용하지 않고, 종교공동체의 자선기관 및 교육기관(karitativen und erzieherischen Einrichtungen)에 대해서도 그 형식을 불문하고 적용하지 않는다.

# 제6편 형벌규정 및 범칙금규정

§ 119 Straftaten gegen Betriebsverfassungsorgane und ihre Mitglieder

(1) Mit Freiheitsstrafe bis zu einem Jahr oder mit Geldstrafe wird bestraft, wer

1. eine Wahl des Betriebsrats, der Jugend- und Auszubildendenvertretung, der Bordvertretung, des Seebetriebsrats oder der in § 3 Abs. 1 Nr. 1 bis 3 oder 5 bezeichneten Vertretungen der Arbeitnehmer behindert oder durch Zufügung oder Androhung von Nachteilen oder durch Gewährung oder Versprechen von Vorteilen beeinflusst,
2. die Tätigkeit des Betriebsrats, des Gesamtbetriebsrats, des Konzernbetriebsrats, der Jugend- und Auszubildendenvertretung, der Gesamt-Jugend- und Auszubildendenvertretung, der Konzern-Jugend- und Auszubildendenvertretung, der Bordvertretung, des Seebetriebsrats, der in § 3 Abs. 1 bezeichneten Vertretungen der Arbeitnehmer, der Einigungsstelle, der in § 76 Abs. 8 bezeichneten tariflichen Schlichtungsstelle, der in § 86 bezeichneten betrieblichen Beschwerdestelle oder des Wirtschaftsausschusses behindert oder stört, oder
3. ein Mitglied oder ein Ersatzmitglied des Betriebsrats, des Gesamtbetriebsrats, des Konzernbetriebsrats, der Jugend- und Auszubildendenvertretung, der Gesamt-Jugend- und Auszubildendenvertretung, der Konzern-Jugend- und Auszubildendenvertretung, der Bordvertretung, des Seebetriebsrats, der in § 3 Abs. 1 bezeichneten Vertretungen der Arbeitnehmer, der Einigungsstelle, der in § 76 Abs. 8 bezeichneten Schlichtungsstelle, der in § 86 bezeichneten betrieblichen Beschwerdestelle oder des Wirtschaftsausschusses um seiner Tätigkeit willen oder eine Auskunftsperson nach § 80 Absatz 2 Satz 4 um ihrer Tätigkeit willen benachteiligt oder begünstigt.

(2) Die Tat wird nur auf Antrag des Betriebsrats, des Gesamtbetriebsrats, des Konzernbetriebsrats, der Bordvertretung, des Seebetriebsrats, einer der in § 3 Abs. 1 bezeichneten Vertretungen der Arbeitnehmer, des Wahlvorstands, des Unternehmers oder einer im Betrieb vertretenen Gewerkschaft verfolgt.

§ 120 Verletzung von Geheimnissen

(1) Wer unbefugt ein fremdes Betriebs- oder Geschäftsgeheimnis offenbart, das ihm in seiner Eigenschaft als

1. Mitglied oder Ersatzmitglied des Betriebsrats oder einer der in § 79 Abs. 2 bezeichneten Stellen,
2. Vertreter einer Gewerkschaft oder Arbeitgebervereinigung,
3. Sachverständiger, der vom Betriebsrat nach § 80 Abs. 3 hinzugezogen oder von der Einigungsstelle nach § 109 Satz 3 angehört worden ist,

3a. Berater, der vom Betriebsrat nach § 111 Satz 2 hinzugezogen worden ist,

3b. Auskunftsperson, die dem Betriebsrat nach § 80 Absatz 2 Satz 4 zur Verfügung gestellt worden ist, oder

4. Arbeitnehmer, der vom Betriebsrat nach § 107 Abs. 3 Satz 3 oder vom Wirtschaftsausschuss nach § 108 Abs. 2 Satz 2 hinzugezogen worden ist,

제119조 사업조직법상의 기관 또는 그 구성원에 대한 범죄

① 다음 각 호의 자는 1년 이하의 자유형 또는 벌금에 처한다,

1. 근로자평의회, 연소자·직업훈련생대표단, 선원대표단, 해상근로자평의회의 선거 또는 제3조 제1항 제1호 내지 제3호나 제5호에 기재된 근로자대표기구(Vertretungen der Arbeitnehmer)의 선거를 방해(妨害)하거나, 불이익(不利益)의 부과 또는 위협(威脅)이나 이익(利益)의 부여 또는 약속으로 그 선거에 영향을 미친 자,
2. 근로자평의회, 기업근로자평의회, 콘체른근로자평의회, 연소자·직업훈련생대표단, 기업 연소자·직업훈련생대표단, 콘체른연소자·직업훈련생대표단(der Konzern-Jugend- und Auszubildendenvertretung), 선원대표단, 해상근로자평의회, 제3조 제1항에 기재된 근로자대표기구, 중재위원회, 제78조 제8항상의 협약에 의한 중재위원회, 제86조에 기재된 사업 내 고충처리위원회(Beschwerdestelle) 또는 기업경제위원회(Wirtschaftsausschusses)의 활동(活動)을 방해(妨害)하거나 교란(攪亂)한 자,
3. 근로자평의회, 기업근로자평의회, 콘체른근로자평의회, 연소자·직업훈련생대표단, 기업연소자·직업훈련생대표단, 선원대표단, 해상근로자평의회, 제3조 제1항에 기재된 근로자대표기구, 중재위원회, 제78조 제8항상의 협약에 의한 중재위원회(Schlichtungsstelle), 제86조상의 사업 내 고충처리위원회(Beschwerdestelle) 또는 기업경제위원회(Wirtschaftsausschusses)의 구성원 또는 대체구성원에게 그 활동을 이유로 불이익 또는 이익을 주거나, 제80조 제2항 제4문에 따른 기업정보제공자(Auskunftsperson)에게 그 활동(活動)을 이유로 불이익(不利益) 또는 이익(利益)을 주는 자.

② 근로자평의회(Betriebsrats), 기업근로자평의회, 콘체른근로자평의회, 선원대표단, 해상근로자평의회, 제3조 제1항에 기재된 근로자대표기구, 선거위원회, 사업주, 당해 사업에 조합원인 근로자가 있는 노동조합의 고소(告訴)가 있어야만(nur auf Antrag) 위와 같은 행위가 기소(起訴)된다.

제120조 비밀침해

① 다음 각 호의 지위에 기하여,

1. 근로자평의회 또는 제79조 제1항에 기재된 기구(機構)의 구성원 또는 대체구성원(Ersatzmitglied),
2. 노동조합 또는 사용자단체의 대리인,
3. 제80조 제3항에 따라 노동조합이 참석시키거나 제109조 제3문에 따라 중재위원회가 참석시킨 전문가,

3a. 제111조 제2문에 따라 노동조합이 참석시킨 컨설턴트(Berater),

3b. 제80조 제2항 제4문에 따라 근로자평의회(Betriebsrat)에 지원(支援)된 기업정보제공자(Auskunftsperson),

4. 제107조 제3항 제3문에 따라 근로자평의회 또는 제108조 제2항 제2문에 따라 기업경제위원회가 참여시킨 근로자,

bekannt geworden und das vom Arbeitgeber ausdrücklich als geheimhaltungsbedürftig bezeichnet worden ist, wird mit Freiheitsstrafe bis zu einem Jahr oder mit Geldstrafe bestraft.

(2) Ebenso wird bestraft, wer unbefugt ein fremdes Geheimnis eines Arbeitnehmers, namentlich ein zu dessen persönlichen Lebensbereich gehörendes Geheimnis, offenbart, das ihm in seiner Eigenschaft als Mitglied oder Ersatzmitglied des Betriebsrats oder einer der in § 79 Abs. 2 bezeichneten Stellen bekannt geworden ist und über das nach den Vorschriften dieses Gesetzes Stillschweigen zu bewahren ist.

(3) Handelt der Täter gegen Entgelt oder in der Absicht, sich oder einen anderen zu bereichern oder einen anderen zu schädigen, so ist die Strafe Freiheitsstrafe bis zu zwei Jahren oder Geldstrafe. Ebenso wird bestraft, wer unbefugt ein fremdes Geheimnis, namentlich ein Betriebs- oder Geschäftsgeheimnis, zu dessen Geheimhaltung er nach den Absätzen 1 oder 2 verpflichtet ist, verwertet.

(4) Die Absätze 1 bis 3 sind auch anzuwenden, wenn der Täter das fremde Geheimnis nach dem Tode des Betroffenen unbefugt offenbart oder verwertet.

(5) Die Tat wird nur auf Antrag des Verletzten verfolgt. Stirbt der Verletzte, so geht das Antragsrecht nach § 77 Abs. 2 des Strafgesetzbuches auf die Angehörigen über, wenn das Geheimnis zum persönlichen Lebensbereich des Verletzten gehört; in anderen Fällen geht es auf die Erben über. Offenbart der Täter das Geheimnis nach dem Tode des Betroffenen, so gilt Satz 2 sinngemäß.

§ 121 Bußgeldvorschriften

(1) Ordnungswidrig handelt, wer eine der in § 90 Abs. 1, 2 Satz 1, § 92 Abs. 1 Satz 1 auch in Verbindung mit Absatz 3, § 99 Abs. 1, § 106 Abs. 2, § 108 Abs. 5, § 110 oder § 111 bezeichneten Aufklärungs- oder Auskunftspflichten nicht, wahrheitswidrig, unvollständig oder verspätet erfüllt.

(2) Die Ordnungswidrigkeit kann mit einer Geldbuße bis zu zehntausend Euro geahndet werden.

## Siebenter Teil Änderung von Gesetzen

§ 122

(Änderung des Bürgerlichen Gesetzbuchs) (gegenstandslos)

§ 123

(Änderung des Kündigungsschutzgesetzes) (gegenstandslos)

§ 124

(Änderung des Arbeitsgerichtsgesetzes) (gegenstandslos)

이를 지득하고 사용자에 의해 비밀유지의 필요성이 명시적으로 표시된 타인의 기업비밀 또는 사업비밀을 권한 없이 누설한 자는 1년 이하의 자유형 또는 벌금에 처한다.
② 근로자에 대한 비밀, 특히 근로자의 사적영역에 속하는 비밀로(ein zu dessen persönlichen Lebensbereich gehörendes Geheimnis), 근로자평의회 또는 제79조 제2항에 언급된 기구의 구성원 또는 대체구성원의 지위에 기하여 그가 지득하고 이 법의 규정에 따라 그에 관하여 묵비해야 하는 비밀(das nach den Vorschriften dieses Gesetzes Stillschweigen zu bewahren ist)을 권한 없이 누설(漏泄)한 자도 또한 같다.
③ 범죄자가 보수를(Entgelt) 얻기 위하여 행위를 하거나 자기 또는 타인에게 이익(利益)을 주거나 타인에게 손해(損害)를 끼칠 목적으로 행위를 한 경우에는 2년 이하의 자유형 또는 벌금에 처한다. 타인의 비밀, 특히 제120조 제1항 또는 제2항에 따라 그 비밀엄수의무가 있는 사업비밀 또는 영업비밀(Betriebs- oder Geschäftsgeheimnis)을 권한 없이(unbefugt) 이용(利用)한 자도 또한 같다.
④ 범죄자가 이해관계인의 사후에(nach dem Tode des Betroffenen) 타인의 비밀(fremde Geheimnis)을 권한 없이 누설하거나 이용한 경우에도 제120조 제1항 내지 제3항을 적용한다.
⑤ 그 범죄는 피해자의 고소(告訴)가 있어야만 기소(起訴)된다. 피해자(der Verletzte)가 사망한 경우에 그 비밀이 피해자(被害子)의 사적 영역(領域)에 속한 때에는, 형법전 제77조 제2항에 따라 고소권은 유족(Angehörigen)에게 상속된다; 그밖의 경우에는 그 고소권(Antragsrecht)은 상속인(Erben)에게 상속된다. 범죄자가 관련자의 사후에 그 정보를 누설한 경우에, 제2문을 준용한다.

제121조 범칙금규정
① 제90조 제1항, 제2항 제1문, 제92조 제3항을 준용하는 제92조 제1항 제1문, 제99조 제1항, 제106조 제2항, 제108조 제5항, 제110조 또는 제111조에 기재된 설명의무 또는 정보제공의무를 이행하지 않거나, 허위로 또는 불완전하게 또는 지체하여 이를 이행한 자는 질서위반행위를 범한 자이다.
② 그러한 질서위반행위에 대하여는 1,000유로 이하의 범칙금을 부과한다.

## 제7편 법률 개정

제122조
민법전의 개정; 관련성 없음

제123조
해고보호법의 개정; 관련성 없음

제124조
노동법원법의 개정; 관련성 없음

## Achter TeilÜbergangs- und Schlussvorschriften

§ 125 Erstmalige Wahlen nach diesem Gesetz

(1) Die erstmaligen Betriebsratswahlen nach § 13 Abs. 1 finden im Jahre 1972 statt.

(2) Die erstmaligen Wahlen der Jugend- und Auszubildendenvertretung nach § 64 Abs. 1 Satz 1 finden im Jahre 1988 statt. Die Amtszeit der Jugendvertretung endet mit der Bekanntgabe des Wahlergebnisses der neu gewählten Jugend- und Auszubildendenvertretung, spätestens am 30. November 1988.

(3) Auf Wahlen des Betriebsrats, der Bordvertretung, des Seebetriebsrats und der Jugend- und Auszubildendenvertretung, die nach dem 28. Juli 2001 eingeleitet werden, finden die Erste Verordnung zur Durchführung des Betriebsverfassungsgesetzes vom 16. Januar 1972 (BGBl. I S. 49), zuletzt geändert durch die Verordnung vom 16. Januar 1995 (BGBl. I S. 43), die Zweite Verordnung zur Durchführung des Betriebsverfassungsgesetzes vom 24. Oktober 1972 (BGBl. I S. 2029), zuletzt geändert durch die Verordnung vom 28. September 1989 (BGBl. I S. 1795) und die Verordnung zur Durchführung der Betriebsratswahlen bei den Postunternehmen vom 26. Juni 1995 (BGBl. I S. 871) bis zu deren Änderung entsprechende Anwendung.

(4) Ergänzend findet für das vereinfachte Wahlverfahren nach § 14a die Erste Verordnung zur Durchführung des Betriebsverfassungsgesetzes bis zu deren Änderung mit folgenden Maßgaben entsprechende Anwendung:

1. Die Frist für die Einladung zur Wahlversammlung zur Wahl des Wahlvorstands nach § 14a Abs. 1 des Gesetzes beträgt mindestens sieben Tage. Die Einladung muss Ort, Tag und Zeit der Wahlversammlung sowie den Hinweis enthalten, dass bis zum Ende dieser Wahlversammlung Wahlvorschläge zur Wahl des Betriebsrats gemacht werden können (§ 14a Abs. 2 des Gesetzes).
2. § 3 findet wie folgt Anwendung:
   a) Im Fall des § 14a Abs. 1 des Gesetzes erlässt der Wahlvorstand auf der Wahlversammlung das Wahlausschreiben. Die Einspruchsfrist nach § 3 Abs. 2 Nr. 3 verkürzt sich auf drei Tage. Die Angabe nach § 3 Abs. 2 Nr. 4 muss die Zahl der Mindestsitze des Geschlechts in der Minderheit (§ 15 Abs. 2 des Gesetzes) enthalten. Die Wahlvorschläge sind abweichend von § 3 Abs. 2 Nr. 7 bis zum Abschluss der Wahlversammlung zur Wahl des Wahlvorstands bei diesem einzureichen. Ergänzend zu § 3 Abs. 2 Nr. 10 gibt der Wahlvorstand den Ort, Tag und Zeit der nachträglichen Stimmabgabe an (§ 14a Abs. 4 des Gesetzes).
   b) Im Fall des § 14a Abs. 3 des Gesetzes erlässt der Wahlvorstand unverzüglich das Wahlausschreiben mit den unter Buchstabe a genannten Maßgaben zu § 3 Abs. 2 Nr. 3, 4 und 10. Abweichend von § 3 Abs. 2 Nr. 7 sind die Wahlvorschläge spätestens eine Woche vor der Wahlversammlung zur Wahl des Betriebsrats (§ 14a Abs. 3 Satz 2 des Gesetzes) beim Wahlvorstand einzureichen.

## 제8편 경과규정 및 종결규정

제125조 이 법에 따른 최초의 선거

① 제13조 제1항에 따른 최초의 근로자평의회선거는 1972년에 실시된다.

② 제64조에 따른 연소자·직업훈련생대표단의 최초의 선거는 1988년에 실시된다. 청소년대표단의 임기(Amtszeit der Jugendvertretung)는 새로이 선출된 연소자·직업훈련생대표단(Jugend- und Auszubildendenvertretung)의 선거결과의 공표로써, 늦어도 1988년 11월 30일에 만료된다.

③ 근로자평의회, 선원대표단, 해상근로자평의회 및 연소자·직업훈련생대표단의 선거로 2001년 7월 28일이 지나서 착수된 선거에 대해, 1972년 1월 16일의 사업조직법의 시행을 위한 첫째 명령(BGBl. I S. 49)으로, 1995년 1월 16일의 명령(BGBl. I S. 43)에 의하여 최종적으로 개정된 첫째 명령, 1972년 10월 24일의 사업조직법의 시행을 위한 둘째 명령(BGBl. I S. 2029)으로, 1989년 9월 28일의 명령(BGBl. I S. 1795)에 의하여 최종적으로 개정된 둘째 명령과 1995년 6월 26일의 우편기업에서의 근로자평의회선거 시행에 관한 명령(Verordnung zur Durchführung der Betriebsratswahlen bei den Postunternehmen)(BGBl. I S. 871)은 그 명령 개정시까지 준용된다.

④ 사업조직법 시행을 위한 첫째 명령은 그 개정시까지 다음 각 호의 기준하에 제14a조에 따른 간소화된 선거절차에 대해 보충적으로 준용된다:

1. 이 법의 제14a조 제1항에 따른 선거위원회 구성을 위한 선거총회에 관한 소집에 대한 기간은 최소 7일 이상이다. 그 소집은 선거총회의 장소·기일·시간과 이러한 선거총회가 끝날 때까지 근로자평의회 선거를 위한 후보자추천서가 제출될 수 있다는 언급(이 법 제14a조 제2항)도 포함되어야만 한다.
2. 그 명령 제3조는 다음과 같이 적용된다:
   a) 이 법 제14a조 제1항의 경우에 선거위원회가 선거총회에서 선거공고를 공포한다. 사업조직법 시행을 위한 첫 번째 제3조 제2항 제3호에 따른 이의기간은 3일로 단축된다. 그 명령 제3조 제2항 제4호의 사항은 소수자인 성의 최소의석수(Mindestsitze des Geschlechts in der Minderheit)(이 법의 제15조 제2항)를 포함해야 한다. 후보자추천서는 그 명령 제3조 제2항 제7호와 달리, 선거위원회 구성을 위한 선거총회의 종료시까지 선거총회에 제출된다. 선거위원회는 사후적 투표행사의 장소·기일·시간을 그 명령 제3조 제2항 제10호에 대해 보충적으로 언급한다(이 법 제14a조 제4항).
   b) 이 법 제14a조 제3항의 경우에 선거위원회가 그 명령 제3조 제2항 제3호, 제4호, 제10호에 관련한 a)목에 언급된 기준으로, 그 명령 제3조 제2항 제7호와 달리 후보자추천서(Wahlvorschläge)가 늦어도 근로자평의회선거(이 법 제14a조 제3항 제2문) 선거총회 1주일 전까지 선거위원회에 제출된다는 기준에 따라 지체 없이 선거공고(Wahlausschreiben)를 공표한다.

3. Die Einspruchsfrist des § 4 Abs. 1 verkürzt sich auf drei Tage.
4. Die §§ 6 bis 8 und § 10 Abs. 2 finden entsprechende Anwendung mit der Maßgabe, dass die Wahl aufgrund von Wahlvorschlägen erfolgt. Im Fall des § 14a Abs. 1 des Gesetzes sind die Wahlvorschläge bis zum Abschluss der Wahlversammlung zur Wahl des Wahlvorstands bei diesem einzureichen; im Fall des § 14a Abs. 3 des Gesetzes sind die Wahlvorschläge spätestens eine Woche vor der Wahlversammlung zur Wahl des Betriebsrats (§ 14a Abs. 3 Satz 2 des Gesetzes) beim Wahlvorstand einzureichen.
5. § 9 findet keine Anwendung.
6. Auf das Wahlverfahren finden die §§ 21ff. entsprechende Anwendung. Auf den Stimmzetteln sind die Bewerber in alphabetischer Reihenfolge unter Angabe von Familienname, Vorname und Art der Beschäftigung im Betrieb aufzuführen.
7. § 25 Abs. 5 bis 8 findet keine Anwendung.
8. § 26 Abs. 1 findet mit der Maßgabe Anwendung, dass der Wahlberechtigte sein Verlangen auf schriftliche Stimmabgabe spätestens drei Tage vor dem Tag der Wahlversammlung zur Wahl des Betriebsrats dem Wahlvorstand mitgeteilt haben muss.
9. § 31 findet entsprechende Anwendung mit der Maßgabe, dass die Wahl der Jugend- und Auszubildendenvertretung aufgrund von Wahlvorschlägen erfolgt.

§ 126 Ermächtigung zum Erlass von Wahlordnungen

Das Bundesministerium für Arbeit und Soziales wird ermächtigt, mit Zustimmung des Bundesrates Rechtsverordnungen zu erlassen zur Regelung der in den §§ 7 bis 20, 60 bis 63, 115 und 116 bezeichneten Wahlen über

1. die Vorbereitung der Wahl, insbesondere die Aufstellung der Wählerlisten und die Errechnung der Vertreterzahl;
2. die Frist für die Einsichtnahme in die Wählerlisten und die Erhebung von Einsprüchen gegen sie;
3. die Vorschlagslisten und die Frist für ihre Einreichung;
4. das Wahlausschreiben und die Fristen für seine Bekanntmachung;
5. die Stimmabgabe;

5a. die Verteilung der Sitze im Betriebsrat, in der Bordvertretung, im Seebetriebsrat sowie in der Jugend- und Auszubildendenvertretung auf die Geschlechter, auch soweit die Sitze nicht gemäß § 15 Abs. 2 und § 62 Abs. 3 besetzt werden können;

6. die Feststellung des Wahlergebnisses und die Fristen für seine Bekanntmachung;
7. die Aufbewahrung der Wahlakten.

§ 127 Verweisungen

Soweit in anderen Vorschriften auf Vorschriften verwiesen wird oder Bezeichnungen verwendet werden, die durch dieses Gesetz aufgehoben oder geändert werden, treten an ihre Stelle die

3. 그 명령 제4조 제1항상의 이의기간은 3일로 단축된다.
4. 그 명령 제6조 내지 제8조, 제10조 제2항은, 후보자추천서(Wahlvorschlägen)에 기하여 선거가 실시된다는 기준에 따라 준용(準用)된다. 이 법 제14a조 제1항의 경우에 후보자추천서는 선거위원회의 구성을 위한 선거총회(Wahlversammlung)의 종료(終了)시까지 선거총회에 제출된다; 제14a조 제3항의 경우에 후보자추천서(Wahlvorschläge)는 늦어도 근로자평의회선거(이 법 제14a조 제3항 제2문) 선거총회 1주일 전까지 선거위원회(Wahlvorstand)에 제출(提出)된다.
5. 그 명령 제9조는 적용하지 않는다.
6. 선거절차(Wahlverfahren)에 대해 그 명령 제21조 이하의 조항을 준용한다. 투표용지에 후보자에 대해 알파벳순으로(in alphabetischer Reihenfolge) 성명 및 사업 내 고용형태(Art der Beschäftigung im Betrieb)를 기재한다.
7. 그 명령 제25조 제5항 내지 제8항은 적용하지 않는다.
8. 그 명령 제26조 제1항은, 선거권이 있는 근로자가 자신의 서면에 의한 투표행사 요구(sein Verlangen auf schriftliche Stimmabgabe)를, 늦어도 근로자평의회선거를 위한 선거총회일 3일전까지 선거위원회에 통지해야 한다는 기준에 따라 적용한다.
9. 그 명령 제31조는, 연소자·직업훈련생대표단선거는 후보자추천서에 기하여 실시된다는 기준에 따라 준용한다.

제126조 선거규정 공포 권한

연방노동사회부는 연방참사원의 동의를 얻어 제7조 내지 제20조, 제60조 내지 제63조, 제115조, 제116조에 기재된 선거의 규율을 위하여 다음 각 호에 관해 법규명령을 발령할 수 있다,

1. 선거의 준비, 특히 선거인명부의 작성, 그 대표자수의 산정(Aufstellung der Wählerlisten und die Errechnung der Vertreterzahl);
2. 선거인명부의 열람 기간, 그에 대한 이의 제기의 기간;
3. 후보자명부와 그 제출 기간;
4. 선거공고, 선거공고의 시행의 기간;
5. 투표행사;

5a. 그 의석이 제15조 제2항, 제62조 제3항에 따라 구성될 수 없더라도, 성별에 의한 근로자평의회구성원자리, 선원대표단구성원자리, 해상근로자평의회구성원자리 및 연소자·직업훈련생대표단원자리의 배분;

6. 선거결과의 확정, 그 공고 기간;
7. 선거서류의 보관.

제127조 언급규정(Verweisungen)

다른 법률들의 규정에서 이 법상의 규정이 언급되거나(in anderen Vorschriften auf Vorschriften verwiesen wird) 이 법에 의하여 폐지되거나 개정된 명칭들(Bezeichnungen)이 사용된 경우에,

entsprechenden Vorschriften oder Bezeichnungen dieses Gesetzes.

§ 128 Bestehende abweichende Tarifverträge

Die im Zeitpunkt des Inkrafttretens dieses Gesetzes nach § 20 Abs. 3 des Betriebsverfassungsgesetzes vom 11. Oktober 1952 geltenden Tarifverträge über die Errichtung einer anderen Vertretung der Arbeitnehmer für Betriebe, in denen wegen ihrer Eigenart der Errichtung von Betriebsräten besondere Schwierigkeiten entgegenstehen, werden durch dieses Gesetz nicht berührt.

§ 129 (weggefallen)

§ 130 Öffentlicher Dienst

Dieses Gesetz findet keine Anwendung auf Verwaltungen und Betriebe des Bundes, der Länder, der Gemeinden und sonstiger Körperschaften, Anstalten und Stiftungen des öffentlichen Rechts.

§ 131 (Berlin-Klausel) (gegenstandslos)

§ 132 (Inkrafttreten)

이 법에 따른 규정 또는 명칭이 그에 갈음한다.

제128조 단체협약에 의한 다른 규정이 있는 경우

이 법의 효력 발생 시행 당시에 1952년 10월 11일의 사업조직법의 제20조 제3항에 따라 적용되는 단체협약으로, 그 사업의 특성으로 인하여(wegen ihrer Eigenart) 근로자평의회의 구성에 대한 특별한 어려움(Errichtung von Betriebsräten besondere Schwierigkeiten)이 있는 사업을 위한 다른 근로자대표기구의 설치에 관한 단체협약은 이 법률에 의해 영향을 받지 않는다.

제129조 삭제

제130조 공공부문(Öffentlicher Dienst)

이 법은 연방, 주, 게마인데(Bundes, der Länder, der Gemeinden)및 공법상의 기타 사단·영조물·재단(Körperschaften, Anstalten und Stiftungen)의 행정 및 사업에 대해 적용하지 않는다.[13)]

제131조 베를린조항; 관련성 없음

제132조 발효

# 사업조직법 시행을 위한 첫째 명령

(BGBl. I S. 1393)

# Erste Verordnung zur Durchführung des Betriebsverfassungsgesetzes

(Wahlordnung – WO)

# Erste Verordnung zur Durchführung des Betriebsverfassungsgesetzes (Wahlordnung - WO)

http://www.gesetze-im-internet.de/betrvgdv1wo/BJNR349400001.html

## Erster Teil Wahl des Betriebsrats (§ 14 des Gesetzes)

### Erster Abschnitt Allgemeine Vorschriften

§ 1 Wahlvorstand

(1) Die Leitung der Wahl obliegt dem Wahlvorstand.

(2) Der Wahlvorstand kann sich eine schriftliche Geschäftsordnung geben. Er kann Wahlberechtigte als Wahlhelferinnen und Wahlhelfer zu seiner Unterstützung bei der Durchführung der Stimmabgabe und bei der Stimmenzählung heranziehen.

(3) Die Beschlüsse des Wahlvorstands werden mit einfacher Stimmenmehrheit seiner stimmberechtigten Mitglieder gefasst. Über jede Sitzung des Wahlvorstands ist eine Niederschrift aufzunehmen, die mindestens den Wortlaut der gefassten Beschlüsse enthält. Die Niederschrift ist von der oder dem Vorsitzenden und einem weiteren stimmberechtigten Mitglied des Wahlvorstands zu unterzeichnen.

§ 2 Wählerliste

(1) Der Wahlvorstand hat für jede Betriebsratswahl eine Liste der Wahlberechtigten (Wählerliste), getrennt nach den Geschlechtern, aufzustellen. Die Wahlberechtigten sollen mit Familienname, Vorname und Geburtsdatum in alphabetischer Reihenfolge aufgeführt werden. Die nach § 14 Abs. 2 Satz 1 des Arbeitnehmerüberlassungsgesetzes nicht passiv Wahlberechtigten sind in der Wählerliste auszuweisen.

(2) Der Arbeitgeber hat dem Wahlvorstand alle für die Anfertigung der Wählerliste erforderlichen Auskünfte zu erteilen und die erforderlichen Unterlagen zur Verfügung zu stellen. Er hat den Wahlvorstand insbesondere bei Feststellung der in § 5 Abs. 3 des Gesetzes genannten Personen zu unterstützen.

(3) Das aktive und passive Wahlrecht steht nur Arbeitnehmerinnen und Arbeitnehmern zu, die in die Wählerliste eingetragen sind. Wahlberechtigten Leiharbeitnehmerinnen und Leiharbeitnehmern im Sinne des Arbeitnehmerüberlassungsgesetzes steht nur das aktive Wahlrecht zu (§ 14 Abs. 2 Satz 1 des Arbeitnehmerüberlassungsgesetzes).

(4) Ein Abdruck der Wählerliste und ein Abdruck dieser Verordnung sind vom Tage der Einleitung der Wahl (§ 3 Abs. 1) bis zum Abschluss der Stimmabgabe an geeigneter Stelle im Betrieb zur Einsichtnahme auszulegen. Der Abdruck der Wählerliste soll die Geburtsdaten der

# 사업조직법 시행을 위한 첫째 명령(BGBl. I S. 1393)

명령 공포일: 2001년 12월 11일
최근 명령 개정일: 2004년 6월 23일(BGBl. I S. 1393)

## 제1편 근로자평의회의 선거(사업조직법 제14조)

### 제1장 총칙

제1조 선거위원회

① 선거위원회가 선거관리에 대해 책임진다.

② 선거위원회는 문서에 의한 사무규정을 정할 수 있다. 선거위원회는 선거권자들에게 선거보조인으로서 투표의 진행과 개표에서(bei der Durchführung der Stimmabgabe und bei der Stimmenzählung) 선거위원회를 지원하도록 요청할 수 있다.

③ 선거위원회의 결의는 투표권을 가진 선거위원회위원들의 단순과반수(mit einfacher Stimmenmehrheit seiner stimmberechtigten Mitgliede)로 이뤄진다. 선거위원회의 모든 회의에 대해 최소한 이뤄진 결의원문(Wortlaut)을 포함하는 의사록을 작성해야 한다. 그 의사록에 위원장이 서명해야 하고 투표권이 있는 선거위원회위원 1명이 추가로 서명해야 한다.

제2조 선거인명부

① 선거위원회는 각 근로자평의회선거에 있어 성별로 구분하여 선거권자들의 명부(선거인명부)[Liste der Wahlberechtigten(Wählerliste]를 작성해야 한다. 선거권자들은 알파벳 순으로 성명과 생년월일을 기재하여 선거인명부에 등재되어야 한다. 근로자파견법(Arbeitnehmerüberlassungsgesetz) 제14조 제2항 제1문에 따라 선거권이 없는 근로자들은 선거인명부에 명시되어야 한다.

② 사용자는 선거인명부 작성에 필요한 모든 정보(alle für die Anfertigung der Wählerliste erforderlichen Auskünfte)를 제공해야 하고 필요한 서류를 이용하도록 제공해야 한다. 사용자는 특히 사업조직법(이하 '법'이라 함) 제5조 제3항상의 고위직사원의 확정(Feststellung)을 지원해야 한다.

③ 선거권과 피선거권(Das aktive und passive Wahlrecht)은 선거인명부에 등재된 근로자만이 보유한다. 근로자파견법상의 선거권이 있는 남녀 파견근로자(Wahlberechtigten Leiharbeitnehmerinnen und Leiharbeitnehmern)는 선거권만을 갖는다(근로자파견법 제14조 제2항 제1문).

④ 선거인명부의 사본(Abdruck der Wählerliste)과 이 명령의 사본은 선거개시일(제3조 제1항)부터 투표종료시까지 사업 내 적당한 장소에 열람을 위해 게시되어야 한다. 선거인명부 사본

Wahlberechtigten nicht enthalten. Ergänzend können der Abdruck der Wählerliste und die Verordnung mittels der im Betrieb vorhandenen Informations- und Kommunikationstechnik bekannt gemacht werden. Die Bekanntmachung ausschließlich in elektronischer Form ist nur zulässig, wenn alle Arbeitnehmerinnen und Arbeitnehmer von der Bekanntmachung Kenntnis erlangen können und Vorkehrungen getroffen werden, dass Änderungen der Bekanntmachung nur vom Wahlvorstand vorgenommen werden können.

(5) Der Wahlvorstand soll dafür sorgen, dass ausländische Arbeitnehmerinnen und Arbeitnehmer, die der deutschen Sprache nicht mächtig sind, vor Einleitung der Betriebsratswahl über Wahlverfahren, Aufstellung der Wähler- und Vorschlagslisten, Wahlvorgang und Stimmabgabe in geeigneter Weise unterrichtet werden.

§ 3 Wahlausschreiben

(1) Spätestens sechs Wochen vor dem ersten Tag der Stimmabgabe erlässt der Wahlvorstand ein Wahlausschreiben, das von der oder dem Vorsitzenden und von mindestens einem weiteren stimmberechtigten Mitglied des Wahlvorstands zu unterschreiben ist. Mit Erlass des Wahlausschreibens ist die Betriebsratswahl eingeleitet. Der erste Tag der Stimmabgabe soll spätestens eine Woche vor dem Tag liegen, an dem die Amtszeit des Betriebsrats abläuft.

(2) Das Wahlausschreiben muss folgende Angaben enthalten:

1. das Datum seines Erlasses;
2. die Bestimmung des Orts, an dem die Wählerliste und diese Verordnung ausliegen, sowie im Fall der Bekanntmachung in elektronischer Form (§ 2 Abs. 4 Satz 3 und 4) wo und wie von der Wählerliste und der Verordnung Kenntnis genommen werden kann;
3. dass nur Arbeitnehmerinnen und Arbeitnehmer wählen oder gewählt werden können, die in die Wählerliste eingetragen sind, und dass Einsprüche gegen die Wählerliste (§ 4) nur vor Ablauf von zwei Wochen seit dem Erlass des Wahlausschreibens schriftlich beim Wahlvorstand eingelegt werden können; der letzte Tag der Frist ist anzugeben;
4. den Anteil der Geschlechter und den Hinweis, dass das Geschlecht in der Minderheit im Betriebsrat mindestens entsprechend seinem zahlenmäßigen Verhältnis vertreten sein muss, wenn der Betriebsrat aus mindestens drei Mitgliedern besteht (§ 15 Abs. 2 des Gesetzes);
5. die Zahl der zu wählenden Betriebsratsmitglieder (§ 9 des Gesetzes) sowie die auf das Geschlecht in der Minderheit entfallenden Mindestsitze im Betriebsrat (§ 15 Abs. 2 des Gesetzes);
6. die Mindestzahl von Wahlberechtigten, von denen ein Wahlvorschlag unterzeichnet sein muss (§ 14 Abs. 4 des Gesetzes);
7. dass der Wahlvorschlag einer im Betrieb vertretenen Gewerkschaft von zwei Beauftragten unterzeichnet sein muss (§ 14 Abs. 5 des Gesetzes);

에 선거권자들의 생년월일은 포함되지 않는다. 선거인명부와 이 명령의 사본(Abdruck der Wählerliste und die Verordnung)은 사업 내 존재하는 정보·통신매체에 의해(mittels der im Betrieb vorhandenen Informations- und Kommunikationstechnik) 보충적으로 공고될 수 있다. 오로지 전자적 형태로만 하는 공고(Bekanntmachung ausschließlich in elektronischer Form)는, 모든 근로자들이 그 공고를 알 수 있고, 공고의 수정이 선거위원회에 의해서만 이뤄질 수 있는 사전조치가 강구된 경우에만 허용된다.

⑤ 선거위원회는, 독일어를 구사하지 못하는 외국인 근로자들이 근로자평의회 선거 개시 전에 선거절차, 선거인명부 및 후보자추천서의 작성(Aufstellung der Wähler- und Vorschlagslisten), 선거과정(Wahlvorgang), 투표에 관하여 적절한 방법으로 통지받도록 해 주어야 한다.

제3조 선거공고

① 선거위원회는 늦어도 투표 첫째 날로부터 6주 전까지 위원장과 투표권이 있는 선거위원회 위원 1명 이상이 추가로 서명한 선거공고(Wahlausschreiben)를 공표한다. 근로자평의회선거(Betriebsratswahl)는 선거공고의 공표(公表)로써 개시된다. 투표 첫째 날(Der erste Tag der Stimmabgabe)은 늦어도 근로자평의회의 임기(任期)가 만료하는 날로부터 1주일 전까지로 잡혀야 한다.

② 선거공고는 다음 사항 모두를 포함해야만 한다:

1. 선거공고 공표일;
2. 선거인명부와 본 명령이 게시된 장소에 대한 결정, 전자적 형태의 공고의 경우(im Fall der Bekanntmachung in elektronischer Form)(제2조 제3문, 제4문) 선거인명부 및 본 명령이 어디서, 어떻게 알 수 있는지에 관한 사항;
3. 선거인명부에 등재된 사람만이 선거권을 행사할 수 있거나 당선될 수 있다는 사항과, 선거인명부에 대한 이의(Einsprüche gegen die Wählerliste)는 선거공고가 공포된 때로부터 2주일이 경과하기 전에 서면으로 선거위원회에 제기될 수 있다는 사항; 그 기간의 마지막 날짜를 명시(明示)해야 한다;
4. 성별 비율과, 근로자평의회가 3명 이상의 구성원으로 구성되는 경우(법 제15조 제2항) 사업 내 소수인 성이 그 성의 수에 상응하는 비율 이상으로(mindestens entsprechend seinem zahlenmäßigen Verhältnis) 대표되어야만 한다는 명시;
5. 선출되어야 하는 근로자평의회구성원수(법 제9조), 소수인 성에 할당되어야 하는 최소 근로자평의회구성원자리(die auf das Geschlecht in der Minderheit entfallenden Mindestsitze im Betriebsrat)(법 제15조 제2항);
6. 후보자추천서에 서명해야 하는 최소 선거권자수(Mindestzahl von Wahlberechtigten)(법 제14조 제4항);
7. 당해 사업에 조합원인 근로자가 있는 노동조합의 후보자추천서에 2명의 그 대리인이 서명해야 한다는 사항(법 제14조 제5항);

8. dass Wahlvorschläge vor Ablauf von zwei Wochen seit dem Erlass des Wahlausschreibens beim Wahlvorstand in Form von Vorschlagslisten einzureichen sind, wenn mehr als drei Betriebsratsmitglieder zu wählen sind; der letzte Tag der Frist ist anzugeben;
9. dass die Stimmabgabe an die Wahlvorschläge gebunden ist und dass nur solche Wahlvorschläge berücksichtigt werden dürfen, die fristgerecht (Nr. 8) eingereicht sind;
10. die Bestimmung des Orts, an dem die Wahlvorschläge bis zum Abschluss der Stimmabgabe aushängen;
11. Ort, Tag und Zeit der Stimmabgabe sowie die Betriebsteile und Kleinstbetriebe, für die schriftliche Stimmabgabe (§ 24 Abs. 3) beschlossen ist;
12. den Ort, an dem Einsprüche, Wahlvorschläge und sonstige Erklärungen gegenüber dem Wahlvorstand abzugeben sind (Betriebsadresse des Wahlvorstands);
13. Ort, Tag und Zeit der öffentlichen Stimmauszählung.

(3) Sofern es nach Größe, Eigenart oder Zusammensetzung der Arbeitnehmerschaft des Betriebs zweckmäßig ist, soll der Wahlvorstand im Wahlausschreiben darauf hinweisen, dass bei der Aufstellung von Wahlvorschlägen die einzelnen Organisationsbereiche und die verschiedenen Beschäftigungsarten berücksichtigt werden sollen.

(4) Ein Abdruck des Wahlausschreibens ist vom Tage seines Erlasses bis zum letzten Tage der Stimmabgabe an einer oder mehreren geeigneten, den Wahlberechtigten zugänglichen Stellen vom Wahlvorstand auszuhängen und in gut lesbarem Zustand zu erhalten. Ergänzend kann das Wahlausschreiben mittels der im Betrieb vorhandenen Informations- und Kommunikationstechnik bekannt gemacht werden. § 2 Abs. 4 Satz 4 gilt entsprechend.

§ 4 Einspruch gegen die Wählerliste

(1) Einsprüche gegen die Richtigkeit der Wählerliste können mit Wirksamkeit für die Betriebsratswahl nur vor Ablauf von zwei Wochen seit Erlass des Wahlausschreibens beim Wahlvorstand schriftlich eingelegt werden.

(2) Über Einsprüche nach Absatz 1 hat der Wahlvorstand unverzüglich zu entscheiden. Der Einspruch ist ausgeschlossen, soweit er darauf gestützt wird, dass die Zuordnung nach § 18a des Gesetzes fehlerhaft erfolgt sei. Satz 2 gilt nicht, soweit die nach § 18a Abs. 1 oder 4 Satz 1 und 2 des Gesetzes am Zuordnungsverfahren Beteiligten die Zuordnung übereinstimmend für offensichtlich fehlerhaft halten. Wird der Einspruch für begründet erachtet, so ist die Wählerliste zu berichtigen. Die Entscheidung des Wahlvorstands ist der Arbeitnehmerin oder dem Arbeitnehmer, die oder der den Einspruch eingelegt hat, unverzüglich schriftlich mitzuteilen; die Entscheidung muss der Arbeitnehmerin oder dem Arbeitnehmer spätestens am Tage vor dem Beginn der Stimmabgabe zugehen.

(3) Nach Ablauf der Einspruchsfrist soll der Wahlvorstand die Wählerliste nochmals auf ihre

8. 3명을 초과하여 근로자평의회구성원이 선출되는 경우에 후보자추천서가 선거공고를 공포한 때로부터 2주일이 경과하기 전에 후보자명부 형태로 선거위원회에 제출되어야 한다는 사항; 그 기간의 마지막 날이 명시된다;
9. 투표는 그 기간에 맞게(제8호) 제출된 후보자추천서와 관련하여 그 후보자추천서만이 득표에서 고려될 수 있다는 사항;
10. 후보자추천서가 투표 종료시까지(bis zum Abschluss der Stimmabgabe) 게시되는 장소의 결정;
11. 투표의 장소 및 일시(日時), 서면투표(제24조 제3항)를 하기로 결의된 사업일부 및 소규모사업;
12. 선거위원회에 대한 이의(Einsprüche), 후보자추천 및 기타 의사표시가 행해지는 장소(선거위원회 사무실주소);
13. 공개적 개표의 장소 및 일시(日時).

③ 사업의 전체근로자(Arbeitnehmerschaft)의 규모, 특성 또는 구성에 따라 그것이 합목적적인 경우에, 선거위원회는 선거공고에 있어 후보자추천서의 작성시 각각의 조직범위와 다양한 고용형태(die einzelnen Organisationsbereiche und die verschiedenen Beschäftigungsarten)가 고려되어야 한다는 점을 명시해야 한다.

④ 선거공고의 사본은, 선거공고 공포일부터 투표의 마지막 날까지 선거권자들이 접근할 수 있는 하나의 또는 수개의 적당한 장소에 선거위원회에 의해 게시되어야 하고 잘 읽을 수 있는 상태로 유지되어야 한다. 선거공고는 사업 내 존재하는 정보 및 통신매체에 의하여(mittels der im Betrieb vorhandenen Informations- und Kommunikationstechnik) 보충적으로 공고될 수 있다. 제2조 제4항 제4문을 준용한다.

제4조 선거인명부에 대한 이의

① 선거인명부의 적확성(的確性; Richtigkeit)에 대한 이의는, 근로자평의회선거의 유효성을 다퉈서, 선고공고가 공포된 때로부터 2주가 경과하기 이전에만 선거위원회에 서면으로 제출될 수 있다.

② 제1항에 따른 이의에 대해 선거위원회는 지체 없이 결정해야 한다. 법 제18a조에 따른 고위직사원의 분류(Zuordnung)에 오류가 있다는 점을 주장하는 경우에는 이의는 허용되지 않는다. 법 제18a조 제1항 또는 제4항 제1문, 제2문에 따른 그 분류절차에 대한 이해관계인이 일치하여 그 분류에 대해 명백하게 오류가 있는 것으로 생각하는 경우에는 제2문을 적용하지 않는다. 그 이의가 정당한 것으로 인정되는 경우에 선거인명부는 정정되어야 한다. 선거위원회의 결정(Entscheidung des Wahlvorstands)은 이의를 제기한 근로자에게(Arbeitnehmer, die oder der den Einspruch eingelegt hat) 지체 없이 통지되어야 한다; 그 결정은 늦어도 투표권행사 개시일 전까지(spätestens am Tage vor dem Beginn der Stimmabgabe) 그 근로자에게 송달되어야만 한다.

③ 그 이의제기 기간의 경과(Ablauf der Einspruchsfrist)한 후에 선거관리위원회는 선거인명부

Vollständigkeit hin überprüfen. Im Übrigen kann nach Ablauf der Einspruchsfrist die Wählerliste nur bei Schreibfehlern, offenbaren Unrichtigkeiten, in Erledigung rechtzeitig eingelegter Einsprüche oder bei Eintritt von Wahlberechtigten in den Betrieb oder bei Ausscheiden aus dem Betrieb bis zum Tage vor dem Beginn der Stimmabgabe berichtigt oder ergänzt werden.

§ 5 Bestimmung der Mindestsitze für das Geschlecht in der Minderheit

(1) Der Wahlvorstand stellt fest, welches Geschlecht von seinem zahlenmäßigen Verhältnis im Betrieb in der Minderheit ist. Sodann errechnet der Wahlvorstand den Mindestanteil der Betriebsratssitze für das Geschlecht in der Minderheit (§ 15 Abs. 2 des Gesetzes) nach den Grundsätzen der Verhältniswahl. Zu diesem Zweck werden die Zahlen der am Tage des Erlasses des Wahlausschreibens im Betrieb beschäftigten Frauen und Männer in einer Reihe nebeneinander gestellt und beide durch 1, 2, 3, 4 usw. geteilt. Die ermittelten Teilzahlen sind nacheinander reihenweise unter den Zahlen der ersten Reihe aufzuführen, bis höhere Teilzahlen für die Zuweisung der zu verteilenden Sitze nicht mehr in Betracht kommen.

(2) Unter den so gefundenen Teilzahlen werden so viele Höchstzahlen ausgesondert und der Größe nach geordnet, wie Betriebsratsmitglieder zu wählen sind. Das Geschlecht in der Minderheit erhält so viele Mitgliedersitze zugeteilt, wie Höchstzahlen auf es entfallen. Wenn die niedrigste in Betracht kommende Höchstzahl auf beide Geschlechter zugleich entfällt, so entscheidet das Los darüber, welchem Geschlecht dieser Sitz zufällt.

## Zweiter Abschnitt Wahl von mehr als drei Betriebsratsmitgliedern (aufgrund von Vorschlagslisten)

### Erster Unterabschnitt Einreichung und Bekanntmachung von Vorschlagslisten

§ 6 Vorschlagslisten

(1) Sind mehr als drei Betriebsratsmitglieder zu wählen, so erfolgt die Wahl aufgrund von Vorschlagslisten. Die Vorschlagslisten sind von den Wahlberechtigten vor Ablauf von zwei Wochen seit Erlass des Wahlausschreibens beim Wahlvorstand einzureichen.

(2) Jede Vorschlagsliste soll mindestens doppelt so viele Bewerberinnen oder Bewerber aufweisen, wie Betriebsratsmitglieder zu wählen sind.

(3) In jeder Vorschlagsliste sind die einzelnen Bewerberinnen oder Bewerber in erkennbarer Reihenfolge unter fortlaufender Nummer und unter Angabe von Familienname, Vorname, Geburtsdatum und Art der Beschäftigung im Betrieb aufzuführen. Die schriftliche Zustimmung der Bewerberinnen oder der Bewerber zur Aufnahme in die Liste ist beizufügen.

(4) Wenn kein anderer Unterzeichner der Vorschlagsliste ausdrücklich als Listenvertreter bezeichnet ist, wird die oder der an erster Stelle Unterzeichnete als Listenvertreterin oder

의 완전성을 다시 한 번 점검해야 한다. 나아가 이의제기기간 도과 후에는 오기(誤記)나 명백한 부적확성(不的確性)이 있는 경우이거나, 적시에 제기된 이의의 처리를 위한 경우이거나 또는 선거권자의 사업으로의 편입 또는 사업에서 이직(移職)한 경우에만 선거인명부가 투표 개시 전까지 시정되거나 보완될 수 있다.

제5조 소수인 성의 최소 근로자평의회구성원자리의 결정

① 선거위원회는 어느 성별이 그 수의 비율에 있어 사업 내에서 소수인지를 결정한다. 그리고 나서 선거위원회는, 비례대표선거원칙에 좇아 소수인 성에 대한 근로자평의회구성원자리의 최소비율(Mindestanteil der Betriebsratssitze für das Geschlecht in der Minderheit)(법 제15조 제2항)을 산정한다. 이러한 목적을 위해 선거공고 공표일을 기준으로 당해 사업에 고용된 여성 및 남성의 수를 나란히 배열하여 1, 2, 3, 4 등으로 나눈다. 이처럼 산정된 나눈 값(Die ermittelten Teilzahlen)은, 배분해야 할 근로자평의회구성원자리의 할당을 위해 그 다음으로 큰 나눈 값이 더 이상 고려되지 않을 때까지 첫째로 산정된 수 아래에 차례대로 나란히 배열해야 한다.

② 위와 같이 산정된 나눈 값 가운데서 선출되어야 할 근로자평의회구성원자리 만큼의 최대수가 선택되어 그 크기에 따라 배열된다. 소수인 성에 대해 할당되어야 할 최대수만큼의 근로자평의회구성원자리가 그 성에 배분된다. 가장 작은 최대수가 고려되는 최대수로 양성(兩性)에 동시에 할당되는 경우에 어느 성에 이러한 근로자평의회구성원자리가 배분될 것인지에 대해 추첨으로 결정한다.

## 제2장 3명을 초과한 근로자평의회구성원의 선거(후보자명부에 기초한 선거)

### 제1절 후보자명부의 제출과 공고

제6조 후보자명부

① 3명을 초과하여 근로자평의회구성원이 선출되어야 하는 경우에, 후보자명부에 기초하여(aufgrund von Vorschlagslisten) 선거가 실시된다. 그 후보자명부는 선거권자들이 선거공고를 공표한 때로부터 2주가 경과하기 이전에 선거위원회에 제출해야 한다.

② 각 후보자명부에는 선출되어야 할 근로자평의회구성원수의 두 배 이상의 여성후보자 또는 남성후보자(Bewerberinnen oder Bewerber)가 등재되어야 한다.

③ 각각의 여성후보자들 또는 남성후보자들이 각 후보자명부상에서 일련번호를 매긴 식별할 수 있는 순서에 따라(in erkennbarer Reihenfolge) 성명, 생년월일 및 사업 내 고용형태를 기재하여(Familienname, Vorname, Geburtsdatum und Art der Beschäftigung im Betrieb) 배열되어야 한다. 후보자명부에의 등재에 대한 후보자의 서면동의가 첨부되어야 한다.

④ 후보자명부상의 서명자 이외의 다른 사람이 명부대리인으로(als Listenvertreter) 명시되어 기재되지 않은 경우에, 첫 번째로 서명한 사람(die oder der an erster Stelle Unterzeichnete)을

Listenvertreter angesehen. Diese Person ist berechtigt und verpflichtet, dem Wahlvorstand die zur Beseitigung von Beanstandungen erforderlichen Erklärungen abzugeben sowie Erklärungen und Entscheidungen des Wahlvorstands entgegenzunehmen.

(5) Die Unterschrift eines Wahlberechtigten zählt nur auf einer Vorschlagsliste. Hat ein Wahlberechtigter mehrere Vorschlagslisten unterzeichnet, so hat er auf Aufforderung des Wahlvorstands binnen einer ihm gesetzten angemessenen Frist, spätestens jedoch vor Ablauf von drei Arbeitstagen, zu erklären, welche Unterschrift er aufrechterhält. Unterbleibt die fristgerechte Erklärung, so wird sein Name auf der zuerst eingereichten Vorschlagsliste gezählt und auf den übrigen Listen gestrichen; sind mehrere Vorschlagslisten, die von demselben Wahlberechtigten unterschrieben sind, gleichzeitig eingereicht worden, so entscheidet das Los darüber, auf welcher Vorschlagsliste die Unterschrift gilt.

(6) Eine Verbindung von Vorschlagslisten ist unzulässig.

(7) Eine Bewerberin oder ein Bewerber kann nur auf einer Vorschlagsliste vorgeschlagen werden. Ist der Name dieser Person mit ihrer schriftlichen Zustimmung auf mehreren Vorschlagslisten aufgeführt, so hat sie auf Aufforderung des Wahlvorstands vor Ablauf von drei Arbeitstagen zu erklären, welche Bewerbung sie aufrechterhält. Unterbleibt die fristgerechte Erklärung, so ist die Bewerberin oder der Bewerber auf sämtlichen Listen zu streichen.

§ 7 Prüfung der Vorschlagslisten

(1) Der Wahlvorstand hat bei Überbringen der Vorschlagsliste oder, falls die Vorschlagsliste auf eine andere Weise eingereicht wird, der Listenvertreterin oder dem Listenvertreter den Zeitpunkt der Einreichung schriftlich zu bestätigen.

(2) Der Wahlvorstand hat die eingereichten Vorschlagslisten, wenn die Liste nicht mit einem Kennwort versehen ist, mit Familienname und Vorname der beiden in der Liste an erster Stelle Benannten zu bezeichnen. Er hat die Vorschlagsliste unverzüglich, möglichst binnen einer Frist von zwei Arbeitstagen nach ihrem Eingang, zu prüfen und bei Ungültigkeit oder Beanstandung einer Liste die Listenvertreterin oder den Listenvertreter unverzüglich schriftlich unter Angabe der Gründe zu unterrichten.

§ 8 Ungültige Vorschlagslisten

(1) Ungültig sind Vorschlagslisten,

1. die nicht fristgerecht eingereicht worden sind,
2. auf denen die Bewerberinnen oder Bewerber nicht in erkennbarer Reihenfolge aufgeführt sind,
3. die bei der Einreichung nicht die erforderliche Zahl von Unterschriften (§ 14 Abs. 4 des Gesetzes) aufweisen. Die Rücknahme von Unterschriften auf einer eingereichten Vorschlagsliste beeinträchtigt deren Gültigkeit nicht; § 6 Abs. 5 bleibt unberührt.

후보자명부대리인으로 본다. 이러한 사람은, 이의사항의 시정을 위해 필요한 의사표시(die zur Beseitigung von Beanstandungen erforderlichen Erklärungen)를 선거위원회에 하거나 선거위원회의 의사표시와 결정을 수령할 권리가 있고 또 그러한 의무가 있다.

⑤ 선거권자들의 서명은 하나의 후보자명부에서만 산정된다. 선거권자가 수개의 후보자명부에 서명한 경우에, 그는 선거위원회의 요구가 있는 때에는, 그에게 주어진 적절한 기간으로, 늦어도 3일의 근무일이 경과하기 전에 자신이 어떤 서명을 유지할 것인지를 밝혀야 한다. 기간에 맞게 그 의사표시가 행해지지 않은 경우에(Unterbleibt die fristgerechte Erklärung), 먼저 제출된 후보자명부에 기재된 서명(sein Name auf der zuerst eingereichten Vorschlagsliste)은 산정되고 나머지 후보자명부상의 서명은 산정에서 제외된다; 선거권이 있는 동일한 근로자가 서명한 수개의 후보자명부가 동시에 제출된 경우에는, 어느 후보자명부상의 서명이 유효한지에 대해 추첨으로 결정한다.

⑥ 결합후보자명부는 허용되지 않는다.

⑦ 후보자 1명은 1개의 후보자명부에서만 추천될 수 있다. 후보자의 이름이 자신의 서면동의로 수개의 후보자명부에 등재된 경우에, 그는 선거위원회의 요구가 있는 때에는, 그 요구를 받은 때로부터 3일의 근무일이 경과하기 전에 어떤 입후보를 유지할 것인지를 밝혀야 한다. 그러한 기간에 맞게 그 의사표시(意思表示)가 없는 경우에는 그 후보자는 전체 후보자명부에서 삭제된다.

제7조 후보자명부에 대한 심사

① 선거위원회는 후보자명부가 송달된 경우 또는 후보자명부가 다른 방식으로 제출된 경우에, 후보자명부대리인(Listenvertreterin oder dem Listenvertreter)에게 제출시기를 서면으로 확인해 주어야 한다.

② 후보자명부에 선거표어(標語)(Kennwort)가 갖춰지지 않은 경우에 선거위원회는 그 명부를 후보자명부에 맨 번저 등재된 2인(beiden in der Liste an erster Stelle Benannten)의 성명으로 표기해야 한다. 선거위원회는 지체 없이, 가능한 한 명부가 제출된 때로부터 2일의 근무일 내에 후보자명부를 심사해야 하고, 후보자명부의 무효나 그에 대한 이의제기시(bei Ungültigkeit oder Beanstandung einer Liste) 그 이유를 기재하여 지체 없이 서면으로 후보자명부대리인에게 통지해야 한다.

제8조 후보자명부의 무효

① 다음 각 호의 후보자명부는 무효이다,

1. 제출기간 내에 제출되지 않은 후보자명부,
2. 후보자가 식별할 수 있는 순서에 따라 등재되지 않은 후보자명부,
3. 제출시 필요한 서명수(법 제14조 제4항)를 갖추지 못한 후보자명부. 제출된 후보자명부에 대한 서명의 철회는 그 유효성에 영향을 미치지 않는다; 제6조 제5항은 이에 영향을 받지 않는다.

(2) Ungültig sind auch Vorschlagslisten,

1. auf denen die Bewerberinnen oder Bewerber nicht in der in § 6 Abs. 3 bestimmten Weise bezeichnet sind,
2. wenn die schriftliche Zustimmung der Bewerberinnen oder der Bewerber zur Aufnahme in die Vorschlagsliste nicht vorliegt,
3. wenn die Vorschlagsliste infolge von Streichung gemäß § 6 Abs. 5 nicht mehr die erforderliche Zahl von Unterschriften aufweist,

falls diese Mängel trotz Beanstandung nicht binnen einer Frist von drei Arbeitstagen beseitigt werden.

§ 9 Nachfrist für Vorschlagslisten

(1) Ist nach Ablauf der in § 6 Abs. 1 genannten Frist keine gültige Vorschlagsliste eingereicht, so hat dies der Wahlvorstand sofort in der gleichen Weise bekannt zu machen wie das Wahlausschreiben und eine Nachfrist von einer Woche für die Einreichung von Vorschlagslisten zu setzen. In der Bekanntmachung ist darauf hinzuweisen, dass die Wahl nur stattfinden kann, wenn innerhalb der Nachfrist mindestens eine gültige Vorschlagsliste eingereicht wird.

(2) Wird trotz Bekanntmachung nach Absatz 1 eine gültige Vorschlagsliste nicht eingereicht, so hat der Wahlvorstand sofort bekannt zu machen, dass die Wahl nicht stattfindet.

§ 10 Bekanntmachung der Vorschlagslisten

(1) Nach Ablauf der in § 6 Abs. 1, § 8 Abs. 2 und § 9 Abs. 1 genannten Fristen ermittelt der Wahlvorstand durch das Los die Reihenfolge der Ordnungsnummern, die den eingereichten Vorschlagslisten zugeteilt werden (Liste 1 usw.). Die Listenvertreterin oder der Listenvertreter sind zu der Losentscheidung rechtzeitig einzuladen.

(2) Spätestens eine Woche vor Beginn der Stimmabgabe hat der Wahlvorstand die als gültig anerkannten Vorschlagslisten bis zum Abschluss der Stimmabgabe in gleicher Weise bekannt zu machen wie das Wahlausschreiben (§ 3 Abs. 4).

## Zweiter Unterabschnitt Wahlverfahren bei mehreren Vorschlagslisten (§ 14 Abs. 2 Satz 1 des Gesetzes)

§ 11 Stimmabgabe

(1) Die Wählerin oder der Wähler kann ihre oder seine Stimme nur für eine der als gültig anerkannten Vorschlagslisten abgeben. Die Stimmabgabe erfolgt durch Abgabe von Stimmzetteln in den hierfür bestimmten Umschlägen (Wahlumschlägen).

(2) Auf den Stimmzetteln sind die Vorschlagslisten nach der Reihenfolge der Ordnungsnummern sowie unter Angabe der beiden an erster Stelle benannten Bewerberinnen oder Bewerber mit

② 다음 각 호의 후보자명부는,

1. 여성후보자들 혹은 남성후보들이 제6조 제3항에 정해진 방식(方式)대로 표기(表記)되지 않은 후보자명부,
2. 후보자명부 등재에 대한 여성후보자들 혹은 남성후보자들(Zustimmung der Bewerberinnen oder der Bewerber)의 서면동의가 없는 후보자명부,
3. 제6조 제5항에 따른 명부 삭제(削除)의 결과 후보자명부에 필요한 서명수를 갖추지 못한 후보자명부,

그 이의제기에도 불구하고 그러한 흠결이 3일의 근무일 이내에 시정되지 않은 경우에는 무효이다,

제9조 후보자명부 제출에 대한 추가기간

① 제6조 제1항에서 언급된 기간이 경과한 후에 유효한 후보자명부가 제출되지 않은 경우에, 선거위원회는 선거공고와 같은 방식으로 이를 즉시 공고해야 하고, 후보자명부 제출을 위한 1주일의 추가기간(Nachfrist von einer Woche für die Einreichung von Vorschlagslisten)을 정해야 한다. 그 공고에서, 추가기간 내에 유효한 1개 이상의 후보자명부가 제출되는 경우에만 선거가 실시된다는 점이 언급되어야 한다.

② 제9조 제1항에 따른 공고에도 불구하고 유효한 후보자명부가 제출되지 않은 경우에, 선거위원회는 선거가 실시되지 않는다는 점을 즉시 공고해야 한다.

제10조 후보자명부의 공고

① 제6조 제1항, 제8조 제2항, 제9조 제1항에서 언급된 기간이 경과한 후에, 선거위원회는 추첨으로 제출된 후보자명부에 대해 부여될 일련번호(Reihenfolge der Ordnungsnummer)의 순위(명부 1 등)를 정한다. 후보자명부대리인(Listenvertreterin oder der Listenvertreter)은 그 추첨결정에 적시에 소환되어야 한다.

② 늦어도 투표 개시 1주일 전까지 선거위원회는 투표 종료시까지 선거공고(Wahlausschreiben)와 동일한 방식으로(in gleicher Weise)(제3조 제4항), 유효한 것으로 인정한 후보자명부를 공고해야 한다.

## 제2절 수개의 후보자명부가 있는 경우에 있어 선거절차(법 제14조 제2항 1문)

제11조

① 투표자는 유효한 것으로 인정된 후보자명부에 대해서만 투표를 할 수 있다. 투표는 투표를 위해 제작된 봉투에 투표용지를 투입함으로써(durch Abgabe von Stimmzetteln in den hierfür bestimmten Umschlägen) 이뤄진다(봉투투표; Wahlumschlägen).

② 맨 처음에 배치된 2명의 후보자의 성명, 사업 내 고용형태를 기재한 각 후보자명부가 투표용지에서 일련번호의 순서에 따라(nach der Reihenfolge der Ordnungsnummern) 아래로 차례차

Familienname, Vorname und Art der Beschäftigung im Betrieb untereinander aufzuführen; bei Listen, die mit Kennworten versehen sind, ist auch das Kennwort anzugeben. Die Stimmzettel für die Betriebsratswahl müssen sämtlich die gleiche Größe, Farbe, Beschaffenheit und Beschriftung haben. Das Gleiche gilt für die Wahlumschläge.

(3) Die Wählerin oder der Wähler kennzeichnet die von ihr oder ihm gewählte Vorschlagsliste durch Ankreuzen an der im Stimmzettel hierfür vorgesehenen Stelle.

(4) Stimmzettel, die mit einem besonderen Merkmal versehen sind oder aus denen sich der Wille der Wählerin oder des Wählers nicht unzweifelhaft ergibt oder die andere Angaben als die in Absatz 1 genannten Vorschlagslisten, einen Zusatz oder sonstige Änderungen enthalten, sind ungültig.

§ 12 Wahlvorgang

(1) Der Wahlvorstand hat geeignete Vorkehrungen für die unbeobachtete Bezeichnung der Stimmzettel im Wahlraum zu treffen und für die Bereitstellung einer Wahlurne oder mehrerer Wahlurnen zu sorgen. Die Wahlurne muss vom Wahlvorstand verschlossen und so eingerichtet sein, dass die eingeworfenen Wahlumschläge nicht herausgenommen werden können, ohne dass die Urne geöffnet wird.

(2) Während der Wahl müssen immer mindestens zwei stimmberechtigte Mitglieder des Wahlvorstands im Wahlraum anwesend sein; sind Wahlhelferinnen oder Wahlhelfer bestellt (§ 1 Abs. 2), so genügt die Anwesenheit eines stimmberechtigten Mitglieds des Wahlvorstands und einer Wahlhelferin oder eines Wahlhelfers.

(3) Die Wählerin oder der Wähler gibt ihren oder seinen Namen an und wirft den Wahlumschlag, in den der Stimmzettel eingelegt ist, in die Wahlurne ein, nachdem die Stimmabgabe in der Wählerliste vermerkt worden ist.

(4) Wer infolge seiner Behinderung bei der Stimmabgabe beeinträchtigt ist, kann eine Person seines Vertrauens bestimmen, die ihm bei der Stimmabgabe behilflich sein soll, und teilt dies dem Wahlvorstand mit. Wahlbewerberinnen oder Wahlbewerber, Mitglieder des Wahlvorstands sowie Wahlhelferinnen und Wahlhelfer dürfen nicht zur Hilfeleistung herangezogen werden. Die Hilfeleistung beschränkt sich auf die Erfüllung der Wünsche der Wählerin oder des Wählers zur Stimmabgabe; die Person des Vertrauens darf gemeinsam mit der Wählerin oder dem Wähler die Wahlzelle aufsuchen. Sie ist zur Geheimhaltung der Kenntnisse verpflichtet, die sie bei der Hilfeleistung zur Stimmabgabe erlangt hat. Die Sätze 1 bis 4 gelten entsprechend für des Lesens unkundige Wählerinnen und Wähler.

(5) Nach Abschluss der Stimmabgabe ist die Wahlurne zu versiegeln, wenn die Stimmenzählung nicht unmittelbar nach Beendigung der Wahl durchgeführt wird. Gleiches gilt, wenn die Stimmabgabe unterbrochen wird, insbesondere wenn sie an mehreren Tagen erfolgt.

례 배열된다; 선거표어(Kennwort)가 갖춰진 후보자명부의 경우(bei Listen, die mit Kennworten versehen sind) 그 선거표어도 기재된다. 근로자평의회선거를 위한 투표용지의 크기, 색깔, 상태 및 문자가 모두 동일해야만 한다. 투표봉투도 마찬가지이다.

③ 선거권자는, 투표용지에 기표를 위해 마련된 공간에 '×'를 기표함으로써 자신이 선택한 후보자명부를 표시한다.

④ 특수한 표지(標識)가 있거나 투표자의 의사가 명백하게 드러나지 않은 투표용지 또는 제11조 제1항에서 언급된 후보자명부 이외의 다른 후보자명부에 대한 기재, 추가기재 또는 기타 변경사항이 포함된 투표용지는 무효이다.

제12조 투표과정

① 선거위원회는 투표소에서 투표용지에 기표하는 행위(für die unbeobachtete Bezeichnung der Stimmzettel im Wahlraum)가 노출되지 않도록 적절하게 대비해야 하고 1개 또는 수개의 투표함이 마련되도록 적절하게 대비해야 한다. 투표함은 선거위원회에 의해 봉인되어야만 하고, 투표함이 개함되는 경우를 제외하고(ohne dass die Urne geöffnet wird) 투함된 투표봉투가 빠져나오지 못하도록 제작되어야만 한다.

② 투표가 행해지는 동안 항상 투표권이 있는 선거관리위원회위원 2명 이상이 투표소에 임석(臨席)해야만 한다; 선거보조인이 임명된 경우(제1조 제2항)에, 투표권이 있는 선거관리위원회위원 1명과 선거보조인 1명의 임석(Anwesenheit eines stimmberechtigten Mitglieds des Wahlvorstands)으로 족하다.

③ 투표자는 선거인명부에 투표권 행사의 표시를 한 다음(nachdem die Stimmabgabe in der Wählerliste vermerkt worden ist), 자신의 이름을 말한 후 투표용지가 들어 있는 투표봉투를 투표함에 집어넣는다.

④ 자신의 장애로 인해 투표에서 지장을 받는 사람은 투표행사시 자신을 보조하는(die ihm bei der Stimmabgabe behilflich sein soll) 투표보조인을 정할 수 있고 이를 선거위원회에 통지한다. 후보자, 선거위원회위원과 선거보조인(Wahlbewerberinnen oder Wahlbewerber, Mitglieder des Wahlvorstands sowie Wahlhelferinnen und Wahlhelfer)에 대해서는 그러한 도움을 제공하도록 요청해서는 안 된다. 그러한 도움제공(Hilfeleistung)은 투표자의 투표에 관한 의사의 이행으로 국한된다; 그 투표보조인은 투표자와 함께 기표소에 들어갈 수 있다(die Person des Vertrauens darf gemeinsam mit der Wählerin oder dem Wähler die Wahlzelle aufsuchen). 그 투표보조인은 자신이 투표인의 투표에 대한 도움제공시 지득한 정보에 대한 비밀엄수(Geheimhaltung der Kenntnisse)를 할 의무가 있다. 제1문 내지 제4문은 문맹인인 투표자에 대하여(für des Lesens unkundige Wählerinnen und Wähler) 준용한다.

⑤ 개표가 투표 종료 직후에(unmittelbar nach Beendigung der Wahl) 실시되지 않는 경우에 투표 종료 후 투표함은 봉인되어야 한다. 투표가 중단된 경우, 특히 투표가 여러 날에 걸쳐 실시된 경우에도 또한 같다.

§ 13 Öffentliche Stimmauszählung

Unverzüglich nach Abschluss der Wahl nimmt der Wahlvorstand öffentlich die Auszählung der Stimmen vor und gibt das aufgrund der Auszählung sich ergebende Wahlergebnis bekannt.

§ 14 Verfahren bei der Stimmauszählung

(1) Nach Öffnung der Wahlurne entnimmt der Wahlvorstand die Stimmzettel den Wahlumschlägen und zählt die auf jede Vorschlagsliste entfallenden Stimmen zusammen. Dabei ist die Gültigkeit der Stimmzettel zu prüfen.

(2) Befinden sich in einem Wahlumschlag mehrere gekennzeichnete Stimmzettel (§ 11 Abs. 3), so werden sie, wenn sie vollständig übereinstimmen, nur einfach gezählt, andernfalls als ungültig angesehen.

§ 15 Verteilung der Betriebsratssitze auf die Vorschlagslisten

(1) Die Betriebsratssitze werden auf die Vorschlagslisten verteilt. Dazu werden die den einzelnen Vorschlagslisten zugefallenen Stimmenzahlen in einer Reihe nebeneinander gestellt und sämtlich durch 1, 2, 3, 4 usw. geteilt. Die ermittelten Teilzahlen sind nacheinander reihenweise unter den Zahlen der ersten Reihe aufzuführen, bis höhere Teilzahlen für die Zuweisung der zu verteilenden Sitze nicht mehr in Betracht kommen.

(2) Unter den so gefundenen Teilzahlen werden so viele Höchstzahlen ausgesondert und der Größe nach geordnet, wie Betriebsratsmitglieder zu wählen sind. Jede Vorschlagsliste erhält so viele Mitgliedersitze zugeteilt, wie Höchstzahlen auf sie entfallen. Entfällt die niedrigste in Betracht kommende Höchstzahl auf mehrere Vorschlagslisten zugleich, so entscheidet das Los darüber, welcher Vorschlagsliste dieser Sitz zufällt.

(3) Wenn eine Vorschlagsliste weniger Bewerberinnen oder Bewerber enthält, als Höchstzahlen auf sie entfallen, so gehen die überschüssigen Mitgliedersitze auf die folgenden Höchstzahlen der anderen Vorschlagslisten über.

(4) Die Reihenfolge der Bewerberinnen oder Bewerber innerhalb der einzelnen Vorschlagslisten bestimmt sich nach der Reihenfolge ihrer Benennung.

(5) Befindet sich unter den auf die Vorschlagslisten entfallenden Höchstzahlen nicht die erforderliche Mindestzahl von Angehörigen des Geschlechts in der Minderheit nach § 15 Abs. 2 des Gesetzes, so gilt Folgendes:

1. An die Stelle der auf der Vorschlagsliste mit der niedrigsten Höchstzahl benannten Person, die nicht dem Geschlecht in der Minderheit angehört, tritt die in derselben Vorschlagsliste in der Reihenfolge nach ihr benannte, nicht berücksichtigte Person des Geschlechts in der Minderheit.
2. Enthält diese Vorschlagsliste keine Person des Geschlechts in der Minderheit, so geht dieser Sitz auf die Vorschlagsliste mit der folgenden, noch nicht berücksichtigten Höchstzahl und mit

제13조 공개적인 개표

선거위원회는 투표가 종료된 후 지체 없이 공개적으로 개표에 착수하고 개표에 의해 도출된 선거결과를 공표한다.

제14조 개표절차

① 투표함을 개함한 후 투표봉투에서 투표용지를 꺼내 각 후보자명부에 할당된 득표수(die auf jede Vorschlagsliste entfallenden Stimmen)를 합산한다. 이 경우 투표용지의 유효성을 검사해야 한다.

② 기표된 수개의 투표용지가 1개의 투표봉투에 들어 있는 경우에(제11조 제3항), 그 투표용지가 완전히 일치하는 경우(wenn sie vollständig übereinstimmen)에 한하여 하나의 투표로 계산하고, 그 이외의 경우에는 무효로 본다.

제15조 근로자평의회구성원자리의 후보자명부에 대한 할당

① 근로자평의회구성원자리는 후보자명부에 할당된다. 이를 위해 각 후보자명부에 할당된 득표수를 나란히 배열하여 모두 1, 2, 3, 4 등으로 나눈다. 이처럼 산정된 나눈 값은, 배분해야 할 근로자평의회구성원자리의 할당을 위해 그 다음으로 큰 나눈 값이 더 이상 고려되지 않을 때까지(bis höhere Teilzahlen für die Zuweisung der zu verteilenden Sitze nicht mehr in Betracht kommen) 첫째로 산정된 수 아래에 차례대로 나란히 배열해야 한다.

② 위와 같이 산정된 나눈 값 가운데서 선출되어야 할 근로자평의회구성원자리 만큼의 최대수가 선택되어 그 크기에 따라 배열된다. 최대수(Höchstzahlen)가 그 후보자명부에 할당될 만큼의 근로자평의회구성원자리가 각 후보자명부에 배분된다. 가장 작은 최대수가 고려되는 최대수로 수개의 후보자명부에 동시에 할당되는 경우에 어느 후보자명부에 이러한 근로자평의회구성원자리가 배분될 것인지에 대해 추첨으로 결정한다.

③ 후보자명부에 할당된 최대수(Höchstzahlen)보다 적게 후보자가 후보자명부에 있는 경우에, 그 초과된 근로자평의회구성원자리(überschüssigen Mitgliedersitze)는 다른 후보자명부의 다음 최대수로 넘어간다.

④ 각 후보자명부 내 후보자의 순위는 그 배치순위에 따라(nach der Reihenfolge ihrer Benennung) 결정된다.

⑤ 법 제15조 제2항에 따라 소수인 성에 속하는 사람에 대한 필요한 최소 근로자평의회구성원자리만큼이 후보자명부에 할당된 최대수에 의해 배분되지 않은 경우 다음 각 호와 같이 처리한다:

1. 가장 작은 최대수를 받은 후보자명부에 등재된 사람으로 소수인 성에 속하지 않을 사람을, 동일한 후보자명부에서 그 사람 순위 다음으로 등재된 사람으로, 소수인 성에 속하는, 당선자로 고려되지 않은 사람이 대신한다.
2. 위와 같은 후보자명부에 소수인 성에 속하는 사람이 없는 경우에, 이러한 근로자평의회구성원자리는 그 다음으로 큰 최대수로 당선자로 고려되지 않은 최대수가 있고 소수인 성에

Angehörigen des Geschlechts in der Minderheit über. Entfällt die folgende Höchstzahl auf mehrere Vorschlagslisten zugleich, so entscheidet das Los darüber, welcher Vorschlagsliste dieser Sitz zufällt.

3. Das Verfahren nach den Nummern 1 und 2 ist so lange fortzusetzen, bis der Mindestanteil der Sitze des Geschlechts in der Minderheit nach § 15 Abs. 2 des Gesetzes erreicht ist.
4. Bei der Verteilung der Sitze des Geschlechts in der Minderheit sind auf den einzelnen Vorschlagslisten nur die Angehörigen dieses Geschlechts in der Reihenfolge ihrer Benennung zu berücksichtigen.
5. Verfügt keine andere Vorschlagsliste über Angehörige des Geschlechts in der Minderheit, verbleibt der Sitz bei der Vorschlagsliste, die zuletzt ihren Sitz zu Gunsten des Geschlechts in der Minderheit nach Nummer 1 hätte abgeben müssen.

§ 16 Wahlniederschrift

(1) Nachdem ermittelt ist, welche Arbeitnehmerinnen und Arbeitnehmer als Betriebsratsmitglieder gewählt sind, hat der Wahlvorstand in einer Niederschrift festzustellen:

1. die Gesamtzahl der abgegebenen Wahlumschläge und die Zahl der abgegebenen gültigen Stimmen;
2. die jeder Liste zugefallenen Stimmenzahlen;
3. die berechneten Höchstzahlen;
4. die Verteilung der berechneten Höchstzahlen auf die Listen;
5. die Zahl der ungültigen Stimmen;
6. die Namen der in den Betriebsrat gewählten Bewerberinnen und Bewerber;
7. gegebenenfalls besondere während der Betriebsratswahl eingetretene Zwischenfälle oder sonstige Ereignisse.

(2) Die Niederschrift ist von der oder dem Vorsitzenden und von mindestens einem weiteren stimmberechtigten Mitglied des Wahlvorstands zu unterschreiben.

§ 17 Benachrichtigung der Gewählten

(1) Der Wahlvorstand hat die als Betriebsratsmitglieder gewählten Arbeitnehmerinnen und Arbeitnehmer unverzüglich schriftlich von ihrer Wahl zu benachrichtigen. Erklärt die gewählte Person nicht binnen drei Arbeitstagen nach Zugang der Benachrichtigung dem Wahlvorstand, dass sie die Wahl ablehne, so gilt die Wahl als angenommen.

(2) Lehnt eine gewählte Person die Wahl ab, so tritt an ihre Stelle die in derselben Vorschlagsliste in der Reihenfolge nach ihr benannte, nicht gewählte Person. Gehört die gewählte Person dem Geschlecht in der Minderheit an, so tritt an ihre Stelle die in derselben Vorschlagsliste in der Reihenfolge nach ihr benannte, nicht gewählte Person desselben Geschlechts, wenn ansonsten das

속하는 사람이 있는 후보자명부로 넘어간다. 그 다음으로 큰 최대수가 수개의 후보자명부에 동시에 할당된 경우에, 어느 후보자명부에 이러한 근로자평의회구성원자리가 할당될 것인지는 추첨으로 결정한다.

3. 법 제15조 제2항에 따른 소수인 성에 대한 근로자평의회구성원자리 최소비율이 충족될 때까지 제1호 및 제2호에 따른 절차를 계속한다.
4. 소수인 성에 대한 근로자평의회구성원자리의 배분에 있어, 소수인 성에 속하는 사람만이 그 명부배치순위(Reihenfolge ihrer Benennung)에 따라 각각의 후보자명부에서 당선자로 고려되어야 한다.
5. 다른 후보자명부에 소수인 성에 속하는 사람이 등재되지 않은 경우에, 그 근로자평의회구성원자리는 제1호에 따라 소수인 성을 위해 가장 나중에 그 근로자평의회구성원자리를 넘겨줘야만 했던 후보자명부에 그대로 남는다.

제16조 투표의사록정본

① 어느 근로자가 근로자평의회구성원으로 당선되었는지를 결정한 다음, 선거관리위원회는 투표의사록정본으로 다음 각 호 사항을 확정해야 한다:

1. 행사된 투표봉투의 총수(Gesamtzahl der abgegebenen Wahlumschläge)와 행사된 유효득표수(Zahl der abgegebenen gültigen Stimmen);
2. 각 후보자명부에 할당된 득표수;
3. 산정된 최대수;
4. 산정된 최대수의 후보자명부에 대한 할당;
5. 무효인 득표수;
6. 근로자평의회구성원으로 당선된 후보자의 성명;
7. 필요한 경우 근로자평의회선거 동안에 발생한 특별한 사건(Zwischenfälle) 또는 기타 사건(sonstige Ereignisse);

② 의사록은 선거위원회위원장과 1명 이상의 투표권이 있는 선거위원회위원이 추가로 서명을 해야 한다.

제17조 당선인에 대한 통지

① 선거위원회는 근로자평의회구성원으로 당선된 근로자들(die als Betriebsratsmitglieder gewählten Arbeitnehmerinnen und Arbeitnehmer)에게 지체 없이 서면으로 그 당선에 관하여 통지해야 한다. 당선인이 그 통지 도달 후 3일의 근무일 내에 선거위원회에 당선을 거부한다는 의사를 표시하지 않은 경우에 그 당선은 수용된 것으로 본다.

② 당선인이 그 당선을 거부하는 경우에, 동일한 후보자명부에서 그 다음 순위로 등재된 당선되지 않은 사람이 그를 승계한다. 그 당선인이 소수인 성에 속하는 경우에(Gehört die gewählte Person dem Geschlecht in der Minderheit an), 소수인 성에 할당하지 않으면 소수인 성이 법 제15조 제2항에 따라 자신에게 할당되어야 할 최소 근로자평의회구성원자리를 배분받지 못

Geschlecht in der Minderheit nicht die ihm nach § 15 Abs. 2 des Gesetzes zustehenden Mindestsitze erhält. § 15 Abs. 5 Nr. 2 bis 5 gilt entsprechend.

§ 18 Bekanntmachung der Gewählten

Sobald die Namen der Betriebsratsmitglieder endgültig feststehen, hat der Wahlvorstand sie durch zweiwöchigen Aushang in gleicher Weise bekannt zu machen wie das Wahlausschreiben (§ 3 Abs. 4). Je eine Abschrift der Wahlniederschrift (§ 16) ist dem Arbeitgeber und den im Betrieb vertretenen Gewerkschaften unverzüglich zu übersenden.

§ 19 Aufbewahrung der Wahlakten

Der Betriebsrat hat die Wahlakten mindestens bis zur Beendigung seiner Amtszeit aufzubewahren.

## Dritter Unterabschnitt Wahlverfahren bei nur einer Vorschlagsliste (§ 14 Abs. 2 Satz 2 erster Halbsatz des Gesetzes)

§ 20 Stimmabgabe

(1) Ist nur eine gültige Vorschlagsliste eingereicht, so kann die Wählerin oder der Wähler ihre oder seine Stimme nur für solche Bewerberinnen oder Bewerber abgeben, die in der Vorschlagsliste aufgeführt sind.

(2) Auf den Stimmzetteln sind die Bewerberinnen oder Bewerber unter Angabe von Familienname, Vorname und Art der Beschäftigung im Betrieb in der Reihenfolge aufzuführen, in der sie auf der Vorschlagsliste benannt sind.

(3) Die Wählerin oder der Wähler kennzeichnet die von ihr oder ihm gewählten Bewerberinnen oder Bewerber durch Ankreuzen an der hierfür im Stimmzettel vorgesehenen Stelle; es dürfen nicht mehr Bewerberinnen oder Bewerber angekreuzt werden, als Betriebsratsmitglieder zu wählen sind. § 11 Abs. 1 Satz 2, Abs. 2 Satz 2 und 3, Abs. 4, §§ 12 und 13 gelten entsprechend.

§ 21 Stimmauszählung

Nach Öffnung der Wahlurne entnimmt der Wahlvorstand die Stimmzettel den Wahlumschlägen und zählt die auf jede Bewerberin und jeden Bewerber entfallenden Stimmen zusammen; § 14 Abs. 1 Satz 2 und Abs. 2 gilt entsprechend.

§ 22 Ermittlung der Gewählten

(1) Zunächst werden die dem Geschlecht in der Minderheit zustehenden Mindestsitze (§ 15 Abs. 2 des Gesetzes) verteilt. Dazu werden die dem Geschlecht in der Minderheit zustehenden Mindestsitze mit Angehörigen dieses Geschlechts in der Reihenfolge der jeweils höchsten auf sie entfallenden Stimmenzahlen besetzt.

(2) Nach der Verteilung der Mindestsitze des Geschlechts in der Minderheit nach Absatz 1 erfolgt

하게 될 때에는, 동일한 후보자명부에서 그 당선인 다음 순위로 등재된, 당선되지 않은 소수인 성에 속한 사람이 그 당선인을 대신한다.

제18조 당선인의 공고

근로자평의회구성원들의 성명이 최종적으로 정해진 때에는 바로 선거위원회는 그 성명을 선거공고(제3조 제4항)와 동일한 방식으로 2주간 게시함으로써 공고해야 한다. 투표의사록정본(Wahlniederschrift)의 사본 1부씩이 사용자와 당해 사업에 조합원인 근로자가 있는 노동조합에 지체 없이 송부되어야 한다.

제19조 선거서류의 보관

근로자평의회는 최소한 그 임기가 종료될 때까지 선거서류를 보관해야 한다.

## 제3절 1개의 후보자명부만이 있는 경우의 선거절차 [법 제14조 제2항 제2문 첫째소문(小文)]

제20조 투표

① 유효한 후보자명부 1개만이 제출된 경우에(Ist nur eine gültige Vorschlagsliste eingereicht), 투표자는 후보자명부에 등재된(die in der Vorschlagsliste aufgeführt sind) 후보자에 대해서만 투표할 수 있다.

② 후보자는 투표용지상에서 후보자명부에 배치된 순위에 따라 성명, 사업 내 고용형태를 기재하여(unter Angabe von Familienname, Vorname und Art der Beschäftigung im Betrieb) 배열되어야 한다.

③ 투표자는, 투표용지에 기표를 위해 마련된 공간에 '×'를 기표함으로써(durch Ankreuzen an der hierfür im Stimmzettel vorgesehenen Stelle) 자신이 선택한 '후보자'를 표시한다; 이는 선출되어야 할 근로자평의회구성원보다 더 많은 후보자에게 '×'를 기표해서는 안 된다. 제11조 제1항 제2문, 제2항 제2문, 제3문, 제4항, 제12조 내지 제13조를 준용한다.

제21조 개표

선거위원회는 투표함을 개함한 후 투표봉투에서 투표용지를 꺼내 각 후보자에게 할당된 득표수(die auf jede Bewerberin und jeden Bewerber entfallenden Stimmen)를 합산한다; 제14조 제1항 제2문, 제2항을 준용한다.

제22조 당선인의 결정

① 먼저 소수인 성에 할당되어야 할 최소 근로자평의회구성원자리(법 제15조 제2항)가 배분된다. 이를 위해 소수인 성에 할당되어야 할 최소 근로자평의회구성원자리(die dem Geschlecht in der Minderheit zustehenden Mindestsitze)는 소수인 성에 속한 사람에 할당된 각각의 득표수가 가장 큰 순위에 따라 소수인 성에 속한 사람에게 배분된다.

② 제22조 제1항에 따른 소수인 성에 대한 최소 근로자평의회구성원자리를 배분한 다음 추가

die Verteilung der weiteren Sitze. Die weiteren Sitze werden mit Bewerberinnen und Bewerbern, unabhängig von ihrem Geschlecht, in der Reihenfolge der jeweils höchsten auf sie entfallenden Stimmenzahlen besetzt.

(3) Haben in den Fällen des Absatzes 1 oder 2 für den zuletzt zu vergebenden Betriebsratssitz mehrere Bewerberinnen oder Bewerber die gleiche Stimmenzahl erhalten, so entscheidet das Los darüber, wer gewählt ist.

(4) Haben sich weniger Angehörige des Geschlechts in der Minderheit zur Wahl gestellt oder sind weniger Angehörige dieses Geschlechts gewählt worden als ihm nach § 15 Abs. 2 des Gesetzes Mindestsitze zustehen, so sind die insoweit überschüssigen Mitgliedersitze des Geschlechts in der Minderheit bei der Sitzverteilung nach Absatz 2 Satz 2 zu berücksichtigen.

§ 23 Wahlniederschrift, Bekanntmachung

(1) Nachdem ermittelt ist, welche Arbeitnehmerinnen und Arbeitnehmer als Betriebsratsmitglieder gewählt sind, hat der Wahlvorstand eine Niederschrift anzufertigen, in der außer den Angaben nach § 16 Abs. 1 Nr. 1, 5 bis 7 die jeder Bewerberin und jedem Bewerber zugefallenen Stimmenzahlen festzustellen sind. § 16 Abs. 2, § 17 Abs. 1, §§ 18 und 19 gelten entsprechend.

(2) Lehnt eine gewählte Person die Wahl ab, so tritt an ihre Stelle die nicht gewählte Person mit der nächsthöchsten Stimmenzahl. Gehört die gewählte Person dem Geschlecht in der Minderheit an, so tritt an ihre Stelle die nicht gewählte Person dieses Geschlechts mit der nächsthöchsten Stimmenzahl, wenn ansonsten das Geschlecht in der Minderheit nicht die ihm nach § 15 Abs. 2 des Gesetzes zustehenden Mindestsitze erhalten würde. Gibt es keine weiteren Angehörigen dieses Geschlechts, auf die Stimmen entfallen sind, geht dieser Sitz auf die nicht gewählte Person des anderen Geschlechts mit der nächsthöchsten Stimmenzahl über.

## Dritter Abschnitt Schriftliche Stimmabgabe

§ 24 Voraussetzungen

(1) Wahlberechtigten, die im Zeitpunkt der Wahl wegen Abwesenheit vom Betrieb verhindert sind, ihre Stimme persönlich abzugeben, hat der Wahlvorstand auf ihr Verlangen

1. das Wahlausschreiben,
2. die Vorschlagslisten,
3. den Stimmzettel und den Wahlumschlag,
4. eine vorgedruckte von der Wählerin oder dem Wähler abzugebende Erklärung, in der gegenüber dem Wahlvorstand zu versichern ist, dass der Stimmzettel persönlich gekennzeichnet worden ist, sowie
5. einen größeren Freiumschlag, der die Anschrift des Wahlvorstands und als Absender den Namen

적인 근로자평의회구성원자리 배분된다. 추가적 근로자평의회구성원자리(weiteren Sitze)는 후보자의 성별에 상관없이, 후보자에 할당된 각각의 득표수가 가장 큰 순위에 따라 그 후보자에게 배분된다.

③ 제22조 제1항 또는 제2항의 경우에 수인의 후보자(mehrere Bewerberinnen oder Bewerber)가 가장 나중에 배분되는 근로자평의회구성원자리에 대해 똑같은 득표수를 얻은 때에는 누구를 당선인으로 할 것인지는 추첨으로 정한다.

④ 소수인 성에 속한 사람이 법 제15조 제2항에 따라 소수인 성에 할당되어야 할 최소 근로자평의회구성원자리보다 더 적게 입후보하거나 당선된 경우에, 소수인 성의 초과하는 최소 근로자평의회구성원자리는 그처럼 초과하는 범위 내에서 제22조 제2항 제2문의 근로자평의회구성원자리배분에서 고려되어야 한다.

제23조 투표의사록정본, 공고

① 어느 근로자가 근로자평의회구성원으로 당선되었는지를 결정한 다음, 선거위원회는 투표의사록정본을 작성해야 하고, 제16조 제1항 제1호, 제5호 내지 제7호에 따른 사항 이외에도 각 후보자가 얻은 득표수를 확정해야 한다. 제16조 제2항, 제17조 제1항, 제18조 내지 제19조를 준용한다.

② 당선인이 그 당선을 거부하는 경우에, 그 다음으로 많은 득표수를 얻은 당선되지 않은 사람이 그 당선인을 대신한다. 당선인이 소수인 성에 속하는 경우에  그 다음으로 가장 많은 득표수를 얻은, 당선되지 않은 소수인 성에 속한 사람이(Gehört die gewählte Person dem Geschlecht in der Minderheit an, so tritt an ihre Stelle die nicht gewählte Person dieses Geschlechts mit der nächsthöchsten Stimmenzahl), 소수인 성에 할당하지 않으면 소수인 성이 법 제15조 제2항에 따라 자신에게 할당되어야 할 최소 근로자평의회구성원자리를 배분받지 못하게 될 때에는, 그 당선인을 대신한다.

## 제3장 서면투표

제24조 요건

① 선거위원회는 선거 시점에 사업장에 부재함으로 인하여 직접 투표할 수 없는 선거권자의 그 요청이 있는 경우에 그 선거권자에게 다음 각 호의 서류 모두를 교부하거나 송부한다,

1. 선거공고,
2. 후보자명부,
3. 투표용지와 투표봉투,
4. 투표자가 선거위원회에 자신이 투표용지에 직접 기표했다는 점(dass der Stimmzettel persönlich gekennzeichnet worden ist)을 보증하는 확인서로, 투표자가 작성하는 미리 인쇄된 확인서,
5. 선거위원회의 주소(Anschrift des Wahlvorstands), 발신인으로서 투표자의 성명 및 주소와

und die Anschrift der oder des Wahlberechtigten sowie den Vermerk "Schriftliche Stimmabgabe" trägt,

auszuhändigen oder zu übersenden. Der Wahlvorstand soll der Wählerin oder dem Wähler ferner ein Merkblatt über die Art und Weise der schriftlichen Stimmabgabe (§ 25) aushändigen oder übersenden. Der Wahlvorstand hat die Aushändigung oder die Übersendung der Unterlagen in der Wählerliste zu vermerken.

(2) Wahlberechtigte, von denen dem Wahlvorstand bekannt ist, dass sie im Zeitpunkt der Wahl nach der Eigenart ihres Beschäftigungsverhältnisses voraussichtlich nicht im Betrieb anwesend sein werden (insbesondere im Außendienst oder mit Telearbeit Beschäftigte und in Heimarbeit Beschäftigte), erhalten die in Absatz 1 bezeichneten Unterlagen, ohne dass es eines Verlangens der Wahlberechtigten bedarf.

(3) Für Betriebsteile und Kleinstbetriebe, die räumlich weit vom Hauptbetrieb entfernt sind, kann der Wahlvorstand die schriftliche Stimmabgabe beschließen. Absatz 2 gilt entsprechend.

§ 25 Stimmabgabe

Die Stimmabgabe erfolgt in der Weise, dass die Wählerin oder der Wähler

1. den Stimmzettel unbeobachtet persönlich kennzeichnet und in dem Wahlumschlag verschließt,
2. die vorgedruckte Erklärung unter Angabe des Orts und des Datums unterschreibt und
3. den Wahlumschlag und die unterschriebene vorgedruckte Erklärung in dem Freiumschlag verschließt und diesen so rechtzeitig an den Wahlvorstand absendet oder übergibt, dass er vor Abschluss der Stimmabgabe vorliegt.

Die Wählerin oder der Wähler kann unter den Voraussetzungen des § 12 Abs. 4 die in den Nummern 1 bis 3 bezeichneten Tätigkeiten durch eine Person des Vertrauens verrichten lassen.

§ 26 Verfahren bei der Stimmabgabe

(1) Unmittelbar vor Abschluss der Stimmabgabe öffnet der Wahlvorstand in öffentlicher Sitzung die bis zu diesem Zeitpunkt eingegangenen Freiumschläge und entnimmt ihnen die Wahlumschläge sowie die vorgedruckten Erklärungen. Ist die schriftliche Stimmabgabe ordnungsgemäß erfolgt (§ 25), so legt der Wahlvorstand den Wahlumschlag nach Vermerk der Stimmabgabe in der Wählerliste ungeöffnet in die Wahlurne.

(2) Verspätet eingehende Briefumschläge hat der Wahlvorstand mit einem Vermerk über den Zeitpunkt des Eingangs ungeöffnet zu den Wahlunterlagen zu nehmen. Die Briefumschläge sind einen Monat nach Bekanntgabe des Wahlergebnisses ungeöffnet zu vernichten, wenn die Wahl nicht angefochten worden ist.

## Vierter Abschnitt Wahlvorschläge der Gewerkschaften

"서면투표"라는 표시가 기재된, 회송용선거대봉투,

또한 선거위원회는 투표자에게 서면투표(제25조)의 종류와 방법(Art und Weise der schriftlichen Stimmabgabe)에 관한 팜플렛을 교부하거나 송부해야 한다. 선거위원회는 선거인명부에 있는 부속서류에 그 교부 또는 송부(Aushändigung oder die Übersendung)를 표기해야 한다.

② 자신이 선거시기에 고용관계의 특성[특히 외근근무자, 원격근무자 및 재택근무자(insbesondere im Außendienst oder mit Telearbeit Beschäftigte und in Heimarbeit Beschäftigte)]으로 인해 사업장에 부재할 것으로 예상되는 사실을 선거위원회(選擧委員會)에 알린 선거권자는, 자신이 필요한 것으로 요구하지 않은 경우를 제외하고, 제24조 제1항에 기재된 서류를 제공받는다.

③ 주(主)사업(이 행해지는 장소)과 공간적으로 떨어진 사업일부 또는 소규모사업에 대해 선거위원회는 서면투표를 결의할 수 있다. 제24조 제2항을 준용한다.

제25조 투표

투표자는 자신의 투표를 다음과 같은 방식으로,

1. 투표용지에 노출되지 않게 직접 기표를 하고 투표봉투에 넣어 봉인하며,
2. 미리 인쇄된 확인서에 장소 및 날짜를 기재하여 서명하고,
3. 투표봉투와 서명한 확인서(Wahlumschlag und die unterschriebene vorgedruckte Erklärung)를 회송용선거대봉투에 넣어 봉인하고 이를 선거위원회에게 적시에 발송하거나 송부하여 그 봉투가 투표종료 전에 제출되도록 한다.

투표자는 제12조 제4항의 요건하에서(unter den Voraussetzungen) 필요한 경우에 투표보조인이 제1호 내지 제3호에 기재된 행위를 하게 할 수 있다.

제26조 투표절차

① 투표가 종료된 직후에 선거위원회는 공개된 회의석상에서 그때까지 도달한 그 회송용선거대봉투(die bis zu diesem Zeitpunkt eingegangenen Freiumschläge)를 개봉하고 투표봉투와 미리 인쇄된 확인서(Wahlumschläge sowie die vorgedruckten Erklärungen)를 꺼낸다. 서면투표가 제25조의 규정에 맞게 시행된 경우에, 선거위원회는 선거인명부에 투표표시를 한 후 투표봉투를 투표함에 투입한다.

② 회송용선거대봉투가 늦게 도달한 경우(Verspätet eingehende Briefumschläge) 선거위원회는 미개봉인 채로 선거서류에 도달시기를 넘겼다는 표기를 해야 한다. 선거취소가 되지 않는 한, 선거결과를 공표한 때로부터 1개월 후에 그 회송용선거대봉투(Briefumschläge)를 미개봉한 채로 파쇄해야 한다.

## 제4장 노동조합의 후보자추천서

§ 27 Voraussetzungen, Verfahren

(1) Für den Wahlvorschlag einer im Betrieb vertretenen Gewerkschaft (§ 14 Abs. 3 des Gesetzes) gelten die §§ 6 bis 26 entsprechend.

(2) Der Wahlvorschlag einer Gewerkschaft ist ungültig, wenn er nicht von zwei Beauftragten der Gewerkschaft unterzeichnet ist (§ 14 Abs. 5 des Gesetzes).

(3) Die oder der an erster Stelle unterzeichnete Beauftragte gilt als Listenvertreterin oder Listenvertreter. Die Gewerkschaft kann hierfür eine Arbeitnehmerin oder einen Arbeitnehmer des Betriebs, die oder der Mitglied der Gewerkschaft ist, benennen.

## Zweiter Teil Wahl des Betriebsrats im vereinfachten Wahlverfahren (§ 14a des Gesetzes)

### Erster Abschnitt Wahl des Betriebsrats im zweistufigen Verfahren (§ 14a Abs. 1 des Gesetzes)

#### Erster Unterabschnitt Wahl des Wahlvorstands

§ 28 Einladung zur Wahlversammlung

(1) Zu der Wahlversammlung, in der der Wahlvorstand nach § 17a Nr. 3 des Gesetzes (§ 14a Abs. 1 des Gesetzes) gewählt wird, können drei Wahlberechtigte des Betriebs oder eine im Betrieb vertretene Gewerkschaft einladen (einladende Stelle) und Vorschläge für die Zusammensetzung des Wahlvorstands machen. Die Einladung muss mindestens sieben Tage vor dem Tag der Wahlversammlung erfolgen. Sie ist durch Aushang an geeigneten Stellen im Betrieb bekannt zu machen. Ergänzend kann die Einladung mittels der im Betrieb vorhandenen Informations- und Kommunikationstechnik bekannt gemacht werden; § 2 Abs. 4 Satz 4 gilt entsprechend. Die Einladung muss folgende Hinweise enthalten:

a) Ort, Tag und Zeit der Wahlversammlung zur Wahl des Wahlvorstands;
b) dass Wahlvorschläge zur Wahl des Betriebsrats bis zum Ende der Wahlversammlung zur Wahl des Wahlvorstands gemacht werden können (§ 14a Abs. 2 des Gesetzes);
c) dass Wahlvorschläge der Arbeitnehmerinnen und Arbeitnehmer zur Wahl des Betriebsrats mindestens von einem Zwanzigstel der Wahlberechtigten, mindestens jedoch von drei Wahlberechtigten unterzeichnet sein müssen; in Betrieben mit in der Regel bis zu zwanzig Wahlberechtigten reicht die Unterzeichnung durch zwei Wahlberechtigte;
d) dass Wahlvorschläge zur Wahl des Betriebsrats, die erst in der Wahlversammlung zur Wahl des Wahlvorstands gemacht werden, nicht der Schriftform bedürfen.

(2) Der Arbeitgeber hat unverzüglich nach Aushang der Einladung zur Wahlversammlung nach Absatz 1 der einladenden Stelle alle für die Anfertigung der Wählerliste erforderlichen Unterlagen

제27조 요건, 절차

① 당해 사업에 조합원인 근로자가 있는 노동조합(법 제14조 제3항)의 후보자추천서에 대해 제6조 내지 제26조를 준용한다.

② 후보자추천서에 노동조합의 2명의 대리인이 서명하지 않은 경우에 노동조합의 그 후보자추천서는 무효이다(법 제14조 제5항).

③ 첫 번째로 서명한 대리인(Die oder der an erster Stelle unterzeichnete Beauftragte)을 후보자명부대리인으로 본다. 노동조합은 조합원인 사업 내 근로자를 후보자명부대리인으로 지정(指定)할 수 있다.

## 제2편 간소화된 선거절차에 의한 근로자평의회선거(법 제14a조)

### 제1장 2단계 절차에 의한 근로자평의회선거(법 제14a조 제1항)

#### 제1절 선거위원회의 선거에 의한 구성

제28조 선거총회의 소집

① 사업 내 3명의 선거권자 또는 당해 사업에 조합원인 근로자가 있는 노동조합(소환대상자; einladende Stelle)은 법 제17a조 제3호에 따라 선거위원회가 선거에 의해 구성되는 선거총회에 소환될 수 있고, 선거위원회의 구성을 위한 제안(Vorschläge für die Zusammensetzung des Wahlvorstands)을 할 수 있다. 그 소환은 선거총회일 7일 전까지 이뤄져야만 한다. 그 소환은 사업 내 적당한 장소에 게시함으로써 이를 공고해야 한다(Sie ist durch Aushang an geeigneten Stellen im Betrieb bekannt zu machen). 그 소집은 사업 내 존재하는 정보·통신매체에 의해 보충적으로 공고될 수 있다; 제2조 제4항 제4문을 준용한다.

그 소환에는 다음 각 목의 사항을 명시해야 한다.

a) 선거위원회의 선거에 의한 구성을 위한 선거총회의 장소·날짜·시간,
b) 선거총회가 종료할 때까지 근로자평의회선거를 위한 후보자추천이 이뤄질 수 있다는 점(법 제14a조 제2항),
c) 근로자평의회선거를 위한 근로자들의 후보자추천서에 선거권자의 1/20 이상의 선거권자로, 3명 이상의 선거권자가 서명을 해야 한다는 점; 상시 20명 이하의 선거권자가 있는 사업장에서는(in Betrieben mit in der Regel bis zu zwanzig) 2명의 선거권자의 서명(Unterzeichnung durch zwei Wahlberechtigte)으로 족하다,
d) 선거위원회의 선거에 의한 구성을 위한 선거총회에서 비로소 행해진 후보자추천으로, 근로자평의회의 선거를 위한 후보자추천은 서면형식을 필요로 하지 않는다는 점.

② 사용자는 제28조 제1항에 따른 선거총회에의 소환을 공고한 후(nach Aushang der Einladung) 지체 없이 소환대상자(einladenden Stelle)에게 선거인명부 작성에 필요한 모든 서

(§ 2) in einem versiegelten Umschlag auszuhändigen.

§ 29 Wahl des Wahlvorstands

Der Wahlvorstand wird in der Wahlversammlung zur Wahl des Wahlvorstands von der Mehrheit der anwesenden Arbeitnehmerinnen und Arbeitnehmer gewählt (§ 17a Nr. 3 Satz 1 des Gesetzes). Er besteht aus drei Mitgliedern (§ 17a Nr. 2 des Gesetzes). Für die Wahl der oder des Vorsitzenden des Wahlvorstands gilt Satz 1 entsprechend.

## Zweiter Unterabschnitt Wahl des Betriebsrats

§ 30 Wahlvorstand, Wählerliste

(1) Unmittelbar nach seiner Wahl hat der Wahlvorstand in der Wahlversammlung zur Wahl des Wahlvorstands die Wahl des Betriebsrats einzuleiten. § 1 gilt entsprechend. Er hat unverzüglich in der Wahlversammlung eine Liste der Wahlberechtigten (Wählerliste), getrennt nach den Geschlechtern, aufzustellen. Die einladende Stelle hat dem Wahlvorstand den ihr nach § 28 Abs. 2 ausgehändigten versiegelten Umschlag zu übergeben. Die Wahlberechtigten sollen in der Wählerliste mit Familienname, Vorname und Geburtsdatum in alphabetischer Reihenfolge aufgeführt werden. § 2 Abs. 1 Satz 3, Abs. 2 bis 4 gilt entsprechend.

(2) Einsprüche gegen die Richtigkeit der Wählerliste können mit Wirksamkeit für die Betriebsratswahl nur vor Ablauf von drei Tagen seit Erlass des Wahlausschreibens beim Wahlvorstand schriftlich eingelegt werden. § 4 Abs. 2 und 3 gilt entsprechend.

§ 31 Wahlausschreiben

(1) Im Anschluss an die Aufstellung der Wählerliste erlässt der Wahlvorstand in der Wahlversammlung das Wahlausschreiben, das von der oder dem Vorsitzenden und von mindestens einem weiteren stimmberechtigten Mitglied des Wahlvorstands zu unterschreiben ist. Mit Erlass des Wahlausschreibens ist die Betriebsratswahl eingeleitet. Das Wahlausschreiben muss folgende Angaben enthalten:

1. das Datum seines Erlasses;
2. die Bestimmung des Orts, an dem die Wählerliste und diese Verordnung ausliegen sowie im Fall der Bekanntmachung in elektronischer Form (§ 2 Abs. 4 Satz 3 und 4) wo und wie von der Wählerliste und der Verordnung Kenntnis genommen werden kann;
3. dass nur Arbeitnehmerinnen und Arbeitnehmer wählen oder gewählt werden können, die in die Wählerliste eingetragen sind, und dass Einsprüche gegen die Wählerliste (§ 4) nur vor Ablauf von drei Tagen seit dem Erlass des Wahlausschreibens schriftlich beim Wahlvorstand eingelegt werden können; der letzte Tag der Frist ist anzugeben;
4. den Anteil der Geschlechter und den Hinweis, dass das Geschlecht in der Minderheit im

류(제2조)를 봉인된 봉투로 교부한다.

제29조 선거위원회의 선거에 의한 구성

선거위원회는 선거위원회의 구성을 위한 선거총회에서 참석한 근로자의 과반수(Mehrheit der anwesenden Arbeitnehmerinnen und Arbeitnehmer)로 선출되어 구성된다(법 제17a조 제3호 제1문). 선거위원회는 3명의 위원으로 구성된다(법 제17a조 제2호). 선거위원회위원장의 선출에 대해 제1문을 준용한다.

## 제2절 근로자평의회의 선거에 의한 구성

제30조 선거위원회, 선거인명부

① 선거위원회는 그 구성 직후에 선거위원회의 구성을 위한 선거총회에서 근로자평의회선거에 착수해야 한다. 제1조를 준용한다. 선거위원회는 지체 없이 그 선거총회에서 선거권자들의 명부(선거인명부; Wählerliste)를 성별로 분리하여 작성해야 한다. 그 소환대상자는 제28조 제2항에 따라 자신에게 교부된 봉인된 봉투를 선거위원회에 넘겨야 한다. 선거권자들은 선거인명부에 알파벳 순으로 성명, 생년월일을 기재하여(mit Familienname, Vorname und Geburtsdatum in alphabetischer Reihenfolge) 기입되어야 한다. 제2조 제1항 제3문, 제2항 내지 제4항을 준용한다.

② 선거인명부의 적확성(的確性; Richtigkeit)에 대한 이의는, 근로자평의회선거의 유효성을 다퉈서(mit Wirksamkeit für die Betriebsratswahl), 선거공고를 공포한 때로부터 3일이 경과하기 이전에만 선거위원회에 서면으로 제기될 수 있다. 제4조 제2항, 제3항을 준용한다.

제31조 선거공고

① 선거위원회는 후보자명부 작성에 이어(Im Anschluss an die Aufstellung der Wählerliste) 그 선거총회에서 선거위원회위원장과 1명 이상의 투표권이 있는 선거위위원회위원이 추가로 서명한 선거공고를 공포한다. 선거공고 공포로써 근로자평의회선거가 개시된다(Mit Erlass des Wahlausschreibens ist die Betriebsratswahl eingeleitet). 선거공고는 다음 각 호 시항을 포함해야만 한다:

1. 선거공고 공포일;
2. 선거인명부와 본 명령이 게시된 장소에 대한 결정, 전자적 형태의 공고의 경우(im Fall der Bekanntmachung in elektronischer Form)(제2조 제3문, 제4문) 선거인명부 및 본 명령이 어디서, 어떻게 알 수 있는지에 관한 사항;
3. 선거인명부에 등재된 사람만이 선거권을 행사할 수 있거나 당선될 수 있다는 사항과, 선거인명부에 대한 이의는 선거공고가 공포된 때로부터 2주일이 경과하기 전에 서면으로 선거위원회에 제기될 수 있다는 사항; 그 기간의 마지막 일자는 명시된다(der letzte Tag der Frist ist anzugeben);
4. 근로자평의회가 3명 이상의 구성원으로 구성(構成)되는 경우(법 제15조 제2항) 성별 비율과

Betriebsrat mindestens entsprechend seinem zahlenmäßigen Verhältnis vertreten sein muss, wenn der Betriebsrat aus mindestens drei Mitgliedern besteht (§ 15 Abs. 2 des Gesetzes);

5. die Zahl der zu wählenden Betriebsratsmitglieder (§ 9 des Gesetzes) sowie die auf das Geschlecht in der Minderheit entfallenden Mindestsitze im Betriebsrat (§ 15 Abs. 2 des Gesetzes);
6. die Mindestzahl von Wahlberechtigten, von denen ein Wahlvorschlag unterzeichnet sein muss (§ 14 Abs. 4 des Gesetzes) und den Hinweis, dass Wahlvorschläge, die erst in der Wahlversammlung zur Wahl des Wahlvorstands gemacht werden, nicht der Schriftform bedürfen (§ 14a Abs. 2 zweiter Halbsatz des Gesetzes);
7. dass der Wahlvorschlag einer im Betrieb vertretenen Gewerkschaft von zwei Beauftragten unterzeichnet sein muss (§ 14 Abs. 5 des Gesetzes);
8. dass Wahlvorschläge bis zum Abschluss der Wahlversammlung zur Wahl des Wahlvorstands bei diesem einzureichen sind (§ 14a Abs. 2 erster Halbsatz des Gesetzes);
9. dass die Stimmabgabe an die Wahlvorschläge gebunden ist und dass nur solche Wahlvorschläge berücksichtigt werden dürfen, die fristgerecht (Nr. 8) eingereicht sind;
10. die Bestimmung des Orts, an dem die Wahlvorschläge bis zum Abschluss der Stimmabgabe aushängen;
11. Ort, Tag und Zeit der Wahlversammlung zur Wahl des Betriebsrats (Tag der Stimmabgabe - § 14a Abs. 1 Satz 3 und 4 des Gesetzes);
12. dass Wahlberechtigten, die an der Wahlversammlung zur Wahl des Betriebsrats nicht teilnehmen können, Gelegenheit zur nachträglichen schriftlichen Stimmabgabe gegeben wird (§ 14a Abs. 4 des Gesetzes); das Verlangen auf nachträgliche schriftliche Stimmabgabe muss spätestens drei Tage vor dem Tag der Wahlversammlung zur Wahl des Betriebsrats dem Wahlvorstand mitgeteilt werden;
13. Ort, Tag und Zeit der nachträglichen schriftlichen Stimmabgabe (§ 14a Abs. 4 des Gesetzes) sowie die Betriebsteile und Kleinstbetriebe, für die nachträgliche schriftliche Stimmabgabe entsprechend § 24 Abs. 3 beschlossen ist;
14. den Ort, an dem Einsprüche, Wahlvorschläge und sonstige Erklärungen gegenüber dem Wahlvorstand abzugeben sind (Betriebsadresse des Wahlvorstands);
15. Ort, Tag und Zeit der öffentlichen Stimmauszählung.

(2) Ein Abdruck des Wahlausschreibens ist vom Tage seines Erlasses bis zum letzten Tage der Stimmabgabe an einer oder mehreren geeigneten, den Wahlberechtigten zugänglichen Stellen vom Wahlvorstand auszuhängen und in gut lesbarem Zustand zu erhalten. Ergänzend kann das Wahlausschreiben mittels der im Betrieb vorhandenen Informations- und Kommunikationstechnik bekannt gemacht werden. § 2 Abs. 4 Satz 4 gilt entsprechend.

사업 내 소수인 성이 그 성의 수에 상응하는 비율 이상으로(mindestens entsprechend seinem zahlenmäßigen Verhältnis) 대표되어야만 한다는 명시;

5. 선출되어야 하는 근로자평의회구성원수(die Zahl der zu wählenden Betriebsratsmitglieder)(법 제9조), 소수인 성에 할당되어야 하는 사업 내 최소 근로자평의회구성원자리(법 제15조 제2항);
6. 후보자추천서에 서명해야 하는 선거권자수(Zahl der zu wählenden Betriebsratsmitglieder)(법 제14조 제4항)와, 선거위원회 구성을 위한 선거총회에 비로소 제안된 후보자추천은 서면형식을 필요로 하지 않는다는 언급[법 제14a조 제2항 둘째소문(小文)];
7. 당해 사업에 조합원인 근로자가 있는 노동조합의 후보자추천서에 2명의 그 대리인이 서명해야 한다는 사항(법 제14조 제5항);
8. 선거위원회 구성을 위한 선거총회가 종료할 때까지 후보자추천이 선거위원회에 제출된다는 사항(법 제14a조 제2항 둘째문);
9. 투표는 그 기간에 맞게(제8호) 제출된 후보자추천서과 연관되어 그 후보자추천서만이 득표에서 고려될 수 있다는 사항;
10. 후보자추천서가 투표 종료시까지 게시되는 장소의 결정(Bestimmung des Orts, an dem die Wahlvorschläge);
11. 근로자평의회의 선거에 의한 구성을 위한 선거총회의 장소·날짜·시간(투표일- 법 제14a조 제1항 제3문, 제4문);
12. 근로자평의회의 선거를 위한 선거총회에 참석할 수 없는 선거권자(Wahlberechtigten, die an der Wahlversammlung zur Wahl des Betriebsrats nicht teilnehmen können)에게 추가서면투표 행사(법 제14a조 제4항)의 기회가 주어지다는 사항; 추가서면투표의 행사의 요구(Verlangen auf nachträgliche schriftliche Stimmabgabe)는 늦어도 근로자평의회선거를 선거총회일 3일 전까지 선거위원회에 통지되어야 한다;
13. 추가서면투표(nachträgliche schriftliche Stimmabgabe)(법 제14a조 제4항)의 장소·날짜·시간, 제24조 제3항을 준용하여 추가서면투표를 하기로 결의된 사업일부 및 소규모사업(Betriebsteile und Kleinstbetriebe);
14. 선거위원회(選擧委員會)에 대해 행하는 이의, 후보자추천, 기타 의사표시의 장소(선거위원회의 관리주소);
15. 공개적인 개표의 장소·날짜·시간.

② 선거공고의 사본은, 선거공고를 공포한 날부터 투표의 마지막 날까지 선거권자들이 접근할 수 있는 하나의 또는 수개의 적당한 장소에(an einer oder mehreren geeigneten, den Wahlberechtigten zugänglichen Stellen) 선거위원회에 의해 게시되어야 하고 잘 읽을 수 있는 상태로 유지되어야 한다. 선거공고는 사업 내 존재하는 정보 및 통신매체에 의하여 보충적으로 공고될 수 있다. 제2조 제4항 제4문을 준용한다.

§ 32 Bestimmung der Mindestsitze für das Geschlecht in der Minderheit

Besteht der zu wählende Betriebsrat aus mindestens drei Mitgliedern, so hat der Wahlvorstand den Mindestanteil der Betriebsratssitze für das Geschlecht in der Minderheit (§ 15 Abs. 2 des Gesetzes) gemäß § 5 zu errechnen.

§ 33 Wahlvorschläge

(1) Die Wahl des Betriebsrats erfolgt aufgrund von Wahlvorschlägen. Die Wahlvorschläge sind von den Wahlberechtigten und den im Betrieb vertretenen Gewerkschaften bis zum Ende der Wahlversammlung zur Wahl des Wahlvorstands bei diesem einzureichen. Wahlvorschläge, die erst in dieser Wahlversammlung gemacht werden, bedürfen nicht der Schriftform (§ 14a Abs. 2 des Gesetzes).

(2) Für Wahlvorschläge gilt § 6 Abs. 2 bis 4 entsprechend. § 6 Abs. 5 gilt entsprechend mit der Maßgabe, dass ein Wahlberechtigter, der mehrere Wahlvorschläge unterstützt, auf Aufforderung des Wahlvorstands in der Wahlversammlung erklären muss, welche Unterstützung er aufrechterhält. Für den Wahlvorschlag einer im Betrieb vertretenen Gewerkschaft gilt § 27 entsprechend.

(3) § 7 gilt entsprechend. § 8 gilt entsprechend mit der Maßgabe, dass Mängel der Wahlvorschläge nach § 8 Abs. 2 nur in der Wahlversammlung zur Wahl des Wahlvorstands beseitigt werden können.

(4) Unmittelbar nach Abschluss der Wahlversammlung hat der Wahlvorstand die als gültig anerkannten Wahlvorschläge bis zum Abschluss der Stimmabgabe in gleicher Weise bekannt zu machen, wie das Wahlausschreiben (§ 31 Abs. 2).

(5) Ist in der Wahlversammlung kein Wahlvorschlag zur Wahl des Betriebsrats gemacht worden, hat der Wahlvorstand bekannt zu machen, dass die Wahl nicht stattfindet. Die Bekanntmachung hat in gleicher Weise wie das Wahlausschreiben (§ 31 Abs. 2) zu erfolgen.

§ 34 Wahlverfahren

(1) Die Wählerin oder der Wähler kann ihre oder seine Stimme nur für solche Bewerberinnen oder Bewerber abgeben, die in einem Wahlvorschlag benannt sind. Auf den Stimmzetteln sind die Bewerberinnen oder Bewerber in alphabetischer Reihenfolge unter Angabe von Familienname, Vorname und Art der Beschäftigung im Betrieb aufzuführen. Die Wählerin oder der Wähler kennzeichnet die von ihm Gewählten durch Ankreuzen an der hierfür im Stimmzettel vorgesehenen Stelle; es dürfen nicht mehr Bewerberinnen oder Bewerber angekreuzt werden, als Betriebsratsmitglieder zu wählen sind. § 11 Abs. 1 Satz 2, Abs. 2 Satz 2 und 3, Abs. 4 und § 12 gelten entsprechend.

(2) Im Fall der nachträglichen schriftlichen Stimmabgabe (§ 35) hat der Wahlvorstand am Ende der Wahlversammlung zur Wahl des Betriebsrats die Wahlurne zu versiegeln und aufzubewahren.

(3) Erfolgt keine nachträgliche schriftliche Stimmabgabe, hat der Wahlvorstand unverzüglich nach Abschluss der Wahl die öffentliche Auszählung der Stimmen vorzunehmen und das sich daraus

제32조 소수인 성에 대한 최소 근로자평의회구성원자리의 결정

선거로 구성되는 근로자평의회가 3명 이상의 구성원으로 구성되는 경우에, 선거위원회는 제5조에 따른 소수인 성(법 제15조 제2항)을 위한 근로자평의회구성원자리의 최소비율을 산정해야 한다.

제33조 후보자추천서

① 근로자평의회선거는 후보자추천서에 기초하여 실시된다. 후보자추천서는 선거권자들과 당해 사업에 조합원인 근로자가 있는 노동조합이 선거위원회 구성을 위한 선거총회가 종료할 때까지 선거위원회에 제출해야 한다. 이러한 선거총회에서 비로소 제안된 후보자추천(Wahlvorschläge, die erst in dieser Wahlversammlung gemacht werden)은 서면형식을 필요로 하지 않는다(법 제14a조 제2항).

② 후보자추천서에 대해 제6조 제2항 내지 제4항을 준용한다. 수개의 후보자추천서에 서명한 선거권자는 그 선거총회에서 선거위원회의 요구가 있는 경우에 어느 서명을 유지할 것인지를 밝혀야만 한다는 기준하에 제6조 제5항을 준용한다. 당해 사업에 조합원인 근로자가 있는 노동조합의 후보자추천서에 대해서는 제27조를 준용한다.

③ 제7조를 준용한다. 제8조 제2항에 따른 후보자추천서의 흠결은 선거위원회 구성을 위한 선거총회에서만 시정될 수 있다는 기준하에 제8조를 준용한다.

④ 그 선거총회가 종료된 직후에 선거위원회는 유효한 것으로 인정한 후보자추천서를 선거공고(제31조 제2항)와 같은 방식으로 투표 종료시까지(bis zum Abschluss der Stimmabgabe) 공고해야 한다.

⑤ 그 선거총회에서 근로자평의회선거를 위한 후보자추천서가 제안되지 않은 경우에, 선거위원회는 선거가 실시되지 않는다는 점을 공고해야 한다. 그 공고는 선거공고(제31조 제2항)와 같은 방식으로 실시해야 한다.

제34조 선거절차

① 투표자는 후보자추천서(Wahlvorschlag)에 등재된 후보자에 대해서만 투표를 할 수 있다. 후보자는 투표용지상에서 알파벳 순으로 성명, 생년월일, 사업 내 고용형태를 기재하여(in alphabetischer Reihenfolge unter Angabe von Familienname, Vorname und Art der Beschäftigung im Betrieb) 배열되어야 한다. 투표자는 기표를 위해 투표용지에 마련된 공간에 '×'를 기표함으로써(durch Ankreuzen an der hierfür im Stimmzettel vorgesehenen Stelle) 자신이 선택한 후보자를 표시한다; 선출되어야 할 근로자평의회구성원보다 더 많은 후보자에게 '×'를 기표해서는 안 된다. 제11조 제1항 제2문, 제2항 제2문, 제3문, 제4항, 제12조를 준용한다.

② 추가서면투표가 실시되는 경우(제35조)에 선거위원회는 근로자평의회선거를 위한 선거총회 종료시까지 투표함을 봉인해야 하고 이를 보관해야 한다.

③ 추가서면투표가 실시되지 않은 경우에, 선거위원회는 투표 종료 후 지체 없이 공개적인 개표(öffentliche Auszählung der Stimmen)에 착수해야 하고, 개표(開票)에서 도출된 선거결과를

ergebende Wahlergebnis bekannt zu geben. Die §§ 21, 23 Abs. 1 gelten entsprechend.

(4) Ist nur ein Betriebsratsmitglied zu wählen, so ist die Person gewählt, die die meisten Stimmen erhalten hat. Bei Stimmengleichheit entscheidet das Los. Lehnt eine gewählte Person die Wahl ab, so tritt an ihre Stelle die nicht gewählte Person mit der nächsthöchsten Stimmenzahl.

(5) Sind mehrere Betriebsratsmitglieder zu wählen, gelten für die Ermittlung der Gewählten die §§ 22 und 23 Abs. 2 entsprechend.

§ 35 Nachträgliche schriftliche Stimmabgabe

(1) Können Wahlberechtigte an der Wahlversammlung zur Wahl des Betriebsrats nicht teilnehmen, um ihre Stimme persönlich abzugeben, können sie beim Wahlvorstand die nachträgliche schriftliche Stimmabgabe beantragen (§ 14a Abs. 4 des Gesetzes). Das Verlangen auf nachträgliche schriftliche Stimmabgabe muss die oder der Wahlberechtigte dem Wahlvorstand spätestens drei Tage vor dem Tag der Wahlversammlung zur Wahl des Betriebsrats mitgeteilt haben. Die §§ 24, 25 gelten entsprechend.

(2) Wird die nachträgliche schriftliche Stimmabgabe aufgrund eines Antrags nach Absatz 1 Satz 1 erforderlich, hat dies der Wahlvorstand unter Angabe des Orts, des Tags und der Zeit der öffentlichen Stimmauszählung in gleicher Weise bekannt zu machen wie das Wahlausschreiben (§ 31 Abs. 2).

(3) Unmittelbar nach Ablauf der Frist für die nachträgliche schriftliche Stimmabgabe öffnet der Wahlvorstand in öffentlicher Sitzung die bis zu diesem Zeitpunkt eingegangenen Freiumschläge und entnimmt ihnen die Wahlumschläge sowie die vorgedruckten Erklärungen. Ist die nachträgliche schriftliche Stimmabgabe ordnungsgemäß erfolgt (§ 25), so legt der Wahlvorstand den Wahlumschlag nach Vermerk der Stimmabgabe in der Wählerliste in die bis dahin versiegelte Wahlurne.

(4) Nachdem alle ordnungsgemäß nachträglich abgegebenen Wahlumschläge in die Wahlurne gelegt worden sind, nimmt der Wahlvorstand die Auszählung der Stimmen vor. § 34 Abs. 3 bis 5 gilt entsprechend.

## Zweiter Abschnitt Wahl des Betriebsrats im einstufigen Verfahren (§ 14a Abs. 3 des Gesetzes)

§ 36 Wahlvorstand, Wahlverfahren

(1) Nach der Bestellung des Wahlvorstands durch den Betriebsrat, Gesamtbetriebsrat, Konzernbetriebsrat oder das Arbeitsgericht (§ 14a Abs. 3, § 17a des Gesetzes) hat der Wahlvorstand die Wahl des Betriebsrats unverzüglich einzuleiten. Die Wahl des Betriebsrats findet auf einer Wahlversammlung statt (§ 14a Abs. 3 des Gesetzes). Die §§ 1, 2 und 30 Abs. 2 gelten entsprechend.

공고해야 한다. 제21조, 제23조 제1항을 준용한다.

④ 1명의 근로자평의회구성원만이 선출되는 경우에, 최대득표를 얻은 후보자가 당선된다. 최대득표가 동일한 경우에 추첨으로 결정한다. 당선인이 그 당선을 거부하는 경우 그 다음으로 많은 득표수를 얻은 당선되지 않은 후보자가 그 당선인을 대신한다.

⑤ 다수의 근로자평의회구성원이 선출되는 경우에 당선인의 결정에 대해 제22조, 제23조 제2항을 준용한다.

제35조 추가서면투표

① 선거권자가 직접 투표(投票)하기 위해 근로자평의회선거를 위한 선거총회에 참여할 수 없는 경우에, 그 선거권자(Wahlberechtigte)는 선거위원회에 추가서면투표를 신청할 수 있다(법 제14a조 제4항). 추가서면투표 신청(Verlangen auf nachträgliche schriftliche Stimmabgabe)은 선거권자가 늦어도 근로자평의회선거를 위한 선거총회일 3일 전까지(spätestens drei Tage vor dem Tag der Wahlversammlung) 선거위원회(選擧委員會)에 통지해야만 한다. 제24조, 제25조를 준용한다.

② 제35조 제1항 제1문에 따른 신청에 근거하여 추가서면투표가 필요한 경우에, 선거위원회는 선거공고(제31조 제2항)와 같은 방식으로 공개적 개표의 장소·날짜·시간을 기재하여(unter Angabe des Orts, des Tags und der Zeit der öffentlichen Stimmauszählung) 추가서면투표를 공고해야 한다.

③ 추가서면투표 기간이 경과한 직후에 선거위원회는 공개적 회의석상에서 그때까지 도달한 우표가 첨부된 회송용 봉투를 개봉한 후 그 봉투에서 투표봉투와 미리 인쇄된 확인서(Wahlumschläge sowie die vorgedruckten Erklärungen)를 꺼낸다. 추가서면투표가 제25조 규정에 맞게 실시된 경우에(Ist die nachträgliche schriftliche Stimmabgabe ordnungsgemäß erfolgt) 선거위원회는 선거인명부에 투표권표시를 한 후 그때까지 봉인된 투표함(投票函)에 투표봉투를 투입한다.

④ 규정에 맞게 추가로 행사된 모든 투표봉투(alle ordnungsgemäß nachträglich abgegebenen Wahlumschläge)가 투표함(投票函)에 투입된 후에, 선거위원회는 개표에 착수한다. 제34조 제3항 내지 제5항을 준용한다.

## 제2장 1단계에 의한 근로자평의회선거(법 제14a조 제3항)

제36조 선거위원회, 선거절차

① 근로자평의회, 기업근로자평의회, 콘체른근로자평의회 또는 노동법원에 의하여(durch den Betriebsrat, Gesamtbetriebsrat, Konzernbetriebsrat oder das Arbeitsgericht) 선거위원회가 구성된 후(법 제14a조 제3항, 제17a조), 선거위원회는 지체 없이 근로자평의회선거에 착수해야 한다. 근로자평의회선거는 선거총회에서 실시된다(법 제14a조 제3항). 제1조, 제2조, 제30조 제2항을 준용한다.

(2) Im Anschluss an die Aufstellung der Wählerliste erlässt der Wahlvorstand das Wahlausschreiben, das von der oder dem Vorsitzenden und von mindestens einem weiteren stimmberechtigten Mitglied des Wahlvorstands zu unterschreiben ist. Mit Erlass des Wahlausschreibens ist die Betriebsratswahl eingeleitet. Besteht im Betrieb ein Betriebsrat, soll der letzte Tag der Stimmabgabe (nachträgliche schriftliche Stimmabgabe) eine Woche vor dem Tag liegen, an dem die Amtszeit des Betriebsrats abläuft.

(3) Das Wahlausschreiben hat die in § 31 Abs. 1 Satz 3 vorgeschriebenen Angaben zu enthalten, soweit nachfolgend nichts anderes bestimmt ist:

1. Abweichend von Nummer 6 ist ausschließlich die Mindestzahl von Wahlberechtigten anzugeben, von denen ein Wahlvorschlag unterzeichnet sein muss (§ 14 Abs. 4 des Gesetzes).
2. Abweichend von Nummer 8 hat der Wahlvorstand anzugeben, dass die Wahlvorschläge spätestens eine Woche vor dem Tag der Wahlversammlung zur Wahl des Betriebsrats beim Wahlvorstand einzureichen sind (§ 14a Abs. 3 Satz 2 des Gesetzes); der letzte Tag der Frist ist anzugeben.

Für die Bekanntmachung des Wahlausschreibens gilt § 31 Abs. 2 entsprechend.

(4) Die Vorschriften über die Bestimmung der Mindestsitze nach § 32, das Wahlverfahren nach § 34 und die nachträgliche Stimmabgabe nach § 35 gelten entsprechend.

(5) Für Wahlvorschläge gilt § 33 Abs. 1 entsprechend mit der Maßgabe, dass die Wahlvorschläge von den Wahlberechtigten und den im Betrieb vertretenen Gewerkschaften spätestens eine Woche vor der Wahlversammlung zur Wahl des Betriebsrats beim Wahlvorstand schriftlich einzureichen sind (§ 14a Abs. 3 Satz 2 zweiter Halbsatz des Gesetzes). § 6 Abs. 2 bis 5 und die §§ 7 und 8 gelten entsprechend mit der Maßgabe, dass die in § 6 Abs. 5 und § 8 Abs. 2 genannten Fristen nicht die gesetzliche Mindestfrist zur Einreichung der Wahlvorschläge nach § 14a Abs. 3 Satz 2 erster Halbsatz des Gesetzes überschreiten dürfen. Nach Ablauf der gesetzlichen Mindestfrist zur Einreichung der Wahlvorschläge hat der Wahlvorstand die als gültig anerkannten Wahlvorschläge bis zum Abschluss der Stimmabgabe in gleicher Weise bekannt zu machen wie das Wahlausschreiben (Absatz 3).

(6) Ist kein Wahlvorschlag zur Wahl des Betriebsrats gemacht worden, hat der Wahlvorstand bekannt zu machen, dass die Wahl nicht stattfindet. Die Bekanntmachung hat in gleicher Weise wie das Wahlausschreiben (Absatz 3) zu erfolgen.

## Dritter Abschnitt Wahl des Betriebsrats in Betrieben mit in der Regel 51 bis 100 Wahlberechtigten (§ 14a Abs. 5 des Gesetzes)

§ 37 Wahlverfahren

Haben Arbeitgeber und Wahlvorstand in einem Betrieb mit in der Regel 51 bis 100

② 선거위원회는 선거인명부 작성에 이어(Im Anschluss an die Aufstellung der Wählerliste) 선거위원회위원장과 투표권이 있는 선거위위원회위원 1명 이상이 서명한 선거공고를 공포한다. 선거공고 공포로써 근로자평의회선거가 개시된다(Mit Erlass des Wahlausschreibens ist die Betriebsratswahl eingeleitet). 사업 내 근로자평의회 1개가 있는 경우에 투표(추가서면투표; nachträgliche schriftliche Stimmabgabe) 마지막 날은 근로자평의회 임기가 만료하는 날로부터 1주일 전에 잡혀야 한다.

③ 다음 각 호에서 달리 규정되어 있지 않는 한, 선고공고는 제31조 제1항 제3문에 규정된 사항을 포함해야 한다:

1. 제6호와 달리 후보자추천서에 서명해야 하는 선거권자의 최소수를 제외하고서 명시되어야 한다(법 제14조 제4항),
2. 제8호와 달리 선거위원회는 후보자추천서가 늦어도 근로자평의회선거를 위한 선거총회일로부터 일주일 전까지 선거위원회에 제출되어야 한다는 점을 명시해야 한다(법 제14a조 제3항 제2문); 그 기간(期間)의 마지막 날짜를 명시(明示)해야 한다(der letzte Tag der Frist ist anzugeben).

선거공고에 대해 제31조 제2항을 준용한다.

④ 제32조에 따른 최소 근로자평의회구성원자리의 결정, 제34조에 따른 선거절차와 제35조에 따른 추가서면투표에 관한 규정을 준용한다.

⑤ 선거권자와 당해 사업에 조합원인 근로자가 있는 노동조합의 후보자추천서는 늦어도 근로자평의회선거를 위한 선거총회일로부터 일주일 전까지(spätestens eine Woche vor der Wahlversammlung zur Wahl des Betriebsrats) 선거위원회에 서면으로 제출되어야 한다[법 제14a조 제3항 제2문 둘째소문(小文)]는 기준하에 후보자추천서에 대해 제33조 제1항을 준용한다. 제6조 제2항 내지 제5항, 제7조, 제8조는, 제6조 제5항, 제8조 제2항상의 기간이 법 제14a조 제3항 제2문 첫째문에 따른 후보자추천서 제출을 위한 법정최소기간에 위반되어서는 안 된다는 기준하에 준용한다. 그 후보자추천서 제출을 위한 법정최소기간의 도과 후에(Nach Ablauf der gesetzlichen Mindestfrist zur Einreichung der Wahlvorschläge) 선거위원회는 유효한 것으로 인정한 후보자추천서를 투표 종료시까지 선거공고와 동일한 방식으로 공고해야 한다(제36조 제3항).

⑥ 근로자평의회선거를 위한 후보자추천서가 제출되지 않는 경우에, 선거위원회(選擧委員會)는 선거가 실시되지 않는다는 공고를 해야 한다. 그 공고(公告)는 선거공고(제36조 제3항)와 같은 방식으로 실시해야 한다.

## 제3장 상시 51명 내지 100명의 선거권자가 있는 사업에서의 근로자평의회선거(법 제14a조 제5항)

제37조 선거절차

상시 51명 내지 100명(mit in der Regel 51 bis 100)의 선거권자들이 있는 사업에서 사용자와

Wahlberechtigten die Wahl des Betriebsrats im vereinfachten Wahlverfahren vereinbart (§ 14a Abs. 5 des Gesetzes), richtet sich das Wahlverfahren nach § 36.

## Dritter Teil Wahl der Jugend- und Auszubildendenvertretung

§ 38 Wahlvorstand, Wahlvorbereitung

Für die Wahl der Jugend- und Auszubildendenvertretung gelten die Vorschriften der §§ 1 bis 5 über den Wahlvorstand, die Wählerliste, das Wahlausschreiben und die Bestimmung der Mindestsitze für das Geschlecht in der Minderheit entsprechend. Dem Wahlvorstand muss mindestens eine nach § 8 des Gesetzes wählbare Person angehören.

§ 39 Durchführung der Wahl

(1) Sind mehr als drei Mitglieder zur Jugend- und Auszubildendenvertretung zu wählen, so erfolgt die Wahl aufgrund von Vorschlagslisten. § 6 Abs. 1 Satz 2, Abs. 2 und 4 bis 7, die §§ 7 bis 10 und § 27 gelten entsprechend. § 6 Abs. 3 gilt entsprechend mit der Maßgabe, dass in jeder Vorschlagsliste auch der Ausbildungsberuf der einzelnen Bewerberinnen oder Bewerber aufzuführen ist.

(2) Sind mehrere gültige Vorschlagslisten eingereicht, so kann die Stimme nur für eine Vorschlagsliste abgegeben werden. § 11 Abs. 1 Satz 2, Abs. 3 und 4, die §§ 12 bis 19 gelten entsprechend. § 11 Abs. 2 gilt entsprechend mit der Maßgabe, dass auf den Stimmzetteln auch der Ausbildungsberuf der einzelnen Bewerberinnen oder Bewerber aufzuführen ist.

(3) Ist nur eine gültige Vorschlagsliste eingereicht, so kann die Stimme nur für solche Bewerberinnen oder Bewerber abgegeben werden, die in der Vorschlagsliste aufgeführt sind. § 20 Abs. 3, die §§ 21 bis 23 gelten entsprechend. § 20 Abs. 2 gilt entsprechend mit der Maßgabe, dass auf den Stimmzetteln auch der Ausbildungsberuf der einzelnen Bewerber aufzuführen ist.

(4) Für die schriftliche Stimmabgabe gelten die §§ 24 bis 26 entsprechend.

§ 40 Wahl der Jugend- und Auszubildendenvertretung im vereinfachten Wahlverfahren

(1) In Betrieben mit in der Regel fünf bis fünfzig der in § 60 Abs. 1 des Gesetzes genannten Arbeitnehmerinnen und Arbeitnehmern wird die Jugend- und Auszubildendenvertretung im vereinfachten Wahlverfahren gewählt (§ 63 Abs. 4 Satz 1 des Gesetzes). Für das Wahlverfahren gilt § 36 entsprechend mit der Maßgabe, dass in den Wahlvorschlägen und auf den Stimmzetteln auch der Ausbildungsberuf der einzelnen Bewerberinnen oder Bewerber aufzuführen ist. § 38 Satz 2 gilt entsprechend.

(2) Absatz 1 Satz 2 und 3 gilt entsprechend, wenn in einem Betrieb mit in der Regel 51 bis 100 der in § 60 Abs. 1 des Gesetzes genannten Arbeitnehmerinnen und Arbeitnehmern Arbeitgeber

선거위원회가 간소화된 선거절차에 의한 근로자평의회선거에 대해 합의한 경우에(법 제14a조 제5항), 그 선거는 제36조에 따른 선거절차에 의한다.

## 제3편 연소자·직업훈련생대표단선거

제38조 선거위원회, 선거준비

연소자·직업훈련생대표단선거(Wahl der Jugend- und Auszubildendenvertretung)에 대해, 선거위원회, 선거인명부, 선고공고와 소수인 성에 대한 최소 근로자평의회구성원자리의 결정에 관한 제1조 내지 제5조를 준용한다. 법 제8조에 따른 피선거권을 가진 사람 1명 이상이 선거위원회에 속해 있어야 한다.

제39조 선거의 시행

① 3명을 초과하여 연소자·직업훈련생대표단원(Mitglieder zur Jugend- und Auszubildendenvertretung)이 선출되어야 하는 경우에 후보자명부에 의하여(aufgrund von Vorschlagslisten) 선거가 실시된다. 제6조 제1항 제2문, 제2항, 제4항 내지 제7항, 제7조 내지 제10조, 제27조를 준용한다. 각 후보자명부에 각 후보자의 교육훈련직업(Ausbildungsberuf der einzelnen Bewerberinnen oder Bewerber)을 기입(記入)해야 한다는 기준(基準)하에 제6조 제3항을 준용한다.

② 수개의 유효한 후보자명부가 제출된 경우에 후보자명부 1개에 대해서만 투표할 수 있다. 제11조 제1항 제2문, 제3항, 제4항, 제12조 내지 제19조를 준용한다. 각 후보자의 교육훈련직업(Ausbildungsberuf der einzelnen Bewerberinnen oder Bewerber)도 투표용지에 기입해야 한다는 기준하에 제11조 제2항을 준용한다.

③ 유효한 후보자명부가 1개만이 제출된 경우에 후보자명부에 등재된 후보자에 대해서만 투표가 이뤄질 수 있다. 제20조 제3항, 제21조 내지 제23조를 준용한다. 각 후보자의 교육훈련직업(Ausbildungsberuf der einzelnen Bewerberinnen oder Bewerber)도 투표용지에 기재해야 한다는 기준하에 제20조 제2항을 준용한다.

④ 서면투표에 대해 제24조 내지 제26조를 준용한다.

제40조 간소화된 선거절차에 의한 연소자·직업훈련생대표단선거

① 상시 50명 이하의 법 제60조 제1항상의 근로자가 있는 사업에서 연소자·직업훈련생대표단은 간소화된 선거절차에 의하여 구성된다(Jugend- und Auszubildendenvertretung im vereinfachten Wahlverfahren gewählt)(법 제63조 제4항 제1문). 각 후보자의 교육훈련직업도 후보자추천서와 투표용지에 기입해야 한다는 기준하에 제36조를 선거절차에 대해 준용한다. 제38조 제2문을 준용한다.

② 상시 51명 내지 100명의 법 제60조 제1항상의 근로자가 있는 사업에서 사용자와 선거위원

und Wahlvorstand die Anwendung des vereinfachten Wahlverfahrens vereinbart haben (§ 63 Abs. 5 des Gesetzes).

## Vierter Teil Übergangs- und Schlussvorschriften

§ 41 Berechnung der Fristen

Für die Berechnung der in dieser Verordnung festgelegten Fristen finden die §§ 186 bis 193 des Bürgerlichen Gesetzbuchs entsprechende Anwendung.

§ 42 Bereich der Seeschifffahrt

Die Regelung der Wahlen für die Bordvertretung und den Seebetriebsrat (§§ 115 und 116 des Gesetzes) bleibt einer besonderen Rechtsverordnung vorbehalten.

§ 43 Inkrafttreten

(1) Diese Verordnung tritt am Tage nach der Verkündung in Kraft.

(2) (weggefallen)

Schlussformel

Der Bundesrat hat zugestimmt.

회가 간소화된 선거절차의 적용에 대해 합의한 경우(법 제63조 제5항)에 제40조 제1항 제2문, 제3문을 준용한다.

## 제4편 경과규정 및 종결규정

제41조 기간의 산정

본 명령상의 기간의 산정(Berechnung der in dieser Verordnung)에 대해 민법전 제186조 내지 제193조를 준용한다.

제42조 해상운송분야

선원대표단과 해상근로자평의회의 선거에 대한 규정(법 제115, 제116조)은 특별한 법규명령으로 정한다.

제43조 발효

① 본 명령은 공포한 다음날에 발효된다.

② 삭제

종결문언

연방참사원이 본 명령에 동의를 하였다.

# 사업조직법 시행을 위한 둘째 명령

(해운선거규정 - WOS)(BGBl. I S. 594)

# Zweite Verordnung zur Durchführung des Betriebsverfassungsgesetzes

(Wahlordnung Seeschifffahrt - WOS)

# Zweite Verordnung zur Durchführung des Betriebsverfassungsgesetzes (Wahlordnung Seeschifffahrt - WOS)

http://www.gesetze-im-internet.de/wos_2002/BJNR059400002.html

## Erster Teil Wahl der Bordvertretung

### Erster Abschnitt Allgemeine Vorschriften

§ 1 Wahlvorstand

(1) Die Leitung der Wahl der Bordvertretung obliegt dem Wahlvorstand. Dieser hat bei der Durchführung der Wahl auf die Erfordernisse des ordnungsgemäßen Schiffsbetriebs zu achten. Der Kapitän hat dem Wahlvorstand die für eine ordnungsgemäße Durchführung der Wahl erforderlichen Auskünfte zu erteilen und die erforderlichen Unterlagen zur Verfügung zu stellen.

(2) Der Wahlvorstand kann sich eine schriftliche Geschäftsordnung geben. Er kann Wahlberechtigte als Wahlhelferinnen und Wahlhelfer zu seiner Unterstützung bei der Durchführung der Stimmabgabe und bei der Auszählung der Stimmen heranziehen.

(3) Die Beschlüsse des Wahlvorstands werden mit einfacher Stimmenmehrheit seiner stimmberechtigten Mitglieder gefasst. Über jede Sitzung des Wahlvorstands ist eine Niederschrift aufzunehmen, die mindestens den Wortlaut der gefassten Beschlüsse enthält. Die Niederschrift ist von der oder dem Vorsitzenden und einem weiteren stimmberechtigten Mitglied des Wahlvorstands zu unterzeichnen.

§ 2 Wählerliste

(1) Der Wahlvorstand hat für jede Wahl der Bordvertretung eine Liste der Wahlberechtigten (Wählerliste), getrennt nach den Geschlechtern, aufzustellen. Die Wahlberechtigten sollen mit Familiennamen, Vornamen und Geburtsdatum in alphabetischer Reihenfolge aufgeführt werden. Der Wahlvorstand hat die Wählerliste bis zum Beginn der Stimmabgabe zu berichtigen, wenn ein Besatzungsmitglied den Dienst an Bord aufnimmt oder beendet.

(2) Wahlberechtigt und wählbar sind nur Besatzungsmitglieder, die in die Wählerliste eingetragen sind.

(3) Ein Abdruck der Wählerliste und ein Abdruck dieser Verordnung sind vom Tage der Einleitung der Wahl (§ 5 Abs. 1 Satz 2) bis zum Abschluss der Stimmabgabe an geeigneter Stelle an Bord zur Einsichtnahme auszulegen. Der Abdruck der Wählerliste soll die Geburtsdaten der Wahlberechtigten nicht enthalten. Ergänzend kann der Abdruck der Wählerliste und der Verordnung mittels der an Bord vorhandenen Informations- und Kommunikationstechnik bekannt gemacht werden.

# 사업조직법 시행을 위한 둘째 명령(해운선거규정 - WOS)
# (BGBl. I S. 594)

명령 공포일: 2002년 2월 7일(BGBl. I S. 594)

## 제1편 선원대표단

### 제1절 총칙

#### 제1조 선거위원회

① 선거위원회가 선원대표단의 선거관리(Leitung der Wahl) 책임을 부담한다. 선거관리위원회는 선거의 실시에 있어 규정에 맞는 해상사업의 필요에 주의해야 한다. 선장(船長)은 선거관리위원회에 원활한 선거의 시행에 필요한 정보를 제공해야 하고 필요한 서류를 이용할 수 있도록 제공해야 한다.

② 선거위원회는 서면사무규정(schriftliche Geschäftsordnung)을 정할 수 있다. 선거위원회는 선거권이 있는 선원들에게 선거보조인으로서 투표의 진행과 개표에서 선거위원회를 지원하도록 요청할 수 있다.

③ 선거위원회의 결의는 투표권을 가진 선거위원회위원들의 단순과반수투표로(mit einfacher Stimmenmehrheit seiner stimmberechtigten Mitglieder) 이뤄진다. 선거위원회의 모든 회의에 대해 최소한 이뤄진 결의 원문(Wortlaut)을 포함하는 의사록을 작성해야 한다. 그 의사록에 위원장이 서명해야 하고 투표권이 있는 선거위원회위원 1명이 추가로 서명해야 한다.

#### 제2조 선거인명부

① 선거위원회는 각 선원대표단선거에 있어 성별로 구분하여 선거권자들의 명부(선거인명부; Wählerliste)를 작성해야 한다. 선거권자들은 알파벳 순으로 성명과 생년월일을 기재하여(mit Familiennamen, Vornamen und Geburtsdatum in alphabetischer Reihenfolge) 선거인명부에 등재되어야 한다. 선원이 승선 업무를 개시하지 않거나 이를 종료한 때에는 선거위원회는 투표개시시까지 정정해야 한다.

② 선거인명부에 등재된 선원만이 선거권과 피선거권을 갖는다.

③ 선거인명부의 사본과 이 명령의 사본(Abdruck der Wählerliste und ein Abdruck dieser Verordnung)은 선거개시일(제5조 제1항 제2문)부터 투표종료시까지 선박 내 적당한 장소에 열람을 위해(bis zum Abschluss der Stimmabgabe an geeigneter Stelle an Bord zur Einsichtnahme) 게시되어야 한다. 선거인명부 사본에 선거권자들의 생년월일은 포함되지 않는다. 선거인명부와 이 명령의 사본(寫本)은 선박 내 존재하는 정보·통신매체에 의해 보충적으로 공고될 수 있다.

Die Bekanntmachung ausschließlich in elektronischer Weise ist nur zulässig, wenn alle Besatzungsmitglieder von der Bekanntmachung Kenntnis erlangen können und Vorkehrungen getroffen werden, dass Änderungen der Bekanntmachung nur vom Wahlvorstand vorgenommen werden können.

(4) Der Wahlvorstand soll dafür sorgen, dass ausländische Besatzungsmitglieder, die der deutschen Sprache nicht mächtig sind, rechtzeitig über die Wahl der Bordvertretung, insbesondere über die Bedeutung der Wählerliste, über die Aufstellung von Wahlvorschlägen und über die Stimmabgabe in geeigneter Weise unterrichtet werden.

§ 3 Einsprüche gegen die Wählerliste

(1) Einsprüche gegen die Richtigkeit der Wählerliste können mit Wirksamkeit für die Wahl der Bordvertretung nur vor Ablauf von 48 Stunden seit Erlass des Wahlausschreibens beim Wahlvorstand eingelegt werden.

(2) Über Einsprüche nach Absatz 1 hat der Wahlvorstand unverzüglich zu entscheiden. Wird ein Einspruch für begründet erachtet, so ist die Wählerliste zu berichtigen. Die Entscheidung des Wahlvorstands ist dem Besatzungsmitglied, das den Einspruch eingelegt hat, unverzüglich, spätestens jedoch bis zum Beginn der Stimmabgabe, schriftlich mitzuteilen.

(3) Die Wählerliste kann nach Ablauf der Einspruchsfrist nur bei Schreibfehlern, offenbaren Unrichtigkeiten und in Erledigung rechtzeitig eingelegter Einsprüche bis zum Beginn der Stimmabgabe berichtigt werden; § 2 Abs. 1 Satz 3 bleibt unberührt.

§ 4 Bestimmung der Mindestsitze für das Geschlecht in der Minderheit

(1) Der Wahlvorstand stellt fest, welches Geschlecht von seinem zahlenmäßigen Verhältnis an Bord in der Minderheit ist. Sodann errechnet der Wahlvorstand den Mindestanteil der Sitze in der Bordvertretung für das Geschlecht in der Minderheit (§ 115 Abs. 2 i.V.m. § 15 Abs. 2 des Gesetzes) nach den Grundsätzen der Verhältniswahl. Zu diesem Zweck werden die Zahlen der am Tage des Erlasses des Wahlausschreibens an Bord beschäftigten Frauen und Männer in einer Reihe nebeneinander gestellt und beide durch 1, 2, 3, 4 usw. geteilt. Die ermittelten Teilzahlen sind nacheinander reihenweise unter den Zahlen der ersten Reihe aufzuführen, bis höhere Teilzahlen für die Zuweisung der zu verteilenden Sitze nicht mehr in Betracht kommen.

(2) Unter den so gefundenen Teilzahlen werden so viele Höchstzahlen ausgesondert und der Größe nach geordnet, wie Mitglieder der Bordvertretung zu wählen sind. Das Geschlecht in der Minderheit erhält so viele Mitgliedersitze zugeteilt, wie Höchstzahlen auf es entfallen. Wenn die niedrigste in Betracht kommende Höchstzahl auf beide Geschlechter zugleich entfällt, so entscheidet das Los darüber, welchem Geschlecht dieser Sitz zufällt.

§ 5 Wahlausschreiben

오로지 전자적 방식에 의한 공고(Bekanntmachung ausschließlich in elektronischer Weise)는, 모든 선원들이 그 공고를 알 수 있고, 그 공고의 수정(Änderungen der Bekanntmachung)이 선거위원회에 의해서만 이뤄질 수 있는 사전조치(Vorkehrungen)가 강구된 경우에 한하여 허용(許容)된다.
④ 선거위원회는, 독일어를 구사하지 못하는 외국인 선원들이 적시에 선원대표단선거에 관하여, 특히 선거인명부의 의미(Bedeutung der Wählerliste), 후보자추천서의 작성(Aufstellung von Wahlvorschlägen), 투표행사(Stimmabgabe)에 관하여 적절한 방법으로(in geeigneter Weise) 통지받도록 해 주어야 한다.

제3조 선거인명부에 대한 이의
① 선거인명부의 적확성(的確性; Richtigkeit)에 대한 이의는, 선원대표단선거의 유효성을 다퉈서, 선고공고가 공포된 때로부터 48시간이 경과하기 이전에만 선거위원회(選擧委員會)에 제출될 수 있다.
② 제1항에 따른 이의에 대해 선거위원회는 지체 없이 결정해야 한다. 그 이의가 정당한 것으로 인정되는 경우에(Wird ein Einspruch für begründet erachtet) 선거인명부는 정정되어야 한다. 선거위원회의 결정은 이의를 제기한 선원에게 지체 없이, 늦어도 투표권(投票權) 행사 개시 전까지 서면으로 통지되어야 한다.
③ 선거인명부는 이의제기기간 도과 후에는 오기(誤記)나 명백한 부적확성(不的確性)이 있거나 적시에 제기된 이의의 처리를 위한 경우에만 투표 개시 전까지 시정될 수 있다; 제2조 제1항 제3문은 영향을 받지 않는다.

제4조 소수인 성의 최소 선원대표단구성원자리의 결정
① 선거위원회는 어느 성별이 그 수의 비율에 있어 선박 내에서 소수인지를 결정한다. 그리고 나서 선거위원회는, 비례대표선거원칙에 좇아 소수인 성에 대한 선원대표단구성원자리의 최소비율(Mindestanteil der Sitze in der Bordvertretung für das Geschlecht in der Minderheit)(법 제15조 제2항을 준용하는 제115조 제2항)을 산정한다. 이러한 목적을 위해 선거공고 공포일을 기준으로 당해 선박에 고용된 여성 및 남성의 수를 나란히 배열하여 1, 2, 3, 4 등으로 나눈다. 이처럼 산정된 나눈 값(Die ermittelten Teilzahlen)은, 배분해야 할 선원대표단구성원자리의 할당을 위해 그 다음으로 큰 나눈 값이 더 이상 고려되지 않을 때까지 첫째로 산정된 수 아래에 차례대로 나란히 배열해야 한다.
② 위와 같이 산정된 나눈 값 가운데서 선출되어야 할 선원대표단구성원자리 만큼의 최대수가 선택되어 그 크기에 따라 배열된다. 소수인 성에 대해 할당되어야 할 최대수만큼의 선원대표단구성원자리가 그 성에 배분된다. 가장 작은 최대수가 고려되는 최대수로 양성(兩性)에 동시에 할당되는 경우에 어느 성에 이러한 선원대표단구성원자리가 배분될 것인지에 대해 추첨으로 결정한다.

제5조 선거공고

(1) Unverzüglich, jedoch nicht vor Ablauf von 24 Stunden seit seiner Bestellung, erlässt der Wahlvorstand ein Wahlausschreiben, das von der oder dem Vorsitzenden und von mindestens einem weiteren stimmberechtigten Mitglied des Wahlvorstands zu unterzeichnen ist. Mit Erlass des Wahlausschreibens ist die Wahl der Bordvertretung eingeleitet.

(2) Das Wahlausschreiben muss folgende Angaben enthalten:

1. den Zeitpunkt (Datum und Uhrzeit) seines Erlasses;
2. den Ort, an dem die Wählerliste und diese Verordnung an Bord ausliegen, sowie im Fall der Bekanntmachung in elektronischer Weise (§ 2 Abs. 3 Satz 3 und 4) wo und wie von der Wählerliste und der Verordnung Kenntnis genommen werden kann;
3. dass wahlberechtigt und wählbar nur ist, wer in die Wählerliste eingetragen ist, und dass Einsprüche gegen die Wählerliste nur vor Ablauf von 48 Stunden seit dem Erlass des Wahlausschreibens beim Wahlvorstand eingelegt werden können; der Zeitpunkt des Ablaufs der Frist ist anzugeben;
4. den Anteil der Geschlechter und den Hinweis, dass das Geschlecht in der Minderheit in der Bordvertretung mindestens entsprechend seinem zahlenmäßigen Verhältnis vertreten sein muss, wenn die Bordvertretung aus mindestens drei Mitgliedern besteht (§ 115 Abs. 2 i.V.m. § 15 Abs. 2 des Gesetzes);
5. die Zahl der zu wählenden Mitglieder der Bordvertretung (§ 115 Abs. 2 Nr. 3, § 11 des Gesetzes) sowie die auf das Geschlecht in der Minderheit entfallenden Mindestsitze in der Bordvertretung (§ 15 Abs. 2 des Gesetzes);
6. die Mindestzahl von Besatzungsmitgliedern, von denen ein Wahlvorschlag unterzeichnet sein muss (§ 14 Abs. 4 des Gesetzes);
7. dass der Wahlvorschlag einer an Bord vertretenen Gewerkschaft von zwei Beauftragten unterzeichnet sein muss (§ 14 Abs. 5 des Gesetzes);
8. dass die Wahlvorschläge in Form von Vorschlagslisten einzureichen sind, wenn mehrere Mitglieder der Bordvertretung zu wählen sind;
9. dass ein Wahlvorschlag mindestens doppelt so viele Bewerberinnen oder Bewerber aufweisen soll, wie in dem Wahlgang Mitglieder der Bordvertretung zu wählen sind;
10. dass Wahlvorschläge vor Ablauf von 48 Stunden seit dem Erlass des Wahlausschreibens beim Wahlvorstand einzureichen sind; der Zeitpunkt des Ablaufs der Frist ist anzugeben;
11. dass die Stimmabgabe an Wahlvorschläge gebunden ist und dass nur solche Wahlvorschläge berücksichtigt werden, die fristgerecht beim Wahlvorstand eingegangen sind;
12. dass die Wahlvorschläge, Ort und Zeitpunkt der Stimmabgabe sowie Ort, Tag und Zeit der öffentlichen Stimmauszählung in gleicher Weise wie das Wahlausschreiben durch besonderen Aushang bekannt gemacht werden;
13. den Ort, an dem der Wahlvorstand an Bord erreichbar ist, und die Namen seiner Mitglieder.

① 선거위원회는 지체 없이, 그 구성원을 임명한 때로부터 24시간이 경과하기 이전에 위원장과 투표권이 있는 선거위원회위원 1명 이상이 추가로(von der oder dem Vorsitzenden und von mindestens einem weiteren stimmberechtigten Mitglied des Wahlvorstands) 서명한 선거공고를 공포한다. 선원대표단선거는 선거공고의 공포로써(Mit Erlass des Wahlausschreibens) 개시된다.
② 선거공고는 다음 사항 모두를 포함해야만 한다:
1. 선거공고 공표 시기(날짜와 시각);
2. 선거인명부와 본 명령이 게시된 선박 내 장소, 전자적 형태의 공고의 경우(Bekanntmachung in elektronischer Weise)(제2조 제3문, 제4문) 선거인명부 및 본 명령이 어디서, 어떻게 알 수 있는지에 관한 사항;
3. 선거인명부에 등재된 사람(wer in die Wählerliste eingetragen ist)만이 선거권을 행사할 수 있거나 당선될 수 있는 사항과, 선거인명부에 대한 이의는 선거공고가 공포된 때로부터 48시간이 경과하기 전에 선거위원회(選擧委員會)에 제기될 수 있다는 사항; 그 기간의 마지막 날짜를 명시해야 한다;
4. 성별 비율과, 선원대표단이 3명 이상의 구성원으로 구성되는 경우(법 제15조 제2항을 준용하는 제115조 제2항) 소수인 성이 선원대표단(Bordvertretung)에서 그 성의 수에 상응하는 비율 이상으로 (mindestens entsprechend seinem zahlenmäßigen Verhältnis) 대표되어야만 한다는 명시;
5. 선출되어야 하는 선원대표단구성원수(법 제115조 제2항 제3호, 제11조), 소수인 성에 할당되어야 하는 최소 선원대표단구성원자리(die auf das Geschlecht in der Minderheit entfallenden Mindestsitze in der Bordvertretung)(법 제15조 제2항);
6. 후보자추천서에 서명해야 하는 선원 최소수(Mindestzahl von Besatzungsmitgliedern)(법 제14조 제4항);
7. 당해 선박에 조합원인 근로자가 있는 노동조합의 후보자추천서에 2명의 그 대리인이 서명해야 한다는 사항(법 제14조 제5항);
8. 3명을 초과하여 선원대표단구성원이 선출되는 경우에 후보자추천서가 후보자명부 형태로 제출되어야 한다는 사항;
9. 선원대표단구성원이 선거에서 선출되어야 할 수의 2배수 이상의 후보자가 후보자추천서에 등재되어야 한다는 사항;
10. 선고공고가 공포된 때로부터 48시간이 경과하기 이전에 후보자추천서가 선거위원회에 제출되어야 한다는 사항; 그 기간의 마지막 날짜를 명시해야 한다;
11. 투표가 후보자추천서에 의해 행해져야만 하고 기간 내에 선거위원회에 제출된 그러한 후보자추천서만이 고려된다는 사항;
12. 후보자추천서, 투표 장소와 시기, 공개적 개표의 장소·일시(öffentlichen Stimmauszählung)가 선거공고와 동일한 방식으로 특별한 게시를 통해 공고된다는 사항;
13. 선거위원회의 선박 내 접근 가능한 장소, 선거위원회위원의 성명.

(3) Ein Abdruck des Wahlausschreibens ist vom Zeitpunkt seines Erlasses bis zum Abschluss der Stimmabgabe an einer oder mehreren geeigneten, den Wahlberechtigten zugänglichen Stellen vom Wahlvorstand auszuhängen und in gut lesbarem Zustand zu erhalten. Ergänzend kann das Wahlausschreiben mittels der an Bord vorhandenen Informations- und Kommunikationstechnik bekannt gemacht werden. § 2 Abs. 3 Satz 4 gilt entsprechend.

§ 6 Wahlvorschläge

(1) Zur Wahl der Bordvertretung können die Wahlberechtigten vor Ablauf von 48 Stunden seit Erlass des Wahlausschreibens Wahlvorschläge einreichen.

(2) Auf dem Wahlvorschlag sind Familienname, Vorname, Geburtsdatum und Art der Beschäftigung der Bewerberinnen oder Bewerber anzugeben.

(3) Dem Wahlvorschlag ist die schriftliche Zustimmung der in ihm aufgeführten Bewerberinnen und Bewerber zur Aufnahme in den Wahlvorschlag beizufügen.

(4) Aus dem Wahlvorschlag soll zu ersehen sein, welcher Unterzeichner zur Vertretung des Vorschlags gegenüber dem Wahlvorstand und zur Entgegennahme von Erklärungen des Wahlvorstands berechtigt ist (Listenvertreterin, Listenvertreter). Fehlt eine Angabe hierüber, so gilt die Unterzeichnerin oder der Unterzeichner als berechtigt, die oder der an erster Stelle steht.

(5) Der Wahlvorschlag kann mit einem Kennwort versehen werden.

§ 7 Wahlvorschläge der Gewerkschaften

(1) Für den Wahlvorschlag einer an Bord vertretenen Gewerkschaft (§ 14 Abs. 3 des Gesetzes) gelten § 6 sowie die §§ 8 bis 31 entsprechend.

(2) Der Wahlvorschlag einer Gewerkschaft ist ungültig, wenn er nicht von zwei Beauftragten der Gewerkschaft unterzeichnet ist (§ 14 Abs. 5 des Gesetzes).

(3) Die oder der an erster Stelle unterzeichnete Beauftragte gilt als Listenvertreterin oder Listenvertreter. Die Gewerkschaft kann ein Besatzungsmitglied, das ihr angehört, als Listenvertreterin oder Listenvertreter benennen.

§ 8 Behandlung der Wahlvorschläge durch den Wahlvorstand

(1) Der Wahlvorstand hat bei Überbringen des Wahlvorschlags oder, falls dieser auf andere Weise eingereicht wird, der Listenvertreterin oder dem Listenvertreter den Zeitpunkt der Einreichung schriftlich zu bestätigen.

(2) Der Wahlvorstand hat Wahlvorschläge, die nicht mit einem Kennwort versehen sind, mit Familiennamen und Vornamen des oder der an erster Stelle benannten Bewerberin oder Bewerbers zu bezeichnen. Er hat die Wahlvorschläge unverzüglich zu prüfen und bei Ungültigkeit oder Beanstandungen die Listenvertreterin oder den Listenvertreter unverzüglich schriftlich unter Angabe der Gründe zu unterrichten.

③ 선거공고의 사본은 선거공고의 공포시부터 투표종료시까지 1개 또는 수개의 적당한 장소로, 선거권자들이 접근 가능한 장소에(an einer oder mehreren geeigneten, den Wahlberechtigten zugänglichen Stellen) 선거위원회에 의해 게시되어야 하고 읽을 수 있는 상태로 유지되어야 한다. 선거공고 선박 내에 존재하는 정보·통신매체에 보충적으로 공고될 수 있다. 제2조 제3항 제4문을 준용한다.

제6조 후보자추천서

① 선원대표단선거를 위하여 선거권자는 선거공고가 공포된 때로부터 48시간이 경과하기 이전에 후보자추천서를 제출할 수 있다.

② 후보자추천서에 후보자의 성명, 생년월일 및 고용형태(Art der Beschäftigung der Bewerberinnen oder Bewerber)가 기재되어야 한다.

③ 후보자추천서에 그 추천서 등재에 대한 그 추천서에 등재된 후보자의 서면동의(書面同意)가 첨부되어야 한다.

④ 어느 서명자가 선거위원회에 대하여 후보자추천을 대표하고 선거위원회의 의사표시의 수령을 할 자격이 있는지(후보자명부대리인; Listenvertreterin, Listenvertreter)를 후보자추천서에서 알 수 있어야만 한다. 그에 관한 기재가 흠결된 경우에 첫 번째로 등재된 서명자를 그 자격이 있는 것으로 본다.

⑤ 후보자추천서에 선거표어(Kennwort)가 기재될 수 있다.

제7조 노동조합의 후보자추천서

① 선박에 조합원인 근로자가 있는 노동조합의 후보자추천서(법 제14조 제3항)에 대하여 제6조, 제8조 내지 제31조를 준용한다.

② 그 후보자추천서에 2명의 그 노동조합의 대리인이 서명하지 않은 경우에 그 노동조합의 후보자추천서는 무효이다.

③ 첫 번째로 서명한 대리인(Die oder der an erster Stelle unterzeichnete Beauftragte)을 후보자명부대리인으로 본다. 그 노동조합은 그에 속하지 않은 선원을 후보자명부대리인으로 임명할 수 있다.

제8조 선거위원회의 후보자추천서의 처리

① 선거위원회(選擧委員會)는 후보자추천서가 송달된 경우(bei Überbringen des Wahlvorschlags) 또는 후보자추천서가 다른 방식으로 제출된 경우에, 후보자추천서대리인에게 제출시기를 서면으로 확인해줘야 한다.

② 후보자추천서(Wahlvorschläge)에 선거표어(標語)(Kennwort)가 갖춰지지 않은 경우에 선거위원회(選擧委員會)는 그 명부를 후보자추천서에 맨 먼저 등재된 후보자(候補者)의 성명으로 표기해야 한다. 선거위원회는 지체 없이 후보자추천서를 심사해야 하고, 후보자추천서의 무효나 그에 대한 이의제기시 그 이유를 기재하여 지체 없이 서면으로 후보자추천서대리인에게 통지해야 한다.

(3) Hat ein Wahlberechtigter mehrere Wahlvorschläge unterzeichnet, so hat er auf Aufforderung des Wahlvorstands binnen einer ihm gesetzten angemessenen Frist, spätestens jedoch vor Ablauf von sechs Stunden, zu erklären, welche Unterschrift er aufrechterhält. Unterbleibt die fristgerechte Erklärung, so wird sein Name auf dem zuerst eingereichten Wahlvorschlag gezählt und auf den übrigen Wahlvorschlägen gestrichen; sind mehrere Wahlvorschläge, die von demselben Wahlberechtigten unterzeichnet sind, gleichzeitig eingereicht worden, so entscheidet das Los darüber, auf welchem Wahlvorschlag die Unterschrift gilt.

(4) Ist der Name einer Bewerberin oder eines Bewerbers mit ihrer oder seiner schriftlichen Zustimmung auf mehreren Vorschlagslisten (§ 19 Abs. 1) aufgeführt, so hat diese Person auf Aufforderung des Wahlvorstands binnen einer ihr gesetzten angemessenen Frist, spätestens jedoch vor Ablauf von sechs Stunden, zu erklären, welche Bewerbung sie aufrechterhält. Unterbleibt die fristgerechte Erklärung, so ist die Bewerberin oder der Bewerber auf sämtlichen Vorschlagslisten zu streichen.

§ 9 Ungültige Wahlvorschläge

(1) Ungültig sind Wahlvorschläge,

1. die nicht fristgerecht eingereicht worden sind,
2. auf denen die Bewerberinnen oder Bewerber nicht in erkennbarer Reihenfolge aufgeführt sind,
3. die bei Einreichung nicht die erforderliche Zahl von Unterschriften (§ 14 Abs. 4 des Gesetzes) aufweisen. Die Rücknahme von Unterschriften auf einem eingereichten Wahlvorschlag beeinträchtigt dessen Gültigkeit nicht; § 8 Abs. 3 bleibt unberührt.

(2) Ungültig sind auch Wahlvorschläge,

1. auf denen die Bewerberinnen oder Bewerber nicht in der in § 6 Abs. 2 bestimmten Weise bezeichnet sind,
2. wenn die schriftliche Zustimmung der Bewerberinnen oder Bewerber zur Aufnahme in den Wahlvorschlag nicht vorliegt (§ 6 Abs. 3),
3. wenn der Wahlvorschlag infolge von Streichung gemäß § 8 Abs. 3 nicht mehr die erforderliche Zahl von Unterschriften aufweist, falls diese Mängel trotz Beanstandung nicht vor Ablauf einer Frist von sechs Stunden beseitigt werden.

§ 10 Nachfrist für die Einreichung von Wahlvorschlägen

(1) Ist vor Ablauf der in § 6 Abs. 1 und § 9 Abs. 2 genannten Fristen kein gültiger Wahlvorschlag eingereicht worden, so hat dies der Wahlvorstand unverzüglich in der gleichen Weise wie das Wahlausschreiben bekannt zu machen und eine Nachfrist von 24 Stunden für die Einreichung von Wahlvorschlägen zu setzen. In der Bekanntmachung ist darauf hinzuweisen, dass die Wahl nur stattfindet, wenn innerhalb der Nachfrist mindestens ein gültiger Wahlvorschlag eingereicht wird.

③ 선거권자가 다수의 후보자추천서에 서명을 한 경우에, 그는 선거위원회의 요구가 있는 때에는, 그에게 주어진 적절한 기간으로, 늦어도 6시간이 경과하기 전에 자신이 어떤 서명을 유지할 것인지를 밝혀야 한다. 기간에 맞게 그 의사표시가 행해지지 않은 경우에, 먼저 제출된 후보자명부에 기재된 서명은 산정되고(sein Name auf dem zuerst eingereichten Wahlvorschlag gezählt) 나머지 후보자명부상의 서명은 산정에서 제외된다; 동일한 선거권자가 서명한 수개의 후보자명부가 동시에 제출된 경우에는, 어느 후보자명부상의 서명이 유효한지에 대해 추첨으로 결정한다.

④ 후보자의 이름이 자신의 서면동의로 수개의 후보자명부에 등재된 경우에, 그는 선거위원회(選擧委員會)의 요구가 있는 때에는, 그에게 주어진 적절한 기간으로(binnen einer ihr gesetzten angemessenen Frist), 늦어도 6시간이 경과하기 전에 자신이 어떤 입후보를 유지할 것인지를 밝혀야 한다. 그러한 기간에 맞게 그 의사표시(意思表示)가 없는 경우에는(Unterbleibt die fristgerechte Erklärung) 그 후보자는 전체 후보자명부(sämtlichen Vorschlagslisten)에서 삭제된다.

제9조 무효인 후보자추천서

① 다음 각 호의 후보자추천서는 무효이다,

1. 제출기간 내에 제출되지 않은 후보자추천서,
2. 후보자들이 식별할 수 있는 순서에 따라 등재되지 않은 후보자추천서,
3. 제출시 필요한 서명수(법 제14조 제4항)를 갖추지 못한 후보자추천서, 제출된 후보자추천서에 대한 서명의 철회는 그 유효성에 영향을 미치지 않는다; 제8조 제3항은 이에 영향(影響)을 받지 않는다.

② 다음 각 호의 후보자추천서는 무효이다,

1. 후보자들(Bewerberinnen oder Bewerber)이 제6조 제2항에 정해진 방식대로 표기되지 않은 후보자추천서,
2. 후보자추천서 등재에 대한 후보자들(Bewerberinnen oder Bewerber)의 서면동의가 없는 후보자추천서(제6조 제3항),
3. 이러한 흠결이 이의제기에도 불구하고 6시간의 경과하기 이전에 시정되지 않은 때에 있어, 제8조 제3항에 따른 명부삭제의 결과(infolge von Streichung gemäß § 8 Abs. 3) 후보자추천서에 필요한 서명수를 갖추지 못한 후보자추천서.

제10조 후보자추천서 제출에 대한 추가기간

① 제6조 제1항, 제9조 제2항에서 언급된 기간이 경과한 후에 유효한 후보자추천서가 제출되지 않은 경우에, 선거위원회는 선거공고와 같은 방식으로 이를 지체 없이 공고해야 하고, 후보자추천서 제출을 위한 24시간의 추가기간(Nachfrist von 24 Stunden für die Einreichung von Wahlvorschlägen)을 정해야 한다. 그 공고에서, 추가기간 내에 유효한 1개 이상의 후보자추천서가 제출되는 경우에만 선거가 실시된다는 점이 언급되어야 한다.

(2) Wird vor Ablauf der Nachfrist kein gültiger Wahlvorschlag eingereicht, so findet die Wahl nicht statt. Der Wahlvorstand hat dies unverzüglich in gleicher Weise wie das Wahlausschreiben bekannt zu machen.

§ 11 Bekanntmachungen zur Stimmabgabe

(1) Unverzüglich nach Ordnung der Wahlvorschläge (§§ 20, 28 Abs. 2) hat der Wahlvorstand

1. die als gültig anerkannten Wahlvorschläge,
2. den Ort und den Zeitraum der Stimmabgabe (Absatz 2) und
3. Hinweise für die Stimmabgabe (Absatz 3)

in gleicher Weise wie das Wahlausschreiben bis zum Abschluss der Stimmabgabe bekannt zu machen.

(2) Der Zeitraum der Stimmabgabe darf nicht vor Ablauf von 24 Stunden nach der Bekanntmachung beginnen und soll spätestens 48 Stunden nach der Bekanntmachung enden. Er ist so zu bemessen, dass allen Wahlberechtigten die Stimmabgabe unter Berücksichtigung der Erfordernisse des ordnungsgemäßen Schiffsbetriebs möglich ist.

(3) In den Hinweisen für die Stimmabgabe ist anzugeben, dass die Wählerin oder der Wähler auf dem Stimmzettel nur ankreuzen darf

1. bei Verhältniswahl (§§ 21 bis 23) eine Vorschlagsliste;
2. bei Mehrheitswahl nach den §§ 24 bis 30 so viele Namen, wie Mitglieder der Bordvertretung zu wählen sind.

§ 12 Stimmabgabe

(1) Das Wahlrecht wird durch Abgabe eines Stimmzettels in einem Wahlumschlag ausgeübt. Die Stimmzettel müssen alle dieselbe Größe, Farbe, Beschaffenheit und Beschriftung haben; dasselbe gilt für die Wahlumschläge.

(2) Ist die Bordvertretung nach den Grundsätzen der Verhältniswahl zu wählen (§§ 21 bis 23), so kann der Wahlberechtigte seine Stimme nur für die gesamte Vorschlagsliste abgeben. Ist nach den Grundsätzen der Mehrheitswahl zu wählen (§§ 24 bis 30), so ist die Stimme für die einzelnen Bewerberinnen oder Bewerber abzugeben.

§ 13 Wahlvorgang

(1) Der Wahlvorstand hat Vorkehrungen zu treffen, dass die Wählerin oder der Wähler den Stimmzettel im Wahlraum unbeobachtet kennzeichnen und in den Wahlumschlag legen kann. Für die Aufnahme der Wahlumschläge sind eine oder mehrere Wahlurnen zu verwenden. Vor Beginn der Stimmabgabe sind die Wahlurnen vom Wahlvorstand zu verschließen. Sie müssen so eingerichtet sein, dass die Wahlumschläge nicht entnommen werden können,

(2) Während des Zeitraums der Stimmabgabe müssen mindestens zwei stimmberechtigte

② 추가기간이 경과하기 전에 유효한 후보자추천서가 제출되지 않은 경우에, 선거가 실시되지 않는다. 선거위원회(選擧委員會)는 지체 없이 선고공고와 같은 방식(方式)으로 이를 공고해야 한다.

제11조 투표에 대한 공고

① 선거위원회는 지체 없이 후보자추천서의 순서(제20조, 제28조 제2항)에 따라,

1. 유효한 것으로 인정한 후보자추천서,
2. 투표의 장소와 시기(제11조 제2항),
3. 투표행사에 대한 언급(제11조 제3항),

투표가 종료될 때가지 선거공고와 동일한 방식으로(in gleicher Weise wie das Wahlausschreiben) 위 사항 모두를 공고해야 한다.

② 투표의 시기는 공고한 때로부터 24시간이 경과하기 전에 개시되어서는 안 되고 늦어도 공고한 때로부터 48시간 후에 종료되어야 한다. 그 시기는 원활한 해상사업의 필요를 고려하여(unter Berücksichtigung der Erfordernisse des ordnungsgemäßen Schiffsbetriebs) 모든 선거권자의 투표가 가능하도록 정해져야 한다.

③ 투표행사에 대한 언급에서 선거인들이 투표용지에 다음 각 호와 같이 표시해야 한다는 점이 언급되어야 한다,

1. 비례대표선거의 경우(제21조 내지 제23조) 하나의 후보자명부에 대한 '×'만의 표시,
2. 제24조 내지 제30조에 따른 다수대표제선거의 경우 선출되어야 할 선원대표단 수만큼의 성명에 대한 '×'만의 표시.

제12조 투표

① 투표는 봉투에 투표용지를 투입함으로써 이뤄진다. 투표용지의 크기, 색깔, 상태 및 문자(alle dieselbe Größe, Farbe, Beschaffenheit und Beschriftung)가 모두 동일해야만 한다; 투표봉투도 마찬가지이다.

② 선원대표단이 비례대표선거원칙에 따라 구성되어야 하는 경우에(제21조 내지 제23조), 선거권자는 전체 후보자명부에 대해서만 자신의 투표를 행사할 수 있다. 선원대표단이 다수대표제선거원칙에 따라 구성되어야 하는 경우에(제24조 내지 제30조), 각 후보자에 대해서 투표를 해야 한다.

제13조 투표과정

① 선거위원회는 투표인이 투표소에서 노출되지 않게 투표용지에 기표해 이를 투표함에 투함할 수 있도록 조치를 취해야 한다. 투표봉부의 수용을 위해(Für die Aufnahme der Wahlumschläge) 1개 또는 수개의 투표함이 사용되어야 한다. 투표함은 투표 개시 전에 선거위원회에 의해 봉인되어야 한다. 투표함은 되어 투표함이 개함되는 경우를 제외하고(ohne dass die Wahlurne geöffnet wird) 투함된 투표봉투가 빠져나오지 못하도록 제작되어야만 한다.

② 투표(投票)가 행해지는 동안 항상 투표권이 있는 선거관리위원회위원 2명 이상이 투표소

Mitglieder des Wahlvorstands im Wahlraum anwesend sein. Sind Wahlhelferinnen oder Wahlhelfer bestellt, so genügt die Anwesenheit eines stimmberechtigten Mitglieds des Wahlvorstands und einer Wahlhelferin oder eines Wahlhelfers.

(3) Die Wählerin oder der Wähler gibt ihren oder seinen Namen an und wirft den Wahlumschlag, in den der Stimmzettel eingelegt ist, in die Wahlurne ein, nachdem die Stimmabgabe in der Wählerliste vermerkt worden ist.

(4) Wer infolge seiner Behinderung bei der Stimmabgabe beeinträchtigt ist, kann eine Person seines Vertrauens bestimmen, die ihm bei der Stimmabgabe behilflich sein soll, und teilt dies dem Wahlvorstand mit. Wahlbewerberinnen oder Wahlbewerber, Mitglieder des Wahlvorstands sowie Wahlhelferinnen und Wahlhelfer dürfen nicht zur Hilfeleistung herangezogen werden. Die Hilfeleistung beschränkt sich auf die Erfüllung der Wünsche der Wählerin oder des Wählers zur Stimmabgabe; die Person des Vertrauens darf gemeinsam mit der Wählerin oder dem Wähler die Wahlzelle aufsuchen. Sie ist zur Geheimhaltung der Kenntnisse verpflichtet, die sie bei der Hilfeleistung zur Stimmabgabe erlangt hat. Die Sätze 1 bis 4 gelten entsprechend für des Lesens unkundige Wählerinnen und Wähler.

(5) Werden die Stimmen nicht unmittelbar nach Abschluss der Stimmabgabe ausgezählt, so hat der Wahlvorstand die Wahlurnen zu versiegeln. Dasselbe gilt im Fall der Unterbrechung der Stimmabgabe.

§ 14 Öffentliche Stimmauszählung

Unverzüglich nach Abschluss der Stimmabgabe nimmt der Wahlvorstand öffentlich die Auszählung der Stimmen vor und gibt das Wahlergebnis bekannt.

§ 15 Feststellung des Wahlergebnisses

(1) Nach Öffnung der Wahlurnen entnimmt der Wahlvorstand den Wahlumschlägen die Stimmzettel und prüft ihre Gültigkeit.

(2) Ungültig sind Stimmzettel,

1. die nicht in einem Wahlumschlag abgegeben sind,
2. die nicht den Erfordernissen des § 12 Abs. 1 Satz 2 entsprechen,
3. aus denen sich der Wille des Wählers nicht zweifelsfrei ergibt,
4. die ein besonderes Merkmal, einen Zusatz oder einen Vorbehalt enthalten.

(3) Mehrere in einem Wahlumschlag enthaltene Stimmzettel, die vollständig übereinstimmen, werden als eine Stimme gezählt. Stimmen sie nicht vollständig überein, so sind sie ungültig.

(4) Der Wahlvorstand zählt

1. im Fall der Verhältniswahl (§§ 21 bis 23) die auf jede Vorschlagsliste,
2. im Fall der Mehrheitswahl (§§ 24 bis 30) die auf jede einzelne Bewerberin oder jeden einzelnen Bewerber

(投票所)에 임석(臨席)해야만 한다. 선거보조인이 임명된 경우(Sind Wahlhelferinnen oder Wahlhelfer bestellt)(제1조 제2항)에, 투표권이 있는 선거관리위원회위원 1명과 선거보조인 1명의 임석으로 족하다.

③ 투표자는 선거인명부에 투표권 행사의 표시를 한 다음(nachdem die Stimmabgabe in der Wählerliste vermerkt worden ist), 자신의 이름을 말한 후 투표용지가 들어 있는 투표봉투를 투표함에 집어넣는다.

④ 자신의 장애로 인해 투표에서 지장을 받는 사람(Wer infolge seiner Behinderung bei der Stimmabgabe beeinträchtigt ist)은 투표행사시 자신을 보조하는 투표보조인을 정할 수 있고 이를 선거위원회에 통지한다. 후보자, 선거위원회위원과 선거보조인에 대해서는 그러한 도움을 제공하도록 요청해서는 안 된다. 그러한 도움제공은 투표자의 투표에 관한 의사의 이행(Erfüllung der Wünsche der Wählerin oder des Wählers zur Stimmabgabe)으로 국한된다; 그 투표보조인은 투표자와 함께 기표소에 들어갈 수 있다. 그 투표보조인은 자신이 투표인의 투표에 대한 도움제공시 지득한 정보에 대한 비밀엄수(Geheimhaltung der Kenntnisse)를 할 의무가 있다. 제1문 내지 제4문은 문맹인인 투표자에 대해(für des Lesens unkundige Wählerinnen und Wähler) 준용한다.

⑤ 개표가 투표 종료 직후에 실시되지 않는 경우에(Werden die Stimmen nicht unmittelbar nach Abschluss der Stimmabgabe ausgezählt) 선거위원회는 투표함을 봉인해야 한다. 투표가 중단된 경우 또한 같다.

제14조 공개적인 개표

선거위원회(選擧委員會)는 투표가 종료된 후 지체 없이 공개적으로 개표에 착수하고 선거결과를 공표한다.

제15조 선거결과의 확정

① 선거위원회(選擧委員會)는 투표함의 개함 후 투표봉투에서 투표용지를 꺼내 그 유효성 여부를 심사한다.

② 다음 각 호의 투표용지는 무효이다,

1. 투표봉투에 들어 있지 않은 투표용지,
2. 제12조 제1항 제2문의 요건에 부합하지 않은 투표용지,
3. 투표자의 의사가 명백하게 드러나지 않은 투표용지,
4. 특별한 표지(標識), 추가기재 또는 유보표시(Vorbehalt; 留保標示)가 있는 투표용지.

③ 하나의 투표봉투에 들어 있는 수개의 투표용지로, 완전히 일치하는 투표용지는 투표 1개로 산정된다. 투표용지가 완전히 일치하지 않은 경우에 그 투표용지는 무효이다.

④ 선거위원회는,

1. 비례대표제선거의 경우(제21조 내지 제23조)에 각 후보자명부(jede Vorschlagsliste)에,
2. 다수대표제선거의 경우(제21조 내지 제23조)에 각 후보자에 대해,

entfallenen gültigen Stimmen zusammen.

§ 16 Wahlniederschrift

(1) Nachdem ermittelt ist, wer gewählt ist, hat der Wahlvorstand in einer Niederschrift festzustellen

1. die Gesamtzahl der abgegebenen Stimmen und die Zahl der gültigen Stimmen;
2. die Zahl der ungültigen Stimmen;
3. im Fall der Verhältniswahl (§§ 21 bis 23) die Zahl der auf jede Vorschlagsliste entfallenen gültigen Stimmen sowie die berechneten Höchstzahlen und ihre Verteilung auf die Vorschlagslisten;
4. im Fall der Mehrheitswahl (§§ 24 bis 30) die Zahl der auf jede Bewerberin und jeden Bewerber entfallenen gültigen Stimmen;
5. die Namen der gewählten Bewerberinnen und Bewerber;
6. gegebenenfalls besondere während der Wahl der Bordvertretung eingetretene Zwischenfälle oder sonstige Ereignisse.

(2) Die Niederschrift ist von der oder dem Vorsitzenden und von mindestens einem weiteren stimmberechtigten Mitglied des Wahlvorstands zu unterzeichnen.

(3) Der Wahlvorstand hat je eine Abschrift der Wahlniederschrift dem Kapitän, dem Seebetriebsrat und den an Bord vertretenen Gewerkschaften unverzüglich zu übermitteln.

§ 17 Benachrichtigung der Bekanntmachung der Gewählten

(1) Der Wahlvorstand hat die Gewählten unverzüglich schriftlich von ihrer Wahl zu benachrichtigen. Erklärt die gewählte Person nicht binnen drei Arbeitstagen nach Zugang der Benachrichtigung dem Wahlvorstand, dass sie die Wahl ablehne, so gilt die Wahl als angenommen.

(2) Die Namen der als Mitglieder der Bordvertretung Gewählten sind durch einwöchigen Aushang in gleicher Weise bekannt zu machen wie das Wahlausschreiben.

§ 18 Aufbewahrung der Wahlakten

Die Bordvertretung hat die Wahlakten mindestens bis zur Beendigung ihrer Amtszeit aufzubewahren.

## Zweiter Abschnitt Besondere Vorschriften für die Wahl mehrerer Mitglieder der Bordvertretung

### Erster Unterabschnitt Wahlvorschläge

§ 19 Zusätzliche Erfordernisse

(1) Sind mehrere Mitglieder der Bordvertretung zu wählen, so soll jeder Wahlvorschlag

할당된 유효득표를 합산한다.

제16조 투표의사록정본

① 누가 당선되었는지가 결정된 다음, 선거관리위원회는 투표의사록정본으로 다음 각 호 사항을 확정해야 한다,

1. 행사된 투표총수와 유효득표수;
2. 무효득표수;
3. 비례대표제선거의 경우(im Fall der Verhältniswahl)(제21조 내지 제23조) 각 후보자명부에 할당된 유효득표와 산정된 최대수, 그 최대수의 후보자명부에 대한 배분(ihre Verteilung auf die Vorschlagslisten);
4. 다수대표제선거의 경우(im Fall der Mehrheitswahl)(제24조 내지 제30조) 각 후보자에 할당된 유효득표;
5. 당선된 후보자의 성명;
6. 필요한 경우 선원대표단의 선거 동안에 발생한 특별한 사건 또는 기타 사건(Zwischenfälle oder sonstige Ereignisse).

② 그 의사록은 선거위원회위원장과 1명 이상의 투표권이 있는 선거위원회위원이 추가로 서명을 해야 한다.

③ 선거위원회는 선장, 해상근로자평의회, 선박에 조합원인 근로자가 있는 노동조합에 각 투표의사록의 사본 1부씩을 지체 없이 송부해야 한다.

제17조 당선인 공고와 그 통지

① 선거위원회는 당선인에게 지체 없이 서면으로 그 당선에 관하여 통지해야 한다. 당선인이 그 통지 도달 후 3일의 근무일 내에 선거위원회에 당선을 거부한다는 의사를 표시하지 않은 경우에 그 당선은 수용된 것으로 본다.

② 선원대표단구성원으로 당선된 사람의 성명은 1주일간 게시에 의해 선고공고와 동일한 방식으로 공고되어야 한다.

제18조 선거서류의 보관

선원대표단은 최소한 그 임기가 종료할 때까지(bis zur Beendigung ihrer Amtszeit) 선거서류를 보관해야 한다.

## 제2장 다수의 선원대표단 선거에 대한 특별규정

### 제1절 후보자추천서

제19조 추가적 요건

① 수인의 선원대표단구성원이 선출(選出)되어야 하는 경우에 각 후보자추천서에 선출되어야

mindestens doppelt so viele Bewerberinnen oder Bewerber enthalten, wie Mitglieder der Bordvertretung zu wählen sind. Die Namen der einzelnen Bewerberinnen oder Bewerber sind in erkennbarer Reihenfolge aufzuführen und mit fortlaufenden Nummern zu versehen (Vorschlagsliste).

(2) Ein Wahlberechtigter kann seine Unterschrift rechtswirksam nur für eine Vorschlagsliste abgeben.

(3) Eine Bewerberin oder ein Bewerber kann rechtswirksam nur auf einer Vorschlagsliste vorgeschlagen werden.

(4) Eine Verbindung von Vorschlagslisten ist unzulässig.

§ 20 Ordnung der Vorschlagslisten

Unverzüglich nach Ablauf der in § 6 Abs. 1, § 9 Abs. 2 und § 10 Abs. 1 genannten Fristen ermittelt der Wahlvorstand durch Los die Reihenfolge der Ordnungsnummern, die den als gültig anerkannten Vorschlagslisten zugeteilt werden (Liste 1 usw.). Die Listenvertreterinnen oder Listenvertreter sind zu der Losentscheidung rechtzeitig einzuladen.

**Zweiter Unterabschnitt Wahlverfahren bei mehreren Vorschlagslisten (Verhältniswahl)**

§ 21 Stimmzettel, Stimmabgabe

(1) Nach den Grundsätzen der Verhältniswahl (Listenwahl) ist zu wählen, wenn mehrere gültige Vorschlagslisten eingegangen sind.

(2) Auf dem Stimmzettel sind die Vorschlagslisten in der Reihenfolge der Ordnungsnummern unter Angabe von Familiennamen, Vornamen und Art der Beschäftigung des oder der an erster Stelle Benannten aufzuführen; bei Listen, die mit einem Kennwort versehen sind, ist auch das Kennwort anzugeben.

(3) Die Wählerin oder der Wähler kreuzt auf dem Stimmzettel die Vorschlagsliste an, für die sie oder er ihre oder seine Stimme abgeben will. Die Stimme kann nur für eine Vorschlagsliste abgegeben werden.

§ 22 Verteilung der Sitze auf die Vorschlagslisten

(1) Die Sitze werden auf die Vorschlagslisten verteilt. Dazu werden die den einzelnen Vorschlagslisten zugefallenen Stimmenzahlen in einer Reihe nebeneinander gestellt und sämtlich durch 1, 2, 3, 4 usw. geteilt. Die ermittelten Teilzahlen sind nacheinander reihenweise unter den Zahlen der ersten Reihe aufzuführen, bis höhere Teilzahlen für die Zuweisung der zu verteilenden Sitze nicht mehr in Betracht kommen.

(2) Unter den so gefundenen Teilzahlen werden so viele Höchstzahlen ausgesondert und der Größe nach geordnet, wie Mitglieder der Bordvertretung zu wählen sind. Jede Vorschlagsliste erhält so viele Mitgliedersitze zugeteilt, wie Höchstzahlen auf sie entfallen. Entfällt die niedrigste in

하는 구성원수의 2배수 이상의 후보자가 포함되어야 한다. 각 후보자의 이름은 식별할 수 있는 순서에 따라(in erkennbarer Reihenfolge) 등재되어야 하고 일련번호가 기재되어야 한다(후보자명부; Vorschlagsliste).

② 선거권자는 하나의 후보자명부에 대해서만(nur für eine Vorschlagsliste) 법적으로 유효하게 자신의 서명을 할 수 있다.

③ 후보자는 하나의 후보자명부에 대해서만(nur für eine Vorschlagsliste) 법적으로 유효하게 추천될 수 있다.

④ 결합후보자명부는 허용되지 않는다.

제20조 후보자명부의 순서

제6조 제1항, 제9조 제2항, 제10조 제1항상의 기간 경과 후 지체 없이 선거위원회는 추첨으로 유효한 것으로 인정된(die den als gültig anerkannten Vorschlagslisten zugeteilt werden) 후보자명부에 대해 부여될 일련번호(명부 1 등)의 순위를 정한다. 후보자명부대리인은 그 추첨결정에 적시에 소환되어야 한다.

## 제2절 다수의 후보자명부시 선거절차(비례대표선거)

제21조 투표용지, 투표행사

① 다수의 유효한 후보자명부가 제출된 경우에 비례대표제선거의 원칙(후보자명부선거)에 따라 선출되어야 한다.

② 첫 번째로 배치된 후보자의 성명, 관직명 또는 직함 및 집단소속을 기재하여(unter Angabe von Familiennamen, Vornamen und Art der Beschäftigung des oder der an erster Stelle Benannten), 투표용지상에서 후보자명부가 일련번호의 순서대로 배열되어야 한다; 선거표어가 갖춰진 후보자명부의 경우에 그 선거표어도 기재해야 한다.

③ 투표자(投票者)는, 투표용지에서 자신이 투표하려고 하는 후보자명부(Vorschlagsliste)에 '×'를 기표한다. 투표는 하나의 후보자명부(Vorschlagsliste)에 대해서만(nur für eine Vorschlagsliste) 행해질 수 있다.

제22조 선원대표단구성원자리의 후보자명부에 대한 할당

① 선원대표단구성원자리는 후보자명부에 할당된다(Die Sitze werden auf die Vorschlagslisten verteilt). 이를 위해 각 후보자명부에 할당된 득표수를 나란히 배열하여 모두 1, 2, 3, 4 등으로 나눈다. 이처럼 산정된 나눈 값은, 배분해야 할 선원대표단구성원자리의 할당을 위해 그 다음으로 큰 나눈 값이 더 이상 고려되지 않을 때까지 첫째로 산정된 수 아래에 차례대로 나란히 배열해야 한다.

② 위와 같이 산정된 나눈 값 가운데서(Unter den so gefundenen Teilzahlen) 선출되어야 할 선원대표단구성원자리 만큼의 최대수(Höchstzahlen)가 선택되어 그 크기에 따라 배열된다. 최대수가 그 후보자명부에 할당될 만큼의 선원대표단구성원자리가 각 후보자명부에 배분된다.

Betracht kommende Höchstzahl auf mehrere Vorschlagslisten zugleich, so entscheidet das Los darüber, welcher Vorschlagsliste dieser Sitz zufällt.

(3) Wenn eine Vorschlagsliste weniger Bewerberinnen oder Bewerber enthält, als Höchstzahlen auf sie entfallen, so gehen die überschüssigen Mitgliedersitze auf die folgenden Höchstzahlen der anderen Vorschlagslisten über.

(4) Die Reihenfolge der Bewerberinnen oder Bewerber innerhalb der einzelnen Vorschlagslisten bestimmt sich nach der Reihenfolge ihrer Benennung.

(5) Befindet sich unter den auf die Vorschlagslisten entfallenden Höchstzahlen nicht die erforderliche Mindestzahl von Angehörigen des Geschlechts in der Minderheit nach § 15 Abs. 2 des Gesetzes, so gilt Folgendes:

1. An die Stelle der auf der Vorschlagsliste mit der niedrigsten Höchstzahl benannten Person, die nicht dem Geschlecht in der Minderheit angehört, tritt die in derselben Vorschlagsliste in der Reihenfolge nach ihr benannte, nicht berücksichtigte Person des Geschlechts in der Minderheit.
2. Enthält diese Vorschlagsliste keine Person des Geschlechts in der Minderheit, so geht dieser Sitz auf die Vorschlagsliste mit der folgenden, noch nicht berücksichtigten Höchstzahl und mit Angehörigen des Geschlechts in der Minderheit über. Entfällt die folgende Höchstzahl auf mehrere Vorschlagslisten zugleich, so entscheidet das Los darüber, welcher Vorschlagsliste dieser Sitz zufällt.
3. Das Verfahren nach den Nummern 1 und 2 ist so lange fortzusetzen, bis der Mindestanteil der Sitze des Geschlechts in der Minderheit nach § 15 Abs. 2 des Gesetzes erreicht ist.
4. Bei der Verteilung der Sitze des Geschlechts in der Minderheit sind auf den einzelnen Vorschlagslisten nur die Angehörigen dieses Geschlechts in der Reihenfolge ihrer Benennung zu berücksichtigen.
5. Verfügt keine andere Vorschlagsliste über Angehörige des Geschlechts in der Minderheit, verbleibt der Sitz bei der Vorschlagsliste, die zuletzt ihren Sitz zu Gunsten des Geschlechts in der Minderheit nach Nummer 1 hätte abgeben müssen.

§ 23 Ablehnung der Wahl

Lehnt eine gewählte Person die Wahl ab, so tritt an ihre Stelle die in derselben Vorschlagsliste in der Reihenfolge nach ihr benannte, nicht gewählte Person. Gehört die gewählte Person dem Geschlecht in der Minderheit an, so tritt an ihre Stelle die in derselben Vorschlagsliste in der Reihenfolge nach ihr benannte, nicht gewählte Person desselben Geschlechts, wenn ansonsten das Geschlecht in der Minderheit nicht die ihm nach § 15 Abs. 2 des Gesetzes zustehenden Mindestsitze erhält. § 22 Abs. 5 Nr. 2 bis 5 gilt entsprechend.

### Dritter Unterabschnitt Wahlverfahren bei nur einer Vorschlagsliste (Mehrheitswahl)

가장 작은 최대수가 고려되는 최대수로 수개의 후보자명부에 동시에 할당되는 경우에 어느 후보자명부에 이러한 선원대표단구성원자리가 배분될 것인지에 대해 추첨으로 결정한다.

③ 후보자명부에 할당된 최대수보다 적게 후보자가 후보자명부에 있는 경우에, 그 초과된 선원대표단구성원자리(die überschüssigen Mitgliedersitze)는 다른 후보자명부의 다음 최대수로 넘어간다.

④ 각 후보자명부 내 후보자의 순위(Reihenfolge)는 그 배치순위에 따라(nach der Reihenfolge ihrer Benennung) 결정된다.

⑤ 법 제15조 제2항에 따라 소수인 성에 속하는 사람에 대한 필요한 최소 선원대표단구성원자리만큼이 후보자명부에 할당된 최대수(Höchstzahlen)에 의해 배분되지 않은 경우 다음 각 호와 같이 처리한다:

1. 가장 작은 최대수를 받은 후보자명부에 등재된 사람으로 소수인 성에 속하지 않은 사람을, 동일한 후보자명부에서 그 사람 순위 다음으로 등재된 사람으로, 소수인 성에 속하는, 당선자로 고려되지 않은 사람이 대신한다.
2. 위와 같은 후보자명부에 소수인 성에 속하는 사람이 없는 경우에, 이러한 선원대표단구성원자리는 그 다음으로 큰 최대수로 당선자로 고려되지 않은 최대수가 있고 소수인 성에 속하는 사람이 있는 후보자명부로 넘어간다. 그 다음으로 큰 최대수가 수개의 후보자명부에 동시에 할당된 경우에, 어느 후보자명부에 이러한 선원대표단구성원자리가 할당될 것인지는 추첨으로 결정한다.
3. 법 제15조 제2항에 따른 소수인 성에 대한 선원대표단구성원자리 최소비율이 충족될 때까지 제1호 및 제2호에 따른 절차를 계속한다.
4. 소수인 성에 대한 선원대표단구성원자리의 배분에 있어, 소수인 성에 속하는 사람만이 그 명부배치순위에 따라(in der Reihenfolge ihrer Benennung) 각각의 후보자명부에서 당선자로 고려되어야 한다.
5. 다른 후보자명부에 소수인 성에 속하는 사람이 등재되지 않은 경우에, 그 선원대표단구성원자리는 제1호에 따라 소수인 성을 위해 가장 나중에 그 선원대표단구성원자리를 넘겨줘야만 했던 후보자명부에 그대로 남는다.

제23조 당선의 거부

당선인이 당선을 거부하는 경우 동일한 후보자명부에서 그 사람 다음으로 배치된, 당선되지 않은 사람이 당선인을 대신한다. 당선인이 소수인 성에 속하는 경우에 소수인 성에 할당하지 않으면 소수인 성이 법 제15조 제2항에 따라 자신에게 할당되어야 할 최소 선원대표단구성원자리를 배분받지 못하게 될 때에는, 그 다음으로 가장 많은 득표수를 얻은, 당선되지 않은 소수인 성에 속한 사람이 그 당선인(當選人)을 대신한다. 제22조 제2항 제2호 내지 제5호를 준용한다.

## 제3절 하나의 후보자명부시 선거절차(다수대표제선거)

§ 24 Stimmzettel, Stimmabgabe

(1) Nach den Grundsätzen der Mehrheitswahl ist zu wählen, wenn nur eine gültige Vorschlagsliste eingegangen ist.

(2) Auf den Stimmzetteln sind die Bewerberinnen oder Bewerber unter Angabe von Familiennamen, Vornamen und Art der Beschäftigung in der Reihenfolge aufzuführen, in der sie auf der Vorschlagsliste benannt sind.

(3) Die Wählerin oder der Wähler kreuzt auf dem Stimmzettel die Namen der Bewerberinnen oder Bewerber an, für die sie oder er die Stimme abgeben will. Die Stimme kann nur für solche Bewerberinnen oder Bewerber abgegeben werden, die auf dem Stimmzettel aufgeführt sind. Es dürfen nicht mehr Namen angekreuzt werden, als Mitglieder der Bordvertretung zu wählen sind.

§ 25 Ermittlung der Gewählten

(1) Zunächst werden die dem Geschlecht in der Minderheit zustehenden Mindestsitze (§ 15 Abs. 2 des Gesetzes) verteilt. Dazu werden die dem Geschlecht in der Minderheit zustehenden Mindestsitze mit Angehörigen dieses Geschlechts in der Reihenfolge der jeweils höchsten auf sie entfallenden Stimmenzahlen besetzt.

(2) Nach der Verteilung der Mindestsitze des Geschlechts in der Minderheit nach Absatz 1 erfolgt die Verteilung der weiteren Sitze. Die weiteren Sitze werden mit Bewerberinnen und Bewerbern, unabhängig von ihrem Geschlecht, in der Reihenfolge der jeweils höchsten auf sie entfallenden Stimmenzahlen besetzt.

(3) Haben in den Fällen des Absatzes 1 oder 2 für den zuletzt zu vergebenden Sitz mehrere Bewerberinnen oder Bewerber die gleiche Stimmenzahl erhalten, so entscheidet das Los darüber, wer gewählt ist.

(4) Haben sich weniger Angehörige des Geschlechts in der Minderheit zur Wahl gestellt oder sind weniger Angehörige dieses Geschlechts gewählt worden als ihm nach § 15 Abs. 2 des Gesetzes Mindestsitze zustehen, so sind die insoweit überschüssigen Mitgliedersitze des Geschlechts in der Minderheit bei der Sitzverteilung nach Absatz 2 Satz 2 zu berücksichtigen.

§ 26 Ablehnung der Wahl

Lehnt eine gewählte Person die Wahl ab, so tritt an ihre Stelle die nicht gewählte Person mit der nächsthöchsten Stimmenzahl. Gehört die gewählte Person dem Geschlecht in der Minderheit an, so tritt an ihre Stelle die nicht gewählte Person dieses Geschlechts mit der nächsthöchsten Stimmenzahl, wenn ansonsten das Geschlecht in der Minderheit nicht die ihm nach § 15 Abs. 2 des Gesetzes zustehenden Mindestsitze erhalten würde. Gibt es keine weiteren Angehörigen dieses Geschlechts, auf die Stimmen entfallen sind, geht dieser Sitz auf die nicht gewählte Person des anderen Geschlechts mit der nächsthöchsten Stimmenzahl über.

제24조 투표용지, 투표행사

① 하나의 유효한 후보자명부가 제출된 경우에 다수대표제선거의 원칙(Grundsätzen der Mehrheitswahl)에 따라 선출되어야 한다.

② 후보자가 투표용지상에서 후보자의 성명, 사업 내 고용형태가 기재되어(unter Angabe von Familiennamen, Vornamen und Art der Beschäftigung in der Reihenfolge) 일련번호의 순서에 따라 등재된다.

③ 투표자(投票者)는, 투표용지에서 자신이 투표하려고 하는 후보자의 성명(Stimmzettel die Namen der Bewerberinnen oder Bewerber)에 '×'를 기표한다. 투표는 투표용지에 등재된(die auf dem Stimmzettel aufgeführt sind) 후보자에 대해서만 행해질 수 있다. 선출되어야 할 선원대표단구성원(Mitglieder der Bordvertretung)보다 많은 후보자의 성명에 기표해서는 안 된다.

제25조 당선인의 결정

① 먼저 소수인 성에 할당되어야 할 최소 선원대표단구성원자리(die dem Geschlecht in der Minderheit zustehenden Mindestsitze)(법 제15조 제2항)가 배분된다. 이를 위해 소수인 성에 할당되어야 할 최소 선원대표단구성원자리는 소수인 성에 속한 사람에 할당된 각각의 득표수가 가장 큰 순위에 따라 소수인 성에 속한 사람에게 배분된다.

② 제25조 제1항에 따른 소수인 성에 대한 최소 선원대표단구성원자리를 배분한 다음 추가적인 선원대표단구성원자리가 배분된다. 추가적 선원대표단구성원자리는 후보자의 성별에 상관없이(unabhängig von ihrem Geschlecht), 후보자에 할당된 각각의 득표수가 가장 큰 순위에 따라 그 후보자에게 배분된다.

③ 제25조 제1항 또는 제2항의 경우에 수인의 후보자가 가장 나중에 배분되는 선원대표단구성원자리에 대해 똑같은 득표수를 얻은 때에는 누구를 당선인(當選人)으로 할 것인지는 추첨으로 정한다.

④ 소수인 성에 속한 사람이 법 제15조 제2항에 따라 소수인 성에 할당되어야 할 최소 선원대표단구성원자리보다 더 적게 입후보하거나 당선된 경우에, 소수인 성을 초과하는 최소 선원대표단구성원자리는 그처럼 초과하는 범위 내에서 제25조 제2항 제2문의 선원대표단구성원자리배분에서 고려되어야 한다.

제26조 당선의 거부

당선인이 당선을 거부하는 경우 그 다음으로 많은 득표를 한 당선되지 않은 사람이 당선인을 대신한다. 당선인이 소수인 성에 속하는 경우에 소수인 성에 할당하지 않으면 소수인 성이 법 제15조 제2항에 따라 자신에게 할당되어야 할 최소 선원대표단구성원자리를 배분받지 못하게 될 때에는, 그 다음으로 가장 많은 득표수를 얻은, 당선되지 않은 소수인 성에 속한 사람이 그 당선인을 대신한다. 득표가 할당된, 소수인 성에 속한 사람이 추가적으로 없는 경우에, 그 자리는 가장 많은 득표수를 얻은 사람으로, 다른 성에 속한 당선되지 않은 사람에게 이전한다.

## Dritter Abschnitt Besondere Vorschriften für die Wahl nur eines Mitglieds der Bordvertretung (Mehrheitswahl)

§ 27 Grundsatz für die Wahl des Mitglieds der Bordvertretung

Ist nur ein Mitglied der Bordvertretung zu wählen, erfolgt die Wahl nach den Grundsätzen der Mehrheitswahl (§ 14 Abs. 2 des Gesetzes).

§ 28 Wahlvorschläge

(1) Wahlberechtigte können für die Wahl des Mitglieds der Bordvertretung rechtswirksam nur einen Wahlvorschlag unterzeichnen.

(2) Unverzüglich nach Ablauf der in § 6 Abs. 1, § 9 Abs. 2 und § 10 Abs. 1 genannten Fristen ordnet der Wahlvorstand die als gültig anerkannten Wahlvorschläge in alphabetischer Reihenfolge.

§ 29 Stimmzettel, Stimmabgabe

(1) Die Bewerberinnen oder Bewerber sind auf dem Stimmzettel in alphabetischer Reihenfolge unter Angabe von Familienname, Vorname und Art der Beschäftigung aufzuführen.

(2) Die Wählerin oder der Wähler kreuzt auf dem Stimmzettel den Namen der Bewerberin oder des Bewerbers an, für den sie oder er seine Stimme abgeben will. Die Stimme kann nur für eine Bewerberin oder einen Bewerber abgegeben werden, die oder der auf dem Stimmzettel aufgeführt ist.

§ 30 Wahlergebnis

(1) Als Mitglied der Bordvertretung ist gewählt, wer die meisten Stimmen erhalten hat. Bei gleicher Stimmenzahl entscheidet das Los.

(2) Lehnt die gewählte Person die Wahl ab, so tritt an ihre Stelle die nicht gewählte Person mit der nächsthöchsten Stimmenzahl.

## Vierter Abschnitt Verkürztes Wahlverfahren gemäß § 115 Abs. 2 Nr. 6 des Gesetzes

§ 31 Verfahren

Liegt ein Beschluss nach § 115 Abs. 2 Nr. 6 des Gesetzes vor, so gelten die Vorschriften der §§ 1 bis 30 mit folgender Maßgabe:

1. Der Wahlvorstand hat die Wahl unverzüglich einzuleiten und so durchzuführen, dass die Stimmabgabe vor Ablauf von 24 Stunden seit Erlass des Wahlausschreibens beendet ist.
2. Der Wahlvorstand hat den Ablauf der Wahl abweichend von den in § 3 Abs. 1, § 5 Abs. 1, Abs. 2 Nr. 3 und 10, § 6 Abs. 1, § 8 Abs. 3 Satz 1 und Abs. 4 Satz 1, § 9 Abs. 2 und § 11 Abs. 1 und 2 genannten Fristen festzulegen. Dabei muss
   a) für den Einspruch gegen die Wählerliste (§ 3 Abs. 1) sowie für die Einreichung von

## 제3장 1명의 선원대표단구성원의 선출에 대한 특별규정(다수대표제선거)

제27조 선원대표단 선거의 원칙

오직 1명의 선원대표단구성원이 선출되는 경우에 다수대표제선거의 원칙에 따른 선거가 실시된다(법 제14조 제2항)

제28조 후보자추천서

① 선거권자(選擧權者)는 선원대표단구성원 선거에 있어서 하나의 후보자추천서에만 서명할 수 있다.

② 선거위원회는 제6조 제1항, 제9조 제2항, 제10조 제1항에 기재된 기간의 경과 후에 지체 없이 알파벳 순서에 따라 유효한 것으로 인정된 후보자추천서를 배열한다.

제29조 투표용지, 투표행사

① 후보자는 투표용지상에 알파벳 순서로 성명, 고용형태(unter Angabe von Familienname, Vorname und Art der Beschäftigung)가 기재되어 배열되어야 한다.

② 투표자(投票者)는 투표용지에서 자신이 투표하려고 하는 후보자명부(Stimmzettel den Namen der Bewerberin oder des Bewerbers)에 '×'를 기표한다. 투표(投票)는 투표용지(投票用紙)에 등재(登載)된 한 후보자에 대해서만 행해질 수 있다(die oder der auf dem Stimmzettel aufgeführt ist).

제30조 선거과정

① 최다득표를 얻은 사람이 선원대표단구성원으로 당선된다. 똑같은 득표수를 얻은 경우에 추첨으로 결정한다.

② 당선인이 당선을 거부하는 경우에 당선되지 않은 차순위득표자(der nächsthöchsten Stimmenzahl)가 그를 대신한다.

## 제4장 법 제115조 제2항 제6호에 따라 간소화된 선거절차

제31조 선거절차

법 제115조 제2항 제6호에 따른 결의가 있는 경우 제1조 내지 제30조의 규정은 다음과 같은 기준에 따라 적용된다:

1. 선거위원회는 지체 없이 선거에 착수하고 선거공고가 공포된 때로부터 24시간이 경과하기 이전에 투표가 종료되도록 진행한다.
2. 선거위원회가 제3조 제1항, 제5조 제1항, 제2항 제3호, 제10호, 제6조 제1항, 제8조 제3항 제1문, 제4항 제1문, 제9조 제2항, 제11조 제1항, 제2항에 기재된 기간을 정해야 한다. 이 경우,
   a) 선거인명부에 대한 이의(異議)(제3조 제1항), 후보자추천서의 제출(제6조 제1항 제1문)에 대하여,

Wahlvorschlägen (§ 6 Abs. 1 Satz 1) und

b) für die Bekanntmachung der Wahlvorschläge (§ 11 Abs. 1 und 2) jeweils mindestens ein Zeitraum von sechs Stunden zur Verfügung stehen.

3. Abweichend von § 5 Abs. 2 Nr. 12 und § 11 hat der Wahlvorstand den Ort und den Zeitraum der Stimmabgabe sowie der öffentlichen Stimmauszählung und die Hinweise für die Stimmabgabe im Wahlausschreiben bekannt zu machen.
4. Verzögert sich der Ablauf der Wahl aus zwingenden Gründen, so hat der Wahlvorstand die Wahl auch nach Ablauf der in Nummer 1 genannten Frist weiterzuführen. Er hat unter Beachtung der in Nummer 2 Satz 2 genannten Fristen für einen zügigen Fortgang der Wahl zu sorgen. Das Wahlausschreiben ist entsprechend zu berichtigen.

## Zweiter Teil Wahl des Seebetriebsrats

### Erster Abschnitt Allgemeine Vorschriften

§ 32 Wahlvorstand

(1) Die Leitung der Wahl des Seebetriebsrats obliegt dem Wahlvorstand. Der Arbeitgeber hat dem Wahlvorstand die für eine ordnungsgemäße Durchführung der Wahl erforderlichen Auskünfte zu erteilen und die erforderlichen Unterlagen zur Verfügung zu stellen; hierzu gehört insbesondere die Angabe der Häfen, die die einzelnen zum Seeschifffahrtsunternehmen gehörigen Schiffe anlaufen, sowie der voraussichtlichen jeweiligen Liegezeiten.

(2) Der Wahlvorstand kann sich eine schriftliche Geschäftsordnung geben. Er kann Arbeitnehmerinnen oder Arbeitnehmer, die im Landbetrieb des Seeschifffahrtsunternehmens wahlberechtigt sind, als Wahlhelferinnen oder Wahlhelfer zu seiner Unterstützung bei den in § 51 Abs. 2 genannten Aufgaben und bei der Auszählung der Stimmen heranziehen.

(3) Die Beschlüsse des Wahlvorstands werden mit einfacher Stimmenmehrheit seiner stimmberechtigten Mitglieder gefasst. Über jede Sitzung des Wahlvorstands ist eine Niederschrift aufzunehmen, die mindestens den Wortlaut der gefassten Beschlüsse enthält. Die Niederschrift ist von der oder dem Vorsitzenden und einem weiteren stimmberechtigten Mitglied des Wahlvorstands zu unterzeichnen.

§ 33 Wählerliste

(1) Der Wahlvorstand hat für jede Wahl des Seebetriebsrats eine Liste der Wahlberechtigten (Wählerliste), geordnet nach den zum Seebetrieb gehörigen Schiffen, aufzustellen. In dieser sind die Geschlechter getrennt aufzuführen. Die bei Aufstellung der Wählerliste nicht an Bord eines Schiffes beschäftigten Wahlberechtigten sind, getrennt nach ihrem Geschlecht, in der Wählerliste gesondert aufzuführen. Die Wahlberechtigten sollen mit Familiennamen, Vornamen und Geburtsdatum in alphabetischer Reihenfolge aufgeführt werden.

b) 후보자추천서의 공고(제11조 제1항, 제2항)에 대하여,

각각 최소한 6시간의 시간이 주어져야만 한다(jeweils mindestens ein Zeitraum von sechs Stunden zur Verfügung stehen).

3. 제5조 제2항 제12호, 제11조와 달리 선거위원회(選擧委員會)가 투표 및 공개적 개표의 장소 및 시기(Ort und den Zeitraum der Stimmabgabe)와 투표행사에 대한 언급을 선거공고에서 공고해야 한다.
4. 부득이한 이유에서 투표의 종료가 지체되는 경우에 선거위원회는 제1호에 기재된 기간이 경과한 후에도 선거를 계속 진행해야 한다. 선거위원회는 제2호 제2문에 기재된 기간에 유의하며 선거의 신속한 속행(zügigen Fortgang der Wahl)을 보장해야 한다. 선거공고는 상응하여 수정되어야 한다.

## 제2편 해상근로자평의회선거

### 제1장 총칙

제32조 선거위원회

① 선거위원회가 해상근로자평의회 선거관리 책임을 부담한다. 사용자는 선거관리위원회에 원활한 선거의 시행에 필요한 정보를 제공해야 하고 필요한 서류를 이용할 수 있도록 제공해야 한다; 특히 해상기업에 속하는 각 선박이 출항하는 항구에 대한 사항(Angabe der Häfen, die die einzelnen zum Seeschifffahrtsunternehmen gehörigen Schiffe anlaufen)과 각각의 예상 정박시간에 관한 사항이 이에 포함된다.

② 선거위원회는 서면사무규정(schriftliche Geschäftsordnung)을 정할 수 있다. 선거위원회는 해상기업에 속하는 육상사업에 근무하는 선거권이 있는 근로자들에게 제51조 제2항상의 임무와 개표에 있어(bei der Auszählung der Stimmen) 선거위원회를 지원하도록 요청할 수 있다.

③ 선거위원회의 결의는 투표권을 가진 선거위원회위원들의 단순과반수투표로(mit einfacher Stimmenmehrheit seiner stimmberechtigten Mitglieder) 이뤄진다. 선거위원회의 모든 회의에 대해 최소한 이뤄진 결의 원문(Wortlaut)을 포함하는 의사록을 작성해야 한다. 그 의사록에 위원장이 서명해야 하고 투표권이 있는 선거위원회위원 1명이 추가로 서명해야 한다.

제33조 선거인명부

① 선거위원회는 각 해상근로자평의회선거에 있어 해상사업에 속한 선박별로 구분하여 선거권자들의 명부(선거인명부; Wählerliste)를 작성해야 한다. 이 선거인명부에서 성별로 구분하여 등재해야 한다. 선거인명부 작성시 어느 선박의 승선업무에 종사하지 않는 선거권자는 그 성별로 구분하여 후보자명부에 각각 등재되어야 한다. 그 선거권자는 알파벳 순으로 성명과 생년월일을 기재하여 등재되어야 한다.

(2) Der Wahlvorstand hat die Wählerliste bis zum Abschluss der Stimmabgabe zu berichtigen, wenn ein Besatzungsmitglied ein Heuerverhältnis zum Seeschifffahrtsunternehmen eingeht oder beendet.

(3) Wahlberechtigt sind nur Besatzungsmitglieder, die in die Wählerliste eingetragen sind.

§ 34 Wählbarkeitsliste

(1) Sind zum Seebetriebsrat lediglich im Landbetrieb des Seeschifffahrtsunternehmens beschäftigte Arbeitnehmerinnen und Arbeitnehmer wählbar (§ 116 Abs. 2 Nr. 2 Buchstabe b des Gesetzes), so hat der Wahlvorstand eine Liste dieser wählbaren Arbeitnehmerinnen und Arbeitnehmer (Wählbarkeitsliste), getrennt nach den Geschlechtern, aufzustellen. § 33 Abs. 1 Satz 4 gilt entsprechend.

(2) Wählbar sind nur Arbeitnehmerinnen und Arbeitnehmer, die im Fall des § 116 Abs. 2 Nr. 2 Buchstabe a des Gesetzes in die Wählerliste und im Fall des § 116 Abs. 2 Nr. 2 Buchstabe b des Gesetzes in die Wählbarkeitsliste eingetragen sind.

§ 35 Bekanntmachung

(1) Je ein Abdruck der Wählerliste, der Wählbarkeitsliste und dieser Verordnung sind jedem zum Seebetrieb gehörigen Schiff zusammen mit dem Wahlausschreiben zu übersenden und von der Bordvertretung oder, wenn eine solche nicht besteht, vom Kapitän unverzüglich bis zum Abschluss der Stimmabgabe an geeigneter Stelle an Bord zur Einsichtnahme auszulegen. Der Wahlvorstand hat außerdem je einen Abdruck der Wählerliste, der Wählbarkeitsliste und einen Abdruck dieser Verordnung vom Tage der Einleitung der Wahl bis zum Abschluss der Stimmabgabe an geeigneter, den Wahlberechtigten zugänglicher Stelle des Landbetriebs des Seeschifffahrtsunternehmens zur Einsichtnahme auszulegen. Die Abdrucke der Wählerliste und der Wählbarkeitsliste sollen die Geburtsdaten der Wahlberechtigten und der wählbaren Arbeitnehmerinnen und Arbeitnehmer nicht enthalten. Ergänzend können die Abdrucke der Wählerliste, der Wählbarkeitsliste sowie der Verordnung mittels der vorhandenen Informations- und Kommunikationstechnik bekannt gemacht werden. Die Bekanntmachung ausschließlich in elektronischer Weise ist nur zulässig, wenn alle Wahlberechtigten von der Bekanntmachung Kenntnis erlangen können und Vorkehrungen getroffen werden, dass Änderungen der Bekanntmachung nur vom Wahlvorstand vorgenommen werden können.

(2) Der Wahlvorstand soll dafür sorgen, dass ausländische Arbeitnehmerinnen und Arbeitnehmer, die der deutschen Sprache nicht mächtig sind, rechtzeitig über die Wahl des Seebetriebsrats, insbesondere über die Bedeutung der Wählerliste und der Wählbarkeitsliste, über die Aufstellung von Wahlvorschlägen und über die Stimmabgabe in geeigneter Weise unterrichtet werden.

§ 36 Einsprüche gegen die Wählerliste oder die Wählbarkeitsliste

② 선원이 해운기업과의 고용관계를 시작하거나 종료한 경우에(wenn ein Besatzungsmitglied ein Heuerverhältnis zum Seeschifffahrtsunternehmen eingeht oder beendet) 선거위원회는 투표종료시까지 선거인명부를 정정해야 한다.
③ 선거인명부에 등재된 선원만이 선거권을 갖는다.

제34조 피선거권자명부
① 해운기업의 육상사업에만 종사하는 근로자(勤勞者)가 해상근로자평의회에 대한 피선거권(被選擧權)을 갖는 경우[법 제116조 제2항 제2호 b)목]에, 선거위원회는 피선거권을 가진 이러한 근로자들의 명부 (Liste dieser wählbaren Arbeitnehmerinnen und Arbeitnehmer)(피선거권자명부; Wählbarkeitsliste)를 성별(性別)로 구분(區分)하여 작성해야 한다. 제33조 제1항 제4문을 준용한다.
② 법 제116조 제2항 제2호 a)목의 경우에 선거인명부에 등재된 근로자만이 피선거권(被選擧權)을 갖고, 법 제116조 제2항 제2호 b)목의 경우에 피선거권자명부에 등재된 근로자만이 피선거권을 갖는다.

제35조 공고
① 선거인명부 및 피선거권자명부 사본 각 1부씩, 본 명령이 해상사업에 속하는 각 선박에 선거공고와 함께(jedem zum Seebetrieb gehörigen Schiff zusammen mit dem Wahlausschreiben) 송부되어야 하고 선원대표단, 선원대표단이 없는 경우에는 선장이 지체 없이 투표종료시까지 적절한 선박 내 장소에 열람을 위하여(an geeigneter Stelle an Bord zur Einsichtnahme)게시해야 한다. 또한 선거위원회는 선거인명부 및 피선거권자명부 사본 각 1부씩, 본 명령 사본을 선거개시일부터 투표종료시까지 적절한 장소로 선거권자들이 접근할 수 있는, 해운기업의 육상사업 내 장소에 열람을 위하여(zugänglicher Stelle des Landbetriebs des Seeschifffahrtsunternehmens zur Einsichtnahme) 게시해야만 한다. 선거인명부와 피선거권자명부의 사본(Die Abdrucke der Wählerliste und der Wählbarkeitsliste)은 선거권자 및 피선거권이 있는 근로자의 생년월일을 포함해서는 안 된다. 선거인명부, 피선권자명부 및 이 명령의 사본은 선박 내 존재하는 정보·통신매체에 의하여(mittels der vorhandenen Informations- und Kommunikationstechnik) 보충적으로 공고될 수 있다. 오로지 전자적 형태에 의한 공고(Die Bekanntmachung ausschließlich in elektronischer Weise)는, 모든 선원들이 그 공고를 알 수 있고, 공고의 수정(Änderungen der Bekanntmachung)이 선거위원회에 의해서만 이뤄질 수 있는 사전조치(Vorkehrungen)가 강구된 경우에만 허용된다.
② 선거위원회는 독일어를 구사하지 못하는 외국인 선원들이 적시에 해상근로자평의회선거에 관하여, 특히 선거인명부 및 피선권자명부의 의미(Bedeutung der Wählerliste und der Wählbarkeitsliste), 후보자추천서의 작성(Aufstellung von Wahlvorschlägen), 투표행사에 관하여 적절한 방법으로 통지받도록 이를 보장해야 한다.

제36조 선거인명부 및 피선거권자명부에 대한 이의

(1) Einsprüche gegen die Richtigkeit der Wählerliste oder der Wählbarkeitsliste können mit Wirksamkeit für die Wahl des Seebetriebsrats nur vor Ablauf der für die Einreichung von Wahlvorschlägen festgesetzten Frist (§ 40) schriftlich beim Wahlvorstand eingelegt werden.

(2) Über Einsprüche nach Absatz 1 hat der Wahlvorstand unverzüglich zu entscheiden. Wird ein Einspruch für begründet erachtet, so ist die Liste zu berichtigen. Die Entscheidung des Wahlvorstands ist der Arbeitnehmerin oder dem Arbeitnehmer, die oder der den Einspruch eingelegt hat, unverzüglich schriftlich mitzuteilen.

(3) Die Wählerliste und die Wählbarkeitsliste können nach Ablauf der Einspruchsfrist nur bei Schreibfehlern, offenbaren Unrichtigkeiten und in Erledigung rechtzeitig eingelegter Einsprüche bis zum Abschluss der Stimmabgabe berichtigt werden; § 33 Abs. 2 bleibt unberührt.

§ 37 Bestimmung der Mindestsitze für das Geschlecht in der Minderheit

(1) Der Wahlvorstand stellt fest, welches Geschlecht von seinem zahlenmäßigen Verhältnis im Seebetrieb in der Minderheit ist. Sodann errechnet der Wahlvorstand den Mindestanteil der Sitze im Seebetriebsrat für das Geschlecht in der Minderheit (§ 116 Abs. 2 i.V.m. § 15 Abs. 2 des Gesetzes) nach den Grundsätzen der Verhältniswahl. Zu diesem Zweck werden die Zahlen der am Tage des Erlasses des Wahlausschreibens zum Seebetrieb gehörigen Frauen und Männer in einer Reihe nebeneinander gestellt und beide durch 1, 2, 3, 4 usw. geteilt. Die ermittelten Teilzahlen sind nacheinander reihenweise unter den Zahlen der ersten Reihe aufzuführen, bis höhere Teilzahlen für die Zuweisung der zu verteilenden Sitze nicht mehr in Betracht kommen.

(2) Unter den so gefundenen Teilzahlen werden so viele Höchstzahlen ausgesondert und der Größe nach geordnet, wie Mitglieder des Seebetriebsrats zu wählen sind. Das Geschlecht in der Minderheit erhält so viele Mitgliedersitze zugeteilt, wie Höchstzahlen auf es entfallen. Wenn die niedrigste in Betracht kommende Höchstzahl auf beide Geschlechter zugleich entfällt, so entscheidet das Los darüber, welchem Geschlecht dieser Sitz zufällt.

§ 38 Wahlausschreiben

(1) Unverzüglich nach seiner Bestellung erlässt der Wahlvorstand ein Wahlausschreiben, das von der oder dem Vorsitzenden und von mindestens einem weiteren stimmberechtigten Mitglied des Wahlvorstands zu unterzeichnen ist. Mit Erlass des Wahlausschreibens ist die Wahl des Seebetriebsrats eingeleitet.

(2) Das Wahlausschreiben muss folgende Angaben enthalten:

1. das Datum seines Erlasses;
2. den Ort im Landbetrieb, an dem die Wählerliste, die Wählbarkeitsliste und diese Verordnung ausliegen, sowie im Fall der Bekanntmachung in elektronischer Weise (§ 35 Abs. 1 Satz 4 und 5) wo und wie von der Wählerliste, der Wählbarkeitsliste und der Verordnung Kenntnis

① 선거인명부 또는 피선거권자명부의 적확성(的確性; Richtigkeit)에 대한 이의는, 해상근로자평의회선거의 유효성을 다퉈서, 후보자추천서의 제출에 대해 정해진 기간이 경과하기 이전에만 서면으로 선거위원회에 제출될 수 있다.
② 제1항에 따른 이의에 대해 선거위원회는 지체 없이 결정해야 한다. 그 이의가 정당한 것으로 인정되는 경우에(Wird ein Einspruch für begründet erachtet) 그 명부들은 정정(訂正)되어야 한다. 선거위원회의 결정(Entscheidung des Wahlvorstands)은 이의를 제기한 선원에게 지체 없이 서면으로 통지되어야 한다.
③ 선거인명부 및 피선거권자명부는 이의제기기간 도과 후에는 오기(誤記)나 명백한 부적확성(不的確性)이 있거나 적시에 제기된 이의의 처리를 위한 경우에만 투표 종료 전까지 정정될 수 있다; 제33조 제2항은 영향을 받지 않는다.

제37조 소수인 성의 최소 해상근로자평의회구성원자리의 결정
① 선거위원회는 어느 성별이 그 수의 비율에 있어 해상사업에서 소수인지를 결정한다. 그리고 나서 선거위원회는, 비례대표선거원칙에 좇아(nach den Grundsätzen der Verhältniswahl) 소수인 성에 대한 해상근로자평의회구성원자리의 최소비율(법 제15조 제2항을 준용하는 제116조 제2항)을 산정한다. 이러한 목적을 위해 선거공고 공포일을 기준으로 당해 해상사업에 고용된 여성 및 남성의 수를 나란히 배열하여 1, 2, 3, 4 등으로 나눈다. 이처럼 산정된 나눈 값(Die ermittelten Teilzahlen)은, 배분해야 할 해상근로자평의회구성원자리의 할당을 위해 그 다음으로 큰 나눈 값이 더 이상 고려되지 않을 때까지 첫째로 산정된 수 아래에 차례대로 나란히 배열해야 한다.
② 위와 같이 산정된 나눈 값 가운데서 선출되어야 할 해상근로자평의회구성원자리 만큼의 최대수가 선택되어 그 크기에 따라 배열된다. 소수인 성에 대해 할당되어야 할 최대수만큼의 해상근로자평의회구성원자리가 그 성에 배분된다. 가장 작은 최대수가 고려되는 최대수로 양성(兩性)에 동시에 할당되는 경우에 어느 성에 이러한 해상근로자평의회구성원자리가 배분될 것인지에 대해 추첨으로 결정한다.

제38조 선거공고
① 선거위원회는 그 구성원을 임명한 후 지체 없이 위원장과 투표권이 있는 선거위원회위원 1명 이상이 추가로 서명한(das von der oder dem Vorsitzenden und von mindestens einem weiteren stimmberechtigten Mitglied des Wahlvorstands zu unterzeichnen ist) 선거공고를 공포한다. 해상근로자평의회선거는 선거공고의 공포로써 개시된다.
② 선거공고는 다음 사항 모두를 포함해야만 한다:
1. 선거공고 공표 날짜;
2. 선거인명부(Wählerliste), 피선거권자명부(Wählbarkeitsliste)와 본 명령(diese Verordnung)이 게시된 육상사업 내 장소, 전자적 형태의 공고의 경우(제35조 제1항 제4문, 제5문) 선거인명부(Wählerliste), 피선거권자명부(Wählbarkeitsliste)와 본 명령이 어디서, 어떻게 알 수 있

genommen werden kann;

3. dass die Bordvertretung oder, wenn eine solche nicht besteht, der Kapitän eines jeden Schiffes den Ort, an dem die Wählerliste, die Wählbarkeitsliste und diese Verordnung an Bord ausliegen, bestimmt und in gleicher Weise wie das Wahlausschreiben bekannt macht;
4. dass wahlberechtigt nur ist, wer in die Wählerliste eingetragen ist, und dass wählbar nur ist, wer
   a) im Fall des § 116 Abs. 2 Nr. 2 Buchstabe a des Gesetzes in die Wählerliste und
   b) im Fall des § 116 Abs. 2 Nr. 2 Buchstabe b des Gesetzes in die Wählbarkeitsliste eingetragen ist, und dass Einsprüche gegen diese Listen nur bis zu dem vom Wahlvorstand für die Einreichung von Wahlvorschlägen festgesetzten Zeitpunkt schriftlich beim Wahlvorstand eingelegt werden können; der Zeitpunkt des Ablaufs der Frist ist anzugeben;
5. den Anteil der Geschlechter und den Hinweis, dass das Geschlecht in der Minderheit im Seebetriebsrat mindestens entsprechend seinem zahlenmäßigen Verhältnis vertreten sein muss, wenn der Seebetriebsrat aus mindestens drei Mitgliedern besteht (§ 115 Abs. 2 i.V.m. § 15 Abs. 2 des Gesetzes);
6. die Zahl der zu wählenden Mitglieder des Seebetriebsrats (§ 116 Abs. 2 Nr. 3, § 11 des Gesetzes) sowie die auf das Geschlecht in der Minderheit entfallenden Mindestsitze im Seebetriebsrat (§ 15 Abs. 2 des Gesetzes);
7. dass ein Wahlvorschlag der Wahlberechtigten von mindestens drei wahlberechtigten Besatzungsmitgliedern oder, wenn nur in der Regel bis zu zwanzig Besatzungsmitglieder wahlberechtigt sind, von mindestens zwei wahlberechtigten Besatzungsmitgliedern unterzeichnet sein muss (§ 14 Abs. 4 Satz 1 zweiter Halbsatz, § 116 Abs. 2 Nr. 4 des Gesetzes);
8. dass der Wahlvorschlag einer unter den Besatzungsmitgliedern des Seeschifffahrtsunternehmens vertretenen Gewerkschaft von zwei Beauftragten unterzeichnet sein muss;
9. dass jeder Wahlberechtigte nur einen Wahlvorschlag unterzeichnen darf und dass andernfalls sämtliche von ihm geleisteten Unterschriften ungültig sind;
10. dass die Wahlvorschläge in Form von Vorschlagslisten einzureichen sind, wenn mehrere Mitglieder des Seebetriebsrats zu wählen sind;
11. dass ein Wahlvorschlag mindestens doppelt so viele Bewerberinnen oder Bewerber aufweisen soll, wie Mitglieder des Seebetriebsrats zu wählen sind;
12. dass Wahlvorschläge bis zu dem vom Wahlvorstand hierfür festgesetzten Zeitpunkt (§ 40) beim Wahlvorstand eingegangen sein müssen; der Zeitpunkt des Ablaufs der Frist ist anzugeben;
13. dass die Stimmabgabe an Wahlvorschläge gebunden ist und dass nur solche Wahlvorschläge berücksichtigt werden, die fristgerecht beim Wahlvorstand eingegangen sind;
14. dass die Mitglieder des Seebetriebsrats durch Briefwahl gewählt werden;

는지에 관한 사항;

3. 해상근로자평의회 또는 해상근로자평의회가 없는 경우 선거인명부, 피선거권자명부와 본 명령이 게시된 각 선박의 선장이 정하고 선고공고와 같은 방식의 공고(in gleicher Weise wie das Wahlausschreiben)에 관한 사항;
4. 선거인명부에 등재된 사람만이 선거권을 행사할 수 있는 사항과, 다음 목의 사람만이 피선거권을 갖는다는 사항,
   a) 법 제116조 제2항 제2호 a)목의 경우에 선거인명부에 등재된 사람,
   b) 법 제116조 제2항 제2호 b)목의 경우에 피선거권자명부에 등재된 사람,
   그 명부들에 대한 이의는 선거위원회가 후보자추천서 제출에 대해 정한 시기까지에 한하여(nur bis zu dem vom Wahlvorstand für die Einreichung von Wahlvorschlägen festgesetzten Zeitpunkt) 선거위원회에 제기될 수 있다는 사항; 그 기간의 마지막 날짜를 명시해야 한다;
5. 성별 비율과, 해상근로자평의회가 3명 이상의 구성원으로 구성되는 경우(법 제15조 제2항을 준용하는 제115조 제2항) 소수인 성이 해상근로자평의회에서 그 성의 수에 상응하는 비율 이상으로(mindestens entsprechend seinem zahlenmäßigen Verhältnis) 대표되어야만 한다는 명시;
6. 선출되어야 하는 해상근로자평의회구성원수(법 제116조 제2항 제3호, 제11조), 소수인 성에 할당되어야 하는 최소 해상근로자평의회구성원자리(die auf das Geschlecht in der Minderheit entfallenden Mindestsitze im Seebetriebsrat)(법 제15조 제2항);
7. 선거권이 있는 3명 이상의 선원들 또는 상시적으로 20인 이하의 선원이 선거권이 있는 경우에 선거권이 있는 2명 이상의 선원들이 선거권자들의 후보자추천서에 서명해야만 한다는(von mindestens zwei wahlberechtigten Besatzungsmitgliedern unterzeichnet sein muss) 사항[법 제14조 제4항 제1문 둘째소문(小文), 제116조 제2항 제4];
8. 해운기업의 선원 중에 조합원인 근로자가 있는 노동조합의 후보자추천서에 그 대리인 2명이 서명해야만 한다는 사항;
9. 각 선거권자는 하나의 후보자추천서에만 서명해야 하고 그렇지 않으면 그 후보자추천서에 서명된 서명 전체가 무효라는 사항;
10. 수인의 해상근로자평의회구성원이 선출되어야 할 경우에 후보자추천서가 후보자명부 방식으로 제출되어야 한다는 사항;
11. 선출되어야 할 해상근로자평의회구성원수의 2배수 이상의 후보자들이 후보자추천서에 등재되어야 한다는 사항;
12. 후보자추천서가 선거위원회가 후보자추천서에 대해 정한 시기까지 선거위원회에 제출되어야만 한다는 사항; 그 기간의 마지막 날짜를 명시해야 한다;
13. 투표가 후보자추천서에 의해 행해져야만 하고 기간 내에 선거위원회에 제출된 그러한 후보자추천서만이 고려된다는 사항;
14. 해상근로자평의회구성원이 우편투표로 선출된다는 사항;

15. dass die Wahlvorschläge und der Zeitpunkt, bis zu dem die Wahlbriefe beim Wahlvorstand eingegangen sein müssen, sowie Ort, Tag und Zeit der öffentlichen Stimmauszählung in gleicher Weise wie das Wahlausschreiben durch besonderen Aushang bekannt gemacht werden;
16. die Namen der Mitglieder des Wahlvorstands und seine Betriebsanschrift.

(3) Ein Abdruck des Wahlausschreibens ist unverzüglich nach seinem Erlass vom Wahlvorstand den einzelnen Schiffen gleichzeitig zu übersenden; dies kann auch mittels der vorhandenen Informations- und Kommunikationstechnik erfolgen. Der Tag der Versendung ist in einer Niederschrift zu vermerken.

(4) Ein Abdruck des Wahlausschreibens ist

1. an Bord eines jeden Schiffes unverzüglich von der Bordvertretung oder, wenn eine solche nicht besteht, vom Kapitän,
2. im Landbetrieb vom Zeitpunkt seines Erlasses an durch den Wahlvorstand

bis zum Abschluss der Stimmabgabe an einer oder mehreren geeigneten, den Wahlberechtigten zugänglichen Stellen auszuhängen und in gut lesbarem Zustand zu erhalten. Ergänzend kann das Wahlausschreiben mittels der vorhandenen Informations- und Kommunikationstechnik bekannt gemacht werden. § 35 Abs. 1 Satz 5 gilt entsprechend. Die Bordvertretung oder, wenn eine solche nicht besteht, der Kapitän hat den Tag des Aushangs auf dem Wahlausschreiben zu vermerken und den Ort, an dem die Wählerliste, die Wählbarkeitsliste und diese Verordnung an Bord zur Einsichtnahme ausliegen, in gleicher Weise wie das Wahlausschreiben bekannt zu machen. Der Eingang des Wahlausschreibens, der Wählerliste und der Wählbarkeitsliste auf dem Schiff soll dem Wahlvorstand unverzüglich bestätigt werden.

(5) Der Wahlvorstand hat Besatzungsmitgliedern, von denen ihm bekannt ist, dass sie sich nicht an Bord eines Schiffes befinden, einen Abdruck des Wahlausschreibens sowie auf Verlangen einen Abdruck der Wählerliste und der Wählbarkeitsliste zu übersenden. Die Übersendung ist in der Wählerliste zu vermerken.

§ 39 Wahlvorschläge

(1) Zur Wahl des Seebetriebsrats können die Wahlberechtigten Wahlvorschläge einreichen.

(2) Auf dem Wahlvorschlag sind Familienname, Vorname, Geburtsdatum und Art der Beschäftigung der Bewerberinnen oder Bewerber anzugeben.

(3) Aus dem Wahlvorschlag soll zu ersehen sein, welcher Unterzeichner zur Vertretung des Vorschlags gegenüber dem Wahlvorstand und zur Entgegennahme von Erklärungen des Wahlvorstands berechtigt ist (Listenvertreterin, Listenvertreter). Fehlt eine Angabe hierüber, so gilt die Unterzeichnerin oder der Unterzeichner als berechtigt, die oder der an erster Stelle steht.

(4) Der Wahlvorschlag kann mit einem Kennwort versehen werden.

15. 후보자추천서와 우편투표봉투가 선거위원회에 도달되어야만 하는 시기(dass die Wahlvorschläge und der Zeitpunkt, bis zu dem die Wahlbriefe beim Wahlvorstand eingegangen sein müssen), 공개 개표의 장소 및 일시가 선거공고와 같은 방식으로 특별한 게시에 의해 공고되어야 한다는 사항;
16. 선거위원회위원의 성명과 선거위원회의 사무실주소.

③ 선고공고사본이 선거공고 공표 후 지체 없이 선거위원회에 의해 각 선박에 동시에 송부되어야 한다; 이는 존재하는 정보·통신매체에 의해서도 행해질 수 있다(dies kann auch mittels der vorhandenen Informations- und Kommunikationstechnik erfolgen). 송부일은 의사록에 기재되어야 한다.

④ 선고공고사본은,
1. 선원대표단 또는 선원대표단이 없는 경우에 선장이 지체 없이 각 선박에서(an Bord eines jeden Schiffes unverzüglich),
2. 선거위원회가 선거공고 공표시의 사업에서,
투표 종료시까지 1개 또는 수개의 적절한 선거권자들이 접근할 수 있는 장소에(bis zum Abschluss der Stimmabgabe an einer oder mehreren geeigneten, den Wahlberechtigten zugänglichen Stellen) 게시해야 하고, 읽을 수 있는 상태로 유지되어야 한다. 선거공고는 전술한 정보·통신매체에 의해(mittels der vorhandenen Informations- und Kommunikationstechnik) 보충적으로 공고될 수 있다. 제35조 제1항 제5문을 준용한다. 선원대표단 또는 선원대표단이 없는 경우에 선장이 선고공고 게시일을 기재해야 하고, 선거인명부, 선거권자명부 및 본 명령이 선박 내 열람을 위해 게시되는 장소를 선거공고와 같은 방법으로 공고해야 한다. 선거공고, 선거인명부 및 선거권자명부가 선박에 도달한 점을 선거위원회(選擧委員會)가 지체 없이 확인해야 한다.

⑤ 선거위원회는, 선박에 승선하지 않은 점을 알고 있는 선원들(Besatzungsmitgliedern, von denen ihm bekannt ist, dass sie sich nicht an Bord eines Schiffes befinden)에게 선거공고사본과 그 요구에 따라 선거인명부 및 선거권자명부의 사본을 송부해야 한다. 그 송부는 선거인명부에 표시되어야 한다.

제39조 후보자추천서

① 해상근로자평의회선거를 위하여 선거권자는 후보자추천서를 제출할 수 있다.

② 후보자추천서에 후보자의 성명, 생년월일 및 고용형태(Familienname, Vorname, Geburtsdatum und Art der Beschäftigung)가 기재되어야 한다.

③ 어느 서명자가 선거위원회에 대하여 후보자추천을 대표하고 선거위원회의 의사표시의 수령을 할 자격이 있는지(후보자명부대리인; Listenvertreterin, Listenvertreter)를 후보자추천서에서 알 수 있어야만 한다. 그에 관한 기재가 흠결된 경우에 첫 번째로 등재된 서명자를 그 자격이 있는 것으로 본다.

④ 후보자추천서에 선거표어가 기재될 수 있다.

§ 40 Einreichungsfrist für Wahlvorschläge

(1) Die Wahlvorschläge müssen vor Ablauf von fünf Wochen nach Versendung des Wahlausschreibens an die Schiffe (§ 38 Abs. 3) beim Wahlvorstand eingehen.

(2) Ist zu besorgen, dass die in Absatz 1 genannte Frist für eine ordnungsgemäße Einreichung von Wahlvorschlägen der Besatzungsmitglieder der einzelnen Schiffe nicht ausreicht, so hat der Wahlvorstand nach Beratung mit dem Arbeitgeber eine längere Frist, höchstens jedoch eine Frist von zwölf Wochen, festzusetzen.

(3) Ergibt sich nach Erlass des Wahlausschreibens die Besorgnis, dass die für die Einreichung von Wahlvorschlägen festgesetzte Frist (Absätze 1 und 2) nicht ausreicht, so hat der Wahlvorstand nach Beratung mit dem Arbeitgeber die Frist zu verlängern. Sie darf jedoch insgesamt zwölf Wochen nicht überschreiten. Die Verlängerung der Frist ist unverzüglich in gleicher Weise wie das Wahlausschreiben bekannt zu machen.

§ 41 Zustimmungserklärung der Bewerberinnen und Bewerber

(1) Zu jedem Wahlvorschlag muss vor Ablauf der für die Einreichung von Wahlvorschlägen festgesetzten Frist eine mit Datum versehene schriftliche Erklärung jeder Bewerberin und jedes Bewerbers vorliegen, in der diese oder dieser

1. der Aufnahme in den Wahlvorschlag zustimmt,

2. im Fall des § 116 Abs. 2 Nr. 2 Buchstabe a des Gesetzes angibt, ob sie oder er bereits ein Jahr Besatzungsmitglied eines Schiffes gewesen ist, das nach dem Flaggenrechtsgesetz die Bundesflagge führt, oder, wenn dies nicht der Fall ist, wie lange sie oder er als Besatzungsmitglied einem solchen Schiff angehört.

(2) Werden mehrere Erklärungen einer Bewerberin oder eines Bewerbers nach Absatz 1 eingereicht, so gilt nur die Erklärung mit dem jüngsten Datum.

§ 42 Wahlvorschläge der Gewerkschaften

(1) Für den Wahlvorschlag einer unter den Besatzungsmitgliedern des Seeschifffahrtsunternehmens vertretenen Gewerkschaft (§ 14 Abs. 3 des Gesetzes) gelten die §§ 39 bis 41 und 43 bis 58 entsprechend.

(2) Der Wahlvorschlag einer Gewerkschaft ist ungültig, wenn er nicht von zwei Beauftragten der Gewerkschaft unterzeichnet ist (§ 14 Abs. 5 des Gesetzes).

(3) Die oder der an erster Stelle unterzeichnete Beauftragte gilt als Listenvertreterin oder Listenvertreter. Die Gewerkschaft kann hierfür eine Arbeitnehmerin oder einen Arbeitnehmer des Seeschifffahrtsunternehmens, die oder der ihr angehört, benennen.

§ 43 Behandlung der Wahlvorschläge durch den Wahlvorstand

(1) Der Wahlvorstand hat den Zeitpunkt des Eingangs eines Wahlvorschlags unverzüglich in einer Niederschrift zu vermerken und der Listenvertreterin oder dem Listenvertreter schriftlich zu

제40조 후보자추천서의 제출기간

① 후보자추천서는 선박으로 선거공고를 송부한 후(제38조 제3항) 5주가 경과하기 전에 선거위원회에 제출되어야만 한다.

② 제40조 제1항의 기간이 각 선박의 선원들이 규정에 맞게 후보자추천서(die in Absatz 1 genannte Frist für eine ordnungsgemäße Einreichung von Wahlvorschlägen)를 제출하는 데에 충분하지 않다는 우려가 있는 경우에, 선거위원회는 사용자와 협의 후 보다 긴 기간으로 최대 2주 더 긴 기간을 정해야 한다.

③ 선거공고 공표 후 후보자추천서 제출에 정해진 기간(제40조 제1항, 제2항)이 충분하지 않다는 우려가 발생한 경우에 선거위원회는 사용자와 협의 후(nach Beratung mit dem Arbeitgeber) 그 기간을 연장해야 한다. 하지만 총 2주를 초과해서는 안 된다. 그 기간 연장은 선거공고와 동일한 방식으로 지체 없이 공고되어야 한다.

제41조 후보자의 동의의사표시

① 각 후보자가 후보자추천서 제출에 정해진 기간이 경과하기 이전에 다음 사항을 밝힌, 날짜가 적힌 서면의사표시가 각 후보자추천서(eine mit Datum versehene schriftliche Erklärung jeder Bewerberin und jedes Bewerbers)에 모두 첨부되어야만 한다,

1. 후보자추천서 등재에 대한 동의,
2. 법 제116조 제2항 제2호 a)목의 경우에, 그 후보자가 이미 1년간 국기법에 따라 독일연방공화국 깃발을 내걸고 운항하는 선박의 선원이였는지 여부를 밝히는 진술 또는 그러한 경우가 아닌 경우에 그 후보자가 선원(船員)으로서 그러한 선박(船舶)에 얼마간 재직(在職)했는가 하는 진술.

② 제41조 제1항에 따라 후보자의 의사표시가 여러 개가 제출된 경우에 가장 최근의 날짜가 적힌 의사표시만이 유효하다.

제42조 노동조합의 후보자추천서

① 해운기업의 선원 중에 조합원인 근로자(勤勞者)가 있는 노동조합(勞動組合)의 후보자추천서(법 제14조 제3항)에 대하여(Für den Wahlvorschlag) 제39조 내지 제41조, 제43조 내지 제58조를 준용한다.

② 노동조합의 후보자추천서는 노동조합의 2명의 대리인이 그에 서명하지 않은 경우(법 제14조 제5항)에 무효이다.

③ 첫 번째로 서명한 대리인을 후보자명부대리인으로 본다. 노동조합은 해운기업에 속한 해운기업의 근로자(Arbeitnehmerin oder einen Arbeitnehmer des Seeschifffahrtsunternehmens)를 후보자명부대리인으로 정할 수 있다.

제43조 선거위원회의 후보자추천서의 처리

① 선거위원회(選擧委員會)는 후보자추천서의 접수 시기(Zeitpunkt des Eingangs eines Wahlvorschlags)를 지체 없이 의사록에 기재해야 하고 후보자명부대리인에게 서면으로 확인

bestätigen.

(2) Der Wahlvorstand hat Wahlvorschläge, die nicht mit einem Kennwort versehen sind, mit Familiennamen und Vornamen der oder des an erster Stelle Benannten zu bezeichnen. Er hat die Wahlvorschläge unverzüglich zu prüfen und bei Ungültigkeit oder Beanstandungen die Listenvertreterin oder den Listenvertreter unverzüglich schriftlich unter Angabe der Gründe zu unterrichten.

§ 44 Ungültige Wahlvorschläge

(1) Ungültig sind Wahlvorschläge,

1. die nicht fristgerecht eingereicht worden sind,
2. auf denen die Bewerberinnen oder Bewerber nicht in erkennbarer Reihenfolge aufgeführt sind,
3. die bei Einreichung nicht die erforderliche Mindestzahl gültiger Unterschriften (§ 38 Abs. 2 Nr. 7) aufweisen. Die Rücknahme von Unterschriften auf einem eingereichten Wahlvorschlag beeinträchtigt dessen Gültigkeit nicht.

(2) Ungültig sind auch Wahlvorschläge,

1. auf denen die Bewerberinnen oder Bewerber nicht in der in § 39 Abs. 2 bestimmten Weise bezeichnet sind,
2. wenn die schriftliche Erklärung der Bewerberinnen oder Bewerber nach § 41 nicht vorliegt, falls diese Mängel trotz Beanstandung nicht vor Ablauf der für die Einreichung von Wahlvorschlägen festgesetzten Frist beseitigt werden.

§ 45 Nichteinreichung von Wahlvorschlägen

Wird vor Ablauf der für die Einreichung von Wahlvorschlägen festgesetzten Frist kein gültiger Wahlvorschlag eingereicht, so findet die Wahl nicht statt. Der Wahlvorstand hat dies unverzüglich in gleicher Weise wie das Wahlausschreiben bekannt zu machen.

§ 46 Briefwahl

Die Mitglieder des Seebetriebsrats werden durch Briefwahl gewählt.

§ 47 Vorbereitung der Stimmabgabe

Der Wahlvorstand hat unverzüglich nach Ordnung der Wahlvorschläge (§§ 20, 28 Abs. 2, §§ 57, 58) folgende, zur Stimmabgabe erforderliche Unterlagen herzustellen:

1. Stimmzettel und Wahlumschläge;
2. vorgedruckte, von der Wählerin oder dem Wähler zu unterzeichnende Erklärungen, in denen diese versichern, dass sie den Stimmzettel persönlich gekennzeichnet haben, sowie
3. Wahlbriefumschläge, die die Anschrift des Wahlvorstands und den Vermerk "Schriftliche Stimmabgabe" tragen.

Die Stimmzettel müssen alle dieselbe Größe, Farbe, Beschaffenheit und Beschriftung haben;

해 줘야 한다.

② 선거위원회는 선거표어의 기재가 없는 후보자추천서를 첫 번째로 배치된 후보자의 성명으로(mit Familiennamen und Vornamen der oder des an erster Stelle Benannten) 표시해야 한다. 선거위원회는 후보자추천서를 지체 없이 심사해야 하고 무효 또는 이의가 있는 경우 명부대리인에게 지체 없이 그 이유를 기재하여 통지해야 한다.

제44조 무효인 후보자추천서

① 다음 각 호의 후보자추천서는 무효이다,

1. 기간에 맞게 제출되지 않은 후보자추천서,
2. 후보자들이 식별할 수 있는 순서에 따라 등재되지 않은 후보자추천서,
3. 제출시 필요한 유효서명수(법 제38조 제2항 제7호)를 갖추지 못한 후보자추천서, 제출된 후보자추천서에 대한 서명의 철회는 그 유효성에 영향을 미치지 않는다; 제8조 제3항은 이에 영향을 받지 않는다.

② 다음 각 호의 후보자추천서도 무효이다,

1. 후보자들(Bewerberinnen oder Bewerber)이 제39조 제2항에 정해진 방식대로 표기되지 않은 후보자추천서,
2. 그러한 흠결이 이의제기에도 불구하고 후보자추천서 제출에 정해진 기간 내에 시정되지 않은 때에 있어, 제41조에 따른 후보자의 서면동의서(schriftliche Erklärung der Bewerberinnen oder Bewerber)가 없는 후보자추천서,

제45조 후보자추천서의 부제출(不提出)

후보자추천서 제출에 대해 정해진 기간 경과 전에 유효한 후보자추천서가 제출되지 않은 경우에, 선거가 실시되지 않는다. 선거위원회는 이를 지체 없이 선거공고와 동일한 방식으로 공고해야 한다.

제46조 우편투표

해상근로자평의회구성원은 우편투표로 선출된다.

제47조 투표의 준비

① 선거위원회는 후보자추천서의 순서에 따라(제20조, 제28조 제2항, 제57조, 제58조) 지체 없이 투표에 필요한 다음 각 호의 서류를 마련해야 한다.

1. 투표용지 및 투표봉투;
2. 선거인 투표용지에 직접 기표했다는 것(dass sie den Stimmzettel persönlich gekennzeichnet haben)을 보증하는, 선거인이 서명해야 하는 미리 인쇄된 확인서;
3. 선거위원회 주소(Anschrift des Wahlvorstands)와 "서면투표"의 표시가 기재된 회송용선거대봉투.

투표용지는 투표용지의 크기, 색깔, 상태 및 문자(Beschriftung)가 모두 동일(同一)해야만 한다;

dasselbe gilt für die Wahlumschläge.

§ 48 Bekanntmachungen zur Stimmabgabe

(1) Der Wahlvorstand hat unverzüglich in gleicher Weise wie das Wahlausschreiben bis zum Abschluss der Stimmabgabe bekannt zu machen:

1. die als gültig anerkannten Wahlvorschläge;
2. den Zeitpunkt, bis zu dem die Wahlbriefe bei ihm eingehen müssen;
3. dass bei Verhältniswahl (§§ 21 bis 23, 57) auf dem Stimmzettel nur eine Vorschlagsliste angekreuzt werden darf;
4. dass bei Mehrheitswahl nach den §§ 24, 25 und 57 auf dem Stimmzettel nur so viele Namen angekreuzt werden dürfen, wie Mitglieder des Seebetriebsrats zu wählen sind;
5. dass bei Mehrheitswahl nach den §§ 27 bis 30 und 58 nur eine Bewerberin oder ein Bewerber für die Wahl des Mitglieds des Seebetriebsrats angekreuzt werden darf;
6. dass die Stimmzettel unbeobachtet persönlich zu kennzeichnen und in dem Wahlumschlag zu verschließen sind;
7. dass die vorgedruckte Erklärung (§ 47 Nr. 2) unter Angabe des Datums zu unterzeichnen und zusammen mit dem Wahlumschlag im Wahlbriefumschlag zu verschließen ist;
8. dass auf dem Wahlbriefumschlag der Absender zu vermerken ist;
9. dass die Besatzungsmitglieder eines jeden Schiffes die Wahlbriefe möglichst gleichzeitig zurücksenden sollen.

Für die Bekanntmachung an Bord der Schiffe gilt § 38 Abs. 4 entsprechend.

(2) Zusammen mit der in Absatz 1 genannten Bekanntmachung hat der Wahlvorstand gleichzeitig

1. jedem Schiff die zur Stimmabgabe erforderlichen Unterlagen in einer Anzahl zu übersenden, die die Zahl der Regelbesatzung des Schiffes um mindestens 10 vom Hundert übersteigt;
2. allen Besatzungsmitgliedern, von denen ihm bekannt ist, dass sie sich nicht an Bord eines Schiffes befinden, die zur Stimmabgabe erforderlichen Unterlagen sowie einen Abdruck der Bekanntmachung nach Absatz 1 zu übersenden.

Der Tag der Versendung ist in einer Niederschrift, die Übersendung nach Nummer 2 in der Wählerliste zu vermerken. Die Bordvertretung oder, wenn eine solche nicht besteht, der Kapitän hat jedem Besatzungsmitglied die zur Stimmabgabe erforderlichen Unterlagen auszuhändigen.

§ 49 Frist für die Stimmabgabe

(1) Die Wahlbriefe müssen vor Ablauf von fünf Wochen nach ihrer Versendung an die Schiffe (§ 48 Abs. 2) beim Wahlvorstand eingehen.

(2) Ist zu besorgen, dass die in Absatz 1 genannte Frist für eine ordnungsgemäße Durchführung der Stimmabgabe nicht ausreicht, so hat der Wahlvorstand nach Beratung mit dem Arbeitgeber

이는 투표봉투도 마찬가지이다.

제48조 투표에 대한 공고

① 선거위원회는 지체 없이 선거공고와 같은 방식으로 투표 종료시까지 다음 사항을 공고해야 한다,

1. 유효한 것으로 인정한 후보자추천서;
2. 우편투표봉투가 선거위원회에 도달해야만 하는 시기;
3. 비례대표제선거의 경우(제21조 내지 제23조, 제57조)에 투표용지에서 하나의 후보자명부에 기표가 허용된다는 사항;
4. 제24조, 제25조, 제57조에 따른 다수대표제선거의 경우에 투표용지에서 선출되어야 하는 해상근로자평의회구성원 수만큼의 성명에 기표가 허용된다는 사항;
5. 제27조 내지 제30조, 제58조에 따른 다수대표제선거의 경우에 해상근로자평의회구성원에 대한 1명의 후보자에 대해서만 기표가 허용된다는 사항
6. 투표용지(Stimmzettel)가 노출되지 않게 직접 기표된 다음 투표봉투에 넣어 봉인되어야 한다는 사항;
7. 미리 인쇄된 확인서(제47조 제2호)에 날짜를 기재하여 서명한 다음 회송용선거대봉투에 투표봉투와 함께 넣어 봉인해야 한다는 사항;
8. 회송용선거대봉투에 발신인을 표시해야 한다는 사항;
9. 각 선박의 선원들(Besatzungsmitglieder eines jeden Schiffes)이 가능한 한 동시에 우편투표봉투를 회송해야 한다는 사항.

선박의 선상(船上)에서의 공고는 제38조 제4항을 준용한다.

② 선거위원회는 제48조 제1항의 공고과 함께 동시에,

1. 투표에 필요한 서류를 선박의 평상시 선원수의 10프로 이상을 초과하는 수로 하여 각 선박에 송부해야 하고,
2. 선박에 승선하지 않고 있는 선원으로 선거위원회가 알고 있는 모든 선원에게 투표에 필요한 서류(die zur Stimmabgabe erforderlichen Unterlagen)와 제48조 제1항에 따른 공고사본을 송부해야 한다.

그 송부일은 의사록(Niederschrift)에 기재해야 하고, 제2호에 따른 송부는 선거인명부에 표시되어야 한다. 선원대표단 또는 선원대표단이 없는 경우에는 선장이 각 선원에게 투표에 필요한 서류를 교부해야 한다.

제49조 투표행사 기간

① 우편투표봉투는 선박으로 송부(제48조 제2항) 후 5주가 경과하기 이전에 선거위원회에 도달해야만 한다.

② 제1항에 기재된 기간이 규정에 맞는 투표실시에(für eine ordnungsgemäße Durchführung der Stimmabgabe) 충분하지 않다는 우려가 있는 경우에, 선거위원회는 사용자와 협의 후 보다

eine längere Frist, höchstens jedoch eine Frist von zwölf Wochen, festzusetzen.

(3) Ergibt sich nach Versendung der Bekanntmachungen zur Stimmabgabe die Besorgnis, dass die für die Stimmabgabe festgesetzte Frist (Absätze 1 und 2) nicht ausreicht, so hat der Wahlvorstand nach Beratung mit dem Arbeitgeber die Frist zu verlängern. Sie darf jedoch insgesamt zwölf Wochen nicht überschreiten. Die Verlängerung der Frist ist unverzüglich in gleicher Weise wie das Wahlausschreiben bekannt zu machen.

§ 50 Stimmabgabe

(1) Ist der Seebetriebsrat nach den Grundsätzen der Verhältniswahl zu wählen (§§ 21 bis 23, 57), so kann der Wahlberechtigte seine Stimme nur für die gesamte Vorschlagsliste abgeben. Ist nach den Grundsätzen der Mehrheitswahl zu wählen (§§ 24 bis 30, 57, 58), so ist die Stimme für die einzelnen Bewerber abzugeben.

(2) Die Wählerin oder der Wähler hat

1. den Stimmzettel unbeobachtet persönlich zu kennzeichnen und ihn in dem Wahlumschlag zu verschließen,
2. die vorgedruckte Erklärung (§ 47 Nr. 2) unter Angabe des Datums zu unterzeichnen und diese zusammen mit dem Wahlumschlag in dem Wahlbriefumschlag zu verschließen,
3. auf dem Wahlbriefumschlag den Namen und die Anschrift zu vermerken und diesen an den Wahlvorstand zurückzusenden.

Die Wahlbriefe der Besatzungsmitglieder eines Schiffes sollen möglichst gleichzeitig abgesandt werden.

§ 51 Behandlung der Wahlbriefe durch den Wahlvorstand

(1) Der Wahlvorstand hat unverzüglich nach Eingang eines Wahlbriefs

1. auf dem Wahlbriefumschlag das Datum seines Eingangs zu vermerken,
2. in der Wählerliste bei dem Namen der Wählerin oder des Wählers den Eingang zu vermerken und
3. den Wahlbrief unter Verschluss zu nehmen.

(2) Am ersten Arbeitstag nach Ablauf der für die Stimmabgabe festgesetzten Frist öffnet der Wahlvorstand in öffentlicher Sitzung die rechtzeitig eingegangenen Wahlbriefumschläge und entnimmt diesen den Wahlumschlag und die vorgedruckte Erklärung. Ist die Stimmabgabe ordnungsgemäß erfolgt, so hat der Wahlvorstand diese in der Wählerliste zu vermerken und den Wahlumschlag ungeöffnet in die Wahlurne zu legen. Diese muss so eingerichtet sein, dass die Wahlumschläge nicht entnommen werden können, ohne dass die Wahlurne geöffnet wird.

(3) Nicht ordnungsgemäß ist die Stimmabgabe, wenn

1. ein Wahlbrief keinen Absender trägt,

긴 기간으로 최대 12주 더 긴 기간을 정해야 한다.

③ 투표행사에 관한 공고 송부 후 후보자추천서 제출에 정해진 기간(die für die Stimmabgabe festgesetzte Frist)(제49조 제1항, 제2항)이 충분하지 않다는 우려가 발생한 경우에 선거위원회는 사용자와 협의 후 그 기간을 연장해야 한다. 하지만 총 12주를 초과해서는 안 된다. 그 기간 연장은 선거공고와 동일한 방식으로(in gleicher Weise wie das Wahlausschreiben) 지체 없이 공고되어야 한다.

제50조 투표행사

① 해상근로자평의회는 비례대표선거원칙에 따라 선거로 구성되어야 하는 경우에(제21조 내지 제23조, 제57조), 선거권자는 자신의 투표를 후보자명부 전체에 대해서만 행사할 수 있다. 다수대표제선거에 따라 선출되어야 하는 경우에(제24조 내지 제30조, 제57조, 제58조), 각 후보자에 대하여 투표가 행사되어야 한다.

② 선거인은,

1. 투표용지(投票用紙)가 노출되지 않게 직접 기표한 다음 이를 선거봉투에 넣어 봉인(封印)해야 하고,
2. 미리 인쇄된 확인서(제47조 제2호)에 날짜를 기재하여 서명한 다음 회송용선거대봉투에 선거봉투와 함께 넣어 봉인해야 하며,
3. 회송용선거대봉투에 성명과 주소를 기입한 후 이를 선거위원회(選擧委員會)에 회송(回送)해야 한다.

선박의 선원들의 우편투표봉투는 가능한 한 동시에(möglichst gleichzeitig) 회송(回送)되어야 한다.

제51조 선거위원회의 우편투표봉투의 처리

① 선거위원회는 우편투표봉투가 도달 한 후 지체 없이,

1. 그 도달 날짜를 회송용선거대봉투에 기재해야 하고,
2. 선거인명부에서 있는 선거인의 성명(bei dem Namen der Wählerin oder des Wählers)에 도달 표시를 기재해야 하고,
3. 우편투표봉투를 봉인해야 한다.

② 선거위원회는 투표에 정해진 기간이 경과 후의 최초의 근무일에 공개된 회의에서 제때 도달한 회송용선거대봉투(die rechtzeitig eingegangenen Wahlbriefumschläge)를 개봉한 후 선거봉투와 미리 인쇄된 확인서를 꺼낸다. 투표가 규정에 맞게 행해진 경우에 선거위원회는 이를 선거인명부에 기재해아 하고 투표봉투를 개봉하지 않은 채 투표함에 넣어야 한다. 투표함은 투표함이 개함되는 경우를 제외하고(ohne dass die Wahlurne geöffnet wird) 투표봉투를 꺼낼 수 없도록 마련되어야만 한다.

③ 다음 각 호의 경우는 투표가 규정에 맞게 행해지지 않은 것이다,

1. 우편투표봉투에 발신인이 기재되지 않은 경우,

2. ein Wahlbrief nicht eine unterzeichnete vorgedruckte Erklärung des Absenders nach § 47 Nr. 2 enthält,
3. der Stimmzettel nicht in einem verschlossenen Wahlumschlag eingegangen ist,
4. von einer Wählerin oder einem Wähler mehrere Wahlbriefe eingegangen sind oder
5. ein Wahlbrief verspätet eingegangen ist.

Der Wahlvorstand hat diese Wahlbriefe gesondert zu verwahren; sie bleiben für die Wahl unberücksichtigt. Die Wahlumschläge dürfen nicht geöffnet werden. Sie sind drei Monate nach Bekanntgabe des Wahlergebnisses zu vernichten, es sei denn, die Wahl ist angefochten worden.

(4) Werden die Stimmen nicht unmittelbar nach Einwurf der Wahlumschläge in die Wahlurnen ausgezählt, so hat der Wahlvorstand die Wahlurnen zu versiegeln.

§ 52 Öffentliche Stimmauszählung

Unverzüglich nach Einwurf der Wahlumschläge in die Wahlurnen (§ 51 Abs. 2) nimmt der Wahlvorstand öffentlich die Auszählung der Stimmen vor und gibt das Wahlergebnis bekannt.

§ 53 Feststellung des Wahlergebnisses

(1) Nach Öffnung der Wahlurnen entnimmt der Wahlvorstand den Wahlumschlägen die Stimmzettel und prüft ihre Gültigkeit.

(2) Ungültig sind Stimmzettel,

1. die nicht den Erfordernissen des § 47 Satz 2 entsprechen;
2. aus denen sich der Wille des Wählers nicht zweifelsfrei ergibt;
3. die ein besonderes Merkmal, einen Zusatz oder einen Vorbehalt enthalten.

(3) Mehrere in einem Wahlumschlag enthaltene Stimmzettel, die vollständig übereinstimmen, werden als eine Stimme gezählt. Stimmen sie nicht vollständig überein, so sind sie ungültig.

(4) Der Wahlvorstand zählt

1. im Fall der Verhältniswahl (§§ 21 bis 23, 57) die auf jede Vorschlagsliste,
2. im Fall der Mehrheitswahl (§§ 24 bis 30, 57, 58) die auf jede einzelne Bewerberin oder jeden einzelnen Bewerber entfallenen gültigen Stimmen zusammen.

§ 54 Wahlniederschrift

(1) Nachdem ermittelt ist, wer gewählt ist, hat der Wahlvorstand in einer Niederschrift festzustellen

1. die Zahl der nach § 51 Abs. 3 nicht berücksichtigten Stimmen;
2. die Gesamtzahl der abgegebenen Stimmen und die Zahl der gültigen Stimmen;
3. die Zahl der ungültigen Stimmen;
4. im Fall der Verhältniswahl (§§ 21 bis 23, 57) die Zahl der auf jede Vorschlagsliste entfallenen gültigen Stimmen sowie die berechneten Höchstzahlen und ihre Verteilung auf die

2. 우편투표봉투에 제47조 제2호에 따른 발신인의 미리 인쇄된 확인서(unterzeichnete vorgedruckte Erklärung des Absenders)가 없는 경우,
3. 투표용지가 봉인되지 않은 투표봉투에 들어 있는 경우,
4. 1인의 선거인에 의해 수개의 우편투표봉투가 도달한 경우,
5. 우편투표봉투가 늦게 도달한 경우.

선거위원회는 위와 같은 우편투표봉투를 따로 보관해야 한다; 그 우편투표봉투는 선거에서 고려되지 않는다. 회송용선거대봉투는 개봉되어서는 안 된다. 회송용선거대봉투는 선거결과 공고 후 3개월에 파기되어야 하고, 다만 선거취소가 제기된 경우에는 그러하지 아니하다.

④ 회송용선거대봉투가 투표함에 투함된 직후에 개표가 진행되지 않은 경우에, 선거위원회는 투표함을 봉인해야 한다.

제52조 공개적 개표

선거위원회는 투표함에 회송용선거대봉투를 투함 후(제51조 제2항) 지체 없이 공개적 개표에 착수한 다음 선거결과를 공고한다.

제53조 선거결과의 확정

① 선거위원회는 투표함 개함 후 회송용선거대봉투에서 투표용지를 꺼낸 다음 그 투표용지의 유효성을 심사한다.

② 다음 각 호의 투표용지는 무효이다,
1. 제47조 제2문의 요건에 부합하지 않은 투표용지;
2. 투표자의 의사가 명백하게 드러나지 않은 투표용지;
3. 특별한 표지(標識), 추가기재 또는 유보표시(Vorbehalt; 留保標示)가 있는 투표용지.

③ 하나의 투표봉투에 들어 있는 수개의 투표용지로, 완전히 일치하는 투표용지는 투표 1개로 산정된다. 투표용지가 완전히 일치하지 않은 경우에 그 투표용지는 무효이다.

④ 선거위원회는,
1. 비례대표제선거의 경우(제21조 내지 제23조, 제57조)에 각 후보자명부에,
2. 다수대표제선거의 경우(제21조 내지 제23조, 제57조, 제58조)에 각 후보자에 대해,

할당된 유효득표를 합산한다.

제54조 투표의사록정본

① 누가 당선되었는지가 결정된 다음, 선거관리위원회는 투표의사록정본으로 다음 각 호 사항을 확정해야 한다,
1. 제51조 제3항에 따라 고려되지 않는 투표수;
2. 행사된 투표총수, 유효득표수;
3. 무효투표수;
4. 비례대표제선거의 경우(제21조 내지 제23조, 제57조)에 각 후보자명부에 할당된 유효득표수(die Zahl der auf jede Vorschlagsliste entfallenen gültigen Stimmen)와 산정된 최대수, 그

Vorschlagslisten;

5. im Fall der Mehrheitswahl (§§ 24 bis 30, 57, 58) die Zahl der auf jede Bewerberin und jeden Bewerber entfallenen gültigen Stimmen;
6. die Namen der gewählten Bewerberinnen und Bewerber;
7. gegebenenfalls besondere während der Wahl des Seebetriebsrats eingetretene Zwischenfälle oder sonstige Ereignisse.

(2) Die Niederschrift ist von der oder dem Vorsitzenden und von mindestens einem weiteren stimmberechtigten Mitglied des Wahlvorstands zu unterzeichnen.

(3) Der Wahlvorstand hat je eine Abschrift der Wahlniederschrift dem Arbeitgeber und den unter den Besatzungsmitgliedern vertretenen Gewerkschaften unverzüglich zu übersenden.

§ 55 Benachrichtigung und Bekanntmachung der Gewählten

(1) Der Wahlvorstand hat die Gewählten unverzüglich schriftlich von ihrer Wahl zu benachrichtigen.

(2) Die Namen der als Mitglieder des Seebetriebsrats Gewählten sind durch einwöchigen Aushang in gleicher Weise bekannt zu machen wie das Wahlausschreiben.

§ 56 Aufbewahrung der Wahlakten

Der Seebetriebsrat hat die Wahlakten mindestens bis zur Beendigung seiner Amtszeit aufzubewahren.

## Zweiter Abschnitt Besondere Vorschriften

§ 57 Wahl mehrerer Mitglieder des Seebetriebsrats

Die Vorschriften der §§ 19 bis 26 gelten für die Wahl der Mitglieder des Seebetriebsrats mit folgender Maßgabe entsprechend:

1. An die Stelle der in § 20 Satz 1 genannten Fristen tritt die für die Einreichung von Wahlvorschlägen für die Wahl des Seebetriebsrats festgesetzte Frist (§ 40).
2. § 20 Satz 2 findet keine Anwendung.
3. Das Ergebnis der Auslosung (§ 20 Satz 1) ist in die Sitzungsniederschrift des Wahlvorstands aufzunehmen.

§ 58 Wahl nur eines Mitglieds des Seebetriebsrats

Die Vorschriften der §§ 27 bis 30 gelten für die Wahl nur eines Mitglieds des Seebetriebsrats entsprechend mit der Maßgabe, dass an die Stelle der in § 28 Abs. 2 genannten Fristen die für die Einreichung von Wahlvorschlägen für die Wahl des Seebetriebsrats festgesetzte Frist (§ 40) tritt.

# Dritter Teil Übergangs- und Schlussvorschriften

최대수의 후보자명부에 대한 할당;

5. 다수대표제선거의 경우(제21조 내지 제23조, 제57조, 제58조)에 각 후보자에 할당된 유효득표수;
6. 당선된 후보자의 성명;
7. 필요한 경우 해상근로자평의회의 선거 동안에 발생한 특별한 사건 또는 기타 사건 (Zwischenfälle oder sonstige Ereignisse).

② 그 의사록은 선거위원회위원장과 1명 이상의 투표권이 있는 선거위원회위원이 추가로 서명을 해야 한다.

③ 선거위원회는 사용자와 선원 중에 조합원인 근로자가 있는 노동조합에 각 투표의사록의 사본 1부씩을 지체 없이 송부해야 한다.

제55조 당선인 공고와 그 통지

① 선거위원회는 당선인에게 지체 없이 서면으로 그 당선에 관하여 통지해야 한다.

② 해상근로자평의회구성원으로 당선된 사람의 성명은 1주일간 게시에 의해 선고공고와 동일한 방식으로 공고되어야 한다.

제56조 선거서류의 보관

해상근로자평의회는 최소한 그 임기가 종료할 때까지 선거서류를 보관해야 한다.

## 제2장 특별규정

제57조 수인의 해상근로자평의회구성원 선거

제19조 내지 제26조의 규정은 해상근로자평의회구성원선거에 대하여 다음과 같은 기준하에 준용된다:

1. 해상근로자평의회선거의 후보자추천서 제출에 대해 정해진 기간(제40조)이 제20조 제1문에 기재된 기간을 대신한다.
2. 제20조 제2문은 적용하지 않는다.
3. 추첨결과(Ergebnis der Auslosung)(제20조 제1문)는 선거위원회(選擧委員會)의 회의의사록에 기재되어야 한다.

제58조 해상근로자평의회구성원 1인의 선거

제27조 내지 제30조의 규정은 해상근로자평의회구성원 1인의 선거에 대해서만 해상근로자평의회선거의 후보자추천서(Einreichung von Wahlvorschlägen für die Wahl des Seebetriebsrats) 제출에 대해 정해진 기간(제40조)이 제28조 제2항에 기재된 기간을 대신한다는 기준하에 준용된다.

# 제3편 경과규정 및 종결규정

§ 59 Berechnung der Fristen

Soweit nach dieser Verordnung eine Frist nach Stunden bemessen ist, beginnt sie mit der nächsten vollen Stunde, die auf das maßgebende Ereignis folgt. Im Übrigen gelten für die Berechnung der in dieser Verordnung festgelegten Fristen die §§ 186 bis 193 des Bürgerlichen Gesetzbuchs.

§ 60 Inkrafttreten

Diese Verordnung tritt am Tag nach der Verkündung in Kraft.

Schlussformel

Der Bundesrat hat zugestimmt.

제59조 기간의 산정

본 명령에 따라 시간에 따른 기간이 산정되는 경우에 그 시간은 기준이 되는 사건에 이어지는 정수의 다음 시간부터 기산한다. 기타의 경우는 본 명령에 정해진 기간의 산정에 대해 민법전 제186조 내지 제193조를 적용한다.

제60조

본 명령은 공포한 다음 날에 발효된다.

종결문언

연방참사원이 본 명령에 동의를 했다.

# 고위직사원평의회법

(BGBl. I S. 2407)

# Gesetz über Sprecherausschüsse der leitenden Angestellten

(Sprecherausschußgesetz - SprAuG)

# Gesetz über Sprecherausschüsse der leitenden Angestellten (Sprecherausschußgesetz – SprAuG)

http://www.gesetze-im-internet.de/spraug/BJNR023160988.html

## Erster Teil Allgemeine Vorschriften

§ 1 Errichtung von Sprecherauschüssen

(1) In Betrieben mit in der Regel mindestens zehn leitenden Angestellten (§ 5 Abs. 3 des Betriebsverfassungsgesetzes) werden Sprecherausschüsse der leitenden Angestellten gewählt.

(2) Leitende Angestellte eines Betriebs mit in der Regel weniger als zehn leitenden Angestellten gelten für die Anwendung dieses Gesetzes als leitende Angestellte des räumlich nächstgelegenen Betriebs desselben Unternehmens, der die Voraussetzungen des Absatzes 1 erfüllt.

(3) Dieses Gesetz findet keine Anwendung auf

1. Verwaltungen und Betriebe des Bundes, der Länder, der Gemeinden und sonstiger Körperschaften, Anstalten und Stiftungen des öffentlichen Rechts sowie
2. Religionsgemeinschaften und ihre karitativen und erzieherischen Einrichtungen unbeschadet deren Rechtsform.

§ 2 Zusammenarbeit

(1) Der Sprecherausschuß arbeitet mit dem Arbeitgeber vertrauensvoll unter Beachtung der geltenden Tarifverträge zum Wohl der leitenden Angestellten und des Betriebs zusammen. Der Arbeitgeber hat vor Abschluß einer Betriebsvereinbarung oder sonstigen Vereinbarung mit dem Betriebsrat, die rechtliche Interessen der leitenden Angestellten berührt, den Sprecherausschuß rechtzeitig anzuhören.

(2) Der Sprecherausschuß kann dem Betriebsrat oder Mitgliedern des Betriebsrats das Recht einräumen, an Sitzungen des Sprecherausschusses teilzunehmen. Der Betriebsrat kann dem Sprecherausschuß oder Mitgliedern des Sprecherausschusses das Recht einräumen, an Sitzungen des Betriebsrats teilzunehmen. Einmal im Kalenderjahr soll eine gemeinsame Sitzung des Sprecherausschusses und des Betriebsrats stattfinden.

(3) Die Mitglieder des Sprecherausschusses dürfen in der Ausübung ihrer Tätigkeit nicht gestört oder behindert werden. Sie dürfen wegen ihrer Tätigkeit nicht benachteiligt oder begünstigt werden; dies gilt auch für ihre berufliche Entwicklung.

(4) Arbeitgeber und Sprecherausschuß haben Betätigungen zu unterlassen, durch die der Arbeitsablauf oder der Frieden des Betriebs beeinträchtigt werden.

# 고위직사원평의회법(BGBl. I S. 2407)

법률 공포일: 1988년 12월 20일
최근 법률 개정일: 2006년 10월 31일(BGBl. I S. 2407)

## 제1편 총칙

제1조 고위직사원평의회의 설치

① 상시적으로 10명 이상의 고위직사원(leitenden Angestellten)(사업조직법 제5조 제3항)이 있는 사업에서 고위직사원평의회가 선거로 구성된다.

② 상시적으로 10명 미만의 고위직사원이 있는 사업에 속한 고위직사원은 이 법의 적용에 있어 공간적으로 가장 가깝게 소재한, 동일한 기업의 사업으로, 제1조 제1항의 요건을 충족한 사업에 속한 고위직사원으로 본다.

③ 이 법은 다음 각 호에 적용하지 않는다,

1. 연방·주·게마인데(Gemeinden) 및 기타 공법상 사단·영조물·재단의 행정 및 사업(Verwaltungen und Betriebe),
2. 그 법적 형식을 불문하고(unbeschadet deren Rechtsform) 종교공동체(Religionsgemeinschaften)와 종교공동체의 자선적 및 교육적 기관.

제2조 협력

① 고위직사원평의회는 고위직사원과 사업의 번영을 위해 적용되는 단체협약을 준수하며 깊은 신뢰로 사용자와 협력한다. 사용자는 고위직사원평의회의 법적 이익(rechtliche Interessen der leitenden Angestellten)에 관련된, 근로자평의회와의 사업협정 또는 기타 협약의 체결에 전에 고위직사원평의회의 의견을 적시에 청취해야 한다.

② 고위직사원평의회(Sprecherausschuß)는 근로자평의회 또는 근로자평의회구성원에게 고위직사원평의회 회의에 참석할 수 있는 권리를 인정할 수 있다. 근로자평의회는 고위직사원평의회 또는 고위직사원평의회구성원에게 근로자평의회 회의에 참석할 수 있는 권리를 인정할 수 있다. 고위직사원평의회와 고위직사원평의회의 공동회의(gemeinsame Sitzung)가 역년에 한 차례 개최되어야 한다.

③ 고위직사원평의회구성원(Mitglieder des Sprecherausschusses)은 자신의 활동을 함에 있어서 교란(攪亂)받거나 방해(妨害)를 받아서는 안 된다. 고위직사원평의회구성원은 자신의 활동으로 인하여 불이익 또는 유리한 대우를 받아서는 안 된다; 이는 그들의 직업적 경력(berufliche Entwicklung)에도 적용한다.

④ 사용자와 고위직사원평의회는 업무과정 또는 사업평화(Arbeitsablauf oder der Frieden des Betriebs)가 침해되는 활동을 삼가야 한다.

Sie haben jede parteipolitische Betätigung im Betrieb zu unterlassen; die Behandlung von Angelegenheiten tarifpolitischer, sozialpolitischer und wirtschaftlicher Art, die den Betrieb oder die leitenden Angestellten unmittelbar betreffen, wird hierdurch nicht berührt.

## Zweiter Teil Sprecherausschuß, Versammlung der leitenden Angestellten, Gesamt-, Unternehmens- und Konzernsprecherausschuß

### Erster Abschnitt Wahl, Zusammensetzung und Amtszeit des Sprecherausschusses

§ 3 Wahlberechtigung und Wählbarkeit

(1) Wahlberechtigt sind alle leitenden Angestellten des Betriebs.

(2) Wählbar sind alle leitenden Angestellten, die sechs Monate dem Betrieb angehören. Auf die sechsmonatige Betriebszugehörigkeit werden Zeiten angerechnet, in denen der leitende Angestellte unmittelbar vorher einem anderen Betrieb desselben Unternehmens oder Konzerns (§ 18 Abs. 1 des Aktiengesetzes) als Beschäftigter angehört hat. Nicht wählbar ist, wer

1. aufgrund allgemeinen Auftrags des Arbeitgebers Verhandlungspartner des Sprecherausschusses ist,
2. nicht Aufsichtsratsmitglied der Arbeitnehmer nach § 6 Abs. 2 Satz 1 des Mitbestimmungsgesetzes in Verbindung mit § 105 Abs. 1 des Aktiengesetzes sein kann oder
3. infolge strafgerichtlicher Verurteilung die Fähigkeit, Rechte aus öffentlichen Wahlen zu erlangen, nicht besitzt.

§ 4 Zahl der Sprecherausschußmitglieder

(1) Der Sprecherausschuß besteht in Betrieben mit in der Regel

10 bis 20 leitenden Angestellten aus einer Person,

21 bis 100 leitenden Angestellten aus drei Mitgliedern,

101 bis 300 leitenden Angestellten aus fünf Mitgliedern,

über 300 leitenden Angestellten aus sieben Mitgliedern.

(2) Männer und Frauen sollen entsprechend ihrem zahlenmäßigen Verhältnis im Sprecherausschuß vertreten sein.

§ 5 Zeitpunkt der Wahlen und Amtszeit

(1) Die regelmäßigen Wahlen des Sprecherausschusses finden alle vier Jahre in der Zeit vom 1. März bis 31. Mai statt. Sie sind zeitgleich mit den regelmäßigen Betriebsratswahlen nach § 13 Abs. 1 des Betriebsverfassungsgesetzes einzuleiten.

(2) Außerhalb dieses Zeitraums ist der Sprecherausschuß zu wählen, wenn

1. im Betrieb ein Sprecherausschuß nicht besteht,
2. der Sprecherausschuß durch eine gerichtliche Entscheidung aufgelöst ist,

사용자와 고위직사원평의회는 사업 내 모든 정당정치적 활동(parteipolitische Betätigung im Betrieb)을 삼가야 한다; 단체협약적·사회정책적·경제적 종류의 사안으로 고위직사원에 직접적으로 관련된 사안의 취급은 이에 영향을 받지 않는다.

## 제2편 고위직사원평의회, 고위직사원총회, 전체고위직사원평의회, 기업고위직사원평의회 및 콘체른고위직사원평의회

### 제1장 고위직사원평의회의 선거·구성·임기

제3조 선거권과 피선거권

① 당해 사업에 속한 모든 고위직사원은 선거권을 갖는다.

② 당해 사업에 6개월간 속한 모든 고위직사원(alle leitenden Angestellten, die sechs Monate dem Betrieb angehören)은 피선거권을 갖는다. 고위직사원이 동일한 기업 또는 콘체른(주식법 제18조 제1항)의 다른 사업에 이전에 근로자로서 재직했던 기간은 6개월의 사업소속에 산입한다. 다음 각 호의 사람은 피선거권이 없다,

1. 사용자의 일반적 위임에 기하여 고위직사원평의회에 대한 교섭당사자인 사람,
2. 주식법 제105조 제1항에 연결된 공동결정법 제6조 제2항 제1문에 따라 근로자측감사회구성원이 될 수 없는 사람,
3. 형사유죄판결로 인하여(infolge strafgerichtlicher Verurteilung) 공공선거에서 파생된 권리를 향유할 능력을 보유하지 못한 사람.

제4조 고위직사원평의회구성원수

① 고위직사원평의회는 상시 다음의 근로자가 있는 사업의 경우 다음과 같이,
10명~20명 고위직사원의 경우에 1명의 고위직사원평의회구성원으로,
21명~100명 고위직사원의 경우에 3명의 고위직사원평의회구성원으로,
101명~300명 고위직사원의 경우에 5명의 고위직사원평의회구성원으로,
300명을 초과하는 고위직사원의 경우에 7명의 고위직사원평의회구성원으로 구성된다.

② 여성과 남성은 그 성의 수에 상응하여 고위직사원평의회에서 대표되어야 한다.

제5조 선거의 시기와 임기

① 고위직사원평의회의 정례적 선거는 3월 1일부터 5월 31일까지의 기간에 4년마다 실시된다. 그 선거는 사업조직법 제13조 제1항에 따른 고위직사원평의회의 정례적 선거와 동시에 착수되어야 한다.

② 다음 각 호의 경우에는 위와 같은 시기 이외에도 고위직사원평의회가 선거로 구성된다,

1. 사업에 고위직사원평의회가 없는 경우,
2. 법원의 재판에 의하여 고위직사원평의회가 해산한 경우,

3. die Wahl des Sprecherausschusses mit Erfolg angefochten worden ist oder
4. der Sprecherausschuß mit der Mehrheit seiner Mitglieder seinen Rücktritt beschlossen hat.

(3) Hat außerhalb des in Absatz 1 festgelegten Zeitraums eine Wahl des Sprecherausschusses stattgefunden, ist der Sprecherausschuß in dem auf die Wahl folgenden nächsten Zeitraum der regelmäßigen Wahlen des Sprecherausschusses neu zu wählen. Hat die Amtszeit des Sprecherausschusses zu Beginn des in Absatz 1 festgelegten Zeitraums noch nicht ein Jahr betragen, ist der Sprecherausschuß in dem übernächsten Zeitraum der regelmäßigen Wahlen des Sprecherausschusses neu zu wählen.

(4) Die regelmäßige Amtszeit des Sprecherausschusses beträgt vier Jahre. Die Amtszeit beginnt mit der Bekanntgabe des Wahlergebnisses oder, wenn zu diesem Zeitpunkt noch ein Sprecherausschuß besteht, mit Ablauf von dessen Amtszeit. Die Amtszeit endet spätestens am 31. Mai des Jahres, in dem nach Absatz 1 die regelmäßigen Wahlen des Sprecherausschusses stattfinden. In dem Fall des Absatzes 3 Satz 2 endet die Amtszeit spätestens am 31. Mai des Jahres, in dem der Sprecherausschuß neu zu wählen ist.

(5) In dem Fall des Absatzes 2 Nr. 4 führt der Sprecherausschuß die Geschäfte weiter, bis der neue Sprecherausschuß gewählt und das Wahlergebnis bekanntgegeben ist.

§ 6 Wahlvorschriften

(1) Der Sprecherausschuß wird in geheimer und unmittelbarer Wahl gewählt.

(2) Die Wahl erfolgt nach den Grundsätzen der Verhältniswahl; wird nur ein Wahlvorschlag eingereicht, erfolgt die Wahl nach den Grundsätzen der Mehrheitswahl.

(3) In Betrieben, deren Sprecherausschuß aus einer Person besteht, wird dieser mit einfacher Stimmenmehrheit gewählt. In einem getrennten Wahlgang ist ein Ersatzmitglied zu wählen.

(4) Zur Wahl des Sprecherausschusses können die leitenden Angestellten Wahlvorschläge machen. Jeder Wahlvorschlag muß von mindestens einem Zwanzigstel der leitenden Angestellten, jedoch von mindestens drei leitenden Angestellten unterzeichnet sein; in Betrieben mit in der Regel bis zu zwanzig leitenden Angestellten genügt die Unterzeichnung durch zwei leitende Angestellte. In jedem Fall genügt die Unterzeichnung durch fünfzig leitende Angestellte.

§ 7 Bestellung, Wahl und Aufgaben des Wahlvorstands

(1) Spätestens zehn Wochen vor Ablauf seiner Amtszeit bestellt der Sprecherausschuß einen aus drei oder einer höheren ungeraden Zahl von leitenden Angestellten bestehenden Wahlvorstand und einen von ihnen als Vorsitzenden.

(2) Besteht in einem Betrieb, der die Voraussetzungen des § 1 Abs. 1 erfüllt, kein Sprecherausschuß, wird in einer Versammlung von der Mehrheit der anwesenden leitenden Angestellten des Betriebs ein Wahlvorstand gewählt. Zu dieser Versammlung können drei leitende

3. 고위직사원평의회선거에 대한 선거취소가 인용된 경우,
4. 고위직사원평의회가 그 구성원 과반수로 해산을 결의한 경우.

③ 고위직사원평의회가 제5조 제1항에 정해진 기간 이외에 실시된 경우에, 고위직사원평의회는 정례적 선거 시기 직후의 다음 정례적 선거 시기에 선거에 의해 새롭게 구성된다. 정례적 고위직사원평의회선거로 정해진 시기의 개시 시점기준으로 고위직사원평의회의 임기가 1년에 달하지 않은 경우에는, 고위직사원평의회는 정례적 고위직사원평의회선거의 다음다음의 정례적 선거 시기에(in dem übernächsten Zeitraum der regelmäßigen Wahlen des Sprecherausschuss) 선거에 의해 새롭게 구성된다.

④ 고위직사원평의회의 통상적 임기는 4년이다. 그 임기는 선거결과의 공고로써 또는 선거결과의 공고시에 고위직사원평의회가 있는 경우에는 고위직사원평의회의 임기의 만료로써(mit Ablauf von dessen Amtszeit) 개시된다. 그 임기는 늦어도 제5조 제1항에 따라 정례적 고위직사원평의회선거(regelmäßigen Wahlen des Sprecherausschusses)가 실시되는 해의 5월 31일에 만료된다. 제5조 제3항 제2문의 경우에 그 임기는 늦어도 고위직사원평의회가 새로이 선거로 구성되는 해의 5월 31일에 만료된다.

⑤ 제5조 제2항 제4호의 경우에 고위직사원평의회는 새로운 고위직사원평의회가 선거로 구성되고 그 선거결과가 공표될 때까지 그 사무를 계속적으로 처리한다.

제6조 선거규정

① 고위직사원평의회는 비밀·직접선거로 구성된다.

② 그 선거는 비례대표선거원칙에 따라 실시된다; 후보자추천서가 1개만이 제출된 경우에 다수대표제선거원칙에 따라 실시된다.

③ 고위직사원평의회가 1명의 구성원으로 구성되는 사업에서 그 고위직사원평의회는 단순과반수로 선출된다. 분리된 선거과정에서 대체구성원이 선출되어야 한다.

④ 고위직사원은 고위직사원평의회선거에 대한 후보자추천을 할 수 있다. 각 후보자추천서에는 고위직사원의 1/20 이상으로 최소 3명의 고위직사원이 서명(mindestens einem Zwanzigstel der leitenden Angestellten)을 해야만 한다; 20명 이하의 고위직사원이 있는 사업에서 2명의 고위직사원의 서명(署名)으로 족하다. 어느 경우라도 50명의 고위직사원의 서명(Unterzeichnung)으로 족하다.

제7조 선거위원회의 구성·선거·임무

① 고위직사원평의회는 늦어도 임기만료 10주전까지 3명 또는 그보다 큰 홀수의 고위직사원으로 구성되는 선거위원회를 구성한 다음 그 위원 중 1명을 선거위원회위원장으로(einen von ihnen als Vorsitzenden) 임명한다.

② 제1조 제1항을 충족하는 어느 사업에서 고위직사원평의회가 없는 경우에, 고위직사원총회에서 당해 사업의 참석한 고위직사원의 과반수의 결의에 의해(von der Mehrheit der anwesenden leitenden Angestellten des Betriebs) 선거위원회가 구성된다. 사업에 3명의 고위직

Angestellte des Betriebs einladen und Vorschläge für die Zusammensetzung des Wahlvorstands machen. Der Wahlvorstand hat unverzüglich eine Abstimmung darüber herbeizuführen, ob ein Sprecherausschuß gewählt werden soll. Ein Sprecherausschuß wird gewählt, wenn dies die Mehrheit der leitenden Angestellten des Betriebs in einer Versammlung oder durch schriftliche Stimmabgabe verlangt.

(3) Zur Teilnahme an der Versammlung und der Abstimmung nach Absatz 2 sind die Angestellten berechtigt, die vom Wahlvorstand aus Anlaß der letzten Betriebsratswahl oder der letzten Wahl von Aufsichtsratsmitgliedern der Arbeitnehmer, falls diese Wahl später als die Betriebsratswahl stattgefunden hat, oder durch gerichtliche Entscheidung den leitenden Angestellten zugeordnet worden sind. Hat zuletzt oder im gleichen Zeitraum wie die nach Satz 1 maßgebende Wahl eine Wahl nach diesem Gesetz stattgefunden, ist die für diese Wahl erfolgte Zuordnung entscheidend.

(4) Der Wahlvorstand hat die Wahl unverzüglich einzuleiten, sie durchzuführen und nach Abschluß der Wahl öffentlich die Auszählung der Stimmen vorzunehmen, deren Ergebnis in einer Niederschrift festzustellen und es im Betrieb bekanntzugeben. Dem Arbeitgeber ist eine Abschrift der Wahlniederschrift zu übersenden.

§ 8 Wahlanfechtung, Wahlschutz und Wahlkosten

(1) Die Wahl kann beim Arbeitsgericht angefochten werden, wenn gegen wesentliche Vorschriften über das Wahlrecht, die Wählbarkeit oder das Wahlverfahren verstoßen worden ist und eine Berichtigung nicht erfolgt ist, es sei denn, daß durch den Verstoß das Wahlergebnis nicht geändert oder beeinflußt werden konnte. Zur Anfechtung berechtigt sind mindestens drei leitende Angestellte oder der Arbeitgeber. Die Wahlanfechtung ist nur innerhalb einer Frist von zwei Wochen, vom Tage der Bekanntgabe des Wahlergebnisses an gerechnet, zulässig.

(2) Niemand darf die Wahl des Sprecherausschusses behindern. Insbesondere darf kein leitender Angestellter in der Ausübung des aktiven und passiven Wahlrechts beschränkt werden. Niemand darf die Wahl des Sprecherausschusses durch Zufügung oder Androhung von Nachteilen oder durch Gewährung oder Versprechen von Vorteilen beeinflussen.

(3) Die Kosten der Wahl trägt der Arbeitgeber. Versäumnis von Arbeitszeit, die zur Ausübung des Wahlrechts, zur Betätigung im Wahlvorstand oder zur Tätigkeit als Vermittler (§ 18a des Betriebsverfassungsgesetzes) erforderlich ist, berechtigt den Arbeitgeber nicht zur Minderung des Arbeitsentgelts.

§ 9 Ausschluß von Mitgliedern, Auflösung des Sprecherausschusses und Erlöschen der Mitgliedschaft

(1) Mindestens ein Viertel der leitenden Angestellten oder der Arbeitgeber können beim Arbeitsgericht den Ausschluß eines Mitglieds aus dem Sprecherausschuß oder die Auflösung des Sprecherausschusses wegen grober Verletzung seiner gesetzlichen Pflichten beantragen. Der

사원은 이 총회에 참석하도록 소환되고 선거위원회의 구성을 위한 제안을 할 수 있다. 선거위원회는 지체 없이 고위직사원평의회가 선거로 구성되어야 하는지 여부에 관하여 결의를 해야 한다. 당해 사업의 고위직사원의 과반수가 고위직사원총회에서 또는 서면투표로(in einer Versammlung oder durch schriftliche Stimmabgabe) 이를 요구하는 경우 고위직사원평의회는 선거로 구성된다.

③ 최근 근로자평의회선거 또는 근로자측감사회구성원의 최근 선거를 계기로 선거위원회에 의하여 고위직사원으로 분류된 사람 또는 후자의 선거가 근로자평의회선거보다 나중에 실시된 경우에는 법원의 재판에 의하여 고위직사원으로 분류된 사원은 고위직사원총회와 제7조 제2항에 따른 결의에 참여할 자격이 있다. 이 법에 따른 선거가 가장 최근에 또는 제1문이 적용되는 선거와 같은 시기에 실시된 경우에 이 법에 따른 선거에 대하여 행해진 분류(erfolgte Zuordnung)가 기준이 된다.

④ 선거위원회는 지체 없이 선거에 착수해야 하고 이를 실시해야 하며 투표 종료 후 공개적인 개표(Auszählung der Stimmen)에 착수해야 하며, 그 선거결과를 의사록으로 확정해야 하며, 이를 사업에서 공개해야 한다. 사용자에게 투표의사록사본(Abschrift der Wahlniederschrift)을 송부해야 한다.

제8조 선거취소, 선거보호 및 선거비용

① 그 위반으로 선거결과가 바뀌지 않거나 그에 영향이 없는 경우를 제외하고, 그 선거가 선거권, 피선거권 또는 선거절차에 관한 중요한 규정(wesentliche Vorschriften über das Wahlrecht, die Wählbarkeit oder das Wahlverfahren)에 위반되고 시정이 이뤄지지 않은 경우에 선거취소가 지방노동법원에 의해 이뤄질 수 있다. 3명 이상의 고위직사원 또는 사용자가 그 취소소송을 제기할 수 있다. 그 취소소송은 선거결과 공고일로부터 기산하여(vom Tage der Bekanntgabe des Wahlergebnisses an gerechnet) 2주의 기간 내에만 제기할 수 있다.

② 누구든지 고위직사원평의회선거를 방해해서는 안 된다. 특히 고위직사원은 선거권 및 피선거권의 행사에 있어 제한을 받아서는 안 된다. 누구든지 불이익의 부과 또는 위협이나 이익의 부여 또는 약속으로(durch Zufügung oder Androhung von Nachteilen oder durch Gewährung oder Versprechen von Vorteilen) 고위직사원평의회선거에 영향을 미쳐서는 안 된다.

③ 선거비용은 사용자가 부담한다. 선거권의 행사, 선거위원회에서의 활동(Betätigung im Wahlvorstand) 또는 중재인으로서 활동(Tätigkeit als Vermittle)r(제18a)에 필요한 근로시간손실(Versäumnis von Arbeitszeit)에 대해 사용자는 임금의 감액(Minderung des Arbeitsentgelts)을 할 수 없다.

제9조 제명, 고위직사원평의회의 해산, 고위직사원평의회직의 상실

① 고위직사원 1/4 이상 또는 사용자는 지방노동법원에 그 중대한 법률상 의무위반을 이유로(wegen grober Verletzung seiner gesetzlichen Pflichten) 어느 구성원(構成員)의 고위직사원평의회에서의 제명(除名) 또는 고위직사원평의회의 해산(解散)을 신청할 수 있다. 구성원의 제명은

Ausschluß eines Mitglieds kann auch vom Sprecherausschuß beantragt werden.

(2) Die Mitgliedschaft im Sprecherausschuß erlischt durch

1. Ablauf der Amtszeit,
2. Niederlegung des Sprecherausschußamtes,
3. Beendigung des Arbeitsverhältnisses,
4. Verlust der Wählbarkeit,
5. Ausschluß aus dem Sprecherausschuß oder Auflösung des Sprecherausschusses aufgrund einer gerichtlichen Entscheidung oder
6. gerichtliche Entscheidung über die Feststellung der Nichtwählbarkeit nach Ablauf der in § 8 Abs. 1 Satz 3 bezeichneten Frist, es sei denn, der Mangel liegt nicht mehr vor.

§ 10 Ersatzmitglieder

(1) Scheidet ein Mitglied des Sprecherausschusses aus, rückt ein Ersatzmitglied nach. Dies gilt entsprechend für die Stellvertretung eines zeitweilig verhinderten Mitglieds des Sprecherausschusses.

(2) Die Ersatzmitglieder werden der Reihe nach aus den nicht gewählten leitenden Angestellten derjenigen Vorschlagslisten entnommen, denen die zu ersetzenden Mitglieder angehören. Ist eine Vorschlagsliste erschöpft, ist das Ersatzmitglied derjenigen Vorschlagsliste zu entnehmen, auf die nach den Grundsätzen der Verhältniswahl der nächste Sitz entfallen würde. Ist das ausgeschiedene oder verhinderte Mitglied nach den Grundsätzen der Mehrheitswahl gewählt, bestimmt sich die Reihenfolge der Ersatzmitglieder nach der Höhe der erreichten Stimmenzahl.

(3) In dem Fall des § 6 Abs. 3 gilt Absatz 1 mit der Maßgabe, daß das gewählte Ersatzmitglied nachrückt oder die Stellvertretung übernimmt.

## Zweiter Abschnitt Geschäftsführung des Sprecherausschusses

§ 11 Vorsitzender

(1) Der Sprecherausschuß wählt aus seiner Mitte den Vorsitzenden und dessen Stellvertreter.

(2) Der Vorsitzende vertritt den Sprecherausschuß im Rahmen der von diesem gefaßten Beschlüsse. Zur Entgegennahme von Erklärungen, die dem Sprecherausschuß gegenüber abzugeben sind, ist der Vorsitzende berechtigt. Im Falle der Verhinderung des Vorsitzenden nimmt sein Stellvertreter diese Aufgaben wahr.

(3) Der Sprecherausschuß kann die laufenden Geschäfte auf den Vorsitzenden oder andere Mitglieder des Sprecherausschusses Übertragen.

§ 12 Sitzungen des Sprecherausschusses

(1) Vor Ablauf einer Woche nach dem Wahltag hat der Wahlvorstand die Mitglieder des Sprecherausschusses zu der nach § 11 Abs. 1 vorgeschriebenen Wahl einzuberufen. Der

고위직사원평의회도 신청할 수 있다.

② 고위직사원평의회의 자격은 다음 각 호에 의하여 상실된다,

1. 임기만료,
2. 사직,
3. 근로관계의 종료,
4. 피선거권의 상실,
5. 법원의 재판에 의한 고위직사원평의회에서의 제명 또는 고위직사원평의회의 해산(Auflösung des Sprecherausschusses),
6. 제8조 제1항 제3문상의 기간의 경과 후에 피선거권부존재(Nichtwählbarkeit)를 확인하는 법원의 재판, 그 하자가 더 이상 존재하지 않는 경우에는 그러하지 아니하다.

제10조 대체구성원

① 고위직사원평의회구성원이 사직하는 경우에 대체구성원이 그 직을 승계한다. 이는 일시적으로 직무수행장애가 있는 고위직사원평의회구성원에 대한 직무대리에 대해서도 준용한다.

② 대체구성원은 대체되어야 할 구성원이 속한 후보자명부에 있는 선출되지 않은 고위직사원 중에서 순위에 따라 선출된다. 그 후보자명부에 배치된 인원이 소진된 경우에(Ist eine Vorschlagsliste erschöpft), 비례대표선거원칙에 좇아 다음의 대체구성원자리가 할당되는 바로 그 후보자명부에 있는 대체구성원이 선출된다. 사임한 구성원 또는 직무수행장애가 있는 구성원이 다수대표제선거원칙에 좇아 선출된 경우에, 대체구성원의 순위는 획득한 득표수의 많음에 따라 결정된다.

③ 제6조 제3항의 경우 선출된 대체구성원이 취임하거나 직무대리를 맡는다는 기준하에 제10조 제1항을 적용한다.

## 제2장 고위직사원평의회의 사무처리

제11조 의장

① 고위직사원평의회는 그 구성원 중에서 의장과 부의장을 선출한다.

② 고위직사원평의회의 의장 또는 의장이 직무수행장애가 있는 경우에는 부의장이 고위직사원평의가 결의한 범위 내에서 고위직사원평의회를 대표한다. 고위직사원평의회의장은 고위직사원평의회에 대해 행해진 의사표시를 수령할 권한이 있다. 그 의장에게 직무수행장애가 있는 경우에 부의장이 이 권한을 행사한다.

③ 고위직사원평의회는 일상적 사무를 의장 또는 고위직사원평의회의 기타 구성원에게 이양할 수 있다.

제12조 회의의 소집

① 선거일(選擧日)로부터 1주일이 경과하기 전에 선거위원회(Wahlvorstand)는 제11조 제1항에 따라 규정된 선거(選擧)를 위해 고위직사원평의회구성원을 소집해야 한다. 선거위원회위원장

Vorsitzende des Wahlvorstands leitet die Sitzung, bis der Sprecherausschuß aus seiner Mitte einen Wahlleiter zur Wahl des Vorsitzenden und seines Stellvertreters bestellt hat.

(2) Die weiteren Sitzungen beruft der Vorsitzende des Sprecherausschusses ein. Er setzt die Tagesordnung fest und leitet die Verhandlung. Der Vorsitzende hat die Mitglieder des Sprecherausschusses zu den Sitzungen rechtzeitig unter Mitteilung der Tagesordnung zu laden.

(3) Der Vorsitzende hat eine Sitzung einzuberufen und den Gegenstand, dessen Beratung beantragt ist, auf die Tagesordnung zu setzen, wenn dies ein Drittel der Mitglieder des Sprecherausschusses oder der Arbeitgeber beantragen.

(4) Der Arbeitgeber nimmt an den Sitzungen, die auf sein Verlangen anberaumt sind, und an den Sitzungen, zu denen er ausdrücklich eingeladen ist, teil.

(5) Die Sitzungen des Sprecherausschusses finden in der Regel während der Arbeitszeit statt. Der Sprecherausschuß hat bei der Anberaumung von Sitzungen auf die betrieblichen Notwendigkeiten Rücksicht zu nehmen. Der Arbeitgeber ist über den Zeitpunkt der Sitzung vorher zu verständigen. Die Sitzungen des Sprecherausschusses sind nicht öffentlich; § 2 Abs. 2 bleibt unberührt.

§ 13 Beschlüsse und Geschäftsordnung des Sprecherausschusses

(1) Die Beschlüsse des Sprecherausschusses werden, soweit in diesem Gesetz nichts anderes bestimmt ist, mit der Mehrheit der Stimmen der anwesenden Mitglieder gefaßt. Bei Stimmengleichheit ist ein Antrag abgelehnt.

(2) Der Sprecherausschuß ist nur beschlußfähig, wenn mindestens die Hälfte seiner Mitglieder an der Beschlußfassung teilnimmt. Stellvertretung durch Ersatzmitglieder ist zulässig.

(3) Über jede Verhandlung des Sprecherausschusses ist eine Niederschrift anzufertigen, die mindestens den Wortlaut der Beschlüsse und die Stimmenmehrheit, mit der sie gefaßt sind, enthält. Die Niederschrift ist von dem Vorsitzenden und einem weiteren Mitglied zu unterzeichnen. Der Niederschrift ist eine Anwesenheitsliste beizufügen, in die sich jeder Teilnehmer eigenhändig einzutragen hat.

(4) Die Mitglieder des Sprecherausschusses haben das Recht, die Unterlagen des Sprecherausschusses jederzeit einzusehen.

(5) Sonstige Bestimmungen über die Geschäftsführung können in einer schriftlichen Geschäftsordnung getroffen werden, die der Sprecherausschuß mit der Mehrheit der Stimmen seiner Mitglieder beschließt.

§ 14 Arbeitsversäumnis und Kosten

(1) Mitglieder des Sprecherausschusses sind von ihrer beruflichen Tätigkeit ohne Minderung des Arbeitsentgelts zu befreien, wenn und soweit es nach Umfang und Art des Betriebs zur ordnungsgemäßen Durchführung ihrer Aufgaben erforderlich ist.

은 고위직사원평의회가 고위직사원평의회구성원 중에서 의장과 부의장을 임명할 때까지 회의를 주재한다.

② 기타 회의는 고위직사원평의회의장이 소집한다. 그는 의사일정을 정하고 평의를 주재한다. 고위직사원평의회의장은 의사일정을 통지하여 고위직사원평의회구성원을 회의로 적시에 소집해야 한다.

③ 고위직사원평의회구성원의 1/3 또는 사용자가 이를 신청하는 경우에는 고위직사원평의회의장은 회의를 소집해야 하고 논의안건으로 신청된 안건을 의사일정(Tagesordnung)에 부의해야 한다.

④ 사용자는 자신의 요구에 따라 잡힌 회의와, 명시적으로(ausdrücklich) 자신이 소환된 회의에 참가한다.

⑤ 고위직사원평의회 회의는 통상적으로 근로시간 중에 개최된다. 고위직사원평의회는 회의를 잡음에 있어 사업상 필요(betrieblichen Notwendigkeiten)를 고려해야 한다. 회의 시기(Zeitpunkt der Sitzung)에 관하여 사용자와 사전에 협의해야 한다. 고위직사원평의회 회의는 비공개로 한다; 제2조 제2항은 영향을 받지 않는다.

제13조 고위직사원평의회의 결의 및 사무처리

① 이 법에서 달리 정해져 있지 않는 한, 고위직사원평의회의 결의는 출석한 고위직사원평의회구성원의 투표의 과반수로(mit der Mehrheit der Stimmen der anwesenden Mitglieder) 이뤄진다. 가부동수인 경우에는(Bei Stimmengleichheit) 그 안건은 부결된다.

② 고위직사원평의회는 고위직사원평의회구성원의 절반(Hälfte seiner Mitglieder) 이상이 참석한 경우에만 결의할 수 있다; 대체구성원에 의한 직무대리가 허용된다.

③ 고위직사원평의회의 모든 평의에 대해(Über jede Verhandlung des Sprecherausschusses) 최소한 결의원문(Wortlaut)과 이뤄진 다수결(Stimmenmehrheit, mit der sie gefaßt sind)을 포함하는 의사록을 작성해야 한다. 의사록에 고위직사원평의회의장이 서명하고 1명의 고위직사원평의회구성원이 추가로 서명해야 한다. 의사록에 각 참가자가 자필로(eigenhändig) 기재한 참석자목록을 첨부해야 한다.

④ 고위직사원평의회구성원은 고위직사원평의회의 서류(Unterlagen des Sprecherausschusses)를 언제든지 열람할 수 있는 권리를 갖는다.

⑤ 사무처리에 관한 기타 규정(Sonstige Bestimmungen über die Geschäftsführung)은, 고위직사원평의회가 고위직사원평의회구성원 투표의 과반수로(mit der Mehrheit der Stimmen seiner Mitglieder) 결의한 서면의 사무규정으로 정해질 수 있다.

제14조 근로시간손실과 비용

① 그러한 면제가 자신의 업무를 원활하게 수행하기 위하여 사업의 규모와 종류에 따라 필요한 경우 그 범위 내에서, 고위직사원평의회구성원은 필요한 범위 내에서 임금의 감액 없이(ohne Minderung des Arbeitsentgelts) 자신의 직무상 활동에서 면제되어야 한다.

(2) Die durch die Tätigkeit des Sprecherausschusses entstehenden Kosten trägt der Arbeitgeber. Für die Sitzungen und die laufende Geschäftsführung hat der Arbeitgeber in erforderlichem Umfang Räume, sachliche Mittel und Büropersonal zur Verfügung zu stellen.

## Dritter Abschnitt Versammlung der leitenden Angestellten

§ 15 Zeitpunkt, Einberufung und Themen der Versammlung

(1) Der Sprecherausschuß soll einmal im Kalenderjahr eine Versammlung der leitenden Angestellten einberufen und in ihr einen Tätigkeitsbericht erstatten. Auf Antrag des Arbeitgebers oder eines Viertels der leitenden Angestellten hat der Sprecherausschuß eine Versammlung der leitenden Angestellten einzuberufen und den beantragten Beratungsgegenstand auf die Tagesordnung zu setzen.

(2) Die Versammlung der leitenden Angestellten soll während der Arbeitszeit stattfinden. Sie wird vom Vorsitzenden des Sprecherausschusses geleitet. Sie ist nicht öffentlich.

(3) Der Arbeitgeber ist zu der Versammlung der leitenden Angestellten unter Mitteilung der Tagesordnung einzuladen. Er ist berechtigt, in der Versammlung zu sprechen. Er hat über Angelegenheiten der leitenden Angestellten und die wirtschaftliche Lage und Entwicklung des Betriebs zu berichten, soweit dadurch nicht Betriebs- oder Geschäftsgeheimnisse gefährdet werden.

(4) Die Versammlung der leitenden Angestellten kann dem Sprecherausschuß Anträge unterbreiten und zu seinen Beschlüssen Stellung nehmen. § 2 Abs. 4 gilt entsprechend.

## Vierter Abschnitt Gesamtsprecherausschuß

§ 16 Errichtung, Mitgliederzahl und Stimmengewicht

(1) Bestehen in einem Unternehmen mehrere Sprecherausschüsse, ist ein Gesamtsprecherausschuß zu errichten.

(2) In den Gesamtsprecherausschuß entsendet jeder Sprecherausschuß eines seiner Mitglieder. Satz 1 gilt entsprechend für die Abberufung. Durch Vereinbarung zwischen Gesamtsprecherausschuß und Arbeitgeber kann die Mitgliederzahl des Gesamtsprecherausschusses abweichend von Satz 1 geregelt werden.

(3) Der Sprecherausschuß hat für jedes Mitglied des Gesamtsprecherausschusses mindestens ein Ersatzmitglied zu bestellen und die Reihenfolge des Nachrückens festzulegen; § 10 Abs. 3 gilt entsprechend.

(4) Jedes Mitglied des Gesamtsprecherausschusses hat so viele Stimmen, wie in dem Betrieb, in dem es gewählt wurde, leitende Angestellte in der Wählerliste der leitenden Angestellten eingetragen sind. Ist ein Mitglied des Gesamtsprecherausschusses für mehrere Betriebe entsandt

② 고위직사원평의회의 활동으로 인해 생긴 비용은 사용자가 부담한다. 사용자는 회의와 일상적 사무처리를 위하여(Für die Sitzungen und die laufende Geschäftsführung) 필요한 범위 내의 사무실, 물적 시설, 사무직원을 이용할 수 있도록 제공해야 한다.

## 제3장 고위직사원총회

제15조 고위직사원총회의 시기, 소집 및 안건

① 고위직사원평의회는 역년에 한 차례(im Kalenderjahr eine Versammlung) 고위직사원총회를 소집해야 하고 그 총회에서 활동보고를 행한다. 사용자 또는 고위직사원들 1/4의 신청이 있는 경우에 고위직사원평의회는 고위직사원총회(Versammlung der leitenden Angestellten)를 소집해야 하고, 신청된 논의안건(beantragten Beratungsgegenstand)을 의사일정(Tagesordnung)에 부의해야 한다.

② 고위직사원총회는 근로시간 중에(während der Arbeitszeit) 개최된다. 고위직사원평의회의 장이 그 총회를 주재한다. 고위직사원총회는 비공개로 한다.

③ 사용자는 의사일정을 통지받고 고위직사원총회에 참석하도록 소집되어야 한다. 사용자는 총회에서 발언할 자격이 있다. 그 보고로 기업비밀 또는 사업비밀(Betriebs- oder Geschäftsgeheimnisse)이 위태롭게 되지 않는 한, 사용자는 고위직사원에 대한 사안과 사업의 경제적 상황 및 추이(wirtschaftliche Lage und Entwicklung)에 관하여 보고해야 한다.

④ 고위직사원총회는 고위직사원평의회에 안건을 제출할 수 있고 그 안건의 결의에 대하여 의견을 표명할 수 있다. 제2조 제4항을 준용한다.

## 제4장 전체고위직사원평의회

제16조 조직, 구성원수 및 투표비중

① 하나의 기업에 수개의 고위직사원평의회가 있는 경우에, 전체고위직사원평의회가 조직되어야 한다.

② 각 고위직사원평의회는 그 구성원 1명을 전체고위직사원평의회(Gesamtsprecherausschuß)에 파견한다. 전체근로자평의회와 사용자 간의 협정으로(Durch Vereinbarung zwischen Gesamtsprecherausschuß und Arbeitgeber) 제1문과 달리 전체고위직사원평의회 구성원수를 정할 수 있다.

③ 고위직사원평의회는 전체고위직사원평의회의 각 구성원에 대하여 1명 이상의 대체구성원을 임명해야 하고 취임순서(Reihenfolge des Nachrückens)를 정해야 한다; 제10조 제3항을 준용한다.

④ 전체고위직사원평의회의 모든 구성원은 자신이 선출된 사업에서 고위직사원이 고위직사원선거인명부(Wählerliste der leitenden Angestellten)에 등재된 수의 비율(比率)만큼의 투표권을 갖는다. 다수의 사업을 위해(für mehrere Betriebe) 전체고위직사원평의회구성원 1명이 파견된

worden, hat es so viele Stimmen, wie in den Betrieben, für die es entsandt ist, leitende Angestellte in den Wählerlisten eingetragen sind. Sind für einen Betrieb mehrere Mitglieder des Sprecherausschusses entsandt worden, stehen diesen die Stimmen nach Satz 1 anteilig zu.

§ 17 Ausschluß von Mitgliedern und Erlöschen der Mitgliedschaft

(1) Mindestens ein Viertel der leitenden Angestellten des Unternehmens, der Gesamtsprecherausschuß oder der Arbeitgeber können beim Arbeitsgericht den Ausschluß eines Mitglieds aus dem Gesamtsprecherausschuß wegen grober Verletzung seiner gesetzlichen Pflichten beantragen.

(2) Die Mitgliedschaft im Gesamtsprecherausschuß endet mit Erlöschen der Mitgliedschaft im Sprecherausschuß, durch Amtsniederlegung, durch Ausschluß aus dem Gesamtsprecherausschuß aufgrund einer gerichtlichen Entscheidung oder Abberufung durch den Sprecherausschuß.

§ 18 Zuständigkeit

(1) Der Gesamtsprecherausschuß ist zuständig für die Behandlung von Angelegenheiten, die das Unternehmen oder mehrere Betriebe des Unternehmens betreffen und nicht durch die einzelnen Sprecherausschüsse innerhalb ihrer Betriebe behandelt werden können. Er ist den Sprecherausschüssen nicht übergeordnet.

(2) Der Sprecherausschuß kann mit der Mehrheit der Stimmen seiner Mitglieder den Gesamtsprecherausschuß schriftlich beauftragen, eine Angelegenheit für ihn zu behandeln. Der Sprecherausschuß kann sich dabei die Entscheidungsbefugnis vorbehalten. Für den Widerruf der Beauftragung gilt Satz 1 entsprechend.

(3) Die Vorschriften über die Rechte und Pflichten des Sprecherausschusses und die Rechtsstellung seiner Mitglieder gelten entsprechend für den Gesamtsprecherausschuß.

§ 19 Geschäftsführung

(1) Für den Gesamtsprecherausschuß gelten § 10 Abs. 1, die §§ 11, 13 Abs. 1, 3 bis 5 und § 14 entsprechend.

(2) Ist ein Gesamtsprecherausschuß zu errichten, hat der Sprecherausschuß der Hauptverwaltung des Unternehmens oder, sofern ein solcher nicht besteht, der Sprecherausschuß des nach der Zahl der leitenden Angestellten größten Betriebs zu der Wahl des Vorsitzenden und des stellvertretenden Vorsitzenden des Gesamtsprecherausschusses einzuladen. Der Vorsitzende des einladenden Sprecherausschusses hat die Sitzung zu leiten, bis der Gesamtsprecherausschuß aus seiner Mitte einen Wahlleiter zur Wahl des Vorsitzenden und seines Stellvertreters bestellt hat. § 12 Abs. 2 bis 5 gilt entsprechend.

(3) Der Gesamtsprecherausschuß ist nur beschlußfähig, wenn mindestens die Hälfte seiner Mitglieder an der Beschlußfassung teilnimmt und die Teilnehmenden mindestens die Hälfte aller Stimmen vertreten. Stellvertretung durch Ersatzmitglieder ist zulässig.

경우에, 그 구성원을 파견한 사업에서 고위직사원이 선거인명부에 등재된 수의 비율만큼의 투표권을 갖는다. 1개의 사업을 위해 수인의 고위직사원평의회구성원이 파견된 경우에 제1문에 따른 투표권은 그 고위직사원평의회구성원에게 비례적으로(anteilig) 귀속된다.

제17조 제명과 자격 상실

① 당해 기업의 고위직사원 1/4 이상, 전체고위직사원평의회 또는 사용자는 지방노동법원에 중대한 법률상 의무위반을 이유로(wegen grober Verletzung seiner gesetzlichen Pflichten) 어느 구성원의 고위직사원평의회에서의 제명을 신청할 수 있다.

② 고위직사원평의회의 자격은 고위직사원평의회 자격의 상실, 사직, 법원의 재판에 기한 전체고위직사원평의회에서의 제명(Ausschluß aus dem Gesamtsprecherausschuß)이나 고위직사원평의회에 의한 해임(Abberufung durch den Sprecherausschuß)에 의하여 상실된다.

제18조 관할

① 전체고위직사원평의회는 기업 또는 기업의 수개의 사업에 관련되고 각각의 고위직사원평의회에 의해 그 사업 내에서 처리될 수 없는 사항의 처리를 관할한다. 전체고위직사원평의회는 고위직사원평의회의 상위(上位)기관은 아니다(Er ist den Sprecherausschüssen nicht übergeordnet).

② 고위직사원평의회는 고위직사원평의회구성원 투표의 과반수로 전체고위직사원평의회에게 어느 사항의 처리를 서면으로 위임할 수 있다. 이 경우 고위직사원평의회가 결정권(Entscheidungsbefugnis)을 유보(留保)할 수 있다. 그 위임의 철회(Für den Widerruf der Beauftragung)에 대하여 제1문을 준용한다.

③ 고위직사원평의회의 권리·의무와 그 평의회구성원의 법적지위에 관한 규정은 전체고위직사원평의회에 대하여 준용한다.

제19조 사무처리

① 전체고위직사원평의회에 대하여 제10조 제1항, 제11조, 제13조 제1항, 제3항 내지 제5항, 제14조를 준용한다.

② 전체고위직사원평의회가 설치되어야 하는 경우에 당해 기업의 본사에 있는 고위직사원평의회 또는 그러한 고위직사원평의회가 없는 때에는 고위직사원수를 기준으로 가장 많은 고위직사원이 있는 사업에 있는 고위직사원평의회가 전체고위직사원평의회의 의장 및 부의장 선거를 소집해야 한다. 소집하는 고위직사원평의회의 의장은 전체고위직사원평의회가 자신의 구성원 중에서(aus seiner Mitte) 그 의장 및 부의장선거에 대한 임시의장을 임명할 때까지(bis der Gesamtsprecherausschuß) 그 회의를 주재(主宰)해야 한다. 제12조 제2항 내지 제5항을 준용한다.

③ 전체고위직사원평의회는 그 구성원의 절반 이상이 참석하고 참석자가 모든 투표의 절반 이상을 대표하는 경우에 한하여 결의할 수 있다. 대체구성원에 의한 직무대리(Stellvertretung durch Ersatzmitglieder)는 허용된다.

## Fünfter Abschnitt Unternehmenssprecherausschuß

§ 20 Errichtung

(1) Sind in einem Unternehmen mit mehreren Betrieben in der Regel insgesamt mindestens zehn leitende Angestellte beschäftigt, kann abweichend von § 1 Abs. 1 und 2 ein Unternehmenssprecherausschuß der leitenden Angestellten gewählt werden, wenn dies die Mehrheit der leitenden Angestellten des Unternehmens verlangt. Die §§ 2 bis 15 gelten entsprechend.

(2) Bestehen in dem Unternehmen Sprecherausschüsse, hat auf Antrag der Mehrheit der leitenden Angestellten des Unternehmens der Sprecherausschuß der Hauptverwaltung oder, sofern ein solcher nicht besteht, der Sprecherausschuß des nach der Zahl der leitenden Angestellten größten Betriebs einen Unternehmenswahlvorstand für die Wahl eines Unternehmenssprecherausschusses zu bestellen. Die Wahl des Unternehmenssprecherausschusses findet im nächsten Zeitraum der regelmäßigen Wahlen im Sinne des § 5 Abs. 1 Satz 1 statt. Die Amtszeit der Sprecherausschüsse endet mit der Bekanntgabe des Wahlergebnisses.

(3) Besteht ein Unternehmenssprecherausschuß, können auf Antrag der Mehrheit der leitenden Angestellten des Unternehmens Sprecherausschüsse gewählt werden. Der Unternehmenssprecherausschuß hat für jeden Betrieb, der die Voraussetzungen des § 1 Abs. 1 erfüllt, einen Wahlvorstand nach § 7 Abs. 1 zu bestellen. Die Wahl von Sprecherausschüssen findet im nächsten Zeitraum der regelmäßigen Wahlen im Sinne des § 5 Abs. 1 Satz 1 statt. Die Amtszeit des Unternehmenssprecherausschusses endet mit der Bekanntgabe des Wahlergebnisses eines Sprecherausschusses.

(4) Die Vorschriften über die Rechte und Pflichten des Sprecherausschusses und die Rechtsstellung seiner Mitglieder gelten entsprechend für den Unternehmenssprecherausschuß.

## Sechster Abschnitt Konzernsprecherausschuß

§ 21 Errichtung, Mitgliederzahl und Stimmengewicht

(1) Für einen Konzern (§ 18 Abs. 1 des Aktiengesetzes) kann durch Beschlüsse der einzelnen Gesamtsprecherausschüsse ein Konzernsprecherausschuß errichtet werden. Die Errichtung erfordert die Zustimmung der Gesamtsprecherausschüsse der Konzernunternehmen, in denen insgesamt mindestens 75 vom Hundert der leitenden Angestellten der Konzernunternehmen beschäftigt sind. Besteht in einem Konzernunternehmen nur ein Sprecherausschuß oder ein Unternehmenssprecherausschuß, tritt er an die Stelle des Gesamtsprecherausschusses und nimmt dessen Aufgaben nach den Vorschriften dieses Abschnitts wahr.

(2) In den Konzernsprecherausschuß entsendet jeder Gesamtsprecherausschuß eines seiner Mitglieder.

## 제5장 기업고위직사원평의회

제20조 조직

① 수개의 사업이 있는 하나의 기업에(in einem Unternehmen mit mehreren Betrieben) 상시적으로 총 10명 이상의 고위직사원이 고용된 경우에 당해 기업의 고위직사원의 과반수(Mehrheit der leitenden Angestellten des Unternehmens)가 이를 요구하는 때에는, 제1조 제1항, 제2항과 달리 기업고위직사원평의회(Unternehmenssprecherausschuß)가 조직될 수 있다. 제2조 내지 제15조를 준용한다.

② 기업에 고위직사원평의회들이 있는 경우에, 그 기업의 고위직사원의 과반수의 요구에 따라 본사의 고위직사원평의회 또는 그러한 고위직사원평의회가 없는 경우에 고위직사원수를 기준으로 가장 많은 고위직사원이 있는 사업에 있는 고위직사원평의회가 기업고위직사원평의회선거를 담당할 기업선거위원회(Unternehmenswahlvorstand)를 구성해야 한다. 기업고위직사원평의회선거는 제5조 제1항 제1문상의 정례적 선거의 다음시기에(im nächsten Zeitraum der regelmäßigen Wahlen) 실시된다. 고위직사원평의회의 임기는 기업고위직사원평의회 선거결과 공고로써 만료된다.

③ 1개의 기업고위직사원평의회가 있는 경우에 당해 기업의 고위직사원 과반수의 요구에 따라 고위직사원평의회가 선거로 구성될 수 있다. 기업고위직사원평의회는 제1조 제1항의 요건을 충족하는 모든 사업에 대하여 제7조 제1항에 따른 선거위원회를 구성해야 한다. 고위직사원평의회선거는 제5조 제1항 제1문상의 정례적 선거의 다음 시기에 개최된다. 기업고위직사원평의회의 임기(Amtszeit des Unternehmenssprecherausschusses)는 고위직사원평의회의 선거결과 공고로써(mit der Bekanntgabe des Wahlergebnisses eines Sprecherausschusses) 만료(滿了)된다.

④ 고위직사원평의회의 권리의무와 그 구성원의 법적지위에 관한 규정을 기업고위직사원평의회에 대하여 준용한다.

## 제6장 콘체른고위직사원평의회

제21조 조직, 구성원수 및 투표비중

① 하나의 콘체른(주식법 제18조 제1항)에 대하여 각 전체고위직사원평의회의 결의로(durch Beschlüsse der einzelnen Gesamtsprecherausschüsse) 1개의 콘체른고위직평의회가 조직될 수 있다. 그 조직(組織)은 콘체른기업의 총 75프로 이상의 고위직사원이 고용된 콘체른기업에 있는 전체고위직사원평의회의 동의를 필요로 한다. 어느 콘체른기업에 고위직사원평의회 또는 기업고위직사원평의회(Unternehmenssprecherausschuß)가 있는 경우에, 그 평의회가 전체고위직사원평의회(Gesamtsprecherausschüsse)를 대신하고 이 장(章)에 따른 전체고위직사원평의회의 권한(dessen Aufgaben nach den Vorschriften)을 행사한다.

② 각 전체고위직사원평의회는 자신의 구성원 1명을 콘체른고위직사원평의회에 파견한다.

Satz 1 gilt entsprechend für die Abberufung. Durch Vereinbarung zwischen Konzernsprecherausschuß und Arbeitgeber kann die Mitgliederzahl des Konzernsprecherausschusses abweichend von Satz 1 geregelt werden.

(3) Der Gesamtsprecherausschuß hat für jedes Mitglied des Konzernsprecherausschusses mindestens ein Ersatzmitglied zu bestellen und die Reihenfolge des Nachrückens festzulegen; nimmt der Sprecherausschuß oder der Unternehmenssprecherausschuß eines Konzernunternehmens die Aufgaben des Gesamtsprecherausschusses nach Absatz 1 Satz 3 wahr, gilt § 10 Abs. 3 entsprechend.

(4) Jedes Mitglied des Konzernsprecherausschusses hat so viele Stimmen, wie die Mitglieder des Gesamtsprecherausschusses, von dem es entsandt wurde, im Gesamtsprecherausschuß Stimmen haben. Ist ein Mitglied des Konzernsprecherausschusses von einem Sprecherausschuß oder Unternehmenssprecherausschuß entsandt worden, hat es so viele Stimmen, wie in dem Betrieb oder Konzernunternehmen, in dem es gewählt wurde, leitende Angestellte in der Wählerliste der leitenden Angestellten eingetragen sind. § 16 Abs. 4 Satz 2 und 3 gilt entsprechend.

§ 22 Ausschluß von Mitgliedern und Erlöschen der Mitgliedschaft

(1) Mindestens ein Viertel der leitenden Angestellten der Konzernunternehmen, der Konzernsprecherausschuß oder der Arbeitgeber können beim Arbeitsgericht den Ausschluß eines Mitglieds aus dem Konzernsprecherausschuß wegen grober Verletzung seiner gesetzlichen Pflichten beantragen.

(2) Die Mitgliedschaft im Konzernsprecherausschuß endet mit dem Erlöschen der Mitgliedschaft im Gesamtsprecherausschuß, durch Amtsniederlegung, durch Ausschluß aus dem Konzernsprecherausschuß aufgrund einer gerichtlichen Entscheidung oder Abberufung durch den Gesamtsprecherausschuß.

§ 23 Zuständigkeit

(1) Der Konzernsprecherausschuß ist zuständig für die Behandlung von Angelegenheiten, die den Konzern oder mehrere Konzernunternehmen betreffen und nicht durch die einzelnen Gesamtsprecherausschüsse innerhalb ihrer Unternehmen geregelt werden können. Er ist den Gesamtsprecherausschüssen nicht übergeordnet.

(2) Der Gesamtsprecherausschuß kann mit der Mehrheit der Stimmen seiner Mitglieder den Konzernsprecherausschuß schriftlich beauftragen, eine Angelegenheit für ihn zu behandeln. Der Gesamtsprecherausschuß kann sich dabei die Entscheidungsbefugnis vorbehalten. Für den Widerruf der Beauftragung gilt Satz 1 entsprechend.

§ 24 Geschäftsführung

(1) Für den Konzernsprecherausschuß gelten § 10 Abs. 1, die §§ 11, 13 Abs. 1, 3 bis 5, die §§ 14, 18 Abs. 3 und § 19 Abs. 3 entsprechend.

제1문을 그 해임에 준용한다. 콘체른고위직사원평의회와 사용자 간의 협약으로(Durch Vereinbarung zwischen Konzernsprecherausschuß und Arbeitgeber) 제1문과 다른 콘체른고위직사원평의회 구성원수가 정해질 수 있다.

③ 전체고위직사원평의회는 콘체른고위직사원평의회의 각 구성원에 대하여 1명 이상의 대체구성원을 임명해야 하고 그 취임순서를 정해야 한다; 콘체른기업의 고위직사원평의회 또는 기업고위직사원평의회(Sprecherausschuß oder der Unternehmenssprecherausschuß)가 제21조 제1항 제3문에 따라 전체고위직사원평의회의 권한(權限)을 행사하는 경우에 제10조 제3항을 준용한다.

④ 콘체른고위직사원평의회의 모든 구성원은 자신을 파견한 전체고위직사원평의회의 구성원들이 전체고위직사원평의회에서 가진 투표수의 비율만큼의 투표권을 가진다. 콘체른고위직사원평의회구성원이 고위직사원평의회 또는 기업고위직사원평의회에 의해 파견된 경우에, 고위직사원평의회 또는 기업고위직사원평의회가 선거로 구성된 사업 또는 콘체른기업에서 고위직사원들이 고위직사원선거인명부에 등재된 수의 비율만큼의 투표권을 가진다. 제16조 제4항 제2문, 제3문을 준용한다.

제22조 제명, 자격 상실

① 당해 기업의 고위직사원의 1/4 이상, 콘체른고위직사원평의회 또는 사용자는 법률상 의무의 중대한 위반을 이유로(wegen grober Verletzung seiner gesetzlichen Pflichten) 지방노동법원에 콘체른근로자평의회에서의 제명(Ausschluß eines Mitglieds aus dem Konzernsprecherausschuß)을 신청할 수 있다.

② 콘체른고위직사원평의회 자격은 전체고위직사원평의회의 자격 상실, 사직, 법원의 재판에 기한 콘체른고위직사원평의회에서의 제명(除名) 또는 전체고위직사원평의회의 해임(解任)에 의하여 상실된다.

제23조 관할

① 콘체른고위직사원평의회는 콘체른 또는 수개의 콘체른기업에 관련되고(die den Konzern oder mehrere Konzernunternehmen betreffen) 각각의 전체고위직사원평의회에 의해 그 기업 내에서 처리될 수 없는 사항의 처리를 관할한다. 콘체른고위직사원평의회는 전체고위직사원평의회의 상위기관은 아니다.

② 전체고위직사원평의회는 전체고위직사원평의회구성원 투표의 과반수로(mit der Mehrheit der Stimmen seiner Mitglieder) 콘체른고위직사원평의회에게 어느 사항의 처리를 서면으로 위임할 수 있다. 이 경우 전체고위직사원평의회가 결정권을 유보할 수 있다. 그 위임의 철회에 대하여 제1문을 준용한다.

제24조 사무처리

① 콘체른고위직사원평의회에 대하여 제10조 제1항, 제11조, 제13조 제1항, 제3항 내지 제5항, 제14조, 제18조 제3항, 제19조 제3항을 준용한다.

(2) Ist ein Konzernsprecherausschuß zu errichten, hat der Gesamtsprecherausschuß des herrschenden Unternehmens oder, sofern ein solcher nicht besteht, der Gesamtsprecherausschuß des nach der Zahl der leitenden Angestellten größten Konzernunternehmens zu der Wahl des Vorsitzenden und des stellvertretenden Vorsitzenden des Konzernsprecherausschusses einzuladen. Der Vorsitzende des einladenden Gesamtsprecherausschusses hat die Sitzung zu leiten, bis der Konzernsprecherausschuß aus seiner Mitte einen Wahlleiter zur Wahl des Vorsitzenden und seines Stellvertreters bestellt hat. § 12 Abs. 2 bis 5 gilt entsprechend.

## Dritter Teil Mitwirkung der leitenden Angestellten

### Erster Abschnitt Allgemeine Vorschriften

§ 25 Aufgaben des Sprecherausschusses

(1) Der Sprecherausschuß vertritt die Belange der leitenden Angestellten des Betriebs (§ 1 Abs. 1 und 2). Die Wahrnehmung eigener Belange durch den einzelnen leitenden Angestellten bleibt unberührt.

(2) Der Sprecherausschuß ist zur Durchführung seiner Aufgaben nach diesem Gesetz rechtzeitig und umfassend vom Arbeitgeber zu unterrichten. Auf Verlangen sind ihm die erforderlichen Unterlagen jederzeit zur Verfügung zu stellen.

§ 26 Unterstützung einzelner leitender Angestellter

(1) Der leitende Angestellte kann bei der Wahrnehmung seiner Belange gegenüber dem Arbeitgeber ein Mitglied des Sprecherausschusses zur Unterstützung und Vermittlung hinzuziehen.

(2) Der leitende Angestellte hat das Recht, in die über ihn geführten Personalakten Einsicht zu nehmen. Er kann hierzu ein Mitglied des Sprecherausschusses hinzuziehen. Das Mitglied des Sprecherausschusses hat über den Inhalt der Personalakten Stillschweigen zu bewahren, soweit es von dem leitenden Angestellten im Einzelfall nicht von dieser Verpflichtung entbunden wird. Erklärungen des leitenden Angestellten zum Inhalt der Personalakten sind diesen auf sein Verlangen beizufügen.

§ 27 Grundsätze für die Behandlung der leitenden Angestellten

(1) Arbeitgeber und Sprecherausschuss haben darüber zu wachen, dass alle leitenden Angestellten des Betriebs nach den Grundsätzen von Recht und Billigkeit behandelt werden, insbesondere, dass jede Benachteiligung von Personen aus Gründen ihrer Rasse oder wegen ihrer ethnischen Herkunft, ihrer Abstammung oder sonstigen Herkunft, ihrer Nationalität, ihrer Religion oder Weltanschauung, ihrer Behinderung, ihres Alters, ihrer politischen oder gewerkschaftlichen

② 콘체른고위직사원평의회(Konzernsprecherausschuß)가 설치되어야 하는 경우에 지배기업에 있는 전체고위직사원평의회 또는 그러한 전체고위직사원평의회가 없는 경우에 고위직사원수를 기준으로 가장 많은 고위직사원이 있는 콘체른기업에 있는 전체고위직사원평의회가 콘체른고위직사원평의회의 의장 및 부의장의 선거(Wahl des Vorsitzenden und des stellvertretenden Vorsitzenden des Konzernsprecherausschusses)를 소집해야 한다. 소집하는 전체고위직사원평의회의 의장은 콘체른고위직사원평의회가 자신의 구성원 중에서 그 의장 및 부의장에 대한 임시의장을 임명할 때까지 그 회의를 주재해야 한다. 제12조 제2항 내지 제5항을 준용한다.

## 제3편 고위직사원들의 의사결정참가

### 제1장 총칙

제25조 고위직사원평의회의 임무

① 고위직사원평의회는 사업에 속한 고위직사원(제1조 제1항, 제2항)의 이익을 대변한다. 각 고위직사원이 하는 자신의 이익대변(Wahrnehmung eigener Belange durch den einzelnen leitenden Angestellten)은 이에 영향을 받지 않는다.

② 고위직사원평의회는 이 법에 따른 자신의 임무를 수행하기 위하여 적시에 또 포괄적으로 사용자에게서 통지를 받아야 한다. 고위직사원평의회는 그 요구가 있는 경우 필요한 서류를 언제든지 이용할 수 있도록 제공받아야 한다.

제26조 각 고위직사원에 대한 지원

① 고위직사원은 사용자에 대하여 자신의 이익을 주장함에 있어 고위직사원평의회구성원의 지원과 중재를 요청할 수 있다.

② 고위직사원은 자신에 관하여 작성된 인사서류를 열람할 수 있는 권리(Recht, in die über ihn geführten Personalakten Einsicht zu nehmen)를 갖는다. 고위직사원은 이에 관하여 고위직사원평의회구성원을 참석하게 할 수 있다. 고위직사원에게서 개별 사안별로 그 의무를 면제받지 않는 한, 고위직사원평의회구성원은 인사서류의 내용에 관하여 비밀엄수를 해야 한다. 인사서류에 관한 고위직사원의 의견(Erklärungen des leitenden Angestellten zum Inhalt der Personalakten)은 그 요구가 있는 경우 인사서류에 부기(附記)되어야 한다.

제27조 고위직사원의 대우에 대한 원칙

① 사용자와 고위직사원평의회는 당해 사업에 속한 모든 고위직사원이 법과 공평원칙(Grundsätzen von Recht und Billigkeit)에 따라 대우(待遇)를 받는지를 감시(監視)해야 하고, 특히 인종(人種), 그 인종적 출신(ihrer Rasse oder wegen ihrer ethnischen Herkunft), 혈통이나 기타 출신(ihrer Abstammung oder sonstigen Herkunft), 국적(ihrer Nationalität), 종교(宗教)이나 세계관(ihrer Religion oder Weltanschauung), 장애(ihrer Behinderung), 연령(ihres Alters),

Betätigung oder Einstellung oder wegen ihres Geschlechts oder ihrer sexuellen Identität unterbleibt.

(2) Arbeitgeber und Sprecherausschuß haben die freie Entfaltung der Persönlichkeit der leitenden Angestellten des Betriebs zu schützen und zu fördern.

§ 28 Richtlinien und Vereinbarungen

(1) Arbeitgeber und Sprecherausschuß können Richtlinien über den Inhalt, den Abschluß oder die Beendigung von Arbeitsverhältnissen der leitenden Angestellten schriftlich vereinbaren.

(2) Der Inhalt der Richtlinien gilt für die Arbeitsverhältnisse unmittelbar und zwingend, soweit dies zwischen Arbeitgeber und Sprecherausschuß vereinbart ist. Abweichende Regelungen zugunsten leitender Angestellter sind zulässig. Werden leitenden Angestellten Rechte nach Satz 1 eingeräumt, so ist ein Verzicht auf sie nur mit Zustimmung des Sprecherausschusses zulässig. Vereinbarungen nach Satz 1 können, soweit nichts anderes vereinbart ist, mit einer Frist von drei Monaten gekündigt werden.

§ 29 Geheimhaltungspflicht

(1) Die Mitglieder und Ersatzmitglieder des Sprecherausschusses sind verpflichtet, Betriebs- oder Geschäftsgeheimnisse, die ihnen wegen ihrer Zugehörigkeit zum Sprecherausschuß bekanntgeworden und vom Arbeitgeber ausdrücklich als geheimhaltungsbedürftig bezeichnet worden sind, nicht zu offenbaren und nicht zu verwerten. Dies gilt auch nach dem Ausscheiden aus dem Sprecherausschuß. Die Verpflichtung gilt nicht gegenüber Mitgliedern des Sprecherausschusses, des Gesamtsprecherausschusses, des Unternehmenssprecherausschusses, des Konzernsprecherausschusses und den Arbeitnehmervertretern im Aufsichtsrat.

(2) Absatz 1 gilt entsprechend für die Mitglieder und Ersatzmitglieder des Gesamtsprecherausschusses, des Unternehmenssprecherausschusses und des Konzernsprecherausschusses.

## Zweiter Abschnitt Mitwirkungsrechte

§ 30 Arbeitsbedingungen und Beurteilungsgrundsätze

Der Arbeitgeber hat den Sprecherausschuß rechtzeitig in folgenden Angelegenheiten der leitenden Angestellten zu unterrichten:

1. Änderungen der Gehaltsgestaltung und sonstiger allgemeiner Arbeitsbedingungen;
2. Einführung oder Änderung allgemeiner Beurteilungsgrundsätze.

Er hat die vorgesehenen Maßnahmen mit dem Sprecherausschuß zu beraten.

§ 31 Personelle Maßnahmen

(1) Eine beabsichtigte Einstellung oder personelle Veränderung eines leitenden Angestellten ist

정치적 또는 노동조합의 활동(ihrer politischen oder gewerkschaftlichen Betätigung) 내지 태도, 고용, 성, 성정체성을 이유로 하는 모든 불이익이 발생하지 않도록 감시해야 한다.

② 사용자와 고위직사원평의회는 당해 사업에 속한 고위직사원의 인격의 자유로운 발현(freie Entfaltung der Persönlichkeit)을 보호하고 촉진해야 한다.

제28조 기준과 협약

① 사용자와 고위직사원평의회는 고위직사원의 근로관계의 내용·성립·종료(Inhalt, den Abschluß oder die Beendigung)에 관하여 서면으로 협약을 체결할 수 있다.

② 이것이사용자와 고위직사원평의회 간에 합의되는 한, 그 기준의 내용은 그 근로관계에 대하여 직접적으로 또 강행적으로(unmittelbar und zwingend) 적용된다. 고위직사원에 유리한 내용의 다른 규율(Abweichende Regelungen zugunsten leitender Angestellter)은 허용된다. 제1문에 따른 권리가 고위직사원에게 인정되는 경우에 고위직사원평의회의 동의가 있는 경우에만 그 권리에 대한 포기가 허용된다. 제1문에 따른 합의는 다른 합의가 없는 한, 3개월의 기간을 두고서(mit einer Frist von drei Monaten) 해지될 수 있다.

제29조 비밀엄수의무

① 고위직사원평의회의 구성원과 대체구성원은 고위직사원평의회에 속함으로 인하여 자신들이 지득(知得)하고 사용자에 의하여 명시적으로 비밀유지필요성이 표시된(vom Arbeitgeber ausdrücklich als geheimhaltungsbedürftig bezeichnet worden sind) 기업비밀 또는 사업비밀을 누설하지 않아야 할 의무가 있고 또 이를 이용해서는 안 될 의무가 있다. 이는 고위직사원평의회에서 탈퇴 후에도(nach dem Ausscheiden aus dem Sprecherausschuß) 적용된다. 그 의무는 고위직사원평의회구성원, 전체고위직사원평의회구성원, 기업고위직사원평의회구성원, 콘체른고위직사원평의회구성원 및 감사회 내 근로자측대표자에 대하여는 적용하지 않는다.

② 제29조 제1항은 전체고위직사원평의회, 기업고위직사원평의회 및 콘체른고위직사원평의회의 구성원 및 대체구성원에 대하여도 준용한다.

## 제2장 의사결정참가권

제30조 근로조건 및 평가원칙

사용자는 고위직사원평의회에 고위직사원에 대한 다음 각 호 사항(in folgenden Angelegenheiten der leitenden Angestellten)을 적시에 통지해야 한다:

1. 임금설계의 변경 및 기타 일반적 근로조건;
2. 일반적 평가원칙의 도입 또는 변경.

사용자는 예정하고 있는 조치에 대해 고위직사원평의회와 협의해야 한다.

제31조 인사조치

① 계획(計劃) 중인 고위직사원의 고용(Einstellung) 또는 인사상 이동(personelle Veränderung)

dem Sprecherausschuß rechtzeitig mitzuteilen.

(2) Der Sprecherausschuß ist vor jeder Kündigung eines leitenden Angestellten zu hören. Der Arbeitgeber hat ihm die Gründe für die Kündigung mitzuteilen. Eine ohne Anhörung des Sprecherausschusses ausgesprochene Kündigung ist unwirksam. Bedenken gegen eine ordentliche Kündigung hat der Sprecherausschuß dem Arbeitgeber spätestens innerhalb einer Woche, Bedenken gegen eine außerordentliche Kündigung unverzüglich, spätestens jedoch innerhalb von drei Tagen, unter Angabe der Gründe schriftlich mitzuteilen. Äußert er sich innerhalb der nach Satz 4 maßgebenden Frist nicht, so gilt dies als Einverständnis des Sprecherausschusses mit der Kündigung.

(3) Die Mitglieder des Sprecherausschusses sind verpflichtet, über die ihnen im Rahmen personeller Maßnahmen nach den Absätzen 1 und 2 bekanntgewordenen persönlichen Verhältnisse und Angelegenheiten der leitenden Angestellten, die ihrer Bedeutung oder ihrem Inhalt nach einer vertraulichen Behandlung bedürfen, Stillschweigen zu bewahren; § 29 Abs. 1 Satz 2 und 3 gilt entsprechend.

§ 32 Wirtschaftliche Angelegenheiten

(1) Der Unternehmer hat den Sprecherausschuß mindestens einmal im Kalenderhalbjahr über die wirtschaftlichen Angelegenheiten des Betriebs und des Unternehmens im Sinne des § 106 Abs. 3 des Betriebsverfassungsgesetzes zu unterrichten, soweit dadurch nicht die Betriebs- oder Geschäftsgeheimnisse des Unternehmens gefährdet werden. Satz 1 gilt nicht für Unternehmen und Betriebe im Sinne des § 118 Abs. 1 des Betriebsverfassungsgesetzes.

(2) Der Unternehmer hat den Sprecherausschuß über geplante Betriebsänderungen im Sinne des § 111 des Betriebsverfassungsgesetzes, die auch wesentliche Nachteile für leitende Angestellte zur Folge haben können, rechtzeitig und umfassend zu unterrichten. Entstehen leitenden Angestellten infolge der geplanten Betriebsänderung wirtschaftliche Nachteile, hat der Unternehmer mit dem Sprecherausschuß über Maßnahmen zum Ausgleich oder zur Milderung dieser Nachteile zu beraten.

## Vierter Teil Besondere Vorschriften

§ 33 Seeschiffahrt

(1) Auf Seeschiffahrtsunternehmen (§ 114 Abs. 2 des Betriebsverfassungsgesetzes) und ihre Betriebe ist dieses Gesetz anzuwenden, soweit sich aus den Absätzen 2 bis 4 nichts anderes ergibt.

(2) Sprecherausschüsse werden nur in den Landbetrieben von Seeschiffahrtsunternehmen gewählt.

(3) Leitende Angestellte im Sinne des § 1 Abs. 1 dieses Gesetzes sind in einem Seebetrieb (§ 114 Abs. 3 und 4 des Betriebsverfassungsgesetzes) nur die Kapitäne. Sie gelten für die Anwendung dieses Gesetzes als leitende Angestellte des Landbetriebs. Bestehen mehrere Landbetriebe, so gelten sie als leitende Angestellte des nach der Zahl der leitenden Angestellten

고위직사원평의회에 적시에 통지되어야 한다.

② 고위직사원평의회는 고위직사원에 대한 모든 해고 이전에 의견을 진술해야 한다. 사용자는 해고 이유를 고위직사원평의회에 통지해야 한다. 고위직사원에 대한 청문 없이 행해진 해고는 무효이다(Eine ohne Anhörung des Sprecherausschusses ausgesprochene Kündigung ist unwirksam). 통상해고에 대한 이의(Bedenken gegen eine ordentliche Kündigung)는 고위직사원평의회가 사용자에게 늦어도 1주일 이내에, 즉시해고에 대한 이의는 지체 없이, 늦어도 3일 이내에 이유를 기재하여 서면으로 통지해야 한다. 고위직사원평의회가 제4문에 따라 적용되는 기간 내에 의사를 표명하지 않은 경우에, 이는 고위직사원평의회의 그 해고에 대한 동의(Einverständnis)로 간주한다.

③ 고위직사원평의회구성원은 제31조 제1항, 제2항에 따른 인사조치의 틀 내에서 자신들이 지득한 고위직사원에 대한 인사사정 및 사항으로, 그 중요성 또는 내용에 따라(ihrer Bedeutung oder ihrem Inhalt nach) 비밀취급을 요하는 인사 사정 및 사항을 묵비를 유지할 의무가 있다; 제29조 제1항 제2문, 제3문을 준용한다.

제32조 경제적 사항

① 그 통지가 기업비밀 또는 사업비밀을 위태롭게 하지 않는 한(soweit dadurch nicht die Betriebs- oder Geschäftsgeheimnisse des Unternehmens gefährdet werden), 사업주는 역년에 한 차례 이상 사업조직법 제106조 제3항상의 사업 및 기업의 경제적 사항에 관하여 고위직사원평의회에 통지해야 한다. 제1문은 사업조직법 제118조 제1항상의 기업 또는 사업에 대해서는 적용하지 않는다.

② 사업주는 계획하고 있는 사업조직법 제111조상의 사업변경으로, 고위직사원에 대하여 중대한 불이익(wesentliche Nachteile)을 초래할 수 있는 사업변경에 관하여 고위직사원평의회에 적시에 또 포괄적으로 통지해야 한다. 계획하고 있는 사업변경으로 인하여 고위직사원에게 경제적 불이익이 발생하는 경우에, 사업주는 이러한 불이익을 조정하거나 경감(輕減)하기 위한 조치에 관하여 고위직사원평의회와 협의해야 한다.

## 제4편 특칙

제33조 해상운송

① 제33조 제2항 내지 제4항에서 달리 정함이 없는 한, 해운기업(사업조직법 제114조 제2항)과 해운기업의 사업에 대하여 이 법을 적용한다.

② 고위직사원평의회는 해운기업의 육상사업에서만 선거로 구성된다.

③ 이 법 제1조 제1항상의 고위직사원은 해상사업[사업조직법(Betriebsverfassungsgeset) 제114조 제3항, 제4항]에서 선장뿐이다. 선장은 이 법의 적용에 있어 육상사업의 고위직사원(leitende Angestellte des Landbetriebs)으로 본다. 여러 개의 육상사업이 있는 경우(Bestehen mehrere Landbetriebe) 선장은 고위직사원수를 기준으로 가장 많은 고위직사원이 있는 육상사업에서의

größten Landbetriebs.

(4) Die Vorschriften über die Wahl des Sprecherausschusses finden auf Sprecherausschüsse in den Landbetrieben von Seeschiffahrtsunternehmen mit folgender Maßgabe Anwendung:

1. Die in § 7 Abs. 1 genannte Frist wird auf sechzehn Wochen verlängert.
2. Die Frist für die Wahlanfechtung nach § 8 Abs. 1 Satz 3 beginnt für die leitenden Angestellten an Bord, wenn das Schiff nach Bekanntgabe des Wahlergebnisses erstmalig einen Hafen im Geltungsbereich dieses Gesetzes oder einen Hafen, in dem ein Seemannsamt seinen Sitz hat, anläuft. Nach Ablauf von drei Monaten seit Bekanntgabe des Wahlergebnisses ist eine Wahlanfechtung unzulässig. Die Wahlanfechtung kann auch zu Protokoll des Seemannsamtes erklärt werden. Die Anfechtungserklärung ist vom Seemannsamt unverzüglich an das für die Anfechtung zuständige Arbeitsgericht weiterzuleiten.

## Fünfter Teil Straf- und Bußgeldvorschriften

§ 34 Straftaten gegen Vertretungsorgane der leitenden Angestellten und ihre Mitglieder

(1) Mit Freiheitsstrafe bis zu einem Jahr oder mit Geldstrafe wird bestraft, wer

1. eine Wahl des Sprecherausschusses oder des Unternehmenssprecherausschusses behindert oder durch Zufügung oder Androhung von Nachteilen oder durch Gewährung oder Versprechen von Vorteilen beeinflußt,
2. die Tätigkeit des Sprecherausschusses, des Gesamtsprecherausschusses, des Unternehmenssprecherausschusses oder des Konzernsprecherausschusses behindert oder stört oder
3. ein Mitglied oder ein Ersatzmitglied des Sprecherausschusses, des Gesamtsprecherausschusses, des Unternehmenssprecherausschusses oder des Konzernsprecherausschusses um seiner Tätigkeit willen benachteiligt oder begünstigt.

(2) Die Tat wird nur auf Antrag des Sprecherausschusses, des Gesamtsprecherausschusses, des Unternehmenssprecherausschusses, des Konzernsprecherausschusses, des Wahlvorstands oder des Unternehmers verfolgt.

§ 35 Verletzung von Geheimnissen

(1) Wer unbefugt ein fremdes Betriebs- oder Geschäftsgeheimnis offenbart, das ihm in seiner Eigenschaft als Mitglied oder Ersatzmitglied des Sprecherausschusses, des Gesamtsprecherausschusses, des Unternehmenssprecherausschusses oder des Konzernsprecherausschusses bekanntgeworden und das vom Arbeitgeber ausdrücklich als geheimhaltungsbedürftig bezeichnet worden ist, wird mit Freiheitsstrafe bis zu einem Jahr oder mit Geldstrafe bestraft.

(2) Ebenso wird bestraft, wer unbefugt ein fremdes Geheimnis eines leitenden Angestellten oder

고위직사원으로 본다.

④ 고위직사원평의회선거에 관한 규정은 다음과 같은 기준하에 해운기업의 육상사업에 있는 고위직사원평의회에 대하여 적용한다:

1. 제7조 제1항상의 기간은 16주로 연장된다.
2. 제8조 제1항 제3문에 따른 선거취소 기간은 승선한 고위직사원에 대하여 선거결과 공표후 선박이 최초로 이 법의 적용영역에 있는 항구 또는 해상심판소(Seemannsamt; 海商審判所)가 있는 항구에 최초로 입항한 때로부터 기산한다. 선거결과를 공고한 때로부터 3개월이 경과한 후에는(Nach Ablauf von drei Monaten seit Bekanntgabe des Wahlergebnisses) 선거취소는 허용되지 않는다. 선거취소(Wahlanfechtung)는 해상심판소의 조서(Protokoll)로도 선고될 수 있다. 해상심판소는 선거취소판정서(Anfechtungserklärung)를 지체 없이 그 취소를 관할하는 지방노동법원에 송부해야 한다.

## 제5편 형벌규정 및 범칙금규정

제34조 고위직사원의 대표기관과 그 구성원에 대한 범죄

① 다음 각 호 자는 1년 이하의 징역형 또는 벌금형에 처한다,

1. 고위직사원평의회 또는 기업고위직사원평의회의 선거를 방해하거나, 불이익의 부과 또는 위협이나 이익의 부여 또는 약속(Zufügung oder Androhung von Nachteilen oder durch Gewährung oder Versprechen von Vorteilen)으로 그 선거에 영향을 미친 자,
2. 고위직사원평의회, 전체고위직사원평의회, 기업고위직사원평의회 또는 콘체른고위직사원평의회의 활동을 방해하거나 교란한 자,
3. 고위직사원평의회, 전체고위직사원평의회, 기업고위직사원평의회 또는 콘체른고위직사원평의회의 구성원 또는 대체구성원에게 그 활동을 이유로(um seiner Tätigkeit willen) 불이익 또는 이익을 주는 자.

② 고위직사원평의회, 전체고위직사원평의회, 기업고위직사원평의회, 콘체른고위직사원평의회, 선거위원회 또는 사업주의 고소(Antrag)가 있는 경우에만 위와 같은 행위는 기소 (起訴)가 제기된다.

제35조 비밀침해

① 고위직사원평의회, 전체고위직사원평의회, 기업고위직사원평의회 또는 콘체른고위직사원평의회의 구성원 또는 대체구성원의 지위에 기하여 지득(知得)하고 사용자에 의해 비밀유지의 필요성이 명시적으로 표시된 타인의 기업비밀 또는 사업비밀(fremdes Betriebs- oder Geschäftsgeheimnis)을 권한 없이(unbefugt) 누설(漏泄)한 자는 1년 이하의 자유형 또는 벌금에 처한다.

② 다른 고위직사원(fremdes Geheimnis eines leitenden Angestellten) 또는 다른 근로자에 대한

eines anderen Arbeitnehmers, namentlich ein zu dessen persönlichen Lebensbereich gehörendes Geheimnis, offenbart, das ihm in seiner Eigenschaft als Mitglied oder Ersatzmitglied des Sprecherausschusses oder einer der in Absatz 1 genannten Vertretungen bekanntgeworden ist und über das nach den Vorschriften dieses Gesetzes Stillschweigen zu bewahren ist.

(3) Handelt der Täter gegen Entgelt oder in der Absicht, sich oder einen anderen zu bereichern oder einen anderen zu schädigen, so ist die Strafe Freiheitsstrafe bis zu zwei Jahren oder Geldstrafe. Ebenso wird bestraft, wer unbefugt ein fremdes Geheimnis, namentlich ein Betriebs- oder Geschäftsgeheimnis, zu dessen Geheimhaltung er nach den Absätzen 1 oder 2 verpflichtet ist, verwertet.

(4) Die Absätze 1 bis 3 sind auch anzuwenden, wenn der Täter das fremde Geheimnis nach dem Tode des Betroffenen unbefugt offenbart oder verwertet.

(5) Die Tat wird nur auf Antrag des Verletzten verfolgt. Stirbt der Verletzte, so geht das Antragsrecht nach § 77 Abs. 2 des Strafgesetzbuches auf die Angehörigen über, wenn das Geheimnis zum persönlichen Lebensbereich des Verletzten gehört; in anderen Fällen geht es auf die Erben über. Offenbart der Täter das Geheimnis nach dem Tode des Betroffenen, so gilt Satz 2 entsprechend.

§ 36 Bußgeldvorschriften

(1) Ordnungswidrig handelt, wer eine der in § 30 Satz 1, § 31 Abs. 1 oder § 32 Abs. 1 Satz 1 oder Abs. 2 Satz 1 genannten Unterrichtungs- oder Mitteilungspflichten nicht, wahrheitswidrig, unvollständig oder verspätet erfüllt.

(2) Die Ordnungswidrigkeit kann mit einer Geldbuße bis zu zehntausend Euro geahndet werden.

## Sechster Teil Übergangs- und Schlußvorschriften

§ 37 Erstmalige Wahlen nach diesem Gesetz

(1) Die erstmaligen Wahlen des Sprecherausschusses oder des Unternehmenssprecherausschusses finden im Zeitraum der regelmäßigen Wahlen nach § 5 Abs. 1 im Jahre 1990 statt. § 7 Abs. 2 und 3 findet Anwendung.

(2) Auf Sprecherausschüsse, die aufgrund von Vereinbarungen gebildet worden sind und bei Inkrafttreten dieses Gesetzes bestehen, findet dieses Gesetz keine Anwendung. Sie bleiben bis zur Wahl nach Absatz 1, spätestens bis zum 31. Mai 1990, im Amt.

§ 38 Ermächtigung zum Erlaß von Wahlordnungen

Das Bundesministerium für Arbeit und Soziales kann durch Rechtsverordnung zur Regelung des Wahlverfahrens Vorschriften über die in den §§ 3 bis 8, 20 und 33 bezeichneten Wahlen erlassen,

비밀, 특히 그들의 사적영역에 속하는 비밀로, 고위직사원평의회 또는 제35조 제1항상의 대표기관의 구성원 또는 대체구성원의 지위에 기하여 지득하고 이 법의 규정에 따라 그에 관하여 묵비해야 하는 비밀(das nach den Vorschriften dieses Gesetzes Stillschweigen)을 권한 없이 누설한 자도 또한 같다.
③ 범죄자가 보수를 얻기 위하여 행위를 하거나 자기 또는 다른 사람에 이익을 주거나 손해를 끼칠 목적으로 행위를 한 경우에는 2년 이하의 자유형 또는 벌금에 처한다. 타인의 비밀, 특히 제35조 제1항 또는 제2항에 따라 비밀유지의무가 있는 기업비밀 또는 사업비밀(Betriebs- oder Geschäftsgeheimnis)을 권한 없이 이용한 자도 또한 같다.
④ 범죄자가 관련자의 사후에 타인의 비밀을 권한 없이 누설하거나 이용한 경우에도 제35조 제1항 내지 제3항을 적용한다.
⑤ 그 범죄는 피해자의 고소가 있어야만 기소된다. 피해자가 사망한 경우에 그 비밀이 피해자의 사적 영역(persönlichen Lebensbereich des Verletzten)에 속한 때에는, 형법전 제77조 제2항에 따라 고소권은 가족에게 상속된다; 그 밖의 경우에 그 고소권은 상속인에게 상속된다(in anderen Fällen geht es auf die Erben über). 범죄자가 관련자의 사후에 그 정보를 누설한 경우에, 제2문을 준용한다.

제36조 범칙금규정

① 제30조 제1문, 제32조 제1항 제1문, 제2항 제1문상의 통지·통고의무(Unterrichtungs- oder Mitteilungspflichten)를 이행하지 않거나, 허위로 또는 불완전하게 또는 지체하여 이를 이행한 자는 질서위반행위를 범한 자이다.
② 그러한 질서위반행위에 대하여는 1,000유로 이하의 범칙금을 부과한다.

## 제6편 경과규정 및 종결규정

제37조 이 법에 따른 최초의 선거

① 고위직사원평의회 또는 기업고위직사원평의회의 최초의 선거(erstmaligen Wahlen)는 1990년의 제5조 제1항에 따른 정례적 선거(regelmäßigen Wahlen)의 시기에 실시된다. 제7조 제2항, 제3항을 적용(適用)한다.
② 협약에 기하여 조직되거나 이 법의 발효 당시에 존재한 고위직사원평의회에 대하여 이 법을 적용하지 않는다. 그 고위직사원평의회는 제37조 제1항에 따른 선거까지, 늦어도 1990년 5월 31일까지 존속한다.

제38조 선거규정 공포 권한

연방노동사회부는 제3조 내지 제8조, 제20조 내지 제33조에 기재된 선거의 선거절차 규정의 규율을 위하여(zur Regelung des Wahlverfahrens Vorschriften) 법규명령을 발령할 수 있고,

insbesondere über

1. die Vorbereitung der Wahl, insbesondere die Aufstellung der Wählerlisten;
2. die Frist für die Einsichtnahme in die Wählerlisten und die Erhebung von Einsprüchen gegen sie;
3. die Vorschlagslisten und die Frist für ihre Einreichung;
4. das Wahlausschreiben und die Fristen für seine Bekanntmachung;
5. die Stimmabgabe;
6. die Feststellung des Wahlergebnisses und die Fristen für seine Bekanntmachung;
7. die Aufbewahrung der Wahlakten.

§ 39 Berlin-Klausel

Dieses Gesetz gilt nach Maßgabe des § 13 Abs. 1 des Dritten Überleitungsgesetzes auch im Land Berlin. Rechtsverordnungen, die aufgrund dieses Gesetzes erlassen werden, gelten im Land Berlin nach § 14 des Dritten Überleitungsgesetzes.

특히 다음 각 호의 사항에 관하여 발령할 수 있다,

1. 선거의 준비, 특히 선거인명부의 작성;
2. 선거인명부의 열람 기간, 그에 대한 이의 제기의 기간(die Erhebung von Einsprüchen gegen sie);
3. 후보자명부와 그 제출 기간;
4. 선거공고, 선거공고의 시행의 기간;
5. 투표행사;
6. 선거결과의 확정, 그 공고 기간;
7. 선거서류의 보관.

제39조 베를린조항

이 법은 제3차 과도기법 제13조 제1항의 기준에 따라 베를린주에서도 적용된다. 이 법에 기하여 발령된 법규명령은 제3차 과도기법 제14조에 따라(nach § 14 des Dritten Überleitungsgesetzes) 베를린주에서도 적용된다.

# 유럽근로자평의회에 관한 법률

(유럽근로자평의회법 - EBRG)(BGBl. I S. 2509)

# Gesetz über Europäische Betriebsräte

(Europäische Betriebsräte-Gesetz - EBRG)

# Gesetz über Europäische Betriebsräte(Europäische Betriebsräte-Gesetz - EBRG)

http://www.gesetze-im-internet.de/ebrg/BJNR154810996.html

## Erster Teil Allgemeine Vorschriften

§ 1 Grenzübergreifende Unterrichtung und Anhörung

(1) Zur Stärkung des Rechts auf grenzübergreifende Unterrichtung und Anhörung der Arbeitnehmer in gemeinschaftsweit tätigen Unternehmen und Unternehmensgruppen werden Europäische Betriebsräte oder Verfahren zur Unterrichtung und Anhörung der Arbeitnehmer vereinbart. Kommt es nicht zu einer Vereinbarung, wird ein Europäischer Betriebsrat kraft Gesetzes errichtet.

(2) Der Europäische Betriebsrat ist zuständig in Angelegenheiten, die das gemeinschaftsweit tätige Unternehmen oder die gemeinschaftsweit tätige Unternehmensgruppe insgesamt oder mindestens zwei Betriebe oder zwei Unternehmen in verschiedenen Mitgliedstaaten betreffen. Bei Unternehmen und Unternehmensgruppen nach § 2 Absatz 2 ist der Europäische Betriebsrat nur in solchen Angelegenheiten zuständig, die sich auf das Hoheitsgebiet der Mitgliedstaaten erstrecken, soweit kein größerer Geltungsbereich vereinbart wird.

(3) Die grenzübergreifende Unterrichtung und Anhörung der Arbeitnehmer erstreckt sich in einem Unternehmen auf alle in einem Mitgliedstaat liegenden Betriebe sowie in einer Unternehmensgruppe auf alle Unternehmen, die ihren Sitz in einem Mitgliedstaat haben, soweit kein größerer Geltungsbereich vereinbart wird.

(4) Unterrichtung im Sinne dieses Gesetzes bezeichnet die Übermittlung von Informationen durch die zentrale Leitung oder eine andere geeignete Leitungsebene an die Arbeitnehmervertreter, um ihnen Gelegenheit zur Kenntnisnahme und Prüfung der behandelten Frage zu geben. Die Unterrichtung erfolgt zu einem Zeitpunkt, in einer Weise und in einer inhaltlichen Ausgestaltung, die dem Zweck angemessen sind und es den Arbeitnehmervertretern ermöglichen, die möglichen Auswirkungen eingehend zu bewerten und gegebenenfalls Anhörungen mit dem zuständigen Organ des gemeinschaftsweit tätigen Unternehmens oder der gemeinschaftsweit tätigen Unternehmensgruppe vorzubereiten.

(5) Anhörung im Sinne dieses Gesetzes bezeichnet den Meinungsaustausch und die Einrichtung eines Dialogs zwischen den Arbeitnehmervertretern und der zentralen Leitung oder einer anderen geeigneten Leitungsebene zu einem Zeitpunkt, in einer Weise und in einer inhaltlichen Ausgestaltung, die es den Arbeitnehmervertretern auf der Grundlage der erhaltenen Informationen ermöglichen, innerhalb einer angemessenen Frist zu den vorgeschlagenen Maßnahmen, die Gegenstand der Anhörung sind, eine Stellungnahme abzugeben, die innerhalb des gemeinschaftsweit tätigen Unternehmens oder der gemeinschaftsweit tätigen Unternehmensgruppe

# 유럽근로자평의회에 관한 법률(유럽근로자평의회법 - EBRG)(BGBl. I S. 2509)

법률 공포일: 1996년 10월 28일
최근 법률 개정일: 2017년 7월 17일

## 제1편 총칙

제1조 국경을 초월하는 통지와 청문

① 유럽공동체에 걸쳐 활동하는 기업 및 기업집단에 속한 근로자들이 갖는, 국경을 초월하는 통지권과 청문권을 강화하기 위하여(Zur Stärkung des Rechts auf grenzübergreifende Unterrichtung und Anhörung der Arbeitnehmer) 유럽근로자평의회 또는 근로자들에 대한 통지와 청문에 관한 절차에 대한 협약이 체결된다. 협약이 체결되지 않은 경우에 유럽근로자평의회가 법에 의하여 설치된다.

② 유럽근로자평의회는 유럽공동체에 걸쳐 활동하는 기업 또는 기업집단(das gemeinschaftsweit tätige Unternehmen oder die gemeinschaftsweit tätige Unternehmensgruppe)이 합하여 또는 최소한 2개의 사업 또는 기업으로 다수의 회원국 내에 있는 사업 또는 기업에 관련된 사항을 관할한다. 보다 넓은 적용범위에 관한 합의가 없는 한, 제2조 제2항에 따른 기업 또는 기업집단의 경우에 유럽근로자평의회는 회원국의 영토에 관련된 사항에 대해서만 관할한다.

③ 보다 넓은 적용범위에 관한 합의가 없는 한, 국경을 초월하는 근로자들에 대해 행하는 통지 및 청문(grenzübergreifende Unterrichtung und Anhörung der Arbeitnehmer)은 어느 기업의 한 회원국에 있는 모든 사업에 대하여 미치고 어느 기업집단의 한 회원국에서 본점소재지가 있는 모든 기업에 대하여 관련된다.

④ 이 법상의 통지는 근로자측대표자에 다뤄지는 문제의 통지(通知)와 심의(審議)에 관한 기회를 제공하기 위하여 다국적기업본사(本社)(zentrale Leitung) 또는 기타 적절한 경영본부수준이 하는 근로자측대표자에 대한 정보의 제공(Übermittlung von Informationen durch die zentrale Leitung oder eine andere geeignete Leitungsebene an die Arbeitnehmervertreter)을 말한다. 그 통지는, 목적에 적합하고 근로자측대표자들이 발생할 영향의 가능성(可能性)을 평가하고 필요한 경우에 유럽공동체에 걸쳐 활동하는 기업 또는 기업집단의 관할 기관의 청문(聽聞)을 준비하는 것을 가능하게 하는, 시기·방식·내용으로 시행된다.

⑤ 이 법상의 청문은 근로자측대표자와 본사 또는 기타 적절한 경영본부수준 간의 의견교환과 논의의 조직(Meinungsaustausch und die Einrichtung eines Dialogs)을 말하고, 이는 근로자측대표자들이 얻은 정보에 기초하여(auf der Grundlage der erhaltenen Informationen) 적절한 기간 내에 청문의 대상인 제한된 조치에 관하여 유럽공동체에 걸쳐 활동하는 기업 또는 기업집단 내에서 고려될 수 있는 의견진술을 가능하게 하는, 시기·방식·내용으로 이뤄진다.

berücksichtigt werden kann. Die Anhörung muss den Arbeitnehmervertretern gestatten, mit der zentralen Leitung zusammenzukommen und eine mit Gründen versehene Antwort auf ihre etwaige Stellungnahme zu erhalten.

(6) Zentrale Leitung im Sinne dieses Gesetzes ist ein gemeinschaftsweit tätiges Unternehmen oder das herrschende Unternehmen einer gemeinschaftsweit tätigen Unternehmensgruppe.

(7) Unterrichtung und Anhörung des Europäischen Betriebsrats sind spätestens gleichzeitig mit der der nationalen Arbeitnehmervertretungen durchzuführen.

§ 2 Geltungsbereich

(1) Dieses Gesetz gilt für gemeinschaftsweit tätige Unternehmen mit Sitz im Inland und für gemeinschaftsweit tätige Unternehmensgruppen mit Sitz des herrschenden Unternehmens im Inland.

(2) Liegt die zentrale Leitung nicht in einem Mitgliedstaat, besteht jedoch eine nachgeordnete Leitung für in Mitgliedstaaten liegende Betriebe oder Unternehmen, findet dieses Gesetz Anwendung, wenn die nachgeordnete Leitung im Inland liegt. Gibt es keine nachgeordnete Leitung, findet das Gesetz Anwendung, wenn die zentrale Leitung einen Betrieb oder ein Unternehmen im Inland als ihren Vertreter benennt. Wird kein Vertreter benannt, findet das Gesetz Anwendung, wenn der Betrieb oder das Unternehmen im Inland liegt, in dem verglichen mit anderen in den Mitgliedstaaten liegenden Betrieben des Unternehmens oder Unternehmen der Unternehmensgruppe die meisten Arbeitnehmer beschäftigt sind. Die vorgenannten Stellen gelten als .

(3) Mitgliedstaaten im Sinne dieses Gesetzes sind die Mitgliedstaaten der Europäischen Union sowie die anderen Vertragsstaaten des Abkommens über den Europäischen Wirtschaftsraum.

(4) Für die Berechnung der Anzahl der im Inland beschäftigten Arbeitnehmer (§ 4), den Auskunftsanspruch (§ 5 Absatz 2 und 3), die Bestimmung des herrschenden Unternehmens (§ 6), die Weiterleitung des Antrags (§ 9 Absatz 2 Satz 3), die gesamtschuldnerische Haftung des Arbeitgebers (§ 16 Absatz 2), die Bestellung der auf das Inland entfallenden Arbeitnehmervertreter (§§ 11, 23 Absatz 1 bis 5 und § 18 Absatz 2 in Verbindung mit § 23) und die für sie geltenden Schutzbestimmungen (§ 40) sowie für den Bericht gegenüber den örtlichen Arbeitnehmervertretungen im Inland (§ 36 Absatz 2) gilt dieses Gesetz auch dann, wenn die zentrale Leitung nicht im Inland liegt.

§ 3 Gemeinschaftsweite Tätigkeit

(1) Ein Unternehmen ist gemeinschaftsweit tätig, wenn es mindestens 1 000 Arbeitnehmer in den Mitgliedstaaten und davon jeweils mindestens 150 Arbeitnehmer in mindestens zwei Mitgliedstaaten beschäftigt.

의견청취는 근로자측대표자가 다국적기업본사와 회합(會同)해서 그 근로자측대표자의 어느 의견진술에 대한 근거가 제시된 대답(eine mit Gründen versehene Antwort)을 얻을 수 있도록 행해져야 한다.
⑥ 이 법상의 다국적기업본사(Zentrale Leitung)는 유럽공동체에 걸쳐 활동하는 기업 또는 유럽공동체에 걸쳐 활동하는 기업집단의 지배기업이다.
⑦ 유럽근로자평의회에 대한 통지 및 청문은 늦어도 국가의 근로자대표기구와 동시에 진행되어야 한다.

제2조 적용범위
① 이 법은 독일에 본점소재지가 있는 유럽공동체에 걸쳐 활동하는 기업과 독일에 지배기업의 본점소재지가 있는 유럽공동체에 걸쳐 활동하는 기업집단(Unternehmensgruppen)에 대해 적용된다.
② 다국적기업본사가 어느 회원국에 존재하지 않지만 회원국에 존재하는 사업 또는 기업에 대한 하위경영본부(nachgeordnete Leitung)가 있는 경우에, 독일에 그 하위경영본부가 있는 때에는, 회원국에 존재하는 사업 또는 기업에 대하여 이 법을 적용한다. 하위경영본부가 없는 경우에, 다국적기업본사가 독일에 있는 사업 또는 기업에 대해 그 대표자를 임명하는 때에는(wenn die zentrale Leitung einen Betrieb oder ein Unternehmen im Inland als ihren Vertreter benennt) 이 법은 적용한다. 대표자가 임명되지 않은 경우에, 그 회원국에 있는 기업의 다른 사업 또는 기업집단의 다른 기업과 비교할 때 가장 많은 근로자(勤勞者)를 고용한 사업 또는 기업이 독일에 있는 때에는, 이 법을 적용한다. 위와 같은 기관들을 다국적기업본사(zentrale Leitung)로 본다.
③ 이 법상의 회원국은 유럽연합 회원국과 유럽경제지역(Europäischer Wirtschaftsraum)에 관한 조약의 기타 조약가입국을 말한다.
④ 독일에 고용된 근로자수(제4조) 산정, 정보청구권(Auskunftsanspruch)(제5조 제2항, 제3항), 지배기업 규정(Bestimmung des herrschenden Unternehmens)(제6조), 신청의 속행(제9조 제2항 제3문), 사용자의 연대채무적 책임(gesamtschuldnerische Haftung des Arbeitgebers)(제16조 제2항), 독일에 할당된 근로자측대표자의 임명(Bestellung der auf das Inland entfallenden Arbeitnehmervertrete)(제11조, 제23조 제1항 내지 제5항, 제23조에 준용되는 제18조 제2항), 그 근로자측대표자에 적용되는 보호규정(Schutzbestimmungen)(제40조)과 독일 내 지역 근로자대표기구(örtlichen Arbeitnehmervertretungen)에 대한 보고(제36조 제2항)에 대하여 다국적기업본사가 독일에 없더라도 에 본 법을 적용한다.

제3조 유럽공동체에 걸친 활동
① 어느 기업이 회원국에서 1,000명 이상의 근로자들을 고용하고 그 중에서 150명 이상의 근로자들이 최소 2개 회원국에서 고용되는 때에는 그 기업은 유럽공동체에 걸쳐 활동하는 것(gemeinschaftsweit tätig)이다.

(2) Eine Unternehmensgruppe ist gemeinschaftsweit tätig, wenn sie mindestens 1 000 Arbeitnehmer in den Mitgliedstaaten beschäftigt und ihr mindestens zwei Unternehmen mit Sitz in verschiedenen Mitgliedstaaten angehören, die jeweils mindestens je 150 Arbeitnehmer in verschiedenen Mitgliedstaaten beschäftigen.

§ 4 Berechnung der Arbeitnehmerzahlen

In Betrieben und Unternehmen des Inlands errechnen sich die im Rahmen des § 3 zu berücksichtigenden Arbeitnehmerzahlen nach der Anzahl der im Durchschnitt während der letzten zwei Jahre beschäftigten Arbeitnehmer im Sinne des § 5 Absatz 1 des Betriebsverfassungsgesetzes. Maßgebend für den Beginn der Frist nach Satz 1 ist der Zeitpunkt, in dem die zentrale Leitung die Initiative zur Bildung des besonderen Verhandlungsgremiums ergreift oder der zentralen Leitung ein den Voraussetzungen des § 9 Absatz 2 entsprechender Antrag der Arbeitnehmer oder ihrer Vertreter zugeht.

§ 5 Auskunftsanspruch

(1) Die zentrale Leitung hat auf Verlangen einer Arbeitnehmervertretung die für die Aufnahme von Verhandlungen zur Bildung eines Europäischen Betriebsrats erforderlichen Informationen zu erheben und an die Arbeitnehmervertretung weiterzuleiten. Zu den erforderlichen Informationen gehören insbesondere die durchschnittliche Gesamtzahl der Arbeitnehmer und ihre Verteilung auf die Mitgliedstaaten, die Unternehmen und Betriebe sowie über die Struktur des Unternehmens oder der Unternehmensgruppe.

(2) Ein Betriebsrat oder ein Gesamtbetriebsrat kann den Anspruch nach Absatz 1 gegenüber der örtlichen Betriebs- oder Unternehmensleitung geltend machen; diese ist verpflichtet, die erforderlichen Informationen und Unterlagen bei der zentralen Leitung einzuholen.

(3) Jede Leitung eines Unternehmens einer gemeinschaftsweit tätigen Unternehmensgruppe sowie die zentrale Leitung sind verpflichtet, die Informationen nach Absatz 1 zu erheben und zur Verfügung zu stellen.

§ 6 Herrschendes Unternehmen

(1) Ein Unternehmen, das zu einer gemeinschaftsweit tätigen Unternehmensgruppe gehört, ist herrschendes Unternehmen, wenn es unmittelbar oder mittelbar einen beherrschenden Einfluss auf ein anderes Unternehmen derselben Gruppe (abhängiges Unternehmen) ausüben kann.

(2) Ein beherrschender Einfluss wird vermutet, wenn ein Unternehmen in Bezug auf ein anderes Unternehmen unmittelbar oder mittelbar

1. mehr als die Hälfte der Mitglieder des Verwaltungs-, Leitungs- oder Aufsichtsorgans des anderen Unternehmens bestellen kann oder
2. über die Mehrheit der mit den Anteilen am anderen Unternehmen verbundenen Stimmrechte

② 어느 기업집단이 회원국에서 1,000명 이상의 근로자들을 고용하고, 수개의 회원국에 다국적기업본사를 둔 2개 이상의 기업으로, 각각 수개의 회원국에서 150명씩 이상의 근로자들이 고용된 기업이 그 기업집단에 속해 있는 때에는 유럽공동체에 걸쳐 활동하는 것(gemeinschaftsweit tätig)이다.

제4조 근로자수의 산정

독일의 사업 및 기업에서 제3조의 범위에서 고려되어야 하는 근로자수는, 사업조직법 제5조 제1항상의 근로자로, 최근 2년간 평균적으로 고용된 근로자의 수(nach der Anzahl der im Durchschnitt während der letzten zwei Jahrebeschäftigten Arbeitnehmer)에 따라 산정된다. 다국적기업본사가 특별평의회의 조직에 관한 개시권을 행사하거나(Initiative zur Bildung des besonderen Verhandlungsgremiums ergreift) 제9조 제2항에 따른 근로자들 또는 그 대표자의 신청서가 다국적기업본사에 도달(到達)하는 시기(時期)가 제1문에 따른 기간의 개시의 기준(基準)이 된다.

제5조 정보청구권

① 다국적기업본사가 근로자대표기구의 요구가 있는 경우 유럽근로자평의회의 조직에 관한 평의 개시에 필요한 정보를 수집해서 이를 근로자대표기구에 전달해야 한다. 특히 평균적 근로자총수(durchschnittliche Gesamtzahl der Arbeitnehmer)와 그 총수의 회원국에 대한 배분(ihre Verteilung auf die Mitgliedstaaten), 기업 및 사업(Unternehmen und Betriebe)에 관한 정보와, 기업 또는 기업집단의 구조(Struktur des Unternehmens oder der Unternehmensgruppe)가 필요한 정보에 포함된다.

② 근로자평의회 또는 기업근로자평의회는 제5조 제1항에 따른 청구권을 지역의 사업 또는 기업 경영대표기관에 행사할 수 있다; 이 평의회들은 필요한 정보 및 서류를 다국적기업본사에서 수령해야 할 의무가 있다.

③ 유럽공동체에 걸쳐 활동하는 기업집단에 속한 기업의 각 경영대표기관(Leitung)과 각 다국적기업본사(zentrale Leitung)는 제5조 제1항에 따른 정보를 수집(收集)해 이를 제공(提供)할 의무가 있다.

제6조 지배기업

① 유럽공동체에 걸쳐 활동하는 기업집단에 속하는 당해 기업은, 그 동일한 기업집단에 속한 다른 기업에 지배적 영향력을 직접적으로 또는 간접적으로 행사할 수 있는 때에는 지배기업에 해당한다.

② 다음 각 호의 경우에 당해 기업이 다른 기업에 대해 직접적으로 또는 간접적으로 지배적 영향력을 행사하는 것으로 추정한다,

1. 다른 기업의 감독회, 경영기구 또는 감사회의 구성원의 절반을 초과하여 임명할 수 있는 경우,
2. 다른 기업에 대한 지분으로 연결된 의결권(der mit den Anteilen am anderen Unternehmen

verfügt oder

3. die Mehrheit des gezeichneten Kapitals dieses Unternehmens besitzt.

Erfüllen mehrere Unternehmen eines der in Satz 1 Nummer 1 bis 3 genannten Kriterien, bestimmt sich das herrschende Unternehmen nach Maßgabe der dort bestimmten Rangfolge.

(3) Bei der Anwendung des Absatzes 2 müssen den Stimm- und Ernennungsrechten eines Unternehmens die Rechte aller von ihm abhängigen Unternehmen sowie aller natürlichen oder juristischen Personen, die zwar im eigenen Namen, aber für Rechnung des Unternehmens oder eines von ihm abhängigen Unternehmens handeln, hinzugerechnet werden.

(4) Investment- und Beteiligungsgesellschaften im Sinne des Artikels 3 Absatz 5 Buchstabe a oder c der Verordnung (EG) Nummer 139/2004 des Rates vom 20. Januar 2004 über die Kontrolle von Unternehmenszusammenschlüssen (ABl. L 24 vom 29.1.2004, S. 1) gelten nicht als herrschendes Unternehmen gegenüber einem anderen Unternehmen, an dem sie Anteile halten, an dessen Leitung sie jedoch nicht beteiligt sind.

§ 7 Europäischer Betriebsrat in Unternehmensgruppen

Gehören einer gemeinschaftsweit tätigen Unternehmensgruppe ein oder mehrere gemeinschaftsweit tätige Unternehmen an, wird ein Europäischer Betriebsrat nur bei dem herrschenden Unternehmen errichtet, sofern nichts anderes vereinbart wird.

## Zweiter Teil Besonderes Verhandlungsgremium

§ 8 Aufgabe

(1) Das besondere Verhandlungsgremium hat die Aufgabe, mit der zentralen Leitung eine Vereinbarung über eine grenzübergreifende Unterrichtung und Anhörung der Arbeitnehmer abzuschließen.

(2) Die zentrale Leitung hat dem besonderen Verhandlungsgremium rechtzeitig alle zur Durchführung seiner Aufgaben erforderlichen Auskünfte zu erteilen und die erforderlichen Unterlagen zur Verfügung zu stellen.

(3) Die zentrale Leitung und das besondere Verhandlungsgremium arbeiten vertrauensvoll zusammen. Zeitpunkt, Häufigkeit und Ort der Verhandlungen werden zwischen der zentralen Leitung und dem besonderen Verhandlungsgremium einvernehmlich festgelegt.

§ 9 Bildung

(1) Die Bildung des besonderen Verhandlungsgremiums ist von den Arbeitnehmern oder ihren Vertretern schriftlich bei der zentralen Leitung zu beantragen oder erfolgt auf Initiative der

verbundenen Stimmrechte)의 과반수를 보유하는 경우,
3. 다른 기업의 표시된 자본금의 과반수를 출자한 경우.
다수의 기업들이 제1문 제1호 내지 제3호상의 기준을 충족하는 경우에는 그 조항에서 정해진 우선순위에 따라 지배기업이 정해진다.
③ 제6조 제2항의 적용에 있어 당해기업의 모든 종속기업(aller von ihm abhängigen Unternehmen)과, 자기명의이지만 당해 기업 또는 당해기업의 종속기업의 계산으로 거래하는 모든 자연인·법인의 권리가 당해 기업의 의결권 및 임명권(Stimm- und Ernennungsrechten eines Unternehmens)에 산입되어야만 한다.
④ 기업합병의 통제(Kontrolle von Unternehmenszusammenschlüssen)에 관한 2004년 1월 20일의 유럽연합이사회의 139/2004호 명령(EG)(ABl. L 24 vom 29.1.2004, S. 1) 제3조 제5항 a)목 또는 c)목상의 투자회사 및 출자회사(Investment- und Beteiligungsgesellschaften)는 다른 기업의 주식을 보유하였지만 그 다른 기업의 경영에 참여하지 않는 다른 기업에 대한 지배기업으로는 보지 않는다.

제7조 기업집단 내 유럽근로자평의회
유럽공동체에 걸쳐 활동하는 하나 또는 수개의 기업이 유럽공동체에 걸쳐 활동하는 하나의 기업집단에 속하는 경우에 유럽근로자평의회는, 달리 정한 합의가 없는 한, 그 지배기업에만 조직된다.

## 제2편 특별평의회

제8조
① 특별평의회는 국경을 초월하는, 근로자들에 대해 행하는 통지와 청문(grenzübergreifende Unterrichtung und Anhörung der Arbeitnehmer)에 관하여 다국적기업본사와 협약을 체결할 임무를 갖는다.
② 다국적기업본사는 특별평의회에게 적시에, 그 임무수행에 필요한 모든 정보(alle zur Durchführung seiner Aufgaben erforderlichen Auskünfte)를 제공해야 하고 필요한 서류를 이용하도록 제공해야 한다.
③ 다국적기업본사와 특별평의회는 깊은 신뢰로 협력한다. 교섭의 시기·빈도·장소(Häufigkeit und Ort der Verhandlungen)는 다국적기업본사와 특별평의회 간에 협의(協議)하여 정해진다.

제9조 구성
① 특별평의회의 구성(Bildung des besonderen Verhandlungsgremium)은 근로자들이나 근로자들의 대리인이 다국적기업본사에(bei der zentralen Leitung) 서면으로 신청하여 이뤄지거나 다

zentralen Leitung.

(2) Der Antrag ist wirksam gestellt, wenn er von mindestens 100 Arbeitnehmern oder ihren Vertretern aus mindestens zwei Betrieben oder Unternehmen, die in verschiedenen Mitgliedstaaten liegen, unterzeichnet ist und der zentralen Leitung zugeht. Werden mehrere Anträge gestellt, sind die Unterschriften zusammenzuzählen. Wird ein Antrag bei einer im Inland liegenden Betriebs- oder Unternehmensleitung eingereicht, hat diese den Antrag unverzüglich an die zentrale Leitung weiterzuleiten und die Antragsteller darüber zu unterrichten.

(3) Die zentrale Leitung hat die Antragsteller, die örtlichen Betriebs- oder Unternehmensleitungen, die dort bestehenden Arbeitnehmervertretungen sowie die in inländischen Betrieben vertretenen Gewerkschaften über die Bildung eines besonderen Verhandlungsgremiums und seine Zusammensetzung zu unterrichten.

§ 10 Zusammensetzung

(1) Für jeden Anteil der in einem Mitgliedstaat beschäftigten Arbeitnehmer, der 10 Prozent der Gesamtzahl der in allen Mitgliedstaaten beschäftigten Arbeitnehmer der gemeinschaftsweit tätigen Unternehmen oder Unternehmensgruppen oder einen Bruchteil davon beträgt, wird ein Mitglied aus diesem Mitgliedstaat in das besondere Verhandlungsgremium entsandt.

(2) Es können Ersatzmitglieder bestellt werden.

§ 11 Bestellung inländischer Arbeitnehmervertreter

(1) Die nach diesem Gesetz oder dem Gesetz eines anderen Mitgliedstaates auf die im Inland beschäftigten Arbeitnehmer entfallenden Mitglieder des besonderen Verhandlungsgremiums werden in gemeinschaftsweit tätigen Unternehmen vom Gesamtbetriebsrat (§ 47 des Betriebsverfassungsgesetzes) bestellt. Besteht nur ein Betriebsrat, so bestellt dieser die Mitglieder des besonderen Verhandlungsgremiums.

(2) Die in Absatz 1 Satz 1 genannten Mitglieder des besonderen Verhandlungsgremiums werden in gemeinschaftsweit tätigen Unternehmensgruppen vom Konzernbetriebsrat (§ 54 des Betriebsverfassungsgesetzes) bestellt. Besteht neben dem Konzernbetriebsrat noch ein in ihm nicht vertretener Gesamtbetriebsrat oder Betriebsrat, ist der Konzernbetriebsrat um deren Vorsitzende und um deren Stellvertreter zu erweitern; die Vorsitzenden und ihre Stellvertreter gelten insoweit als Konzernbetriebsratsmitglieder.

(3) Besteht kein Konzernbetriebsrat, werden die in Absatz 1 Satz 1 genannten Mitglieder des besonderen Verhandlungsgremiums wie folgt bestellt:

a) Bestehen mehrere Gesamtbetriebsräte, werden die Mitglieder des besonderen Verhandlungsgremiums auf einer gemeinsamen Sitzung der Gesamtbetriebsräte bestellt, zu welcher der Gesamtbetriebsratsvorsitzende des nach der Zahl der wahlberechtigten Arbeitnehmer größten

국적기업본사의 주도로 이뤄진다.

② 그 신청서는 수개의 회원국에 있는 2개 이상의 사업 또는 기업에 근무하는 100명 이상의 근로자들 또는 그 근로자들의 대표자가 서명하고 다국적기업본사에 도달되는 때에 유효하다. 수개의 신청이 제기되는 경우에 그 서명은 합산해야 한다. 독일에 있는 사업경영대표기관 또는 기업경영대표기관에(bei einer im Inland liegenden Betriebs- oder Unternehmensleitung) 신청이 제출된 경우에 그 경영대표기관들은 지체 없이 그 신청을 다국적기업본사에 전달해야 하고 그에 관하여 신청인에게 통지해야 한다.

③ 다국적기업본사는 신청인, 지역의 사업경영대표기관 또는 기업경영대표기관(örtlichen Betriebs- oder Unternehmensleitungen), 그 사업 또는 기업에 있는 근로자대표기구와 독일의 사업에 조합원인 근로자가 있는 노동조합에 특별평의회의 조직과 그 평의회의 구성에 관하여 통지해야 한다.

제10조 구성

① 모든 회원국에서 유럽공동체에 걸쳐 활동하는 기업 또는 기업집단에 고용된 근로자총수의 10프로에 달하거나 10프로의 잔여수(einen Bruchteil davon)에 달하는, 회원국에 고용된 근로자들의 각 비율로, 이러한 회원국 출신의 구성원이 특별평의회에(in das besondere Verhandlungsgremium) 파견된다.

② 그 대체구성원이 임명될 수 있다.

제11조 독일 근로자대표자의 임명

① 이 법 또는 다른 회원국의 법에 따라 독일에서 고용된 근로자들에 할당된 특별평의회구성원(auf die im Inland beschäftigten Arbeitnehmer entfallenden Mitglieder des besonderen Verhandlungsgremiums)은 유럽공동체에 걸쳐 활동하는 기업에서 사업조직법 제47조상의 기업근로자평의회(Gesamtbetriebsrat)에 의해 임명된다. 근로자평의회(Betriebsrat)만이 있는 경우에, 그 근로자평의회가 특별평의회구성원을 임명한다.

② 제11조 제1항 제1문상의 특별평의회의 구성원은 유럽공동체에 걸쳐 활동하는 기업집단에서 사업조직법 제54조상의 콘체른근로자평의회에 의해 임명(任命)된다. 콘체른근로자평의회 이외에 콘체른근로자평의회에서 대표되지 않은 기업근로자평의회와 근로자평의회가 모두 있는 경우에, 콘체른근로자평의회(Konzernbetriebsrat)는 기업근로자평의회와 근로자평의회의 의장 및 부의장이 포함되도록 확대되어야 한다; 그 한도 내에서 그 의장 및 부의장은 콘체른근로자평의회구성원으로 본다.

③ 콘체른근로자평의회(Konzernbetriebsrat)가 없는 경우에 제11조 제1항 제1문상의 특별평의회구성원은 다음과 같이 임명된다:

a) 수개의 기업근로자평의회가 있는 경우에 특별평의회구성원(Mitglieder des besonderen Verhandlungsgremiums)은 기업근로자평의회들의 공동회의에서, 선거권이 있는 근로자수에 따라 그 수가 가장 많은 독일의 기업의 기업근로자평의회의장이 소집해야 하는

inländischen Unternehmens einzuladen hat. Besteht daneben noch mindestens ein in den Gesamtbetriebsräten nicht vertretener Betriebsrat, sind der Betriebsratsvorsitzende und dessen Stellvertreter zu dieser Sitzung einzuladen; sie gelten insoweit als Gesamtbetriebsratsmitglieder.

b) Besteht neben einem Gesamtbetriebsrat noch mindestens ein in ihm nicht vertretener Betriebsrat, ist der Gesamtbetriebsrat um den Vorsitzenden des Betriebsrats und dessen Stellvertreter zu erweitern; der Betriebsratsvorsitzende und sein Stellvertreter gelten insoweit als Gesamtbetriebsratsmitglieder. Der Gesamtbetriebsrat bestellt die Mitglieder des besonderen Verhandlungsgremiums. Besteht nur ein Gesamtbetriebsrat, so hat dieser die Mitglieder des besonderen Verhandlungsgremiums zu bestellen.

c) Bestehen mehrere Betriebsräte, werden die Mitglieder des besonderen Verhandlungsgremiums auf einer gemeinsamen Sitzung bestellt, zu welcher der Betriebsratsvorsitzende des nach der Zahl der wahlberechtigten Arbeitnehmer größten inländischen Betriebs einzuladen hat. Zur Teilnahme an dieser Sitzung sind die Betriebsratsvorsitzenden und deren Stellvertreter berechtigt; § 47 Absatz 7 des Betriebsverfassungsgesetzes gilt entsprechend.

d) Besteht nur ein Betriebsrat, so hat dieser die Mitglieder des besonderen Verhandlungsgremiums zu bestellen.

(4) Zu Mitgliedern des besonderen Verhandlungsgremiums können auch die in § 5 Absatz 3 des Betriebsverfassungsgesetzes genannten Angestellten bestellt werden.

(5) Frauen und Männer sollen entsprechend ihrem zahlenmäßigen Verhältnis bestellt werden.

§ 12 Unterrichtung über die Mitglieder des besonderen Verhandlungsgremiums

Der zentralen Leitung sind unverzüglich die Namen der Mitglieder des besonderen Verhandlungsgremiums, ihre Anschriften sowie die jeweilige Betriebszugehörigkeit mitzuteilen. Die zentrale Leitung hat die örtlichen Betriebs- oder Unternehmensleitungen, die dort bestehenden Arbeitnehmervertretungen sowie die in inländischen Betrieben vertretenen Gewerkschaften über diese Angaben zu unterrichten.

§ 13 Sitzungen, Geschäftsordnung, Sachverständige

(1) Die zentrale Leitung lädt unverzüglich nach Benennung der Mitglieder zur konstituierenden Sitzung des besonderen Verhandlungsgremiums ein und unterrichtet die örtlichen Betriebs- oder Unternehmensleitungen. Die zentrale Leitung unterrichtet zugleich die zuständigen europäischen Gewerkschaften und Arbeitgeberverbände über den Beginn der Verhandlungen und die Zusammensetzung des besonderen Verhandlungsgremiums nach § 12 Satz 1. Das besondere Verhandlungsgremium wählt aus seiner Mitte einen Vorsitzenden und kann sich eine Geschäftsordnung geben.

(2) Vor und nach jeder Verhandlung mit der zentralen Leitung hat das besondere

공동회의에서 임명된다. 그 이외에 기업근로자평의회에서 대표되지 않은 근로자평의회가 1개 이상이 있는 경우에 그 근로자평의회의 의장 및 부의장은 그 공동회의에 참석하도록 소환되어야 한다; 그들은 그 한도 내에서 기업근로자평의회구성원으로 본다.

b) 기업근로자평의회 이외에 기업근로자평의회에서 대표되지 않는 근로자평의회가 1개가 있는 경우에 기업근로자평의회는 근로자평의회의 의장 및 부의장이 포함되도록 확대되어야 한다. 근로자평의회의 의장 및 부의장(Betriebsratsvorsitzende und sein Stellvertreter)은 그러한 한도 내에서 기업근로자평의회구성원으로 본다. 그 기업근로자평의회가 특별평의회구성원을 임명한다. 오로지 기업근로자평의회만이 있는 경우에 그 기업근로자평의회가 특별평의회구성원을 임명해야 한다.

c) 수개의 근로자평의회가 있는 경우에(Bestehen mehrere Betriebsräte) 특별평의회구성원(Mitglieder des besonderen Verhandlungsgremiums)은, 선거권이 있는 근로자수에 따라 그 수가 가장 많은 독일 내 사업(事業)의 근로자평의회의장이 소집(召集)해야 하는 공동회의에서(auf einer gemeinsamen Sitzung) 임명(任命)된다. 그 근로자평의회 의장 및 부의장은 이러한 회의에 참석할 권한이 있다; 사업조직법(Betriebsverfassungsgesetz) 제47조 제7항을 준용한다.

d) 오직 하나의 근로자평의회가 있는 경우에 그 근로자평의회가 특별평의회구성원을 임명해야 한다.

④ 사업조직법 제5조 제3항상의 고위직사원도 특별평의회구성원으로(Zu Mitgliedern des besonderen Verhandlungsgremiums) 임명될 수 있다.

⑤ 여성과 남성은 그 수의 비율에 상응하여 임명되어야 한다.

제12조 특별평의회구성원에 관한 통지

다국적기업본사는 지체 없이 특별평의회구성원의 성명, 그 주소와 각각의 사업소속(Namen der Mitglieder des besonderen Verhandlungsgremiums, ihre Anschriften sowie die jeweilige Betriebszugehörigkeit)을 통지받아야 한다. 다국적기업본사는 지역의 사업경영대표기관 또는 기업경영대표기관, 그 사업 또는 기업에 있는 근로자대표기구와 독일의 사업에 조합원인 근로자가 있는 노동조합에게 이러한 사항을 통지해야 한다.

제13조 회의, 사무규정, 전문가

① 다국적기업본사는 그 구성원 취임 후 지체 없이 특별평의회 선출회의(konstituierenden Sitzung des besonderen Verhandlungsgremiums)를 소집하고 이를 지역의 사업경영대표기관 또는 기업경영대표기관(örtlichen Betriebs- oder Unternehmensleitungen)에게 통지한다. 다국적기업본사는 동시에 관할 유럽 노동조합과 그 연합단체에 교섭의 개시와 제12조 제1문에 따른 특별평의회의 구성에 관하여 통지한다. 특별평의회는 그 구성원 중에서 의장과 부의장을 선출하고 사무규정을 정할 수 있다.

② 다국적기업본사(zentralen Leitung)와의 각 교섭의 전(前)과 후(後)에 특별평의회는 회의를

Verhandlungsgremium das Recht, eine Sitzung durchzuführen und zu dieser einzuladen; § 8 Absatz 3 Satz 2 gilt entsprechend.

(3) Beschlüsse des besonderen Verhandlungsgremiums werden, soweit in diesem Gesetz nichts anderes bestimmt ist, mit der Mehrheit der Stimmen seiner Mitglieder gefasst.

(4) Das besondere Verhandlungsgremium kann sich durch Sachverständige seiner Wahl unterstützen lassen, soweit dies zur ordnungsgemäßen Erfüllung seiner Aufgaben erforderlich ist. Sachverständige können auch Beauftragte von Gewerkschaften sein. Die Sachverständigen und Gewerkschaftsvertreter können auf Wunsch des besonderen Verhandlungsgremiums beratend an den Verhandlungen teilnehmen.

§ 14 Einbeziehung von Arbeitnehmervertretern aus Drittstaaten

Kommen die zentrale Leitung und das besondere Verhandlungsgremium überein, die nach § 17 auszuhandelnde Vereinbarung auf nicht in einem Mitgliedstaat (Drittstaat) liegende Betriebe oder Unternehmen zu erstrecken, können sie vereinbaren, Arbeitnehmervertreter aus diesen Staaten in das besondere Verhandlungsgremium einzubeziehen und die Anzahl der auf den jeweiligen Drittstaat entfallenden Mitglieder sowie deren Rechtsstellung festlegen.

§ 15 Beschluss über Beendigung der Verhandlungen

(1) Das besondere Verhandlungsgremium kann mit mindestens zwei Dritteln der Stimmen seiner Mitglieder beschließen, keine Verhandlungen aufzunehmen oder diese zu beenden. Der Beschluss und das Abstimmungsergebnis sind in eine Niederschrift aufzunehmen, die vom Vorsitzenden und einem weiteren Mitglied zu unterzeichnen ist. Eine Abschrift der Niederschrift ist der zentralen Leitung zuzuleiten.

(2) Ein neuer Antrag auf Bildung eines besonderen Verhandlungsgremiums (§ 9) kann frühestens zwei Jahre nach dem Beschluss gemäß Absatz 1 gestellt werden, sofern das besondere Verhandlungsgremium und die zentrale Leitung nicht schriftlich eine kürzere Frist festlegen.

§ 16 Kosten und Sachaufwand

(1) Die durch die Bildung und Tätigkeit des besonderen Verhandlungsgremiums entstehenden Kosten trägt die zentrale Leitung. Werden Sachverständige nach § 13 Absatz 4 hinzugezogen, beschränkt sich die Kostentragungspflicht auf einen Sachverständigen. Die zentrale Leitung hat für die Sitzungen in erforderlichem Umfang Räume, sachliche Mittel, Dolmetscher und Büropersonal zur Verfügung zu stellen sowie die erforderlichen Reise- und Aufenthaltskosten der Mitglieder des besonderen Verhandlungsgremiums zu tragen.

(2) Der Arbeitgeber eines aus dem Inland entsandten Mitglieds des besonderen Verhandlungsgremiums haftet neben der zentralen Leitung für dessen Anspruch auf Kostenerstattung als Gesamtschuldner.

개최하고 그 회의를 소집할 권리(eine Sitzung durchzuführen und zu dieser einzuladen)를 갖는다; 제8조 제3항 제2문을 준용한다.

③ 이 법에서 다른 정함이 없은 한, 특별평의회의 결의는 그 구성원 투표의 과반수(過半數)로 이뤄진다.

④ 그 지원이 특별평의회의 규정에 맞는 임무 수행에 필요한 경우에 특별평의회는 전문가에에 의한 그 선거 지원(durch Sachverständige seiner Wahl)을 받을 수 있다. 노동조합의 대리인도(auch Beauftragte von Gewerkschaften) 그 전문가가 될 수 있다. 그 전문가와 노조대리인은 특별평의회가 요구에 따라(auf Wunsch des besonderen Verhandlungsgremiums) 교섭에 옵서버로 참여할 수 있다.

제14조 제3국 출신의 근로자대표자의 포함

다국적기업본사와 특별평의회(zentrale Leitung und das besondere Verhandlungsgremium)가 제17조의 교섭에 따른 협약이 회원국이 아닌 국가(제3국)에 있는 사업 또는 기업에 적용되는 것으로 합의하는 경우에, 다국적기업본사와 특별평의회는 제3국 출신의 근로자대표자를 특별평의회에 포함하고 각각의 제3국에 할당된 그 구성원수와 그 법적지위(deren Rechtsstellung)를 정하는 데 합의할 수 있다.

제15조 교섭의 종료에 관한 결의

① 특별평의회는 그 구성원 투표의 2/3 이상의 다수결로(mit mindestens zwei Dritteln der Stimmen seiner Mitglieder) 교섭을 개시하지 않거나 이를 종료시키는 것으로 결의할 수 있다. 그 결의와 표결결과(Beschluss und das Abstimmungsergebnis)는 의장과 1명의 구성원이 추가로 서명을 해야 하는 의사록으로 기재되어야 한다. 그 의사록의 사본(Abschrift der Niederschrift)이 다국적기업본사에 송부되어야 한다.

② 특별평의회와 다국적기업본사가 서면으로 보다 단기의 기간을 정하지 않는 한, 특별평의회의 조직(제9조)의 새로운 신청은 빨라도 제15조 제1항에 따른 결의가 있는 때로부터 2년 후에 제기될 수 있다.

제16조 비용과 물적(物的)경비

① 특별평의회의 조직과 활동으로 발생한 비용은 다국적기업본사가 부담한다. 제13조에 따라 전문가가 초청되는 경우에 1명의 전문가에 대한 비용부담의무(Kostentragungspflicht auf einen Sachverständigen)로 제한된다. 다국적기업본사는 회의에 필요한 범위의 공간, 물적 시설, 통역인 및 사무직원(für die Sitzungen in erforderlichem Umfang Räume, sachliche Mittel, Dolmetscher und Büropersonal)을 이용하도록 제공해야 하고 특별평의회구성원의 여행필요경비 및 체류필요경비를 부담해야 한다.

② 독일에서 파견된 특별평의회구성원의 사용자는 다국적기업본사와 함께 그 구성원의 비용상환청구에 대해 연대채무자로서 책임을 진다.

## Dritter Teil Vereinbarungen über grenzübergreifende Unterrichtung und Anhörung

§ 17 Gestaltungsfreiheit

Die zentrale Leitung und das besondere Verhandlungsgremium können frei vereinbaren, wie die grenzübergreifende Unterrichtung und Anhörung der Arbeitnehmer ausgestaltet wird; sie sind nicht an die Bestimmungen des Vierten Teils dieses Gesetzes gebunden. Die Vereinbarung muss sich auf alle in den Mitgliedstaaten beschäftigten Arbeitnehmer erstrecken, in denen das Unternehmen oder die Unternehmensgruppe einen Betrieb hat. Die Parteien verständigen sich darauf, ob die grenzübergreifende Unterrichtung und Anhörung durch die Errichtung eines Europäischen Betriebsrats oder mehrerer Europäischer Betriebsräte nach § 18 oder durch ein Verfahren zur Unterrichtung und Anhörung der Arbeitnehmer nach § 19 erfolgen soll.

§ 18 Europäischer Betriebsrat kraft Vereinbarung

(1) Soll ein Europäischer Betriebsrat errichtet werden, ist schriftlich zu vereinbaren, wie dieser ausgestaltet werden soll. Dabei soll insbesondere Folgendes geregelt werden:

1. Bezeichnung der erfassten Betriebe und Unternehmen, einschließlich der außerhalb des Hoheitsgebietes der Mitgliedstaaten liegenden Niederlassungen, sofern diese in den Geltungsbereich einbezogen werden,
2. Zusammensetzung des Europäischen Betriebsrats, Anzahl der Mitglieder, Ersatzmitglieder, Sitzverteilung und Mandatsdauer,
3. Aufgaben und Befugnisse des Europäischen Betriebsrats sowie das Verfahren zu seiner Unterrichtung und Anhörung; dieses Verfahren kann auf die Beteiligungsrechte der nationalen Arbeitnehmervertretungen abgestimmt werden, soweit deren Rechte hierdurch nicht beeinträchtigt werden,
4. Ort, Häufigkeit und Dauer der Sitzungen,
5. die Einrichtung eines Ausschusses des Europäischen Betriebsrats einschließlich seiner Zusammensetzung, der Bestellung seiner Mitglieder, seiner Befugnisse und Arbeitsweise,
6. die für den Europäischen Betriebsrat zur Verfügung zu stellenden finanziellen und sachlichen Mittel,
7. Klausel zur Anpassung der Vereinbarung an Strukturänderungen, die Geltungsdauer der Vereinbarung und das bei ihrer Neuverhandlung, Änderung oder Kündigung anzuwendende Verfahren, einschließlich einer Übergangsregelung.

(2) § 23 gilt entsprechend.

§ 19 Verfahren zur Unterrichtung und Anhörung

Soll ein Verfahren zur Unterrichtung und Anhörung der Arbeitnehmer eingeführt werden, ist

## 제3편 국경을 초월하여 행해지는 통지 및 청문에 관한 협약

제17조 그 형성의 자유

다국적기업본사와 특별평의회는 국경을 초월하여 근로자들에 대해 행해지는 통지 및 청문이 어떻게 형성될 것인지(wie die grenzübergreifende Unterrichtung und Anhörung der Arbeitnehmer ausgestaltet wird)에 관하여 자유롭게 협약을 체결할 수 있다; 다국적기업본사와 특별평의회는 이 법의 제4편의 규정에 구속되지 않는다. 그 협약은 기업과 기업집단이 사업을 가지고 있는 회원국에 고용된 모든 근로자에 적용되어야만 한다. 당사자들은 국경을 초월하여 행해지는 통지 및 청문이 제18조에 따른 하나 또는 수개의 유럽평의회의 조직에 의하여 또는 제19조에 따른 근로자들에 대한 통지와 청문(聽聞)에 관한 절차(節次)에 의하여 시행되어야 하는지 여부에 관하여 합의한다.

제18조 협약에 의한 유럽근로자평의회

① 유럽근로자평의회가 조직되어야 하는 경우에, 그 평의회가 어떻게 형성될 것인지에 관하여 서면협약으로 합의되어야 한다. 이 경우 특히 다음사항들이 규정되어야 한다:

1. 그것이 적용범위에 포함되는 한, 회원국의 영토 밖에 있는 영업소(Niederlassungen)를 포함하여, 그 적용대상인 사업 및 기업에 대한 기재(Bezeichnung der erfassten Betriebe und Unternehmen),
2. 유럽근로자평의회의 구성, 구성원수, 대체구성원(Ersatzmitglieder), 그 구성원자리배분(Sitzverteilung), 임기(Mandatsdauer),
3. 유럽근로자평의회의 임무 및 권한 유럽근로자평의회에 대한 통지와 청문에 관한 절차; 유럽근로자평의회의 권리가 그러한 합의에 침해되지 않는 한, 이러한 절차는 국가의 근로자대표기구의 의사결정참가권에 기하여(auf die Beteiligungsrechte der nationalen Arbeitnehmervertretungen) 합의될 수 있다,
4. 회의의 장소·빈도·기간,
5. 유럽근로자평의회의 구성을 포함하여 그 평의회 내 위원회의 설치, 위원회위원의 임명, 그 위원회 권한 및 기능,
6. 유럽근로자평의회에 제공(提供)되어야 할 재정적·물질적 수단(finanziellen und sachlichen Mittel),
7. 경과규정을 포함하여(einschließlich einer Übergangsregelung), 구조변경시 협약의 조정조항(Klausel zur Anpassung der Vereinbarung an Strukturänderungen), 협약의 적용기간, 협약을 위한 새로운 교섭, 개정 또는 해지시 적용되어야 하는 절차.

② 제23조를 준용한다.

제19조 통지 및 청문 절차

근로자들에 대해 행해지는 통지(通知) 및 청문(聽聞)을 위한 절차가 도입되어야 하는 경우에

oschriftlich zu vereinbaren, unter welchen Voraussetzungen die Arbeitnehmervertreter das Recht haben, die ihnen übermittelten Informationen gemeinsam zu beraten und wie sie ihre Vorschläge der Bedenken mit der zentralen Leitung oder einer anderen geeigneten Leitungsebene erörtern können. Die Unterrichtung muss sich insbesondere auf grenzübergreifende Angelegenheiten erstrecken, die erhebliche Auswirkungen auf die Interessen der Arbeitnehmer haben.

§ 20 Übergangsbestimmung

Eine nach § 18 oder § 19 bestehende Vereinbarung gilt fort, wenn vor ihrer Beendigung das Antrags- oder Initiativrecht nach § 9 Absatz 1 ausgeübt worden ist. Das Antragsrecht kann auch ein auf Grund einer Vereinbarung bestehendes Arbeitnehmervertretungsgremium ausüben. Die Fortgeltung endet, wenn die Vereinbarung durch eine neue Vereinbarung ersetzt oder ein Europäischer Betriebsrat kraft Gesetzes errichtet worden ist. Die Fortgeltung endet auch dann, wenn das besondere Verhandlungsgremium einen Beschluss nach § 15 Absatz 1 fasst; § 15 Absatz 2 gilt entsprechend. Die Sätze 1 bis 4 finden keine Anwendung, wenn in der bestehenden Vereinbarung eine Übergangsregelung enthalten ist.

## Vierter Teil Europäischer Betriebsrat kraft Gesetzes

### Erster Abschnitt Errichtung des Europäischen Betriebsrats

§ 21 Voraussetzungen

(1) Verweigert die zentrale Leitung die Aufnahme von Verhandlungen innerhalb von sechs Monaten nach Antragstellung (§ 9), ist ein Europäischer Betriebsrat gemäß den §§ 22 und 23 zu errichten. Das gleiche gilt, wenn innerhalb von drei Jahren nach Antragstellung keine Vereinbarung nach § 18 oder § 19 zustande kommt oder die zentrale Leitung und das besondere Verhandlungsgremium das vorzeitige Scheitern der Verhandlungen erklären. Die Sätze 1 und 2 gelten entsprechend, wenn die Bildung des besonderen Verhandlungsgremiums auf Initiative der zentralen Leitung erfolgt.

(2) Ein Europäischer Betriebsrat ist nicht zu errichten, wenn das besondere Verhandlungsgremium vor Ablauf der in Absatz 1 genannten Fristen einen Beschluss nach § 15 Absatz 1 fasst.

§ 22 Zusammensetzung des Europäischen Betriebsrats

(1) Der Europäische Betriebsrat setzt sich aus Arbeitnehmern des gemeinschaftsweit tätigen Unternehmens oder der gemeinschaftsweit tätigen Unternehmensgruppe zusammen. Es können Ersatzmitglieder bestellt werden.

(2) Für jeden Anteil der in einem Mitgliedstaat beschäftigten Arbeitnehmer, der 10 Prozent der

근로자대표자가 어떤 요건하에서 자신들에게 전달된 정보에 대해 공동으로 협의할 권리를 갖는지가, 또 그 대표자들이 제안 또는 이의에 대해 다국적기업본사 또는 기타 적절한 경영본부수준(zentralen Leitung oder einer anderen geeigneten Leitungsebene)과 어떻게 논의할 수 있는지가 서면협약으로 합의되어야 한다. 특히 통지는 국경을 초월하는 사항으로 근로자들의 이해관계에 중대한 영향을 끼치는 사항에 관련되어야만 한다.

제20조 경과규정

그 협약 만료 전에 제9조 1항에 따른 신청권 또는 개시권(Antrags- oder Initiativrecht)이 행사되는 때에는 제18조 또는 제19조에 따라 현행의 협약이 계속적으로 적용된다. 합의에 기하여 존재하는 근로자대표기구도 신청권을 행사할 수 있다. 합의가 새로운 합의로 대체되거나 법에 의한 유럽근로자평의회가 구성된 때에는(wenn die Vereinbarung durch eine neue Vereinbarung ersetzt oder ein Europäischer Betriebsrat kraft Gesetzes errichtet worden ist) 그 계속적 적용은 종료한다. 특별평의회가 제15조 제1항에 따른 결의를 하는 때에도 그 계속적 적용은 종료한다; 제15조 제2항을 준용한다. 현행의 협약에 과도기규정이 포함된 경우에는 제1문 내지 제4문을 적용하지 않는다.

## 제4편 법에 의한 유럽근로자평의회

### 제1장 유럽근로자평의회의 조직

제21조 요건

① 신청제기(제9조) 후 6개월 이내에 다국적기업본사가 교섭 결과의 수용을 거부하는 경우에(Verweigert die zentrale Leitung die Aufnahme von Verhandlungen innerhalb von sechs Monaten nach Antragstellung), 제22조, 제23조에 따른 유럽근로자평의회가 설치되어야 한다. 신청제기 후 3년 이내에 제18조 또는 제19조에 따른 협약이 체결되지 않거나, 다국적기업본사와 특별평의회가 3년 이전에 교섭결렬(Scheitern der Verhandlungen)을 선언(宣言)하는 경우에도 또한 같다. 특별평의회의 구성이 다국적기업본사 주도로(auf Initiative der zentralen Leitung) 이뤄지는 경우에 제1문, 제2문을 적용한다.

② 특별평의회가 제21조 제1항상의 기간 도과 전에 제15조 제1항에 따른 결의를 한 경우에는 유럽근로자평의회가 설치되지 않는다.

제22조 유럽근로자평의회의 구성

① 유럽근로자평의회는 유럽공동체에 걸쳐 활동하는 기업 또는 기업집단(gemeinschaftsweit tätigen Unternehmens oder der gemeinschaftsweit tätigen Unternehmensgruppe)에 속한 근로자들로 구성된다. 그 평의회에 대체구성원이 임명될 수 있다.

② 모든 회원국(會員國)에서 유럽공동체(共同體)에 걸쳐 활동(活動)하는 기업 또는 기업집단에

Gesamtzahl der in allen Mitgliedstaaten beschäftigten Arbeitnehmer der gemeinschaftsweit tätigen Unternehmen oder Unternehmensgruppen oder einen Bruchteil davon beträgt, wird ein Mitglied aus diesem Mitgliedstaat in den Europäischen Betriebsrat entsandt.

§ 23 Bestellung inländischer Arbeitnehmervertreter

(1) Die nach diesem Gesetz oder dem Gesetz eines anderen Mitgliedstaates auf die im Inland beschäftigten Arbeitnehmer entfallenden Mitglieder des Europäischen Betriebsrats werden in gemeinschaftsweit tätigen Unternehmen vom Gesamtbetriebsrat (§ 47 des Betriebsverfassungsgesetzes) bestellt. Besteht nur ein Betriebsrat, so bestellt dieser die Mitglieder des Europäischen Betriebsrats.

(2) Die in Absatz 1 Satz 1 genannten Mitglieder des Europäischen Betriebsrats werden in gemeinschaftsweit tätigen Unternehmensgruppen vom Konzernbetriebsrat (§ 54 des Betriebsverfassungsgesetzes) bestellt. Besteht neben dem Konzernbetriebsrat noch ein in ihm nicht vertretener Gesamtbetriebsrat oder Betriebsrat, ist der Konzernbetriebsrat um deren Vorsitzende und um deren Stellvertreter zu erweitern; die Vorsitzenden und ihre Stellvertreter gelten insoweit als Konzernbetriebsratsmitglieder.

(3) Besteht kein Konzernbetriebsrat, werden die in Absatz 1 Satz 1 genannten Mitglieder des Europäischen Betriebsrats wie folgt bestellt:

a) Bestehen mehrere Gesamtbetriebsräte, werden die Mitglieder des Europäischen Betriebsrats auf einer gemeinsamen Sitzung der Gesamtbetriebsräte bestellt, zu welcher der Gesamtbetriebsratsvorsitzende des nach der Zahl der wahlberechtigten Arbeitnehmer größten inländischen Unternehmens einzuladen hat. Besteht daneben noch mindestens ein in den Gesamtbetriebsräten nicht vertretener Betriebsrat, sind der Betriebsratsvorsitzende und dessen Stellvertreter zu dieser Sitzung einzuladen; sie gelten insoweit als Gesamtbetriebsratsmitglieder.

b) Besteht neben einem Gesamtbetriebsrat noch mindestens ein in ihm nicht vertretener Betriebsrat, ist der Gesamtbetriebsrat um den Vorsitzenden des Betriebsrats und dessen Stellvertreter zu erweitern; der Betriebsratsvorsitzende und sein Stellvertreter gelten insoweit als Gesamtbetriebsratsmitglieder. Der Gesamtbetriebsrat bestellt die Mitglieder des Europäischen Betriebsrats. Besteht nur ein Gesamtbetriebsrat, so hat dieser die Mitglieder des Europäischen Betriebsrats zu bestellen.

c) Bestehen mehrere Betriebsräte, werden die Mitglieder des Europäischen Betriebsrats auf einer gemeinsamen Sitzung bestellt, zu welcher der Betriebsratsvorsitzende des nach der Zahl der wahlberechtigten Arbeitnehmer größten inländischen Betriebs einzuladen hat. Zur Teilnahme an dieser Sitzung sind die Betriebsratsvorsitzenden und deren Stellvertreter berechtigt; § 47 Absatz 7 des Betriebsverfassungsgesetzes gilt entsprechend.

d) Besteht nur ein Betriebsrat, so hat dieser die Mitglieder des Europäischen Betriebsrats zu bestellen.

고용된 근로자총수의 10프로에 달하거나 10프로의 잔여수(Bruchteil davon)에 달하는, 회원국에 고용된 근로자들의 각 비율로, 이러한 회원국 출신의 구성원(構成員)이 유럽근로자평의회에(in den Europäischen Betriebsrat) 파견된다.

제23조 독일 근로자대표자의 임명

① 이 법 또는 다른 회원국의 법에 따라 독일에서 고용된 근로자들에게 할당된 유럽근로자평의회구성원은 유럽공동체에 걸쳐 활동하는 기업에서 사업조직법 제47조상의 기업근로자평의회에 의해 임명된다. 근로자평의회만이 있는 경우에, 그 근로자평의회가 유럽근로자평의회구성원을 임명한다.

② 제23조 제1항 제1문상의 유럽근로자평의회의 구성원은 유럽공동체에 걸쳐 활동하는 기업집단에서 사업조직법 제54조상의 콘체른근로자평의회에 의해 임명된다. 콘체른근로자평의회 이외에 콘체른근로자평의회에서 대표되지 않은 기업근로자평의회와 근로자평의회가 모두 있는 경우에, 콘체른근로자평의회는 기업근로자평의회와 근로자평의회의 의장 및 부의장이 포함되도록 확대되어야 한다; 그 한도 내에서 그 의장 및 부의장은 콘체른근로자평의회구성원으로 본다.

③ 콘체른근로자평의회가 없는 경우에 제23조 제1항 제1문상의 유럽근로자평의회구성원은 다음과 같이 임명된다:

a) 수개의 기업근로자평의회가 있는 경우에 유럽근로자평의회구성원은 기업근로자평의회들의 공동회의로, 선거권이 있는 근로자수에 따라 그 수가 가장 많은 독일 기업의 기업근로자평의회의장이 소집해야 하는 공동회의에서 임명된다. 기업근로자평의회 이외에 기업근로자평의회에서 대표되지 않은 근로자평의회가 1개 이상이 있는 경우에 그 근로자평의회의 의장 및 부의장은 그 공동회의에 참석하도록 소환되어야 한다; 그들은 그러한 한도 내에서 기업근로자평의회구성원으로 본다.

b) 기업근로자평의회 이외에 기업근로자평의회에서 대표되지 않는 근로자평의회가 1개가 있는 경우에 기업근로자평의회는 근로자평의회의 의장 및 부의장이 포함되도록 확대되어야 한다. 근로자평의회의 의장 및 부의장은 그러한 한도 내에서 기업근로자평의회구성원으로 본다. 그 기업근로자평의회가 유럽근로자평의회구성원을 임명한다. 오로지 기업근로자평의회만이 있는 경우에 그 기업근로자평의회가 유럽근로자평의회구성원을 임명해야 한다.

c) 수개의 근로자평의회가 있는 경우에 유럽근로자평의회구성원은, 선거권이 있는 근로자수에 따라 그 수가 가장 많은 독일 사업의 근로자평의회의장이 소집해야 하는 공동회의에서(auf einer gemeinsamen Sitzung) 임명된다. 그 근로자평의회 의장 및 부의장은 이러한 회의에 참석할 자격이 있다; 사업조직법(Betriebsverfassungsgesetz) 제47조 제7항을 준용한다.

d) 오직 하나의 근로자평의회가 있는 경우에 그 근로자평의회가 유럽근로자평의회구성원을 임명해야 한다.

(4) Die Absätze 1 bis 3 gelten entsprechend für die Abberufung.

(5) Eine ausgewogene Vertretung der Arbeitnehmer nach ihrer Tätigkeit sollte so weit als möglich berücksichtigt werden; Frauen und Männer sollen entsprechend ihrem zahlenmäßigen Verhältnis bestellt werden.

(6) Das zuständige Sprecherausschussgremium eines gemeinschaftsweit tätigen Unternehmens oder einer gemeinschaftsweit tätigen Unternehmensgruppe mit Sitz der zentralen Leitung im Inland kann einen der in § 5 Absatz 3 des Betriebsverfassungsgesetzes genannten Angestellten bestimmen, der mit Rederecht an den Sitzungen zur Unterrichtung und Anhörung des Europäischen Betriebsrats teilnimmt, sofern nach § 22 Absatz 2 mindestens fünf inländische Vertreter entsandt werden. § 35 Absatz 2 und § 39 gelten entsprechend.

§ 24 Unterrichtung über die Mitglieder des Europäischen Betriebsrats

Der zentralen Leitung sind unverzüglich die Namen der Mitglieder des Europäischen Betriebsrats, ihre Anschriften sowie die jeweilige Betriebszugehörigkeit mitzuteilen. Die zentrale Leitung hat die örtlichen Betriebs- oder Unternehmensleitungen, die dort bestehenden Arbeitnehmervertretungen sowie die in inländischen Betrieben vertretenen Gewerkschaften über diese Angaben zu unterrichten.

## Zweiter Abschnitt Geschäftsführung des Europäischen Betriebsrats

§ 25 Konstituierende Sitzung, Vorsitzender

(1) Die zentrale Leitung lädt unverzüglich nach Benennung der Mitglieder zur konstituierenden Sitzung des Europäischen Betriebsrats ein. Der Europäische Betriebsrat wählt aus seiner Mitte einen Vorsitzenden und dessen Stellvertreter.

(2) Der Vorsitzende des Europäischen Betriebsrats oder im Falle seiner Verhinderung der Stellvertreter vertritt den Europäischen Betriebsrat im Rahmen der von ihm gefassten Beschlüsse. Zur Entgegennahme von Erklärungen, die dem Europäischen Betriebsrat gegenüber abzugeben sind, ist der Vorsitzende oder im Falle seiner Verhinderung der Stellvertreter berechtigt.

§ 26 Ausschuss

Der Europäische Betriebsrat bildet aus seiner Mitte einen Ausschuss. Der Ausschuss besteht aus dem Vorsitzenden und mindestens zwei, höchstens vier weiteren zu wählenden Ausschussmitgliedern. Die weiteren Ausschussmitglieder sollen in verschiedenen Mitgliedstaaten beschäftigt sein. Der Ausschuss führt die laufenden Geschäfte des Europäischen Betriebsrats.

§ 27 Sitzungen

(1) Der Europäische Betriebsrat hat das Recht, im Zusammenhang mit der Unterrichtung durch die zentrale Leitung nach § 29 eine Sitzung durchzuführen und zu dieser einzuladen. Das gleiche

④ 제23조 제1항 내지 제3항을 그 해임에 준용한다.

⑤ 대표활동에 따른 근로자들을 균형(均衡) 있게 대표하는 것은 가능한 한 폭넓게 고려되어야 한다; 여성과 남성은 그 수의 비율에 상응하여 임명되어야 한다.

⑥ 제22조 제2항에 따라 5명 이상의 근로자대표자가 파견되는 경우에, 독일에 다국적기업본사의 본점소재지가 있는, 유럽공동체에 걸쳐 활동하는 기업 또는 기업집단의 관할 고위직사원평의회(zuständige Sprecherausschussgremium)는 사업조직법(Betriebsverfassungsgesetz) 제5조 제3항상의 고위직사원 중에서 유럽근로자평의회에 대하여 행해지는 통지 및 청문을 위한 회의에 발언권을 가지고(mit Rederecht) 참석하는 1명의 고위직사원을 정할 수 있다. 제35조 제2항, 제39조를 준용한다.

제24조 유럽근로자평의회구성원에 관한 통지

다국적기업본사는 지체 없이 유럽근로자평의회구성원의 성명, 그 주소와 각각의 사업소속(Namen der Mitglieder des Europäischen Betriebsrats, ihre Anschriften sowie die jeweilige Betriebszugehörigkeit)을 통지받아야 한다. 다국적기업본사는 지역의 사업경영대표기관 또는 기업경영대표기관, 그 사업 또는 기업에 있는 근로자대표기구와 독일의 사업에 조합원인 근로자가 있는 노동조합에게 이러한 사항을 통지해야 한다.

## 제2장 유럽근로자평의회의 운영

제25조 선출회의, 의장

① 다국적기업본사는 그 구성원의 임명 후 지체 없이 유럽근로자평의회 선출회의를 소집한다. 유럽근로자평의회는 자신의 구성원 중에서(aus seiner Mitte) 의장(議長) 1명, 부의장(副議長)을 선출한다.

② 유럽근로자평의회의장 또는 그에게 직무수행장애가 있는 경우 부의장은 그 결의가 이뤄진 범위 내에서(im Rahmen der von ihm gefassten Beschlüsse)유럽근로자평의회를 대표한다. 의장 또는 그에게 직무수행장애가 있는 경우 부의장은 유럽근로자평의회에 대해 행해져야 할 의사표시를 수령할 권한이 있다.

제26조 위원회

유럽근로자평의회는 자신의 구성원들로 구성된 위원회를 설치한다. 그 위원회는 의장, 추가적으로 선출되는 최소 2명 최대 4명의 위원으로 구성된다. 그 추가적 위원(weiteren Ausschussmitglieder)은 수개의 회원국에서 고용된 자이어야 한다. 그 위원회는 유럽근로자평의회의 일상적 사무를 처리한다.

제27조 회의

① 유럽근로자평의회는 제29조에 따른 다국적기업본사에 의한 통지와 관련하여(im Zusammenhang mit der Unterrichtung) 회의를 진행하고 그 회의를 소집할 권리가 있다. 제30에

gilt bei einer Unterrichtung über außergewöhnliche Umstände nach § 30. Der Zeitpunkt und der Ort der Sitzungen sind mit der zentralen Leitung abzustimmen. Mit Einverständnis der zentralen Leitung kann der Europäische Betriebsrat weitere Sitzungen durchführen. Die Sitzungen des Europäischen Betriebsrats sind nicht öffentlich.

(2) Absatz 1 gilt entsprechend für die Wahrnehmung der Mitwirkungsrechte des Europäischen Betriebsrats durch den Ausschuss nach § 26.

§ 28 Beschlüsse, Geschäftsordnung

Die Beschlüsse des Europäischen Betriebsrats werden, soweit in diesem Gesetz nichts anderes bestimmt ist, mit der Mehrheit der Stimmen der anwesenden Mitglieder gefasst. Sonstige Bestimmungen über die Geschäftsführung sollen in einer schriftlichen Geschäftsordnung getroffen werden, die der Europäische Betriebsrat mit der Mehrheit der Stimmen seiner Mitglieder beschließt.

## Dritter Abschnitt Mitwirkungsrechte

§ 29 Jährliche Unterrichtung und Anhörung

(1) Die zentrale Leitung hat den Europäischen Betriebsrat einmal im Kalenderjahr über die Entwicklung der Geschäftslage und die Perspektiven des gemeinschaftsweit tätigen Unternehmens oder der gemeinschaftsweit tätigen Unternehmensgruppe unter rechtzeitiger Vorlage der erforderlichen Unterlagen zu unterrichten und ihn anzuhören.

(2) Zu der Entwicklung der Geschäftslage und den Perspektiven im Sinne des Absatzes 1 gehören insbesondere

1. Struktur des Unternehmens oder der Unternehmensgruppe sowie die wirtschaftliche und finanzielle Lage,
2. die voraussichtliche Entwicklung der Geschäfts-, Produktions- und Absatzlage,
3. die Beschäftigungslage und ihre voraussichtliche Entwicklung,
4. Investitionen (Investitionsprogramme),
5. grundlegende Änderungen der Organisation,
6. die Einführung neuer Arbeits- und Fertigungsverfahren,
7. die Verlegung von Unternehmen, Betrieben oder wesentlichen Betriebsteilen sowie Verlagerungen der Produktion,
8. Zusammenschlüsse oder Spaltungen von Unternehmen oder Betrieben,
9. die Einschränkung oder Stilllegung von Unternehmen, Betrieben oder wesentlichen Betriebsteilen,
10. Massenentlassungen.

§ 30 Unterrichtung und Anhörung

따른 예외적 상황에 관한 통지에 있어서도 또한 같다. 회의의 시기와 장소는 다국적기업본사와 협의하여 정해야 한다. 다국적기업본사의 양해를 얻어(Mit Einverständnis der zentralen Leitung) 유럽근로자평의회는 추가적 회의(weitere Sitzungen)를 개최할 수 있다. 유럽근로자평의회 회의는 비공개로 한다.

② 제27조 제1항은 제26조에 따른 위원회에 의한 유럽근로자평의회의 공동결정권의 행사에도 준용하다.

제28조 결의, 사무규정

이 법에서 달리 정함이 없는 한, 유럽근로자평의회의 결의는, 참석(參席)한 구성원 투표의 과반수로(mit der Mehrheit der Stimmen der anwesenden Mitglieder) 이뤄진다. 사무처리에 관한 기타규정은 유럽근로자평의회가 구성원(構成員)의 투표의 과반수로(mit der Mehrheit der Stimmen seiner Mitglieder) 결의한, 서면의 사무규정(schriftlichen Geschäftsordnung)으로 정해져야 한다.

## 제3장 의사결정참가권

제29조 연례적 통지와 청문

① 다국적기업본사는 유럽근로자평의회에 역년에 1차례 이상 필요한 서류를 적시에 제공하며(unter rechtzeitiger Vorlage der erforderlichen Unterlagen) 유럽공동체에 걸쳐 활동하는 기업 또는 기업집단의 사업상황과 그 전망(Entwicklung der Geschäftslage und die Perspektiven)에 관하여 통지해야 하고 그 평의회와의 청문을 한다.

② 제28조 제1항상의 사업상황과 그 전망(Entwicklung der Geschäftslage und die Perspektiven)에 특히 다음 각 호의 사항이 포함된다,

1. 유럽공동체에 걸쳐 활동하는 기업 또는 기업집단의 구조와 경제적·재정적 상황(wirtschaftliche und finanzielle Lage),
2. 사업상황·생산상황·매출상황의 예상 추이,
3. 고용상황과 고용상황의 예상 추이,
4. 투자(투자계획),
5. 조직의 근본적 변경,
6. 새로운 작업방식 및 생산방식의 도입,
7. 기업, 사업 전부 또는 중요한 일부의 양도(Verlegung von Unternehmen, Betrieben oder wesentlichen Betriebsteilen)와 생산의 이전,
8. 기업 또는 사업의 합병 또는 분할,
9. 기업, 사업의 전부 또는 중요한 일부의 축소 또는 폐지,
10. 대량해고.

제30조 통지와 청문

(1) Über außergewöhnliche Umstände oder Entscheidungen, die erhebliche Auswirkungen auf die Interessen der Arbeitnehmer haben, hat die zentrale Leitung den Europäischen Betriebsrat rechtzeitig unter Vorlage der erforderlichen Unterlagen zu unterrichten und auf Verlangen anzuhören. Als außergewöhnliche Umstände gelten insbesondere

1. die Verlegung von Unternehmen, Betrieben oder wesentlichen Betriebsteilen,
2. die Stilllegung von Unternehmen, Betrieben oder wesentlichen Betriebsteilen,
3. Massenentlassungen.

(2) Besteht ein Ausschuss nach § 26, so ist dieser anstelle des Europäischen Betriebsrats nach Absatz 1 Satz 1 zu beteiligen. § 27 Absatz 1 Satz 2 bis 5 gilt entsprechend. Zu den Sitzungen des Ausschusses sind auch diejenigen Mitglieder des Europäischen Betriebsrats zu laden, die für die Betriebe oder Unternehmen bestellt worden sind, die unmittelbar von den geplanten Maßnahmen oder Entscheidungen betroffen sind; sie gelten insoweit als Ausschussmitglieder.

§ 31 Tendenzunternehmen

Auf Unternehmen und herrschende Unternehmen von Unternehmensgruppen, die unmittelbar und überwiegend den in § 118 Absatz 1 Satz 1 Nummer 1 und 2 des Betriebsverfassungsgesetzes genannten Bestimmungen oder Zwecken dienen, finden nur § 29 Absatz 2 Nummer 5 bis 10 und § 30 Anwendung mit der Maßgabe, dass eine Unterrichtung und Anhörung nur über den Ausgleich oder die Milderung der wirtschaftlichen Nachteile erfolgen muss, die den Arbeitnehmern infolge der Unternehmens- oder Betriebsänderungen entstehen.

**Vierter Abschnitt Änderung der Zusammensetzung, Übergang zu einer Vereinbarung**

§ 32 Dauer der Mitgliedschaft, Neubestellung von Mitgliedern

(1) Die Dauer der Mitgliedschaft im Europäischen Betriebsrat beträgt vier Jahre, wenn sie nicht durch Abberufung oder aus anderen Gründen vorzeitig endet. Die Mitgliedschaft beginnt mit der Bestellung.

(2) Alle zwei Jahre, vom Tage der konstituierenden Sitzung des Europäischen Betriebsrats (§ 25 Absatz 1) an gerechnet, hat die zentrale Leitung zu prüfen, ob sich die Arbeitnehmerzahlen in den einzelnen Mitgliedstaaten derart geändert haben, dass sich eine andere Zusammensetzung des Europäischen Betriebsrats nach § 22 Absatz 2 errechnet. Sie hat das Ergebnis dem Europäischen Betriebsrat mitzuteilen. Ist danach eine andere Zusammensetzung des Europäischen Betriebsrats erforderlich, veranlasst dieser bei den zuständigen Stellen, dass die Mitglieder des Europäischen Betriebsrats in den Mitgliedstaaten neu bestellt werden, in denen sich eine gegenüber dem vorhergehenden Zeitraum abweichende Anzahl der Arbeitnehmervertreter ergibt; mit der Neubestellung endet die Mitgliedschaft der bisher aus diesen Mitgliedstaaten stammenden

① 다국적기업본사는 유럽근로자평의회에 근로자들의 이해관계에 중대한 영향을 끼치는 예외적 상황 및 결정에 관하여 필요한 서류를 적시에 제공하며 통지해야 하고 유럽근로자평의회의 요구에 따라 그 평의회와의 청문(聽聞)을 실시해야 한다. 다음 각 호의 사정을 예외적 상황으로 본다,

1. 기업, 사업의 전부 또는 중요한 일부의 이전
2. 기업, 사업의 전부 또는 중요한 일부의 폐지
3. 대량해고

② 제28조에 따른 위원회가 있는 경우, 그 위원회가 제30조 제1항 제1문에 따라 유럽근로자평의회 대신에 그에 참가해야 한다. 제27조 제1항 제2문 내지 제5문을 준용한다. 그 사업 또는 기업에 고용된 자로, 계획된 조치 또는 결정에 직접적으로 관련된(die unmittelbar von den geplanten Maßnahmen oder Entscheidungen betroffen sind), 유럽근로자평의회의 구성원도 위원회의 회의에 참석하도록 해야 한다; 그 구성원도 그 범위 내에서 그 위원회위원으로 본다.

제31조 경향기업

사업조직법 제118조 제1항 제1문 제1호, 제2호상의 사명 또는 목적에 직접적으로 또 주로 기여하는 기업과 기업집단의 그러한 지배기업에 대하여(Auf Unternehmen und herrschende Unternehmen von Unternehmensgruppen), 제29조 제2항 제5호 내지 제10호, 제30조는 통지와 청문이 기업변경 또는 사업변경으로 인하여 근로자들에게 발생한 경제적 불이익의 조정 또는 경감(Ausgleich oder die Milderung der wirtschaftlichen Nachteile)에 대해서만 실시되어야만 한다는 기준하에 적용된다.

## 제4장 구성의 변경, 협약에 대한 경과조치

제32조 그 임기, 구성원의 새로운 임명

① 해임(解任) 또는 다른 이유에서 임기만료 전에 종료되지 않는 한, 유럽근로자평의회구성원 임기(Dauer der Mitgliedschaft im Europäischen Betriebsrat)는 4년이다. 그 직은 임명으로써 개시된다.

② 다국적기업본사는 유럽근로자평의회의 선출회의(konstituierenden Sitzung des Europäischen Betriebsrats)(제25조 제1항)의 날로부터 기산(起算)하여 2년마다, 근로자수가 각 회원국에서 상당한 정도의 변화로 인하여 제22조 제2항에 따라 유럽근로자평의회의 다른 구성(構成)이 예상되는지를 점검(點檢)해야 한다. 다국적기업본사는 그 결과(結果)를 유럽근로자평의회에 통지해야 한다. 이에 따라 유럽근로자평의회의 다른 구성이 필요(必要)한 경우에는(Ist danach eine andere Zusammensetzung des Europäischen Betriebsrats erforderlich), 유럽근로자평의회는 관할 기관에 유럽근로자평의회구성원(Mitglieder des Europäischen Betriebsrats)이 위와 같은 기간 동안에 달라진 근로자수가 생긴 회원국(會員國)에서 새롭게 임명되도록 촉구(促求)한다; 그 새로운 임명으로써 그 회원국에서 임명된, 유럽근로자평의회 내 종전의 근로자대표자의 구성

Arbeitnehmervertreter im Europäischen Betriebsrat. Die Sätze 1 bis 3 gelten entsprechend bei Berücksichtigung eines bisher im Europäischen Betriebsrat nicht vertretenen Mitgliedstaates.

§ 33 Aufnahme von Verhandlungen

Vier Jahre nach der konstituierenden Sitzung (§ 25 Absatz 1) hat der Europäische Betriebsrat mit der Mehrheit der Stimmen seiner Mitglieder einen Beschluss darüber zu fassen, ob mit der zentralen Leitung eine Vereinbarung nach § 17 ausgehandelt werden soll. Beschließt der Europäische Betriebsrat die Aufnahme von Verhandlungen, hat er die Rechte und Pflichten des besonderen Verhandlungsgremiums; die §§ 8, 13, 14 und 15 Absatz 1 sowie die §§ 16 bis 19 gelten entsprechend. Das Amt des Europäischen Betriebsrats endet, wenn eine Vereinbarung nach § 17 geschlossen worden ist.

## Fünfter Teil Gemeinsame Bestimmungen

§ 34 Vertrauensvolle Zusammenarbeit

Zentrale Leitung und Europäischer Betriebsrat arbeiten vertrauensvoll zum Wohl der Arbeitnehmer und des Unternehmens oder der Unternehmensgruppe zusammen. Satz 1 gilt entsprechend für die Zusammenarbeit zwischen zentraler Leitung und Arbeitnehmervertretern im Rahmen eines Verfahrens zur Unterrichtung und Anhörung.

§ 35 Geheimhaltung, Vertraulichkeit

(1) Die Pflicht der zentralen Leitung, über die im Rahmen der §§ 18 und 19 vereinbarten oder die sich aus den §§ 29 und 30 Absatz 1 ergebenden Angelegenheiten zu unterrichten, besteht nur, soweit dadurch nicht Betriebs- oder Geschäftsgeheimnisse des Unternehmens oder der Unternehmensgruppe gefährdet werden.

(2) Die Mitglieder und Ersatzmitglieder eines Europäischen Betriebsrats sind verpflichtet, Betriebs- oder Geschäftsgeheimnisse, die ihnen wegen ihrer Zugehörigkeit zum Europäischen Betriebsrat bekannt geworden und von der zentralen Leitung ausdrücklich als geheimhaltungsbedürftig bezeichnet worden sind, nicht zu offenbaren und nicht zu verwerten. Dies gilt auch nach dem Ausscheiden aus dem Europäischen Betriebsrat. Die Verpflichtung gilt nicht gegenüber Mitgliedern eines Europäischen Betriebsrats. Sie gilt ferner nicht gegenüber den örtlichen Arbeitnehmervertretern der Betriebe oder Unternehmen, wenn diese auf Grund einer Vereinbarung nach § 18 oder nach § 36 über den Inhalt der Unterrichtungen und die Ergebnisse der Anhörungen zu unterrichten sind, den Arbeitnehmervertretern im Aufsichtsrat sowie gegenüber Dolmetschern und Sachverständigen, die zur Unterstützung herangezogen werden.

원자격은 소멸한다. 지금까지 유럽근로자평의회에서 대표되지 않은 회원국의 고려에 있어 제1문 내지 제3문을 준용한다.

제33조 교섭의 개시

선출회의(제25조 제1항)가 있었던 때로부터 4년 후에 유럽근로자평의회는 구성원 투표의 과반수로 제17조에 따른 협약이 다국적기업본사와 교섭되어야 하는지 여부(ob mit der zentralen Leitung eine Vereinbarung nach § 17 ausgehandelt werden soll)에 관하여 결의해야 한다. 유럽근로자평의회가 교섭의 개시를 결의한 경우에, 유럽근로자평의회가 특별평의회의 권리의무(Rechte und Pflichten des besonderen Verhandlungsgremiums)를 갖는다; 제8조, 제13조, 제14조, 제15조 제1항, 제16조 내지 제19조를 준용한다. 유럽근로자평의회의 직무는 제17조에 따른 협약이 체결된 때에 소멸된다.

## 제5편 공통규정

제34조 깊은 신뢰에 의한 협력

다국적기업본사와 유럽근로자평의회(Zentrale Leitung und Europäischer Betriebsrat)는 근로자들과 그 기업 및 기업집단의 이익을 위하여 깊은 신뢰(信賴)로 협력(協力)한다. 제1문은 통지와 청문(聽聞)을 위한 절차의 틀 내에서의 다국적기업본사와 근로자대표 간의 협력에 대해 준용한다.

제35조 비밀유지, 비밀엄수

① 다국적기업본사의 협력의무, 즉 제18조, 제19조의 틀 내에서 합의된 사항 또는 제29조와 제30조 제1항에서 생긴 사항에 관한 통지의무는 그 정보제공으로 그 기업 또는 기업집단의 기업비밀 또는 사업비밀(Betriebs- oder Geschäftsgeheimnisse des Unternehmens oder der Unternehmensgruppe)을 위태롭게 하지 않은 경우에 한하여 존재한다.

② 유럽근로자평의회의 구성원 및 대체구성원은, 유럽근로자평의회에 속함으로 인하여 지득하고 다국적기업본사에 의해 명시적으로 비밀유지 필요성이 있는 것으로 표시된 기업비밀 또는 사업비밀(Betriebs- oder Geschäftsgeheimnisse)을 누설하거나 이용해서는 안 될 의무가 있다. 이는 유럽근로자평의회에서 나간 경우에도 적용된다. 이러한 의무는 유럽근로자평의회구성원에 대하여는 적용하지 않는다. 또한 그 의무가 제18조 또는 36조에 따른 합의에 기초하여 통지내용과 청문결과(Inhalt der Unterrichtungen und die Ergebnisse der Anhörungen)에 관하여 감사회 내 근로자측대표자에게 통지되어야 하는 경우에는 그 의무는 지역의 사업 또는 기업의 근로자대표자(örtlichen Arbeitnehmervertretern der Betriebe oder Unternehmen)에 대해서도 적용하지 않고 또 그 의무는 지원을 받으려고 초청한 통역인 및 전문가(Dolmetschern und Sachverständigen)에게도 적용하지 않는다.

(3) Die Pflicht zur Vertraulichkeit nach Absatz 2 Satz 1 und 2 gilt entsprechend für
1. die Mitglieder und Ersatzmitglieder des besonderen Verhandlungsgremiums,
2. die Arbeitnehmervertreter im Rahmen eines Verfahrens zur Unterrichtung und Anhörung (§ 19),
3. die Sachverständigen und Dolmetscher sowie
4. die örtlichen Arbeitnehmervertreter.

(4) Die Ausnahmen von der Pflicht zur Vertraulichkeit nach Absatz 2 Satz 3 und 4 gelten entsprechend für
1. das besondere Verhandlungsgremium gegenüber Sachverständigen und Dolmetschern,
2. die Arbeitnehmervertreter im Rahmen eines Verfahrens zur Unterrichtung und Anhörung gegenüber Dolmetschern und Sachverständigen, die vereinbarungsgemäß zur Unterstützung herangezogen werden, und gegenüber örtlichen Arbeitnehmervertretern, sofern diese nach der Vereinbarung (§ 19) über die Inhalte der Unterrichtungen und die Ergebnisse der Anhörungen zu unterrichten sind.

§ 36 Unterrichtung der örtlichen Arbeitnehmervertreter

(1) Der Europäische Betriebsrat oder der Ausschuss (§ 30 Absatz 2) berichtet den örtlichen Arbeitnehmervertretern oder, wenn es diese nicht gibt, den Arbeitnehmern der Betriebe oder Unternehmen über die Unterrichtung und Anhörung.

(2) Das Mitglied des Europäischen Betriebsrats oder des Ausschusses, das den örtlichen Arbeitnehmervertretungen im Inland berichtet, hat den Bericht in Betrieben oder Unternehmen, in denen Sprecherausschüsse der leitenden Angestellten bestehen, auf einer gemeinsamen Sitzung im Sinne des § 2 Absatz 2 des Sprecherausschussgesetzes zu erstatten. Dies gilt nicht, wenn ein nach § 23 Absatz 6 bestimmter Angestellter an der Sitzung zur Unterrichtung und Anhörung des Europäischen Betriebsrats teilgenommen hat. Wird der Bericht nach Absatz 1 nur schriftlich erstattet, ist er auch dem zuständigen Sprecherausschuss zuzuleiten.

§ 37 Wesentliche Strukturänderung

(1) Ändert sich die Struktur des gemeinschaftsweit tätigen Unternehmens oder der gemeinschaftsweit tätigen Unternehmensgruppe wesentlich und bestehen hierzu keine Regelungen in geltenden Vereinbarungen oder widersprechen sich diese, nimmt die zentrale Leitung von sich aus oder auf Antrag der Arbeitnehmer oder ihrer Vertreter (§ 9 Absatz 1) die Verhandlung über eine Vereinbarung nach § 18 oder § 19 auf. Als wesentliche Strukturänderungen im Sinne des Satzes 1 gelten insbesondere
1. Zusammenschluss von Unternehmen oder Unternehmensgruppen,
2. Spaltung von Unternehmen oder der Unternehmensgruppe,
3. Verlegung von Unternehmen oder der Unternehmensgruppe in einen anderen Mitgliedstaat oder

③ 제35조 제2항 제1문, 제2문에 따른 비밀엄수의무는 다음의 자에 대해 준용하지 않는다,
1. 특별평의회의 구성원 및 대체구성원,
2. 통지 및 청문(제19조)을 위한 절차의 틀 내의 근로자대표자,
3. 전문가, 통역인,
4, 지역의 근로자대표자.
④ 제35조 제2항 제3문, 제4문에 따른 비밀엄수의무의 예외는 다음 각 호의 자에게도 준용한다,
1. 전문가와 통역인에 대한 특별평의회,
2. 그들이 협약(제19조)에 따라 통지내용과 청문결과를 통지를 받아야 하는 경우에, 통지와 청문을 위한 절차의 틀 내에서의 지원을 받기 위해 협약에 따라 초청된 통역인 및 전문(Dolmetschern und Sachverständigen, die vereinbarungsgemäß zur Unterstützung herangezogen werden)에 대한 근로자대표자, 지역의 근로자대표자(örtlichen Arbeitnehmervertretern)에 대한 근로자대표자.

제36조 지역의 근로자대표자에 대한 통지

① 유럽근로자평의회 또는 위원회(제30조 제2항)는 지역의 근로자대표자(örtlichen Arbeitnehmervertretern) 또는 그 대표자가 없는 경우에 사업 또는 기업의 근로자들에게 통지와 청문에 대해 보고한다.

② 국내에 있는 지역의 근로자대표자에게 보고하는, 유럽근로자평의회 또는 위원회의 구성원은 고위직사원평의회가 있는 사업 또는 기업의 고위직사원평의회법 제2조 제2항상의 공동회의에서 그 보고를 해야 한다. 제23조 제6항에 따라 정해진 근로자가 유럽근로자평의회의 통지 및 청문을 위한 회의에 참석했던 경우에는(wenn ein nach § 23 Absatz 6 bestimmter Angestellter an der Sitzung zur Unterrichtung und Anhörung des Europäischen Betriebsrats teilgenommen hat), 이는 적용하지 않는다. 제35조 제1항에 따른 보고가 서면으로만 행해지는 경우에 그 보고는 관할 고위직사원평의회에게도 송부되어야 한다.

제37조 중대한 구조변경

① 유럽공동체에 걸쳐 활동하는 기업 또는 기업집단의 구조(Struktur des gemeinschaftsweit tätigen Unternehmens oder der gemeinschaftsweit tätigen Unternehmensgruppe)가 중대하게 변경되고, 현재 적용되는 협약에 이에 관한 규율이 없거나 그 규율에 상충되는 경우에, 다국적기업본사는 자발적으로 또는 근로자들이나 그 대표자(제9조 제1항)의 신청에 의하여 제18조에 따른 협약(協約) 체결(締結)을 위한 교섭을 개시한다. 특히 다음 각 호의 경우는 제1문상의 중대한 구조변경으로 본다,
1. 기업 또는 기업집단의 합병,
2. 기업 또는 기업집단의 분할,
3. 기업 또는 기업집단(Unternehmen oder der Unternehmensgruppe)의 다른 회원국 또는 제3국

Drittstaat oder Stilllegung von Unternehmen oder der Unternehmensgruppe,

4. Verlegung oder Stilllegung von Betrieben, soweit sie Auswirkungen auf die Zusammensetzung des Europäischen Betriebsrats haben können.

(2) Abweichend von § 10 entsendet jeder von der Strukturänderung betroffene Europäische Betriebsrat aus seiner Mitte drei weitere Mitglieder in das besondere Verhandlungsgremium.

(3) Für die Dauer der Verhandlung bleibt jeder von der Strukturänderung betroffene Europäische Betriebsrat bis zur Errichtung eines neuen Europäischen Betriebsrats im Amt (Übergangsmandat). Mit der zentralen Leitung kann vereinbart werden, nach welchen Bestimmungen und in welcher Zusammensetzung das Übergangsmandat wahrgenommen wird. Kommt es nicht zu einer Vereinbarung mit der zentralen Leitung nach Satz 2, wird das Übergangsmandat durch den jeweiligen Europäischen Betriebsrat entsprechend der für ihn im Unternehmen oder der Unternehmensgruppe geltenden Regelung wahrgenommen. Das Übergangsmandat endet auch, wenn das besondere Verhandlungsgremium einen Beschluss nach § 15 Absatz 1 fasst.

(4) Kommt es nicht zu einer Vereinbarung nach § 18 oder § 19, ist in den Fällen des § 21 Absatz 1 ein Europäischer Betriebsrat nach den §§ 22 und 23 zu errichten.

§ 38 Fortbildung

(1) Der Europäische Betriebsrat kann Mitglieder zur Teilnahme an Schulungs- und Bildungsveranstaltungen bestimmen, soweit diese Kenntnisse vermitteln, die für die Arbeit des Europäischen Betriebsrats erforderlich sind. Der Europäische Betriebsrat hat die Teilnahme und zeitliche Lage rechtzeitig der zentralen Leitung mitzuteilen. Bei der Festlegung der zeitlichen Lage sind die betrieblichen Notwendigkeiten zu berücksichtigen. Der Europäische Betriebsrat kann die Aufgaben nach diesem Absatz auf den Ausschuss nach § 26 übertragen.

(2) Für das besondere Verhandlungsgremium und dessen Mitglieder gilt Absatz 1 Satz 1 bis 3 entsprechend.

§ 39 Kosten, Sachaufwand und Sachverständige

(1) Die durch die Bildung und Tätigkeit des Europäischen Betriebsrats und des Ausschusses entstehenden Kosten trägt die zentrale Leitung. Die zentrale Leitung hat insbesondere für die Sitzungen und die laufende Geschäftsführung in erforderlichem Umfang Räume, sachliche Mittel und Büropersonal, für die Sitzungen außerdem Dolmetscher zur Verfügung zu stellen. Sie trägt die erforderlichen Reise- und Aufenthaltskosten der Mitglieder des Europäischen Betriebsrats und des Ausschusses. § 16 Absatz 2 gilt entsprechend.

(2) Der Europäische Betriebsrat und der Ausschuss können sich durch Sachverständige ihrer Wahl unterstützen lassen, soweit dies zur ordnungsgemäßen Erfüllung ihrer Aufgaben erforderlich ist. Sachverständige können auch Beauftragte von Gewerkschaften sein. Werden Sachverständige

으로 이전 또는 기업 또는 기업집단의 폐지,
4. 그것이 유럽근로자평의회의 구성에 영향을 미칠 수 있는 한 사업의 이전 또는 폐지(Verlegung oder Stilllegung von Betrieben).

② 제10조와 달리 구조변경에 관련된 모든 유럽근로자평의회는 자신의 구성원 중에서 3명의 추가적 구성원을 특별평의회로 파견한다.

③ 교섭의 기간과 관련하여 구조변경에 관련된 모든 유럽근로자평의회는 새로운 유럽근로자평의회의 조직시까지(bis zur Errichtung eines neuen Europäischen Betriebsrats) 그 직을 유지한다(과도기위임; Übergangsmandat). 어떤 규정과 어떤 구성으로 과도기위임에 의해 그 직이 행사될 수 있는지에 대해 다국적기업본사와 합의할 수 있다. 다국적기업본사와 제2문에 따른 합의에 이르지 못한 경우에(Kommt es nicht zu einer Vereinbarung mit der zentralen Leitung nach Satz 2), 유럽근로자평의회에 대해 기업 또는 기업집단에서 적용되는 규정을 준용하여 각각의 그 평의회가 과도적으로 그 직을 행사한다. 괴도기위임은 특별평의회가 제15조 제1항에 따른 결의를 한 때에 종료된다.

④ 제18조 또는 제19조에 따른 합의에 이르지 못하는 경우에 제21조 제1항의 경우에 유럽근로자평의회가 제22조, 제23조에 따라 조직되어야 한다.

제38조 직업능력향상교육

① 유럽근로자평의회는 직업교육·훈련행사(Schulungs- und Bildungsveranstaltungen)에 참가하는 구성원을 정할 수 있고 그 구성원들에게 유럽근로자평의회의 일처리에 필요한 정보를 제공할 수 있다. 유럽근로평의회는 적시에 그 참석 및 시간적 상황(Teilnahme und zeitliche Lage)을 다국적기업본사에게 통지해야 한다. 시간을 정함에 있어 사업 내 필요성(betrieblichen Notwendigkeiten)을 고려해야 한다. 유럽근로자평의회는 이러한 조항에 따른 임무(任務)를 제26조에 따른 위원회에 이양(移讓)할 수 있다.

② 특별평의회와 그 구성원(besondere Verhandlungsgremium und dessen Mitglieder)에 대하여 제38조 제1항 제1문 내지 제3문을 준용한다.

제39조 비용, 물적(物的)경비, 전문가

① 유럽근로자평의회와 그 위원회의 조직과 활동에 의하여 발생한 필요경비(Die durch die Bildung und Tätigkeit des Europäischen Betriebsrats und des Ausschusses entstehenden Kosten)는 다국적기업본사가 부담한다. 특히 다국적기업본사는 회의와 일상적 사무처리에 필요한 범위의 공간, 물적 시설, 사무직원은 제공해야 하고, 또한 회의에 필요한 통역인을 제공해야 한다. 다국적기업본사는 유럽근로자평의회구성원과 그 위원회위원의 여행필요경비 및 체류필요경비(Reise- und Aufenthaltskosten)를 부담한다. 제16조 제2항을 준용한다.

② 그 지원이 규정에 맞는 그 임무수행에 필요한 경우에( soweit dies zur ordnungsgemäßen Erfüllung ihrer Aufgaben erforderlich ist), 유럽근로자평의회와 그 위원회는 전문가에게서 자신의 선거지원을 받을 수 있다. 노동조합 대리인도 그 전문가가 될 수 있다. 전문가가 초청된

hinzugezogen, beschränkt sich die Kostentragungspflicht auf einen Sachverständigen, es sei denn, eine Vereinbarung nach § 18 oder § 19 sieht etwas anderes vor.

§ 40 Schutz inländischer Arbeitnehmervertreter

(1) Für die Mitglieder eines Europäischen Betriebsrats, die im Inland beschäftigt sind, gelten § 37 Absatz 1 bis 5 und die §§ 78 und 103 des Betriebsverfassungsgesetzes sowie § 15 Absatz 1 und 3 bis 5 des Kündigungsschutzgesetzes entsprechend. Für nach § 38 erforderliche Fortbildungen gilt § 37 Absatz 6 Satz 1 und 2 des Betriebsverfassungsgesetzes entsprechend.

(2) Absatz 1 gilt entsprechend für die Mitglieder des besonderen Verhandlungsgremiums und die Arbeitnehmervertreter im Rahmen eines Verfahrens zur Unterrichtung und Anhörung.

## Sechster Teil Bestehende Vereinbarungen

§ 41 Fortgeltung

(1) Auf die in den §§ 2 und 3 genannten Unternehmen und Unternehmensgruppen, in denen vor dem 22. September 1996 eine Vereinbarung über grenzübergreifende Unterrichtung und Anhörung besteht, sind die Bestimmungen dieses Gesetzes außer in den Fällen des § 37 nicht anwendbar, solange die Vereinbarung wirksam ist. Die Vereinbarung muss sich auf alle in den Mitgliedstaaten beschäftigten Arbeitnehmer erstrecken und den Arbeitnehmern aus denjenigen Mitgliedstaaten eine angemessene Beteiligung an der Unterrichtung und Anhörung ermöglichen, in denen das Unternehmen oder die Unternehmensgruppe einen Betrieb hat.

(2) Der Anwendung des Absatzes 1 steht nicht entgegen, dass die Vereinbarung auf Seiten der Arbeitnehmer nur von einer im Betriebsverfassungsgesetz vorgesehenen Arbeitnehmervertretung geschlossen worden ist. Das gleiche gilt, wenn für ein Unternehmen oder eine Unternehmensgruppe anstelle einer Vereinbarung mehrere Vereinbarungen geschlossen worden sind.

(3) Sind die Voraussetzungen des Absatzes 1 deshalb nicht erfüllt, weil die an dem in Absatz 1 Satz 1 genannten Stichtag bestehende Vereinbarung nicht alle Arbeitnehmer erfasst, können die Parteien deren Einbeziehung innerhalb einer Frist von sechs Monaten nachholen.

(4) Bestehende Vereinbarungen können auch nach dem in Absatz 1 Satz 1 genannten Stichtag an Änderungen der Struktur des Unternehmens oder der Unternehmensgruppe sowie der Zahl der beschäftigten Arbeitnehmer angepasst werden, soweit es sich nicht um wesentliche Strukturänderungen im Sinne des § 37 handelt.

(5) Ist eine Vereinbarung befristet geschlossen worden, können die Parteien ihre Fortgeltung unter Berücksichtigung der Absätze 1, 3 und 4 beschließen.

(6) Eine Vereinbarung gilt fort, wenn vor ihrer Beendigung das Antrags- oder Initiativrecht nach

경우에 1명의 전문가의 비용부담의무로 제한되고, 제18조 또는 제19조에 따른 협약이 달리 정함이 있는 경우에는 그러하지 아니하다.

제40조 독일 근로자대표자의 보호

① 독일에서 고용된 유럽근로자평의회구성원에 대해 사업조직법 제37조 제1항 내지 제5항, 제78조, 제103조, 해고보호법 제15조 제1항, 제3항 내지 제5항을 준용한다. 제38조에 따른 필수적 직업능력향상교육에 대해(Für nach § 38 erforderliche Fortbildungen) 사업조직법 제37조 제6항 제1문, 제2문을 준용하다.

② 특별평의회구성원과 통지와 청문을 위한 절차의 틀 내의 근로자대표자에 대하여 제40조 제1항을 준용한다.

## 제6편 협약의 존재

제41조 계속적 적용

① 제2조, 제3조상의 기업 및 기업집단으로, 1996년 9월 22일 전에 국경을 초월하는 통지 및 청문에 관한 협약이 있는 기업 및 기업집단에 대해(Auf die in den §§ 2 und 3 genannten Unternehmen und Unternehmensgruppen, in denen vor dem 22. September 1996 eine Vereinbarung über grenzübergreifende Unterrichtung und Anhörung besteht), 그 협약이 유효한 동안에 제37조의 경우 이외의 경우에 이 법의 규정이 적용될 수 없다. 그 협약은 회원국에서 고용된 모든 근로자에 관련되어야만 하고 그 기업 또는 기업집단이 사업을 가진 회원국 출신의 근로자들에게 통지와 청문에 적절한 참여를 가능하게 해야만 한다.

② 협약이 근로자측과 관련하여 사업조직법에서 규정된 근로자대표기구에 의해서만 체결된 점은 제41조 제1항의 적용에 모순되지 않는다. 그 기업 또는 기업집단에 대해 1개의 협약 대신에 수개의 협약(für ein Unternehmen oder eine Unternehmensgruppe anstelle einer Vereinbarung mehrere Vereinbarungen)이 체결된 경우에도 또한 같다.

③ 제41조 제1항 제1문상의 마감일(Stichtag)에 존재하는 협약이 모든 근로자들을 포괄하지 못해 제41조 제1항의 요건이 충족되지 않은 경우에 그 당사자들은 6개월의 기간 내에 그 근로자들을 포함시킬 수 있다.

④ 제37조상의 중요한 구조변경에 해당하지 않는 한(soweit es sich nicht um wesentliche Strukturänderungen im Sinne des § 37 handelt), 현행의 협약을 제41조 제1항 제1호에 따른 마감일 후에도 그 기업 또는 기업집단의 구조변경(Änderungen der Struktur des Unternehmens oder der Unternehmensgruppe) 및 고용된 근로자수 변동에 조정할 수 있다.

⑤ 협약에 기간이 설정되어 있는 경우에 당사자들은 제41조 제1항, 제3항, 제4항을 고려하여 그 협약상의 계속적 적용을 결의할 수 있다.

⑥ 그 협약 만료 전에 제9조 제1항에 따른 신청권 또는 개시권(Antrags- oder Initiativrecht)이

§ 9 Absatz 1 ausgeübt worden ist. Das Antragsrecht kann auch ein auf Grund der Vereinbarung bestehendes Arbeitnehmervertretungsgremium ausüben. Die Fortgeltung endet, wenn die Vereinbarung durch eine grenzübergreifende Unterrichtung und Anhörung nach § 18 oder § 19 ersetzt oder ein Europäischer Betriebsrat kraft Gesetzes errichtet worden ist. Die Fortgeltung endet auch dann, wenn das besondere Verhandlungsgremium einen Beschluss nach § 15 Absatz 1 fasst; § 15 Absatz 2 gilt entsprechend.

(7) Auf Unternehmen und Unternehmensgruppen, die auf Grund der Berücksichtigung von im Vereinigten Königreich Großbritannien und Nordirland liegenden Betrieben und Unternehmen erstmalig die in den §§ 2 und 3 genannten Voraussetzungen erfüllen, sind die Bestimmungen dieses Gesetzes außer in den Fällen des § 37 nicht anwendbar, wenn in diesen Unternehmen und Unternehmensgruppen vor dem 15. Dezember 1999 eine Vereinbarung über grenzübergreifende Unterrichtung und Anhörung besteht. Die Absätze 1 bis 6 gelten entsprechend.

(8) Auf die in den §§ 2 und 3 genannten Unternehmen und Unternehmensgruppen, in denen zwischen dem 5. Juni 2009 und dem 5. Juni 2011 eine Vereinbarung über die grenzübergreifende Unterrichtung und Anhörung unterzeichnet oder überarbeitet wurde, sind außer in den Fällen des § 37 die Bestimmungen dieses Gesetzes in der Fassung vom 28. Oktober 1996 (BGBl. I S. 1548, 2022), zuletzt geändert durch Artikel 30 des Gesetzes vom 21. Dezember 2000 (BGBl. I S. 1983), anzuwenden. Ist eine Vereinbarung nach Satz 1 befristet geschlossen worden, können die Parteien ihre Fortgeltung beschließen, solange die Vereinbarung wirksam ist; Absatz 4 gilt entsprechend.

## Siebter Teil Besondere Vorschriften, Straf- und Bußgeldvorschriften

### § 41a Besondere Regelungen für Besatzungsmitglieder von Seeschiffen

(1) Ist ein Mitglied des besonderen Verhandlungsgremiums, eines Europäischen Betriebsrats oder einer Arbeitnehmervertretung im Sinne des § 19 oder dessen Stellvertreter Besatzungsmitglied eines Seeschiffs, so sollen die Sitzungen so angesetzt werden, dass die Teilnahme des Besatzungsmitglieds erleichtert wird.

(2) Befindet sich ein Besatzungsmitglied auf See oder in einem Hafen, der sich in einem anderen Land als dem befindet, in dem die Reederei ihren Geschäftssitz hat, und kann deshalb nicht an einer Sitzung nach Absatz 1 teilnehmen, so kann eine Teilnahme an der Sitzung mittels neuer Informations- und Kommunikationstechnologien erfolgen, wenn

1. dies in der Geschäftsordnung des zuständigen Gremiums vorgesehen ist und
2. sichergestellt ist, dass Dritte vom Inhalt der Sitzung keine Kenntnis nehmen können.

### § 42 Errichtungs- und Tätigkeitsschutz

행사된 경우에 그 협약은 계속 적용된다. 그 신청권은 협약에 기초하여 존재하는 근로자대표기구도 행사할 수 있다. 그 계속적 적용은, 협약이 제18조 또는 제19조에 따른 국경을 초월하여 행해지는 통지 및 청문으로(durch eine grenzübergreifende Unterrichtung und Anhörung) 대체되거나 법에 의한 유럽근로자평의회(Europäischer Betriebsrat)가 설치(設置)된 때에는 종료한다. 그 계속적 적용은, 특별평의회가 제15조 제1항에 따른 결의를 한 때에도 종료한다; 제15조 제2항을 준용한다.

⑦ 영국, 네덜란드에 존재하는 사업 및 기업에 대한 고려에 기초하여(Grund der Berücksichtigung von im Vereinigten Königreich Großbritannien und Nordirland liegenden Betrieben und Unternehmen) 최초로 제2조, 제3항상의 요건을 충족하는 기업 및 기업집단에 대하여, 제37조 이외의 경우에 이 기업 또는 기업집단에 1999년 12월 5일 전에 국경을 초월하여 행해시는 통지 및 청문에 관한 협약이 존재하는 때에는 법의 규정은 적용할 수 없다. 제41조 제1항 내지 제6항을 준용한다.

⑧ 제2조, 제3조상의 기업 또는 기업집단으로, 2009년 6월 5일부터 2011년 6월 5일까지의 사이에 국경을 초월하는 통지 및 청문에 관한 협약에 서명하거나 이를 개정한 기업집단에 대하여, 1996년 10월 28일의 형식에 의한 이 법(BGBl. I S. 1548, 2022)으로, 2000년 12월 21일의 법률(BGBl. I S. 1983)의 제30조에 의하여 최종적으로 개정된 이 법의 규정은 제37조 이외의 경우에 적용한다. 제1문에 따라 협약에 기간이 설정된 경우에(Ist eine Vereinbarung nach Satz 1 befristet geschlossen worden) 당사자들은, 그 협약이 유효한 동안에 그 협약상의 계속적 적용을 결의할 수 있다; 제41조 제4항을 준용한다.

## 제7편 특별규정, 형벌규정 및 범칙금규정

제41a조 선박의 선원에 대한 특별규정

① 특별평의회구성원, 유럽근로자평의회구성원(Mitglied des besonderen Verhandlungsgremiums, eines Europäischen Betriebsrats) 또는 제19조 제1항상의 근로자대표기구나 그들의 직무대리인이 선박의 선원인 경우에 회의일자는 그 선원의 참석이 용이하도록 잡혀야 한다.

② 선원이 해상에 있거나 선박회사의 등기된 본점소재지가 있는 타국의 항구에 있고 제41a조 제1항에 따른 회의에 참석할 수 없는 경우로, 다음의 경우에 새로운 정보통신기술에 의하여 회의 참석(Teilnahme an der Sitzung mittels neuer Informations- und Kommunikationstechnologien)이 이뤄질 수 있다,

1. 그것이 관할 평의회의 사무규정에 규정되고,
2. 회의 내용을 제3자가 알 수 없다는 점이 보장된 경우.

제42조 평의회 조직 및 활동보호

Niemand darf

1. die Bildung des besonderen Verhandlungsgremiums (§ 9) oder die Errichtung eines Europäischen Betriebsrats (§§ 18, 21 Absatz 1) oder die Einführung eines Verfahrens zur Unterrichtung und Anhörung (§ 19) behindern oder durch Zufügung oder Androhung von Nachteilen oder durch Gewährung oder Versprechen von Vorteilen beeinflussen,
2. die Tätigkeit des besonderen Verhandlungsgremiums, eines Europäischen Betriebsrats oder der Arbeitnehmervertreter im Rahmen eines Verfahrens zur Unterrichtung und Anhörung behindern oder stören oder
3. ein Mitglied oder Ersatzmitglied des besonderen Verhandlungsgremiums oder eines Europäischen Betriebsrats oder einen Arbeitnehmervertreter im Rahmen eines Verfahrens zur Unterrichtung und Anhörung um seiner Tätigkeit willen benachteiligen oder begünstigen.

§ 43 Strafvorschriften

(1) Mit Freiheitsstrafe bis zu zwei Jahren oder mit Geldstrafe wird bestraft, wer entgegen § 35 Absatz 2 Satz 1 oder 2, jeweils auch in Verbindung mit Absatz 3, ein Betriebs- oder Geschäftsgeheimnis verwertet.

(2) Die Tat wird nur auf Antrag verfolgt.

§ 44 Strafvorschriften

(1) Mit Freiheitsstrafe bis zu einem Jahr oder mit Geldstrafe wird bestraft, wer

1. entgegen § 35 Absatz 2 Satz 1 oder 2, jeweils auch in Verbindung mit Absatz 3, ein Betriebs- oder Geschäftsgeheimnis offenbart oder
2. einer Vorschrift des § 42 über die Errichtung der dort genannten Gremien oder die Einführung des dort genannten Verfahrens, die Tätigkeit der dort genannten Gremien oder der Arbeitnehmervertreter oder über die Benachteiligung oder Begünstigung eines Mitglieds oder Ersatzmitglieds der dort genannten Gremien oder eines Arbeitnehmervertreters zuwiderhandelt.

(2) Handelt der Täter in den Fällen des Absatzes 1 Nummer 1 gegen Entgelt oder in der Absicht, sich oder einen anderen zu bereichern oder einen anderen zu schädigen, so ist die Strafe Freiheitsstrafe bis zu zwei Jahren oder Geldstrafe.

(3) Die Tat wird nur auf Antrag verfolgt. In den Fällen des Absatzes 1 Nummer 2 sind das besondere Verhandlungsgremium, der Europäische Betriebsrat, die Mehrheit der Arbeitnehmervertreter im Rahmen eines Verfahrens zur Unterrichtung und Anhörung, die zentrale Leitung oder eine im Betrieb vertretene Gewerkschaft antragsberechtigt.

§ 45 Bußgeldvorschriften

(1) Ordnungswidrig handelt, wer

1. entgegen § 5 Absatz 1 die Informationen nicht, nicht richtig, nicht vollständig oder nicht

누구든지,

1. 특별평의회(제9조) 또는 유럽근로자평의회(제18조, 제21조 제1항)의 조직이나 통지 및 청문을 위한 절차(제19조)의 도입을 방해하거나 불이익의 부과 또는 위협이나 이익의 부과 또는 약속으로(durch Zufügung oder Androhung von Nachteilen oder durch Gewährung oder Versprechen von Vorteilen) 영향을 끼쳐서는 안 되고,
2. 특별평의회 또는 유럽근로자평의회(Tätigkeit des besonderen Verhandlungsgremiums, eines Europäischen Betriebsrats)의 활동이나 통지 및 청문을 위한 절차의 틀 내의 근로자대표자의 활동을 방해 또는 교란해서는 안 되며,
3. 특별평의회 또는 유럽근로자평의회의 구성원 또는 대체구성원이나 통지 및 청문을 위한 절차의 틀 내의 근로자대표자에게 그 활동을 이유로(um seiner Tätigkeit willen) 불이익 또는 이익을 줘서는 안 된다.

제43조 형벌규정

① 각각 제35조 제3항에 준용된 경우를 포함하여 제35조 제2항 제1문, 제2문에 위반하여 사업 또는 경영비밀(Betriebs- oder Geschäftsgeheimnis)을 이용한 자는 2년 이하의 징역 또는 벌금에 처한다.

② 그 행위는 고소가 있어야 기소된다.

제44조 형벌규정

① 다음 각 호의 자는 1년 이하의 징역 또는 벌금에 처한다,

1. 각각 제35조 제3항에 준용된 경우를 포함하여 제35조 제2항 제1문, 제2문에 위반하여 사업 또는 경영비밀을 누설한 자,
2. 그 조항상의 평의회의 설치 또는 그 조항상의 절차의 도입, 그 조항상의 평의회 또는 근로자대표자에 관한 제42조의 규정에 반하여 행위하거나 또는 그 조항상의 평의회구성원 또는 대체구성원이나 근로자대표자에 대한 불이익 또는 이익에 관한 제42조의 규정에 반하여 행위한 자.

② 제45조 제1항 제1호의 경우에 행위자가 보수를 대가로 행위를 하거나 자기 또는 다른 사람에게 이익을 주거나 손해를 끼칠 목적으로 행위한 경우에는 2년 이하의 징역 또는 벌금에 처한다.

③ 그 행위는 고소가 있어야 기소된다. 제45조 제1항 제2호의 경우에 특별평의회, 유럽근로자평의회, 통지나 청문을 위한 절차의 틀 내에서의 근로자대표자의 과반수, 다국적기업본사(zentrale Leitung) 또는 사업에 조합원인 근로자가 있는 노동조합(eine im Betrieb vertretene Gewerkschaft)은 고소할 자격을 갖는다.

제45조 범칙금규정

① 다음 각 호자는 질서위반행위를 범한 자이다,

1. 제5조 제1항에 반하여 정보를 수집 또는 전달하지 않거나, 부당하게 수집 또는 전달하거나

rechtzeitig erhebt oder weiterleitet oder

2. entgegen § 29 Absatz 1 oder § 30 Absatz 1 Satz 1 oder Absatz 2 Satz 1 den Europäischen Betriebsrat oder den Ausschuss nach § 26 nicht, nicht richtig, nicht vollständig, nicht in der vorgeschriebenen Weise oder nicht rechtzeitig unterrichtet.

(2) Die Ordnungswidrigkeit kann mit einer Geldbuße bis zu fünfzehntausend Euro geahndet werden.

불완전하게 수집 또는 전달하거나 또는 적시에 수집 또는 전달하지 않은 자,

2. 제29조 제1항, 제30조 제1항 제1문, 제2항 제1문에 위반하여 유럽근로자평의회 또는 제26조에 따른 그 위원회에게 통지를 하지 않거나, 부당하게 통지하거나, 규정된 방식으로 통지를 하지 않거나 또는 적시에 통지를 하지 않은 자.

② 그 질서위반행위는 2,500유로 이하의 범칙금에 처한다.

# 주식법

(BGBl. I S. 2446)(일부)

# Aktiengesetz

# Aktiengesetz

https://www.gesetze-im-internet.de/aktg/BJNR010890965.html

## Erstes Buch Aktiengesellschaft

## Erster Teil Allgemeine Vorschriften

§ 1 Wesen der Aktiengesellschaft

(1) Die Aktiengesellschaft ist eine Gesellschaft mit eigener Rechtspersönlichkeit. Für die Verbindlichkeiten der Gesellschaft haftet den Gläubigern nur das Gesellschaftsvermögen.

(2) Die Aktiengesellschaft hat ein in Aktien zerlegtes Grundkapital.

§ 2 Gründerzahl

An der Feststellung des Gesellschaftsvertrags (der Satzung) müssen sich eine oder mehrere Personen beteiligen, welche die Aktien gegen Einlagen übernehmen.

§ 3 Formkaufmann. Börsennotierung

(1) Die Aktiengesellschaft gilt als Handelsgesellschaft, auch wenn der Gegenstand des Unternehmens nicht im Betrieb eines Handelsgewerbes besteht.

(2) Börsennotiert im Sinne dieses Gesetzes sind Gesellschaften, deren Aktien zu einem Markt zugelassen sind, der von staatlich anerkannten Stellen geregelt und überwacht wird, regelmäßig stattfindet und für das Publikum mittelbar oder unmittelbar zugänglich ist.

§ 4 Firma

Die Firma der Aktiengesellschaft muß, auch wenn sie nach § 22 des Handelsgesetzbuchs oder nach anderen gesetzlichen Vorschriften fortgeführt wird, die Bezeichnung "Aktiengesellschaft" oder eine allgemein verständliche Abkürzung dieser Bezeichnung enthalten.

§ 5 Sitz

Sitz der Gesellschaft ist der Ort im Inland, den die Satzung bestimmt.

§ 6 Grundkapital

Das Grundkapital muß auf einen Nennbetrag in Euro lauten.

§ 7 Mindestnennbetrag des Grundkapitals

Der Mindestnennbetrag des Grundkapitals ist fünfzigtausend Euro.

§ 8 Form und Mindestbeträge der Aktien

# 주식법(BGBl. I S. 2446)(일부)

법률 공포일: 1965년 9월 6일
최근 법률 개정일: 2017년 7월 17일(BGBl. I S. 2446)

## 제1권 주식회사

### 제1편 총칙규정

제1조 주식회사의 본질

① 주식회사는 고유한 법인격을 가진(mit eigener Rechtspersönlichkeit) 회사이다. 회사의 채무에 대해(Für die Verbindlichkeiten) 회사재산만으로 채권자에게 책임을 진다.

② 주식회사는 주식으로 분할된 자본(Grundkapital)을 가진다.

제2조 발기인수

주식을 주금 납입으로 인수하는 1인 또는 수인이 회사계약의 확정(Feststellung des Gesellschaftsvertrags; 정관)(Satzung)에 참여해야만 한다.

제3조 의제상인(Formkaufmann), 상장(上場)

① 주식회사는, 기업의 목적(Gegenstand des Unternehmens)이 상업(Handelsgewerbes)의 영위에 있지 아니하더라도 상사회사로 간주된다.

② 그 주식이, 국가에 의해 공인된 기관에 의해 관리되고 감시되며 규칙적으로 개장되며, 그 공시에 대해 직접적으로 또는 간접적으로 접근할 수 있는(für das Publikum mittelbar oder unmittelbar zugänglich ist) 시장에서 거래가 허용된 회사는 본 법상의 상장이 이뤄진 것이다.

제4조 상호

주식회사의 상호는, 그 상호 사용이 상법전 제22조 또는 다른 법률 규정에 따라 계속될지라도, "주식회사"(Aktiengesellschaft)의 기재 또는 일반적으로 이해가 가능한 주식회사의 축약어(Abkürzung)를 포함해야만 한다.

제5조 본점소재지

회사의 본점소재지는 정관에 정해진 독일 내 장소(Ort im Inland)이다.

제6조 자본

자본은 유로로 된 액면가로(auf einen Nennbetrag) 표시되어야만 한다.

제7조 자본의 최소액면가

자본의 최소액면가(Mindestnennbetrag)는 50,000유로이다.

(1) Die Aktien können entweder als Nennbetragsaktien oder als Stückaktien begründet werden.
(2) Nennbetragsaktien müssen auf mindestens einen Euro lauten. Aktien über einen geringeren Nennbetrag sind nichtig. Für den Schaden aus der Ausgabe sind die Ausgeber den Inhabern als Gesamtschuldner verantwortlich. Höhere Aktiennennbeträge müssen auf volle Euro lauten.
(3) Stückaktien lauten auf keinen Nennbetrag. Die Stückaktien einer Gesellschaft sind am Grundkapital in gleichem Umfang beteiligt. Der auf die einzelne Aktie entfallende anteilige Betrag des Grundkapitals darf einen Euro nicht unterschreiten. Absatz 2 Satz 2 und 3 findet entsprechende Anwendung.
(4) Der Anteil am Grundkapital bestimmt sich bei Nennbetragsaktien nach dem Verhältnis ihres Nennbetrags zum Grundkapital, bei Stückaktien nach der Zahl der Aktien.
(5) Die Aktien sind unteilbar.
(6) Diese Vorschriften gelten auch für Anteilscheine, die den Aktionären vor der Ausgabe der Aktien erteilt werden (Zwischenscheine).

§ 9 Ausgabebetrag der Aktien

(1) Für einen geringeren Betrag als den Nennbetrag oder den auf die einzelne Stückaktie entfallenden anteiligen Betrag des Grundkapitals dürfen Aktien nicht ausgegeben werden (geringster Ausgabebetrag).
(2) Für einen höheren Betrag ist die Ausgabe zulässig.

§ 10 Aktien und Zwischenscheine

(1) Die Aktien lauten auf Namen. Sie können auf den Inhaber lauten, wenn

1. die Gesellschaft börsennotiert ist oder
2. der Anspruch auf Einzelverbriefung ausgeschlossen ist und die Sammelurkunde bei einer der folgenden Stellen hinterlegt wird:
   a) einer Wertpapiersammelbank im Sinne des § 1 Absatz 3 Satz 1 des Depotgesetzes,
   b) einem zugelassenen Zentralverwahrer oder einem anerkannten Drittland-Zentralverwahrer gemäß der Verordnung (EU) Nr. 909/2014 des Europäischen Parlaments und des Rates vom 23. Juli 2014 zur Verbesserung der Wertpapierlieferungen und -abrechnungen in der Europäischen Union und über Zentralverwahrer sowie zur Änderung der Richtlinien 98/26/EG und 2014/65/EU und der Verordnung (EU) Nr. 236/2012 (ABl. L 257 vom 28.8.2014, S. 1) oder
   c) einem sonstigen ausländischen Verwahrer, der die Voraussetzungen des § 5 Absatz 4 Satz 1 des Depotgesetzes erfüllt.

Solange im Fall des Satzes 2 Nummer 2 die Sammelurkunde nicht hinterlegt ist, ist § 67 entsprechend anzuwenden.

제8조 주식의 형태와 최소금액

① 주식은 액면주식(Nennbetragsaktien) 또는 무액면주식(Stückaktien)으로 구성된다.

② 액면주식은 최소한 1유로 이상으로 표시되어야만 한다. 1유로보다 더 적은 주식은 무효이다. 이러한 주식 발행으로 인한 손해는 주식발행인들(Ausgeber)이 주식소유자(Inhabern)에 대해 연대채무자로서 책임을 진다. 더 큰 액면가는 정수(整數)인 유로로 표시되어야만 한다.

③ 무액면주식은 액면가의 표시가 없다(Stückaktien lauten auf keinen Nennbetrag). 회사의 무액면주식(Stückaktien einer Gesellschaft)은 자본에 대해 지분이 동등하다. 개별 주식에 정해진 자본의 지분액(Der auf die einzelne Aktie entfallende anteilige Betrag des Grundkapitals)은 1유로를 미달해서는 안 된다. 제8조 제2항 제2문, 제3문이 준용된다.

④ 자본의 지분은 액면주식의 경우 자본에 대한 액면주식의 액면가의 비율에 따라(nach dem Verhältnis ihres Nennbetrags zum Grundkapital), 무액면주식의 경우 주식수에 따라 정해진다.

⑤ 주식은 분할될 수 없다.

⑥ 위와 같은 규정들은 주식발행 전에 주주에게 제공된 주식증서(Anteilscheine)[가주식(假株式); Zwischenscheine]에도 적용된다.

제9조 주식의 발행가액

① 액면가(Nennbetrag) 또는 개별 무액면주식에 정해진 자본의 지분액(den auf die einzelne Stückaktie entfallenden anteiligen Betrag des Grundkapitals)보다 더 적은 금액으로 주식은 발행(액면미달 주식발행; geringster Ausgabebetrag)되어서는 안 된다

② 액면가보다 더 큰 금액으로 하는 주식 발행은 허용된다.

제10조 주식과 가주식

① 주식은 기명주식으로 발행된다. 다음 각 호의 경우에 무기명주식으로 발행될 수 있다,

1. 상장된 회사의 경우,
2. 개별 증권화청구권(Anspruch auf Einzelverbriefung)은 배제되고 증권예탁증권(Sammelurkunde; 글로벌증권)이 다음 기관에 예탁되는 경우;
   a) 예탁법 제1조 제3항 제1문상의 유가증권은행,
   b) 유럽연합과 중앙증권예탁원에서의 유가증권양도 및 유가증권공제의 개선(Verbesserung der Wertpapierlieferungen und -abrechnungen in der Europäischen Union)과, 98/26/EG, 2014/65/EU, 유럽연합 236호/2012 명령(ABl. L 257 vom 28.8.2014, S. 1)의 지침 개정에 관한 유럽의회(Europäischen Parlaments) 및 2014년 7월 23일의 유럽연합이사회(Rates)의 909/2014호 유럽연합 명령에 따라 인가된 중앙증권예탁원 또는 공인된 제3국의 중앙증권예탁원(Zentralverwahrer oder einem anerkannten Drittland-Zentralverwahrer),
   c) 예탁법 제5조 제4항 제1문의 요건을 충족한 기타 외국의 증권예탁원(ausländischen Verwahrer).

제2문 제2호의 경우에 증권예탁증권이 예탁되지 않은 동안에는 제67조를 준용한다.

(2) Die Aktien müssen auf Namen lauten, wenn sie vor der vollen Leistung des Ausgabebetrags ausgegeben werden. Der Betrag der Teilleistungen ist in der Aktie anzugeben.

(3) Zwischenscheine müssen auf Namen lauten.

(4) Zwischenscheine auf den Inhaber sind nichtig. Für den Schaden aus der Ausgabe sind die Ausgeber den Inhabern als Gesamtschuldner verantwortlich.

(5) In der Satzung kann der Anspruch des Aktionärs auf Verbriefung seines Anteils ausgeschlossen oder eingeschränkt werden.

§ 11 Aktien besonderer Gattung

Die Aktien können verschiedene Rechte gewähren, namentlich bei der Verteilung des Gewinns und des Gesellschaftsvermögens. Aktien mit gleichen Rechten bilden eine Gattung.

§ 12 Stimmrecht. Keine Mehrstimmrechte

(1) Jede Aktie gewährt das Stimmrecht. Vorzugsaktien können nach den Vorschriften dieses Gesetzes als Aktien ohne Stimmrecht ausgegeben werden.

(2) Mehrstimmrechte sind unzulässig.

§ 13 Unterzeichnung der Aktien

Zur Unterzeichnung von Aktien und Zwischenscheinen genügt eine vervielfältigte Unterschrift. Die Gültigkeit der Unterzeichnung kann von der Beachtung einer besonderen Form abhängig gemacht werden. Die Formvorschrift muß in der Urkunde enthalten sein.

§ 14 Zuständigkeit

Gericht im Sinne dieses Gesetzes ist, wenn nichts anderes bestimmt ist, das Gericht des Sitzes der Gesellschaft.

§ 15 Verbundene Unternehmen

Verbundene Unternehmen sind rechtlich selbständige Unternehmen, die im Verhältnis zueinander in Mehrheitsbesitz stehende Unternehmen und mit Mehrheit beteiligte Unternehmen (§ 16), abhängige und herrschende Unternehmen (§ 17), Konzernunternehmen (§ 18), wechselseitig beteiligte Unternehmen (§ 19) oder Vertragsteile eines Unternehmensvertrags (§§ 291, 292) sind.

§ 16 In Mehrheitsbesitz stehende Unternehmen und mit Mehrheit beteiligte Unternehmen

(1) Gehört die Mehrheit der Anteile eines rechtlich selbständigen Unternehmens einem anderen Unternehmen oder steht einem anderen Unternehmen die Mehrheit der Stimmrechte zu (Mehrheitsbeteiligung), so ist das Unternehmen ein in Mehrheitsbesitz stehendes Unternehmen, das andere Unternehmen ein an ihm mit Mehrheit beteiligtes Unternehmen.

② 주식이 발행금액의 완전한 납입 전에 발행된 경우에는 그 주식은 기명주식으로 발행되어야만 한다. 부분적 납입액(Betrag der Teilleistungen)은 주식에 기재되어야 한다.

③ 가주식은 기명주식으로(auf Namen) 발행되어야만 한다.

④ 무기명가주식(Zwischenscheine auf den Inhaber)은 무효이다. 이 주식발행으로 인한 손해(Schaden)에 대해 주식발행인들은 그 소유자에 대해 연대채무자로서 책임을 진다.

⑤ 정관으로 주주의 그 지분에 대한 증권화청구권(Anspruch des Aktionärs auf Verbriefung)을 배제하거나 제한할 수 있다.

제11조 특별한 종류주식(Aktien besonderer Gattung)

주식에는 다양한 권리가 부여될 수 있고, 특히 이익배당시와 회사재산의 분배시에 다양한 권리가 부여될 수 있다. 동등한 권리가 있는 주식은 하나의 종류주식을 이룬다.

제12조 의결권, 복수의결권의 불허

① 각 주식은 의결권을 갖는다. 우선주는 이 법의 규정에 따라 의결권 없는 주식으로(als Aktien ohne Stimmrecht) 발행될 수 있다.

② 복수의결권(Mehrstimmrechte)은 허용되지 않는다.

제13조 주식에 대한 서명

주식과 가주식에 대한 서명을 위하여 복제된 서명으로 족하다. 서명의 유효성(Gültigkeit der Unterzeichnung)은 특별한 형식의 준수에 의해 좌우될 수 있다. 그 형식적 요건은 그 증서에 포함되어야만 한다.

제14조 관할

이 법상의 법원은, 달리 정함이 없는 한, 회사의 본점소재지 법원(Gericht des Sitzes der Gesellschaft)을 말한다.

제15조 결합된 기업(Verbundene Unternehmen)

결합된 기업은 법률상 독립기업들로, 과반수자본참가기업과 과반수자본피참가(過半數資本被參加)기업(im Verhältnis zueinander in Mehrheitsbesitz stehende Unternehmen und mit Mehrheit beteiligte Unternehmen)(제16조), 종속기업과 지배기업(제17조), 콘체른기업(제18조), 상호자본참가기업(제19조) 또는 기업계약상의 당사자기업(제291조, 제292조)이 이에 포함된다.

제16조 과반수자본참가기업과 과반수자본피참가(過半數資本被參加)기업

① 법적으로 독립된 기업의 주식의 과반수가 다른 기업에 귀속되거나 의결권의 과반수가 다른 기업에 귀속된 경우(과반수지분참가; Mehrheitsbeteiligung)에는, 그 기업은 과반수자본피참가기업(ein in Mehrheitsbesitz stehendes Unternehmen)이고, 다른 기업은 과반수자본참가기업(ein an ihm mit Mehrheit beteiligtes Unternehmen)이다.

(2) Welcher Teil der Anteile einem Unternehmen gehört, bestimmt sich bei Kapitalgesellschaften nach dem Verhältnis des Gesamtnennbetrags der ihm gehörenden Anteile zum Nennkapital, bei Gesellschaften mit Stückaktien nach der Zahl der Aktien. Eigene Anteile sind bei Kapitalgesellschaften vom Nennkapital, bei Gesellschaften mit Stückaktien von der Zahl der Aktien abzusetzen. Eigenen Anteilen des Unternehmens stehen Anteile gleich, die einem anderen für Rechnung des Unternehmens gehören.
(3) Welcher Teil der Stimmrechte einem Unternehmen zusteht, bestimmt sich nach dem Verhältnis der Zahl der Stimmrechte, die es aus den ihm gehörenden Anteilen ausüben kann, zur Gesamtzahl aller Stimmrechte. Von der Gesamtzahl aller Stimmrechte sind die Stimmrechte aus eigenen Anteilen sowie aus Anteilen, die nach Absatz 2 Satz 3 eigenen Anteilen gleichstehen, abzusetzen.
(4) Als Anteile, die einem Unternehmen gehören, gelten auch die Anteile, die einem von ihm abhängigen Unternehmen oder einem anderen für Rechnung des Unternehmens oder eines von diesem abhängigen Unternehmens gehören und, wenn der Inhaber des Unternehmens ein Einzelkaufmann ist, auch die Anteile, die sonstiges Vermögen des Inhabers sind.

§ 17 Abhängige und herrschende Unternehmen

(1) Abhängige Unternehmen sind rechtlich selbständige Unternehmen, auf die ein anderes Unternehmen (herrschendes Unternehmen) unmittelbar oder mittelbar einen beherrschenden Einfluß ausüben kann.
(2) Von einem in Mehrheitsbesitz stehenden Unternehmen wird vermutet, daß es von dem an ihm mit Mehrheit beteiligten Unternehmen abhängig ist.

§ 18 Konzern und Konzernunternehmen

(1) Sind ein herrschendes und ein oder mehrere abhängige Unternehmen unter der einheitlichen Leitung des herrschenden Unternehmens zusammengefaßt, so bilden sie einen Konzern; die einzelnen Unternehmen sind Konzernunternehmen. Unternehmen, zwischen denen ein Beherrschungsvertrag (§ 291) besteht oder von denen das eine in das andere eingegliedert ist (§ 319), sind als unter einheitlicher Leitung zusammengefaßt anzusehen. Von einem abhängigen Unternehmen wird vermutet, daß es mit dem herrschenden Unternehmen einen Konzern bildet.
(2) Sind rechtlich selbständige Unternehmen, ohne daß das eine Unternehmen von dem anderen abhängig ist, unter einheitlicher Leitung zusammengefaßt, so bilden sie auch einen Konzern; die einzelnen Unternehmen sind Konzernunternehmen.

§ 19 Wechselseitig beteiligte Unternehmen

(1) Wechselseitig beteiligte Unternehmen sind Unternehmen mit Sitz im Inland in der Rechtsform einer Kapitalgesellschaft, die dadurch verbunden sind, daß jedem Unternehmen mehr als der vierte Teil der Anteile des anderen Unternehmens gehört. Für die Feststellung, ob einem Unternehmen mehr

② 어느 정도의 지분이 기업에 귀속되었는지는 물적회사의 경우에(bei Kapitalgesellschaften) 그 기업에 귀속된 주식의 총액면가의 명목자본에 대한 비율에 따라, 무액면주식이 발행된 회사의 경우(bei Gesellschaften mit Stückaktien) 주식수에 따라 정해진다. 자기주식은 물적회사의 경우에 명목자본에서, 무액면주식이 발행된 회사의 경우 주식수에서 제외한다. 다른 회사가 당해 회사의 계산으로 소유한 주식은 당해 회사의 자기주식(Eigenen Anteilen)과 같다.
③ 어느 정도의 의결권이 기업에 귀속었는지는, 그 기업에 귀속된 주식 중에서 의결권을 행사할 수 있는 의결권수의 총의결권수에 대한(zur Gesamtzahl aller Stimmrechte) 비율에 따라 정해진다. 자기주식에 기한 의결권과 제16조 제2항 제3문에 따라 자기주식과 같은 주식에 기한 의결권은 총의결권수 중에서 제외한다.
④ 당해 기업의 종속기업이 소유하거나 당해 기업의 계산 또는 이러한 종속기업의 계산으로(für Rechnung des Unternehmens oder eines von diesem abhängigen Unternehmens) 소유한 주식도 당해 기업이 소유한 주식으로서 보고, 당해 기업의 소유주가 단독상인(Einzelkaufmann)인 경우에는 그 소유주의 기타 자산인 주식도 당해 기업이 소유한 주식으로 본다.

제17조 종속기업과 지배기업
① 종속기업(Abhängige Unternehmen)은, 다른 기업(지배기업; herrschendes Unternehmen)에게서 직접적으로 또는 간접적으로 지배적 영향력을 받을 수 있는 법률상 독립기업(rechtlich selbständige Unternehmen)이다.
② 과반수자본피참가기업(einem in Mehrheitsbesitz stehenden Unternehmen)에 대하여는 과반수지분출자기업에 종속된 것으로 추정한다.

제18조 콘체른과 콘체른기업
① 지배기업과 하나 또는 다수의 종속기업이 지배기업의 통일적 관리(Leitung des herrschenden Unternehmens)하에 놓인 경우에는, 그 기업들은 콘체른을 형성한다; 그 개별 기업은 콘체른기업이라 한다. 기업들 간에 지배계약(제291조)이 있거나 어느 기업이 다른 기업에 편입된 경우(제319조)에 그 기업은 통일적 관리하에 놓인 것으로 본다. 종속기업에 대해, 그 종속기업은 지배기업과 함께 하나의 콘체른(einen Konzern)을 형성(形成)하는 것으로 추정(推定)한다.
② 법률상 독립기업이 다른 기업에 종속되지 않더라도 통일적 관리하에(unter einheitlicher Leitung) 놓인 경우에도 콘체른을 형성한다; 각각의 기업(einzelnen Unternehmen)은 콘체른기업에 해당한다.

제19조 상호자본참가기업
① 상호자본참가기업(Wechselseitig beteiligte Unternehmen)은 물적회사의 형식인 독일 내 본점 소재지가 있는 회사로, 당해 기업이 다른 기업의 주식의 1/4(der vierte Teil der Anteile des anderen Unternehmens)을 초과하여 소유함으로써 결합된 기업이다. 당해 기업이 다른 기업의

als der vierte Teil der Anteile des anderen Unternehmens gehört, gilt § 16 Abs. 2 Satz 1, Abs. 4.
(2) Gehört einem wechselseitig beteiligten Unternehmen an dem anderen Unternehmen eine Mehrheitsbeteiligung oder kann das eine auf das andere Unternehmen unmittelbar oder mittelbar einen beherrschenden Einfluß ausüben, so ist das eine als herrschendes, das andere als abhängiges Unternehmen anzusehen.
(3) Gehört jedem der wechselseitig beteiligten Unternehmen an dem anderen Unternehmen eine Mehrheitsbeteiligung oder kann jedes auf das andere unmittelbar oder mittelbar einen beherrschenden Einfluß ausüben, so gelten beide Unternehmen als herrschend und als abhängig.
(4) § 328 ist auf Unternehmen, die nach Absatz 2 oder 3 herrschende oder abhängige Unternehmen sind, nicht anzuwenden.

§ 20 Mitteilungspflichten

(1) Sobald einem Unternehmen mehr als der vierte Teil der Aktien einer Aktiengesellschaft mit Sitz im Inland gehört, hat es dies der Gesellschaft unverzüglich schriftlich mitzuteilen. Für die Feststellung, ob dem Unternehmen mehr als der vierte Teil der Aktien gehört, gilt § 16 Abs. 2 Satz 1, Abs. 4.
(2) Für die Mitteilungspflicht nach Absatz 1 rechnen zu den Aktien, die dem Unternehmen gehören, auch Aktien,
1. Für die Mitteilungspflicht nach Absatz 1 rechnen zu den Aktien, die dem Unternehmen gehören, auch Aktien, deren Übereignung das Unternehmen, ein von ihm abhängiges Unternehmen oder ein anderer für Rechnung des Unternehmens oder eines von diesem abhängigen Unternehmens verlangen kann;
2. zu deren Abnahme das Unternehmen, ein von ihm abhängiges Unternehmen oder ein anderer für Rechnung des Unternehmens oder eines von diesem abhängigen Unternehmens verpflichtet ist.

(3) Ist das Unternehmen eine Kapitalgesellschaft, so hat es, sobald ihm ohne Hinzurechnung der Aktien nach Absatz 2 mehr als der vierte Teil der Aktien gehört, auch dies der Gesellschaft unverzüglich schriftlich mitzuteilen.
(4) Sobald dem Unternehmen eine Mehrheitsbeteiligung (§ 16 Abs. 1) gehört, hat es auch dies der Gesellschaft unverzüglich schriftlich mitzuteilen.
(5) Besteht die Beteiligung in der nach Absatz 1, 3 oder 4 mitteilungspflichtigen Höhe nicht mehr, so ist dies der Gesellschaft unverzüglich schriftlich mitzuteilen.
(6) Die Gesellschaft hat das Bestehen einer Beteiligung, die ihr nach Absatz 1 oder 4 mitgeteilt worden ist, unverzüglich in den Gesellschaftsblättern bekanntzumachen; dabei ist das Unternehmen anzugeben, dem die Beteiligung gehört. Wird der Gesellschaft mitgeteilt, daß die Beteiligung in der nach Absatz 1 oder 4 mitteilungspflichtigen Höhe nicht mehr besteht, so ist auch dies unverzüglich in den Gesellschaftsblättern bekanntzumachen.
(7) Rechte aus Aktien, die einem nach Absatz 1 oder 4 mitteilungspflichtigen Unternehmen

주식의 1/4을 초과하여 소유하는지를 확정함에 있어 제16조 제2항 제1문, 제4항이 적용된다.
② 상호자본참가기업이 다른 기업에 대하여 과반수지분을 소유하거나, 어느 기업이 다른 기업에 직접적으로 또는 간접적으로 지배적 영향력(das eine auf das andere Unternehmen unmittelbar oder mittelbar einen beherrschenden Einfluß)을 행사할 수 있는 경우에, 그 어느 기업 또는 상호자본참가기업은 지배기업으로, 다른 기업은 종속기업으로 본다.
③ 상호자본참가기업이 다른 기업에 대하여 과반수지분을 소유하거나, 특정 기업이 다른 기업에 직접적으로 또는 간접적으로 지배적 영향력을 행사할 수 있는 경우에, 양 기업은 지배기업과 종속기업 사이로 간주한다(gelten beide Unternehmen als herrschend und als abhängig).
④ 제328조는 제19조 제2항 또는 제3항에 따라 지배기업 또는 종속기업인 기업에 대해 적용하지 않는다.

제20조 통지의무

① 어느 기업이 독일 내에 본점소재지를 둔 주식회사의 주식의 1/4을 초과하여 소유하는 때에는, 지체 없이 그 기업은 그 주식회사에게 이를 서면으로 통지해야 한다. 그 기업이 주식을 1/4을 초과하여 소유하고 있는지를 확정함에 있어(Für die Feststellung, ob dem Unternehmen mehr als der vierte Teil der Aktien gehört), 제16조 제2항 제1문, 제4항이 적용된다.
② 제1항에 따른 통지의무에 있어 다음 각 호의 주식도 그 기업이 소유하는 주식에 산입한다,
1. 당해 기업이 자신의 종속기업에게 그 주식의 양도를 청구하거나, 당해 기업 또는 이러한 종속기업의 계산으로 (그 주식 발행한) 다른 기업에게 그 주식의 양도를 청구할 수 있는 주식;
2. 당해 기업이 자신의 종속기업에게서 그 주식을 수취(Abnahme)할 의무가 있거나, 당해 기업 또는 이러한 종속기업의 계산으로 (그 주식 발행한) 다른 기업에게서 그 주식을 수취할 의무가 있는 주식.

③ 당해 기업이 물적회사(Kapitalgesellschaft)인 경우, 물적회사인 회사는 제2항에 따른 주식을 합산하지 않더라도 그 주식의 1/4을 초과하여 소유하는 때에는, 지체 없이 이를 그 주식회사에게 통지해야 한다.
④ 그 회사가 과반수지분(Mehrheitsbeteiligung)(제16조 제1항)을 소유하게 된 때에는, 그 회사는 그 주식회사에게 이를 지체 없이 서면으로 통지해야 한다.
⑤ 제20조 제1항, 제3항 또는 제4항에 따른 통지의무가 있는 자본참가가 더 이상 해당하지 않게 된 경우에, 이를 그 주식회사에 지체 없이 서면으로 통지해야 한다.
⑥ 그 주식회사는 제20조 제1항 또는 제4항에 따라 자신에게 통지를 받은 자본참가의 현황(Bestehen einer Beteiligung)을 지체 없이 사보(社報)에 공고해야 한다; 이 때 자본참가를 한 기업을 명시해야 한다. 그 회사가 제20조 제1항, 제4항에 따른 통지의무가 있는 자본참가에 해당하지 않게 된다는 통지를 받은 경우에도, 이것도 지체 없이 사보(社報)에(in den Gesellschaftsblättern) 공고해야 한다.
⑦ 제20조 제1항 또는 제4항에 따라 통지의무가 있는 기업이 소유하는 주식에 따른 권리는,

gehören, bestehen für die Zeit, für die das Unternehmen die Mitteilungspflicht nicht erfüllt, weder für das Unternehmen noch für ein von ihm abhängiges Unternehmen oder für einen anderen, der für Rechnung des Unternehmens oder eines von diesem abhängigen Unternehmens handelt. Dies gilt nicht für Ansprüche nach § 58 Abs. 4 und § 271, wenn die Mitteilung nicht vorsätzlich unterlassen wurde und nachgeholt worden ist.

(8) Die Absätze 1 bis 7 gelten nicht für Aktien eines Emittenten im Sinne des § 33 Absatz 4 des Wertpapierhandelsgesetzes.

§ 21 Mitteilungspflichten der Gesellschaft

(1) Sobald der Gesellschaft mehr als der vierte Teil der Anteile einer anderen Kapitalgesellschaft mit Sitz im Inland gehört, hat sie dies dem Unternehmen, an dem die Beteiligung besteht, unverzüglich schriftlich mitzuteilen. Für die Feststellung, ob der Gesellschaft mehr als der vierte Teil der Anteile gehört, gilt § 16 Abs. 2 Satz 1, Abs. 4 sinngemäß.

(2) Sobald der Gesellschaft eine Mehrheitsbeteiligung (§ 16 Abs. 1) an einem anderen Unternehmen gehört, hat sie dies dem Unternehmen, an dem die Mehrheitsbeteiligung besteht, unverzüglich schriftlich mitzuteilen.

(3) Besteht die Beteiligung in der nach Absatz 1 oder 2 mitteilungspflichtigen Höhe nicht mehr, hat die Gesellschaft dies dem anderen Unternehmen unverzüglich schriftlich mitzuteilen.

(4) Rechte aus Anteilen, die einer nach Absatz 1 oder 2 mitteilungspflichtigen Gesellschaft gehören, bestehen nicht für die Zeit, für die sie die Mitteilungspflicht nicht erfüllt. § 20 Abs. 7 Satz 2 gilt entsprechend.

(5) Die Absätze 1 bis 4 gelten nicht für Aktien eines Emittenten im Sinne des § 33 Absatz 4 des Wertpapierhandelsgesetzes.

§ 22 Nachweis mitgeteilter Beteiligungen

Ein Unternehmen, dem eine Mitteilung nach § 20 Abs. 1, 3 oder 4, § 21 Abs. 1 oder 2 gemacht worden ist, kann jederzeit verlangen, daß ihm das Bestehen der Beteiligung nachgewiesen

## Zweiter Teil Gründung der Gesellschaft

§ 23 Feststellung der Satzung

(1) Die Satzung muß durch notarielle Beurkundung festgestellt werden. Bevollmächtigte bedürfen einer notariell beglaubigten Vollmacht.

(2) In der Urkunde sind anzugeben

1. die Gründer;

당해 기업이 통지의무(Mitteilungspflicht)를 이행하지 않은 기간 동안에, 당해 기업에 대해서도, 당해 기업의 종속기업에 대해서도, 당해 기업 또는 이러한 종속기업의 계산으로(für Rechnung) 거래하는 다른 기업에 대해서도 존재하지 않는다. 그 통지가 의도적으로(vorsätzlich) 중단되어 다시 행해지지 않는 경우에는, 이는 제58조 제4항, 제271조에 따른 청구권에 대해서는 적용하지 않는다.

⑧ 제20조 제1항 내지 제7항은 유가증권거래법(Wertpapierhandelsgesetzes) 제33조 제4항상의 발행인(Emittenten)의 주식에 대하여는 적용하지 않는다.

제21조 회사의 통지의무

① 회사가 독일 내에 주소를 둔 다른 물적회사의 주식의 1/4을 초과하여 소유하는 때에는, 지체 없이 그 회사는 자본참가의 대상이 되는 물적회사에 이를 서면으로 통지해야 한다. 그 기업이 주식을 1/4을 초과하여 소유하고 있는지를 확정함에 있어(Für die Feststellung, ob der Gesellschaft mehr als der vierte Teil der Anteile gehört), 제16조 제2항 제1문, 제4항을 준용한다.

② 회사가 다른 기업에 대한 과반수자본참가(제16조 제1항)를 한 때에는, 지체 없이 그 회사는 과반수지분참가의 대상 기업(Unternehmen, an dem die Mehrheitsbeteiligung besteht)에 이를 서면으로 통지해야 한다.

③ 자본참가가 제21조 제1항 또는 제2항에 따른 통지의무가 있는 기준이 더 이상 되지 않게 된 경우에, 그 회사는 그 다른 기업에 이를 지체 없이 서면으로 통지해야 한다.

④ 제21조 제1항 또는 제2항에 따라 통지의무가 있는 회사가 소유하는 주식에 따른 권리는 그 회사가 통지의무를 이행하고 있지 않는 기간 동안에 존재하지 않는다. 제20조 제7항 제2문을 준용한다.

⑤ 제21조 제1항 내지 제4항은 유가증권거래법 제33조 제4항상의 발행인의 주식에 대하여는 적용하지 않는다.

제22조 통지된 자본참가의 증명(Nachweis mitgeteilter Beteiligungen)

제20조 제1항, 제3항 또는 제4항, 제21조 제1항 또는 제2항에 따라 통지를 받은 기업은 언제든지 자본참가 현황을 자신에게 증명할 것을 요구할 수 있다.

## 제2편 회사의 설립

제23조 정관의 확정

① 정관은 공증인의 공증으로(durch notarielle Beurkundung) 확정되어야만 한다. 대리인(Bevollmächtigte)은 공증인의 공증에 의한 대리권을 필요로 한다.

② 그 증서에는 다음 사항이 기재되어야 한다,

1. 발기인,

2. bei Nennbetragsaktien der Nennbetrag, bei Stückaktien die Zahl, der Ausgabebetrag und, wenn mehrere Gattungen bestehen, die Gattung der Aktien, die jeder Gründer übernimmt;
3. der eingezahlte Betrag des Grundkapitals.

(3) Die Satzung muß bestimmen

1. die Firma und den Sitz der Gesellschaft;
2. den Gegenstand des Unternehmens; namentlich ist bei Industrie- und Handelsunternehmen die Art der Erzeugnisse und Waren, die hergestellt und gehandelt werden sollen, näher anzugeben;
3. die Höhe des Grundkapitals;
4. die Zerlegung des Grundkapitals entweder in Nennbetragsaktien oder in Stückaktien, bei Nennbetragsaktien deren Nennbeträge und die Zahl der Aktien jeden Nennbetrags, bei Stückaktien deren Zahl, außerdem, wenn mehrere Gattungen bestehen, die Gattung der Aktien und die Zahl der Aktien jeder Gattung;
5. ob die Aktien auf den Inhaber oder auf den Namen ausgestellt werden;
6. die Zahl der Mitglieder des Vorstands oder die Regeln, nach denen diese Zahl festgelegt wird.

(4) Die Satzung muß ferner Bestimmungen über die Form der Bekanntmachungen der Gesellschaft enthalten.

(5) Die Satzung kann von den Vorschriften dieses Gesetzes nur abweichen, wenn es ausdrücklich zugelassen ist. Ergänzende Bestimmungen der Satzung sind zulässig, es sei denn, daß dieses Gesetz eine abschließende Regelung enthält.

Fußnote

(+++ § 23 Abs. 5: Zur Anwendung vgl. § 140 Abs. 2 KAGB +++)

§ 24 (weggefallen)

§ 25 Bekanntmachungen der Gesellschaft

Bestimmt das Gesetz oder die Satzung, daß eine Bekanntmachung der Gesellschaft durch die Gesellschaftsblätter erfolgen soll, so ist sie in den Bundesanzeiger einzurücken.

§ 26 Sondervorteile. Gründungsaufwand

(1) Jeder einem einzelnen Aktionär oder einem Dritten eingeräumte besondere Vorteil muß in der Satzung unter Bezeichnung des Berechtigten festgesetzt werden.

(2) Der Gesamtaufwand, der zu Lasten der Gesellschaft an Aktionäre oder an andere Personen als Entschädigung oder als Belohnung für die Gründung oder ihre Vorbereitung gewährt wird, ist in der Satzung gesondert festzusetzen.

(3) Ohne diese Festsetzung sind die Verträge und die Rechtshandlungen zu ihrer Ausführung der Gesellschaft gegenüber unwirksam. Nach der Eintragung der Gesellschaft in das Handelsregister

2. 액면주식의 경우 액면가, 무액면주식의 경우 그 주식수, 발행가액, 다수의 종류주식이 있는 경우에 각 발기인이 인수한 종류주식(Gattung der Aktien),
3. 자본에 대한 납입액(eingezahlte Betrag des Grundkapitals).

③ 정관으로 다음 사항이 정해져야 한다,

1. 회사의 상호, 본점소재지;
2. 회사의 목적; 특히 제조회사 및 판매회사(Handelsunternehmen)의 경우에 생산해야 하거나 판매해야 하는 생산물 및 거래품목의 종류를 보다 상세하게 기재한다;
3. 자본액(Höhe des Grundkapitals);
4. 자본의 액면주식과 무액면주식 중 한 가지 주식으로 분할(Zerlegung des Grundkapitals), 액면주식의 경우 액면가와 각 액면가에 대한 주식수, 무액면주식의 경우에 그 주식수, 또 수개의 종류주식이 있는 경우에 주식의 종류 및 각 종류주식의 주식수;
5. 무기명주식 또는 기명주식의 발행 여부;
6. 이사회 구성원수 또는 이사회 구성원수를 정하는 규정;

④ 또한 정관에는 회사의 공고의 형식(Form der Bekanntmachungen der Gesellschaft)에 관한 규정이 포함되어야 한다.

⑤ 정관은 이 법으로 명시적으로 허용된 경우에만 이 법과 달리 정해질 수 있다. 정관의 보충규정(Ergänzende Bestimmungen der Satzung)은 허용되나, 이 법이 달리 규정하는 하는 경우에는 그러하지 아니하다.

각주

제23조 제5항: 그 적용에 있어 자본투자법전(Kapitalanlagegesetzbuch; KAGB) 제140조 제2항을 참조하라.

제24조 삭제

제25조 회사의 공고

법률 또는 정관에 의해 회사의 공고가 사보(社報)에 의해 행해지도록 정해진 경우에, 그 공고는 연방관보에도 공고되어야 한다.

제26조 특별이익, 설비비용

① 개별 주주나 제3자에게 인정되는 모든 특별이익은 그 권리자를 기재해서 정관으로 정해져야만 한다.

② 설립 또는 설립준비에 대한 보상 또는 보수로(als Entschädigung oder als Belohnung für die Gründung oder ihre Vorbereitung) 주주 또는 타인(他人)에게 회사의 부담으로 지급하는 총비용은 정관으로 각각 구분되어 정해져야 한다.

③ 그와 같은 정함이 없이 그 집행을 위한 계약과 법률행위(Verträge und die Rechtshandlungen zu ihrer Ausführung)는 그 회사에 대해 효력이 없다. 회사가 상업등기부에 등기된 후에는

kann die Unwirksamkeit nicht durch Satzungsänderung geheilt werden.
(4) Die Festsetzungen können erst geändert werden, wenn die Gesellschaft fünf Jahre im Handelsregister eingetragen ist.
(5) Die Satzungsbestimmungen über die Festsetzungen können durch Satzungsänderung erst beseitigt werden, wenn die Gesellschaft dreißig Jahre im Handelsregister eingetragen ist und wenn die Rechtsverhältnisse, die den Festsetzungen zugrunde liegen, seit mindestens fünf Jahren abgewickelt sind.

§ 27 Sacheinlagen, Sachübernahmen; Rückzahlung von Einlagen
(1) Sollen Aktionäre Einlagen machen, die nicht durch Einzahlung des Ausgabebetrags der Aktien zu leisten sind (Sacheinlagen), oder soll die Gesellschaft vorhandene oder herzustellende Anlagen oder andere Vermögensgegenstände übernehmen (Sachübernahmen), so müssen in der Satzung festgesetzt werden der Gegenstand der Sacheinlage oder der Sachübernahme, die Person, von der die Gesellschaft den Gegenstand erwirbt, und der Nennbetrag, bei Stückaktien die Zahl der bei der Sacheinlage zu gewährenden Aktien oder die bei der Sachübernahme zu gewährende Vergütung. Soll die Gesellschaft einen Vermögensgegenstand übernehmen, für den eine Vergütung gewährt wird, die auf die Einlage eines Aktionärs angerechnet werden soll, so gilt dies als Sacheinlage.
(2) Sacheinlagen oder Sachübernahmen können nur Vermögensgegenstände sein, deren wirtschaftlicher Wert feststellbar ist; Verpflichtungen zu Dienstleistungen können nicht Sacheinlagen oder Sachübernahmen sein.
(3) Ist eine Geldeinlage eines Aktionärs bei wirtschaftlicher Betrachtung und auf Grund einer im Zusammenhang mit der Übernahme der Geldeinlage getroffenen Abrede vollständig oder teilweise als Sacheinlage zu bewerten (verdeckte Sacheinlage), so befreit dies den Aktionär nicht von seiner Einlageverpflichtung. Jedoch sind die Verträge über die Sacheinlage und die Rechtshandlungen zu ihrer Ausführung nicht unwirksam. Auf die fortbestehende Geldeinlagepflicht des Aktionärs wird der Wert des Vermögensgegenstandes im Zeitpunkt der Anmeldung der Gesellschaft zur Eintragung in das Handelsregister oder im Zeitpunkt seiner Überlassung an die Gesellschaft, falls diese später erfolgt, angerechnet. Die Anrechnung erfolgt nicht vor Eintragung der Gesellschaft in das Handelsregister. Die Beweislast für die Werthaltigkeit des Vermögensgegenstandes trägt der Aktionär.
(4) Ist vor der Einlage eine Leistung an den Aktionär vereinbart worden, die wirtschaftlich einer Rückzahlung der Einlage entspricht und die nicht als verdeckte Sacheinlage im Sinne von Absatz 3 zu beurteilen ist, so befreit dies den Aktionär von seiner Einlageverpflichtung nur dann, wenn die Leistung durch einen vollwertigen Rückgewähranspruch gedeckt ist, der jederzeit fällig ist oder durch fristlose Kündigung durch die Gesellschaft fällig werden kann. Eine solche Leistung oder

그 무효는 정관개정으로 치유될 수 없다.

④ 그러한 정함(Festsetzungen)은 회사가 상업등기부에 5년 동안 등록된 후에 비로소 변경될 수 있다.

⑤ 이에 관한 정관규정(Satzungsbestimmungen über die Festsetzungen)은, 회사가 3년 동안 등기부에 등기되고 그러한 정함의 기초가 된 법률관계(Rechtsverhältnisse, die den Festsetzungen zugrunde liegen)가 최소 5년이 지나서 해소된 경우에 비로소 정관개정으로(durch Satzungsänderung) 삭제될 수 있다.

第27조 현물출자, 재산인수; 주금(株金)의 반환

① 주주가 주식의 발행가액에 대한 납입으로 하지 않는 출자(현물출자; Sacheinlagen)를 해야 하거나, 회사가 현존하거나 생산할 시설 또는 다른 재산을 인수해야 하는 경우(재산인수; Sachübernahmen)에, 현물출자 또는 재산인수의 목적물(Gegenstand der Sacheinlage oder der Sachübernahme), 회사가 그 목적물을 취득하는 자, 액면가, 무액면주식의 경우 현물출자시 부여되는 주식수(bei Stückaktien die Zahl der bei der Sacheinlage), 또는 재산인수시 지급하는 대가(die bei der Sachübernahme zu gewährende Vergütung)가 정관으로 정해져야만 한다. 회사가 주주의 주금으로 계산되는 대가를 지급해야 하는(für den eine Vergütung gewährt wird, die auf die Einlage eines Aktionärs angerechnet werden soll) 재산을 인수해야 하는 경우에 이는 현물출자로 본다.

② 현물출자나 재산인수는 그 경제적 가치를 확정할 수 있는 재산으로만 이뤄질 수 있다; 노무(勞務)급부의무(Verpflichtungen zu Dienstleistungen)는 현물출자나 재산인수의 대상이 될 수 없다.

③ 경제적 고려를 하고 주금(株金; Geldeinlage)의 인수와 관련하여 정한 약정을 고려할 때, 주주의 주금을 전적으로 또는 부분적으로 현물출자로 평가할 수 있는 경우(은폐된 현물출자; verdeckte Sacheinlage)에, 이로 인하여 그 주주는 자신의 주금납입의무(Einlageverpflichtung)에서 면제되지 않는다. 그럼에도 현물출자에 관한 계약과 그 계약의 집행을 위한 법률행위는(Verträge über die Sacheinlage und die Rechtshandlungen zu ihrer Ausführung)무효가 아니다. 주주의 계속적으로 존재하는 주금납입의무와 관련하여 그 재산의 가치는 상업등기부 등기를 위한 회사의 신고 시점 또는 그 신고가 나중에 이뤄지는 경우에 회사에 대한 그 재산의 양도 시점을 기준으로 평가된다. 그 평가는 회사의 상업등기부의 등기 전에 이뤄지지 않는다. 그 재산의 환가성(換價性)에 대한 증명책임(Beweislast für die Werthaltigkeit des Vermögensgegenstandes)은 주주가 부담한다.

④ 경제적으로 주금의 반환으로 볼 수 있고 제27조 제3항상의 은폐된 현물출자로 볼 수 없는, 주주에 대한 급부가 출자 전에 약정된 경우에, 그 급부가 언제든지 지급기가 도래하거나 회사에 의한 그 기한의 정함이 없는 해지에 의해 그 지급기가 도래할 수 있는, 충분한 가치가 있는 상환청구권으로 전보(塡補)되는 때(wenn die Leistung durch einen vollwertigen Rückgewähranspruch gedeckt ist)에만, 이로 인하여 주금납입의무가 면제된다. 그 급부나

die Vereinbarung einer solchen Leistung ist in der Anmeldung nach § 37 anzugeben.

(5) Für die Änderung rechtswirksam getroffener Festsetzungen gilt § 26 Abs. 4, für die Beseitigung der Satzungsbestimmungen § 26 Abs. 5.

§ 28 Gründer

Die Aktionäre, die die Satzung festgestellt haben, sind die Gründer der Gesellschaft.

§ 29 Errichtung der Gesellschaft

Mit der Übernahme aller Aktien durch die Gründer ist die Gesellschaft errichtet.

§ 30 Bestellung des Aufsichtsrats, des Vorstands und des Abschlußprüfers

(1) Die Gründer haben den ersten Aufsichtsrat der Gesellschaft und den Abschlußprüfer für das erste Voll- oder Rumpfgeschäftsjahr zu bestellen. Die Bestellung bedarf notarieller Beurkundung.

(2) Auf die Zusammensetzung und die Bestellung des ersten Aufsichtsrats sind die Vorschriften über die Bestellung von Aufsichtsratsmitgliedern der Arbeitnehmer nicht anzuwenden.

(3) Die Mitglieder des ersten Aufsichtsrats können nicht für längere Zeit als bis zur Beendigung der Hauptversammlung bestellt werden, die über die Entlastung für das erste Voll- oder Rumpfgeschäftsjahr beschließt. Der Vorstand hat rechtzeitig vor Ablauf der Amtszeit des ersten Aufsichtsrats bekanntzumachen, nach welchen gesetzlichen Vorschriften der nächste Aufsichtsrat nach seiner Ansicht zusammenzusetzen ist; §§ 96 bis 99 sind anzuwenden.

(4) Der Aufsichtsrat bestellt den ersten Vorstand.

§ 31 Bestellung des Aufsichtsrats bei Sachgründung

(1) Ist in der Satzung als Gegenstand einer Sacheinlage oder Sachübernahme die Einbringung oder Übernahme eines Unternehmens oder eines Teils eines Unternehmens festgesetzt worden, so haben die Gründer nur so viele Aufsichtsratsmitglieder zu bestellen, wie nach den gesetzlichen Vorschriften, die nach ihrer Ansicht nach der Einbringung oder Übernahme für die Zusammensetzung des Aufsichtsrats maßgebend sind, von der Hauptversammlung ohne Bindung an Wahlvorschläge zu wählen sind. Sie haben jedoch, wenn dies nur zwei Aufsichtsratsmitglieder sind, drei Aufsichtsratsmitglieder zu bestellen.

(2) Der nach Absatz 1 Satz 1 bestellte Aufsichtsrat ist, soweit die Satzung nichts anderes bestimmt, beschlußfähig, wenn die Hälfte, mindestens jedoch drei seiner Mitglieder an der Beschlußfassung teilnehmen.

(3) Unverzüglich nach der Einbringung oder Übernahme des Unternehmens oder des Unternehmensteils hat der Vorstand bekanntzumachen, nach welchen gesetzlichen Vorschriften nach seiner Ansicht der Aufsichtsrat zusammengesetzt sein muß. §§ 97 bis 99 gelten sinngemäß. Das Amt der bisherigen Aufsichtsratsmitglieder erlischt nur, wenn der Aufsichtsrat nach anderen

그러한 급부의 약정은 제37조에 따른 신고서에 기재되어야 한다.

⑤ 유효하게 정해진 그 정함의 변경에 대하여 제26조 제4항, 정관규정의 삭제에 대하여는 제26조 제5항을 적용한다.

제28조 설립자

정관을 정한 주주는 회사의 발기인이 된다.

제29조 회사의 설립

발기인이 모든 주식을 인수함으로써 회사는 설립된다.

제30조 감사회 및 이사회의 구성, 결산검사인의 임명

① 발기인은 회사의 최초의 감사회를 구성하고 최초의 전체 사업연도 또는 1년 미만의 사업연도에 대한 결산검사인을 임명해야 한다. 그 임명은 공증인의 공증을 받아야 한다.

② 최초 감사회의 구성과 임명에 대하여 근로자측감사회구성원(Aufsichtsratsmitgliedern der Arbeitnehmer)의 임명에 관한 규정은 적용하지 않는다.

③ 최초 감사회구성원은 최초의 전체 사업연도 또는 1년 미만의 사업연도의 결산승인(Entlastung) 여부에 대해 결의하는 주주총회의 종료시까지 보다 더 장기로 임명될 수 없다. 이사회는 최초의 감사회의 임기의 만료 전의 적절한 시기에 자신의 견해에 따라 어느 법률 규정에 의해 차기 감사회(nächste Aufsichtsrat)가 구성되었는지를 공고해야 한다; 제96조 내지 제99조를 적용한다.

④ 감사회가 최초의 이사회를 구성한다.

제31조 현물출자에 의한 회사설립(Sachgründung)시 감사회 구성

① 기업의 전부 또는 일부의 합병 또는 인수(Einbringung oder Übernahme eines Unternehmens oder eines Teils eines Unternehmens)가 정관에 현물출자 또는 재산인수의 목적으로 정해진 경우에, 발기인들은 자신들의 견해에 의할 때 합병 또는 인수 후 감사회 구성에 대해 기준이 되는 법률의 규정에 따라(wie nach den gesetzlichen Vorschriften), 후보자추천에 구속받지 않고(ohne Bindung an Wahlvorschläge) 주주총회에서 임명되는 수만큼의 감사회구성원만을 임명해야 한다. 그 감사회구성원이 2명의 감사회구성원에 불과하더라도 발기인들은 3명을 임명해야 한다.

② 정관이 달리 정하지 않는 한, 최소 3명 이상으로, 감사회구성원의 절반(Hälfte, mindestens jedoch drei seiner Mitglieder)이 결의에 참여한 경우에는 제31조 제1항 제1문에 따라 구성되는 감사회는 결의할 수 있다.

③ 기업의 전부 또는 일부의 합병 또는 인수 후 지체 없이(Unverzüglich nach der Einbringung oder Übernahme) 이사회는 자신의 견해에 의할 때 어느 법률 규정에 따라 감사회가 구성되어야만 하는지를 공고해야 한다. 제97조 내지 제99조를 준용한다(gelten sinngemäß). 발기인들이 그 기준으로 여긴 규정 이외의 규정에 따라 감사회가 구성되거나, 발기인들이 3명의 감사회

als den von den Gründern für maßgebend gehaltenen Vorschriften zusammenzusetzen ist oder wenn die Gründer drei Aufsichtsratsmitglieder bestellt haben, der Aufsichtsrat aber auch aus Aufsichtsratsmitgliedern der Arbeitnehmer zu bestehen hat.

(4) Absatz 3 gilt nicht, wenn das Unternehmen oder der Unternehmensteil erst nach der Bekanntmachung des Vorstands nach § 30 Abs. 3 Satz 2 eingebracht oder übernommen wird.

(5) § 30 Abs. 3 Satz 1 gilt nicht für die nach Absatz 3 bestellten Aufsichtsratsmitglieder der Arbeitnehmer.

§ 32 Gründungsbericht

(1) Die Gründer haben einen schriftlichen Bericht über den Hergang der Gründung zu erstatten (Gründungsbericht).

(2) Im Gründungsbericht sind die wesentlichen Umstände darzulegen, von denen die Angemessenheit der Leistungen für Sacheinlagen oder Sachübernahmen abhängt. Dabei sind anzugeben

1. die vorausgegangenen Rechtsgeschäfte, die auf den Erwerb durch die Gesellschaft hingezielt haben;
2. die Anschaffungs- und Herstellungskosten aus den letzten beiden Jahren;
3. beim Übergang eines Unternehmens auf die Gesellschaft die Betriebserträge aus den letzten beiden Geschäftsjahren.

(3) Im Gründungsbericht ist ferner anzugeben, ob und in welchem Umfang bei der Gründung für Rechnung eines Mitglieds des Vorstands oder des Aufsichtsrats Aktien übernommen worden sind und ob und in welcher Weise ein Mitglied des Vorstands oder des Aufsichtsrats sich einen besonderen Vorteil oder für die Gründung oder ihre Vorbereitung eine Entschädigung oder Belohnung ausbedungen hat.

§ 33 Gründungsprüfung. Allgemeines

(1) Die Mitglieder des Vorstands und des Aufsichtsrats haben den Hergang der Gründung zu prüfen.

(2) Außerdem hat eine Prüfung durch einen oder mehrere Prüfer (Gründungsprüfer) stattzufinden, wenn

1. ein Mitglied des Vorstands oder des Aufsichtsrats zu den Gründern gehört oder
2. bei der Gründung für Rechnung eines Mitglieds des Vorstands oder des Aufsichtsrats Aktien übernommen worden sind oder
3. ein Mitglied des Vorstands oder des Aufsichtsrats sich einen besonderen Vorteil oder für die Gründung oder ihre Vorbereitung eine Entschädigung oder Belohnung ausbedungen hat oder
4. eine Gründung mit Sacheinlagen oder Sachübernahmen vorliegt.

(3) In den Fällen des Absatzes 2 Nr. 1 und 2 kann der beurkundende Notar (§ 23 Abs. 1 Satz 1) anstelle eines Gründungsprüfers die Prüfung im Auftrag der Gründer vornehmen; die Bestimmungen über die Gründungsprüfung finden sinngemäße Anwendung. Nimmt nicht der

구성원을 임명했지만 감사회가 근로자측감사회구성원(Aufsichtsratsmitgliedern der Arbeitnehmer)으로도 구성되어야 했던 경우에 한하여, 종전의 감사회구성원의 직무(Amt der bisherigen Aufsichtsratsmitglieder)는 소멸한다.

④ 기업의 전부 또는 일부가 제30조 제3항 제2문에 따른 이사회의 공고 후 비로소 합병되거나 인수된 경우에는 제31조 제3항은 적용되지 않는다.

⑤ 제30조 제3항 제1문은 제31조 제3항에 따라 임명된 근로자측감사회구성원에 대해서는 적용되지 않는다.

제32조 설립보고

① 발기인은 설립의 경과(Hergang der Gründung)에 관하여 서면으로 보고를 해야 한다(설립보고; Gründungsbericht).

② 설립보고서에 현물출자 또는 재산인수의 이행의 적절성(Angemessenheit)이 좌우되는 중요한 제반사정(Umstände)이 명시되어야 한다. 그 보고서에 다음 각 호가 언급되어야 한다,

1. 회사가 획득의 목표로 삼은 과거의 법률행위,
2. 최근 2년간의 획득비용 및 설립비용,
3. 어느 기업의 당해 회사로의 이전시(beim Übergang eines Unternehmens auf die Gesellschaft) 최근 2년 사업년도의 영업이익(Betriebserträge).

③ 또한 회사 설립시 이사 또는 감사회구성원의 계산으로 주식이 인수되었는지 여부와 이 경우 어느 정도 인수되었는지에 관한 사항, 이사 또는 감사회구성원이 특별이익이나 회사설립 또는 설립준비에 대해 보상 또는 보수(einen besonderen Vorteil oder für die Gründung oder ihre Vorbereitung eine Entschädigung oder Belohnung)를 요구했는지 여부와 이 경우 어느 방식으로 이를 요구했는지에 관한 사항에 대해서도 설립보고서에 기재되어야 한다.

제33조 회사설립검사, 일반사항

① 이사 및 감사회구성원은 회사설립의 경과를 검사해야 한다.

② 다음 각 호의 경우에 1인 또는 다수의 검사인(설립검사인; Gründungsprüfer)에 의해 검사가 시행되어야 한다,

1. 이사 또는 감사회구성원이 발기인인 경우,
2. 회사설립시 이사 또는 감사회구성원의 계산으로(für Rechnung eines Mitglieds des Vorstands oder des Aufsichtsrats) 주식이 인수된 경우,
3. 이사 또는 감사회구성원에 대한 특별이익이나 회사설립 또는 설립준비에 대해 보상 또는 보수가 부여된 경우,
4. 현물출자 또는 재산인수에 의한 회사설립(Gründung mit Sacheinlagen)이 행해진 경우.

③ 제33조 제2항 제1호, 제2호의 경우에 공인된 공증인(beurkundende Notar)(제23조 제1항 제1문)은 발기인의 위임에 의해(im Auftrag der Gründer) 설립검사인 대신에 검사를 수행할 수 있다; 설립검사에 대한 규정(Bestimmungen über die Gründungsprüfung)은 준용된다. 공증인이 검

Notar die Prüfung vor, so bestellt das Gericht die Gründungsprüfer. Gegen die Entscheidung ist die Beschwerde zulässig.

(4) Als Gründungsprüfer sollen, wenn die Prüfung keine anderen Kenntnisse fordert, nur bestellt werden

1. Personen, die in der Buchführung ausreichend vorgebildet und erfahren sind;
2. Prüfungsgesellschaften, von deren gesetzlichen Vertretern mindestens einer in der Buchführung ausreichend vorgebildet und erfahren ist.

(5) Als Gründungsprüfer darf nicht bestellt werden, wer nach § 143 Abs. 2 nicht Sonderprüfer sein kann. Gleiches gilt für Personen und Prüfungsgesellschaften, auf deren Geschäftsführung die Gründer oder Personen, für deren Rechnung die Gründer Aktien übernommen haben, maßgebenden Einfluß haben.

## Dritter Teil Rechtsverhältnisse der Gesellschaft und der Gesellschafter

§ 53a Gleichbehandlung der Aktionäre

Aktionäre sind unter gleichen Voraussetzungen gleich zu behandeln.

§ 54 Hauptverpflichtung der Aktionäre

(1) Die Verpflichtung der Aktionäre zur Leistung der Einlagen wird durch den Ausgabebetrag der Aktien begrenzt.

(2) Soweit nicht in der Satzung Sacheinlagen festgesetzt sind, haben die Aktionäre den Ausgabebetrag der Aktien einzuzahlen.

(3) Der vor der Anmeldung der Gesellschaft eingeforderte Betrag kann nur in gesetzlichen Zahlungsmitteln oder durch Gutschrift aufVerpflichtung der Aktionäre zur Leistung der Einlage tätigen Unternehmen der Gesellschaft oder des Vorstands zu seiner freien Verfügung eingezahlt werden. Forderungen des Vorstands aus diesen Einzahlungen gelten als Forderungen der Gesellschaft.

(4) Der Anspruch der Gesellschaft auf Leistung der Einlagen verjährt in zehn Jahren von seiner Entstehung an. Wird das Insolvenzverfahren über das Vermögen der Gesellschaft eröffnet, so tritt die Verjährung nicht vor Ablauf von sechs Monaten ab dem Zeitpunkt der Eröffnung ein.

§ 55 Nebenverpflichtungen der Aktionäre

(1) Ist die Übertragung der Aktien an die Zustimmung der Gesellschaft gebunden, so kann die Satzung Aktionären die Verpflichtung auferlegen, neben den Einlagen auf das Grundkapital wiederkehrende, nicht in Geld bestehende Leistungen zu erbringen. Dabei hat sie zu bestimmen,

사를 수행하지 않은 경우에 법원은 설립검사인을 임명한다. 그 결정에 대해서는 항고(Beschwerde)할 수 있다.

④ 검사에 다른 지식이 필요하지 않더라도 설립검사인으로서 다음 각 호의 사람만이 임명되어야 한다,

1. 회계에 대해 충분하게 사전교육을 받아 그에 대해 경험이 있는 자;
2. 그 법률상대리인 중 최소 1명이 회계업무에 대해 충분하게 사전교육을 받아 그에 대해 경험이 있는 회계검사전문회사(Prüfungsgesellschaften).

⑤ 제143조 제2항에 따라 특별검사인이 될 수 없는 자는 설립검사인으로 임명되서는 안 된다. 발기인에게서 그 경영에 대해 중대한 영향 받거나 발기인으로 하여금 자신의 계산으로 주식을 인수하게 한 자에게서 그 경영에 대해 중대한 영향을 받는 자 또는 회계검사전문회사도 또한 같다.

## 제3편 회사와 주주와의 법률관계

제53a 주주의 평등대우

주주는 평등한 요건하에 평등하게 대우받아야 한다.

제54조 주주의 주된 책임

① 출자의 이행에 대한 주주의 의무(Verpflichtung der Aktionäre zur Leistung der Einlage)은 주식의 발행가액(Ausgabebetrag der Aktien)에 한정된다.

② 정관으로 현물출자가 정해지지 않는 한, 주주는 주식의 발행가액을 금전으로 납입해야 한다.

③ 회사의 설립신고 전에 청구된 금액은 법정통화로만(nur in gesetzlichen Zahlungsmitteln) 지급되거나, 회사나 그 이사회가 자유롭게 인출할 수 있도록 은행의 계좌나 금융기관법 제53조 제1항 제1문 또는 제53b조 제1항 제1문 또는 제7항에 따라 활동하는 기업의 계좌상의 대기통지서[14](Gutschrift)로 지급되어야 한다. 이러한 지급에서 이사회의 요구(Forderungen des Vorstands aus diesen Einzahlungen)는 회사의 요구로 본다.

④ 주금 이행에 대한 회사의 청구권은 그 청구권이 발생한 때로부터 10년의 기간이 지남으로써 시효로 소멸한다. 회사재산에 대해 파산절차가 개시된 경우에는 그 파산절차가 개시된 때로부터 6개월이 경과하기 전에는 소멸시효가 완성되지 않는다.

제55조 주주의 부수적 책임

① 주식의 양도(Übertragung der Aktien)가 회사의 동의에 구속되는 경우에는 정관으로 자본에 대한 출자 이외에 주기적으로 발생하는, 비금전적 급부를 이행하도록 하는(nicht in Geld bestehende Leistungen zu erbringen) 주주들의 책임이 부과될 수 있다. 이 경우에 그 급부를 무

ob die Leistungen entgeltlich oder unentgeltlich zu erbringen sind. Die Verpflichtung und der Umfang der Leistungen sind in den Aktien und Zwischenscheinen anzugeben.

(2) Die Satzung kann Vertragsstrafen für den Fall festsetzen, daß die Verpflichtung nicht oder nicht gehörig erfüllt wird.

§ 56 Keine Zeichnung eigener Aktien. Aktienübernahme für Rechnung der Gesellschaft oder durch ein abhängiges oder in Mehrheitsbesitz stehendes Unternehmen

(1) Die Gesellschaft darf keine eigenen Aktien zeichnen.

(2) Ein abhängiges Unternehmen darf keine Aktien der herrschenden Gesellschaft, ein in Mehrheitsbesitz stehendes Unternehmen keine Aktien der an ihm mit Mehrheit beteiligten Gesellschaft als Gründer oder Zeichner oder in Ausübung eines bei einer bedingten Kapitalerhöhung eingeräumten Umtausch- oder Bezugsrechts übernehmen. Ein Verstoß gegen diese Vorschrift macht die Übernahme nicht unwirksam.

(3) Wer als Gründer oder Zeichner oder in Ausübung eines bei einer bedingten Kapitalerhöhung eingeräumten Umtausch- oder Bezugsrechts eine Aktie für Rechnung der Gesellschaft oder eines abhängigen oder in Mehrheitsbesitz stehenden Unternehmens übernommen hat, kann sich nicht darauf berufen, daß er die Aktie nicht für eigene Rechnung übernommen hat. Er haftet ohne Rücksicht auf Vereinbarungen mit der Gesellschaft oder dem abhängigen oder in Mehrheitsbesitz stehenden Unternehmen auf die volle Einlage. Bevor er die Aktie für eigene Rechnung übernommen hat, stehen ihm keine Rechte aus der Aktie zu.

(4) Werden bei einer Kapitalerhöhung Aktien unter Verletzung der Absätze 1 oder 2 gezeichnet, so haftet auch jedes Vorstandsmitglied der Gesellschaft auf die volle Einlage. Dies gilt nicht, wenn das Vorstandsmitglied beweist, daß es kein Verschulden trifft.

§ 57 Keine Rückgewähr, keine Verzinsung der Einlagen

(1) Den Aktionären dürfen die Einlagen nicht zurückgewährt werden. Als Rückgewähr gilt nicht die Zahlung des Erwerbspreises beim zulässigen Erwerb eigener Aktien. Satz 1 gilt nicht bei Leistungen, die bei Bestehen eines Beherrschungs- oder Gewinnabführungsvertrags (§ 291) erfolgen oder durch einen vollwertigen Gegenleistungs- oder Rückgewähranspruch gegen den Aktionär gedeckt sind. Satz 1 ist zudem nicht anzuwenden auf die Rückgewähr eines Aktionärsdarlehens und Leistungen auf Forderungen aus Rechtshandlungen, die einem Aktionärsdarlehen wirtschaftlich entsprechen.

(2) Den Aktionären dürfen Zinsen weder zugesagt noch ausgezahlt werden.

(3) Vor Auflösung der Gesellschaft darf unter die Aktionäre nur der Bilanzgewinn verteilt werden.

§ 58 Verwendung des Jahresüberschusses

(1) Die Satzung kann nur für den Fall, daß die Hauptversammlung den Jahresabschluß feststellt,

상 또는 유상으로 이행할 것인지 여부는 정관으로 정해야 한다. 그 급부의무와 그 범위는 주식과 가주식에 기재되어야 한다.

② 정관으로 그 책임을 전혀 이행하지 않거나 불충분하게 이행된 경우 그에 대한 위약금(Vertragsstrafen)을 정할 수 있다.

제56조 자기주식의 인수청약의 불허, 회사의 계산에 의한 주식인수 또는 종속기업 또는 과반수자본피참가기업에 의한 주식인수

① 회사는 자기주식 인수청약(eigenen Aktien)을 해서는 안 된다.

② 발기인이나 주식인수청약인(Zeichner)으로서 또는 증자시 조건이 붙어 인정된 주식전환청구권 또는 신주인수권(Umtausch- oder Bezugsrechts)의 행사시에, 종속기업(Ein abhängiges Unternehmen)은 지배기업(herrschenden Gesellschaft)의 주식을 인수해서는 안 되고, 과반수자본피참가기업(ein in Mehrheitsbesitz stehendes Unternehmen)은 과반수자본참가기업의 주식을 인수해서는 안 된다. 이러한 규정에 위반되는 경우에 그 인수(Übernahme)는 무효이다.

③ 발기인이나 주식인수청약인으로서 또는 증자시 조건이 붙어 인정된 주식전환청구권 또는 신주인수의 행사시에, 당해 회사의 계산 또는 종속기업이나 과반수자본피참가기업의 계산으로(für Rechnung) 주식을 인수한 자는, 자신이 자기 계산으로 주식을 인수하지 않았다는 점을 주장할 수 없다. 그러한 자는 그 합의를 불문하고(ohne Rücksicht auf Vereinbarungen) 당해 회사 또는 종속기업이나 과반수자본피참가기업과 함께 주금의 완납을(auf die volle Einlage) 책임진다. 그러한 자가 자기 계산으로 주식을 인수하기 이전에, 주식에서 파생되는 권리는 그에게 귀속되지 않는다.

④ 증자시 제56조 제1항 또는 제2항에 위반하여 주식청약이 이뤄지는 경우에 회사의 각 이사들도 그 주금의 완납을 책임진다. 이사가 그에 대해 책임이 없다는 점을 증명하는 경우에는 이는 적용되지 않는다.

제57조 주금의 반환과 그에 대한 이자 금지

① 주금은 주주들에게 반환되어서는 안 된다. 허용된 자기주식의 취득시 취득가격의 지급은 주금반환(Rückgewähr)으로 보지 않는다. 지배계약 또는 이익이전계약(Beherrschungs- oder Gewinnabführungsvertrags)(제291조)시 행해지는 급부나 충분한 가치가 있는 반대급부청구권 또는 반환청구권으로 그 주식에 대해 전보가 이뤄지는 급부의 경우에는 제1문을 적용하지 않는다. 또한 주식소비대차의 상환(Rückgewähr eines Aktionärsdarlehens)과, 주식소비대차에 경제적으로 상응하는 법률행위에서 생긴 청구권의 이행(Leistungen auf Forderungen)에 대해서는 제1문을 적용하지 않는다.

② 주주는 이자를 약정받아서도 이를 지급받아서도 안 된다.

③ 회사의 해산 전에는 대차대조표이익(Bilanzgewinn)만이 주주들에게 분배될 수 있다.

제58조 연간잉여금의 처분

① 주주총회(Hauptversammlung)에서 연도결산(Jahresabschluß)이 확정된 경우에 한하여 정

bestimmen, daß Beträge aus dem Jahresüberschuß in andere Gewinnrücklagen einzustellen sind. Auf Grund einer solchen Satzungsbestimmung kann höchstens die Hälfte des Jahresüberschusses in andere Gewinnrücklagen eingestellt werden. Dabei sind Beträge, die in die gesetzliche Rücklage einzustellen sind, und ein Verlustvortrag vorab vom Jahresüberschuß abzuziehen.

(2) Stellen Vorstand und Aufsichtsrat den Jahresabschluß fest, so können sie einen Teil des Jahresüberschusses, höchstens jedoch die Hälfte, in andere Gewinnrücklagen einstellen. Die Satzung kann Vorstand und Aufsichtsrat zur Einstellung eines größeren oder kleineren Teils des Jahresüberschusses ermächtigen. Auf Grund einer solchen Satzungsbestimmung dürfen Vorstand und Aufsichtsrat keine Beträge in andere Gewinnrücklagen einstellen, wenn die andere Gewinnrücklagen die Hälfte des Grundkapitals übersteigen oder soweit sie nach der Einstellung die Hälfte übersteigen würden. Absatz 1 Satz 3 gilt sinngemäß.

(2a) Unbeschadet der Absätze 1 und 2 können Vorstand und Aufsichtsrat den Eigenkapitalanteil von Wertaufholungen bei Vermögensgegenständen des Anlage- und Umlaufvermögens in andere Gewinnrücklagen einstellen. Der Betrag dieser Rücklagen ist in der Bilanz gesondert auszuweisen; er kann auch im Anhang angegeben werden.

(3) Die Hauptversammlung kann im Beschluß über die Verwendung des Bilanzgewinns weitere Beträge in Gewinnrücklagen einstellen oder als Gewinn vortragen. Sie kann ferner, wenn die Satzung sie hierzu ermächtigt, auch eine andere Verwendung als nach Satz 1 oder als die Verteilung unter die Aktionäre beschließen.

(4) Die Aktionäre haben Anspruch auf den Bilanzgewinn, soweit er nicht nach Gesetz oder Satzung, durch Hauptversammlungsbeschluß nach Absatz 3 oder als zusätzlicher Aufwand auf Grund des Gewinnverwendungsbeschlusses von der Verteilung unter die Aktionäre ausgeschlossen ist. Der Anspruch ist am dritten auf den Hauptversammlungsbeschluss folgenden Geschäftstag fällig. In dem Hauptversammlungsbeschluss oder in der Satzung kann eine spätere Fälligkeit festgelegt werden.

(5) Sofern die Satzung dies vorsieht, kann die Hauptversammlung auch eine Sachausschüttung beschließen.

Fußnote

(+++ § 58: Zur Anwendung vgl. § 26g AktGEG +++)

§ 59 Abschlagszahlung auf den Bilanzgewinn

(1) Die Satzung kann den Vorstand ermächtigen, nach Ablauf des Geschäftsjahrs auf den voraussichtlichen Bilanzgewinn einen Abschlag an die Aktionäre zu zahlen.

(2) Der Vorstand darf einen Abschlag nur zahlen, wenn ein vorläufiger Abschluß für das vergangene Geschäftsjahr einen Jahresüberschuß ergibt. Als Abschlag darf höchstens die Hälfte

관으로 연간잉여금(Beträge aus dem Jahresüberschuß)을 임의준비금[15](andere Gewinnrücklagen)으로 전입(轉入)하는 것으로 결정할 수 있다. 그러한 정관규정에 근거해서 연간잉여금의 최대 절반을 임의준비금으로 전입할 수 있다. 이때 법정준비금(gesetzliche Rücklage)에 전입된 금원과 이월결손금(Verlustvortrag)은 연간잉여금에서 미리 공제해야 한다.

② 이사회와 감사회가 연도결산을 확정한 경우에, 그 기관들은 연간잉여금의 일부로 최대 그 절반(Teil des Jahresüberschusses, höchstens jedoch die Hälfte)을 임의준비금에 전입할 수 있다. 연간잉여금 중 그보다 큰 금액 또는 그보다 작은 금액을 전입하는 것(Einstellung eines größeren oder kleineren Teils des Jahresüberschusses)에 대한 권한을 이사회와 감사회에 부여하는 것으로 정관에 정할 수 있다. 임의준비금이 자본금의 절반을 초과하거나, 그 전입 후 자본금의 절반을 초과하는 경우에는, 그러한 정관규정에 기하여 이사회와 감사회는 연간잉여금을 임의준비금에 전입할 수 없다. 제58조 제1항 제3문을 준용한다.

(2a항) 제58조 제1항, 제2항에도 불구하고, 이사회와 감사회는 고정자산 및 유동자산의 가치회복에 대한 자기자본비율(Eigenkapitalanteil von Wertaufholungen bei Vermögensgegenständen des Anlage- und Umlaufvermögens)을 임의준비금에 전입할 수 있다. 이러한 준비금액은 각각 대차대조표에 명기된다; 이러한 준비금액은 부록에 기재될 수도 있다.

③ 주주총회에서 대차대조표이익의 처분에 관한 결의로(im Beschluß über die Verwendung des Bilanzgewinns) 추가적 금원을 이익준비금에 전입하거나 이익으로 이월할 수 있다. 또한 정관이 그에 대해 권한을 주주총회에 부여한 경우에 주주총회에서 제1문에 따른 사용 이외의 다른 사용 또는 주주에 배당으로 결의할 수 있다.

④ 그 청구권이 법률 또는 정관에 따라 배제되지 않거나, 제58조 제3항에 따른 주주총회결의에 의해 배제되지 않거나 이익처분결의에 기한 추가 지출로서 주주들에 대한 배당에서 배제되지 않는 한, 주주는 대차대조표이익에 대한 청구권(Anspruch auf den Bilanzgewinn)을 갖는다. 그 청구권의 지급기일은 주주총회결의 후 3영업일이다. 주주총회결의나 정관으로(In dem Hauptversammlungsbeschluss oder in der Satzung) 그 보다 늦은 지급기일(eine spätere Fälligkeit)을 정할 수 있다.

⑤ 정관에 현물(現物)배당이 규정된 경우에는 주주총회에서 현물배당(Sachausschüttung)도 결의도 할 수 있다.

각주

제58조: 그 적용에 관하여 주식법시행법(AktGEG) 제26g조를 참조하라.

제59조 대차대조표이익에 대한 분할배당

① 정관으로 사업연도 경과 후 예상되는 대차대조표이익을 주주에게 분할배당(Abschlag)을 하는 권한을 이사회에 부여할 수 있다.

② 이사회는 전(前)년도 사업연도에 대한 가(假)결산(ein vorläufiger Abschluß)에서 연간잉여금(Jahresüberschuß)이 생긴 경우에 한하여 분할배당을 할 수 있다. 분할배당은 연간잉여금에서

des Betrags gezahlt werden, der von dem Jahresüberschuß nach Abzug der Beträge verbleibt, die nach Gesetz oder Satzung in Gewinnrücklagen einzustellen sind. Außerdem darf der Abschlag nicht die Hälfte des vorjährigen Bilanzgewinns übersteigen.
(3) Die Zahlung eines Abschlags bedarf der Zustimmung des Aufsichtsrats.

§ 60 Gewinnverteilung

(1) Die Anteile der Aktionäre am Gewinn bestimmen sich nach ihren Anteilen am Grundkapital.
(2) Sind die Einlagen auf das Grundkapital nicht auf alle Aktien in demselben Verhältnis geleistet, so erhalten die Aktionäre aus dem verteilbaren Gewinn vorweg einen Betrag von vier vom Hundert der geleisteten Einlagen. Reicht der Gewinn dazu nicht aus, so bestimmt sich der Betrag nach einem entsprechend niedrigeren Satz. Einlagen, die im Laufe des Geschäftsjahrs geleistet wurden, werden nach dem Verhältnis der Zeit berücksichtigt, die seit der Leistung verstrichen ist.
(3) Die Satzung kann eine andere Art der Gewinnverteilung bestimmen.

§ 61 Vergütung von Nebenleistungen

Für wiederkehrende Leistungen, zu denen Aktionäre nach der Satzung neben den Einlagen auf das Grundkapital verpflichtet sind, darf eine den Wert der Leistungen nicht übersteigende Vergütung ohne Rücksicht darauf gezahlt werden, ob ein Bilanzgewinn ausgewiesen wird.

§ 62 Haftung der Aktionäre beim Empfang verbotener Leistungen

(1) Die Aktionäre haben der Gesellschaft Leistungen, die sie entgegen den Vorschriften dieses Gesetzes von ihr empfangen haben, zurückzugewähren. Haben sie Beträge als Gewinnanteile bezogen, so besteht die Verpflichtung nur, wenn sie wußten oder infolge von Fahrlässigkeit nicht wußten, daß sie zum Bezug nicht berechtigt waren.
(2) Der Anspruch der Gesellschaft kann auch von den Gläubigern der Gesellschaft geltend gemacht werden, soweit sie von dieser keine Befriedigung erlangen können. Ist über das Vermögen der Gesellschaft das Insolvenzverfahren eröffnet, so übt während dessen Dauer der Insolvenzverwalter oder der Sachwalter das Recht der Gesellschaftsgläubiger gegen die Aktionäre aus.
(3) Die Ansprüche nach diesen Vorschriften verjähren in zehn Jahren seit dem Empfang der Leistung. § 54 Abs. 4 Satz 2 findet entsprechende Anwendung.

§ 63 Folgen nicht rechtzeitiger Einzahlung

(1) Die Aktionäre haben die Einlagen nach Aufforderung durch den Vorstand einzuzahlen. Die Aufforderung ist, wenn die Satzung nichts anderes bestimmt, in den Gesellschaftsblättern bekanntzumachen.
(2) Aktionäre, die den eingeforderten Betrag nicht rechtzeitig einzahlen, haben ihn vom Eintritt

법률 또는 정관에 따라 이익준비금으로 전입되는 금액을 공제한 후 남는 금액의 절반 이하로만 이뤄져야 한다. 또한 분할배당(分割配當)은 전년도 대차대조표이익의 절반을 초과해서는 안 된다.

③ 분할배당은 감사회의 동의를 필요로 한다.

제60조 이익배당

① 주주의 이익에 대한 몫은 자본에 대한 주주의 지분에 따라 정해진다.

② 자본(資本)에 대한 주금(株金)이 모든 주식에 대해 동일한 비율로 납입되지 않은 경우에, 주주는 이행된 주금의 4프로의 금액을 배당 가능한 이익(利益)에서 우선적으로 받는다. 이를 하기에 이익이 충분(充分)하지 않은 경우에, 그 금액은 보다 낮은 적절한 비율(比率)로 정해진다. 사업연도 기간 중에 납입된 주금(株金)은 납입한 때로부터 경과한 기간의 비율에 따라 고려된다.

③ 정관으로 이익배당의 다른 방식을 정할 수 있다.

제61조 부수적 급부에 대한 대가

주주가 정관에 따라 자본에 대한 출자 이외에 부담하는, 주기적으로 반복되는 급부에 대해서는, 대차대조표이익이 발생하는지 여부를 불문하고 그 급부의 가치를 초과하지 않은 대가가 지급된다.

제62조 금지된 급부의 수령시 주주의 책임

① 주주는, 자신이 이 법률의 규정에 위반하여 회사에게서 수령한 급부는 회사에 반환해야 한다. 주주가 이익배당(利益配當)으로서 금원을 지급받은 경우에, 주주가 그러한 금원을 지급받을 자격이 없다는 점을 알았거나 과실(過失)로 이를 알지 못했던 경우에 한하여 그 반환의무를 진다.

② 회사가 그 재권(債權)에서 만족(滿足)을 얻지 못한 경우에는 회사의 채권자(債權者)도 회사의 그 청구권(請求權)을 행사할 수 있다. 회사 재산(Vermögen der Gesellschaft)에 대해 파산절차(Insolvenzverfahren)가 개시된 경우에, 그 기간 동안에는 파산관재인(Insolvenzverwalter) 또는 관재인(Sachwalter)이 주주(株主)에 대한 회사채권자(會社債權者)의 권리(權利)를 행사(行使)한다.

③ 위 규정에 따른 청구권은 급부를 수령한 때로부터 10년이 경과함으로써 시효로 소멸한다. 제54조 제4항 제2문을 준용한다.

제63조 적시에 주금을 납입하지 않음으로써 생기는 법적 효과

① 주주는 이사회(Vorstand)의 청구에 따라 주금(Einlagen)을 납입(納入)해야 한다. 그 청구(請求)는 정관(定款)에 달리 정함이 없는 한, 사보(社報; Gesellschaftsblättern)에 공고(公告)해야 한다.

② 청구를 받은 금원(金員)을 적시(適時)에 납입하지 않은 주주(株主)는 그 금액에 대해 지급일

der Fälligkeit an mit fünf vom Hundert für das Jahr zu verzinsen. Die Geltendmachung eines weiteren Schadens ist nicht ausgeschlossen.

(3) Für den Fall nicht rechtzeitiger Einzahlung kann die Satzung Vertragsstrafen festsetzen.

§ 64 Ausschluß säumiger Aktionäre

(1) Aktionären, die den eingeforderten Betrag nicht rechtzeitig einzahlen, kann eine Nachfrist mit der Androhung gesetzt werden, daß sie nach Fristablauf ihrer Aktien und der geleisteten Einzahlungen für verlustig erklärt werden.

(2) Die Nachfrist muß dreimal in den Gesellschaftsblättern bekanntgemacht werden. Die erste Bekanntmachung muß mindestens drei Monate, die letzte mindestens einen Monat vor Fristablauf ergehen. Zwischen den einzelnen Bekanntmachungen muß ein Zeitraum von mindestens drei Wochen liegen. Ist die Übertragung der Aktien an die Zustimmung der Gesellschaft gebunden, so genügt an Stelle der öffentlichen Bekanntmachungen die einmalige Einzelaufforderung an die säumigen Aktionäre; dabei muß eine Nachfrist gewährt werden, die mindestens einen Monat seit dem Empfang der Aufforderung beträgt.

(3) Aktionäre, die den eingeforderten Betrag trotzdem nicht zahlen, werden durch Bekanntmachung in den Gesellschaftsblättern ihrer Aktien und der geleisteten Einzahlungen zugunsten der Gesellschaft für verlustig erklärt. In der Bekanntmachung sind die für verlustig erklärten Aktien mit ihren Unterscheidungsmerkmalen anzugeben.

(4) An Stelle der alten Urkunden werden neue ausgegeben; diese haben außer den geleisteten Teilzahlungen den rückständigen Betrag anzugeben. Für den Ausfall der Gesellschaft an diesem Betrag oder an den später eingeforderten Beträgen haftet ihr der ausgeschlossene Aktionär.

§ 65 Zahlungspflicht der Vormänner

(1) Jeder im Aktienregister verzeichnete Vormann des ausgeschlossenen Aktionärs ist der Gesellschaft zur Zahlung des rückständigen Betrags verpflichtet, soweit dieser von seinen Nachmännern nicht zu erlangen ist. Von der Zahlungsaufforderung an einen früheren Aktionär hat die Gesellschaft seinen unmittelbaren Vormann zu benachrichtigen. Daß die Zahlung nicht zu erlangen ist, wird vermutet, wenn sie nicht innerhalb eines Monats seit der Zahlungsaufforderung und der Benachrichtigung des Vormanns eingegangen ist. Gegen Zahlung des rückständigen Betrags wird die neue Urkunde ausgehändigt.

(2) Jeder Vormann ist nur zur Zahlung der Beträge verpflichtet, die binnen zwei Jahren eingefordert werden. Die Frist beginnt mit dem Tag, an dem die Übertragung der Aktie zum Aktienregister der Gesellschaft angemeldet wird.

(3) Ist die Zahlung des rückständigen Betrags von Vormännern nicht zu erlangen, so hat die Gesellschaft die Aktie unverzüglich zum Börsenpreis und beim Fehlen eines Börsenpreises durch

시작일로부터 연 5프로의 지연이자를 납부해야 한다. 추가적 손해배상의 청구가 배제되지 않는다.

③ 적시에 납입하지 않은 경우에 대해 정관으로 위약금을 정할 수 있다.

제64조 납입연체를 한 주주의 배제

① 청구받은 금원을 적시에 납입하지 않은 주주에 대해 기간 도과 후에 그 주주의 주식이 무효로 되고 납부한 납입금이 몰취된다는 경고(Androhung)와 함께 그 주주에게 추가납입기간이 정해질 수 있다.

② 추가납입기간(Nachfrist)은 사보에 세 차례 공고되어야만 한다. 제1회 공고는 최소한 그 기간만료 3개월 전에, 제3회 공고는 최소한 그 기간만료 1개월 전에 행해져야 한다. 각각의 공고 사이에 최소한 3주의 기간이 있어야만 한다. 주식의 양도(Übertragung der Aktien)가 회사의 동의(Zustimmung der Gesellschaft)에 구속되는 경우에, 이러한 공고 대신에(an Stelle der öffentlichen Bekanntmachungen) 납입을 지체한 주주에 대한 1회의 개별적 청구(einmalige Einzelaufforderung)로 족하다; 이때 청구를 받은 때로부터 최소 1개월에 달하는 추가납입기간(Nachfrist)이 부여되어야만 한다.

③ 그럼에도 청구를 받은 금원을 납입하지 않은 주주에 대하여는 사보 공고로써(durch Bekanntmachung in den Gesellschaftsblättern) 회사를 위해 그 주식이 무효로 선언되고 납입금도 몰취되는 것으로 선언된다. 그 공고에 무효로 선언된 주주는 눈에 띄는 표시를 함으로써 명시해야 한다.

④ 구 주권에 갈음하는 새로운 주권이 발행된다; 새로운 주권에는 부분적 납입금액 이외에 연체된 금액을 기재해야 한다. 이러한 금액 또는 나중에 청구를 받을 금원에 대한 회사의 기재누락에 대해 회사는 그와 같이 배제된 주주(ausgeschlossene Aktionä)에 대해 책임을 진다.

제65조 배서한 전주주(前株主)의 납입책임

① 연체된 금원이 자신의 후주주(後株主)에 의해 납입(納入)되지 않은 경우에, 주주명부(Aktienregister)에 기재된 배서한 전주주(前株主)로, 주주에서 배제된 주주의 각 배서한 전주주(前株主)는 회사에 대해 연체된 금원을 지급할 의무가 있다. 회사는 그 직전 배서한 전주주(前株主)에게 이전에 주주였던 자에 대한 지급요구에 대해 통지해야 한다. 납입이 납입요구와 배서한 전주주(前株主)에 대한 통지를 받은 때로부터 1개월 이내에 이뤄지지 않은 경우에 그러한 납입이 이뤄지지 않을 것으로 추정된다. 연체된 금원에 대한 납입에 대해 새로운 주권이 발행된다.

② 각 배서한 전주주(前株主)는 2년 이내에 요구받은 금원에 대해서만 납입할 의무가 있다. 그 기간은 주식의 양도를 회사의 주주명부(Aktienregister) 등재(登載)를 위해 신고한 때로부터 기산한다.

③ 연체된 금원의 납입이 배서한 전주주(前株主)에 의해 이뤄지지 않은 경우에, 회사는 그 주식을 지체 없이 거래소가격으로 또는 거래소가격이 없는 경우에는 공적 경매(öffentliche

öffentliche Versteigerung zu verkaufen. Ist von der Versteigerung am Sitz der Gesellschaft kein angemessener Erfolg zu erwarten, so ist die Aktie an einem geeigneten Ort zu verkaufen. Zeit, Ort und Gegenstand der Versteigerung sind öffentlich bekanntzumachen. Der ausgeschlossene Aktionär und seine Vormänner sind besonders zu benachrichtigen; die Benachrichtigung kann unterbleiben, wenn sie untunlich ist. Bekanntmachung und Benachrichtigung müssen mindestens zwei Wochen vor der Versteigerung ergehen.

§ 66 Keine Befreiung der Aktionäre von ihren Leistungspflichten

(1) Die Aktionäre und ihre Vormänner können von ihren Leistungspflichten nach den §§ 54 und 65 nicht befreit werden. Gegen eine Forderung der Gesellschaft nach den §§ 54 und 65 ist die Aufrechnung nicht zulässig.

(2) Absatz 1 gilt entsprechend für die Verpflichtung zur Rückgewähr von Leistungen, die entgegen den Vorschriften dieses Gesetzes empfangen sind, für die Ausfallhaftung des ausgeschlossenen Aktionärs sowie für die Schadenersatzpflicht des Aktionärs wegen nicht gehöriger Leistung einer Sacheinlage.

(3) Durch eine ordentliche Kapitalherabsetzung oder durch eine Kapitalherabsetzung durch Einziehung von Aktien können die Aktionäre von der Verpflichtung zur Leistung von Einlagen befreit werden, durch eine ordentliche Kapitalherabsetzung jedoch höchstens in Höhe des Betrags, um den das Grundkapital herabgesetzt worden ist.

§ 67 Eintragung im Aktienregister

(1) Namensaktien sind unabhängig von einer Verbriefung unter Angabe des Namens, Geburtsdatums und der Adresse des Aktionärs sowie der Stückzahl oder der Aktiennummer und bei Nennbetragsaktien des Betrags in das Aktienregister der Gesellschaft einzutragen. Der Aktionär ist verpflichtet, der Gesellschaft die Angaben nach Satz 1 mitzuteilen. Die Satzung kann Näheres dazu bestimmen, unter welchen Voraussetzungen Eintragungen im eigenen Namen für Aktien, die einem anderen gehören, zulässig sind. Aktien, die zu einem inländischen, EU- oder ausländischen Investmentvermögen nach dem Kapitalanlagegesetzbuch gehören, dessen Anteile oder Aktien nicht ausschließlich von professionellen und semiprofessionellen Anlegern gehalten werden, gelten als Aktien des inländischen, EU- oder ausländischen Investmentvermögens, auch wenn sie im Miteigentum der Anleger stehen; verfügt das Investmentvermögen über keine eigene Rechtspersönlichkeit, gelten sie als Aktien der Verwaltungsgesellschaft des Investmentvermögens.

(2) Im Verhältnis zur Gesellschaft gilt als Aktionär nur, wer als solcher im Aktienregister eingetragen ist. Jedoch bestehen Stimmrechte aus Eintragungen nicht, die eine nach Absatz 1 Satz 3 bestimmte satzungsmäßige Höchstgrenze überschreiten oder hinsichtlich derer eine satzungsmäßige Pflicht zur Offenlegung, dass die Aktien einem anderen gehören, nicht erfüllt wird. Ferner bestehen Stimmrechte aus Aktien nicht, solange ein Auskunftsverlangen gemäß Absatz 4 Satz 2

Versteigerung)에 의하여 매각해 야 한다. 회사의 본점소재지(Sitz der Gesellschaft)에서의 경매에 대한 적절한 성공을 기대하기 어려운 경우에는 그 주식은 적절한 장소에서 매각(賣却)될 수 있다. 경매의 시간·장소·목적물은 공고(公告)되어야 한다. 주주에서 배제된 주주와 그의 배서한 전주주(前株主)는 특히 이에 대해 통지를 받는다; 통지를 할 수 없는 경우에는 이를 생략할 수 있다. 공고와 통지(Bekanntmachung und Benachrichtigung)는 경매 전 최소 2주 동안 시행되어야만 한다.

제66조 주주의 납입의무의 면제의 불허

① 주주와 그의 배서한 전주주(前株主)는 제54조와 제65조에 따른 납입의무(納入義務)에서 면제되지 않는다. 제54조와 제65조에 따른 회사의 청구에 대해 상계(Aufrechnung)는 허용되지 않는다.

② 이 법률의 규정에 위반하여 수령된 급부(給付)의 반환의무, 주주에서 배제된 주주의 납입부족액에 대한 납부의무(Ausfallhaftung), 현물출자(Sacheinlage)에 대한 적절하지 않은 이행으로 인한 주주의 손해배상의무(Schadenersatzpflicht des Aktionärs)에 대해 제66조 제1항을 준용한다.

③ 통상적인 감자(減資; Kapitalherabsetzung)나 주식의 소각(Einziehung)에 의한 감자(Kapitalherabsetzung)에 의해 주주는 출자납입의무(Verpflichtung zur Leistung von Einlagen)에서 면제될 수 있지만, 통상적인 감자에 의해서는 자본이 감소된 금액 내에서만 그 의무가 면제될 수 있다.

제67조 주주명부에 등재

① 증권화를 불문하고(unabhängig von einer Verbriefung), 기명주식(Nennbetragsaktien)은 주주의 성명, 생년월일, 주소와 주식수 또는 주식번호의 사항을 기재하여 회사의 주주명부에 기재해야 하고, 액면주식(Nennbetragsaktien)의 경우에 주식수 또는 주식번호, 그 금액의 사항을 기새하여 회사의 주주명부에 기재해야 한다. 주주는 제1문에 따른 사항을 회사에 통지할 의무가 있다. 어느 요건하에 다른 사람이 소유하는 주식에 대한 자기 명의에 의한 등재가 허용되는지에 관하여 정관으로 보다 상세한 사항을 정할 수 있다. 자본투자법전(Kapitalanlagegesetzbuch)에 따른 독일, 유럽연합 또는 외국의 투자자산에 속하는 주식으로, 그 투자자산의 지분 또는 주식을 전문전 투자자와 준전문적 투자자(Anleger)가 독점적으로 소유하지 않는 주식은, 그러한 주식이 그러한 투자자와 공동소유관계에 있다고 하더라도, 독일 유럽연합 또는 외국의 투자자산에 속한 주식으로 본다; 투자자산에 고유한 법인격이 없는 경우에는, 투자자산은 투자자산의 운용회사의 주식으로 본다.

② 회사와의 관계에서 주주명부에 등재된 자만이 주주(株主)로 간주된다. 그럼에도 제67조 제1항 제3문에 따라 정해진 정관상의 기준에 위반하거나, 다른 사람이 주식(株式)을 소유한다는 정관(定款)에 따른 공시의무(Pflicht zur Offenlegung)가 충족되지 않은 주주명부등재에 기한 의결권 (Stimmrechte aus Eintragungen)은 인정되지 않는다. 또한 제67조 제4항 제2문 또는 제3문에 따른 정보통지요구(Auskunftsverlangen)가 그 기간도과 후에도 이행되지 않은 동안에는 의

oder Satz 3 nach Fristablauf nicht erfüllt ist.

(3) Geht die Namensaktie auf einen anderen über, so erfolgen Löschung und Neueintragung im Aktienregister auf Mitteilung und Nachweis.

(4) Die bei Übertragung oder Verwahrung von Namensaktien mitwirkenden Kreditinstitute sind verpflichtet, der Gesellschaft die für die Führung des Aktienregisters erforderlichen Angaben gegen Erstattung der notwendigen Kosten zu übermitteln. Der Eingetragene hat der Gesellschaft auf ihr Verlangen innerhalb einer angemessenen Frist mitzuteilen, inwieweit ihm die Aktien, als deren Inhaber er im Aktienregister eingetragen ist, auch gehören; soweit dies nicht der Fall ist, hat er die in Absatz 1 Satz 1 genannten Angaben zu demjenigen zu übermitteln, für den er die Aktien hält. Dies gilt entsprechend für denjenigen, dessen Daten nach Satz 2 oder diesem Satz übermittelt werden. Absatz 1 Satz 4 gilt entsprechend; für die Kostentragung gilt Satz 1. Wird der Inhaber von Namensaktien nicht in das Aktienregister eingetragen, so ist das depotführende Institut auf Verlangen der Gesellschaft verpflichtet, sich gegen Erstattung der notwendigen Kosten durch die Gesellschaft an dessen Stelle gesondert in das Aktienregister eintragen zu lassen. § 125 Abs. 5 gilt entsprechend. Wird ein Kreditinstitut im Rahmen eines Übertragungsvorgangs von Namensaktien nur vorübergehend gesondert in das Aktienregister eingetragen, so löst diese Eintragung keine Pflichten infolge des Absatzes 2 und nach § 128 aus und führt nicht zur Anwendung von satzungsmäßigen Beschränkungen nach Absatz 1 Satz 3.

(5) Ist jemand nach Ansicht der Gesellschaft zu Unrecht als Aktionär in das Aktienregister eingetragen worden, so kann die Gesellschaft die Eintragung nur löschen, wenn sie vorher die Beteiligten von der beabsichtigten Löschung benachrichtigt und ihnen eine angemessene Frist zur Geltendmachung eines Widerspruchs gesetzt hat. Widerspricht ein Beteiligter innerhalb der Frist, so hat die Löschung zu unterbleiben.

(6) Der Aktionär kann von der Gesellschaft Auskunft über die zu seiner Person in das Aktienregister eingetragenen Daten verlangen. Bei nichtbörsennotierten Gesellschaften kann die Satzung Weiteres bestimmen. Die Gesellschaft darf die Registerdaten sowie die nach Absatz 4 Satz 2 und 3 mitgeteilten Daten für ihre Aufgaben im Verhältnis zu den Aktionären verwenden. Zur Werbung für das Unternehmen darf sie die Daten nur verwenden, soweit der Aktionär nicht widerspricht. Die Aktionäre sind in angemessener Weise über ihr Widerspruchsrecht zu informieren.

(7) Diese Vorschriften gelten sinngemäß für Zwischenscheine.

§ 68 Übertragung von Namensaktien. Vinkulierung

(1) Namensaktien können auch durch Indossament übertragen werden. Für die Form des Indossaments, den Rechtsausweis des Inhabers und seine Verpflichtung zur Herausgabe gelten sinngemäß Artikel 12, 13 und 16 des Wechselgesetzes.

결권은 인정되지 않는다.

③ 기명주식이 다른 사람에게 이전된 경우에는 통지와 증명에 기하여 주주명부에서의 등재말소와 새로운 등재[16)]가 행해진다.

④ 기명주식의 양도나 임치시(bei Übertragung oder Verwahrung von Namensaktien) 이에 협력하는 금융기관(Kreditinstitute)은, 그 비용을 상환받기로 하고 주주명부에 운영에 필요한 사항을 회사에 통지할 의무가 있다. 등재주주(der Eingetragene)는 회사의 요구에 따라 적절한 기간 내에 자신이 그 주식의 소유자로 주주명부에 등재된 자로서 얼마나 많은 주식을 소유하고 있는지를 회사에 통지해야 한다; 등재주주가 주식의 소유자로서 등재된 자가 아닌 경우에, 그 등재주주는 실질주주(demjenigen, für den er die Aktien hält)에 대해서도 제67조 제1항 제1문에 언급된 사항을 통지해야 한다. 이는 그 정보가 제2문이나 제2문의 둘째소문(小文)에 따라 통지된 사람에 대하여 준용한다. 제67조 제1항 제4문을 준용한다; 비용부담(Kostentragung)에 대해 제1문을 적용한다. 기명주식의 소유주(Inhaber von Namensaktien)가 주주명부에 등재되지 않은 경우에, 주권예탁기관(depotführende Institut)은 회사의 요구에 따라 그 회사에게서 필요비를 상환받기로 하고 그 주식소유주에 갈음하여(an dessen Stelle) 주권예탁기관 자신을 별도로 주주명부에 등재할 의무가 있다. 제125조 제5항을 준용한다. 기명주식의 양도절차의 범위 내에서 금융기관이 일시적으로만 따로 주주명부에 등재되는 경우에, 이러한 등재로 인하여 제67조 제2항, 제128조에 따른 의무가 발생하지 않고 제67조 제1항 제3문에 따른 정관상의 제한의 적용을 받지 않는다.

⑤ 회사의 판단에 의할 때(nach Ansicht der Gesellschaft) 어느 사람이 부정하게(zu Unrecht) 주주로 주주명부에 등재된 때에는 회사가 이해관계인에게 의도적인 등재말소에 관하여 사전에 통지하고 그 해당자에게 이의 제기를 위한 적절한 기간을 준 경우에 한하여, 회사는 그 등재를 말소할 수 있다. 그 해당자가 그 기간 내에 이의를 제기한 경우에 등재말소는 시행하지 않아야 한다.

⑥ 주주는 회사에 주주명부에 등재된 자신의 신원에 관한 자료(die zu seiner Person in das Aktienregister eingetragenen Daten)의 정보를 청구할 수 있다. 비상장회사의 경우 정관으로 추가사항을 정할 수 있다. 회사는 등재정보, 제67조 제4항 제2문, 제3문에 따라 통지된 정보를 주주와 관련된 자신의 임무(ihre Aufgaben im Verhältnis zu den Aktionären)를 위해 사용할 수 있다. 주주가 이의를 제기하지 않은 경우에 회사는 그 정보를 회사를 위한 광고(Werbung)에 사용할 수 있다. 주주는 적절한 방법으로(in angemessener Weise) 자신의 이의권(Widerspruchsrecht)에 관하여 정보를 제공받아야 한다.

⑦ 위 조항들은 가주식에 대해 준용한다.

제68조 기명주식의 양도, 그 양도제한(Vinkulierung)

① 기명주식은 배서(Indossament)에 의해서도 양도될 수 있다. 배서의 형식, 주권소지인의 권리증명, 발행에 관한 책임에 대해서는 어음법(Wechselgesetz) 제12조, 제13조, 제16조를 준용한다.

(2) Die Satzung kann die Übertragung an die Zustimmung der Gesellschaft binden. Die Zustimmung erteilt der Vorstand. Die Satzung kann jedoch bestimmen, daß der Aufsichtsrat oder die Hauptversammlung über die Erteilung der Zustimmung beschließt. Die Satzung kann die Gründe bestimmen, aus denen die Zustimmung verweigert werden darf.

(3) Bei Übertragung durch Indossament ist die Gesellschaft verpflichtet, die Ordnungsmäßigkeit der Reihe der Indossamente, nicht aber die Unterschriften zu prüfen.

(4) Diese Vorschriften gelten sinngemäß für Zwischenscheine.

§ 69 Rechtsgemeinschaft an einer Aktie

(1) Steht eine Aktie mehreren Berechtigten zu, so können sie die Rechte aus der Aktie nur durch einen gemeinschaftlichen Vertreter ausüben.

(2) Für die Leistungen auf die Aktie haften sie als Gesamtschuldner.

(3) Hat die Gesellschaft eine Willenserklärung dem Aktionär gegenüber abzugeben, so genügt, wenn die Berechtigten der Gesellschaft keinen gemeinschaftlichen Vertreter benannt haben, die Abgabe der Erklärung gegenüber einem Berechtigten. Bei mehreren Erben eines Aktionärs gilt dies nur für Willenserklärungen, die nach Ablauf eines Monats seit dem Anfall der Erbschaft abgegeben werden.

§ 70 Berechnung der Aktienbesitzzeit

Ist die Ausübung von Rechten aus der Aktie davon abhängig, daß der Aktionär während eines bestimmten Zeitraums Inhaber der Aktie gewesen ist, so steht dem Eigentum ein Anspruch auf Übereignung gegen ein Kreditinstitut, Finanzdienstleistungsinstitut oder ein nach § 53 Abs. 1 Satz 1 oder § 53b Abs. 1 Satz 1 oder Abs. 7 des Gesetzes über das Kreditwesen tätiges Unternehmen gleich. Die Eigentumszeit eines Rechtsvorgängers wird dem Aktionär zugerechnet, wenn er die Aktie unentgeltlich, von seinem Treuhänder, als Gesamtrechtsnachfolger, bei Auseinandersetzung einer Gemeinschaft oder bei einer Bestandsübertragung nach § 13 des Versicherungsaufsichtsgesetzes oder § 14 des Gesetzes über Bausparkassen erworben hat.

§ 71 Erwerb eigener Aktien

(1) Die Gesellschaft darf eigene Aktien nur erwerben,

1. wenn der Erwerb notwendig ist, um einen schweren, unmittelbar bevorstehenden Schaden von der Gesellschaft abzuwenden,
2. wenn die Aktien Personen, die im Arbeitsverhältnis zu der Gesellschaft oder einem mit ihr verbundenen Unternehmen stehen oder standen, zum Erwerb angeboten werden sollen,
3. wenn der Erwerb geschieht, um Aktionäre nach § 305 Abs. 2, § 320b oder nach § 29 Abs. 1, § 125 Satz 1 in Verbindung mit § 29 Abs. 1, § 207 Abs. 1 Satz 1 des Umwandlungsgesetzes abzufinden,

② 정관으로 기명주식의 양도를 회사의 동의에 구속되게 할 수 있다. 이사회가 동의를 한다. 그럼에도 감사회나 주주총회(Aufsichtsrat oder die Hauptversammlung)에서 동의(同意) 부여에 관한 결의하는 것에 대하여 정관으로 정할 수 있다. 정관으로 동의를 거부하는 이유를 정할 수 있다.

③ 배서에 의한 양도의 경우에 회사는 배서의 연속의 정확성(Ordnungsmäßigkeit der Reihe der Indossamente)을 검사할 의무가 있으나 서명의 진위는 검사할 의무가 없다.

④ 위 조항들은 가주식에 대해서도 준용된다.

제69조 주식에 대한 권리공동체

① 주식이 다수의 권리자에게 귀속되는 경우에, 그 다수의 권리자들은 공동의 대리인에 의해서만 주식상의 권리를 행사할 수 있다.

② 주식대금의 납입에 대해서는 다수의 권리자들은 연대채무자로서 책임진다.

③ 회사가 그러한 다수의 권리자(權利者)들에게 의사표시를 해야 하는 경우에는, 그 다수의 권리자들이 회사에 대해 공동의 대리인(gemeinschaftlichen Vertreter)을 지정하지 않은 때에는, 다수의 권리자 중 1인에 대한 의사표시로 족하다. 주식의 다수의 상속인의 경우에, 상속 개시(Anfall der Erbschaft)시로부터 1개월이 지나서 하는 의사표시(意思表示)에 대해서만 이를 적용한다.

제70조 주식소유기간의 산정

주식상의 권리의 행사가 주주가 일정한 기간 동안에 주식의 주식소유자이였다는 사실(daß der Aktionär während eines bestimmten Zeitraums Inhaber der Aktie gewesen ist)에 좌우되는 경우에, 금융기관, 금융서비스기관 또는 금융기관법 제53조 제1항 제1문이나 제53b조 제1항 제1문 또는 제7항에 따라 활동하는 기관에 대한 양도청구권(Anspruch auf Übereignung)은 소유권과 동일시된다. 주주가 그 수탁자(Treuhänder)에게서 무상(無償)으로 주식을 포괄승계(Gesamtrechtsnachfolger)로 취득한 경우, 지역사회의 충돌의 경우 또는 보험회사감독법 제13조 또는 주택저축조합법 제14조에 따른 자산이전의 경우에 전(前)소지인의 그 소유기간은 현(現) 주주에 합산한다.

제71조 자기주식의 취득

① 회사는 다음 각 호의 경우에 한하여 자기주식을 취득할 수 있다,

1. 회사에 대한 직접 임박한 중대한 손해(schweren, unmittelbar bevorstehenden Schaden)를 피하기 위해 그 취득이 필요한 경우,
2. 당해 회사와의 근로관계에 있거나 있었던 자 또는 당해 회사와 결합된 기업관계에 있거나 있었던 자의 주식이 취득되어야 하는 경우,
3. 주식법 제305조 제2항, 제320b조 또는 기업구조개편법(Umwandlungsgesetz) 제29조 제1항, 제207조 제1항 제1문과 연결된 제29조 제1항, 제125조 제1문에 따라 주주에 보상하기 위하여 그 취득이 이뤄지는 경우,

4. wenn der Erwerb unentgeltlich geschieht oder ein Kreditinstitut mit dem Erwerb eine Einkaufskommission ausführt,
5. durch Gesamtrechtsnachfolge,
6. auf Grund eines Beschlusses der Hauptversammlung zur Einziehung nach den Vorschriften über die Herabsetzung des Grundkapitals,
7. wenn sie ein Kreditinstitut, Finanzdienstleistungsinstitut oder Finanzunternehmen ist, aufgrund eines Beschlusses der Hauptversammlung zum Zwecke des Wertpapierhandels. Der Beschluß muß bestimmen, daß der Handelsbestand der zu diesem Zweck zu erwerbenden Aktien fünf vom Hundert des Grundkapitals am Ende jeden Tages nicht übersteigen darf; er muß den niedrigsten und höchsten Gegenwert festlegen. Die Ermächtigung darf höchstens fünf Jahre gelten; oder
8. aufgrund einer höchstens fünf Jahre geltenden Ermächtigung der Hauptversammlung, die den niedrigsten und höchsten Gegenwert sowie den Anteil am Grundkapital, der zehn vom Hundert nicht übersteigen darf, festlegt. Als Zweck ist der Handel in eigenen Aktien ausgeschlossen. § 53a ist auf Erwerb und Veräußerung anzuwenden. Erwerb und Veräußerung über die Börse genügen dem. Eine andere Veräußerung kann die Hauptversammlung beschließen; § 186 Abs. 3, 4 und § 193 Abs. 2 Nr. 4 sind in diesem Fall entsprechend anzuwenden. Die Hauptversammlung kann den Vorstand ermächtigen, die eigenen Aktien ohne weiteren Hauptversammlungsbeschluß einzuziehen.

(2) Auf die zu den Zwecken nach Absatz 1 Nr. 1 bis 3, 7 und 8 erworbenen Aktien dürfen zusammen mit anderen Aktien der Gesellschaft, welche die Gesellschaft bereits erworben hat und noch besitzt, nicht mehr als zehn vom Hundert des Grundkapitals entfallen. Dieser Erwerb ist ferner nur zulässig, wenn die Gesellschaft im Zeitpunkt des Erwerbs eine Rücklage in Höhe der Aufwendungen für den Erwerb bilden könnte, ohne das Grundkapital oder eine nach Gesetz oder Satzung zu bildende Rücklage zu mindern, die nicht zur Zahlung an die Aktionäre verwandt werden darf. In den Fällen des Absatzes 1 Nr. 1, 2, 4, 7 und 8 ist der Erwerb nur zulässig, wenn auf die Aktien der Ausgabebetrag voll geleistet ist.

(3) In den Fällen des Absatzes 1 Nr. 1 und 8 hat der Vorstand die nächste Hauptversammlung über die Gründe und den Zweck des Erwerbs, über die Zahl der erworbenen Aktien und den auf sie entfallenden Betrag des Grundkapitals, über deren Anteil am Grundkapital sowie über den Gegenwert der Aktien zu unterrichten. Im Falle des Absatzes 1 Nr. 2 sind die Aktien innerhalb eines Jahres nach ihrem Erwerb an die Arbeitnehmer auszugeben.

(4) Ein Verstoß gegen die Absätze 1 oder 2 macht den Erwerb eigener Aktien nicht unwirksam. Ein schuldrechtliches Geschäft über den Erwerb eigener Aktien ist jedoch nichtig, soweit der Erwerb gegen die Absätze 1 oder 2 verstößt.

4. 그 취득이 무상으로(unentgeltlich) 이뤄지거나 금융기관이 그 취득에 취득수수료(Einkaufskommission)를 지출한 경우,
5. 포괄승계에 의한 경우,
6. 감자(Herabsetzung des Grundkapitals)에 관한 규정에 따라 주식소각(Einziehung)를 위해 주주총회의 결의에 기한 경우,
7. 그 회사가 금융기관, 금융서비스기관 또는 금융회사(Kreditinstitut, Finanzdienstleistungsinstitut oder Finanzunternehmen)인 경우에, 유가증권거래 목적으로 주주총회 결의에 기초하여 취득한 경우. 그 결의는 이러한 목적으로 취득하는 주식의 거래포트폴리오(Handelsbestand)가 매일장(場)의 종료시마다(am Ende jeden Tages) 자본의 5프로를 초과해서는 안 되는 것으로 정해져야만 한다; 그 결의는 하한가와 상한가가 설정되어야만 한다. 그러한 수권(授權)은 최대 5년간 유효하다;
8. 하한가 및 상한가(niedrigsten und höchsten Gegenwert)와, 10프로를 초과해서는 안 되는 자본에 대한 비율을 정한 수권으로, 최대 5년간 유효한 주주총회의 수권에 기초하여 취득한 경우. 그 목적에서 자기주식의 거래는 배제된다. 제53a조는 그 취득 및 양도(Erwerb und Veräußerung)에 적용한다. 거래소를 통한 취득과 양도는 그것으로 족하다. 기타 양도(andere Veräußerung)에 대해 주주총회에서 결의할 수 있다; 이러한 경우에 제186조 제3항, 제4항, 제193조 제2항 제4호를 준용한다. 주주총회에서 추가적인 주주총회결(weiteren Hauptversammlungsbeschluß)의 없이 자기주식을 소각(消却)하는 것으로 이사회에 권한을 부여할 수 있다.

② 제71조 제1항 제1호 내지 3호, 제7호, 제8호에 따른 목적으로 취득한 주식이 회사가 이미 취득하고 여전히 보유하고 있는 회사의 다른 주식과 합쳐, 자본의 10프로를 초과해서 안 된다. 또한 자본이 감소되지 않거나 법률 또는 정관에 따라 조성된 준비금(Rücklage)으로 주주에 대한 지급을 위해 사용돼서는 안 되는 준비금(Rücklage)이 감소되지 않고서, 회사가 취득 시기를 기준으로 그 취득을 위한 지출의 한도 내에서 준비금을 조성할 수 있었던 경우에 한하여 이러한 취득은 허용된다. 제71조 제1항 제1호, 제2호, 제4호, 제7호, 제8호의 경우에 그 주식에 대하여 그 발행가액(Ausgabebetrag)이 완전히 납입(納入)된 때에만 그 취득(取得)은 허용된다.

③ 제71조 제1항 제1호, 제8호의 경우에 이사회는 취득의 사유 및 목적(Gründe und den Zweck des Erwerbs), 취득된 주식수, 취득한 주식에 대해 할당된 자본금액(auf sie entfallenden Betrag des Grundkapitals), 자본에 대한 그 주식의 비율(deren Anteil am Grundkapital), 주식의 가치(Gegenwert der Aktien)에 관하여 차회 주주총회에서 보고해야 한다. 제71조 제1항 제2호의 경우에 그 주식은 취득한 때로부터 1년 이내에 근로자에게 발행된다.

④ 제71조 제1항 또는 제2항에 위반으로 인하여 그 자기주식 취득이 무효가 되지 않는다. 그럼에도 그 취득이 제71조 제1항 또는 제2항에 위반되는 경우에 자기주식 취득에 관한 채권행위(schuldrechtliches Geschäft)는 무효이다.

§ 71a Umgehungsgeschäfte

(1) Ein Rechtsgeschäft, das die Gewährung eines Vorschusses oder eines Darlehens oder die Leistung einer Sicherheit durch die Gesellschaft an einen anderen zum Zweck des Erwerbs von Aktien dieser Gesellschaft zum Gegenstand hat, ist nichtig. Dies gilt nicht für Rechtsgeschäfte im Rahmen der laufenden Geschäfte von Kreditinstituten oder Finanzdienstleistungsinstituten sowie für die Gewährung eines Vorschusses oder eines Darlehens oder für die Leistung einer Sicherheit zum Zweck des Erwerbs von Aktien durch Arbeitnehmer der Gesellschaft oder eines mit ihr verbundenen Unternehmens; auch in diesen Fällen ist das Rechtsgeschäft jedoch nichtig, wenn die Gesellschaft im Zeitpunkt des Erwerbs eine Rücklage in Höhe der Aufwendungen für den Erwerb nicht bilden könnte, ohne das Grundkapital oder eine nach Gesetz oder Satzung zu bildende Rücklage zu mindern, die nicht zur Zahlung an die Aktionäre verwandt werden darf. Satz 1 gilt zudem nicht für Rechtsgeschäfte bei Bestehen eines Beherrschungs- oder Gewinnabführungsvertrags (§ 291).

(2) Nichtig ist ferner ein Rechtsgeschäft zwischen der Gesellschaft und einem anderen, nach dem dieser berechtigt oder verpflichtet sein soll, Aktien der Gesellschaft für Rechnung der Gesellschaft oder eines abhängigen oder eines in ihrem Mehrheitsbesitz stehenden Unternehmens zu erwerben, soweit der Erwerb durch die Gesellschaft gegen § 71 Abs. 1 oder 2 verstoßen würde.

§ 71b Rechte aus eigenen Aktien

Aus eigenen Aktien stehen der Gesellschaft keine Rechte zu.

§ 71c Veräußerung und Einziehung eigener Aktien

(1) Hat die Gesellschaft eigene Aktien unter Verstoß gegen § 71 Abs. 1 oder 2 erworben, so müssen sie innerhalb eines Jahres nach ihrem Erwerb veräußert werden.

(2) Entfallen auf die Aktien, welche die Gesellschaft nach § 71 Abs. 1 in zulässiger Weise erworben hat und noch besitzt, mehr als zehn vom Hundert des Grundkapitals, so muß der Teil der Aktien, der diesen Satz übersteigt, innerhalb von drei Jahren nach dem Erwerb der Aktien veräußert werden.

(3) Sind eigene Aktien innerhalb der in den Absätzen 1 und 2 vorgesehenen Fristen nicht veräußert worden, so sind sie nach § 237 einzuziehen.

§ 71d Erwerb eigener Aktien durch Dritte

Ein im eigenen Namen, jedoch für Rechnung der Gesellschaft handelnder Dritter darf Aktien der Gesellschaft nur erwerben oder besitzen, soweit dies der Gesellschaft nach § 71 Abs. 1 Nr. 1 bis 5, 7 und 8 und Abs. 2 gestattet wäre. Gleiches gilt für den Erwerb oder den Besitz von Aktien der Gesellschaft durch ein abhängiges oder ein im Mehrheitsbesitz der Gesellschaft stehendes Unternehmen sowie für den Erwerb oder den Besitz durch einen Dritten, der im eigenen Namen,

제71a조 탈법행위

① 당해 회사의 주식취득을 목적으로 하는 것으로, 당해회사의 다른 회사에 대한, 선불금대차 또는 소비대차의 시행(Gewährung eines Vorschusses oder eines Darlehens)이나 담보 제공(Leistung einer Sicherhei)t을 거래 목적으로 하는 법률행위는 무효이다. 금융기관 또는 금융서비스기관(Kreditinstituten oder Finanzdienstleistungsinstituten)의 일상적 거래의 범위 내에 있는 법률행위와, 당해 회사의 근로자 또는 당해 회사와 결합된 기업의 근로자에 의한 주식 취득을 목적으로 하는 선불금대차 또는 금전소비대차의 시행 또는 담보 제공은 유효하다; 하지만 이러한 경우에도, 자본이 감소되지 않고서는, 법률 또는 정관에 따라 조성된 준비금으로 주주에 대한 지급을 위해 사용돼서는 안 되는 준비금이 감소되지 않고서는, 회사가 취득시기를 기준으로 그 취득을 위한 지출의 한도 내에서(in Höhe der Aufwendungen für den Erwerb) 준비금을 조성할 수 없었던 때에는, 그 법률행위는 무효이다. 또한 지배계약 또는 이익이전계약(제291조)(Beherrschungs- oder Gewinnabführungsvertrags)이 있는 법률행위에 대해서는 제1문을 적용하지 아니한다.

② 또한 당해 회사의 그 취득이 제71조 제1항 내지 제2항에 반하여 이뤄지는 한, 당해 회사와 다른 회사 간의 법률행위로, 그 회사들이 당해 회사의 계산이나 종속회사 또는 과반수자본피참가기업(abhängigen oder eines in ihrem Mehrheitsbesitz stehenden Unternehmens)의 계산으로 당해 회사의 주식을 취득할 권리의무를 갖는 법률행위도 무효이다.

제71b조 자기주식상의 권리

자기주식에 기한 어떤 권리도 회사에 귀속되지 않는다.

제71c조 자기주식의 양도와 소각

① 회사가 제71조 제1항 또는 제2항에 위반하여 자기주식을 취득한 경우에는, 자기주식은 그 주식을 취득한 때로부터 1년 이내에 양도되어야만 한다.

② 회사가 제71조 제1항에 따라 허용된 방식으로 취득했으나 자본의 10프로를 초과하여 보유하게 된 때에는, 이러한 비율(比率)에 초과하는 부분의 주식(der Teil der Aktien, der diesen Satz übersteigt)은 그 주식을 취득한 때로부터(nach dem Erwerb der Aktien) 3년 이내에 처분(處分)되어야만 한다.

③ 제71c조 제1항, 제2항에 규정된 기간 내에 자기주식이 양도되지 않은 경우에 그 주식은 제237조에 따라 소각(消却)되어야 한다.

제71d조 제3자에 의한 자기주식 취득

이러한 취득(取得) 및 보유(保有)가 제71조 제1항 제1호 내지 제5호, 제7호, 제8호, 제2항에 따라 당해 회사에 허용된 경우에는, 당해 회사는 자기명의나, 당해 회사 계산으로 거래하는 제3자 명의로 주식을 취득하거나 보유할 수 있다. 종속회사 또는 과반수자본피참가기업(abhängigen oder eines in ihrem Mehrheitsbesitz stehenden Unternehmens)에 의한 당해 회사 주식(株式)의 취득 또는 보유와, 자기명의(自己名義)나 종속회사 또는 과반수자본피참가기업의

jedoch für Rechnung eines abhängigen oder eines im Mehrheitsbesitz der Gesellschaft stehenden Unternehmens handelt. Bei der Berechnung des Anteils am Grundkapital nach § 71 Abs. 2 Satz 1 und § 71c Abs. 2 gelten diese Aktien als Aktien der Gesellschaft. Im übrigen gelten § 71 Abs. 3 und 4, §§ 71a bis 71c sinngemäß. Der Dritte oder das Unternehmen hat der Gesellschaft auf ihr Verlangen das Eigentum an den Aktien zu verschaffen. Die Gesellschaft hat den Gegenwert der Aktien zu erstatten.

§ 71e Inpfandnahme eigener Aktien

(1) Dem Erwerb eigener Aktien nach § 71 Abs. 1 und 2, § 71d steht es gleich, wenn eigene Aktien als Pfand genommen werden. Jedoch darf ein Kreditinstitut oder Finanzdienstleistungsinstitut im Rahmen der laufenden Geschäfte eigene Aktien bis zu dem in § 71 Abs. 2 Satz 1 bestimmten Anteil am Grundkapital als Pfand nehmen. § 71a gilt sinngemäß.

(2) Ein Verstoß gegen Absatz 1 macht die Inpfandnahme eigener Aktien unwirksam, wenn auf sie der Ausgabebetrag noch nicht voll geleistet ist. Ein schuldrechtliches Geschäft über die Inpfandnahme eigener Aktien ist nichtig, soweit der Erwerb gegen Absatz 1 verstößt.

§ 72 Kraftloserklärung von Aktien im Aufgebotsverfahren

(1) Ist eine Aktie oder ein Zwischenschein abhanden gekommen oder vernichtet, so kann die Urkunde im Aufgebotsverfahren nach dem Gesetz über das Verfahren in Familiensachen und in den Angelegenheiten der freiwilligen Gerichtsbarkeit für kraftlos erklärt werden.

§ 799 Abs. 2 und § 800 des Bürgerlichen Gesetzbuchs gelten sinngemäß.

(2) Sind Gewinnanteilscheine auf den Inhaber ausgegeben, so erlischt mit der Kraftloserklärung der Aktie oder des Zwischenscheins auch der Anspruch aus den noch nicht fälligen Gewinnanteilscheinen.

(3) Die Kraftloserklärung einer Aktie nach §§ 73 oder 226 steht der Kraftloserklärung der Urkunde nach Absatz 1 nicht entgegen.

§ 73 Kraftloserklärung von Aktien durch die Gesellschaft

(1) Ist der Inhalt von Aktienurkunden durch eine Veränderung der rechtlichen Verhältnisse unrichtig geworden, so kann die Gesellschaft die Aktien, die trotz Aufforderung nicht zur Berichtigung oder zum Umtausch bei ihr eingereicht sind, mit Genehmigung des Gerichts für kraftlos erklären. Beruht die Unrichtigkeit auf einer Änderung des Nennbetrags der Aktien, so können sie nur dann für kraftlos erklärt werden, wenn der Nennbetrag zur Herabsetzung des Grundkapitals herabgesetzt ist. Namensaktien können nicht deshalb für kraftlos erklärt werden, weil die Bezeichnung des Aktionärs unrichtig geworden ist. Gegen die Entscheidung des Gerichts ist die Beschwerde zulässig; eine Anfechtung der Entscheidung, durch die die Genehmigung erteilt wird, ist ausgeschlossen.

계산(計算)으로 거래하는 제3자에 의한 취득 또는 보유에 대해서도 또한 같다. 제71조 제2항 제1문, 제71c조 제2항에 따른 자본에 대한 비율 산정시 이러한 주식은 당해 회사의 주식으로 본다. 기타 경우에 제71조 제3항, 제4항, 제71a조 내지 제71c조를 준용한다. 제3자 또는 위와 같은 회사들은 당해 회사의 요구가 있는 경우 당해 회사에게 주식에 대한 소유권(Eigentum an den Aktien)을 이전해 주어야 한다. 당해 회사는 주식의 가액(Gegenwert der Aktien)을 상환해야 한다.

제71e조 자기주식의 질물취득

① 자기주식이 질물(質物)로 취득된 경우에는 제71조 제1항, 제2항, 제71d조에 따른 자기주식의 취득과 같다. 그럼에도 금융기관 또는 금융서비스기관은 일상적 거래의 범위 내에서 제71조 제2항 제1문에 정해진 자본에 대한 비율 내에서 자기주식을 질물로 취득할 수 있다. 제71a조가 준용된다.

② 그 자기주식에 대한 발행가액이 전액 납입되지 않은 경우에는 제71e조 제1항에 위반으로 인하여 자기주식의 질물취득은 무효가 된다. 그 취득이 제71e조 제1항에 위반되는 경우 자기주식의 질물취득에 관한 채권행위(schuldrechtliches Geschäft)는 무효이다.

제72조 공시최고절차에 의한 주권에 대한 실효선언

① 주식 또는 가주식이 소실(消失)되거나 멸실(滅失)된 경우에, 그 주권에 대해 '가사사건과 비송사건의 절차에 관한 법률'에 따른 공시최고절차에 따라 실효된 것으로 선언할 수 있다. 민법전 제799조 제2항, 제800조를 준용한다.

② 무기명배당금지불증서(Gewinnanteilscheine auf den Inhaber)가 발행된 경우에, 주식 또는 가주식에 대한 실효선언으로써 기한이 아직 도래하지 않은, 무기명배당금지불증서에 따른 청구권도 효력을 상실한다.

③ 제73조 또는 제226조에 따른 주권에 대한 실효선언은 제72조 제1항에 따른 주권에 대한 실효선언과 배치되지 않는다.

제73조 회사에 의한 주권의 실효선언

① 법률관계의 변경으로 인해 주권내용(Inhalt von Aktienurkunden)이 부당하게 된 경우에는 회사는 법원의 허가를 얻어 정정 또는 교환을 위한 제출요구에도 불구하고 위해 회사에 제출되지 않은 주권(Aktien, die trotz Aufforderung nicht zur Berichtigung oder zum Umtausch bei ihr eingereicht sind)에 대해 실효를 선언할 수 있다. 주식의 액면가의 변경(Änderung des Nennbetrags)에서 부당함이 기인하는 경우에 감자를 위해 액면가가 인하된 때에 한하여 회사는 그 주권에 대해 실효선언을 할 수 있다. 주주의 표시(Bezeichnung des Aktionärs)가 부당하다는 이유로 기명주식의 주권은 실효로 선언될 수 없다. 법원의 재판에 대해서는 항고(Beschwerde)할 수 있다; 허가(Genehmigung)가 행해진 재판에 대한 취소(Anfechtung)는 배제된다.

(2) Die Aufforderung, die Aktien einzureichen, hat die Kraftloserklärung anzudrohen und auf die Genehmigung des Gerichts hinzuweisen. Die Kraftloserklärung kann nur erfolgen, wenn die Aufforderung in der in § 64 Abs. 2 für die Nachfrist vorgeschriebenen Weise bekanntgemacht worden ist. Die Kraftloserklärung geschieht durch Bekanntmachung in den Gesellschaftsblättern. In der Bekanntmachung sind die für kraftlos erklärten Aktien so zu bezeichnen, daß sich aus der Bekanntmachung ohne weiteres ergibt, ob eine Aktie für kraftlos erklärt ist.

(3) An Stelle der für kraftlos erklärten Aktien sind, vorbehaltlich einer Satzungsregelung nach § 10 Abs. 5, neue Aktien auszugeben und dem Berechtigten auszuhändigen oder, wenn ein Recht zur Hinterlegung besteht, zu hinterlegen. Die Aushändigung oder Hinterlegung ist dem Gericht anzuzeigen.

(4) Soweit zur Herabsetzung des Grundkapitals Aktien zusammengelegt werden, gilt § 226.

§ 74 Neue Urkunden an Stelle beschädigter oder verunstalteter Aktien oder Zwischenscheine

Ist eine Aktie oder ein Zwischenschein so beschädigt oder verunstaltet, daß die Urkunde zum Umlauf nicht mehr geeignet ist, so kann der Berechtigte, wenn der wesentliche Inhalt und die Unterscheidungsmerkmale der Urkunde noch sicher zu erkennen sind, von der Gesellschaft die Erteilung einer neuen Urkunde gegen Aushändigung der alten verlangen. Die Kosten hat er zu tragen und vorzuschießen.

§ 75 Neue Gewinnanteilscheine

Neue Gewinnanteilscheine dürfen an den Inhaber des Erneuerungsscheins nicht ausgegeben werden, wenn der Besitzer der Aktie oder des Zwischenscheins der Ausgabe widerspricht; sie sind dem Besitzer der Aktie oder des Zwischenscheins auszuhändigen, wenn er die Haupturkunde vorlegt.

## Vierter Teil Verfassung der Aktiengesellschaft

### Erster Abschnitt Vorstand

§ 76 Leitung der Aktiengesellschaft

(1) Der Vorstand hat unter eigener Verantwortung die Gesellschaft zu leiten.

(2) Der Vorstand kann aus einer oder mehreren Personen bestehen. Bei Gesellschaften mit einem Grundkapital von mehr als drei Millionen Euro hat er aus mindestens zwei Personen zu bestehen, es sei denn, die Satzung bestimmt, daß er aus einer Person besteht. Die Vorschriften über die Bestellung eines Arbeitsdirektors bleiben unberührt.

(3) Mitglied des Vorstands kann nur eine natürliche, unbeschränkt geschäftsfähige Person sein. Mitglied des Vorstands kann nicht sein, wer

1. als Betreuter bei der Besorgung seiner Vermögensangelegenheiten ganz oder teilweise einem

② 주권을 제출하라는 요구에 실효선언(Kraftloserklärung)에 대한 경고와 법원의 허가(許可)에 대한이 언급이 있어야 한다. 그 요구가 제64조 제2항에 따라 추가기한에 대해 규정된 방식으로 공고된 경우에만 실효선언은 행해질 수 있다. 그 실효선언은 사보(社報; Gesellschaftsblättern)에 실은 공고로써 행해진다. 주권이 무효(無效)로 선언되는지 여부가 해당 공고에서 쉽게(ohne weiteres) 나타나도록 무효로 선언된 주식에 대해 공고(Bekanntmachung)에 기재해야 한다.

③ 실효선언된 주권에 대신하여 제10조 제5항에 따른 정관규정이 정한 바를 제외하고, 새로운 주권이 발행되어 권리자에게 교부되어야 하거나, 그 주권(株券)은 권리가 공탁된 경우에는 공탁되어야 한다. 그 교부 또는 공탁은 법원에 신고(申告)해야 한다.

④ 감자를 위해 주식이 합쳐진 경우에는 제226조를 적용한다.

제74조 훼손되거나 손상된 주권 또는 가주식증서를 대신하는 새로운 증서의 발행

그 증서가 유통에 더 이상 적합하지 않을 정도로 주권 또는 가주식증서(Aktie oder ein Zwischenschein)가 훼손되거나 손상된 경우에, 그 증서의 중요한 내용과 변별표지(辨別標識; Unterscheidungsmerkmale)를 더 이상 확실하게 알아보기 어려울 때에는, 권리자는 구 증서를 교부받고 새로운 증서를 발행할 것을 회사에 요구할 수 있다. 그 권리자가 비용을 부담하고 이를 선납해야 한다.

제75조 새로운 배당금지불증서

그 주식 또는 가주식의 소지인이 그 발행에 이의를 제기한 경우에는 새로운 배당금지불증서가 새로운 증서의 소지인에 대해 발행되어서는 안 된다; 그 소지인이 주된 증서를 제시한 경우에는 새로운 배당금지불증서는 주식 또는 가주식의 주권소지인에게 발행되어야 한다.

## 제4편 회사의 조직

### 제1장 이사회

제76조 주식회사의 경영

① 이사회는 자기 책임으로 회사를 경영해야 한다.

② 이사회는 1인 또는 수인으로 구성될 수 있다. 300만 유로를 초과하는 자본을 가진 회사의 경우에 이사회는 최소 2명 이상으로 구성되어야 하고, 정관에서 1인으로 구성되는 것으로 정하는 경우에는 그러하지 아니하다. 노동이사(Arbeitsdirektor)의 임명에 관한 규정은 이에 영향을 받지 않는다.

③ 행위능력의 제한이 없는 자연인만이 이사가 될 수 있다. 다음 각 호의 사람은 이사가 될 수 없다,

1. 피후견인으로서 자신의 재산사항의 관한 임무에 있어 전부 또는 부분적으로 동의권유보

Einwilligungsvorbehalt (§ 1903 des Bürgerlichen Gesetzbuchs) unterliegt,

2. aufgrund eines gerichtlichen Urteils oder einer vollziehbaren Entscheidung einer Verwaltungsbehörde einen Beruf, einen Berufszweig, ein Gewerbe oder einen Gewerbezweig nicht ausüben darf, sofern der Unternehmensgegenstand ganz oder teilweise mit dem Gegenstand des Verbots übereinstimmt,
3. wegen einer oder mehrerer vorsätzlich begangener Straftaten
   a) des Unterlassens der Stellung des Antrags auf Eröffnung des Insolvenzverfahrens (Insolvenzverschleppung),
   b) nach den §§ 283 bis 283d des Strafgesetzbuchs (Insolvenzstraftaten),
   c) der falschen Angaben nach § 399 dieses Gesetzes oder § 82 des Gesetzes betreffend die Gesellschaften mit beschränkter Haftung,
   d) der unrichtigen Darstellung nach § 400 dieses Gesetzes, § 331 des Handelsgesetzbuchs, § 313 des Umwandlungsgesetzes oder § 17 des Publizitätsgesetzes,
   e) nach den §§ 263 bis 264a oder den §§ 265b bis 266a des Strafgesetzbuchs zu einer Freiheitsstrafe von mindestens einem Jahr

verurteilt worden ist; dieser Ausschluss gilt für die Dauer von fünf Jahren seit der Rechtskraft des Urteils, wobei die Zeit nicht eingerechnet wird, in welcher der Täter auf behördliche Anordnung in einer Anstalt verwahrt worden ist. Satz 2 Nr. 3 gilt entsprechend bei einer Verurteilung im Ausland wegen einer Tat, die mit den in Satz 2 Nr. 3 genannten Taten vergleichbar ist.

(4) Der Vorstand von Gesellschaften, die börsennotiert sind oder der Mitbestimmung unterliegen, legt für den Frauenanteil in den beiden Führungsebenen unterhalb des Vorstands Zielgrößen fest. Liegt der Frauenanteil bei Festlegung der Zielgrößen unter 30 Prozent, so dürfen die Zielgrößen den jeweils erreichten Anteil nicht mehr unterschreiten. Gleichzeitig sind Fristen zur Erreichung der Zielgrößen festzulegen. Die Fristen dürfen jeweils nicht länger als fünf Jahre sein.

§ 77 Geschäftsführung

(1) Besteht der Vorstand aus mehreren Personen, so sind sämtliche Vorstandsmitglieder nur gemeinschaftlich zur Geschäftsführung befugt. Die Satzung oder die Geschäftsordnung des Vorstands kann Abweichendes bestimmen; es kann jedoch nicht bestimmt werden, daß ein oder mehrere Vorstandsmitglieder Meinungsverschiedenheiten im Vorstand gegen die Mehrheit seiner Mitglieder entscheiden.

(2) Der Vorstand kann sich eine Geschäftsordnung geben, wenn nicht die Satzung den Erlaß der Geschäftsordnung dem Aufsichtsrat übertragen hat oder der Aufsichtsrat eine Geschäftsordnung für den Vorstand erläßt. Die Satzung kann Einzelfragen der Geschäftsordnung bindend regeln. Beschlüsse des Vorstands über die Geschäftsordnung müssen einstimmig gefaßt werden.

(민법전 제1903)의 적용을 받아야 하는 자,
2. 회사의 목적이 그 금지 대상과 전부 또는 부분적으로 일치하여, 법원의 판결 또는 집행력 있는 행정관청의 결정(vollziehbaren Entscheidung einer Verwaltungsbehörde)에 기초하여 직업, 직업활동(Berufszweig), 영업(Gewerbe) 또는 영리활동(Gewerbezweig)에 종사해서는 안 되는 사람,
3. 다음 각 목의 1개 또는 수개의 고의에 의한 범죄로 인하여 유죄판결을 선고받은 사람,
   a) 파산개시 신청(Antrags auf Eröffnung des Insolvenzverfahrens)의 제기에 대한 부작위(파산해태; Insolvenzverschleppung),
   b) 형법전 제283조 내지 제283d조에 따른 범죄(파산범죄),
   c) 이 법 제399조 또는 유한책임이 있는 회사에 관한 법률 제82조에 따른 허위기재(falschen Angaben)의 범죄,
   d) 이 법 제400조, 상법전 제331조 또는 기업구조재편법 제313조, 공시법 제17조에 따른 부정한 진술 범죄,
   e) 형법전 제263조 내지 제264a조나 제265b조 내지 제266a조에 따라 1년 이상의 자유형에 처해지는 범죄.

판결의 확정(Rechtskraft des Urteils)이 있는 때로부터 5년간 이러한 배제(dieser Ausschluss)는 적용되고, 범인(犯人)이 행정명령(behördliche Anordnung)에 의하여 시설에 보호유치(保護留置)가 된 기간은 산입하지 않는다. 제2문 제3호상의 범죄와 유사한 범죄로 인하여 외국에서 유죄판결(有罪判決)을 받은 경우(bei einer Verurteilung im Ausland)에도 제2문 제3호를 준용한다.

④ 상장(上場)이 이뤄진 회사나 공동결정을 해야 하는 회사의 이사회는 '이사회 아래의 양(兩) 경영진수준(beiden Führungsebenen unterhalb des Vorstands)'(감사회와 이사회를 말함)에서 여성할당목표치를 설정해야 한다. 30프로 이하로 여성할당목표치를 설정한 경우에, 여성할당목표치가 각각 그 목표로 된 비율을 더 이상 미달해서는 안 된다. 또한 여성할당목표치 도달을 위한 기간을 설정해야 한다. 그 기간은 각각 5년을 초과해서는 안 된다.

제77조 경영

① 이사회가 수인(數人)으로 구성된 경우에 이사들 전원(sämtliche Vorstandsmitglieder)은 공동으로(gemeinschaftlich)만 경영할 권한이 있다. 정관 또는 이사회의 사무규정으로 이에 대해 달리 정할 수 있다; 그럼에도 1인 또는 수인의 이사가 이사들의 과반수(Mehrheit seiner Mitglieder) 에 반하여 이사회에서 견해가 대립하는 사항(Meinungsverschiedenheiten)을 결정하는 것으로 정해질 수 없다.

② 정관으로 사무규정의 규율권을 감사회에 이양하지 않거나 감사회가 이사회에 대한 사무규정을 규율하지 않는 한, 이사회(Vorstand)는 사무규정(Geschäftsordnung)을 정할 수 있다. 정관으로 사무규정에 대한 개별문제에 대해 구속력 있게 규정될 수 있다. 사무규정에 관한 이사회의 결의는 만장일치로 이뤄져야 한다.

§ 78 Vertretung

(1) Der Vorstand vertritt die Gesellschaft gerichtlich und außergerichtlich. Hat eine Gesellschaft keinen Vorstand (Führungslosigkeit), wird die Gesellschaft für den Fall, dass ihr gegenüber Willenserklärungen abgegeben oder Schriftstücke zugestellt werden, durch den Aufsichtsrat vertreten.

(2) Besteht der Vorstand aus mehreren Personen, so sind, wenn die Satzung nichts anderes bestimmt, sämtliche Vorstandsmitglieder nur gemeinschaftlich zur Vertretung der Gesellschaft befugt. Ist eine Willenserklärung gegenüber der Gesellschaft abzugeben, so genügt die Abgabe gegenüber einem Vorstandsmitglied oder im Fall des Absatzes 1 Satz 2 gegenüber einem Aufsichtsratsmitglied. An die Vertreter der Gesellschaft nach Absatz 1 können unter der im Handelsregister eingetragenen Geschäftsanschrift Willenserklärungen gegenüber der Gesellschaft abgegeben und Schriftstücke für die Gesellschaft zugestellt werden. Unabhängig hiervon können die Abgabe und die Zustellung auch unter der eingetragenen Anschrift der empfangsberechtigten Person nach § 39 Abs. 1 Satz 2 erfolgen.

(3) Die Satzung kann auch bestimmen, daß einzelne Vorstandsmitglieder allein oder in Gemeinschaft mit einem Prokuristen zur Vertretung der Gesellschaft befugt sind. Dasselbe kann der Aufsichtsrat bestimmen, wenn die Satzung ihn hierzu ermächtigt hat. Absatz 2 Satz 2 gilt in diesen Fällen sinngemäß.

(4) Zur Gesamtvertretung befugte Vorstandsmitglieder können einzelne von ihnen zur Vornahme bestimmter Geschäfte oder bestimmter Arten von Geschäften ermächtigen. Dies gilt sinngemäß, wenn ein einzelnes Vorstandsmitglied in Gemeinschaft mit einem Prokuristen zur Vertretung der Gesellschaft befugt ist.

§ 79 (weggefallen)

§ 80 Angaben auf Geschäftsbriefen

(1) Auf allen Geschäftsbriefen gleichviel welcher Form, die an einen bestimmten Empfänger gerichtet werden, müssen die Rechtsform und der Sitz der Gesellschaft, das Registergericht des Sitzes der Gesellschaft und die Nummer, unter der die Gesellschaft in das Handelsregister eingetragen ist, sowie alle Vorstandsmitglieder und der Vorsitzende des Aufsichtsrats mit dem Familiennamen und mindestens einem ausgeschriebenen Vornamen angegeben werden. Der Vorsitzende des Vorstands ist als solcher zu bezeichnen. Werden Angaben über das Kapital der Gesellschaft gemacht, so müssen in jedem Fall das Grundkapital sowie, wenn auf die Aktien der Ausgabebetrag nicht vollständig eingezahlt ist, der Gesamtbetrag der ausstehenden Einlagen angegeben werden.

(2) Der Angaben nach Absatz 1 Satz 1 und 2 bedarf es nicht bei Mitteilungen oder Berichten,

제78조 대표

① 이사회는 회사(會社)를 재판상·재판외에서(gerichtlich und außergerichtlich) 대표한다. 회사에 이사회가 없는 경우(이사회부재; Führungslosigkeit), 회사에 대해 의사표시가 행해지거나 회사에 서류가 송달(送達)되는 경우에 있어 회사는 감사회(Aufsichtsrat)에 의해 대표(代表)된다.

② 이사회가 수인(數人)의 이사로 구성된 경우에, 정관(定款)에서 달리 정하지 않는 한, 이사들 전원(sämtliche Vorstandsmitglieder)은 공동으로만(nur gemeinschaftlich) 회사를 대표할 권한이 있다. 의사표시가 회사에 대하여 행해져야 하는 경우 그 의사표시는 1명의 이사에 대해서 행하는 것으로 족하고, 제78조 제1항 제2문의 경우에 1명의 감사회구성원에 행하는 것으로 족하다. 제78조 제1항에 따른 회사의 대표자(Vertreter der Gesellschaft)와 관련해서는 상업등기소에 등기된 회사주소로, 회사에 대한 의사표시(Willenserklärungen gegenüber der Gesellschaft)가 행해지고 회사에 대해 서류가 송달될 수 있다. 이와 상관없이, 그 의사표시 또는 송달은 제39조 제1항 제2문에 따라 수령권한이 있는 사람의 등기된 주소로(unter der eingetragenen Anschrift der empfangsberechtigten Person)도 행해질 수 있다.

③ 정관으로 특정한 이사가 단독 또는 지배인과 공동으로(allein oder in Gemeinschaft mit einem Prokuristen)회사를 대표할 권한이 있는 것으로도 정할 수 있다. 정관이 감사회에 그에 관한 권한을 부여한 경우에는 감사회는 동일한 내용을 정할 수 있다. 제78조 제2항 제2문이 이 경우에 준용된다.

④ 공동대표(Gesamtvertretung)로 권한이 부여된 이사들은 특정한 거래 또는 특정한 종류의 거래를 수행하도록(zur Vornahme bestimmter Geschäfte oder bestimmter Arten von Geschäften) 그 이사들 중 특정 이사에게 권한을 부여할 수 있다. 특정한 이사가 지배인과 공동으로 회사를 대표할 권한이 있는 경우에 이는 준용된다.

제79조 삭제

제80조 업무서한에서의 기재사항

① 그 형식에 상관없이 특정한 수령인에게 발송되는 모든 업무서한에, 회사의 법적 형식과 본점(Rechtsform und der Sitz der Gesellschaft), 회사의 본점소재지를 관할하는 등기법원(Registergericht), 상업등기부에 등기된 회사 번호(die Nummer, unter der die Gesellschaft in das Handelsregister eingetragen ist), 성(姓)과 한 자(字) 이상 기재한 이름(mindestens einem ausgeschriebenen Vornamen)이 적힌 모든 이사 및 감사회의장이 명시되어야만 한다. 이사회의 장은 이사회의장으로서 기재되어야 한다. 회사의 자본에 관한 사항(Angaben über das Kapital der Gesellschaft)이 기재되는 경우에 자본은 필수적으로 기재하고, 또 주식에 대해 발행가액(Ausgabebetrag)이 완전히 납입되지 않은 경우에 납입된 주금총액(Gesamtbetrag der ausstehenden Einlagen)이 기재된다.

② 제80조 제1항 제1문, 제2문에 따른 사항은, 현존하는 거래관계(Geschäftsverbindung)의 틀

die im Rahmen einer bestehenden Geschäftsverbindung ergehen und für die üblicherweise Vordrucke verwendet werden, in denen lediglich die im Einzelfall erforderlichen besonderen Angaben eingefügt zu werden brauchen.

(3) Bestellscheine gelten als Geschäftsbriefe im Sinne des Absatzes 1. Absatz 2 ist auf sie nicht anzuwenden.

(4) Auf allen Geschäftsbriefen und Bestellscheinen, die von einer Zweigniederlassung einer Aktiengesellschaft mit Sitz im Ausland verwendet werden, müssen das Register, bei dem die Zweigniederlassung geführt wird, und die Nummer des Registereintrags angegeben werden; im übrigen gelten die Vorschriften der Absätze 1 bis 3 für die Angaben bezüglich der Haupt- und der Zweigniederlassung, soweit nicht das ausländische Recht Abweichungen nötig macht. Befindet sich die ausländische Gesellschaft in Abwicklung, so sind auch diese Tatsache sowie alle Abwickler anzugeben.

§ 81 Änderung des Vorstands und der Vertretungsbefugnis seiner Mitglieder

(1) Jede Änderung des Vorstands oder der Vertretungsbefugnis eines Vorstandsmitglieds hat der Vorstand zur Eintragung in das Handelsregister anzumelden.

(2) Der Anmeldung sind die Urkunden über die Änderung in Urschrift oder öffentlich beglaubigter Abschrift beizufügen.

(3) Die neuen Vorstandsmitglieder haben in der Anmeldung zu versichern, daß keine Umstände vorliegen, die ihre Bestellung nach § 76 Abs. 3 Satz 2 Nr. 2 und 3 sowie Satz 3 entgegenstehen, und daß sie über ihre unbeschränkte Auskunftspflicht gegenüber dem Gericht belehrt worden sind. § 37 Abs. 2 Satz 2 ist anzuwenden.

(4) (weggefallen)

§ 82 Beschränkungen der Vertretungs- und Geschäftsführungsbefugnis

(1) Die Vertretungsbefugnis des Vorstands kann nicht beschränkt werden.

(2) Im Verhältnis der Vorstandsmitglieder zur Gesellschaft sind diese verpflichtet, die Beschränkungen einzuhalten, die im Rahmen der Vorschriften über die Aktiengesellschaft die Satzung, der Aufsichtsrat, die Hauptversammlung und die Geschäftsordnungen des Vorstands und des Aufsichtsrats für die Geschäftsführungsbefugnis getroffen haben.

§ 83 Vorbereitung und Ausführung von Hauptversammlungsbeschlüssen

(1) Der Vorstand ist auf Verlangen der Hauptversammlung verpflichtet, Maßnahmen, die in die Zuständigkeit der Hauptversammlung fallen, vorzubereiten. Das gleiche gilt für die Vorbereitung und den Abschluß von Verträgen, die nur mit Zustimmung der Hauptversammlung wirksam werden. Der Beschluß der Hauptversammlung bedarf der Mehrheiten, die für die Maßnahmen oder für die Zustimmung zu dem Vertrag erforderlich sind.

내에서 발생하고 통상적인 서식용지(Vordrucke)에 사용되는 통지나 보고의 경우에는 필요하지 않고, 그 경우에 개별 사안별(事案別)로 필요한 특별한 기재(記載)가 첨언(添言)되기만 하면 된다.

③ 주문서(Bestellscheine)는 제80조 제1항상의 업무서한으로 본다. 그 주문서에 제80조 제2항은 적용되지 않는다.

④ 외국에 본점소재지가 있는 주식회사(Aktiengesellschaft mit Sitz im Ausland)의 지사(支社)에서 사용되는 모든 업무서한과 주문서에 그 지사(支社)에 대해 관리하는 등기소(Register)와 등기번호가 기재되어야 한다; 그 이외의 경우에 외국법이 다른 규정을 정하지 않는 한, 제80조 제1항 내지 제3항의 규정은 본사(本社) 및 지사(Haupt- und der Zweigniederlassung)에 관한 사항에 대해 적용된다. 외국 회사가 청산(清算) 중에 있는 경우에(Befindet sich die ausländische Gesellschaft in Abwicklung), 이러한 사실과 모든 청산인(diese Tatsache sowie alle Abwickler)이 명시(明示)된다.

제81조 이사회 변경과 이사의 대표권 변경

① 이사회는 이사회 또는 이사대표권의 모든 변경에 대해 상업등기소(Handelsregister)에 등기를 위해 신고해야 한다.

② 그 신고서에는 원본(元本)으로 된 그 변경에 관한 증서나 공적으로 확인된 사본을 첨부해야 한다.

③ 새로운 이사는 그 신고서에서 그 임명(任命)이 제76조 제3항 제2문 제2호, 제3호, 제3문에서 배치되지 않는다는 점과, 자신이 법원에 대한 제한 없는 정보제공의무(unbeschränkte Auskunftspflicht gegenüber dem Gericht)에 관하여 통지(通知)를 받았다는 점을 보증(保證)해야 한다.

④ 삭제

제82조 대표권과 경영권의 제한

① 이사회의 대표권은 제한될 수 없다.

② 이사의 회사의 관계에 있어 이사는, 주식회사에 관한 규정의 범위 내에서 정해진 제한으로, 정관(Satzung), 감사회(Aufsichtsrat), 주주총회(Hauptversammlung), 이사회사무규정 및 감사회사무규정(Geschäftsordnungen des Vorstands und des Aufsichtsrats)에서 정해진 경영권(Geschäftsführungsbefugnis)에 관한 제한을 준수할 의무가 있다.

제83조 주주총회 결의의 준비와 수행

① 이사회는 주주총회의 요구가 있는 경우 주주총회의 관할에 속하는 조치(Maßnahmen, die in die Zuständigkeit der Hauptversammlung fallen)를 준비할 의무가 있다. 주주총회의 동의가 있어야만(nur mit Zustimmung der Hauptversammlung) 유효한 계약의 준비 및 그 체결에도 또한 같다. 주주총회 결의(決議)는 그 조치 또는 계약에 대한 동의(同意)에 대하여 다수결(Mehrheiten)을 필요로 한다.

(2) Der Vorstand ist verpflichtet, die von der Hauptversammlung im Rahmen ihrer Zuständigkeit beschlossenen Maßnahmen auszuführen.

§ 84 Bestellung und Abberufung des Vorstands

(1) Vorstandsmitglieder bestellt der Aufsichtsrat auf höchstens fünf Jahre. Eine wiederholte Bestellung oder Verlängerung der Amtszeit, jeweils für höchstens fünf Jahre, ist zulässig. Sie bedarf eines erneuten Aufsichtsratsbeschlusses, der frühestens ein Jahr vor Ablauf der bisherigen Amtszeit gefaßt werden kann. Nur bei einer Bestellung auf weniger als fünf Jahre kann eine Verlängerung der Amtszeit ohne neuen Aufsichtsratsbeschluß vorgesehen werden, sofern dadurch die gesamte Amtszeit nicht mehr als fünf Jahre beträgt. Dies gilt sinngemäß für den Anstellungsvertrag; er kann jedoch vorsehen, daß er für den Fall einer Verlängerung der Amtszeit bis zu deren Ablauf weitergilt.

(2) Werden mehrere Personen zu Vorstandsmitgliedern bestellt, so kann der Aufsichtsrat ein Mitglied zum Vorsitzenden des Vorstands ernennen.

(3) Der Aufsichtsrat kann die Bestellung zum Vorstandsmitglied und die Ernennung zum Vorsitzenden des Vorstands widerrufen, wenn ein wichtiger Grund vorliegt. Ein solcher Grund ist namentlich grobe Pflichtverletzung, Unfähigkeit zur ordnungsmäßigen Geschäftsführung oder Vertrauensentzug durch die Hauptversammlung, es sei denn, daß das Vertrauen aus offenbar unsachlichen Gründen entzogen worden ist. Dies gilt auch für den vom ersten Aufsichtsrat bestellten Vorstand. Der Widerruf ist wirksam, bis seine Unwirksamkeit rechtskräftig festgestellt ist. Für die Ansprüche aus dem Anstellungsvertrag gelten die allgemeinen Vorschriften.

(4) Die Vorschriften des Gesetzes über die Mitbestimmung der Arbeitnehmer in den Aufsichtsräten und Vorständen der Unternehmen des Bergbaus und der Eisen und Stahl erzeugenden Industrie in der im Bundesgesetzblatt Teil III, Gliederungsnummer 801-2, veröffentlichten bereinigten Fassung - Montan-Mitbestimmungsgesetz - über die besonderen Mehrheitserfordernisse für einen Aufsichtsratsbeschluß über die Bestellung eines Arbeitsdirektors oder den Widerruf seiner Bestellung bleiben unberührt.

§ 85 Bestellung durch das Gericht

(1) Fehlt ein erforderliches Vorstandsmitglied, so hat in dringenden Fällen das Gericht auf Antrag eines Beteiligten das Mitglied zu bestellen. Gegen die Entscheidung ist die Beschwerde zulässig.

(2) Das Amt des gerichtlich bestellten Vorstandsmitglieds erlischt in jedem Fall, sobald der Mangel behoben ist.

(3) Das gerichtlich bestellte Vorstandsmitglied hat Anspruch auf Ersatz angemessener barer Auslagen und auf Vergütung für seine Tätigkeit. Einigen sich das gerichtlich bestellte Vorstandsmitglied und die Gesellschaft nicht, so setzt das Gericht die Auslagen und die Vergütung

② 이사회는 주주총회(Hauptversammlung)에서 그 관할의 범위 내에서 결의된 조치를 실행할 의무가 있다.

第84조 이사회의 구성과 해임

① 감사회는 이사를 최대 5년의 임기로 임명한다. 재임명 또는 임기의 연장(wiederholte Bestellung oder Verlängerung der Amtszeit)은 각각의 경우에 최대 5년 범위 내에서 허용된다. 재임명 또는 임기의 연장은, 빨라도 현 임기의 만료 전 1년 전에 행해질 수 있는 새로운 감사회결의(erneuten Aufsichtsratsbeschlusses)를 필요로 한다. 5년 미만의 임기로 한 임명의 경우에 있어, 그 임기연장으로 전체 임기가 5년을 초과하지 않은 경우에, 새로운 감사회결의를 요하지 않은 임기의 연장이 규정될 수 있다. 이는 이사임명계약(Anstellungsvertrag)에도 준용된다; 그럼에도 그 계약으로 임기의 연장의 경우 그 인기 만료시까지 그 계약이 계속 유효한 것으로 규정할 수 있다.

② 이사로 여러 사람이 임명되는 경우에는 감사회는 그 이사 중 1인을 이사회의장으로 임명할 수 있다.

③ 감사회는 중대한 사유가 존재하는 경우에는 이사 임명과 이사회의장 임명(Bestellung zum Vorstandsmitglied und die Ernennung zum Vorsitzenden des Vorstands)을 철회할 수 있다. 특히 중대한 의무위반, 규정에 맞는 경영을 할 능력부재(Unfähigkeit) 또는 주주총회에 의한 불신임(Vertrauensentzug)은 그러한 사유에 해당하고, 다만, 신임이 명백한 비객관적 사유에서 철회된 경우에는 그러하지 아니하다. 이는 최초 감사회에 의해 구성된 이사회에 대해서도 적용된다. 그 철회는 그 무효가 법원의 재판에 의해 확정될 때가지 유효하다. 이사임명계약에 기한 청구권에 대해서도 이러한 일반적 규정이 적용된다.

④ '광업에 속하는 기업과 철강을 생산하는 산업에 속하는 기업 내의 감사회 및 대표기관에서의(in den Aufsichtsräten und Vorständen der Unternehmen des Bergbaus und der Eisen und Stahl erzeugenden Industrie) 근로자의 공동결정법'(BGBl. 3권 편제번호 801-2호로 공포되어 개정된 법률-몬탄공동결정법)의 규정, 즉 노동이사의 임명 또는 그 임명철회(Bestellung eines Arbeitsdirektors oder den Widerruf seiner Bestellung)에 관한 감사회결의에 대한 특별한 다수결 요건은 이에 의해 영향을 받지 않는다.

第85조 법원에 의한 임명

① 필요한 이사가 부족한 경우에, 급박한 때에는 법원은 관계인의 신청으로 그 이사를 임명해야 한다. 그 재판에 대해서는 항고할 수 있다.

② 법원에 의해 임명된 이사의 직은 어느 경우라도(in jedem Fall) 그 결원이 해소되는 때에 소멸하다.

③ 법원이 임명한 이사는 현금성경비에 대한 적절한 상환청구권(Anspruch auf Ersatz angemessener barer Auslagen)과 자신의 활동에 대한 보수청구권(Anspruch auf Vergütung für seine Tätigkeit)을 갖는다. 법원에 임명된 이사와 회사가 이에 대해 합의하지 못하는 경우에는,

fest. Gegen die Entscheidung ist die Beschwerde zulässig; die Rechtsbeschwerde ist ausgeschlossen. Aus der rechtskräftigen Entscheidung findet die Zwangsvollstreckung nach der Zivilprozeßordnung statt.

§ 86 (weggefallen)

§ 87 Grundsätze für die Bezüge der Vorstandsmitglieder

(1) Der Aufsichtsrat hat bei der Festsetzung der Gesamtbezüge des einzelnen Vorstandsmitglieds (Gehalt, Gewinnbeteiligungen, Aufwandsentschädigungen, Versicherungsentgelte, Provisionen, anreizorientierte Vergütungszusagen wie zum Beispiel Aktienbezugsrechte und Nebenleistungen jeder Art) dafür zu sorgen, dass diese in einem angemessenen Verhältnis zu den Aufgaben und Leistungen des Vorstandsmitglieds sowie zur Lage der Gesellschaft stehen und die übliche Vergütung nicht ohne besondere Gründe übersteigen. Die Vergütungsstruktur ist bei börsennotierten Gesellschaften auf eine nachhaltige Unternehmensentwicklung auszurichten. Variable Vergütungsbestandteile sollen daher eine mehrjährige Bemessungsgrundlage haben; für außerordentliche Entwicklungen soll der Aufsichtsrat eine Begrenzungsmöglichkeit vereinbaren. Satz 1 gilt sinngemäß für Ruhegehalt, Hinterbliebenenbezüge und Leistungen verwandter Art.

(2) Verschlechtert sich die Lage der Gesellschaft nach der Festsetzung so, dass die Weitergewährung der Bezüge nach Absatz 1 unbillig für die Gesellschaft wäre, so soll der Aufsichtsrat oder im Falle des § 85 Absatz 3 das Gericht auf Antrag des Aufsichtsrats die Bezüge auf die angemessene Höhe herabsetzen. Ruhegehalt, Hinterbliebenenbezüge und Leistungen verwandter Art können nur in den ersten drei Jahren nach Ausscheiden aus der Gesellschaft nach Satz 1 herabgesetzt werden. Durch eine Herabsetzung wird der Anstellungsvertrag im übrigen nicht berührt. Das Vorstandsmitglied kann jedoch seinen Anstellungsvertrag für den Schluß des nächsten Kalendervierteljahrs mit einer Kündigungsfrist von sechs Wochen kündigen.

(3) Wird über das Vermögen der Gesellschaft das Insolvenzverfahren eröffnet und kündigt der Insolvenzverwalter den Anstellungsvertrag eines Vorstandsmitglieds, so kann es Ersatz für den Schaden, der ihm durch die Aufhebung des Dienstverhältnisses entsteht, nur für zwei Jahre seit dem Ablauf des Dienstverhältnisses verlangen.

§ 88 Wettbewerbsverbot

(1) Die Vorstandsmitglieder dürfen ohne Einwilligung des Aufsichtsrats weder ein Handelsgewerbe betreiben noch im Geschäftszweig der Gesellschaft für eigene oder fremde Rechnung Geschäfte machen. Sie dürfen ohne Einwilligung auch nicht Mitglied des Vorstands oder Geschäftsführer oder persönlich haftender Gesellschafter einer anderen Handelsgesellschaft sein. Die Einwilligung des Aufsichtsrats kann nur für bestimmte Handelsgewerbe oder Handelsgesellschaften oder für bestimmte Arten von Geschäften erteilt werden.

법원이 그 재판에 대해 항고를 할 수 있다; 법률항고(die Rechtsbeschwerde)는 배제된다. 민사소송법에 따른 강제집행(Zwangsvollstreckung)은 확정된 재판에 기하여(Aus der rechtskräftigen Entscheidung) 실시된다.

제86조 삭제

제87조 이사에 대한 보상원칙

① 감사회는 각 이사의 전체 보상[보수, 성과배분(Gewinnbeteiligungen), 비용보상, 보험에 의한 보수(Versicherungsentgelte), 수수료, 예컨대 신주인수권과 모든 종류의 부가급부와 같은 성과중심의 보수약정]을 정함에 있어, 이러한 보상 결정이 이사의 임무 및 보상 간의 적절한 관계(Verhältnis zu den Aufgaben und Leistungen des Vorstandsmitglieds)와 회사의 사정(Lage der Gesellschaft)과 적절한 관계를 유지하고 있고, 특별한 사유 없이 통상적 보수를 초과하지 않고 있다는 점을 보증해야 한다. 보수구조(Vergütungsstruktur)는 상장회사의 경우에 지속적인 기업발전에 부합해야 한다. 그래서 다양한 보수구성요소에는 다년간의 산정기초(mehrjährige Bemessungsgrundlage)가 있어야 한다; 이사회는 이례적인 발전에 대해 한도기준(Begrenzungsmöglichkeit)을 정해야 한다. 제1문은 연금, 유족보상(Hinterbliebenenbezüge), 이와 유사한 종류의 급부에 대하여 적용된다.

② 그러한 보상 설정 후 회사 사정이 악화되어 제87조 제1항에 따른 보상의 계속적 지급이 회사에 대해 공평하지 않게 될 경우에는, 감사회 또는 제85조 제3항의 경우 법원이 감사회의 신청에 따라 그 보상을 적절한 금액(angemessene Höhe)으로 감액해야 한다. 연금, 유족보상, 이와 유사한 급부(Ruhegehalt, Hinterbliebenenbezüge und Leistungen verwandter Art)는 회사에서의 탈퇴 후 최초 3년 동안에만 제1문에 따라 감액된다. 그럼에도 그 감액(減額)으로 이사임명계약은 영향을 받지 않는다. 하지만 이사는 6주간의 해지기간을 두고 다음 역(歷)에 의한 분기(Kalendervierteljahrs)의 체결에 대한 자신의 이사임명계약(Anstellungsvertrag)을 해지(解止)할 수 있다.

③ 회사의 재산에 관하여 파산절차가 개시되고 파산관재인(Insolvenzverwalter)이 이사임명계약을 해지(解止)한 경우에는, 그 이사는 고용관계 종료 후 2년 동안에만 고용관계의 해소(Aufhebung des Dienstverhältnisses)에 의해 자신에게 발생한 손해(損害)에 대한 배상(賠償)을 청구할 수 있다.

제88조 경업금지

① 이사는 감사회의 사전동의 없이 직업에 종사해서도, 자기 또는 타인의 계산으로(für eigene oder fremde Rechnung) 회사의 사업부문에 속하는 어떤 거래도 해서는 안 된다. 이사는 그 동의 없이 다른 상사회사의 이사, 업무집행사원 또는 무한책임사원(Mitglied des Vorstands oder Geschäftsführer oder persönlich haftender Gesellschafter einer anderen Handelsgesellschaft)이 되어서는 안 된다. 감사회의 동의는 특정한 직업(Handelsgewerbe) 또는 상사회사에 대해서만 부여되거나 특정한 종류의 거래(去來)에 대해서만 부여될 수 있다.

(2) Verstößt ein Vorstandsmitglied gegen dieses Verbot, so kann die Gesellschaft Schadenersatz fordern. Sie kann statt dessen von dem Mitglied verlangen, daß es die für eigene Rechnung gemachten Geschäfte als für Rechnung der Gesellschaft eingegangen gelten läßt und die aus Geschäften für fremde Rechnung bezogene Vergütung herausgibt oder seinen Anspruch auf die Vergütung abtritt.
(3) Die Ansprüche der Gesellschaft verjähren in drei Monaten seit dem Zeitpunkt, in dem die übrigen Vorstandsmitglieder und die Aufsichtsratsmitglieder von der zum Schadensersatz verpflichtenden Handlung Kenntnis erlangen oder ohne grobe Fahrlässigkeit erlangen müssten. Sie verjähren ohne Rücksicht auf diese Kenntnis oder grob fahrlässige Unkenntnis in fünf Jahren von ihrer Entstehung an.

§ 89 Kreditgewährung an Vorstandsmitglieder
(1) Die Gesellschaft darf ihren Vorstandsmitgliedern Kredit nur auf Grund eines Beschlusses des Aufsichtsrats gewähren. Der Beschluß kann nur für bestimmte Kreditgeschäfte oder Arten von Kreditgeschäften und nicht für länger als drei Monate im voraus gefaßt werden. Er hat die Verzinsung und Rückzahlung des Kredits zu regeln. Der Gewährung eines Kredits steht die Gestattung einer Entnahme gleich, die über die dem Vorstandsmitglied zustehenden Bezüge hinausgeht, namentlich auch die Gestattung der Entnahme von Vorschüssen auf Bezüge. Dies gilt nicht für Kredite, die ein Monatsgehalt nicht übersteigen.
(2) Die Gesellschaft darf ihren Prokuristen und zum gesamten Geschäftsbetrieb ermächtigten Handlungsbevollmächtigten Kredit nur mit Einwilligung des Aufsichtsrats gewähren. Eine herrschende Gesellschaft darf Kredite an gesetzliche Vertreter, Prokuristen oder zum gesamten Geschäftsbetrieb ermächtigte Handlungsbevollmächtigte eines abhängigen Unternehmens nur mit Einwilligung ihres Aufsichtsrats, eine abhängige Gesellschaft darf Kredite an gesetzliche Vertreter, Prokuristen oder zum gesamten Geschäftsbetrieb ermächtigte Handlungsbevollmächtigte des herrschenden Unternehmens nur mit Einwilligung des Aufsichtsrats des herrschenden Unternehmens gewähren. Absatz 1 Satz 2 bis 5 gilt sinngemäß.
(3) Absatz 2 gilt auch für Kredite an den Ehegatten, Lebenspartner oder an ein minderjähriges Kind eines Vorstandsmitglieds, eines anderen gesetzlichen Vertreters, eines Prokuristen oder eines zum gesamten Geschäftsbetrieb ermächtigten Handlungsbevollmächtigten. Er gilt ferner für Kredite an einen Dritten, der für Rechnung dieser Personen oder für Rechnung eines Vorstandsmitglieds, eines anderen gesetzlichen Vertreters, eines Prokuristen oder eines zum gesamten Geschäftsbetrieb ermächtigten Handlungsbevollmächtigten handelt.
(4) Ist ein Vorstandsmitglied, ein Prokurist oder ein zum gesamten Geschäftsbetrieb ermächtigter Handlungsbevollmächtigter zugleich gesetzlicher Vertreter oder Mitglied des Aufsichtsrats einer anderen juristischen Person oder Gesellschafter einer Personenhandelsgesellschaft, so darf die

② 이사가 이러한 금지에 위반하는 경우 회사는 손해배상을 청구할 수 있다. 회사는 손해배상에 갈음하여 그 이사에게, 이사의 계산으로 행한 거래가 회사의 계산으로 한 계산으로 간주되도록 할 것을 청구하거나, 제3자의 계산으로 한 거래에서 얻은 보수(die aus Geschäften für fremde Rechnung bezogene Vergütung)를 상환하거나 그 이사의 보수청구권(seinen Anspruch auf die Vergütung)을 양도할 것을 청구할 수 있다.

③ 회사의 그 청구권은, 나머지 이사와 감사회구성원이 손해배상을 할 의무가 있는 행위에 대해 알았거나 중대한 과실이 없었더라면 이를 알았을 때로부터 3월이 경과함으로써 시효로 소멸한다. 그 청구권은 이처럼 알았는지 또는 중대한 과실 없이 이를 몰랐는지에 상관없이(ohne Rücksicht auf diese Kenntnis oder grob fahrlässige Unkenntnis) 그 발생한 때로부터 5년이 경과함으로써 시효로 소멸한다.

제89조 이사에 대한 대출

① 회사는 이사들에게 감사회의 결의에 기해서만(nur auf Grund eines Beschlusses des Aufsichtsrats) 대출을 행한다. 그 결의는 특정한 대출 또는 특정한 종류의 대출에 대해서 행해지고 또 그로부터 3개월보다 이전에 행해질 수 없다. 그 결의에는 대출에 대한 이자약정과 상환(Verzinsung und Rückzahlung des Kredits)이 규정되어야 한다. 이사에게 귀속되는 보상을 넘어서는 수취(Entnahme)에 대한 승인도 이러한 대출과 동일시되고, 특히 그 보상에 대한 선불금의 수취(Entnahme von Vorschüssen auf Bezüge)의 승인도 마찬가지이다. 이는 월보수를 초과하지 않는 대출에 대해서는 적용하지 않는다.

② 회사는 자신의 지배인과 전체 사업운영을 위해 권한이 부여된 상사대리인(zum gesamten Geschäftsbetrieb ermächtigten Handlungsbevollmächtigten)에게 감사회의 사전동의를 얻어야만 대출을 행할 수 있다. 지배기업은 지배기업의 감사회의 동의를 얻어야만 종속기업의 법정대리인, 지배인 또는 전체 사업운영을 위해 권한이 부여된 상사대리인에게 대출을 할 수 있고, 종속기업은 지배기업의 감사회의 동의를 얻어야만(nur mit Einwilligung des Aufsichtsrats des herrschenden Unternehmens) 지배기업의 법정대리인(法定代理人), 지배인 또는 전체 사업운영을 위해 권한이 부여된 상사대리인에게 대출(貸出)을 할 수 있다. 제89조 제1항 제2문 내지 제5문은 준용된다.

③ 제89조 제2항은 이사, 기타 법정대리인, 지배인 또는 전체 사업운영을 위해 권한이 부여된 상사대리인(Prokuristen oder eines zum gesamten Geschäftsbetrieb ermächtigten Handlungsbevollmächtigten)의 배우자·생활동반자·미성년자(den Ehegatten, Lebenspartner oder an ein minderjähriges Kind)에 대한 대출도 적용된다. 또한 제89조 제2항은 이러한 배우자·생활동반자·미성년자의 계산 또는 이사, 기타 법정대리인, 지배인 또는 전체 사업운영을 위해 권한이 부여된 상사대리인의 계산으로 거래하는 하는 제3자에게도 적용된다.

④ 이사, 지배인 또는 전체 사업운영을 위해 권한이 부여된 상사대리인이 다른 법인의 법정대리인(法定代理人) 또는 감사회구성원(Mitglied des Aufsichtsrats) 또는 상사조합(Personenhandelsgesellschaft)의 사원의 지위를 겸한 경우에는, 당해 회사는 그 법인 또는 그

Gesellschaft der juristischen Person oder der Personenhandelsgesellschaft Kredit nur mit Einwilligung des Aufsichtsrats gewähren; Absatz 1 Satz 2 und 3 gilt sinngemäß. Dies gilt nicht, wenn die juristische Person oder die Personenhandelsgesellschaft mit der Gesellschaft verbunden ist oder wenn der Kredit für die Bezahlung von Waren gewährt wird, welche die Gesellschaft der juristischen Person oder der Personenhandelsgesellschaft liefert.

(5) Wird entgegen den Absätzen 1 bis 4 Kredit gewährt, so ist der Kredit ohne Rücksicht auf entgegenstehende Vereinbarungen sofort zurückzugewähren, wenn nicht der Aufsichtsrat nachträglich zustimmt.

(6) Ist die Gesellschaft ein Kreditinstitut oder Finanzdienstleistungsinstitut, auf das § 15 des Gesetzes über das Kreditwesen anzuwenden ist, gelten anstelle der Absätze 1 bis 5 die Vorschriften des Gesetzes über das Kreditwesen.

§ 90 Berichte an den Aufsichtsrat

(1) Der Vorstand hat dem Aufsichtsrat zu berichten über

1. die beabsichtigte Geschäftspolitik und andere grundsätzliche Fragen der Unternehmensplanung (insbesondere die Finanz-, Investitions- und Personalplanung), wobei auf Abweichungen der tatsächlichen Entwicklung von früher berichteten Zielen unter Angabe von Gründen einzugehen ist;
2. die Rentabilität der Gesellschaft, insbesondere die Rentabilität des Eigenkapitals;
3. den Gang der Geschäfte, insbesondere den Umsatz, und die Lage der Gesellschaft;
4. Geschäfte, die für die Rentabilität oder Liquidität der Gesellschaft von erheblicher Bedeutung sein können.

   Ist die Gesellschaft Mutterunternehmen (§ 290 Abs. 1, 2 des Handelsgesetzbuchs), so hat der Bericht auch auf Tochterunternehmen und auf Gemeinschaftsunternehmen (§ 310 Abs. 1 des Handelsgesetzbuchs) einzugehen. Außerdem ist dem Vorsitzenden des Aufsichtsrats aus sonstigen wichtigen Anlässen zu berichten; als wichtiger Anlaß ist auch ein dem Vorstand bekanntgewordener geschäftlicher Vorgang bei einem verbundenen Unternehmen anzusehen, der auf die Lage der Gesellschaft von erheblichem Einfluß sein kann.

(2) Die Berichte nach Absatz 1 Satz 1 Nr. 1 bis 4 sind wie folgt zu erstatten:

1. die Berichte nach Nummer 1 mindestens einmal jährlich, wenn nicht Änderungen der Lage oder neue Fragen eine unverzügliche Berichterstattung gebieten;
2. die Berichte nach Nummer 2 in der Sitzung des Aufsichtsrats, in der über den Jahresabschluß verhandelt wird;
3. die Berichte nach Nummer 3 regelmäßig, mindestens vierteljährlich;
4. die Berichte nach Nummer 4 möglichst so rechtzeitig, daß der Aufsichtsrat vor Vornahme der Geschäfte Gelegenheit hat, zu ihnen Stellung zu nehmen.

상사조합에 대하여 감사회의 사전동의를 얻어야만 대출을 수 있다. 제1항 제2문, 제3문을 준용한다. 그 법인 또는 상사조합이 당해 회사와 결합되어 있거나(die juristische Person oder die Personenhandelsgesellschaft mit der Gesellschaft verbunden ist), 당해 회사가 그 법인 또는 상사조합에 제공한 물품(物品)의 대금지급(Bezahlung)에 대해 신용이 부여된 경우에는 이는 적용되지 않는다.

⑤ 제89조 제1항 내지 제4항에 반하여 대출을 한 경우에 감사회가 사후적으로 승인하지 않은 때에는, 그러한 조항에 반하는 합의인지 여부를 불문하고(ohne Rücksicht auf entgegenstehende Vereinbarungen) 즉시 그 대출금은 상환되어야 한다.

⑥ 회사(會社)가 금융기관법(Gesetzes über das Kreditwesen) 제15조가 적용되는 금융기관(金融機關) 또는 금융서비스기관인 경우에는, 제89조 제1항 내지 제5항에 갈음하여 금융기관법의 규정이 적용된다.

제90조 감사회에 대한 보고

① 이사회는 감사회에게 다음 각 호 사항을 보고해야 한다,

1. 그 사유를 기재하여 이전에 보고한 목표와 다른 실제 진행상황에 관련된 것으로, 계획하고 있는 사업정책(Geschäftspolitik)과 사업계획의 기타 기본적 문제들(andere grundsätzliche Fragen der Unternehmensplanung)(특히 금융계획, 투자계획 및 인사계획; Finanz-, Investitions- und Personalplanung);
2. 회사의 수익률, 특히 자기자본의 수익률;
3. 사업의 경과, 특히 매출과 회사 사정;
4. 회사의 수익률 또는 유동성(Rentabilität oder Liquidität der Gesellschaft)에 중대한 의미를 지닐 수 있는 사업.

   회사가 모회사(상법전 제290조, 제1항, 제2항)인 경우에는, 그 보고는 자회사(Tochterunternehmen)와 합작기업(Gemeinschaftsunternehmen; 상법전 제310조 제1항)에 관련해서 행해져야 한다. 또한 감사회의장에게 기타 중요한 이유가 있는 경우 보고를 해야 한다; 결합회사의 경우에(bei einem verbundenen Unternehmen) 이사회에게 알려진 사업적 경과로, 회사의 사정에 중대한 영향을 미칠 수 있는 사업적 경과(geschäftlicher Vorgang)도 중요한 이유로 본다.

② 제90조 제1항 제1문 제1호 내지 제4호에 따른 보고는 다음과 같이 이뤄진다,

1. 상황의 변화 또는 새로운 문제로 인해 지체 없는 보고가 필요하지 않은 경우에는 제1호에 따른 보고는 매년 한 차례 이상 보고;
2. 제2호에 따른 보고는 연도결산에 관해 심의하는 감사회(Aufsichtsrats, in der über den Jahresabschluß verhandelt wird)의 회의에서 보고;
3. 제3호에 따른 보고는 정례적인 보고로, 최소한 분기마다 보고;
4. 제4호에 따른 보고는 감사회(Aufsichtsrat)가 사업의 실행 전에 자신의 의견을 표명할 기회를 갖도록 가능한 한 적시에(möglichst so rechtzeitig) 보고;

(3) Der Aufsichtsrat kann vom Vorstand jederzeit einen Bericht verlangen über Angelegenheiten der Gesellschaft, über ihre rechtlichen und geschäftlichen Beziehungen zu verbundenen Unternehmen sowie über geschäftliche Vorgänge bei diesen Unternehmen, die auf die Lage der Gesellschaft von erheblichem Einfluß sein können. Auch ein einzelnes Mitglied kann einen Bericht, jedoch nur an den Aufsichtsrat, verlangen.
(4) Die Berichte haben den Grundsätzen einer gewissenhaften und getreuen Rechenschaft zu entsprechen. Sie sind möglichst rechtzeitig und, mit Ausnahme des Berichts nach Absatz 1 Satz 3, in der Regel in Textform zu erstatten.
(5) Jedes Aufsichtsratsmitglied hat das Recht, von den Berichten Kenntnis zu nehmen. Soweit die Berichte in Textform erstattet worden sind, sind sie auch jedem Aufsichtsratsmitglied auf Verlangen zu übermitteln, soweit der Aufsichtsrat nichts anderes beschlossen hat. Der Vorsitzende des Aufsichtsrats hat die Aufsichtsratsmitglieder über die Berichte nach Absatz 1 Satz 3 spätestens in der nächsten Aufsichtsratssitzung zu unterrichten.

§ 91 Organisation. Buchführung
(1) Der Vorstand hat dafür zu sorgen, daß die erforderlichen Handelsbücher geführt werden.
(2) Der Vorstand hat geeignete Maßnahmen zu treffen, insbesondere ein Überwachungssystem einzurichten, damit den Fortbestand der Gesellschaft gefährdende Entwicklungen früh erkannt werden.

§ 92 Vorstandspflichten bei Verlust, Überschuldung oder Zahlungsunfähigkeit
(1) Ergibt sich bei Aufstellung der Jahresbilanz oder einer Zwischenbilanz oder ist bei pflichtmäßigem Ermessen anzunehmen, daß ein Verlust in Höhe der Hälfte des Grundkapitals besteht, so hat der Vorstand unverzüglich die Hauptversammlung einzuberufen und ihr dies anzuzeigen.
(2) Nachdem die Zahlungsunfähigkeit der Gesellschaft eingetreten ist oder sich ihre Überschuldung ergeben hat, darf der Vorstand keine Zahlungen leisten. Dies gilt nicht von Zahlungen, die auch nach diesem Zeitpunkt mit der Sorgfalt eines ordentlichen und gewissenhaften Geschäftsleiters vereinbar sind. Die gleiche Verpflichtung trifft den Vorstand für Zahlungen an Aktionäre, soweit diese zur Zahlungsunfähigkeit der Gesellschaft führen mussten, es sei denn, dies war auch bei Beachtung der in § 93 Abs. 1 Satz 1 bezeichneten Sorgfalt nicht erkennbar.

§ 93 Sorgfaltspflicht und Verantwortlichkeit der Vorstandsmitglieder
(1) Die Vorstandsmitglieder haben bei ihrer Geschäftsführung die Sorgfalt eines ordentlichen und gewissenhaften Geschäftsleiters anzuwenden. Eine Pflichtverletzung liegt nicht vor, wenn das Vorstandsmitglied bei einer unternehmerischen Entscheidung vernünftigerweise annehmen durfte, auf der Grundlage angemessener Information zum Wohle der Gesellschaft zu handeln. Über

③ 감사회는 회사의 사무(Angelegenheiten der Gesellschaft), 회사와 결합기업 간의 법적 및 사업적 관계(ihre rechtlichen und geschäftlichen Beziehungen zu verbundenen Unternehmen), 회사의 사정에 중대한 영향을 미칠 수 있는, 그 결합기업의 사업적 경과(geschäftliche Vorgänge)에 대해 이사회에 언제든지 보고를 요구할 수 있다. 각 감사회구성원도 보고를 요구할 수 있으나, 감사회에 보고하도록 요구만을 할 수 있다.

④ 보고는 성실하고도 진지한 책임의 원칙에 부합해야 한다. 그 보고는 가능한 한 적시에 이뤄져야 하고 제90조 제1항 제3문을 제외하고 통상적으로 문면방식[17](文面方式; Textform)으로 이뤄져야 한다.

⑤ 모든 감사회구성원은 보고에 대해 알 권리를 갖는다. 그 보고가 문면방식(文面方式; Textform)으로 이뤄진 경우에는, 감사회가 달리 정하지 않는 한, 각 감사회구성원에게도 그 요구가 있는 때에는(auf Verlangen) 그 보고서를 제공해야 한다. 감사회의장은 감사회구성원에게 제90조 제1항에 따른 보고에 관하여 늦어도 차기회의에서(in dernächsten Aufsichtsratssitzung) 보고해야 한다.

제91조 조직, 회계

① 이사회는 필요한 상업장부가 작성된 점을 보증해야 한다.

② 이사회는, 적절한 조치를 취해야 하고, 특히 회사의 계속적 존속에 대해 위험을 초래하는 양상(樣相)(Fortbestand der Gesellschaft gefährdende Entwicklungen)을 사전에 인지할 수 있도록 감시시스템을 구축해야 한다.

제92조 손실·파산·지불불능시 이사회의 책임

① 손실액이 자본액의 절반에 이른다는 점이 연간대차대조표 또는 중간대차대조표(Jahresbilanz oder einer Zwischenbilanz)의 작성시 나오거나, 그러한 점이 적절한 상황 평가에 의해 추정되는 경우에는, 이사회는 지체 없이 주주총회를 소집하고, 이를 주주총회에 보고해야 한다.

② 회사의 지불불능(Zahlungsunfähigkeit der Gesellschaft)이 발생하거나 회사의 파산상태가 생긴 후에는, 이사회는 어떤 지급도 해서는 안 된다. 이는, 이러한 시기가 지난 후에도 견실(堅實)하고 충실한 경영인의 주의의무(Sorgfalt eines ordentlichen und gewissenhaften Geschäftsleiters)에 합치하는 지급에는 적용하지 않는다. 그 지급이 회사의 지불불능상태를 초래할 것이 틀림없는 한, 동일한 의무가 주주에 대한 지급시에도 이사회에 부과되고, 다만, 제93조 제1항 제1문에 기재된 주의를 기울여도 이를 알 수 없는 경우에는 그러하지 아니하다.

제93조 이사의 주의의무와 책임

① 이사는 경영을 함에 있어 견실하고 충실한 경영자의 주의의무(Sorgfalt eines ordentlichen und gewissenhaften Geschäftsleiters)를 부담한다. 이사가 경영상 결정시 적정한 정보에 기초하여 회사의 번영을 위하여(auf der Grundlage angemessener Information zum Wohle der Gesellschaft) 행동한 것으로 보는 것이 합리적인 때에는 의무위반이 없는 것이다. 이사회 내의

vertrauliche Angaben und Geheimnisse der Gesellschaft, namentlich Betriebs- oder Geschäftsgeheimnisse, die den Vorstandsmitgliedern durch ihre Tätigkeit im Vorstand bekanntgeworden sind, haben sie Stillschweigen zu bewahren. Die Pflicht des Satzes 3 gilt nicht gegenüber einer nach § 342b des Handelsgesetzbuchs anerkannten Prüfstelle im Rahmen einer von dieser durchgeführten Prüfung.
(2) Vorstandsmitglieder, die ihre Pflichten verletzen, sind der Gesellschaft zum Ersatz des daraus entstehenden Schadens als Gesamtschuldner verpflichtet. Ist streitig, ob sie die Sorgfalt eines ordeSchließt die Gesellschaft eine Versicherung zur Absicherung eines Vorstandsmitglieds gegen Risiken aus dessen beruflicher Tätigkeit für die Gesellschaft ab, ist ein Selbstbehalt von mindestens 10 Prozent des Schadens bis mindestens zur Höhe des Eineinhalbfachen der festen jährlichen Vergütung des Vorstandsmitglieds vorzusehen.
(3) Die Vorstandsmitglieder sind namentlich zum Ersatz verpflichtet, wenn entgegen diesem Gesetz

1. Einlagen an die Aktionäre zurückgewährt werden,
2. den Aktionären Zinsen oder Gewinnanteile gezahlt werden,
3. eigene Aktien der Gesellschaft oder einer anderen Gesellschaft gezeichnet, erworben, als Pfand genommen oder eingezogen werden,
4. Aktien vor der vollen Leistung des Ausgabebetrags ausgegeben werden,
5. Gesellschaftsvermögen verteilt wird,
6. Zahlungen entgegen § 92 Abs. 2 geleistet werden,
7. Vergütungen an Aufsichtsratsmitglieder gewährt werden,
8. Kredit gewährt wird,
9. bei der bedingten Kapitalerhöhung außerhalb des festgesetzten Zwecks oder vor der vollen Leistung des Gegenwerts Bezugsaktien ausgegeben werden.

(4) Der Gesellschaft gegenüber tritt die Ersatzpflicht nicht ein, wenn die Handlung auf einem gesetzmäßigen Beschluß der Hauptversammlung beruht. Dadurch, daß der Aufsichtsrat die Handlung gebilligt hat, wird die Ersatzpflicht nicht ausgeschlossen. Die Gesellschaft kann erst drei Jahre nach der Entstehung des Anspruchs und nur dann auf Ersatzansprüche verzichten oder sich über sie vergleichen, wenn die Hauptversammlung zustimmt und nicht eine Minderheit, deren Anteile zusammen den zehnten Teil des Grundkapitals erreichen, zur Niederschrift Widerspruch erhebt. Die zeitliche Beschränkung gilt nicht, wenn der Ersatzpflichtige zahlungsunfähig ist und sich zur Abwendung des Insolvenzverfahrens mit seinen Gläubigern vergleicht oder wenn die Ersatzpflicht in einem Insolvenzplan geregelt wird.
(5) Der Ersatzanspruch der Gesellschaft kann auch von den Gläubigern der Gesellschaft geltend gemacht werden, soweit sie von dieser keine Befriedigung erlangen können. Dies gilt jedoch in anderen Fällen als denen des Absatzes 3 nur dann, wenn die Vorstandsmitglieder die Sorgfalt

이사의 활동으로 이사에게 알려진, 회사의 기밀사항과 비밀, 특히 경영비밀 또는 기업비밀(Betriebs- oder Geschäftsgeheimnisse)에 관하여, 이사는 묵비(黙秘)를 유지해야 한다. 제3문에 따른 의무는 상법전 제342b조에 따라 승인된 검사기관이 수행하는 검사의 범위 내에서 그 검사인에 대하여는 적용되지 않는다.

② 자신의 의무를 위반한 이사들은, 이로 인하여 생긴 손해를 연대채무자로서 회사에게 배상할 의무가 있다. 이사가 건실하고 충실한 경영자의 주의의무를 기울였는지 여부에 관해 다툼이 있는 경우에는 이사가 이에 대한 증명책임을 부담한다. 회사가 이사의 직업적 활동에서 생기는 위험에 대비하여 회사를 위하여 이사를 피보험자로 하여(zur Absicherung eines Vorstandsmitglieds) 보험계약을 체결하는 경우에, 최소 손해액의 10프로에서부터 적어도 이사의 연간 고정보수의 최소 1.5배의 한도 내의 본인부담금(Selbstbehalt)을 규정해야 한다.

③ 특히 다음 각 호와 같이 이 법에 위반하는 경우에 이사는 손해배상(Ersatz)을 할 의무를 부담한다,

1. 주주에 대해 주금이 반환된 경우,
2. 주주에게 이자나 이익배당을 한 경우,
3. 당해 회사 또는 다른 회사의 자기주식에 서명하거나, 이를 획득하거나, 담보로 잡히게 하거나 또는 몰취한 경우,
4. 발행가액의 완납 전에 주권이 인도된 경우,
5. 회사재산이 분배된 경우,
6. 제92조 제2항에 반하여 지급된 경우,
7. 감사회구성원에 대하여 보수가 지급된 경우,
8. 대출을 시행한 경우,
9. 조건부 증자시에 정해진 목적 이외로 인수권증서(Bezugsaktien)가 발행되거나 주식에 대한 등가물(Gegenwert)이 완납 전에 인수권증서가 발행된 경우.

④ 그 행위가 법률에 맞게 한 주주총회의 결의에 기초한 경우(wenn die Handlung auf einem gesetzmäßigen Beschluß der Hauptversammlung beruht)에는 회사에게 배상의무가 발생하지 않는다. 감사회가 그 행위를 승인함으로써 배상의무(Ersatzpflicht)가 배제되지 아니한다. 주주총회에서 동의하고 자본의 총 1/10에 달하는 소수 주식이 공식적으로(zur Niederschrift) 이의를 제기하지 않는 한, 회사는 청구권의 발생한 때로부터 3년이 지나서야 비로소 또 배상청구권만을 포기하거나 그에 관하여 화해할 수 있다. 배상의무자가 지불능력이 없고(zahlungsunfähig) 파산절차의 방지를 위하여(zur Abwendung des Insolvenzverfahrens) 그 채권자와 화해를 한 경우 또는 배상의무가 변제계획서(Insolvenzplan)에서 규율되지 않은 경우에는 그와 같은 시간직 제한은 적용하지 아니한나.

⑤ 회사가 그 손해배상청구권에서 만족(Befriedigung)을 얻을 수 없는 경우에는 회사의 채권자도 회사의 손해배상청구권(Ersatzanspruch der Gesellschaft)을 행사할 수 있다. 그럼에도 이사가 합리적(合理的)이고 선량(善良)한 경영자의 주의의무를 중대하게 위반한 경우에는, 이는

eines ordentlichen und gewissenhaften Geschäftsleiters gröblich verletzt haben; Absatz 2 Satz 2 gilt sinngemäß. Den Gläubigern gegenüber wird die Ersatzpflicht weder durch einen Verzicht oder Vergleich der Gesellschaft noch dadurch aufgehoben, daß die Handlung auf einem Beschluß der Hauptversammlung beruht. Ist über das Vermögen der Gesellschaft das Insolvenzverfahren eröffnet, so übt während dessen Dauer der Insolvenzverwalter oder der Sachwalter das Recht der Gläubiger gegen die Vorstandsmitglieder aus.
(6) Die Ansprüche aus diesen Vorschriften verjähren bei Gesellschaften, die zum Zeitpunkt der Pflichtverletzung börsennotiert sind, in zehn Jahren, bei anderen Gesellschaften in fünf Jahren.

Fußnote
(+++ § 93 Abs. 6: Zur Anwendung vgl. § 24 AktGEG +++)

§ 94 Stellvertreter von Vorstandsmitgliedern
Die Vorschriften für die Vorstandsmitglieder gelten auch für ihre Stellvertreter

## Zweiter Abschnitt Aufsichtsrat

§ 95 Zahl der Aufsichtsratsmitglieder
Der Aufsichtsrat besteht aus drei Mitgliedern. Die Satzung kann eine bestimmte höhere Zahl festsetzen. Die Zahl muß durch drei teilbar sein, wenn dies zur Erfüllung mitbestimmungsrechtlicher Vorgaben erforderlich ist. Die Höchstzahl der Aufsichtsratsmitglieder beträgt bei Gesellschaften mit einem Grundkapital
bis zu 1500 000 Euro neun,
von mehr als 1500 000 Euro fünfzehn,
von mehr als 10 000 000 Euro einundzwanzig.
Durch die vorstehenden Vorschriften werden hiervon abweichende Vorschriften des Mitbestimmungsgesetzes vom 4. Mai 1976 (BGBl. I S. 1153), des Montan-Mitbestimmungsgesetzes und des Gesetzes zur Ergänzung des Gesetzes über die Mitbestimmung der Arbeitnehmer in den Aufsichtsräten und Vorständen der Unternehmen des Bergbaus und der Eisen und Stahl erzeugenden Industrie in der im Bundesgesetzblatt Teil III, Gliederungsnummer 801-3, veröffentlichten bereinigten Fassung - Mitbestimmungsergänzungsgesetz - nicht berührt.

§ 96 Zusammensetzung des Aufsichtsrats
(1) Der Aufsichtsrat setzt sich zusammen
bei Gesellschaften, für die das Mitbestimmungsgesetz gilt, aus Aufsichtsratsmitgliedern der Aktionäre und der Arbeitnehmer,
bei Gesellschaften, für die das Montan-Mitbestimmungsgesetz gilt, aus Aufsichtsratsmitgliedern

제93조 제3항의 경우 이외의 경우에 적용한다; 제93조 제2항 제2문은 준용한다. 손해배상의무는 채권자에 대하여 회사의 그 포기 또는 화해에 의해 소멸하지 않고, 그 행위가 주주총회에 결의에 기반했다는 점에 의해서도 소멸하지 않는다. 회사의 재산에 관하여 파산절차가 개시된 경우에, 그 기간 동안에는 파산관재인 또는 관재인(Insolvenzverwalter oder der Sachwalter)이 이사에 대한 채권자의 권리(Recht der Gläubiger gegen die Vorstandsmitglieder)를 행사한다.

⑥ 위 조항에 기한 손해배상청구권은 의무위반의 시점 기준으로 상장된 회사의 경우는 10년의 경과로써 시효로 소멸하고, 기타의 회사의 경우에는 5년의 경과로써 시효로 소멸한다.

각주
제93조 제6항: 그 적용에 대해 주식회사법도입법(AktGEG) 제24조를 참고하라.

제94조 이사의 직무대리인

이사에 대한 규정은 그 직무대리인에게 적용된다.

## 제2장 감사회

제95조 감사회구성원수

감사회는 3명으로 구성된다. 정관으로 그보다 더 많은 일정한 수를 정할 수 있다. 그 수가 공동결정법상의 규정을 충족하기 위하여 필요한 경우에는 그 수는 3으로 나눠져야만 한다. 그 감사회구성원 기준인원(Höchstzahl)은 다음과 같이 회사의 자본의 규모(Grundkapital)에 따라 정해진다,

1,500,000유로 이하의 경우 9명,

1,500,000유로 초과 10,000,000유로 이하의 경우 15명,

10,000,000유로 초과하는 경우에 21명.

1976년 5월 4일의 '공동결정법'(Mitbestimmungsgesetz)의 규정(BGBl. I S. 1153), '몬탄공동결정법'(Montan-Mitbestimmungsgesetz)의 규정 및 '광업에 속하는 기업과 철강을 생산하는 산업에 속하는 기업 내의 감사회 및 대표기관에서의 근로자들의 공동결정법에 관한 보충법'[BGBl. 3권 편제번호 801-3호로 공포되어 개정된 법률-몬탄공동결정법보충법(Mitbestimmungsergänzungsgesetz)]의 규정과 다른 위와 같은 규정에 의하여 그 법률상의 규정들은 영향을 받지 않는다.

제96조 감사회의 구성

① 감사회는,

'공동결정법'이 적용되는 회사의 경우 주주측 및 근로자측감사회구성원(Aufsichtsratsmitgliedern der Aktionäre und der Arbeitnehmer)으로,

'몬탄공동결정법'(Montan-Mitbestimmungsgesetz)이 적용(適用)되는 회사(會社)의 경우 주주측

der Aktionäre und der Arbeitnehmer und aus weiteren Mitgliedern,
bei Gesellschaften, für die die §§ 5 bis 13 des Mitbestimmungsergänzungsgesetzes gelten, aus Aufsichtsratsmitgliedern der Aktionäre und der Arbeitnehmer und aus einem weiteren Mitglied,
bei Gesellschaften, für die das Drittelbeteiligungsgesetz gilt, aus Aufsichtsratsmitgliedern der Aktionäre und der Arbeitnehmer,
bei Gesellschaften für die das Gesetz über die Mitbestimmung der Arbeitnehmer bei einer grenzüberschreitenden Verschmelzung vom 21. Dezember 2006 (BGBl. I S. 3332) gilt, aus Aufsichtsratsmitgliedern der Aktionäre und der Arbeitnehmer,
bei den übrigen Gesellschaften nur aus Aufsichtsratsmitgliedern der Aktionäre.

(2) Bei börsennotierten Gesellschaften, für die das Mitbestimmungsgesetz, das Montan-Mitbestimmungsgesetz oder das Mitbestimmungsergänzungsgesetz gilt, setzt sich der Aufsichtsrat zu mindestens 30 Prozent aus Frauen und zu mindestens 30 Prozent aus Männern zusammen. Der Mindestanteil ist vom Aufsichtsrat insgesamt zu erfüllen. Widerspricht die Seite der Anteilseigner- oder Arbeitnehmervertreter auf Grund eines mit Mehrheit gefassten Beschlusses vor der Wahl der Gesamterfüllung gegenüber dem Aufsichtsratsvorsitzenden, so ist der Mindestanteil für diese Wahl von der Seite der Anteilseigner und der Seite der Arbeitnehmer getrennt zu erfüllen. Es ist in allen Fällen auf volle Personenzahlen mathematisch auf- beziehungsweise abzurunden. Verringert sich bei Gesamterfüllung der höhere Frauenanteil einer Seite nachträglich und widerspricht sie nun der Gesamterfüllung, so wird dadurch die Besetzung auf der anderen Seite nicht unwirksam. Eine Wahl der Mitglieder des Aufsichtsrats durch die Hauptversammlung und eine Entsendung in den Aufsichtsrat unter Verstoß gegen das Mindestanteilsgebot ist nichtig. Ist eine Wahl aus anderen Gründen für nichtig erklärt, so verstoßen zwischenzeitlich erfolgte Wahlen insoweit nicht gegen das Mindestanteilsgebot. Auf die Wahl der Aufsichtsratsmitglieder der Arbeitnehmer sind die in Satz 1 genannten Gesetze zur Mitbestimmung anzuwenden.

(3) Bei börsennotierten Gesellschaften, die aus einer grenzüberschreitenden Verschmelzung hervorgegangen sind und bei denen nach dem Gesetz über die Mitbestimmung der Arbeitnehmer bei einer grenzüberschreitenden Verschmelzung das Aufsichts- oder Verwaltungsorgan aus derselben Zahl von Anteilseigner- und Arbeitnehmervertretern besteht, müssen in dem Aufsichts- oder Verwaltungsorgan Frauen und Männer jeweils mit einem Anteil von mindestens 30 Prozent vertreten sein. Absatz 2 Satz 2, 4, 6 und 7 gilt entsprechend.

(4) Nach anderen als den zuletzt angewandten gesetzlichen Vorschriften kann der Aufsichtsrat nur zusammengesetzt werden, wenn nach § 97 oder nach § 98 die in der Bekanntmachung des Vorstands oder in der gerichtlichen Entscheidung angegebenen gesetzlichen Vorschriften anzuwenden sind.

및 근로자측감사회구성원과 추가적 구성원으로,
‘몬탄공동결정법보충법’ 제5조 내지 제13조가 적용되는 회사의 경우 주주측 및 근로자측감사회구성원과 추가적 구성원으로,
‘1/3경영참가법’(Drittelbeteiligungsgesetz)이 적용되는 회사의 경우 주주측 및 근로자측감사회구성원으로,
2006년 12월 21일의 ‘국경을 초월하는 합병시 근로자들의 공동결정에 관한 법률’(Gesetz über die Mitbestimmung der Arbeitnehmer bei einer grenzüberschreitenden Verschmelzung(BGBl. I S. 3332)이 적용되는 경우 주주측 및 근로자측감사회구성원으로,
기타 회사의 경우에는 주주측 감사회구성원으로만 각각 구성된다.

② 공동결정법, 몬탄공동결정법 또는 몬탄공동결정법보충법(Mitbestimmungsgesetz, das Montan-Mitbestimmungsgesetz oder das Mitbestimmungsergänzungsgesetz)이 적용되는 상장(上場)회사의 경우 감사회는 30프로 이상의 여성과 30프로 이상의 남성으로 구성된다. 그 최소비율은 감사회 총원을 기준으로 감사회에서 충족되어야 한다. 주주측대표자 또는 근로자측대표자가 그 총원충원 선출 전에 과반수에 의한 결의에 기하여 감사회의장에 이의를 제기하는 경우에, 주주측 선출 최소비율은 주주측 감사회구성원수를 기준으로, 근로자측 선출 최소비율은 근로자측감사회구성원수를 기준으로 각각 충족되어야 한다. 모든 경우에 있어 수학적으로 정수의 인원수로 반올림되거나 버림되어야 한다. ‘감사회총원을 기준으로 한 최소비율의 충족에 있어’(bei Gesamterfüllung) 어느 당사자측의 위 30프로보다 높은 여성비율이 사후적으로 축소되어 감사회총원을 기준으로 한 최소비율이 충족되지 않은 경우에, 그러한 축소에 의하여 다른 당사자측의 감사회구성원 충원(Besetzung auf der anderen Seite)은 무효로 되지 않는다. 위 최소비율기준(Mindestanteilsgebot)에 어긋나는, 주주총회에 의한 감사회구성원의 선출은 무효이고 또 그 기준에 어긋나는 감사회로의 파견은 무효이다. 그 선출이 다른 이유에서 무효로 선언된 경우에는, 그 사이에 이뤄진 선출(選出)은 최소비율기준에 어긋나지 않는다. 근로자측대표자의 선거에 대하여 제1문에서 언급된 공동결정(Mitbestimmung)에 관한 법률들을 적용한다.

③ 국경을 초월한 합병으로 생겨난 상장회사로, 국경을 초월한 합병시 근로자들의 공동결정에 관한 법률(Gesetz über die Mitbestimmung der Arbeitnehmer bei einer grenzüberschreitenden Verschmelzung)에 따라 감사회 또는 감독회(Aufsichts- oder Verwaltungsorgan)가 동수의 근로자측대표자 및 주주측대표자로 구성된 상장회사의 경우에, 감사회 또는 감독회에서 여성과 남성은 각각 30프로 이상의 비율로 대표되어야 한다. 제96조 제2항, 제2문, 제4문, 제6문, 제7문이 준용된다.

④ 이사회의 공고(Bekanntmachung des Vorstands) 또는 법원의 재판(gerichtlichen Entscheidung)에서 기재된 법률 규정이 제97조 또는 제98조에 따라 적용되어야 하는 경우에 한하여 최근 적용된 법률 규정 이외의 다른 규정(Nach anderen als den zuletzt angewandten gesetzlichen Vorschriften)에 따라 감사회가 구성될 수 있다.

§ 97 Bekanntmachung über die Zusammensetzung des Aufsichtsrats

(1) Ist der Vorstand der Ansicht, daß der Aufsichtsrat nicht nach den für ihn maßgebenden gesetzlichen Vorschriften zusammengesetzt ist, so hat er dies unverzüglich in den Gesellschaftsblättern und gleichzeitig durch Aushang in sämtlichen Betrieben der Gesellschaft und ihrer Konzernunternehmen bekanntzumachen. In der Bekanntmachung sind die nach Ansicht des Vorstands maßgebenden gesetzlichen Vorschriften anzugeben. Es ist darauf hinzuweisen, daß der Aufsichtsrat nach diesen Vorschriften zusammengesetzt wird, wenn nicht Antragsberechtigte nach § 98 Abs. 2 innerhalb eines Monats nach der Bekanntmachung im Bundesanzeiger das nach § 98 Abs. 1 zuständige Gericht anrufen.

(2) Wird das nach § 98 Abs. 1 zuständige Gericht nicht innerhalb eines Monats nach der Bekanntmachung im Bundesanzeiger angerufen, so ist der neue Aufsichtsrat nach den in der Bekanntmachung des Vorstands angegebenen gesetzlichen Vorschriften zusammenzusetzen. Die Bestimmungen der Satzung über die Zusammensetzung des Aufsichtsrats, über die Zahl der Aufsichtsratsmitglieder sowie über die Wahl, Abberufung und Entsendung von Aufsichtsratsmitgliedern treten mit der Beendigung der ersten Hauptversammlung, die nach Ablauf der Anrufungsfrist einberufen wird, spätestens sechs Monate nach Ablauf dieser Frist insoweit außer Kraft, als sie den nunmehr anzuwendenden gesetzlichen Vorschriften widersprechen. Mit demselben Zeitpunkt erlischt das Amt der bisherigen Aufsichtsratsmitglieder. Eine Hauptversammlung, die innerhalb der Frist von sechs Monaten stattfindet, kann an Stelle der außer Kraft tretenden Satzungsbestimmungen mit einfacher Stimmenmehrheit neue Satzungsbestimmungen beschließen.

(3) Solange ein gerichtliches Verfahren nach §§ 98, 99 anhängig ist, kann eine Bekanntmachung über die Zusammensetzung des Aufsichtsrats nicht erfolgen.

§ 98 Gerichtliche Entscheidung über die Zusammensetzung des Aufsichtsrats

(1) Ist streitig oder ungewiss, nach welchen gesetzlichen Vorschriften der Aufsichtsrat zusammenzusetzen ist, so entscheidet darüber auf Antrag ausschließlich das Landgericht, in dessen Bezirk die Gesellschaft ihren Sitz hat.

(2) Antragsberechtigt sind

1. der Vorstand,
2. jedes Aufsichtsratsmitglied,
3. jeder Aktionär,
4. der Gesamtbetriebsrat der Gesellschaft oder, wenn in der Gesellschaft nur ein Betriebsrat besteht, der Betriebsrat,
5. der Gesamt- oder Unternehmenssprecherausschuss der Gesellschaft oder, wenn in der Gesellschaft nur ein Sprecherausschuss besteht, der Sprecherausschuss,

제97조 감사회 구성의 공고

① 이사회의 견해(Vorstand der Ansicht)에 의할 때, 감사회가 자신에 적용되는 법률 기준에 따라 구성되지 않는 경우에, 이사회는 이를 지체 없이 사보(社報; Gesellschaftsblättern)에 공고하고, 동시에 당해 회사의 전체사업과 당해 회사의 콘체른기업의 전체사업에서의 게시를 함으로써(durch Aushang in sämtlichen Betrieben der Gesellschaft und ihrer Konzernunternehmen) 이를 공고한다. 그 공고를 함에 있어 이사회의 견해에 따라 적용되는 법률 규정을 적시한다. 이의신청권자가 제98조 제2항에 따라 연방관보에 공고한 때로부터 1개월 이내에 제98조 제1항에 따른 관할 법원에 이의를 제기하지 않는 경우에, 그러한 기준에 따라 감사회가 구성될 것이라는 점도 언급되어야 한다.

② 제98조 제1항에 따라 관할 법원에 연방관보에 공고된 때로부터 1개월 이내에 이의가 제기되지 않은 경우에, 새로운 감사회는 이사회의 공고에서 언급된 법률 규정(den in der Bekanntmachung des Vorstands angegebenen gesetzlichen Vorschriften)에 따라 구성되어야 한다. 감사회 구성, 감사회구성원수와 감사회구성원의 선출·선임·해임(Wahl, Abberufung und Entsendung von Aufsichtsratsmitgliedern)에 관한 정관 규정은, 그 규정이 새롭게 적용되는 법률 기준에 모순되는 때에는 그 한도 내에서, 이의기간 만료 후에 소집된 최초의 주주총회 종료로써(mit der Beendigung der ersten Hauptversammlung), 늦어도 이러한 이의기간이 만료한 때로부터 6개월 후에(spätestens sechs Monate nach Ablauf dieser Frist) 효력을 잃는다. 그 동일한 시기에 종전의 감사회구성원의 직무(職務)는 소멸한다. 6개월 기간 내에 개최된 주주총회(株主總會)에서 단순과반수로 효력을 잃은 정관규정에 갈음하여(an Stelle der außer Kraft tretenden Satzungsbestimmungen mit einfacher Stimmenmehrheit) 새로운 정관규정을 결의(決議)할 수 있다.

③ 제98조, 제99조에 따른 재판절차가 계류 중인 경우에는, 감사회구성에 관한 공고는 시행하지 않을 수 있다.

제98조 감사회 구성에 관한 법원의 재판

① 어느 법률 규정에 따라 감사회가 구성되어야 하는지에 대해 분쟁이 있거나 그것이 모호한 경우에는 신청에 따라 회사의 본점소재지를 관할하는 주통상법원(Landgericht)이 전속적으로 재판한다.

② 신청권자는 다음 각 호와 같다,

1. 이사회,
2. 각 감사회구성원,
3. 모든 주주,
4. 당해 회사의 기업근로자평의회 또는 당해 회사에 근로자평의회만 있는 경우에는 그 근로자평의회,
5. 당해 회사의 고위직사원평의회, 기업고위직사원평의회 또는 당해 회사에 고위직사원평의회만이 있는 경우에는 그 고위직사원평의회,

6. der Gesamtbetriebsrat eines anderen Unternehmens, dessen Arbeitnehmer nach den gesetzlichen Vorschriften, deren Anwendung streitig oder ungewiß ist, selbst oder durch Delegierte an der Wahl von Aufsichtsratsmitgliedern der Gesellschaft teilnehmen, oder, wenn in dem anderen Unternehmen nur ein Betriebsrat besteht, der Betriebsrat,
7. der Gesamt- oder Unternehmenssprecherausschuss eines anderen Unternehmens, dessen Arbeitnehmer nach den gesetzlichen Vorschriften, deren Anwendung streitig oder ungewiss ist, selbst oder durch Delegierte an der Wahl von Aufsichtsratsmitgliedern der Gesellschaft teilnehmen, oder, wenn in dem anderen Unternehmen nur ein Sprecherausschuss besteht, der Sprecherausschuss,
8. mindestens ein Zehntel oder einhundert der Arbeitnehmer, die nach den gesetzlichen Vorschriften, deren Anwendung streitig oder ungewiß ist, selbst oder durch Delegierte an der Wahl von Aufsichtsratsmitgliedern der Gesellschaft teilnehmen,
9. Spitzenorganisationen der Gewerkschaften, die nach den gesetzlichen Vorschriften, deren Anwendung streitig oder ungewiß ist, ein Vorschlagsrecht hätten,
10. Gewerkschaften, die nach den gesetzlichen Vorschriften, deren Anwendung streitig oder ungewiß ist, ein Vorschlagsrecht hätten.

    Ist die Anwendung des Mitbestimmungsgesetzes oder die Anwendung von Vorschriften des Mitbestimmungsgesetzes streitig oder ungewiß, so sind außer den nach Satz 1 Antragsberechtigten auch je ein Zehntel der wahlberechtigten in § 3 Abs. 1 Nr. 1 des Mitbestimmungsgesetzes bezeichneten Arbeitnehmer oder der wahlberechtigten leitenden Angestellten im Sinne des Mitbestimmungsgesetzes antragsberechtigt.

(3) Die Absätze 1 und 2 gelten sinngemäß, wenn streitig ist, ob der Abschlußprüfer das nach § 3 oder § 16 des Mitbestimmungsergänzungsgesetzes maßgebliche Umsatzverhältnis richtig ermittelt hat.

(4) Entspricht die Zusammensetzung des Aufsichtsrats nicht der gerichtlichen Entscheidung, so ist der neue Aufsichtsrat nach den in der Entscheidung angegebenen gesetzlichen Vorschriften zusammenzusetzen. § 97 Abs. 2 gilt sinngemäß mit der Maßgabe, daß die Frist von sechs Monaten mit dem Eintritt der Rechtskraft beginnt.

§ 99 Verfahren

(1) Auf das Verfahren ist das Gesetz über das Verfahren in Familiensachen und in den Angelegenheiten der freiwilligen Gerichtsbarkeit anzuwenden, soweit in den Absätzen 2 bis 5 nichts anderes bestimmt ist.

(2) Das Landgericht hat den Antrag in den Gesellschaftsblättern bekanntzumachen. Der Vorstand und jedes Aufsichtsratsmitglied sowie die nach § 98 Abs. 2 antragsberechtigten Betriebsräte, Sprecherausschüsse, Spitzenorganisationen und Gewerkschaften sind zu hören.

(3) Das Landgericht entscheidet durch einen mit Gründen versehenen Beschluss. Gegen die

6. 그 다른 회사의 근로자가 그 적용에 다툼이 있거나 그 적용이 모호한 법률 규정에 따라 스스로 또는 대표자를 통해 당해 회사의 감사회구성원 선거에 참여한 경우에 있어 그 다른 기업의 기업근로자평의회, 또는 그 경우에 있어 그 다른 기업에 근로자평의회만 있는 경우에는 그 근로자평의회,
7. 그 다른 회사의 근로자가 그 적용에 다툼이 있거나 그 적용이 모호한 법률 규정에 따라 스스로 또는 대표자를 통해 당해 회사의 감사회구성원 선거에 참여한 경우에 있어 그 다른 회사의 전체기업고위직사원평의회 또는 기업고위직사원평의회 또는 그 경우에 있어 그 다른 기업에 고위직사원평의회만 있는 경우에는 그 고위직사원평의회,
8. 그 적용에 다툼이 있거나 그 적용이 모호한 법률 규정에 따라 스스로 또는 대표자를 통해 당해 회사의 감사회구성원 선거에 참여한 근로자들의 1/10 이상의 근로자들 또는 100명 이상의 근로자들,
9. 그 적용에 다툼이 있거나 그 적용이 모호한 법률 규정에 따라 추천권(推薦權)을 가졌던 노조정상조직(Spitzenorganisationen der Gewerkschaften),
10. 그 적용에 다툼이 있거나 그 적용이 모호한 법률 규정에 따라 추천권(推薦權)을 가졌던 노동조합.

 공동결정법의 적용 또는 공동결정법의 규정의 적용에 다툼이 있거나 그것이 모호한 경우에는, 제1호에 따른 신청권자 이외에 공동결정법 제3조 제1항 제1호에 기재된 선거권이 있는 근로자 또는 공동결정법상의 선거권(選擧權)이 있는 고위직사원(wahlberechtigten leitenden Angestellten im Sinne des Mitbestimmungsgesetzes)의 각 1/10도 신청을 제기할 권리를 갖는다.

③ 결산검사인(Abschlußprüfer)이 몬탄공동결정법보충법 제3조 또는 제16조에 따라 적용되는 매출관계를 올바르게 조사했는지에 관하여 다툼이 있는 경우에는, 제98조 제1항, 제2항을 준용한다.

④ 감사회 구성이 법원의 재판에 따라 이뤄지지 않은 경우, 새로운 감사회를 그 재판에서 언급된 법률 규정(nach den in der Entscheidung angegebenen gesetzlichen Vorschriften)에 따라 구성해야 한다. 6월의 기간은 확정력(Rechtskraft)이 발생한 때로부터 기산한다는 기준하에(mit der Maßgabe) 제97조 제2항를 준용한다.

第99조 결정절차

① 제99조 제2항 내지 제5항이 달리 규정하지 않는 한, 재판절차에 대하여는 '가사사건과 비송사건의 절차에 관한 법률'(Gesetz über das Verfahren in Familiensachen und in den Angelegenheiten der freiwilligen Gerichtsbarkeit)을 적용한다.

② 주통상법원(Landgericht)은 그 신청을 당해회사의 사보에 공고해야 한다. 그 법원은 이사회, 모든 감사회구성원과, 제98조 제2항에 따른 신청권이 있는 근로자평의회, 고위직사원평의회, 노조정상조직 및 노동조합의 의견을 청취해야 한다.

③ 주통상법원은 이유기재부결정(einen mit Gründen versehenen Beschluss)으로 재판한다.

Entscheidung des Landgerichts findet die Beschwerde statt. Sie kann nur auf eine Verletzung des Rechts gestützt werden; § 72 Abs. 1 Satz 2 und § 74 Abs. 2 und 3 des Gesetzes über das Verfahren in Familiensachen und in den Angelegenheiten der freiwilligen Gerichtsbarkeit sowie § 547 der Zivilprozessordnung gelten sinngemäß. Die Beschwerde kann nur durch die Einreichung einer von einem Rechtsanwalt unterzeichneten Beschwerdeschrift eingelegt werden. Die Landesregierung kann durch Rechtsverordnung die Entscheidung über die Beschwerde für die Bezirke mehrerer Oberlandesgerichte einem der Oberlandesgerichte oder dem Obersten Landesgericht übertragen, wenn dies der Sicherung einer einheitlichen Rechtsprechung dient. Die Landesregierung kann die Ermächtigung auf die Landesjustizverwaltung übertragen.

(4) Das Gericht hat seine Entscheidung dem Antragsteller und der Gesellschaft zuzustellen. Es hat sie ferner ohne Gründe in den Gesellschaftsblättern bekanntzumachen. Die Beschwerde steht jedem nach § 98 Abs. 2 Antragsberechtigten zu. Die Beschwerdefrist beginnt mit der Bekanntmachung der Entscheidung im Bundesanzeiger, für den Antragsteller und die Gesellschaft jedoch nicht vor der Zustellung der Entscheidung.

(5) Die Entscheidung wird erst mit der Rechtskraft wirksam. Sie wirkt für und gegen alle. Der Vorstand hat die rechtskräftige Entscheidung unverzüglich zum Handelsregister einzureichen.

(6) Die Kosten können ganz oder zum Teil dem Antragsteller auferlegt werden, wenn dies der Billigkeit entspricht. Kosten der Beteiligten werden nicht erstattet.

§ 100 Persönliche Voraussetzungen für Aufsichtsratsmitglieder

(1) Mitglied des Aufsichtsrats kann nur eine natürliche, unbeschränkt geschäftsfähige Person sein. Ein Betreuter, der bei der Besorgung seiner Vermögensangelegenheiten ganz oder teilweise einem Einwilligungsvorbehalt (§ 1903 des Bürgerlichen Gesetzbuchs) unterliegt, kann nicht Mitglied des Aufsichtsrats sein.

(2) Mitglied des Aufsichtsrats kann nicht sein, wer

1. bereits in zehn Handelsgesellschaften, die gesetzlich einen Aufsichtsrat zu bilden haben, Aufsichtsratsmitglied ist,
2. gesetzlicher Vertreter eines von der Gesellschaft abhängigen Unternehmens ist,
3. gesetzlicher Vertreter einer anderen Kapitalgesellschaft ist, deren Aufsichtsrat ein Vorstandsmitglied der Gesellschaft angehört, oder
4. in den letzten zwei Jahren Vorstandsmitglied derselben börsennotierten Gesellschaft war, es sei denn, seine Wahl erfolgt auf Vorschlag von Aktionären, die mehr als 25 Prozent der Stimmrechte an der Gesellschaft halten.

Auf die Höchstzahl nach Satz 1 Nr. 1 sind bis zu fünf Aufsichtsratssitze nicht anzurechnen, die ein gesetzlicher Vertreter (beim Einzelkaufmann der Inhaber) des herrschenden Unternehmens eines Konzerns in zum Konzern gehörenden Handelsgesellschaften, die gesetzlich einen Aufsichtsrat zu bilden haben, inne hat.

주통상법원의 결정에 대해 항고할 수 있다. 그 항고는 법률의 위반을 이유로 하는 경우에만 할 수 있다; '가사사건과 비송사건의 절차에 관한 법률'(Gesetzes über das Verfahren in Familiensachen und in den Angelegenheiten der freiwilligen Gerichtsbarkeit) 제72조 제1항 제2문, 제74조 제2항, 제3항, 민사소송법 제547조를 준용한다. 항고는 변호사가 서명한 항고장의 제출에 의해서만 이뤄질 수 있다. 그 이송이 판례의 통일성 확보(Sicherung einer einheitlichen Rechtsprechung)에 기여하는 경우에는, 주정부는 법규명령으로 다수의 주고등통상법원의 관할구역의 항고에 관한 재판을 주고등통상법원 또는 주최고통상법원(Obersten Landesgericht[18]) 중 한 법원으로 이송할 수 있다. 주정부는 그 권한을 주법무부(Landesjustizverwaltung)에 이양할 수 있다.

④ 법원은 결정서를 신청인과 회사에 송달해야 한다. 또한 법원은 당해 회사의 사보에 이유를 기재하지 않고 그 결정을 공고한다. 제98조 제2항에 따른 각각의 신청권자는 항고를 제기할 수 있다. 항고기간(Beschwerdefrist)은 연방관보(Bundesanzeiger)에 그 결정을 공고(公告)한 때로부터 진행하나, 신청인과 회사에 대해 결정 송달(送達)이 이뤄지기 전에는 그 기간은 진행하지 않는다.

⑤ 결정은 확정력에 의하여 비로소 효력을 갖는다. 그 결정은 모두에 대해, 모두를 위해 효력이 있다. 이사회는 확정된 결정을 지체 없이 상업등기소에 등기하도록 제출해야 한다.

⑥ 재판비용은 그것이 형평에 부합하는 경우, 신청인의 전부 또는 일부 부담으로 할 수 있다. 관계인의 비용은 상환되지 않는다.

제100조 감사회구성원의 인적 요건

① 행위능력 제한이 없는 자연인만이 감사회구성원이 될 수 있다. 자신의 재산사항의 관한 임무에 있어(bei der Besorgung seiner Vermögensangelegenheiten) 전부 또는 부분적으로 동의권 유보(Einwilligungsvorbehalt)(민법전 제1903)의 적용을 받아야 하는 자는 감사회구성원이 될 수 없다.

② 다음 각 호의 사람은 감사회구성원이 될 수 없다,

1. 법률에 따라 감사회를 구성해야 하는 상사회사(Handelsgesellschaften) 10개 이상에서 이미 감사회구성원으로 재직하고 있는 사람,
2. 당해 회사의 종속기업의 법정대리인(gesetzlicher Vertreter),
3. 당해 회사의 이사가 감사회구성원으로 재직하는 다른 물적회사(Kapitalgesellschaft)의 법정대리인,
4. 최근 2년 동안에 동일한 상장회사의 이사이었던 사람, 그 선임이 그 회사에 대하여 25프로를 초과하는 의결권을 가지고 있는 주주의 추천에 의해 이뤄지는 경우에는 그러하지 아니하다.

그 콘체른의 지배기업의 법정대리인(소유주가 단독상인의 경우)이 콘체른에 속하는 상사회사로 법률에 따라 감사회를 구성해야 하는 상사회사에서 가지고 있는, 5개까지의 감사회구성원자리는 제1항 제1문 제1호에 따른 상한수에 포함되지 않는다.

Entscheidung des Landgerichts findet die Beschwerde statt. Auf die Höchstzahl nach Satz 1 Nr. 1 sind Aufsichtsratsämter im Sinne der Nummer 1 doppelt anzurechnen, für die das Mitglied zum Vorsitzenden gewählt worden ist.

(3) Die anderen persönlichen Voraussetzungen der Aufsichtsratsmitglieder der Arbeitnehmer sowie der weiteren Mitglieder bestimmen sich nach dem Mitbestimmungsgesetz, dem Montan-Mitbestimmungsgesetz, dem Mitbestimmungsergänzungsgesetz, dem Drittelbeteiligungsgesetz und dem Gesetz über die Mitbestimmung der Arbeitnehmer bei einer grenzüberschreitenden Verschmelzung.

(4) Die Satzung kann persönliche Voraussetzungen nur für Aufsichtsratsmitglieder fordern, die von der Hauptversammlung ohne Bindung an Wahlvorschläge gewählt oder auf Grund der Satzung in den Aufsichtsrat entsandt werden.

(5) Bei Gesellschaften, die kapitalmarktorientiert im Sinne des § 264d des Handelsgesetzbuchs, die CRR-Kreditinstitute im Sinne des § 1 Absatz 3d Satz 1 des Kreditwesengesetzes, mit Ausnahme der in § 2 Absatz 1 Nummer 1 und 2 des Kreditwesengesetzes genannten Institute, oder die Versicherungsunternehmen im Sinne des Artikels 2 Absatz 1 der Richtlinie 91/674/EWG des Rates vom 19. Dezember 1991 über den Jahresabschluß und den konsolidierten Abschluß von Versicherungsunternehmen (ABl. L 374 vom 31.12.1991, S. 7), die zuletzt durch die Richtlinie 2006/46/EG (ABl. L 224 vom 16.8.2006, S. 1) geändert worden ist, sind, muss mindestens ein Mitglied des Aufsichtsrats über Sachverstand auf den Gebieten Rechnungslegung oder Abschlussprüfung verfügen; die Mitglieder müssen in ihrer Gesamtheit mit dem Sektor, in dem die Gesellschaft tätig ist, vertraut sein.

§ 101 Bestellung der Aufsichtsratsmitglieder

(1) Die Mitglieder des Aufsichtsrats werden von der Hauptversammlung gewählt, soweit sie nicht in den Aufsichtsrat zu entsenden oder als Aufsichtsratsmitglieder der Arbeitnehmer nach dem Mitbestimmungsgesetz, dem Mitbestimmungsergänzungsgesetz, dem Drittelbeteiligungsgesetz oder dem Gesetz über die Mitbestimmung der Arbeitnehmer bei einer grenzüberschreitenden Verschmelzung zu wählen sind. An Wahlvorschläge ist die Hauptversammlung nur gemäß §§ 6 und 8 des Montan-Mitbestimmungsgesetzes gebunden.

(2) Ein Recht, Mitglieder in den Aufsichtsrat zu entsenden, kann nur durch die Satzung und nur für bestimmte Aktionäre oder für die jeweiligen Inhaber bestimmter Aktien begründet werden. Inhabern bestimmter Aktien kann das Entsendungsrecht nur eingeräumt werden, wenn die Aktien auf Namen lauten und ihre Übertragung an die Zustimmung der Gesellschaft gebunden ist. Die Aktien der Entsendungsberechtigten gelten nicht als eine besondere Gattung. Die Entsendungsrechte können insgesamt höchstens für ein Drittel der sich aus dem Gesetz oder der Satzung ergebenden Zahl der Aufsichtsratsmitglieder der Aktionäre eingeräumt werden.

(3) Stellvertreter von Aufsichtsratsmitgliedern können nicht bestellt werden. Jedoch kann für jedes

제1호상의 감사회직(Aufsichtsratsämter)으로, 감사회구성원이 그 의장으로 선출된 제1문 제1호에 따른 감사회직(Aufsichtsratsämter im Sinne der Nummer 1)은 상한수(Höchstzahl)에 두 배로 하여 산입한다.

③ 근로자측감사회구성원 및 추가적 구성원(weiteren Mitglieder)의 그 밖의 인적 요건(persönlichen Voraussetzungen)은 공동결정법, 몬탄공동결정법, 몬탄공동결정법보충법, 1/3경영참가법, 국경을 초월한 합병시 근로자의 공동결정(Mitbestimmung)에 관한 법률에 따라 정해진다.

④ 주주총회에서 후보자추천에 구속받지 않고 선임(選任)되거나 정관에 근거하여 감사회에 파견된 감사회구성원에 대해서만 정관(定款)으로 인적 요건(persönlichen Voraussetzungen)을 규정할 수 있다.

⑤ 상법전 제264d조상의 의미에서 자본시장을 지향하는 회사(Gesellschaften, die kapitalmarktorientiert im Sinne des § 264d des Handelsgesetzbuchs), 금융기관법 제2조 제1항 제1호, 제2호에 기재된 기관을 제외한, 금융기관법 제1조 제3d항 제1문상의 CRR금융기관, 또는 보험회사의 연도결산 및 연결연도결산(den Jahresabschluß und den konsolidierten Abschluß)에 관한 1991년 12월 19일의 유럽연합이사회의 91/674/EWG호 지침(ABl. L 374 vom 31.12.1991, S. 7)으로, 2006/46/EG호(ABl. L 224 vom 16.8.2006, S. 1)에 의하여 최종적으로 개정된 그 지침 제2조 제1항상의 보험회사의 경우에, 최소한 감사회구성원 1명이 회계 또는 결산검사의 분야에 관한 전문지식(Sachverstand auf den Gebieten Rechnungslegung oder Abschlussprüfung)을 보유해야 한다; 그 구성원은 그 회사가 활동하는 분야에 전반적으로(in ihrer Gesamtheit) 정통해야 한다.

제101조 감사회구성원의 임명

① 감사회구성원이 감사회로 파견되거나 공동결정법, 몬탄공동결정보충법, 1/3경영참가법 또는 '국경을 초월한 합병시 근로자들의 공동결정에 관한 법률'(Mitbestimmungsgesetz, dem Mitbestimmungsergänzungsgesetz, dem Drittelbeteiligungsgesetz oder dem Gesetz über die Mitbestimmung der Arbeitnehmer bei einer grenzüberschreitenden Verschmelzung)에 따라 근로자가 감사회구성원으로 선출되는 경우 이외의 경우에, 감사회구성원은 주주총회에서 선임된다. 주주총회는 몬탄공동결정법 제6조, 제8조에 따른 그 후보자추천에 대해서만 구속된다.

② 감사회로 감사회구성원을 파견할 권리(Recht, Mitglieder in den Aufsichtsrat zu entsenden)는 정관에 의해서만 또 일정한 주주 또는 일정한 주식의 그때그때의 주식소유자(Inhaber)를 위해서만 인정될 수 있다. 기명주식으로 그 양도에 회사의 승인에 필요한 주식인 경우에만 일정한 주식의 주식소유자에게 그 파견권(Entsendungsrecht)이 인정될 수 있다. 감사회구성원파견권자(Aktien der Entsendungsberechtigten)의 주식은 특별한 종류주식(besondere Gattung)로 보지 않는다. 그 파견권은 법률 또는 정관이 규정한 주주측 감사회구성원수의 최대 총 1/3에 대해 인정될 수 있다.

③ 감사회구성원의 직무대리인(Stellvertreter)은 임명(任命)될 수 없다. 그럼에도 몬탄공동결정

Aufsichtsratsmitglied mit Ausnahme des weiteren Mitglieds, das nach dem Montan-Mitbestimmungsgesetz oder dem Mitbestimmungsergänzungsgesetz auf Vorschlag der übrigen Aufsichtsratsmitglieder gewählt wird, ein Ersatzmitglied bestellt werden, das Mitglied des Aufsichtsrats wird, wenn das Aufsichtsratsmitglied vor Ablauf seiner Amtszeit wegfällt. Das Ersatzmitglied kann nur gleichzeitig mit dem Aufsichtsratsmitglied bestellt werden. Auf seine Bestellung sowie die Nichtigkeit und Anfechtung seiner Bestellung sind die für das Aufsichtsratsmitglied geltenden Vorschriften anzuwenden.

§ 102 Amtszeit der Aufsichtsratsmitglieder

(1) Aufsichtsratsmitglieder können nicht für längere Zeit als bis zur Beendigung der Hauptversammlung bestellt werden, die über die Entlastung für das vierte Geschäftsjahr nach dem Beginn der Amtszeit beschließt. Das Geschäftsjahr, in dem die Amtszeit beginnt, wird nicht mitgerechnet .

(2) Das Amt des Ersatzmitglieds erlischt spätestens mit Ablauf der Amtszeit des weggefallenen Aufsichtsratsmitglieds.

§ 103 Abberufung der Aufsichtsratsmitglieder

(1) Aufsichtsratsmitglieder, die von der Hauptversammlung ohne Bindung an einen Wahlvorschlag gewählt worden sind, können von ihr vor Ablauf der Amtszeit abberufen werden. Der Beschluß bedarf einer Mehrheit, die mindestens drei Viertel der abgegebenen Stimmen umfaßt. Die Satzung kann eine andere Mehrheit und weitere Erfordernisse bestimmen.

(2) Ein Aufsichtsratsmitglied, das auf Grund der Satzung in den Aufsichtsrat entsandt ist, kann von dem Entsendungsberechtigten jederzeit abberufen und durch ein anderes ersetzt werden. Sind die in der Satzung bestimmten Voraussetzungen des Entsendungsrechts weggefallen, so kann die Hauptversammlung das entsandte Mitglied mit einfacher Stimmenmehrheit abberufen.

(3) Das Gericht hat auf Antrag des Aufsichtsrats ein Aufsichtsratsmitglied abzuberufen, wenn in dessen Person ein wichtiger Grund vorliegt. Der Aufsichtsrat beschließt über die Antragstellung mit einfacher Mehrheit. Ist das Aufsichtsratsmitglied auf Grund der Satzung in den Aufsichtsrat entsandt worden, so können auch Aktionäre, deren Anteile zusammen den zehnten Teil des Grundkapitals oder den anteiligen Betrag von einer Million Euro erreichen, den Antrag stellen. Gegen die Entscheidung ist die Beschwerde zulässig.

(4) Für die Abberufung der Aufsichtsratsmitglieder, die weder von der Hauptversammlung ohne Bindung an einen Wahlvorschlag gewählt worden sind noch auf Grund der Satzung in den Aufsichtsrat entsandt sind, gelten außer Absatz 3 das Mitbestimmungsgesetz, das Montan-Mitbestimmungsgesetz, das Mitbestimmungsergänzungsgesetz, das Drittelbeteiligungsgesetz, das SE-Beteiligungsgesetz und das Gesetz über die Mitbestimmung der Arbeitnehmer bei einer

법 또는 몬탄공동결정법보충법(Mitbestimmungsergänzungsgesetz)에 따라 나머지 감사회구성원들의 추천으로 선출되는 추가적 구성원을 제외한 모든 감사회구성원에 대하여, 그 감사회구성원이 자신의 임기 만료 전에(Ablauf seiner Amtszeit) 그 임용(任用)이 무효로 된 경우에 감사회구성원이 될 대체구성원(Ersatzmitglied)이 임명될 수 있다. 그 대체구성원은 감사회구성원과 동시에 한하여 임명될 수 있다. 대체구성원의 임명, 그 임명의 무효와 그 취소(seine Bestellung sowie die Nichtigkeit und Anfechtung seiner Bestellung)는 감사회구성원에 적용되는 기준을 적용한다.

제102조 감사회구성원의 임기

① 감사회구성원은 임기 개시 후 네 번째 사업연도의 결산승인 여부(Entlastung für das vierte Geschäftsjahr nach dem Beginn der Amtszeit)에 관하여 결의하는 주주총회가 종료시까지의 기간보다 더 장기로 임명될 수 없다. 임기(任期)가 개시되는 사업연도(事業年度)는 그에 산입하지 않는다.

② 대체감사회구성원의 임기는 늦어도 임용이 무효(無效)로 된 감사회구성원의 임기의 경과에 의해 종료된다.

제103조 감사회구성원의 해임

① 주주총회에서 후보자추천에 구속되지 않고 선임된 감사회구성원은 임기만료 전에 주주총회에 의해 해임될 수 있다. 그 결의는 행사된 투표의 3/4 이상이라는 다수결(Mehrheit, die mindestens drei Viertel der abgegebenen Stimmen umfaßt)을 필요로 한다. 정관으로 다른 다수결과 추가적인 필요요건을 정할 수 있다.

② 정관에 기하여 감사회로 파견된 감사회구성원은, 감사회구성원파견권자에 의해 언제든지 해임되어 다른 감사회구성원으로 대체될 수 있다. 정관으로 정해진 파견권의 요건이 소멸된 경우에는 파견된 구성원은 주주총회에서 단순과반수(mit einfacher Mehrheit)에 의해 해임(解任)될 수 있다.

③ 그 구성원의 일신상(一身上; in dessen Person)에 중대한 이유가 있는 경우에는 법원은 감사회의 신청에 따라 감사회구성원을 해임(解任)해야 한다. 감사회는 그 신청제기(Antragstellung)에 관하여 단순과반수로(mit einfacher Mehrheit) 결의한다. 감사회구성원이 정관에 근거하여 이사회로 파견된 경우, 그 주식의 지분(持分)이 합하여 자본금의 1/10에 달하거나 그 주식의 지분금액이 합하여 100만 유로에 달하는 주주(株主)도 그 신청을 제기할 수 있다. 그 재판에 대해 항고할 수 있다.

④ 주주총회에서 후보자추천에 구속되어 임명(任命)되지도, 정관에 근거하여 감사회로 파견되지도 않은 감사회구성원의 해임에 대하여, 제103조 제3항 이외에도 공동결정법(Mitbestimmungsgesetz), 몬탄공동결정법(Montan-Mitbestimmungsgesetz), 몬탄공동결정법보충법(Mitbestimmungsergänzungsgesetz), 1/3경영참가법(Drittelbeteiligungsgesetz), 유럽회사경영참가법(SE-Beteiligungsgesetz) 및 국경을 초월한 합병(合併)시 근로자의 공동결정에 관한 한 법률

grenzüberschreitenden Verschmelzung.

(5) Für die Abberufung eines Ersatzmitglieds gelten die Vorschriften über die Abberufung des Aufsichtsratsmitglieds, für das es bestellt ist.

§ 104 Bestellung durch das Gericht

(1) Gehört dem Aufsichtsrat die zur Beschlußfähigkeit nötige Zahl von Mitgliedern nicht an, so hat ihn das Gericht auf Antrag des Vorstands, eines Aufsichtsratsmitglieds oder eines Aktionärs auf diese Zahl zu ergänzen. Der Vorstand ist verpflichtet, den Antrag unverzüglich zu stellen, es sei denn, daß die rechtzeitige Ergänzung vor der nächsten Aufsichtsratssitzung zu erwarten ist. Hat der Aufsichtsrat auch aus Aufsichtsratsmitgliedern der Arbeitnehmer zu bestehen, so können auch den Antrag stellen

1. der Gesamtbetriebsrat der Gesellschaft oder, wenn in der Gesellschaft nur ein Betriebsrat besteht, der Betriebsrat, sowie, wenn die Gesellschaft herrschendes Unternehmen eines Konzerns ist, der Konzernbetriebsrat,
2. der Gesamt- oder Unternehmenssprecherausschuss der Gesellschaft oder, wenn in der Gesellschaft nur ein Sprecherausschuss besteht, der Sprecherausschuss sowie, wenn die Gesellschaft herrschendes Unternehmen eines Konzerns ist, der Konzernsprecherausschuss,
3. der Gesamtbetriebsrat eines anderen Unternehmens, dessen Arbeitnehmer selbst oder durch Delegierte an der Wahl teilnehmen, oder, wenn in dem anderen Unternehmen nur ein Betriebsrat besteht, der Betriebsrat,
4. der Gesamt- oder Unternehmenssprecherausschuss eines anderen Unternehmens, dessen Arbeitnehmer selbst oder durch Delegierte an der Wahl teilnehmen, oder, wenn in dem anderen Unternehmen nur ein Sprecherausschuss besteht, der Sprecherausschuss,
5. mindestens ein Zehntel oder einhundert der Arbeitnehmer, die selbst oder durch Delegierte an der Wahl teilnehmen,
6. Spitzenorganisationen der Gewerkschaften, die das Recht haben, Aufsichtsratsmitglieder der Arbeitnehmer vorzuschlagen,
7. Gewerkschaften, die das Recht haben, Aufsichtsratsmitglieder der Arbeitnehmer vorzuschlagen.

Hat der Aufsichtsrat nach dem Mitbestimmungsgesetz auch aus Aufsichtsratsmitgliedern der Arbeitnehmer zu bestehen, so sind außer den nach Satz 3 Antragsberechtigten auch je ein Zehntel der wahlberechtigten in § 3 Abs. 1 Nr. 1 des Mitbestimmungsgesetzes bezeichneten Arbeitnehmer oder der wahlberechtigten leitenden Angestellten im Sinne des Mitbestimmungsgesetzes antragsberechtigt. Gegen die Entscheidung ist die Beschwerde zulässig.

(2) Gehören dem Aufsichtsrat länger als drei Monate weniger Mitglieder als die durch Gesetz oder Satzung festgesetzte Zahl an, so hat ihn das Gericht auf Antrag auf diese Zahl zu ergänzen. In dringenden Fällen hat das Gericht auf Antrag den Aufsichtsrat auch vor Ablauf der Frist zu

이 적용된다.

⑤ 대체감사회구성원의 해임에 대하여는, 대체감사회구성원을 임명하게 된 감사회구성원의 해임에 관한 규정이 적용된다.

제104조 법원에 의한 임명

① 결의능력에 필요한 수의 감사회구성원(die zur Beschlußfähigkeit nötige Zahl von Mitgliedern)이 감사회에 없는 경우, 법원은 이사회, 감사회구성원 또는 주주의 신청에 따라 이러한 수의 감사회구성원을 보충해야 한다. 이사회는 지체 없이 그 신청을 제기하고, 다만, 차기 감사회회의 전에 적시의 결원충원(rechtzeitige Ergänzung)이 기대되는 경우에는 그러하지 아니하다. 감사회가 근로자측감사회구성원으로도 구성되어야 하는 경우에 다음 각 호의 신청권자는 신청을 제기할 수 있다,

1. 당해 회사의 기업근로자평의회, 당해 회사에 근로자평의회만이 있는 경우에는 그 근로자평의회, 또는 당해 회사가 콘체른의 지배기업인 경우에는 콘체른근로자평의회(Konzernbetriebsrat),
2. 당해 기업의 전체고위직사원평의회, 기업고위직사원평의회나 당해 회사에 고위직사원평의회만 있는 경우에는 그 고위직사원평의회 또는 당해 회사가 콘체른의 지배기업인 경우에는 콘체른고위직사원평의회,
3. 그 기업의 근로자가 스스로 또는 대표자를 통해 그 선임에 참여한 경우에 있어 당해 기업의 기업근로자평의회 또는 그 경우에 있어 그 다른 기업에 고위직사원평의회만 있는 경우에는 고위직사원평의회,
4. 다른 기업의 근로자가 스스로 또는 대표자를 통해 그 선임에 참여한 경우에 있어 그 다른 기업의 전체고위직사원평의회 또는 기업고위직사원평의회 또는 그 경우에 있어 그 다른 회사에 고위직사원평의회만이 있는 경우에 그 고위직사원평의회,
5. 스스로 또는 대표자(Delegierte)를 통해 그 선임에 참여하는 근로자들의 1/10 이상의 근로자들 또는 100명의 그 근로자들,
6. 근로자측감사회구성원을 추천할 수 있는 권리를 가지는 노조정상조직(Spitzenorganisationen der Gewerkschaften),
7. 근로자측감사회구성원을 추천할 수 있는 권리를 가지는 노동조합.

감사회가 공동결정법에 따라 근로자측감사회구성원으로도 구성되어야 하는 경우에 제3문에 따른 신청제기권자 이외에도 공동결정법 제3조 제1항 제1호에 기재된 선거권이 있는 근로자들의 1/10의 근로자들 또는 공동결정법상의 선거권이 있는 고위직사원들(wahlberechtigten leitenden Angestellten)의 1/10의 사원들도 신청(申請)을 제기할 수 있다. 그 재판에 대한 항고를 할 수 있다.

② 법률 또는 정관으로 정한 수보다 적은 감사회구성원이 3개월을 초과하여 감사회에 있는 경우에, 법원은 신청에 따라 그 결원된 감사회구성원을 보충해야 한다. 급박한 경우(In dringenden Fällen)에는 법원은 신청에 의해 3개월이 경과하기 이전에도 그 감사회구성원을 보

ergänzen. Das Antragsrecht bestimmt sich nach Absatz 1. Gegen die Entscheidung ist die Beschwerde zulässig.

(3) Absatz 2 ist auf einen Aufsichtsrat, in dem die Arbeitnehmer ein Mitbestimmungsrecht nach dem Mitbestimmungsgesetz, dem Montan-Mitbestimmungsgesetz oder dem Mitbestimmungsergänzungsgesetz haben, mit der Maßgabe anzuwenden,

1. daß das Gericht den Aufsichtsrat hinsichtlich des weiteren Mitglieds, das nach dem Montan-Mitbestimmungsgesetz oder dem Mitbestimmungsergänzungsgesetz auf Vorschlag der übrigen Aufsichtsratsmitglieder gewählt wird, nicht ergänzen kann,
2. daß es stets ein dringender Fall ist, wenn dem Aufsichtsrat, abgesehen von dem in Nummer 1 genannten weiteren Mitglied, nicht alle Mitglieder angehören, aus denen er nach Gesetz oder Satzung zu bestehen hat.

(4) Hat der Aufsichtsrat auch aus Aufsichtsratsmitgliedern der Arbeitnehmer zu bestehen, so hat das Gericht ihn so zu ergänzen, daß das für seine Zusammensetzung maßgebende zahlenmäßige Verhältnis hergestellt wird. Wenn der Aufsichtsrat zur Herstellung seiner Beschlußfähigkeit ergänzt wird, gilt dies nur, soweit die zur Beschlußfähigkeit nötige Zahl der Aufsichtsratsmitglieder die Wahrung dieses Verhältnisses möglich macht. Ist ein Aufsichtsratsmitglied zu ersetzen, das nach Gesetz oder Satzung in persönlicher Hinsicht besonderen Voraussetzungen entsprechen muß, so muß auch das vom Gericht bestellte Aufsichtsratsmitglied diesen Voraussetzungen entsprechen. Ist ein Aufsichtsratsmitglied zu ersetzen, bei dessen Wahl eine Spitzenorganisation der Gewerkschaften, eine Gewerkschaft oder die Betriebsräte ein Vorschlagsrecht hätten, so soll das Gericht Vorschläge dieser Stellen berücksichtigen, soweit nicht überwiegende Belange der Gesellschaft oder der Allgemeinheit der Bestellung des Vorgeschlagenen entgegenstehen; das gleiche gilt, wenn das Aufsichtsratsmitglied durch Delegierte zu wählen wäre, für gemeinsame Vorschläge der Betriebsräte der Unternehmen, in denen Delegierte zu wählen sind.

(5) Die Ergänzung durch das Gericht ist bei börsennotierten Gesellschaften, für die das Mitbestimmungsgesetz, das Montan-Mitbestimmungsgesetz oder das Mitbestimmungsergänzungsgesetz gilt, nach Maßgabe des § 96 Absatz 2 Satz 1 bis 5 vorzunehmen.

(6) Das Amt des gerichtlich bestellten Aufsichtsratsmitglieds erlischt in jedem Fall, sobald der Mangel behoben ist.

(7) Das gerichtlich bestellte Aufsichtsratsmitglied hat Anspruch auf Ersatz angemessener barer Auslagen und, wenn den Aufsichtsratsmitgliedern der Gesellschaft eine Vergütung gewährt wird, auf Vergütung für seine Tätigkeit. Auf Antrag des Aufsichtsratsmitglieds setzt das Gericht die Auslagen und die Vergütung fest. Gegen die Entscheidung ist die Beschwerde zulässig; die Rechtsbeschwerde ist ausgeschlossen. Aus der rechtskräftigen Entscheidung findet die Zwangsvollstreckung nach der Zivilprozeßordnung statt.

충해야 한다. 제104조 제1항에 따라 신청권(Antragsrecht)이 정해진다. 그 재판(裁判)에 대해 항고(抗告)할 수 있다.

③ 제104조 제2항은 근로자(勤勞者)가 공동결정법, 몬탄공동결정법 또는 몬탄공동결정법보충법에 따른 공동결정권(Mitbestimmungsrecht)을 갖는 감사회에 다음 각 호의 기준(基準)하에 적용한다,

1. 법원이 몬탄공동결정법 또는 몬탄공동결정보충법에 따라 나머지 감사회구성원들의 추천에 따라 선임되는 추가적 구성원에 대하여는(hinsichtlich des weiteren Mitglieds) 보충(補充)할 수 없다,
2. 제1호에서 언급된 추가적 구성원을 제외하고(abgesehen von dem in Nummer 1 genannten weiteren Mitglied), 감사회가 법률 또는 정관에 따라 구성되어야 하는 모든 감사회구성원이 감사회에 없는 경우에는 언제나 급박한 경우에 해당한다.

④ 감사회가 근로자측감사회구성원으로도 구성되어야 하는 경우에, 법원은 그 구성에 적용되는 숫자에 맞는 관계(zahlenmäßige Verhältnis)가 나오도록 그 구성원을 보충해야 한다. 결의능력이 회복되도록(zur Herstellung seiner Beschlußfähigkeit) 감사회에 그 구성원이 보충되는 경우에, 그 보충은 결의능력에 필요한 감사회구성원수가 그러한 관계를 유지하게 하는 때에만 유효하다. 법률 또는 정관에 따라 인적 관점에서 특별 요건(in persönlicher Hinsicht besonderen Voraussetzungen)이 충족되어야만 하는 감사회구성원이 보충되어야 하는 경우에, 법원에 의해 임명된 감사회구성원도 이러한 요건을 충족해야만 한다. 노조정상조직, 노동조합 또는 근로자평의회(Spitzenorganisation der Gewerkschaften, eine Gewerkschaft oder die Betriebsräte)가 그 선거에서 추천권을 가지는 감사회구성원이 보충되어야 하는 경우에, 법원은 추천된 사람의 임명이 당해 회사 또는 일반 공중(公衆)의 우월한 이익(überwiegende Belange der Gesellschaft oder der Allgemeinheit)에 배치되지 않는 한, 그들의 추천을 고려해야 한다; 감사회구성원이 대표자에 의해 선출되어야 하는 경우에 그 대표자가 선출되어야 하는 당해 기업의 근로자평의회의 공동의 추천에 대하여도 또한 같다.

⑤ 공동결정법, 몬탄공동결정법 또는 몬탄공동결정법보충법이 적용되는 상장회사(上場會社)의 경우에 법원에 의한 그 보충(補充)은 제96조 제2항 제1문 내지 5문의 기준에 따라 행해져야 한다.

⑥ 법원에 의해 임명된 감사회구성원의 직은 어느 경우라도 그 결원이 해소(解消)된 때부터 소멸한다.

⑦ 법원에 의해 임명된 감사회구성원은 적절한 현금성 경비의 보상청구권(報償請求權)을, 회사가 감사회구성원에게 보수를 지급하는 경우에는 자신의 활동에 대한 보수청구권을 갖는다. 당해 감사회구성원의 신청에 따라 법원이 그 경비 및 보수를 정한다. 그 재판에 대하여는 항고할 수 있다. 법률항고(die Rechtsbeschwerde)는 배제된다. 민사소송법에 따른 강제집행(Zwangsvollstreckung nach der Zivilprozeßordnung)은 그 확정된 재판(Aus der rechtskräftigen Entscheidung)에 기하여 실시(實施)된다.

§ 105 Unvereinbarkeit der Zugehörigkeit zum Vorstand und zum Aufsichtsrat

(1) Ein Aufsichtsratsmitglied kann nicht zugleich Vorstandsmitglied, dauernd Stellvertreter von Vorstandsmitgliedern, Prokurist oder zum gesamten Geschäftsbetrieb ermächtigter Handlungsbevollmächtigter der Gesellschaft sein.

(2) Nur für einen im voraus begrenzten Zeitraum, höchstens für ein Jahr, kann der Aufsichtsrat einzelne seiner Mitglieder zu Stellvertretern von fehlenden oder verhinderten Vorstandsmitgliedern bestellen. Eine wiederholte Bestellung oder Verlängerung der Amtszeit ist zulässig, wenn dadurch die Amtszeit insgesamt ein Jahr nicht übersteigt. Während ihrer Amtszeit als Stellvertreter von Vorstandsmitgliedern können die Aufsichtsratsmitglieder keine Tätigkeit als Aufsichtsratsmitglied ausüben. Das Wettbewerbsverbot des § 88 gilt für sie nicht.

§ 106 Bekanntmachung der Änderungen im Aufsichtsrat

Der Vorstand hat bei jeder Änderung in den Personen der Aufsichtsratsmitglieder unverzüglich eine Liste der Mitglieder des Aufsichtsrats, aus welcher Name, Vorname, ausgeübter Beruf und Wohnort der Mitglieder ersichtlich ist, zum Handelsregister einzureichen; das Gericht hat nach § 10 des Handelsgesetzbuchs einen Hinweis darauf bekannt zu machen, dass die Liste zum Handelsregister eingereicht worden ist.

§ 107 Innere Ordnung des Aufsichtsrats

(1) Der Aufsichtsrat hat nach näherer Bestimmung der Satzung aus seiner Mitte einen Vorsitzenden und mindestens einen Stellvertreter zu wählen. Der Vorstand hat zum Handelsregister anzumelden, wer gewählt ist. Der Stellvertreter hat nur dann die Rechte und Pflichten des Vorsitzenden, wenn dieser verhindert ist.

(2) Über die Sitzungen des Aufsichtsrats ist eine Niederschrift anzufertigen, die der Vorsitzende zu unterzeichnen hat. In der Niederschrift sind der Ort und der Tag der Sitzung, die Teilnehmer, die Gegenstände der Tagesordnung, der wesentliche Inhalt der Verhandlungen und die Beschlüsse des Aufsichtsrats anzugeben. Ein Verstoß gegen Satz 1 oder Satz 2 macht einen Beschluß nicht unwirksam. Jedem Mitglied des Aufsichtsrats ist auf Verlangen eine Abschrift der Sitzungsniederschrift auszuhändigen.

(3) Der Aufsichtsrat kann aus seiner Mitte einen oder mehrere Ausschüsse bestellen, namentlich, um seine Verhandlungen und Beschlüsse vorzubereiten oder die Ausführung seiner Beschlüsse zu überwachen. Er kann insbesondere einen Prüfungsausschuss bestellen, der sich mit der Überwachung des Rechnungslegungsprozesses, der Wirksamkeit des internen Kontrollsystems, des Risikomanagementsystems und des internen Revisionssystems sowie der Abschlussprüfung, hier insbesondere der Auswahl und der Unabhängigkeit des Abschlussprüfers und der vom Abschlussprüfer zusätzlich erbrachten Leistungen, befasst. Der Prüfungsausschuss kann

제105조 이사회와 감사회에서의 동시 겸직의 금지

① 감사회구성원은 이사, 이사의 계속적 직무대리인(dauernd Stellvertreter von Vorstandsmitgliedern), 지배인(Prokurist), 또는 당해 회사의 전체 사업을 위해 권한을 부여받은 상사대리인(Handlungsbevollmächtigter)을 겸직 할 수 없다.

② 최대 1년 이내의 사전에 제한된 기간 동안에서만, 감사회는 특정한 감사회구성원을 결원된 또는 직무수행장애가 있는 이사(verhinderten Vorstandsmitgliedern)의 직무대리인으로 임명할 수 있다. 그 재임명 또는 임기의 연장(wiederholte Bestellung oder Verlängerung der Amtszeit)은, 이를 통해 통틀어 임기 1년을 초과하지 않은 경우에만 허용된다. 직무이사의 대리인으로 재직하는 동안에 감사회구성원은 감사회구성원의 직무를 수행할 수 없다. 제88조의 겸직금지는 이에 대해 적용되지 않는다.

제106조 감사회에서의 변경사항의 공고

이사회는 감사회구성원의 인적사항이 변경될 때마다(bei jeder Änderung in den Personen der Aufsichtsratsmitglieder) 지체 없이 성명, 종사직업, 감사회구성원의 주소(Name, Vorname, ausgeübter Beruf und Wohnort der Mitglieder)를 적은 감사회구성원의 목록(目錄)을 작성하여 상업등기소에 이를 제출한다; 법원은 상법전 제10조에 따라 그 목록이 상업등기소에 제출되었다는 점을 공고한다.

제107조 감사회의 내부규율

① 감사회는 정관의 상세규정에 따라 감사회구성원 중에서 1명의 의장과 1명 이상의 부의장을 선출해야 한다. 이사회는 상업등기소에 선출된 사람을 신고해야 한다. 그 부의장은 의장에게 직무수행장애가 있을 때에(wenn dieser verhindert ist)에 한하여 의장의 권리의무(權利義務)를 갖는다.

② 감사회의 회의에 대하여 의사록을 작성하고, 의장은 이에 서명해야 한다. 의사록에 회의일시 및 장소, 참석자, 의안(議案), 그 심의 중요내용과 감사회의 결의(Ort und der Tag der Sitzung, die Teilnehmer, die Gegenstände der Tagesordnung, der wesentliche Inhalt der Verhandlungen und die Beschlüsse des Aufsichtsrats)를 기재한다. 제1문, 제2문에 위반하는 경우 그 결의는 효력이 없다. 감사회의 각 구성원에게 그 요구에 따라 회의의사록의 사본을 제공해야 한다.

③ 감사회는 특히 감사회의 논의 및 결의를 준비하거나 감사회 결의의 집행(執行)을 감독(監督)하기 위하여 감사회구성원으로 구성된 하나 또는 수개의 위원회를 설치할 수 있다. 감사회는 특히 회계과정(Rechnungslegungsprozesses), 내부통제시스템, 위험관리시스템 및 내부불복시스템의 유효성(Wirksamkeit des internen Kontrollsystems, des Risikomanagementsystems und des internen Revisionssystems)과 결산검사(Abschlussprüfung)의 감독을 다루고, 여기서 특히 결산검사인의 선발 및 독립성(Auswahl und der Unabhängigkeit), 결산검사인(Abschlussprüfer)이 추가적으로 수행하는 업무를 다룰 감사위원회(Prüfungsausschuss)를 설치할 수 있다. 감사위원회

Empfehlungen oder Vorschläge zur Gewährleistung der Integrität des Rechnungslegungsprozesses unterbreiten. Die Aufgaben nach Absatz 1 Satz 1, § 59 Abs. 3, § 77 Abs. 2 Satz 1, § 84 Abs. 1 Satz 1 und 3, Abs. 2 und Abs. 3 Satz 1, § 87 Abs. 1 und Abs. 2 Satz 1 und 2, § 111 Abs. 3, §§ 171, 314 Abs. 2 und 3 sowie Beschlüsse, daß bestimmte Arten von Geschäften nur mit Zustimmung des Aufsichtsrats vorgenommen werden dürfen, können einem Ausschuß nicht an Stelle des Aufsichtsrats zur Beschlußfassung überwiesen werden. Dem Aufsichtsrat ist regelmäßig über die Arbeit der Ausschüsse zu berichten.

(4) Richtet der Aufsichtsrat einer Gesellschaft, die kapitalmarktorientiert im Sinne des § 264d des Handelsgesetzbuchs, die CRR-Kreditinstitut im Sinne des § 1 Absatz 3d Satz 1 des Kreditwesengesetzes, mit Ausnahme der in § 2 Absatz 1 Nummer 1 und 2 des Kreditwesengesetzes genannten Institute, oder die Versicherungsunternehmen im Sinne des Artikels 2 Absatz 1 der Richtlinie 91/674/EWG ist, einen Prüfungsausschuss im Sinn des Absatzes 3 Satz 2 ein, so müssen die Voraussetzungen des § 100 Absatz 5 erfüllt sein.

§ 108 Beschlußfassung des Aufsichtsrats

(1) Der Aufsichtsrat entscheidet durch Beschluß.

(2) Die Beschlußfähigkeit des Aufsichtsrats kann, soweit sie nicht gesetzlich geregelt ist, durch die Satzung bestimmt werden. Ist sie weder gesetzlich noch durch die Satzung geregelt, so ist der Aufsichtsrat nur beschlußfähig, wenn mindestens die Hälfte der Mitglieder, aus denen er nach Gesetz oder Satzung insgesamt zu bestehen hat, an der Beschlußfassung teilnimmt. In jedem Fall müssen mindestens drei Mitglieder an der Beschlußfassung teilnehmen. Der Beschlußfähigkeit steht nicht entgegen, daß dem Aufsichtsrat weniger Mitglieder als die durch Gesetz oder Satzung festgesetzte Zahl angehören, auch wenn das für seine Zusammensetzung maßgebende zahlenmäßige Verhältnis nicht gewahrt ist.

(3) Abwesende Aufsichtsratsmitglieder können dadurch an der Beschlußfassung des Aufsichtsrats und seiner Ausschüsse teilnehmen, daß sie schriftliche Stimmabgaben überreichen lassen. Die schriftlichen Stimmabgaben können durch andere Aufsichtsratsmitglieder überreicht werden. Sie können auch durch Personen, die nicht dem Aufsichtsrat angehören, übergeben werden, wenn diese nach § 109 Abs. 3 zur Teilnahme an der Sitzung berechtigt sind.

(4) Schriftliche, fernmündliche oder andere vergleichbare Formen der Beschlussfassung des Aufsichtsrats und seiner Ausschüsse sind vorbehaltlich einer näheren Regelung durch die Satzung oder eine Geschäftsordnung des Aufsichtsrats nur zulässig, wenn kein Mitglied diesem Verfahren widerspricht.

§ 109 Teilnahme an Sitzungen des Aufsichtsrats und seiner Ausschüsse

(1) An den Sitzungen des Aufsichtsrats und seiner Ausschüsse sollen Personen, die weder dem

는 회계과정의 무결성(Integrität des Rechnungslegungsprozesses)을 보장하기 위한 권고 또는 제안을 할 수 있다. 제107조 제1항 제1문, 제59조 제3항, 제77조 제2항 제1문, 제84조 제1항 제1문, 제3문, 제2항, 제3항 제1문, 제87조 제1항, 제2항 제1문, 제2문, 제111조 제3항, 제171조, 제314조 제2항, 제3항에 따른 임무와, 특정한 종류의 사무(bestimmte Arten von Geschäften)가 감사회의 동의가 있어야만(nur mit Zustimmung des Aufsichtsrats) 수행될 수 있다는 결의에 따른 임무는, 감사회에 갈음하여(an Stelle des Aufsichtsrats) 위원회가 결의하도록 위원회에 이전될 수 없다.

④ 상법전 제264d조상의 의미에서 자본시장(資本市場)을 지향하는 회사의 감사회, 금융기관법(Kreditwesengesetz) 제2조 제1항 제1호, 제2호상의 금융기관(金融機關)을 제외한 금융기관법 제1조 제3d항 제1문상의 CRR금융기관(金融機關)의 감사회, 91/674/EWG호 지침(Richtlinie 91/674/EWG) 제2조 제1항상의 보험회사(Versicherungsunternehmen)의 감사회에 제107조 제3조 제2문상의 감사위원회가 설치(設置)된 경우 제100조 제5항상의 요건이 충족(充足)되어야만 한다.

제108조 감사회의 결의

① 감사회는 결의로써 결정한다.

② 감사회의 결의능력은, 법률에서 규정되어 있지 않는 한, 정관으로 정할 수 있다. 법률도, 정관도 이를 정하고 있지 않은 경우에는 감사회는 법률 또는 정관(定款)에 따라 구성되어야 하는 감사회구성원 총원의 절반 이상이(mindestens die Hälfte der Mitglieder) 결의(Beschlußfassung)에 참여한 경우에 한하여 결의(決議)할 수 있다. 어떤 경우라도 3명 이상이 결의에 참여해야 한다. 감사회 구성에 적용되는 숫자에 맞는 관계(das für seine Zusammensetzung maßgebende zahlenmäßige Verhältnis)가 확보되지 않을지라도, 법률 또는 정관에 정해진 구성원수보다 적은 감사회구성원이 감사회에 있다는 점은 그 결의능력(Beschlußfähigkeit)에 배치(背馳)되지 않는다.

③ 불출석하는 감사회구성원(Abwesende Aufsichtsratsmitglieder)은 서면에 의한 투표행사를 하게 함으로써 감사회결의와 그 위원회결의에 참여할 수 있다. 서면에 의한 투표행사(schriftliche Stimmabgaben)는 다른 감사회구성원에 의해 이뤄질 수 있다. 감사회구성원이 아닌 사람이 제109조 제3항에 따라 회의에 참석할 자격이 있는 경우에는 서면에 의한 투표행사는 그 사람에 의해서도 이뤄질 수 있다.

④ 정관 또는 감사회사무처리규정에 의한 상세한 규정이 정한 바를 제외하고, 감사회구성원 누구도 이런 절차에 이의를 제기하지 않는 때에 한하여, 감사회와 그 위원회의 서면결의, 전화에 의한 결의 또는 기타 유사한 형태의 결의(Schriftliche, fernmündliche oder andere vergleichbare Formen der Beschlussfassung)는 허용된다.

제109조 감사회와 그 위원회의 회의 참석

① 이사(理事)도, 감사회구성원도 아닌 사람은 감사회와 그 위원회의 회의(Sitzungen)에 참여

Aufsichtsrat noch dem Vorstand angehören, nicht teilnehmen. Sachverständige und Auskunftspersonen können zur Beratung über einzelne Gegenstände zugezogen werden.

(2) Aufsichtsratsmitglieder, die dem Ausschuß nicht angehören, können an den Ausschußsitzungen teilnehmen, wenn der Vorsitzende des Aufsichtsrats nichts anderes bestimmt.

(3) Die Satzung kann zulassen, daß an den Sitzungen des Aufsichtsrats und seiner Ausschüsse Personen, die dem Aufsichtsrat nicht angehören, an Stelle von verhinderten Aufsichtsratsmitgliedern teilnehmen können, wenn diese sie hierzu in Textform ermächtigt haben.

(4) Abweichende gesetzliche Vorschriften bleiben unberührt.

§ 110 Einberufung des Aufsichtsrats

(1) Jedes Aufsichtsratsmitglied oder der Vorstand kann unter Angabe des Zwecks und der Gründe verlangen, daß der Vorsitzende des Aufsichtsrats unverzüglich den Aufsichtsrat einberuft. Die Sitzung muß binnen zwei Wochen nach der Einberufung stattfinden.

(2) Wird dem Verlangen nicht entsprochen, so kann das Aufsichtsratsmitglied oder der Vorstand unter Mitteilung des Sachverhalts und der Angabe einer Tagesordnung selbst den Aufsichtsrat einberufen.

(3) Der Aufsichtsrat muss zwei Sitzungen im Kalenderhalbjahr abhalten. In nichtbörsennotierten Gesellschaften kann der Aufsichtsrat beschließen, dass eine Sitzung im Kalenderhalbjahr abzuhalten ist.

§ 111 Aufgaben und Rechte des Aufsichtsrats

(1) Der Aufsichtsrat hat die Geschäftsführung zu überwachen.

(2) Der Aufsichtsrat kann die Bücher und Schriften der Gesellschaft sowie die Vermögensgegenstände, namentlich die Gesellschaftskasse und die Bestände an Wertpapieren und Waren, einsehen und prüfen. Er kann damit auch einzelne Mitglieder oder für bestimmte Aufgaben besondere Sachverständige beauftragen. Er erteilt dem Abschlußprüfer den Prüfungsauftrag für den Jahres- und den Konzernabschluß gemäß § 290 des Handelsgesetzbuchs. Er kann darüber hinaus eine externe inhaltliche Überprüfung der nichtfinanziellen Erklärung oder des gesonderten nichtfinanziellen Berichts (§ 289b des Handelsgesetzbuchs), der nichtfinanziellen Konzernerklärung oder des gesonderten nichtfinanziellen Konzernberichts (§ 315b des Handelsgesetzbuchs) beauftragen.

(3) Der Aufsichtsrat hat eine Hauptversammlung einzuberufen, wenn das Wohl der Gesellschaft es fordert. Für den Beschluß genügt die einfache Mehrheit.

(4) Maßnahmen der Geschäftsführung können dem Aufsichtsrat nicht übertragen werden. Die Satzung oder der Aufsichtsrat hat jedoch zu bestimmen, daß bestimmte Arten von Geschäften nur mit seiner Zustimmung vorgenommen werden dürfen. Verweigert der Aufsichtsrat seine Zustimmung, so kann der Vorstand verlangen, daß die Hauptversammlung über die Zustimmung

해서는 안 된다. 전문가와 기업정보제공자(Auskunftspersonen)는 특정 안건의 자문을 위해 참석할 수 있다.

② 위원회에 속하지 않은 감사회구성원은, 감사회의장이 달리 정하지 않는 한, 위원회 회의에 참석할 수 있다.

③ 정관으로 그 사람에게 문면방식(文面方式; Textform)으로 이와 관련한 권한을 부여받은 경우에는, 감사회와 그 위원회 회의에 감사회구성원이 아닌 사람이 직무수행장해가 있는 감사회구성원을 대신하여 참석할 수 있도록 정관에 정할 수 있다.

④ 법률 규정과 다른 내용은 영향을 받지 않는다.

제110조 감사회 회의소집

① 각 감사회구성원 또는 이사회는 그 목적(目的) 및 그 이유(理由)를 밝혀, 감사회 의장이 지체 없이 감사회 회의를 소집할 것을 요구할 수 있다. 그 회의는 그 회의 소집한 때로부터 2주 이내에 개최되어야만 한다.

② 그 요구가 이뤄지지 않은 경우에는 그 감사회구성원 또는 이사회(Aufsichtsratsmitglied oder der Vorstand)는 안건(Sachverhalt)을 통지하고 의사일정(Tagesordnung)을 밝혀 직접 감사회를 소집할 수 있다.

③ 감사회는 역년(曆年)에 두 차례의 회의를 개최해야만 한다. 비상장회사의 경우에(In nichtbörsennotierten Gesellschaften) 감사회는 역년에 한 차례 회의(會議)가 개최되는 것으로 정할 수 있다.

제111조 감사회의 임무와 권리

① 감사회는 경영(Geschäftsführung)을 감독해야 한다.

② 감사회는 회사의 장부과 서류, 자산, 특히 회사자금(Gesellschaftskasse), 유가증권잔고 및 상품재고를 점검하고 검사할 수 있다. 감사회는 특정한 감사회구성원에게 이를 맡기거나 특정 임무를 부여받은 개별 전문가에게 이를 맡길 수 있다. 감사회는 결산검사인에게 상법전 제290조에 따른 재무제표(財務諸表) 및 연결제무제표(連結財務諸表)(den Jahres- und den Konzernabschluß)에 대한 검사를 위임한다. 감사회는 결산검사인에게 상법전 제290조에 따른 재무제표(財務諸表) 및 연결제무제표에 대한 검사를 위임한다. 감사회는 이를 넘어서, 비재무제표 또는 별도의 비재무제표보고서(상법전 제289b조)와 연결비재무제표(連結非財務諸表) 또는 별도의 연결비재무제표보고서(상법전 제315b조)에 대한 외부적 내용 검사를 맡길 수 있다.

③ 감사회는 그 소집이 회사의 이익(Wohl)에 필요한 경우에는 주주총회를 소집해야 한다. 이를 위한 결의는 단순과반수로 족하다.

④ 경영상의 조치(Maßnahmen der Geschäftsführung)는 감사회에 이양(移讓)될 수 없다. 그럼에도 정관 또는 감사회는 특정한 종류의 사무(bestimmte Arten von Geschäften)가 감사회의 동의가 있어야만(mit seiner Zustimmung) 수행될 수 있다는 점을 정해야 한다. 감사회가 그 동의를 거부하는 경우에는 이사회는 주주총회에서 그 동의(同意)에 관하여 결의(決議)하도록 요구할

beschließt. Der Beschluß, durch den die Hauptversammlung zustimmt, bedarf einer Mehrheit, die mindestens drei Viertel der abgegebenen Stimmen umfaßt. Die Satzung kann weder eine andere Mehrheit noch weitere Erfordernisse bestimmen.

(5) Der Aufsichtsrat von Gesellschaften, die börsennotiert sind oder der Mitbestimmung unterliegen, legt für den Frauenanteil im Aufsichtsrat und im Vorstand Zielgrößen fest. Liegt der Frauenanteil bei Festlegung der Zielgrößen unter 30 Prozent, so dürfen die Zielgrößen den jeweils erreichten Anteil nicht mehr unterschreiten. Gleichzeitig sind Fristen zur Erreichung der Zielgrößen festzulegen. Die Fristen dürfen jeweils nicht länger als fünf Jahre sein. Soweit für den Aufsichtsrat bereits eine Quote nach § 96 Absatz 2 gilt, sind die Festlegungen nur für den Vorstand vorzunehmen.

(6) Die Aufsichtsratsmitglieder können ihre Aufgaben nicht durch andere wahrnehmen lassen.

§ 112 Vertretung der Gesellschaft gegenüber Vorstandsmitgliedern

Vorstandsmitgliedern gegenüber vertritt der Aufsichtsrat die Gesellschaft gerichtlich und außergerichtlich. § 78 Abs. 2 Satz 2 gilt entsprechend.

§ 113 Vergütung der Aufsichtsratsmitglieder

(1) Den Aufsichtsratsmitgliedern kann für ihre Tätigkeit eine Vergütung gewährt werden. Sie kann in der Satzung festgesetzt oder von der Hauptversammlung bewilligt werden. Sie soll in einem angemessenen Verhältnis zu den Aufgaben der Aufsichtsratsmitglieder und zur Lage der Gesellschaft stehen. Ist die Vergütung in der Satzung festgesetzt, so kann die Hauptversammlung eine Satzungsänderung, durch welche die Vergütung herabgesetzt wird, mit einfacher Stimmenmehrheit beschließen.

(2) Den Mitgliedern des ersten Aufsichtsrats kann nur die Hauptversammlung eine Vergütung für ihre Tätigkeit bewilligen. Der Beschluß kann erst in der Hauptversammlung gefaßt werden, die über die Entlastung der Mitglieder des ersten Aufsichtsrats beschließt.

(3) Wird den Aufsichtsratsmitgliedern ein Anteil am Jahresgewinn der Gesellschaft gewährt, so berechnet sich der Anteil nach dem Bilanzgewinn, vermindert um einen Betrag von mindestens vier vom Hundert der auf den geringsten Ausgabebetrag der Aktien geleisteten Einlagen. Entgegenstehende Festsetzungen sind nichtig.

§ 114 Verträge mit Aufsichtsratsmitgliedern

(1) Verpflichtet sich ein Aufsichtsratsmitglied außerhalb seiner Tätigkeit im Aufsichtsrat durch einen Dienstvertrag, durch den ein Arbeitsverhältnis nicht begründet wird, oder durch einen Werkvertrag gegenüber der Gesellschaft zu einer Tätigkeit höherer Art, so hängt die Wirksamkeit des Vertrags von der Zustimmung des Aufsichtsrats ab.

(2) Gewährt die Gesellschaft auf Grund eines solchen Vertrags dem Aufsichtsratsmitglied eine

수 있다. 주주총회에서 이뤄지는 동의 결의는 행사된 투표의 3/4 이상의 다수결(Mehrheit, die mindestens drei Viertel der abgegebenen Stimmen umfaßt)을 필요로 한다. 정관으로 그와 다른 다수결 또는 추가적 필요사항을 정할 수 있다.

⑤ 상장된 회사의 감사회와 공동결정을 필요적으로 해야 하는 회사의 감사회(Gesellschaften, die börsennotiert sind oder der Mitbestimmung unterliegen)는 감사회 및 이사회에서의 여성할당 목표치(Frauenanteil)를 설정해야 한다. 여성할당목표치가 30프로 이하에 설정된 경우에 여성할당목표치가 각각 그 목표로 된 비율(比率)을 더 이상 미달해서는 안 된다. 또한 여성할당목표치 도달을 위한 기간을 설정해야 한다. 그 기한은 각각 5년을 초과해서는 안 된다. 감사회에 대해 제96조 제2항에 좇아 그 목표치가 이미 적용되고 있는 경우에는 여성할당목표치의 설정은 이사회에 대해만 한다.

⑥ 감사회구성원은 자신의 임무를 다른 사람이 행사하도록 하게 할 수 없다.

제112조 이사에 대한 회사의 대표

이사에 대하여는 감사회가 재판상·재판외에서 회사를 대표(代表)한다. 제78조 제2항 제2문을 준용한다.

제113조 감사회구성원의 보수

① 감사회구성원은 자신의 활동에 대해 보수를 지급받을 수 있다. 그 보수에 대하여는 정관에 정할 수 있거나 주주총회(Hauptversammlung)에서 동의를 받을 수 있다. 그 보수는 감사회구성원의 임무와 적절한 관계가 유지되어야 하고 또 회사의 사정과 적절한 관계가 유지되어야 한다. 그 보수가 정관으로 정해진 경우에는 주주총회에서 단순과반수로(mit einfacher Stimmenmehrheit) 보수가 얼마나 감액될지에 관한 정관개정(Satzungsänderung)을 결의(決議)할 수 있다.

② 최초의 감사회의 구성원은 자신의 활동의 보수에 대한 동의를 주주총회에서만 받을 수 있다. 그 결의는 최초의 감사회의 구성원에 대한 면책(Entlastung) 여부에 관하여 결의하는 주주총회에서야 비로소 이뤄질 수 있다.

③ 감사회구성원이 회사의 연도이익에 대한 몫을 지급받는 경우에, 그 몫은, 가장 낮은 주식발행가액으로 납입된 주금의(der auf den geringsten Ausgabebetrag der Aktien geleisteten Einlagen) 4프로 이상을 감소시킨 대차대조표이익(Bilanzgewinn)에 따라 산정된다. 이에 반하여 정하는 것은 무효이다.

제114조 감사회구성원과의 계약

① 감사회구성원이 감사회에서의 활동 이외에, 근로관계가 성립되지 않는 고용계약(Dienstvertrag)이나 도급계약(Werkvertrag)으로 회사에 대하여 보다 높은 특성의 활동(Tätigkeit höherer Art)을 할 의무를 부담하는 경우에는, 그 계약의 유효성(Wirksamkeit)은 감사회의 동의에 좌우된다.

② 감사회가 그 계약에 대해 동의(同意)를 하지 않았음에도 회사가 그러한 계약(契約)에 기초

Vergütung, ohne daß der Aufsichtsrat dem Vertrag zugestimmt hat, so hat das Aufsichtsratsmitglied die Vergütung zurückzugewähren, es sei denn, daß der Aufsichtsrat den Vertrag genehmigt. Ein Anspruch des Aufsichtsratsmitglieds gegen die Gesellschaft auf Herausgabe der durch die geleistete Tätigkeit erlangten Bereicherung bleibt unberührt; der Anspruch kann jedoch nicht gegen den Rückgewähranspruch aufgerechnet werden.

§ 115 Kreditgewährung an Aufsichtsratsmitglieder

(1) Die Gesellschaft darf ihren Aufsichtsratsmitgliedern Kredit nur mit Einwilligung des Aufsichtsrats gewähren. Eine herrschende Gesellschaft darf Kredite an Aufsichtsratsmitglieder eines abhängigen Unternehmens nur mit Einwilligung ihres Aufsichtsrats, eine abhängige Gesellschaft darf Kredite an Aufsichtsratsmitglieder des herrschenden Unternehmens nur mit Einwilligung des Aufsichtsrats des herrschenden Unternehmens gewähren. Die Einwilligung kann nur für bestimmte Kreditgeschäfte oder Arten von Kreditgeschäften und nicht für länger als drei Monate im voraus erteilt werden. Der Beschluß über die Einwilligung hat die Verzinsung und Rückzahlung des Kredits zu regeln. Betreibt das Aufsichtsratsmitglied ein Handelsgewerbe als Einzelkaufmann, so ist die Einwilligung nicht erforderlich, wenn der Kredit für die Bezahlung von Waren gewährt wird, welche die Gesellschaft seinem Handelsgeschäft liefert.

(2) Absatz 1 gilt auch für Kredite an den Ehegatten, Lebenspartner oder an ein minderjähriges Kind eines Aufsichtsratsmitglieds und für Kredite an einen Dritten, der für Rechnung dieser Personen oder für Rechnung eines Aufsichtsratsmitglieds handelt.

(3) Ist ein Aufsichtsratsmitglied zugleich gesetzlicher Vertreter einer anderen juristischen Person oder Gesellschafter einer Personenhandelsgesellschaft, so darf die Gesellschaft der juristischen Person oder der Personenhandelsgesellschaft Kredit nur mit Einwilligung des Aufsichtsrats gewähren; Absatz 1 Satz 3 und 4 gilt sinngemäß. Dies gilt nicht, wenn die juristische Person oder die Personenhandelsgesellschaft mit der Gesellschaft verbunden ist oder wenn der Kredit für die Bezahlung von Waren gewährt wird, welche die Gesellschaft der juristischen Person oder der Personenhandelsgesellschaft liefert.

(4) Wird entgegen den Absätzen 1 bis 3 Kredit gewährt, so ist der Kredit ohne Rücksicht auf entgegenstehende Vereinbarungen sofort zurückzugewähren, wenn nicht der Aufsichtsrat nachträglich zustimmt.

(5) Ist die Gesellschaft ein Kreditinstitut oder Finanzdienstleistungsinstitut, auf das § 15 des Gesetzes über das Kreditwesen anzuwenden ist, gelten anstelle der Absätze 1 bis 4 die Vorschriften des Gesetzes über das Kreditwesen.

§ 116 Sorgfaltspflicht und Verantwortlichkeit der Aufsichtsratsmitglieder

Für die Sorgfaltspflicht und Verantwortlichkeit der Aufsichtsratsmitglieder gilt § 93 mit Ausnahme

하여 감사회구성원에게 보수를 지급한 경우에는, 감사회구성원은 그 보수를 반환해야 하고, 다만, 감사회가 그 계약에 대해 사후승인(事後承認)을 한 경우에는 그러하지 아니하다. 감사회구성원의 활동으로 얻은 이득에 대한 그 감사회구성원의 회사에 대한 상환(Herausgabe)청구권은 이에 영향을 받지 않는다; 그럼에도 그 청구권(請求權)은 반환청구권(Rückgewähranspruch)과 상계할 수 없다.

제115조 감사회구성원에 대한 신용부여

① 회사는 감사회구성원에게 감사회의 동의를 얻어야만 대출을 할 수 있다. 지배기업은 지배기업의 감사회의 사전동의를 얻어야만 종속기업의 감사회구성원에 대한 대출(貸出)을 할 수 있고, 종속기업은 지배기업의 감사회의 동의를 얻어야만 지배기업의 감사회구성원에 대해 대출을 할 수 있다. 그 동의는 특정한 대출거래 또는 특정한 종류의 대출거래(bestimmte Kreditgeschäfte oder Arten von Kreditgeschäften)에 대해 행해지고 그로부터 3개월 보다 사전에 행해질 수 없다. 결의에는 그 대출금에 대한 이자약정과 상환(Verzinsung und Rückzahlung des Kredits)이 규정되어야 한다. 감사회구성원이 단독상인으로 상업(Handelsgewerbe als Einzelkaufmann)에 종사하는 경우에, 회사에 대해 그 상인의 상거래로 공급한 물품의 대금지급(Bezahlung von Waren)에 대한 신용부여(信用賦與)가 행해지는 때에는, 그 동의(同意)를 필요로 하지 않는다.

② 제115조 제1항은 감사회구성원의 배우자, 생활동반자 또는 미성년자에 대한 대출에도 적용되고, 이러한 사람들의 계산으로 또는 감사회구성원의 계산으로 거래하는 제3자에 대한 대출에도 적용된다.

③ 감사회구성원이 다른 법인의 법정대리인 또는 상사조합의 사원(Gesellschafter einer Personenhandelsgesellschaft)의 지위를 겸하는 경우에는, 당해 회사는 그 법인 또는 상사조합에게 감사회의 동의를 얻어야만 대출을 할 수 있다; 제115조 제1항 제3문, 제4문을 준용한다. 그 법인 또는 상사조합이 당해 회사와 결합되어 있거나 당해 회사가 그 법인 또는 상사조합에 공급한 물품의 대금지급에 대한신용부여가 행해지는 때에는(wenn der Kredit für die Bezahlung von Waren gewährt wird, welche die Gesellschaft der juristischen Person oder der Personenhandelsgesellschaft liefert) 이를 적용하지 않는다.

④ 114조 제1항 내지 제3항에 반하여 대출이 시행되는 경우에 감사회가 사후적으로 이에 대해 승인하지 않은 때에는, 그 조항에 반하는 합의인지를 불문하고 대출금(Kredit)은 즉시 상환되어야 한다.

⑤ 회사가 금융기관법 제115가 적용되는 금융기관(金融機關) 또는 금융서비스기관(Finanzdienstleistungsinstitut)인 경우에는, 제115조 제1항 내지 제4항 대신에 그 금융기관법의 규정이 적용된다.

제116조 감사회구성원의 주의의무와 책임

감사회구성원에 대한 주의의무 및 책임(Verantwortlichkeit)에 대해서는 이사(理事)의 주의의무

des Absatzes 2 Satz 3 über die Sorgfaltspflicht und Verantwortlichkeit der Vorstandsmitglieder sinngemäß. Die Aufsichtsratsmitglieder sind insbesondere zur Verschwiegenheit über erhaltene vertrauliche Berichte und vertrauliche Beratungen verpflichtet. Sie sind namentlich zum Ersatz verpflichtet, wenn sie eine unangemessene Vergütung festsetzen (§ 87 Absatz 1).

와 책임에 관한 제93조 제2항 제3문을 제외하고 제93조가 준용된다. 특히 감사회구성원은 비밀로 유지하는 보고서 및 자문(erhaltene vertrauliche Berichte und vertrauliche Beratungen)에 관하여 묵비(黙秘)할 의무가 있다. 특히 감사회구성원들이 부적절한 보수를 정한 경우(제87조 제1항)에는 감사회구성원들은 배상할 의무가 있다.

# 광업에 속하는 기업과 철강을 생산하는 산업에 속하는 기업 내 감사회 및 대표기관에서 근로자들의 공동결정에 관한 법률

(몬탄공동결정법)(BGBl. I S. 642)

# Gesetz über die Mitbestimmung der Arbeitnehmer in den Aufsichtsräten und Vorständen der Unternehmen des Bergbaus und der Eisen und Stahl erzeugenden Industrie

# Gesetz über die Mitbestimmung der Arbeitnehmer in den Aufsichtsräten und Vorständen der Unternehmen des Bergbaus und der Eisen und Stahl erzeugenden Industrie

http://www.gesetze-im-internet.de/montanmitbestg/BJNR003470951.html

## Erster Teil Allgemeines

§ 1

(1) Die Arbeitnehmer haben ein Mitbestimmungsrecht in den Aufsichtsräten und in den zur gesetzlichen Vertretung berufenen Organen nach Maßgabe dieses Gesetzes in

a) den Unternehmen, deren überwiegender Betriebszweck in der Förderung von Steinkohle, Braunkohle oder Eisenerz oder in der Aufbereitung, Verkokung, Verschwelung oder Brikettierung dieser Grund liegt und deren Betrieb unter der Aufsicht der Bergbehörden steht,

b) den Unternehmen der Eisen und Stahl erzeugenden Industrie in dem Umfang, wie er in Gesetz Nr. 27 der Alliierten Hohen Kommission vom 16. Mai 1950 (Amtsblatt der Alliierten Hohen Kommission für Deutschland S. 299) bezeichnet ist, soweit diese Unternehmen in "Einheitsgesellschaften" im Sinne des Gesetzes Nr. 27 überführt oder in anderer Form weiterbetrieben und nicht liquidiert werden,

c) den Unternehmen, die von einem vorstehend bezeichneten oder nach Gesetz Nr. 27 der Alliierten Hohen Kommission zu liquidierenden Unternehmen abhängig sind, wenn sie die Voraussetzungen nach Buchstabe a erfüllen oder überwiegend Eisen und Stahl erzeugen.

Die Herstellung von Walzwerkserzeugnissen einschließlich Walzdraht, Röhren, Walzen, rollendem Eisenbahnmaterial, Freiformschmiedestücken und Gießereierzeugnissen aus Eisen oder Stahl ist als Erzeugung von Eisen und Stahl im Sinne von Satz 1 Buchstabe b und c anzusehen

1. in einem Unternehmen, dessen Aufsichtsrat am 1. Juli 1981 nach § 4 oder § 9 zusammengesetzt ist, oder
2. in einem anderen Unternehmen nach der Verschmelzung mit einem in Nummer 1 bezeichneten Unternehmen oder nach dem Übergang von Betrieben oder Betriebsteilen eines in Nummer 1 bezeichneten Unternehmens, die die genannten Erzeugnisse herstellen oder Roheisen oder Rohstahl erzeugen, auf das andere Unternehmen, wenn dieses mit dem in Nummer 1 bezeichneten Unternehmen verbunden ist (§ 15 des Aktiengesetzes) und solange nach der Verschmelzung oder dem Übergang der überwiegende Betriebszweck des anderen Unternehmens die Herstellung der genannten Erzeugnisse oder die Erzeugung von Roheisen oder Rohstahl ist.

Satz 2 Nr. 2 gilt entsprechend für die weitere Verschmelzung sowie für den weiteren Übergang von Betrieben oder Betriebsteilen.

# 광업에 속하는 기업과 철강을 생산하는 산업에 속하는 기업 내 감사회 및 대표기관에서 근로자들의 공동결정에 관한 법률(몬탄공동결정법)(BGBl. I S. 642)

법률 공포일: 1951년 5월 21일

최근 법률 개정일: 2015년 4월 24일(BGBl. I S. 642)

## 제1장 총칙

제1조

① 근로자는 다음의 기업의 감사회와 이 법률의 기준에 따라 법률상 대표할 권한이 있는 기관에서의 공동결성권을 갖는다,

a) 그 주된 사업목적이 석탄, 갈탄 또는 철광석의 채굴 또는 이러한 기초광물의 제련(Aufbereitung), 코크스화(Verkokung), 탄화(炭化; Verschwelung) 또는 연탄화(Brikettierung)에 있고 그 사업이 광업감독청의 감독을 받는 기업,

b) 그러한 기업이 연합국 최고위원회의 제27호 법률(Gesetz Nr. 27 der Alliierten Hohen Kommission)(독일 연합국최고위원회 관보 S. 299)상의 '통합회사'(Einheitsgesellschaften)로 변경되거나 다른 형태로 사업을 계속(繼續)하고 청산(淸算)되지 않는 한, 철강을 생산하는 산업(産業)에 속하는 기업으로, 그 기업이 그 제27호 법률상에서 적시된 범위 내 기업,

c) 위와 같은 기업 또는 연합국 최고위원회의 제27호 법률에 따라 해산(解散)된 기업에 종속된 기업으로, a)목 규정에 따른 요건을 충족(充足)하거나 주로 철강(鐵鋼)을 생산하는 기업.

다음 각 호의 기업에서, 신선재(伸線材; Walzdraht), 강관(Röhren), 압연재(Walzen), 선로재료 코일, 해머로 벼른 재료(Freiformschmiedestücken)을 포함하여 제강생산물(Walzwerkserzeugnissen)과 철강으로 된 주물생산물의 생산은 b)목 규정과 c)목 규정상의 철강의 생산으로 본다,

1. 1981년 7월 1일에 그 감사회(Aufsichtsrat)가 제4조 또는 제9조에 따라 구성(構成)된 기업(企業),
2. 그 합병기업 또는 양수기업이 제1호에서 언급된 기업과 결합되어 있고(주식법 제15조), 합병 또는 양도 후 주된 사업목적(überwiegende Betriebszweck)이 위에서 언급된 생산물의 생산 또는 선철 또는 원강의 생산인 경우에는, 위에서 언급된 생산물을 생산하거나 선철(銑鐵) 또는 원강(原鋼)을 생산하는(die die genannten Erzeugnisse herstellen oder Roheisen oder Rohstahl erzeugen) 제1호에 기재된 기업과의 합병(合併) 후 그 합병기입(合併企業) 또는 제1호에 기재된 그러한 기업의 사업(事業) 전부 또는 일부의 양도 후 그 양수기업(讓受企業). 제2문 제2호는 합병 후의(weitere) 합병이나 양도 후의(weitere) 사업 전부 또는 일부 양도에 준용한다.

(2) Dieses Gesetz findet nur auf diejenigen in Absatz 1 bezeichneten Unternehmen Anwendung, welche in Form einer Aktiengesellschaft oder einer Gesellschaft mit beschränkter Haftung betrieben werden und in der Regel mehr als eintausend Arbeitnehmer beschäftigen oder "Einheitsgesellschaften" sind.

(3) Erfüllt ein Unternehmen die in Absatz 1 bezeichneten Voraussetzungen nicht mehr oder beschäftigt es nicht mehr die nach Absatz 2 erforderliche Zahl von Arbeitnehmern, so sind die Vorschriften dieses Gesetzes über das Mitbestimmungsrecht erst dann nicht mehr anzuwenden, wenn in sechs aufeinanderfolgenden Geschäftsjahren eine dieser Voraussetzungen nicht mehr vorgelegen hat.

(4) Ist ein Unternehmen, dessen Aufsichtsrat nach § 4 oder § 9 zusammenzusetzen ist, herrschendes Unternehmen eines Konzerns (§ 18 Abs. 1 des Aktiengesetzes) und ist für diesen Konzern ein Konzernbetriebsrat errichtet, so gelten für die Anwendung der §§ 4, 6 und 9 auf das herrschende Unternehmen die Arbeitnehmer der Konzernunternehmen als Arbeitnehmer des herrschenden Unternehmens und die in Konzernunternehmen vertretenen Gewerkschaften als im herrschenden Unternehmen vertreten. Liegen die Voraussetzungen des Satzes 1 vor, so tritt für die Anwendung der §§ 6 und 11 auf das herrschende Unternehmen der Konzernbetriebsrat an die Stelle der Betriebsräte.

§ 2

Auf die in § 1 bezeichneten Unternehmen finden die Vorschriften des Aktiengesetzes, des Gesetzes betreffend die Gesellschaften mit beschränkter Haftung, der Berggesetze und des Betriebsverfassungsrechts insoweit keine Anwendung, als sie den Vorschriften dieses Gesetzes widersprechen.

## Zweiter Teil Aufsichtsrat

§ 3

(1) Betreibt eine Gesellschaft mit beschränkter Haftung ein Unternehmen im Sinne des § 1, so ist nach Maßgabe dieses Gesetzes ein Aufsichtsrat zu bilden.

(2) Auf den Aufsichtsrat, seine Rechte und Pflichten finden die Vorschriften des Aktienrechts sinngemäß Anwendung.

§ 4

(1) Der Aufsichtsrat besteht aus elf Mitgliedern. Er setzt sich zusammen aus

a) vier Vertretern der Anteilseigner und einem weiteren Mitglied,

b) vier Vertretern der Arbeitnehmer und einem weiteren Mitglied,

c) einem weiteren Mitglied.

(2) Die in Absatz 1 bezeichneten weiteren Mitglieder dürfen nicht

② 이 법은 주식회사 또는 유한회사의 형태로(in Form einer Aktiengesellschaft oder einer Gesellschaft mit beschränkter Haftung) 운영되고 상시적으로 1,000명을 초과하는 근로자를 고용하거나 그러한 근로자가 '통합회사'(Einheitsgesellschaften)에 재직하는, 제1조 제1항에서 기재된 기업에 대해서만 적용한다.

③ 어느 기업이 제1조 제1항에 언급된 요건을 더 이상 충족하지 못하거나 제2조 제2항에 따라 필요한 수의 근로자를 더 이상 고용하지 못하게 된 경우에는, 연속된 6년간의 사업년도 동안에 (in sechs aufeinanderfolgenden Geschäftsjahren) 그러한 요건 중 하나라도 더 이상 충족하지 못한 때에 비로소 공동결정권(Mitbestimmungsrecht)에 관한 이 법에 따른 규정은 더 이상 적용되지 않는다.

④ 그 감사회가 제4조 또는 제9조에 따라 구성된 기업으로 콘체른의 지배기업(herrschendes Unternehmen eines Konzerns)(주식법 제18조 제1항)이고 콘체른근로자평의회가(Konzernbetriebsrat) 이 콘체른에 설치된 경우에는, 그 지배기업에 대한 제4조, 제6조, 제9조의 적용과 관련하여, 콘체른기업(Konzernunternehmen)의 근로자를 지배기업의 근로자로 보고, 당해 콘체른기업에 조합원인 근로자가 있는 노동조합(die in Konzernunternehmen vertretenen Gewerkschaften)을 그 지배기업에 조합원인 근로자가 있는 노동조합으로 본다. 제1문상의 요건이 존재하는 경우에는, 지배기업의 제6조, 제11조의 적용과 관련하여 콘체른근로자평의회가 근로자평의회를 대신한다.

제2조

주식법, 유한회사에 관한 법(Gesetzes betreffend die Gesellschaften mit beschränkter Haftung), 광산법(Berggesetz) 및 사업조직법(Betriebsverfassungsrecht)의 규정이 이 법률의 규정과 상충하는 한, 그 법률들의 규정은 그 한도 내에서 제1조에서 기재된 기업에 대하여 적용되지 않는다.

## 제2장 감사회

제3조

① 제1조상의 기업이 유한회사에 해당하는 경우에는, 이 법률의 기준에 따라 감사회를 설치해야 한다.

② 감사회와 감사회의 권리의무(Rechte und Pflichten)에 대하여 주식법(Aktiengesetz)의 규정을 준용한다.

제4조

① 감사회는 11명의 구성원으로 구성된다. 감사회는 다음의 구성원으로 구성된다,

a) 4명의 지분소유자측대표자와 추가적 구성원 1명,

b) 4명의 근로자측대표자와 추가적 구성원 1명,

c) 추가적 구성원 1명,

② 다음 경우는 제4조 제1항에 기재된 추가적 구성원이 될 수 없다,

a) Repräsentant einer Gewerkschaft oder einer Vereinigung der Arbeitgeber oder einer Spitzenorganisation dieser Verbände sein oder zu diesen in einem ständigen Dienst- oder Geschäftsbesorgungsverhältnis stehen,

b) im Laufe des letzten Jahres vor der Wahl eine unter Buchstabe a bezeichnete Stellung innegehabt haben,

c) in den Unternehmen als Arbeitnehmer oder Arbeitgeber tätig sein,

d) an dem Unternehmen wirtschaftlich wesentlich interessiert sein.

(3) Alle Aufsichtsratsmitglieder haben die gleichen Rechte und Pflichten. Sie sind an Aufträge und Weisungen nicht gebunden.

§ 5

Die in § 4 Abs. 1 Buchstabe a bezeichneten Mitglieder des Aufsichtsrats werden durch das nach Gesetz, Satzung oder Gesellschaftsvertrag zur Wahl von Aufsichtsratsmitgliedern berufene Organ (Wahlorgan) nach Maßgabe der Satzung oder des Gesellschaftsvertrags gewählt oder entsandt.

§ 5a

Unter den in § 4 Absatz 1 Buchstabe b bezeichneten Mitgliedern des Aufsichtsrates eines in § 1 genannten, börsennotierten Unternehmens müssen im Fall des § 96 Absatz 2 Satz 3 des Aktiengesetzes Frauen und Männer jeweils mit einem Anteil von mindestens 30 Prozent vertreten sein.

§ 6

(1) Unter den in § 4 Abs. 1 Buchstabe b bezeichneten Mitgliedern des Aufsichtsrats müssen sich zwei Arbeitnehmer befinden, die in einem Betrieb des Unternehmens beschäftigt sind. Diese Mitglieder werden durch die Betriebsräte der Betriebe des Unternehmens in geheimer Wahl gewählt und dem Wahlorgan nach Beratung mit den in den Betrieben des Unternehmens vertretenen Gewerkschaften und deren Spitzenorganisationen vorgeschlagen.

(2) Die nach Absatz 1 gewählten Personen sind vor Weiterleitung der Vorschläge an das Wahlorgan innerhalb von zwei Wochen nach der Wahl den Spitzenorganisationen mitzuteilen, denen die in den Betrieben des Unternehmens vertretenen Gewerkschaften angehören. Jede Spitzenorganisation kann binnen zwei Wochen nach Zugang der Mitteilung Einspruch bei den Betriebsräten einlegen, wenn der begründete Verdacht besteht, daß ein Vorgeschlagener nicht die Gewähr bietet, zum Wohl des Unternehmens und der gesamten Volkswirtschaft verantwortlich im Aufsichtsrat mitzuarbeiten. Lehnen die Betriebsräte den Einspruch mit einfacher Stimmenmehrheit ab, so können die Betriebsräte oder die Spitzenorganisation, welche den Einspruch eingelegt hat, das Bundesministerium für Arbeit und Soziales anrufen; dieses entscheidet endgültig.

(3) Zwei der in § 4 Abs. 1 Buchstabe b bezeichneten Mitglieder werden von den

a) 노동조합 또는 사용자단체나 이들 단체의 정상조직의 대리인이거나, 그 단체와 지속적인 고용관계 또는 사무처리관계(ständigen Dienst- oder Geschäftsbesorgungsverhältnis)에 있는 경우,
b) 그 선출 직전 해에(im Laufe des letzten Jahres vor der Wahl) a)목 규정에 기재된 직위(Stellung)를 가진 경우,
c) 해당 기업에서 근로자 또는 사용자로서 일하는 경우,
d) 해당 기업과 경제적으로 중대한 이해관계가 있는 경우,

③ 모든 감사회의 구성원은 동등한 권리의무를 가진다. 그 구성원은 위임이나 지시에 구속되지 않는다.

제5조

제1항 a)목 규정에 기재된 감사회구성원은, 감사회구성원의 선임을 위해 법률, 정관 또는 회사계약에 따라 구성된 기관(선임기관; Wahlorgan)에 의해 정관 또는 회사계약의 기준에 의해 선임되거나 파견된다.

제5a조

주식법 제96조 제2항 제3문의 경우에 제1조에서 언급된 기업으로 상장기업의 제4조 제1항 b)목 규정에 기재된 감사회구성원은 각각 30프로 이상의 비율에 의해 대표되는 남성 및 여성(Frauen und Männer jeweils mit einem Anteil von mindestens 30 Prozent)에 의해 대표되어야만 한다.

제6조

① 제4조 제1항 b)목 규정에서 기재된 감사회구성원에 해당 기업의 사업에서 고용된 2명의 근로자가 있어야 한다. 이러한 구성원은 해당 기업의 사업의 근로자평의회에 의해 비밀선거로 선출된 다음, 해당 기업의 사업에 조합원인 근로자가 있는 노동조합과 그 정상조직(den in den Betrieben des Unternehmens vertretenen Gewerkschaften und deren Spitzenorganisationen)과 협의 후 선임기관에 추천된다.

② 제6조 제1항에 따라 선출된 사람은, 선임기관에 대한 추천절차를 속행하기 전으로 그 선출 후 2주 이내에 해당 기업의 사업에 조합원인 근로자가 있는 노동조합이 속한 노조정상조직에 통지된다. 피추천인이 해당 기업의 이익과 전체 국민경제의 번영을 위해(zum Wohl des Unternehmens und der gesamten Volkswirtschaft) 감사회에서 책임 있게 함께 일할 것이라는 점을 보장하지 못하는 데에 대한 정당한 의심이 있는 경우에는, 각 그 정상조직은 그러한 통지도달 후 2주 내에 근로자평의회에 이의를 제기할 수 있다. 근로자평의회가 단순과반수로 이의를 기각하는 경우에, 근로자평의회 또는 이의를 제기한 노조정상조직은 연방노동사회부에 재이의를 제기할 수 있다; 연방노동사회부(Bundesministerium für Arbeit und Soziales)가 이에 대해 최종적으로 결정한다.

③ 제4조 제1항 b목) 규정(規定)에서 기재된 2명의 구성원(構成員)은 그 노조정상조직이 당해

Spitzenorganisationen nach vorheriger Beratung mit den im Betrieb vertretenen Gewerkschaften den Betriebsräten vorgeschlagen. Die Spitzenorganisationen sind nach dem Verhältnis ihrer Vertretung in den Betrieben vorschlagsberechtigt; sie sollen bei ihren Vorschlägen die innerhalb der Belegschaften bestehenden Minderheiten in angemessener Weise berücksichtigen.

(4) Für das in § 4 Abs. 1 Buchstabe b bezeichnete weitere Mitglied gilt Absatz 3 entsprechend.

(5) Die Mitglieder der Betriebsräte der Betriebe des Unternehmens wählen in geheimer Wahl auf Grund der nach den Absätzen 3 und 4 gemachten Vorschläge die Bewerber und schlagen diese dem Wahlorgan vor. Wird von einer Spitzenorganisation nur ein Bewerber für ein Aufsichtsratsmitglied vorgeschlagen, so bedarf der Vorschlag gegenüber dem Wahlorgan der Mehrheit der Stimmen der Mitglieder der Betriebsräte.

(6) Bei börsennotierten Unternehmen kann im Fall des § 96 Absatz 2 Satz 3 des Aktiengesetzes ein Vorschlag an das Wahlorgan nur erfolgen, wenn die Vorgaben des § 5a durch eine Wahl nach den Absätzen 1 und 5 erfüllt worden sind.

(7) Das Wahlorgan ist an die Vorschläge der Betriebsräte gebunden.

§ 7

-

§ 8

(1) Das in § 4 Abs. 1 Buchstabe c bezeichnete weitere Mitglied des Aufsichtsrats wird durch das Wahlorgan auf Vorschlag der übrigen Aufsichtsratsmitglieder gewählt. Der Vorschlag wird durch diese Aufsichtsratsmitglieder mit Mehrheit aller Stimmen beschlossen. Er bedarf jedoch der Zustimmung von mindestens je drei Mitgliedern, die nach § 5 und die nach § 6 gewählt sind.

(2) Kommt ein Vorschlag nach Absatz 1 nicht zustande oder wird eine vorgeschlagene Person nicht gewählt, so ist ein Vermittlungsausschuß zu bilden, der aus vier Mitgliedern besteht. Je zwei Mitglieder werden von den nach § 5 und den nach § 6 gewählten Aufsichtsratsmitgliedern gewählt.

(3) Der Vermittlungsausschuß schlägt innerhalb eines Monats dem Wahlorgan drei Personen zur Wahl vor, aus denen das Wahlorgan das Aufsichtsratsmitglied wählen soll. Kommt die Wahl auf Grund des Vorschlags des Vermittlungsausschusses aus wichtigen Gründen nicht zustande, insbesondere dann, wenn keiner der Vorgeschlagenen die Gewähr für ein gedeihliches Wirken für das Unternehmen bietet, so muß die Ablehnung durch Beschluß festgestellt werden. Dieser Beschluß muß mit Gründen versehen sein. Über die Berechtigung der Ablehnung der Wahl entscheidet auf Antrag des Vermittlungsausschusses das für das Unternehmen zuständige Oberlandesgericht. Im Fall der Bestätigung der Ablehnung hat der Vermittlungsausschuß dem Wahlorgan drei weitere Personen vorzuschlagen; für diesen zweiten Vorschlag gilt die vorstehende Regelung (Sätze 2 bis 4) entsprechend. Wird die Ablehnung der Wahl von dem Gericht für

사업에 조합원인 근로자가 있는 노동조합과 사전협의를 거쳐 추천한다. 그 노조정상조직(Spitzenorganisationen)은 당해 사업에서의 그 대표의 비율[19]에 따라 추천할 권리를 가진다; 노조정상조직은 추천시 당해 전체 종업원 중 존재하는 소수자들(Minderheiten)을 적절한 방식으로 고려해야 한다.

④ 제4조 제1항 b목) 규정에서 기재된 추가적 구성원에 대하여 제6조 제3항이 준용된다.

⑤ 기업의 사업에 설치된 근로자평의회구성원은 제6조 제3항, 제4항에 따라 행해진 추천에 기초한 비밀선거에 의해(in geheimer Wahl) 후보자를 선출하고 그를 선임기관(Wahlorgan)에 추천한다. 노조정상조직이 오직 1명의 감사회구성원 후보자를 추천하는 경우에, 선임기관에 대한 추천은 근로자평의회구성원 투표의 과반수의 찬성(der Mehrheit der Stimmen der Mitglieder der Betriebsräte)을 필요로 한다.

⑥ 상상기업에서는 주식법 제96조 제2항 제3문의 경우에 있어 제5a조 규정이 제6조 제1항, 제5항에 따른 선거에서 충족된 경우에 한하여 선임기관에 대한 추천(Vorschlag an das Wahlorgan)이 행해진다.

⑦ 선임기관은 근로자평의회의 추천에 구속된다.

제7조

-

제8조

① 제4조 제1항 c)목 규정에 언급된 감사회의 추가적 구성원은 나머지 감사회구성원들의 추천(推薦)에 따라 선임기관에 의해 선임(選任)된다. 그 추천은 나머지 감사회구성원의 전체투표의 과반수로 결정된다. 그 추천은 제5조와 제6조에 따라 선임된, 각각 3명 이상의 구성원의 동의를 필요로 한다.

② 제8조 제1항에 따른 추천이 이뤄지지 않거나 추천된 사람이 선출되지 않은 경우에, 4명의 감사회구성원이 참여하는 중재위원회가 구성되어야 한다. 제5조와 제6조에 따라 선임된 감사회구성원 중에서 각각 2명씩의 구성원이 중재위원회위원으로 선출된다.

③ 중재위원회는 1개월 이내에 선임기관에 선임을 위해 3명을 추천하고, 선임기관은 그 중에서 감사회구성원을 선임해야 한다. 중재위원회의 추천에 기초한 그 선임이 중대한 이유에 이뤄지지 않은 경우에, 특히 추천된 사람들 중 누구도 기업에 대한 생산적인 활동에 대한 보증을 제공하지 못하는 경우에는(wenn keiner der Vorgeschlagenen die Gewähr für ein gedeihliches Wirken für das Unternehmen bietet), 결의로써 그 거부를 결정해야 한다. 그 결의에는 이유가 기재되어야 한다. 당해 기업을 관할하는 주고등통상법원(das für das Unternehmen zuständige Oberlandesgericht)이 중재위원회 신청에 따라 신임 거부의 정당성(Berechtigung)에 대해 재판한다. 그 거부의 정당성이 확인된 경우에 중재위원회(Vermittlungsausschuß)는 선임기관에 3명의 후보자를 추가로 추천해야 한다; 이러한 제2차 추천(推薦)에 대해 제2문 내지 제4문이 준용(準用)된다. 선임(選任)의 거부(Ablehnung der Wahl)가 그 법원에 의해 정당성이 없는 것으로

unberechtigt erklärt, so hat das Wahlorgan einen der Vorgeschlagenen zu wählen. Wird die Ablehnung der Wahl aus dem zweiten Wahlvorschlag von dem Gericht für berechtigt erklärt oder erfolgt kein Wahlvorschlag, so wählt das Wahlorgan von sich aus das weitere Mitglied.

(4) Wird die in Absatz 2 vorgesehene Anzahl von Mitgliedern des Vermittlungsausschusses nicht gewählt oder bleiben Mitglieder des Vermittlungsausschusses trotz rechtzeitiger Einladung ohne genügende Entschuldigung einer Sitzung fern, so kann der Vermittlungsausschuß tätig werden, wenn wenigstens zwei Mitglieder mitwirken.

§ 9

(1) Bei Gesellschaften mit einem Nennkapital von mehr als zehn Millionen Euro kann durch Satzung oder Gesellschaftsvertrag bestimmt werden, daß der Aufsichtsrat aus fünfzehn Mitgliedern besteht. Die Vorschriften der §§ 4 bis 8 finden sinngemäß Anwendung mit der Maßgabe, daß die Zahl der gemäß § 6 Abs. 1 und 2 zu wählenden Arbeitnehmer und die Zahl der in § 6 Abs. 3 bezeichneten Vertreter der Arbeitnehmer je drei beträgt.

(2) Bei Gesellschaften mit einem Nennkapital von mehr als fünfundzwanzig Millionen Euro kann durch Satzung oder Gesellschaftsvertrag bestimmt werden, daß der Aufsichtsrat aus einundzwanzig Mitgliedern besteht. Die Vorschriften der §§ 4 bis 8 finden sinngemäß Anwendung mit der Maßgabe, daß die Zahl der in § 4 Abs. 1 Buchstaben a und b bezeichneten weiteren Mitglieder je zwei, die Zahl der gemäß § 6 Abs. 1 und 2 zu wählenden Arbeitnehmer und die Zahl der in § 6 Abs. 3 bezeichneten Vertreter der Arbeitnehmer je vier beträgt.

§ 10

Der Aufsichtsrat ist beschlußfähig, wenn mindestens die Hälfte der Mitglieder, aus denen er nach diesem Gesetz oder der Satzung insgesamt zu bestehen hat, an der Beschlußfassung teilnimmt. § 108 Abs. 2 Satz 4 des Aktiengesetzes findet Anwendung.

§ 11

(1) Auf die in § 5 bezeichneten Mitglieder des Aufsichtsrats findet § 103 des Aktiengesetzes Anwendung.

(2) Auf die Abberufung eines in § 6 bezeichneten Mitglieds des Aufsichtsrats durch das Wahlorgan findet Absatz 1 entsprechende Anwendung mit der Maßgabe, daß die Abberufung auf Vorschlag der Betriebsräte der Betriebe des Unternehmens erfolgt. Die Abberufung eines in § 6 Abs. 3 oder 4 bezeichneten Mitglieds kann nur auf Antrag der Spitzenorganisation, die das Mitglied vorgeschlagen hat, von den Betriebsräten vorgeschlagen werden.

(3) Eine Abberufung des in § 8 bezeichneten Mitglieds des Aufsichtsrats kann auf Antrag von mindestens drei Aufsichtsratsmitgliedern durch das Gericht aus wichtigem Grund erfolgen.

선고된 경우에는, 선임기관은 추천된 사람들 중 1명을 선임해야 한다. 제2차 추천에 대한 그 선임의 거부가 그 법원에 의해 정당한 것으로 결정되거나 그 추천이 행해지지 않은 경우에는, 선임기관은 추천을 받지 않고 자체적으로 추가적 구성원을 선임한다.

④ 제8조 제2항에서 규정된 중재위원회의 구성원수(Anzahl von Mitgliedern des Vermittlungsausschusses)가 채워지지 않거나, 적시의 소집(Einladung)에도 불구하고 중재위원회의 구성원이 충분한 양해를 얻지 않고 회의에 참석하지 않은 경우에, 최소 2명이 참여한 때에는 중재위원회는 직무를 수행할 수 있다.

제9조

① 1,000만 유로를 초과하는 명목자본(Nennkapital)을 가진 회사의 경우에 회사계약 또는 정관으로(durch Satzung oder Gesellschaftsvertrag) 감사회를 15명의 구성원(構成員)으로 구성하는 것으로 정할 수 있다. 제6조 제1항, 제2항에 따라 선출(選出)되어야 할 근로자수와 제6조 제3항에 기재된 근로자측대표자수는 각각 3명씩이라는 기준하에 제4조 내지 제8조의 규정을 준용(準用)한다.

② 2,500만 유로를 초과하는 명목자본(Nennkapital)을 가진 회사의 경우에 회사계약 또는 정관으로(durch Satzung oder Gesellschaftsvertrag) 감사회를 21명의 구성원으로 구성하는 것으로 결정할 수 있다. 제4조 제1항 a)목, b)목에 기재된 추가적 구성원(weiteren Mitglieder)은 각각 2명씩이고, 제6조 제1항, 제2항에 따라 선출(選出)되어야 할 근로자수와 제6조 제3항에 기재된 근로자측대표자수는 각각 4명씩이라는 기준하에(mit der Maßgabe) 제4조 내지 제8조의 규정을 준용한다.

제10조

이 법률 또는 정관에 따라 구성된 전체 구성원의 절반 이상이(mindestens die Hälfte der Mitglieder)결의에 참여하는 경우에는 감사회는 결의할 수 있다. 주식법 제108조 제2항 제4문을 준용한다.

제11조

① 제5조에서 기재된 감사회구성원(die in § 5 bezeichneten Mitglieder des Aufsichtsrats)에 대해 주식법 제103조가 적용된다.

② 선임기관이 하는, 제6조에 기재된 감사회구성원의 해임에 대하여는 당해 기업의 사업의 근로자평의회(Vorschlag der Betriebsräte der Betriebe des Unternehmens)의 제안에 의한 해임(Abberufung)이 이뤄진다는 기준하에 제11조 제1항이 준용된다. 제6조 제3항 또는 제4항에 기재된 구성원의 해임은 그 구성원을 추천한 노조정상조직의 신청(申請)을 거쳐서만 근로자평의회에 의해 제안될 수 있다.

③ 제8조에 기재된 감사회구성원의 해임은 그 중대한 이유에 기하여(aus wichtigem Grund) 3명 이상의 감사회구성원의 신청에 따라 법원에 의해 이뤄진다.

## Dritter Teil Vorstand

§ 12

Die Bestellung der Mitglieder des zur gesetzlichen Vertretung berufenen Organs und der Widerruf ihrer Bestellung erfolgen nach Maßgabe des § 76 Abs. 3 und des § 84 des Aktiengesetzes durch den Aufsichtsrat.

§ 13

(1) Als gleichberechtigtes Mitglied des zur gesetzlichen Vertretung berufenen Organs wird ein Arbeitsdirektor bestellt. Der Arbeitsdirektor kann nicht gegen die Stimmen der Mehrheit der nach § 6 gewählten Aufsichtsratsmitglieder bestellt werden. Das gleiche gilt für den Widerruf der Bestellung.

(2) Der Arbeitsdirektor hat wie die übrigen Mitglieder des zur gesetzlichen Vertretung berufenen Organs seine Aufgaben im engsten Einvernehmen mit dem Gesamtorgan auszuüben. Das Nähere bestimmt die Geschäftsordnung.

## Vierter Teil Schlußvorschriften

§ 14

Die Bundesregierung wird ermächtigt, durch Rechtsverordnung Vorschriften zu erlassen über

a) die Anpassung von Satzungen und Gesellschaftsverträgen an die Vorschriften dieses Gesetzes,

b) das Verfahren für die Aufstellung der in § 6 bezeichneten Wahlvorschläge.

## 제3장 대표기관

제12조

법률상 대표할 권한을 가진 기관[20]의 구성원(Mitglieder des zur gesetzlichen Vertretung berufenen Organs)의 임명과 그 해임은 주식법 제76조 제3항, 제84조의 기준에 따라 감사회에 의해 이뤄진다.

제13조

① 법률상 대표할 권한을 가진 기관의 동등한 권한이 있는 구성원으로서 노동이사(Arbeitsdirektor)가 임명된다. 노동이사는 제6조에 따라 선임된 감사회구성원의 과반수투표에 반하여(gegen die Stimmen der Mehrheit der nach § 6 gewählten Aufsichtsratsmitglieder)로 임명될 수 없다. 그 해임의 경우에도 또한 같다.

② 노동이사는 법률상 대표할 권한을 가진 기관의 나머지 구성원처럼, 전체기관과 최대한 긴밀하게 협의하며(im engsten Einvernehmen mit dem Gesamtorgan) 자신의 임무를 수행한다. 보다 상세한 사항은 사무규정에서 정한다.

## 제4장 종결규정

제14조

연방정부는 법규명령으로 다음에 대한 규정을 발령할 수 있다,

a) 이 법의 규정에 따른 회사계약 또는 정관의 조정(Anpassung von Satzungen und Gesellschaftsverträgen),

b) 제6조에 기재된 추천 진행의 절차.

# 광업에 속하는 기업과 철강을 생산하는 산업에 속하는 기업 내 감사회 및 대표기관에서의 근로자들의 공동결정에 관한 법률 보충법

(몬탄공동결정법보충법)(BGBl. I S. 642)

# Gesetz zur Ergänzung des Gesetzes über die Mitbestimmung der Arbeitnehmer in den Aufsichtsräten und Vorständen der Unternehmen des Bergbaus und der Eisen und Stahl erzeugenden Industrie

# Gesetz zur Ergänzung des Gesetzes über die Mitbestimmung der Arbeitnehmer in den Aufsichtsräten und Vorständen der Unternehmen des Bergbaus und der Eisen und Stahl erzeugenden Industrie

https://www.gesetze-im-internet.de/montanmitbestgergg/BJNR007070956.html

## Art 1 Mitbestimmung in herrschenden Unternehmen

§ 1

Die Mitbestimmung der Arbeitnehmer in den Aufsichtsräten und den zur gesetzlichen Vertretung berufenen Organen von Unternehmen in der Rechtsform einer Aktiengesellschaft oder einer Gesellschaft mit beschränkter Haftung, die ein Unternehmen beherrschen, in dem die Arbeitnehmer nach den Vorschriften des Gesetzes über die Mitbestimmung der Arbeitnehmer in den Aufsichtsräten und Vorständen der Unternehmen des Bergbaus und der Eisen und Stahl erzeugenden Industrie vom 21. Mai 1951 - Bundesgesetzbl. I S. 347 - (Montan-Mitbestimmungsgesetz) ein Mitbestimmungsrecht haben, regelt sich nach den Vorschriften dieses Gesetzes.

§ 2

Liegen bei dem herrschenden Unternehmen nach seinem eigenen überwiegenden Betriebszweck die Voraussetzungen für die Anwendung des Montan-Mitbestimmungsgesetzes vor, so gilt für das herrschende Unternehmen das Montan-Mitbestimmungsgesetz. Dies gilt auch, solange in dem herrschenden Unternehmen das Mitbestimmungsrecht nach § 1 Abs. 3 des Montan-Mitbestimmungsgesetzes fortbesteht.

§ 3

(1) Liegen bei dem herrschenden Unternehmen die Voraussetzungen für die Anwendung des Montan-Mitbestimmungsgesetzes nach § 2 nicht vor, wird jedoch der Unternehmenszweck des Konzerns durch Konzernunternehmen und abhängige Unternehmen gekennzeichnet, die unter das Montan-Mitbestimmungsgesetz fallen, so gelten für das herrschende Unternehmen die §§ 5 bis 13. Ist das herrschende Unternehmen eine Gesellschaft mit beschränkter Haftung, so findet § 3 des Montan-Mitbestimmungsgesetzes entsprechende Anwendung.

(2) Der Unternehmenszweck des Konzerns wird durch die unter das Montan-Mitbestimmungsgesetz fallenden Konzernunternehmen und abhängigen Unternehmen gekennzeichnet, wenn diese Konzernunternehmen und abhängigen Unternehmen insgesamt

1. mindestens ein Fünftel der Umsätze sämtlicher Konzernunternehmen und abhängigen

# 광업에 속하는 기업과 철강을 생산하는 산업에 속하는 기업 내 감사회 및 대표기관에서의 근로자들의 공동결정에 관한 법률 보충법(몬탄공동결정법보충법)(BGBl. I S. 642)

법률 공포일: 1956년 8월 7일
최근 법률 개정일: 2015년 4월 24일(BGBl. I S. 642)

## 제1관 지배기업에서의 공동결정

제1조

1951년 5월 21일의 '광업에 속하는 기업과 철강을 생산하는 산업에 속하는 기업 내 감사회 및 대표기관에서의 근로자들의 공동결정에 관한 법률'(Gesetzes über die Mitbestimmung der Arbeitnehmer in den Aufsichtsräten und Vorständen der Unternehmen des Bergbaus und der Eisen und Stahl erzeugenden Industrie)(BGBl. I S. 347; 몬탄공동결정법)의 규정에 따라 근로자들이 공동결정권을 가지는 기업을 지배하는, 법적 형식이 주식회사 또는 유한회사인 기업 내 감사회 및 법률상 대표할 권한이 있는 기관(機關)에서의 근로자들의 공동결정은 이 법률의 규정에 따라 규율된다.

제2조

그 기업의 고유한 주된 사업목적에 의할 때(nach seinem eigenen überwiegenden Betriebszweck) 몬탄공동결정법(Montan-Mitbestimmungsgesetz)의 적용 요건이 지배기업(herrschenden Unternehmen)에 존재하는 경우에는, 지배기업에 대하여 몬탄공동결정법이 적용된다. 몬탄공동결정법은 지배기업에 몬탄공동결정법 제1조 제3항에 따른 공동결정권이 계속적으로 있는 동안에 그에 적용된다.

제3조

① 제2조에 따른 몬탄공동결정법의 적용 요건(Voraussetzungen für die Anwendung des Montan-Mitbestimmungsgesetzes)이 지배기업에 존재하지 않으나, 콘체른의 기업목적이 몬탄공동결정법의 적용을 받는 콘체른기업 및 종속기업(Konzernunternehmen und abhängige Unternehmen)에 의해 나타나는 경우에는, 그 지배기업에 대해 제5조 내지 제13조를 적용한다. 그 지배기업(herrschende Unternehmen)이 유한회사(Gesellschaft mit beschränkter Haftung)인 경우에는 몬탄결정법 제3조를 준용한다.

② 그러한 콘체른기업 및 종속기업이 합하여 다음 각 호에 해당하면, 콘체른의 기업목적이 몬탄공동결정법의 적용을 받는 콘체른기업 및 종속기업(Konzernunternehmen und abhängige Unternehmen)에 의해 나타나게 된다,

1. 매출에 포함된, 원자재 · 저장품(Roh-, Hilfs- und Betriebsstoffe)의 외주비용 및 외주업체

Unternehmen erzielen, jeweils vermindert um die in den Umsätzen enthaltenen Kosten für fremdbezogene Roh-, Hilfs- und Betriebsstoffe und für Fremdleistungen, oder

2. in der Regel mehr als ein Fünftel der Arbeitnehmer sämtlicher Konzernunternehmen und abhängigen Unternehmen beschäftigen.

Soweit Konzernunternehmen und abhängige Unternehmen Umsätze erzielen, die nicht auf der Veräußerung selbsterzeugter, bearbeiteter oder verarbeiteter Waren beruhen, ist ein Fünftel der unverminderten Umsätze anzurechnen.

§ 4

(1) Das nach § 3 maßgebliche Umsatzverhältnis hat der Abschlußprüfer des herrschenden Unternehmens zu ermitteln. Ist der Jahresabschluß des herrschenden Unternehmens nicht auf Grund gesetzlicher Vorschriften durch Abschlußprüfer zu prüfen, so wird das Umsatzverhältnis von einem in entsprechender Anwendung der §§ 318, 319 Abs. 1 bis 4, § 319a Abs. 1 und § 319b des Handelsgesetzbuchs zu bestellenden Prüfer ermittelt.

(2) Der Prüfer hat für jedes Geschäftsjahr vor Ablauf von fünf Monaten nach dessen Ende über das Ergebnis seiner Ermittlungen schriftlich zu berichten. Der Bericht ist den Verwaltungsträgern des herrschenden Unternehmens vorzulegen.

(3) Der Prüfer hat, soweit dies für seine Ermittlungen erforderlich ist, gegenüber sämtlichen Konzernunternehmen und abhängigen Unternehmen die ihm nach § 320 Abs. 1 Satz 2, Abs. 2 des Handelsgesetzbuchs zustehenden Rechte. § 323 des Handelsgesetzbuchs ist anzuwenden.

(4) Hat der Aufsichtsrat Bedenken gegen die von dem Prüfer getroffenen Feststellungen, so hat der Prüfer auf Verlangen des Aufsichtsrats die beanstandeten Feststellungen zu überprüfen und über das Ergebnis zu berichten.

(5) Das zur gesetzlichen Vertretung berufene Organ des herrschenden Unternehmens hat das festgestellte Umsatzverhältnis und die abschließende Stellungnahme des Aufsichtsrats unverzüglich den Betriebsräten (Gesamtbetriebsräten) der Konzernunternehmen und abhängigen Unternehmen sowie den nach § 10d Absatz 2 Satz 1 im Konzern vertretenen Gewerkschaften mitzuteilen.

(6) Die Absätze 1 bis 5 sind nicht anzuwenden, wenn die Voraussetzungen des § 3 Abs. 2 Satz 1 Nr. 2 vorliegen.

§ 5

(1) Der Aufsichtsrat besteht aus fünfzehn Mitgliedern. Er setzt sich zusammen aus

a) sieben Vertretern der Anteilseigner,

b) sieben Vertretern der Arbeitnehmer,

c) einem weiteren Mitglied.

Bei Unternehmen mit einem Gesellschaftskapital von mehr als fünfundzwanzig Millionen Euro

비용(費用)을 각각 제외하고, 콘체른기업과 종속기업 전체의 매출(賣出)의 1/5 이상을 달성(達成)하는 경우,

2. 상시적으로 콘체른기업과 종속기업(Konzernunternehmen und abhängigen Unternehmen) 전체 근로자의 1/5을 초과하여 고용한 경우.

콘체른기업과 종속기업이 직접 생산하거나 가공하거나 세공한 물품의 판매에서 발생하지 않은 매출을 발생시키는 경우, 그 제외되지 않는 매출(unverminderten Umsätze)의 1/5을 그 매출에 산입해야 한다.

제4조

① 제3조에 따라 기준이 되는 매출관계(Umsatzverhältnis)는 지배기업의 결산검사인(Abschlußprüfer des herrschenden Unternehmens)이 조사해야 한다. 지배기업의 연도결산 (Jahresabschluß)이 법률의 규정에 기초하여 결산검사인에 의해 검사되지 않은 경우에는, 상법전 제318조, 제319조 제1항 내지 제4항, 제319a조 제1항, 제319b조를 준용하여 임명된 검사인이 그 매출관계를 조사한다.

② 그 검사인은 매사업연도마다 사업연도 만료 후 5개월 이내에 그 조사결과에 관하여 서면으로 보고를 해야 한다. 그 보고서는 지배기업의 경영주체(Verwaltungsträgern des herrschenden Unternehmens)에게 제출한다.

③ 검사인(檢査人)은, 이것이 검사에 필요한 경우에는, 콘체른기업과 종속기업 전체에 대해 상법전 제320조 제1항 제2문, 제2항에 따라 자신에게 귀속된 권리를 갖는다. 상법전 제323조를 적용한다.

④ 감사회가 검사인(檢査人)이 행한 그 조사를 받아들이지 아니하는 경우에, 검사인은 감사회의 요청에 따라 이의가 제기된 조사에 대해 재검사를 해야 하고 그 결과를 감사회에 보고해야 한다.

⑤ 지배기업의 법률상 대표기구로 설치된 기관은 조사된 매출관계와 감사회의 최종입장을 지체 없이 콘체른기업과 종속기업의 근로자평의회(기업근로자평의회)와 제10d조 제2항 제1문에 따라 당해 콘체른에 조합원인 근로자가 있는 노동조합(den nach § 10d Absatz 2 Satz 1 im Konzern vertretenen Gewerkschaften)에 통지해야 한다.

⑥ 제3조 제2항 제1문 제2호의 요건(要件)이 존재하는 경우에는 제4조 제1항 내지 제5항은 적용하지 않는다.

제5조

① 감사회는 15명의 감사회구성원으로 구성된다. 감사회는,

a) 주주측대표자 7명,

b) 근로자측대표자 7명,

c) 추가적 구성원 1명으로 구성된다.

회사자본(會社資本; Gesellschaftskapital)이 2,500만 유로를 초과(超過)하는 기업의 경우에 정관

kann durch Satzung oder Gesellschaftsvertrag bestimmt werden, daß der Aufsichtsrat aus einundzwanzig Mitgliedern besteht. In diesem Fall beträgt die Zahl der in Satz 2 Buchstabe a und b bezeichneten Mitglieder je zehn.

(2) Für die Bestellung der in Absatz 1 Satz 2 Buchstabe a genannten Mitglieder gilt § 5 des Montan-Mitbestimmungsgesetzes; für ihre Abberufung gilt § 103 des Aktiengesetzes.

(3) Auf das in Absatz 1 Satz 2 Buchstabe c genannte Mitglied findet § 4 Abs. 2 des Montan-Mitbestimmungsgesetzes Anwendung. Für seine Bestellung gilt § 8 des Montan-Mitbestimmungsgesetzes, wobei an die Stelle des § 6 des Montan-Mitbestimmungsgesetzes die §§ 6 bis 10i dieses Gesetzes treten; für seine Abberufung gilt § 11 Abs. 3 des Montan-Mitbestimmungsgesetzes.

(4) § 4 Abs. 3 des Montan-Mitbestimmungsgesetzes findet Anwendung.

(5) Arbeitnehmer im Sinne dieses Gesetzes sind die in § 5 Abs. 1 des Betriebsverfassungsgesetzes bezeichneten Personen. Die in § 5 Abs. 2 des Betriebsverfassungsgesetzes bezeichneten Personen sind keine Arbeitnehmer im Sinne dieses Gesetzes.

(6) Betriebe im Sinne dieses Gesetzes sind solche des Betriebsverfassungsgesetzes. § 4 Abs. 2 des Betriebsverfassungsgesetzes ist anzuwenden.

§ 5a

Unter den Aufsichtsratsmitgliedern der Arbeitnehmer eines in § 1 genannten, börsennotierten Unternehmens müssen im Fall des § 96 Absatz 2 Satz 3 des Aktiengesetzes Frauen und Männer jeweils mit einem Anteil von mindestens 30 Prozent vertreten sein.

§ 6

(1) Unter den Aufsichtsratsmitgliedern der Arbeitnehmer müssen sich fünf Arbeitnehmer von Konzernunternehmen und zwei Vertreter von Gewerkschaften befinden. Besteht der Aufsichtsrat aus einundzwanzig Mitgliedern, so müssen sich unter den Aufsichtsratsmitgliedern der Arbeitnehmer sieben Arbeitnehmer von Konzernunternehmen und drei Vertreter von Gewerkschaften befinden.

(2) Die in Absatz 1 bezeichneten Arbeitnehmer müssen das 18. Lebensjahr vollendet haben und ein Jahr einem Konzernunternehmen angehören. Auf die einjährige Angehörigkeit zu einem Konzernunternehmen werden Zeiten der Angehörigkeit zu einem anderen Unternehmen, dessen Arbeitnehmer nach diesem Gesetz an der Wahl von Aufsichtsratsmitgliedern des Konzerns teilnehmen, angerechnet. Diese Zeiten müssen unmittelbar vor dem Zeitpunkt liegen, ab dem die Arbeitnehmer zur Wahl von Aufsichtsratsmitgliedern des Konzerns berechtigt sind. Die weiteren Wählbarkeitsvoraussetzungen des § 8 Abs. 1 des Betriebsverfassungsgesetzes müssen erfüllt sein.

(3) Die in Absatz 1 bezeichneten Gewerkschaften müssen im Konzern vertreten sein.

§ 7

(1) Die Aufsichtsratsmitglieder der Arbeitnehmer eines Konzerns mit in der Regel mehr als 8 000

또는 회사계약으로 감사회가 21명의 감사회구성원으로 구성되는 것으로 정할 수 있다. 이러한 경우에 제2문 a)목 및 b)목에서 규정된 구성원수(die Zahl der in Satz 2 Buchstabe a und b bezeichneten Mitglieder)는 각각 10명씩이다.

② 제5조 제1항 제2문 a)목 규정에 언급된 감사회구성원의 임명에 대하여 몬탄공동결정법 제5조가 적용된다; 그 해임에 대하여 주식법 제103조가 적용된다.

③ 제5조 제1항 2문 c)목 규정에서 언급된 감사회구성원에 대하여는 몬탄공동결정법 제4조 제2항을 적용한다. 그 임명에 대해서는 몬탄공동결정법 제8조를 적용하고, 몬탄공동결정법 제6조에 갈음하여 이 법 제6조 내지 제10i조를 적용한다; 그 해임에 대해서는 몬탄공동결정법 제11조 제3항이 적용된다.

④ 몬탄공동결정법 제4조 제3항을 적용한다.

⑤ 이 법상의 근로자는 사업조직법 제5조 제1항상의 사람(die in § 5 Abs. 1 des Betriebsverfassungsgesetzes bezeichneten Personen)을 말한다. 사업조직법 제5조 제2항상의 사람은 이 법상의 근로자에 해당하지 않는다.

⑥ 이 법상의 사업은 사업조직법상의 사업(solche des Betriebsverfassungsgesetzes)을 말한다. 사업조직법 제4조 제2항을 적용한다.

제5a조

제96조 제2항 제3문의 경우에 제1조에서 언급된 기업으로 상장된 기업의 근로자측감사회구성원 중에(Unter den Aufsichtsratsmitgliedern der Arbeitnehmer) 각각 30프로 이상의 비율에 의해 대표되는 남성 및 여성이 있어야만 한다.

제6조

① 근로자측감사회구성원 중에(Unter den Aufsichtsratsmitgliedern der Arbeitnehmer) 당해 콘체른기업의 근로자 5명, 노동조합 대표자 2명이 있어야만 한다. 감사회가 21명의 감사회구성원으로 구성되는 경우에는 근로자측감사회구성원 중에 당해 콘체른기업의 근로자 7명, 노동조합 대표자 3명이 있어야만 한다.

② 제6조 제1항에서 기재된 근로자는 만 18세에 달해야만 하고, 1년간 콘체른기업에 재직해야 한다. 근로자가 이 법률에 따라 콘체른의 감사회구성원의 선출에 참가하는 다른 기업에서의 재직기간도 콘체른기업의 1년간 재직(Auf die einjährige Angehörigkeit zu einem Konzernunternehmen)에 산입한다. 이 시기는 그 근로자가 콘체른의 감사회구성원으로 선임될 수 있는 시기 직전에(unmittelbar vor dem Zeitpunk) 존재해야만 한다. 사업조직법 제8조 제1항상의 추가적 피선거권요건(weiteren Wählbarkeitsvoraussetzungen des § 8 Abs. 1 des Betriebsverfassungsgesetzes)도 충족되어야 한다.

③ 제6조 제1항에서 기재된 노동조합에는 당해 콘체른에 조합원인 근로자가 있어야만 한다.

제7조

① 선거권(選擧權)이 있는 근로자들이 직접선거(直接選擧)를 결의하지 않는 한, 상시적으로

Arbeitnehmern werden durch Delegierte gewählt, sofern nicht die wahlberechtigten Arbeitnehmer die unmittelbare Wahl beschließen. Für die Wahl der Aufsichtsratsmitglieder der Arbeitnehmer durch Delegierte gelten die §§ 8 bis 10g und 10i.

(2) Die Aufsichtsratsmitglieder der Arbeitnehmer eines Konzerns mit in der Regel nicht mehr als 8 000 Arbeitnehmern werden in unmittelbarer Wahl gewählt, sofern nicht die wahlberechtigten Arbeitnehmer die Wahl durch Delegierte beschließen. Für die unmittelbare Wahl der Aufsichtsratsmitglieder der Arbeitnehmer gelten die §§ 10h und 10i.

(3) Zur Abstimmung darüber, ob die Wahl durch Delegierte oder unmittelbar erfolgen soll, bedarf es eines Antrags, der von einem Zwanzigstel der wahlberechtigten Arbeitnehmer des Konzerns unterzeichnet sein muß. Die Abstimmung ist geheim. Ein Beschluß nach Absatz 1 oder 2 kann nur unter Beteiligung von mindestens der Hälfte der wahlberechtigten Arbeitnehmer und nur mit der Mehrheit der abgegebenen Stimmen gefaßt werden.

§ 8

(1) Sind nach § 7 die Aufsichtsratsmitglieder der Arbeitnehmer durch Delegierte zu wählen, so wählen in jedem Betrieb des Konzerns die Arbeitnehmer in geheimer Wahl und nach den Grundsätzen der Verhältniswahl Delegierte.

(2) Wahlberechtigt für die Wahl von Delegierten sind diejenigen Arbeitnehmer der Konzernunternehmen, die das 18. Lebensjahr vollendet haben. § 7 Satz 2 des Betriebsverfassungsgesetzes gilt entsprechend.

(3) Zu Delegierten wählbar sind die in Absatz 2 Satz 1 bezeichneten Arbeitnehmer, die die weiteren Wählbarkeitsvoraussetzungen des § 8 des Betriebsverfassungsgesetzes erfüllen.

(4) Wird für einen Wahlgang nur ein Wahlvorschlag gemacht, so gelten die darin aufgeführten Arbeitnehmer in der angegebenen Reihenfolge als gewählt.

§ 9

(1) In jedem Betrieb entfällt auf je 90 wahlberechtigte Arbeitnehmer ein Delegierter. Ergibt die Berechnung nach Satz 1 in einem Betrieb mehr als

1. 25 Delegierte, so vermindert sich die Zahl der zu wählenden Delegierten auf die Hälfte; diese Delegierten erhalten je zwei Stimmen;
2. 50 Delegierte, so vermindert sich die Zahl der zu wählenden Delegierten auf ein Drittel; diese Delegierten erhalten je drei Stimmen;
3. 75 Delegierte, so vermindert sich die Zahl der zu wählenden Delegierten auf ein Viertel; diese Delegierten erhalten je vier Stimmen;
4. 100 Delegierte, so vermindert sich die Zahl der zu wählenden Delegierten auf ein Fünftel; diese Delegierten erhalten je fünf Stimmen;

8,000 명을 초과하는 근로자가 있는 콘체른의 근로자측감사회구성원은 대표자(代表者)를 통해 선출된다. 대표자에 의한 근로자측감사회구성원 선출(選出)에 대해 제8조 내지 제10g조, 제10i조가 적용된다.

② 선거권이 있는 근로자들이 대표자에 의한 선출(Wahl durch Delegierte)을 결의하지 않는 한, 상시적으로 8,000명이 이하의 근로자가 있는 콘체른의 근로자측감사회구성원은 직접선거로(in unmittelbarer Wahl) 선출된다. 근로자측감사회구성원 직접 선출에 대해 제10h조, 제10i조가 적용된다.

③ 대표자에 의한 선출 또는 직접선거에 의한 선출을 행할 것인지에 관한 결의를 하기 위해서는 콘체른의 선거권이 있는 근로자들의 1/20의 근로자가 서명한 신청을 필요로 한다. 그 결의는 비밀투표로 행해진다(Die Abstimmung ist geheim). 제7조 제1항 또는 제2항에 따른 결의는 선거권이 있는 근로자 절반 이상이 참가한 가운데 행사된 투표의 과반수에 의해서(mit der Mehrheit der abgegebenen Stimmen)만 이뤄진다.

제8조

① 제7조에 따라 근로자측감사회구성원이 대표자들에 의해 선출되는 경우에, 콘체른의 각 사업에서 근로자들은 비밀투표로 또 비례대표선거원칙에 따라(in geheimer Wahl und nach den Grundsätzen der Verhältniswahl) 대표자를 선출한다.

② 만 18세에 달한 콘체른기업의 근로자(Arbeitnehmer der Konzernunternehmen)는 대표자 선거(Wahl von Delegierten)에 참여할 권리가 있다. 사업조직법(Betriebsverfassungsgesetzes) 제7조 제2항은 준용된다.

③ 제8조 제2항 제1문에 기재된 근로자로, 사업조직법 제8조의 추가적 피선거권요건을 충족하는 근로자는 대표자로 선출될 수 있다.

④ 그 선거에 대해 하나의 후보자추천서가 제출된 경우에, 그 후보자추천서에 등재된 근로자가 기재된 순번에 따라 선출된 것으로 본다.

제9조

① 각 사업에서 선거권이 있는 근로자 90명당(je 90 wahlberechtigte Arbeitnehmer) 1명의 대표자가 배정된다.

1. 제1문에 따른 계산이 어느 사업에서 25명을 초과하는 대표자로 산출되는 경우에는, 선출되어야 할 대표자수는 그 절반으로 감소된다; 이 대표자들은 각각 2표씩 받는다.
2. 제1문에 따른 계산이 어느 사업에서 50명을 초과하는 대표자로 산출되는 경우에는, 선출되어야 할 대표자수는 그 1/3로 감소한다. 이 대표자들은 각각 3표씩 받는다.
3. 제1문에 따른 계산이 어느 사업에서 75명을 초과하는 대표자로 산출되는 경우에는, 선출되어야 할 대표자수는 그 1/4로 감소한다. 이 대표자들은 각각 4표씩 받는다.
4. 제1문에 따른 계산이 어느 사업에서 100명을 초과하는 대표자로 산출되는 경우에는, 선출되어야 할 대표자수는 그 1/5로 감소한다. 이 대표자들은 각각 5표씩 받는다.

5. 125 Delegierte, so vermindert sich die Zahl der zu wählenden Delegierten auf ein Sechstel; diese Delegierten erhalten je sechs Stimmen;
6. 150 Delegierte, so vermindert sich die Zahl der zu wählenden Delegierten auf ein Siebtel; diese Delegierten erhalten je sieben Stimmen.

Bei der Errechnung der Zahl der Delegierten werden Teilzahlen voll gezählt, wenn sie mindestens die Hälfte der vollen Zahl betragen.

(2) Entfällt auf einen Betrieb kein Delegierter, gelten die Arbeitnehmer dieses Betriebs für die Wahl der Delegierten als Arbeitnehmer des Betriebs der Hauptniederlassung des betreffenden Konzernunternehmens. Soweit auf die Arbeitnehmer des Betriebs der Hauptniederlassung kein Delegierter entfällt, gelten diese für die Wahl der Delegierten als Arbeitnehmer des nach der Zahl der wahlberechtigten Arbeitnehmer größten Betriebs des betreffenden Konzernunternehmens.

(3) Entfällt auf ein Konzernunternehmen kein Delegierter, gelten die Arbeitnehmer dieses Unternehmens für die Wahl der Delegierten als Arbeitnehmer des nach der Zahl der wahlberechtigten Arbeitnehmer größten Betriebs des herrschenden Unternehmens. Soweit auf die Arbeitnehmer des herrschenden Unternehmens kein Delegierter entfällt, gelten diese für die Wahl der Delegierten als Arbeitnehmer des nach der Zahl der wahlberechtigten Arbeitnehmer größten Betriebs der Konzernunternehmen.

§ 10

(1) Zur Wahl der Delegierten können die wahlberechtigten Arbeitnehmer des Betriebs Wahlvorschläge machen. Jeder Wahlvorschlag für Delegierte muss von einem Zwanzigstel oder 50 der wahlberechtigten Arbeitnehmer des Betriebs unterzeichnet sein.

(2) Jeder Wahlvorschlag soll mindestens doppelt so viele Bewerber enthalten, wie in dem Wahlgang Delegierte zu wählen sind.

§ 10a

(1) Die Delegierten werden für eine Zeit gewählt, die der Amtszeit der von ihnen zu wählenden Aufsichtsratsmitglieder entspricht. Sie nehmen die ihnen nach den Vorschriften dieses Gesetzes zustehenden Aufgaben und Befugnisse bis zur Einleitung der Neuwahl der Aufsichtsratsmitglieder der Arbeitnehmer wahr.

(2) In den Fällen des § 7 Abs. 1 endet die Amtszeit der Delegierten, wenn

1. die wahlberechtigten Arbeitnehmer nach § 7 Abs. 1 die unmittelbare Wahl beschließen;
2. der Konzern nicht mehr die Voraussetzungen für die Anwendung des § 7 Abs. 1 erfüllt, es sei denn, die wahlberechtigten Arbeitnehmer beschließen, daß die Amtszeit bis zu dem in Absatz 1 genannten Zeitpunkt fortdauern soll; § 7 Abs. 3 ist entsprechend anzuwenden.

(3) In den Fällen des § 7 Abs. 2 endet die Amtszeit der Delegierten, wenn die wahlberechtigten

5. 제1문에 따른 계산이 어느 사업에서 125명을 초과하는 대표자로 산출되는 경우에는, 선출되어야 할 대표자수는 그 1/6로 감소한다. 이 대표자들은 각각 6표씩 받는다.
6. 제1문에 따른 계산이 어느 사업에서 150명명을 초과하는 대표자로 산출되는 경우에는, 선출되어야 할 대표자수는 그 1/7로 감소한다. 이 대표자들은 각각 7표씩 받는다.

대표자수의 산정에 있어 나눈 값이 0.5 이상인 때에는(wenn sie mindestens die Hälfte der vollen Zahl betragen) 그 값은 정수로 반올림한다.

② 어느 사업에 한 명의 대표자도 배정되지 않은 경우에, 이러한 사업의 근로자는 대표자 선출에서 해당 콘체른기업의 본사(本社) 사업(Betriebs der Hauptniederlassung des betreffenden Konzernunternehmens)의 근로자로 본다. 그 본사 사업의 근로자에 한 명의 대표자도 배정되지 않은 경우에는, 해당 콘체른기업 중에서 선거권이 있는 근로자수 기준으로 가장 큰 사업의 근로자로 본다.

③ 콘체른기업에 한 명의 대표자도 배정되지 않은 경우에, 그 기업의 근로자는 대표자 선거에서 선거권이 있는 근로자수 기준으로 가장 많은 수의 근로자들이 있는 지배기업 사업의 근로자(Arbeitnehmer des nach der Zahl der wahlberechtigten Arbeitnehmer größten Betriebs des herrschenden Unternehmens)로 본다. 지배기업의 근로자에 한 명의 근로자도 배정되지 않은 경우에는, 그 근로자들은 대표자 선거에서 선거권이 있는 근로자수 기준으로 가장 많은 수의 근로자가 있는, 콘체른기업의 사업의 근로자로 본다.

제10조

① 당해 사업의 선거권이 있는 근로자들은 대표자 선출을 위해 후보자추천서를 제안할 수 있다. 각 대표자 후보자추천서에는 당해 사업의 선거권이 있는 근로자들의 1/20 근로자 또는 50명 근로자가 서명을 해야 한다.

② 각 후보자추천서(Jeder Wahlvorschlag)에는 선거에서 선출되어야 하는 대표자수의 두 배의 후보자가 포함되어야 한다.

제10a조

① 대표자는 선출된 감사회구성원의 임기와 일치된 임기로 하여 선출된다. 대표자는 이 법의 규정에 따라 자신에게 부여된 임무(任務)와 권한(權限)을 근로자측감사회구성원의 새로운 선거의 개시시까지(bis zur Einleitung der Neuwahl der Aufsichtsratsmitglieder der Arbeitnehmer) 행사한다.

② 제7조 제1항의 경우에 대표자의 임기가 다음 각 호의 때에 만료한다,

1. 선거권이 있는 근로자들이 제7조 제1항에 따라 직접선거를 결의한 때;
2. 당해 콘체른이 제7조 제1항의 적용 요건을 더 이상 충족하지 못한 때, 나만 선거권이 있는 근로자들이 제10a조 제1항에 기재된 시기까지 임기가 계속되는 것으로 결의한 경우에는 그러하지 아니하다; 제7조 제3항을 준용한다.

③ 제7조 제2항의 경우에 있어 대표자의 임기(任期)는 선거권(選擧權)이 있는 근로자들이 직접

Arbeitnehmer die unmittelbare Wahl beschließen; § 7 Abs. 3 ist anzuwenden.

(4) Abweichend von Absatz 1 endet die Amtszeit der Delegierten eines Betriebs, wenn nach Eintreten aller Ersatzdelegierten des Wahlvorschlags, dem die zu ersetzenden Delegierten angehören, die Gesamtzahl der Delegierten des Betriebs unter die im Zeitpunkt ihrer Wahl vorgeschriebene Zahl der auf den Betrieb entfallenden Delegierten gesunken ist.

§ 10b

(1) Die Amtszeit eines Delegierten endet vor dem in § 10a bezeichneten Zeitpunkt

1. durch Niederlegung des Amtes,
2. durch Beendigung der Beschäftigung des Delegierten in dem Betrieb, dessen Delegierter er ist,
3. durch Verlust der Wählbarkeit.

(2) Endet die Amtszeit eines Delegierten vorzeitig oder ist er verhindert, so tritt an seine Stelle ein Ersatzdelegierter. Die Ersatzdelegierten werden der Reihe nach aus den nicht gewählten Arbeitnehmern derjenigen Wahlvorschläge entnommen, denen die zu ersetzenden Delegierten angehören.

§ 10c

(1) Die Delegierten wählen die Aufsichtsratsmitglieder, die nach § 6 Abs. 1 Arbeitnehmer von Konzernunternehmen sein müssen, geheim und nach den Grundsätzen der Verhältniswahl für die Zeit, die im Gesetz oder in der Satzung (im Gesellschaftsvertrag, im Statut) für die durch das Wahlorgan der Anteilseigner zu wählenden Mitglieder des Aufsichtsrats bestimmt ist.

(2) Die Wahl erfolgt aufgrund von Wahlvorschlägen. Jeder Wahlvorschlag muss von einem Fünftel oder 100 der wahlberechtigten Arbeitnehmer des Konzerns unterzeichnet sein.

(3) Abweichend von Absatz 1 findet Mehrheitswahl statt, soweit nur ein Wahlvorschlag gemacht wird. In diesem Fall muss der Wahlvorschlag mindestens doppelt so viele Bewerber enthalten, wie Aufsichtsratsmitglieder auf die Arbeitnehmer entfallen.

§ 10d

(1) Die Delegierten wählen die Aufsichtsratsmitglieder, die nach § 6 Abs. 1 Vertreter von Gewerkschaften sind, in geheimer Wahl und nach den Grundsätzen der Verhältniswahl für die in § 10c Abs. 1 bestimmte Zeit.

(2) Die Wahl erfolgt aufgrund von Wahlvorschlägen der Gewerkschaften, die im Konzern vertreten sind. Wird nur ein Wahlvorschlag gemacht, so findet abweichend von Absatz 1 Mehrheitswahl statt. In diesem Falle muß der Wahlvorschlag mindestens doppelt so viele Bewerber enthalten, wie Vertreter von Gewerkschaften in den Aufsichtsrat zu wählen sind.

§ 10e

선거를 결의할 때에 만료한다. 제7조 제3항을 적용한다.

④ 제10a조 제1항과 달리 어느 사업의 대표자 임기는, 대체되는 대표자가 속하는 후보자추천서의 모든 대체대표자가 취임하더라도(nach Eintreten aller Ersatzdelegierten des Wahlvorschlags) 그 사업의 대표자총수가 그 선출시에 규정된 그 사업에 배정된 대표자수에 미달하는 때에 만료한다.

제10b조

① 다음 각 호의 경우에 대표자의 임기는 제10a조에 기재된 시기 전에 만료한다,

1. 사임한 때,
2. 대표자로 있는 사업에서의 대표자의 고용이 종료된 때,
3. 피선거권의 상실된 때.

② 대표자의 임기가 임기 전에 만료되거나 대표자에게 직무수행장애가 있는 경우에는 대체대표자가 그를 대신한다(tritt an seine Stelle ein Ersatzdelegierter). 대체대표자는, 대체되는 대표자가 속한 후보자추천서(Wahlvorschläge)에 속한 근로자로, 선출되지 않은 근로자 중에서 순번에 따라 선임된다.

제10c조

① 대표자는 제6조 제1항에 따라 당해 콘체른기업의 근로자이어야 하는 감사회구성원을 비밀투표와, 법률 또는 정관(회사계약 또는 내부규정; im Gesellschaftsvertrag, im Statut))에 주주측 선출기관에 의해 선출되는 감사회구성원에 대해 정해진 시기의 비례대표선거원칙(Grundsätzen der Verhältniswahl)에 따라 선출한다.

② 그 선출은 후보자추천서에 기초하여 실시된다. 각 후보자추천서에는 당해 콘체른의 선거권이 있는 근로자의 1/5 근로자 또는 100명의 근로자가 서명해야 한다.

③ 하나의 후보자추천서만이 만들어진 경우에는 제10c조 제1항과 달리, 다수대표제선거(Mehrheitswahl)가 실시된다. 이러한 경우에 후보자추천서에는 그 근로자들에게 배정된 감사회구성원수의 2배수의 후보자가 있어야만 한다.

제10d조

① 대표자는 제6조 제1항에 따른 노동조합의 대표자인 감사회구성원을 비밀선거로(in geheimer Wahl) 또 제10c조 제1항에 정해진 시기의 비례대표선거원칙(Grundsätzen der Verhältniswahl)에 따라 선출한다.

② 그 선출은 당해 콘체른에 조합원인 근로자가 있는 노동조합의 후보자추천서에 기초하여 실시된다. 하나의 후보자추천서만이 제출된 경우에는 제10d조 제1항과 달리 다수대표제선거가 실시된다. 이러한 경우에 후보자추천서에는 감사회에서 선출되는 노동조합 대표자수의 2배수의 후보자가 있어야만 한다.

제10e조

(1) In jedem Wahlvorschlag kann zusammen mit jedem Bewerber für diesen ein Ersatzmitglied des Aufsichtsrats vorgeschlagen werden. Ein Bewerber kann nicht zugleich als Ersatzmitglied vorgeschlagen werden.

(2) Wird ein Bewerber als Aufsichtsratsmitglied gewählt, so ist auch das zusammen mit ihm vorgeschlagene Ersatzmitglied gewählt.

(3) Im Fall des § 96 Absatz 2 Satz 3 des Aktiengesetzes ist das Nachrücken eines Ersatzmitgliedes ausgeschlossen, wenn dadurch der Anteil von Frauen und Männern unter den Aufsichtsratsmitgliedern der Arbeitnehmer nicht mehr den Vorgaben des § 5a entspricht; § 10f Absatz 2 Satz 2 gilt entsprechend.

§ 10f

(1) Ergibt im Fall des § 96 Absatz 2 Satz 3 des Aktiengesetzes die Auszählung der Stimmen und ihre Verteilung auf die Bewerber, dass die Vorgaben des § 5a nicht erreicht worden sind, ist zu gewährleisten, dass unter den Aufsichtsratsmitgliedern der Arbeitnehmer, die Arbeitnehmer von Konzernunternehmen sind, in einem Aufsichtsrat mit 15 Mitgliedern mindestens eine Frau und mindestens ein Mann und in einem Aufsichtsrat mit 21 Mitgliedern mindestens zwei Frauen und mindestens zwei Männer sowie unter den Aufsichtsratsmitgliedern der Gewerkschaften jeweils eine Frau und ein Mann vertreten sind.

(2) Um diese Verteilung der Geschlechter nach Absatz 1 zu erreichen, ist die Wahl derjenigen Bewerber um einen Aufsichtsratssitz der Arbeitnehmer unwirksam, deren Geschlecht in dem jeweiligen Wahlgang nach der Verteilung der Stimmen auf die Bewerber mehrheitlich vertreten ist und die

1. bei einer Mehrheitswahl in dem jeweiligen Wahlgang nach der Reihenfolge der auf die Bewerber entfallenden Stimmenzahlen die niedrigsten Stimmenzahlen erhalten haben oder
2. bei einer Verhältniswahl in dem jeweiligen Wahlgang nach der Reihenfolge der auf die Bewerber entfallenden Höchstzahlen die niedrigsten Höchstzahlen erhalten haben.

Die durch unwirksame Wahl nach Satz 1 nicht besetzten Aufsichtsratssitze werden im Wege der gerichtlichen Ersatzbestellung nach § 104 des Aktiengesetzes oder der Nachwahl besetzt.

§ 10g

Das zur gesetzlichen Vertretung berufene Organ des herrschenden Unternehmens hat die Namen der Mitglieder und der Ersatzmitglieder des Aufsichtsrats unverzüglich nach ihrer Bestellung in den Betrieben des Unternehmens bekanntzumachen und im Bundesanzeiger zu veröffentlichen. Daneben ist in jedem abhängigen Konzernunternehmen das zur gesetzlichen Vertretung berufene Organ zur Bekanntmachung in dessen Betrieben verpflichtet.

§ 10h

① 각 후보자추천서에는 그 후보자에 대한 대체감사회구성원(Ersatzmitglied des Aufsichtsrats)도 그 후보자와 함께 추천될 수 있다. 후보자(候補者)는 동시에 대체감사회구성원으로 추천될 수 없다.

② 후보자가 감사회구성원으로 선출되는 경우에, 그와 함께 추천된 대체감사회구성원(Ersatzmitglied des Aufsichtsrats)도 선출된다.

③ 주식법 제96조 제2항 제3문의 경우에 근로자측감사회구성원의 여성 및 남성의 비율(Anteil von Frauen und Männern unter den Aufsichtsratsmitgliedern der Arbeitnehmer)이 제5a조의 규정에 더 이상 부합하지 않게 된 때에는 대체구성원의 취임(Nachrücken eines Ersatzmitgliedes)은 배제된다; 제10f조 제2항 제2문을 준용한다.

제10f조

① 주식법 제96조 제2항 제3문의 경우에 투표수 계산과 후보자에 대한 투표의 할당(Auszählung der Stimmen und ihre Verteilung auf die Bewerber)이 제5a조의 규정이 부합하지 않는 결과를 초래하는 경우에는, 당해 콘체른기업의 근로자인 근로자측감사회구성원 중에서(unter den Aufsichtsratsmitgliedern der Arbeitnehmer, die Arbeitnehmer von Konzernunternehmen sind), 15명인 감사회의 경우에는 최소 1명의 여성과 최소 1명의 남성이, 21명의 감사회의 경우에는 최소 2명의 여성과 최소 2명의 남성이 대표되고, 또한 노동조합을 대표하는 감사회구성원 중에서 각각 1명의 여성과 1명의 남성이 대표되는 점이 보장되어야 한다.

② 제10f조에 따른 이러한 성별할당을 충족시키기 위해(Um diese Verteilung der Geschlechter nach Absatz 1 zu erreichen), 근로자측감사회구성원자리 중에서 그 성이 각각의 투표에서 후보자에 대한 득표 할당(割當) 후 다수로 대표되는, 다음 각 호의 후보자의 선출(選出)은 무효(無效)로 한다,

1. 다수대표제선거의 경우 각각의 투표에서 후보자에 할당된 투표수의 순서를 기준으로 가장 적은 투표수를 얻은 후보자,
2. 비례대표제선거의 경우 각각의 투표에서 후보자에 할당된 최대수(Höchstzahlen)를 기준으로 가장 작은 최대수를 얻는 후보자.

제1문에 따라 무효인 선출에 의해 충원되지 않은 감사회구성원자리는 주식법 제104조에 따른 법원에 의한 대체임명 방식 또는 보궐선거(Nachwahl)에서 충원된다.

제10g조

법률상 대표할 권한이 있는 지배기업의 기관(Das zur gesetzlichen Vertretung berufene Organ des herrschenden Unternehmens)은 감사회구성원과 대체감사회구성원의 이름을 그 구성원의 선출 후 지체 없이 당해 기업의 사업에서 공고하고 연방관보로(im Bundesanzeiger) 공표한다. 그 이외 각 종속기업의 경우에 법률상 대표할 권한이 있는 기관은 각 종속기업의 사업에서 이를 공고할 의무가 있다.

제10h조

Sind nach § 7 die Aufsichtsratsmitglieder der Arbeitnehmer in unmittelbarer Wahl zu wählen, so sind diejenigen Arbeitnehmer der Konzernunternehmen, die das 18. Lebensjahr vollendet haben, wahlberechtigt. § 7 Satz 2 des Betriebsverfassungsgesetzes gilt entsprechend. Für die Wahl sind die §§ 10c bis 10g mit der Maßgabe anzuwenden, daß an die Stelle der Delegierten die wahlberechtigten Arbeitnehmer der Konzernunternehmen treten.

§ 10i

(1) Die Gesamtheit der Schiffe eines Unternehmens gilt für die Anwendung dieses Gesetzes als ein Betrieb.

(2) Schiffe im Sinne dieses Gesetzes sind Kauffahrteischiffe, die nach dem Flaggenrechtsgesetz die Bundesflagge führen. Schiffe, die in der Regel binnen 48 Stunden nach dem Auslaufen an den Sitz eines Landbetriebs zurückkehren, gelten als Teil dieses Landbetriebs.

(3) Die Arbeitnehmer eines in Absatz 1 bezeichneten Betriebs nehmen an einer Abstimmung nach § 7 nicht teil und bleiben für die Errechnung der für die Antragstellung und für die Beschlußfassung erforderlichen Zahlen von Arbeitnehmern außer Betracht.

(4) Werden die Aufsichtsratsmitglieder der Arbeitnehmer durch Delegierte gewählt, so werden abweichend von § 8 in einem in Absatz 1 bezeichneten Betrieb keine Delegierten gewählt. Abweichend von § 10c Abs. 1 nehmen die Arbeitnehmer dieses Betriebs unmittelbar an der Wahl der Aufsichtsratsmitglieder der Arbeitnehmer teil mit der Maßgabe, dass die Stimme eines dieser Arbeitnehmer als ein Neunzigstel der Stimme eines Delegierten zu zählen ist; § 9 Abs. 1 Satz 3 ist entsprechend anzuwenden.

(5) (weggefallen)

§ 10k

(1) Niemand darf die Wahlen nach den §§ 8, 10c, 10d und 10h behindern. Insbesondere darf niemand in der Ausübung des aktiven und passiven Wahlrechts beschränkt werden.

(2) Niemand darf die Wahlen durch Zufügung oder Androhung von Nachteilen oder durch Gewährung oder Versprechen von Vorteilen beeinflussen.

(3) Die Kosten der Wahlen trägt das herrschende Unternehmen. Versäumnis von Arbeitszeit, die zur Ausübung des Wahlrechts oder der Betätigung im Wahlvorstand erforderlich ist, berechtigt den Arbeitgeber nicht zur Minderung des Arbeitsentgelts.

§ 10l

(1) Die Wahl der Delegierten eines Betriebs kann beim Arbeitsgericht angefochten werden, wenn gegen wesentliche Vorschriften über das Wahlrecht, die Wählbarkeit oder das Wahlverfahren verstoßen worden und eine Berichtigung nicht erfolgt ist, es sei denn, daß durch den Verstoß das Wahlergebnis nicht geändert oder beeinflußt werden konnte.

제7조에 따라 근로자측감사회구성원이 직접선거로 선출될 경우에 만 18세에 달한 당해 콘체른기업의 근로자는 그 선거에서 투표를 할 수 있다. 사업조직법 제7조 제2문은 준용된다. 당해 콘체른기업의 선거권이 있는 근로자들(wahlberechtigten Arbeitnehmer der Konzernunternehmen)이 대표자(代表者)를 대신한다는 기준하에 그 선출에 대해 제10c조 내지 제10g가 적용된다.

제10i조

① 어느 기업의 전체 선박(Gesamtheit der Schiffe eines Unternehmens)은 이 법의 적용에 있어 사업으로 본다.

② 이 법상의 선박은 국기법(Flaggenrechtsgesetz)에 따라 독일연방공화국의 깃발을 내걸고 운항하는 상선을 말한다. 통상적으로 출항 후 48시간 이내에 육상사업부지로 귀환하는 선박은 그 육상사업의 일부로 본다.

③ 제10i조 제1항에 기재된 사업의 근로자는 제7조에 따른 결의에 참여할 수 없고, 그 신청제기 및 결의에 필요한 근로자수의 산정에서(für die Errechnung der für die Antragstellung und für die Beschlußfassung erforderlichen Zahlen von Arbeitnehmern) 고려되지 않는다.

④ 대표자에 의해 근로자측감사회구성원이 선출되는 경우에, 제8조와 달리 제10i조 제1항에 기재된 사업에서 대표자가 선출되지 않는다. 제10c조 제1항과 달리 그 사업의 근로자는, 이러한 근로자들의 득표가 대표자(代表者)의 득표(得票)의 1/90으로 산정된다는(dass die Stimme eines dieser Arbeitnehmer als ein Neunzigstel der Stimme eines Delegierten zu zählen ist) 기준하에 근로자측감사회구성원 선거에 직접선거(直接選擧)로 참여할 수 있다; 제9조 제1항 제3문은 준용한다.

⑤ 삭제

제10k조

① 누구든지 제8조, 제10c조, 제10d조, 제10h조에 따른 선거를 방해해서는 안 된다. 특히 누구든지 선거권 및 피선거권(aktiven und passiven Wahlrechts)의 행사를 제한해서는 안 된다.

② 누구든지 불이익의 부과 또는 위협이나 이익의 부여 또는 약속으로 그 선거에 영향을 미쳐서는 안 된다.

③ 선거비용은 당해 지배기업이 부담한다. 선거권의 행사 또는 선거위원회에의 참여에 필요한 근로시간(Arbeitszeit, die zur Ausübung des Wahlrechts oder der Betätigung im Wahlvorstand erforderlich ist)의 사용에 대해 사용자는 임금을 감액할 수 없다.

제10l조

① 그 선거가 선거권, 피선거권 또는 선거절차의 중요한 규정에 위반되고 시정이 이뤄지지 않는 경우에 당해 사업의 대표자 선거에 대해 지방노동법원에(beim Arbeitsgericht) 선거취소를 구할 수 있고, 다만, 그 위반으로 선거결과(Wahlergebnis)가 달라지지 않거나 그에 영향이 없는 경우에는 그러하지 아니하다.

(2) Zur Anfechtung berechtigt sind

1. mindestens drei wahlberechtigte Arbeitnehmer des Betriebs,
2. der Betriebsrat,
3. der Sprecherausschuss,
4. das zur gesetzlichen Vertretung berufene Organ des Unternehmens.

Die Anfechtung ist nur binnen einer Frist von zwei Wochen, vom Tage der Bekanntgabe des Wahlergebnisses an gerechnet, zulässig.

§ 10m

(1) Die Wahl eines Aufsichtsratsmitglieds oder eines Ersatzmitglieds der Arbeitnehmer kann beim Arbeitsgericht angefochten werden, wenn gegen wesentliche Vorschriften über das Wahlrecht, die Wählbarkeit oder das Wahlverfahren verstoßen worden und eine Berichtigung nicht erfolgt ist, es sei denn, daß durch den Verstoß das Wahlergebnis nicht geändert oder beeinfluß werden konnte.

(2) Zur Anfechtung berechtigt sind

1. mindestens drei wahlberechtigte Arbeitnehmer von Konzernunternehmen,
2. der Gesamtbetriebsrat des herrschenden Unternehmens oder, wenn in dem herrschenden Unternehmen nur ein Betriebsrat besteht, der Betriebsrat sowie der Konzernbetriebsrat, soweit ein solcher besteht,
3. der Gesamt- oder Unternehmenssprecherausschuss des herrschenden Unternehmens oder, wenn in dem herrschenden Unternehmen nur ein Sprecherausschuss besteht, der Sprecherausschuss sowie der Konzernsprecherausschuss, soweit ein solcher besteht,
4. der Gesamtbetriebsrat eines anderen Konzernunternehmens oder, wenn in dem anderen Konzernunternehmen nur ein Betriebsrat besteht, der Betriebsrat,
5. der Gesamt- oder Unternehmenssprecherausschuss eines anderen Konzernunternehmens oder, wenn in dem anderen Konzernunternehmen nur ein Sprecherausschuss besteht, der Sprecherausschuss,
6. jede nach § 10d Abs. 2 vorschlagsberechtigte Gewerkschaft,
7. das zur gesetzlichen Vertretung berufene Organ des herrschenden Unternehmens.

Die Anfechtung ist nur binnen einer Frist von zwei Wochen, vom Tage der Veröffentlichung im Bundesanzeiger an gerechnet, zulässig.

§ 10n

(1) Ein Aufsichtsratsmitglied der Arbeitnehmer kann vor Ablauf der Amtszeit auf Antrag abberufen werden. Antragsberechtigt für die Abberufung eines Aufsichtsratsmitglieds, das nach

1. § 6 Abs. 1 Arbeitnehmer eines Konzernunternehmens ist, sind drei Viertel der wahlberechtigten Arbeitnehmer,
2. § 6 Abs. 1 Vertreter einer Gewerkschaft ist, ist die Gewerkschaft, die das Mitglied vorgeschlagen

② 그 최소제기권자는 다음 각 호와 같다,
1. 당해 사업의 최소 선거권이 있는 근로자 3명,
2. 근로자평의회,
3. 고위직사원평의회,
4. 당해 기업의 법률상 대표기구로 설치된 기관.
그 취소는 선거결과의 공고(Bekanntgabe des Wahlergebnisses)가 이뤄진 때로부터 2주 내 기간에만 허용된다.

제10m조

① 그 선거가 선거권, 피선거권 또는 선거절차의 중요한 규정에 위반되고 시정이 이뤄지지 않는 경우에 근로자측감사회구성원 또는 근로자측대체감사회구성원의 선출에 대해서 지방노동법원에 그 취소를 구할 수 있고, 다만, 그 위반으로 선거결과가 달라지지 않거나 그에 영향이 없는 경우에는 그러하지 아니하다.
② 그 취소제기권자는 다음과 같다,
1. 당해 콘체른기업의 최소 선거권이 있는 근로자 3명,
2. 당해 지배기업의 기업근로자평의회 또는 당해 지배기업에 근로자평의회만이 있는 경우에는 그 근로자평의회, 그 지배기업에 콘체른근로자평의회가 있는 경우에는 그 콘체른근로자평의회,
3. 당해 지배기업의 전체고위직사원평의회나 기업고위직사원평의회, 또는 당해 지배기업에 고위직사원평의회만 있는 경우에는 그 고위직사원평의회, 그 지배기업에 콘체른고위직사원평의회가 있는 경우에는 그 콘체른고위직사원평의회,
4. 다른 콘체른기업의 기업근로자평의회 또는 다른 콘체른기업에 근로자평의회만이 있는 경우에 그 근로자평의회,
5. 다른 콘체른기업의 전체고위직사원평의회 또는 기업고위직사원평의회, 다른 콘체른기업에 고위직사원평의회만 있는 경우에 그 고위직사원평의회,
6. 제10d조 제2항에 따라 추천권이 있는 각 노동조합,
7. 당해 지배기업의 대표기구로 설치된 기관.
그 취소는 선거결과의 공고(Bekanntgabe des Wahlergebnisses)가 이뤄진 때로부터 2주 내 기간에만 허용된다.

제10n조

① 근로자측감사회구성원은 그 신청에 의해 임기 만료 전에 해임될 수 있다. 다음 각 호의 자는 그 감사회구성원의 해임을 신청할 수 있다,
1. 제6조 제1항에 따라 당해 콘체른기업의 근로자인 감사회구성원의 경우, 선거권이 있는 근로자들 중 3/4의 근로자들,
2. 제6조 제1항에 따라 노동조합의 대표자인 감사회구성원의 경우, 그 감사회구성원을

hat.

(2) Ein durch Delegierte gewähltes Aufsichtsratsmitglied wird durch Beschluss der Delegierten abberufen. Dieser Beschluss wird in geheimer Abstimmung gefasst und bedarf einer Mehrheit von drei Vierteln der abgegebenen Stimmen.

(3) Ein von den Arbeitnehmern unmittelbar gewähltes Aufsichtsratsmitglied wird durch Beschluss der wahlberechtigten Arbeitnehmer abberufen. Dieser Beschluss wird in geheimer, unmittelbarer Abstimmung gefasst und bedarf einer Mehrheit von drei Vierteln der abgegebenen Stimmen.

(4) Die Absätze 1 bis 3 sind für die Abberufung von Ersatzmitgliedern entsprechend anzuwenden.

§ 10o

(1) Verliert ein Aufsichtsratsmitglied, das nach § 6 Abs. 1 Arbeitnehmer eines Konzernunternehmens sein muß, die Wählbarkeit, so erlischt sein Amt.

(2) (weggefallen)

§ 11

Der Aufsichtsrat ist beschlußfähig, wenn mindestens die Hälfte der Mitglieder, aus denen er nach diesem Gesetz oder der Satzung insgesamt zu bestehen hat, an der Beschlußfassung teilnimmt. § 108 Abs. 2 Satz 4 des Aktiengesetzes findet Anwendung.

§ 12

-

§ 13

Für die Bestellung der Mitglieder des zur gesetzlichen Vertretung berufenen Organs und für den Widerruf ihrer Bestellung gelten § 76 Abs. 3 und § 84 des Aktiengesetzes und § 13 Abs. 1 Satz 1 des Montan-Mitbestimmungsgesetzes. § 13 Abs. 2 des Montan-Mitbestimmungsgesetzes findet Anwendung.

§ 14

-

§ 15

(1) Die einem Unternehmen, in dem die Arbeitnehmer nach dem Montan-Mitbestimmungsgesetz oder nach § 2 oder § 3 dieses Gesetzes ein Mitbestimmungsrecht haben, auf Grund von Beteiligungen an einem anderen Unternehmen zustehenden Rechte bei der Bestellung, dem Widerruf der Bestellung oder der Entlastung von Verwaltungsträgern sowie bei der Beschlußfassung über die Auflösung oder Umwandlung des anderen Unternehmens, über dessen Fortsetzung nach seiner Auflösung, über die Übertragung seines Vermögens können durch das zur

추천한 노동조합.

② 대표자들에 의해 선출된 감사회구성원은 대표자들의 결의에 의해 해임된다. 그 결의는 비밀투표에 의해(in geheimer Abstimmung) 이뤄지고 행사된 투표의 3/4의 다수결(多數決)을 필요로 한다.

③ 근로자에 의해 직접 선출된 감사회구성원은 선거권이 있는 근로자들의 결의에 의해 해임된다. 이러한 결의는 비밀투표, 직접투표에 의한 결의로 이뤄지고 행사된 투표의 3/4의 다수결을 필요로 한다.

④ 제10n조 제1항 내지 제3항은 대체감사회구성원의 해임에 준용한다.

제10o조

① 제6조 제1항에 따라 당해 콘체른기업의 근로자이어야 하는 감사회구성원이 피선거권(被選擧權)을 상실한 경우 그 직무는 소멸된다.

② 삭제

제11조

감사회는, 감사회가 이 법률 또는 정관에 따라 구성되어야 하는 총감사회구성원의 절반 이상(mindestens die Hälfte der Mitglieder)이 결의에 참여한 때에는 의결할 수 있다. 주식법 제108조 제2항 제4문을 적용한다.

제12조

-

제13조

법률상 대표할 권한(權限)이 있는 기관의 구성원의 임명과 그 해임에 대해 주식법(Aktiengesetzes) 제76조 제3항, 제84조, 몬탄공동결정법(Montan-Mitbestimmungsgesetzes) 제13조 제1항 제1문을 적용하고 또 몬탄공동결정법(Montan-Mitbestimmungsgesetzes) 제13조 제2항이 적용한다.

제14조

-

제15조

① 다른 기업에 대한 자본참가를 기초로 하여, 근로자들이 몬탄공동결정법 또는 이 법 제2조나 제3조에 따라 공동결정권을 가지는 해당 기업에 귀속된 권리로, 경영주체(Vcrwaltungsträgern)의 임명, 해임 또는 책임면제(責任免除)의 경우와 다른 기업의 해산 또는 조직변경 (Auflösung oder Umwandlung des anderen Unternehmens), 그 해산 후 그 기업에 대한 후속조치(Fortsetzung nach seiner Auflösung), 그 기업의 재산 이전(Übertragung seines Vermögens)에 관한 결의의 경우에 있어 그 권리는, 감사회 결의에 있는 경우에 한하여 해당

, über dessen Fortsetzung nach seiner Auflösung, über die Übertragung seines Vermögens gesetzlichen Vertretung berufene Organ nur auf Grund von Beschlüssen des Aufsichtsrats ausgeübt werden. Diese Beschlüsse bedürfen nur der Mehrheit der Stimmen der nach § 5 des Montan-Mitbestimmungsgesetzes oder der nach § 5 Abs. 2 dieses Gesetzes bestellten Mitglieder; sie sind für das zur gesetzlichen Vertretung berufene Organ verbindlich.

(2) Absatz 1 gilt nicht, wenn die Beteiligung des Unternehmens an dem anderen Unternehmen weniger als ein Viertel beträgt.

§ 16

(1) Die §§ 5 bis 13 sind auf das herrschende Unternehmen erst anzuwenden,

1. wenn in sechs aufeinanderfolgenden Geschäftsjahren der nach § 3 berechnete Anteil der unter das Montan-Mitbestimmungsgesetz fallenden Unternehmen an den Umsätzen sämtlicher Konzernunternehmen und abhängigen Unternehmen mehr als die Hälfte betragen hat oder
2. wenn auf dieses Unternehmen das Montan-Mitbestimmungsgesetz, nach dem die Arbeitnehmer bisher ein Mitbestimmungsrecht hatten, nicht mehr anwendbar ist.

(2) Die §§ 5 bis 13 sind auf das herrschende Unternehmen nicht mehr anzuwenden, wenn in sechs aufeinanderfolgenden Geschäftsjahren

1. die Voraussetzungen des § 3 nicht mehr vorliegen oder
2. kein Unternehmen, in dem die Arbeitnehmer nach den Vorschriften des Montan-Mitbestimmungsgesetzes ein Mitbestimmungsrecht haben, beherrscht wird.

§ 17

Die Bundesregierung wird ermächtigt, durch Rechtsverordnung Vorschriften über das Verfahren für die Wahl und die Abberufung von Aufsichtsratsmitgliedern der Arbeitnehmer zu erlassen, insbesondere über

1. die Vorbereitung der Wahl oder Abstimmung, die Bestellung der Wahlvorstände und die Aufstellung der Wählerlisten,
2. die Abstimmungen darüber, ob die Wahl der Aufsichtsratsmitglieder in unmittelbarer Wahl oder durch Delegierte erfolgen soll,
3. die Frist für die Einsichtnahme in die Wählerlisten und die Erhebung von Einsprüchen,
4. die Verteilung der Aufsichtsratsmitglieder der Arbeitnehmer auf diejenigen, die Arbeitnehmer eines Konzernunternehmens sein müssen, und die Gewerkschaftsvertreter sowie das Verfahren zur Berücksichtigung der Geschlechter,
5. die Errechnung der Zahl der Delegierten,
6. die Wahlvorschläge und die Frist für ihre Einreichung,
7. die Ausschreibung der Wahl oder der Abstimmung und die Fristen für die Bekanntmachung des Ausschreibens,
8. die Teilnahme von Arbeitnehmern eines in § 10i Absatz 1 bezeichneten Betriebs an Wahlen

기업의 법률상 대표할 권한이 있는 기관이 행사할 수 있다. 그 결의는 몬탄공동결정법 제5조 또는 이 법 제5조 제2항에 따라 임명된 감사회구성원의 투표의 과반수(Mehrheit der Stimmen)만을 필요로 한다; 그 결의는 법률상 대표(代表)할 권한이 있는 기관(機關)에 대해 구속력(拘束力)을 갖는다(sie sind für das zur gesetzlichen Vertretung berufene Organ verbindlich).

② 다른 기업에 대한 해당 기업의 자본참가(Beteiligung des Unternehmens)가 1/4 미만인 경우에는 제15조 제1항은 적용되지 않는다.

제16조

① 제5조 내지 제13조는 다음 각 호의 경우에 비로소 지배기업에 대해 적용한다,

1. 연속된 6년간의 사업연도에 몬탄공동결정법의 적용을 받는 기업의 제3조에 따라 산정된 비율이 콘체른기업과 종속기업 전체(sämtlicher Konzernunternehmen und abhängigen Unternehmen) 매출에 대해 절반을 초과하는 경우,
2. 이러한 지배기업에 대해 근로자가 지금까지 공동결정권을 가졌던 몬탄공동결정법을 더 이상 적용할 수 없는 경우.

② 연속된 6년간의 사업연도에 다음 각 호의 경우에 제5조 내지 제13조는 더 이상 지배기업에 적용될 수 없다,

1. 제3조에 따른 요건이 더 이상 없는 경우,
2. 근로자들이 몬탄공동결정법의 규정에 따라 공동결정권을 갖는 기업을 지배기업이 지배하지 못하게 된 경우.

제17조

연방정부(Bundesregierung)는 법규명령으로(durch Rechtsverordnung) 근로자측감사회구성원의 선출 및 해임 절차에 관한 규정을 발령할 수 있고, 특히 다음 각 호 사항에 관한 규정을 발령할 수 있다,

1. 선거 또는 결의의 준비(Wahl oder Abstimmung), 선거위원회의 구성, 선거인명부(Wählerlisten)의 작성.
2. 감사회구성원의 선거가 직접선거 또는 대표자(代表者)에 의한 선거로 행해져야 하는지에 관한 결의,
3. 선거인명부의 열람 기간, 그에 대한 이의 제기 기간,
4. 근로자측감사회구성원의 당해 콘체른기업의 근로자이어야 하는 근로자들에 대한 배정, 그 감사회구성원의 노동조합대표자에 대한 배정, 성을 고려하기 위한 절차(Verfahren zur Berücksichtigung der Geschlechter),
5. 대표자수의 산정,
6. 후보자추천서와 그 제출 기간,
7. 선거 또는 결의(Wahl oder der Abstimmung)의 공고, 그 공고의 시행의 기간(Fristen für die Bekanntmachung des Ausschreibens),
8. 제10i조 제1항에 기재(記載)된 사업(事業)에 속한 근로자들(Arbeitnehmern)의 선거(選擧) 또

und Abstimmungen,

9. die Stimmabgabe,
10. die Feststellung des Ergebnisses der Wahl oder der Abstimmung und die Fristen für seine Bekanntmachung,
11. die Aufbewahrung der Wahlakten und der Abstimmungsakten.

## Art 2 Anwendung und Änderung des Gesetzes über das Verfahren in Familiensachen und in den Angelegenheiten der freiwilligen Gerichtsbarkeit

§ 18

Im Fall des § 8 Abs. 3 Satz 4 des Montan-Mitbestimmungsgesetzes sind auf das Verfahren des Oberlandesgerichts die Vorschriften des Gesetzes über das Verfahren in Familiensachen und in den Angelegenheiten der freiwilligen Gerichtsbarkeit entsprechend anzuwenden. Gegen die Entscheidung des Oberlandesgerichts findet ein Rechtsmittel nicht statt.

§§ 19 u. 20 (weggefallen)

## Art 3 Übergangs- und Schlußvorschriften

§ 21

-

§ 22

(1) Auf Wahlen von Aufsichtsratsmitgliedern der Arbeitnehmer, die bis zum 31. Dezember 2015 abgeschlossen sind, ist das Gesetz zur Ergänzung des Gesetzes über die Mitbestimmung der Arbeitnehmer in den Aufsichtsräten und Vorständen der Unternehmen des Bergbaus und der Eisen und Stahl erzeugenden Industrie in der Fassung des Artikels 34 des Gesetzes vom 23. Juli 2013 (BGBl. I S. 2586) anzuwenden.

(2) Auf Wahlen von Aufsichtsratsmitgliedern der Arbeitnehmer, die bis zum 31. Dezember 2015 nicht abgeschlossen sind, ist im Fall des § 96 Absatz 2 Satz 3 des Aktiengesetzes das Gesetz zur Ergänzung des Gesetzes über die Mitbestimmung der Arbeitnehmer in den Aufsichtsräten und Vorständen der Unternehmen des Bergbaus und der Eisen und Stahl erzeugenden Industrie in der durch Artikel 6 des Gesetzes vom 24. April 2015 (BGBl. I S. 642) geänderten Fassung anzuwenden.

(3) Eine Wahl von Aufsichtsratsmitgliedern der Arbeitnehmer gilt als abgeschlossen, wenn die

는 결의에의 참가,

9. 투표행사,

10. 선거 또는 결의 결과의 확정(Feststellung des Ergebnisses der Wahl oder der Abstimmung), 그 공고 기간,

11. 선거서류 및 결의서류의 보관.

## 제2관 가사사건과 비송사건의 절차에 관한 법률의 적용 및 개정

제18조

몬탄공동결정법 제8조 제3항 제4문의 경우 주고등통상법원의 절차에 대해 가사사건과 비송사건의 절차에 관한 법률(Gesetzes über das Verfahren in Familiensachen und in den Angelegenheiten der freiwilligen Gerichtsbarkeit)의 적용 및 개정이 준용된다. 주고등통상법원의 재판(Entscheidung des Oberlandesgerichts)에 대해 상고(Rechtsmittel)할 수 없다.

제19조 내지 제20조 삭제

## 제3관 경과규정 및 종결규정

제21조

-

제22조

① 2015년 12월 31일까지 끝난 근로자측감사회구성원의 선출에 대해서는, 2013년 7월 23일의 법률(BGBl. I S. 2586) 제34조에 의한 형식에 따른(in der Fassung des Artikels 34 des Gesetzes vom 23. Juli 2013) '광산에 속하는 기업과 철강(鐵鋼)을 생산하는 산업(産業)에 속하는 기업 내의 감사회 및 대표기관에서의 근로자들의 공동결정(共同決定)에 관한 법률 보충법'이 적용된다.

② 2015년 12월 31일까지 끝나지 않은 근로자측감사회구성원의 선출에 대해서는(Auf Wahlen von Aufsichtsratsmitgliedern der Arbeitnehmer, die bis zum 31. Dezember 2015 nicht abgeschlossen), 주식법 제96조 제2항 제3문의 경우 있어, 2015년 4월 24일의 법률(BGBl. I S. 642) 제6조에 의해 개정된, '광산(鑛山)에 속하는 기업과 철강(鐵鋼)을 생산하는 산업(産業)에 속하는 기업 내의 감사회와 대표기관에서의 근로자들의 공동결정(共同決定)에 관한 법률 보충법'이 적용된다.

③ 근로자측감사회구성원의 선출(Wahl von Aufsichtsratsmitgliedern der Arbeitnehmer)은, 제

Bekanntmachung der Mitglieder des Aufsichtsrates nach § 10g Satz 1 durch das zur gesetzlichen Vertretung des herrschenden Unternehmens befugte Organ erfolgt ist.

§ 23

Dieses Gesetz tritt am Tag nach seiner Verkündung in Kraft.

10g조 제1문에 따른 감사회구성원의 공고가 지배기업의 법률상 대표할 기관에 의해 실시된 때에 끝난 것으로 본다.

제23조

이 법률은 공포된 된 날의 다음날(am Tag nach seiner Verkündung)에 발효된다.

# 근로자들의 공동결정에 관한 법률

(공동결정법-MitbestG)(BGBl.I S. 642)

# Gesetz über die Mitbestimmung der Arbeitnehmer

(Mitbestimmungsgesetz)

# Gesetz über die Mitbestimmung der Arbeitnehmer(Mitbestimmungsgesetz)

https://www.gesetze-im-internet.de/mitbestg/BJNR011530976.html

## Erster Teil Geltungsbereich

§ 1 Erfaßte Unternehmen

(1) In Unternehmen, die

1. in der Rechtsform einer Aktiengesellschaft, einer Kommanditgesellschaft auf Aktien, einer Gesellschaft mit beschränkter Haftung oder einer Genossenschaft betrieben werden und
2. in der Regel mehr als 2.000 Arbeitnehmer beschäftigen,

haben die Arbeitnehmer ein Mitbestimmungsrecht nach Maßgabe dieses Gesetzes.

(2) Dieses Gesetz ist nicht anzuwenden auf die Mitbestimmung in Organen von Unternehmen, in denen die Arbeitnehmer nach

1. dem Gesetz über die Mitbestimmung der Arbeitnehmer in den Aufsichtsräten und Vorständen der Unternehmen des Bergbaus und der Eisen und Stahl erzeugenden Industrie vom 21. Mai 1951 (Bundesgesetzbl. I S. 347) - Montan-Mitbestimmungsgesetz -, oder
2. dem Gesetz zur Ergänzung des Gesetzes über die Mitbestimmung der Arbeitnehmer in den Aufsichtsräten und Vorständen der Unternehmen des Bergbaus und der Eisen und Stahl erzeugenden Industrie vom 7. August 1956 (Bundesgesetzbl. I S. 707) - Mitbestimmungsergänzungsgesetz - ein Mitbestimmungsrecht haben.

(3) Die Vertretung der Arbeitnehmer in den Aufsichtsräten von Unternehmen, in denen die Arbeitnehmer nicht nach Absatz 1 oder nach den in Absatz 2 bezeichneten Gesetzen ein Mitbestimmungsrecht haben, bestimmt sich nach den Vorschriften des Drittelbeteiligungsgesetzes (BGBl. 2004 I S. 974).

(4) Dieses Gesetz ist nicht anzuwenden auf Unternehmen, die unmittelbar und überwiegend

1. politischen, koalitionspolitischen, konfessionellen, karitativen, erzieherischen, wissenschaftlichen oder künstlerischen Bestimmungen oder
2. Zwecken der Berichterstattung oder Meinungsäußerung, auf die Artikel 5 Abs. 1 Satz 2 des Grundgesetzes anzuwenden ist,

dienen. Dieses Gesetz ist nicht anzuwenden auf Religionsgemeinschaften und ihre karitativen und erzieherischen Einrichtungen unbeschadet deren Rechtsform.

§ 2 Anteilseigner

Anteilseigner im Sinne dieses Gesetzes sind je nach der Rechtsform der in § 1 Abs. 1 Nr. 1 bezeichneten Unternehmen Aktionäre, Gesellschafter oder Mitglieder einer Genossenschaft.

# 근로자들의 공동결정에 관한 법률(공동결정법-MitbestG)(BGBl.I S. 642)

법률 공포일: 1976년 5월 4일
최근 법률 개정일: 2015년 4월 24일(BGBl. I S. 642)

## 제1편 적용범위

제1조 법적용 대상 기업

① 다음의 기업에서,

1. 주식회사, 주식합자회사(Kommanditgesellschaft auf Aktien), 유한회사 또는 협동조합의 법적 형식으로 운영되고,
2. 상시적으로 2,000명을 초과하는 근로자를 고용한 기업,

근로자는 이 법의 기준에 따른 공동결정권을 갖는다.

② 이 법률은 근로자가 다음 각 호의 법률에 따라 공동결정권을 갖는 기업의 기관에서의 공동결정에 대해서는 적용하지 않는다,

1. 1951년 5월 21일의 광업(鑛業)에 속하는 기업과 철강(鐵鋼)을 생산하는 산업(産業)에 속하는 기업 내 감사회 및 대표기관에서의 근로자들의 공동결정(Mitbestimmung der Arbeitnehmer)에 관한 법률[BGBl. I S. 347; 몬탄공동결정법(Montan-Mitbestimmungsgesetz)],
2. 광업(鑛業)에 속하는 기업과 철강(鐵鋼)을 생산하는 산업(産業)에 속하는 기업 내 감사회 및 대표기관에서의 근로자들의 공동결정(Mitbestimmung der Arbeitnehmer)에 관한 법률 보충법[Bundesgesetzbl. I S. 707; 몬탄공동결정법보충법(Mitbestimmungsergänzungsgesetz)].

③ 근로자가 제1조 제1항 또는 제1조 제2항에서 기재된 법률에 따라 공동결정권(Mitbestimmung)을 갖지 않는 기업의 감사회에서의 근로자들의 대표(Vertretung der Arbeitnehmer)는 1/3경영참가법(Drittelbeteiligungsgesetzes)(BGBl. 2004 I S. 974)의 규정에 따라 정해진다.

④ 이 법은 직접적으로 또 주로 다음 각호를 위해 일하는 기업에 대해서는 적용하지 않는다,

1. 정치적, 연정정치적(koalitionspolitischen), 신앙적(konfessionellen), 자선적(karitativen), 교육적, 학술적 또는 예술적 사명(künstlerischen Bestimmungen),
2. 기본법 제5조 제1항 제2문을 적용받는 보도 또는 의사표현의 목적(Zwecken der Berichterstattung oder Meinungsäußerung).

이 법은 그 법적 형식을 불문하고 종교공동체(Religionsgemeinschaften), 종교공동체의 자선기관 및 교육기관에 적용하지 않는다.

제2조 지분소유자

이 법의 지분소유자는 제1조 제1항 제1호에 기재된 기업의 각각의 법적 형식에 따라 주주, 사원, 협동조합원(Mitglieder einer Genossenschaft)이다.

§ 3 Arbeitnehmer und Betrieb

(1) Arbeitnehmer im Sinne dieses Gesetzes sind

1. die in § 5 Abs. 1 des Betriebsverfassungsgesetzes bezeichneten Personen mit Ausnahme der in § 5 Abs. 3 des Betriebsverfassungsgesetzes bezeichneten leitenden Angestellten,
2. die in § 5 Abs. 3 des Betriebsverfassungsgesetzes bezeichneten leitenden Angestellten.

Keine Arbeitnehmer im Sinne dieses Gesetzes sind die in § 5 Abs. 2 des Betriebsverfassungsgesetzes bezeichneten Personen.

(2) Betriebe im Sinne dieses Gesetzes sind solche des Betriebsverfassungsgesetzes. § 4 Abs. 2 des Betriebsverfassungsgesetzes ist anzuwenden.

§ 4 Kommanditgesellschaft

(1) Ist ein in § 1 Abs. 1 Nr. 1 bezeichnetes Unternehmen persönlich haftender Gesellschafter einer Kommanditgesellschaft und hat die Mehrheit der Kommanditisten dieser Kommanditgesellschaft, berechnet nach der Mehrheit der Anteile oder der Stimmen, die Mehrheit der Anteile oder der Stimmen in dem Unternehmen des persönlich haftenden Gesellschafters inne, so gelten für die Anwendung dieses Gesetzes auf den persönlich haftenden Gesellschafter die Arbeitnehmer der Kommanditgesellschaft als Arbeitnehmer des persönlich haftenden Gesellschafters, sofern nicht der persönlich haftende Gesellschafter einen eigenen Geschäftsbetrieb mit in der Regel mehr als 500 Arbeitnehmern hat. Ist die Kommanditgesellschaft persönlich haftender Gesellschafter einer anderen Kommanditgesellschaft, so gelten auch deren Arbeitnehmer als Arbeitnehmer des in § 1 Abs. 1 Nr. 1 bezeichneten Unternehmens. Dies gilt entsprechend, wenn sich die Verbindung von Kommanditgesellschaften in dieser Weise fortsetzt.

(2) Das Unternehmen kann von der Führung der Geschäfte der Kommanditgesellschaft nicht ausgeschlossen werden.

§ 5 Konzern

(1) Ist ein in § 1 Abs. 1 Nr. 1 bezeichnetes Unternehmen herrschendes Unternehmen eines Konzerns (§ 18 Abs. 1 des Aktiengesetzes), so gelten für die Anwendung dieses Gesetzes auf das herrschende Unternehmen die Arbeitnehmer der Konzernunternehmen als Arbeitnehmer des herrschenden Unternehmens. Dies gilt auch für die Arbeitnehmer eines in § 1 Abs. 1 Nr. 1 bezeichneten Unternehmens, das persönlich haftender Gesellschafter eines abhängigen Unternehmens (§ 18 Abs. 1 des Aktiengesetzes) in der Rechtsform einer Kommanditgesellschaft ist.

(2) Ist eine Kommanditgesellschaft, bei der für die Anwendung dieses Gesetzes auf den persönlich haftenden Gesellschafter die Arbeitnehmer der Kommanditgesellschaft nach § 4 Abs. 1 als Arbeitnehmer des persönlich haftenden Gesellschafters gelten, herrschendes Unternehmen eines Konzerns (§ 18 Abs. 1 des Aktiengesetzes), so gelten für die Anwendung dieses Gesetzes auf den persönlich haftenden Gesellschafter der Kommanditgesellschaft die Arbeitnehmer der

제3조 근로자와 사업

① 다음 각 호의 사람은 이 법의 근로자에 해당한다,

1. 사업조직법 제5조 제3항에 기재된 고위직사원을 제외하고 사업조직법 제5조 제1항에 기재된 사람,
2. 사업조직법 제5조 제3항에 기재된 고위직사원.

사업조직법 제5조 제2항에 기재된 사람(die in § 5 Abs. 2 des Betriebsverfassungsgesetzes bezeichneten Personen)은 이 법상의 근로자가 아니다.

② 본 법의 사업(Betriebe im Sinne dieses Gesetzes)은 사업조직법상의 사업을 말한다. 사업조직법 제4조 제2항을 적용한다.

제4조 합자회사

① 제1조 제1항 제1호에 기재된 기업이 합자회사의 무한책임사원(persönlich haftender Gesellschafter)이고, 이러한 합자회사의 무한책임사원 과반수가, 지분 또는 의결권에 따라 산정하여(berechnet nach der Mehrheit der Anteile oder der Stimmen), 무한책임사원의 기업에서의 지분 또는 의결권의 과반수(Mehrheit der Anteile oder der Stimmen in dem Unternehmen des persönlich haftenden Gesellschafters)를 소유하는 경우에, 그 무한책임사원이 상시적으로 500명을 초과하는 근로자가 있는 자신의 사업체(eigenen Geschäftsbetrieb mit in der Regel mehr als 500 Arbeitnehmern)를 가지고 있지 않는 한, 무한책임사원에 대한 이 법의 적용에 있어 합자회사의 근로자를 무한책임사원의 근로자로 본다. 당해 합자회사(die Kommanditgesellschaft)가 다른 합자회사의 무한책임사원인 경우 그 당해 합자회사의 근로자도 제1조 제1항 제1호에 기재된 기업의 근로자로 본다. 합자회사의 결합(Verbindung von Kommanditgesellschaften)이 이러한 방식으로 지속되는 한 이를 준용한다.

② 그 기업은 합자회사의 사업의 경영에서 배제될 수 없다.

제5조 콘체른

① 제1조 제1항 제1호에 기재된 기업이 콘체른(주식법 제18조 제1항)의 지배기업(Unternehmen eines Konzerns)인 경우에, 그 지배기업에 대한 이 법의 적용에 있어 콘체른기업의 근로자(Arbeitnehmer der Konzernunternehmen)는 지배기업(Arbeitnehmer des herrschenden Unternehmens)의 근로자로 본다. 이는, 제1조 제1항 제1호에 기재된 기업으로, 그 기업이 법적 형식이 합자회사인 종속기업(주식회사 제18조 제1항)의 무한책임사원인 경우에 있어 그 기업의 근로자에 대해서도 적용된다.

② 무한책임사원(無限責任社員)에 대한 이 법의 적용에 있어 제4조 제1항에 따라 합자회사의 근로자가 무한책임사원의 근로자(勤勞者)로 간주되는 합자회사(Kommanditgesellschaft)가 콘체른(주식법 제18조 제1항)의 지배기업(herrschendes Unternehmen eines Konzerns)인 경우에, 합자회사의 무한책임사원에 대한 이법의 적용에 있어(für die Anwendung dieses Gesetzes auf den persönlich haftenden Gesellschafter der Kommanditgesellschaft) 콘체른기업의 근로자는

als Arbeitnehmer des persönlich haftenden Gesellschafters. Absatz 1 Satz 2 sowie § 4 Abs. 2 sind entsprechend anzuwenden.

(3) Stehen in einem Konzern die Konzernunternehmen unter der einheitlichen Leitung eines anderen als eines in Absatz 1 oder 2 bezeichneten Unternehmens, beherrscht aber die Konzernleitung über ein in Absatz 1 oder 2 bezeichnetes Unternehmen oder über mehrere solcher Unternehmen andere Konzernunternehmen, so gelten die in Absatz 1 oder 2 bezeichneten und der Konzernleitung am nächsten stehenden Unternehmen, über die die Konzernleitung andere Konzernunternehmen beherrscht, für die Anwendung dieses Gesetzes als herrschende Unternehmen.

## Zweiter Teil Aufsichtsrat

### Erster Abschnitt Bildung und Zusammensetzung

§ 6 Grundsatz

(1) Bei den in § 1 Abs. 1 bezeichneten Unternehmen ist ein Aufsichtsrat zu bilden, soweit sich dies nicht schon aus anderen gesetzlichen Vorschriften ergibt.

(2) Die Bildung und die Zusammensetzung des Aufsichtsrats sowie die Bestellung und die Abberufung seiner Mitglieder bestimmen sich nach den §§ 7 bis 24 dieses Gesetzes und, soweit sich dies nicht schon aus anderen gesetzlichen Vorschriften ergibt, nach § 96 Absatz 4, den §§ 97 bis 101 Abs. 1 und 3 und den §§ 102 bis 106 des Aktiengesetzes mit der Maßgabe, daß die Wählbarkeit eines Prokuristen als Aufsichtsratsmitglied der Arbeitnehmer nur ausgeschlossen ist, wenn dieser dem zur gesetzlichen Vertretung des Unternehmens befugten Organ unmittelbar unterstellt und zur Ausübung der Prokura für den gesamten Geschäftsbereich des Organs ermächtigt ist. Andere gesetzliche Vorschriften und Bestimmungen der Satzung (des Gesellschaftsvertrags, des Status) über die Zusammensetzung des Aufsichtsrats sowie über die Bestellung und die Abberufung seiner Mitglieder bleiben unberührt, soweit Vorschriften dieses Gesetzes dem nicht entgegenstehen.

(3) Auf Genossenschaften sind die §§ 100, 101 Abs. 1 und 3 und die §§ 103 und 106 des Aktiengesetzes nicht anzuwenden. Auf die Aufsichtsratsmitglieder der Arbeitnehmer ist § 9 Abs. 2 des Genossenschaftsgesetzes nicht anzuwenden.

§ 7 Zusammensetzung des Aufsichtsrats

(1) Der Aufsichtsrat eines Unternehmens

1. mit in der Regel nicht mehr als 10 000 Arbeitnehmern setzt sich zusammen aus je sechs Aufsichtsratsmitgliedern der Anteilseigner und der Arbeitnehmer;
2. mit in der Regel mehr als 10 000, jedoch nicht mehr als 20 000 Arbeitnehmern setzt sich zusammen aus je acht Aufsichtsratsmitgliedern der Anteilseigner und der Arbeitnehmer;

원의 근로자로 본다. 제5조 제1항 제2문, 제4조 제2항을 준용한다(sind entsprechend anzuwenden).

③ 콘체른에서 콘체른기업이 제5조 제1항 또는 제2항에 기재된 기업 이외의 기타 기업의 통일적 관리하에(unter der einheitlichen Leitung)있지만, 제5조 제1항 또는 제2항에서 기재된 기업에 대한 콘체른경영(Konzernleitung) 또는 다른 콘체른기업의 그러한 다수의 기업에 대한 콘체른경영이 지배하고 있는 경우에는, 제5조 제1항 또는 제2항에 기재되고 콘체른경영에 가장 근접한 기업으로, 다른 콘체른기업의 콘체른경영(Konzernleitung andere Konzernunternehmen)을 지배하고 있는 기업은 이 법의 적용에 있어 지배기업으로 본다.

## 제2편 감사회

### 제1장 감사회의 조직과 구성

제6조 원칙

① 감사회가 다른 법률 규정에 따라 이미 조직되어 있지 않는 한, 제1조 제1항에 기재된 기업에서 감사회가 조직된다.

② 감사회의 조직과 구성, 감사회구성원의 임명과 해임(Bildung und die Zusammensetzung des Aufsichtsrats sowie die Bestellung und die Abberufung seiner Mitglieder)은, 이 법 제7조 내지 제24조에 따라 정해지고, 또한 그러한 사항들이 다른 법률에 따라 정해지지 않은 한, 지배인이 기업의 법률상 대표할 권한이 있는 기관의 직접적인 관리하에 있고 그 기관의 전체 사업영역에 대한 지배권을 행사하도록 권한을 부여받은 때(zur Ausübung der Prokura für den gesamten Geschäftsbereich des Organs ermächtigt ist)에 한하여, 지배인이 근로자측감사회구성원으로서 선출될 피선거권은 전적으로 배제된다는 기준하에, 위와 같은 사항들이 주식법 제96조 제4항, 제97조 내지 제101조 제1항, 제3항, 제102조 내지 제106조에 따라 정해진다. 감사회의 구성 및 감사회 구성·해임에 관한 정관(회사계약, 내부규정)의 법적 규정은, 이러한 규정들이 감사회에 적용되기에 곤란한 경우를 제외하고 이에 영향을 받지 않고 적용된다.

③ 협동조합에 대하여는 주식법 제100조, 제101조 제1항, 제3항, 제103조, 제106조를 적용하지 않는다. 근로자측감사회구성원에 대하여는 협동조합법 제9조 제2항을 적용하지 않는다.

제7조 감사회의 구성

① 기업의 감사회는,

1. 상시적으로 2,000명 초과 10,000명 이하의 근로자가 있는 경우 각각 6명씩의 지분소유자측감사회구성원과 근로자측감사회구성원으로 구성된다;
2. 상시적으로 10,000명 초과 20,000명 이하의 근로자가 있는 경우 각각 8명씩의 지분소유자측감사회구성원과 근로자측감사회구성원으로 구성된다;

3. mit in der Regel mehr als 20 000 Arbeitnehmern setzt sich zusammen aus je zehn Aufsichtsratsmitgliedern der Anteilseigner und der Arbeitnehmer.

Bei den in Satz 1 Nr. 1 bezeichneten Unternehmen kann die Satzung (der Gesellschaftsvertrag) bestimmen, daß Satz 1 Nr. 2 oder 3 anzuwenden ist. Bei den in Satz 1 Nr. 2 bezeichneten Unternehmen kann die Satzung (der Gesellschaftsvertrag) bestimmen, daß Satz 1 Nr. 3 anzuwenden ist.

(2) Unter den Aufsichtsratsmitgliedern der Arbeitnehmer müssen sich befinden

1. in einem Aufsichtsrat, dem sechs Aufsichtsratsmitglieder der Arbeitnehmer angehören, vier Arbeitnehmer des Unternehmens und zwei Vertreter von Gewerkschaften;
2. in einem Aufsichtsrat, dem acht Aufsichtsratsmitglieder der Arbeitnehmer angehören, sechs Arbeitnehmer des Unternehmens und zwei Vertreter von Gewerkschaften;
3. in einem Aufsichtsrat, dem zehn Aufsichtsratsmitglieder der Arbeitnehmer angehören, sieben Arbeitnehmer des Unternehmens und drei Vertreter von Gewerkschaften.

(3) Unter den Aufsichtsratsmitgliedern der Arbeitnehmer eines in § 1 Absatz 1 genannten, börsennotierten Unternehmens müssen im Fall des § 96 Absatz 2 Satz 3 des Aktiengesetzes Frauen und Männer jeweils mit einem Anteil von mindestens 30 Prozent vertreten sein.

(4) Die in Absatz 2 bezeichneten Arbeitnehmer des Unternehmens müssen das 18. Lebensjahr vollendet haben und ein Jahr dem Unternehmen angehören. Auf die einjährige Unternehmensangehörigkeit werden Zeiten der Angehörigkeit zu einem anderen Unternehmen, dessen Arbeitnehmer nach diesem Gesetz an der Wahl von Aufsichtsratsmitgliedern des Unternehmens teilnehmen, angerechnet. Diese Zeiten müssen unmittelbar vor dem Zeitpunkt liegen, ab dem die Arbeitnehmer zur Wahl von Aufsichtsratsmitgliedern des Unternehmens berechtigt sind. Die weiteren Wählbarkeitsvoraussetzungen des § 8 Abs. 1 des Betriebsverfassungsgesetzes müssen erfüllt sein.

(5) Die in Absatz 2 bezeichneten Gewerkschaften müssen in dem Unternehmen selbst oder in einem anderen Unternehmen vertreten sein, dessen Arbeitnehmer nach diesem Gesetz an der Wahl von Aufsichtsratsmitgliedern des Unternehmens teilnehmen.

Fußnote

§ 7 Abs. 1 u. 2: IVm § 31 mit dem GG vereinbar gem. BVerfGE v. 1.3.1979 I 354 - 1 BvR 532/77, 1 BvR 533/77, 1 BvR 419/78, 1 BvL 21/78 -

## Zweiter Abschnitt Bestellung der Aufsichtsratsmitglieder

### Erster Unterabschnitt Aufsichtsratsmitglieder der Anteilseigner

§ 8

(1) Die Aufsichtsratsmitglieder der Anteilseigner werden durch das nach Gesetz, Satzung oder

3. 상시적으로 20,000명을 초과하는 근로자가 있는 경우 각각 10명씩의 지분소유자측감사회구성원과 근로자측감사회구성원으로 구성된다.

제1문 제1호에서 기재된 기업의 경우 정관(Satzung)(회사계약; der Gesellschaftsvertrag)회사계약)으로 제1문 제2호 또는 제3호를 적용하는 것으로 정할 수 있다. 제1문 제2호에서 기재된 기업의 경우 정관(회사계약; der Gesellschaftsvertrag)으로 제1문 제3호를 적용하는 것으로 정할 수 있다.

② 근로자측감사회구성원 중에 다음과 같은 사람이 있어야만 한다,

1. 6명의 근로자측감사회구성원이 있는 감사회에서 4명의 당해 기업의 근로자와 2명의 노조측대표자;
2. 8명의 근로자측감사회구성원이 있는 감사회에서 6명의 당해 기업의 근로자와 2명의 노조측대표자;
3. 10명의 근로자측감사회구성원이 있는 감사회에서 7명의 당해 기업의 근로자와 3명의 노조측대표자;

③ 주식법 제96조 제2항 제3문의 경우 제1조 제1항에 기재된 상장기업의 근로자측감사회구성원 중에(Unter den Aufsichtsratsmitgliedern der Arbeitnehmer) 각각 30프로 이상의 비율로 대표되는 여성 및 남성이 있어야만 한다.

④ 제7조 제2항에서 기재된 기업의 근로자는 만 18세에 달하고 1년간 당해 기업에 재직하고 있어야만 한다. 1년간의 재직에 대해(Auf die einjährige Unternehmensangehörigkeit) 근로자가 이 법률에 따라 그 기업의 감사회구성원의 선출에 참가하는 다른 기업에서의 재직기간(Zeiten der Angehörigkeit zu einem anderen Unternehmen)도 산입한다. 이러한 시기는 그 근로자가 당해기업의 감사회구성원으로 선임될 수 있는 시기 직전에 존재해야만 한다. 사업조직법 제8조 제1항상의 추가적 피선거권요건(weiteren Wählbarkeitsvoraussetzungen des § 8 Abs. 1 des Betriebsverfassungsgesetzes)도 충족되어야 한다.

⑤ 제7조 제2항에서 기재된 노동조합에는, 그가 이 법률에 따라 기업의 감사회구성원의 선출에 참가하는 당해 기업 자체에 또는 다른 기업에 조합원인 근로자가 있어야만(in dem Unternehmen selbst oder in einem anderen Unternehmen vertreten sein)한다.

각주

제7조 제1항, 제2항: 1979년 3월 1일의 연방헌법재판소결정(I권 354면; 1 BvR 532/77, 1 BvR 533/77, 1 BvR 419/78, 1 BvL 21/78)에 따라 기본법 제31조 제4m항에 합치함.

## 제2장 감사회구성원의 임명

### 제1절 지분소유자측감사회구성원

제8조

① 지분소유자감사회구성원(Aufsichtsratsmitglieder der Anteilseigner)은 법률, 정관, 또는 회사

Gesellschaftsvertrag zur Wahl von Mitgliedern des Aufsichtsrats befugte Organ (Wahlorgan) und, soweit gesetzliche Vorschriften dem nicht entgegenstehen, nach Maßgabe der Satzung oder des Gesellschaftsvertrags bestellt.

(2) § 101 Abs. 2 des Aktiengesetzes bleibt unberührt.

### Zweiter Unterabschnitt Aufsichtsratsmitglieder der Arbeitnehmer, Grundsatz

§ 9

(1) Die Aufsichtsratsmitglieder der Arbeitnehmer (§ 7 Abs. 2) eines Unternehmens mit in der Regel mehr als 8.000 Arbeitnehmern werden durch Delegierte gewählt, sofern nicht die wahlberechtigten Arbeitnehmer die unmittelbare Wahl beschließen.

(2) Die Aufsichtsratsmitglieder der Arbeitnehmer (§ 7 Abs. 2) eines Unternehmens mit in der Regel nicht mehr als 8.000 Arbeitnehmern werden in unmittelbarer Wahl gewählt, sofern nicht die wahlberechtigten Arbeitnehmer die Wahl durch Delegierte beschließen.

(3) Zur Abstimmung darüber, ob die Wahl durch Delegierte oder unmittelbar erfolgen soll, bedarf es eines Antrags, der von einem Zwanzigstel der wahlberechtigten Arbeitnehmer des Unternehmens unterzeichnet sein muß. Die Abstimmung ist geheim. Ein Beschluß nach Absatz 1 oder 2 kann nur unter Beteiligung von mindestens der Hälfte der wahlberechtigten Arbeitnehmer und nur mit der Mehrheit der abgegebenen Stimmen gefaßt werden.

### Dritter Unterabschnitt Wahl der Aufsichtsratsmitglieder der Arbeitnehmer durch Delegierte

§ 10 Wahl der Delegierten

(1) In jedem Betrieb des Unternehmens wählen die Arbeitnehmer in geheimer Wahl und nach den Grundsätzen der Verhältniswahl Delegierte.

(2) Wahlberechtigt für die Wahl von Delegierten sind die Arbeitnehmer des Unternehmens, die das 18. Lebensjahr vollendet haben. § 7 Satz 2 des Betriebsverfassungsgesetzes gilt entsprechend.

(3) Zu Delegierten wählbar sind die in Absatz 2 Satz 1 bezeichneten Arbeitnehmer, die die weiteren Wählbarkeitsvoraussetzungen des § 8 des Betriebsverfassungsgesetzes erfüllen.

(4) Wird für einen Wahlgang nur ein Wahlvorschlag gemacht, so gelten die darin aufgeführten Arbeitnehmer in der angegebenen Reihenfolge als gewählt. § 11 Abs. 2 ist anzuwenden.

§ 11 Errechnung der Zahl der Delegierten

(1) In jedem Betrieb entfällt auf je 90 wahlberechtigte Arbeitnehmer ein Delegierter. Ergibt die Errechnung nach Satz 1 in einem Betrieb mehr als

1. 25 Delegierte, so vermindert sich die Zahl der zu wählenden Delegierten auf die Hälfte; diese Delegierten erhalten je zwei Stimmen;
2. 50 Delegierte, so vermindert sich die Zahl der zu wählenden Delegierten auf ein Drittel; diese

계약에 따라 감사회구성원의 선임기관으로 설치된 기관(선임기관)에 의해 임명되고, 또 그 규정들이 감사회에 적용되기에 곤란한 경우를 제외하고, 정관 또는 회사계약(Satzung oder des Gesellschaftsvertrags)의 기준에 따라 임명된다.

② 주식법 제101조 제2항은 이에 영향을 받지 않는다.

## 제2절 근로자측감사회구성원, 원칙

제9조

① 선거권이 있는 근로자들이 직접선거(unmittelbare Wahl)를 결의하지 않는 한, 상시적으로 8,000명을 초과하는 근로자가 있는 기업의 근로자측감사회구성원(제7조 제2항)은 대표자들에 의해 선출된다.

② 선거권이 있는 근로자들이 대표자들에 의한 선출(Wahl durch Delegierte)을 결의하지 않는 한, 상시적으로 8,000명 이하의 근로자가 있는 기업의 근로자측감사회구성원(제7조 제2항)은 직접선거로 선출된다.

③ 대표자에 의한 선출 또는 직접선거를 실시할 것인지에 관한 결정을 하기 위해서는 당해 기업의 선거권이 있는 근로자들 중 1/20의 근로자가 서명해야 하는 신청을 필요로 한다. 그 결정은 비밀투표로 한다. 제9조 제1항 또는 제2항에 따른 결의는 선거권이 있는 근로자들의 절반 이상의 참여한 가운데(nur unter Beteiligung von mindestens der Hälfte der wahlberechtigten Arbeitnehmer) 행사된 투표의 과반수에 의해서만 이뤄질 수 있다.

## 제3절 대표자에 의한 근로자측감사회구성원의 선출

제10조 대표자의 선거

① 당해 기업의 각 사업에서 근로자들은 비밀선거와 비례대표선거원칙에 따라 대표자(代表者)를 선출한다.

② 만 18세에 달한 당해 기업의 근로자는 대표자 선거(選擧)에 참여할 권리가 있다. 사업조직법 제7조 제2항은 준용된다.

③ 제10조 제2항 제1문에 기재된 근로자로, 사업조직법 제8조의 추가적 피선거권(被選擧權) 요건을 충족하는 근로자는 대표자로 선출될 수 있다.

④ 선거에 대해 하나의 후보자추천서가 제출된 경우에, 그 후보자추천서에 등재된 근로자가 기재된 순번(順番)에 따라 선출된 것으로 본다. 제11조 제2항을 적용한다.

제11조 대표자수의 산정

① 각 사업에서 선거권이 있는 근로자 90명당 1명의 대표자가 배정된다,

1. 제1문에 따른 계산이 어느 사업에서 25명을 초과하는 대표자로 나오는 경우에는, 선출되어야 할 대표자수는 절반으로 감소한다. 이 대표자들은 각각 2표씩 받는다;
2. 제1문에 따른 계산이 어느 사업에서 50명을 초과하는 대표자로 나오는 경우에는, 선출되어

Delegierten erhalten je drei Stimmen;

3. 75 Delegierte, so vermindert sich die Zahl der zu wählenden Delegierten auf ein Viertel; diese Delegierten erhalten je vier Stimmen;
4. 100 Delegierte, so vermindert sich die Zahl der zu wählenden Delegierten auf ein Fünftel; diese Delegierten erhalten je fünf Stimmen;
5. 125 Delegierte, so vermindert sich die Zahl der zu wählenden Delegierten auf ein Sechstel; diese Delegierten erhalten je sechs Stimmen;
6. 150 Delegierte, so vermindert sich die Zahl der zu wählenden Delegierten auf ein Siebtel; diese Delegierten erhalten je sieben Stimmen.

Bei der Errechnung der Zahl der Delegierten werden Teilzahlen voll gezählt, wenn sie mindestens die Hälfte der vollen Zahl betragen.

(2) Unter den Delegierten müssen in jedem Betrieb die in § 3 Abs. 1 Nr. 1 bezeichneten Arbeitnehmer und die leitenden Angestellten entsprechend ihrem zahlenmäßigen Verhältnis vertreten sein. Sind in einem Betrieb mindestens neun Delegierte zu wählen, so entfällt auf die in § 3 Abs. 1 Nr. 1 bezeichneten Arbeitnehmer und die leitenden Angestellten mindestens je ein Delegierter; dies gilt nicht, soweit in dem Betrieb nicht mehr als fünf in § 3 Abs. 1 Nr. 1 bezeichnete Arbeitnehmer oder leitende Angestellte wahlberechtigt sind. Soweit auf die in § 3 Abs. 1 Nr. 1 bezeichneten Arbeitnehmer und die leitenden Angestellten lediglich nach Satz 2 Delegierte entfallen, vermehrt sich die nach Absatz 1 errechnete Zahl der Delegierten des Betriebs entsprechend.

(3) Soweit nach Absatz 2 auf die in § 3 Abs. 1 Nr. 1 bezeichneten Arbeitnehmer und die leitenden Angestellten eines Betriebs nicht mindestens je ein Delegierter entfällt, gelten diese für die Wahl der Delegierten als Arbeitnehmer des Betriebs der Hauptniederlassung des Unternehmens. Soweit nach Absatz 2 und nach Satz 1 auf die in § 3 Abs. 1 Nr. 1 bezeichneten Arbeitnehmer und die leitenden Angestellten des Betriebs der Hauptniederlassung nicht mindestens je ein Delegierter entfällt, gelten diese für die Wahl der Delegierten als Arbeitnehmer des nach der Zahl der wahlberechtigten Arbeitnehmer größten Betriebs des Unternehmens.

(4) Entfällt auf einen Betrieb oder auf ein Unternehmen, dessen Arbeitnehmer nach diesem Gesetz an der Wahl von Aufsichtsratsmitgliedern des Unternehmens teilnehmen, kein Delegierter, so ist Absatz 3 entsprechend anzuwenden.

(5) Die Eigenschaft eines Delegierten als Delegierter der Arbeitnehmer nach § 3 Abs. 1 Nr. 1 oder § 3 Abs. 1 Nr. 2 bleibt bei einem Wechsel der Eigenschaft als Arbeitnehmer nach § 3 Abs. 1 Nr. 1 oder § 3 Abs. 1 Nr. 2 erhalten.

§ 12 Wahlvorschläge für Delegierte

(1) Zur Wahl der Delegierten können die wahlberechtigten Arbeitnehmer des Betriebs Wahlvorschläge machen. Jeder Wahlvorschlag muss von einem Zwanzigstel oder 50 der jeweils wahlberechtigten in § 3 Abs. 1 Nr. 1 bezeichneten Arbeitnehmer oder der leitenden Angestellten

야 할 대표자수는 1/3로 감소한다. 이 대표자들은 각각 3표씩 받는다;

3. 제1문에 따른 계산이 어느 사업에서 75명을 초과하는 대표자로 나오는 경우에는, 선출되어야 할 대표자수는 1/4로 감소한다. 이 대표자들은 각각 4표씩 받는다;
4. 제1문에 따른 계산이 어느 사업에서 100명을 초과하는 대표자로 나오는 경우에는, 선출되어야 할 대표자수는 1/5로 감소한다. 이 대표자들은 각각 5표씩 받는다;
5. 제1문에 따른 계산이 어느 사업에서 125명을 초과하는 대표자로 나오는 경우에는, 선출되어야 할 대표자수는 1/6로 감소한다. 이 대표자들은 각각 6표씩 받는다;
6. 제1문에 따른 계산이 어느 사업에서 150명을 초과하는 대표자로 나오는 경우에는, 선출되어야 할 대표자수는 1/7로 감소한다. 이 대표자들은 각각 7표씩 받는다.

대표자수의 충족에 있어 나눈 값이 0.5 이상인 경우에는(wenn sie mindestens die Hälfte der vollen Zahl betragen) 그 값은 반올림한다.

② 대표자(代表者) 중에 각 사업에서 제3조 제1항 제1호에 기재된 근로자 및 고위직사원으로, 그 수의 비율에 맞게(entsprechend ihrem zahlenmäßigen Verhältnis) 대표되는 근로자 및 고위직사원이 있어야만 한다. 어느 사업에서 9명 이상의 대표자가 선출되는 경우에, 제3조 제1항 제1호에서 기재된 근로자 및 고위직사원에 대하여 최소 각각 1명씩의 대표자가 배정된다; 그 사업에서 제3조 제1항 제1문에 기재된 근로자 또는 고위직사원(leitende Angestellte)의 5명을 초과한 사람이 선거할 수 없는 경우에는 이는 적용되지 않는다. 단지 제2문에 따라서만 제3조 제1항 제1문에 기재된 근로자 및 고위직사원에 대표자가 배정된 경우에, 제11조 제1항에 따라 산정된 당해 사업의 대표자수(die nach Absatz 1 errechnete Zahl der Delegierten des Betriebs)는 상응하여 증가한다.

③ 제11조 제2항에 따라 제3조 제1항 제1문에 기재된 자들로, 당해 사업의 근로자들과 고위직사원에 최소 각각 1명씩의 대표자도 배정되지 않은 경우에, 이들은 대표자 선거에 있어 당해 기업의 본사(本社)에 속한 사업의 근로자로 본다. 제11조 제2항, 제3항 제1문에 따라 제3조 제1항 제1문에 기재된 자들로, 본사에 속한 사업의 근로자들과 고위직사원에 최소 1명씩의 대표자가 배정되지 않은 경우에, 이들은 대표자 선거에 있어 선거권이 있는 근로자수를 기준으로 근로자수가 가장 많은, 당해 기업의 사업의 근로자로 본다.

④ 그 근로자가 이 법에 따라 당해 기업의 감사회구성원의 선출에 참여하는 사업 또는 기업에 1명의 대표자(代表者)도 배정되지 않는 경우에, 제11조 제3항을 준용한다.

⑤ 제3조 제1항 제1문 또는 제3조 제1항 제2문에 따른 근로자의 대표자로서의 대표자 지위는, 그 교체가 있더라도 제3조 제1항 제1문 또는 제3조 제1항 제2문에 따라 근로자가 얻은 지위대로 유지된다.

제12조 대표자에 대한 후보자추천서

① 당해 사업의 선거권(選擧權)이 있는 근로자들은 대표자(代表者)의 선거(選擧)를 위하여 후보자추천서를 작성(作成)할 수 있다. 각 후보자추천서(Wahlvorschlag)에는 제3조 제1항 제1문에 기재(記載)된 자들로, 당해 사업(事業)의 근로자 또는 고위직사원(leitenden Angestellten)의 각

des Betriebs unterzeichnet sein.

(2) Jeder Wahlvorschlag soll mindestens doppelt so viele Bewerber enthalten, wie in dem Wahlgang Delegierte zu wählen sind.

§ 13 Amtszeit der Delegierten

(1) Die Delegierten werden für eine Zeit gewählt, die der Amtszeit der von ihnen zu wählenden Aufsichtsratsmitglieder entspricht. Sie nehmen die ihnen nach den Vorschriften dieses Gesetzes zustehenden Aufgaben und Befugnisse bis zur Einleitung der Neuwahl der Aufsichtsratsmitglieder der Arbeitnehmer wahr.

(2) In den Fällen des § 9 Abs. 1 endet die Amtszeit der Delegierten, wenn

1. die wahlberechtigten Arbeitnehmer nach § 9 Abs. 1 die unmittelbare Wahl beschließen;

2. das Unternehmen nicht mehr die Voraussetzungen für die Anwendung des § 9 Abs. 1 erfüllt, es sei denn, die wahlberechtigten Arbeitnehmer beschließen, daß die Amtszeit bis zu dem in Absatz 1 genannten Zeitpunkt fortdauern soll; § 9 Abs. 3 ist entsprechend anzuwenden.

(3) In den Fällen des § 9 Abs. 2 endet die Amtszeit der Delegierten, wenn die wahlberechtigten Arbeitnehmer die unmittelbare Wahl beschließen; § 9 Abs. 3 ist anzuwenden.

(4) Abweichend von Absatz 1 endet die Amtszeit der Delegierten eines Betriebs, wenn nach Eintreten aller Ersatzdelegierten des Wahlvorschlags, dem die zu ersetzenden Delegierten angehören, die Gesamtzahl der Delegierten des Betriebs unter die im Zeitpunkt ihrer Wahl vorgeschriebene Zahl der auf den Betrieb entfallenden Delegierten gesunken ist.

§ 14 Vorzeitige Beendigung der Amtszeit oder Verhinderung von Delegierten

(1) Die Amtszeit eines Delegierten endet vor dem in § 13 bezeichneten Zeitpunkt

1. durch Niederlegung des Amtes,

2. durch Beendigung der Beschäftigung des Delegierten in dem Betrieb, dessen Delegierter er ist,

3. durch Verlust der Wählbarkeit.

(2) Endet die Amtszeit eines Delegierten vorzeitig oder ist er verhindert, so tritt an seine Stelle ein Ersatzdelegierter. Die Ersatzdelegierten werden der Reihe nach aus den nicht gewählten Arbeitnehmern derjenigen Wahlvorschläge entnommen, denen die zu ersetzenden Delegierten angehören.

§ 15 Wahl der unternehmensangehörigen Aufsichtsratsmitglieder der Arbeitnehmer

(1) Die Delegierten wählen die Aufsichtsratsmitglieder, die nach § 7 Abs. 2 Arbeitnehmer des Unternehmens sein müssen, geheim und nach den Grundsätzen der Verhältniswahl für die Zeit, die im Gesetz oder in der Satzung (im Gesellschaftsvertrag) für die durch das Wahlorgan der Anteilseigner zu wählenden Mitglieder des Aufsichtsrats bestimmt ist. Dem Aufsichtsrat muss ein leitender Angestellter angehören.

각 1/20 또는 50명이 서명을 해야만 한다.

② 각 후보자추천서에는 선거에서 선출되어야 할 대표자수의 2배수 이상의 후보자가 포함되어야 한다.

제13조 대표자의 임기

① 대표자는 선출된 감사회구성원의 임기와 일치한 임기로 하여 선출된다. 대표자는 이 법의 규정에 따라 자신에게 부여된 임무(任務) 및 권한(權限)을 근로자측감사회구성원의 새로운 선거의 개시시까지(bis zur Einleitung der Neuwahl der Aufsichtsratsmitglieder der Arbeitnehmer) 행사한다.

② 제9조 제1항의 경우에 대표자의 임기가 다음 각 호의 때에 만료한다,

1. 선거권이 있는 근로자들이 제9조 제1항에 따라 직접선거를 결의한 때;

2. 당해 기업이 제9조 제1항의 적용 요건을 더 이상 충족하지 못한 때,

다만 선거권이 있는 근로자들이 제13조 제1항에 기재된 시기까지 임기가 계속되는 것으로 결의한 경우에는 그러하지 아니하다; 제9조 제3항을 준용한다.

③ 제9조 제2항의 경우에 대표자의 임기가 선거권이 있는 근로자들이 직접선거를 결의할 때에 만료한다. 제9조 제3항을 적용한다.

④ 제13조 제1항과 달리 사업의 대표자 임기(任期)는, 대체되는 대표자가 속하는 후보자추천서의 모든 대체대표자의 취임 후 그 사업의 대표자총수가 그 선출(選出)시 규정된 그 사업에 배정된 대표자수(Zahl der auf den Betrieb entfallenden Delegierten)에 미달(未達)할 때에 만료(滿了)한다.

제14조 대표자의 임기 이전의 임기 만료 또는 직무수행장애

① 다음 각 호의 경우에 대표자의 임기는 제13조에 기재된 시기 전에 만료한다,

1. 사임한 때,

2. 대표자가 대표자로 있는 사업에서의 대표자의 고용이 종료된 때,

3. 피선거권을 상실한 때.

② 대표자의 임기가 임기 전에 만료되거나 대표자가 직무를 수행할 수 없는 경우에는(Endet die Amtszeit eines Delegierten vorzeitig oder ist er verhindert), 대체대표자가 그를 대신한다. 대체대표자는, 대체되는 대표자가 있는 후보자추천서에 속한 선출되지 않은 근로자 중에서 순번에 따라 선임된다.

제15조 기업소속근로자인 근로자측감사회구성원의 선출

① 대표자는 제7조 제2항에 따라 당해 기업의 근로자이어야 하는 감사회구성원을 비밀선거(秘密選擧)와, 법률 또는 정관(회사계약, 또는 내부규정)에 따라 지분소유자측 선임기관에 의해 선출되는 감사회구성원에 대해(für die durch das Wahlorgan der Anteilseigner zu wählenden Mitglieder des Aufsichtsrats)정해진 시기의 비례대표선거원칙(Grundsätzen der Verhältniswahl)에 따라 선출한다.

(2) Die Wahl erfolgt auf Grund von Wahlvorschlägen. Jeder Wahlvorschlag für

1. Aufsichtsratsmitglieder der Arbeitnehmer nach § 3 Abs. 1 Nr. 1 muss von einem Fünftel oder 100 der wahlberechtigten Arbeitnehmer des Unternehmens unterzeichnet sein;
2. das Aufsichtsratsmitglied der leitenden Angestellten wird auf Grund von Abstimmungsvorschlägen durch Beschluß der wahlberechtigten leitenden Angestellten aufgestellt. Jeder Abstimmungsvorschlag muß von einem Zwanzigstel oder 50 der wahlberechtigten leitenden Angestellten unterzeichnet sein. Der Beschluß wird in geheimer Abstimmung gefaßt. Jeder leitende Angestellte hat so viele Stimmen, wie für den Wahlvorschlag nach Absatz 3 Satz 2 Bewerber zu benennen sind. In den Wahlvorschlag ist die nach Absatz 3 Satz 2 vorgeschriebene Anzahl von Bewerbern in der Reihenfolge der auf sie entfallenden Stimmenzahlen aufzunehmen.

(3) Abweichend von Absatz 1 findet Mehrheitswahl statt, soweit nur ein Wahlvorschlag gemacht wird. In diesem Fall muss der Wahlvorschlag doppelt so viele Bewerber enthalten, wie Aufsichtsratsmitglieder auf die Arbeitnehmer nach § 3 Abs. 1 Nr. 1 und auf die leitenden Angestellten entfallen.

§ 16 Wahl der Vertreter von Gewerkschaften in den Aufsichtsrat

(1) Die Delegierten wählen die Aufsichtsratsmitglieder, die nach § 7 Abs. 2 Vertreter von Gewerkschaften sind, in geheimer Wahl und nach den Grundsätzen der Verhältniswahl für die in § 15 Abs. 1 bestimmte Zeit.

(2) Die Wahl erfolgt auf Grund von Wahlvorschlägen der Gewerkschaften, die in dem Unternehmen selbst oder in einem anderen Unternehmen vertreten sind, dessen Arbeitnehmer nach diesem Gesetz an der Wahl von Aufsichtsratsmitgliedern des Unternehmens teilnehmen. Wird nur ein Wahlvorschlag gemacht, so findet abweichend von Absatz 1 Mehrheitswahl statt. In diesem Fall muß der Wahlvorschlag mindestens doppelt so viele Bewerber enthalten, wie Vertreter von Gewerkschaften in den Aufsichtsrat zu wählen sind.

§ 17 Ersatzmitglieder

(1) In jedem Wahlvorschlag kann zusammen mit jedem Bewerber für diesen ein Ersatzmitglied des Aufsichtsrats vorgeschlagen werden. Für einen Bewerber, der Arbeitnehmer nach § 3 Abs. 1 Nr. 1 ist, kann nur ein Arbeitnehmer nach § 3 Abs. 1 Nr. 1 und für einen leitenden Angestellten nach § 3 Abs. 1 Nr. 2 nur ein leitender Angestellter als Ersatzmitglied vorgeschlagen werden. Ein Bewerber kann nicht zugleich als Ersatzmitglied vorgeschlagen werden.

(2) Wird ein Bewerber als Aufsichtsratsmitglied gewählt, so ist auch das zusammen mit ihm vorgeschlagene Ersatzmitglied gewählt.

(3) Im Fall des § 96 Absatz 2 Satz 3 des Aktiengesetzes ist das Nachrücken eines Ersatzmitgliedes ausgeschlossen, wenn dadurch der Anteil von Frauen und Männern unter den Aufsichtsratsmitgliedern

② 그 선출은 후보차추천서에 기초하여 실시된다. 각 후보자추천서에,

1. 제3조 제1항 제1문에 따른 근로자측감사회구성원은 당해 기업의 선거권이 있는 근로자들 중 1/5 또는 100명의 근로자의 서명을 받아야 한다;
2. 고위직사원측 감사회구성원(Aufsichtsratsmitglied der leitenden Angestellten)은 선거권이 있는 고위직사원의 결의를 거친 결의후보자추천서(Abstimmungsvorschlägen)에 근거하여 추천된다. 각 결의후보자추천서에는 선거권이 있는 고위직사원 중 1/20 또는 50명의 근로자가 서명을 해야 한다. 그 결의는 비밀투표로 행해진다. 각 고위직사원은 제15조 제3항 제2문에 따른 후보자추천서로 추천되는 후보자수만큼의 투표권(投票權)을 갖는다. 후보자추천서에서 제15조 제3항 제2문에 따라 규정된 수의 후보자가 그 후보자추천서에 할당(割當)된 투표수의 순서대로 기재된다.

③ 하나의 후보자추천서만이 세출된 경우에는 제15조 제1항과 달리 다수대표제선거(Mehrheitswahl)가 실시된다. 이런 경우에 그 후보자추천서에는 제3조 제1항 제1문에 따른 근로자와 고위직사원(leitenden Angestellten)에 배정된 감사회구성원수의 2배수의 후보자가 포함되어야만 한다.

제16조 감사회에서의 노조측대표자의 선출

① 대표자는 제7조 제2항에 따라 노동조합의 대표자인 감사회구성원을 비밀선거로(in geheimer Wahl) 또 제15조 제1항에 정해진 시기의 비례대표선거원칙(Grundsätzen der Verhältniswahl)에 따라 선출한다.

② 그 선출은 조합원인 근로자가 이 법에 따라 그 기업의 감사회구성원의 선출에 참여할 수 있는 당해 기업에 또는 다른 기업에 조합원인 근로자가 있는 노동조합(Gewerkschaften, die in dem Unternehmen selbst oder in einem anderen Unternehmen vertreten sind)의 후보자추천서에 기초하여 실시된다. 하나의 후보자추천서만이 제출된 경우에는 제16조 제1항과 달리 다수대표제선거가 실시된다. 이러한 경우에 후보자추천서에는 감사회에서 선출되는 노조측대표자수의 2배수 이상의 후보자가 포함되어야만 한다.

제17조

① 각 후보자추천서에는 각 후보자에 대한 대체감사회구성원도 그 후보자와 함께 추천될 수 있다. 제3조 제1항 제1호에 따른 근로자에 해당하는 후보자에 대해서는 제3조 제1항 제1호에 따른 근로자만이, 제3조 제2항 제2호에 따른 고위직사원에 해당하는 후보자에 대해서는 고위직사원만이 각각 대체감사회구성원(Ersatzmitglied)으로 추천될 수 있다. 후보자는 동시에 대체감사회구성원으로 추천될 수 없다.

② 후보자가 감사회구성원으로 선출되는 경우에, 그와 함께 추천(推薦)된 대체감사회구싱원도 선출된다.

③ 주식법(Aktiengesetz) 제96조 제2항 제3문의 경우에, 그 후임자 선출(先出)로 근로자(勤勞者) 중에 여성 및 남성의 비율(Anteil von Frauen und Männern)이 더 이상 제7조 제3항의 규정과

der Arbeitnehmer nicht mehr den Vorgaben des § 7 Absatz 3 entspricht; § 18a Absatz 2 Satz 2 gilt entsprechend.

### Vierter Unterabschnitt Unmittelbare Wahl der Aufsichtsratsmitglieder der Arbeitnehmer

§ 18

Sind nach § 9 die Aufsichtsratsmitglieder der Arbeitnehmer in unmittelbarer Wahl zu wählen, so sind die Arbeitnehmer des Unternehmens, die das 18. Lebensjahr vollendet haben, wahlberechtigt. § 7 Satz 2 des Betriebsverfassungsgesetzes gilt entsprechend. Für die Wahl sind die §§ 15 bis 17 mit der Maßgabe anzuwenden, daß an die Stelle der Delegierten die wahlberechtigten Arbeitnehmer des Unternehmens treten.

### Fünfter Unterabschnitt Nichterreichen des Geschlechteranteils durch die Wahl

§ 18a

(1) Ergibt im Fall des § 96 Absatz 2 Satz 3 des Aktiengesetzes die Auszählung der Stimmen und ihre Verteilung auf die Bewerber, dass die Vorgaben des § 7 Absatz 3 nicht erreicht worden sind, ist folgendes Geschlechterverhältnis für die Aufsichtsratssitze der Arbeitnehmer herzustellen:

1. in Aufsichtsräten nach § 7 Absatz 2 Nummer 1 und 2 müssen unter den Aufsichtsratsmitgliedern der Arbeitnehmer nach § 3 Absatz 1 Nummer 1 jeweils mindestens eine Frau und mindestens ein Mann und unter den Aufsichtsratsmitgliedern der Gewerkschaften jeweils eine Frau und ein Mann vertreten sein;
2. in einem Aufsichtsrat nach § 7 Absatz 2 Nummer 3 müssen unter den Aufsichtsratsmitgliedern der Arbeitnehmer nach § 3 Absatz 1 Nummer 1 mindestens zwei Frauen und mindestens zwei Männer und unter den Aufsichtsratsmitgliedern der Gewerkschaften eine Frau und ein Mann vertreten sein.

(2) Um die Verteilung der Geschlechter nach Absatz 1 zu erreichen, ist die Wahl derjenigen Bewerber um einen Aufsichtsratssitz der Arbeitnehmer unwirksam, deren Geschlecht in dem jeweiligen Wahlgang nach der Verteilung der Stimmen auf die Bewerber mehrheitlich vertreten ist und die

1. bei einer Mehrheitswahl in dem jeweiligen Wahlgang nach der Reihenfolge der auf die Bewerber entfallenden Stimmenzahlen die niedrigsten Stimmenzahlen erhalten haben oder
2. bei einer Verhältniswahl in dem jeweiligen Wahlgang nach der Reihenfolge der auf die Bewerber entfallenden Höchstzahlen die niedrigsten Höchstzahlen erhalten haben.

Die durch unwirksame Wahl nach Satz 1 nicht besetzten Aufsichtsratssitze werden im Wege der gerichtlichen Ersatzbestellung nach § 104 des Aktiengesetzes oder der Nachwahl besetzt.

일치하지 않게 된 때에는 대체감사회구성원으로의 후임자 취임(Nachrücken)은 배제된다; 제18a조 제2항 제3호는 준용한다.

### 제4절 근로자측감사회구성원에 대한 직접선거

제18조

제9조에 따라 근로자측감사회가 직접선거(in unmittelbarer Wahl)로 선출되어야 하는 경우에, 만 18세에 달한 당해 기업의 근로자는 그 선거에서 투표(投票)할 수 있다. 사업조직법 제7조 제2문은 준용한다. 그 선거에 대해 당해 기업의 선거권(選擧權)이 있는 근로자들(wahlberechtigten Arbeitnehmer des Unternehmens)이 대표자를 대신한다는 기준하에 제15조 내지 제18조가 준용된다.

### 제5절 선거에 의한 성별비율 미충족

제18a조

① 주식법 제96조 제2항 제3호의 경우에 투표수 계산과 후보자에 대한 득표할당이 제7조 제3항의 규정에 충족되지 않는 결과를 초래하는 경우에, 근로자측감사회구성원에 대한 다음과 같이 성별관계가 회복된다:

1. 감사회에서 제7조 제2항 제1호, 제2호에 따라, 제3조 제1항 제1호에 따른 근로자측감사회구성원들 중에서 각각 최소 1명의 여성과 최소 1명의 남성(mindestens eine Frau und mindestens)이, 노동조합측 감사회구성원들 중에서(unter den Aufsichtsratsmitgliedern der Gewerkschaften) 각각 1명의 여성과 1명의 남성이 대표자로서 존재해야만 한다;
2. 감사회에서 제7조 제2항 제3호에 따라, 제3조 제1항 제1호에 따른 근로자측감사회구성원들 중에서 각각 최소 2명의 여성과 최소 2명의 남성(mindestens zwei Frauen und mindestens zwei Männer)이, 노동조합측 감사회구성원 중에서 각각 1명의 여성과 1명의 남성이 대표자로서 존재해야만 한다.

② 제18a조 제1항에 따른 이러한 성별할당을 충족시키기 위해(Um die Verteilung der Geschlechter nach Absatz 1 zu erreichen), 근로자측감사회구성원자리 중에서 그 성이 각각의 투표에서 후보자에 대한 득표 할당 후 다수로 대표되는, 다음 호의 후보자의 선출은 무효로 한다,

1. 다수대표제선거의 경우 각각의 투표에서 후보자에 할당된 투표수의 순서를 기준으로 가장 적은 투표수를 얻은 후보자,
2. 비례대표제선거의 경우 각각의 투표에서 후보자에 할당된 최대수(Höchstzahlen)를 기준으로 가장 적은 최대수를 얻는 후보자.

제1문에 따라 무효인 선출에 의해 충원되지 않은 감사회구성원자리는 주식법 제104조에 따른 법원에 의한 대체임명 방식 또는 보궐선거(Nachwahl)에서 충원된다.

## Sechster Unterabschnitt Weitere Vorschriften über das Wahlverfahren sowie über die Bestellung und Abberufung von Aufsichtsratsmitgliedern

§ 19 Bekanntmachung der Mitglieder des Aufsichtsrats

Das zur gesetzlichen Vertretung des Unternehmens befugte Organ hat die Namen der Mitglieder und der Ersatzmitglieder des Aufsichtsrats unverzüglich nach ihrer Bestellung in den Betrieben des Unternehmens bekanntzumachen und im Bundesanzeiger zu veröffentlichen. Nehmen an der Wahl der Aufsichtsratsmitglieder des Unternehmens auch die Arbeitnehmer eines anderen Unternehmens teil, so ist daneben das zur gesetzlichen Vertretung des anderen Unternehmens befugte Organ zur Bekanntmachung in seinen Betrieben verpflichtet.

§ 20 Wahlschutz und Wahlkosten

(1) Niemand darf die Wahlen nach den §§ 10, 15, 16 und 18 behindern. Insbesondere darf niemand in der Ausübung des aktiven und passiven Wahlrechts beschränkt werden.

(2) Niemand darf die Wahlen durch Zufügung oder Androhung von Nachteilen oder durch Gewährung oder Versprechen von Vorteilen beeinflussen.

(3) Die Kosten der Wahlen trägt das Unternehmen. Versäumnis von Arbeitszeit, die zur Ausübung des Wahlrechts oder der Betätigung im Wahlvorstand erforderlich ist, berechtigt den Arbeitgeber nicht zur Minderung des Arbeitsentgelts.

§ 21 Anfechtung der Wahl von Delegierten

(1) Die Wahl der Delegierten eines Betriebs kann beim Arbeitsgericht angefochten werden, wenn gegen wesentliche Vorschriften über das Wahlrecht, die Wählbarkeit oder das Wahlverfahren verstoßen worden und eine Berichtigung nicht erfolgt ist, es sei denn, daß durch den Verstoß das Wahlergebnis nicht geändert oder beeinflußt werden konnte.

(2) Zur Anfechtung berechtigt sind

1. mindestens drei wahlberechtigte Arbeitnehmer des Betriebs,
2. der Betriebsrat,
3. der Sprecherausschuss,
4. das zur gesetzlichen Vertretung des Unternehmens befugte Organ.

Die Anfechtung ist nur binnen einer Frist von zwei Wochen, vom Tag der Bekanntgabe des Wahlergebnisses an gerechnet, zulässig.

§ 22 Anfechtung der Wahl von Aufsichtsratsmitgliedern der Arbeitnehmer

(1) Die Wahl eines Aufsichtsratsmitglieds oder eines Ersatzmitglieds der Arbeitnehmer kann beim Arbeitsgericht angefochten werden, wenn gegen wesentliche Vorschriften über das Wahlrecht, die Wählbarkeit oder das Wahlverfahren verstoßen worden und eine Berichtigung nicht erfolgt ist, es

## 제6절 선거절차, 감사회구성원의 임명 및 해임(Bestellung und Abberufung von Aufsichtsratsmitgliedern)에 관한 기타 규정

제19조 감사회구성원에 대한 공고

당해 기업의 법률상 대표할 권한이 있는 기관(Das zur gesetzlichen Vertretung des Unternehmens befugte Organ)은 감사회구성원과 대체감사회구성원의 성명(Namen der Mitglieder und der Ersatzmitglieder des Aufsichtsrats)을 그 임명 후 지체 없이 당해 기업의 사업에 공고하고 연방관보에 공표한다. 그 이외에 다른 기업의 근로자도 당해 기업의 감사회구성원 선출에 참여하는 경우에, 다른 기업의 법률상 대표할 권한이 있는 기관은 자신의 사업에서 이를 공고할 의무가 있다.

제20조 선거보호와 선기비용

① 누구든지 제10조, 제15조, 제16조, 제18조에 따른 선거를 방해해서는 안 된다. 특히 누구든지 선거권 및 피선거권의 행사를 제한해서는 안 된다.

② 누구든지 불이익의 부과 또는 위협이나 이익의 부여 또는 약속으로 그 선거에 영향을 미쳐서는 안 된다.

③ 선거비용은 당해 기업이 부담한다. 선거권의 행사 또는 선거위원회에의 참여에 필요한 근로시간(Arbeitszeit, die zur Ausübung des Wahlrechts oder der Betätigung im Wahlvorstand erforderlich ist)의 사용에 대해 사용자는 임금을 감액할 수 없다.

제21조 대표자선출의 취소

① 그 선거가 선거권, 피선거권 또는 선거절차(Wahlrecht, die Wählbarkeit oder das Wahlverfahren)의 중요한 규정에 위반되고 시정이 이뤄지지 않은 경우에 당해 사업의 대표자 선출의 취소를 지방노동법원에 구할 수 있고, 다만, 그 위반으로 선거결과가 달라지지 않거나 그에 영향이 없는 경우에는 그러하지 아니하다.

② 그 취소제기권자는 다음 각 호와 같다,

1. 당해 사업의 최소 선거권이 있는 근로자 3명,
2. 근로자평의회,
3. 고위직사원평의회,
4. 당해 기업의 법률상 대표기구로 설치된 기관,

그 이의는 선거결과가 공고된 때(Tag der Bekanntgabe des Wahlergebnisses an gerechnet)로부터 2주 내 기간에만 허용된다.

제22조 근로자측감사회구성원 선출의 취소

① 그 선거가 선거권(選擧權), 피선거권(被選擧權) 또는 선거절차(選擧節次)의 중요한 규정에 위반되고 시정이 이뤄지지 않은 경우에 근로자측감사회구성원 또는 근로자측대체감사회구성원의 선출에 대해서 지방노동법원에(beim Arbeitsgericht) 선거취소를 제기할 수 있고, 다만, 그

sei denn, daß durch den Verstoß das Wahlergebnis nicht geändert oder beeinflußt werden konnte.

(2) Zur Anfechtung berechtigt sind

1. mindestens drei wahlberechtigte Arbeitnehmer des Unternehmens,
2. der Gesamtbetriebsrat des Unternehmens oder, wenn in dem Unternehmen nur ein Betriebsrat besteht, der Betriebsrat sowie, wenn das Unternehmen herrschendes Unternehmen eines Konzerns ist, der Konzernbetriebsrat, soweit ein solcher besteht,
3. der Gesamt- oder Unternehmenssprecherausschuss des Unternehmens oder, wenn in dem Unternehmen nur ein Sprecherausschuss besteht, der Sprecherausschuss sowie, wenn das Unternehmen herrschendes Unternehmen eines Konzerns ist, der Konzernsprecherausschuss, soweit ein solcher besteht,
4. der Gesamtbetriebsrat eines anderen Unternehmens, dessen Arbeitnehmer nach diesem Gesetz an der Wahl der Aufsichtsratsmitglieder des Unternehmens teilnehmen, oder, wenn in dem anderen Unternehmen nur ein Betriebsrat besteht, der Betriebsrat,
5. der Gesamt- oder Unternehmenssprecherausschuss eines anderen Unternehmens, dessen Arbeitnehmer nach diesem Gesetz an der Wahl der Aufsichtsratsmitglieder des Unternehmens teilnehmen, oder, wenn in dem anderen Unternehmen nur ein Sprecherausschuss besteht, der Sprecherausschuss,
6. jede nach § 16 Abs. 2 vorschlagsberechtigte Gewerkschaft,
7. das zur gesetzlichen Vertretung des Unternehmens befugte Organ.

Die Anfechtung ist nur binnen einer Frist von zwei Wochen, vom Tag der Veröffentlichung im Bundesanzeiger an gerechnet, zulässig.

§ 23 Abberufung von Aufsichtsratsmitgliedern der Arbeitnehmer

(1) Ein Aufsichtsratsmitglied der Arbeitnehmer kann vor Ablauf der Amtszeit auf Antrag abberufen werden. Antragsberechtigt sind für die Abberufung eines

1. Aufsichtsratsmitglieds der Arbeitnehmer nach § 3 Abs. 1 Nr. 1 drei Viertel der wahlberechtigten Arbeitnehmer nach § 3 Abs. 1 Nr. 1,
2. Aufsichtsratsmitglieds der leitenden Angestellten drei Viertel der wahlberechtigten leitenden Angestellten,
3. Aufsichtsratsmitglieds, das nach § 7 Abs. 2 Vertreter einer Gewerkschaft ist, die Gewerkschaft, die das Mitglied vorgeschlagen hat.

(2) Ein durch Delegierte gewähltes Aufsichtsratsmitglied wird durch Beschluß der Delegierten abberufen. Dieser Beschluss wird in geheimer Abstimmung gefasst; er bedarf einer Mehrheit von drei Vierteln der abgegebenen Stimmen.

(3) Ein von den Arbeitnehmern unmittelbar gewähltes Aufsichtsratsmitglied wird durch Beschluß der wahlberechtigten Arbeitnehmer abberufen. Dieser Beschluss wird in geheimer, unmittelbarer

위반으로 선출결과가 달라지지 않거나 그에 영향이 없는 경우에는 그러하지 아니하다.

② 그 취소제기권자는 다음과 같다,

1. 당해 기업의 최소 선거권이 있는 근로자 3명,
2. 당해 기업의 기업근로자평의회 또는 당해 기업에 근로자평의회만이 있는 경우에는 그 근로자평의회, 당해 기업이 콘체른기업의 지배기업인 경우로 콘체른근로자평의회가 있는 경우에 그 콘체른근로자평의회,
3. 당해 기업의 전체고위직사원평의회나 기업고위직사원평의회(Gesamt- oder Unternehmenssprecherausschuss des Unternehmens) 또는 당해 기업에 고위직사원평의회만 있는 경우에는 그 고위직사원평의회, 당해 기업이 콘체른기업의 지배기업인 경우로 콘체른근로자평의회가 있는 경우에 그 콘체른근로자평의회,
4. 그 다른 기업의 근로자들이 이 법에 따라 당해 기업의 감사회구성원의 선거에 참여하는 다른 기업의 기업근로자평의회 또는 다른 기업에 근로자평의회만이 있는 경우에 그 근로자평의회,
5. 그 다른 기업의 근로자들이 이 법에 따라 당해 기업의 감사회구성원의 선거에 참여하는 다른 기업의 전체고위직사원평의회 또는 기업고위직사원평의회(Gesamt- oder Unternehmenssprecherausschuss des Unternehmens), 다른 기업에 고위직사원평의회만 있는 경우에 그 고위직사원평의회,
6. 제16조 제2항에 따라 추천권이 있는 각 노동조합,
7. 당해 기업의 대표기구로 설치된 기관.

그 취소는 선거결과가 연방관보에 공표된 때로부터(vom Tag der Veröffentlichung im Bundesanzeiger an gerechnet) 2주 내 기간에만 허용된다.

제23조 근로자측감사회구성원의 해임

① 근로자측감사회구성원은 그 신청에 의해 임기 만료 전에 해임될 수 있다. 다음 각 호의 자는 그 감사회구성원의 해임을 신청할 수 있다,

1. 제3조 제1항 제1호에 따른 근로자측감사회구성원의 경우에, 제3조 제1항 제1호에 따른 선거권이 있는 근로자들 중 3/4의 근로자들,
2. 고위직사원측 감사회구성원 경우에, 선거권이 있는 고위직사원들(wahlberechtigten leitenden Angestellten) 중 3/4 고위직사원들,
3. 제7조 제2항에 따른 노조측대표자인 감사회구성원의 경우, 그 감사회구성원을 추천한 노동조합.

② 대표자들에 의해 선출된 감사회구성원은 대표자들의 결의에 의해 해임된다. 그 결의는 비밀투표에 의한 결의로(in geheimer Abstimmung) 이뤄진다; 그 결의는 행사된 투표의 3/4의 다수결을 필요로 한다.

③ 근로자들에 의해 직접 선출된 감사회구성원은 선거권이 있는 근로자들(Beschluß der wahlberechtigten Arbeitnehmer)의 결의에 의해 해임된다. 이러한 결의는 비밀투표, 직접투표에

Abstimmung gefasst; er bedarf einer Mehrheit von drei Vierteln der abgegebenen Stimmen.

(4) Die Absätze 1 bis 3 sind für die Abberufung von Ersatzmitgliedern entsprechend anzuwenden.

§ 24 Verlust der Wählbarkeit und Änderung der Zuordnung unternehmensangehöriger Aufsichtsratsmitglieder

(1) Verliert ein Aufsichtsratsmitglied, das nach § 7 Abs. 2 Arbeitnehmer des Unternehmens sein muß, die Wählbarkeit, so erlischt sein Amt.

(2) Die Änderung der Zuordnung eines Aufsichtsratsmitglieds zu den in § 3 Abs. 1 Nr. 1 oder § 3 Abs. 1 Nr. 2 genannten Arbeitnehmern führt nicht zum Erlöschen seines Amtes.

## Dritter Abschnitt Innere Ordnung, Rechte und Pflichten des Aufsichtsrats

§ 25 Grundsatz

(1) Die innere Ordnung, die Beschlußfassung sowie die Rechte und Pflichten des Aufsichtsrats bestimmen sich nach den §§ 27 bis 29, den §§ 31 und 32 und, soweit diese Vorschriften dem nicht entgegenstehen,

1. für Aktiengesellschaften und Kommanditgesellschaften auf Aktien nach dem Aktiengesetz,
2. für Gesellschaften mit beschränkter Haftung nach § 90 Abs. 3, 4 und 5 Satz 1 und 2, den §§ 107 bis 116, 118 Abs. 3, § 125 Abs. 3 und 4 und den §§ 170, 171 und 268 Abs. 2 des Aktiengesetzes,
3. für Genossenschaften nach dem Genossenschaftsgesetz.

§ 4 Abs. 2 des Gesetzes über die Überführung der Anteilsrechte an der Volkswagenwerk Gesellschaft mit beschränkter Haftung in private Hand vom 21. Juli 1960 (Bundesgesetzbl. I S. 585), zuletzt geändert durch das Zweite Gesetz zur Änderung des Gesetzes über die Überführung der Anteilsrechte an der Volkswagenwerk Gesellschaft mit beschränkter Haftung in private Hand vom 31. Juli 1970 (Bundesgesetzbl. I S. 1149), bleibt unberührt.

(2) Andere gesetzliche Vorschriften und Bestimmungen der Satzung (des Gesellschaftsvertrags) oder der Geschäftsordnung des Aufsichtsrats über die innere Ordnung, die Beschlußfassung sowie die Rechte und Pflichten des Aufsichtsrats bleiben unberührt, soweit Absatz 1 dem nicht entgegensteht.

§ 26 Schutz von Aufsichtsratsmitgliedern vor Benachteiligung

Aufsichtsratsmitglieder der Arbeitnehmer dürfen in der Ausübung ihrer Tätigkeit nicht gestört oder behindert werden. Sie dürfen wegen ihrer Tätigkeit im Aufsichtsrat eines Unternehmens, dessen Arbeitnehmer sie sind oder als dessen Arbeitnehmer sie nach § 4 oder § 5 gelten, nicht benachteiligt werden. Dies gilt auch für ihre berufliche Entwicklung.

§ 27 Vorsitz im Aufsichtsrat

의한 결의로 이뤄진다. 그 결의는 행사된 투표의 3/4 찬성의 다수결을 필요로 한다.

④ 제23조 제1항 내지 제3항은 대체감사회구성원의 해임에 준용한다.

제24조 피선거권의 상실과 기업소속의 감사회구성원의 분류 변경

① 제7조 제2항에 따라 당해 기업의 근로자이어야만 하는 감사회구성원이 피선거권을 상실한 경우에는, 그 직무는 소멸한다.

② 제3조 제1항 제1호 또는 제3조 제1항 제2호에 기재된 근로자에 대한 감사회구성원의 분류가 변경되더라도 그 직무가 소멸하지 않는다.

## 제3장 감사회의 내부규율과 권리의무

제25조 원칙

① 다음 각 호에 있어, 그 감사회의 내부규율, 결의 및 권리의무(Beschlußfassung sowie die Rechte und Pflichten des Aufsichtsrats)는, 제27조 내지 제29조, 제31조 내지 제32조가 감사회에 적용되기에 어려운 경우를 제외하고, 그 조항들에 의해 정해진다,

1. 주식법에 따른 주식회사 및 주식합자회사,
2. 주식법 제90조 제3항, 제4항, 제5항 제1문, 제2문, 제107조 내지 제116조, 제118조 제3항, 제125조 제3항, 제4항, 제170조, 제171조, 제268조 제2항에 따른 유한회사(Gesellschaften mit beschränkter Haftung),
3. 협동조합법에 따른 협동조합.

1960년 7월 21일의 유한회사인 폭스바겐사업장에 대한 주식권의 민간인으로의 이전에 관한 법률(Gesetzes über die Überführung der Anteilsrechte an der Volkswagenwerk Gesellschaft mit beschränkter Haftung in private Hand)(BGBl. I S. 585)로, 1970년 7월 31일의 유한회사인 폭스바겐사업장에 대한 주식권의 민간인 이전에 관한 법률 제2차 법률(BGBl. I S. 1149)에 의해 최종적으로 개정된 그 법률 제4조 제2항은 이에 영향을 받지 않는다.

② 그 감사회의 내부규율, 결의(決議) 및 권리의무(die innere Ordnung, die Beschlußfassung sowie die Rechte und Pflichten des Aufsichtsrats)에 관한 정관(회사계약) 또는 감사회사무규정의 기타 규정은, 제25조 제1항이 감사회에 적용되기에 어려운 경우를 제외하고, 영향(影響)을 받지 않는다.

제26조 불이익으로부터 감사회구성원의 보호

근로자측감사회구성원은 자신의 활동의 수행에서 교란 또는 방해를 받지 않는다. 감사회구성원은 자신이 근로자로 재직하고 있는 기업 또는 제4조나 제5조에 따라 그 기업의 근로자로 간주되는 기업에 설치된 감사회에서의 자신의 활동으로 인하여 불이익을 받지 아니한다. 이는 그 감사회구성원의 직업적 경력에도 적용된다.

제27조 감사회의 대표자들(Vorsitz)

(1) Der Aufsichtsrat wählt mit einer Mehrheit von zwei Dritteln der Mitglieder, aus denen er insgesamt zu bestehen hat, aus seiner Mitte einen Aufsichtsratsvorsitzenden und einen Stellvertreter.

(2) Wird bei der Wahl des Aufsichtsratsvorsitzenden oder seines Stellvertreters die nach Absatz 1 erforderliche Mehrheit nicht erreicht, so findet für die Wahl des Aufsichtsratsvorsitzenden und seines Stellvertreters ein zweiter Wahlgang statt. In diesem Wahlgang wählen die Aufsichtsratsmitglieder der Anteilseigner den Aufsichtsratsvorsitzenden und die Aufsichtsratsmitglieder der Arbeitnehmer den Stellvertreter jeweils mit der Mehrheit der abgegebenen Stimmen.

(3) Unmittelbar nach der Wahl des Aufsichtsratsvorsitzenden und seines Stellvertreters bildet der Aufsichtsrat zur Wahrnehmung der in § 31 Abs. 3 Satz 1 bezeichneten Aufgabe einen Ausschuß, dem der Aufsichtsratsvorsitzende, sein Stellvertreter sowie je ein von den Aufsichtsratsmitgliedern der Arbeitnehmer und von den Aufsichtsratsmitgliedern der Anteilseigner mit der Mehrheit der abgegebenen Stimmen gewähltes Mitglied angehören.

§ 28 Beschlußfähigkeit

Der Aufsichtsrat ist nur beschlußfähig, wenn mindestens die Hälfte der Mitglieder, aus denen er insgesamt zu bestehen hat, an der Beschlußfassung teilnimmt. § 108 Abs. 2 Satz 4 des Aktiengesetzes ist anzuwenden.

§ 29 Abstimmungen

(1) Beschlüsse des Aufsichtsrats bedürfen der Mehrheit der abgegebenen Stimmen, soweit nicht in Absatz 2 und in den §§ 27, 31 und 32 etwas anderes bestimmt ist.

(2) Ergibt eine Abstimmung im Aufsichtsrat Stimmengleichheit, so hat bei einer erneuten Abstimmung über denselben Gegenstand, wenn auch sie Stimmengleichheit ergibt, der Aufsichtsratsvorsitzende zwei Stimmen. § 108 Abs. 3 des Aktiengesetzes ist auch auf die Abgabe der zweiten Stimme anzuwenden. Dem Stellvertreter steht die zweite Stimme nicht zu.

## Dritter Teil Gesetzliches Vertretungsorgan

§ 30 Grundsatz

Die Zusammensetzung, die Rechte und Pflichten des zur gesetzlichen Vertretung des Unternehmens befugten Organs sowie die Bestellung seiner Mitglieder bestimmen sich nach den für die Rechtsform des Unternehmens geltenden Vorschriften, soweit sich aus den §§ 31 bis 33 nichts anderes ergibt.

① 감사회는, 총감사회구성원의 2/3의 다수결로(mit einer Mehrheit von zwei Dritteln der Mitglieder, aus denen er insgesamt zu bestehen hat), 감사회구성원 중에서 감사회의장과 감사회부의장을 선출한다.
② 감사회의장 및 감사회부의장의 선출에 있어 제27조 제1항에 따른 다수결(多數決) 요건(要件)이 충족되지 않은 경우에, 감사회의장 및 감사회부의장의 선출(選出)을 위한 2차 선거가 실시된다. 그 2차 선거에서 각각 행사된 투표(投票)의 다수결로 지분소유자측감사회구성원은 의장(議長)(Aufsichtsratsmitglieder der Anteilseigner den Aufsichtsratsvorsitzenden)을, 근로자측감사회구성원은 부의장(副議長)(Aufsichtsratsmitglieder der Arbeitnehmer den Stellvertreter)을 선출한다.
③ 감사회는 의장 및 부의장 선출 직후 제31조 제3항 제1문에서 기재된 임무의 수행을 위하여, 선출된 감사회구성원의 행사된 투표의 과반수로 선출한 의장, 부의장, 근로자측감사회구성원 1명 및 지분소유자측감사회구성원 1명(Aufsichtsratsvorsitzende, sein Stellvertreter sowie je ein von den Aufsichtsratsmitgliedern der Arbeitnehmer und von den Aufsichtsratsmitgliedern der Anteilseigner)으로 구성된 위원회를 조직한다.

제28조 결의능력

감사회는, 총감사회구성원의 절반 이상의 감사회구성원(mindestens die Hälfte der Mitglieder, aus denen er insgesamt zu bestehen hat)이 의결에 참여하는 경우에는 결의할 수 있다. 주식법 제108조 제2항 제4문을 적용한다.

제29조 결의

① 제29조 제2항, 제27조, 제31조, 제32조에서 달리 정하지 않는 한, 감사회의 결의는 행사된 투표의 과반수를 필요로 한다.
② 감사회에서의 결의가 가부동수가 된 경우에는, 동일한 의안에 대한 새로운 의결을 실시하고, 가부동수가 나오는 경우에(wenn auch sie Stimmengleichheit ergibt) 감사회의장은 2표를 행사한다. 주식법 제108조 제3항은 제2차 투표의 행사에도 대해 적용한다. 부의장은 제2차 투표를 할 수 없다

## 제3편 법률상 대표기관

제30조

법률상 기업(企業)을 대표할 권한(權限)이 있는 기관의 구성(構成) 및 권리의무(Zusammensetzung, die Rechte und Pflichten)와 그 구성원의 임명은, 달리 정한 바가 없는 한, 기업(企業)에 적용되는 법률형식에 따라(nach den für die Rechtsform des Unternehmens geltenden Vorschriften) 정해진다.

§ 31 Bestellung und Widerruf

(1) Die Bestellung der Mitglieder des zur gesetzlichen Vertretung des Unternehmens befugten Organs und der Widerruf der Bestellung bestimmen sich nach den §§ 84 und 85 des Aktiengesetzes, soweit sich nicht aus den Absätzen 2 bis 5 etwas anderes ergibt. Dies gilt nicht für Kommanditgesellschaften auf Aktien.

(2) Der Aufsichtsrat bestellt die Mitglieder des zur gesetzlichen Vertretung des Unternehmens befugten Organs mit einer Mehrheit, die mindestens zwei Drittel der Stimmen seiner Mitglieder umfaßt.

(3) Kommt eine Bestellung nach Absatz 2 nicht zustande, so hat der in § 27 Abs. 3 bezeichnete Ausschuß des Aufsichtsrats innerhalb eines Monats nach der Abstimmung, in der die in Absatz 2 vorgeschriebene Mehrheit nicht erreicht worden ist, dem Aufsichtsrat einen Vorschlag für die Bestellung zu machen; dieser Vorschlag schließt andere Vorschläge nicht aus. Der Aufsichtsrat bestellt die Mitglieder des zur gesetzlichen Vertretung des Unternehmens befugten Organs mit der Mehrheit der Stimmen seiner Mitglieder.

(4) Kommt eine Bestellung nach Absatz 3 nicht zustande, so hat bei einer erneuten Abstimmung der Aufsichtsratsvorsitzende zwei Stimmen; Absatz 3 Satz 2 ist anzuwenden. Auf die Abgabe der zweiten Stimme ist § 108 Abs. 3 des Aktiengesetzes anzuwenden. Dem Stellvertreter steht die zweite Stimme nicht zu.

(5) Die Absätze 2 bis 4 sind für den Widerruf der Bestellung eines Mitglieds des zur gesetzlichen Vertretung des Unternehmens befugten Organs entsprechend anzuwenden.

§ 32 Ausübung von Beteiligungsrechten

(1) Die einem Unternehmen, in dem die Arbeitnehmer nach diesem Gesetz ein Mitbestimmungsrecht haben, auf Grund von Beteiligungen an einem anderen Unternehmen, in dem die Arbeitnehmer nach diesem Gesetz ein Mitbestimmungsrecht haben, zustehenden Rechte bei der Bestellung, dem Widerruf der Bestellung oder der Entlastung von Verwaltungsträgern sowie bei der Beschlußfassung über die Auflösung oder Umwandlung des anderen Unternehmens, den Abschluß von Unternehmensverträgen (§§ 291, 292 des Aktiengesetzes) mit dem anderen Unternehmen, über dessen Fortsetzung nach seiner Auflösung oder über die Übertragung seines Vermögens können durch das zur gesetzlichen Vertretung des Unternehmens befugte Organ nur auf Grund von Beschlüssen des Aufsichtsrats ausgeübt werden. Diese Beschlüsse bedürfen nur der Mehrheit der Stimmen der Aufsichtsratsmitglieder der Anteilseigner; sie sind für das zur gesetzlichen Vertretung des Unternehmens befugte Organ verbindlich.

(2) Absatz 1 ist nicht anzuwenden, wenn die Beteiligung des Unternehmens an dem anderen Unternehmen weniger als ein Viertel beträgt.

제31조 임명 또는 해임

① 법률상 기업을 대표할 권한이 있는 기관의 구성원의 임명과 그 임명의 철회(Widerruf der Bestellung)는, 제31조 제2항 내지 제5항에서 달리 정하지 않는 한, 주식법 제84조, 제85조에 따라 정해진다. 주식합자회사(Kommanditgesellschaften auf Aktien)에 대하여는 그러하지 아니하다.

② 감사회는 감사회구성원의 투표의 2/3 이상이 포함된 다수결로 법률상 기업을 대표할 권한이 있는 구성원(Mitglieder des zur gesetzlichen Vertretung des Unternehmens befugten Organs)을 임명한다.

③ 제31조 제2항에 따른 임명이 이뤄지지 않은 경우에(Kommt eine Bestellung nach Absatz 2 nicht zustande), 제27조 제3항상의 감사회의 위원회(der in § 27 Abs. 3 bezeichnete Ausschuß des Aufsichtsrats)는 제31조 제2항에 규정된 다수결에 이르지 못한 다수결이 있는 때로부터 1개월 이내에 감사회에 그 임명을 위한 추천을 해야 한다; 이러한 제안에 의해 다른 추천이 배제되지 아니한다. 감사회는 감사회구성원 투표의 과반수로(mit der Mehrheit der Stimmen seiner Mitglieder) 법률상 기업을 대표할 권한이 있는 기관의 구성원을 임명한다.

④ 제31조 제3항에 따른 임명이 이뤄지지 않은 경우에 감사회의장은 새로운 결의에 있어 2개의 투표권을 가진다. 두 번째 투표의 행사에 대하여는 주식법 제108조 제3항을 적용한다. 그 직무대리인에게는 두 번째 투표권이 귀속되지 아니한다.

⑤ 제31조 2항 내지 제4항은 법률상 기업을 대표할 권한이 있는 기관의 구성원에 대한 임명 철회에 대하여 준용한다.

제32조 지분참가권(Beteiligungsrechten)의 행사

① 근로자들이 이 법에 따라 경영주체의 임명 또는 임명의 철회 또는 면책(Bestellung, dem Widerruf der Bestellung oder der Entlastung von Verwaltungsträgern)과, 다른 기업의 해산 또는 다른 기업으로의 구조변경(Auflösung oder Umwandlung des anderen Unternehmens)에 관한 결의, 다른 기업과 기업계약의 체결(주식법 제291조, 제292조)[Abschluß von Unternehmensverträgen (§§ 291, 292 des Aktiengesetzes) mit dem anderen Unternehmen]에 관한 결의, 그 해산 후의 그 사업지속 또는 그 자산이전(dessen Fortsetzung nach seiner Auflösung oder über die Übertragung seines Vermögens)에 관한 결의에 있어 공동결정권을 갖는 다른 기업에 대한 출자에 기하여 근로자들이 이 법에 따라 공동결정권을 갖는 당해 기업에 귀속된 권리는 법률상 기업을 대표할 권한이 있는 기관의 구성원이 감사회 결의에 기하여만(nur auf Grund von Beschlüssen des Aufsichtsrats) 행사할 수 있다. 이러한 결의는 지분소유자측감사회 구성원의 투표의 과반수만을 필요로 한다; 이는 법률상 기업을 대표할 권한이 있는 기관을 구속(拘束)한다.

② 다른 기업에 대한 당해 기업의 지분참가가 그 1/4 미만인 경우에는 제32조 제1항을 적용하지 아니한다.

§ 33 Arbeitsdirektor

(1) Als gleichberechtigtes Mitglied des zur gesetzlichen Vertretung des Unternehmens befugten Organs wird ein Arbeitsdirektor bestellt. Dies gilt nicht für Kommanditgesellschaften auf Aktien.

(2) Der Arbeitsdirektor hat wie die übrigen Mitglieder des zur gesetzlichen Vertretung des Unternehmens befugten Organs seine Aufgaben im engsten Einvernehmen mit dem Gesamtorgan auszuüben. Das Nähere bestimmt die Geschäftsordnung.

(3) Bei Genossenschaften ist auf den Arbeitsdirektor § 9 Abs. 2 des Genossenschaftsgesetzes nicht anzuwenden.

## Vierter Teil Seeschiffahrt

§ 34

(1) Die Gesamtheit der Schiffe eines Unternehmens gilt für die Anwendung dieses Gesetzes als ein Betrieb.

(2) Schiffe im Sinne dieses Gesetzes sind Kauffahrteischiffe, die nach dem Flaggenrechtsgesetz die Bundesflagge führen. Schiffe, die in der Regel binnen 48 Stunden nach dem Auslaufen an den Sitz eines Landbetriebs zurückkehren, gelten als Teil dieses Landbetriebs.

(3) Leitende Angestellte im Sinne des § 3 Abs. 1 Nr. 2 dieses Gesetzes sind in einem in Absatz 1 bezeichneten Betrieb nur die Kapitäne.

(4) Die Arbeitnehmer eines in Absatz 1 bezeichneten Betriebs nehmen an einer Abstimmung nach § 9 nicht teil und bleiben für die Errechnung der für die Antragstellung und für die Beschlußfassung erforderlichen Zahl von Arbeitnehmern außer Betracht.

(5) Werden die Aufsichtsratsmitglieder der Arbeitnehmer durch Delegierte gewählt, so werden abweichend von § 10 in einem in Absatz 1 bezeichneten Betrieb keine Delegierten gewählt. Abweichend von § 15 Abs. 1 nehmen die Arbeitnehmer dieses Betriebs unmittelbar an der Wahl der Aufsichtsratsmitglieder der Arbeitnehmer teil mit der Maßgabe, daß die Stimme eines dieser Arbeitnehmer als ein Neunzigstel der Stimme eines Delegierten zu zählen ist; § 11 Abs. 1 Satz 3 ist entsprechend anzuwenden.

(6) (weggefallen)

## Fünfter Teil Übergangs- und Schlußvorschriften

§ 35

-

제33조 노동이사

① 노동이사가 법률상 기업을 대표할 권한이 있는 기관의 구성원과 동등한 권한이 있는 구성원으로서 임명된다. 주식합자회사(Kommanditgesellschaften auf Aktien)에 대하여는 그러하지 아니하다.

② 노동이사(Arbeitsdirektor)는 법률상 기업을 대표할 권한이 있는 기관의 다른 구성원과 마찬가지로 전체기관과 최대한 긴밀하게 협의하여(im engsten Einvernehmen mit dem Gesamtorgan) 자신의 임무를 수행한다. 보다 상세한 사항은 사무규정(Geschäftsordnung)에서 정한다.

③ 협동조합에 있어 협동조합법(Genossenschaftsgesetz) 제9조 제2항은 노동이사에 대하여 적용하지 아니한다.

## 제4편 해상운송

제34조

① 기업의 전체 선박은 이 법의 적용에 있어 하나의 사업으로 본다.

② 이 법상의 선박은 국기법에 따라 독일연방공화국의 깃발을 내걸고 운항하는 상선(商船)을 말한다. 통상적으로 출항 후 48시간 이내에 육상사업부지로 귀환하는 선박(船舶)은 그 육상사업의 일부로 본다.

③ 이 법 제3조 제2항 제2문상의 고위직사원은 제34조 제1항에서 기재된 사업의 경우 선장만을 말한다.

④ 제34조 제1항에서 기재된 사업의 근로자는 제9조에 따른 결의에 참여할 수 없고, 그 신청제기 및 결의에 필요한 수(der für die Antragstellung und für die Beschlußfassung erforderlichen Zahl von Arbeitnehmern)의 충족에서 고려되지 않는다.

⑤ 대표자에 의해 근로자측감사회구성원이 선출되는 경우에, 제10조와 달리 제34조 제1항에 기재된 사업에서 대표자가 선출되지 않는다. 제15조 제1항과 달리 근로자는, 이러한 근로자들의 득표가 대표자의 득표의 1/90으로 산정된다는(daß die Stimme eines dieser Arbeitnehmer als ein Neunzigstel der Stimme eines Delegierten zu zählen ist) 기준하에 근로자측감사회구성원의 선거(Wahl der Aufsichtsratsmitglieder der Arbeitnehmer)에 직접투표로 참여할 수 있다; 제11조 제1항 제3문은 준용된다.

⑥ 삭제

## 제5편 경과규정 및 종결규정

제35조

§ 36 Verweisungen

(1) Soweit in anderen Vorschriften auf Vorschriften des Betriebsverfassungsgesetzes 1952 über die Vertretung der Arbeitnehmer in den Aufsichtsräten von Unternehmen verwiesen wird, gelten diese Verweisungen für die in § 1 Abs. 1 dieses Gesetzes bezeichneten Unternehmen als Verweisungen auf dieses Gesetz.

(2) Soweit in anderen Vorschriften für das Gesetz über die Mitbestimmung der Arbeitnehmer in den Aufsichtsräten und Vorständen der Unternehmen des Bergbaus und der Eisen und Stahl erzeugenden Industrie vom 21. Mai 1951 (Bundesgesetzbl. I S. 347) die Bezeichnung "Mitbestimmungsgesetz" verwendet wird, tritt an ihre Stelle die Bezeichnung "Montan-Mitbestimmungsgesetz".

§ 37 Erstmalige Anwendung des Gesetzes auf ein Unternehmen

(1) Andere als die in § 97 Abs. 2 Satz 2 des Aktiengesetzes bezeichneten Bestimmungen der Satzung (des Gesellschaftsvertrags), die mit den Vorschriften dieses Gesetzes nicht vereinbar sind, treten mit dem in § 97 Abs. 2 Satz 2 des Aktiengesetzes bezeichneten Zeitpunkt oder, im Fall einer gerichtlichen Entscheidung, mit dem in § 98 Abs. 4 Satz 2 des Aktiengesetzes bezeichneten Zeitpunkt außer Kraft. Eine Hauptversammlung (Gesellschafterversammlung, Generalversammlung), die bis zu diesem Zeitpunkt stattfindet, kann an Stelle der außer Kraft tretenden Satzungsbestimmungen mit einfacher Mehrheit neue Satzungsbestimmungen beschließen.

(2) Die §§ 25 bis 29, 31 bis 33 sind erstmalig anzuwenden, wenn der Aufsichtsrat nach den Vorschriften dieses Gesetzes zusammengesetzt ist.

(3) Die Bestellung eines vor dem Inkrafttreten dieses Gesetzes bestellten Mitglieds des zur gesetzlichen Vertretung befugten Organs eines Unternehmens, auf das dieses Gesetz bereits bei seinem Inkrafttreten anzuwenden ist, kann, sofern die Amtszeit dieses Mitglieds nicht aus anderen Gründen früher endet, nach Ablauf von fünf Jahren seit dem Inkrafttreten dieses Gesetzes von dem nach diesem Gesetz gebildeten Aufsichtsrat jederzeit widerrufen werden. Für den Widerruf bedarf es der Mehrheit der abgegebenen Stimmen der Aufsichtsratsmitglieder, aller Stimmen der Aufsichtsratsmitglieder der Anteilseigner oder aller Stimmen der Aufsichtsratsmitglieder der Arbeitnehmer. Für die Ansprüche aus dem Anstellungsvertrag gelten die allgemeinen Vorschriften. Bis zum Widerruf bleiben für diese Mitglieder Satzungsbestimmungen über die Amtszeit abweichend von Absatz 1 Satz 1 in Kraft. Diese Vorschriften sind entsprechend anzuwenden, wenn dieses Gesetzes auf ein Unternehmen erst nach dem Zeitpunkt des Inkrafttretens dieses Gesetzes erstmalig anzuwenden ist.

(4) Absatz 3 gilt nicht für persönlich haftende Gesellschafter einer Kommanditgesellschaft auf Aktien.

§ 38

제36조 언급규정

① 기업의 감사회에서의 근로자들의 대표에 관하여 1952년의 사업조직법(Betriebsverfassungsgesetzes 1952)의 규정이 다른 규정에서 언급된 경우에, 이러한 언급규정(diese Verweisungen)은 이 법의 제1조 제1항에서 기재된 기업에 있어 이 법에 대한 언급규정(Verweisungen)으로 본다.

② "공동결정법"이라는 기재가 1951년 5월 21일의 광업에 속하는 기업과 철강을 생산하는 산업에 속하는 기업 내 감사회 및 대표기관(Vorständen)에서 근로자들의 공동결정에 관한 법률(연방관보 I S. 347; 몬탄공동결정법)에 대한 다른 규정에서 사용된 경우에, "몬탄공동결정법"이 공동결정법에 갈음한다.

제37조 기업에 대한 이 법의 최초 적용

① 주식법 제97조 제2항 제2문에 기재된 정관(회사계약) 규정 이외의 규정으로[Andere als die in § 97 Abs. 2 Satz 2 des Aktiengesetzes bezeichneten Bestimmungen der Satzung (des Gesellschaftsvertrags)], 이 법의 규정과 일치하지 않은 규정은, 주식법 제97조 제2항 제2문에 기재된 시기 또는 법원의 재판의 경우에 주식법 제98조 제4항 제2문에 기재된 시기에 그 효력을 상실한다. 이러한 시기까지 개최된 주주총회(사원총회, 조합원총회)[Hauptversammlung (Gesellschafterversammlung, Generalversammlung)]는 효력을 상실하는 정관규정에 갈음하여 새로운 정관규정을 단순과반수로 결의할 수 있다.

② 제25조 내지 제29조, 제31조 내지 제33조는 감사회가 이 법의 규정에 따라 구성되는 때에 비로소 적용된다.

③ 그 구성원의 임기가 다른 이유에서 해임 전에 만료하지 않는 한(sofern die Amtszeit dieses Mitglieds nicht aus anderen Gründen früher endet), 이 법의 발효 전에 임명된 구성원으로, 이 법의 발효로 이미 이 법의 적용을 받는, 법률상 대표할 권한이 있는 기업의 기관의 구성원(Mitglieds des zur gesetzlichen Vertretung befugten Organs eines Unternehmens)은 이 법이 발효된 때로부터 5년의 기간 경과 후 이 법에 따라 구성된 감사회에 의해(von dem nach diesem Gesetz gebildeten Aufsichtsrat) 언제든지 해임될 수 있다. 그 해임에 대해 감사회구성원의 행사된 투표의 과반수를, 지분소유자측감사회구성원 또는 근로자측감사회구성원의 총투표(aller Stimmen der Aufsichtsratsmitglieder der Anteilseigner oder aller Stimmen der Aufsichtsratsmitglieder der Arbeitnehmer)의 과반수를 필요로 한다. 임명계약에 따른 청구권에 대해 일반적 규정이 적용된다. 이러한 감사회구성원에 대해 그 임기에 관한 정관규정은 그 해임시까지 제37조 제1항 제1문과 달리 발효된다. 이 법률이 이 법률의 발효된 때 후에 비로소 최초로 기업에 적용되는 경우 이러한 규정은 준용된다.

④ 제37조 제3항은 주식합자회사(Kommanditgesellschaft auf Aktien)의 무한책임사원에 대해서는 적용하지 않는다.

제38조

(weggefallen)

§ 39 Ermächtigung zum Erlaß von Rechtsverordnungen

Die Bundesregierung wird ermächtigt, durch Rechtsverordnung Vorschriften über das Verfahren für die Wahl und die Abberufung von Aufsichtsratsmitgliedern der Arbeitnehmer zu erlassen, insbesondere über

1. die Vorbereitung der Wahl oder Abstimmung, die Bestellung der Wahlvorstände und Abstimmungsvorstände sowie die Aufstellung der Wählerlisten,
2. die Abstimmungen darüber, ob die Wahl der Aufsichtsratsmitglieder in unmittelbarer Wahl oder durch Delegierte erfolgen soll,
3. die Frist für die Einsichtnahme in die Wählerlisten und die Erhebung von Einsprüchen,
4. die Errechnung der Zahl der Aufsichtsratsmitglieder der Arbeitnehmer sowie ihre Verteilung auf die in § 3 Abs. 1 Nr. 1 bezeichneten Arbeitnehmer, die leitenden Angestellten und die Gewerkschaftsvertreter sowie das Verfahren zur Berücksichtigung der Geschlechter,
5. die Errechnung der Zahl der Delegierten,
6. die Wahlvorschläge und die Frist für ihre Einreichung,
7. die Ausschreibung der Wahl oder der Abstimmung und die Fristen für die Bekanntmachung des Ausschreibens,
8. die Teilnahme von Arbeitnehmern eines in § 34 Abs. 1 bezeichneten Betriebs an Wahlen und Abstimmungen,
9. die Stimmabgabe,
10. die Feststellung des Ergebnisses der Wahl oder der Abstimmung und die Fristen für seine Bekanntmachung,
11. die Aufbewahrung der Wahlakten und der Abstimmungsakten.

§ 40 Übergangsregelung

(1) Auf Wahlen von Aufsichtsratsmitgliedern der Arbeitnehmer, die bis zum 31. Dezember 2015 abgeschlossen sind, ist das Mitbestimmungsgesetz vom 4. Mai 1976 (BGBl. I S. 1153) in der Fassung des Artikels 2 Absatz 113 des Gesetzes vom 22. Dezember 2011 (BGBl. I S. 3044) anzuwenden.

(2) Auf Wahlen von Aufsichtsratsmitgliedern der Arbeitnehmer, die bis zum 31. Dezember 2015 nicht abgeschlossen sind, ist im Fall des § 96 Absatz 2 Satz 3 des Aktiengesetzes das Mitbestimmungsgesetz in der durch Artikel 7 des Gesetzes vom 24. April 2015 (BGBl. I S. 642) geänderten Fassung anzuwenden.

(3) Eine Wahl von Aufsichtsratsmitgliedern der Arbeitnehmer gilt als abgeschlossen, wenn die Bekanntmachung der Mitglieder des Aufsichtsrates nach § 19 Satz 1 durch das zur gesetzlichen Vertretung des Unternehmens befugte Organ erfolgt ist.

삭제

제39조 법규명령 발령권한

제17조 연방정부는 법규명령으로 근로자측감사회구성원의 선출 및 해임 절차(Verfahren für die Wahl und die Abberufung von Aufsichtsratsmitgliedern der Arbeitnehmer)에 관한 규정을 발령할 수 있고, 특히 다음의 사항에 관한 규정을 공포할 수 있다,

1. 선거 또는 결의의 준비, 선거위원회 및 투표위원회의 구성(Bestellung der Wahlvorstände und Abstimmungsvorstände), 선거인명부의 작성,
2. 감사회구성원의 선거가 직접선거 또는 대표자(代表者)에 의한 선거로 행해져야 하는지에 관한 결의,
3. 선거인명부의 열람 기간, 그에 대한 이의 제기의 기간,
4. 근로자측감사회구성원수의 산정(Errechnung der Zahl der Aufsichtsratsmitglieder der Arbeitnehmer), 감사회구성원수의 제3조 제1항 제1호에 기재된 근로자, 고위직사원 및 노조측대표자 대한 각 배정, 성 고려를 위한 절차,
5. 대표자수의 충족,
6. 후보자추천서와 그 제출 기간,
7. 선거 또는 결의의 공고(Ausschreibung der Wahl oder der Abstimmung), 그 공고의 시행의 기간,
8. 제34조 제1항에 기재된 사업(事業)에 속한 근로자들의 선거 또는 결의에의 참가(Teilnahme von Arbeitnehmern),
9. 투표행사,
10. 선거 또는 결의 결과의 확정(Feststellung des Ergebnisses der Wahl oder der Abstimmung), 그 공고 기간,
11. 선거서류 및 결의서류의 보관.

제40조 경과규정

① 2015년 12월 31일까지 마쳐진 근로자측감사회구성원의 선출에 대해서는(Auf Wahlen von Aufsichtsratsmitgliedern der Arbeitnehmer), 2011년 12월 22일의 법률(BGBl. I S. 3044) 제2조 제113항에 따른 형식에 의한(in der Fassung des Artikels 2 Absatz 113 des Gesetzes vom 22. Dezember 2011) 1976년 5월 4일의 공동결정법(BGBl. I S. 1153)을 적용한다.

② 주식법 제96조 제2항 제3문의 경우에, 2015년 12월 31일까지 마쳐지지 않은 근로자측감사회구성원의 선출에 대하여는(Auf Wahlen von Aufsichtsratsmitgliedern der Arbeitnehmer, die bis zum 31. Dezember 2015 nicht abgeschlossen sind), 2015년 4월 24일의 법률(BGBl. I S. 642) 제7조에 의해 개정된 공동결정법이 적용된다.

③ 근로자측감사회구성원의 선출은, 제19조 제1문에 따른 감사회구성원의 공고가 당해 기업의 법률상 대표할 권한이 있는 기관에 의해시행된 때에 마쳐진 것으로 본다.

§ 41 Inkrafttreten

Dieses Gesetz tritt am 1. Juli 1976 in Kraft.

제41조 효력 발생

이 법은 1976년 7월 1일 발효된다.

# 감사회에서의 근로자들의 1/3경영참가에 관한 법률

(BGBl. I S. 642)

# Gesetz über die Drittelbeteiligung der Arbeitnehmer im Aufsichtsrat

(Drittelbeteiligungsgesetz – DrittelbG)

# Gesetz über die Drittelbeteiligung der Arbeitnehmer im Aufsichtsrat (Drittelbeteiligungsgesetz – DrittelbG)

https://www.gesetze-im-internet.de/drittelbg/BJNR097410004.html

## Teil 1 Geltungsbereich

§ 1 Erfasste Unternehmen

(1) Die Arbeitnehmer haben ein Mitbestimmungsrecht im Aufsichtsrat nach Maßgabe dieses Gesetzes in

1. einer Aktiengesellschaft mit in der Regel mehr als 500 Arbeitnehmern. Ein Mitbestimmungsrecht im Aufsichtsrat besteht auch in einer Aktiengesellschaft mit in der Regel weniger als 500 Arbeitnehmern, die vor dem 10. August 1994 eingetragen worden ist und keine Familiengesellschaft ist. Als Familiengesellschaften gelten solche Aktiengesellschaften, deren Aktionär eine einzelne natürliche Person ist oder deren Aktionäre untereinander im Sinne von § 15 Abs. 1 Nr. 2 bis 8, Abs. 2 der Abgabenordnung verwandt oder verschwägert sind;
2. einer Kommanditgesellschaft auf Aktien mit in der Regel mehr als 500 Arbeitnehmern. Nummer 1 Satz 2 und 3 gilt entsprechend;
3. einer Gesellschaft mit beschränkter Haftung mit in der Regel mehr als 500 Arbeitnehmern. Die Gesellschaft hat einen Aufsichtsrat zu bilden; seine Zusammensetzung sowie seine Rechte und Pflichten bestimmen sich nach § 90 Abs. 3, 4, 5 Satz 1 und 2, nach den §§ 95 bis 114, 116, 118 Abs. 3, § 125 Abs. 3 und 4 und nach den §§ 170, 171, 268 Abs. 2 des Aktiengesetzes;
4. einem Versicherungsverein auf Gegenseitigkeit mit in der Regel mehr als 500 Arbeitnehmern, wenn dort ein Aufsichtsrat besteht;
5. einer Genossenschaft mit in der Regel mehr als 500 Arbeitnehmern. § 96 Absatz 4 und die §§ 97 bis 99 des Aktiengesetzes sind entsprechend anzuwenden. Die Satzung kann nur eine durch drei teilbare Zahl von Aufsichtsratsmitgliedern festsetzen. Der Aufsichtsrat muss zwei Sitzungen im Kalenderhalbjahr abhalten.

(2) Dieses Gesetz findet keine Anwendung auf

1. die in § 1 Abs. 1 des Mitbestimmungsgesetzes, die in § 1 des Montan-Mitbestimmungsgesetzes und die in den §§ 1 und 3 Abs. 1 des Montan-Mitbestimmungsergänzungsgesetzes bezeichneten Unternehmen;
2. Unternehmen, die unmittelbar und überwiegend
   a) politischen, koalitionspolitischen, konfessionellen, karitativen, erzieherischen, wissenschaftlichen oder künstlerischen Bestimmungen oder
   b) Zwecken der Berichterstattung oder Meinungsäußerung, auf die Artikel 5 Abs. 1 Satz 2 des Grundgesetzes anzuwenden ist,

   dienen.

# 감사회에서의 근로자들의 1/3경영참가에 관한 법률(BGBl. I S. 642)

법률 공포일: 2004년 5월 18일

최근 법률 개정일: 2015년 4월 24일(BGBl. I S. 642)

## 제1편 적용범위

제1조 법적용 대상 기업

① 다음 각 호와 같이 근로자는 이 법의 기준에 따라 감사회에서의 공동결정권(Mitbestimmungsrecht im Aufsichtsrat)을 갖는다,

1. 상시 500명을 초과하는 근로자가 있는 주식회사. 감사회에서의 공동결정권은(Mitbestimmungsrecht im Aufsichtsrat) 상시 500명 이하의 근로자가 있는 주식회사로, 1994년 8월 10일 전에 등기되고 가족회사(Familiengesellschaft)가 아닌 주식회사에서도 존재한다. 그 회사의 주주가 1명의 자연인이거나, 그 회사의 주주가 조세기본법(Abgabenordnung) 상의 제15조 제1항 제2호 내지 제8호, 제2항상의 의미에서 상호간 친척(親戚)이거나 인척(姻戚)인 그러한 주식회사는 가족회사로 본다;
2. 상시 500명을 초과하는 근로자들이 있는 주식합자회사(Kommanditgesellschaft). 제1호 제2문, 제3문을 준용한다;
3. 상시 500명을 초과하는 근로자가 있는 유한회사. 이 유한회사는 1개의 감사회를 조직한다. 감사회의 구성 및 감사회의 권리의무는 주식법 제90조 제3항, 제4항, 제5항 제1문, 제2문, 제95조 내지 제114조, 제116조, 제118조 제3항, 제125조 제3항, 제4항, 제170조, 제171조, 제268조 제2항에 따른다;
4. 감사회가 있는, 상시 500명을 초과하는 근로자가 있는 상호보험단체(Versicherungsverein auf Gegenseitigkeit);
5. 상시 500명을 초과하는 근로자가 있는 협동조합(Genossenschaft). 주식법 제96조 제4항, 제97조 내지 제99조를 준용한다. 정관으로 3으로 나눌 수 있는 수의 감사회구성원수(nur eine durch drei teilbare Zahl von Aufsichtsratsmitgliedern)만를 정할 수 있다. 감사회는 반년마다 2번의 회의를 개최해야만 한다.

② 이 법은 다음 각 호의 기업에 대하여 적용되지 않는다,

1. 공동결정법(Mitbestimmungsgesetz) 제1조 제1항, 몬탄공동결정법 (Montan-Mitbestimmungsgesetz) 제1조, 몬탄공동결정법보충법(Montan-Mitbestimmungsergänzungsgesetz) 제1조, 제3조 제1항에 각 기재된 기업,
2. 직접적으로 또 주로 다음을 위해 일하는 기업,
   a) 정치적, 연정정치적(koalitionspolitisch), 신앙적, 자선적, 교육적, 학술적 또는 예술적 사명(künstlerischen Bestimmungen),
   b) 기본법 제5조 제1항 제2문에 적용받는 보도 또는 의사표현의 목적.

Dieses Gesetz ist nicht anzuwenden auf Religionsgemeinschaften und ihre karitativen und erzieherischen Einrichtungen unbeschadet deren Rechtsform.

(3) Die Vorschriften des Genossenschaftsgesetzes über die Zusammensetzung des Aufsichtsrats sowie über die Wahl und die Abberufung von Aufsichtsratsmitgliedern gelten insoweit nicht, als sie den Vorschriften dieses Gesetzes widersprechen.

§ 2 Konzern

(1) An der Wahl der Aufsichtsratsmitglieder der Arbeitnehmer des herrschenden Unternehmens eines Konzerns (§ 18 Abs. 1 des Aktiengesetzes) nehmen auch die Arbeitnehmer der übrigen Konzernunternehmen teil.

(2) Soweit nach § 1 die Beteiligung der Arbeitnehmer im Aufsichtsrat eines herrschenden Unternehmens von dem Vorhandensein oder der Zahl von Arbeitnehmern abhängt, gelten die Arbeitnehmer eines Konzernunternehmens als solche des herrschenden Unternehmens, wenn zwischen den Unternehmen ein Beherrschungsvertrag besteht oder das abhängige Unternehmen in das herrschende Unternehmen eingegliedert ist.

§ 3 Arbeitnehmer, Betrieb

(1) Arbeitnehmer im Sinne dieses Gesetzes sind die in § 5 Abs. 1 des Betriebsverfassungsgesetzes bezeichneten Personen mit Ausnahme der in § 5 Abs. 3 des Betriebsverfassungsgesetzes bezeichneten leitenden Angestellten.

(2) Betriebe im Sinne dieses Gesetzes sind solche des Betriebsverfassungsgesetzes. § 4 Abs. 2 des Betriebsverfassungsgesetzes ist anzuwenden.

(3) Die Gesamtheit der Schiffe eines Unternehmens gilt für die Anwendung dieses Gesetzes als ein Betrieb. Schiffe im Sinne dieses Gesetzes sind Kauffahrteischiffe, die nach dem Flaggenrechtsgesetz die Bundesflagge führen. Schiffe, die in der Regel binnen 48 Stunden nach dem Auslaufen an den Sitz eines Landbetriebs zurückkehren, gelten als Teil dieses Landbetriebs.

## Teil 2 Aufsichtsrat

§ 4 Zusammensetzung

(1) Der Aufsichtsrat eines in § 1 Abs. 1 bezeichneten Unternehmens muss zu einem Drittel aus Arbeitnehmervertretern bestehen.

(2) Ist ein Aufsichtsratsmitglied der Arbeitnehmer oder sind zwei Aufsichtsratsmitglieder der Arbeitnehmer zu wählen, so müssen diese als Arbeitnehmer im Unternehmen beschäftigt sein. Sind mehr als zwei Aufsichtsratsmitglieder der Arbeitnehmer zu wählen, so müssen mindestens zwei Aufsichtsratsmitglieder als Arbeitnehmer im Unternehmen beschäftigt sein.

이 법은 그 법적 형식을 불문하고 종교공동체(Religionsgemeinschaften), 종교공동체의 자선기관 및 교육기관에 적용하지 않는다.

③ 감사회의 구성, 감사회구성원의 임명 및 해임에 관한 협동조합법의 규정(Vorschriften des Genossenschaftsgesetzes)은 이러한 규정이 이 법과 상충하는 경우(als sie den Vorschriften dieses Gesetzes widersprechen) 그 범위 내에서 적용되지 않는다.

제2조 콘체른

① 콘체른(주식법 제18조 제1항)의 지배기업의 근로자측감사회구성원 선출에 그 지배기업 이외의 나머지 콘체른기업근로자도(auch die Arbeitnehmer der übrigen Konzernunternehmen) 참여한다.

② 지배기업의 감사회에서의 근로자들의 의사결정참가가 제1조에 따라 근로자의 존재 또는 그 수에 좌우되는 경우에, 그 기업들 간에 지배계약이 존재하거나 종속기업이 지배기업에 편입된 때에는(enn zwischen den Unternehmen ein Beherrschungsvertrag besteht oder das abhängige Unternehmen in das herrschende Unternehmen eingegliedert ist) 콘체른기업의 근로자를 지배기업의 근로자로 본다.

제3조 근로자, 사업

① 이 법상의 근로자는 사업조직법 제5조 제3항에 기재된 고위직사원을 제외하고(mit Ausnahme der in § 5 Abs. 3 des Betriebsverfassungsgesetzes bezeichneten leitenden Angestellten) 동법 제5조 제1항에 기재된 사람을 말한다.

② 사업은 사업조직법상의 사업(solche des Betriebsverfassungsgesetzes)을 말한다. 사업조직법 제4조 제2항을 적용한다.

③ 기업의 전체 선박은 이 법의 적용에 있어 사업으로 본다. 이 법상의 선박은 국기법(Flaggenrechtsgesetz)에 따라 독일연방공화국의 깃발(Bundesflagge)을 내걸고 운항하는 상선을 말한다. 통상적으로 출항 후 48시간 이내에 육상사업부지로 귀환(歸還)하는 선박은 그 육상사업의 일부로 본다.

## 제2편 감사회

제4조 감사회 구성

① 제1조 제1항에 기재된 기업의 감사회에는 전체 감사회구성원 중  근로자측대표자 1/3이 포함되어야만 한다.

② 1명 또는 2명의 근로자측감사회구성원이 선출(選出)되는 경우에 이들은 당해 기업의 근로자로 고용되어 있어야만 한다. 2명을 초과하여 감사회구성원을 선출(選出)해야 하는 경우 2명 이상이 당해 기업(企業)의 근로자(als Arbeitnehmer im Unternehmen)로 고용(雇傭)되어 있어야만 한다.

(3) Die Aufsichtsratsmitglieder der Arbeitnehmer, die Arbeitnehmer des Unternehmens sind, müssen das 18. Lebensjahr vollendet haben und ein Jahr dem Unternehmen angehören. Auf die einjährige Unternehmensangehörigkeit werden Zeiten der Angehörigkeit zu einem anderen Unternehmen, dessen Arbeitnehmer nach diesem Gesetz an der Wahl von Aufsichtsratsmitgliedern des Unternehmens teilnehmen, angerechnet. Diese Zeiten müssen unmittelbar vor dem Zeitpunkt liegen, ab dem die Arbeitnehmer zur Wahl von Aufsichtsratsmitgliedern des Unternehmens berechtigt sind. Die weiteren Wählbarkeitsvoraussetzungen des § 8 Abs. 1 des Betriebsverfassungsgesetzes müssen erfüllt sein.

(4) Unter den Aufsichtsratsmitgliedern der Arbeitnehmer sollen Frauen und Männer entsprechend ihrem zahlenmäßigen Verhältnis im Unternehmen vertreten sein.

§ 5 Wahl der Aufsichtsratsmitglieder der Arbeitnehmer

(1) Die Aufsichtsratsmitglieder der Arbeitnehmer werden nach den Grundsätzen der Mehrheitswahl in allgemeiner, geheimer, gleicher und unmittelbarer Wahl für die Zeit gewählt, die im Gesetz oder in der Satzung für die von der Hauptversammlung zu wählenden Aufsichtsratsmitglieder bestimmt ist.

(2) Wahlberechtigt sind die Arbeitnehmer des Unternehmens, die das 18. Lebensjahr vollendet haben. § 7 Satz 2 des Betriebsverfassungsgesetzes gilt entsprechend.

§ 6 Wahlvorschläge

Die Wahl erfolgt auf Grund von Wahlvorschlägen der Betriebsräte und der Arbeitnehmer. Die Wahlvorschläge der Arbeitnehmer müssen von mindestens einem Zehntel der Wahlberechtigten oder von mindestens 100 Wahlberechtigten unterzeichnet sein.

§ 7 Ersatzmitglieder

(1) In jedem Wahlvorschlag kann zusammen mit jedem Bewerber für diesen ein Ersatzmitglied des Aufsichtsrats vorgeschlagen werden. Ein Bewerber kann nicht zugleich als Ersatzmitglied vorgeschlagen werden.

(2) Wird ein Bewerber als Aufsichtsratsmitglied gewählt, so ist auch das zusammen mit ihm vorgeschlagene Ersatzmitglied gewählt.

§ 8 Bekanntmachung der Mitglieder des Aufsichtsrats

Das zur gesetzlichen Vertretung des Unternehmens befugte Organ hat die Namen der Mitglieder und der Ersatzmitglieder des Aufsichtsrats unverzüglich nach ihrer Bestellung in den Betrieben des Unternehmens bekannt zu machen und im Bundesanzeiger zu veröffentlichen. Nehmen an der Wahl der Aufsichtsratsmitglieder des Unternehmens auch die Arbeitnehmer eines anderen Unternehmens teil, so ist daneben das zur gesetzlichen Vertretung des anderen Unternehmens

③ 당해 기업의 근로자인 근로자측감사회구성원은 만 18세에 달하고 1년간 그 기업에 재직해야만 한다. 1년간의 재직에 대해(Auf die einjährige Unternehmensangehörigkeit) 근로자가 이 법률에 따라 그 기업의 감사회구성원의 선출에 참가하는 다른 기업에서의 재직기간(Zeiten der Angehörigkeit zu einem anderen Unternehmen)도 산입(算入)한다. 이 시기는 그 근로자가 당해 기업의 감사회구성원(Wahl von Aufsichtsratsmitgliedern des Unternehmens)으로 선임(選任)될 수 있는 시기 직전에 존재(存在)해야만 한다. 사업조직법 제8조 제1항상의 기타 피선거권요건(weiteren Wählbarkeitsvoraussetzungen des § 8 Abs. 1 des Betriebsverfassungsgesetzes)도 충족(充足)되어야 한다.

④ 근로자측감사회구성원 중에 당해 기업에서 그 여성 및 남성의 수의 비율에 상응하여 대표되는 여성 및 남성이 존재해야 한다.

제5조 근로자측감사회구성원의 선출

① 근로자측감사회구성원은 다수대표제선거의 원칙에 좇아(nach den Grundsätzen der Mehrheitswahl) 법률 또는 정관(定款)에 주주총회에서 선출되는 감사회구성원에 대해 정한 시기의 보통·비밀·평등·직접선거(in allgemeiner, geheimer, gleicher und unmittelbarer Wahl)로 선출된다.

② 만 18세에 달한 당해 기업의 근로자는 선거에서 투표할 수 있다. 사업조직법 제7조 제2문은 준용된다.

제6조 후보자추천서

그 선거는 근로자평의회평의회와 근로자의 후보자추천서에 기초하여 실시된다. 근로자의 후보자추천서에는 선거권(選擧權)이 있는 근로자들 중 1/10 또는 100명의 근로자가 서명(書名)해야만 한다.

제7조 대체감사회구성원

① 각 후보자추천서에는 각 후보자와 함께 대체감사회구성원(mit jedem Bewerber für diesen ein Ersatzmitglied des Aufsichtsrats)이 추천되어야 한다. 후보자는 동시에 대체감사회구성원으로(zugleich als Ersatzmitglied) 추천될 수 없다.

② 후보자가 감사회구성원으로 선출되는 경우에, 그와 함께 추천된 대체감사회구성원(Ersatzmitglied)도 선출된다.

제8조 감사회구성원의 공고

당해 기업의 법률상 대표할 권한이 있는 기관(Das zur gesetzlichen Vertretung des Unternehmens befugte Organ)은 감사회구성원과 대체감사회구성원의 성명을, 그 임명 후(nach ihrer Bestellung) 지체 없이 당해 기업의 사업(in den Betrieben des Unternehmens)에 공고하고 연방관보(im Bundesanzeiger)에 공표한다. 그 외에 다른 기업의 근로자(勤勞者)도 당해 기업의 감사회구성원 선출에 참여(參與)하는 경우에, 다른 기업의 법률상 대표할 권한이 있는 기관은

befugte Organ zur Bekanntmachung in seinen Betrieben verpflichtet.

§ 9 Schutz von Aufsichtsratsmitgliedern vor Benachteiligung

Aufsichtsratsmitglieder der Arbeitnehmer dürfen in der Ausübung ihrer Tätigkeit nicht gestört oder behindert werden. Sie dürfen wegen ihrer Tätigkeit im Aufsichtsrat nicht benachteiligt oder begünstigt werden. Dies gilt auch für ihre berufliche Entwicklung.

§ 10 Wahlschutz und Wahlkosten

(1) Niemand darf die Wahl der Aufsichtsratsmitglieder der Arbeitnehmer behindern. Insbesondere darf niemand in der Ausübung des aktiven und passiven Wahlrechts beschränkt werden.

(2) Niemand darf die Wahlen durch Zufügung oder Androhung von Nachteilen oder durch Gewährung oder Versprechen von Vorteilen beeinflussen.

(3) Die Kosten der Wahlen trägt das Unternehmen. Versäumnis von Arbeitszeit, die zur Ausübung des Wahlrechts oder der Betätigung im Wahlvorstand erforderlich ist, berechtigt nicht zur Minderung des Arbeitsentgelts.

§ 11 Anfechtung der Wahl von Aufsichtsratsmitgliedern der Arbeitnehmer

(1) Die Wahl eines Aufsichtsratsmitglieds oder eines Ersatzmitglieds der Arbeitnehmer kann beim Arbeitsgericht angefochten werden, wenn gegen wesentliche Vorschriften über das Wahlrecht, die Wählbarkeit oder das Wahlverfahren verstoßen worden und eine Berichtigung nicht erfolgt ist, es sei denn, dass durch den Verstoß das Wahlergebnis nicht geändert oder beeinflusst werden konnte.

(2) Zur Anfechtung berechtigt sind

1. mindestens drei Wahlberechtigte,
2. die Betriebsräte,
3. das zur gesetzlichen Vertretung des Unternehmens befugte Organ.

Die Anfechtung ist nur binnen einer Frist von zwei Wochen, vom Tag der Veröffentlichung im Bundesanzeiger an gerechnet, zulässig.

§ 12 Abberufung von Aufsichtsratsmitgliedern der Arbeitnehmer

(1) Ein Aufsichtsratsmitglied der Arbeitnehmer kann vor Ablauf der Amtszeit auf Antrag eines Betriebsrats oder von mindestens einem Fünftel der Wahlberechtigten durch Beschluss abberufen werden. Der Beschluss der Wahlberechtigten wird in allgemeiner, geheimer, gleicher und unmittelbarer Abstimmung gefasst; er bedarf einer Mehrheit von drei Vierteln der abgegebenen Stimmen. Auf die Beschlussfassung findet § 2 Abs. 1 Anwendung.

(2) Absatz 1 ist für die Abberufung von Ersatzmitgliedern entsprechend anzuwenden.

## Teil 3 Übergangs- und Schlussvorschriften

자신의 사업에서 이를 공고할 의무가 있다.

제9조 감사회구성원의 불이익으로부터의 보호

근로자측감사회구성원은 자신의 활동의 수행에서 교란 또는 방해를 받지 않는다. 감사회구성원은 자신의 감사회 활동으로 인해 불이익을 받지도 이익을 받지도 아니한다. 이는 그 감사회구성원의 직업적 경력에도 적용된다.

제10조 선거보호와 선거비용

① 누구든지 근로자측감사회구성원의 선출을 방해해서는 안 된다. 특히 누구든지 선거권 및 피선거권의 행사를 제한해서는 안 된다.

② 누구든지 불이익의 부과 또는 위협이나 이익의 부여 또는 약속으로 그 선거에 영향을 미쳐서는 안 된다.

③ 선거비용은 당해 기업이 부담한다. 선거권의 행사 또는 선거위원회에의 참여에 필요한 근로시간(Arbeitszeit, die zur Ausübung des Wahlrechts oder der Betätigung im Wahlvorstand erforderlich ist)의 사용에 대해 사용자는 임금을 감액할 수 없다.

제11조 근로자측감사회구성원 선거의 취소

① 그 선출이 선거권, 피선거권 또는 선거절차의 중요한 규정에 위반되고 시정이 이뤄지지 않은 경우에, 근로자측감사회구성원 또는 근로자측대체감사회구성원의 선거에 대한 취소를 지방노동법원에 구할 수 있고, 다만, 그 위반으로 선거결과가 달라지지 않거나 그에 영향이 없는 경우에는 그러하지 아니하다.

② 그 취소제기권자는 다음과 같다,

1. 최소 선거권이 있는 근로자 3명,
2. 근로자평의회,
3. 당해 기업의 법률상 대표기구로 설치된 기관.

그 이의는 선거결과가 연방관보에 공표된 때로부터(vom Tag der Veröffentlichung im Bundesanzeiger an gerechnet) 2주 내 기간에만 허용된다.

제12조 근로자측감사회구성원의 해임

① 근로자측감사회구성원은 당해 근로자평의회의 신청 또는 선거권이 있는 근로자 중 1/5 이상의 근로자들의 결의에 의한 신청에 의해서 임기 만료 이전에 해임될 수 있다. 근로자들의 그 결의는 보통·비밀·평등·직접투표(in allgemeiner, geheimer, gleicher und unmittelbarer Abstimmung)로 이뤄진다; 그 결의는 행사된 투표의 3/4 찬성의 다수결을 필요로 한다. 그 결의에 대하여는 제2조 제1항을 적용한다.

② 제12조 제1항은 대체감사회구성원의 해임에 준용한다.

## 제3편 경과규정 및 종결규정

§ 13 Ermächtigung zum Erlass von Rechtsverordnungen

Die Bundesregierung wird ermächtigt, durch Rechtsverordnung Vorschriften über das Verfahren für die Wahl und die Abberufung von Aufsichtsratsmitgliedern der Arbeitnehmer zu erlassen, insbesondere über

1. die Vorbereitung der Wahl, insbesondere die Aufstellung der Wählerlisten und die Errechnung der Zahl der Aufsichtsratsmitglieder der Arbeitnehmer;
2. die Frist für die Einsichtnahme in die Wählerlisten und die Erhebung von Einsprüchen gegen sie;
3. die Wahlvorschläge und die Frist für ihre Einreichung;
4. das Wahlausschreiben und die Frist für seine Bekanntmachung;
5. die Teilnahme von Arbeitnehmern eines in § 3 Abs. 3 bezeichneten Betriebs an der Wahl;
6. die Stimmabgabe;
7. die Feststellung des Wahlergebnisses und die Fristen für seine Bekanntmachung;
8. die Anfechtung der Wahl;
9. die Aufbewahrung der Wahlakten.

§ 14 Verweisungen

Soweit in anderen Gesetzen auf Vorschriften verwiesen wird, die durch Artikel 6 Abs. 2 des Zweiten Gesetzes zur Vereinfachung der Wahl der Arbeitnehmervertreter in den Aufsichtsrat aufgehoben werden, treten an ihre Stelle die entsprechenden Vorschriften dieses Gesetzes.

제13조 법규명령 발령권한

제17조 연방정부는 법규명령으로 근로자측감사회구성원의 선출 및 해임 절차에 관한 규정(Verfahren für die Wahl und die Abberufung von Aufsichtsratsmitgliedern der Arbeitnehmer)을 발령할 수 있고, 특히 다음의 사항에 관한 규정을 공포할 수 있다,

1. 선거의 준비, 특히 선거인명부의 작성(Aufstellung der Wählerlisten), 근로자측감사회구성원 수의 산정,
2. 선거인명부의 열람 기간(Frist), 그에 대한 이의 제기(Erhebung von Einsprüchen gegen sie) 기간,
3. 후보자추천서와 그 제출 기간,
4. 선거공고, 선거공고의 시행의 기간,
5. 제3조 제3항에 기재된 사업에 속한 근로자의 선거에의 참여,
6. 투표행사,
7. 선거결과의 확정, 그 공고 기간,
8. 선거에 대한 이의,
9. 선거서류의 보관.

제14조 언급규정

감사회에서의 근로자대표 선거의 간소화에 관한 제2차 법률 제6조 제2항에 의해 폐지된 규정이 다른 법률에서 언급되는 경우에 이 법의 준용규정(entsprechenden Vorschriften dieses Gesetzes)이 그 규정에 갈음한다.

# 국경을 초월하는 합병시 근로자들의 공동결정에 관한 법률

(MgVG)(BGBl. I S. 2479)

# Gesetz über die Mitbestimmung der Arbeitnehmer bei einer grenzüberschreitenden Verschmelzung

(MgVG)

# Gesetz über die Mitbestimmung der Arbeitnehmer bei einer grenzüberschreitenden Verschmelzung (MgVG)

https://www.gesetze-im-internet.de/mgvg/BJNR333210006.html

## Teil 1 Allgemeine Vorschriften

§ 1 Zielsetzung des Gesetzes

(1) Das Gesetz regelt die Mitbestimmung der Arbeitnehmer (Arbeitnehmerinnen und Arbeitnehmer) in den Unternehmensorganen der aus einer grenzüberschreitenden Verschmelzung hervorgehenden Gesellschaft. Ziel des Gesetzes ist, die in den an der Verschmelzung beteiligten Gesellschaften erworbenen Mitbestimmungsrechte der Arbeitnehmer zu sichern. Diese Rechte sind maßgeblich für die Ausgestaltung der Mitbestimmung in der aus einer grenzüberschreitenden Verschmelzung hervorgehenden Gesellschaft.

(2) Wenn das nationale Recht des Mitgliedstaats, in dem die aus einer grenzüberschreitenden Verschmelzung hervorgehende Gesellschaft ihren Sitz hat, keinen ausreichenden Schutz zur Sicherung der Mitbestimmung der Arbeitnehmer gewährt, wird eine Vereinbarung über die Mitbestimmung der Arbeitnehmer in der aus einer grenzüberschreitenden Verschmelzung hervorgehenden Gesellschaft getroffen. Kommt es nicht zu einer Vereinbarung, wird die Mitbestimmung der Arbeitnehmer kraft Gesetzes sichergestellt.

(3) Die Vorschriften dieses Gesetzes sowie die nach Absatz 2 zu treffende Vereinbarung sind so auszulegen, dass das Ziel der Europäischen Gemeinschaft, die Mitbestimmung der Arbeitnehmer in der aus einer grenzüberschreitenden Verschmelzung hervorgehenden Gesellschaft sicherzustellen, gefördert wird.

§ 2 Begriffsbestimmungen

(1) Der Begriff des Arbeitnehmers richtet sich nach den Rechtsvorschriften und Gepflogenheiten der jeweiligen Mitgliedstaaten. Arbeitnehmer eines inländischen Unternehmens oder Betriebes sind Arbeiter und Angestellte einschließlich der zu ihrer Berufsausbildung Beschäftigten und der in § 5 Abs. 3 Satz 2 des Betriebsverfassungsgesetzes genannten leitenden Angestellten, unabhängig davon, ob sie im Betrieb, im Außendienst oder mit Telearbeit beschäftigt werden. Als Arbeitnehmer gelten auch die in Heimarbeit Beschäftigten, die in der Hauptsache für das Unternehmen oder den Betrieb arbeiten.

(2) Beteiligte Gesellschaften sind die Kapitalgesellschaften, die unmittelbar an der Verschmelzung beteiligt sind.

# 국경을 초월하는 합병시 근로자들의 공동결정에 관한 법률(MgVG)(BGBl. I S. 2479)

법률 공포일: 2006년 12월 21일
최근 법률 개정일: 2009년 7월 30일(BGBl. I S. 2479)

## 제1편 총칙

제1조 이 법의 목적

① 국경을 초월하는 합병으로 생겨난(der aus einer grenzüberschreitenden Verschmelzung hervorgehenden Gesellschaft) 회사의 기관에서 근로자들의 공동결정을 규율한다. 이 법의 목적은(Ziel des Gesetzes)은 합병에 참가한 회사에서 취득한 근로자들의 공동결정권(erworbenen Mitbestimmungsrechte der Arbeitnehmer)을 보장하는 데 있다. 이러한 공동결정권은 국경을 초월하는 합병으로 생긴 회사 내 공동결정의 형성(Ausgestaltung der Mitbestimmung)에 대한 기준(基準)이 된다.

② 국경을 초월하는 합병으로 생긴 회사가 자신의 본점소재지(ihren Sitz)를 둔 회원국의 국가법(nationale Recht des Mitgliedstaats)이 근로자들의 공동결정을 보장하기 위하여 충분한 보호(ausreichenden Schutz)를 하지 않는 경우에, 국경을 초월하는 합병으로 생긴 회사 내 근로자들의 공동결정권에 관한 협약(Vereinbarung über die Mitbestimmung der Arbeitnehmer)이 체결된다. 그 협약 체결이 성사되지 않은 경우에 법에 의한 공동결정(Mitbestimmung der Arbeitnehmer kraft Gesetzes)이 보장된다.

③ 이 법에 따른 규정과 제1조 제2항에 따른 협약은, 국경을 초월하는 합병으로 생긴 회사(der aus einer grenzüberschreitenden Verschmelzung hervorgehenden Gesellschaft) 내 근로자들의 공동결정을 보장하려는 유럽공동체의 목표(Ziel der Europäischen Gemeinschaft),가 촉진되도록 해석되어야 한다.

제2조 정의규정

① 근로자의 개념은 각 회원국의 법규정 및 관행(Gepflogenheiten)에 따른다. 독일의 기업 또는 사업에 속한 근로자는 직업훈련종사자(der zu ihrer Berufsausbildung Beschäftigten)와 사업조직법 제5조 제3항 제2문상의 고위직사원(leitenden Angestellten)을 포함하여 현업(現業)근로자와 사무직근로자를 말하고, 그들이 사업장 내에서 근무를 하는지, 외근을 하는지 또는 재택근무를 하는지(ob sie im Betrieb, im Außendienst oder mit Telearbeit beschäftigt werden)는 불문한다. 주로 기업 또는 사업을 위해 일하는 가내노동종사자(die in Heimarbeit Beschäftigten)도 근로자로 본다.

② 합병참가회사(Beteiligte Gesellschaften)는 그 합병에 직접적으로 참여한 물적회사(Kapitalgesellschaft)를 말한다.

(3) Tochtergesellschaften sind rechtlich selbstständige Unternehmen, auf die eine andere Gesellschaft einen beherrschenden Einfluss im Sinne von Artikel 3 Abs. 2 bis 7 der Richtlinie 94/45/EG des Rates vom 22. September 1994 über die Einsetzung eines Europäischen Betriebsrates oder die Schaffung eines Verfahrens zur Unterrichtung und Anhörung der Arbeitnehmer in gemeinschaftsweit operierenden Unternehmen und Unternehmensgruppen (ABl. EG Nr. L 254 S. 64) ausüben kann. § 6 Abs. 2 bis 4 des Europäische Betriebsräte-Gesetzes vom 28. Oktober 1996 (BGBl. I S. 1548, 2022) ist anzuwenden.

(4) Betroffene Tochtergesellschaften oder betroffene Betriebe sind Tochtergesellschaften oder Betriebe einer beteiligten Gesellschaft, die zu Tochtergesellschaften oder Betrieben der aus einer grenzüberschreitenden Verschmelzung hervorgehenden Gesellschaft werden sollen.

(5) Leitung bezeichnet das Organ der unmittelbar an der Verschmelzung beteiligten Gesellschaften oder der aus einer grenzüberschreitenden Verschmelzung hervorgehenden Gesellschaft selbst, das die Geschäfte der Gesellschaft führt und zu ihrer Vertretung berechtigt ist.

(6) Arbeitnehmervertretung bezeichnet jede Vertretung der Arbeitnehmer nach dem Betriebsverfassungsgesetz (Betriebsrat, Gesamtbetriebsrat, Konzernbetriebsrat oder eine nach § 3 Abs. 1 Nr. 1 bis 3 des Betriebsverfassungsgesetzes gebildete Vertretung).

(7) Mitbestimmung bedeutet die Einflussnahme der Arbeitnehmer auf die Angelegenheiten einer Gesellschaft durch

1. die Wahrnehmung des Rechts, einen Teil der Mitglieder des Aufsichts- oder Verwaltungsorgans der Gesellschaft zu wählen oder zu bestellen, oder
2. die Wahrnehmung des Rechts, die Bestellung eines Teils oder aller Mitglieder des Aufsichts- oder Verwaltungsorgans der Gesellschaft zu empfehlen oder abzulehnen.

§ 3 Geltungsbereich

(1) Dieses Gesetz gilt für eine aus einer grenzüberschreitenden Verschmelzung hervorgehende Gesellschaft mit Sitz im Inland. Es gilt unabhängig vom Sitz dieser Gesellschaft auch für Arbeitnehmer der aus einer grenzüberschreitenden Verschmelzung hervorgehenden Gesellschaft, die im Inland beschäftigt sind, sowie für inländische beteiligte Gesellschaften, betroffene Tochtergesellschaften und betroffene Betriebe.

(2) Mitgliedstaaten im Sinne dieses Gesetzes sind die Mitgliedstaaten der Europäischen Union und die anderen Vertragsstaaten des Abkommens über den Europäischen Wirtschaftsraum.

§ 4 Anwendung des Rechts des Sitzstaats

Vorbehaltlich des § 5 finden auf die aus einer grenzüberschreitenden Verschmelzung hervorgehende Gesellschaft die Regelungen über die Mitbestimmung der Arbeitnehmer in den Unternehmensorganen des Mitgliedstaats Anwendung, in dem diese Gesellschaft ihren Sitz hat.

③ 자회사는 법적으로 독립된 기업으로 다른 회사에게서, '유럽근로자평의회의 설치 또는 유럽공동체에 걸쳐 운영되는 기업 또는 기업집단에서의 근로자들에 대한 통지권, 청문권에 관한 절차(Verfahrens zur Unterrichtung und Anhörung der Arbeitnehmer in gemeinschaftsweit operierenden Unternehmen und Unternehmensgruppen)의 마련에 관한 1994년 9월 22일의 유럽연합이사회 94/45/EG 지침'(ABl. EG Nr. L 254 S. 64) 제3조 제2항 내지 제7항상의 지배적 영향을 받을 수 있는 기업을 말한다. 1996년 10월 28일의 유럽회사근로자평의회법(BGBl. I S. 1548, 2022) 제6조 제2항 내지 제4항을 적용한다.
④ 관련자회사 또는 관련사업(Betroffene Tochtergesellschaften oder betroffene Betriebe)은 합병참가회사의 자회사 또는 사업으로, 국경을 초월하는 합병으로 생긴 회사의 자회사 또는 사업이 되어야 하는 자회사 또는 사업이다.
⑤ 경영대표(經營代表)기관(Leitung)은 그 합병에 직접적으로 참여한 회사의 기관 또는 국경을 초월하는 합병으로 생긴 회사의 기관으로, 그 회사의 사업을 경영하고 그 회사를 대표할 권한이 있는 기관이다.
⑥ 근로자대표기구(Arbeitnehmervertretung)는 사업조직법에 따른 근로자들의 일체의 대표기구를 말한다(근로자평의회, 기업근로자평의회, 콘체른근로자평의회 또는 사업조직법 제3조 제1항 제1호 내지 제3호에 따라 조직된 대표기구).
⑦ 공동결정은 다음 각 호를 통해 근로자들이 회사의 결정사안에 대해 영향을 행사하는 것을 의미한다,
1. 감사회 또는 감독회(Aufsichts- oder Verwaltungsorgans)의 구성원의 일부를 선출하거나 임명하는 권리의 행사,
2. 감사회 또는 감독회의 구성원의 전부 또는 일부에 대한 임명을 추천하거나 이를 거부하는(zu empfehlen oder abzulehnen) 권리의 행사.

제3조 적용범위
① 이 법은 독일 내에 본점소재지가 있는(mit Sitz im Inland) 회사로, 국경을 초월한 합병으로 생겨난 회사에 대해 적용한다. 이러한 회사의 본점소재지를 불문하고(unabhängig vom Sitz dieser Gesellschaft) 독일 내에서 고용된 근로자로, 국경을 초월한 합병으로 생겨난 회사의 근로자와 독일 내의, 합병참가회사, 관련자회사 또는 관련사업(beteiligte Gesellschaften, betroffene Tochtergesellschaften und betroffene Betriebe)에 대해서도 적용한다.
② 이 법상의 회원국은 유럽연합 회원국과 '유럽경제지역(Europäischer Wirtschaftsraum)에 관한 조약'의 기타 조약가입국을 말한다.

제4조 회사본점소재지가 있는 국가법의 적용
제5조의 경우를 제외하고 국경을 초월한 합병으로 생겨난 회사에 대하여, 본점소재지가 있는 회원국의 회사기관 내 근로자들의 공동결정(Mitbestimmung der Arbeitnehmer in den Unternehmensorganen des Mitgliedstaats)에 관한 규정이 적용된다.

§ 5 Anwendung der Regelungen über die Mitbestimmung der Arbeitnehmer kraft Vereinbarung oder kraft Gesetzes

Die nachfolgenden Regelungen über die Mitbestimmung der Arbeitnehmer kraft Vereinbarung oder in den Fällen des § 23 die Regelungen über die Mitbestimmung kraft Gesetzes finden Anwendung, wenn

1. in den sechs Monaten vor der Veröffentlichung des Verschmelzungsplans mindestens eine der beteiligten Gesellschaften durchschnittlich mehr als 500 Arbeitnehmer beschäftigt und in dieser Gesellschaft ein System der Mitbestimmung im Sinne des § 2 Abs. 7 besteht;
2. das für die aus einer grenzüberschreitenden Verschmelzung hervorgehende Gesellschaft maßgebende innerstaatliche Recht nicht mindestens den gleichen Umfang an Mitbestimmung der Arbeitnehmer vorsieht, wie er in den jeweiligen an der Verschmelzung beteiligten Gesellschaften bestand; der Umfang an Mitbestimmung der Arbeitnehmer bemisst sich nach dem Anteil der Arbeitnehmervertreter
   a) im Verwaltungs- oder Aufsichtsorgan,
   b) in Ausschüssen, in denen die Mitbestimmung der Arbeitnehmer erfolgt oder
   c) im Leitungsgremium, das für die Ergebniseinheiten der Gesellschaften zuständig ist;

oder

3. das für die aus einer grenzüberschreitenden Verschmelzung hervorgehende Gesellschaft maßgebende innerstaatliche Recht für Arbeitnehmer in Betrieben dieser Gesellschaft, die sich in anderen Mitgliedstaaten befinden, nicht den gleichen Anspruch auf Ausübung von Mitbestimmung vorsieht, wie sie den Arbeitnehmern in demjenigen Mitgliedstaat gewährt werden, in dem die aus der grenzüberschreitenden Verschmelzung hervorgehende Gesellschaft ihren Sitz hat.

## Teil 2 Besonderes Verhandlungsgremium

### Kapitel 1 Bildung und Zusammensetzung

§ 6 Information der Leitungen

(1) Das besondere Verhandlungsgremium ist auf Grund einer schriftlichen Aufforderung der Leitungen zu bilden. Es hat die Aufgabe, mit den Leitungen eine schriftliche Vereinbarung über die Mitbestimmung der Arbeitnehmer in der aus einer grenzüberschreitenden Verschmelzung hervorgehenden Gesellschaft abzuschließen.

(2) Wenn die Leitungen eine grenzüberschreitende Verschmelzung planen, informieren sie die Arbeitnehmervertretungen und Sprecherausschüsse in den beteiligten Gesellschaften, betroffenen Tochtergesellschaften und betroffenen Betrieben über das Verschmelzungsvorhaben. Besteht keine

제5조 협약 또는 법에 의한(kraft Vereinbarung oder kraft Gesetzes) 근로자들의 공동결정에 관한 규정의 적용

다음 각 호의 경우에 협약에 의한 근로자들의 공동결정(Mitbestimmung der Arbeitnehmer kraft Vereinbarung)에 관한 다음과 같은 규정이나 제23조의 경우 법에 의한 공동결정에 관한 규정을 적용한다,

1. 합병계획 공표 전 6개월간 합병참가회사(beteiligten Gesellschaften) 중 한 회사 이상이 평균적으로 500명을 초과하여 고용하고 이러한 회사에서 제2조 제7항의 공동결정제(System der Mitbestimmung)가 있는 경우,
2. 국경을 초월한 합병으로 생겨난 회사에 대하여 적용하는 국내법이, 합병에 참여한 각 회사에서 있었던 범위와 같은 범위 이상의 근로자들의 공동결정(mindestens den gleichen Umfang an Mitbestimmung der Arbeitnehmer)을 규정하지 않은 경우; 근로자들의 공동결정의 범위(Umfang an Mitbestimmung der Arbeitnehmer)는 다음 각 기관에서의 근로자측대표자의 비율에 따른다,
   a) 감독회 또는 감사회,
   b) 근로자들의 공동결정이 이뤄지는 위원회,
   c) 회사의 생산단위를 관할하는(für die Ergebniseinheiten der Gesellschaften zuständig ist) 경영기구(Leitungsgremium),
3. 국경을 초월한 합병으로 생겨난 회사에 대해 적용하는 국내법이 그 회사의 사업으로 다른 회원국에 있는 사업에 속한 근로자에 대해 국경을 초월한 합병으로 생겨난 회사가 본점소재지가 있는 회원국에서 근로자들에게 부여된 것과 같은 공동결정행사청구권(gleichen Anspruch auf Ausübung von Mitbestimmung vorsieht, wie sie den Arbeitnehmern in demjenigen Mitgliedstaat gewährt werden)을 규정하지 않은 경우,

## 제2편 특별평의회

### 제1장 조직과 구성

제6조 경영대표기관의 정보제공

① 특별평의회(besondere Verhandlungsgremium)는 경영대표기관의 서면요구가 있는 경우에 조직되어야 한다. 그 평의회는 국경을 초월한 합병으로 생겨난 회사 내 근로자들의 공동결정에 관하여 경영대표기관과 서면협약(schriftliche Vereinbarung über die Mitbestimmung der Arbeitnehmer)을 체결할 임무를 갖는다.

② 경영대표기관(Leitungen)이 국경을 초월한 합병으로 생겨난 회사의 설립(設立)을 계획하는 경우에, 경영대표기관은 합병참가회사, 관련자회사 및 관련사업내의 근로자대표기구와 고위직사원평의회에 합병계획(Verschmelzungsvorhaben)에 관한 정보(情報)를 제공한다. 어떤

Arbeitnehmervertretung, erfolgt die Information gegenüber den Arbeitnehmern. Die Information erfolgt unaufgefordert und unverzüglich nach Offenlegung des Verschmelzungsplans.

(3) Die Information erstreckt sich insbesondere auf

1. die Identität und Struktur der beteiligten Gesellschaften, betroffenen Tochtergesellschaften und betroffenen Betriebe und deren Verteilung auf die Mitgliedstaaten,
2. die in diesen Gesellschaften und Betrieben bestehenden Arbeitnehmervertretungen,
3. die Zahl der in diesen Gesellschaften und Betrieben jeweils beschäftigten Arbeitnehmer sowie die daraus zu errechnende Gesamtzahl der in einem Mitgliedstaat beschäftigten Arbeitnehmer und
4. die Zahl der Arbeitnehmer, denen Mitbestimmungsrechte in den Organen dieser Gesellschaften zustehen.

(4) Maßgeblicher Zeitpunkt für die Ermittlung der Zahl der Arbeitnehmer ist der Zeitpunkt der Information nach Absatz 2.

§ 7 Zusammensetzung des besonderen Verhandlungsgremiums

(1) Für die in jedem Mitgliedstaat beschäftigten Arbeitnehmer der beteiligten Gesellschaften, betroffenen Tochtergesellschaften und betroffenen Betriebe werden Mitglieder für das besondere Verhandlungsgremium gewählt oder bestellt. Für jeden Anteil der in einem Mitgliedstaat beschäftigten Arbeitnehmer, der 10 Prozent der Gesamtzahl der in allen Mitgliedstaaten beschäftigten Arbeitnehmer der beteiligten Gesellschaften und der betroffenen Tochtergesellschaften oder betroffenen Betriebe oder einen Bruchteil[21)] davon beträgt, ist ein Mitglied aus diesem Mitgliedstaat in das besondere Verhandlungsgremium zu wählen oder zu bestellen.

(2) Es sind so viele zusätzliche Mitglieder in das besondere Verhandlungsgremium zu wählen oder zu bestellen, wie erforderlich sind, um zu gewährleisten, dass jede eingetragene beteiligte Gesellschaft durch mindestens ein Mitglied in dem besonderen Verhandlungsgremium vertreten ist. Diese Gesellschaft muss Arbeitnehmer in dem betreffenden Mitgliedstaat beschäftigen und als Folge der geplanten grenzüberschreitenden Verschmelzung als eigene Rechtspersönlichkeit erlöschen. Die Wahl oder Bestellung darf nicht zu einer Doppelvertretung der betroffenen Arbeitnehmer führen.

(3) Die Zahl der zusätzlichen Mitglieder darf 20 Prozent der sich aus Absatz 1 ergebenden Mitgliederzahl nicht überschreiten. Kann danach nicht jede nach Absatz 2 besonders zu berücksichtigende Gesellschaft durch ein zusätzliches Mitglied im besonderen Verhandlungsgremium vertreten werden, so werden diese Gesellschaften in absteigender Reihenfolge der Zahl der bei ihnen beschäftigten Arbeitnehmer berücksichtigt. Dabei ist zu gewährleisten, dass ein Mitgliedstaat nicht mehrere zusätzliche Sitze erhält, solange nicht alle anderen Mitgliedstaaten, aus denen die nach Absatz 2 besonders zu berücksichtigenden

근로자대표기구도 없는 경우에 근로자들에 대하여 그 정보를 제공한다. 정보제공은 그 제공요구가 없더라도 합병계획 공시(公示) 후 지체 없이 이뤄진다.

③ 정보는 특히 다음 각 호의 사항이 포함된다,

1. 합병참가회사, 관련자회사 및 관련사업의 실체(實體)와 구조(Identität und Struktur), 회원국에서 그 분포,
2. 합병참가회사, 관련자회사 및 관련사업에 존재하는 근로자대표기구,
3. 합병참가회사, 관련자회사 및 관련사업에 고용된 각각의 근로자수와 이에 기하여 산정된, 어느 회원국에서 고용된 근로자총수(die daraus zu errechnende Gesamtzahl der in einem Mitgliedstaat beschäftigten Arbeitnehmer),
4. 합병참가회사 및 관련자회사의 기관에서 공동결정권을 가진 근로자들의 수(Zahl der Arbeitnehmer).

④ 근로자수의 산정에 대한 기준 시기는 제6조 제2항에 따른 정보제공시(Zeitpunkt der Information)이다.

제7조 특별평의회의 구성

① 각 회원국에서 합병참가회사, 관련자회사 및 관련사업(beteiligten Gesellschaften, betroffenen Tochtergesellschaften und betroffenen Betriebe)에 고용된 근로자들을 위해 특별평의회구성원(Mitglieder für das besondere Verhandlungsgremium)이 선출되고 임명된다. 모든 회원국에서 합병참가회사, 관련자회사 및 관련사업에 고용된 근로자총수의 10프로에 해당하거나 그 10프로의 잔여수(Bruchteil)에 해당하는, 어느 회원국에서 고용된 근로자의 각 비율로, 그 회원국 출신의 구성원이 특별평의회(besondere Verhandlungsgremium)에서 선출(選出)되거나 임명(任命)되어야 한다.

② 각 등기된 합병참가회사(jede eingetragene beteiligte Gesellschaft)가 특별평의회에서 최소 1명의 구성원(構成員)으로 대표(代表)되도록 보장하기 위하여, 필요한 수만큼의 추가적 구성원이 특별평의회에서 선출(選出)되거나 임명(任命)되어야 한다. 그 합병참가회사는 관련 회원국(會員國)에서 근로자를 고용(雇傭)해야만 하며, 계획된 국경을 초월한 합병의 결과로서 그 회사의 고유한 법인격(eigene Rechtspersönlichkeit)이 소멸되게 해야만 한다. 그 선출 또는 임명으로 인해 해당 근로자의 이중대표(Doppelvertretung der betroffenen Arbeitnehmer)가 행해져서는 안 된다.

③ 추가적 구성원수(Zahl der zusätzlichen Mitglieder)는 제7조 제1항에 따라 생긴 구성원수의 20프로를 초과해서는 안 된다. 그 결과 제7조 제2항에 따라 특별히 고려되어야 하는 각 회사가 추가적 구성원에 의해(durch ein zusätzliches Mitglied) 특별평의회에서(im besonderen Verhandlungsgremium) 대표될 수 없는 경우에는, 그 회사는 그에 고용된 근로자수의 (큰 수부터 작은 수로의) 하향순서(absteigende Reihenfolge)대로 고려된다. 이 경우 어느 회원국도, 제7조 제2항에 따라 특별히 고려되어야 하는 회사가 소재한 기타 회원국 모두도 한 석도 얻지 못한 때에는, 더 이상 수개의 추가적 구성원자리(mehrere zusätzliche Sitze)를 받지 못하는 점

Gesellschaften stammen, einen Sitz erhalten haben.

(4) Treten während der Tätigkeitsdauer des besonderen Verhandlungsgremiums solche Änderungen in der Struktur oder Arbeitnehmerzahl der beteiligten Gesellschaften, der betroffenen Tochtergesellschaften oder der betroffenen Betriebe ein, dass sich die konkrete Zusammensetzung des besonderen Verhandlungsgremiums ändern würde, so ist das besondere Verhandlungsgremium entsprechend neu zusammenzusetzen. Über solche Änderungen haben die zuständigen Leitungen unverzüglich das besondere Verhandlungsgremium zu informieren. § 6 Abs. 2 bis 4 gilt entsprechend.

§ 8 Persönliche Voraussetzungen der auf das Inland entfallenden Mitglieder des besonderen Verhandlungsgremiums

(1) Die persönlichen Voraussetzungen der Mitglieder des besonderen Verhandlungsgremiums richten sich nach den jeweiligen Bestimmungen der Mitgliedstaaten, in denen sie gewählt oder bestellt werden.

(2) Zu Mitgliedern des besonderen Verhandlungsgremiums wählbar sind im Inland Arbeitnehmer der Gesellschaften und Betriebe sowie Gewerkschaftsvertreter. Frauen und Männer sollen entsprechend ihrem zahlenmäßigen Verhältnis gewählt werden. Für jedes Mitglied ist ein Ersatzmitglied zu wählen.

(3) Gehören dem besonderen Verhandlungsgremium mehr als zwei Mitglieder aus dem Inland an, ist jedes dritte Mitglied ein Vertreter einer Gewerkschaft, die in einer an der Verschmelzung beteiligten Gesellschaft, betroffenen Tochtergesellschaft oder einem betroffenen Betrieb vertreten ist.

(4) Gehören dem besonderen Verhandlungsgremium mehr als sechs Mitglieder aus dem Inland an, ist mindestens jedes siebte Mitglied ein leitender Angestellter.

§ 9 Verteilung der auf das Inland entfallenden Sitze des besonderen Verhandlungsgremiums

(1) Die Wahl oder Bestellung der Mitglieder des besonderen Verhandlungsgremiums nach § 7 erfolgt nach den jeweiligen Bestimmungen der Mitgliedstaaten.

(2) Bei der Wahl der auf das Inland entfallenden Mitglieder des besonderen Verhandlungsgremiums sollen alle an der Verschmelzung beteiligten Gesellschaften mit Sitz im Inland, die Arbeitnehmer im Inland beschäftigen, durch mindestens ein Mitglied im besonderen Verhandlungsgremium vertreten sein.

(3) Ist die Anzahl der auf das Inland entfallenden Mitglieder des besonderen Verhandlungsgremiums geringer als die Anzahl der an der Verschmelzung beteiligten Gesellschaften mit Sitz im Inland, die Arbeitnehmer im Inland beschäftigen, so erhalten die Gesellschaften in absteigender Reihenfolge der Zahl der Arbeitnehmer jeweils einen Sitz.

(4) Ist die Anzahl der auf das Inland entfallenden Mitglieder des besonderen Verhandlungsgremiums

이 보장되도록 한다.

④ 특별평의회의 활동기간(Tätigkeitsdauer) 동안에 합병참가회사, 관련자회사 또는 관련사업의 구조 또는 근로자수의 변동(Änderungen in der Struktur oder Arbeitnehmerzahl)으로, 특별평의회의 구체적 구성이 바뀔 그러한 변동이 발생하는 경우에, 특별평의회는 그 변동에 상응하여(entsprechend) 새롭게 편성되어야 한다. 관할 경영대표기관(zuständigen Leitungen)은 지체 없이 특별평의회에 그러한 변동에 대한 정보(情報)를 제공해야 한다. 제6조 제2항 내지 제4항을 준용한다.

제8조 독일에 할당된 특별평의회구성원(besonderen Verhandlungsgremiums)의 인적 요건(Persönliche Voraussetzungen)

① 특별평의회구성원의 인적 요건(persönlichen Voraussetzungen der Mitglieder des besonderen Verhandlungsgremiums)은 그 구성원이 선출(選出)되거나 임명되는 각 회원국(會員國)의 규정에 따른다.

② 독일에서 그 회사 및 사업에 속한 근로자와 노조측대표자(Gewerkschaftsvertreter)가 특별평의회구성원으로 선출될 수 있다. 여성 및 남성은 그 수의 비율에 상응하여(entsprechend ihrem zahlenmäßigen Verhältnis) 선출되어야 한다. 각 특별평의회구성원에 대해 대체구성원이 선출되어야 한다.

③ 독일에서 선임된 구성원 3명 이상이 특별평의회에 있는 경우에 구성원의 1/3은, 합병참가회사, 관련자회사 및 관련사업(an der Verschmelzung beteiligten Gesellschaft, betroffenen Tochtergesellschaft oder einem betroffenen Betrieb)에 조합원인 근로자가 있는 노동조합의 대표자이다.

④ 독일에서 선임된 구성원 7명 이상이 특별평의회에 있는 경우에 구성원의 1/7 이상의 구성원은 고위직사원이다.

제9조 독일에 할당된 특별평의회구성원자리의 배분

① 제9조에 따른 특별평의회의 구성원의 선출 또는 임명(Wahl oder Bestellung)은 각 회원국의 규정에 따라 이뤄진다.

② 독일에 할당된 특별평의회구성의 선거에 있어(Bei der Wahl der auf das Inland entfallenden Mitglieder des besonderen Verhandlungsgremiums), 합병에 참여한, 독일에 본점소재지가 있는 회사로 독일에서 근로자를 고용한 각 회사는 특별평의회에서 1명 이상의 구성원으로(durch mindestens ein Mitglied im besonderen Verhandlungsgremium) 대표되어야 한다.

③ 독일에 할당된, 특별평의회의 구성원수(Anzahl der auf das Inland entfallenden Mitglieder des besonderen Verhandlungsgremiums)가 합병에 참여한, 독일에 본점소재지가 있는 회사들로 독일에서 근로자를 고용한 회사의 수보다 적은 경우에, 그 회사들은 근로자수의 (큰 수부터 작은 수로의) 하향순서(absteigende Reihenfolge)대로 각각 1석을 받는다.

④ 독일에 할당된, 특별평의회(besonderen Verhandlungsgremiums)의 구성원수가 합병에 참여

höher als die Anzahl der an der Verschmelzung beteiligten Gesellschaften mit Sitz im Inland, die Arbeitnehmer im Inland beschäftigen, so sind die nach erfolgter Verteilung nach Absatz 2 verbleibenden Sitze nach dem d'Hondtschen Höchstzahlverfahren auf die beteiligten Gesellschaften, die betroffenen Tochtergesellschaften oder die betroffenen Betriebe zu verteilen.

(5) Sind keine Gesellschaften mit Sitz im Inland an der Verschmelzung beteiligt, sondern von ihr nur Tochtergesellschaften oder Betriebe ausländischer Gesellschaften betroffen, gelten die Absätze 2 bis 4 entsprechend.

## Kapitel 2 Wahlgremium

§ 10 Zusammensetzung des Wahlgremiums; Urwahl

(1) Die nach diesem Gesetz oder dem Gesetz eines anderen Mitgliedstaats auf die im Inland beschäftigten Arbeitnehmer der an der Verschmelzung beteiligten Gesellschaften, betroffenen Tochtergesellschaften und betroffenen Betriebe entfallenden Mitglieder des besonderen Verhandlungsgremiums werden von einem Wahlgremium in geheimer und unmittelbarer Wahl gewählt. Im Fall des § 8 Abs. 3 ist jedes dritte Mitglied auf Vorschlag einer Gewerkschaft zu wählen, die in einer an der Verschmelzung beteiligten Gesellschaft, einer betroffenen Tochtergesellschaft oder einem betroffenen Betrieb vertreten ist. Wird nur ein Wahlvorschlag gemacht, muss dieser mindestens doppelt so viele Bewerber enthalten wie Vertreter von Gewerkschaften zu wählen sind. Jeder Wahlvorschlag einer Gewerkschaft muss von einem Vertreter der Gewerkschaft unterzeichnet sein. Im Fall des § 8 Abs. 4 ist jedes siebte Mitglied auf Vorschlag der Sprecherausschüsse zu wählen; Satz 3 gilt entsprechend. Besteht in einer beteiligten Gesellschaft oder in einer der beteiligten Tochtergesellschaften oder den betroffenen Betrieben kein Sprecherausschuss, können die leitenden Angestellten Wahlvorschläge machen; ein Wahlvorschlag muss von einem Zwanzigstel oder 50 der wahlberechtigten leitenden Angestellten unterzeichnet sein.

(2) Ist aus dem Inland nur eine Unternehmensgruppe an der Verschmelzung beteiligt, besteht das Wahlgremium aus den Mitgliedern des Konzernbetriebsrates oder, sofern ein solcher nicht besteht, aus den Mitgliedern der Gesamtbetriebsräte oder, sofern ein solcher in einem Unternehmen nicht besteht, aus den Mitgliedern des Betriebsrates. Betriebsratslose Betriebe und Unternehmen einer Unternehmensgruppe werden vom Konzernbetriebsrat, Gesamtbetriebsrat oder Betriebsrat mit vertreten.

(3) Ist aus dem Inland nur ein Unternehmen an der Verschmelzung beteiligt, besteht das Wahlgremium aus den Mitgliedern des Gesamtbetriebsrates oder, sofern ein solcher nicht besteht, aus den Mitgliedern des Betriebsrates. Betriebsratslose Betriebe eines Unternehmens werden vom Gesamtbetriebsrat oder Betriebsrat mit vertreten.

한, 독일에 본점소재지가 있는 회사로 독일에서 근로자를 고용한 회사의 수보다 큰 경우에, 제9조 제2항에 따른 배분이 이뤄진 후 남은 특별평의회구성원자리(die nach erfolgter Verteilung nach Absatz 2 verbleibenden Sitze)는 동트식의 최대수산정절차에 따라(nach dem d'Hondtschen Höchstzahlverfahren) 합병참가회사에 배분되어야 한다.

⑤ 독일에 본점소재지가 있는 회사가 합병에 참여한 것이 아니라 외국 회사의 자회사 또는 사업만(nur Tochtergesellschaften oder Betriebe ausländischer Gesellschaften)이 그 합병에 관련된 경우에, 제9조 제2조항 내지 제4항을 준용한다.

## 제2장 평의회구성위원회

제10조 평의회구성위원회의 구성, 최초선거

① 이 법 또는 회원국의 다른 법률에 좇아(diesem Gesetz oder dem Gesetz eines anderen Mitgliedstaats) 독일에서 합병참가회사, 관련자회사 및 관련사업에 고용된 근로자에 대해 할당된 특별평의회구성원은 평의회구성위원회(Wahlgremium)에 의해 비밀·직접선거로(in geheimer und unmittelbarer Wahl) 선출된다. 제8조 제3항의 경우에 구성원 1/3는 합병참가회사, 관련자회사 및 관련사업에 조합원인 근로자가 있는 노동조합의 추천에 따라 선출되어야 한다. 하나의 후보자추천서만이 제출된 경우에, 노조측대표자로 선출되어야 할 수의 2배수 이상의 후보자가 그 추천서에 있어야만 한다(muss dieser mindestens doppelt so viele Bewerber enthalten wie Vertreter von Gewerkschaften zu wählen sind). 노동조합의 각 후보자추천서(Jeder Wahlvorschlag einer Gewerkschaft)에 노동조합의 대리인이 서명해야 한다. 제8조 제4항의 경우 1/7의 구성원은 고위직사원평의회의 추천에 따라 선출되어야 한다: 제3문을 준용한다. 어느 합병참가회사 또는 참여자회사 또는 참여사업에 고위직사원평의회가 없는 경우에(Besteht in einer beteiligten Gesellschaft oder in einer der beteiligten Tochtergesellschaften oder den betroffenen Betrieben kein Sprecherausschuss), 고위직사원들(leitenden Angestellten)은 그 추천을 할 수 있다; 그 추천서(推薦書)에 고위직사원의 1/20 또는 50명의 고위직사원이 서명을 해야만 한다.

② 독일에서 오직 1개의 기업집단이 합병에 참여한 경우에 평의회구성위원회는, 그 콘체른근로자평의회구성원으로, 또는 그 콘체른근로자평의회가 없는 경우에는 그 기업근로자평의회구성원으로, 기업에 기업근로자평의회가 없는 경우에는 그 근로자평의회구성원으로 각각 구성된다. 기업집단 내에서 근로자평의회가 없는 사업 및 기업(Betriebsratslose Betriebe und Unternehmen einer Unternehmensgruppe)은 콘체른근로자평의회, 기업근로자평의회 또는 근로자평의회에 의해 대표된다.

③ 독일에서 오직 1개의 기업이 그 합병에 참여한 경우에 평의회구성위원회는, 그 기업근로자평의회구성원으로, 또는 그 기업근로자평의회가 없는 경우에는 그 근로자평의회구성원으로 각각 구성된다. 기업에 근로자평의회가 없는 사업은 기업근로자평의회 또는 근로자평의회에 의해 대표된다.

(4) Ist aus dem Inland nur ein Betrieb von der Verschmelzung betroffen, besteht das Wahlgremium aus den Mitgliedern des Betriebsrates.

(5) Sind an der Verschmelzung eine oder mehrere Unternehmensgruppen oder nicht verbundene Unternehmen beteiligt oder sind von der Gründung unternehmensunabhängige Betriebe betroffen, setzt sich das Wahlgremium aus den jeweiligen Arbeitnehmervertretungen auf Konzernebene, Unternehmensebene oder Betriebsebene zusammen. Die Absätze 2 bis 4 gelten entsprechend. Ist in den Fällen des Satzes 1 eine entsprechende Arbeitnehmervertretung nicht vorhanden, werden diese Mitglieder des Wahlgremiums von den Arbeitnehmern in Urwahl gewählt. Die Wahl wird von einem Wahlvorstand eingeleitet und durchgeführt, der in einer Versammlung der Arbeitnehmer gewählt wird, zu der die inländische Konzernleitung, Unternehmensleitung oder Betriebsleitung einlädt. Es sind so viele Mitglieder des Wahlgremiums zu wählen, wie eine bestehende Arbeitnehmervertretung in den Fällen der Absätze 2 bis 4 an gesetzlichen Mitgliedern hätte; für das Wahlverfahren gilt Absatz 7 Satz 3 bis 5 entsprechend.

(6) Das Wahlgremium besteht aus höchstens 40 Mitgliedern. Würde diese Höchstzahl überschritten, ist die Anzahl der Mitglieder in dem Wahlgremium entsprechend ihrem zahlenmäßigen Verhältnis nach dem d'Hondtschen Höchstzahlverfahren zu verringern.

(7) Besteht in den Fällen der Absätze 2 bis 5 keine Arbeitnehmervertretung, wählen die Arbeitnehmer die Mitglieder des besonderen Verhandlungsgremiums in geheimer und unmittelbarer Wahl. Die Wahl wird von einem Wahlvorstand eingeleitet und durchgeführt, der in einer Versammlung der Arbeitnehmer gewählt wird, zu der die inländische Konzernleitung, Unternehmensleitung oder Betriebsleitung einlädt. Die Wahl der Mitglieder des besonderen Verhandlungsgremiums erfolgt nach den Grundsätzen der Verhältniswahl. Sie erfolgt nach den Grundsätzen der Mehrheitswahl, wenn nur ein Wahlvorschlag eingereicht wird. Jeder Wahlvorschlag der Arbeitnehmer muss von mindestens einem Zwanzigstel der wahlberechtigten Arbeitnehmer, mindestens jedoch von drei Wahlberechtigten, höchstens aber von 50 Wahlberechtigten unterzeichnet sein; in Betrieben mit in der Regel bis zu 20 wahlberechtigten Arbeitnehmern genügt die Unterzeichnung durch zwei Wahlberechtigte. Absatz 1 Satz 2 bis 6 gilt entsprechend.

§ 11 Einberufung des Wahlgremiums

(1) Auf der Grundlage der von den Leitungen erhaltenen Informationen hat der Vorsitzende der Arbeitnehmervertretung auf Konzernebene oder, sofern eine solche nicht besteht, auf Unternehmensebene oder, sofern eine solche nicht besteht, auf Betriebsebene

1. Ort, Tag und Zeit der Versammlung des Wahlgremiums festzulegen;

2. die Anzahl der Mitglieder aus den jeweiligen Arbeitnehmervertretungen nach § 10 Abs. 6 festzulegen;

④ 독일에서 오직 1개의 사업이 합병에 관련된 경우에, 평의회구성위원회는 그 사업의 근로자평의회구성원으로 구성된다.
⑤ 그 합병에 하나 또는 수개의 기업집단 또는 결합되지 않은 기업(Unternehmensgruppen oder nicht verbundene Unternehmen)이 출자하거나, 그 설립에 기업종속적 사업들이 관련된 경우에, 평의회구성위원회는 콘체른수준, 기업수준 또는 사업수준의(auf Konzernebene, Unternehmensebene oder Betriebsebene) 각각의 근로자대표기구의 구성원으로 구성된다. 제10조 제2항 내지 제4항을 준용한다. 제10조 제1항의 경우에 관련 근로자대표기구가 없는 경우에 이러한 평의회구성위원회위원(diese Mitglieder des Wahlgremiums)은 근로자들에 의한 최초선거로 선출된다. 그 선거는 독일의 콘체른경영대표기관, 기업경영대표기관 또는 사업경영대표기관(Konzernleitung, Unternehmensleitung oder Betriebsleitung)이 소집한 근로자총회에서 선거로 구성된 선거위원회에 의해 개시되어 실시된다. 제10조 제2항 내지 제4항의 경우에 존재하는 근로자대표기구에 법적 구성원이 있어야 하는 수만큼의 평의회구성위원회위원수가 선출되어야 한다; 그 선거절차에 대하여 제10조 제7항 제3항 내지 제5항을 준용한다.
⑥ 평의회구성위원회는 최대 40명의 구성원으로 구성된다. 그 수를 넘는 경우에 그 구성원수는 평의회구성위원회에서 구성원수의 비율에 상응하여 동트식의 최대수산정절차에 좇아(nach dem d'Hondtschen Höchstzahlverfahren) 감소되어야 한다.
⑦ 제10조 제2항 내지 제5항의 경우에 근로자대표기구가 없는 경우에, 근로자들은 특별평의회구성원을 비밀·직접선거로(in geheimer und unmittelbarer Wahl) 선출한다. 그 선거는 독일의 콘체른경영대표기관, 기업경영대표기관 또는 사업경영대표기관(inländische Konzernleitung, Unternehmensleitung oder Betriebsleitung)이 소집한 근로자총회에서 선거로 구성된 선거위원회에 의해 개시되어 실시된다. 특별평의회구성원선거(Wahl der Mitglieder des besonderen Verhandlungsgremiums)는 비례대표선거원칙에 좇아(nach den Grundsätzen der Verhältniswahl) 실시된다. 하나의 후보자추천서가 제출된 경우에는 그 선거는 다수대표제선거원칙에 좇아(nach den Grundsätzen der Mehrheitswahl) 실시된다. 근로자들의 각 후보자추천서에 선거권이 있는 근로자들 1/20 이상의 근로자들로, 최소 3명에서 최대 50명의 선거권이 있는 근로자들이 서명해야만 한다; 상시적으로 20명 이하의 선거권(選擧權)이 있는 근로자들이 있는 사업(事業)에서는 2명의 선거권이 있는 근로자의 서명으로 족하다. 제10조 제1항 제2문 내지 제6문을 준용한다.

제11조 평의회구성위원회의 소집
① 경영대표기관에게서 받은 정보에 기하여 콘체른수준의 근로자대표기구, 또는 그것이 없는 경우에는 기업수준의 근로자대표기구나, 기업수준의 근로자대표기구도 없는 경우에는 사업수준의 근로자대표기구의 각각의 의장은,
1. 평의회구성위원회의 장소 및 일시를 정해야 하고;
2. 제10조 제6항에 따라 각각의 근로자대표기구(Arbeitnehmervertretungen)를 대표하는 평의회구성원의원수를 정해야 하고;

3. zur Versammlung des Wahlgremiums einzuladen.

(2) Bestehen auf einer Ebene mehrere Arbeitnehmervertretungen, treffen die Verpflichtungen nach Absatz 1 den Vorsitzenden der Arbeitnehmervertretung, die die meisten Arbeitnehmer vertritt.

§ 12 Wahl der Mitglieder des besonderen Verhandlungsgremiums

(1) Bei der Wahl müssen mindestens zwei Drittel der Mitglieder des Wahlgremiums, die mindestens zwei Drittel der Arbeitnehmer vertreten, anwesend sein. Die Mitglieder des Wahlgremiums haben jeweils so viele Stimmen, wie sie Arbeitnehmer vertreten. Die Wahl erfolgt mit einfacher Mehrheit der abgegebenen Stimmen.

(2) Im Wahlgremium vertreten die Arbeitnehmervertretungen und die in Urwahl gewählten Mitglieder jeweils alle Arbeitnehmer der organisatorischen Einheit, für die sie nach § 10 Abs. 2 bis 5 zuständig sind. Nicht nach Satz 1 vertretene Arbeitnehmer werden den Arbeitnehmervertretungen innerhalb der jeweiligen Unternehmensgruppe zu gleichen Teilen zugerechnet.

(3) Sind für eine Arbeitnehmervertretung mehrere Mitglieder im Wahlgremium vertreten, werden die entsprechend der von ihnen vertretenen Arbeitnehmer bestehenden Stimmenanteile gleichmäßig aufgeteilt. Dies gilt auch für die nach § 10 Abs. 5 Satz 3 gewählten Mitglieder des Wahlgremiums.

## Kapitel 3 Verhandlungsverfahren

§ 13 Information über die Mitglieder des besonderen Verhandlungsgremiums

(1) Die Wahl oder Bestellung der Mitglieder des besonderen Verhandlungsgremiums soll innerhalb von zehn Wochen nach der in § 6 Abs. 2 und 3 vorgeschriebenen Information erfolgen. Den Leitungen sind unverzüglich die Namen der Mitglieder des besonderen Verhandlungsgremiums, ihre Anschriften sowie die jeweilige Betriebszugehörigkeit mitzuteilen. Die Leitungen haben die örtlichen Betriebs- und Unternehmensleitungen, die dort bestehenden Arbeitnehmervertretungen und Sprecherausschüsse sowie die in inländischen Betrieben vertretenen Gewerkschaften über diese Angaben zu informieren.

(2) Das Verhandlungsverfahren nach den §§ 14 bis 19 findet auch dann statt, wenn die in Absatz 1 Satz 1 genannte Frist aus Gründen, die die Arbeitnehmer zu vertreten haben, überschritten wird. Nach Ablauf der Frist gewählte oder bestellte Mitglieder können sich jederzeit an dem Verhandlungsverfahren beteiligen.

§ 14 Sitzungen; Geschäftsordnung

(1) Die Leitungen laden unverzüglich nach Benennung der Mitglieder oder im Fall des § 13 nach Ablauf der in § 13 Abs. 1 Satz 1 genannten Frist zur konstituierenden Sitzung des besonderen Verhandlungsgremiums ein und informieren die örtlichen Betriebs- und Unternehmensleitungen.

3. 평의회구성위원회 집회를 소집해야 한다.

② 하나의 수준에 수개의 근로자대표기구가 있는 경우에는 가장 많은 수의 근로자를 대표하는 근로자대표기구의 의장이 제11조 제1항에 따른 의무를 부담한다.

제12조 특별평의회구성원 선출

① 그 선거에 있어 최소 근로자들 2/3 이상을 대표하는 평의회구성위원회위원의 2/3 이상 참석해야 한다. 평의회구성위원회위원들은 자신들이 대표하는 근로자수만큼의 투표권(so viele Stimmen, wie sie Arbeitnehmer vertreten)을 각각 가진다. 그 선출은 행사된 투표의 단순과반수로 이뤄진다.

② 평의회구성위원회에서 근로자대표기구와 최초선거로 선출된 구성원은 그 근로자대표기구가 제10조 제2항 내지 제5항에 따라 관할하는 조직단위에 속한 모든 근로자를 각각 대표한다. 제1문에 따라 대표되지 않는 근로자들은 각각의 기업집단 내의 근로자대표기구에 동일한 몫으로(zu gleichen Teilen) 산입된다.

③ 수인의 그 구성원들이 하나의 근로자대표기구를 위해 평의회구성위원회에서 대표되어야 하는 경우에, 그 구성원들에 의해 대표되는 근로자들에 상응하여 존재하는 투표지분(die entsprechend der von ihnen vertretenen Arbeitnehmer bestehenden Stimmenanteile)은 동등하게 분할된다. 제10조 제5항 제3문에 따라 선출되는 평의회구성위원회위원에 대하여도 적용한다.

## 제3장 교섭절차

제13조 특별평의회구성원에 관한 정보제공

① 특별평의회구성원의 선출 또는 임명은 제6조 제2항, 제3항에 규정된 정보제공 후 10주 이내에 이뤄져야 한다. 특별평의회구성원들의 성명, 그 구성원들의 주소와 각각의 사업소속(Namen der Mitglieder des besonderen Verhandlungsgremiums, ihre Anschriften sowie die jeweilige Betriebszugehörigkeit)은 경영대표기관에게 지체 없이 통지되어야 한다. 그 경영대표기관은 지역의 사업경영대표기관 및 기업경영대표기관, 사업 및 기업에 존재하는 근로자대표기구 및 고위직사원평의회, 독일 내 사업에 조합원인 근로자가 있는 노동조합에게 이러한 사항에 관한 정보를 제공해야 한다.

② 제13조 제1항 제1문의 기간 동안 근로자들에게 책임 있는 사유(Gründen, die die Arbeitnehmer zu vertreten haben)에 기하여 도과되더라도 제14조 내지 제19조에 따른 교섭절차는 진행된다. 그 기간의 도과 후 선출되거나 임명된 구성원은 언제든지 교섭절차에 참여할 수 있다.

제14조 정관, 사무규정

① 경영대표기관은 그 구성원 취임 후 지체 없이, 또는 제13조의 경우에 제13조 제1항 제1문상의 기간의 도과 후에 특별평의회의 선출회의(konstituierenden Sitzung)를 소집하고 지역의 사업경영대표기관 및 기업경영대표기관에게 그에 관하여 통지한다.

Das besondere Verhandlungsgremium wählt aus seiner Mitte einen Vorsitzenden und mindestens zwei Stellvertreter. Es kann sich eine schriftliche Geschäftsordnung geben.
(2) Der Vorsitzende kann weitere Sitzungen einberufen.

§ 15 Zusammenarbeit zwischen besonderem Verhandlungsgremium und Leitungen
(1) Das besondere Verhandlungsgremium schließt mit den Leitungen eine schriftliche Vereinbarung über die Mitbestimmung der Arbeitnehmer in der aus der grenzüberschreitenden Verschmelzung hervorgehenden Gesellschaft ab. Zur Erfüllung dieser Aufgabe arbeiten sie vertrauensvoll zusammen.
(2) Die Leitungen haben dem besonderen Verhandlungsgremium rechtzeitig alle erforderlichen Auskünfte zu erteilen und die erforderlichen Unterlagen zur Verfügung zu stellen. Das besondere Verhandlungsgremium ist insbesondere über das Verschmelzungsvorhaben und den Verlauf des Verfahrens bis zur Eintragung der aus der grenzüberschreitenden Verschmelzung hervorgehenden Gesellschaft zu unterrichten. Zeitpunkt, Häufigkeit und Ort der Verhandlungen werden zwischen den Leitungen und dem besonderen Verhandlungsgremium einvernehmlich festgelegt.

§ 16 Sachverständige und Vertreter von geeigneten außenstehenden Organisationen
(1) Das besondere Verhandlungsgremium kann bei den Verhandlungen Sachverständige seiner Wahl, zu denen auch Vertreter von einschlägigen Gewerkschaftsorganisationen auf Gemeinschaftsebene zählen können, hinzuziehen, um sich von ihnen bei seiner Arbeit unterstützen zu lassen. Diese Sachverständigen können, wenn das besondere Verhandlungsgremium es wünscht, an den Verhandlungen in beratender Funktion teilnehmen.
(2) Das besondere Verhandlungsgremium kann beschließen, die Vertreter von geeigneten außenstehenden Organisationen vom Beginn der Verhandlungen zu unterrichten.

§ 17 Beschlussfassung im besonderen Verhandlungsgremium
(1) Die Mitglieder des besonderen Verhandlungsgremiums, die in einem Mitgliedstaat gewählt oder bestellt werden, vertreten alle in dem jeweiligen Mitgliedstaat beschäftigten Arbeitnehmer. Solange aus einem Mitgliedstaat keine Mitglieder in das besondere Verhandlungsgremium gewählt oder bestellt sind (§ 13 Abs. 2), gelten die betroffenen Arbeitnehmer als nicht vertreten.
(2) Das besondere Verhandlungsgremium beschließt vorbehaltlich des Absatzes 3 und § 18 Abs. 1 mit der Mehrheit seiner Mitglieder, in der zugleich die Mehrheit der vertretenen Arbeitnehmer enthalten sein muss. Jedes auf das Inland entfallende Mitglied vertritt gleich viele Arbeitnehmer.
(3) Hätten die Verhandlungen eine Minderung der Mitbestimmungsrechte zur Folge, so ist für einen Beschluss zur Billigung einer solchen Vereinbarung eine Mehrheit von zwei Dritteln der Mitglieder des besonderen Verhandlungsgremiums erforderlich, die mindestens zwei Drittel der Arbeitnehmer in mindestens zwei Mitgliedstaaten vertreten. Dies gilt, sofern sich die

특별평의회는 자신의 구성원 중에서 의장과 최소 2명의 부의장을 선출한다. 그 평의회는 서면의 사무규정을 정할 수 있다.
② 의장은 기타 회의를 소집할 수 있다.

제15조 특별평의회와 경영대표기관 간의 협력
① 특별평의회는 경영대표기관과 국경을 초월한 합병으로 생겨난 회사 내 근로자들의 공동결정에 관한 서면협약(schriftliche Vereinbarung über die Mitbestimmung der Arbeitnehmer)를 체결한다. 특별평의회와 경영대표기관은 이러한 임무의 수행을 위하여 깊은 신뢰로 서로 협력(協力)한다.
② 경영대표기관은 특별평의회에게 적시에 필요한 모든 정보를 제공해야 하고 필요한 서류를 이용하도록 제공해야 한다. 특히 특별평의회는 설립계획과, 국경을 초월한 합병으로 생겨난 회사의 등기시까지 그 절차의 경과(Verlauf des Verfahrens bis zur Eintragung der aus der grenzüberschreitenden Verschmelzung hervorgehenden Gesellschaft)에 관하여 통지를 받아야 한다. 교섭의 시기·빈도·장소(Häufigkeit und Ort der Verhandlungen)는 특별평의회와 경영대표기관 간에 협의하여 정한다.

제16조 적절한 외부조직의 전문가와 대리인
① 특별평의회는 교섭 진행시 그 평의회가 선택한 그 전문가에게서 도움을 받기 위하여, 유럽공동체 수준에서의 관련 노동조합단체의 대리인(Vertreter von einschlägigen Gewerkschaftsorganisationen auf Gemeinschaftsebene)도 포함될 수 있는 전문가들을 그에 참석하게 할 수 있다. 이러한 전문가는, 특별교섭회가 이를 원하는 경우 옵서버로 교섭회에 참석할 수 있다.
② 특별교섭회는 적절한 외부 단체의 대리인에게 교섭의 개시에 관한 통지에 대해 결의할 수 있다.

제17조 특별평의회에서의 결의
① 어느 회원국에서 선출되거나 임명된 특별평의회구성원은 각 회원국에 고용된 모든 근로자들(alle in dem jeweiligen Mitgliedstaat beschäftigten Arbeitnehmer)을 대표한다. 어느 회원국에서 어떤 구성원도 특별평의회의 구성원으로 선출되거나 임명되지 않는 동안에(제13조 제2항), 그 해당 근로자들은 대표되지 않은 것으로 본다.
② 특별평의회는 제17조 제3항, 제18조 제1항의 경우를 제외하고 대표되는 근로자의 과반수도 동시에 충족되어야만 하는, 그 구성원의 과반수로 의결한다. 독일에 할당된 각 그 구성원은 같은 수의 근로자들을 대표한다.
③ 교섭이 공동결정권의 축소를 초래할 경우에는, 그러한 협약에 동의를 위한 결의(für einen Beschluss zur Billigung einer solchen Vereinbarung)는 특별평의회구성원의 2/3의 다수결(Mehrheit von zwei Dritteln der Mitglieder des besonderen Verhandlungsgremiums)로, 2개 이상의 회원국의 근로자들 중 2/3를 대표하는 다수결(多數決)을 필요로 한다. 이는 그 공동결정이

Mitbestimmung auf mindestens 25 Prozent der Gesamtzahl der Arbeitnehmer der beteiligten Gesellschaften und der betroffenen Tochtergesellschaften erstreckt.

(4) Minderung der Mitbestimmungsrechte bedeutet, dass

1. der Anteil der Arbeitnehmervertreter
   a) im Verwaltungs- oder Aufsichtsorgan,
   b) in Ausschüssen, in denen die Mitbestimmung der Arbeitnehmer erfolgt, oder
   c) im Leitungsgremium, das für die Ergebniseinheiten der Gesellschaften zuständig ist,

   geringer ist als der höchste in den beteiligten Gesellschaften bestehende Anteil oder
2. das Recht, Mitglieder des Aufsichts- oder Verwaltungsorgans der Gesellschaft zu wählen, zu bestellen, zu empfehlen oder abzulehnen, beseitigt oder eingeschränkt wird.

§ 18 Nichtaufnahme oder Abbruch der Verhandlungen

Das besondere Verhandlungsgremium kann beschließen, keine Verhandlungen aufzunehmen oder bereits aufgenommene Verhandlungen abzubrechen. Für diesen Beschluss ist eine Mehrheit von zwei Dritteln der Mitglieder erforderlich, die mindestens zwei Drittel der Arbeitnehmer in mindestens zwei Mitgliedstaaten vertreten. Die Vorschriften über die Mitbestimmung der Arbeitnehmer, die in dem Mitgliedstaat gelten, in dem die aus der grenzüberschreitenden Verschmelzung hervorgehende Gesellschaft ihren Sitz haben wird, finden Anwendung.

§ 19 Niederschrift

In eine Niederschrift, die vom Vorsitzenden und einem weiteren Mitglied des besonderen Verhandlungsgremiums zu unterzeichnen ist, sind aufzunehmen

1. ein Beschluss über den Abschluss einer Vereinbarung nach § 15 Abs. 1,
2. ein Beschluss über die Nichtaufnahme oder den Abbruch der Verhandlungen nach § 18 und
3. die jeweiligen Mehrheiten, mit denen die Beschlüsse gefasst worden sind.

Eine Abschrift der Niederschrift ist den Leitungen zu übermitteln.

§ 20 Kosten des besonderen Verhandlungsgremiums

Die durch die Bildung und Tätigkeit des besonderen Verhandlungsgremiums entstehenden erforderlichen Kosten tragen die beteiligten Gesellschaften und nach ihrer Verschmelzung die aus der grenzüberschreitenden Verschmelzung hervorgehende Gesellschaft als Gesamtschuldner. Insbesondere sind für die Sitzungen in erforderlichem Umfang Räume, sachliche Mittel, Dolmetscher und Büropersonal zur Verfügung zu stellen sowie die erforderlichen Reise- und Aufenthaltskosten der Mitglieder des besonderen Verhandlungsgremiums zu tragen.

§ 21 Dauer der Verhandlungen

(1) Die Verhandlungen beginnen mit der Einsetzung des besonderen Verhandlungsgremiums und

합병참가회사 및 관련자회사에 속한 근로자총수의 25프로 이상(mindestens 25 Prozent der Gesamtzahl der Arbeitnehmer)에 관련된 경우에 적용된다.

④ 공동결정권의 축소는 다음 각 호를 의미한다,

1. 다음에서의 근로자측대표자수의 비율이,
   a) 감독회 또는 감사회,
   b) 근로자들의 공동결정이 이뤄지는 위원회,
   c) 사업의 생산단위를 관할하는 경영기구,

   합병참가회사에 존재하는 비율 중 가장 큰 비율보다 적거나,
2. 그 회사의 감사회 또는 감독회의 구성원을 선출하거나 임명하거나 추천하거나 또는 거부하는 권리가 소멸되거나 제한되는 경우

제18조 교섭의 불개시(不開始) 또는 중단

특별평의회는 교섭을 개시하지 않기로 하거나 이미 개시된 교섭을 중단할 것을 결의할 수 있다. 이러한 결의는 특별평의회구성원의 2/3의 다수결로, 2개 이상의 회원국의 근로자들 중 2/3 이상을 대표하는(die mindestens zwei Drittel der Arbeitnehmer in mindestens zwei Mitgliedstaaten vertreten) 다수결을 필요로 한다. 근로자들의 공동결정에 관한 규정(Vorschriften über die Mitbestimmung der Arbeitnehmer)으로, 국경을 초월한 합병으로 생겨난 회사의 본점 소재지가 있는 회원국에서 적용되는 규정을 적용한다.

제19조 의사록

의장과 특별평의회 구성원 1명이 추가적으로 서명을 해야 하는 의사록에 다음 각 호 사항 모두를 기재한다,

1. 제15조 제1항에 따른 협약의 체결에 관한 결의,
2. 제18조 제1항에 따른 평의의 불개시(不開始) 또는 중단에 관한 결의,
3. 결의가 이뤄진 각각의 다수결.

의사록의 사본은 경영대표기관에게 교부되어야 한다.

제20조 특별평의회의 비용

특별평의회의 조직 및 활동으로 생긴 필요적 비용(Die durch die Bildung und Tätigkeit des besonderen Verhandlungsgremiums entstehenden erforderlichen Kosten)은 합병참가회사가 부담하고, 그 합병 후에는 국경을 초월한 합병으로 생겨난 회사와 연대채무자로서(als Gesamtschuldner) 부담한다. 특히 합병참가회사는 회의에 필요한 범위의 공간(für die Sitzungen in erforderlichem Umfang Räume), 물적 시설, 통역 및 사무직원(Büropersonal)을 제공해야 하고, 특별평의회구성원 여행필요경비 및 체류필요경비를 부담해야 한다.

제21조 교섭기간

① 그 교섭이 특별평의회의 설치(Einsetzung des besonderen Verhandlungsgremiums)로써 개시

können bis zu sechs Monate dauern. Einsetzung bezeichnet den Tag, zu dem die Leitungen zur konstituierenden Sitzung des besonderen Verhandlungsgremiums eingeladen haben.

(2) Die Parteien können einvernehmlich beschließen, die Verhandlungen über den in Absatz 1 genannten Zeitraum hinaus bis zu insgesamt einem Jahr ab der Einsetzung des besonderen Verhandlungsgremiums fortzusetzen.

## Teil 3 Mitbestimmung der Arbeitnehmer

### Kapitel 1 Mitbestimmung kraft Vereinbarung

§ 22 Inhalt der Vereinbarung

(1) In der schriftlichen Vereinbarung zwischen den Leitungen und dem besonderen Verhandlungsgremium wird, unbeschadet der Autonomie der Parteien im Übrigen, festgelegt:

1. der Geltungsbereich der Vereinbarung, einschließlich der außerhalb des Hoheitsgebietes der Mitgliedstaaten liegenden Unternehmen und Betriebe, sofern diese in den Geltungsbereich einbezogen werden;
2. der Zeitpunkt des Inkrafttretens der Vereinbarung und ihre Laufzeit; ferner die Fälle, in denen die Vereinbarung neu ausgehandelt werden soll, und das dabei anzuwendende Verfahren;
3. die Zahl der Mitglieder des Aufsichts- oder Verwaltungsorgans der aus der grenzüberschreitenden Verschmelzung hervorgehenden Gesellschaft, welche die Arbeitnehmer wählen oder bestellen können oder deren Bestellung sie empfehlen oder ablehnen können;
4. das Verfahren, nach dem die Arbeitnehmer diese Mitglieder wählen oder bestellen oder deren Bestellung empfehlen oder ablehnen können, und
5. die Rechte dieser Mitglieder.

(2) In der Vereinbarung soll festgelegt werden, dass auch vor strukturellen Änderungen der aus der grenzüberschreitenden Verschmelzung hervorgehenden Gesellschaft Verhandlungen über die Mitbestimmung der Arbeitnehmer aufgenommen werden. Die Parteien können das dabei anzuwendende Verfahren regeln.

(3) Die Vereinbarung kann bestimmen, dass die Regelungen der §§ 23 bis 27 über die Mitbestimmung kraft Gesetzes ganz oder in Teilen gelten.

(4) Steht die Satzung der aus einer grenzüberschreitenden Verschmelzung hervorgehenden Gesellschaft im Widerspruch zu den Regelungen über die Mitbestimmung kraft Vereinbarung, ist die Satzung anzupassen.

### Kapitel 2 Mitbestimmung kraft Gesetzes

되고 6개월 이내에서 지속할 수 있다. 설치에 경영대표기관이 특별평의회 선출회의를 위하여 소집한 날짜를 표시한다.

② 당사자들은 협의하여 교섭이 제21조 제1항상의 기간을 넘어서 특별평의회가 설치된 때로부터 총 1년 이내에서(bis zu insgesamt einem Jahr ab der Einsetzung des besonderen Verhandlungsgremiums) 지속하는 것으로 정할 수 있다.

## 제3편 근로자들의 공동결정

### 제1장 협약에 의한 공동결정

제22조 협약의 내용

① 경영대표기관과 특별평의회 간의 서면협약으로, 당사자들의 사적자치에도 불구하고 특히, 다음 사항 모두가 정해진다,

1. 그 기업(企業) 및 사업(事業)이 그 적용범위에 포함되는 경우 회원국(會員國)의 영토(Hoheitsgebiet)의 밖에 있는 기업 및 사업을 포함하여, 그 협약의 적용범위(Geltungsbereich der Vereinbarung),
2. 협약의 효력 발생시기와 그 협약의 존속기간, 또 협약이 새롭게 교섭되어야 하는 경우, 이 경우에 적용되는 절차,
3. 국경을 초월한 합병으로 생겨난 회사의 감사회 또는 감독회의 구성원수(Zahl der Mitglieder des Aufsichts- oder Verwaltungsorgans)로, 근로자들이 선출 또는 임명할 수 있거나 그 임명을 추천 또는 거부할 수 있는 구성원수,
4. 근로자들이 감사회 또는 감독회의 구성원을 선출 또는 임명이나 그 임명을 추천 또는 거부함에 있어서 따라야 하는 절차,
5. 감사회 또는 감독회의 구성원의 권리.

② 협약으로 국경을 초월한 합병으로 생겨난 회사의 구조변경 전에도(auch vor strukturellen Änderungen der aus der grenzüberschreitenden Verschmelzung hervorgehenden Gesellschaft) 근로자들의 공동결정에 관한 교섭이 개시될 수 있다는 점이 정해져야 한다. 이 경우 당사자들은 적용되어야 하는 절차를 규정할 수 있다.

③ 그 협약으로 법률에 의한 공동결정에 관한 제23조 내지 제27조에 관한 규정이 전부 또는 부분적으로 적용되는 것으로 정할 수 있다.

④ 국경을 초월한 합병으로 생겨난 회사의 정관내용(Satzung)이 협약에 의한 공동결정(Mitbestimmung kraft Vereinbarung)에 관한 규정에 모순되는 경우에 그 정관은 (협약에 맞게) 조정되어야 한다.

### 제2장 법에 의한 공동결정

§ 23 Voraussetzung

(1) Die Regelungen dieses Kapitels finden ab dem Zeitpunkt der Eintragung der aus der grenzüberschreitenden Verschmelzung hervorgehenden Gesellschaft Anwendung, wenn

1. die Parteien dies vereinbaren oder
2. bis zum Ende des in § 21 angegebenen Zeitraums keine Vereinbarung zustande gekommen ist und das besondere Verhandlungsgremium keinen Beschluss nach § 18 gefasst hat oder
3. die Leitungen der an der Verschmelzung beteiligten Gesellschaften entscheiden, diese Regelungen ohne vorhergehende Verhandlung unmittelbar ab dem Zeitpunkt der Eintragung anzuwenden.

In den Fällen des Satzes 1 Nr. 2 und 3 muss vor der Eintragung der aus der grenzüberschreitenden Verschmelzung hervorgehenden Gesellschaft in einer oder mehreren der beteiligten Gesellschaften eine oder mehrere Formen der Mitbestimmung bestanden haben, die

1. sich auf mindestens ein Drittel der Gesamtzahl der Arbeitnehmer aller beteiligten Gesellschaften und betroffenen Tochtergesellschaften erstreckte oder
2. sich auf weniger als ein Drittel der Gesamtzahl der Arbeitnehmer aller beteiligten Gesellschaften und betroffenen Tochtergesellschaften erstreckte und das besondere Verhandlungsgremium einen entsprechenden Beschluss fasst.

(2) Bestand in den Fällen von Absatz 1 mehr als eine Form der Mitbestimmung im Sinne des § 2 Abs. 7 in den verschiedenen beteiligten Gesellschaften, so entscheidet das besondere Verhandlungsgremium, welche von ihnen in der aus der grenzüberschreitenden Verschmelzung hervorgehenden Gesellschaft eingeführt wird. Wenn das besondere Verhandlungsgremium keinen solchen Beschluss fasst und eine inländische Gesellschaft, deren Arbeitnehmern Mitbestimmungsrechte zustehen, an der Verschmelzung beteiligt ist, ist die Mitbestimmung nach § 2 Abs. 7 Nr. 1 maßgeblich. Ist keine inländische Gesellschaft, deren Arbeitnehmern Mitbestimmungsrechte zustehen, beteiligt, findet die Form der Mitbestimmung nach § 2 Abs. 7 Anwendung, die sich auf die höchste Zahl der in den beteiligten Gesellschaften beschäftigten Arbeitnehmer erstreckt.

(3) Das besondere Verhandlungsgremium unterrichtet die Leitungen über die Beschlüsse, die es nach Absatz 1 Satz 2 Nr. 2 und Absatz 2 Satz 1 gefasst hat.

§ 24 Umfang der Mitbestimmung

(1) Die Arbeitnehmer der aus der grenzüberschreitenden Verschmelzung hervorgehenden Gesellschaft, ihrer Tochtergesellschaften und Betriebe oder ihr Vertretungsorgan haben das Recht, einen Teil der Mitglieder des Aufsichts- oder Verwaltungsorgans der aus der grenzüberschreitenden Verschmelzung hervorgehenden Gesellschaft zu wählen oder zu bestellen oder deren Bestellung zu empfehlen oder abzulehnen. Die Zahl dieser Arbeitnehmervertreter im Aufsichts- oder Verwaltungsorgan der aus der grenzüberschreitenden Verschmelzung hervorgehenden Gesellschaft

제23조 요건

① 다음 각 호의 경우에 이 장의 규정은 국경을 초월한 합병으로 생겨난 회사의 등기(登記)시부터 적용된다,

1. 당사자들이 이를 합의한 경우,
2. 제21조에 기재된 시기가 도과할 때까지 협약이 체결되지 않고 특별평의회가 제18조에 따른 결의를 하지 않은 경우,
3. 합병에 참여한 회사의 경영대표기관이 그 등기가 된 직후부터 위 협약체결을 위한 교섭을 거치지 않고 그 규정을 적용하기로 결정한 경우.

제23조 제1항 제2호, 제3호의 경우에 다음 각 호가, 한 가지 또는 여러 가지의 공동결정이 국경을 초월한 합병으로 생겨난 회사의 등기 전에 하나의 또는 수개의 합병참가회사에 있었어야만 한다,

1. 모든 합병참가회사 및 관련 자회사에 속한 근로자총수(Gesamtzahl der Arbeitnehmer)의 1/3 이상에 관련될 것,
2. 모든 합병참가회사 및 관련 자회사에 속한 근로자총수(Gesamtzahl der Arbeitnehmer)의 1/3 미만에 관련되고 특별평의회가 관련 결의할 것(das besondere 교섭기간sgremium einen entsprechenden Beschluss fasst).

② 제23조 제1항의 경우에 한 가지 방식을 초과하는 제2조 제7항상의 공동결정이 있었던 경우에, 특별평의회가 그 방식 중 어느 것을 국경을 초월한 합병으로 생겨난 회사에 도입할 것인지(entscheidet das besondere Verhandlungsgremium, welche von ihnen in der aus der grenzüberschreitenden Verschmelzung hervorgehenden Gesellschaft eingeführt wird)를 결정한다. 특별평의회가 그러한 결의를 하지 않고 근로자들에게 공동결정권이 귀속된 독일 회사가 그 합병에 참여하는 경우에, 제2조 제7항 제1호에 따른 공동결정이 적용된다. 근로자들에게 공동결정권이 귀속된 독일 법인(inländische Gesellschaft, deren Arbeitnehmern Mitbestimmungsrechte zustehen)이 그 합병에 참여하지 않은 경우에, 제2조 제7항에 따른 공동결정 방식으로, 합병참가회사에 고용된 근로자수 중 가장 많은(höchste Zahl) 근로자수에 관련된 방식이 적용된다.

③ 특별평의회는 경영대표기관에 특별평의회가 제23조 제1항 제2문 제2호, 제2항 제1문에 따라 행한 결의에 관하여 통지한다.

제24조 공동결정의 범위

① 국경을 초월한 합병으로 생겨난 회사, 그 회사의 자회사 및 그 회사사업에 속한 근로자들과 그 회사의 근로자대표기구(Vertretungsorgan)가 국경을 초월한 합병으로 생겨난 회사의 감사회 또는 감독회 구성원 일부(Teil der Mitglieder des Aufsichts- oder Verwaltungsorgans)를 선출(選出) 또는 임명하거나 그 임명(任命)을 추천(推薦) 또는 거부(拒否)할 수 있는 권리(權利)를 갖는다. 국경을 초월한 합병으로 생겨난 회사의 감사회 또는 감독회 내의 근로자대표자수(Zahl dieser Arbeitnehmervertreter im Aufsichts- oder Verwaltungsorgan)는 가장 큰 근로자대표

bemisst sich nach dem höchsten Anteil an Arbeitnehmervertretern, der in den Organen der beteiligten Gesellschaften vor der Eintragung der aus der grenzüberschreitenden Verschmelzung hervorgehenden Gesellschaft bestanden hat.

(2) Handelt es sich bei der aus einer grenzüberschreitenden Verschmelzung hervorgehenden Gesellschaft nach Absatz 1 um eine Gesellschaft mit beschränkter Haftung, so ist in dieser Gesellschaft ein Aufsichtsrat zu bilden. § 90 Abs. 3, 4, 5 Satz 1 und 2, §§ 95 bis 116, 118 Abs. 3, § 125 Abs. 3 und 4 und §§ 170, 171, 268 Abs. 2 des Aktiengesetzes sind entsprechend anzuwenden, soweit nicht in den Vorschriften dieses Gesetzes ein anderes bestimmt ist.

(3) Steht die Satzung der aus einer grenzüberschreitenden Verschmelzung hervorgehenden Gesellschaft im Widerspruch zu den Regelungen über die Mitbestimmung kraft Gesetzes, ist die Satzung anzupassen.

§ 25 Sitzverteilung

(1) Das besondere Verhandlungsgremium verteilt die Zahl der Sitze im Aufsichts- oder Verwaltungsorgan auf die Mitgliedstaaten, in denen Mitglieder zu wählen oder zu bestellen sind. Die Verteilung richtet sich nach dem jeweiligen Anteil der in den einzelnen Mitgliedstaaten beschäftigten Arbeitnehmer der aus der grenzüberschreitenden Verschmelzung hervorgehenden Gesellschaft, ihrer Tochtergesellschaften und Betriebe. Können bei dieser anteiligen Verteilung die Arbeitnehmer aus einem oder mehreren Mitgliedstaaten keinen Sitz erhalten, so hat das besondere Verhandlungsgremium den letzten zu verteilenden Sitz einem bisher unberücksichtigten Mitgliedstaat zuzuweisen. Dieser Sitz soll, soweit angemessen, dem Mitgliedstaat zugewiesen werden, in dem die aus der grenzüberschreitenden Verschmelzung hervorgehende Gesellschaft ihren Sitz haben wird. Dieses Verteilungsverfahren gilt auch in dem Fall, in dem die Arbeitnehmer der aus der grenzüberschreitenden Verschmelzung hervorgehenden Gesellschaft Mitglieder dieser Organe empfehlen oder ablehnen können.

(2) Soweit die Mitgliedstaaten über die Besetzung der ihnen zugewiesenen Sitze keine eigenen Regelungen treffen, bestimmt das besondere Verhandlungsgremium die Arbeitnehmervertreter im Aufsichts- oder Verwaltungsorgan der aus der grenzüberschreitenden Verschmelzung hervorgehenden Gesellschaft.

(3) Die Ermittlung der auf das Inland entfallenden Arbeitnehmervertreter des Aufsichts- oder Verwaltungsorgans der aus einer grenzüberschreitenden Verschmelzung hervorgehenden Gesellschaft erfolgt durch ein Wahlgremium, das sich aus den Arbeitnehmervertretungen der aus einer grenzüberschreitenden Verschmelzung hervorgehenden Gesellschaft, ihrer Tochtergesellschaften und Betriebe zusammensetzt. Für das Wahlverfahren gelten § 8 Abs. 2 bis 4, § 10 Abs. 1 Satz 2 bis 5, Abs. 2 bis 7 und die §§ 11 und 12 entsprechend mit der Maßgabe, dass an die Stelle der beteiligten Gesellschaften, betroffenen Tochtergesellschaften und betroffenen Betriebe die aus

자 비율로, 국경을 초월한 합병으로 생겨난 회사의 등기 전에(vor der Eintragung der aus der grenzüberschreitenden Verschmelzung hervorgehenden Gesellschaft) 합병참가회사의 그 기관에 있었던 비율에 의해 따라 정해진다.
② 제24조 제1항에 따른 국경을 초월한 합병으로 생겨난 회사가 유한회사인 경우에, 이런 회사에 감사회가 조직되어야 한다. 이 법의 규정에 다른 정함이 없는 한(soweit nicht in den Vorschriften dieses Gesetzes ein anderes bestimmt ist), 주식법 제90조 제3항, 제4항, 제5항 제1문, 제2문, 제95조 제116조, 제118조 제3항, 제125조 제3항, 제4항, 제170조, 제171조, 제268조 제2항을 준용한다.
③ 국경을 초월한 합병으로 생겨난 회사의 정관이 법에 의한 공동결정에 관한 규정에(zu den Regelungen über die Mitbestimmung kraft Gesetzes) 모순되는 경우에 그 정관은 (협약에 맞게) 조정되어야 한다.

제25조 구성원자리배분
① 특별평의회는 감사회 또는 감독회의 구성원자리수를 그 구성원을 선출하거나 임명해야 하는 회원국에 배분한다. 그 배분은, 각 회원국에서 국경을 초월한 합병으로 생겨난 회사, 그 회사의 자회사 및 회사사업에 고용된 근로자들의 각 비율에 좇아(nach dem jeweiligen Anteil der in den einzelnen Mitgliedstaaten beschäftigten Arbeitnehmer der aus der grenzüberschreitenden Verschmelzung hervorgehenden Gesellschaft, ihrer Tochtergesellschaften und Betriebe)은 이뤄진다. 이러한 비율적 배분에서 하나 또는 다수의 회원국 출신의 근로자가 1개의 구성원자리도 얻지 못하는 경우에, 특별평의회는 가장 나중에 배분되어야 할 구성원자리를 지금까지 구성원자리를 받지 못한 회원국(den letzten zu verteilenden Sitz einem bisher unberücksichtigten Mitgliedstaat)에 할당해야 한다. 그러한 할당이 적절한 경우에 이러한 구성원자리는 국경을 초월한 합병으로 생겨난 회사의 본점소재지가 있는 회원국에 할당되어야 한다. 이러한 배분절차(Dieses Verteilungsverfahren)는 국경을 초월한 합병으로 생겨난 회사의 근로자들이 이러한 기관구성원을 추천 또는 거부할 수 있는 경우에도(auch in dem Fall) 적용한다.
② 회원국이 자국에 할당된 구성원자리의 충원(Besetzung der ihnen zugewiesenen Sitze)에 관하여 고유한 규율을 하지 않은 경우에, 특별평의회가 국경을 초월한 합병으로 생겨난 회사의 감사회 또는 감독회 내 근로자측대표자(die Arbeitnehmervertreter im Aufsichts- oder Verwaltungsorgan)를 정한다.
③ 독일에 할당(割當)된 근로자측대표자로 국경(國境)을 초월한 합병으로 생겨난 회사(會社)의 감사회 또는 감독회 내 근로자측대표자의 산정(Ermittlung der auf das Inland entfallenden Arbeitnehmervertreter des Aufsichts- oder Verwaltungsorgans)은, 국경을 초월한 합병(合併)으로 생겨난 회사, 그 회사의 자회사(子會社) 및 회사사업의 근로자대표자(勤勞者代表者)로 구성된 평의회구성위원회(Wahlgremium)가 행한다. 그 선출절차와 관련하여(Für das Wahlverfahren), 국경을 초월한 합병으로 생겨난 회사(會社), 그 회사의 자회사(子會社) 및 회사사업(會社事業)이 합병참가회사, 관련자회사 및 관련사업을 대신(代身)한다는 기준하에(mit der Maßgab) 제8

der grenzüberschreitenden Verschmelzung hervorgehende Gesellschaft, ihre Tochtergesellschaften und Betriebe treten. Das Wahlergebnis ist der Leitung der aus der grenzüberschreitenden Verschmelzung hervorgehenden Gesellschaft, den Arbeitnehmervertretungen, den Gewählten, den Sprecherausschüssen und Gewerkschaften mitzuteilen. Die Leitung hat die Namen der Gewählten in den Betrieben des Unternehmens bekannt zu machen.

§ 26 Abberufung und Anfechtung

(1) Ein Mitglied oder ein Ersatzmitglied der Arbeitnehmer aus dem Inland im Aufsichts- oder Verwaltungsorgan kann vor Ablauf der Amtszeit abberufen werden. Antragsberechtigt sind

1. die Arbeitnehmervertretungen, die das Wahlgremium gebildet haben;
2. in den Fällen der Urwahl mindestens drei wahlberechtigte Arbeitnehmer;
3. für ein Mitglied nach § 8 Abs. 3 nur die Gewerkschaft, die das Mitglied vorgeschlagen hat;
4. für ein Mitglied nach § 8 Abs. 4 nur der Sprecherausschuss, der das Mitglied vorgeschlagen hat.

Für das Abberufungsverfahren gelten die §§ 10 bis 12 entsprechend mit der Maßgabe, dass an die Stelle der beteiligten Gesellschaften, betroffenen Tochtergesellschaften und betroffenen Betriebe die aus der grenzüberschreitenden Verschmelzung hervorgehende Gesellschaft, ihre Tochtergesellschaften und Betriebe treten; abweichend von § 10 Abs. 5 und § 12 Abs. 1 Satz 3 bedarf der Beschluss einer Mehrheit von drei Vierteln der abgegebenen Stimmen.

(2) Die Wahl eines Mitglieds oder eines Ersatzmitglieds der Arbeitnehmer aus dem Inland im Aufsichts- oder Verwaltungsorgan kann angefochten werden, wenn gegen wesentliche Vorschriften über das Wahlrecht, die Wählbarkeit oder das Wahlverfahren verstoßen worden und eine Berichtigung nicht erfolgt ist, es sei denn, dass durch den Verstoß das Wahlergebnis nicht geändert oder beeinflusst werden konnte. Zur Anfechtung berechtigt sind die in Absatz 1 Satz 2 Genannten und die Leitung der aus der grenzüberschreitenden Verschmelzung hervorgegangenen Gesellschaft. Die Klage muss innerhalb eines Monats nach der Bekanntgabe gemäß § 25 Abs. 3 Satz 2 oder 3 erhoben werden.

§ 27 Rechtsstellung; Innere Ordnung

(1) Die Arbeitnehmervertreter im Aufsichts- oder Verwaltungsorgan der aus der grenzüberschreitenden Verschmelzung hervorgehenden Gesellschaft haben die gleichen Rechte und Pflichten wie die Mitglieder, die die Anteilseigner vertreten.

(2) Die Zahl der Mitglieder der Leitung beträgt mindestens zwei. Einer von ihnen ist für den Bereich Arbeit und Soziales zuständig. Dies gilt nicht für die Kommanditgesellschaft auf Aktien.

(3) Besteht in einer der beteiligten Gesellschaften das Aufsichtsorgan aus derselben Zahl von Anteilseigner- und Arbeitnehmervertretern sowie einem weiteren Mitglied, so ist auch im Aufsichts-

조 제2항 내지 제4항, 제10조 제1항 제2문 내지 제5문, 제2항 내지 제7항, 제11조, 제12조를 준용한다. 선출결과는 국경을 초월한 합병으로 생겨난 회사의 경영대표기관, 근로자대표기구, 당선인, 고위직사원평의회 및 노동조합(Arbeitnehmervertretungen, den Gewählten, den Sprecherausschüssen und Gewerkschaften)에 통지되어야 한다. 그 경영대표기관은 그 기업의 사업에서 당선인의 성명을 공고해야 한다.

제26조 해임과 선출취소

① 감사회 또는 감독회에서 독일에서 선임된 근로자측구성원 또는 근로자측대체구성원은 임기 만료 전에 해임될 수 있다. 다음 각 호의 자가 그 해임을 신청할 자격을 갖는다,

1. 평의회구성위원회를 조직한 근로자대표기구;
2. 최초선거의 경우에 선거권이 있는 3명 이상의 근로자들;
3. 제8조 제3항에 따른 구성원에 대하여는 그 구성원을 추천한 오로지 그 노동조합;
4. 제8조 제4항에 따른 구성원에 대하여는 그 구성원(構成員)을 추천한 오로지 그 고위직사원평의회.

국경을 초월한 합병(合併)으로 생겨난 회사, 그 회사의 자회사(子會社) 및 회사사업이 합병참가회사, 관련자회사 및 관련사업을 대신한다는 기준하에 해임절차에 대하여(Für das Abberufungsverfahren) 제10조 내지 제12조 준용한다; 제10조 제5항, 제12조 제1항 제3문과 달리 그 결의는 행사된 투표의 3/4의 다수결(Mehrheit von drei Vierteln der abgegebenen Stimmen)을 필요로 한다.

② 그 선거가 선거권, 피선거권 또는 선거절차의 중요한 규정에 위반되고 시정이 이뤄지지 않은 경우에(wenn gegen wesentliche Vorschriften über das Wahlrecht, die Wählbarkeit oder das Wahlverfahren verstoßen worden und eine Berichtigung nicht erfolgt ist), 감사회 또는 감독회 내 독일에서 선임된 근로자측구성원 또는 근로자측대체구성원의 선출은 취소될 수 있고, 다만, 그 위반으로 선거결과가 달라지지 않거나 그에 영향이 없는 경우는 그러하지 아니하다. 제26조 제1항 제2문에서 언급된 자, 국경을 초월한 합병으로 생겨난 회사의 경영대표기관(Leitung)은 그 취소신청을 할 자격을 갖는다. 그 소는 주주총회의 제25조 제3항 제2문 또는 제3문에 따른 공고가 있었던 때로부터 1개월 이내에 제기되어야만 한다.

제27조 법적지위, 내부규율

① 국경을 초월한 합병으로 생겨난 회사의 감사회 또는 감독회 내 근로자측대표자는 지분소유자를 대표하는 구성원과 동일한 권리의무(die gleichen Rechte und Pflichten wie die Mitglieder)를 갖는다.

② 그 경영대표기관의 구성원수는 최소한 2명이다. 그 중 1명은 노동사회분야를 관할한다. 이는 주식합자회사에 대해서는 적용하지 않는다.

③ 합병참가회사들 중 한 기업에서 감사회가 동수의 지분소유자측대표자 및 근로자측대표자와 추가적 구성원 1명(einem weiteren Mitglied)으로 구성(構成)되는 경우에 국경을 초월한 합병

oder Verwaltungsorgan der aus der grenzüberschreitenden Verschmelzung hervorgehenden Gesellschaft ein weiteres Mitglied auf gemeinsamen Vorschlag der Anteilseigner- und der Arbeitnehmervertreter zu wählen.

§ 28 Tendenzunternehmen

Auf eine aus einer grenzüberschreitenden Verschmelzung hervorgehende Gesellschaft, die unmittelbar und überwiegend

1. politischen, koalitionspolitischen, konfessionellen, karitativen, erzieherischen, wissenschaftlichen oder künstlerischen Bestimmungen oder
2. Zwecken der Berichterstattung oder Meinungsäußerung, auf die Artikel 5 Abs. 1 Satz 2 des Grundgesetzes anzuwenden ist,

dient, finden Kapitel 2 und § 30 keine Anwendung.

### Kapitel 3 Verhältnis zum nationalen Recht

§ 29 Fortbestehen nationaler Arbeitnehmervertretungsstrukturen

Regelungen über die Arbeitnehmervertretungen und deren Strukturen in einer beteiligten Gesellschaft mit Sitz im Inland, die durch die Verschmelzung als eigenständige juristische Person erlischt, bestehen nach Eintragung der aus der grenzüberschreitenden Verschmelzung hervorgehenden Gesellschaft fort. Die Leitung der aus der grenzüberschreitenden Verschmelzung hervorgegangenen Gesellschaft stellt sicher, dass diese Arbeitnehmervertretungen ihre Aufgaben weiterhin wahrnehmen können.

§ 30 Nachfolgende innerstaatliche Verschmelzungen

Bei innerstaatlichen Verschmelzungen, die einer grenzüberschreitenden Verschmelzung nachfolgen, richtet sich die Mitbestimmung der Arbeitnehmer entsprechend § 4 nach den nationalen Regelungen. Sehen diese Regelungen nicht mindestens den in der aus der grenzüberschreitenden Verschmelzung hervorgegangenen Gesellschaft bestehenden Umfang an Mitbestimmung im Sinne des § 5 Nr. 2 vor, gelten die für diese Gesellschaft maßgeblichen Regelungen über die Mitbestimmung für die Dauer von drei Jahren ab deren Eintragung in der aus der innerstaatlichen Verschmelzung hervorgehenden Gesellschaft fort.

## Teil 4 Schutzbestimmungen

§ 31 Geheimhaltung; Vertraulichkeit

(1) Informationspflichten der Leitungen und der Leitung der aus einer grenzüberschreitenden

으로 생겨난 회사의 감사회 또는 감독회에서도 지분소유자측대표자 및 근로자측대표자의 공동의 추천에 의하여(auf gemeinsamen Vorschlag der Anteilseigner- und der Arbeitnehmervertreter) 추가적 구성원 1명이 선출되어야 한다.

제28조 경향기업

직접적(直接的)으로 또 주로 다음 각 호에 기여하는 국경을 초월한 합병으로 생겨난 회사에 대해서는,

1. 정치적, 연정정책적, 신앙적, 자선적, 교육적, 학술적 또는 예술적 사명(künstlerischen Bestimmungen),
2. 기본법 제5조 제1항 제2문의 적용을 받는 보도 또는 의사표현의 목적(Zwecken der Berichterstattung oder Meinungsäußerung),

제2장 및 제30조를 적용하지 않는다.

## 제3장 국가법과의 관계

제29조 국가적 근로자대표기구구조의 존속

독일에 본점소재지가 있는 합병으로 독립된 법인으로서 고유한 법인격이 소멸하는 합병참가회사에서의 근로자대표기구와 그 근로자대표기구의 구조에 관한 규정(Regelungen über die Arbeitnehmervertretungen und deren Strukturen)은 국경을 초월한 합병으로 생겨난 회사 등기 후에도 존속한다. 국경을 초월한 합병으로 생겨난 회사의 경영대표기관은 이 근로자대표기구가 자신의 임무를 계속적으로 수행할 수 있는 점(dass diese Arbeitnehmervertretungen ihre Aufgaben weiterhin wahrnehmen können)을 보장한다.

제30조 국내적 후속합병

국경을 초월한 합병에 이어지는 국내적 합병의 경우에(Bei innerstaatlichen Verschmelzungen, die einer grenzüberschreitenden Verschmelzung nachfolgen), 근로자들의 공동결정은 국내법의 규율에 따른다. 이러한 규정이 국경을 초월한 합병으로 생겨난 회사에 있는 제5조 제2호상의 공동결정의 범위 이상으로 규율하지 않은 경우에, 국경을 초월한 합병 생겨난 회사에 대해 적용되는 공동결정에 관한 규정이 국내적 후속합병으로 생겨난 회사에서(in der aus der innerstaatlichen Verschmelzung hervorgehenden Gesellschaft) 그 회사의 등기시로부터 3년의 기간 동안에(für die Dauer von drei Jahren ab deren Eintragung) 계속 적용된다.

# 제4편 보호규정

제31조 비밀유지, 비밀엄수

① 이 객관적 기준의 설정(設定)에 의하여 그 정보(情報)제공(提供)으로 설립(設立)에 참여한

Verschmelzung hervorgehenden Gesellschaft nach diesem Gesetz bestehen nur, soweit bei Zugrundelegung objektiver Kriterien dadurch nicht Betriebs- oder Geschäftsgeheimnisse der an der Verschmelzung beteiligten Gesellschaften, der aus der grenzüberschreitenden Verschmelzung hervorgehenden Gesellschaft oder deren jeweiliger Tochtergesellschaften und Betriebe gefährdet werden.

(2) Die Mitglieder und Ersatzmitglieder eines besonderen Verhandlungsgremiums sind unabhängig von ihrem Aufenthaltsort verpflichtet, Betriebs- oder Geschäftsgeheimnisse, die ihnen wegen ihrer Zugehörigkeit zum besonderen Verhandlungsgremium bekannt geworden und von der Leitung ausdrücklich als geheimhaltungsbedürftig bezeichnet worden sind, nicht zu offenbaren und nicht zu verwerten. Dies gilt auch nach dem Ausscheiden aus dem besonderen Verhandlungsgremium.

(3) Die Pflicht zur Vertraulichkeit der Mitglieder und Ersatzmitglieder eines besonderen Verhandlungsgremiums nach Absatz 2 gilt nicht gegenüber

1. den Mitgliedern und Ersatzmitgliedern des besonderen Verhandlungsgremiums,
2. den Arbeitnehmervertretern im Aufsichts- oder Verwaltungsorgan der aus der grenzüberschreitenden Verschmelzung hervorgehenden Gesellschaft sowie
3. den Dolmetschern und Sachverständigen, die zur Unterstützung herangezogen werden.

(4) Die Pflicht zur Vertraulichkeit nach Absatz 2 gilt entsprechend für die Sachverständigen und Dolmetscher.

§ 32 Schutz der Arbeitnehmervertreter

Bei der Wahrnehmung ihrer Aufgaben genießen

1. die Mitglieder des besonderen Verhandlungsgremiums und
2. die Arbeitnehmervertreter im Aufsichts- oder Verwaltungsorgan der aus der grenzüberschreitenden Verschmelzung hervorgehenden Gesellschaft,

die Beschäftigte der aus einer grenzüberschreitenden Verschmelzung hervorgehenden Gesellschaft, ihrer Tochtergesellschaften oder Betriebe oder einer der beteiligten Gesellschaften, betroffenen Tochtergesellschaften oder betroffenen Betriebe sind, den gleichen Schutz und die gleichen Sicherheiten wie die Arbeitnehmervertreter nach den Gesetzen und Gepflogenheiten des Mitgliedstaats, in dem sie beschäftigt sind. Dies gilt insbesondere für

1. den Kündigungsschutz,
2. die Teilnahme an den Sitzungen der jeweiligen in Satz 1 genannten Gremien und
3. die Entgeltfortzahlung.

§ 33 Errichtungs- und Tätigkeitsschutz

Niemand darf

1. die Bildung des besonderen Verhandlungsgremiums oder die Wahl, Bestellung, Empfehlung oder Ablehnung der Arbeitnehmervertreter im Aufsichts- oder Verwaltungsorgan behindern

합병참가회사, 국경을 초월한 합병으로 생겨난 회사 또는 각각의 그 자회사 및 사업의 기업비밀 또는 사업비밀(Betriebs- oder Geschäftsgeheimnisse)을 위태롭게 하지 않은 경우에 한하여, 이 법에 따른 국경을 초월한 합병으로 생겨난 회사의 경영대표기관 또는 그 일원의 정보제공의무가 존재한다.

② 특별평의회의 구성원 또는 대체구성원(Mitglieder und Ersatzmitglieder eines besonderen Verhandlungsgremiums)은 그 체류장소에 상관없이 특별평의회에 속함으로 인하여 그들이 지득하고 그 경영대표기관이 명시적으로 비밀유지(秘密維持) 필요가 있는 것으로 표시한 기업비밀 또는 사업비밀을 누설해서는 안 되고 이를 이용해서도 안 된다. 특별평의회의 구성원이 아니게 된 경우에도 이는 적용된다.

③ 제31조 제2항에 따른 특별평의회의 비밀엄수의무(Pflicht zur Vertraulichkeit)는 다음 각 호의 자에 대해 적용하지 않는다,

1. 특별평의회의 구성원 및 대체구성원,
2. 국경을 초월한 합병으로 생겨난 회사의 감사회 또는 감독회(Aufsichts- oder Verwaltungsorgan) 내 근로자측대표자,
3. 지원을 받기 위해 초청된 통역인 및 전문가.

④ 제31조 제2항에 따른 비밀엄수에 관한 의무는 전문가와 통역인(achverständigen und Dolmetscher)에 대해 준용한다.

제32조 근로자측대표자에 대한 보호

그들이 국경을 초월한 합병으로 생겨난 회사(der aus einer grenzüberschreitenden Verschmelzung hervorgehenden Gesellschaft), 그 회사의 자회사 또는 그 회사사업이나 그 합병참가회사의 피고용인(Beschäftigte)인 다음 각 호의 자는 그 임무수행에 있어(Bei der Wahrnehmung ihrer Aufgaben),

1. 특별평의회구성원,
2. 국경을 초월한 합병으로 생겨난 회사의 감사회 또는 감독회 내 근로자측대표자,

그들을 고용한 회원국의 법과 관례에 따른 근로자대표자와 동일한 보호 및 안전(gleichen Schutz und die gleichen Sicherheiten wie die Arbeitnehmervertreter nach den Gesetzen und Gepflogenheiten des Mitgliedstaats)을 향유한다. 이는 특히 다음 각 호의 경우에 적용한다,

1. 해고보호,
2. 제1문상의 각각의 근로자대표기구의 회의에 참석,
3. 보수의 계속지급.

제33조 설립보호 및 활동보호

누구든지,

1. 특별평의회의 구성(Bildung des besonderen Verhandlungsgremiums), 감사회 또는 감독회 내 근로자측대표자의 선출(先出), 임명, 추천 또는 거부(Wahl, Bestellung, Empfehlung oder

oder durch Zufügung oder Androhung von Nachteilen oder durch Gewährung oder Versprechen von Vorteilen beeinflussen;

2. die Tätigkeit des besonderen Verhandlungsgremiums oder die Tätigkeit der Arbeitnehmervertreter im Aufsichts- oder Verwaltungsorgan behindern oder stören oder
3. ein Mitglied oder Ersatzmitglied des besonderen Verhandlungsgremiums oder einen Arbeitnehmervertreter im Aufsichts- oder Verwaltungsorgan wegen seiner Tätigkeit benachteiligen oder begünstigen.

## Teil 5 Straf - und Bußgeldvorschriften

§ 34 Strafvorschriften

(1) Mit Freiheitsstrafe bis zu zwei Jahren oder mit Geldstrafe wird bestraft, wer entgegen § 31 Abs. 2, auch in Verbindung mit Abs. 4, ein Betriebs- oder Geschäftsgeheimnis verwertet.

(2) Mit Freiheitsstrafe bis zu einem Jahr oder mit Geldstrafe wird bestraft, wer

1. entgegen § 31 Abs. 2, auch in Verbindung mit Abs. 4, ein Betriebs- oder Geschäftsgeheimnis offenbart,
2. entgegen § 33 Nr. 1 oder 2 eine dort genannte Tätigkeit behindert, beeinflusst oder stört oder
3. entgegen § 33 Nr. 3 eine dort genannte Person benachteiligt oder begünstigt.

(3) Handelt der Täter in den Fällen des Absatzes 2 Nr. 1 gegen Entgelt oder in der Absicht, sich oder einen anderen zu bereichern oder einen anderen zu schädigen, so ist die Strafe Freiheitsstrafe bis zu zwei Jahren oder Geldstrafe.

(4) Die Tat wird nur auf Antrag verfolgt. In den Fällen des Absatzes 2 Nr. 2 und 3 sind das besondere Verhandlungsgremium, jedes Mitglied des Aufsichts- oder Verwaltungsorgans, eine im Unternehmen vertretene Gewerkschaft sowie die Leitungen antragsberechtigt.

§ 35 Bußgeldvorschriften

(1) Ordnungswidrig handelt, wer entgegen § 6 Abs. 2 oder § 7 Abs. 4 Satz 2 eine Information nicht, nicht richtig, nicht vollständig oder nicht rechtzeitig gibt.

(2) Die Ordnungswidrigkeit kann mit einer Geldbuße bis zu zwanzigtausend Euro geahndet werden.

Ablehnung)를 위협 또는 불이익의 부과에 의해 방해하거나, 이익의 부여 또는 약속으로 이에 영향을 끼쳐서는 안 된다;

2. 특별평의회, 감사회 또는 감독회 내 근로자측대표자의 활동을 방해하거나 교란해서는 안 된다;
3. 특별평의회, 감사회 또는 감독회 내 근로자측대표자에 대해 그 활동을 이유로 불이익 또는 이익을 줘서는 안 된다.

## 제5편 형벌규정 및 범칙금규정

제34조 형벌규정

① 제31조 제4항에 준용되는 경우를 포함하여 제31조 제2항에 위반하여 기업비밀 또는 사업비밀을 이용한자는 2년 이하의 징역 또는 벌금에 처한다.

② 다음 각 호의 자는 1년 이하의 징역형 또는 벌금형에 처한다,

1. 제31조 제4항에 준용되는 경우를 포함하여 제31조 제2항에 위반하여 기업비밀 또는 사업비밀을 누설한 자,
2. 제33조 제1호 또는 제2호에 위반하여 그 활동을 방해 또는 교란하거나 영향을 끼치는 자,
3. 제33조 제3호에 위반하여 그 조항상의 사람에 불이익 또는 이익을 준 자.

③ 행위자가 제34조 제2항 제1호의 경우에 행위자가 보수를 얻기 위해 행위하거나 자기 또는 다른 사람에 이익을 주거나 손해를 끼칠 목적으로 행위를 한 경우에는 2년 이하의 징역 또는 벌금에 처한다.

④ 그 행위는 고소가 있어야만 기소할 수 있다. 제34조 제2항 제2호, 제3호의 경우에 특별평의회, 감사회 또는 감독회의 각 구성원, 그 기업에 조합원인 근로자가 있는 노동조합과 그 경영대표기관은 고소할 자격을 갖는다.

제35조 범칙금

① 제6조 제2항, 제7조 제4항 제2문에 위반하여 정보를 제공하지 않거나, 부당하게 제공하거나, 불완전하게 제공하거나 또는 적시에 제공하지 않는 자는 질서위반행위를 범한 자이다,

② 그 질서위반행위는 2,500유로 이하의 범칙금에(mit einer Geldbuße bis zu zwanzigtausend Euro) 처한다.

# 유럽회사에서의 근로자들의 경영참가에 관한 법률

(유럽회사경영참가법 - SEBG)(BGBl. I S. 3675, 3686)

# Gesetz über die Beteiligung der Arbeitnehmer in einer Europäischen Gesellschaft

(SE-Beteiligungsgesetz - SEBG)

# Gesetz über die Beteiligung der Arbeitnehmer in einer Europäischen Gesellschaft (SE-Beteiligungsgesetz - SEBG)

http://www.gesetze-im-internet.de/sebg/BJNR368600004.html

## Teil 1 Allgemeine Vorschriften

§ 1 Zielsetzung des Gesetzes

(1) Das Gesetz regelt die Beteiligung der Arbeitnehmer in einer Europäischen Gesellschaft (SE), die Gegenstand der Verordnung (EG) Nr. 2157/2001 des Rates vom 8. Oktober 2001 über das Statut der Europäischen Gesellschaft (ABl. EG Nr. L 294 S. 1) ist. Ziel des Gesetzes ist, in einer SE die erworbenen Rechte der Arbeitnehmer (Arbeitnehmerinnen und Arbeitnehmer) auf Beteiligung an Unternehmensentscheidungen zu sichern. Maßgeblich für die Ausgestaltung der Beteiligungsrechte der Arbeitnehmer in der SE sind die bestehenden Beteiligungsrechte in den Gesellschaften, die die SE gründen.

(2) Zur Sicherung des Rechts auf grenzüberschreitende Unterrichtung, Anhörung, Mitbestimmung und sonstige Beteiligung der Arbeitnehmer wird eine Vereinbarung über die Beteiligung der Arbeitnehmer in der SE getroffen. Kommt es nicht zu einer Vereinbarung, wird eine Beteiligung der Arbeitnehmer in der SE kraft Gesetzes sichergestellt.

(3) Die Vorschriften dieses Gesetzes sowie die nach Absatz 2 zu treffende Vereinbarung sind so auszulegen, dass die Ziele der Europäischen Gemeinschaft, die Beteiligung der Arbeitnehmer in der SE sicherzustellen, gefördert werden.

(4) Die Grundsätze der Absätze 1 bis 3 gelten auch für strukturelle Änderungen einer gegründeten SE sowie für deren Auswirkungen auf die betroffenen Gesellschaften und ihre Arbeitnehmer.

§ 2 Begriffsbestimmungen

(1) Der Begriff des Arbeitnehmers richtet sich nach den Rechtsvorschriften und Gepflogenheiten der jeweiligen Mitgliedstaaten. Arbeitnehmer eines inländischen Unternehmens oder Betriebs sind Arbeiter und Angestellte einschließlich der zu ihrer Berufsausbildung Beschäftigten und der in § 5 Abs. 3 Satz 2 des Betriebsverfassungsgesetzes genannten leitenden Angestellten, unabhängig davon, ob sie im Betrieb, im Außendienst oder mit Telearbeit beschäftigt werden. Als Arbeitnehmer gelten auch die in Heimarbeit Beschäftigten, die in der Hauptsache für das Unternehmen oder den Betrieb arbeiten.

(2) Beteiligte Gesellschaften sind die Gesellschaften, die unmittelbar an der Gründung einer SE beteiligt sind.

# 유럽회사에서의 근로자들의 경영참가에 관한 법률(유럽회사경영참가법 - SEBG) (BGBl. I S. 3675, 3686)

법률 공포일: 2004년 12월 22일
최근 법률 개정일: 2004년 12월 22일(BGBl. I S. 3675, 3686)

## 제1편 총칙

제1조 이 법의 목적

① 이 법은 '유럽회사의 지위에 관한 2001년 10월 8일의 유럽연합이사회의 2157/2001호 명령'(EG)(ABl. EG Nr. L 294 S. 1)의 적용대상인 유럽회사(SE)에서의 근로자들의 의사결정참가(Beteiligung der Arbeitnehmer in einer Europäischen Gesellschaft)를 규율한다. 이 법의 목적은 유럽회사에서 근로자들이 성취한, 기업의사결정에 대한 참가의 권리(erworbenen Rechte der Arbeitnehmer auf Beteiligung an Unternehmensentscheidungen)를 보장하는 데 있다. 유럽회사에서의 근로자들의 의사결정참가의 형성에 대하여는 유럽회사를 설립한 국가의 현행 경영참가법(bestehenden Beteiligungsrechte)이 적용기준이 된다.

② 국경을 초월하는 근로자에 대하여 행하는 통지, 청문(聽聞)와 근로자의 공동결정 및 기타 의사결정참가에 대한 권리를 확보하기 위하여 유럽회사에서의 근로자들의 의사결정참가에 관한 협약이 체결된다. 그 협약이 체결되지 않은 경우에 유럽회사에서의 근로자들의 의사결정참가는 법에 의하여 보장된다.

③ 본 법의 규정과 제1조 제2항에 따라 체결된 협약은 유럽회사 내 근로자들의 의사결정참가를 보장하려는 유럽공동체의 목표(Ziele der Europäischen Gemeinschaft)가 촉진되도록 해석해야 한다.

④ 제1조 제1항 내지 제3항의 원칙은 설립된 유럽회사의 구조변경과 그 구조변경의 관련 회사와 그 회사의 근로자들에 대한 영향에 관해서도 적용한다.

제2조 정의규정

① 근로자의 개념은 각 회원국의 법규정 및 관행(Gepflogenheiten)에 따른다. 독일의 기업 또는 사업에 속한 근로자는 직업훈련종사자(der zu ihrer Berufsausbildung Beschäftigten)와 사업조직법 제5조 제3항 제2문상의 고위직사원(leitenden Angestellten)을 포함하여 현업(現業)근로자와 사무직근로자를 말하고, 그들이 사업장 내에서 근무를 하는지, 외근을 하는지 또는 재택근무를 하는지 여부(ob sie im Betrieb, im Außendienst oder mit Telearbeit beschäftigt werden)는 불문한다. 주로 기업 또는 사업을 위해 일하는 가내노동종사자도 근로자로 본다.

② 자본참가회사(Beteiligte Gesellschaften)는 유럽회사의 설립에 직접적으로 출자한 회사를 말한다.

(3) Tochtergesellschaften sind rechtlich selbstständige Unternehmen, auf die eine andere Gesellschaft einen beherrschenden Einfluss im Sinne von Artikel 3 Abs. 2 bis 7 der Richtlinie 94/45/EG des Rates vom 22. September 1994 über die Einsetzung eines Europäischen Betriebsrats oder die Schaffung eines Verfahrens zur Unterrichtung und Anhörung der Arbeitnehmer in gemeinschaftsweit operierenden Unternehmen und Unternehmensgruppen (ABl. EG Nr. L 254 S. 64) ausüben kann. § 6 Abs. 2 bis 4 des Europäische Betriebsräte-Gesetzes vom 28. Oktober 1996 (BGBl. I S. 1548, 2022) ist anzuwenden.

(4) Betroffene Tochtergesellschaften oder betroffene Betriebe sind Tochtergesellschaften oder Betriebe einer beteiligten Gesellschaft, die zu Tochtergesellschaften oder Betrieben der SE werden sollen.

(5) Leitung bezeichnet das Organ der unmittelbar an der Gründung der SE beteiligten Gesellschaften oder der SE selbst, das die Geschäfte der Gesellschaft führt und zu ihrer Vertretung berechtigt ist. Bei den beteiligten Gesellschaften ist dies das Leitungs- oder Verwaltungsorgan, bei der SE das Leitungsorgan oder die geschäftsführenden Direktoren.

(6) Arbeitnehmervertretung bezeichnet jede Vertretung der Arbeitnehmer nach dem Betriebsverfassungsgesetz (Betriebsrat, Gesamtbetriebsrat, Konzernbetriebsrat oder eine nach § 3 Abs. 1 Nr. 1 bis 3 des Betriebsverfassungsgesetzes gebildete Vertretung).

(7) SE-Betriebsrat bezeichnet das Vertretungsorgan der Arbeitnehmer der SE, das durch eine Vereinbarung nach § 21 oder kraft Gesetzes nach den §§ 22 bis 33 eingesetzt wird, um die Rechte auf Unterrichtung und Anhörung der Arbeitnehmer der SE, ihrer Tochtergesellschaften und Betriebe und, wenn vereinbart, Mitbestimmungsrechte und sonstige Beteiligungsrechte in Bezug auf die SE wahrzunehmen.

(8) Beteiligung der Arbeitnehmer bezeichnet jedes Verfahren - einschließlich der Unterrichtung, Anhörung und Mitbestimmung -, durch das die Vertreter der Arbeitnehmer auf die Beschlussfassung in der Gesellschaft Einfluss nehmen können.

(9) Beteiligungsrechte sind Rechte, die den Arbeitnehmern und ihren Vertretern im Bereich der Unterrichtung, Anhörung, Mitbestimmung und der sonstigen Beteiligung zustehen. Hierzu kann auch die Wahrnehmung dieser Rechte in den Konzernunternehmen der SE gehören.

(10) Unterrichtung bezeichnet die Unterrichtung des SE-Betriebsrats oder anderer Arbeitnehmervertreter durch die Leitung der SE über Angelegenheiten, welche die SE selbst oder eine ihrer Tochtergesellschaften oder einen ihrer Betriebe in einem anderen Mitgliedstaat betreffen oder die über die Befugnisse der zuständigen Organe auf der Ebene des einzelnen Mitgliedstaats hinausgehen. Zeitpunkt, Form und Inhalt der Unterrichtung sind so zu wählen, dass es den Arbeitnehmervertretern möglich ist, zu erwartende Auswirkungen eingehend zu prüfen und gegebenenfalls eine Anhörung mit der Leitung der SE vorzubereiten.

③ 자회사(Tochtergesellschaften)는 법적으로 독립된 기업(rechtlich selbstständige Unternehmen)으로 다른 회사에게서, '유럽근로자평의회의 설치 또는 유럽공동체에 걸쳐 운영되는 기업 또는 기업집단에서의 근로자들에 대한 통지권, 청문권에 관한 절차 마련에 관한 1994년 9월 22일의 유럽연합이사회 94/45/EG 지침'(ABl. EG Nr. L 254 S. 64) 제3조 제2항 내지 제7항상의 지배적 영향(beherrschenden Einfluss)을 받을 수 있는 기업을 말한다. 1996년 10월 28일의 유럽회사근로자평의회법(Europäische Betriebsräte-Gesetzes)(BGBl. I S. 1548, 2022) 제6조 제2항 내지 제4항을 적용한다.

④ 관련자회사 또는 관련사업(Betroffene Tochtergesellschaften oder betroffene Betriebe)은 자본참가회사의 자회사 또는 사업으로, 유럽회사자회사 또는 유럽회사사업으로 되어야 하는 자회사 또는 사업이다.

⑤ 경영대표기관(Leitung)은 유럽회사 설립에 직접적으로 출자한 회사의 기관 또는 유럽회사 자체의 기관으로, 그 회사의 사업을 경영하고 그 회사를 대표할 권한이 있는 기관을 말한다. 자본참가회사의 경우 이는 '경영기관 또는 관리기관'(Leitungs- oder Verwaltungsorgan)이고, 유럽회사의 경우 이는 '경영기관 또는 업무집행이사'이다.

⑥ 근로자대표기구(Arbeitnehmervertretung)는 사업조직법에 따른 근로자들의 모든 대표기구를 말한다(근로자평의회, 기업근로자평의회, 콘체른근로자평의회 또는 사업조직법 제3조 제1항 제1호 내지 제3호에 따라 조직된 대표기구).

⑦ 유럽회사근로자평의회(SE-Betriebsrat)는 유럽회사의 근로자들의 대표기구로, 유럽회사, 유럽회사자회사 및 유럽회사사업에 속한 근로자들에 대한 통지권(通知權) 및 청문권(聽聞權)을 행사하기 위하여, 협약이 있는 경우에 유럽회사에 관한 공동결정권 및 기타 의사결정참가권을 행사하기 위하여 제21조에 따른 협정에 의해 또는 제22조 내지 제33조에 따른 법률에 의해 설치된 대표기구를 말한다.

⑧ 근로자들의 의사결정참가(Beteiligung der Arbeitnehmer)는 근로자들에 대한 통지·청문과 그 공동결정을 포함하여, 근로자들의 대표자가 그 회사의 결의에 대해 영향을 행사할 수 있는 모든 절차를 말한다.

⑨ 의사결정참가권(Beteiligungsrechte)은, 근로자들과 그 대표자가 통지, 청문, 공동결정 및 기타 의사결정참가의 영역에서 가지는 권리를 말한다. 유럽회사가 속한 콘체른기업에서의 이러한 권리의 행사도 그 권리에 포함될 수 있다.

⑩ 통지는 유럽회사의 경영대표기관이 유럽회사근로자평의회나 기타 근로자대표기구에 대하여 하는 것으로 유럽회사 자체, 유럽회사자회사 중 어느 자회사 또는 회원국에 있는 유럽회사사업 중 어느 사업에 관련된 사항 또는 각 회원국의 수준에서의 관할 기관의 권한을 넘어서는(die über die Befugnisse der zuständigen Organe auf der Ebene des einzelnen Mitgliedstaats hinausgehen) 사항에 관한 통지를 말한다. 통지의 시기·형식·내용은, 근로자대표자가 발생할 것으로 예상되는 영향을 점검하고 필요한 경우 유럽회사의 경영대표기관과의 청문을 준비하는 것이 가능하도록 선택되어야 한다.

(11) Anhörung bezeichnet die Einrichtung eines Dialogs und eines Meinungsaustauschs zwischen dem SE-Betriebsrat oder anderer Arbeitnehmervertreter und der Leitung der SE oder einer anderen zuständigen mit eigenen Entscheidungsbefugnissen ausgestatteten Leitungsebene. Zeitpunkt, Form und Inhalt der Anhörung müssen dem SE-Betriebsrat auf der Grundlage der erfolgten Unterrichtung eine Stellungnahme zu den geplanten Maßnahmen der Leitung der SE ermöglichen, die im Rahmen des Entscheidungsprozesses innerhalb der SE berücksichtigt werden kann.

(12) Mitbestimmung bedeutet die Einflussnahme der Arbeitnehmer auf die Angelegenheiten einer Gesellschaft durch

1. die Wahrnehmung des Rechts, einen Teil der Mitglieder des Aufsichts- oder Verwaltungsorgans der Gesellschaft zu wählen oder zu bestellen, oder
2. die Wahrnehmung des Rechts, die Bestellung eines Teils oder aller Mitglieder des Aufsichts- oder Verwaltungsorgans der Gesellschaft zu empfehlen oder abzulehnen.

§ 3 Geltungsbereich

(1) Dieses Gesetz gilt für eine SE mit Sitz im Inland. Es gilt unabhängig vom Sitz der SE auch für Arbeitnehmer der SE, die im Inland beschäftigt sind sowie für beteiligte Gesellschaften, betroffene Tochtergesellschaften und betroffene Betriebe mit Sitz im Inland.

(2) Mitgliedstaaten im Sinne dieses Gesetzes sind die Mitgliedstaaten der Europäischen Union und die anderen Vertragsstaaten des Abkommens über den Europäischen Wirtschaftsraum.

## Teil 2 Besonderes Verhandlungsgremium

### Kapitel 1 Bildung und Zusammensetzung

§ 4 Information der Leitungen

(1) Das besondere Verhandlungsgremium ist auf Grund einer schriftlichen Aufforderung der Leitungen zu bilden. Es hat die Aufgabe, mit den Leitungen eine schriftliche Vereinbarung über die Beteiligung der Arbeitnehmer in der SE abzuschließen.

(2) Wenn die Leitungen die Gründung einer SE planen, informieren sie die Arbeitnehmervertretungen und Sprecherausschüsse in den beteiligten Gesellschaften, betroffenen Tochtergesellschaften und betroffenen Betrieben über das Gründungsvorhaben. Besteht keine Arbeitnehmervertretung, erfolgt die Information gegenüber den Arbeitnehmern. Die Information erfolgt unaufgefordert und unverzüglich nach Offenlegung des Verschmelzungsplans, des Gründungsplans für eine Holdinggesellschaft, des Umwandlungsplans oder nach Abschluss der Vereinbarung eines Plans zur Gründung einer Tochtergesellschaft.

⑪ 청문은 유럽회사근로자평의회 또는 기타 근로자대표자와 유럽회사의 경영대표기관 또는 고유한 결정권을 가진 기타 경영진기관 간의 논의 및 의견교환을 조직하는 것(Einrichtung eines Dialogs und eines Meinungsaustauschs)을 말한다. 청문 시기·형식·내용은 유럽회사근로자평의회가 행해진 통지에 기하여 유럽회사의 경영대표기관의 계획 중인 조치에 대하여(zu den geplanten Maßnahmen der Leitung der SE) 유럽회사 의사결정과정의 틀 내에서 고려될 수 있는 의견진술이 가능하도록 해야만 한다.

⑫ 공동결정은 다음 각 호를 통해 근로자들이 회사의 결정사안에 대해 영향을 행사하는 것을 의미한다,

1. 감사회 또는 감독회(Aufsichts- oder Verwaltungsorgans)의 구성원의 일부를 선출하거나 임명하는 권리의 행사,
2. 감사회 또는 감독회의 구성원(Aufsichts- oder Verwaltungsorgans)의 전부 또는 일부에 대한 임명을 추천하거나 이를 거부하는 권리의 행사.

제3조 적용범위

① 이 법은 독일 내 본점소재지가 있는 유럽회사에 대해 적용한다. 그 본점소재지를 불문하고 독일 내에서 고용된 근로자로 유럽회사의 근로자와 독일 내 본점소재지가 있는, 자본참가회사, 관련자회사 또는 관련사업에 대해서도 적용한다.

② 이 법상의 회원국은 유럽연합 회원국과 유럽경제지역(Europäischer Wirtschaftsraum)에 관한 조약의 기타 조약가입국을 말한다.

## 제2편 특별평의회

### 제1장 조직과 편성

제4조 경영대표기관의 정보제공

① 특별평의회는 경영대표기관의 서면요구에 기하여 조직된다. 그 평의회는 유럽회사 내 근로자들의 의사결정참가에 관하여 경영대표기관과 서면협약(schriftliche Vereinbarung)을 체결할 임무를 갖는다.

② 경영대표기관이 유럽회사의 설립을 계획하는 경우에(Wenn die Leitungen die Gründung einer SE planen), 그 경영대표기관은 자본참가회사, 관련자회사 및 관련사업 내의 근로자대표기구 및 고위직사원평의회(Arbeitnehmervertretungen und Sprecherausschüsse in den beteiligten Gesellschaften, betroffenen Tochtergesellschaften und betroffenen Betrieben)에 설립계획에 관한 정보를 제공한다. 어떤 근로자대표기구도 없는 경우에 근로자들에 대하여 그 정보를 제공한다. 정보제공은 그 제공요구가 없더라도 합병계획, 지주회사의 설립계획이나 기업구조개편의 공표 후 또는 자회사 설립에 관한 구상계약(構想契約)의 체결 후 지체 없이 이뤄진다.

(3) Die Information erstreckt sich insbesondere auf

1. die Identität und Struktur der beteiligten Gesellschaften, betroffenen Tochtergesellschaften und betroffenen Betriebe und deren Verteilung auf die Mitgliedstaaten;
2. die in diesen Gesellschaften und Betrieben bestehenden Arbeitnehmervertretungen;
3. die Zahl der in diesen Gesellschaften und Betrieben jeweils beschäftigten Arbeitnehmer sowie die daraus zu errechnende Gesamtzahl der in einem Mitgliedstaat beschäftigten Arbeitnehmer;
4. die Zahl der Arbeitnehmer, denen Mitbestimmungsrechte in den Organen dieser Gesellschaften zustehen.

(4) Maßgeblicher Zeitpunkt für die Ermittlung der Zahl der Arbeitnehmer ist der Zeitpunkt der Information nach Absatz 2.

§ 5 Zusammensetzung des besonderen Verhandlungsgremiums

(1) Für die in jedem Mitgliedstaat beschäftigten Arbeitnehmer der beteiligten Gesellschaften, betroffenen Tochtergesellschaften und betroffenen Betriebe werden Mitglieder für das besondere Verhandlungsgremium gewählt oder bestellt. Für jeden Anteil der in einem Mitgliedstaat beschäftigten Arbeitnehmer, der 10 Prozent der Gesamtzahl der in allen Mitgliedstaaten beschäftigten Arbeitnehmer der beteiligten Gesellschaften und der betroffenen Tochtergesellschaften oder betroffenen Betriebe oder einen Bruchteil davon beträgt, ist ein Mitglied aus diesem Mitgliedstaat in das besondere Verhandlungsgremium zu wählen oder zu bestellen.

(2) Wird die SE durch Verschmelzung gegründet, sind so viele zusätzliche Mitglieder in das besondere Verhandlungsgremium zu wählen oder zu bestellen, wie erforderlich sind, um zu gewährleisten, dass jede beteiligte Gesellschaft, die eingetragen ist und Arbeitnehmer in dem betreffenden Mitgliedstaat beschäftigt und die als Folge der geplanten Eintragung der SE als eigene Rechtspersönlichkeit erlöschen wird, in dem besonderen Verhandlungsgremium durch mindestens ein Mitglied vertreten ist. Dies darf nicht zu einer Doppelvertretung der betroffenen Arbeitnehmer führen.

(3) Die Zahl der zusätzlichen Mitglieder darf 20 Prozent der sich aus Absatz 1 ergebenden Mitgliederzahl nicht überschreiten. Kann danach nicht jede nach Absatz 2 besonders zu berücksichtigende Gesellschaft durch ein zusätzliches Mitglied im besonderen Verhandlungsgremium vertreten werden, so werden diese Gesellschaften in absteigender Reihenfolge der Zahl der bei ihnen beschäftigten Arbeitnehmer berücksichtigt. Dabei ist zu gewährleisten, dass ein Mitgliedstaat nicht mehrere zusätzliche Sitze erhält, solange nicht alle anderen Mitgliedstaaten, aus denen die nach Absatz 2 besonders zu berücksichtigenden Gesellschaften stammen, einen Sitz erhalten haben.

(4) Treten während der Tätigkeitsdauer des besonderen Verhandlungsgremiums solche Änderungen in der Struktur oder Arbeitnehmerzahl der beteiligten Gesellschaften, der betroffenen Tochtergesellschaften

③ 정보는 특히 다음 각 호의 사항이 포함된다,

1. 자본참가회사, 관련자회사 및 관련사업의 실체(實體) 및 구조(Identität und Struktur), 회원국에서 그 분포;
2. 자본참가회사, 관련자회사 및 관련사업에 존재하는 근로자대표기구;
3. 자본참가회사, 관련자회사 및 관련사업에 고용된 각각의 근로자수와 이에 기하여 산정된, 어느 회원국에서 고용된 근로자총수;
4. 자본참가회사 및 관련자회사의 기관에서 공동결정권(Mitbestimmungsrechte)을 가진 근로자들의 수.

④ 근로자수의 산정에 대한 기준 시기(Maßgeblicher Zeitpunkt für die Ermittlung der Zahl der Arbeitnehmer)는 제4조 제2항에 따른 정보제공시이다.

제5조 특별평의회의 구성

① 각 회원국에서 자본참가회사, 관련자회사 및 관련사업(beteiligten Gesellschaften, betroffenen Tochtergesellschaften und betroffenen Betriebe)에 고용된 근로자들을 위해 특별평의회구성원이 선출되고 임명된다. 모든 회원국에서 자본참가회사, 관련자회사 및 관련사업에 고용된 근로자총수의 10프로에 해당하거나 그 10프로의 잔여수(Bruchteil davon)에 해당하는, 어느 회원국에서 고용된 각 근로자의 비율(jeden Anteil der in einem Mitgliedstaat beschäftigten Arbeitnehmer)로, 그 회원국 출신의 구성원(構成員)이 특별평의회에서 선출(選出)되거나 임명되어야 한다.

② 유럽회사가 합병으로 설립되는 경우에(Wird die SE durch Verschmelzung gegründet), 등기되고 관련 회원국에서 근로자를 고용하며 계획된 유럽회사의 등기의 결과로서 고유한 법인격(eigene Rechtspersönlichkeit)이 소멸한 각 자본참가회사가, 특별평의회에서(in dem besonderen Verhandlungsgremium) 최소 1명의 구성원으로 대표되도록 보장하기 위하여, 필요한 수만큼의 추가적 구성원 (viele zusätzliche Mitglieder)이 특별평의회에서 선출되거나 임명되어야 한다. 이로 인해 해당 근로자의 이중대표(Doppelvertretung der betroffenen Arbeitnehmer)가 행해져서는 안 된다.

③ 추가적 구성원수(Zahl der zusätzlichen Mitglieder)는 제5조 제1항에 따라 생긴 구성원수의 20프로를 초과해서는 안 된다. 그 결과 제5조 제2항에 따라 특별히 고려되어야 하는 각 회사가 추가적 구성원에 의해 특별평의회(besonderen Verhandlungsgremium)에서 대표(代表)될 수 없는 경우에는, 그 회사는 자신에 고용된 근로자수의 (큰 수부터 작은 수로의) 하향순서(absteigende Reihenfolge)대로 고려된다. 이 경우 어느 회원국이, 제5조 제2항에 따라 특별히 고려되어야 하는 회사가 소재한 기타 회원국 모두가 한 석도 얻지 못한 때에는, 더 이상 추가적 구성원자리를 받지 못하는 점(dass ein Mitgliedstaat nicht mehrere zusätzliche Sitze erhält)이 보장되어야 한다.

④ 특별평의회 활동존기간(Tätigkeitsdauer des besonderen Verhandlungsgremiums) 동안에 자본참가회사, 관련자회사 또는 관련사업의 구조 또는 근로자수의 변경으로, 특별평의회의 구체

oder der betroffenen Betriebe ein, dass sich die konkrete Zusammensetzung des besonderen Verhandlungsgremiums ändern würde, so ist das besondere Verhandlungsgremium entsprechend neu zusammenzusetzen. Über solche Änderungen haben die zuständigen Leitungen unverzüglich das besondere Verhandlungsgremium zu informieren. § 4 Abs. 2 bis 4 gilt entsprechend.

§ 6 Persönliche Voraussetzungen der auf das Inland entfallenden Mitglieder des besonderen Verhandlungsgremiums

(1) Die persönlichen Voraussetzungen der Mitglieder des besonderen Verhandlungsgremiums richten sich nach den jeweiligen Bestimmungen der Mitgliedstaaten, in denen sie gewählt oder bestellt werden.

(2) Zu Mitgliedern des besonderen Verhandlungsgremiums wählbar sind im Inland Arbeitnehmer der Gesellschaften und Betriebe sowie Gewerkschaftsvertreter. Frauen und Männer sollen entsprechend ihrem zahlenmäßigen Verhältnis gewählt werden. Für jedes Mitglied ist ein Ersatzmitglied zu wählen.

(3) Gehören dem besonderen Verhandlungsgremium mehr als zwei Mitglieder aus dem Inland an, ist jedes dritte Mitglied ein Vertreter einer Gewerkschaft, die in einem an der Gründung der SE beteiligten Unternehmen vertreten ist.

(4) Gehören dem besonderen Verhandlungsgremium mehr als sechs Mitglieder aus dem Inland an, ist mindestens jedes siebte Mitglied ein leitender Angestellter.

§ 7 Verteilung der auf das Inland entfallenden Sitze des besonderen Verhandlungsgremiums

(1) Die Wahl oder Bestellung der Mitglieder des besonderen Verhandlungsgremiums nach § 5 erfolgt nach den jeweiligen Bestimmungen der Mitgliedstaaten.

(2) Bei der Wahl der auf das Inland entfallenden Mitglieder des besonderen Verhandlungsgremiums sollen alle an der Gründung der SE beteiligten Gesellschaften mit Sitz im Inland, die Arbeitnehmer im Inland beschäftigen, durch mindestens ein Mitglied im besonderen Verhandlungsgremium vertreten sein.

(3) Ist die Anzahl der auf das Inland entfallenden Mitglieder des besonderen Verhandlungsgremiums geringer als die Anzahl der an der Gründung der SE beteiligten Gesellschaften mit Sitz im Inland, die Arbeitnehmer im Inland beschäftigen, so erhalten die Gesellschaften in absteigender Reihenfolge der Zahl der Arbeitnehmer jeweils einen Sitz.

(4) Ist die Anzahl der auf das Inland entfallenden Mitglieder des besonderen Verhandlungsgremiums höher als die Anzahl der an der Gründung der SE beteiligten Gesellschaften mit Sitz im Inland, die Arbeitnehmer im Inland beschäftigen, so sind die nach erfolgter Verteilung nach Absatz 2 verbleibenden Sitze nach dem d'Hondtschen Höchstzahlenverfahren auf die beteiligten Gesellschaften zu verteilen.

적 구성이 바뀔 그러한 변경이 발생하는 경우에, 특별평의회는 그 변경에 상응하여(entsprechend neu zusammenzusetzen) 새롭게 편성되어야 한다. 관할 경영대표기관(zuständigen Leitungen)은 지체 없이 특별평의회에 그러한 변경에 대한 정보(情報)를 제공해야 한다. 제4조 제2항 내지 제4항을 준용한다.

제6조 독일에 할당된 특별평의회구성원의 인적 요건(Persönliche Voraussetzungen der auf das Inland entfallenden Mitglieder)

① 특별평의회구성원의 인적 요건(persönlichen Voraussetzungen der Mitglieder des besonderen Verhandlungsgremiums)은 그 구성원이 선출(選出)되거나 임명되는 각 회원국(會員國)의 규정에 따른다.

② 독일에서 그 회사 및 사업에 속한 근로자(Arbeitnehmer der Gesellschaften und Betriebe)와 노조측대표자가 특별평의회구성원으로 선출될 수 있다. 여성 및 남성은 그 수의 비율에 상응하여(entsprechend ihrem zahlenmäßigen Verhältnis) 선출되어야 한다. 각 특별평의회구성원에 대해 대체구성원이 선출되어야 한다.

③ 독일에서 선임된 구성원 3명 이상이 특별평의회에 있는 경우에 구성원의 1/3은, 유럽회사의 자본참가기업에 조합원인 근로자가 있는 노동조합(Gewerkschaft, die in einem an der Gründung der SE beteiligten Unternehmen vertreten ist)의 대표자이다.

④ 독일에서 선임된 구성원 7명 이상이 특별평의회에 있는 경우에 구성원의 1/7 이상의 구성원이 고위직사원이다.

제7조 독일에 할당된 특별평의회구성원자리의 배분

① 제5조에 따른 특별평의회의 구성원의 선출(選出) 또는 임명(任命)은 각 회원국의 규정에 따라 이뤄진다.

② 독일에 할당된 특별평의회구성원의 선거에 있어(Bei der Wahl der auf das Inland entfallenden Mitglieder des besonderen Verhandlungsgremiums) 유럽회사 설립에 출자한, 독일에 본점소재지가 있는 회사로 독일에서 근로자를 고용한 모든 회사는 특별평의회에서 1명 이상의 구성원으로 대표되어야 한다.

③ 독일에 할당된, 특별평의회의 구성원수가 유럽회사의 설립에 출자한, 독일에 본점소재지가 있는(mit Sitz im Inland) 회사들로 독일에서 근로자를 고용한 회사의 수보다 적은 경우에, 그 회사들은 근로자수의 (큰 수부터 작은 수로의) 하향순서(absteigende Reihenfolge)대로 각각 1석을 받는다.

④ 독일에 할당된, 특별평의회의 구성원수가 유럽회사의 설립에 출자한, 독일에 본점소재지가 있는 회사로 독일에서 근로자를 고용한 회사의 수보다 큰 경우에, 제7조 제2항에 따른 배분이 이뤄진 후 남은 특별평의회구성원자리(die nach erfolgter Verteilung nach Absatz 2 verbleibenden Sitze)는 동트식의 최대수산정절차에 좇아(nach dem d'Hondtschen Höchstzahlenverfahren) 자본참가회사에 배분되어야 한다.

(5) Sind keine Gesellschaften mit Sitz im Inland an der Gründung der SE beteiligt, sondern von ihr nur Betriebe ausländischer Gesellschaften betroffen, gelten die Absätze 2 bis 4 entsprechend.

## Kapitel 2 Wahlgremium

§ 8 Zusammensetzung des Wahlgremiums; Urwahl

(1) Die nach diesem Gesetz oder dem Gesetz eines anderen Mitgliedstaats auf die im Inland beschäftigten Arbeitnehmer der an der Gründung der SE beteiligten Gesellschaften, betroffenen Tochtergesellschaften und betroffenen Betriebe entfallenden Mitglieder des besonderen Verhandlungsgremiums werden von einem Wahlgremium in geheimer und unmittelbarer Wahl gewählt. Im Fall des § 6 Abs. 3 ist jedes dritte Mitglied auf Vorschlag einer Gewerkschaft zu wählen, die in einem an der Gründung der SE beteiligten Unternehmen vertreten ist. Wird nur ein Wahlvorschlag gemacht, muss dieser mindestens doppelt so viele Bewerber enthalten wie Vertreter von Gewerkschaften zu wählen sind. Jeder Wahlvorschlag einer Gewerkschaft muss von einem Vertreter der Gewerkschaft unterzeichnet sein. Im Fall des § 6 Abs. 4 ist jedes siebte Mitglied auf Vorschlag der Sprecherausschüsse zu wählen; Satz 3 gilt entsprechend. Besteht in einem beteiligten Unternehmen oder in einer beteiligten Unternehmensgruppe kein Sprecherausschuss, können die leitenden Angestellten Wahlvorschläge machen; ein Wahlvorschlag muss von einem Zwanzigstel oder 50 der wahlberechtigten leitenden Angestellten unterzeichnet sein.

(2) Ist aus dem Inland nur eine Unternehmensgruppe an der SE-Gründung beteiligt, besteht das Wahlgremium aus den Mitgliedern des Konzernbetriebsrats oder, sofern ein solcher nicht besteht, aus den Mitgliedern der Gesamtbetriebsräte, oder, sofern ein solcher in einem Unternehmen nicht besteht, aus den Mitgliedern des Betriebsrats. Betriebsratslose Betriebe und Unternehmen einer Unternehmensgruppe werden vom Konzernbetriebsrat, Gesamtbetriebsrat oder Betriebsrat mit vertreten.

(3) Ist aus dem Inland nur ein Unternehmen an der Gründung einer SE beteiligt, besteht das Wahlgremium aus den Mitgliedern des Gesamtbetriebsrats, oder, sofern ein solcher nicht besteht, aus den Mitgliedern des Betriebsrats. Betriebsratslose Betriebe eines Unternehmens werden vom Gesamtbetriebsrat oder Betriebsrat mit vertreten.

(4) Ist aus dem Inland nur ein Betrieb von der Gründung einer SE betroffen, besteht das Wahlgremium aus den Mitgliedern des Betriebsrats.

(5) Sind an der Gründung der SE eine oder mehrere Unternehmensgruppen oder nicht verbundene Unternehmen beteiligt oder sind von der Gründung unternehmensunabhängige Betriebe betroffen, setzt sich das Wahlgremium aus den jeweiligen Arbeitnehmervertretungen auf Konzernebene, Unternehmensebene oder Betriebsebene zusammen. Die Absätze 2 bis 4 gelten entsprechend. Ist

⑤ 독일에 본점소재지가 있는 회사가 유럽회사의 설립에 출자한 것이 아니라 외국 회사의 사업만이 그 설립에 관련된 경우에, 제7조 제2조항 내지 제4항을 준용한다.

## 제2장 평의회구성위원회

제8조 평의회구성위원회의 구성, 최초선거

① 이 법 또는 회원국의 다른 법률에 좇아 유럽회사 설립의 자본참가회사, 관련자회사 및 관련사업에 속한, 독일에서 고용된 근로자들에 대해 할당된 특별평의회구성원은 평의회구성위원회에 의해 비밀·직접선거로(in geheimer und unmittelbarer Wahl) 선출된다.제6조 제3항의 경우에 구성원 1/3은 유럽회사 설립의 자본참가기업에 조합원인 근로자가 있는 노동조합(die in einem an der Gründung der SE beteiligten Unternehmen vertreten ist)의 추천에 따라 선출되어야 한다. 하나의 후보자추천서만이 제출된 경우에, 노조측대표자로 선출되어야 할 수의 2배수 이상의 후보자가 그 추천서에 포함되어 있어야만 한다. 노동조합의 각 후보자추천서에 노동조합의 대리인이 서명해야 한다. 제6조 제4항의 경우 1/7의 구성원은 고위직사원평의회의 추천에 따라(auf Vorschlag der Sprecherausschüsse) 선출되어야 한다; 제3문을 준용한다. 어느 자본참가회사 또는 자본참가회사집단에 고위직사원평의회가 없는 경우에(Besteht in einem beteiligten Unternehmen oder in einer beteiligten Unternehmensgruppe kein Sprecherausschuss), 고위직사원들은 그 추천을 할 수 있다; 그 추천서에 선거권이 있는 고위직사원(wahlberechtigten leitenden Angestellten)의 1/20 또는 50명의 고위직사원이 서명(署名)을 해야만 한다.

② 독일에서 오직 1개의 기업집단이 유럽회사의 설립에 출자한 경우에 평의회구성위원회는, 그 콘체른근로자평의회구성원으로, 또는 그 콘체른근로자평의회가 없는 경우에는 그 기업근로자평의회의 구성원으로, 기업에 기업근로자평의회가 없는 경우에는 그 근로자평의회구성원으로 각각 구성된다. 기업집단에 속한 근로자평의회가 없는 사업 및 기업(Betriebsratslose Betriebe und Unternehmen einer Unternehmensgruppe)은 콘체른근로자평의회, 기업근로자평의회 또는 근로자평의회에 의해 대표된다.

③ 독일에서 오직 1개의 기업이 유럽회사의 설립에 출자한 경우에 평의회구성위원회는, 그 기업근로자평의회구성원으로, 또는 그 기업근로자평의회가 없는 경우에는 그 근로자평의회구성원으로 각각 구성된다. 기업에 근로자평의회가 없는 사업은 기업근로자평의회 또는 근로자평의회에 의해 대표된다.

④ 독일에서 오직 1개의 사업이 유럽회사의 설립에 관련된 경우에, 평의회구성위원회는 그 사업의 근로자평의회구성원으로 구성된다.

⑤ 유럽회사의 설립에 하나 또는 수개의 기업집단(mehrere Unternehmensgruppen)이나 결합되지 않은 기업(nicht verbundene Unternehmen)이 출자하거나, 그 설립에 기업종속적 사업들이 관련된 경우에, 평의회구성위원회는 콘체른수준, 기업수준 또는 사업수준(auf Konzernebene, Unternehmensebene oder Betriebsebene)의 각각의 근로자대표기구의 구성원으로 구성된다. 제

in den Fällen des Satzes 1 eine entsprechende Arbeitnehmervertretung nicht vorhanden, werden diese Mitglieder des Wahlgremiums von den Arbeitnehmern in Urwahl gewählt. Die Wahl wird von einem Wahlvorstand eingeleitet und durchgeführt, der in einer Versammlung der Arbeitnehmer gewählt wird, zu der die inländische Konzernleitung, Unternehmensleitung oder Betriebsleitung einlädt. Es sind so viele Mitglieder des Wahlgremiums zu wählen, wie eine bestehende Arbeitnehmervertretung in den Fällen der Absätze 2 bis 4 an gesetzlichen Mitgliedern hätte; für das Wahlverfahren gilt Absatz 7 Satz 3 bis 5 entsprechend.

(6) Das Wahlgremium besteht aus höchstens 40 Mitgliedern. Würde diese Höchstzahl überschritten, ist die Anzahl der Mitglieder in dem Wahlgremium entsprechend ihrem zahlenmäßigen Verhältnis nach dem d'Hondtschen Höchstzahlverfahren zu verringern.

(7) Besteht in den Fällen der Absätze 2 bis 5 keine Arbeitnehmervertretung, wählen die Arbeitnehmer die Mitglieder des besonderen Verhandlungsgremiums in geheimer und unmittelbarer Wahl. Die Wahl wird von einem Wahlvorstand eingeleitet und durchgeführt, der in einer Versammlung der Arbeitnehmer gewählt wird, zu der die inländische Konzernleitung, Unternehmensleitung oder Betriebsleitung einlädt. Die Wahl der Mitglieder des besonderen Verhandlungsgremiums erfolgt nach den Grundsätzen der Verhältniswahl. Sie erfolgt nach den Grundsätzen der Mehrheitswahl, wenn nur ein Wahlvorschlag eingereicht wird. Jeder Wahlvorschlag der Arbeitnehmer muss von mindestens einem Zwanzigstel der wahlberechtigten Arbeitnehmer, mindestens jedoch von drei Wahlberechtigten, höchstens aber von 50 Wahlberechtigten unterzeichnet sein; in Betrieben mit in der Regel bis zu 20 wahlberechtigten Arbeitnehmern genügt die Unterzeichnung durch zwei Wahlberechtigte. § 8 Abs. 1 Satz 2 bis 6 gilt entsprechend.

§ 9 Einberufung des Wahlgremiums

(1) Auf der Grundlage der von den Leitungen erhaltenen Informationen hat der Vorsitzende der Arbeitnehmervertretung auf Konzernebene oder, sofern eine solche nicht besteht, auf Unternehmensebene oder, sofern eine solche nicht besteht, auf Betriebsebene

1. Ort, Tag und Zeit der Versammlung des Wahlgremiums festzulegen;
2. die Anzahl der Mitglieder aus den jeweiligen Arbeitnehmervertretungen nach § 8 Abs. 6 festzulegen;
3. zur Versammlung des Wahlgremiums einzuladen.

(2) Bestehen auf einer Ebene mehrere Arbeitnehmervertretungen, treffen die Verpflichtungen nach Absatz 1 den Vorsitzenden der Arbeitnehmervertretung, die die meisten Arbeitnehmer vertritt.

§ 10 Wahl der Mitglieder des besonderen Verhandlungsgremiums

(1) Bei der Wahl müssen mindestens zwei Drittel der Mitglieder des Wahlgremiums, die

8조 제2항 내지 제4항을 준용한다. 제8조 제1항의 경우에 관련 근로자대표기구가 없는 경우에 그 평의회구성위원회위원들(diese Mitglieder des Wahlgremiums)은 근로자들에 의한 최초선거로 선출된다. 그 선거는 독일의 콘체른경영대표기관, 기업경영대표기관 및 사업경영대표기관(Betriebsleitung)이 소집한 근로자총회에서 선거로 구성된(der in einer Versammlung der Arbeitnehmer gewählt wird) 선거위원회에 의해 개시되어 실시된다. 제8조 제2항 내지 제4항의 경우에 존재하는 근로자대표기구에 법적 구성원이 있어야 하는 수만큼의 평의회구성위원회위원수가 선출되어야 한다; 그 선거절차에 대하여 제8조 제7항 제3항 내지 제5항을 준용한다.
⑥ 평의회구성위원회는 최대 40명의 구성원으로 구성된다. 그 수를 넘는 경우에 그 구성원수는 평의회구성위원회에서 구성원수의 비율에 상응하여 동트식의 최대수산정절차에 좇아(nach dem d'Hondtschen Höchstzahlverfahren) 감소되어야 한다.
⑦ 제8조 제2항 내지 제5항의 경우에 근로자대표기구가 없는 경우에, 근로자들은 특별평의회구성원을 비밀·직접선거로(in geheimer und unmittelbarer Wahl)선출한다. 그 선거는 독일의 콘체른경영대표기관, 기업경영대표기관 또는 사업경영대표기관(Konzernleitung, Unternehmensleitung oder Betriebsleitung)이 소집한 근로자총회에서 선거로 구성된 선거위원회에 의해 개시되어 실시된다. 평의회구성위원회위원선거는 비례대표선거원칙에 좇아(nach den Grundsätzen der Verhältniswahl) 실시된다. 하나의 후보자추천서가 제출된 경우에는 그 선거는 다수대표제선거원칙에 좇아(nach den Grundsätzen der Mehrheitswahl) 실시된다. 근로자들의 각 후보자추천서에 선거권이 있는 근로자들 1/20 이상의 근로자들로, 최소 3명에서 최대 50명의 선거권이 있는 근로자들이 서명해야만 한다; 상시적으로 20명 이하의 선거권이 있는 근로자들이 있는 사업에서는(in Betrieben mit in der Regel bis zu 20 wahlberechtigten Arbeitnehmern) 2명의 선거권이 있는 근로자의 서명으로 족하다. 제8조 제1항 제2문 내지 제6문을 준용한다.

제9조 평의회구성위원회의 소집

① 경영대표기관에게서 받은 정보에 기하여 콘체른수준의 근로자대표기구, 또는 그것이 없는 경우에는 기업수준의 근로자대표기구나, 기업수준의 근로자대표기구도 없는 경우에는 사업수준의 근로자대표기구의 각각의 의장은,

1. 평의회구성위원회의 장소 및 일시를 정해야 하고;
2. 제8조 제6항에 따라 각각의 근로자대표기구(jeweiligen Arbeitnehmervertretungen)를 대표하는 평의회구성원의원수를 정해야 하고;
3. 평의회구성위원회 집회를 소집해야 한다.

② 하나의 수준에 수개의 근로자대표기구가 있는 경우에는 가장 많은 수의 근로자를 대표하는 근로자대표기구의 의장이 제9조 제1항에 따른 의무를 부담한다.

제10조 특별평의회구성원 선출

① 그 선거(選擧)에 있어 최소 근로자들 2/3 이상(mindestens zwei Drittel)을 대표하는 평의회구

mindestens zwei Drittel der Arbeitnehmer vertreten, anwesend sein. Die Mitglieder des Wahlgremiums haben jeweils so viele Stimmen, wie sie Arbeitnehmer vertreten. Die Wahl erfolgt mit einfacher Mehrheit der abgegebenen Stimmen.

(2) Im Wahlgremium vertreten die Arbeitnehmervertretungen und die in Urwahl gewählten Mitglieder jeweils alle Arbeitnehmer der organisatorischen Einheit, für die sie nach § 8 Abs. 2 bis 5 zuständig sind. Nicht nach Satz 1 vertretene Arbeitnehmer werden den Arbeitnehmervertretungen innerhalb der jeweiligen Unternehmensgruppe zu gleichen Teilen zugerechnet.

(3) Sind für eine Arbeitnehmervertretung mehrere Mitglieder im Wahlgremium vertreten, werden die entsprechend der von ihnen vertretenen Arbeitnehmer bestehenden Stimmenanteile gleichmäßig aufgeteilt. Dies gilt auch für die nach § 8 Abs. 5 Satz 3 gewählten Mitglieder des Wahlgremiums.

## Kapitel 3 Verhandlungsverfahren

### § 11 Information über die Mitglieder des besonderen Verhandlungsgremiums

(1) Die Wahl oder Bestellung der Mitglieder des besonderen Verhandlungsgremiums soll innerhalb von zehn Wochen nach der in § 4 Abs. 2 und 3 vorgeschriebenen Information erfolgen. Den Leitungen sind unverzüglich die Namen der Mitglieder des besonderen Verhandlungsgremiums, ihre Anschriften sowie die jeweilige Betriebszugehörigkeit mitzuteilen. Die Leitungen haben die örtlichen Betriebs- und Unternehmensleitungen, die dort bestehenden Arbeitnehmervertretungen und Sprecherausschüsse sowie die in inländischen Betrieben vertretenen Gewerkschaften über diese Angaben zu informieren.

(2) Das Verhandlungsverfahren nach den §§ 12 bis 17 findet auch dann statt, wenn die in Absatz 1 Satz 1 genannte Frist aus Gründen, die die Arbeitnehmer zu vertreten haben, überschritten wird. Nach Ablauf der Frist gewählte oder bestellte Mitglieder können sich jederzeit an dem Verhandlungsverfahren beteiligen.

### § 12 Sitzungen; Geschäftsordnung

(1) Die Leitungen laden unverzüglich nach Benennung der Mitglieder oder im Fall des § 11 nach Ablauf der in § 11 Abs. 1 Satz 1 genannten Frist zur konstituierenden Sitzung des besonderen Verhandlungsgremiums ein und informieren die örtlichen Betriebs- und Unternehmensleitungen. Das besondere Verhandlungsgremium wählt aus seiner Mitte einen Vorsitzenden und mindestens zwei Stellvertreter. Es kann sich eine schriftliche Geschäftsordnung geben.

(2) Der Vorsitzende kann weitere Sitzungen einberufen.

### § 13 Zusammenarbeit zwischen besonderem Verhandlungsgremium und Leitungen

(1) Das besondere Verhandlungsgremium schließt mit den Leitungen eine schriftliche Vereinbarung über die Beteiligung der Arbeitnehmer in der SE ab. Zur Erfüllung dieser Aufgabe

성위원회위원의 2/3 이상 참해야 한다. 평의회구성위원회위원들은 자신들이 대표하는 근로자 수만큼의 투표권을 가진다. 그 선출은 행사된 투표의 단순과반수로(mit einfacher Mehrheit der abgegebenen Stimmen) 이뤄진다.

② 평의회구성위원회에서 근로자대표기구와 최초선거로 선출된 구성원은 그 근로자대표기구가 제8조 제2항 내지 제5항에 따라 관할하는 조직단위에 속한 모든 근로자를 각각 대표한다. 제1문에 따라 대표되지 않는 근로자들은 각각의 기업집단 내의 근로자대표기구에 동일한 몫으로 산입된다.

③ 수인의 구성원들이 하나의 근로자대표기구를 위해 평의회구성위원회에서 대표돼야 하는 경우에, 그 구성원들에 의해 대표되는 근로자들에 상응하여 존재하는 투표지분은 동등하게 분할된다. 제8조 제5항 제3문에 따라 선출되는 평의회구성위원회위원에 대하여도 적용한다.

## 제3장 교섭절차

### 제11조 특별평의회구성원에 관한 정보제공

① 특별평의회구성원의 선출 또는 임명은 제4조 제2항, 제3항에 규정된 정보제공 후 10주 이내에 이뤄져야 한다. 특별평의회구성원들의 성명, 그 구성원들의 주소와 각각의 사업소속(Namen der Mitglieder des besonderen Verhandlungsgremiums, ihre Anschriften sowie die jeweilige Betriebszugehörigkeit)은 경영대표기관에게 지체 없이 통지되어야 한다. 그 경영대표기관은 지역의 사업경영대표기관 및 기업경영대표기관(örtlichen Betriebs- und Unternehmensleitungen), 사업 및 기업에 존재하는 근로자대표기구 및 고위직사원평의회, 독일 내 사업에 조합원인 근로자가 있는 노조에게 이러한 사항에 관한 정보를 제공해야 한다.

② 제11조 제1항 제1문의 기간 동안 근로자들에게 책임 있는 사유(Gründen, die die Arbeitnehmer zu vertreten haben)에 기하여 도과되더라도 제12조 내지 제17조에 따른 교섭절차는 진행된다. 그 기간의 도과 후 선출되거나 임명된 구성원은 언제든지 교섭절차(Verhandlungsverfahren) 참여할 수 있다.

### 제12조 정관, 사무규정

① 경영대표기관은 그 구성원 취임순서 후 지체 없이 후에, 또는 제11조의 경우에 제11조 제1항 제1문상의 기간의 도과 후에 특별평의회의 선출회의(konstituierenden Sitzung)를 소집하고 지역의 사업경영대표기관 및 기업경영대표기관에게 그에 관하여 통지한다. 특별평의회는 자신의 구성원 중에서 의장과 최소 2명의 부의장을 선출한다. 그 평의회는 서면의 사무규정을 정할 수 있다.

② 의장은 기타 회의를 소집할 수 있다.

### 제13조 특별평의회와 경영대표기관 간의 협력

① 특별평의회(besondere Verhandlungsgremium)는 경영대표기관과 유럽회사 내 근로자들의 의사결정참가에 관한 서면협약(schriftliche Vereinbarung)을 체결한다. 이러한 임무의 수행을

arbeiten sie vertrauensvoll zusammen.

(2) Die Leitungen haben dem besonderen Verhandlungsgremium rechtzeitig alle erforderlichen Auskünfte zu erteilen und die erforderlichen Unterlagen zur Verfügung zu stellen. Das besondere Verhandlungsgremium ist insbesondere über das Gründungsvorhaben und den Verlauf des Verfahrens bis zur Eintragung der SE zu unterrichten. Zeitpunkt, Häufigkeit und Ort der Verhandlungen werden zwischen den Leitungen und dem besonderen Verhandlungsgremium einvernehmlich festgelegt.

§ 14 Sachverständige und Vertreter von geeigneten außenstehenden Organisationen

(1) Das besondere Verhandlungsgremium kann bei den Verhandlungen Sachverständige seiner Wahl, zu denen auch Vertreter von einschlägigen Gewerkschaftsorganisationen auf Gemeinschaftsebene zählen können, hinzuziehen, um sich von ihnen bei seiner Arbeit unterstützen zu lassen. Diese Sachverständigen können, wenn das besondere Verhandlungsgremium es wünscht, an den Verhandlungen in beratender Funktion teilnehmen.

(2) Das besondere Verhandlungsgremium kann beschließen, die Vertreter von geeigneten außenstehenden Organisationen vom Beginn der Verhandlungen zu unterrichten.

§ 15 Beschlussfassung im besonderen Verhandlungsgremium

(1) Die Mitglieder des besonderen Verhandlungsgremiums, die in einem Mitgliedstaat gewählt oder bestellt werden, vertreten alle in dem jeweiligen Mitgliedstaat beschäftigten Arbeitnehmer. Solange aus einem Mitgliedstaat keine Mitglieder in das besondere Verhandlungsgremium gewählt oder bestellt sind (§ 11 Abs. 2), gelten die betroffenen Arbeitnehmer als nicht vertreten.

(2) Das besondere Verhandlungsgremium beschließt vorbehaltlich des Absatzes 3 und § 16 Abs. 1 mit der Mehrheit seiner Mitglieder, in der zugleich die Mehrheit der vertretenen Arbeitnehmer enthalten sein muss. Jedes auf das Inland entfallende Mitglied vertritt gleich viele Arbeitnehmer.

(3) Hätten die Verhandlungen eine Minderung der Mitbestimmungsrechte zur Folge, so ist für einen Beschluss zur Billigung einer solchen Vereinbarung eine Mehrheit von zwei Dritteln der Mitglieder des besonderen Verhandlungsgremiums erforderlich, die mindestens zwei Drittel der Arbeitnehmer in mindestens zwei Mitgliedstaaten vertreten. Dies gilt

1. im Fall einer SE, die durch Verschmelzung gegründet werden soll, sofern sich die Mitbestimmung auf mindestens 25 Prozent der Gesamtzahl der Arbeitnehmer der beteiligten Gesellschaften und der betroffenen Tochtergesellschaften erstreckt oder
2. im Fall einer SE, die als Holding-Gesellschaft oder als Tochtergesellschaft gegründet werden soll, sofern sich die Mitbestimmung auf mindestens 50 Prozent der Gesamtzahl der Arbeitnehmer der beteiligten Gesellschaften und der betroffenen Tochtergesellschaften erstreckt.

(4) Minderung der Mitbestimmungsrechte bedeutet, dass

위하여 특별평의회와 경영대표기관은 깊은 신뢰로 협력한다.

② 경영대표기관은 특별평의회에게 적시에, 필요한 모든 정보를 제공해야 하고 필요한 서류(alle erforderlichen Auskünfte zu erteilen und die erforderlichen Unterlagen)를 이용하도록 제공해야 한다. 특히 특별평의회는 설립계획과 유럽회사의 등기시까지 그 절차의 경과(Gründungsvorhaben und den Verlauf des Verfahrens bis zur Eintragung der SE)에 관하여 통지를 받아야 한다. 교섭의 시기·빈도·장소(Häufigkeit und Ort der Verhandlungen)는 특별평의회와 경영대표기관 간에 협의(協議)하여 정한다.

제14조 적절한 외부조직의 전문가와 대리인

① 특별평의회는 교섭 진행시 그 평의회가 선택한 그 전문가에게서 도움을 받기 위하여, 유럽공동체 수준에서의 관련 노동조합단체의 대리인도 포함될 수 있는 전문가(zu denen auch Vertreter von einschlägigen Gewerkschaftsorganisationen auf Gemeinschaftsebene zählen können)를 그에 참석하게 할 수 있다. 이러한 전문가는, 특별평의회가 이를 원하는 경우 옵서버로 교섭에 참석할 수 있다.

② 특별평의회는 적절한 외부 단체의 대리인(代理人)에게 교섭의 개시에 관한 통지에 대해 결의할 수 있다.

제15조 특별평의회에서의 결의

① 어느 회원국에서 선출되거나 임명된(die in einem Mitgliedstaat gewählt oder bestellt werden) 특별평의회구성원은 각 회원국에 고용된 모든 근로자들을 대표한다. 어느 회원국에서 어떤 구성원도 특별평의회의 구성원으로 선출되거나 임명되지 않는 동안에(제11조 제2항), 그 해당 근로자들은 대표되지 않은 것으로 본다.

② 특별평의회는 제15조 제3항, 제16조 제1항의 경우를 제외하고 대표되는 근로자의 과반수도 동시에 충족되어야만 하는, 평의회구성원들의 과반수로(mit der Mehrheit seiner Mitglieder) 의결한다. 독일에 할당된 각 그 구성원은 같은 수의 근로자들을 대표한다.

③ 교섭이 공동결정권의 축소를 초래하게 되는 경우에는(Hätten die Verhandlungen eine Minderung der Mitbestimmungsrechte zur Folge), 그러한 합의에 동의를 위한 결의는 특별평의회구성원의 2/3의 다수결로, 2개 이상의 회원국의 근로자들 중 2/3를 대표하는 다수결을 필요로 한다. 이는 다음 각 호의 경우에 적용된다,

1. 합병으로 설립되어야 하는 유럽회사의 경우 공동결정이 자본참가회사 및 관련자회사에 속한 근로자들 총수(Gesamtzahl der Arbeitnehmer der beteiligten Gesellschaften und der betroffenen Tochtergesellschaften)의 25프로 이상에 관련될 때,
2. 지주회사 또는 자회사로서 설립되어야 하는 유럽회사 경우 공동결정이 자본참가회사 및 관련자회사에 속한 근로자들 총수(Gesamtzahl der Arbeitnehmer der beteiligten Gesellschaften und der betroffenen Tochtergesellschaften)의 50프로 이상에 관련될 때.

④ 공동결정권의 축소는 다음 각 호를 의미한다,

1. der Anteil der Arbeitnehmervertreter im Aufsichts- oder Verwaltungsorgan der SE geringer ist als der höchste in den beteiligten Gesellschaften bestehende Anteil oder
2. das Recht, Mitglieder des Aufsichts- oder Verwaltungsorgans der Gesellschaft zu wählen, zu bestellen, zu empfehlen oder abzulehnen, beseitigt oder eingeschränkt wird.

(5) Wird eine SE durch Umwandlung gegründet, kann ein Beschluss nach Absatz 3 nicht gefasst werden.

§ 16 Nichtaufnahme oder Abbruch der Verhandlungen

(1) Das besondere Verhandlungsgremium kann beschließen, keine Verhandlungen aufzunehmen oder bereits aufgenommene Verhandlungen abzubrechen. Für diesen Beschluss ist eine Mehrheit von zwei Dritteln der Mitglieder erforderlich, die mindestens zwei Drittel der Arbeitnehmer in mindestens zwei Mitgliedstaaten vertreten. Die Vorschriften für die Unterrichtung und Anhörung der Arbeitnehmer, die in den Mitgliedstaaten gelten, in denen die SE Arbeitnehmer beschäftigt, finden Anwendung.

(2) Ein Beschluss nach Absatz 1 beendet das Verfahren zum Abschluss der Vereinbarung nach § 21. Ist ein solcher Beschluss gefasst worden, finden die Regelungen der §§ 22 bis 33 über den SE-Betriebsrat kraft Gesetzes und der §§ 34 bis 38 über die Mitbestimmung kraft Gesetzes keine Anwendung.

(3) Wird eine SE durch Umwandlung gegründet, kann ein Beschluss nach Absatz 1 nicht gefasst werden, wenn den Arbeitnehmern der umzuwandelnden Gesellschaft Mitbestimmungsrechte zustehen.

§ 17 Niederschrift

In eine Niederschrift, die vom Vorsitzenden und einem weiteren Mitglied des besonderen Verhandlungsgremiums zu unterzeichnen ist, ist aufzunehmen

1. ein Beschluss über den Abschluss einer Vereinbarung nach § 13 Abs. 1,
2. ein Beschluss über die Nichtaufnahme oder den Abbruch der Verhandlungen nach § 16 Abs. 1 und
3. die jeweiligen Mehrheiten, mit denen die Beschlüsse gefasst worden sind.

Eine Abschrift der Niederschrift ist den Leitungen zu übermitteln.

§ 18 Wiederaufnahme der Verhandlungen

(1) Frühestens zwei Jahre nach dem Beschluss nach § 16 Abs. 1 wird auf schriftlichen Antrag von mindestens 10 Prozent der Arbeitnehmer der SE, ihrer Tochtergesellschaften und Betriebe oder von deren Vertretern ein besonderes Verhandlungsgremium erneut gebildet, mit der Maßgabe, dass an die Stelle der beteiligten Gesellschaften, betroffenen Tochtergesellschaften und betroffenen Betriebe die SE, ihre Tochtergesellschaften und Betriebe treten. Die Parteien können eine frühere

1. 유럽회사의 감사회 또는 감독회 내 근로자측대표자의 비율이 자본참가회사에 존재하는 가장 큰 그 대표자 비율보다 작은 경우,
2. 그 회사의 감사회 또는 감독회의 구성원을 선출하거나 임명하거나 추천하거나 또는 거부하는 권리가 소멸되거나 제한되는 경우.

⑤ 기업구조개편으로 유럽회사가 설립된 경우에 제15조 제3항에 따른 결의가 이뤄지지 않을 수 있다.

제16조 교섭의 불개시(不開始) 또는 중단

① 특별평의회는 교섭을 개시하지 않거나 이미 개시된 교섭을 중단할 것을 결의할 수 있다. 이러한 결의는 특별평의회구성원의 2/3의 다수결로, 2개 이상의 회원국의 근로자들 중 2/3 이상을 대표하는(die mindestens zwei Drittel der Arbeitnehmer in mindestens zwei Mitgliedstaaten vertreten) 다수결을 필요로 한다. 유럽회사가 근로자들을 고용한 회원국에서 적용되는 규정으로, 근로자들에 대한 통지 및 청문 규정(Vorschriften für die Unterrichtung und Anhörung der Arbeitnehmer)을 적용한다.

② 제16조 제1항에 따른 결의는 제21에 따른 협약의 체결에 관한 절차의 종료를 종료시킨다. 이러한 결의가 이뤄지는 경우에, 법률에 의한 유럽회사근로자평의회에 관한 제22조 내지 제33조의 규정과 법률에 의한 공동결정에 관한 제34조 내지 제38조에 관한 규정은 적용하지 않는다.

③ 기업구조개편으로 유럽회사가 설립된 경우에(Wird eine SE durch Umwandlung gegründet), 구조가 재편된 유럽회사의 공동결정권이 근로자들에게 귀속될 때에는 제16조 제1항에 따른 결의는 이뤄질 수 없다.

제17조 의사록

의장과 특별평의회 구성원 1명이 추가적으로 서명을 해야 하는 의사록에 다음 각 호 사항 모두를 기재한다,

1. 제13조 제1항에 따른 합의의 체결에 관한 결의,
2. 제16조 제1항에 따른 교섭의 불개시(不開始) 또는 중단(Nichtaufnahme oder den Abbruch der Verhandlungen)에 관한 결의,
3. 결의가 이뤄진 각각의 다수결.

의사록의 사본은 경영대표기관에게 송부해야 한다.

제18조 교섭의 재개

① 빨라야 제16조 제1항에 따른 결의한 때로부터 2년 후에 유럽회사, 유럽회사자회사 및 유럽회사사업에 속한 근로자들의 10프로 이상의 근로자들 또는 그 대리인의 서면신청이 있는 때에는(auf schriftlichen Antrag) 특별평의회(ein besonderes Verhandlungsgremium), 유럽회사, 유럽자회사 및 유럽회사사업(SE, ihre Tochtergesellschaften und Betriebe)이 자본참가회사, 관련자회사 및 관련사업을 대신한다는 기준하에 다시 조직된다. 당사자들은 교섭의

Wiederaufnahme der Verhandlungen vereinbaren.

(2) Wenn das besondere Verhandlungsgremium die Wiederaufnahme der Verhandlungen mit der Leitung der SE nach Absatz 1 beschließt, in diesen Verhandlungen jedoch keine Einigung erzielt wird, finden die §§ 22 bis 33 über den SE-Betriebsrat kraft Gesetzes und die §§ 34 bis 38 über die Mitbestimmung kraft Gesetzes keine Anwendung.

(3) Sind strukturelle Änderungen der SE geplant, die geeignet sind, Beteiligungsrechte der Arbeitnehmer zu mindern, finden auf Veranlassung der Leitung der SE oder des SE-Betriebsrats Verhandlungen über die Beteiligungsrechte der Arbeitnehmer der SE statt. Anstelle des neu zu bildenden besonderen Verhandlungsgremiums können die Verhandlungen mit der Leitung der SE einvernehmlich von dem SE-Betriebsrat gemeinsam mit Vertretern der von der geplanten strukturellen Änderung betroffenen Arbeitnehmer, die bisher nicht von dem SE-Betriebsrat vertreten werden, geführt werden. Wird in diesen Verhandlungen keine Einigung erzielt, sind die §§ 22 bis 33 über den SE-Betriebsrat kraft Gesetzes und die §§ 34 bis 38 über die Mitbestimmung kraft Gesetzes anzuwenden.

(4) In den Fällen der Absätze 1 und 3 gelten die Vorschriften des Teils 2 mit der Maßgabe, dass an die Stelle der Leitungen die Leitung der SE tritt.

§ 19 Kosten des besonderen Verhandlungsgremiums

Die durch die Bildung und Tätigkeit des besonderen Verhandlungsgremiums entstehenden erforderlichen Kosten tragen die beteiligten Gesellschaften und nach ihrer Gründung die SE als Gesamtschuldner. Insbesondere sind für die Sitzungen in erforderlichem Umfang Räume, sachliche Mittel, Dolmetscher und Büropersonal zur Verfügung zu stellen sowie die erforderlichen Reise- und Aufenthaltskosten der Mitglieder des besonderen Verhandlungsgremiums zu tragen.

§ 20 Dauer der Verhandlungen

(1) Die Verhandlungen beginnen mit der Einsetzung des besonderen Verhandlungsgremiums und können bis zu sechs Monate dauern. Einsetzung bezeichnet den Tag, zu dem die Leitungen zur konstituierenden Sitzung des besonderen Verhandlungsgremiums eingeladen haben.

(2) Die Parteien können einvernehmlich beschließen, die Verhandlungen über den in Absatz 1 genannten Zeitraum hinaus bis zu insgesamt einem Jahr ab der Einsetzung des besonderen Verhandlungsgremiums fortzusetzen.

## Teil 3 Beteiligung der Arbeitnehmer in der SE

### Kapitel 1 Beteiligung der Arbeitnehmer kraft Vereinbarung

§ 21 Inhalt der Vereinbarung

보다 이른 재개에 관하여 의할 수 있다.

② 특별평의회가 제18조 제1항에 따른 유럽회사의 경영대표기관과 더불어 교섭 재개를 결의하였지만, 그 교섭에서 합의가 성립되지 않는 경우에, 법률에 의한 유럽회사근로자평의회에 관한 제22조 내지 제33조의 규정과 법률에 의한 공동결정에 관한 제34조 내지 제38조에 관한 규정은 적용하지 않는다.

③ 근로자들의 의사결정권이 축소되는 데 적합한, 유럽회사의 구조변경이 계획된 경우에 유럽회사의 경영대표기관 또는 유럽회사근로자평의회의 발의로(auf Veranlassung) 유럽회사에 속한 근로자들의 의사결정참가권에 관한 교섭이 실시된다. 새롭게 조직되는 특별평의회 대신에 유럽회사의 경영대표기관과의 교섭이, 계획된 구조변경에 관련된 근로자들로 지금까지 유럽회사평의회에 의해 대표되지 않은 근로자들의 대표와 공동으로 유럽회사근로자평의회와 협의 후 실시될 수 있다. 그 교섭에서 합의가 성립되지 않은 경우에(Wird in diesen Verhandlungen keine Einigung erzielt), 법률에 의한 유럽회사근로자평의회에 관한 제22조 내지 제33조의 규정과 법률에 의한 공동결정(Mitbestimmung)에 관한 제34조 내지 제38조에 관한 규정은 적용하지 않는다.

④ 제18조 제1항, 제3항의 경우에 제2편의 규정은 유럽회사의 경영대표기관이 그 경영대표기관들을 대신한다는 기준하에 적용된다.

제19조 특별평의회의 비용

특별평의회의 조직 및 활동으로 생긴 필요경비(Die durch die Bildung und Tätigkeit des besonderen Verhandlungsgremiums entstehenden erforderlichen Kosten)는 자본참가회사가 부담하고, 그 유럽회사 설립 후에는 유럽회사와 연대채무자로서 부담한다. 특히 자본참가회사는 회의에 필요한 범위의 공간, 물적 시설, 통역 및 사무직원은 제공해야 하고, 특별평의회구성원의 여행필요경비 및 체류필요경비(Reise- und Aufenthaltskosten)를 부담해야 한다.

제20조 교섭의 존속기간

① 그 교섭은 특별평의회의 설치로써(mit der Einsetzung des besonderen Verhandlungsgremiums) 개시되고 6개월 이내에서 지속할 수 있다. 설치에 경영대표기관이 특별평의회 선출회의를 위하여 소집한 날짜를 표시한다.

② 당사자들은 협의하여 교섭이 제20조 제1항상의 기간을 넘어서 특별평의회가 설치된 때로부터 총 1년 이내에서(bis zu insgesamt einem Jahr ab der Einsetzung des besonderen Verhandlungsgremiums) 지속하는 것으로 결의할 수 있다.

## 제3편 유럽회사 내 근로자들의 의사결정참가

### 제1장 협약에 기한 근로자들의 의사결정참가

제21조 협약의 내용

(1) In der schriftlichen Vereinbarung zwischen den Leitungen und dem besonderen Verhandlungsgremium wird, unbeschadet der Autonomie der Parteien im Übrigen und vorbehaltlich des Absatzes 6, festgelegt:

1. der Geltungsbereich der Vereinbarung, einschließlich der außerhalb des Hoheitsgebietes der Mitgliedstaaten liegenden Unternehmen und Betriebe, sofern diese in den Geltungsbereich einbezogen werden;
2. die Zusammensetzung des SE-Betriebsrats, die Anzahl seiner Mitglieder und die Sitzverteilung, einschließlich der Auswirkungen wesentlicher Änderungen der Zahl der in der SE beschäftigten Arbeitnehmer;
3. die Befugnisse und das Verfahren zur Unterrichtung und Anhörung des SE-Betriebsrats;
4. die Häufigkeit der Sitzungen des SE-Betriebsrats;
5. die für den SE-Betriebsrat bereitzustellenden finanziellen und materiellen Mittel;
6. der Zeitpunkt des Inkrafttretens der Vereinbarung und ihre Laufzeit; ferner die Fälle, in denen die Vereinbarung neu ausgehandelt werden soll und das dabei anzuwendende Verfahren.

(2) Wenn kein SE-Betriebsrat gebildet wird, haben die Parteien die Durchführungsmodalitäten des Verfahrens oder der Verfahren zur Unterrichtung und Anhörung festzulegen. Absatz 1 gilt entsprechend.

(3) Für den Fall, dass die Parteien eine Vereinbarung über die Mitbestimmung treffen, ist deren Inhalt festzulegen. Insbesondere soll Folgendes vereinbart werden:

1. die Zahl der Mitglieder des Aufsichts- oder Verwaltungsorgans der SE, welche die Arbeitnehmer wählen oder bestellen können oder deren Bestellung sie empfehlen oder ablehnen können;
2. das Verfahren, nach dem die Arbeitnehmer diese Mitglieder wählen oder bestellen oder deren Bestellung empfehlen oder ablehnen können und
3. die Rechte dieser Mitglieder.

(4) In der Vereinbarung soll festgelegt werden, dass auch vor strukturellen Änderungen der SE Verhandlungen über die Beteiligung der Arbeitnehmer in der SE aufgenommen werden. Die Parteien können das dabei anzuwendende Verfahren regeln.

(5) Die Vereinbarung kann bestimmen, dass die Regelungen der §§ 22 bis 33 über den SE-Betriebsrat kraft Gesetzes und der §§ 34 bis 38 über die Mitbestimmung kraft Gesetzes ganz oder in Teilen gelten.

(6) Unbeschadet des Verhältnisses dieses Gesetzes zu anderen Regelungen der Mitbestimmung der Arbeitnehmer im Unternehmen muss in der Vereinbarung im Fall einer durch Umwandlung gegründeten SE in Bezug auf alle Komponenten der Arbeitnehmerbeteiligung zumindest das gleiche Ausmaß gewährleistet werden, das in der Gesellschaft besteht, die in eine SE umgewandelt werden soll. Dies gilt auch bei einem Wechsel der Gesellschaft von einer dualistischen zu einer monistischen Organisationsstruktur und umgekehrt.

① 경영대표기관과 특별평의회 간의 서면협약으로, 당사자들의 사적자치에도 불구하고 (unbeschadet der Autonomie der Parteien) 제21조 제6항의 경우 제외한 나머지의 경우에 있어 특히 다음 사항이 모두 정해진다,

1. 그 기업(企業) 및 사업(事業)이 그 적용범위에 포함되는 경우에, 회원국(會員國)의 영토(Hoheitsgebiet)의 밖에 있는 기업 및 사업을 포함하여 협약의 적용범위(der Geltungsbereich der Vereinbarung);
2. 유럽회사에 고용된 근로자수의 중대한 변경의 영향을 포함하여(einschließlich der Auswirkungen wesentlicher Änderungen), 유럽회사근로자평의회의 구성, 유럽회사근로자평의회구성원수와 그 배분;
3. 유럽회사근로자평의회에 대한 통지 및 청문을 위한 권한 및 절차;
4. 유럽회사근로사평의회의 회의의 개최빈도;
5. 유럽회사근로자평의회에 제공되어야 하는 경제적·물질적 수단;
6. 협약의 효력 발생시기와 그 협약의 존속기간, 또 협약을 새롭게 교섭되어야 하는 경우, 이 경우에 적용되는 절차.

② 유럽회사근로자평의회가 조직된 경우에, 당사자들은 통지와 청문(Unterrichtung und Anhörung)을 위한 절차의 진행방식(Durchführungsmodalitäten des Verfahrens)을 정해야 한다. 제21조 제1항을 준용한다.

③ 당사자들이 공동결정에 관한 협약을 체결한 경우에 있어, 협약 내용을 정해야 한다. 특히 다음 각 호 사항이 모두 합의되어야 한다:

1. 유럽회사의 감사회 또는 감독회의 구성원수로, 근로자들이 선출 또는 임명할 수 있거나 추천 또는 거부할 수 있는 그 구성원수;
2. 근로자들이 그 구성원을 선출(選出) 또는 임명(任命)할 수 있거나 추천(推薦) 또는 거부(拒否)할 수 있는 절차;
3. 이러한 구성원의 권리.

④ 그 협약으로 유럽회사의 구조변경 전에도 유럽회사 내 근로자들의 의사결정참가에 관한 평의가 개최된다는 점이 정해져야 한다. 당사자들은 이 경우의 적용절차를 규정할 수 있다.

⑤ 그 협약으로 법률에 의한 유럽회사근로자평의회에 관한 제22조 내지 제33조의 규정과 법률에 의한 공동결정에 관한 제34조 내지 제38조에 관한 규정이 전부 또는 부분적으로 적용되는 것으로 정할 수 있다.

⑥ 기업수준에서의 근로자들의 공동결정에 관한 다른 규정에 대한 이 법의 관계를 불문하고, 기업구조개편으로 설립된 유럽회사의 경우에 근로자들의 의사결정참가의 모든 요소에 관하여 최소한 유럽회사로 기업구조가 변경되어야 하는 회사에 존재하는 동일한 범위의 내용이 그 협약으로 보장되어야만 한다. 이는 이원적 조직구조에서 일원적 조직구조로의 회사의 전환과 그 역의 회사의 전환(bei einem Wechsel der Gesellschaft von einer dualistischen zu einer monistischen Organisationsstruktur und umgekehrt)에도 적용한다.

## Kapitel 2 Beteiligung der Arbeitnehmer kraft Gesetzes

### Abschnitt 1 SE-Betriebsrat kraft Gesetzes

Unterabschnitt 1 Bildung und Geschäftsführung

§ 22 Voraussetzung

(1) Die Regelungen der §§ 23 bis 33 über den SE-Betriebsrat kraft Gesetzes finden ab dem Zeitpunkt der Eintragung der SE Anwendung, wenn

1. die Parteien dies vereinbaren oder
2. bis zum Ende des in § 20 angegebenen Zeitraums keine Vereinbarung zustande gekommen ist und das besondere Verhandlungsgremium keinen Beschluss nach § 16 gefasst hat.

(2) Absatz 1 gilt entsprechend im Fall des § 18 Abs. 3.

§ 23 Errichtung des SE-Betriebsrats

(1) Zur Sicherung des Rechts auf Unterrichtung und Anhörung in der SE ist ein SE-Betriebsrat zu errichten. Dieser setzt sich aus Arbeitnehmern der SE, ihrer Tochtergesellschaften und Betriebe zusammen. Für die Errichtung des SE-Betriebsrats gelten § 5 Abs. 1, § 6 Abs. 1 und 2 Satz 2 und 3, die §§ 7 bis 10 und 11 Abs. 1 Satz 2 und 3 entsprechend mit der Maßgabe, dass an die Stelle der beteiligten Gesellschaften, betroffenen Tochtergesellschaften und betroffenen Betriebe die SE, ihre Tochtergesellschaften und Betriebe treten. Im Fall des § 22 Abs. 1 Nr. 2 ist für die Feststellung der Zahl der beschäftigten Arbeitnehmer das Ende des in § 20 angegebenen Zeitraums maßgeblich. Die Mitgliedschaft im SE-Betriebsrat beginnt mit der Wahl oder Bestellung. Die Dauer der Mitgliedschaft der aus dem Inland kommenden Mitglieder beträgt vier Jahre, wenn sie nicht durch Abberufung oder aus anderen Gründen vorzeitig endet. Für die Abberufung gelten die §§ 8 bis 10 entsprechend mit der Maßgabe, dass an die Stelle der beteiligten Gesellschaften, betroffenen Tochtergesellschaften und betroffenen Betriebe die SE, ihre Tochtergesellschaften und Betriebe treten.

(2) Die Leitung der SE lädt unverzüglich nach Benennung der Mitglieder zur konstituierenden Sitzung des SE-Betriebsrats ein. Der SE-Betriebsrat wählt aus seiner Mitte einen Vorsitzenden und dessen Stellvertreter.

(3) Der Vorsitzende oder im Fall seiner Verhinderung der Stellvertreter vertritt den SE-Betriebsrat im Rahmen der von ihm gefassten Beschlüsse. Zur Entgegennahme von Erklärungen, die dem SE-Betriebsrat gegenüber abzugeben sind, ist der Vorsitzende oder im Fall seiner Verhinderung der Stellvertreter berechtigt.

(4) Der SE-Betriebsrat bildet aus seiner Mitte einen Ausschuss von drei Mitgliedern, dem neben dem Vorsitzenden zwei weitere zu wählende Mitglieder angehören. Der Ausschuss führt die

## 제2장 법에 의한 근로자들의 의사결정참가

### 제1절 법에 의한 유럽회사근로자평의회

제1관 그 조직과 운영

제22조 요건

① 법에 의한 유럽회사근로자평의회에 관한 제23조 내지 제33조의 규정은 다음 각 호의 경우에 유럽회사 등기시부터 적용된다,

1. 당사자들이 이에 관하여 합의한 경우,
2. 제20조에 기재된 시기가 종료될 때까지 협약이 체결되지 않고 특별평의회가 제16조에 따른 결의를 하지 않은 경우.

② 제18조 제3항의 경우에 제22조 제1항을 준용한다.

제23조 유럽회사근로자평의회의 설치

① 유럽회사에서의 통지권 및 청문권을 보장하기 위하여(Zur Sicherung des Rechts auf Unterrichtung und Anhörung in der SE) 유럽회사근로자평의회가 설치되어야 한다. 유럽회사근로자평의회는 유럽회사, 유럽회사자회사 및 유럽회사사업에 속한 근로자들로 구성된다. 유럽회사근로자평의회의 설치에 대하여 제5조 제1항, 제6조 제1항, 제2항 제2문, 제3문, 제7조 내지 제10조, 제11조 제1항 제2문, 제3문이 유럽회사, 유럽자회사 및 유럽회사사업이 자본참가회사, 관련회사 및 관련사업을 대신한다(dass an die Stelle der beteiligten Gesellschaften, betroffenen Tochtergesellschaften und betroffenen Betriebe die SE, ihre Tochtergesellschaften und Betriebe treten)는 기준하에 준용된다. 제22조 제1항 제2호의 경우에 제20조에 기재된 시기의 종료한 때가 고용된 근로자수의 확정(die Feststellung der Zahl der beschäftigten Arbeitnehme)r의 기준이 된다. 유럽회사근로자평의회의 구성원자격은 선출 또는 임명으로써 개시된다. 독일에서 선출되거나 임명된 구성원의 자격은 해임 또는 기타 사유에 의하여 임기 전에 소멸되지 않는 한, 4년이다. 그 해임에 대하여 제8조 내지 제10조가 유럽회사, 유럽자회사 및 유럽회사사업이 자본참가회사, 관련회사 및 관련사업을 대신한다는 기준하에 적용된다.

② 유럽회사의 경영대표기관은 그 구성원 취임 후 지체 없이 유럽회사근로자평의회 선출회의(konstituierenden Sitzung des SE-Betriebsrats)를 소집한다. 유럽근로자평의회는 그 구성원 중에서 의장 1명과 부의장을 선출한다.

③ 의장 또는 의장에 직무수행장애가 있는 경(im Fall seiner Verhinderung) 우에 부의장(Stellvertreter) 이 결의가 이뤄진 범위 내에서 유럽회사근로자평의회를 대표한다. 의장 또는 의장에 직무수행장애가 있는 경우에 부의장이 유럽회사근로자평의회에 대하여 행해져야 하는 의사표시를 수령할 권한이 있다.

④ 유럽회사근로자평의회는 구성원 중에서 3명으로 된 위원회로 의장과 그 이외에 2명의 구성원(構成員)이 추가적으로 참여하는 위원회를 설치한다. 그 위원회는 유럽회사근로자평의회

laufenden Geschäfte des SE-Betriebsrats (geschäftsführender Ausschuss).

§ 24 Sitzungen und Beschlüsse

(1) Der SE-Betriebsrat soll sich eine schriftliche Geschäftsordnung geben, die er mit der Mehrheit seiner Mitglieder beschließt.

(2) Vor Sitzungen mit der Leitung der SE ist der SE-Betriebsrat oder der geschäftsführende Ausschuss - gegebenenfalls in der nach § 29 Abs. 3 erweiterten Zusammensetzung - berechtigt, in Abwesenheit der Vertreter der Leitung der SE zu tagen. Mit Einverständnis der Leitung der SE kann der SE-Betriebsrat weitere Sitzungen durchführen. Die Sitzungen des SE-Betriebsrats sind nicht öffentlich.

(3) Der SE-Betriebsrat ist beschlussfähig, wenn mindestens die Hälfte seiner Mitglieder anwesend ist. Die Beschlüsse des SE-Betriebsrats werden, soweit in diesem Gesetz nichts anderes bestimmt ist, mit der Mehrheit der anwesenden Mitglieder gefasst.

§ 25 Prüfung der Zusammensetzung des SE-Betriebsrats

Alle zwei Jahre, vom Tage der konstituierenden Sitzung des SE-Betriebsrats an gerechnet, hat die Leitung der SE zu prüfen, ob Änderungen der SE und ihrer Tochtergesellschaften und Betriebe, insbesondere bei den Arbeitnehmerzahlen in den einzelnen Mitgliedstaaten eingetreten sind. Sie hat das Ergebnis dem SE-Betriebsrat mitzuteilen. Ist danach eine andere Zusammensetzung des SE-Betriebsrats erforderlich, veranlasst dieser bei den in den jeweiligen Mitgliedstaaten zuständigen Stellen, dass die Mitglieder des SE-Betriebsrats in diesen Mitgliedstaaten neu gewählt oder bestellt werden. Mit der neuen Wahl oder Bestellung endet die Mitgliedschaft der bisherigen Arbeitnehmervertreter aus diesen Mitgliedstaaten.

§ 26 Beschluss zur Aufnahme von Neuverhandlungen

(1) Vier Jahre nach seiner Einsetzung hat der SE-Betriebsrat mit der Mehrheit seiner Mitglieder einen Beschluss darüber zu fassen, ob über eine Vereinbarung nach § 21 verhandelt werden oder die bisherige Regelung weiter gelten soll.

(2) Wird der Beschluss gefasst, über eine Vereinbarung nach § 21 zu verhandeln, so gelten die §§ 13 bis 15, 17, 20 und 21 entsprechend mit der Maßgabe, dass an die Stelle des besonderen Verhandlungsgremiums der SE-Betriebsrat tritt. Kommt keine Vereinbarung zustande, findet die bisherige Regelung weiter Anwendung.

Unterabschnitt 2 Aufgaben

§ 27 Zuständigkeiten des SE-Betriebsrats

Der SE-Betriebsrat ist zuständig für die Angelegenheiten, die die SE selbst, eine ihrer Tochtergesellschaften oder einen ihrer Betriebe in einem anderen Mitgliedstaat betreffen oder die

의 일상적 사무를 처리한다(사무처리위원회; geschäftsführender Ausschuss)

제24조 회의와 결의

① 유럽회사근로자평의회는 구성원의 과반수로(mit der Mehrheit seiner Mitglieder) 결의한 서면의 사무규정을 정해야 한다.

② 유럽회사의 경영대표기관과의 회의 전에 유럽회사근로자평의회 또는 사무처리위원회는-필요한 경우에 제29조 제3항에 따라 확대된 구성시에도- 유럽회사의 경영대표기관의 대리인의 부재시에(in Abwesenheit der Vertreter der Leitung der SE) 그 회의를 잡을 수 있다. 유럽회사의 경영대표기관의 양해로 유럽회사근로자평의회는 추가적 회의를 진행할 수 있다. 유럽회사근로자평의회 회의는 비공개로 한다.

③ 유럽회사근로자평의회는 구성원 절반 이상이(mindestens die Hälfte seiner Mitglieder) 참석한 경우에 결의할 수 있다. 유럽회사근로자평의회의 결의는, 이 법에서 달리 정함이 없는 한, 출석한 구성원 과반수로(mit der Mehrheit der anwesenden Mitglieder) 이뤄진다.

제25조 유럽회사근로자평의회의 구성의 점검

유럽회사근로자평의회 선출회의(konstituierenden Sitzung)의 날로부터 기산하여 2년마다 유럽회사의 경영대표기관은 유럽회사, 유럽회사자회사 및 유럽회사사업의 변경, 특히 각 회원국에서의 근로자수의 변동이 발생했는지 여부를 점검해야 한다. 유럽회사의 경영대표기관은 그 결과를 유럽회사근로자평의회에 통지해야 한다. 이에 따라 유럽회사근로자평의회의 다른 구성이 필요한 경우에 유럽회사근로자평의회는 유럽회사근로자평의회구성원이 그러한 회원국에서 새롭게 선출되거나 임명되도록 각 회원국의 관할 기관에 촉구한다. 새로운 선출 또는 임명으로써 각 회원국의 종전 근로자대표자의 자격(Mitgliedschaft der bisherigen Arbeitnehmervertreter aus diesen Mitgliedstaaten)은 소멸한다.

제26조 새로운 교섭의 개시를 위한 결의

① 유럽회사근로자평의회가 구성된 때로부터 4년 후에 그 평의회는 구성원의 과반수로 제21조에 따른 협약에 관하여 교섭하고 종전의 규율(bisherige Regelung)이 계속하여 적용되어야 하는지에 관하여 결의해야 한다.

② 제21조에 따른 협약에 대해 교섭하기로 결의가 이뤄진 경우에, 유럽회사근로자평의회가 특별평의회를 대신한다는 기준하에 제13조 내지 제15조, 제17조, 제20조, 제21조가 준용된다. 협약의 체결이 성사되지 않은 경우에종전의 규정이 계속적으로 적용된다.

제2관 임무

제27조 유럽회사근로자평의회의 관할

유럽회사근로자평의회(Der SE-Betriebsrat)는 유럽회사 자체, 유럽회사자회사들 중 한 자회사 또는 다른 회원국에 있는 유럽회사사업들 중 한 사업에 관련된 사항(Angelegenheiten) 또는

über die Befugnisse der zuständigen Organe auf der Ebene des einzelnen Mitgliedstaats hinausgehen.

§ 28 Jährliche Unterrichtung und Anhörung

(1) Die Leitung der SE hat den SE-Betriebsrat mindestens einmal im Kalenderjahr in einer gemeinsamen Sitzung über die Entwicklung der Geschäftslage und die Perspektiven der SE unter rechtzeitiger Vorlage der erforderlichen Unterlagen zu unterrichten und ihn anzuhören. Zu den erforderlichen Unterlagen gehören insbesondere

1. die Geschäftsberichte,
2. die Tagesordnung aller Sitzungen des Leitungsorgans und des Aufsichts- oder Verwaltungsorgans,
3. die Kopien aller Unterlagen, die der Hauptversammlung der Aktionäre vorgelegt werden.

(2) Zu der Entwicklung der Geschäftslage und den Perspektiven im Sinne von Absatz 1 gehören insbesondere

1. die Struktur der SE sowie die wirtschaftliche und finanzielle Lage;
2. die voraussichtliche Entwicklung der Geschäfts-, Produktions- und Absatzlage;
3. die Beschäftigungslage und ihre voraussichtliche Entwicklung;
4. Investitionen (Investitionsprogramme);
5. grundlegende Änderungen der Organisation;
6. die Einführung neuer Arbeits- und Fertigungsverfahren;
7. die Verlegung von Unternehmen, Betrieben oder wesentlichen Betriebsteilen sowie Verlagerungen der Produktion;
8. Zusammenschlüsse oder Spaltungen von Unternehmen oder Betrieben;
9. die Einschränkung oder Stilllegung von Unternehmen, Betrieben oder wesentlichen Betriebsteilen;
10. Massenentlassungen.

(3) Die Leitung der SE informiert die Leitungen über Ort und Tag der Sitzung.

§ 29 Unterrichtung und Anhörung über außergewöhnliche Umstände

(1) Über außergewöhnliche Umstände, die erhebliche Auswirkungen auf die Interessen der Arbeitnehmer haben, hat die Leitung der SE den SE-Betriebsrat rechtzeitig unter Vorlage der erforderlichen Unterlagen zu unterrichten. Als außergewöhnliche Umstände gelten insbesondere

1. die Verlegung oder Verlagerung von Unternehmen, Betrieben oder wesentlichen Betriebsteilen;
2. die Stilllegung von Unternehmen, Betrieben oder wesentlichen Betriebsteilen;
3. Massenentlassungen.

(2) Der SE-Betriebsrat hat das Recht, auf Antrag mit der Leitung der SE oder den Vertretern einer anderen zuständigen, mit eigenen Entscheidungsbefugnissen ausgestatteten Leitungsebene innerhalb der SE zusammenzutreffen, um zu den außergewöhnlichen Umständen angehört zu werden.

각 회원국(會員國) 수준에서의 관할 기관(zuständigen Organe)의 결의를 넘어서는 사항(事項)에 관하여 관할한다.

제28조 연례적 통지와 청문

① 유럽회사의 경영대표기관은 유럽회사근로자평의회에 역년에 1차례 이상 공동의 회의(gemeinsamen Sitzung)에서 필요한 서류를 적시에 제공하며 유럽회사의 사업상황과 그 전망의 양상에 관하여 통지해야 하고 그 평의회와의 청문을 진행한다. 특히 다음 각 호의 서류가 필요한 서류에 포함된다,

1. 사업보고서,
2. 경영기관의 모든 회의와 감사회 또는 감독회의 모든 회의의 의사일정,
3. 주주총회에서 제출된 모든 서류의 사본.

② 제28조 제1항상의 사업상황과 그 전망(Entwicklung der Geschäftslage und den Perspektiven)에 특히 다음 각 호의 사항이 포함된다,

1. 유럽회사의 구조와 경제적·재정적 상황;
2. 사업상황·생산상황·매출상황의 예상 추이;
3. 고용상황과 고용상황의 예상 추이;
4. 투자(투자계획);
5. 조직의 근본적 변경;
6. 새로운 작업방식 및 생산방식의 도입;
7. 기업, 사업 전부 또는 중요한 일부의 양도(Verlegung von Unternehmen, Betrieben oder wesentlichen Betriebsteilen)와 생산의 이전;
8. 기업 또는 사업의 합병 또는 분할;
9. 기업, 사업의 전부 또는 중요한 일부의 축소 또는 폐지;
10. 대량해고

③ 그 경영대표기관은 유럽회사근로자평의회의 운영진에 게회의의 장소 및 날짜를 통지한다.

제29조 예외적인 상황에 관한 통지 및 청문

① 유럽회사의 경영대표기관은 유럽회사근로자평의회에 필요한 서류를 제공하며 근로자의 이익에 중대한 영향을 끼치는 예외적 상황에 대해 적시에 통지해야 한다. 특히 다음 각 호의 경우를 그 예외적 상황으로 본다,

1. 기업, 사업의 전부 또는 중요한 일부의 양도 또는 이전;
2. 기업, 사업의 전부 또는 중요한 일부의 폐지;
3. 대량해고.

② 유럽회사근로자평의회는 그 신청에 따라 예외적 상황에 대해 의견을 개진하기 위하여, 유럽회사의 경영대표기관, 기타 관할 경영대표기관의 대리인, 고유한 결정권한을 가진, 유럽회사 내 경영대표기관과 회합할 권리를 갖는다.

(3) Auf Beschluss des SE-Betriebsrats stehen die Rechte nach Absatz 2 dem geschäftsführenden Ausschuss (§ 23 Abs. 4) zu. Findet eine Sitzung mit dem geschäftsführenden Ausschuss statt, so haben auch die Mitglieder des SE-Betriebsrats, die von diesen Maßnahmen unmittelbar betroffene Arbeitnehmer vertreten, das Recht, daran teilzunehmen.
(4) Wenn die Leitung der SE beschließt, nicht entsprechend der von dem SE-Betriebsrat oder dem geschäftsführenden Ausschuss abgegebenen Stellungnahme zu handeln, hat der SE-Betriebsrat das Recht, ein weiteres Mal mit der Leitung der SE zusammenzutreffen, um eine Einigung herbeizuführen.

§ 30 Information durch den SE-Betriebsrat
Der SE-Betriebsrat informiert die Arbeitnehmervertreter der SE, ihrer Tochtergesellschaften und Betriebe über den Inhalt und die Ergebnisse der Unterrichtungs- und Anhörungsverfahren. Sind keine Arbeitnehmervertreter vorhanden, sind die Arbeitnehmer zu informieren.

Unterabschnitt 3 Freistellung und Kosten

§ 31 Fortbildung
Der SE-Betriebsrat kann Mitglieder zur Teilnahme an Schulungs- und Bildungsveranstaltungen bestimmen, soweit diese Kenntnisse vermitteln, die für die Arbeit des SE-Betriebsrats erforderlich sind. Der SE-Betriebsrat hat die Teilnahme und die zeitliche Lage rechtzeitig der Leitung der SE mitzuteilen. Bei der Festlegung der zeitlichen Lage sind die betrieblichen Notwendigkeiten zu berücksichtigen.

§ 32 Sachverständige
Der SE-Betriebsrat oder der geschäftsführende Ausschuss können sich durch Sachverständige ihrer Wahl unterstützen lassen, soweit dies zur ordnungsgemäßen Erfüllung ihrer Aufgaben erforderlich ist. Sachverständige können auch Vertreter von Gewerkschaften sein.

§ 33 Kosten und Sachaufwand
Die durch die Bildung und Tätigkeit des SE-Betriebsrats und des geschäftsführenden Ausschusses entstehenden erforderlichen Kosten trägt die SE. Im Übrigen gilt § 19 Satz 2 entsprechend.

## Abschnitt 2 Mitbestimmung kraft Gesetzes

§ 34 Besondere Voraussetzungen
(1) Liegen die Voraussetzungen des § 22 vor, finden die Regelungen über die Mitbestimmung der Arbeitnehmer kraft Gesetzes nach den §§ 35 bis 38 Anwendung
1. im Fall einer durch Umwandlung gegründeten SE, wenn in der Gesellschaft vor der Umwandlung

③ 유럽회사근로자평의회의 결의에 관련하여 제29조 제2항에 따른 권리가 사무처리위원회(제23조 제4항)에 귀속된다. 사무처리위원회에 의하여 회의가 개최될 때에 유럽회사근로자평의회구성원으로, 이러한 조치에 대하여 직접적으로 관련된 근로자를 대표하는 그 구성원도 그 회의에 참석할 권리를 갖는다.
④ 유럽회사의 경영대표기관이 유럽회사근로자평의회 또는 사무처리위원회가 표명한 입장을 따르지 않기로 결의한 경우에, 유럽회사근로자평의회는 합의를 도출하기 위하여 유럽회사의 경영대표기관과 추가로 회합할(Recht, ein weiteres Mal mit der Leitung der SE zusammenzutreffen) 권리를 갖는다.

제30조 유럽회사근로자평의회에 의한 정보
유럽회사근로자평의회는 유럽회사, 유럽회사자회사 및 유럽회사사업의 근로자대표에게 통지절차 및 청문절차의 내용과 결과에 관한 정보를 제공한다. 근로자대표자가 없는 경우에 근로자들에게 그 정보를 제공해야 한다.

제3관 근무면제와 비용

제31조 직업능력향상교육
유럽회사근로자평의회는 직업교육·훈련행사에(zur Teilnahme an Schulungs- und Bildungsveranstaltungen) 참가하는 구성원을 정할 수 있고 그 구성원들에게 유럽회사근로자평의회의 일처리에 필요한 정보를 제공할 수 있다. 유럽회사근로평의회는 적시에 그 참석과 시간적 상황을 유럽회사의 경영대표기관에게 통지해야 한다. 시간을 정함에 있어 사업 내 필요성(betrieblichen Notwendigkeiten)을 고려해야 한다.

제32조 전문가
그 평의회 임무의 규정에 맞는 수행에 필요한 경우 유럽회사근로자평의회 또는 사무처리위원회는 전문가에게서 그 선거에 관한 지원을 받을 수 있다. 노동조합의 대리인도 그 전문가가 될 수 있다.

제33조 비용과 물적(物的)경비
유럽회사근로자평의회 및 사무처리위원회의 조직과 활동에 의하여 발생한 필수적 비용은 유럽회사가 부담한다. 기타의 경우에 제19조 제2항을 준용한다.

## 제2절 법률에 의한 공동결정

제34조 특별요건
① 제22조상의 요건이 있는 경우로 다음 각 호의 경우에는, 제35조 내지 제38조에 따른 법률에 의한 근로자들의 공동결정에 관한 규정을 적용한다,
1. 기업구조개편으로 설립된(durch Umwandlung gegründeten) 유럽회사의 경우에 감사회 또는

Bestimmungen über die Mitbestimmung der Arbeitnehmer im Aufsichts- oder Verwaltungsorgan galten;

2. im Fall einer durch Verschmelzung gegründeten SE, wenn
   a) vor der Eintragung der SE in einer oder mehreren der beteiligten Gesellschaften eine oder mehrere Formen der Mitbestimmung bestanden und sich auf mindestens 25 Prozent der Gesamtzahl der Arbeitnehmer aller beteiligten Gesellschaften und betroffenen Tochtergesellschaften erstreckten oder
   b) vor der Eintragung der SE in einer oder mehreren der beteiligten Gesellschaften eine oder mehrere Formen der Mitbestimmung bestanden und sich auf weniger als 25 Prozent der Gesamtzahl der Arbeitnehmer aller beteiligten Gesellschaften und betroffenen Tochtergesellschaften erstreckten und das besondere Verhandlungsgremium einen entsprechenden Beschluss fasst;
3. im Fall einer durch Errichtung einer Holding-Gesellschaft oder einer Tochtergesellschaft gegründeten SE, wenn
   a) vor der Eintragung der SE in einer oder mehreren der beteiligten Gesellschaften eine oder mehrere Formen der Mitbestimmung bestanden und sich auf mindestens 50 Prozent der Gesamtzahl der Arbeitnehmer aller beteiligten Gesellschaften und betroffenen Tochtergesellschaften erstreckten oder
   b) vor der Eintragung der SE in einer oder mehreren der beteiligten Gesellschaften eine oder mehrere Formen der Mitbestimmung bestanden und sich auf weniger als 50 Prozent der Gesamtzahl der Arbeitnehmer aller beteiligten Gesellschaften und betroffenen Tochtergesellschaften erstreckten und das besondere Verhandlungsgremium einen entsprechenden Beschluss fasst.

(2) Bestanden in den Fällen von Absatz 1 Nr. 2 und 3 mehr als eine Form der Mitbestimmung im Sinne des § 2 Abs. 12 in den verschiedenen beteiligten Gesellschaften, so entscheidet das besondere Verhandlungsgremium, welche von ihnen in der SE eingeführt wird. Wenn das besondere Verhandlungsgremium keinen solchen Beschluss fasst und eine inländische Gesellschaft, deren Arbeitnehmern Mitbestimmungsrechte zustehen, an der Gründung der SE beteiligt ist, ist die Mitbestimmung nach § 2 Abs. 12 Nr. 1 maßgeblich. Ist keine inländische Gesellschaft, deren Arbeitnehmern Mitbestimmungsrechte zustehen, beteiligt, findet die Form der Mitbestimmung nach § 2 Abs. 12 Anwendung, die sich auf die höchste Zahl der in den beteiligten Gesellschaften beschäftigten Arbeitnehmer erstreckt.

(3) Das besondere Verhandlungsgremium unterrichtet die Leitungen über die Beschlüsse, die es nach Absatz 1 Nr. 2 Buchstabe b und Nr. 3 Buchstabe b und Absatz 2 Satz 1 gefasst hat.

§ 35 Umfang der Mitbestimmung

(1) Liegen die Voraussetzungen des § 34 Abs. 1 Nr. 1 (Gründung einer SE durch Umwandlung) vor, bleibt die Regelung zur Mitbestimmung erhalten, die in der Gesellschaft vor der Umwandlung

감독회 내 근로자들의 공동결정에 관한 규정이 그 회사에서 기업구조개편 전에 적용되었던 때;

2. 합병으로 설립한 유럽회사의 경우에,

a) 한 가지 또는 여러 가지 방식의 공동결정권(Mitbestimmung)이 유럽회사 등기 전에 하나 또는 수개의 자본참가회사에 있었고 모든 자본참가회사 및 관련자회사에 고용된 근로자총수의 25프로 이상의(mindestens 25 Prozent der Gesamtzahl der Arbeitnehmer) 근로자들에 관련되었을 때,

b) 한 가지 또는 여러 가지 방식의 공동결정권Mitbestimmung이 유럽회사 등기 전에 하나 또는 수개의 자본참가회사에 있었고 모든 자본참가회사 및 관련자회사에 고용된 근로자총수의 25프로 미만의(weniger als 25 Prozent der Gesamtzahl der Arbeitnehmer) 근로자들에 관련되었으며 특별평의회가 관련 결의를 한 때;

3. 지주회사 또는 자회사의 설립으로(durch Errichtung einer Holding-Gesellschaft oder einer Tochtergesellschaft) 생겨난 유럽회사의 경우에,

a) 한 가지 또는 여러 가지 방식의 공동결정권Mitbestimmung이 유럽회사 등기 전에 하나 또는 수개의 자본참가회사에 있었고 모든 자본참가회사 및 관련자회사에 고용된 근로자총수의 50프로 이상의(mindestens 50 Prozent der Gesamtzahl der Arbeitnehmer) 근로자들에 관련되었을 때,

b) 한 가지 또는 여러 가지 방식의 공동결정권Mitbestimmung이 유럽회사 등기 전에 하나 또는 수개의 자본참가회사에 있었고 모든 자본참가회사 및 관련자회사에 고용된 근로자총수의 50프로 미만의(weniger als 25 Prozent der Gesamtzahl der Arbeitnehmer) 근로자들에 관련되었으며 특별평의회가 관련 결의를 한 때.

② 제34조 제1항 제2호, 제3호의 경우에 제2조 제12항상의 두 가지 방식 이상의 공동결정이 수개의 자본참가회사에 있었던 때에는, 특별평의회는 두 가지 방식 중 어느 것을 유럽회사에 도입할 것인지를 결정한다. 특별평의회가 그러한 결의를 하지 않고 근로자들에게 공동결정권이 귀속된 독일 회사가 유럽협동조합의 설립에 출자한 경우에, 제2조 제12항 제1호에 따른 공동결정(Form der Mitbestimmung nach § 2 Abs. 12)이 적용된다. 근로자들에게 공동결정권이 귀속된 독일 회사가 출자를 하지 않은 경우에 제2조 제12항에 따른 공동결정의 방식으로, 자본참가회사에 고용된 근로자수가 가장 많은 근로자들에게 관련된(die sich auf die höchste Zahl der in den beteiligten Gesellschaften beschäftigten Arbeitnehmer erstreckt) 공동결정의 방식이 적용된다.

③ 특별평의회는 제34조 제1항 제2호 b)목 규정, 제3호 b)목 규정, 제2항 제1문에 따라 이뤄진 결의에 관하여 경영대표기관에게 통지한다.

제35조 공동결정의 범위

① 제34조 제1항 제1호(기업구조개편에 의한 유럽회사의 설립; Gründung einer SE durch Umwandlung)의 요건이 있는 경우 그 기업구조개편전에 그 회사에 있었던, 공동결정에 관한

bestanden hat.

(2) Liegen die Voraussetzungen des § 34 Abs. 1 Nr. 2 (Gründung einer SE durch Verschmelzung) oder des § 34 Abs. 1 Nr. 3 (Gründung einer Holding-SE oder Tochter-SE) vor, haben die Arbeitnehmer der SE, ihrer Tochtergesellschaften und Betriebe oder ihr Vertretungsorgan das Recht, einen Teil der Mitglieder des Aufsichts- oder Verwaltungsorgans der SE zu wählen oder zu bestellen oder deren Bestellung zu empfehlen oder abzulehnen. Die Zahl dieser Arbeitnehmervertreter im Aufsichts- oder Verwaltungsorgan der SE bemisst sich nach dem höchsten Anteil an Arbeitnehmervertretern, der in den Organen der beteiligten Gesellschaften vor der Eintragung der SE bestanden hat.

§ 36 Sitzverteilung und Bestellung

(1) Der SE-Betriebsrat verteilt die Zahl der Sitze im Aufsichts- oder Verwaltungsorgan auf die Mitgliedstaaten, in denen Mitglieder zu wählen oder zu bestellen sind. Die Verteilung richtet sich nach dem jeweiligen Anteil der in den einzelnen Mitgliedstaaten beschäftigten Arbeitnehmer der SE, ihrer Tochtergesellschaften und Betriebe. Können bei dieser anteiligen Verteilung die Arbeitnehmer aus einem oder mehreren Mitgliedstaaten keinen Sitz erhalten, so hat der SE-Betriebsrat den letzten zu verteilenden Sitz einem bisher unberücksichtigten Mitgliedstaat zuzuweisen. Dieser Sitz soll, soweit angemessen, dem Mitgliedstaat zugewiesen werden, in dem die SE ihren Sitz haben wird. Dieses Verteilungsverfahren gilt auch in dem Fall, in dem die Arbeitnehmer der SE Mitglieder dieser Organe empfehlen oder ablehnen können.

(2) Soweit die Mitgliedstaaten über die Besetzung der ihnen zugewiesenen Sitze keine eigenen Regelungen treffen, bestimmt der SE-Betriebsrat die Arbeitnehmervertreter im Aufsichts- oder Verwaltungsorgan der SE.

(3) Die Ermittlung der auf das Inland entfallenden Arbeitnehmervertreter des Aufsichts- oder Verwaltungsorgans der SE erfolgt durch ein Wahlgremium, das sich aus den Arbeitnehmervertretungen der SE, ihrer Tochtergesellschaften und Betriebe zusammensetzt. Für das Wahlverfahren gelten § 6 Abs. 2 bis 4, § 8 Abs. 1 Satz 2 bis 5, Abs. 2 bis 7 und die §§ 9 und 10 entsprechend mit der Maßgabe, dass an die Stelle der beteiligten Gesellschaften, betroffenen Tochtergesellschaften und betroffenen Betriebe die SE, ihre Tochtergesellschaften und Betriebe treten. Das Wahlergebnis ist der Leitung der SE, dem SE-Betriebsrat, den Gewählten, den Sprecherausschüssen und Gewerkschaften mitzuteilen.

(4) Die nach den Absätzen 2 und 3 ermittelten Arbeitnehmervertreter werden der Hauptversammlung der SE zur Bestellung vorgeschlagen. Die Hauptversammlung ist an diese Vorschläge gebunden.

§ 37 Abberufung und Anfechtung

규정은 존속한다.

② 제34조 제1항 제2호(합병에 의한 유럽회사의 설립; Gründung einer SE durch Verschmelzung) 또는 제34조 제1항 제3호(지주회사 또는 자회사의 설립; Gründung einer Holding-SE oder Tochter-SE)의 요건이 존재하는 경우에, 유럽회사, 유럽자회사 및 유럽회사사업에 고용된 근로자들과 그 근로자들의 대표기구는, 감사회 또는 감독회의 일부 구성원을 선출하거나 임명하거나 또는 그 구성원을 추천 또는 거부할 수 있는 권리를 갖는다. 유럽회사 내 감사회 또는 감독회 내 그 근로자측대표자수(Zahl dieser Arbeitnehmervertreter im Aufsichts- oder Verwaltungsorgan der SE)는 가장 큰 근로자측대표자 비율로, 유럽회사 등기 전에 자본참가회사의 기관에서 있었던 비율에 따라 정해진다.

제36조 구성원자리배분과 임명

① 유럽회사근로자평의회는 감사회 또는 감독회의 구성원자리수를 그 구성원을 선출하거나 임명해야 하는 회원국에 배분한다. 그 배분은 각 회원국에서 유럽회사, 유럽회사자회사 및 유럽회사사업에 고용된 근로자들의 각 비율에 따라 정해진다. 이러한 비율적 배분에서 하나 또는 다수의 회원국 출신의 근로자가 1개의 구성원자리도 얻지 못하는 경우에 유럽회사근로자평의회는 가장 나중에 배분되어야 할 구성원자리(den letzten zu verteilenden Sitz)를 지금까지 구성원자리를 받지 못한 회원국에 할당해야 한다. 그러한 할당이 적절한 경우에 이러한 구성원자리는 유럽회사의 본점소재지가 있는 회원국에 할당되어야 한다. 이러한 배분절차(Dieses Verteilungsverfahren)는 유럽회사의 근로자들이 이러한 기관구성원을 추천 또는 거부할 수 있는 경우에도 적용한다.

② 회원국이 자국에 할당된 구성원자리의 충원에 관하여 고유한 규율을 하지 않은 경우에, 유럽회사근로자평의회가 유럽회사의 감사회 또는 감독회(Aufsichts- oder Verwaltungsorgan) 내 근로자측대표자를 정한다.

③ 독일에 할당된 근로자측대표자로 유럽회사의 감사회 또는 감독회 내 근로자측대표자의 산정은 유럽회사, 유럽회사자회사 및 유럽회사사업의 근로자대표자로 구성된 평의회구성위원회가 행한다. 그 선출절차에 대해 제6조 제2항 내지 제4항, 제8조 제1항 제2문 내지 제5문, 제2항 내지 제7항, 제9조, 제10조가 유럽회사, 유럽자회사 및 유럽회사사업이 자본참가회사, 관련자회사 및 관련사업을 대신한다는(dass an die Stelle der beteiligten Gesellschaften, betroffenen Tochtergesellschaften und betroffenen Betriebe die SE, ihre Tochtergesellschaften und Betriebe treten) 기준하에 적용된다. 선출결과(Wahlergebnis)는 유럽회사의 경영대표기관, 유럽회사근로자평의회, 당선인, 고위직사원평의회 및 노동조합에 통지되어야 한다.

④ 제36조 제2항, 제3항에 따라 산정된 근로자측대표자는 유럽회사의 주주총회에 그 임명을 위해 추천된다. 주주총회는 그 추천에 구속된다(Die Hauptversammlung ist an diese Vorschläge gebunden).

제37조 해임과 선출취소

(1) Ein Mitglied oder ein Ersatzmitglied der Arbeitnehmer aus dem Inland im Aufsichts- oder Verwaltungsorgan kann vor Ablauf der Amtszeit abberufen werden. Antragsberechtigt sind

1. die Arbeitnehmervertretungen, die das Wahlgremium gebildet haben;
2. in den Fällen der Urwahl mindestens drei wahlberechtigte Arbeitnehmer;
3. für ein Mitglied nach § 6 Abs. 3 nur die Gewerkschaft, die das Mitglied vorgeschlagen hat;
4. für ein Mitglied nach § 6 Abs. 4 nur der Sprecherausschuss, der das Mitglied vorgeschlagen hat.

Für das Abberufungsverfahren gelten die §§ 8 bis 10 entsprechend mit der Maßgabe, dass an die Stelle der beteiligten Gesellschaften, betroffenen Tochtergesellschaften und betroffenen Betriebe die SE, ihre Tochtergesellschaften und Betriebe treten; abweichend von § 8 Abs. 5 und § 10 Abs. 1 Satz 3 bedarf der Beschluss einer Mehrheit von drei Vierteln der abgegebenen Stimmen. Die Arbeitnehmervertreter sind von der Hauptversammlung der SE abzuberufen.

(2) Die Wahl eines Mitglieds oder eines Ersatzmitglieds der Arbeitnehmer aus dem Inland im Aufsichts- oder Verwaltungsorgan kann angefochten werden, wenn gegen wesentliche Vorschriften über das Wahlrecht, die Wählbarkeit oder das Wahlverfahren verstoßen worden und eine Berichtigung nicht erfolgt ist, es sei denn, dass durch den Verstoß das Wahlergebnis nicht geändert oder beeinflusst werden konnte. Zur Anfechtung berechtigt sind die in Absatz 1 Satz 2 Genannten, der SE-Betriebsrat und die Leitung der SE. Die Klage muss innerhalb eines Monats nach dem Bestellungsbeschluss der Hauptversammlung erhoben werden.

§ 38 Rechtsstellung; Innere Ordnung

(1) Die Arbeitnehmervertreter im Aufsichts- oder Verwaltungsorgan der SE haben die gleichen Rechte und Pflichten wie die Mitglieder, die die Anteilseigner vertreten.

(2) Die Zahl der Mitglieder des Leitungsorgans (§ 16 des SE-Ausführungsgesetzes) oder der geschäftsführenden Direktoren (§ 40 des SE-Ausführungsgesetzes) beträgt mindestens zwei. Einer von ihnen ist für den Bereich Arbeit und Soziales zuständig.

(3) Besteht in einer der beteiligten Gesellschaften das Aufsichtsorgan aus derselben Zahl von Anteilseigner- und Arbeitnehmervertretern sowie einem weiteren Mitglied, so ist auch im Aufsichts- oder Verwaltungsorgan der SE ein weiteres Mitglied auf gemeinsamen Vorschlag der Anteilseigner- und der Arbeitnehmervertreter zu wählen.

## Abschnitt 3 Tendenzschutz

§ 39 Tendenzunternehmen

(1) Auf eine SE, die unmittelbar und überwiegend

1. politischen, koalitionspolitischen, konfessionellen, karitativen, erzieherischen, wissenschaftlichen

① 감사회 또는 감독회에서 독일에서 선임된 근로자측구성원 또는 근로자측대체구성원은 임기 만료 전에 해임될 수 있다. 다음 각 호의 자가 그 해임을 신청할 자격을 갖는다,

1. 평의회구성위원회를 조직한 근로자측대표자;
2. 최초선거의 경우에 선거권이 있는 3명 이상의 근로자들;
3. 제6조 제3항에 따른 구성원에 대하여는 그 구성원을 추천한 오직 그 노동조합;
4. 제6조 제4항에 따른 구성원에 대하여는 그 구성원을 추천한 오직 그 고위직사원평의회(Sprecherausschuss).

해임절차에 대하여 제8조 내지 제10조가 유럽회사, 유럽자회사 및 유럽회사사업이 자본참가회사, 관련자회사 및 관련사업을 대신한다는 기준(基準)하에 적용된다; 제8조 제5항, 제10조 제1항 제3문과 달리 그 결의는 행사된 투표의 3/4의 다수결(Mehrheit von drei Vierteln der abgegebenen Stimmen)을 필요로 한다. 근로자측대표자는 유럽회사의 주주총회(株主總會)에서 해임(解任)된다.

② 그 위반으로 선거결과가 달라지지 않거나 그에 영향이 없는 때를 제외하고, 선거가 선거권, 피선거권 또는 선거절차의 중요한 규정에 위반되고 시정이 이뤄지지 않는 경우에, 감사회 또는 감독회 내 독일에서 선임된 근로자측구성원 또는 근로자측대체구성원의 선출(Wahl eines Mitglieds oder eines Ersatzmitglieds der Arbeitnehmer aus dem Inland im Aufsichts- oder Verwaltungsorgan)은 취소될 수 있다. 제37조 제1항 제2문에서 언급된 자, 유럽회사근로자평의회와 유럽회사경영대표기관은 그 취소신청을 할 자격이 있다. 그 소는 주주총회의 임명 결의가 있었던 때로부터 1개월 이내에 제기되어야만 한다.

제38조 법적지위, 내부규율

① 유럽회사의 감사회 또는 감독회 내 근로자측대표자는 지분소유자를 대표하는 구성원과 같은 권리의무를 갖는다.

② 경영대표기관(유럽회사시행법 제16조) 또는 업무집행이사(제40조)의 구성원수는 최소한 2명이다. 그 중 1명은 노동사회분야를 관할한다(Einer von ihnen ist für den Bereich Arbeit und Soziales zuständig).

③ 자본참가회사들 중 한 기업에서 감사회가 동수의 지분소유자측대표자와 근로자측대표자와 추가적 구성원 1명으로 구성되는 경우에 유럽회사의 감사회 또는 감독회에서도 지분소유자측대표자 및 근로자측대표자의 공동의 추천으로(auf gemeinsamen Vorschlag der Anteilseigner- und der Arbeitnehmervertreter) 추가적 구성원 1명이 선출되어야 한다.

## 제3절 경향기업의 보호

제39조 경향기업

① 직접적으로 또 주로 다음 각 호에 기여하는 유럽회사에 대해서는,

1. 정치적, 연정정책적(koalitionspolitischen), 신앙적(konfessionellen), 자선적, 교육적, 학술적

oder künstlerischen Bestimmungen oder

2. Zwecken der Berichterstattung oder Meinungsäußerung, auf die Artikel 5 Abs. 1 Satz 2 des Grundgesetzes anzuwenden ist,

dient, findet Abschnitt 2 keine Anwendung.

(2) Eine Unterrichtung und Anhörung beschränkt sich auf die Gegenstände des § 28 Abs. 2 Nr. 5 bis 10 und des § 29 und erfolgt nur über den Ausgleich oder die Milderung der wirtschaftlichen Nachteile, die den Arbeitnehmern infolge der Unternehmens- oder Betriebsänderung entstehen.

## Teil 4 Grundsätze der Zusammenarbeit und Schutzbestimmungen

§ 40 Vertrauensvolle Zusammenarbeit

Die Leitung der SE und der SE-Betriebsrat oder die Arbeitnehmervertreter im Rahmen eines Verfahrens zur Unterrichtung und Anhörung arbeiten zum Wohl der Arbeitnehmer und des Unternehmens oder der Unternehmensgruppe vertrauensvoll zusammen.

§ 41 Geheimhaltung; Vertraulichkeit

(1) Informationspflichten der Leitungen und der Leitung der SE nach diesem Gesetz bestehen nur, soweit bei Zugrundelegung objektiver Kriterien dadurch nicht Betriebs- oder Geschäftsgeheimnisse der an der Gründung beteiligten Gesellschaften, der SE oder deren jeweiliger Tochtergesellschaften und Betriebe gefährdet werden.

(2) Die Mitglieder und Ersatzmitglieder eines SE-Betriebsrats sind unabhängig von ihrem Aufenthaltsort verpflichtet, Betriebs- oder Geschäftsgeheimnisse, die ihnen wegen ihrer Zugehörigkeit zum SE-Betriebsrat bekannt geworden und von der Leitung der SE ausdrücklich als geheimhaltungsbedürftig bezeichnet worden sind, nicht zu offenbaren und nicht zu verwerten. Dies gilt auch nach dem Ausscheiden aus dem SE-Betriebsrat.

(3) Die Pflicht zur Vertraulichkeit des SE-Betriebsrats nach Absatz 2 gilt nicht gegenüber den

1. Mitgliedern des SE-Betriebsrats;
2. Arbeitnehmervertretern der SE, ihrer Tochtergesellschaften und Betriebe, wenn diese auf Grund einer Vereinbarung nach § 21 oder nach § 30 über den Inhalt der Unterrichtung und die Ergebnisse der Anhörung zu informieren sind;
3. Arbeitnehmervertretern im Aufsichts- oder Verwaltungsorgan der SE sowie
4. Dolmetschern und Sachverständigen, die zur Unterstützung herangezogen werden.

(4) Die Pflicht zur Vertraulichkeit nach Absatz 2 gilt entsprechend für

1. die Mitglieder und Ersatzmitglieder des besonderen Verhandlungsgremiums;
2. die Arbeitnehmervertreter der SE, ihrer Tochtergesellschaften und Betriebe;

또는 예술적 사명(künstlerischen Bestimmungen),

2. 기본법 제5조 제1항 제2문의 적용을 받는 보도 또는 의사표현의 목적(Zwecken der Berichterstattung oder Meinungsäußerung),

제2장을 적용하지 않는다.

② 통지와 청문은 제28조 제2항 제5호 내지 제10호, 제29조의 적용대상에 있어 제한되어, 기업변경 및 사업변경으로 인해 근로자들에게 생긴 경제적 불이익의 조정 또는 완화에 관해서만 실시된다.

## 제4편 협력의 원칙과 보호규정

제40조 깊은 신뢰에 의한 협력

유럽회사의 경영대표기관과 유럽회사근로자평의회 또는 근로자측대표자는 통지와 청문을 위한 절차의 틀 내에서 근로자들 및 기업 또는 기업집단의 이익을 위해(zum Wohl der Arbeitnehmer und des Unternehmens oder der Unternehmensgruppe) 깊은 신뢰로 협력한다.

제41조 비밀유지, 비밀엄수

① 이 객관적 기준의 설정에 의하여 그 정보제공으로 설립에 참여한 자본참가회사, 유럽회사 또는 각각의 그 자회사 및 사업의 기업비밀 또는 사업비밀(Betriebs- oder Geschäftsgeheimnisse)을 위태롭게 하지 않은 경우에 한하여, 이 법에 따른 유럽회사의 경영대표기관의 정보제공의무가 존재한다.

② 유럽회사근로자평의회의 구성원 또는 대체구성원은 그 체류장소에 상관없이 유럽회사근로자평의회에 속함으로 인하여 그들이 지득하고 유럽회사의 경영대표기관이 명시적으로 비밀유지필요가 있는 것으로 표시한 기업비밀 또는 사업비밀(Betriebs- oder Geschäftsgeheimnisse)을 누설해서는 안 되고 이를 이용해서도 안 된다. 유럽회사근로자평의회의 구성원이 아니게 된 경우에도 이는 적용된다.

③ 제41조 제2항에 따른 유럽회사근로자평의회의 비밀엄수의무는 다음 각 호의 자에 대해 적용하지 않는다,

1. 유럽회사근로자평의회구성원;
2. 제21조 또는 제30조에 따른 협약에 기하여 이들에게 통지내용과 청문결과에 관한 정보가 제공되어야 하는 경우에 유럽회사, 유럽회사자회사 및 유럽회사사업의 근로자대표자;
3. 유럽회사의 감사회 또는 감독회 내 근로자측대표자;
4. 지원을 받기 위해 초청된 통역인 및 전문가.

④ 제41조 제2항에 따른 비밀엄수의무는 다음 각 호의 사람에 대해 준용한다,

1. 특별평의회의 구성원 또는 대체구성원;
2. 유럽회사, 유럽회사자회사 및 유럽회사사업의 근로자대표자;

3. die Arbeitnehmervertreter, die in sonstiger Weise an einem Verfahren zur Unterrichtung und Anhörung teilnehmen;
4. die Sachverständigen und Dolmetscher.

(5) Die Ausnahme von der Pflicht zur Vertraulichkeit nach Absatz 3 Nr. 1 gilt für den Personenkreis nach Absatz 4 Nr. 1 bis 3 entsprechend. Die Pflicht zur Vertraulichkeit gilt ferner nicht für

1. die Mitglieder des besonderen Verhandlungsgremiums gegenüber Dolmetschern und Sachverständigen;
2. die Arbeitnehmervertreter nach Absatz 4 Nr. 3 gegenüber Arbeitnehmervertretern im Aufsichts- oder Verwaltungsorgan der SE, gegenüber Dolmetschern und Sachverständigen, die vereinbarungsgemäß zur Unterstützung herangezogen werden und gegenüber Arbeitnehmervertretern der SE, ihrer Tochtergesellschaften und Betriebe, sofern diese nach der Vereinbarung (§ 21) über den Inhalt der Unterrichtungen und die Ergebnisse der Anhörung zu unterrichten sind.

§ 42 Schutz der Arbeitnehmervertreter

Bei der Wahrnehmung ihrer Aufgaben genießen die

1. Mitglieder des besonderen Verhandlungsgremiums;
2. Mitglieder des SE-Betriebsrats;
3. Arbeitnehmervertreter, die in sonstiger Weise bei einem Verfahren zur Unterrichtung und Anhörung mitwirken;
4. Arbeitnehmervertreter im Aufsichts- oder Verwaltungsorgan der SE;

die Beschäftigte der SE, ihrer Tochtergesellschaften oder Betriebe oder einer der beteiligten Gesellschaften, betroffenen Tochtergesellschaften oder betroffenen Betriebe sind, den gleichen Schutz und die gleichen Sicherheiten wie die Arbeitnehmervertreter nach den Gesetzen und Gepflogenheiten des Mitgliedstaats, in dem sie beschäftigt sind. Dies gilt insbesondere für

1. den Kündigungsschutz,
2. die Teilnahme an den Sitzungen der jeweiligen in Satz 1 genannten Gremien und
3. die Entgeltfortzahlung.

§ 43 Missbrauchsverbot

Eine SE darf nicht dazu missbraucht werden, den Arbeitnehmern Beteiligungsrechte zu entziehen oder vorzuenthalten. Missbrauch wird vermutet, wenn ohne Durchführung eines Verfahrens nach § 18 Abs. 3 innerhalb eines Jahres nach Gründung der SE strukturelle Änderungen stattfinden, die bewirken, dass den Arbeitnehmern Beteiligungsrechte vorenthalten oder entzogen werden.

§ 44 Errichtungs- und Tätigkeitsschutz

Niemand darf

1. die Bildung des besonderen Verhandlungsgremiums, die Errichtung eines SE-Betriebsrats oder

3. 기타의 방법으로 통지 및 청문에 관한 절차(Verfahren zur Unterrichtung und Anhörung)에 참여한 근로자대표자;
4. 전문가 및 통역인.

⑤ 제41조 제3항 제1호에 따른 비밀엄수의무의 예외는 제41조 제4항 제1호 내지 제3호에 따른 범위사람들(Personenkreis)에게도 준용한다. 또한 비밀엄수의무는 다음 각 호의 사람에 대해서 적용하지 않는다,

1. 통역인 또는 전문가에 대한 특별평의회구성원;
2. 이들이 그 협약(제21조)에 따라 통지내용 및 청문결과를 통지받아야 하는 경우에[sofern diese nach der Vereinbarung (§ 21) über den Inhalt der Unterrichtungen und die Ergebnisse der Anhörung zu unterrichten sind], 유럽회사의 감사회 또는 감독회 내 근로자대표자, 협약에 따라 지원을 받기 위해 초청된 통역인·전문가와 유럽회사, 유럽회사자회사 및 유럽회사사업의 근로자대표자에 대한 제43조 제4항 제3호에 따른 근로자대표자.

제42조 근로자측대표자에 대한 보호

그들이 유럽회사, 유럽회사자회사 또는 유럽회사사업의 피고용인이거나 자본참가회사, 관련자회사 또는 관련사업의 유럽회사자회사의 피고용인인 다음 각 호의 자는 그 임무수행에 있어,

1. 특별평의회구성원;
2. 유럽회사근로자평의회구성원;
3. 기타 방법으로 통지 및 청문을 위한 절차(Verfahren zur Unterrichtung und Anhörung)에 참여하는 근로자측대표자;
4. 유럽회사의 감사회 또는 감독회 내 근로자측대표자;

그들이 고용되어 있는 회원국의 법과 관례에 따른 근로자대표자와 동일한 보호 및 안전을 향유한다. 이는 특히 다음 각 호의 경우에 적용한다,

1. 해고보호,
2. 제1문상의 각각의 근로자대표기구의 회의에 참석,
3. 보수의 계속지급

제43조 남용금지

유럽회사는 근로자들에게서 의사결정참가권을 박탈하거나 이를 부여하지 않는 남용을 해서는 안 된다. 제18조 제3항에 따른 절차의 진행 없이 유럽회사의 설립 후 1년 내에, 근로자들에게서 의사결정참가권을 부여하지 않거나 이를 박탈하는 영향을 끼치는 구조변경이 실시되는 경우에는 그 남용이 있는 것으로 추정한다.

제44조 설립보호 및 활동보호

누구든지,

1. 특별평의회(besonderen Verhandlungsgremiums)의 조직, 유럽회사근로자평의회의 구성 또는

die Einführung eines Verfahrens zur Unterrichtung und Anhörung nach § 21 Abs. 2 oder die Wahl, Bestellung, Empfehlung oder Ablehnung der Arbeitnehmervertreter im Aufsichts- oder Verwaltungsorgan behindern oder durch Zufügung oder Androhung von Nachteilen oder durch Gewährung oder Versprechen von Vorteilen beeinflussen;

2. die Tätigkeit des besonderen Verhandlungsgremiums, des SE-Betriebsrats oder der Arbeitnehmervertreter nach § 21 Abs. 2 oder die im Aufsichts- oder Verwaltungsorgan behindern oder stören oder
3. ein Mitglied oder Ersatzmitglied des besonderen Verhandlungsgremiums, des SE-Betriebsrats oder einen Arbeitnehmervertreter nach § 21 Abs. 2 oder einen Arbeitnehmervertreter im Aufsichts- oder Verwaltungsorgan wegen seiner Tätigkeit benachteiligen oder begünstigen.

## Teil 5 Straf- und Bußgeldvorschriften; Schlussbestimmung

§ 45 Strafvorschriften

(1) Mit Freiheitsstrafe bis zu zwei Jahren oder mit Geldstrafe wird bestraft, wer

1. entgegen § 41 Abs. 2, auch in Verbindung mit Abs. 4, ein Betriebs- oder Geschäftsgeheimnis verwertet oder
2. entgegen § 43 Satz 1 eine SE dazu missbraucht, Arbeitnehmern Beteiligungsrechte zu entziehen oder vorzuenthalten.

(2) Mit Freiheitsstrafe bis zu einem Jahr oder mit Geldstrafe wird bestraft, wer

1. entgegen § 41 Abs. 2, auch in Verbindung mit Abs. 4, ein Betriebs- oder Geschäftsgeheimnis offenbart,
2. entgegen § 44 Nr. 1 oder 2 eine dort genannte Tätigkeit behindert, beeinflusst oder stört oder
3. entgegen § 44 Nr. 3 eine dort genannte Person benachteiligt oder begünstigt.

(3) Handelt der Täter in den Fällen des Absatzes 2 Nr. 1 gegen Entgelt oder in der Absicht, sich oder einen anderen zu bereichern oder einen anderen zu schädigen, so ist die Strafe Freiheitsstrafe bis zu zwei Jahren oder Geldstrafe.

(4) Die Tat wird nur auf Antrag verfolgt. In den Fällen des Absatzes 1 Nr. 2 und des Absatzes 2 Nr. 2 und 3 sind das besondere Verhandlungsgremium, der SE-Betriebsrat, die Mehrheit der Arbeitnehmervertreter im Rahmen eines Verfahrens zur Unterrichtung und Anhörung, jedes Mitglied des Aufsichts- oder Verwaltungsorgans, eine im Unternehmen vertretene Gewerkschaft sowie die Leitungen antragsberechtigt.

§ 46 Bußgeldvorschriften

(1) Ordnungswidrig handelt, wer

1. entgegen § 4 Abs. 2 oder § 5 Abs. 4 Satz 2, jeweils auch in Verbindung mit § 18 Abs. 4,

제21조 제2항에 따른 통지 또는 청문을 위한 절차의 도입이나 감사회 또는 감독회 내 근로자측대표자의 선출, 임명, 추천 또는 거부(Wahl, Bestellung, Empfehlung oder Ablehnung der Arbeitnehmervertreter)를 위협 또는 불이익의 부과에 의해 방해하거나, 이에 이익의 부여 또는 약속으로 영향을 끼쳐서는 안 된다;

2. 특별평의회, 유럽회사근로자평의회 또는 제21조 제2항에 따른 근로자측대표자의 활동이나 감사회 또는 감독회 내 근로자측대표자의 활동을 방해하거나 교란해서는 안 된다;
3. 특별평의회, 유럽회사근로자평의회의 구성원 또는 대체구성원, 또는 제21조 제2항에 따른 근로자측대표자나 감사회 또는 감독회 내 근로자측대표자에 대해 그 활동을 이유로(wegen seiner Tätigkeit) 불이익 또는 이익을 줘서는 안 된다.

## 제5편 형벌규정 및 범칙금규정, 종결규정

제45조 형벌규정

① 다음 각 호의 자는 2년 이하의 징역형 또는 벌금형에 처한다,

1. 제45조 제4항에 준용된 경우를 포함하여 제41조 제2항에 위반하여 기업비밀 또는 사업비밀을 이용한 자,
2. 제43조 제1문에 위반하여 유럽회사가 근로자에게서 의사결정참가권을 박탈하거나 이를 부여하지 않은 남용을 한 자.

② 다음 각 호의 자는 1년 이하의 징역형 또는 벌금형에 처한다,

1. 제45조 제4항과 연결된 경우를 포함하여 제41조 제2항에 위반하여 기업비밀 또는 사업비밀을 누설한 자,
2. 제44조 제1호 또는 제2호에 반하여 그 활동을 방해 또는 교란하거나 그 영향을 끼친 자,
3. 제44조 제3항에 위반하여 그 조항에서 언급된 사람에게 불이익 또는 이익을 준 사람.

③ 행위자가 제45조 제2항 제1호의 경우에 행위자가 보수를 얻기 위해 행위하거나 자기 또는 다른 사람에 이익을 주거나 손해를 끼칠 목적으로 행위한 경우에는 2년 이하의 징역 또는 벌금에 처한다.

④ 그 행위는 고소가 있어야만 기소할 수 있다. 제45조 제1항 제2호, 제2항 제2호, 제3호의 경우에 특별평의회, 유럽회사근로자평의회, 통지 또는 청문을 위한 절차의 틀 내에서의 근로자대표자의 과반수, 감사회 또는 감독회의 각 구성원, 그 기업에 조합원인 근로자가 있는 노동조합(eine im Unternehmen vertretene Gewerkschaft)과 그 경영대표기관(Leitungen)은 고소할 자격을 갖는다.

제46조 범칙금

① 다음 각 호의 자는 질서위반행위를 범한 자이다,

1. 각 제18조 제4항의 연결된 경우 포함하여 제4조 제2항, 제5조 제4항 제2문에 반하여

eine Information nicht, nicht richtig, nicht vollständig oder nicht rechtzeitig gibt oder

2. entgegen § 28 Abs. 1 Satz 1 oder § 29 Abs. 1 Satz 1 den SE-Betriebsrat nicht, nicht richtig, nicht vollständig, nicht in der vorgeschriebenen Weise oder nicht rechtzeitig unterrichtet.

(2) Die Ordnungswidrigkeit kann mit einer Geldbuße bis zu zwanzigtausend Euro geahndet werden.

§ 47 Geltung nationalen Rechts

(1) Dieses Gesetz berührt nicht die den Arbeitnehmern nach inländischen Rechtsvorschriften und Regelungen zustehenden Beteiligungsrechte, mit Ausnahme

1. der Mitbestimmung in den Organen der SE;
2. der Regelung des Europäische Betriebsräte-Gesetzes, es sei denn, das besondere Verhandlungsgremium hat einen Beschluss nach § 16 gefasst.

(2) Regelungen und Strukturen über die Arbeitnehmervertretungen einer beteiligten Gesellschaft mit Sitz im Inland, die durch die Gründung der SE als eigenständige juristische Person erlischt, bestehen nach Eintragung der SE fort. Die Leitung der SE stellt sicher, dass diese Arbeitnehmervertretungen ihre Aufgaben weiterhin wahrnehmen können.

정보를 제공하지 않거나, 부당하게 제공하거나, 불완전하게 제공하거나 또는 적시에 제공하지 않는 자,

2. 제28조 제1항 제1문 또는 제29조 제1항 제1문에 위반하여 유럽회사근로자평의회에게 통지를 하지 않거나, 부당하게 통지하거나, 규정된 방식으로 통지를 하지 않거나 또는 적시에 통지를 하지 않는 자.

② 그 질서위반행위는 2,500유로 이하의 범칙금에 처한다.

제47조 국가법의 적용

① 이 법은

다음 각 호의 경우를 제외하고 독일의 법규정과 규정에 따라 근로자들에게 부여된 의사결정 참가권에 영향을 끼치지 않는다,

1. 유럽회사의 기관 내 공동결정
2. 유럽근로자평의회법의 규정, 다만 특별평의회가 제16조에 따라 결의를 한 경우에는 그러하지 아니하다.

② 유럽회사의 설립으로 독립된 법인으로서 법인격이 소멸한, 독일에 본점소재지가 있는 자본참가회사의 근로자대표기구에 관한 규정 또는 구조는 유럽회사 등기 후 존속한다. 유럽회사의 경영대표기관은 이러한 근로자대표기구가 자신의 임무를 계속적으로 수행할 수 있도록 보장한다.

# 유럽협동조합에서의 근로자들의 경영참가에 관한 법률

(유럽협동조합경영참가법 – SCEBG)(BGBl. I S. 1911, 1917)

# Gesetz über die Beteiligung der Arbeitnehmer und Arbeitnehmerinnen in einer Europäischen Genossenschaft

(SCE-Beteiligungsgesetz – SCEBG)

# Gesetz über die Beteiligung der Arbeitnehmer und Arbeitnehmerinnen in einer Europäischen Genossenschaft(SCE-Beteiligungsgesetz - SCEBG)

http://www.gesetze-im-internet.de/scebg/BJNR191700006.html

## Teil 1 Allgemeine Vorschriften

§ 1 Zielsetzung des Gesetzes

(1) Dieses Gesetz regelt die Beteiligung der Arbeitnehmer in einer Europäischen Genossenschaft, die Gegenstand der Verordnung (EG) Nr. 1435/2003 des Rates vom 22. Juli 2003 über das Statut der Europäischen Genossenschaft (SCE) (ABl. EU Nr. L 207 S.1) ist. Ziel dieses Gesetzes ist, in einer Europäischen Genossenschaft die erworbenen Rechte der Arbeitnehmer (Arbeitnehmerinnen und Arbeitnehmer) auf Beteiligung an Unternehmensentscheidungen zu sichern. Maßgeblich für die Ausgestaltung der Beteiligungsrechte der Arbeitnehmer in der Europäischen Genossenschaft sind die bestehenden Beteiligungsrechte in den beteiligten juristischen Personen, die die Europäische Genossenschaft gründen.

(2) Zur Sicherung des Rechts auf grenzüberschreitende Unterrichtung, Anhörung, Mitbestimmung und sonstige Beteiligung der Arbeitnehmer wird eine Vereinbarung über die Beteiligung der Arbeitnehmer in der Europäischen Genossenschaft getroffen. Kommt es nicht zu einer Vereinbarung, wird eine Beteiligung der Arbeitnehmer in der Europäischen Genossenschaft kraft Gesetzes sichergestellt.

(3) Die Vorschriften dieses Gesetzes sowie die Vereinbarung nach Absatz 2 sind so auszulegen, dass die Ziele der Europäischen Gemeinschaft, die Beteiligung der Arbeitnehmer in der Europäischen Genossenschaft sicherzustellen, gefördert werden.

(4) Die Grundsätze der Absätze 1 bis 3 gelten auch für strukturelle Änderungen einer gegründeten Europäischen Genossenschaft sowie für deren Auswirkungen auf die betroffenen Unternehmen und Betriebe und ihre Arbeitnehmer.

§ 2 Begriffsbestimmungen

(1) Der Begriff des Arbeitnehmers richtet sich nach den Rechtsvorschriften und Gepflogenheiten der jeweiligen Mitgliedstaaten. Arbeitnehmer eines inländischen Unternehmens oder Betriebs sind Arbeiter und Angestellte einschließlich der zu ihrer Berufsausbildung Beschäftigten und der in § 5 Abs. 3 Satz 2 des Betriebsverfassungsgesetzes genannten leitenden Angestellten, unabhängig davon, ob sie im Betrieb, im Außendienst oder mit Telearbeit beschäftigt werden. Als Arbeitnehmer gelten auch die in Heimarbeit Beschäftigten, die in der Hauptsache für die juristische Person oder den Betrieb arbeiten.

# 유럽협동조합에서의 근로자들의 경영참가에 관한 법률 (유럽협동조합경영참가법 - SCEBG)(BGBl. I S. 1911, 1917)

법률 공포일: 2006년 8월 14일(BGBl. I S. 1911, 1917)

## 제1편 총칙

제1조 이 법의 목적

① 이 법은 '유럽협동조합(SCE)의 지위에 관한 2003년 7월 22일 유럽연합이사회 1435/2003호 명령'(EG)(ABl. EU Nr. L 207 S.1)의 적용대상인 유럽협동조합에서의 근로자들의 의사결정참가(Beteiligung der Arbeitnehmer in einer Europäischen Genossenschaft)를 규율한다. 이 법은, 목적은 유럽협동조합에서 근로자들의 기업의사결정에 대한 참가와 관련해서 얻은 권리를 보장하는[in einer Europäischen Genossenschaft die erworbenen Rechte der Arbeitnehmer (Arbeitnehmerinnen und Arbeitnehmer) auf Beteiligung an Unternehmensentscheidungen zu sichern] 데 있다. 유럽협동조합을 설립한 출자법인에서의 현행의 의사결정참가권이 유럽협동조합 내 근로자들의 의사결정참가권의 형성에 대한 기준이 된다.

② 근로자들에 대하여 국경을 초월하여 행해지는 통지, 청문, 공동결정 및 기타 권리(Rechts auf grenzüberschreitende Unterrichtung, Anhörung, Mitbestimmung und sonstige Beteiligung der Arbeitnehmer)를 확보하기 위하여 유럽협동조합에서의 근로자들의 의사결정참가에 관한 협약이 체결된다. 그 협약이 체결되지 않은 경우에 법에 의한 유럽협동조합 내 근로자들의 의사결정참가가 보장된다.

③ 이 법과 제1조 제2항에 따른 협약상의 규정은 유럽협동조합 내 근로자들의 의사결정참가를 보장하려는 유럽공동체의 목표(Ziele der Europäischen Gemeinschaft)가 촉진되도록 해석되어야 한다.

④ 제1조 제1항 내지 제3항의 원칙은 설립된 유럽협동조합의 구조변경(strukturelle Änderungen einer gegründeten Europäischen Genossenschaft)과 그 구조변경의 관련기업 및 관련 사업과 그 기업 근로자들에 대한 영향(Auswirkungen)에 관해서도 적용한다.

제2조 정의규정

① 근로자의 개념은 각 회원국의 법규정 및 관행(Gepflogenheiten)에 따른다. 독일의 기업 또는 사업에 속한 근로자는 직업훈련종사자(der zu ihrer Berufsausbildung Beschäftigten)와 사업조직법 제5조 제3항 제2문상의 고위직사원을 포함하여 현업(現業)근로자와 사무직근로자를 말하고, 그들이 사업장 내에서 근무를 하는지, 외근을 하는지 또는 재택근무를 하는지(ob sie im Betrieb, im Außendienst oder mit Telearbeit beschäftigt werden)는 불문한다. 주로 법인 또는 사업을 위해 일하는 가내노동종사자도 근로자로 본다.

(2) Beteiligte juristische Personen sind Gesellschaften im Sinn des Artikels 48 Abs. 2 des EG-Vertrags sowie nach dem Recht eines Mitgliedstaats errichtete und diesem Recht unterliegende juristische Personen, die unmittelbar an der Gründung einer Europäischen Genossenschaft beteiligt sind.

(3) Tochtergesellschaften einer beteiligten juristischen Person oder einer Europäischen Genossenschaft sind rechtlich selbstständige Unternehmen, auf die eine juristische Person einen beherrschenden Einfluss im Sinn des Artikels 3 Abs. 2 bis 7 der Richtlinie 94/45/EG des Rates vom 22. September 1994 über die Einsetzung eines Europäischen Betriebsrats oder die Schaffung eines Verfahrens zur Unterrichtung und Anhörung der Arbeitnehmer in gemeinschaftsweit operierenden Unternehmen und Unternehmensgruppen (ABl. EG Nr. L 254 S.64) ausüben kann. § 6 Abs. 2 bis 4 des Europäische Betriebsräte-Gesetzes vom 28. Oktober 1996 (BGBl. I S. 1548) ist anzuwenden.

(4) Betroffene Tochtergesellschaften oder betroffene Betriebe sind Tochtergesellschaften oder Betriebe einer beteiligten juristischen Person, die zu Tochtergesellschaften oder Betrieben der Europäischen Genossenschaft werden sollen.

(5) Leitung bezeichnet das Organ der unmittelbar an der Gründung der Europäischen Genossenschaft beteiligten juristischen Personen oder der Europäischen Genossenschaft selbst, das die Geschäfte der juristischen Person führt und zu ihrer Vertretung berechtigt ist. Bei den beteiligten juristischen Personen ist dies das Leitungs- oder Verwaltungsorgan; bei der Europäischen Genossenschaft sind dies das Leitungsorgan oder die geschäftsführenden Direktoren.

(6) Arbeitnehmervertretung bezeichnet jede Vertretung der Arbeitnehmer nach dem Betriebsverfassungsgesetz (Betriebsrat, Gesamtbetriebsrat, Konzernbetriebsrat oder eine nach § 3 Abs. 1 Nr. 1 bis 3 des Betriebsverfassungsgesetzes gebildete Vertretung).

(7) SCE-Betriebsrat bezeichnet das Vertretungsorgan der Arbeitnehmer der Europäischen Genossenschaft, das durch eine Vereinbarung nach § 21 oder kraft Gesetzes nach den §§ 22 bis 33 eingesetzt wird, um die Rechte auf Unterrichtung und Anhörung der Arbeitnehmer der Europäischen Genossenschaft, ihrer Tochtergesellschaften und Betriebe und, wenn vereinbart, Mitbestimmungsrechte und sonstige Beteiligungsrechte in Bezug auf die Europäische Genossenschaft wahrzunehmen.

(8) Beteiligung der Arbeitnehmer bezeichnet jedes Verfahren - einschließlich der Unterrichtung, Anhörung und Mitbestimmung -, durch das die Vertreter der Arbeitnehmer auf die Beschlussfassung in einer juristischen Person Einfluss nehmen können.

(9) Beteiligungsrechte sind Rechte, die den Arbeitnehmern und ihren Vertretern im Bereich der Unterrichtung, Anhörung, Mitbestimmung und der sonstigen Beteiligung zustehen. Hierzu kann auch die Wahrnehmung dieser Rechte in den Konzernunternehmen der Europäischen Genossenschaft gehören.

② 출자법인(Beteiligte juristische Personen)는 유럽공동체조약 제48조 제2항상의 회사나 회원국의 법에 따라 설립되고 그 법의 적용을 받는 법인으로, 유럽협동조합의 설립에 직접적으로 출자한(die unmittelbar an der Gründung einer Europäischen Genossenschaft beteiligt sind) 회사나 법인을 말한다.
③ 출자법인 또는 유럽협동조합의 자회사(Tochtergesellschaften einer beteiligten juristischen Person oder einer Europäischen Genossenschaft)는 다른 법인에게서, '유럽근로자평의회의 설치 또는 유럽공동체에 걸쳐 운영되는 기업 또는 기업집단에서의 근로자들에 대해 행해지는 통지권, 청문권에 관한 절차의 마련에 관한 1994년 9월 22일의 유럽연합이사회 94/45/EG 지침'(ABl. EG Nr. L 254 S. 64) 제3조 제2항 내지 제7항상의 지배적 영향의 행사를 받을 수 있는 법적으로 독립된 기업을 말한다. 1996년 10월 28일의 유럽근로자평의회법(Europäische Betriebsräte-Gesetz)(BGBl. I S. 1548, 2022) 제6조 제2항 내지 제4항을 적용한다.
④ 관련자회사 또는 관련사업(Betroffene Tochtergesellschaften oder betroffene Betriebe)은 출자법인의 자회사 또는 사업으로, 유럽협동조합의 자회사 또는 사업이 되어야 하는 출자법인의 자회사 또는 사업이다.
⑤ 경영대표기관(Leitung)은 유럽협동조합의 설립에 직접적으로 출자한 법인의 기관 또는 유럽협동조합 자체의 기관으로, 그 기관 또는 유럽협동조합의 사업을 경영하고 이를 대표할 권한이 있는 기관을 말한다. 출자법인의 경우 이는 경영기관 또는 관리기관(Leitungs- oder Verwaltungsorgan)이다; 유럽협동조합의 경우 이는 경영기관 또는 업무집행이사(Leitungsorgan oder die geschäftsführenden Direktoren)이다.
⑥ 근로자대표기구는 사업조직법에 따른 근로자들의 모든 대표기구를 말한다(근로자평의회, 기업근로자평의회, 콘체른근로자평의회 또는 사업조직법 제3조 제1항 제1호 내지 제3호에 따라 조직된 대표기구).
⑦ 유럽협동조합근로자평의회(SCE-Betriebsrat)는 유럽협동조합의 근로자들의 대표기구로, 유럽협동조합, 유럽협동조합자회사와 유럽협동조합사업에 속한 근로자들에 대해 행해지는 통지권 및 청문권을 행사하기 위하여, 협약이 있는 경우에 유럽협동조합에 관한 공동결정권 및 기타 의사결정참가권(Mitbestimmungsrechte und sonstige Beteiligungsrechte in Bezug auf die Europäische Genossenschaft)을 행사하기 위하여 제21조에 따른 협정에 의해 또는 제22조 내지 제33조에 따른 법률에 의해 설치된 대표기구를 말한다.
⑧ 근로자들의 의사결정참가(Beteiligung der Arbeitnehmer)는 근로자들에 대한 통지·청문과 그 공동결정을 포함하여, 근로자들의 대표자가 법인의 결의에 대해 영향을 행사할 수 있는 모든 절차를 말한다.
⑨ 의사결정참가권(Beteiligungsrechte)은, 근로자들과 그 대표자가 통지, 청문, 공동결정 및 기타 의사결정참가(Unterrichtung, Anhörung, Mitbestimmung und der sonstigen Beteiligung)의 영역에서 가지는 권리를 말한다. 유럽협동조합이 속한 콘체른기업에서의 이러한 권리의 행사도 그 권리에 포함될 수 있다.

(10) Unterrichtung bezeichnet die Unterrichtung des SCE-Betriebsrats oder anderer Arbeitnehmervertreter durch die Leitung der Europäischen Genossenschaft über Angelegenheiten, welche die Europäische Genossenschaft selbst oder eine ihrer Tochtergesellschaften oder einen ihrer Betriebe in einem anderen Mitgliedstaat betreffen oder die über die Befugnisse der zuständigen Organe auf der Ebene des einzelnen Mitgliedstaats hinausgehen. Zeitpunkt, Form und Inhalt der Unterrichtung sind so zu wählen, dass es den Arbeitnehmervertretern möglich ist, zu erwartende Auswirkungen eingehend zu prüfen und gegebenenfalls eine Anhörung mit der Leitung der Europäischen Genossenschaft vorzubereiten.

(11) Anhörung bezeichnet die Einrichtung eines Dialogs und eines Meinungsaustauschs zwischen dem SCE-Betriebsrat oder anderen Arbeitnehmervertretern und der Leitung der Europäischen Genossenschaft oder einer anderen zuständigen mit eigenen Entscheidungsbefugnissen ausgestatteten Leitungsebene. Zeitpunkt, Form und Inhalt der Anhörung müssen dem SCE-Betriebsrat auf der Grundlage der erfolgten Unterrichtung eine Stellungnahme zu den geplanten Maßnahmen der Leitung der Europäischen Genossenschaft ermöglichen, die im Rahmen des Entscheidungsprozesses innerhalb der Europäischen Genossenschaft berücksichtigt werden kann.

(12) Mitbestimmung bedeutet die Einflussnahme der Arbeitnehmer auf die Angelegenheiten einer juristischen Person durch

1. die Wahrnehmung des Rechts, einen Teil der Mitglieder des Aufsichts- oder Verwaltungsorgans der juristischen Person zu wählen oder zu bestellen, oder
2. die Wahrnehmung des Rechts, die Bestellung eines Teils oder aller Mitglieder des Aufsichts- oder Verwaltungsorgans der juristischen Person zu empfehlen oder abzulehnen.

§ 3 Geltungsbereich

(1) Dieses Gesetz gilt für eine Europäische Genossenschaft mit Sitz im Inland. Es gilt unabhängig vom Sitz der Europäischen Genossenschaft auch für Arbeitnehmer der Europäischen Genossenschaft, die im Inland beschäftigt sind, sowie für beteiligte juristische Personen, betroffene Tochtergesellschaften und betroffene Betriebe mit Sitz im Inland.

(2) Mitgliedstaaten im Sinn dieses Gesetzes sind die Mitgliedstaaten der Europäischen Union und die anderen Vertragsstaaten des Abkommens über den Europäischen Wirtschaftsraum.

## Teil 2 Beteiligung der Arbeitnehmer in einer Europäischen Genossenschaft, die durch mindestens zwei juristische Personen oder durch Umwandlung gegründet wird

### Kapitel 1 Bildung und Zusammensetzung des besonderen Verhandlungsgremiums

⑩ 통지는 유럽협동조합 경영대표기관(Leitung der Europäischen Genossenschaft)이 유럽협동조합근로자평의회나 기타 근로자대표기구에 대하여 하는 것으로 유럽협동조합 자체, 유럽협동조합자회사들 중 한 자회사 또는 다른 회원국에 있는 유럽협동조합사업들 중 한 사업에 관련된 사항 또는 각 회원국의 수준에서의 관할 기관의 권한을 넘어서는 사항에 관한 통지를 말한다. 통지의 시기·형식·내용(Zeitpunkt, Form und Inhalt der Unterrichtung)은, 근로자대표자가 발생할 것으로 예상되는 영향을 점검하고 필요한 경우 유럽협동조합 경영대표기관과의 청문(Anhörung mit der Leitung der Europäischen Genossenschaft)을 준비하는 것이 가능하도록 선택되어야 한다.

⑪ 청문은 유럽협동조합근로자평의회 또는 기타 근로자대표자와 유럽협동조합 경영대표기관 또는 고유한 결정권을 가진 기타 담당 경영대표기관 간의 논의 및 의견교환을 조직하는 것(Einrichtung eines Dialogs und eines Meinungsaustauschs)을 말한다. 청문 시기·형식·내용(Zeitpunkt, Form und Inhalt der Anhörung)은 유럽협동조합근로자평의회가 행해진 통지에 기하여 유럽협동조합 경영대표기관의 계획 중인 조치에 대하여(zu den geplanten Maßnahmen der Leitung der Europäischen Genossenschaft) 유럽협동조합 의사결정과정의 틀 내에서 고려될 수 있는 의견진술이 가능하도록 해야만 한다.

⑫ 공동결정은 다음 각 호를 통해 근로자들이 회사의 결정사안에 대해 영향을 행사하는 것을 의미한다,

1. 감사회 또는 감독회(Aufsichts- oder Verwaltungsorgans)의 구성원의 일부를 선출하거나 임명하는 권리의 행사,
2. 감사회 또는 감독회(Aufsichts- oder Verwaltungsorgans)의 구성원의 전부 또는 일부에 대한 임명을 추천하거나 이를 거부하는 권리의 행사.

제3조 적용범위

① 이 법은 독일 내 본점소재지가 있는 유럽협동조합에 대해 적용한다. 그 본점소재지를 불문하고 독일 내에서 고용된, 유럽협동조합의 근로자와 독일에 본점소재지가 있는, 출자법인, 관련자회사 및 관련사업(beteiligte juristische Personen, betroffene Tochtergesellschaften und betroffene Betriebe)에 대해서도 이 법을 적용한다.

② 이 법상의 회원국은 유럽연합 회원국과 유럽경제지역(Europäischer Wirtschaftsraum)에 관한 조약의 기타 조약가입국을 말한다.

## 제2편 2개 이상의 법인에 의해 설립되거나 기업구조개편으로 설립된 유럽협동조합 내 근로자들의 의사결정참가

### 제1장 특별평의회의 조직과 구성

§ 4 Information der Leitungen

(1) Ist die Gründung einer Europäischen Genossenschaft durch mindestens zwei juristische Personen oder durch Umwandlung geplant, informieren die Leitungen die Arbeitnehmervertretungen und Sprecherausschüsse in den beteiligten juristischen Personen, betroffenen Tochtergesellschaften und betroffenen Betrieben über das Gründungsvorhaben. Besteht keine Arbeitnehmervertretung, erfolgt die Information gegenüber den Arbeitnehmern. Die Information erfolgt unaufgefordert und unverzüglich nach Offenlegung des Verschmelzungsplans, nach der Erstellung der Satzung der Europäischen Genossenschaft oder nach Offenlegung des Umwandlungsplans.

(2) Die Information nach Absatz 1 erstreckt sich insbesondere auf die

1. Identität und Struktur der beteiligten juristischen Personen, betroffenen Tochtergesellschaften und betroffenen Betriebe und deren Verteilung auf die Mitgliedstaaten,
2. in den beteiligten juristischen Personen, betroffenen Tochtergesellschaften und betroffenen Betrieben bestehenden Arbeitnehmervertretungen,
3. Zahl der in den beteiligten juristischen Personen, betroffenen Tochtergesellschaften und betroffenen Betrieben jeweils beschäftigten Arbeitnehmer sowie die daraus zu errechnende Gesamtzahl der in einem Mitgliedstaat beschäftigten Arbeitnehmer,
4. Zahl der Arbeitnehmer, denen Mitbestimmungsrechte in den Organen der juristischen Personen und betroffenen Tochtergesellschaften zustehen.

(3) Maßgeblicher Zeitpunkt für die Ermittlung der Zahl der Arbeitnehmer ist der Zeitpunkt der Information nach Absatz 1.

§ 5 Zusammensetzung des besonderen Verhandlungsgremiums

(1) Das besondere Verhandlungsgremium ist auf Grund einer schriftlichen Aufforderung der Leitungen zu bilden. Es hat die Aufgabe, mit den Leitungen eine schriftliche Vereinbarung über die Beteiligung der Arbeitnehmer in der Europäischen Genossenschaft abzuschließen.

(2) Für die in jedem Mitgliedstaat beschäftigten Arbeitnehmer der beteiligten juristischen Personen, betroffenen Tochtergesellschaften und betroffenen Betriebe werden Mitglieder für das besondere Verhandlungsgremium gewählt oder bestellt. Für jeden Anteil der in einem Mitgliedstaat beschäftigten Arbeitnehmer, der 10 Prozent der Gesamtzahl der in allen Mitgliedstaaten beschäftigten Arbeitnehmer oder einen Bruchteil davon beträgt, ist ein Mitglied aus diesem Mitgliedstaat in das besondere Verhandlungsgremium zu wählen oder zu bestellen.

(3) Wird die Europäische Genossenschaft durch Verschmelzung gegründet, sind so viele zusätzliche Mitglieder in das besondere Verhandlungsgremium zu wählen oder zu bestellen, wie erforderlich sind, um zu gewährleisten, dass jede beteiligte Genossenschaft, die eingetragen ist und Arbeitnehmer in dem betreffenden Mitgliedstaat beschäftigt und die als Folge der geplanten Eintragung der Europäischen Genossenschaft als eigene Rechtspersönlichkeit erlöschen wird, in

제4조 경영대표기관의 정보제공

① 2개 이상의 법인에 의해 또는 기업구조개편으로 유럽협동조합의 설립이 계획된 경우에, 경영대표기관은 출자법인, 관련자회사 및 관련사업 내의(in den beteiligten juristischen Personen, betroffenen Tochtergesellschaften und betroffenen Betrieben) 근로자대표기구 및 고위직사원평의회에 설립계획에 관한 정보를 제공한다. 어떤 근로자대표기구도 없는 경우에 근로자들에 대하여 그 정보를 제공한다. 정보제공은 그 제공요구가 없더라도 합병계획의 공시(Offenlegung des Verschmelzungsplans), 유럽협동조합의 정관 작성 또는 기업구조개편계획 공시 후 지체 없이 이뤄진다.

② 정보는 특히 다음 각 호의 사항에 관련된다.

1. 출자법인, 관련자회사 및 관련사업의 실체(實體)와 구조(Identität und Struktur), 회원국에서 그 분포,
2. 출자법인, 관련자회사 및 관련사업에 존재하는 근로자대표기구(bestehenden Arbeitnehmervertretungen),
3. 출자법인, 관련자회사 및 관련사업에 고용된 각각의 근로자수와 이에 기하여 산정된, 어느 회원국에서 고용된 근로자총수(die daraus zu errechnende Gesamtzahl der in einem Mitgliedstaat beschäftigten Arbeitnehmer),
4. 출자법인 및 관련자회사의 기관에서 공동결정권을 가진 근로자들의 수(Zahl der Arbeitnehmer).

③ 근로자수산정(Ermittlung der Zahl der Arbeitnehmer)에 대한 기준 시기는 제4조 제1항에 따른 정보제공시이다.

제5조 특별평의회의 구성

① 특별평의회는 경영대표기관의 서면요구에 기하여 조직된다. 그 평의회는 유럽협동조합 내 근로자들의 의사결정참가에 관하여 경영대표기관과 서면협약(schriftliche Vereinbarung)을 체결할 임무를 갖는다.

② 각 회원국에서 출자법인, 관련자회사 및 관련사업에 고용된 근로자들을 위해 특별평의회 구성원(Mitglieder für das besondere Verhandlungsgremium)이 선출되고 임명된다. 모든 회원국에서 출자법인, 관련자회사 및 관련사업에 고용된 근로자총수의 10프로에 해당하거나 그 10프로의 잔여수(Bruchteil davon)에 해당하는, 어느 회원국에서 고용된 근로자의 각 비율(jeden Anteil der in einem Mitgliedstaat beschäftigten Arbeitnehmer)로, 그 회원국 출신의 구성원이 특별평의회에서 선출되거나 임명되어야 한다.

③ 유럽협동조합이 합병으로 설립되는 경우에(Wird die Europäische Genossenschaft durch Verschmelzung gegründet), 등기되고 관련 회원국에서 근로자를 고용하며 계획된 유럽협동조합의 등기의 결과로서 고유한 법인격(eigene Rechtspersönlichkeit)이 소멸한 각 출자협동조합(jede beteiligte Genossenschaft)이 특별평의회에서 최소 1명의 구성원으로 대표(代表)되도록 보장하기위하여, 필요한 수만큼의 추가적 구성원(viele zusätzliche Mitglieder)이 특별평의회에서

dem besonderen Verhandlungsgremium durch mindestens ein Mitglied vertreten ist. Dies darf nicht zu einer Doppelvertretung der betroffenen Arbeitnehmer führen.

(4) Die Zahl der zusätzlichen Mitglieder darf 20 Prozent der sich aus Absatz 2 ergebenden Mitgliederzahl nicht überschreiten. Kann danach nicht jede nach Absatz 3 besonders zu berücksichtigende Genossenschaft durch ein zusätzliches Mitglied im besonderen Verhandlungsgremium vertreten werden, so werden diese Genossenschaften in absteigender Reihenfolge der Zahl der bei ihnen beschäftigten Arbeitnehmer berücksichtigt. Dabei ist zu gewährleisten, dass ein Mitgliedstaat nicht mehrere zusätzliche Sitze erhält, solange nicht alle anderen Mitgliedstaaten, aus denen die nach Absatz 3 besonders zu berücksichtigenden Genossenschaften stammen, einen Sitz erhalten haben.

(5) Treten während der Tätigkeitsdauer des besonderen Verhandlungsgremiums solche Änderungen in der Struktur oder Arbeitnehmerzahl der beteiligten juristischen Personen, der betroffenen Tochtergesellschaften oder der betroffenen Betriebe ein, dass sich die konkrete Zusammensetzung des besonderen Verhandlungsgremiums ändern würde, so ist das besondere Verhandlungsgremium entsprechend neu zusammenzusetzen. Über solche Änderungen haben die zuständigen Leitungen unverzüglich das besondere Verhandlungsgremium zu informieren. § 4 gilt entsprechend.

§ 6 Persönliche Voraussetzungen der auf das Inland entfallenden Mitglieder des besonderen Verhandlungsgremiums

(1) Die persönlichen Voraussetzungen der Mitglieder des besonderen Verhandlungsgremiums richten sich nach den jeweiligen Bestimmungen der Mitgliedstaaten, in denen sie gewählt oder bestellt werden.

(2) Zu Mitgliedern des besonderen Verhandlungsgremiums wählbar sind im Inland Arbeitnehmer der beteiligten juristischen Personen, betroffenen Tochtergesellschaften und betroffenen Betriebe sowie Gewerkschaftsvertreter. Frauen und Männer sollen entsprechend ihrem zahlenmäßigen Verhältnis gewählt werden. Für jedes Mitglied ist ein Ersatzmitglied zu wählen.

(3) Gehören dem besonderen Verhandlungsgremium mehr als zwei Mitglieder aus dem Inland an, ist jedes dritte Mitglied ein Vertreter einer Gewerkschaft, die in einer der an der Gründung der Europäischen Genossenschaft beteiligten juristischen Personen, betroffenen Tochtergesellschaften oder betroffenen Betriebe vertreten ist.

(4) Gehören dem besonderen Verhandlungsgremium mehr als sechs Mitglieder aus dem Inland an, ist mindestens jedes siebte Mitglied ein leitender Angestellter.

§ 7 Verteilung der auf das Inland entfallenden Sitze des besonderen Verhandlungsgremiums

(1) Die Wahl oder Bestellung der Mitglieder des besonderen Verhandlungsgremiums nach § 5 erfolgt nach den jeweiligen Bestimmungen der Mitgliedstaaten.

선출(選出)되거나 임명(任命)되어야 한다. 이로 인해 해당 근로자의 이중대표(Doppelvertretung)가 행해져서는 안 된다.

④ 추가적 구성원수(Zahl der zusätzlichen Mitglieder)는 제5조 제2항에 따라 생긴 구성원수의 20프로를 초과해서는 안 된다. 그 결과 제5조 제3항에 따라 특별히 고려되어야 하는 각 회사가 추가적 구성원에 의해 특별평의회에서 대표될 수 없는 경우에는, 이러한 유럽협동조합(diese Genossenschaften)은 자신에 고용된 근로자수의 (큰 수부터 작은 수로의) 하향순서(absteigende Reihenfolge)대로 고려된다. 이 경우 어느 회원국은, 제5조 제3항에 따라 특별히 고려되어야 하는 유럽협동조합이 소재한 기타 회원국 모두가 한 석도 얻지 못하는 때에는, 더 이상 추가적 구성원자리를 받지 못하는 점(dass ein Mitgliedstaat nicht mehrere zusätzliche Sitze erhält)이 보장되어야 한다.

⑤ 특별평의회의 활동존속 기간 동안에 출자법인, 관련자회사 또는 관련사업의 구조 또는 근로자수의 변동으로(in der Struktur oder Arbeitnehmerzahl der beteiligten juristischen Personen, der betroffenen Tochtergesellschaften oder der betroffenen Betriebe), 특별평의회의 구체적 구성이 바뀔 그러한 변동이 발생하는 경우에, 특별평의회는 그 변경에 상응하여 새롭게 조직되어야 한다. 담당 경영대표기관은 지체 없이 특별평의회에 그러한 변경에 대한 정보를 제공해야 한다. 제4조를 준용한다.

제6조 독일에 할당된(der auf das Inland entfallenden Mitglieder) 특별평의회구성원의 인적 요건(Persönliche Voraussetzungen)

① 특별평의회구성원의 인적 요건(persönlichen Voraussetzungen der Mitglieder des besonderen Verhandlungsgremiums)은 그 구성원이 선출되거나 임명되는 각 회원국(會員國)의 규정에 따른다.

② 독일에서 출자법인, 관련자회사 및 관련사업에 속한 근로자와 노조측대표자가 특별평의회 구성원으로 선출될 수 있다. 여성 및 남성은 그 수의 비율에 상응하여(entsprechend ihrem zahlenmäßigen Verhältnis) 선출되어야 한다. 각 특별평의회구성원에 대해 대체구성원이 선출되어야 한다.

③ 독일에서 선임된 구성원 3명 이상이 특별평의회에 있는 경우에 구성원의 1/3은, 유럽협동조합의 설립의 출자법인, 관련자회사 및 관련사업에 조합원인 근로자가 있는(die in einer der an der Gründung der Europäischen Genossenschaft beteiligten juristischen Personen, betroffenen Tochtergesellschaften oder betroffenen Betriebe vertreten ist) 노조측대표자이다.

④ 독일에서 선임된 구성원 7명 이상이 특별평의회에 있는 경우에 그 구성원의 1/7 이상은 고위직사원이다.

제7조 독일에 할당된 특별평의회구성원자리의 배분

① 제5조에 따른 특별평의회의 구성원의 선출(選出) 또는 임명(任命)은 각 회원국(會員國)의 규정에 따라 이뤄진다.

(2) Bei der Wahl der auf das Inland entfallenden Mitglieder des besonderen Verhandlungsgremiums sollen alle an der Gründung der Europäischen Genossenschaft beteiligten juristischen Personen mit Sitz im Inland, die Arbeitnehmer im Inland beschäftigen, durch mindestens ein Mitglied im besonderen Verhandlungsgremium vertreten sein.

(3) Ist die Anzahl der auf das Inland entfallenden Mitglieder des besonderen Verhandlungsgremiums geringer als die Anzahl der an der Gründung der Europäischen Genossenschaft beteiligten juristischen Personen mit Sitz im Inland, die Arbeitnehmer im Inland beschäftigen, erhalten diese in absteigender Reihenfolge der Zahl der Arbeitnehmer jeweils einen Sitz.

(4) Ist die Anzahl der auf das Inland entfallenden Mitglieder des besonderen Verhandlungsgremiums höher als die Anzahl der an der Gründung der Europäischen Genossenschaft beteiligten juristischen Personen mit Sitz im Inland, die Arbeitnehmer im Inland beschäftigen, sind die nach erfolgter Verteilung nach Absatz 2 verbleibenden Sitze nach dem d'Hondtschen Höchstzahlverfahren auf die beteiligten juristischen Personen, betroffenen Tochtergesellschaften oder betroffenen Betriebe zu verteilen.

(5) Sind keine juristischen Personen mit Sitz im Inland an der Gründung der Europäischen Genossenschaft beteiligt, sondern von ihr nur Tochtergesellschaften oder Betriebe ausländischer juristischer Personen betroffen, gelten die Absätze 2 bis 4 entsprechend.

## Kapitel 2 Wahlgremium

§ 8 Zusammensetzung des Wahlgremiums; Urwahl

(1) Die nach diesem Gesetz oder dem Gesetz eines anderen Mitgliedstaats auf die im Inland beschäftigten Arbeitnehmer der an der Gründung der Europäischen Genossenschaft beteiligten juristischen Personen, betroffenen Tochtergesellschaften und betroffenen Betriebe entfallenden Mitglieder des besonderen Verhandlungsgremiums werden von einem Wahlgremium in geheimer und unmittelbarer Wahl gewählt. Im Fall des § 6 Abs. 3 ist jedes dritte Mitglied auf Vorschlag einer Gewerkschaft zu wählen, die in einer der an der Gründung der Europäischen Genossenschaft beteiligten juristischen Personen, betroffenen Tochtergesellschaften oder betroffenen Betriebe vertreten ist. Wird nur ein Wahlvorschlag gemacht, muss dieser mindestens doppelt so viele Bewerber enthalten wie Vertreter von Gewerkschaften zu wählen sind. Jeder Wahlvorschlag einer Gewerkschaft muss von einem Vertreter der Gewerkschaft unterzeichnet sein. Im Fall des § 6 Abs. 4 ist jedes siebte Mitglied auf Vorschlag der Sprecherausschüsse zu wählen; Satz 3 gilt entsprechend. Besteht in einer der beteiligten juristischen Personen, betroffenen Tochtergesellschaften oder betroffenen Betriebe kein Sprecherausschuss, können die leitenden Angestellten Wahlvorschläge machen; ein Wahlvorschlag muss von einem Zwanzigstel oder 50 der wahlberechtigten leitenden

② 독일에 할당된 특별평의회구성의 선거에 있어(Bei der Wahl der auf das Inland entfallenden Mitglieder des besonderen Verhandlungsgremiums) 유럽협동조합 설립에 출자한 법인으로, 독일에 본점소재지가 있는 법인으로 독일에서 근로자를 고용한 각 법인은 특별평의회에서 1명 이상의 구성원으로 대표되어야 한다.

③ 독일에 할당된, 특별평의회의 구성원수가 유럽협동조합 설립에 출자(出資)한 법인으로, 독일에 본점소재지(本店所在地)가 있는 법인으로 독일에서 근로자를 고용한 법인수보다 적은 경우에, 그 법인들은 근로자수의 (큰 수부터 작은 수로의) 하향순서(absteigende Reihenfolge)대로 각각 1석을 받는다.

④ 독일에 할당된, 특별평의회의 구성원수가 유럽협동조합의 설립에 출자한 법인으로, 독일에 본점소재지가 있는 법인들로 독일에서 근로자를 고용한 법인수보다 큰 경우에, 제7조 제2항에 따른 배분이 이뤄진 후 남은 특별평의회구성원자리는 동트식의 최대수산정절차에 좇아(nach dem d'Hondtschen Höchstzahlverfahren) 출자법인, 관련회사 또는 관련법인(beteiligten juristischen Personen, betroffenen Tochtergesellschaften oder betroffenen Betriebe)에 배분되어야 한다.

⑤ 독일에 본점소재지가 있는 회사가 유럽협동조합의 설립(Gründung der Europäischen Genossenschaft)에 출자한 것이 아니라 외국 법인의 자회사 또는 사업만이 그 설립에 관련된 경우에, 제7조 제2조항 내지 제4항을 준용한다.

## 제2장 평의회구성위원회

제8조 평의회구성위원회의 구성, 최초선거

① 이 법 또는 회원국의 다른 법률에 따라, 독일에서 고용된 근로자로, 유럽협동조합 설립의 출자법인, 관련자회사 및 관련사업에 속한 근로자에 대해 할당된 특별평의회구성원(auf die im Inland beschäftigten Arbeitnehmer der an der Gründung der Europäischen Genossenschaft beteiligten juristischen Personen, betroffenen Tochtergesellschaften und betroffenen Betriebe entfallenden Mitglieder des besonderen Verhandlungsgremiums)은 평의회구성위원회에 의해 비밀·직접선거로 선출된다. 제6조 제3항의 경우에 구성원 1/3은 유럽협동조합의 설립의 출자법인, 관련자회사 및 관련사업에 조합원인 근로자가 있는 노동조합의 추천에 따라(auf Vorschlag einer Gewerkschaft) 선출되어야 한다. 하나의 후보자추천서만이 제출된 경우에, 노조측대표자로 선출되어야 할 수의 2배수 이상의(mindestens doppelt so viele Bewerber enthalten wie Vertreter von Gewerkschaften) 후보자가 그 추천서에 있어야만 한다. 노동조합의 각 후보자추천서에 노동조합의 대리인이 서명해야 한다. 제6조 제4항의 경우 1/7의 구성원은 고위직사원평의회의 추천에 따라 선출되어야 한다: 제3문을 준용한다. 어느 출자법인, 관련자회사 또는 관련사업에 고위직사원평의회가 없는 경우에, 고위직사원들(leitenden Angestellten)은 그 추천을 할 수 있다; 그 추천서에 고위직사원의 1/20 또는 50명의 선거권 있는 고위직사원이

Angestellten unterzeichnet sein.

(2) Ist aus dem Inland nur ein Zusammenschluss juristischer Personen (Unternehmensgruppe) an der Gründung einer Europäischen Genossenschaft beteiligt, besteht das Wahlgremium aus den Mitgliedern des Konzernbetriebsrats oder, sofern ein solcher nicht besteht, aus den Mitgliedern der Gesamtbetriebsräte oder, sofern ein solcher in einer juristischen Person nicht besteht, aus den Mitgliedern des Betriebsrats. Betriebsratslose Betriebe und betriebsratslose juristische Personen innerhalb einer Unternehmensgruppe werden vom Konzernbetriebsrat, Gesamtbetriebsrat oder Betriebsrat mit vertreten.

(3) Ist aus dem Inland nur eine juristische Person an der Gründung einer Europäischen Genossenschaft beteiligt, besteht das Wahlgremium aus den Mitgliedern des Gesamtbetriebsrats oder, sofern ein solcher nicht besteht, aus den Mitgliedern des Betriebsrats. Betriebsratslose Betriebe einer juristischen Person werden vom Gesamtbetriebsrat oder Betriebsrat mit vertreten.

(4) Ist aus dem Inland nur ein Betrieb von der Gründung einer Europäischen Genossenschaft betroffen, besteht das Wahlgremium aus den Mitgliedern des Betriebsrats.

(5) Sind an der Gründung der Europäischen Genossenschaft eine oder mehrere Unternehmensgruppen oder nicht verbundene juristische Personen beteiligt oder sind von der Gründung unternehmensunabhängige Betriebe betroffen, setzt sich das Wahlgremium aus den jeweiligen Arbeitnehmervertretungen auf Konzernebene, Unternehmensebene oder Betriebsebene zusammen. Die Absätze 2 bis 4 gelten entsprechend. Ist in den Fällen des Satzes 1 eine entsprechende Arbeitnehmervertretung nicht vorhanden, werden diese Mitglieder des Wahlgremiums von den Arbeitnehmern in Urwahl gewählt. Die Wahl wird von einem Wahlvorstand eingeleitet und durchgeführt, der in einer Versammlung der Arbeitnehmer gewählt wird, zu der die jeweilige inländische Leitung auf Konzern-, Unternehmens- oder Betriebsebene einlädt. Es sind so viele Mitglieder des Wahlgremiums zu wählen, wie eine bestehende Arbeitnehmervertretung in den Fällen der Absätze 2 bis 4 an gesetzlichen Mitgliedern hätte; für das Wahlverfahren gilt Absatz 7 Satz 3 bis 5 entsprechend.

(6) Das Wahlgremium besteht aus höchstens 40 Mitgliedern. Wird diese Höchstzahl überschritten, ist die Anzahl der Mitglieder in dem Wahlgremium entsprechend ihrem zahlenmäßigen Verhältnis nach dem d'Hondtschen Höchstzahlverfahren zu verringern.

(7) Besteht in den Fällen der Absätze 2 bis 5 keine Arbeitnehmervertretung, wählen die Arbeitnehmer die Mitglieder des besonderen Verhandlungsgremiums in geheimer und unmittelbarer Wahl. Die Wahl wird von einem Wahlvorstand eingeleitet und durchgeführt, der in einer Versammlung der Arbeitnehmer gewählt wird, zu der die inländische Konzernleitung, Unternehmensleitung oder Betriebsleitung einlädt. Die Wahl der Mitglieder des besonderen Verhandlungsgremiums erfolgt nach den Grundsätzen der Verhältniswahl. Sie erfolgt nach den

서명을 해야만 한다.
② 독일에서 오직 1개의 법인결합체(기업집단)가 유럽협동조합의 설립에 출자한 경우에[Ist aus dem Inland nur ein Zusammenschluss juristischer Personen (Unternehmensgruppe) an der Gründung einer Europäischen Genossenschaft beteiligt] 평의회구성위원회는, 그 콘체른근로자평의회구성원으로, 또는 그 콘체른근로자평의회가 없는 경우에는 그 기업근로자평의회의 구성원으로, 기업에 기업근로자평의회도 없는 경우에는 그 근로자평의회구성원으로 각각 구성된다. 기업집단 내에서 근로자평의회가 없는 사업 및 법인은 콘체른근로자평의회, 기업근로자평의회 또는 근로자평의회에 의해 대표된다.
③ 독일에서 오직 1개의 기업이 유럽협동조합의 설립에 출자한 경우에 평의회구성위원회는, 그 기업근로자평의회구성원으로, 또는 그 기업근로자평의회가 없는 경우에는 그 근로자평의회구성원으로 각각 구성된다. 법인 내에서 근로자평의회가 없는 사업은 기업근로자평의회 또는 근로자평의회에 의해 대표된다.
④ 독일에서 오직 1개의 사업이 유럽협동조합의 설립에 관련된 경우에, 평의회구성위원회는 그 근로자평의회구성원으로 구성된다.
⑤ 유럽협동조합의 설립에 하나 또는 수개의 기업집단 또는 비연결법인이 출자하거나, 그 설립에 기업종속적 사업들이 관련된 경우에(Sind an der Gründung der Europäischen Genossenschaft eine oder mehrere Unternehmensgruppen oder nicht verbundene juristische Personen beteiligt oder sind von der Gründung unternehmensunabhängige Betriebe betroffen), 평의회구성위원회는 콘체른수준, 기업수준 또는 사업수준의 각각의 근로자대표기구의 구성원으로 구성된다. 제8조 제2항 내지 제4항을 준용한다. 제8조 제1항의 경우에 관련 근로자대표기구가 없는 경우에 평의회구성위원회위원은 근로자들에 의한 최초선거로(Arbeitnehmern in Urwahl) 선출된다. 그 선거는 독일의 콘체른경영대표기관, 기업경영대표기관 및 사업경영대표기관이 소집한 근로자총회에서 선거로 구성된 선거위원회에 의해 개시되어 실시된다. 제8조 제2항 내지 제4항의 경우에 존재하는 근로자대표기구에 법적 구성원이 있어야 하는 수만큼의 평의회구성위원회위원수가 선출되어야 한다; 그 선거절차(Wahlverfahren)에 대하여 제8조 제7항 제3항 내지 제5항을 준용한다.
⑥ 평의회구성위원회는 최대 40명의 구성원으로 구성된다. 그 수를 넘는 경우에 그 구성원수는 평의회구성위원회에서 구성원수의 비율에 상응하여 동트식의 최대수산정절차에 좇아(nach dem d'Hondtschen Höchstzahlverfahren) 축소되어야 한다.
⑦ 제8조 제2항 내지 제5항의 경우에 근로자대표기구가 없는 경우에, 근로자들은 특별평의회구성원을 비밀·직접선거로(in geheimer und unmittelbarer Wahl) 선출한다. 그 선거는 독일의 콘체른경영대표기관, 기업경영대표기관 또는 사업경영대표기관(Konzernleitung, Unternehmensleitung oder Betriebsleitung)가 소집한 근로자총회에서 선거로 구성된 선거위원회(Wahlvorstand)에 의해 개시(開始)되어 실시(實施)된다. 평의회구성위원회위원선거는 비례대표선거원칙에 좇아(nach den Grundsätzen der Verhältniswahl) 실시된다. 하나의 후보자추천서

Grundsätzen der Mehrheitswahl, wenn nur ein Wahlvorschlag eingereicht wird. Jeder Wahlvorschlag der Arbeitnehmer muss von mindestens einem Zwanzigstel der wahlberechtigten Arbeitnehmer, mindestens jedoch von drei Wahlberechtigten, höchstens aber von 50 Wahlberechtigten unterzeichnet sein; in Betrieben mit in der Regel bis zu 20 wahlberechtigten Arbeitnehmern genügt die Unterzeichnung durch zwei Wahlberechtigte. Absatz 1 Satz 2 bis 6 gilt entsprechend.

§ 9 Einberufung des Wahlgremiums

(1) Auf der Grundlage der von den Leitungen erhaltenen Informationen hat der Vorsitzende der Arbeitnehmervertretung auf Konzernebene oder, sofern eine solche nicht besteht, auf Unternehmensebene oder, sofern eine solche nicht besteht, auf Betriebsebene

1. Ort, Tag und Zeit der Versammlung des Wahlgremiums festzulegen,
2. die Anzahl der Mitglieder aus den jeweiligen Arbeitnehmervertretungen nach § 8 Abs. 6 festzulegen und
3. zur Versammlung des Wahlgremiums einzuladen.

(2) Bestehen auf einer Ebene mehrere Arbeitnehmervertretungen, treffen die Verpflichtungen nach Absatz 1 den Vorsitzenden der Arbeitnehmervertretung, die die meisten Arbeitnehmer vertritt.

§ 10 Wahl der Mitglieder des besonderen Verhandlungsgremiums

(1) Bei der Wahl müssen mindestens zwei Drittel der Mitglieder des Wahlgremiums, die mindestens zwei Drittel der Arbeitnehmer vertreten, anwesend sein. Die Mitglieder des Wahlgremiums haben jeweils so viele Stimmen, wie sie Arbeitnehmer vertreten. Die Wahl erfolgt mit einfacher Mehrheit der abgegebenen Stimmen.

(2) Im Wahlgremium vertreten die Arbeitnehmervertretungen und die in Urwahl gewählten Mitglieder jeweils alle Arbeitnehmer der organisatorischen Einheit, für die sie nach § 8 Abs. 2 bis 5 zuständig sind. Nicht nach Satz 1 vertretene Arbeitnehmer werden den Arbeitnehmervertretungen innerhalb der jeweiligen Unternehmensgruppe zu gleichen Teilen zugerechnet.

(3) Sind für eine Arbeitnehmervertretung mehrere Mitglieder im Wahlgremium vertreten, werden die entsprechend der von ihnen vertretenen Arbeitnehmer bestehenden Stimmenanteile gleichmäßig aufgeteilt. Dies gilt auch für die nach § 8 Abs. 5 Satz 3 gewählten Mitglieder des Wahlgremiums.

## Kapitel 3 Verhandlungsverfahren

§ 11 Information über die Mitglieder des besonderen Verhandlungsgremiums

(1) Die Wahl oder Bestellung der Mitglieder des besonderen Verhandlungsgremiums soll innerhalb von zehn Wochen nach der in § 4 Abs. 1 und 2 vorgeschriebenen Information erfolgen. Den Leitungen sind unverzüglich die Namen der Mitglieder des besonderen Verhandlungsgremiums,

가 제출된 경우에는 그 선거는 다수대표제선거원칙(Grundsätzen der Mehrheitswahl)에 좇아 실시된다. 근로자들의 각 후보자추천서에 선거권이 있는 근로자들 1/20 이상의 근로자들로, 최소 3명에서 최대 50명의 선거권이 있는 근로자들이 서명해야만 한다; 상시적으로 20명 이하의 선거권이 있는 근로자들이 있는 사업에서는(in Betrieben mit in der Regel bis zu 20 wahlberechtigten Arbeitnehmern) 2명의 선거권(選擧權)이 있는 근로자의 서명으로 족하다. 제8조 제1항 제2문 내지 제6문을 준용한다.

제9조 평의회구성위원회의 소집

① 경영대표기관에게서 받은 정보에 기하여 콘체른수준의 근로자대표기구, 또는 그것이 없는 경우에는 기업수준의 근로자대표기구나, 기업수준의 근로자대표기구도 없는 경우에는 사업수준의 근로자대표기구의 각각의 의장은,

1. 평의회구성위원회의 장소 및 일시를 정해야 하고,
2. 제8조 제6항에 따라 각각의 근로자대표기구(Arbeitnehmervertretungen)를 대표하는 평의회구성원의원수를 정해야 하고,
3. 평의회구성위원회 집회를 소집해야 한다.

② 하나의 수준에 수개의 근로자대표기구가 있는 경우에는 가장 많은 수의 근로자를 대표하는 근로자대표기구의 의장이 제9조 제1항에 따른 의무를 부담한다.

제10조 특별평의회구성원 선출

① 그 선거에 있어 최소 근로자들 2/3 이상을 대표하는 평의회구성위원회위원의 2/3 이상 참석해야 한다. 평의회구성위원회위원들은 자신들이 대표하는 근로자수만큼의 투표권(so viele Stimmen, wie sie Arbeitnehmer vertreten)을 가진다. 그 선출은 행사된 투표의 단순과반수로 이뤄진다.

② 평의회구성위원회에서 근로자대표기구와 최초선거로 선출된 구성원은 그 근로자대표기구가 제8조 제2항 내지 제5항에 따라 관할하는 조직단위에 속한 모든 근로자를 각각 대표한다. 제1문에 따라 대표되지 않는 근로자들은 각각의 기업집단 내의 근로자대표기구(Arbeitnehmervertretungen)에 동일한 몫으로 산입된다.

③ 수인의 구성원들이 하나의 근로자대표기구를 위해 평의회구성위원회에서 대표돼야 하는 경우에, 그 구성원들이 의해 대표되는 근로자들에 상응하여 존재하는 투표지분은 동등하게 분할된다. 제8조 제5항 제3문에 따라 선출되는 평의회구성위원회위원에 대하여도 적용한다.

## 제3장 교섭절차

제11조 특별평의회구성원에 관한 정보제공

① 특별평의회구성원의 선출 또는 임명(Wahl oder Bestellung der Mitglieder des besonderen Verhandlungsgremiums)은 제4조 제1항, 제2항에 규정된 정보제공 후 10주 이내에 이뤄져야 한다. 특별평의회구성원들(besonderen Verhandlungsgremiums)의 성명, 그 구성원들의 주소와 각

ihre Anschriften sowie die jeweilige Betriebszugehörigkeit mitzuteilen. Die Leitungen haben die örtlichen Betriebs- und Unternehmensleitungen, die dort bestehenden Arbeitnehmervertretungen und Sprecherausschüsse sowie die in inländischen Betrieben vertretenen Gewerkschaften über diese Angaben zu informieren.

(2) Das Verhandlungsverfahren nach den §§ 12 bis 17 findet auch dann statt, wenn die in Absatz 1 Satz 1 genannte Frist aus Gründen, die die Arbeitnehmer zu vertreten haben, überschritten wird. Nach Ablauf der Frist gewählte oder bestellte Mitglieder können sich jederzeit an dem Verhandlungsverfahren beteiligen.

§ 12 Sitzungen, Geschäftsordnung

(1) Die Leitungen laden unverzüglich nach Benennung der Mitglieder oder im Fall des § 11 nach Ablauf der in § 11 Abs. 1 Satz 1 genannten Frist zur konstituierenden Sitzung des besonderen Verhandlungsgremiums ein und informieren die örtlichen Betriebs- und Unternehmensleitungen. Das besondere Verhandlungsgremium wählt aus seiner Mitte einen Vorsitzenden und mindestens zwei Stellvertreter. Es kann sich eine schriftliche Geschäftsordnung geben.

(2) Der Vorsitzende kann weitere Sitzungen einberufen.

§ 13 Zusammenarbeit zwischen besonderem Verhandlungsgremium und Leitungen

(1) Das besondere Verhandlungsgremium schließt mit den Leitungen eine schriftliche Vereinbarung über die Beteiligung der Arbeitnehmer in der Europäischen Genossenschaft ab. Zur Erfüllung dieser Aufgabe arbeiten sie vertrauensvoll zusammen.

(2) Die Leitungen haben dem besonderen Verhandlungsgremium rechtzeitig alle erforderlichen Auskünfte zu erteilen und die erforderlichen Unterlagen zur Verfügung zu stellen. Das besondere Verhandlungsgremium ist insbesondere über das Gründungsvorhaben und den Verlauf des Verfahrens bis zur Eintragung der Europäischen Genossenschaft zu unterrichten. Zeitpunkt, Häufigkeit und Ort der Verhandlungen werden zwischen den Leitungen und dem besonderen Verhandlungsgremium einvernehmlich festgelegt.

§ 14 Sachverständige und Vertreter von geeigneten außenstehenden Organisationen

(1) Das besondere Verhandlungsgremium kann bei den Verhandlungen Sachverständige seiner Wahl, zu denen auch Vertreter von einschlägigen Gewerkschaftsorganisationen auf Gemeinschaftsebene zählen können, hinzuziehen, um sich von ihnen bei seiner Arbeit unterstützen zu lassen. Diese Sachverständigen können, wenn das besondere Verhandlungsgremium es wünscht, an den Verhandlungen in beratender Funktion teilnehmen.

(2) Das besondere Verhandlungsgremium kann beschließen, die Vertreter von geeigneten außenstehenden Organisationen vom Beginn der Verhandlungen zu unterrichten.

사업소속은 경영대표기관에게 지체 없이 통지되어야 한다. 그 경영대표기관은 지역의 사업경영대표기관 및 기업경영대표기관, 사업 및 기업에 존재하는 근로자대표기구 및 고위직사원평의회, 독일 내 사업에 조합원인 근로자가 있는 노동조합에게 이러한 사항에 관한 정보를 제공해야 한다.

② 제11조 제1항 제1문의 기간 동안 근로자들에게 책임 있는 사유에 기하여(aus Gründen, die die Arbeitnehmer zu vertreten haben) 도과되더라도 제12조 내지 제17조에 따른 교섭절차는 진행된다. 그 기한의 도과 후 선출(選出)되거나 임명(任命)된 구성원은 언제든지 교섭절차에 참여할 수 있다.

제12조 정관, 사무규정

① 경영대표기관은 그 구성원의 취임 후 지체 없이 후에, 또는 제11조의 경우에 제11조 제1항 제1문상의 기간의 도과 후에 특별평의회의 선출회의(konstituierenden Sitzung)를 소집하고 지역의 사업경영대표기관 및 기업경영대표기관에게 그에 관하여 통지한다. 특별평의회는 자신의 구성원 중에서(aus seiner Mitte)의장과 최소 2명의 부의장을 선출한다. 그 평의회는 서면의 사무규정을 정할 수 있다.

② 의장은 기타 회의를 소집할 수 있다.

제13조 특별평의회와 경영대표기관 간의 협력

① 특별평의회는 경영대표기관과 유럽협동조합 내 근로자들의 의사결정참가에 관한 서면협약(schriftliche Vereinbarung)을 체결한다. 특별평의회와 경영대표기관은 이러한 임무의 수행을 위하여 깊은 신뢰로 협력한다.

② 경영대표기관은 특별평의회에게 적시에, 필요한 모든 정보(alle erforderlichen Auskünfte)를 제공해야 하고 필요한 서류를 이용하도록 제공해야 한다. 특히 특별평의회는 설립계획과 유럽협동조합의 등기시까지 그 절차의 경과(Gründungsvorhaben und den Verlauf des Verfahrens bis zur Eintragung der Europäischen Genossenschaft)에 관하여 통지를 받아야 한다. 평의의 시기·빈도·장소(Häufigkeit und Ort der Verhandlungen)는 특별평의회와 경영대표기관 간에 협의하여 정한다.

제14조 적절한 외부조직의 전문가와 대리인

① 특별평의회는 평의 진행시 그 평의회가 선택한 그 전문가에게서 도움을 받기 위하여, 유럽공동체 수준에서의 관련 노동조합단체의 대리인도(auch Vertreter von einschlägigen Gewerkschaftsorganisationen auf Gemeinschaftsebene) 포함될 수 있는 전문가를 그에 참석하게 할 수 있다. 이러한 전문가는, 특별평의회가 이를 원하는 경우 옵서버로 교섭(Verhandlungen)에 참석할 수 있다.

② 특별평의회는 적절한 외부 단체의 대리인에게 교섭의 개시(Beginn der Verhandlungen)에 관한 통지에 대해 결의할 수 있다.

§ 15 Beschlussfassung im besonderen Verhandlungsgremium

(1) Die Mitglieder des besonderen Verhandlungsgremiums, die in einem Mitgliedstaat gewählt oder bestellt werden, vertreten alle in dem jeweiligen Mitgliedstaat beschäftigten Arbeitnehmer. Solange aus einem Mitgliedstaat keine Mitglieder in das besondere Verhandlungsgremium gewählt oder bestellt sind (§ 11 Abs. 2), gelten die betroffenen Arbeitnehmer als nicht vertreten.

(2) Das besondere Verhandlungsgremium beschließt vorbehaltlich des Absatzes 3 und § 16 Abs. 1 mit der Mehrheit seiner Mitglieder, in der zugleich die Mehrheit der vertretenen Arbeitnehmer enthalten sein muss. Jedes auf das Inland entfallende Mitglied vertritt gleich viele Arbeitnehmer.

(3) Hätten die Verhandlungen eine Minderung der Mitbestimmungsrechte zur Folge, so ist für einen Beschluss zur Billigung einer solchen Vereinbarung eine Mehrheit von zwei Dritteln der Mitglieder des besonderen Verhandlungsgremiums erforderlich, die mindestens zwei Drittel der Arbeitnehmer in mindestens zwei Mitgliedstaaten vertreten. Dies gilt

1. im Fall einer Europäischen Genossenschaft, die durch Verschmelzung gegründet werden soll, sofern sich die Mitbestimmung auf mindestens 25 Prozent der Gesamtzahl der Arbeitnehmer der beteiligten juristischen Personen und betroffenen Tochtergesellschaften erstreckt, oder
2. im Fall einer Europäischen Genossenschaft, die auf andere Weise gegründet werden soll, sofern sich die Mitbestimmung auf mindestens 50 Prozent der Gesamtzahl der Arbeitnehmer der beteiligten juristischen Personen und betroffenen Tochtergesellschaften erstreckt.

(4) Minderung der Mitbestimmungsrechte bedeutet, dass

1. der Anteil der Arbeitnehmervertreter im Aufsichts- oder Verwaltungsorgan der Europäischen Genossenschaft geringer ist als der höchste in den beteiligten juristischen Personen bestehende Anteil oder
2. das Recht, Mitglieder des Aufsichts- oder Verwaltungsorgans der juristischen Person zu wählen, zu bestellen, zu empfehlen oder abzulehnen, beseitigt oder eingeschränkt wird.

(5) Wird eine Europäische Genossenschaft durch Umwandlung gegründet, kann ein Beschluss nach Absatz 3 nicht gefasst werden.

§ 16 Nichtaufnahme oder Abbruch der Verhandlungen

(1) Das besondere Verhandlungsgremium kann beschließen, keine Verhandlungen aufzunehmen oder bereits aufgenommene Verhandlungen abzubrechen. Für diesen Beschluss ist eine Mehrheit von zwei Dritteln der Mitglieder erforderlich, die mindestens zwei Drittel der Arbeitnehmer in mindestens zwei Mitgliedstaaten vertreten. Die Vorschriften für die Unterrichtung und Anhörung der Arbeitnehmer, die in den Mitgliedstaaten gelten, in denen die Europäische Genossenschaft Arbeitnehmer beschäftigt, finden Anwendung.

(2) Ein Beschluss nach Absatz 1 beendet das Verfahren zum Abschluss der Vereinbarung nach § 21. Ist ein solcher Beschluss gefasst worden, finden die §§ 22 bis 33 über den SCE-Betriebsrat

제15조 특별평의회에서의 결의

① 어느 회원국에서 선출되거나 임명된 특별평의회구성원(Mitglieder des besonderen Verhandlungsgremiums)은 각 회원국에 고용된 모든 근로자들을 대표한다. 어느 회원국에서 어떤 구성원도 특별평의회의 구성원으로 선출되거나 임명되지 않는 동안에(제11조 제2항), 그 해당 근로자들은 대표되지 않은 것으로 본다.

② 특별평의회는 제15조 제3항, 제16조 제1항의 경우를 제외하고 대표되는 근로자의 과반수도 동시에 충족되어야만 하는, 그 구성원의 과반수로 의결한다. 독일에 할당된 각 그 구성원은 같은 수의 근로자들을 대표한다.

③ 교섭이 공동결정권의 축소를 초래하게 될 경우에는(Hätten die Verhandlungen eine Minderung der Mitbestimmungsrechte zur Folge), 그러한 합의에 동의를 위한 결의는 특별평의회구성원의 2/3의 다수결로, 2개 이상의 회원국의 근로자들 중 2/3를 대표하는 다수결을 필요로 한다. 이는 다음과 같이 적용된다,

1. 합병으로 설립되어야 하는 유럽협동조합의 경우 공동결정이 출자법인 및 관련자회사에 속한 근로자들 총수의 25프로 이상(mindestens 25 Prozent der Gesamtzahl der Arbeitnehmer)에 관련될 때,
2. 기타 방식으로 설립되어야 하는 유럽협동조합의 경우 공동결정이 출자법인 및 관련자회사에 속한 근로자들 총수의 50프로 이상(mindestens 50 Prozent der Gesamtzahl der Arbeitnehmer)에 관련될 때,

④ 공동결정권의 축소는 다음 각 호를 의미한다,

1. 유럽협동조합의 감사회 또는 감독회 내(Anteil der Arbeitnehmervertreter im Aufsichts- oder Verwaltungsorgan) 근로자측대표자의 비율이 출자법인에 존재하는 가장 큰 그 대표자 비율보다 작은 경우,
2. 법인의 감사회 또는 감독회의 구성원을 선출하거나 임명하거나 추천하거나 또는 거부하는 권리가 소멸되거나 제한되는 경우

⑤ 기업구조개편으로 유럽협동조합이 설립된 경우에 제15조 제3항에 따른 결의가 이뤄지지 않을 수 있다.

제16조 교섭의 불개시(不開始) 또는 중단

① 특별평의회는 교섭을 개시하지 않거나 이미 개시된 교섭을 중단할 것을 결의할 수 있다. 이러한 결의는 특별평의회구성원의 2/3의 다수결로, 2개 이상의 회원국의 근로자들 중 2/3 이상을 대표하는 다수결(Mehrheit von zwei Dritteln der Mitglieder erforderlich, die mindestens zwei Drittel der Arbeitnehmer in mindestens zwei Mitgliedstaaten vertreten)을 필요로 한다. 유럽협동조합이 근로자들을 고용한 회원국에서 적용되는 규정을 근로자들에 대하여 하는 통지 및 청문(Unterrichtung und Anhörung)에 대하여 적용한다.

② 제16조 제1항에 따른 결의는 제21조에 따른 협약의 체결에 관한 절차종료를 시킨다. 결의가 이뤄지는 경우에, 법률에 의한 유럽협동조합근로자평의회에 관한 제22조 내지 제33조의

kraft Gesetzes und die §§ 34 bis 38 über die Mitbestimmung kraft Gesetzes keine Anwendung.

(3) Wird eine Europäische Genossenschaft durch Umwandlung gegründet, kann ein Beschluss nach Absatz 1 nicht gefasst werden, wenn den Arbeitnehmern der umzuwandelnden Genossenschaft Mitbestimmungsrechte zustehen.

§ 17 Niederschrift

In eine Niederschrift, die vom Vorsitzenden und einem weiteren Mitglied des besonderen Verhandlungsgremiums zu unterzeichnen ist, sind aufzunehmen

1. ein Beschluss über den Abschluss einer Vereinbarung nach § 13 Abs. 1,
2. ein Beschluss über die Nichtaufnahme oder den Abbruch der Verhandlungen nach § 16 Abs. 1 und
3. die jeweiligen Mehrheiten, mit denen die Beschlüsse gefasst worden sind.

Eine Abschrift der Niederschrift ist den Leitungen zu übermitteln.

§ 18 Wiederaufnahme der Verhandlungen

(1) Frühestens zwei Jahre nach dem Beschluss nach § 16 Abs. 1 wird auf schriftlichen Antrag von mindestens 10 Prozent der Arbeitnehmer der Europäischen Genossenschaft, ihrer Tochtergesellschaften und Betriebe oder von deren Vertretern ein besonderes Verhandlungsgremium erneut gebildet, mit der Maßgabe, dass an die Stelle der beteiligten juristischen Personen, betroffenen Tochtergesellschaften und betroffenen Betriebe die Europäische Genossenschaft, ihre Tochtergesellschaften und ihre Betriebe treten. Die Parteien können eine frühere Wiederaufnahme der Verhandlungen vereinbaren.

(2) Wenn das besondere Verhandlungsgremium die Wiederaufnahme der Verhandlungen mit der Leitung der Europäischen Genossenschaft nach Absatz 1 beschließt, in diesen Verhandlungen jedoch keine Einigung erzielt wird, finden die §§ 22 bis 33 über den SCE-Betriebsrat kraft Gesetzes und die §§ 34 bis 38 über die Mitbestimmung kraft Gesetzes keine Anwendung.

(3) Sind strukturelle Änderungen der Europäischen Genossenschaft geplant, die geeignet sind, Beteiligungsrechte der Arbeitnehmer zu mindern, finden auf Veranlassung der Leitung der Europäischen Genossenschaft oder des SCE-Betriebsrats Verhandlungen über die Beteiligungsrechte der Arbeitnehmer der Europäischen Genossenschaft statt. Anstelle des neu zu bildenden besonderen Verhandlungsgremiums können die Verhandlungen mit der Leitung der Europäischen Genossenschaft einvernehmlich von dem SCE-Betriebsrat gemeinsam mit Vertretern der von der geplanten strukturellen Änderung betroffenen Arbeitnehmer, die bisher nicht von dem SCE-Betriebsrat vertreten werden, geführt werden. Wird in diesen Verhandlungen keine Einigung erzielt, sind die §§ 22 bis 33 über den SCE-Betriebsrat kraft Gesetzes und die §§ 34 bis 38 über die Mitbestimmung kraft Gesetzes anzuwenden.

규정과 법률에 의한 공동결정에 관한 제34조 내지 제38조에 관한 규정은 적용하지 않는다.
③ 기업구조개편으로(durch Umwandlung) 유럽협동조합이 설립된 경우에, 구조가 재편된 유럽협동조합(umzuwandelnden Genossenschaft Mitbestimmungsrechte)이 근로자들에게 귀속되는 때에는 제16조 제1항에 따른 결의가 이뤄질 수 없다.

제17조 의사록

의장과 특별평의회 구성원 1명이 추가적으로 서명을 해야 하는 의사록에 다음 각 호 사항 모두를 기재한다,

1. 제13조 제1항에 따른 합의의 체결에 관한 결의
2. 제16조 제1항에 따른 평의의 불개시(不開始) 또는 중단에 관한 결의
3. 결의가 이뤄진 각각의 다수결.

의사록의 사본은 경영대표기관에게 교부되어야 한다.

제18조 교섭의 재개

① 빨라야 제16조 제1항에 따른 결의한 때로부터 2년 후에 유럽협동조합, 유럽협동조합자회사 및 유럽협동조합사업에 속한 근로자들의 10프로 이상의 근로자들 또는 그 대리인의 서면신청이 있는 때에는 특별평의회(besonderes Verhandlungsgremium)가, 유럽협동조합, 유럽협동조합자회사 및 유럽협동사업이 출자법인, 관련자회사 및 관련사업을 대신한다는(dass an die Stelle der beteiligten juristischen Personen, betroffenen Tochtergesellschaften und betroffenen Betriebe die Europäische Genossenschaft, ihre Tochtergesellschaften und ihre Betriebe treten) 기준하에 다시 조직된다. 그 당사자들은 교섭의 보다 이른 재개(frühere Wiederaufnahme der Verhandlungen)에 관하여 합의할 수 있다.
② 특별평의회가 제18조 제1항에 따른 유럽협동조합 경영대표기관과 더불어 교섭 재개를 결의하였지만, 그 교섭에서 합의가 성립되지 않는 경우에, 법률에 의한 유럽협동조합근로자평의회에 관한 제22조 내지 제33조의 규정과 법률에 의한 공동결정에 관한 제34조 내지 제38조에 관한 규정은 적용하지 않는다.
③ 근로자들의 의사결정권이 축소되는 데 적합한, 유럽협동조합의 구조변경이 계획된 경우에 유럽협동조합 경영대표기관 또는 유럽협동조합근로자평의회의 발의로(auf Veranlassung) 유럽협동조합에 속한 근로자들의 의사결정참가권(Beteiligungsrechte der Arbeitnehmer der Europäischen Genossenschaf)에 관한 교섭이 실시된다. 새롭게 조직되는 특별평의회 대신에 유럽협동조합 경영대표기관과의 교섭이, 계획된 구조변경에 관련된 근로자들로 지금까지 유럽협동조합평의회에 의해 대표되지 않은 근로자들의 대표와 공동으로 유럽협동조합근로자평의회와 협의 후 실시될 수 있다. 그 평의에서 합의가 성립되지 않은 경우에, 법률에 의한 유럽협동조합근로자평의회(SCE-Betriebsrat kraft Gesetzes)에 관한 제22조 내지 제33조의 규정과 법률에 의한 공동결정(Mitbestimmung kraft Gesetzes)에 관한 제34조 내지 제38조에 관한 규정은 적용하지 않는다.

(4) In den Fällen der Absätze 1 und 3 gelten die Vorschriften dieses Teils entsprechend mit der Maßgabe, dass an die Stelle der Leitungen die Leitung der Europäischen Genossenschaft tritt.

§ 19 Kosten des besonderen Verhandlungsgremiums

Die durch die Bildung und Tätigkeit des besonderen Verhandlungsgremiums entstehenden erforderlichen Kosten tragen die beteiligten juristischen Personen und nach ihrer Gründung die Europäische Genossenschaft als Gesamtschuldner. Insbesondere sind für die Sitzungen in erforderlichem Umfang Räume, sachliche Mittel, Dolmetscher und Büropersonal zur Verfügung zu stellen sowie die erforderlichen Reise- und Aufenthaltskosten der Mitglieder des besonderen Verhandlungsgremiums zu tragen.

§ 20 Dauer der Verhandlungen

(1) Die Verhandlungen beginnen mit der Einsetzung des besonderen Verhandlungsgremiums und können bis zu sechs Monate dauern. Einsetzung bezeichnet den Tag, zu dem die Leitungen zur konstituierenden Sitzung des besonderen Verhandlungsgremiums eingeladen haben.

(2) Die Parteien können einvernehmlich beschließen, die Verhandlungen über den in Absatz 1 genannten Zeitraum hinaus bis zu insgesamt einem Jahr ab der Einsetzung des besonderen Verhandlungsgremiums fortzusetzen.

## Kapitel 4 Beteiligung der Arbeitnehmer kraft Vereinbarung

§ 21 Inhalt der Vereinbarung

(1) In der schriftlichen Vereinbarung zwischen den Leitungen und dem besonderen Verhandlungsgremium wird, unbeschadet der Autonomie der Parteien im Übrigen und vorbehaltlich des Absatzes 5, festgelegt:

1. der Geltungsbereich der Vereinbarung, einschließlich der außerhalb des Hoheitsgebiets der Mitgliedstaaten liegenden juristischen Personen und Betriebe, sofern diese in den Geltungsbereich einbezogen werden,
2. die Zusammensetzung des SCE-Betriebsrats, die Anzahl seiner Mitglieder und die Sitzverteilung, einschließlich der Auswirkungen wesentlicher Änderungen der Zahl der in der Europäischen Genossenschaft beschäftigten Arbeitnehmer,
3. die Befugnisse und das Verfahren zur Unterrichtung und Anhörung des SCE-Betriebsrats,
4. die Häufigkeit der Sitzungen des SCE-Betriebsrats,
5. die für den SCE-Betriebsrat bereitzustellenden finanziellen und materiellen Mittel,
6. der Zeitpunkt des Inkrafttretens der Vereinbarung und ihre Laufzeit sowie die Fälle, in denen die Vereinbarung neu ausgehandelt werden soll und das dabei anzuwendende Verfahren.

(2) Wenn kein SCE-Betriebsrat gebildet wird, haben die Parteien die Durchführungsmodalitäten

④ 제18조 제1항, 제3항의 경우에 이 편의 규정은 유럽협동조합 경영대표기관이 그 경영대표기관들을 대신한다는 기준하에 적용된다.

제19조 특별평의회의 비용

특별평의회의 조직 및 활동으로 생긴 필수경비(Die durch die Bildung und Tätigkeit des besonderen Verhandlungsgremiums entstehenden erforderlichen Kosten)는 출자법인이 부담하고, 그 유럽협동조합 설립 후에는 유럽협동조합과 연대채무자로서(als Gesamtschuldner) 부담(負擔)한다. 특히 출자법인은 회의에 필요한 범위의 공간, 물적 시설, 통역 및 사무직원을 제공해야 하고, 특별평의회구성원의 필수적 여행경비 및 체류경비(Reise- und Aufenthaltskosten)를 부담해야 한다.

제20조 교섭의 기간

① 그 교섭이 특별평의회의 설치로써(mit der Einsetzung des besonderen Verhandlungsgremiums 개시되고 6개월 이내에서 지속할 수 있다. 그 설치에 있어 경영대표기관이 특별평의회 선출회의를 위하여 소집한 날짜를 표시된다.

② 당사자들은 협의하여 교섭이 제20조 제1항상의 기간을 넘어서 특별평의회가 설치된 때로부터 총 1년 이내에서(bis zu insgesamt einem Jahr ab der Einsetzung des besonderen Verhandlungsgremiums) 지속하는 것으로 결의할 수 있다.

## 제4장 협약에 의한 근로자들의 의사결정참가

제21조 협약의 내용

① 경영대표기관과 특별평의회 간의 서면협약으로(schriftlichen Vereinbarung zwischen den Leitungen und dem besonderen Verhandlungsgremium), 당사자들 간 사적자치에도 불구하고 제21조 제5항의 경우 제외한 나머지의 경우에 있어 특히 다음 사항이 모두 정해진다,

1. 그 법인 및 사업이 그 적용범위에(in den Geltungsbereich) 포함되는 경우에, 회원국의 영토(Hoheitsgebiet)의 밖에 있는 법인 및 사업을 포함하여 협약의 적용범위(Geltungsbereich der Vereinbarung),
2. 유럽협동조합에 고용된 근로자수의 중대한 변동의 영향(Auswirkungen wesentlicher Änderungen)을 포함하여, 유럽협동조합근로자평의회의 구성, 유럽협동조합근로자평의회 구성원수와 그 배분,
3. 유럽협동조합근로자평의회에 대한 통지 및 청문을 위한 권한 및 절차,
4. 유럽협동조합근로자평의회의 회의의 개최빈도,
5. 유럽협동조합근로자평의회에 제공되어야 하는 경제적·물질적 수단,
6. 협약의 효력 발생시기와 그 협약의 존속기간, 또 협약이 새롭게 교섭되어야 하는 경우, 이 경우에 적용되는 절차.

② 유럽협동조합근로자평의회(SCE-Betriebsrat)가 조직된 경우에, 당사자(當事者)들은 통지와

des Verfahrens oder der Verfahren zur Unterrichtung und Anhörung festzulegen. Absatz 1 gilt entsprechend.

(3) Für den Fall, dass die Parteien eine Vereinbarung über die Mitbestimmung treffen, ist deren Inhalt festzulegen. Insbesondere soll Folgendes vereinbart werden:

1. die Zahl der Mitglieder des Aufsichts- oder Verwaltungsorgans der Europäischen Genossenschaft, welche die Arbeitnehmer wählen oder bestellen können oder deren Bestellung sie empfehlen oder ablehnen können,
2. das Verfahren, nach dem die Arbeitnehmer diese Mitglieder wählen oder bestellen können oder deren Bestellung empfehlen oder ablehnen können,
3. die Rechte dieser Mitglieder,
4. dass auch vor strukturellen Änderungen der Europäischen Genossenschaft, ihrer Tochtergesellschaften oder ihrer Betriebe, die nach Gründung der Europäischen Genossenschaft eintreten, Verhandlungen über die Beteiligung der Arbeitnehmer in der Europäischen Genossenschaft aufgenommen werden und welches Verfahren dabei anzuwenden ist.

(4) Die Vereinbarung kann bestimmen, dass die §§ 22 bis 33 über den SCE-Betriebsrat kraft Gesetzes und die §§ 34 bis 38 über die Mitbestimmung kraft Gesetzes ganz oder in Teilen gelten.

(5) Unbeschadet des Verhältnisses dieses Gesetzes zu anderen Regelungen der Mitbestimmung der Arbeitnehmer auf Unternehmensebene muss in der Vereinbarung im Fall einer durch Umwandlung gegründeten Europäischen Genossenschaft in Bezug auf alle Komponenten der Arbeitnehmerbeteiligung zumindest das gleiche Ausmaß gewährleistet werden, das in der Genossenschaft besteht, die in eine Europäische Genossenschaft umgewandelt werden soll. Dies gilt auch bei einem Wechsel der Genossenschaft von einer dualistischen zu einer monistischen Organisationsstruktur und umgekehrt.

## Kapitel 5 Beteiligung der Arbeitnehmer kraft Gesetzes

### Abschnitt 1 SCE-Betriebsrat kraft Gesetzes

Unterabschnitt 1 Bildung und Geschäftsführung

§ 22 Voraussetzung

(1) Die §§ 23 bis 33 über den SCE-Betriebsrat kraft Gesetzes finden ab dem Zeitpunkt der Eintragung der Europäischen Genossenschaft Anwendung, wenn

1. die Parteien dies vereinbaren oder
2. bis zum Ende des in § 20 angegebenen Zeitraums keine Vereinbarung zustande gekommen ist und das besondere Verhandlungsgremium keinen Beschluss nach § 16 gefasst hat.

(2) Absatz 1 gilt entsprechend im Fall des § 18 Abs. 3.

청문을 위한 절차의 진행 방식(Verfahren zur Unterrichtung und Anhörung)을 정해야 한다. 제21조 제1항을 준용한다.

③ 당사자들이 공동결정에 관한 협약을 체결한 경우에 있어, 협약 내용을 정해야 한다. 특히 다음 각 호 사항이 모두 합의되어야 한다:

1. 유럽협동조합의 감사회 또는 감독회의 구성원수(Zahl der Mitglieder des Aufsichts- oder Verwaltungsorgans)로, 근로자들이 선출 또는 임명할 수 있거나 추천 또는 거부할 수 있는 그 구성원수,
2. 근로자들이 그 구성원을 선출 또는 임명(任命)할 수 있거나 추천(推薦) 또는 거부(拒否)할 수 있는 절차,
3. 이러한 구성원의 권리,
4. 유럽협동조합, 유럽협동조합자회사 또는 유럽협동조합사업의 구조변경으로 유럽협동조합 설립 후 발생한 구조변경 전에도(auch vor strukturellen Änderungen) 유럽협동조합 내의 근로자들의 의사결정참가에 관한 평의가 개시되고, 이 경우 어떤 절차(節次)가 적용되어야 하는지 하는 점.

④ 그 협약으로 법률에 의한 유럽협동조합근로자평의회에 관한 제22조 내지 제33조와 법률에 의한 공동결정에 관한 제34조 내지 제38의 전부 또는 부분적인 적용을 정할 수 있다.

⑤ 기업수준에서의 근로자들의 공동결정에 관한 다른 규정에 대한 이 법의 관계를 불문하고, 기업구조개편으로 설립된 유럽협동조합의 경우에 근로자들의 의사결정참가의 모든 요소에 관하여 최소한 유럽협동조합으로 기업구조가 변경되어야 하는 협동조합에 존재하는 동일한 범위의 내용이 그 협약으로 보장되어야만 한다. 이는 이원적 조직구조에서 일원적 조직구조로의 협동조합의 전환과 그 역의 협동조합의 전환에(bei einem Wechsel der Genossenschaft von einer dualistischen zu einer monistischen Organisationsstruktur und umgekehrt)도 적용한다.

## 제5장 법에 의한 근로자들의 의사결정참가

### 제1절 법에 의한 유럽협동조합근로자평의회

제1관 그 조직과 운영

제22조 요건

① 법에 의한 유럽협동조합근로자평의회에 관한 제23조 내지 제33조의 규정은 다음 각 호의 경우에 유럽협동조합 등기시부터 적용된다,

1. 당사자들이 이에 관하여 합의한 경우,
2. 제20조에 기재된 시기가 종료될 때까지 협약이 체결되지 않고 특별평의회가 제16조에 따른 결의를 하지 않은 경우.

② 제18조 제3항의 경우에 제22조 제1항을 준용한다.

§ 23 Errichtung des SCE-Betriebsrats

(1) Zur Sicherung des Rechts auf Unterrichtung und Anhörung in der Europäischen Genossenschaft ist ein SCE-Betriebsrat zu errichten. Dieser setzt sich aus Arbeitnehmern der Europäischen Genossenschaft, ihrer Tochtergesellschaften und Betriebe zusammen. Für die Errichtung des SCE-Betriebsrats gelten § 5 Abs. 2, § 6 Abs. 1 und 2 Satz 2 und 3, die §§ 7 bis 10 und 11 Abs. 1 Satz 2 und 3 entsprechend mit der Maßgabe, dass an die Stelle der beteiligten juristischen Personen, betroffenen Tochtergesellschaften und betroffenen Betriebe die Europäische Genossenschaft, ihre Tochtergesellschaften und ihre Betriebe treten. Im Fall des § 22 Abs. 1 Nr. 2 ist für die Feststellung der Zahl der beschäftigten Arbeitnehmer das Ende des in § 20 angegebenen Zeitraums maßgeblich. Die Mitgliedschaft im SCE-Betriebsrat beginnt mit der Wahl oder Bestellung. Die Dauer der Mitgliedschaft der aus dem Inland kommenden Mitglieder beträgt vier Jahre, wenn sie nicht durch Abberufung oder aus anderen Gründen vorzeitig endet. Für die Abberufung gelten die §§ 8 bis 10 entsprechend mit der Maßgabe, dass an die Stelle der beteiligten juristischen Personen, betroffenen Tochtergesellschaften und betroffenen Betriebe die Europäische Genossenschaft, ihre Tochtergesellschaften und ihre Betriebe treten.

(2) Die Leitung der Europäischen Genossenschaft lädt unverzüglich nach Benennung der Mitglieder zur konstituierenden Sitzung des SCE-Betriebsrats ein. Der SCE-Betriebsrat wählt aus seiner Mitte einen Vorsitzenden und dessen Stellvertreter.

(3) Der Vorsitzende oder im Fall seiner Verhinderung der Stellvertreter vertritt den SCE-Betriebsrat im Rahmen der von ihm gefassten Beschlüsse. Zur Entgegennahme von Erklärungen, die dem SCE-Betriebsrat gegenüber abzugeben sind, ist der Vorsitzende oder im Fall seiner Verhinderung der Stellvertreter berechtigt.

(4) Der SCE-Betriebsrat bildet aus seiner Mitte einen Ausschuss von drei Mitgliedern, dem neben dem Vorsitzenden zwei weitere zu wählende Mitglieder angehören. Der Ausschuss führt die laufenden Geschäfte des SCE-Betriebsrats (geschäftsführender Ausschuss).

§ 24 Sitzungen und Beschlüsse

(1) Der SCE-Betriebsrat soll sich eine schriftliche Geschäftsordnung geben, die er mit der Mehrheit seiner Mitglieder beschließt.

(2) Vor Sitzungen mit der Leitung der Europäischen Genossenschaft ist der SCE-Betriebsrat oder der geschäftsführende Ausschuss - gegebenenfalls in der nach § 29 Abs. 3 erweiterten Zusammensetzung - berechtigt, in Abwesenheit der Vertreter der Leitung der Europäischen Genossenschaft zu tagen. Mit Einverständnis der Leitung der Europäischen Genossenschaft kann der SCE-Betriebsrat weitere Sitzungen durchführen. Die Sitzungen des SCE-Betriebsrats sind nicht öffentlich.

(3) Der SCE-Betriebsrat ist beschlussfähig, wenn mindestens die Hälfte seiner Mitglieder

제23조 유럽협동조합근로자평의회의 설치

① 유럽협동조합에서의 통지권 및 청문권을 보장하기 위하여(Zur Sicherung des Rechts auf Unterrichtung und Anhörung in der Europäischen Genossenschaft) 유럽협동조합근로자평의회가 설치되어야 한다. 유럽협동조합근로자평의회에 대하여 제5조 제2항, 제6조 제1항, 제2항 제2문, 제3문, 제7조 내지 제10조, 제11조 제1항 제2문, 제3문이 유럽협동조합, 유럽협동조합자회사 및 유럽협동조합사업이 출자법인, 관련회사 및 관련사업을 대신한다는(dass an die Stelle der beteiligten juristischen Personen, betroffenen Tochtergesellschaften und betroffenen Betriebe die Europäische Genossenschaft, ihre Tochtergesellschaften und ihre Betriebe treten). 기준하에 준용된다. 제22조 제1항 제2호의 경우에 제20조에 기재된 시기의 종료가 고용된 근로자수의 확정에 대한 기준이 된다. 유럽협동조합근로자평의회의 임기(Dauer der Mitgliedschaft)는 선출 또는 임명으로써 개시된다. 독일에서 선출되거나 임명된 구성원의 임기는, 해임 또는 기타 사유에 의하여 임기 전에 만료되지 않는 한, 4년이다. 그 해임에 대하여 제8조 내지 제10조를 유럽협동조합, 유럽협동조합자회사 및 유럽협동조합사업이 출자법인, 관련회사 및 관련사업을 대신한다는 기준하에 준용한다. 이 유럽협동조합근로자평의회는 유럽협동조합, 유럽협동조합자회사 및 유럽협동조합사업에 속한 근로자들로 구성된다.

② 유럽협동조합 경영대표기관(Leitung der Europäischen Genossenschaft)은 그 구성원의 취임 후 지체 없이 유럽협동조합근로자평의회 선출회의를 소집한다. 유럽근로자평의회는 그 구성원 중에서 의장 1명과 부의장을 선출한다.

③ 의장 또는 의장에 직무수행장애가 있는 경우에는(im Fall seiner Verhinderung) 부의장이, 결의가 이뤄진 범위 내에서 유럽협동조합근로자평의회를 대표한다. 의장 또는 의장에 직무수행장애가 있는 경우에 부의장이 유럽협동조합근로자평의회에 대하여 행해져야 하는 의사표시를 수령할 권한이 있다.

④ 유럽협동조합 근로자평의회는 구성원 중에서 3명으로 된 위원회로 의장과 그 이외에 2명의 구성원이 추가적으로 참여하는 위원회를 설치한다. 그 위원회는 유럽협동조합근로자평의회의 일상적 사무를 처리한다[상무(常務)처리위원회]

제24조 회의와 결의

① 유럽협동조합근로자평의회는 구성원의 과반수로(mit der Mehrheit seiner Mitglieder) 결의한 서면의 사무규정을 정해야 한다.

② 유럽협동조합 경영대표기관과의 회의 전에 유럽협동조합근로자평의회 또는 상무(常務)처리위원회는- 필요한 경우에 제29조 제3항에 따라 확대된 구성시에도- 유럽협동조합 경영대표기관의 대리인의 부재시에 그 회의를 잡을 수 있다. 유럽협동조합 경영대표기관의 양해로(Mit Einverständnis der Leitung der Europäischen Genossenschaft) 유럽협동조합근로자평의회는 추가적 회의(weitere Sitzungen)를 개최(開催)할 수 있다. 유럽협동조합근로자평의회 회의는 비공개로 한다.

③ 유럽협동조합근로자평의회(Der SCE-Betriebsrat)는 구성원(構成員) 절반(折半) 이상이 참석

anwesend ist. Die Beschlüsse des SCE-Betriebsrats werden, soweit in diesem Gesetz nichts anderes bestimmt ist, mit der Mehrheit der anwesenden Mitglieder gefasst.

§ 25 Prüfung der Zusammensetzung des SCE-Betriebsrats

Alle zwei Jahre, vom Tag der konstituierenden Sitzung des SCE-Betriebsrats an gerechnet, hat die Leitung der Europäischen Genossenschaft zu prüfen, ob Änderungen der Europäischen Genossenschaft und ihrer Tochtergesellschaften und Betriebe, insbesondere bei den Arbeitnehmerzahlen in den einzelnen Mitgliedstaaten eingetreten sind. Sie hat das Ergebnis dem SCE-Betriebsrat mitzuteilen. Ist danach eine andere Zusammensetzung des SCE-Betriebsrats erforderlich, veranlasst dieser bei den in den jeweiligen Mitgliedstaaten zuständigen Stellen, dass die Mitglieder des SCE-Betriebsrats in diesen Mitgliedstaaten neu gewählt oder bestellt werden. Mit der neuen Wahl oder Bestellung endet die Mitgliedschaft der bisherigen Arbeitnehmervertreter aus diesen Mitgliedstaaten.

§ 26 Beschluss zur Aufnahme von Neuverhandlungen

(1) Spätestens vier Jahre nach seiner Einsetzung hat der SCE-Betriebsrat mit der Mehrheit seiner Mitglieder einen Beschluss darüber zu fassen, ob über eine Vereinbarung nach § 21 verhandelt werden oder die bisherige Regelung weiter gelten soll.

(2) Wird der Beschluss gefasst, über eine Vereinbarung nach § 21 zu verhandeln, gelten die §§ 13 bis 15, 17, 20 und 21 entsprechend mit der Maßgabe, dass an die Stelle des besonderen Verhandlungsgremiums der SCE-Betriebsrat tritt. Kommt keine Vereinbarung zustande, findet die bisherige Regelung weiter Anwendung.

## Unterabschnitt 2 Aufgaben

§ 27 Zuständigkeiten des SCE-Betriebsrats

Der SCE-Betriebsrat ist zuständig für die Angelegenheiten, die die Europäische Genossenschaft selbst, eine ihrer Tochtergesellschaften oder einen ihrer Betriebe in einem anderen Mitgliedstaat betreffen oder die über die Befugnisse der zuständigen Organe auf der Ebene des einzelnen Mitgliedstaats hinausgehen.

§ 28 Jährliche Unterrichtung und Anhörung

(1) Die Leitung der Europäischen Genossenschaft hat den SCE-Betriebsrat mindestens einmal im Kalenderjahr in einer gemeinsamen Sitzung über die Entwicklung der Geschäftslage und die Perspektiven der Europäischen Genossenschaft unter rechtzeitiger Vorlage der erforderlichen Unterlagen zu unterrichten und ihn anzuhören. Zu den erforderlichen Unterlagen gehören insbesondere

한 경우에 결의할 수 있다. 유럽협동조합근로자평의회의 결의는, 이 법에서 달리 정함이 없는 한, 출석한 구성원 과반수로 이뤄진다.

제25조 유럽협동조합근로자평의회의 구성의 점검

유럽협동조합근로자평의회 선출회의의 날로부터 기산하여 2년마다 유럽협동조합 경영대표기관은 유럽협동조합, 유럽협동조합자회사 및 유럽협동조합사업의 변경, 특히 각 회원국에서의 근로자수의 변동이 발생했는지(insbesondere bei den Arbeitnehmerzahlen in den einzelnen Mitgliedstaaten eingetreten sind) 여부를 점검해야 한다. 유럽협동조합 경영대표기관은 그 결과를 유럽협동조합근로자평의회에 통지해야 한다. 이에 따라 유럽협동조합근로자평의회의 다른 구성이 필요한 경우에 유럽협동조합근로자평의회는 유럽협동조합근로자평의회구성원이 그러한 회원국에서 새롭게 선출되거나 임명되도록 각 회원국의 관할 기관에 촉구한다. 새로운 선출 또는 임명으로써(Mit der neuen Wahl oder Bestellung) 각 회원국의 종전 근로자대표자의 자격(Mitgliedschaft der bisherigen Arbeitnehmervertreter)은 소멸(消滅)한다.

제26조 새로운 교섭의 개시를 위한 결의

① 늦어도 유럽협동조합근로자평의회가 구성된 때로부터 4년 후에 그 평의회는 구성원 과반수로 제21조에 따른 협약에 관하여 교섭하고 종전의 규율이 효력을 지속하지에 관하여 결의해야 한다.

② 제21조에 따른 협약에 대해 교섭하기로 결의가 이뤄진 경우에, 유럽협동조합근로자평의회가 특별평의회를 대신한다는(dass an die Stelle des besonderen Verhandlungsgremiums der SCE-Betriebsrat)기준하에 제13조 내지 제15조, 제17조, 제20조, 제21조가 준용된다. 협약이 체결되지 않은 경우에 종전의 규정이 계속적으로 적용된다.

## 제2절 임무

제27조 유럽협동조합근로자평의회의 관할

유럽협동조합근로자평의회는 유럽협동조합 자체, 유럽협동조합자회사들 중 한 자회사 또는 다른 회원국에 있는 유럽협동조합사업들 중 한 사업에 관련된 사항 또는 각 회원국 수준에서의 관할 기관의 결의를 넘어서는 사항(die über die Befugnisse der zuständigen Organe auf der Ebene des einzelnen Mitgliedstaats hinausgehen)에 관하여 관할한다.

제28조 연례적 통지와 청문

① 유럽협동조합 경영대표기관은 유럽협동조합근로자평의회에 역년에 1차례 이상 공동의 회의에서 필요한 서류를 적시에 제공하며 유럽협동조합의 사업상황과 그 전망(Entwicklung der Geschäftslage und die Perspektiven der Europäischen Genossenschaft)에 관하여 통지해야 하고 그에 대하여 유럽협동조합근로자평의회와의 청문(聽聞)을 진행한다. 특히 다음 각 호의 서류가 필요한 서류에 포함된다,

1. die Geschäftsberichte,
2. die Tagesordnung aller Sitzungen des Leitungsorgans und des Aufsichts- oder Verwaltungsorgans und
3. die Kopien aller Unterlagen, die der Generalversammlung vorgelegt werden.

(2) Zu der Entwicklung der Geschäftslage und den Perspektiven im Sinn des Absatzes 1 gehören insbesondere

1. die Struktur der Europäischen Genossenschaft sowie die wirtschaftliche und finanzielle Lage,
2. die voraussichtliche Entwicklung der Geschäfts-, Produktions- und Absatzlage,
3. die Beschäftigungslage und ihre voraussichtliche Entwicklung,
4. Investitionen (Investitionsprogramme),
5. grundlegende Änderungen der Organisation,
6. die Einführung neuer Arbeits- und Fertigungsverfahren,
7. die Verlegung von Unternehmen, Betrieben oder wesentlichen Betriebsteilen sowie Verlagerungen der Produktion,
8. Zusammenschlüsse oder Spaltungen von Unternehmen oder Betrieben,
9. die Einschränkung oder Stilllegung von Unternehmen, Betrieben oder wesentlichen Betriebsteilen und
10. Massenentlassungen.

(3) Die Leitung der Europäischen Genossenschaft informiert die Leitungen über Ort und Tag der Sitzung.

§ 29 Unterrichtung und Anhörung über außergewöhnliche Umstände

(1) Über außergewöhnliche Umstände, die erhebliche Auswirkungen auf die Interessen der Arbeitnehmer haben, hat die Leitung der Europäischen Genossenschaft den SCE-Betriebsrat rechtzeitig unter Vorlage der erforderlichen Unterlagen zu unterrichten. Als außergewöhnliche Umstände gelten insbesondere

1. die Verlegung oder Verlagerung von Unternehmen, Betrieben oder wesentlichen Betriebsteilen,
2. die Stilllegung von Unternehmen, Betrieben oder wesentlichen Betriebsteilen und
3. Massenentlassungen.

(2) Der SCE-Betriebsrat hat das Recht, auf Antrag mit der Leitung der Europäischen Genossenschaft oder den Vertretern einer anderen zuständigen, mit eigenen Entscheidungsbefugnissen ausgestatteten Leitungsebene innerhalb der Europäischen Genossenschaft zusammenzutreffen, um zu den außergewöhnlichen Umständen angehört zu werden.

(3) Auf Beschluss des SCE-Betriebsrats stehen die Rechte nach Absatz 2 dem geschäftsführenden Ausschuss (§ 23 Abs. 4) zu. Findet eine Sitzung mit dem geschäftsführenden Ausschuss statt, haben auch die Mitglieder des SCE-Betriebsrats, die von diesen Maßnahmen unmittelbar

1. 사업보고서,
2. 경영기관의 모든 회의와 감사회 또는 감독회(Leitungsorgans und des Aufsichts- oder Verwaltungsorgans)의 모든 회의의 의사일정,
3. 조합원총회에서 제출된 모든 서류의 사본.

② 제28조 제1항상의 사업상황과 그 전망(Entwicklung der Geschäftslage und den Perspektiven)에 특히 다음 각 호의 사항이 포함된다,

1. 유럽협동조합의 구조와 경제적·재정적 상황,
2. 사업상황·생산상황·매출상황의 예상 추이,
3. 고용상황과 고용상황의 예상 추이,
4. 투자(투자계획),
5. 조직의 근본석 변경,
6. 새로운 작업방식 및 생산방식의 도입,
7. 기업, 사업 전부 또는 중요한 일부의 양도(Verlegung von Unternehmen, Betrieben oder wesentlichen Betriebsteilen)와 생산의 이전,
8. 기업 또는 사업의 합병 또는 분할,
9. 기업, 사업의 전부 또는 중요한 일부의 축소 또는 폐지(Einschränkung oder Stilllegung von Unternehmen, Betrieben oder wesentlichen Betriebsteilen),
10. 대량해고.

③ 유럽협동조합의 경영대표기관은 회의의 장소 및 날짜를 유럽협동조합근로자평의회 운영진에게 제공한다.

제29조 예외적인 상황에 관한 통지 및 청문

① 유럽협동조합 경영대표기관은 유럽협동조합근로자평의회에 필요한 서류를 제공하며 근로자의 이익에 중대한 영향을 끼치는(die erhebliche Auswirkungen auf die Interessen der Arbeitnehmer haben) 예외적 상황에 대해 적시에 통지해야 한다. 특히 다음 각 호의 경우를 그 예외적 상황으로 본다,

1. 기업, 사업의 전부 또는 중요한 일부의 양도 또는 이전,
2. 기업, 사업의 전부 또는 중요한 일부의 폐지,
3. 대량해고.

② 유럽협동조합근로자평의회는 그 신청에 따라 예외적 상황에 대해 의견을 개진하기 위하여(um zu den außergewöhnlichen Umständen angehört zu werden), 유럽협동조합 경영대표기관, 기타 관할 경영대표기관의 대리인, 고유한 결정권한을 가진, 유럽협동조합 내 경영대표기관과 회합할 권리를 갖는다.

③ 유럽협동조합근로자평의회의 결의에 관련하여 제29조 제2항에 따른 권리가 상무(常務)처리위원회(제23조 제4항)에 귀속된다. 상무(常務)처리위원회에 의하여 회의가 개최될 때에 유럽협동조합근로자평의회구성원으로, 이러한 조치에 대하여 직접적으로 관련된 근로자를 대

betroffene Arbeitnehmer vertreten, das Recht, daran teilzunehmen.

(4) Wenn die Leitung der Europäischen Genossenschaft beschließt, nicht entsprechend der von dem SCE-Betriebsrat oder dem geschäftsführenden Ausschuss abgegebenen Stellungnahme zu handeln, hat der SCE-Betriebsrat das Recht, ein weiteres Mal mit der Leitung der Europäischen Genossenschaft zusammenzutreffen, um eine Einigung herbeizuführen.

§ 30 Information durch den SCE-Betriebsrat

Der SCE-Betriebsrat informiert die Arbeitnehmervertreter der Europäischen Genossenschaft, ihrer Tochtergesellschaften und ihrer Betriebe über den Inhalt und die Ergebnisse der Unterrichtungs- und Anhörungsverfahren. Sind keine Arbeitnehmervertreter vorhanden, sind die Arbeitnehmer zu informieren.

## Unterabschnitt 3 Freistellung und Kosten

§ 31 Fortbildung

Der SCE-Betriebsrat kann Mitglieder zur Teilnahme an Schulungs- und Bildungsveranstaltungen bestimmen, soweit diese Kenntnisse vermitteln, die für die Arbeit des SCE-Betriebsrats erforderlich sind. Der SCE-Betriebsrat hat die Teilnahme und die zeitliche Lage rechtzeitig der Leitung der Europäischen Genossenschaft mitzuteilen. Bei der Festlegung der zeitlichen Lage sind die betrieblichen Notwendigkeiten zu berücksichtigen.

§ 32 Sachverständige

Der SCE-Betriebsrat oder der geschäftsführende Ausschuss können sich durch Sachverständige ihrer Wahl unterstützen lassen, soweit dies zur ordnungsgemäßen Erfüllung ihrer Aufgaben erforderlich ist. Sachverständige können auch Vertreter von Gewerkschaften sein.

§ 33 Kosten und Sachaufwand

Die durch die Bildung und Tätigkeit des SCE-Betriebsrats und des geschäftsführenden Ausschusses entstehenden erforderlichen Kosten trägt die Europäische Genossenschaft. Im Übrigen gilt § 19 Satz 2 entsprechend.

## Abschnitt 2 Mitbestimmung kraft Gesetzes

§ 34 Besondere Voraussetzungen

(1) Liegen die Voraussetzungen des § 22 vor, finden die Regelungen über die Mitbestimmung der Arbeitnehmer kraft Gesetzes nach den §§ 35 bis 38 Anwendung

1. im Fall einer durch Umwandlung gegründeten Europäischen Genossenschaft, wenn in der Genossenschaft vor der Umwandlung Bestimmungen über die Mitbestimmung der

표하는 그 구성원도 그 회의에 참석할 권리를 갖는다.

④ 유럽협동조합 경영대표기관이 유럽협동조합근로자평의회 또는 상무(常務)처리위원회가 표명한 입장을 따르지 않기로 결의한 경우에, 유럽협동조합근로자평의회는 합의를 도출하기 위하여(um eine Einigung herbeizuführen) 유럽협동조합 경영대표기관과 추가로 회합할 권리를 갖는다.

제30조 유럽협동조합근로자평의회에 의한 정보

유럽협동조합근로자평의회는 유럽협동조합, 유럽협동조합자회사 및 유럽협동조합사업의 근로자대표에게 통지절차 및 청문절차의 내용과 그 결과(Inhalt und die Ergebnisse der Unterrichtungs- und Anhörungsverfahren)에 관한 정보를 제공한다. 근로자대표자가 없는 경우에 근로자들에게 그 정보를 제공해야 한다.

## 제3절 근로시간면제와 비용

제31조 직업능력향상교육

유럽협동조합근로자평의회는 직업교육·훈련행사(Schulungs- und Bildungsveranstaltungen)에 참가하는 구성원을 정할 수 있고 그 구성원들에게 유럽협동조합근로자평의회의 일처리에 필요한 정보를 제공할 수 있다. 유럽협동조합근로평의회는 적시에 그 참석과 시간적 상황을 유럽협동조합 경영대표기관에게 통지해야 한다. 시간을 정함에 있어 사업 내 필요성(必要性)을 고려해야 한다.

제32조 전문가

그 평의회 임무의 규정에 맞는 수행에 필요한 경우 유럽협동조합근로자평의회 또는 상무(常務)처리위원회는 전문가에게서 그 선거에 관한 지원을 받을 수 있다. 노동조합의 대리인도 그 전문가가 될 수 있다.

제33조 비용과 물적경비

유럽협동조합근로자평의회 및 상무(常務)처리위원회의 조직과 활동에 의하여 발생한 필수적인 비용은 유럽협동조합(Europäische Genossenschaft)이 부담한다. 그 밖에 제19조 제2항을 준용한다.

## 제2장 법에 의한 공동결정

제34조 특별요건

① 제22조상의 요건이 있는 경우로 다음 각 호의 경우에는, 제35조 내지 제38조에 따른 법률에 의한 근로자들의 공동결정에 관한 규정은 적용한다,

1. 기업구조개편으로 설립된 유럽협동조합의 경우에 감사회 또는 감독회 내 근로자들의 공동결정에 관한 규정(Bestimmungen über die Mitbestimmung)이 그 협동조합에서 기업구조개편

Arbeitnehmer im Aufsichts- oder Verwaltungsorgan galten,

2. im Fall einer durch Verschmelzung gegründeten Europäischen Genossenschaft, wenn
   a) vor der Eintragung der Europäischen Genossenschaft in einer oder mehreren der beteiligten Genossenschaften eine oder mehrere Formen der Mitbestimmung bestanden und sich auf mindestens 25 Prozent der Gesamtzahl der bei ihnen und den betroffenen Tochtergesellschaften beschäftigten Arbeitnehmer erstreckten oder
   b) vor der Eintragung der Europäischen Genossenschaft in einer oder mehreren der beteiligten Genossenschaften eine oder mehrere Formen der Mitbestimmung bestanden und sich auf weniger als 25 Prozent der Gesamtzahl der bei ihnen und den betroffenen Tochtergesellschaften beschäftigten Arbeitnehmer erstreckten und das besondere Verhandlungsgremium einen entsprechenden Beschluss fasst,
3. im Fall einer auf andere Weise gegründeten Europäischen Genossenschaft, wenn
   a) vor der Eintragung der Europäischen Genossenschaft in einer oder mehreren der beteiligten juristischen Personen eine oder mehrere Formen der Mitbestimmung bestanden und sich auf mindestens 50 Prozent der Gesamtzahl der bei ihnen und den betroffenen Tochtergesellschaften beschäftigten Arbeitnehmer erstreckten oder
   b) vor der Eintragung der Europäischen Genossenschaft in einer oder mehreren der beteiligten juristischen Personen eine oder mehrere Formen der Mitbestimmung bestanden und sich auf weniger als 50 Prozent der Gesamtzahl der bei ihnen und den betroffenen Tochtergesellschaften beschäftigten Arbeitnehmer erstreckten und das besondere Verhandlungsgremium einen entsprechenden Beschluss fasst.

(2) Bestand in den Fällen des Absatzes 1 Nr. 2 und 3 mehr als eine Form der Mitbestimmung im Sinn des § 2 Abs. 12 in den verschiedenen beteiligten juristischen Personen, entscheidet das besondere Verhandlungsgremium, welche von ihnen in der Europäischen Genossenschaft eingeführt wird. Wenn das besondere Verhandlungsgremium keinen solchen Beschluss fasst und eine inländische juristische Person, deren Arbeitnehmern Mitbestimmungsrechte zustehen, an der Gründung der Europäischen Genossenschaft beteiligt ist, ist die Mitbestimmung nach § 2 Abs. 12 Nr. 1 maßgeblich. Ist keine inländische juristische Person, deren Arbeitnehmern Mitbestimmungsrechte zustehen, beteiligt, findet die Form der Mitbestimmung nach § 2 Abs. 12 Anwendung, die sich auf die höchste Zahl der in den beteiligten juristischen Personen beschäftigten Arbeitnehmer erstreckt.

(3) Das besondere Verhandlungsgremium unterrichtet die Leitungen über die Beschlüsse, die es nach Absatz 1 Nr. 2 Buchstabe b und Nr. 3 Buchstabe b und Absatz 2 Satz 1 gefasst hat.

§ 35 Umfang der Mitbestimmung

(1) Liegen die Voraussetzungen des § 34 Abs. 1 Nr. 1 (Gründung einer Europäischen

전에(vor der Umwandlung) 적용되었던 때,

2. 합병으로 설립한 유럽협동조합의 경우에,
   a) 한 가지 또는 여러 가지 방식의 공동결정권(共同決定權)이 유럽협동조합의 등기 전에(vor der Eintragung der Europäischen Genossenschaft) 하나 또는 수개의 출자협동조합에 있었고 출자협동조합 및 관련자회사에 고용된 근로자총수의 25프로 이상의(mindestens 25 Prozent der Gesamtzahl) 근로자들에 관련되었을 때,
   b) 한 가지 또는 여러 가지 방식의 공동결정권(共同決定權)이 유럽협동조합의 등기 전에(vor der Eintragung der Europäischen Genossenschaft) 하나 또는 수개의 출자협동조합에 있었고 모든 출자협동조합 및 관련자회사에 고용된 근로자총수의 25프로 미만의(weniger als 25 Prozent der Gesamtzahl) 근로자들에 관련되었으며 특별평의회가 관련 결의를 한 때,
3. 기타 방식으로 설립된 유럽협동조합의 경우에,
   a) 한 가지 또는 여러 가지 방식의 공동결정권(共同決定權)이 유럽협동조합의 등기 전에(vor der Eintragung der Europäischen Genossenschaft) 하나 또는 수개의 출자법인에 있었고 모든 출자법인 및 관련자회사에 고용된 근로자총수의 50프로 이상의(mindestens 50 Prozent der Gesamtzahl) 근로자들에 관련되었을 때,
   b) 한 가지 또는 여러 가지 방식의 공동결정권(共同決定權)이 유럽협동조합의 등기 전에(vor der Eintragung der Europäischen Genossenschaft) 하나 또는 수개의 출자법인에 있었고 모든 출자법인 및 관련자회사에 고용된 근로자총수(勤勞者總數)의 50프로 미만의(weniger als 50 Prozent der Gesamtzahl) 근로자들에 관련되었으며 특별평의회가 관련 결의를 한 때.

② 제34조 제1항 제2호, 제3호의 경우에 제2조 제12항상의 두 가지 방식 이상의 공동결정이수개의 출자법인에 있었던 때에는(Bestand in den Fällen des Absatzes 1 Nr. 2 und 3 mehr als eine Form der Mitbestimmung im Sinn des § 2 Abs. 12 in den verschiedenen beteiligten juristischen Personen), 특별평의회는 그 두 가지 방식 중 어느 것을 유럽협동조합에 도입할 것인지를 결정한다. 특별평의회(besondere Verhandlungsgremium)가 그러한 결의를 하지 않고 그 근로자들에게 공동결정권이 귀속된 독일 법인(inländische juristische Person)이 유럽협동조합의 설립에 출자한 경우에, 제2조 제12항 제1호에 따른 공동결정(Mitbestimmung)이 적용된다. 근로자들에게 공동결정권이 귀속된 독일 법인이 출자를 하지 않은 경우에 제2조 제12항에 따른 공동결정의 방식으로, 출자법인에 고용된 근로자수가 가장 많은 근로자들에게 적용된 공동결정의 방식이 적용된다.

③ 특별평의회는 자신이 제33조 제1항 제2호 b)목, 제3호 b)목, 제2항 제1문에 따라 한 결의에 관하여 경영대표기관에 통지한다.

제35조 공동결정의 범위

① 제34조 제1항 제1호[기업구조개편(durch Umwandlung)에 의한 유럽협동조합의 설립

Genossenschaft durch Umwandlung) vor, bleibt die Regelung zur Mitbestimmung erhalten, die in der Genossenschaft vor der Umwandlung bestanden hat.
(2) Liegen die Voraussetzungen des § 34 Abs. 1 Nr. 2 (Gründung einer Europäischen Genossenschaft durch Verschmelzung) oder des § 34 Abs. 1 Nr. 3 (Gründung auf andere Weise) vor, haben die Arbeitnehmer der Europäischen Genossenschaft, ihrer Tochtergesellschaften und ihrer Betriebe oder ihr Vertretungsorgan das Recht, einen Teil der Mitglieder des Aufsichts- oder Verwaltungsorgans der Europäischen Genossenschaft zu wählen oder zu bestellen oder deren Bestellung zu empfehlen oder abzulehnen. Die Zahl dieser Arbeitnehmervertreter im Aufsichts- oder Verwaltungsorgan der Europäischen Genossenschaft bemisst sich nach dem höchsten Anteil an Arbeitnehmervertretern, der in den Organen der beteiligten juristischen Personen vor der Eintragung der Europäischen Genossenschaft bestanden hat.

§ 36 Sitzverteilung und Bestellung

(1) Der SCE-Betriebsrat verteilt die Zahl der Sitze im Aufsichts- oder Verwaltungsorgan der Europäischen Genossenschaft auf die Mitgliedstaaten, in denen Mitglieder zu wählen oder zu bestellen sind. Die Verteilung richtet sich nach dem jeweiligen Anteil der in den einzelnen Mitgliedstaaten beschäftigten Arbeitnehmer der Europäischen Genossenschaft, ihrer Tochtergesellschaften und ihrer Betriebe. Können bei dieser anteiligen Verteilung die Arbeitnehmer aus einem oder mehreren Mitgliedstaaten keinen Sitz erhalten, hat der SCE-Betriebsrat den letzten zu verteilenden Sitz einem bisher unberücksichtigten Mitgliedstaat zuzuweisen. Dieser Sitz soll, soweit angemessen, dem Mitgliedstaat zugewiesen werden, in dem die Europäische Genossenschaft ihren Sitz haben wird. Dieses Verteilungsverfahren gilt auch in dem Fall, in dem die Arbeitnehmer der Europäischen Genossenschaft Mitglieder dieser Organe empfehlen oder ablehnen können.
(2) Soweit die Mitgliedstaaten über die Besetzung der ihnen zugewiesenen Sitze keine eigenen Regelungen treffen, bestimmt der SCE-Betriebsrat die Arbeitnehmervertreter im Aufsichts- oder Verwaltungsorgan der Europäischen Genossenschaft.
(3) Die Ermittlung der auf das Inland entfallenden Arbeitnehmervertreter des Aufsichts- oder Verwaltungsorgans der Europäischen Genossenschaft erfolgt durch ein Wahlgremium, das sich aus den Arbeitnehmervertretungen der Europäischen Genossenschaft, ihrer Tochtergesellschaften und ihrer Betriebe zusammensetzt. Für das Wahlverfahren gelten § 6 Abs. 2 bis 4, § 8 Abs. 1 Satz 2 bis 5, Abs. 2 bis 7 und die §§ 9 und 10 entsprechend mit der Maßgabe, dass an die Stelle der beteiligten juristischen Personen, betroffenen Tochtergesellschaften und betroffenen Betriebe die Europäische Genossenschaft, ihre Tochtergesellschaften und ihre Betriebe treten. Das Wahlergebnis ist der Leitung der Europäischen Genossenschaft, dem SCE-Betriebsrat, den Gewählten, den Sprecherausschüssen und Gewerkschaften mitzuteilen.
(4) Die nach den Absätzen 2 und 3 ermittelten Arbeitnehmervertreter werden der Generalversammlung

(Gründung)]의 요건(Voraussetzungen)이 있는 경우 그 기업구조개편전에 그 협동조합에 있었던, 공동결정에 관한 규정은 존속한다.

② 제34조 제1항 제2호(합병에 의한 유럽협동조합의 설립) 또는 제34조 제1항 제3호(기타 방식에 의한 설립)의 요건이 존재하는 경우에[Liegen die Voraussetzungen des § 34 Abs. 1 Nr. 2 (Gründung einer Europäischen Genossenschaft durch Verschmelzung) oder des § 34 Abs. 1 Nr. 3 (Gründung auf andere Weise) vor], 유럽협동조합, 유럽협동조합자회사 및 유럽협동조합사업에 고용된 근로자들과 그 근로자들의 대표기구는, 감사회 또는 감독회의 일부 구성원을 선출하거나 임명하거나 또는 그 구성원을 추천 또는 거부할 수 있는 권리를 갖는다. 유럽협동조합 내 감사회 또는 감독회 내 그 근로자측대표자수는 가장 큰 근로자측대표자 비율로, 유럽협동조합 등기 전에(vor der Eintragung der Europäischen Genossenschaft) 출자법인(Organen der beteiligten juristischen Personen)의 기관에 있었던 비율에 따라 정해진다.

제36조 구성원자리배분과 임명

① 유럽협동조합근로자평의회는 감사회 또는 감독회의 구성원자리수(Zahl der Sitze im Aufsichts- oder Verwaltungsorgan der Europäischen Genossenschaft)를 그 구성원을 선출하거나 임명해야 하는 회원국에 배분한다. 그 배분은 각 회원국에서 유럽협동조합, 유럽협동조합자회사 및 유럽협동조합사업에 고용된 근로자들의 각 비율에 따라 정해진다. 이러한 비율적 배분에서 하나 또는 다수의 회원국 출신의 근로자가 1개의 구성원자리도 얻지 못하는 경우에 유럽협동조합근로자평의회는 가장 나중에 배분되어야 할 구성원자리(letzten zu verteilenden Sitz)를 지금까지 구성원자리를 받지 못한 회원국(bisher unberücksichtigten Mitgliedstaat)에 할당해야 한다. 그러한 할당이 적절한 경우에 이러한 구성원자리는 유럽협동조합의 본점소재지가 있는 회원국에 할당되어야 한다. 이러한 배분절차는 유럽협동조합의 근로자들이 이러한 기관구성원을 추천 또는 거부할 수 있는 경우에도 적용한다.

② 회원국이 자국에 할당된 구성원자리의 충원에 관하여 고유한 규율(eigenen Regelungen)을 하지 않은 경우에, 유럽협동조합근로자평의회이 유럽협동조합의 감사회 또는 감독회 내 근로자측대표자를 정한다.

③ 독일에 할당된 근로자측대표자로 유럽협동조합의 감사회 또는 감독회 내 근로자측대표자의 산정(Ermittlung der auf das Inland entfallenden Arbeitnehmervertreter des Aufsichts- oder Verwaltungsorgans)은 유럽협동조합, 유럽협동조합자회사 및 유럽협동조합사업의 근로자대표자로 구성된 평의회구성위원회가 행한다. 그 선출절차에 대해 제6조 제2항 내지 제4항, 제8조 제1항 제2문 내지 제5문, 제2항 내지 제7항, 제9조, 제10조가 유럽협동조합, 유럽협동조합자회사 및 유럽협동조합사업이 출자법인, 관련자회사 및 관련사업을 대신한다는 기준하에 적용된다. 선출결과는 유럽협동조합 경영대표기관, 유럽협동조합근로자평의회, 당선인, 고위직사원평의회 및 노동조합(Leitung der Europäischen Genossenschaft, dem SCE-Betriebsrat, den Gewählten, den Sprecherausschüssen und Gewerkschaften)에 통지되어야 한다.

④ 제36조 제2항, 제3항에 따라 산정된 근로자측대표자(Arbeitnehmervertreter)는 유럽협동조합

der Europäischen Genossenschaft zur Bestellung vorgeschlagen. Die Generalversammlung ist an diese Vorschläge gebunden.

§ 37 Abberufung und Anfechtung

(1) Ein Mitglied oder ein Ersatzmitglied der Arbeitnehmer aus dem Inland im Aufsichts- oder Verwaltungsorgan der Europäischen Genossenschaft kann vor Ablauf der Amtszeit abberufen werden. Antragsberechtigt sind

1. die Arbeitnehmervertretungen, die das Wahlgremium gebildet haben,
2. in den Fällen der Urwahl mindestens drei wahlberechtigte Arbeitnehmer,
3. für ein Mitglied nach § 6 Abs. 3 nur die Gewerkschaft, die das Mitglied vorgeschlagen hat,
4. für ein Mitglied nach § 6 Abs. 4 der Sprecherausschuss, der das Mitglied vorgeschlagen hat.

Für das Abberufungsverfahren gelten die §§ 8 bis 10 entsprechend mit der Maßgabe, dass an die Stelle der beteiligten juristischen Personen, betroffenen Tochtergesellschaften und betroffenen Betriebe die Europäische Genossenschaft, ihre Tochtergesellschaften und ihre Betriebe treten; abweichend von § 8 Abs. 5 und § 10 Abs. 1 Satz 3 bedarf der Beschluss einer Mehrheit von drei Vierteln der abgegebenen Stimmen. Die Arbeitnehmervertreter sind von der Generalversammlung der Europäischen Genossenschaft abzuberufen.

(2) Die Wahl eines Mitglieds oder eines Ersatzmitglieds der Arbeitnehmer aus dem Inland im Aufsichts- oder Verwaltungsorgan der Europäischen Genossenschaft kann angefochten werden, wenn gegen wesentliche Vorschriften über das Wahlrecht, die Wählbarkeit oder das Wahlverfahren verstoßen worden und eine Berichtigung nicht erfolgt ist, es sei denn, dass durch den Verstoß das Wahlergebnis nicht geändert oder beeinflusst werden konnte. Zur Anfechtung berechtigt sind die in Absatz 1 Satz 2 Genannten, der SCE-Betriebsrat und die Leitung der Europäischen Genossenschaft. Die Klage muss innerhalb eines Monats nach dem Bestellungsbeschluss der Generalversammlung erhoben werden.

§ 38 Rechtsstellung; Innere Ordnung

(1) Die Arbeitnehmervertreter im Aufsichts- oder Verwaltungsorgan der Europäischen Genossenschaft haben die gleichen Rechte und Pflichten wie die Mitglieder des Aufsichts- oder Verwaltungsorgans, die die Mitglieder der Europäischen Genossenschaft vertreten.

(2) Die Zahl der geschäftsführenden Direktoren (§ 22 des SCE-Ausführungsgesetzes) beträgt mindestens zwei. Ein Mitglied des Leitungsorgans (§ 14 des SCE-Ausführungsgesetzes) oder ein geschäftsführender Direktor ist für den Bereich Arbeit und Soziales zuständig.

(3) Besteht in einer der beteiligten juristischen Personen das Aufsichtsorgan aus derselben Zahl von Mitglieder- und Arbeitnehmervertretern sowie einem weiteren Mitglied, ist auch im Aufsichts- und Verwaltungsorgan der Europäischen Genossenschaft ein weiteres Mitglied auf gemeinsamen

의 조합원총회에 그 임명을 위해 추천된다. 조합원총회는 그 추천에 구속된다(Die Generalversammlung ist an diese Vorschläge gebunden).

제37조 해임과 선출취소

① 유럽협동조합의 감사회 또는 감독회에서(im Aufsichts- oder Verwaltungsorgan der Europäischen Genossenschaft) 독일에서 선임된 근로자측구성원 또는 근로자측대체구성원은 임기 만료 전에(vor Ablauf der Amtszeit) 해임될 수 있다. 다음 각 호의 자가 그 해임을 신청할 자격을 갖는다,

1. 평의회구성위원회를 조직한 근로자측대표자,
2. 최초선거의 경우에 선거권이 있는 3명 이상의 근로자들,
3. 제6조 제3항에 따른 구성원에 대하여는 그 구성원을 추천한 오직 그 노동조합,
4. 제6조 제4항에 따른 구성원에 대하여는 그 구성원을 추천한 오직 그 고위직사원평의회.

해임절차에 대하여 제8조 내지 제10조가, 유럽협동조합, 유럽협동조합자회사 및 유럽협동조합사업이 출자법인, 관련자회사 및 관련사업을 대신한다는(dass an die Stelle der beteiligten juristischen Personen, betroffenen Tochtergesellschaften und betroffenen Betriebe die Europäische Genossenschaft, ihre Tochtergesellschaften und ihre Betriebe treten) 기준하에 적용된다; 제8조 제5항, 제10조 제1항 제3문과 달리 그 결의는 행사된 투표의 3/4의 다수결을 필요로 한다. 근로자측대표자는 유럽협동조합의 조합원총회(Generalversammlung)에서 해임된다.

② 그 위반으로 선거결과가 달라지지 않거나 그에 영향이 없는 때를 제외하고, 선거가 선거권, 피선거권 또는 선거절차의 중요한 규정에 위반되고 시정이 이뤄지지 않은 경우에, 감사회 또는 감독회 내 독일에서 선임된 근로자측구성원 또는 근로자측대체구성원의 선출(Wahl eines Mitglieds oder eines Ersatzmitglieds der Arbeitnehmer aus dem Inland im Aufsichts- oder Verwaltungsorgan)은 취소될 수 있다. 제37조 제1항 제2문에서 언급된 자, 유럽협동조합근로자평의회와 유럽협동조합경영대표기관은 그 취소신청을 할 자격이 있다. 그 소는 조합원총회의 임명 결의가 있었던 때로부터 1개월 이내에 제기되어야만 한다.

제38조 법적지위, 내부규율

① 감사회 또는 감독회 내 근로자측대표자(Arbeitnehmervertreter im Aufsichts- oder Verwaltungsorgan der Europäischen Genossenschaft)는 유럽협동조합조합원을 대표하는 감사회 또는 감독회의 구성원과 동일한 권리의무를 갖는다.

② 업무집행이사[유럽협동조합도입법(SCE-Ausführungsgesetze) 제22조]는 최소한 2명이다. 그 중 1명은 노동사회 분야를 관할한다. 경영기관 중 1인의 구성원(유럽협동조합도입법 제22조) 또는 업무집행이사는 노동사회분야를 관할한다.

③ 출자법인들 중 한 기업에서 감사회가 동수의 조합원측대표자와 근로자측대표자와 추가적 구성원 1명으로 구성되는 경우에, 유럽협동조합의 감사회 또는 감독회에서도(auch im Aufsichts- und Verwaltungsorgan der Europäischen Genossenschaft) 조합원자측대표자 및 근로

Vorschlag der Mitglieder- und der Arbeitnehmervertreter zu wählen.

### Abschnitt 3 Tendenzschutz

§ 39 Tendenzunternehmen

(1) Auf eine Europäische Genossenschaft, die unmittelbar und überwiegend

1. politischen, koalitionspolitischen, konfessionellen, karitativen, erzieherischen, wissenschaftlichen oder künstlerischen Bestimmungen oder
2. Zwecken der Berichterstattung oder Meinungsäußerung, auf die Artikel 5 Abs. 1 Satz 2 des Grundgesetzes anzuwenden ist,

dient, findet Abschnitt 2 keine Anwendung.

(2) Eine Unterrichtung und Anhörung beschränkt sich auf die Gegenstände des § 28 Abs. 2 Nr. 5 bis 10 und des § 29 und erfolgt nur über den Ausgleich oder die Milderung der wirtschaftlichen Nachteile, die den Arbeitnehmern infolge der Unternehmens- oder Betriebsänderung entstehen.

## Teil 3 Beteiligung der Arbeitnehmer in einer Europäischen Genossenschaft, an deren Gründung natürliche Personen beteiligt sind

§ 40 Gründung einer Europäischen Genossenschaft durch mindestens zwei juristische Personen zusammen mit natürlichen Personen

Erfolgt die Gründung einer Europäischen Genossenschaft durch mindestens zwei juristische Personen zusammen mit natürlichen Personen, finden die §§ 1 bis 39 entsprechende Anwendung.

§ 41 Gründung einer Europäischen Genossenschaft durch ausschließlich natürliche Personen oder durch nur eine juristische Person zusammen mit natürlichen Personen

(1) Wird eine Europäische Genossenschaft ausschließlich von natürlichen Personen oder von nur einer juristischen Person zusammen mit natürlichen Personen gegründet und sind bei den beteiligten natürlichen Personen und in der beteiligten juristischen Person sowie den betroffenen Tochtergesellschaften und betroffenen Betrieben vor der Gründung insgesamt mindestens 50 Arbeitnehmer beschäftigt, die aus mehreren Mitgliedstaaten kommen, finden die §§ 1 bis 39 entsprechende Anwendung.

(2) Sind in den Gründungsfällen des Absatzes 1 bei den beteiligten natürlichen Personen und in der beteiligten juristischen Person sowie den betroffenen Tochtergesellschaften und betroffenen Betrieben insgesamt weniger als 50 Arbeitnehmer oder in nur einem Mitgliedstaat mindestens 50 Arbeitnehmer beschäftigt, finden

자측대표자의 공동의 추천으로 추가적 구성원 1명이 선출되어야 한다.

## 제3장 경향기업의 보호

제39조 경향기업

① 직접적으로 또 주로 다음 각 호에 기여하는 유럽협동조합에 대해서는,

1. 정치적, 연정정책적(koalitionspolitischen), 신앙적, 자선적(karitativen), 교육적(erzieherischen), 학술적 또는 예술적 사명(künstlerischen Bestimmungen),
2. 기본법 제5조 제1항 제2문의 적용을 받는 보도 또는 의사표현의 목적(Zwecken der Berichterstattung oder Meinungsäußerung),

제2장을 적용하지 않는다.

② 통지와 청문은 제28조 제2항 제5호 내지 제10호, 제29조의 적용대상에 있어 제한되어, 기업변경 및 사업변경으로 인해 근로자들에게 생긴 경제적 불이익의 조정 또는 경감(Ausgleich oder die Milderung)에 관해서만 실시된다.

# 제3편 자연인이 그 설립에 출자한 유럽협동조합 내에서의 근로자들의 의사결정참가

제40조 2개 이상의 법인과 자연인에 의한(durch mindestens zwei juristische Personen zusammen mit natürlichen Personen) 유럽협동조합의 공동 설립

유럽협동조합의 설립이 2개 이상의 법인에 의하여 자연인과 공동으로 이뤄지는 경우에 제1조 내지 제29조를 준용한다.

제41조 오로지 자연인에 의해서만 유럽협동조합의 설립 또는 1개의 법인과 자연인의 그 조합의 공동성립

① 유럽협동조합이 오로지 자연인(自然人)에 의해서만 유럽협동조합이 설립되거나 1개의 법인과 자연인에 의하여 설립되고, 출자한 자연인(自然人)과 출자법인, 관련자회사 및 관련회사에서(bei den beteiligten natürlichen Personen und in der beteiligten juristischen Person sowie den betroffenen Tochtergesellschaften und betroffenen Betrieben) 그 설립 전에 합하여 50명 이상의 근로자들로, 수개의 회원국의 출신인 근로자들이 고용되는 경우에, 제1조 내지 제39조를 준용한다.

② 제41조의 설립의 경우에 있어 출자한 자연인과 출자법인, 관련자회사 및 관련회사에서(bei den beteiligten natürlichen Personen und in der beteiligten juristischen Person sowie den betroffenen Tochtergesellschaften und betroffenen Betrieben)합하여 50명 미만의 근로자들이 고용되거나 1개의 회원국에서만 50명 이상의 근로자들이 고용된 경우에,

1. auf eine Europäische Genossenschaft mit Sitz im Inland die Regelungen, die für eine entsprechende inländische Genossenschaft gelten, und
2. auf inländische Tochtergesellschaften und Betriebe einer Europäischen Genossenschaft die entsprechenden inländischen Regelungen, Anwendung.

(3) Auf eine nach Absatz 2 gegründete Europäische Genossenschaft finden die §§ 1 bis 39 entsprechende Anwendung, wenn

1. mindestens ein Drittel der Gesamtzahl der Arbeitnehmer der Europäischen Genossenschaft, ihrer Tochtergesellschaften und ihrer Betriebe, die aus mehreren Mitgliedstaaten kommen, einen entsprechenden Antrag stellt oder
2. in der Europäischen Genossenschaft, ihren Tochtergesellschaften und ihren Betrieben die Gesamtzahl von 50 Arbeitnehmern, die aus mehreren Mitgliedstaaten kommen, erreicht oder überschritten wird.

In diesen Fällen erfolgt die entsprechende Anwendung mit der Maßgabe, dass an die Stelle der beteiligten juristischen Personen, betroffenen Tochtergesellschaften und betroffenen Betriebe die Europäische Genossenschaft, ihre Tochtergesellschaften und ihre Betriebe treten.

(4) Wird der Sitz einer Europäischen Genossenschaft, in der Bestimmungen über die Mitbestimmung der Arbeitnehmer im Aufsichts- oder Verwaltungsorgan gelten, von einem Mitgliedstaat in einen anderen verlegt, ist den Arbeitnehmern nach der Sitzverlegung mindestens dasselbe Niveau an Mitbestimmungsrechten zu gewährleisten.

## Teil 4 Grundsätze der Zusammenarbeit und Schutzbestimmungen

§ 42 Vertrauensvolle Zusammenarbeit

Die Leitung der Europäischen Genossenschaft und der SCE-Betriebsrat oder die Arbeitnehmervertreter im Rahmen eines Verfahrens zur Unterrichtung und Anhörung arbeiten zum Wohl der Arbeitnehmer und des Unternehmens oder der Unternehmensgruppe vertrauensvoll zusammen.

§ 43 Geheimhaltung; Vertraulichkeit

(1) nach diesem Gesetz bestehen nur, soweit bei Zugrundelegung objektiver Kriterien dadurch nicht Betriebs- oder Geschäftsgeheimnisse der an der Gründung beteiligten juristischen Personen, der Europäischen Genossenschaft oder deren jeweiliger Tochtergesellschaften und Betriebe gefährdet werden.

(2) Die Mitglieder und Ersatzmitglieder eines SCE-Betriebsrats sind unabhängig von ihrem Aufenthaltsort verpflichtet, Betriebs- oder Geschäftsgeheimnisse, die ihnen wegen ihrer Zugehörigkeit zum SCE-Betriebsrat bekannt geworden und von der Leitung der Europäischen Genossenschaft

1. 독일에 본점소재지가 있는 유럽협동조합에 대하여는 관련 독일의 협동조합에 대해 적용하는 규정이 적용되고,
2. 독일의 유럽협동조합자회사 및 유럽협동조합사업에 대하여는 독일의 관련 규정(規程)이 적용된다.

③ 제41조 제2항에 따라 설립된 유럽협동조합에 대하여, 다음 각 호의 경우에 제1조 내지 제39조를 준용한다,

1. 유럽협동조합, 유럽협동조합자회사 및 유럽협동조합사업에 속한 근로자들로 다수의 회원국에서 온 근로자들의 총수의 1/3 이상(mindestens ein Drittel der Gesamtzahl der Arbeitnehmer이 관련 신청을 제기하는 경우,
2. 유럽협동조합, 유럽협동조합자회사 및 유럽협동조합사업에서(in der Europäischen Genossenschaft, ihren Tochtergesellschaften und ihren Betrieben) 다수의 회원국에서 온 근로자들이 총 50명에 이르거나 이를 넘는 경우.

이러한 경우에 유럽협동조합, 유럽협동조합자회사 및 유럽협동조합사업이 출자법인, 관련자회사, 관련사업을 대신한다는 기준하에 그 조항을 준용한다(entsprechende Anwendung mit der Maßgabe).

④ 감사회 또는 감독회 내 근로자들의 공동결정에 관한 규정이 적용되는 유럽협동조합의 본점소재지가 어느 회원국에서 다른 회원국으로 이전된 경우에, 근로자들에게 본점소재지 이전 후에도 최소한 동일한 수준의 공동결정권(nach der Sitzverlegung mindestens dasselbe Niveau an Mitbestimmungsrechten)이 보장되어야 한다.

## 제4편 협력의 원칙과 보호규정

제42조 깊은 신뢰에 의한 협력

유럽협동조합 경영대표기관과 유럽협동조합근로자평의회 또는 근로자측대표자는 통지와 청문을 위한 절차의 틀 내에서 근로자들 및 기업 또는 기업집단의 이익을 위해 깊은 신뢰로 협력한다.

제43조 비밀유지; 비밀엄수

① 이 객관적 기준의 설정에 의하여 그 정보제공으로 그 설립에 참여한 출자법인, 유럽협동조합 또는 각각의 그 자회사 및 사업의 기업비밀 또는 사업비밀(Betriebs- oder Geschäftsgeheimnisse)을 위태롭게 하지 않은 경우에 한하여, 이 법에 따른 유럽협동조합 경영대표기관의 정보제공의무가 존재한다.

② 유럽협동조합근로자평의회의 구성원 또는 대체구성원(Mitglieder und Ersatzmitglieder eines SCE-Betriebsrats)은 그 체류장소에 상관없이 유럽협동조합근로자평의회에 속함으로 인하여(wegen ihrer Zugehörigkeit) 그들이 지득하고 유럽협동조합 경영대표기관이 명시적으로 비밀유

ausdrücklich als geheimhaltungsbedürftig bezeichnet worden sind, nicht zu offenbaren und nicht zu verwerten. Dies gilt auch nach dem Ausscheiden aus dem SCE-Betriebsrat.

(3) Die Pflicht zur Vertraulichkeit des SCE-Betriebsrats nach Absatz 2 gilt nicht gegenüber den

1. Mitgliedern des SCE-Betriebsrats,
2. Arbeitnehmervertretern der Europäischen Genossenschaft, ihrer Tochtergesellschaften und ihrer Betriebe, wenn diese auf Grund einer Vereinbarung nach § 21 oder nach § 30 über den Inhalt der Unterrichtung und die Ergebnisse der Anhörung zu informieren sind,
3. Arbeitnehmervertretern im Aufsichts- oder Verwaltungsorgan der Europäischen Genossenschaft,
4. Dolmetschern und Sachverständigen, die zur Unterstützung herangezogen werden.

(4) Die Pflicht zur Vertraulichkeit nach Absatz 2 gilt entsprechend für

1. die Mitglieder und Ersatzmitglieder des besonderen Verhandlungsgremiums,
2. die Arbeitnehmervertreter der Europäischen Genossenschaft, ihrer Tochtergesellschaften und ihrer Betriebe,
3. die Arbeitnehmervertreter, die in sonstiger Weise an einem Verfahren zur Unterrichtung und Anhörung teilnehmen,
4. die Sachverständigen und Dolmetscher.

(5) Die Ausnahme von der Pflicht zur Vertraulichkeit nach Absatz 3 Nr. 1 gilt für den Personenkreis nach Absatz 4 Nr. 1 bis 3 entsprechend. Die Pflicht zur Vertraulichkeit gilt ferner nicht für

1. die Mitglieder des besonderen Verhandlungsgremiums gegenüber Dolmetschern und Sachverständigen,
2. die Arbeitnehmervertreter nach Absatz 4 Nr. 3 gegenüber Arbeitnehmervertretern im Aufsichts- oder Verwaltungsorgan der Europäischen Genossenschaft, gegenüber Dolmetschern und Sachverständigen, die vereinbarungsgemäß zur Unterstützung herangezogen werden und gegenüber Arbeitnehmervertretern der Europäischen Genossenschaft, ihrer Tochtergesellschaften und ihrer Betriebe, sofern diese nach der Vereinbarung (§ 21) über den Inhalt der Unterrichtungen und die Ergebnisse der Anhörung zu unterrichten sind.

§ 44 Schutz der Arbeitnehmervertreter

Bei der Wahrnehmung ihrer Aufgaben genießen die

1. Mitglieder des besonderen Verhandlungsgremiums,
2. Mitglieder des SCE-Betriebsrats,
3. Arbeitnehmervertreter, die in sonstiger Weise bei einem Verfahren zur Unt errichtung und Anhörung mitwirken, und
4. Arbeitnehmervertreter im Aufsichts- oder Verwaltungsorgan der Europäischen Genossenschaft,

die Beschäftigte der Europäischen Genossenschaft, ihrer Tochtergesellschaften oder ihrer Betriebe oder einer der beteiligten juristischen Personen, betroffenen Tochtergesellschaften oder betroffenen

지필요가 있는 것으로 표시한 기업비밀 또는 사업비밀을 누설해서는 안 되고 이를 이용해서도 안 된다. 유럽협동조합근로자평의회의 구성원이 아니게 된 경우에도 이는 적용된다.

③ 제43조 제2항에 따른 유럽협동조합근로자평의회의 비밀엄수의무는 다음 각 호의 자에 대해 적용하지 않는다,

1. 유럽협동조합근로자평의회구성원,
2. 제21조 또는 제30조에 따른 협약에 기하여 이들에게 통지내용과 청문결과에 관한 정보가 제공되어야 하는 경우에 유럽협동조합, 유럽협동조합자회사 및 유럽협동조합사업의 근로자대표자,
3. 유럽협동조합의 감사회 또는 감독회 내 근로자측대표자(Arbeitnehmervertreter),
4. 지원을 받기 위해 초청된 통역인 및 전문가.

④ 제43조 제2항에 따른 비밀엄수의무는 다음 각 호의 사람에 대해 준용한다,

1. 특별평의회의 구성원 또는 대체구성원,
2. 유럽협동조합, 유럽협동조합자회사 및 유럽협동조합사업의 근로자대표자(Arbeitnehmervertreter),
3. 기타의 방법으로 통지 및 청문을 위한 절차(Verfahren zur Unterrichtung und Anhörung)에 참여한 근로자대표자,
4. 전문가 및 통역인.

⑤ 제43조 제3항 제1호에 따른 비밀엄수의무의 예외는 제43조 제4항 제1호 내지 제3호에 따른 범위사람들(Personenkreis)에게도 준용한다. 또한 비밀엄수의무는 다음 각 호의 사람에 대해서 적용하지 않는다,

1. 통역인 또는 전문가에 대한 특별평의회구성원,
2. 이들이 그 협약(제21조)에 따라 통지내용 및 청문결과를 통지받아야 하는 경우에[diese nach der Vereinbarung (§ 21) über den Inhalt der Unterrichtungen und die Ergebnisse der Anhörung zu unterrichten sind], 유럽협동조합의 감사회 또는 감독회 내 근로자대표자, 협약에 따라 지원을 받기 위해 초청된 통역인·전문가(Dolmetschern und Sachverständigen, die vereinbarungsgemäß zur Unterstützung herangezogen werden)와 유럽협동조합의 근로자대표자에 대한 제43조 제4항 제3호에 따른 근로자대표자.

제44조 근로자측대표자의 보호

그 임무수행에 있어,

1. 특별평의회구성원,
2. 유럽협동조합근로자평의회구성원,
3. 기타 방법으로 통지 및 청문을 위한 절차에 참여하는 근로자측대표자,
4. 유럽협동조합의 감사회 또는 감독회 내 근로자측대표자,

유럽협동조합, 유럽협동조합자회사 또는 유럽협동조합사업의 피고용인이거나 출자법인, 관련자회사 또는 관련사업의 어느 유럽협동조합의 피고용인(Beschäftigte)인 위 각 호의 자들은

Betriebe sind, den gleichen Schutz und die gleichen Sicherheiten wie die Arbeitnehmervertreter nach den Gesetzen und Gepflogenheiten des Mitgliedstaats, in dem sie beschäftigt sind. Dies gilt insbesondere für den Kündigungsschutz, die Teilnahme an den Sitzungen der jeweiligen in Satz 1 genannten Gremien und die Entgeltfortzahlung.

§ 45 Missbrauchsverbot

Eine Europäische Genossenschaft darf nicht dazu missbraucht werden, den Arbeitnehmern Beteiligungsrechte zu entziehen oder vorzuenthalten. Missbrauch wird vermutet, wenn ohne Durchführung eines Verfahrens nach § 18 Abs. 3 innerhalb eines Jahres nach Gründung der Europäischen Genossenschaft strukturelle Änderungen stattfinden, die bewirken, dass den Arbeitnehmern Beteiligungsrechte vorenthalten oder entzogen werden.

§ 46 Errichtungs- und Tätigkeitsschutz

Niemand darf

1. die Bildung des besonderen Verhandlungsgremiums, die Errichtung eines SCE-Betriebsrats oder die Einführung eines Verfahrens zur Unterrichtung und Anhörung nach § 21 Abs. 2 oder die Wahl, Bestellung, Empfehlung oder Ablehnung der Arbeitnehmervertreter im Aufsichts- oder Verwaltungsorgan behindern oder durch Zufügung oder Androhung von Nachteilen oder durch Gewährung oder Versprechen von Vorteilen beeinflussen,
2. die Tätigkeit des besonderen Verhandlungsgremiums, des SCE-Betriebsrats oder der Arbeitnehmervertreter nach § 21 Abs. 2 oder die Tätigkeit der Arbeitnehmervertreter im Aufsichts- oder Verwaltungsorgan behindern oder stören oder
3. ein Mitglied oder Ersatzmitglied des besonderen Verhandlungsgremiums, des SCE-Betriebsrats oder einen Arbeitnehmervertreter nach § 21 Abs. 2 oder einen Arbeitnehmervertreter im Aufsichts- oder Verwaltungsorgan wegen seiner Tätigkeit benachteiligen oder begünstigen.

## Teil 5 Straf- und Bußgeldvorschriften; Schlussbestimmung

§ 47 Strafvorschriften

(1) Mit Freiheitsstrafe bis zu zwei Jahren oder mit Geldstrafe wird bestraft, wer

1. entgegen § 43 Abs. 2, auch in Verbindung mit Abs. 4, ein Betriebs- oder Geschäftsgeheimnis verwertet oder
2. entgegen § 45 Satz 1 eine Europäische Genossenschaft dazu missbraucht, Arbeitnehmern Beteiligungsrechte zu entziehen oder vorzuenthalten.

(2) Mit Freiheitsstrafe bis zu einem Jahr oder mit Geldstrafe wird bestraft, wer

자신들이 고용되어 있는 회원국의 법과 관례에 따른 근로자대표자와 동일한 보호 및 안전을 향유한다. 이는 특히 해고보호(Kündigungsschutz), 제1문상의 각각의 근로자대표기구의 회의에 참석(Teilnahme an den Sitzungen der jeweiligen in Satz 1 genannten Gremien), 보수의 계속 지급에 적용한다.

제45조 남용금지

유럽협동조합(Europäische Genossenschaft)은 근로자들에게서 의사결정참가권을 박탈하거나 이를 부여하지 않는 남용을 해서는 안 된다. 제18조 제3항에 따른 절차의 진행 없이 유럽협동조합의 설립 후 1년 내에, 근로자들에게 의사결정참가권을 부여하지 않거나 이를 박탈하는 영향을 끼치는 구조변경(strukturelle Änderungen)이 실시되는 경우에는 그 남용이 있는 것으로 추정(推定)한다.

제46조 설립보호 및 활동보호

누구든지,

1. 특별평의회의 조직, 유럽협동조합근로자평의회의 조직 또는 제21조 제2항에 따른 통지 또는 청문을 위한 절차의 도입이나 감사회 또는 감독회 내 근로자측대표자의 선출, 임명, 추천 또는 거부(Wahl, Bestellung, Empfehlung oder Ablehnung der Arbeitnehmervertreter)를 위협 또는 불이익의 부과에 의해 방해하거나, 이에 이익의 부여 또는 약속으로 영향을 끼쳐서는 안 된다,
2. 특별평의회, 유럽협동조합근로자평의회 또는 제21조 제2항에 따른 근로자측대표자의 활동이나 감사회 또는 감독회 내 근로자측대표자의 활동을 방해(妨害)하거나 교란(攪亂)해서는 안 된다,
3. 특별평의회, 유럽협동조합근로자평의회의 구성원 또는 대체구성원, 또는 제21조 제2항에 따른 근로자측대표자나 감사회 또는 감독회 내 근로자측대표자에 대해 그 활동을 이유로 불이익또는 이익을 줘서는 안 된다.

## 제5편 형벌규정 및 범칙금규정, 종결규정

제47조 형벌규정

① 다음 각 호의 자는 2년 이하의 징역형 또는 벌금형에 처한다,

1. 제47조 제4항에 준용된 경우를 포함하여 제43조 제2항에 위반하여 기업비밀 또는 사업비밀을 이용한 자,
2. 제45조 제1문에 위반하여 유럽협동조합이 근로자에게서 의사결정참가권을 박탈하거나 이를 부여하지 않은 남용을 하게 한 자.

② 다음 각 호의 자는 1년 이하의 징역형 또는 벌금형에 처한다,

1. entgegen § 43 Abs. 2, auch in Verbindung mit Abs. 4, ein Betriebs- oder Geschäftsgeheimnis offenbart,
2. entgegen § 46 Nr. 1 oder 2 eine dort genannte Tätigkeit behindert, beeinflusst oder stört oder
3. entgegen § 46 Nr. 3 eine dort genannte Person benachteiligt oder begünstigt.

(3) Handelt der Täter in den Fällen des Absatzes 2 Nr. 1 gegen Entgelt oder in der Absicht, sich oder einen anderen zu bereichern oder einen anderen zu schädigen, so ist die Strafe Freiheitsstrafe bis zu zwei Jahren oder Geldstrafe.

(4) Die Tat wird nur auf Antrag verfolgt. In den Fällen des Absatzes 1 Nr. 2 und des Absatzes 2 Nr. 2 und 3 sind das besondere Verhandlungsgremium, der SCE-Betriebsrat, die Mehrheit der Arbeitnehmervertreter im Rahmen eines Verfahrens zur Unterrichtung und Anhörung, jedes Mitglied des Aufsichts- oder Verwaltungsorgans, eine im Unternehmen vertretene Gewerkschaft sowie die Leitungen antragsberechtigt.

§ 48 Bußgeldvorschriften

(1) Ordnungswidrig handelt, wer

1. entgegen § 4 Abs. 1 oder § 5 Abs. 5 Satz 2 eine Information nicht, nicht richtig, nicht vollständig oder nicht rechtzeitig gibt oder
2. entgegen § 28 Abs. 1 Satz 1 oder § 29 Abs. 1 Satz 1 den SCE-Betriebsrat nicht, nicht richtig, nicht vollständig oder nicht in der vorgeschriebenen Weise unterrichtet.

(2) Die Ordnungswidrigkeit kann mit einer Geldbuße bis zu zwanzigtausend Euro geahndet werden.

§ 49 Geltung nationalen Rechts

(1) Dieses Gesetz berührt nicht die den Arbeitnehmern nach inländischen Rechtsvorschriften und Regelungen zustehenden Beteiligungsrechte, mit Ausnahme

1. der Mitbestimmung in den Organen der Europäischen Genossenschaft,
2. der Regelung des Europäische Betriebsräte-Gesetzes, es sei denn, das besondere Verhandlungsgremium hat einen Beschluss nach § 16 gefasst.

(2) Regelungen und Strukturen über die Arbeitnehmervertretungen einer beteiligten juristischen Person mit Sitz im Inland, die durch die Gründung der Europäischen Genossenschaft als eigenständige juristische Person erlischt, bestehen nach Eintragung der Europäischen Genossenschaft fort. Die Leitung der Europäischen Genossenschaft stellt sicher, dass diese Arbeitnehmervertretungen ihre Aufgaben weiterhin wahrnehmen können.

1. 제47조 제4항과 연결된 경우를 포함하여 제43조 제2항에 위반하여 기업비밀 또는 사업비밀을 누설한 자,
2. 제46조 제1호 또는 제2호에 위반하여 그 조항에서 언급된 활동을 방해하거나 영향을 끼치거나 또는 교란한 자,
3. 제46조 제3항에 위반하여 그 조항에서 언급된 사람에게 불이익 또는 이익을 준 사람.

③ 행위자가 제47조 제2항 제1호의 경우에 행위자가 보수를 얻기 위해 행위하거나 자기 또는 다른 사람에 이익을 주거나 손해를 끼칠 목적으로 행위한 경우에는 2년 이하의 징역 또는 벌금에 처한다.

④ 그 행위는 고소가 있어야만 기소할 수 있다. 제47조 제1항 제2호, 제2항 제2호, 제3호의 경우에 특별평의회, 유럽협동조합근로자평의회, 통지 또는 청문을 위한 절차의 틀 내에서의 근로자대표자의 과반수, 감사회 또는 감독회의 각 구성원, 그 기업에 조합원인 근로자가 있는 노동조합과(eine im Unternehmen vertretene Gewerkschaft) 그 경영대표기관(Leitungen)은 고소할 자격을 갖는다.

제48조 범칙금

① 다음 각 호의 자는 질서위반행위를 범한 자이다,
1. 각각 제18조 제4항에 준용된 경우를 포함하여 제4조 제2항, 제5조 제5항 제2문에 위반하여 정보를 제공하지 않거나, 부당하게 제공하거나, 불완전하게 제공하거나 또는 적시에 제공하지 않는 자,
2. 제28조 제1항 제1문 또는 제29조 제1항 제1문에 위반하여 유럽협동조합근로자평의회에게 통지를 하지 않거나, 부당하게 통지하거나, 규정된 방식으로 통지를 하지 않거나 또는 적시에 통지를 하지 않는 자.

② 그 질서위반행위는 2,500유로 이하의 범칙금에 처한다.

제49조 국가법의 적용

① 이 법은 다음 각 호의 경우를 제외하고 독일의 법규정과 규정에 따라 근로자들에게 부여된 의사결정참가권에 영향을 끼치지 않는다,
1. 유럽협동조합의 기관 내 공동결정,
2. 유럽근로자평의회법의 규정, 다만 특별평의회가 제16조에 따라 결의를 한 경우에는 그러하지 아니하다.

② 유럽협동조합의 설립으로 독립된 법인으로서 법인격이 소멸한, 독일에 본점소재지를 둔 출자법인의 근로자대표기구에 관한 규정 또는 구조(Regelungen und Strukturen über die Arbeitnehmervertretungen einer beteiligten juristischen Person)는 유럽협동조합 등기 후에도 존속한다. 유럽협동조합 경영대표기관은 이러한 근로자대표기구가 자신의 임무를 계속적으로 수행할 수 있도록 보장한다.

# 연방직원대표법

(BGBl. I S. 2581)

# Bundespersonalvertretungsgesetz

(BPersVG)

# Bundespersonalvertretungsgesetz(BPersVG)

https://www.gesetze-im-internet.de/bpersvg/BJNR006930974.html

## Erster Teil Personalvertretungen im Bundesdienst

### Erstes Kapitel Allgemeine Vorschriften

§ 1

In den Verwaltungen des Bundes und der bundesunmittelbaren Körperschaften, Anstalten und Stiftungen des öffentlichen Rechts sowie in den Gerichten des Bundes werden Personalvertretungen gebildet. Zu den Verwaltungen im Sinne dieses Gesetzes gehören auch die Betriebsverwaltungen.

§ 2

(1) Dienststelle und Personalvertretung arbeiten unter Beachtung der Gesetze und Tarifverträge vertrauensvoll und im Zusammenwirken mit den in der Dienststelle vertretenen Gewerkschaften und Arbeitgebervereinigungen zum Wohle der Beschäftigten und zur Erfüllung der der Dienststelle obliegenden Aufgaben zusammen.
(2) Zur Wahrnehmung der in diesem Gesetz genannten Aufgaben und Befugnisse der in der Dienststelle vertretenen Gewerkschaften ist deren Beauftragten nach Unterrichtung des Dienststellenleiters oder seines Vertreters Zugang zu der Dienststelle zu gewähren, soweit dem nicht unumgängliche Notwendigkeiten des Dienstablaufs, zwingende Sicherheitsvorschriften oder der Schutz von Dienstgeheimnissen entgegenstehen.
(3) Die Aufgaben der Gewerkschaften und der Vereinigungen der Arbeitgeber, insbesondere die Wahrnehmung der Interessen ihrer Mitglieder, werden durch dieses Gesetz nicht berührt.

§ 3

Durch Tarifvertrag kann das Personalvertretungsrecht nicht abweichend von diesem Gesetz geregelt werden.

§ 4

(1) Beschäftigte im öffentlichen Dienst im Sinne dieses Gesetzes sind die Beamten und Arbeitnehmer einschließlich der zu ihrer Berufsausbildung Beschäftigten sowie Richter, die an eine der in § 1 genannten Verwaltungen oder zur Wahrnehmung einer nichtrichterlichen Tätigkeit an ein Gericht des Bundes abgeordnet sind.
(2) Wer Beamter ist, bestimmen die Beamtengesetze.
(3) Arbeitnehmer im Sinne dieses Gesetzes sind Beschäftigte, die nach dem für die Dienststelle maßgebenden Tarifvertrag oder nach der Dienstordnung Arbeitnehmer sind oder die als übertarifliche Arbeitnehmer beschäftigt werden.

# 연방직원대표법(BGBl. I S. 2581)

법률 공포일: 1974년 3월 15일
최근 법률 개정일: 2017년 7월 17일(BGBl. I S. 2581)

## 제1편 연방공공부문에서의 직원대표

### 제1장 총칙

제1조

연방의 행정(Verwaltungen)과 연방직할의 공법상 사단·영조물·재단의 행정에서 또 연방법원에서 직원대표기구(Personalvertretungen)가 조직된다. 사업관리(Betriebsverwaltungen)도 본 법상의 행정(Verwaltungen)에 속한다.

제2조

① 공공관서[22](Dienststelle; 公共官署)와 직원대표기구(Personalvertretungen)는 직원[23]들의 번영(Wohle)과 공공관서의 책임으로 된 임무의 수행을 위하여 법과 단체협약을 깊은 신뢰로 준수하고 공공관서에 조합원인 직원이 있는 노동조합과 사용자단체와 협조하며 서로 협력(協力)한다.

② 사업과정의 불가피한 필요성, 강행적 안전규정 또는 직무상비밀 보호(Schutz von Dienstgeheimnissen)에 배치되지 않는 한, 당해 공공관서에서 조합원인 직원이 있는 노동조합의 본 법상의 임무(任務)를 수행하고 권한(權限)을 행사하기 위하여 그 노동조합의 대리인은 공공관서장 또는 그 대리인에게 통지한 후 공공관서에 출입할 수 있다.

③ 노동조합과 사용자단체의 임무, 특히 그 구성원의 이익대변(Wahrnehmung der Interessen ihrer Mitglieder)은 본 법의 영향을 받지 않는다.

제3조

직원대표기구의 권리(Personalvertretungsrecht)는 단체협약에 의해 본 법과 달리 정해질 수 없다.

제4조

① 본 법상의 공공부문종사자는 직업훈련종사자(der zu ihrer Berufsausbildung Beschäftigten)를 포함하여 공무원, 근로자와, 제1조상의 행정을 담당하거나 비법관적 활동(nichtrichterlichen Tätigkeit)을 수행하도록 임무가 부여된 연방법원의 판사이다.

② 누가 공무원인지는 공무원법(Beamtengesetze)이 정한다.

③ 본 법상의 근로자는 공공관서에 적용되는 단체협약이나 복무규정(Dienstordnung)에 따른 근로자이거나, 단체협약에 의하지 않는 근로자로 고용된 사람을 말한다.

Als Arbeitnehmer gelten auch Beschäftigte, die sich in einer beruflichen Ausbildung befinden.

(4) (weggefallen)

(5) Als Beschäftigte im Sinne dieses Gesetzes gelten nicht

1. Personen, deren Beschäftigung überwiegend durch Beweggründe karitativer oder religiöser Art bestimmt ist,
2. Personen, die überwiegend zu ihrer Heilung, Wiedereingewöhnung, sittlichen Besserung oder Erziehung beschäftigt werden.

§ 5

Die Beamten und Arbeitnehmer bilden je eine Gruppe. Die in § 4 Abs. 1 bezeichneten Richter treten zur Gruppe der Beamten.

§ 6

(1) Dienststellen im Sinne dieses Gesetzes sind die einzelnen Behörden, Verwaltungsstellen und Betriebe der in § 1 genannten Verwaltungen sowie die Gerichte.

(2) Die einer Behörde der Mittelstufe unmittelbar nachgeordnete Behörde bildet mit den ihr nachgeordneten Stellen eine Dienststelle; dies gilt nicht, soweit auch die weiter nachgeordneten Stellen im Verwaltungsaufbau nach Aufgabenbereich und Organisation selbständig sind. Behörden der Mittelstufe im Sinne dieses Gesetzes sind die der obersten Dienstbehörde unmittelbar nachgeordneten Behörden, denen andere Dienststellen nachgeordnet sind.

(3) Nebenstellen und Teile einer Dienststelle, die räumlich weit von dieser entfernt liegen, gelten als selbständige Dienststellen, wenn die Mehrheit ihrer wahlberechtigten Beschäftigten dies in geheimer Abstimmung beschließt. Der Beschluß ist für die folgende Wahl und die Amtszeit der aus ihr hervorgehenden Personalvertretung wirksam.

(4) Bei gemeinsamen Dienststellen des Bundes und anderer Körperschaften gelten nur die im Bundesdienst Beschäftigten als zur Dienststelle gehörig.

§ 7

Für die Dienststelle handelt ihr Leiter. Er kann sich bei Verhinderung durch seinen ständigen Vertreter vertreten lassen. Bei obersten Dienstbehörden kann er auch den Leiter der Abteilung für Personal- und Verwaltungsangelegenheiten, bei Bundesoberbehörden[24)] ohne nachgeordnete Dienststellen und bei Behörden der Mittelstufe auch den jeweils entsprechenden Abteilungsleiter zu seinem Vertreter bestimmen. Das gleiche gilt für sonstige Beauftragte, sofern der Personalrat sich mit dieser Beauftragung einverstanden erklärt.

§ 8

직업훈련에 종사하고 있는 사람도 근로자로 본다.
④ 삭제
⑤ 다음 각 호의 사람은 본 법상의 근로자로 보지 않는다,
1. 그 고용이 주로 자선적 또는 종교적 종류의 동기(Beweggründe karitativer oder religiöser Art) 에 의해 결정된 사람,
2. 주로 치료, 회복, 도덕적 개선 또는 교육(ihrer Heilung, Wiedereingewöhnung, sittlichen Besserung oder Erziehung)에 종사하는 사람.

제5조
공무원과 근로자는 각각 하나의 집단(Gruppe)을 이룬다. 제4조 제1항상의 판사는 공무원 집단에 속한다.

제6조
① 본 법상의 공공관서(公共官署)는 각 행정관청(Behörden), 각 행정기관(Verwaltungsstellen), 제1조상의 행정에 속한 각 사업(Betriebe[25])) 및 각 법원을 말한다.
② 중급행정관청(Behörde der Mittelstufe[26])) 직속(直屬)의 행정관청은 그 직속 행정관청에 소속된 하부(下部)기관과 함께 '하나의 공공관서'를 이룬다(bildet mit den ihr nachgeordneten Stellen eine Dienststelle); 그 하부기관이 직무범위와 조직(Aufgabenbereich und Organisation)에 따라행정구조에서 독립된 경우에는 이는 적용하지 않는다. 본 법상의 중급행정관청은 다른 공공관서가 소속된 최상급행정관청(obersten Dienstbehörde[27]))에 소속된 행정관청을 말한다.
③ 그 공공관서의 선거권이 있는 직원들의 과반수가 이것을 비밀투표로 결의한 경우에는, 공공관서의 부속기관(Nebenstellen) 및 일부부서들(Teile)로 공공관서와 공간적으로 멀리 떨어진 부속기관 및 일부부서(Teile)는 독립된 공공관서(selbständige Dienststellen)로 본다. 그 결의는 다음 선거와 그 선거에 의해 구성된 직원대표기구의 임기에 대해서 효력을 갖는다.
④ 연방의 공동의 공공관서와 기타 사단(Körperschaften)의 경우에 연방공공부문의 직원만이 공공관서에 속한 것으로 본다.

제7조
공공관서장이 공공관서를 대표한다. 공공관서장은 직무수행장애가 있는 경우에 상시적 직무대리인에 의해 대리될 수 있다. 최상급행정관청의 경우에 인사사항·관리사항(Personal- und Verwaltungsangelegenheiten)을 담당하는 부서장(Leiter der Abteilung)도, 소속공공관서가 없는 연방상급행정관청의 경우와 중급행정관청의 경우에 각각 인사사항·관리사항을 담당하는 부서장을 각각의 관련 공공관서장(jeweils entsprechenden Abteilungsleiter)도 자신의 직무대리인으로 지정할 수 있다. 직원평의회가 그 수권에 동의의 의사표시를 한 경우의 기타 대리인에 대해서도 또한 같다.

제8조

Personen, die Aufgaben oder Befugnisse nach diesem Gesetz wahrnehmen, dürfen darin nicht behindert und wegen ihrer Tätigkeit nicht benachteiligt oder begünstigt werden; dies gilt auch für ihre berufliche Entwicklung.

§ 9

(1) Beabsichtigt der Arbeitgeber, einen in einem Berufsausbildungsverhältnis nach dem Berufsbildungsgesetz, dem Krankenpflegegesetz, dem Pflegeberufegegesetz oder dem Hebammengesetz stehenden Beschäftigten (Auszubildenden), der Mitglied einer Personalvertretung oder einer Jugend- und Auszubildendenvertretung ist, nach erfolgreicher Beendigung des Berufsausbildungsverhältnisses nicht in ein Arbeitsverhältnis auf unbestimmte Zeit zu übernehmen, so hat er dies drei Monate vor Beendigung des Berufsausbildungsverhältnisses dem Auszubildenden schriftlich mitzuteilen.

(2) Verlangt ein in Absatz 1 genannter Auszubildender innerhalb der letzten drei Monate vor Beendigung des Berufsausbildungsverhältnisses schriftlich vom Arbeitgeber seine Weiterbeschäftigung, so gilt zwischen dem Auszubildenden und dem Arbeitgeber im Anschluß an das erfolgreiche Berufsausbildungsverhältnis ein Arbeitsverhältnis auf unbestimmte Zeit als begründet.

(3) Die Absätze 1 und 2 gelten auch, wenn das Berufsausbildungsverhältnis vor Ablauf eines Jahres nach Beendigung der Amtszeit der Personalvertretung oder der Jugend- und Auszubildendenvertretung erfolgreich endet.

(4) Der Arbeitgeber kann spätestens bis zum Ablauf von zwei Wochen nach Beendigung des Berufsausbildungsverhältnisses beim Verwaltungsgericht beantragen,

1. festzustellen, daß ein Arbeitsverhältnis nach den Absätzen 2 oder 3 nicht begründet wird, oder
2. das bereits nach den Absätzen 2 oder 3 begründete Arbeitsverhältnis aufzulösen,

wenn Tatsachen vorliegen, auf Grund derer dem Arbeitgeber unter Berücksichtigung aller Umstände die Weiterbeschäftigung nicht zugemutet werden kann.

In dem Verfahren vor dem Verwaltungsgericht ist die Personalvertretung, bei einem Mitglied der Jugend- und Auszubildendenvertretung auch diese beteiligt.

(5) Die Absätze 2 bis 4 sind unabhängig davon anzuwenden, ob der Arbeitgeber seiner Mitteilungspflicht nach Absatz 1 nachgekommen ist.

§ 10

(1) Personen, die Aufgaben oder Befugnisse nach diesem Gesetz wahrnehmen oder wahrgenommen haben, haben über die ihnen dabei bekanntgewordenen Angelegenheiten und Tatsachen Stillschweigen zu bewahren. Abgesehen von den Fällen des § 68 Abs. 2 Satz 3 und des § 93 gilt die Schweigepflicht nicht für Mitglieder der Personalvertretung und der Jugend- und Auszubildendenvertretung gegenüber den übrigen Mitgliedern der Vertretung und für die in Satz 1 bezeichneten Personen gegenüber der zuständigen Personalvertretung;

본 법에 따른 임무 및 권한을 수행·행사하는 사람은 그와 관련하여 방해를 받아서는 안 되고, 그 활동을 이유로 불이익을 받거나 이익을 받아서도 안 된다; 이는 그의 직업적 경력(berufliche Entwicklung)에 대해서도 또한 같다.

제9조

① 사용자가 직업훈련법(Berufsbildungsgesetz), 질병요양법(Krankenpflegegesetz), 돌봄업법[28](Pflegeberufegegesetz) 또는 산파법(Hebammengesetz)에 따른 직업훈련관계에 있는 종사자(직업훈련생; Auszubildenden)로, 직원대표기구구성원 또는 연소자·직업훈련생대표단원인 종사자를 직업훈련관계의 성공적인 수료 후(nach erfolgreicher Beendigung des Berufsausbildungsverhältnisses) 기간의 정함이 없는 근로관계로 인수(引受)하지 않는 경우에는, 사용자는 직업훈련관계 만료 3개월 전에 이를 서면으로 통지해야 한다.

② 제9조 제1항상의 직업훈련생이 직업훈련관계 종료 마지막 3개월 이내에 서면으로 계속고용을 청구하는 경우에, 직업훈련생과 사용자 간에 직업훈련의 성공적 수료에 연이어(im Anschluß an das erfolgreiche Berufsausbildungsverhältnis) 기간의 정함이 없는 근로관계가 성립된 것으로 본다.

③ 직업훈련관계(Berufsausbildungsverhältnis)가 직원대표기구 또는 연소자·직업훈련생대표의 임기 만료 후 1년이 경과하기 전에(vor Ablauf eines Jahres nach Beendigung der Amtszeit) 성공적으로 종료되는 경우에도 제9조 제1항, 제2항을 적용한다.

④ 사용자는 늦어도 직업훈련관계가 종료한 때로부터 2주일이 경과 전까지 지방행정법원(Verwaltungsgericht[29]))에 다음 각 호의 신청을 할 수 있다,

1. 제9조 제2항 또는 제3항에 따라 근로관계가 성립되지 않았다는 확인을 구하는 신청 ,
2. 제반사정을 고려했을 때(unter Berücksichtigung aller Umstände) 사용자에게 계속고용을 감당하기 어려운 사정이 있는 경우에는, 제9조 제2항 또는 제3항에 따라 성립된 근로관계가 이미 종료되었다는 확인을 구하는 신청.

직원대표기구는 지방행정법원 소송절차에서 이해관계인이고, 연소자·직업훈련생대표단원의 경우에도 그 직원대표기구는 마찬가지로 이해관계인이다.

⑤ 사용자가 제9조 제1항상의 자신의 통지의무를 이행했는지 여부를 불문하고, 제9조 제2항 내지 제4항을 적용한다.

제10조

① 본 법에 따른 임무와 권한을 행사하거나 행사했던 사람이 그 과정에서 지득한 사항 및 사실(Angelegenheiten und Tatsachen)에 대한 비밀을 엄수(嚴守)해야 한다. 제68조 제2항 제3문, 제93조의 경우인지를 불문하고 직원대표기구구성원과 연소자·직업훈련생대표단원의 그 대표기구의 나머지 구성원에 대한 비밀엄수의무(Schweigepflich)t는 적용되지 않고, 제1문에 기재된 사람을 관할하는 직원대표기구에 대한 비밀엄수의무(秘密嚴守義務)도 적용하지 않는다;

sie entfällt ferner gegenüber der vorgesetzten Dienststelle, der bei ihr gebildeten Stufenvertretung und gegenüber dem Gesamtpersonalrat. Satz 2 gilt auch für die Anrufung der Einigungsstelle.
(2) Die Schweigepflicht besteht nicht für Angelegenheiten oder Tatsachen, die offenkundig sind oder ihrer Bedeutung nach keiner Geheimhaltung bedürfen.

§ 11
Erleidet ein Beamter anläßlich der Wahrnehmung von Rechten oder Erfüllung von Pflichten nach diesem Gesetz einen Unfall, der im Sinne der beamtenrechtlichen Unfallfürsorgevorschriften ein Dienstunfall wäre, so sind diese Vorschriften entsprechend anzuwenden.

## Zweites Kapitel Personalrat, Stufenvertretung, Gesamtpersonalrat, Personalversammlung

### Erster Abschnitt Wahl und Zusammensetzung des Personalrates

§ 12
(1) In allen Dienststellen, die in der Regel mindestens fünf Wahlberechtigte beschäftigen, von denen drei wählbar sind, werden Personalräte gebildet.
(2) Dienststellen, bei denen die Voraussetzungen des Absatzes 1 nicht gegeben sind, werden von der übergeordneten Dienststelle im Einvernehmen mit der Stufenvertretung einer benachbarten Dienststelle zugeteilt.

§ 13
(1) Wahlberechtigt sind alle Beschäftigten, die am Wahltage das 18. Lebensjahr vollendet haben, es sei denn, daß sie infolge Richterspruchs das Recht, in öffentlichen Angelegenheiten zu wählen oder zu stimmen, nicht besitzen. Beschäftigte, die am Wahltage seit mehr als sechs Monaten unter Wegfall der Bezüge beurlaubt sind, sind nicht wahlberechtigt.
(2) Wer zu einer Dienststelle abgeordnet ist, wird in ihr wahlberechtigt, sobald die Abordnung länger als drei Monate gedauert hat; im gleichen Zeitpunkt verliert er das Wahlrecht bei der alten Dienststelle. Das gilt nicht für Beschäftigte, die als Mitglieder einer Stufenvertretung oder des Gesamtpersonalrates freigestellt sind. Satz 1 gilt ferner nicht, wenn feststeht, daß der Beschäftigte binnen weiterer sechs Monate in die alte Dienststelle zurückkehren wird. Hinsichtlich des Verlustes des Wahlrechts bei der alten Dienststelle gelten die Sätze 1 und 3 entsprechend in Fällen einer Zuweisung nach § 29 des Bundesbeamtengesetzes oder auf Grund entsprechender arbeitsvertraglicher Vereinbarung.
(3) Beamte im Vorbereitungsdienst und Beschäftigte in entsprechender Berufsausbildung sind nur bei ihrer Stammbehörde wahlberechtigt.

또 그 비밀엄수의무는 법에 규정된 공공관서, 공공관서에 조직된 단계적 직원대표기구와 전체직원평의회에 대하여도 적용하지 않는다. 제2문은 중재위원회에 대한 이의에도 적용한다.
② 비밀엄수의무는 이미 공개되거나 비밀유지를 해야 할 중요성이 없는 사항 또는 사실에 대해서는 적용하지 않는다.

제11조

공무원이 본 법에 따른 권리의 행사 또는 의무의 이행의 도중에 공무원법의 공무상재해규정에 따른 공무상재해에 해당하는 사고(Unfall, der im Sinne der beamtenrechtlichen Unfallfürsorgevorschriften ein Dienstunfall wäre)를 당한 경우에 공무상재해규정을 준용한다.

## 제2장 직원평의회, 단계적 직원대표기구, 전체직원평의회, 직원총회

### 제1절 직원평의회의 선거와 구성

제12조

① 상시 선거권을 가진 직원이 5명 이상이 고용되어 있고 그 5명 중에서 3명이 피선거권을 가진 직원인 있는 모든 공공관서에서 직원평의회가 구성된다.
② 제12조 제1항의 요건을 충족하지 못하는 공공관서는, 직상(直上)의 공공관서(übergeordneten Dienststelle)가 단계적 직원대표기구(Stufenvertretung)와 협의하여 인접한 공공관서로 편입시킨다.

제13조

① 선거일 기준으로 만 18세에 달한 모든 직원은 선거권을 갖되, 직원이 법원의 판결로 인하여 공적 사항(öffentlichen Angelegenheiten)에 대한 선거권이나 투표권을 보유하지 못한 경우는 그러하지 아니하다. 선거일 기준으로 6개월을 초과하여 무급휴가 중인 직원은 선거권을 가지지 않는다.
② 그 파견이 3개월을 초과한 경우에는 공공관서에 파견(派遣)된 사람은 그 공공관서에서 선거권을 가진다; 그는 동시에 파견을 보낸 공공관서에서의 선거권을 상실한다. 이는 단계적 직원대표기구 또는 전체직원평의회(Stufenvertretung oder des Gesamtpersonalrates)의 구성원으로 근무면제(勤務免除)가 이뤄진 직원에 대해서는 적용하지 않는다. 직원이 6개월 이내에 파견을 보낸 공공관서로 복귀(復歸)하는 것이 결정된 경우에도 또한 제1문을 적용하지 않는다. 연방공무원법(Bundesbeamtengesetzes) 제29조에 따르거나 관련 근로계약에 근거하여 직무배정(Zuweisung)을 받는 경우에 파견을 보낸 기관에서의 선거권의 상실에 대하여 제1문, 제3문을 준용한다.
③ 실습 중인 공무원과 관련 직업훈련 중인 직원은 자신의 원(原)행정관청(Stammbehörde)에서만 선거권을 가진다.

§ 14

(1) Wählbar sind alle Wahlberechtigten, die am Wahltage

1. seit sechs Monaten dem Geschäftsbereich ihrer obersten Dienstbehörde angehören und

2. seit einem Jahr in öffentlichen Verwaltungen oder von diesen geführten Betrieben beschäftigt sind.

Nicht wählbar ist, wer infolge Richterspruchs die Fähigkeit, Rechte aus öffentlichen Wahlen zu erlangen, nicht besitzt.

(2) Die in § 13 Abs. 3 genannten Personen sind nicht in eine Stufenvertretung wählbar.

(3) Nicht wählbar sind für die Personalvertretung ihrer Dienststelle die in § 7 genannten Personen sowie Beschäftigte, die zu selbständigen Entscheidungen in Personalangelegenheiten der Dienststelle befugt sind.

§ 15

(1) Besteht die oberste Dienstbehörde oder die Dienststelle weniger als ein Jahr, so bedarf es für die Wählbarkeit nicht der Voraussetzung des § 14 Abs. 1 Nr. 1.

(2) Die Voraussetzung des § 14 Abs. 1 Nr. 2 entfällt, wenn nicht mindestens fünfmal soviel wählbare Beschäftigte jeder Gruppe vorhanden wären, als nach den §§ 16 und 17 zu wählen sind.

§ 16

(1) Der Personalrat besteht in Dienststellen mit in der Regel

5 bis 20 wahlberechtigten Beschäftigten
aus einer Person,

21 Wahlberechtigten bis 50 Beschäftigten
aus drei Mitgliedern,

51 bis 150 Beschäftigten
aus fünf Mitgliedern,

151 bis 300 Beschäftigten
aus sieben Mitgliedern,

301 bis 600 Beschäftigten
aus neun Mitgliedern,

601 bis 1.000 Beschäftigten
aus elf Mitgliedern.

Die Zahl der Mitglieder erhöht sich in Dienststellen mit 1.001 bis 5.000 Beschäftigten um je zwei für je weitere angefangene 1.000, mit 5.001 und mehr Beschäftigten um je zwei für je weitere angefangene 2.000.

(2) Die Höchstzahl der Mitglieder beträgt einunddreißig.

§ 17

제14조

① 선거일 기준으로 다음 각 호 요건을 모두 충족한 사람은 피선거권을 가진다,

1. 6개월간 최상급행정관청(obersten Dienstbehörde)의 업무범위에 속한 사람,

2. 1년간 공공행정부문 또는 공공행정부문이 운영하는 사업에서 고용된 사람.

판결로 인해 공적인 선거에서 파생되는 권리를 획득할 능력을 보유하지 못한 사람은 피선거권이 없다.

② 제13조 제3항상의 사람은 단계적 직원대표기구에서 피선거권을 갖지 못한다.

③ 제7조상의 사람과, 공공관서의 인사사항에 대한 독립적인 결정권한(selbständigen Entscheidungen in Personalangelegenheiten)을 부여받은 사람은 그 공공관서의 직원대표기구에 대한 피선거권을 갖지 못한다.

제15조

① 최상급행정관청 또는 공공관서(公共官署)의 존속기간이 1년 미만인 경우에는 피선거권과 관련하여 제14조 제1항 제1호상의 요건을 필요로 하지 않는다.

② 제16조와 제17조에 따라 선출되어야 할 5배 이상의 집단의 직원수가 각 집단에 존재하지 않은 경우에는 제14조 제1항 제2호상의 요건을 필요로 하지 않는다.

제16조

① 상시 다음의 직원이 있는 공공관서의 경우 다음과 같이,

5명~20명 선거권이 있는 직원의 경우에
 1명의 직원평의회구성원으로,
21명~50명 선거권이 있는 직원의 경우에
 3명의 직원평의회구성원으로,
51명~150명 선거권이 있는 직원의 경우에
 5명의 직원평의회구성원으로,
151명~300명 선거권이 있는 직원의 경우에
 7명의 직원평의회구성원으로,
301명~600명 선거권이 있는 직원의 경우에
 9명의 직원평의회구성원으로,
601명~1,000명 선거권이 있는 직원의 경우에
 11명의 직원평의회구성원으로 직원평의회가 구성된다.

1,001~5,000명의 선거권이 있는 직원이 있는 공공관서의 경우에 추가되는 1,000명당 2명의 꼴로, 5,001명 이상의 선거권이 있는 직원이 있는 공공관서의 경우 2,000명당 2명꼴로 직원평의회구성원수가 증가된다.

② 직원평의회구성원수의 상한은 31명이다.

제17조

(1) Sind in der Dienststelle Angehörige verschiedener Gruppen beschäftigt, so muß jede Gruppe entsprechend ihrer Stärke im Personalrat vertreten sein, wenn dieser aus mindestens drei Mitgliedern besteht. Bei gleicher Stärke der Gruppen entscheidet das Los. Macht eine Gruppe von ihrem Recht, im Personalrat vertreten zu sein, keinen Gebrauch, so verliert sie ihren Anspruch auf Vertretung.

(2) Der Wahlvorstand errechnet die Verteilung der Sitze auf die Gruppen nach den Grundsätzen der Verhältniswahl.

(3) Eine Gruppe erhält mindestens

bei weniger als 51 Gruppenangehörigen
  einen Vertreter,
bei 51 bis 200 Gruppenangehörigen
  zwei Vertreter,
bei 201 bis 600 Gruppenangehörigen
  drei Vertreter,
bei 601 bis 1.000 Gruppenangehörigen
  vier Vertreter,
bei 1.001 bis 3.000 Gruppenangehörigen
  fünf Vertreter,
bei 3.001 und mehr Gruppenangehörigen
  sechs Vertreter.

(4) Ein Personalrat, für den in § 16 Abs. 1 drei Mitglieder vorgesehen sind, besteht aus vier Mitgliedern, wenn eine Gruppe mindestens ebensoviel Beschäftigte zählt wie die beiden anderen Gruppen zusammen. Das vierte Mitglied steht der stärksten Gruppe zu.

(5) Eine Gruppe, der in der Regel nicht mehr als fünf Beschäftigte angehören, erhält nur dann eine Vertretung, wenn sie mindestens ein Zwanzigstel der Beschäftigten der Dienststelle umfaßt. Erhält sie keine Vertretung und findet Gruppenwahl statt, so kann sich jeder Angehörige dieser Gruppe durch Erklärung gegenüber dem Wahlvorstand einer anderen Gruppe anschließen.

(6) Der Personalrat soll sich aus Vertretern der verschiedenen Beschäftigungsarten zusammensetzen.

(7) Die Geschlechter sollen im Personalrat entsprechend dem Zahlenverhältnis vertreten sein.

§ 18

(1) Die Verteilung der Mitglieder des Personalrates auf die Gruppen kann abweichend von § 17 geordnet werden, wenn jede Gruppe dies vor der Neuwahl in getrennter geheimer Abstimmung beschließt.

(2) Für jede Gruppe können auch Angehörige anderer Gruppen vorgeschlagen werden. Die Gewählten gelten als Vertreter derjenigen Gruppe, für die sie vorgeschlagen worden sind. Satz 2 gilt auch für Ersatzmitglieder.

① 공공관서에 수개의 집단에 속하는 사람들이 고용되어 있는 경우에 직원평의회가 3명 이상으로 구성되는 때에는, 각 집단은 그 집단인원수(Stärke)에 비례하여 직원평의회에서 대표되어야만 한다. 집단인원수가 같은 경우에는 추첨으로 결정한다. 어느 집단이 직원평의회에서 대표될 수 있는 권리를 행사하지 않은 경우에 그 집단은 자신의 대표권을 상실한다.
② 선거위원회는 비례대표선거원칙(Grundsätzen der Verhältniswahl)에 따라 각 집단에 대한 구성원자리 배분을 산정한다.
③ 한 집단은 최소 다음과 같이,
집단소속원이 51명 미만인 경우에
1명의 대표자,
51명~200명의 집단소속원의 경우에
2명의 대표자,
201명~600명의 집단소속원의 경우에
3명의 대표자,
601명~1,000명의 집단소속원의 경우에
4명의 대표자,
1,001명~3,000명의 집단소속원의 경우에
5명의 대표자,
3001명 이상의 집단소속원의 경우에
6명의 대표자를 배정받는다.
④ 하나의 집단에서 직원이 두 개의 다른 집단처럼 똑같이 합산되는 경우에, 제16조 제1항에서 3명의 구성원으로 규정된 직원평의회는 4명의 구성원으로 구성된다. 4번째 구성원은 집단인원수가 가장 많은 집단에 배정된다.
⑤ 상시 5명을 초과하여 직원이 없는 집단은, 그 집단에 공공관서의 직원의 1/20 이상이 포함된 경우에만 1명의 대표자(Vertretung)를 배정받는다. 대표자를 배정받지 못하고 집단별선거가 실시된 경우에, 이러한 집단의 각 소속원은 선거위원회에 대한 의사표시로 다른 집단에 가입할 수 있다.
⑥ 직원평의회는 다양한 고용형태(Beschäftigungsarten)의 대표자로 구성되어야 한다.
⑦ 각 성은 직원평의회에서 그 수에 비례하여 대표되어야 한다.

第18조

① 각 집단이 새로운 선거 전에 각각 분리된 비밀투표로(in getrennter geheimer Abstimmung) 이를 결의한 경우에, 각 집단에 대한 직원평의회구성원의 배분(配分)은 제17조와 달리 이뤄질 수 있다.
② 다른 집단소속원도 다른 집단에 대한 후보자로 추천될 수 있다. 당선자는 자신을 대표하도록 추천한 바로 그 집단의 대표자로 본다. 대체구성원(Ersatzmitglieder)에 대하여도 제2문을 적용한다.

§ 19

(1) Der Personalrat wird in geheimer und unmittelbarer Wahl gewählt.

(2) Besteht der Personalrat aus mehr als einer Person, so wählen die Beamten und Arbeitnehmer ihre Vertreter (§ 17) je in getrennten Wahlgängen, es sei denn, daß die wahlberechtigten Angehörigen jeder Gruppe vor der Neuwahl in getrennten geheimen Abstimmungen die gemeinsame Wahl beschließen. Der Beschluß bedarf der Mehrheit der Stimmen aller Wahlberechtigten jeder Gruppe.

(3) Die Wahl wird nach den Grundsätzen der Verhältniswahl durchgeführt. Wird nur ein Wahlvorschlag eingereicht, so findet Personenwahl statt. In Dienststellen, deren Personalrat aus einer Person besteht, wird dieser mit einfacher Stimmenmehrheit gewählt. Das gleiche gilt für Gruppen, denen nur ein Vertreter im Personalrat zusteht.

(4) Zur Wahl des Personalrates können die wahlberechtigten Beschäftigten und die in der Dienststelle vertretenen Gewerkschaften Wahlvorschläge machen. Jeder Wahlvorschlag der Beschäftigten muß von mindestens einem Zwanzigstel der wahlberechtigten Gruppenangehörigen, jedoch mindestens von drei Wahlberechtigten unterzeichnet sein. In jedem Fall genügt die Unterzeichnung durch 50 wahlberechtigte Gruppenangehörige. Die nach § 14 Abs. 3 nicht wählbaren Beschäftigten dürfen keine Wahlvorschläge machen oder unterzeichnen.

(5) Ist gemeinsame Wahl beschlossen worden, so muß jeder Wahlvorschlag der Beschäftigten von mindestens einem Zwanzigstel der wahlberechtigten Beschäftigten unterzeichnet sein; Absatz 4 Satz 2 bis 4 gilt entsprechend.

(6) Werden bei gemeinsamer Wahl für eine Gruppe gruppenfremde Bewerber vorgeschlagen, muß der Wahlvorschlag von mindestens einem Zehntel der wahlberechtigten Angehörigen der Gruppe unterzeichnet sein, für die sie vorgeschlagen sind. Absatz 4 Satz 3, 4 gilt entsprechend.

(7) Jeder Beschäftigte kann nur auf einem Wahlvorschlag benannt werden.

(8) Besteht in einer Dienststelle kein Personalrat, so können die in der Dienststelle vertretenen Gewerkschaften zur Wahl des Personalrates Wahlvorschläge machen. Auf diese Wahlvorschläge sind die Absätze 4 bis 6 nicht anzuwenden.

(9) Jeder Wahlvorschlag einer Gewerkschaft muß von zwei Beauftragten unterzeichnet sein; die Beauftragten müssen Beschäftigte der Dienststelle sein und einer in der Dienststelle vertretenen Gewerkschaft angehören. Bei Zweifeln an der Beauftragung kann der Wahlvorstand verlangen, daß die Gewerkschaft die Beauftragung bestätigt.

§ 20

(1) Spätestens acht Wochen vor Ablauf der Amtszeit bestellt der Personalrat drei Wahlberechtigte als Wahlvorstand und einen von ihnen als Vorsitzenden. Sind in der Dienststelle Angehörige verschiedener Gruppen beschäftigt, so muß jede Gruppe im Wahlvorstand vertreten sein.

第19조

① 직원평의회는 비밀·직접선거로 구성된다.

② 직원평의회가 1명을 초과한 구성원으로 구성되는 경우에, 공무원과 근로자는 자신의 대표자를 각각 분리된 선거과정을 통해 선출하되, 각 집단의 선거권이 있는 소속원들(Angehörigen)이 새로운 선거 전에 각각 비밀투표로 공동선거(gemeinsame Wahl)를 결의한 경우에는 그러하지 아니하다. 그 결의는 각 집단의 모든 선거권이 있는 근로자들의 투표의 과반수를 필요로 한다.

③ 선거는 비례대표선거원칙에 따라 실시된다. 하나의 후보자추천서가 제출된 경우에는 인물선거(Personenwahl; 다수대표제선거를 말함)가 실시된다. 직원평의회가 1명의 구성원으로 구성되는 그 구성원은 단순과반수투표로 선출된다. 직원평의회에서 1명의 대표자만을 배정받는 집단에 대해서도 또한 같다.

④ 선거권이 있는 직원들과 당해 공공관서에 조합원인 직원이 있는 노동조합은 직원평의회 선거를 위해 후보자추천을 할 수 있다. 직원들의 각 후보자추천서(Wahlvorschläge)에는 선거권이 있는 직원의 1/20 이상으로, 3명 이상의 선거권이 있는 직원들이 서명을 해야만 한다. 어떤 경우라도 50명의 선거권이 있는 집단소속원(Gruppenangehörigen)의 서명으로 족하다. 제14조 제3항에 따라 피선거권을 가지지 못한 직원은 후보자추천을 해서는 안 되고 이에 서명해서도 안 된다.

⑤ 공동선거가 결의(決議)된 경우에 각 후보자추천서(jeder Wahlvorschlag)에 선거권이 있는 직원의 1/20 이상의 직원들이 서명(署名)을 해야만 한다; 제19조 제4항 제2문 내지 제4문을 준용한다.

⑥ 공동선거에서 어느 집단을 위해 그 집단 소속이 아닌 후보자가 추천된 경우에, 그 후보자 추천서에 후보자가 대표되도록 추천된 집단의 선거권이 있는 소속원의 1/10의 이상의 소속원이 서명을 해야만 한다.

⑦ 모든 직원들은 하나의 후보자추천서에만 후보자로 등재될 수 있다.

⑧ 공공관서에 직원평의회가 없는 경우에, 당해 공공관서에 조합원인 직원이 있는 노동조합이 직원평의회선거를 위한 후보자추천을 할 수 있다. 이러한 후보자추천에는 제19조 제4항 내지 제6항을 적용하지 않는다.

⑨ 노동조합의 각 후보자추천서에는 2명의 그 대리인이 서명해야 한다; 그 대리인은 공공관서의 직원이어야만 하고, 당해 공공관서에 조합원인 직원이 있는 노동조합에 소속된 자이어야만 한다. 그 위임에 의심이 가는 경우에 선거위원회는 노동조합에게 위임을 확인해줄 것을 요구할 수 있다.

第20조

① 늦어도 그 임기가 만료되기 8주 전까지 직원평의회는 3명의 선거권이 있는 직원들로 선거위원회를 구성하고 나서, 그 중에서 1명을 선거위원회위원장으로 임명한다. 공공관서에 수개의 집단에 속한 사람들이 고용된 경우에, 각 집단은 선거위원회에서 대표되어야 한다.

Hat die Dienststelle weibliche und männliche Beschäftigte, sollen dem Wahlvorstand Frauen und Männer angehören. Je ein Beauftragter der in der Dienststelle vertretenen Gewerkschaften ist berechtigt, an den Sitzungen des Wahlvorstandes mit beratender Stimme teilzunehmen.
(2) Besteht sechs Wochen vor Ablauf der Amtszeit des Personalrates kein Wahlvorstand, so beruft der Leiter der Dienststelle auf Antrag von mindestens drei Wahlberechtigten oder einer in der Dienststelle vertretenen Gewerkschaft eine Personalversammlung zur Wahl des Wahlvorstandes ein. Absatz 1 gilt entsprechend. Die Personalversammlung wählt sich einen Versammlungsleiter.

§ 21

Besteht in einer Dienststelle, die die Voraussetzungen des § 12 erfüllt, kein Personalrat, so beruft der Leiter der Dienststelle eine Personalversammlung zur Wahl des Wahlvorstandes ein. § 20 Abs. 2 Satz 3 gilt entsprechend.

§ 22

Findet eine Personalversammlung (§ 20 Abs. 2, § 21) nicht statt oder wählt die Personalversammlung keinen Wahlvorstand, so bestellt ihn der Leiter der Dienststelle auf Antrag von mindestens drei Wahlberechtigten oder einer in der Dienststelle vertretenen Gewerkschaft.

§ 23

(1) Der Wahlvorstand hat die Wahl unverzüglich einzuleiten; sie soll spätestens nach sechs Wochen stattfinden. Kommt der Wahlvorstand dieser Verpflichtung nicht nach, so beruft der Leiter der Dienststelle auf Antrag von mindestens drei Wahlberechtigten oder einer in der Dienststelle vertretenen Gewerkschaft eine Personalversammlung zur Wahl eines neuen Wahlvorstandes ein. § 20 Abs. 2 Satz 3 und § 22 gelten entsprechend.
(2) Unverzüglich nach Abschluß der Wahl nimmt der Wahlvorstand öffentlich die Auszählung der Stimmen vor, stellt deren Ergebnis in einer Niederschrift fest und gibt es den Angehörigen der Dienststelle durch Aushang bekannt. Dem Dienststellenleiter und den in der Dienststelle vertretenen Gewerkschaften ist eine Abschrift der Niederschrift zu übersenden.

§ 24

(1) Niemand darf die Wahl des Personalrates behindern oder in einer gegen die guten Sitten verstoßenden Weise beeinflussen. Insbesondere darf kein Wahlberechtigter in der Ausübung des aktiven und passiven Wahlrechts beschränkt werden. § 47 Abs. 1, 2 Satz 1 und 2 gilt für Mitglieder des Wahlvorstandes und Wahlbewerber entsprechend.
(2) Die Kosten der Wahl trägt die Dienststelle. Notwendige Versäumnis von Arbeitszeit infolge der Ausübung des Wahlrechts, der Teilnahme an den in den §§ 20 bis 23 genannten Personalversammlungen oder der Betätigung im Wahlvorstand hat keine Minderung der

공공관서에 여성 및 남성 직원이 있는 경우에 선거위원회에 남성 및 여성이 있어야 한다. 당해 공공관서에 조합원인 직원이 있는 노동조합의 각각의 대리인은 선거위원회의 회의에 옵서버로 참여할 자격을 갖는다.

② 늦어도 직원평의회의 임기가 만료되기 6주 전까지 선거위원회가 구성되지 않은 경우에, 공공관서장(公共官署長)은 3명 이상의 선거권이 있는 직원 또는 당해 공공관서에 조합원인 직원이 있는 노동조합의 신청이 있는 경우에, 선거위원회 구성을 위한 직원총회를 소집한다. 제20조 제1항을 준용한다. 직원총회에서 직원총회의장(Versammlungsleiter)이 선출된다.

제21조

제12조의 요건을 충족하는 공공관서에 직원평의회가 없는 경우에, 공공관서장(Leiter der Dienststelle)은 선거위원회 구성을 위한 직원총회(Personalversammlung)를 소집한다. 제20조 제2항 제3문을 준용한다.

제22조

직원총회(제20조 제2항, 제21조)가 열리지 않거나 직원총회(Personalversammlung)에서 선거위원회가 구성되지 않은 경우에, 공공관서장은 3명 이상의 선거권이 있는 직원들 또는 당해 공공관서에 조합원인 직원이 있는 노동조합의 신청이 있는 경우에 선거위원회를 구성한다.

제23조

① 선거위원회는 제체 없이 선거에 착수해야 한다; 선거가 늦어도 선거위원회 구성 후 6주 내에 실시되어야 한다. 선거위원회가 이러한 의무를 이행하지 않은 경우에, 공공관서장(公共官署長)은 3명 이상의 선거권이 있는 직원들 또는 당해 공공관서에 조합원인 직원이 있는 노동조합의 신청이 있는 때에는 새로운 선거위원회 구성을 위한 직원총회를 소집한다. 제20조 제2항 제3문, 제22조를 준용한다.

② 투표가 종료된 후 지체 없이 선거위원회는 공개적으로 개표에 착수해야 하고, 개표결과를 의사록정본으로 확정해야 하며 공공관서의 소속원들에게 공고문을 통해 이를 공지한다. 공공관서장과 당해 공공관서에 조합원인 직원이 있는 노동조합에 그 의사록정본의 사본이 송부되어야 한다.

제24조

① 누구든지 직원평의회 선거를 방해해서는 안 되고, 선량한 풍속에 반하는 방법(einer gegen die guten Sitten verstoßenden Weise)으로 이에 영향을 미쳐서는 안 된다. 특히 선거권자는 선거권 및 피선거권의 행사에 제한을 받아서는 안 된다. 제47조 제1항, 제2항 제1문, 제2문을 선거위원회위원과 선거입후보자에 대해서 준용한다.

② 선거의 비용은 공공관서가 부담(負擔)한다. 선거권 행사, 제20조 내지 제23조상의 직원총회(Personalversammlungen)에 참석 또는 선거위원회 활동(Betätigung)으로 인한 불가피한 근무시간손실(Notwendige Versäumnis von Arbeitszeit)에 의해 보수(報酬) 또는 임금(賃金)이 감액

Dienstbezüge hat keine Minderung der Dienstbezüge oder des Arbeitsentgeltes zur Folge. Für die Mitglieder des Wahlvorstandes gelten § 44 Abs. 1 Satz 2 und § 46 Abs. 2 Satz 2 entsprechend.

§ 25

Mindestens drei Wahlberechtigte, jede in der Dienststelle vertretene Gewerkschaft oder der Leiter der Dienststelle können binnen einer Frist von zwölf Arbeitstagen, vom Tage der Bekanntgabe des Wahlergebnisses an gerechnet, die Wahl beim Verwaltungsgericht anfechten, wenn gegen wesentliche Vorschriften über das Wahlrecht, die Wählbarkeit oder das Wahlverfahren verstoßen worden und eine Berichtigung nicht erfolgt ist, es sei denn, daß durch den Verstoß das Wahlergebnis nicht geändert oder beeinflußt werden konnte.

## Zweiter Abschnitt Amtszeit des Personalrates

§ 26

Die regelmäßige Amtszeit des Personalrates beträgt vier Jahre. Die Amtszeit beginnt mit dem Tage der Wahl oder, wenn zu diesem Zeitpunkt noch ein Personalrat besteht, mit dem Ablauf seiner Amtszeit. Sie endet spätestens am 31. Mai des Jahres, in dem nach § 27 Abs. 1 die regelmäßigen Personalratswahlen stattfinden.

Fußnote
(+++ § 26: Zur Anwendung vgl. § 116b Satz 1 und 3 F. ab 10.7.1989 +++)

§ 27

(1) Die regelmäßigen Personalratswahlen finden alle vier Jahre in der Zeit vom 1. März bis 31. Mai statt.

(2) Außerhalb dieser Zeit ist der Personalrat zu wählen, wenn

1. mit Ablauf von vierundzwanzig Monaten, vom Tage der Wahl gerechnet, die Zahl der regelmäßig Beschäftigten um die Hälfte, mindestens aber um 50 gestiegen oder gesunken ist oder
2. die Gesamtzahl der Mitglieder des Personalrates auch nach Eintreten sämtlicher Ersatzmitglieder um mehr als ein Viertel der vorgeschriebenen Zahl gesunken ist oder
3. der Personalrat mit der Mehrheit seiner Mitglieder seinen Rücktritt beschlossen hat oder
4. der Personalrat durch gerichtliche Entscheidung aufgelöst ist oder
5. in der Dienststelle kein Personalrat besteht.

(3) In den Fällen des Absatzes 2 Nr. 1 bis 3 führt der Personalrat die Geschäfte weiter, bis der neue Personalrat gewählt ist.

(4) Ist eine in der Dienststelle vorhandene Gruppe, die bisher im Personalrat vertreten war, durch kein Mitglied des Personalrates mehr vertreten, so wählt diese Gruppe neue Mitglieder.

(減額)되어서는 안 된다. 선거위원회위원에 대해 제44조 제1항 제2문, 제46조 제2항 제2문을 준용한다.

제25조

선거권(選擧權), 피선거권(被選擧權) 또는 선거절차에 관한 중요한 규정에 위반되고 그 시정이 이뤄지지 않은 경우에, 3명 이상의 선거권이 있는 직원들, 당해 공공관서에 조합원인 직원이 있는 모든 노동조합, 공공관서장은 선거결과 공고일로부터 기산하여 12일의 근무일 이내에 지방행정법원(beim Verwaltungsgericht)에 그 선거의 취소(取消)를 청구할 수 있고, 다만 그 위반으로 인해 선거결과(Wahlergebnis)가 바뀌지 않거나 그에 영향(影響)이 없는 경우에는 그러하지 아니하다.

제2절 직원평의회의 임기

제26조

직원평의회의 통상적인 임기는 4년이다. 그 임기는 선거일에 개시하거나, 그 시기에 직원평의회가 있는 경우에 그 임기 만료로써 개시된다. 임기는 늦어도 제27조 제1항에 따라 정례적인 직원평의회선거(regelmäßigen Personalratswahlen)가 실시되는 해의 5월 31일에 만료(滿了)된다.

각주

(제26조: 그 적용에 대해 1989년 7월 10일부터 제116b조 제1문, 제3문을 참조하라)

제27조

① 정례적인 직원평의회선거(regelmäßigen Personalratswahlen)는 4년마다 3월 1일부터 5월 31일까지의 기간에 실시된다.

② 다음 각 호의 경우에는 위와 같은 시기 이외에도 직원평의회가 선거로 구성된다,

1. 선거일로부터 기산하여 24개월이 경과한 이후에 상시적인 직원수가 절반으로, 최소 50명이 증감(增減)한 경우,
2. 전체 대체구성원이 충원이 이뤄진 후에도 규정된 직원평의회구성원총수의 1/4을 초과하는 수가 결원이 된 경우,
3. 직원평의회가 구성원 과반수의 결의로 해산(Rücktritt)을 결의한 경우,
4. 직원평의회가 법원의 재판으로 해산된 경우,
5. 공공관서에 직원평의회가 없는 경우.

③ 제27조 제2항 제1호 내지 제3호의 경우에 직원평의회는 새로운 직원평의회가 구성될 때까지 그 사무를 계속적으로 수행한다.

④ 공공관서에 존재하는 집단으로 지금까지 직원평의회에서 대표된 집단이 직원평의회구성원에 의해 더 대표되지 않게 된 경우에, 그 집단은 새로운 직원평의회구성원을 선출한다.

(5) Hat außerhalb des für die regelmäßigen Personalratswahlen festgelegten Zeitraumes eine Personalratswahl stattgefunden, so ist der Personalrat in dem auf die Wahl folgenden nächsten Zeitraum der regelmäßigen Personalratswahlen neu zu wählen. Hat die Amtszeit des Personalrates zu Beginn des für die regelmäßigen Personalratswahlen festgelegten Zeitraumes noch nicht ein Jahr betragen, so ist der Personalrat in dem übernächsten Zeitraum der regelmäßigen Personalratswahlen neu zu wählen.

Fußnote
(+++ § 27 Abs. 1 und Abs. 2 Nr. 1: Zur Anwendung vgl. § 116b F. ab 10.7.1989 +++)

§ 28

(1) Auf Antrag eines Viertels der Wahlberechtigten oder einer in der Dienststelle vertretenen Gewerkschaft kann das Verwaltungsgericht den Ausschluß eines Mitgliedes aus dem Personalrat oder die Auflösung des Personalrates wegen grober Vernachlässigung seiner gesetzlichen Befugnisse oder wegen grober Verletzung seiner gesetzlichen Pflichten beschließen. Der Personalrat kann aus den gleichen Gründen den Ausschluß eines Mitgliedes beantragen. Der Leiter der Dienststelle kann den Ausschluß eines Mitgliedes aus dem Personalrat oder die des Personalrates wegen grober Verletzung seiner gesetzlichen Pflichten beantragen.
(2) Ist der Personalrat aufgelöst, so setzt der Vorsitzende der Fachkammer des Verwaltungsgerichtes einen Wahlvorstand ein. Dieser hat unverzüglich eine Neuwahl einzuleiten. Bis zur Neuwahl nimmt der Wahlvorstand die dem Personalrat nach diesem Gesetz zustehenden Befugnisse und Pflichten wahr.

§ 29

(1) Die Mitgliedschaft im Personalrat erlischt durch
1. Ablauf der Amtszeit,
2. Niederlegung des Amtes,
3. Beendigung des Dienstverhältnisses,
4. Ausscheiden aus der Dienststelle,
5. Verlust der Wählbarkeit mit Ausnahme der Fälle des § 14 Abs. 2 Satz 1,
6. gerichtliche Entscheidung nach § 28,
7. Feststellung nach Ablauf der in § 25 bezeichneten Frist, daß der Gewählte nicht wählbar war.
(2) Die Mitgliedschaft im Personalrat wird durch einen Wechsel der Gruppenzugehörigkeit eines Mitgliedes nicht berührt; dieses bleibt Vertreter der Gruppe, die es gewählt hat.

§ 30

Die Mitgliedschaft eines Beamten im Personalrat ruht, solange ihm die Führung der

⑤ 정례적 직원평의회선거로 정해진 시기 이외의 시기에(außerhalb des für die regelmäßigen Personalratswahlen festgelegten Zeitraumes) 직원평의회선거가 실시된 경우에, 직원평의회는 정례적 선거시기 직후의 다음 정례적 선거시기에 선거에 의해 새롭게 구성된다. 정례적 직원평의회선거로 정해진 시기의 개시 시점기준으로 직원평의회의 임기가 1년에 달하지 않은 경우에는, 직원평의회는 정례적 직원평의회선거의 다음다음의 정례적 선거시기에 선거에 의해 새롭게 구성된다.

각주
(제27조 제1항, 제2항 제1호: 그 적용에 대해 1989년 7월 10일부터 제116b조를 참조하라.)

제28조
① 선거권이 있는 직원의 1/4 이상 또는 당해 공공관서에 조합원인 직원이 있는 노동조합의 신청이 있는 경우에, 지방행정법원은 법률상 권한 행사의 중대한 해태 또는 법률상 의무의 중대한 위반을 이유로 그 구성원의 직원평의회에서의 제명 또는 직원평의회의 해산을 결정할 수 있다. 직원평의회는 동일한 사유로(wegen grober Verletzung seiner gesetzlichen Pflichten) 직원평의회구성원의 제명을 신청할 수 있다. 공공관서장은 법률상 의무의 중대한 위반을 이유로 그 구성원의 직원평의회에서의 제명(Ausschluß) 또는 직원평의회의 해산(Auflösung)을 신청할 수 있다.
② 직원평의회가 해산된 경우에 지방행정법원의 전문참심재판부의 재판장(Vorsitzende der Fachkammer des Verwaltungsgerichtes)은 선거위원회를 구성한다. 그 선거위원회는 지체 없이 새로운 선거에 착수한다. 선거위원회가 새로운 선거까지 본 법에 따라 직원평의회에 부여된 권한을 행사하고 의무를 부담한다.

제29조
① 직원평의회의 구성원자격은 다음 각 호에 의해 상실한다,
1. 임기 만료,
2. 사직,
3. 근무관계(Dienstverhältniss)의 종료,
4. 공공관서에서의 사임,
5. 제14조 제2항 제1문을 제외한 피선거권의 상실,
6. 제28조에 따른 법원의 재판,
7. 제25조에 기재된 기간의 경과 후에 당선자의 피선거권이 없었다는 확인결정(Feststellung).
② 직원평의회의 구성원자격은 그 구성원의 집단소속의 변경에 의해 영향을 받지 않는다; 그 구성원은 이를 선출한 집단의 대표자로 남는다.

제30조
직원평의회에서 공무원자격(Die Mitgliedschaft eines Beamten)은 그 공무원에게 공무

Dienstgeschäfte verboten oder er wegen eines gegen ihn schwebenden Disziplinarverfahrens vorläufig des Dienstes enthoben ist.

§ 31

(1) Scheidet ein Mitglied aus dem Personalrat aus, so tritt ein Ersatzmitglied ein. Das gleiche gilt, wenn ein Mitglied des Personalrates zeitweilig verhindert ist.

(2) Die Ersatzmitglieder werden der Reihe nach aus den nicht gewählten Beschäftigten derjenigen Vorschlagslisten entnommen, denen die zu ersetzenden Mitglieder angehören. Ist das ausgeschiedene oder verhinderte Mitglied mit einfacher Stimmenmehrheit gewählt, so tritt der nicht gewählte Beschäftigte mit der nächsthöheren Stimmenzahl als Ersatzmitglied ein.

(3) § 29 Abs. 2 gilt entsprechend bei einem Wechsel der Gruppenzugehörigkeit vor dem Eintritt des Ersatzmitgliedes in den Personalrat.

(4) Im Falle des § 27 Abs. 2 Nr. 4 treten Ersatzmitglieder nicht ein.

## Dritter Abschnitt Geschäftsführung des Personalrates

§ 32

(1) Der Personalrat bildet aus seiner Mitte den Vorstand. Diesem muß ein Mitglied jeder im Personalrat vertretenen Gruppe angehören. Die Vertreter jeder Gruppe wählen das auf sie entfallende Vorstandsmitglied. Der Vorstand führt die laufenden Geschäfte.

(2) Der Personalrat bestimmt mit einfacher Mehrheit, welches Vorstandsmitglied den Vorsitz übernimmt. Er bestimmt zugleich die Vertretung des Vorsitzenden durch seine Stellvertreter. Dabei sind die Gruppen zu berücksichtigen, denen der Vorsitzende nicht angehört, es sei denn, daß die Vertreter dieser Gruppen darauf verzichten.

(3) Der Vorsitzende vertritt den Personalrat im Rahmen der von diesem gefaßten Beschlüsse. In Angelegenheiten, die nur eine Gruppe betreffen, vertritt der Vorsitzende, wenn er nicht selbst dieser Gruppe angehört, gemeinsam mit einem der Gruppe angehörenden Vorstandsmitglied den Personalrat.

§ 33

Hat der Personalrat elf oder mehr Mitglieder, so wählt er aus seiner Mitte mit einfacher Stimmenmehrheit zwei weitere Mitglieder in den Vorstand. Sind Mitglieder des Personalrates aus Wahlvorschlagslisten mit verschiedenen Bezeichnungen gewählt worden und sind im Vorstand Mitglieder aus derjenigen Liste nicht vertreten, die die zweitgrößte Anzahl, mindestens jedoch ein Drittel aller von den Angehörigen der Dienststelle abgegebenen Stimmen erhalten hat, so ist eines der weiteren Vorstandsmitglieder aus dieser Liste zu wählen.

의 수행이 금지되거나 그 공무원에 대해 계류 중인 징계절차를 이유로 그 공무원이 잠정적으로 직무(Dienst)에서 배제된 동안에 정지(停止)된다.

第31조

① 직원평의회구성원이 직원평의회직에서 사임하는 경우에 대체구성원이 선출된다. 직원평의회구성원에게 일시적으로 직무수행장애가 있는 때에도 또한 같다.

② 대체구성원은 제15조 제2항의 고려하에, 대체되어야 하는 구성원이 속한 후보자명부에 있는 선출되지 않은 후보자 중에서 순위에 따라 선출된다. 사임한 구성원 또는 직무수행장애가 있는 구성원이 단수과반수투표(einfacher Stimmenmehrheit)로 선출된 경우에, 그 다음으로 많은 득표수를 얻은 당선되지 않은 후보자가 대체구성원으로 선출된다.

③ 제29조 제2항은 대체구성원이 직원평의회에 취임 전에 집단소속(Gruppenzugehörigkeit)이 변경된 경우에 준용한다.

④ 제27조 제2항 제4호의 경우에 대체구성원이 선출되지 않는다.

제3절 직원평의회의 사무처리

第32조

① 직원평의회는 자신의 구성원 중에서 이사회를 조직한다. 직원평의회에서 대표되는 각 집단의 구성원이 이 이사회에 포함되어야만 한다. 각 집단의 대표자는 자신의 집단에 할당된 이사회구성원을 선출한다. 이사회는 상무(laufenden Geschäfte; 常務)를 처리한다.

② 직원평의회는 어느 이사회구성원이 의장의 직을 맡을 것인지를 단순과반수로 결의한다. 또한 직원평의회는 그 직무대리인의 지정에 의한 부의장을 정한다. 이 경우 의장이 속하지 않는 집단의 구성원을 부의장으로 고려해야 하고, 다만 이러한 집단의 대표자가 이를 포기하는 경우에는 그러하지 아니하다.

③ 의장은 직원평의회가 행한 결의의 범위 내에서 직원평의회를 대표한다. 어느 집단에만 관련된 사항과 관련하여 의장이 그 집단에 속하지 않은 경우에는 의장은 그 집단에 속하는 이사회구성원(der Gruppe angehörenden Vorstandsmitglied)과 공동으로 직원평의회를 대표(代表)한다.

第33조

직원평의회가 11명 이상의 구성원이 있는 경우에, 직원평의회는 단순과반수투표로 자신의 구성원 중에서 2명의 추가적인 이사회구성원을 선출한다. 직원평의회구성원이 다양한 명칭을 가진 후보자명부에 의해서 선출되고, 두 번째로 큰 득표수로, 최소 공공관서 소속원이 행사한 전체 득표의 1/3 이상의 득표수를 얻은 후보자명부(Wahlvorschlagslisten)에 의한 직원평의회구성원이 이사회에서 대표되지 않은 경우에, 이러한 후보자명부에서 이사회구성원 1명이 추가적으로 선출된다.

§ 34

(1) Spätestens sechs Arbeitstage nach dem Wahltage hat der Wahlvorstand die Mitglieder des Personalrates zur Vornahme der vorgeschriebenen Wahlen einzuberufen und die Sitzung zu leiten, bis der Personalrat aus seiner Mitte einen Wahlleiter bestellt hat.

(2) Die weiteren Sitzungen beraumt der Vorsitzende des Personalrates an. Er setzt die Tagesordnung fest und leitet die Verhandlung. Der Vorsitzende hat die Mitglieder des Personalrates zu den Sitzungen rechtzeitig unter Mitteilung der Tagesordnung zu laden. Satz 3 gilt auch für die Ladung der Schwerbehindertenvertretung, der Mitglieder der Jugend- und Auszubildendenvertretung und der Vertreter der nichtständig Beschäftigten, soweit sie ein Recht auf Teilnahme an der Sitzung haben.

(3) Auf Antrag eines Viertels der Mitglieder des Personalrates, der Mehrheit der Vertreter einer Gruppe, des Leiters der Dienststelle, in Angelegenheiten, die besonders schwerbeschädigte Beschäftigte betreffen, des Vertrauensmannes der Schwerbeschädigten oder in Angelegenheiten, die besonders die in § 57 genannten Beschäftigten betreffen, der Mehrheit der Mitglieder der Jugend- und Auszubildendenvertretung hat der Vorsitzende eine Sitzung anzuberaumen und den Gegenstand, dessen Beratung beantragt ist, auf die Tagesordnung zu setzen.

(4) Der Leiter der Dienststelle nimmt an den Sitzungen, die auf sein Verlangen anberaumt sind, und an den Sitzungen, zu denen er ausdrücklich eingeladen ist, teil.

§ 35

Die Sitzungen des Personalrates sind nicht öffentlich; sie finden in der Regel während der Arbeitszeit statt. Der Personalrat hat bei der Anberaumung seiner Sitzungen auf die dienstlichen Erfordernisse Rücksicht zu nehmen. Der Leiter der Dienststelle ist vom Zeitpunkt der Sitzung vorher zu verständigen.

§ 36

Auf Antrag von einem Viertel der Mitglieder oder der Mehrheit einer Gruppe des Personalrates kann ein Beauftragter einer im Personalrat vertretenen Gewerkschaft an den Sitzungen beratend teilnehmen; in diesem Falle sind der Zeitpunkt der Sitzung und die Tagesordnung der Gewerkschaft rechtzeitig mitzuteilen.

§ 37

(1) Die Beschlüsse des Personalrates werden mit einfacher Stimmenmehrheit der anwesenden Mitglieder gefaßt. Stimmenthaltung gilt als Ablehnung. Bei Stimmengleichheit ist ein Antrag abgelehnt.

(2) Der Personalrat ist nur beschlußfähig, wenn mindestens die Hälfte seiner Mitglieder anwesend ist; Stellvertretung durch Ersatzmitglieder ist zulässig.

第34조

① 선거위원회는 늦어도 선거일로부터 6일의 근무일까지 직원평의회구성원을 규정된 선거의 실시를 위하여 소집한 다음, 직원평의회가 자신의 구성원 중에서 선출위원장을 임명할 때까지 그 회의를 주재한다.

② 차기회의의 날짜(weiteren Sitzungen)는 직원평의회 의장이 잡는다. 그 의장은 의사일정(Tagesordnung)을 정하고 평의를 주재한다. 그 의장은 의사일정을 통지하여 적시에 직원평의회구성원을 회의에 소환해야 한다. 중증장애인대표단, 연소자·직업훈련생대표단원(Mitglieder der Jugend- und Auszubildendenvertretung), 비상임직원의 대표자(Vertreter der nichtständig Beschäftigten)의 소환(召喚)에 대해서도, 그들이 회의에 참석할 권리가 있는 한, 제3문을 적용한다.

③ 직원평의회구성원의 1/4, 어느 집단의 대표자의 과반수, 공공관서장의 신청이 있는 경우에, 특히 중증장애가 있는 직원에 관련된 사안과 관련해서는 중증장애인의 직장대표자(Vertrauensmann)의 신청이 있거나, 특히 제57조상의 직원에 관련된 사안과 관련하여 연소자·직업훈련생대표단원(Mitglieder der Jugend- und Auszubildendenvertretung)의 과반수의 신청이 있는 경우에는, 그 의장은 회의의 날짜를 잡아야 하고, 논의 안건으로 신청된 안건을 의사일정에 포함시켜야 한다.

④ 공공관서장은 자신이 요구하여 소집된 회의와 자신이 명시적으로 소환(召喚)된 회의에 참석한다.

第35조

직원평의회 회의는 비공개로 한다; 그 회의는 통상적으로(in der Regel) 근무시간 중에 개최된다. 직원평의회는 회의의 날짜를 잡음에 있어 직무상 필요(dienstlichen Erfordernisse)를 고려해야 한다. 회의의 시기(Zeitpunkt der Sitzung)에 대해 공공관서장과 사전에 협의(協議)를 해야 한다.

第36조

직원평의회구성원의 1/4 또는 직원평의회의 어느 집단의 과반수의 신청이 있는 경우에 당해 직원평의회에서 자신의 대표자가 있는 노동조합의 대리인은 그 회의에 옵서버(beratend)로 참석할 수 있다; 이러한 경우에 회의의 일시와 의사일정은 그 노동조합에 적시(適時)에 통지되어야 한다.

第37조

① 직원평의회의 결의는 참석한 구성원의 단수과반수투표(mit einfacher Stimmenmehrheit)로 이뤄진다. 투표에서 기권은 반대로 본다. 투표에서의 기권(Stimmenthaltung)은 반대로 간주된다.

② 직원평의회는 직원평의회구성원의 절반(Hälfte seiner Mitglieder) 이상이 참석한 경우에만 의결할 수 있다; 대체구성원에 의한 직무대리(Stellvertretung)는 허용된다.

§ 38

(1) Über die gemeinsamen Angelegenheiten der Beamten und Arbeitnehmer wird vom Personalrat gemeinsam beraten und beschlossen.

(2) In Angelegenheiten, die lediglich die Angehörigen einer Gruppe betreffen, sind nach gemeinsamer Beratung im Personalrat nur die Vertreter dieser Gruppe zur Beschlußfassung berufen. Dies gilt nicht für eine Gruppe, die im Personalrat nicht vertreten ist.

(3) Absatz 2 gilt entsprechend für Angelegenheiten, die lediglich die Angehörigen zweier Gruppen betreffen.

§ 39

(1) Erachtet die Mehrheit der Vertreter einer Gruppe oder der Jugend- und Auszubildendenvertretung einen Beschluß des Personalrates als eine erhebliche Beeinträchtigung wichtiger Interessen der durch sie vertretenen Beschäftigten, so ist auf ihren Antrag der Beschluß auf die Dauer von sechs Arbeitstagen vom Zeitpunkt der Beschlußfassung an auszusetzen. In dieser Frist soll, gegebenenfalls mit Hilfe der unter den Mitgliedern des Personalrates oder der Jugend- und Auszubildendenvertretung vertretenen Gewerkschaften, eine Verständigung versucht werden. Die Aussetzung eines Beschlusses nach Satz 1 hat keine Verlängerung einer Frist zur Folge.

(2) Nach Ablauf der Frist ist über die Angelegenheit neu zu beschließen. Wird der erste Beschluß bestätigt, so kann der Antrag auf Aussetzung nicht wiederholt werden.

(3) Die Absätze 1 und 2 gelten entsprechend, wenn die Schwerbehindertenvertretung einen Beschluß des Personalrates als eine erhebliche Beeinträchtigung wichtiger Interessen der Schwerbeschädigten erachtet.

§ 40

(1) Ein Vertreter der Jugend- und Auszubildendenvertretung, der von dieser benannt wird, und die Schwerbehindertenvertretung können an allen Sitzungen des Personalrates beratend teilnehmen. An der Behandlung von Angelegenheiten, die besonders die in § 57 genannten Beschäftigten betreffen, kann die gesamte Jugend- und Auszubildendenvertretung beratend teilnehmen. Bei Beschlüssen des Personalrates, die überwiegend die in § 57 genannten Beschäftigten betreffen, haben die Jugend- und Auszubildendenvertreter Stimmrecht.

(2) An der Behandlung von Angelegenheiten, die besonders die nichtständig Beschäftigten betreffen, können die in § 65 Abs. 1 bezeichneten Vertreter mit beratender Stimme teilnehmen.

§ 41

(1) Über jede Verhandlung des Personalrates ist eine Niederschrift aufzunehmen, die mindestens den Wortlaut der Beschlüsse und die Stimmenmehrheit, mit der sie gefaßt sind, enthält. Die Niederschrift ist von dem Vorsitzenden und einem weiteren Mitglied zu unterzeichnen.

제38조

① 공무원과 근로자의 공동의 사안에 관하여 직원평의회에서 공동으로, 논의되고 결의가 이뤄진다.

② 단지 어느 집단에만 관련된 사안과 관련하여 직원평의회에서 공동으로 논의를 한 후 그 집단의 대표자만이 결의를 위하여 소환(召喚)된다. 이는 직원평의회에서 대표되지 않는 집단에 대해서는 적용하지 않는다.

③ 제38조 제2항은 두 개의 집단구성원 중 한 집단구성원만에 관련된 사안에 대해서 준용한다.

제39조

① 어느 집단의 대표자 또는 연소자·직업훈련생대표단 대표자의 과반수가 직원평의회의 결의를 그 집단 또는 대표단에 의해 대표되는 직원의 중대한 이익에 대한 현저한 침해(erhebliche Beeinträchtigung wichtiger Interessen)로 보는 경우에 그 과반수의 신청이 있는 때에는, 그 결의는 결의를 한 때로부터 6일의 근무일 후로 연기되어야 한다. 이러한 기간 내에, 필요한 경우에는 직원평의회구성원 또는 연소자·직업훈련생대표단원으로 대표되는 노동조합의 도움을 받아 합의가 시도된다. 제1문에 따른 결의의 연기로 인해 그 기간이 연장되지 않는다.

② 그 기간이 도과한 후에 그 사안에 대하여 새롭게 결의를 해야 한다. 최초의 결의가 확인되더라도, 연기 신청은 다시 반복되지 않는다.

③ 중증장애인대표단이 직원평의회의 결의(決議)를 중증장애인의 중대한 이익에 대한 현저한 침해로 보는 경우에 제39조 제1항, 제2항을 준용한다.

제40조

① 연소자·직업훈련생대표자, 이 대표자에 의해 지정된 사람과 중증장애인대표단은 직원평의회의 모든 회의에 옵서버로 참여할 수 있다. 연소자·직업훈련생대표단원 전원(gesamte Jugend- und Auszubildendenvertretung)은 특히 제57조상의 직원에 관련된 사안의 처리에 옵서버로 참여할 수 있다. 연소자·직업훈련생대표단대표자(Jugend- und Auszubildendenvertreter)는 주로 제57조상의 직원에 관련된, 직원평의회의 결의(決意)의 경우에서 의결권(議決權)을 갖는다.

② 제65조에 기재된 대표자는 특히 비상임직원에 관련된 사안의 처리에 옵서버로 참여할 수 있다.

제41조

① 직원평의회의 모든 평의에 대하여 최소한 결의의 내용(Wortlaut der Beschlüsse)과 이뤄진 다수결(Stimmenmehrheit)을 포함하는 의사록을 작성해야 한다. 의사록에는 직원평의회 의장이 서명하고 추가로 그 위원이 서명(署名)해야 한다.

Der Niederschrift ist eine Anwesenheitsliste beizufügen, in die sich jeder Teilnehmer eigenhändig einzutragen hat.
(2) Haben der Leiter der Dienststelle oder Beauftragte von Gewerkschaften an der Sitzung teilgenommen, so ist ihnen der entsprechende Teil der Niederschrift abschriftlich zuzuleiten. Einwendungen gegen die Niederschrift sind unverzüglich schriftlich zu erheben und der Niederschrift beizufügen.

§ 42

Sonstige Bestimmungen über die Geschäftsführung können in einer Geschäftsordnung getroffen werden, die der Personalrat mit der Mehrheit der Stimmen seiner Mitglieder beschließt.

§ 43

Der Personalrat kann Sprechstunden während der Arbeitszeit einrichten. Zeit und Ort bestimmt er im Einvernehmen mit dem Leiter der Dienststelle.

§ 44

(1) Die durch die Tätigkeit des Personalrates entstehenden Kosten trägt die Dienststelle. Mitglieder des Personalrates erhalten bei Reisen, die zur Erfüllung ihrer Aufgaben notwendig sind, Reisekostenvergütungen nach dem Bundesreisekostengesetz.
(2) Für die Sitzungen, die Sprechstunden und die laufende Geschäftsführung hat die Dienststelle in erforderlichem Umfang Räume, den Geschäftsbedarf und Büropersonal zur Verfügung zu stellen.
(3) Dem Personalrat werden in allen Dienststellen geeignete Plätze für Bekanntmachungen und Anschläge zur Verfügung gestellt.

§ 45

Der Personalrat darf für seine Zwecke von den Beschäftigten keine Beiträge erheben oder annehmen.

Vierter Abschnitt Rechtsstellung der Personalratsmitglieder

§ 46

(1) Die Mitglieder des Personalrates führen ihr Amt unentgeltlich als Ehrenamt.
(2) Versäumnis von Arbeitszeit, die zur ordnungsgemäßen Durchführung der Aufgaben des Personalrates erforderlich ist, hat keine Minderung der Dienstbezüge oder des Arbeitsentgeltes zur Folge. Werden Personalratsmitglieder durch die Erfüllung ihrer Aufgaben über die regelmäßige Arbeitszeit hinaus beansprucht, so ist ihnen Dienstbefreiung in entsprechendem Umfang zu gewähren.

의사록에 모든 참석자가 자필(自筆)로 기재한 참석자목록(Anwesenheitsliste)을 첨부(添附)해야 한다.
② 공공관서장 또는 노동조합의 대리인이 회의에 참석한 경우에, 그들에게 관련 의사록일부(entsprechende Teil der Niederschrift)의 사본(寫本)이 제공되어야 한다. 의사록에 대한 이의(Einwendungen)는 지체 없이 서면(書面)으로 제기되어야 하고 그에 의사록이 첨부(添附)되어야 한다.

제42조
사무처리에 관한 기타 규정은 직원평의회가 그 구성원 투표의 과반수로 결의한 사무규정으로 정해질 수 있다.

제43조
직원평의회는 근무시간 중에 상담시간을 가질 수 있다. 직원평의회가 공공관서장과 협의하여 그 시간 및 장소를 정한다.

제44조
① 직원평의회의 활동으로 인하여 생긴 비용은 공공관서가 부담한다. 직원평의회구성원은 자신의 업무수행에 필요한 여행을 한 경우에 연방여비(旅費)법에 따른 여비보상(Reisekostenvergütungen nach dem Bundesreisekostengesetz)을 받는다.
② 공공관서는 회의, 상담시간, 일상적 사무처리를 위해 필요한 범위 내의 사무실(in erforderlichem Umfang Räume), 사무처리에 필요한 것(Geschäftsbedarf), 사무직원(Büropersonal)을 지원되어야 한다.
③ 직원평의회는 모든 공공관서에서 공고와 게시를 위한 적절한 장소(geeignete Plätze)를 제공받는다.

제45조
직원평의회는 자신의 목적을 위해 직원에게서 회비(Beiträge)를 징수하거나 받아서는 안 된다.

## 제4절 직원평의회구성원의 법적지위

제46조
① 직원평의회구성원은 무보수 명예직으로 자신의 직무를 수행한다.
② 직원평의회의 임무의 원활한 수행을 위해 필요한 근무시간손실로 인해 보수 또는 임금의 감액(Minderung der Dienstbezüge oder des Arbeitsentgeltes)이 이뤄지지 않는다. 직원평의회구성원이 자신의 임무수행을 위해 통상적인 근무시간을 초과하는(über die regelmäßige Arbeitszeit hinaus) 시간을 청구하는 경우에, 그는 적절한 범위 내에서 근무면제(勤務免除)를 받는다.

(3) Mitglieder des Personalrates sind von ihrer dienstlichen Tätigkeit freizustellen, wenn und soweit es nach Umfang und Art der Dienststelle zur ordnungsgemäßen Durchführung ihrer Aufgaben erforderlich ist. Bei der Auswahl der freizustellenden Mitglieder hat der Personalrat zunächst die nach § 32 Abs. 1 gewählten Vorstandsmitglieder, sodann die nach § 33 gewählten Ergänzungsmitglieder und schließlich weitere Mitglieder zu berücksichtigen. Bei weiteren Freistellungen sind die auf die einzelnen Wahlvorschlagslisten entfallenden Stimmen im Wege des Höchstzahlverfahrens zu berücksichtigen, wenn die Wahl des Personalrates nach den Grundsätzen der Verhältniswahl durchgeführt (§ 19 Abs. 3 Satz 1) wurde; dabei sind die nach Satz 2 freigestellten 다단계행정er von den auf jede Wahlvorschlagsliste entfallenden Freistellungen abzuziehen. Im Falle der Personenwahl (§ 19 Abs. 3 Satz 2) bestimmt sich die Rangfolge der weiteren freizustellenden Mitglieder nach der Zahl der für sie bei der Wahl zum Personalrat abgegebenen Stimmen. Sind die Mitglieder der im Personalrat vertretenen Gruppen teils nach den Grundsätzen der Verhältniswahl, teils im Wege der Personenwahl gewählt worden, sind bei weiteren Freistellungen die Gruppen entsprechend der Zahl ihrer Mitglieder nach dem Höchstzahlverfahren zu berücksichtigen; innerhalb der Gruppen bestimmen sich die weiteren Freistellungen in diesem Fall je nach Wahlverfahren in entsprechender Anwendung des Satzes 3 und nach Satz 4. Die Freistellung darf nicht zur Beeinträchtigung des beruflichen Werdegangs führen.

(4) Von ihrer dienstlichen Tätigkeit sind nach Absatz 3 ganz freizustellen in Dienststellen mit in der Regel

300 bis 600 Beschäftigten ein Mitglied,
601 bis 1.000 Beschäftigten zwei Mitglieder,
1.001 bis 2.000 Beschäftigten drei Mitglieder,
2.001 bis 3.000 Beschäftigten vier Mitglieder,
3.001 bis 4.000 Beschäftigten fünf Mitglieder,
4.001 bis 5.000 Beschäftigten sechs Mitglieder,
5.001 bis 6.000 Beschäftigten sieben Mitglieder,
6.001 bis 7.000 Beschäftigten acht Mitglieder,
7.001 bis 8.000 Beschäftigten neun Mitglieder,
8.001 bis 9.000 Beschäftigten zehn Mitglieder,
9.001 bis 10.000 Beschäftigten elf Mitglieder.

In Dienststellen mit mehr als 10.000 Beschäftigten ist für je angefangene weitere 2.000 Beschäftigte ein weiteres Mitglied freizustellen. Von den Sätzen 1 und 2 kann im Einvernehmen zwischen Personalrat und Dienststellenleiter abgewichen werden.

(5) Die von ihrer dienstlichen Tätigkeit ganz freigestellten Personalratsmitglieder erhalten eine monatliche Aufwandsentschädigung. Nur teilweise, aber mindestens für die Hälfte der regelmäßigen Arbeitszeit freigestellte Personalratsmitglieder erhalten die Hälfte der Aufwandsentschädigung nach Satz 1. Die Bundesregierung bestimmt durch Rechtsverordnung, die nicht der Zustimmung des

③ 그러한 면제가 공공관서의 규모와 종류에 따라 자신의 업무의 원활한 수행에 필요한 경우 이를 위해 적절한 범위 내에서, 직원평의회구성원은 자신의 직무상 활동에서 면제된다. 근무면제되는 구성원의 선발에 있어, 직원평의회는 먼저 제32조 제1항에 따른 선출된 이사회구성원을 고려한 다음, 제33조에 따라 선출된 대체구성원을 고려한 후 마지막으로 추가적 구성원을 고려해야 한다. 직원평의회의 선거가 비례대표원칙에 따라 실시되는 경우에(제19조 제3항 제1문), 추가적인 근무면제자를 정함에 있어 각 후보자명부(einzelnen Wahlvorschlagslisten)에 할당된 득표가 최대수산정절차의 과정에서 고려되어야 한다. 이 경우에 제2문에 따라 근무면제(Freistellungen)가 되는 이사회구성원은 각 후보자명부에 할당된 근무면제자 중에서 제외된다. 인물선거(Personenwahl; 제19조 제3항 제2문)의 경우에 추가적으로 근무면제되는 구성원의 순위는, 그 구성원이 직원평의회선거에서 얻은 득표수에 따라 정해진다. 직원평의회선거에서 대표되는 집단에 속한 구성원이 부분적으로 비례대표선거원칙에 따라, 부분적으로는 인물선거의 방식으로 선출된 경우에, 추가적인 근무면제자를 정함에 있어 그 집단은 집단구성원수에 비례하여 최대수산정절차(Höchstzahlverfahren)에서 고려되어야 한다; 이러한 경우에 추가적 근무면제자(weiteren Freistellungen)는 각각 제3문을 준용한 선거절차와 제4문에 따라 그 집단 내에서 정해진다. 근무면제로 인해 직업적 경력(beruflichen Werdegangs)에 대한 침해가 초래되어서는 안 된다.

④ 상시적으로 다음과 같은 직원이 있는 공공관서의 경우 다음과 같이 전면적으로 자신의 직무상 활동에서,
300명~500명의 경우 1명의 직원평의회구성원이,
601명~1,000명의 경우 2명의 직원평의회구성원이,
1,001명~2,000명의 경우 3명의 직원평의회구성원이,
2,001명~3,000명의 경우 4명의 직원평의회구성원이,
3,001명~4,000명의 경우 5명의 직원평의회구성원이,
4,001명~5,000명의 경우 6명의 직원평의회구성원이,
5,001명~6,000명의 경우 7명의 직원평의회구성원이,
6,001명~7,000명의 경우 8명의 직원평의회구성원이,
7,001명~8,000명의 경우 9명의 직원평의회구성원이,
8,001명~9,000명의 경우 10명의 직원평의회구성원이,
9,001명~10,000명의 경우 11명의 직원평의회구성원이 근무면제를 받아야 한다.
10,000명을 초과하는 직원이 있는 사업의 경우에 추가되는 2,000명의 직원당 1명꼴로 추가로 근무면제가 이뤄져야 한다. 직원평의회와 공공관서장 간의 합의로(im Einvernehmen) 제1문, 제2문과 달리 정해질 수 있다.

⑤ 자신의 직무상 활동에서 전면적으로 근무면제가 이뤄지는 직원평의회구성원은 매달 경비보상을 받는다. 부분적으로 근무면제가 이뤄지나, 최소한 통상적인 근무시간의 절반에 대해 근무면제가 된 직원평의회구성원은 제1항에 따른 경비보상의 절반을 받는다. 연방정부는 연

Bundesrates bedarf, die Höhe der Aufwandsentschädigung.

(6) Die Mitglieder des Personalrates sind unter Fortzahlung der Bezüge für die Teilnahme an Schulungs- und Bildungsveranstaltungen vom Dienst freizustellen, soweit diese Kenntnisse vermitteln, die für die Tätigkeit im Personalrat erforderlich sind.

(7) Unbeschadet des Absatzes 6 hat jedes Mitglied des Personalrates während seiner regelmäßigen Amtszeit Anspruch auf Freistellung vom Dienst unter Fortzahlung der Bezüge für insgesamt drei Wochen zur Teilnahme an Schulungs- und Bildungsveranstaltungen, die von der Bundeszentrale für politische Bildung als geeignet anerkannt sind. Beschäftigte, die erstmals das Amt eines Personalratsmitgliedes übernehmen und nicht zuvor Jugend- und Auszubildendenvertreter gewesen sind, haben einen Anspruch nach Satz 1 für insgesamt vier Wochen.

§ 47

(1) Die außerordentliche Kündigung von Mitgliedern des Personalrates, die in einem Arbeitsverhältnis stehen, bedarf der Zustimmung des Personalrates. Verweigert der Personalrat seine Zustimmung oder äußert er sich nicht innerhalb von drei Arbeitstagen nach Eingang des Antrages, so kann das Verwaltungsgericht sie auf Antrag des Dienststellenleiters ersetzen, wenn die außerordentliche Kündigung unter Berücksichtigung aller Umstände gerechtfertigt ist. In dem Verfahren vor dem Verwaltungsgericht ist der betroffene Arbeitnehmer Beteiligter.

(2) Mitglieder des Personalrates dürfen gegen ihren Willen nur versetzt oder abgeordnet werden, wenn dies auch unter Berücksichtigung der Mitgliedschaft im Personalrat aus wichtigen dienstlichen Gründen unvermeidbar ist. Als Versetzung im Sinne des Satzes 1 gilt auch die mit einem Wechsel des Dienstortes verbundene Umsetzung in derselben Dienststelle; das Einzugsgebiet im Sinne des Umzugskostenrechts gehört zum Dienstort. Die Versetzung oder Abordnung von Mitgliedern des Personalrates bedarf der Zustimmung des Personalrates.

(3) Für Beamte im Vorbereitungsdienst und Beschäftigte in entsprechender Berufsausbildung gelten die Absätze 1, 2 und die §§ 15, 16 des Kündigungsschutzgesetzes nicht. Absätze 1 und 2 gelten ferner nicht bei der Versetzung oder Abordnung dieser Beschäftigten zu einer anderen Dienststelle im Anschluß an das Ausbildungsverhältnis. Die Mitgliedschaft der in Satz 1 bezeichneten Beschäftigten im Personalrat ruht unbeschadet des § 29, solange sie entsprechend den Erfordernissen ihrer Ausbildung zu einer anderen Dienststelle versetzt oder abgeordnet sind.

Fünfter Abschnitt Personalversammlung

§ 48

(1) Die Personalversammlung besteht aus den Beschäftigten der Dienststelle. Sie wird vom Vorsitzenden des Personalrates geleitet. Sie ist nicht öffentlich.

(2) Kann nach den dienstlichen Verhältnissen eine gemeinsame Versammlung aller Beschäftigten

방참사원의 동의를 필요로 하는 법규명령으로 경비보상의 상한을 정한다.

⑥ 그 행사가 직원평의회의 활동에 필요한 지식을 전해주는 한, 직원평의회구성원은 교육·훈련행사의 참가에 대해(für die Teilnahme an Schulungs- und Bildungsveranstaltungen) 유급의 근무면제를 받는다.

⑦ 제46조 제6항에 상관없이, 각 직원평의회구성원은 통상적 근무시간 중에 연방정치교육센터(Bundeszentrale für politische Bildung)가 적절한 것으로 인정한 교육·훈련행사의 참가(Teilnahme an Schulungs- und Bildungsveranstaltungen)를 위한 총 3주간의 유급의 근무면제청구권(Anspruch auf Freistellung vom Dienst unter Fortzahlung der Bezüge)을 갖는다. 처음으로 직원평의회구성원의 직무를 맡고 이전에 연소자·업훈련생대표자를 지낸 적이 없는 직원은 총 4주간의 제1문에 따른 청구권을 갖는다.

제47조

① 근로관계가 있는 직원평의회구성원에 대한 즉시해고는 직원평의회의 동의(同議)를 필요로 한다. 직원평의회가 동의를 거부하거나 동의신청이 도달된 후 3일의 근무일 내에 동의를 하지 않은 경우에, 지방행정법원은 공공관서장의 신청에 따라, 비통상적 해고가 제반사정을 고려하여 정당화되는 때에는(wenn die außerordentliche Kündigung unter Berücksichtigung aller Umstände gerechtfertigt ist) 그 동의를 대체하는 결정할 수 있다. 지방행정법원의 그 절차에서 해당 근로자는 이해관계인이 된다.

② 직원평의회의 자격을 고려하더라도(auch unter Berücksichtigung der Mitgliedschaft) 이것이 중대한 직무상 사유에서(aus wichtigen dienstlichen Gründen) 불가피하지 않은 경우에, 직원평의회구성원은 그 의사에 반하여 배치전환(配置轉換)되거나 파견(派遣)되지 않는다. 근무지의 변경이 수반되는, 동일한 공공관서 내의 전보(Umsetzung in derselben Dienststelle)도 제1문상의 배치전환(Versetzung)으로 본다. 직원평의회구성원에 대한 배치전환과 파견은 직원평의회의 동의를 필요로 한다.

③ 실습중인 공무원과 관련 직업훈련 중인 근로자에 대해 제47조 제1항, 제2항, 해고보호법 제15조, 제16조를 적용하지 않는다. 또한 제47조 제1항, 제2항은 이러한 직원에 대해 직업훈련관계에 연이어 다른 공공관서로의 배치전환 또는 파견의 경우에 적용하지 않는다. 제1문상의 직원의 직원평의회의 자격은 그 직원이 그 교육의 필요에 따라 다른 공공관서로 배치전환되거나 파견된 동안에 제29조를 불문하고 정지된다.

제5절 직원총회

제48조

① 직원총회는 당해 공공관서의 직원들로 구성된다. 직원총회는 직원평의회의장이 주재한다. 직원총회는 비공개로 한다.

② 근무상 사정(dienstlichen Verhältnissen)에 의해 전체 직원들의 공동총회(gemeinsame nicht stattfinden, so sind Teilversammlungen abzuhalten.

§ 49

(1) Der Personalrat hat einmal in jedem Kalenderhalbjahr in einer Personalversammlung einen Tätigkeitsbericht zu erstatten.

(2) Der Personalrat ist berechtigt und auf Wunsch des Leiters der Dienststelle oder eines Viertels der wahlberechtigten Beschäftigten verpflichtet, eine Personalversammlung einzuberufen und den Gegenstand, dessen Beratung beantragt ist, auf die Tagesordnung zu setzen.

(3) Auf Antrag einer in der Dienststelle vertretenen Gewerkschaft muß der Personalrat vor Ablauf von zwölf Arbeitstagen nach Eingang des Antrages eine Personalversammlung nach Absatz 1 einberufen, wenn im vorhergegangenen Kalenderhalbjahr keine Personalversammlung und keine Teilversammlung durchgeführt worden sind.

§ 50

(1) Die in § 49 Abs. 1 bezeichneten und die auf Wunsch des Leiters der Dienststelle einberufenen Personalversammlungen finden während der Arbeitszeit statt, soweit nicht die dienstlichen Verhältnisse eine andere Regelung erfordern. Die Teilnahme an der Personalversammlung hat keine Minderung der Dienstbezüge oder des Arbeitsentgeltes zur Folge. Soweit in den Fällen des Satzes 1 Personalversammlungen aus dienstlichen Gründen außerhalb der Arbeitszeit stattfinden müssen, ist den Teilnehmern Dienstbefreiung in entsprechendem Umfang zu gewähren. Fahrkosten, die durch die Teilnahme an Personalversammlungen nach Satz 1 entstehen, werden in entsprechender Anwendung des Bundesreisekostengesetzes erstattet.

(2) Andere Personalversammlungen finden außerhalb der Arbeitszeit statt. Hiervon kann im Einvernehmen mit dem Leiter der Dienststelle abgewichen werden.

§ 51

Die Personalversammlung kann dem Personalrat Anträge unterbreiten und zu seinen Beschlüssen Stellung nehmen. Sie darf alle Angelegenheiten behandeln, die die Dienststelle oder ihre Beschäftigten unmittelbar betreffen, insbesondere Tarif-, Besoldungs- und Sozialangelegenheiten sowie Fragen der Frauenförderung und der Vereinbarkeit von Familie und Beruf. § 66 Abs. 2 und § 67 Abs. 1 Satz 3 gelten für die Personalversammlung entsprechend.

§ 52

(1) Beauftragte aller in der Dienststelle vertretenen Gewerkschaften und ein Beauftragter der Arbeitgebervereinigung, der die Dienststelle angehört, sind berechtigt, mit beratender Stimme an der Personalversammlung teilzunehmen. Der Personalrat hat die Einberufung der Personalversammlung den in Satz 1 genannten Gewerkschaften und der Arbeitgebervereinigung

Versammlung)가 개최될 수 없는 경우에는 일부직원총회가 개최되어야 한다.

第49조

① 직원평의회가 역년마다 한 차례(einmal in jedem Kalenderhalbjahr) 직원총회에서 활동보고를 한다.

② 직원평의회는 직원총회를 소집할 수 있고 논의 안건으로 신청된 안건을 의사일정에 포함시킬 수 있으며, 공공관서장 또는 선거권이 있는 직원의 1/4이 요구하는 경우에는 이를 소집하고 그 안건을 의사일정에 포함시킬 의무가 있다.

③ 직전 해의 역년에 직원총회(Personalversammlung)와 일부직원총회(Teilversammlung)가 개최되지 않은 때에는, 직원평의회는 당해 공공관서에 조합원인 직원이 있는 노동조합의 신청에 따라 그 신청이 도달한 때로부터 12일의 근무일이 경과하기 전에 제1항에 따른 직원총회를 소집(召集)해야만 한다.

第50조

① 제49조 제1항에 기재된 직원총회와 공공관서장의 요구에 따라 소집된 직원총회는, 근무사정으로 인해 달리 정할 필요가 없는 한, 근무시간 중에(während der Arbeitszeit) 개최된다. 직원총회에 참석으로 인해 보수(報酬) 또는 임금의 감액(Minderung der Dienstbezüge oder des Arbeitsentgeltes)이 이뤄지지 않는다. 제1문의 경우에 근무 사정으로 인해 직원총회가 근무시간 이외에 개최되어야만 하는 경우에, 참석자는 적절한 범위 내에서(in entsprechendem Umfang)근무가 면제된다. 제1문에 따른 직원총회의 참석으로 인하여 발생한 교통비(Fahrkosten)는 연방여비법의 준용에 의하여(in entsprechender Anwendung des Bundesreisekostengesetzes) 상환(償還)된다.

② 기타 직원총회는 근무시간 이외에 개최된다. 공공관서장과의 합의로 이에 대하여 달리 정할 수 있다.

第51조

직원총회는 직원평의회에 안건을 제출할 수 있고 직원평의회의 결의에 의견을 표명할 수 있다. 직원총회는 공공관서 또는 그 직원에 직접적으로 관련된 모든 사안, 특히 단체협약사항·보수사항·사회적 사항(Tarif-, Besoldungs- und Sozialangelegenheiten) 과 일과 가정의 양립의 촉진(促進) 문제를 다룰 수 있다. 제66조 제2항, 제67조 제1항 제3문을 직원총회(Personalversammlung)에 준용한다.

第52조

① 당해 공공관서에 조합원인 직원이 있는 모든 노동조합의 대리인과 그 공공관서가 속한 사용자단체의 대리인(Beauftragter)은 직원총회(Personalversammlung)에 옵서버로(mit beratender Stimme) 참석할 수 있다. 직원평의회는 제1문상의 노동조합 및 사용자단체(in Satz 1 genannten Gewerkschaften und der Arbeitgebervereinigung)에 소집(召集)을 통지(洞知)해야 한

mitzuteilen. Ein beauftragtes Mitglied der Stufenvertretung oder des Gesamtpersonalrates sowie ein Beauftragter der Dienststelle, bei der die Stufenvertretung besteht, können an der Personalversammlung teilnehmen.

(2) Der Leiter der Dienststelle kann an der Personalversammlung teilnehmen. An Versammlungen, die auf seinen Wunsch einberufen sind oder zu denen er ausdrücklich eingeladen ist, hat er teilzunehmen.

## Sechster Abschnitt Stufenvertretungen und Gesamtpersonalrat

### § 53

(1) Für den Geschäftsbereich mehrstufiger Verwaltungen werden bei den Behörden der Mittelstufe Bezirkspersonalräte, bei den obersten Dienstbehörden Hauptpersonalräte gebildet.

(2) Die Mitglieder des Bezirkspersonalrates werden von den zum Geschäftsbereich der Behörde der Mittelstufe, die Mitglieder des Hauptpersonalrates von den zum Geschäftsbereich der obersten Dienstbehörde gehörenden Beschäftigten gewählt.

(3) Die §§ 12 bis 16, § 17 Abs. 1, 2, 6 und 7, §§ 18 bis 21 und 23 bis 25 gelten entsprechend. § 14 Abs. 3 gilt nur für die Beschäftigten der Dienststelle, bei der die Stufenvertretung zu errichten ist. Eine Personalversammlung zur Bestellung des Bezirks- oder Hauptwahlvorstandes findet nicht statt. An ihrer Stelle übt der Leiter der Dienststelle, bei der die Stufenvertretung zu errichten ist, die Befugnis zur Bestellung des Wahlvorstandes nach § 20 Abs. 2, §§ 21 und 23 aus.

(4) Werden in einer Verwaltung die Personalräte und Stufenvertretungen gleichzeitig gewählt, so führen die bei den Dienststellen bestehenden Wahlvorstände die Wahlen der Stufenvertretungen im Auftrage des Bezirks- oder Hauptwahlvorstandes durch; andernfalls bestellen auf sein Ersuchen die Personalräte oder, wenn solche nicht bestehen, die Leiter der Dienststellen die örtlichen Wahlvorstände für die Wahl der Stufenvertretungen.

(5) In den Stufenvertretungen erhält jede Gruppe mindestens einen Vertreter. Besteht die Stufenvertretung aus mehr als neun Mitgliedern, erhält jede Gruppe mindestens zwei Vertreter. § 17 Abs. 5 gilt entsprechend.

### § 54

(1) Für die Stufenvertretungen gelten die §§ 26 bis 39, 40 Abs. 1, §§ 41, 42, 44, 45, 46 Abs. 1 bis 3 und 5 bis 7, § 47 entsprechend, soweit in Absatz 2 nichts anderes bestimmt ist.

(2) § 34 Abs. 1 gilt mit der Maßgabe, das die Mitglieder der Stufenvertretung spätestens zwölf Arbeitstage nach dem Wahltag einzuberufen sind.

### § 55

다. 단계적 직원대표기구 또는 전체직원평의회의구성원의 대리인과 단계적 직원대표기구가 있는 공공관서의 대리인은 직원총회에 참석할 수 있다.
② 공공관서장은 직원총회에 참석할 수 있다. 공공관서장은 자신의 요구에 따라 소집되거나, 자신이 명시적으로(ausdrücklich) 소환된 직원총회에 참석해야 한다.

## 제6절 단계적 직원대표기구와 전체직원평의회

### 제53조

① 다단계행정의 업무영역에서 중급행정관청의 경우에는 '광역(廣域)직원평의회'(Bezirkspersonalräte), 최상급행정관청의 경우에는 '최상급직원평의회'(Hauptpersonalräte)가 각각 조직된다.
② 광역(廣域)직원평의회구성원은 중급행정관청(Behörde der Mittelstufe)의 업무영역에 속한 사람들에 의해, 최상급직원평의회구성원은 최상급행정관청(obersten Dienstbehörde)의 업무영역에 속한 직원들에 의해 각각 선출된다.
③ 제12조 내지 제16조, 제17조 제1항, 제2항, 제6항, 제7항, 제18조 내지 제21조, 제23조 내지 제25조를 준용한다. 제14조 제3항은 단계적 직원대표기구가 설치된 공공관서의 직원에 대해서만 적용한다. 광역(廣域)선거위원회 또는 최상급선거위원회(Bezirks- oder Hauptwahlvorstandes)의 구성을 위한 직원총회는 개최되지 않는다. 공공관서장이 단계적 직원대표기구가 설치된 공공관서장이 직원총회를 대신하여, 제20조 제2항, 제21조, 제23조에 따른 선거위원회의 구성을 위한 권한(權限)을 행사한다.
④ 어느 행정부문에서 직원평의회와 단계적 직원대표기구가 동시에 구성되는 경우에, 그 공공관서에 존재하는 선거위원회가 광역선거위원회 또는 최상급선거위원회의 위임을 받아 단계적 직원대표기구의 선거도 실시한다; 이러한 경우 이외의 경우에는 그 요구에 따라, 직원평의회나 직원평의회가 없는 경우에는 공공관서장이, 단계적 직원대표기구의 선거를 위한 지역선거위원회를 구성한다.
⑤ 단계적 직원대표기구에서 각 집단은 최소한 1명의 대표자를 배정받는다. 단계적 직원대표기구가 9명의 구성원을 초과하여 구성된 경우에, 각 집단은 최소한 2명의 대표자를 배정받는다. 제17조 제5항을 준용한다.

### 제54조

① 제54조 제2항이 달리 정하지 않는 한, 단계적 직원대표기구에 대하여 제26조 내지 제39조, 제40조 제1항, 제41조, 제42조, 제44조, 제45조, 제46조 제1항 내지 제3항, 제5항 내지 제7항, 제47조를 준용한다.
② 단계적 직원대표기구의 구성원이 늦어도 선거일로부터 12일의 근무일까지 소환된다는 기준하에 제34조 제1항을 준용한다.

### 제55조

In den Fällen des § 6 Abs. 3 wird neben den einzelnen Personalräten ein Gesamtpersonalrat gebildet.

§ 56

Für den Gesamtpersonalrat gelten § 53 Abs. 2 und 3 und § 54 Abs. 1 Halbsatz 1 entsprechend.

**Drittes Kapitel Jugend- und Auszubildendenvertretung, Jugend- und Auszubildendenversammlung**

§ 57

In Dienststellen, bei denen Personalvertretungen gebildet sind und denen in der Regel mindestens fünf Beschäftigte angehören, die das 18. Lebensjahr noch nicht vollendet haben (jugendliche Beschäftigte) oder die sich in einer beruflichen Ausbildung befinden und das 25. Lebensjahr noch nicht vollendet haben, werden Jugend- und Auszubildendenvertretungen gebildet.

§ 58

(1) Wahlberechtigt sind alle in § 57 genannten Beschäftigten. § 13 Abs. 1 gilt entsprechend.

(2) Wählbar sind Beschäftigte, die am Wahltage noch nicht das 26. Lebensjahr vollendet haben. § 14 Abs. 1 Satz 1 Nr. 1, Satz 2, Abs. 2 und 3 gilt entsprechend.

§ 59

(1) Die Jugend- und Auszubildendenvertretung besteht in Dienststellen mit in der Regel

5 bis 20 der in § 57 genannten Beschäftigten
  aus einem Jugend- und Auszubildendenvertreter,

21 bis 50 der in § 57 genannten Beschäftigten
  aus drei Jugend- und Auszubildendenvertretern,

51 bis 200 der in § 57 genannten Beschäftigten
  aus fünf Jugend- und Auszubildendenvertretern,

201 bis 300 der in § 57 genannten Beschäftigten
  aus sieben Jugend- und Auszubildendenvertretern,

301 bis 1.000 der in § 57 genannten Beschäftigten
  aus elf Jugend- und Auszubildendenvertretern,

mehr als 1.000 der in § 57 genannten Beschäftigten
  aus fünfzehn Jugend- und Auszubildendenvertretern.

(2) Die Jugend- und Auszubildendenvertretung soll sich aus Vertretern der verschiedenen Beschäftigungsarten der der Dienststelle angehörenden in § 57 genannten Beschäftigten zusammensetzen.

(3) Die Geschlechter sollen in der Jugend- und Auszubildendenvertretung entsprechend ihrem

제6조 제3항의 경우에 각 직원평의회뿐만 아니라 전체직원평의회(Gesamtpersonalrat)도 조직된다.

第56조

전체직원평의회에 대하여 제53조 제2항, 제3항, 제54조 제1항 둘째소문(小文)을 준용한다.

## 제3장 연소자·직업훈련생대표단, 연소자·직업훈련생총회

第57조

직원대표기구가 조직되어 있고, 만 18세 미만이거나(연소직원; 年少職員; jugendliche Beschäftigte), 직업훈련을 받고 있고 아직 만 25세에 달하지 않은 직원이 상시적으로 5명 이상이 있는 공공관서에 연소자·직업훈련생대표단(Jugend- und Auszubildendenvertretungen)이 구성된다.

第58조

① 제57조상의 모든 직원은 선거권을 가진다. 제13조 제1항을 준용한다.

② 선거일 기준으로 만 26세 미만의 직원은 피선거권을 가진다. 제14조 제1항 제1문 제1호, 제2문, 제2항, 제3항을 준용한다.

第59조

① 상시 다음의 직원이 있는 공공관서의 경우 다음과 같이,

제57조상의 직원이 5명~20명이 있는 경우에

1명의 연소자·직업훈련생대표자로,

제57조상의 직원이 21명~50명이 있는 경우에

3명의 연소자·직업훈련생대표자로,

제57조상의 직원이 51명~200명이 있는 경우에

5명의 연소자·직업훈련생대표자로,

제57조상의 직원이 201명~300명이 있는 경우에

7명의 연소자·직업훈련생대표자로,

제57조상의 직원이 301명~1,000명이 있는 경우에

11명의 연소자·직업훈련생대표자로,

제57조상의 직원이 1,000명을 초과하는 경우에

15명의 연소자·직업훈련생대표자로 연소자·직업훈련생대표단이 구성된다.

② 연소자·직업훈련생대표단은 공공관서에 속하는 제57조상의 직원들의 다양한 고용형태의 대표자로(aus Vertretern der verschiedenen Beschäftigungsarten) 구성된다.

③ 각 성(Geschlechter)은 연소자·직업훈련생대표단에서 그 수(數)에 비례(比例)하여 대표되어

Zahlenverhältnis vertreten sein.

§ 60

(1) Der Personalrat bestimmt den Wahlvorstand und seinen Vorsitzenden. § 19 Abs. 1, 3, 4 Satz 1, Abs. 5, 7 und 9, § 20 Abs. 1 Satz 3 und 4, § 24 Abs. 1 Satz 1 und 2, Abs. 2 und § 25 gelten entsprechend.

(2) Die regelmäßige Amtszeit der Jugend- und Auszubildendenvertretung beträgt zwei Jahre. Sie beginnt mit dem Tage der Wahl oder, wenn zu diesem Zeitpunkt noch eine Jugend- und Auszubildendenvertretung besteht, mit dem Ablauf ihrer Amtszeit. Die regelmäßigen Wahlen der Jugend- und Auszubildendenvertretung finden alle zwei Jahre in der Zeit vom 1. März bis 31. Mai statt. Die Amtszeit endet spätestens am 31. Mai des Jahres, in dem nach Satz 3 die regelmäßigen Wahlen der Jugend- und Auszubildendenvertretung stattfinden. Für die Wahl der Jugend- und Auszubildendenvertretung außerhalb des Zeitraums für die regelmäßigen Wahlen gilt § 27 Abs. 2 Nr. 2 bis 5, Abs. 3 und 5 entsprechend.

(3) Besteht die Jugend- und Auszubildendenvertretung aus drei oder mehr Mitgliedern, so wählt sie aus ihrer Mitte einen Vorsitzenden und dessen Stellvertreter.

(4) Die §§ 28 bis 31 gelten entsprechend.

§ 61

(1) Die Jugend- und Auszubildendenvertretung hat folgende allgemeine Aufgaben:

1. Maßnahmen, die den in § 57 genannten Beschäftigten dienen, insbesondere in Fragen der Berufsbildung, beim Personalrat zu beantragen,
2. darüber zu wachen, daß die zugunsten der in § 57 genannten Beschäftigten geltenden Gesetze, Verordnungen, Unfallverhütungsvorschriften, Tarifverträge, Dienstvereinbarungen und Verwaltungsanordnungen durchgeführt werden,
3. Anregungen und Beschwerden von in § 57 genannten Beschäftigten, insbesondere in Fragen der Berufsbildung, entgegenzunehmen und, falls sie berechtigt erscheinen, beim Personalrat auf eine Erledigung hinzuwirken; die Jugend- und Auszubildendenvertretung hat die betroffenen in § 57 genannten Beschäftigten über den Stand und das Ergebnis der Verhandlungen zu informieren.

(2) Die Zusammenarbeit der Jugend- und Auszubildendenvertretung mit dem Personalrat bestimmt sich nach § 34 Abs. 3, §§ 39 und 40 Abs. 1.

(3) Zur Durchführung ihrer Aufgaben ist die Jugend- und Auszubildendenvertretung durch den Personalrat rechtzeitig und umfassend zu unterrichten. Die Jugend- und Auszubildendenvertretung kann verlangen, daß ihr der Personalrat die zur Durchführung ihrer Aufgaben erforderlichen Unterlagen zur Verfügung stellt.

(4) Der Personalrat hat die Jugend- und Auszubildendenvertretung zu den Besprechungen

야 한다.

제60조

① 직원평의회가 선거위원회를 구성하고 선거위원회위원장을 정한다. 제19조 제1항, 제3항, 제4항 제1문, 제5항, 제7항, 제9항, 제20조 제1항 제3문, 제4문, 제24조 제1항 제1문, 제2문, 제2항, 제25조를 준용한다.

② 연소자·직업훈련생대표단의 통상적인 임기(regelmäßige Amtszeit der Jugend- und Auszubildendenvertretung)는 2년이다. 그 임기는 선거일에 개시하거나, 선거일에 연소자·직업훈련생대표단이 있는 경우에는 그 임기 만료(滿了)로써 개시한다. 연소자·직업훈련생대표단의 정례적 선거는 2년마다 3월 1일부터 5월 31일까지의 기간에 실시된다. 그 임기는 늦어도 연소자·직업훈련생대표단의 정례적 선거가 실시되는 해의 5월 31일에 만료된다. 정례적 선거 기간 이외의 시기에 실시되는 연소자·직업훈련생대표단선거(Wahl der Jugend- und Auszubildendenvertretung)에 대해 제27조 제2항 제2호 내지 제5호, 제3항, 제5항을 준용한다.

③ 연소자·직업훈련생대표단이 3명 이상으로 구성되는 경우에 연소자·직업훈련생대표단은 그 구성원 중에서 1명의 의장과 그 부의장을 선출한다.

④ 제28조 내지 제31조를 준용한다.

제61조

① 연소자·직업훈련생대표단은 다음 각 호의 일반적인 임무는 갖는다:

1. 제57조상의 직원에 기여하는 조치, 특히 직업훈련 문제에 있어 직원에 기여하는 조치에 대하여 직원평의회에 신청하는 것,
2. 제57조상의 직원을 위하여 적용되는 법률, 명령, 산업재해보호규정, 단체협약, 근무협정(Dienstvereinbarungen) 및 행정명령(Verwaltungsanordnungen)이 집행되는지에 대하여 감시하는 것,
3. 제57조상의 직원의 제안과 고충제기, 특히 직업훈련문제에 관한 제안과 이의제기를 받은 다음, 그것이 정당한 것으로 보이는 경우에 직원평의회가 이를 처리하도록 노력하는 것; 연소자·직업훈련생대표단은 제57조상의 관련 근로자들에게 그 논의의 상황 및 결과(Stand und das Ergebnis der Verhandlunge)를 통지해야 한다.

② 연소자·직업훈련생대표단의 직원평의회와의 협력은 제34조 제3항, 제39조, 제40조 제1항에 따라 정해진다.

③ 연소자·직업훈련생대표단은 그 임무수행(Durchführung ihrer Aufgaben)을 위하여 직원평의회에게서 적시에 또 포괄적으로 통지를 받는다. 연소자·직업훈련생대표단은 직원평의회에게 자신에게 그 임무수행에 필요한 서류(die zur Durchführung ihrer Aufgaben erforderlichen Unterlagen)를 제공하도록 요구할 수 있다.

④ 특히 제57조상의 직원에 관계되는 사안이 처리되는 경우에,

zwischen Dienststellenleiter und Personalrat nach § 66 Abs. 1 beizuziehen, wenn Angelegenheiten behandelt werden, die besonders in § 57 genannte Beschäftigte betreffen.
(5) Die Jugend- und Auszubildendenvertretung kann nach Verständigung des Personalrates Sitzungen abhalten; § 34 Abs. 1, 2 gilt sinngemäß. An den Sitzungen der Jugend- und Auszubildendenvertretung kann ein vom Personalrat beauftragtes Personalratsmitglied teilnehmen.

§ 62

Für die Jugend- und Auszubildendenvertretung gelten die §§ 43 bis 45, § 46 Abs. 1, 2, 3 Satz 1 und 6, Abs. 6, 7 und § 67 Abs. 1 Satz 3 sinngemäß. § 47 gilt entsprechend mit der Maßgabe, daß die außerordentliche Kündigung, die Versetzung und die Abordnung von Mitgliedern der Jugend- und Auszubildendenvertretung der Zustimmung des Personalrates bedürfen. Für Mitglieder des Wahlvorstandes und Wahlbewerber gilt § 47 Abs. 1, 2 Satz 1 und 2 entsprechend.

§ 63

Die Jugend- und Auszubildendenvertretung hat einmal in jedem Kalenderjahr eine Jugend- und Auszubildendenversammlung durchzuführen. Diese soll möglichst unmittelbar vor oder nach einer ordentlichen Personalversammlung stattfinden. Sie wird vom Vorsitzenden der Jugend- und Auszubildendenvertretung geleitet. Der Personalratsvorsitzende oder ein vom Personalrat beauftragtes anderes Mitglied soll an der Jugend- und Auszubildendenversammlung teilnehmen. Die für die Personalversammlung geltenden Vorschriften sind sinngemäß anzuwenden. Außer der in Satz 1 bezeichneten Jugend- und Auszubildendenversammlung kann eine weitere, nicht auf Wunsch des Leiters der Dienststelle einberufene Versammlung während der Arbeitszeit stattfinden.

§ 64

(1) Für den Geschäftsbereich mehrstufiger Verwaltungen werden, soweit Stufenvertretungen bestehen, bei den Behörden der Mittelstufen Bezirks-Jugend- und Auszubildendenvertretungen und bei den obersten Dienstbehörden Haupt-Jugend- und Auszubildendenvertretungen gebildet. Für die Jugend- und Auszubildendenstufenvertretungen gelten § 53 Abs. 2 und 4 sowie die §§ 57 bis 62 entsprechend.
(2) In den Fällen des § 6 Abs. 3 wird neben den einzelnen Jugend- und Auszubildendenvertretungen eine Gesamt-Jugend- und Auszubildendenvertretung gebildet. Absatz 1 Satz 2 gilt entsprechend.

## Viertes Kapitel Vertretung der nichtständig Beschäftigten

§ 65

(1) Steigt während der Amtszeit des Personalrates die Zahl der Beschäftigten vorübergehend um mehr als 20 Personen, die voraussichtlich nur für einen Zeitraum von höchstens sechs Monaten

직원평의회는 연소자·직업훈련생대표단원이 제66조 제1항에 따른 공공관서장과 직원평의회 간의 평의에 참석하도록 해야 한다.
⑤ 연소자·직업훈련생대표단은 직원평의회와의 협의에 따라 회의를 개최할 수 있다; 제34조 제1항, 제2항을 준용한다. 직원평의회에게서 위임을 받는 직원평의회구성원은 연소자·직업훈련생대표단의 회의에 참석할 수 있다.

제62조

연소자·직업훈련생대표단에 대하여 제43조 내지 제45조, 제46조 제1항, 제2항, 제3항 제1문, 제6문, 제6항, 제7항, 제67조 제1항 제3문을 준용한다. 제47조는 연소자·직업훈련생대표단원에 대한 즉시해고, 배치전환 및 파견(außerordentliche Kündigung, die Versetzung und die Abordnung)은 직원평의회의 동의를 필요로 한다는 기준하에 준용한다. 선거위원회위원과 선거입후보자에 대해 제47조 제1항, 제2항 제1문, 제2문을 준용한다.

제63조

연소자·직업훈련생대표단(Die Jugend- und Auszubildendenvertretung)은 역년마다 한 차례 연소자·직업훈련생대표단총회(Jugend- und Auszubildendenversammlung)를 개최해야 한다. 그 총회는 가능한 한 정례적인 직원총회 직전 또는 직후에 개최된다. 그 회의는 연소자·직업훈련생대표단장(Vorsitzenden der Jugend- und Auszubildendenvertretung)이 주재한다. 직원평의회 의장 또는 직원평의회에게서 위임을 받은 다른 직원평의회구성원은 연소자·직업훈련생대표단총회에 참석해야 한다. 직원총회에 적용되는 규정을 그 총회에 준용한다. 제1문에 기재된 연소자·직업훈련생대표단총회 이외에 추가적인 그 총회로, 공공기관장의 요구에 따라 소집되지 않은 그 총회가 한 차례 더 근무시간 중에 개최된다.

제64조

① 다단계행정의 업무영역에 있어, 단계적 직원대표기구가 있는 경우에, 중급행정관청의 경우에는 '광역연소자·직업훈련생대표단'(Bezirks-Jugend- und Auszubildendenvertretungen), 최상급행정관청의 경우에는 '최상급연소자·직업훈련생대표단'(Haupt-Jugend- und Auszubildendenvertretungen)이 각각 조직된다. 단계적 연소자·직업훈련생대표단에 대하여 제53조 제2항, 제4항, 제57조 내지 제62조를 준용한다.
② 제6조 제3항의 경우에 각각의 연소자·직업훈련생대표단 이외에 전체연소자·직업훈련생대표단(Gesamt-Jugend- und Auszubildendenvertretung)도 조직된다.

## 제4장 비상임직원의 대표

제65조

① 최대 6개월 이내의 기간 동안에만 고용(雇傭)되기로 예정된 직원의 수가 직원평의회 임기 도중에(während der Amtszeit des Personalrates) 일시적으로 20명을 초과하여 증가한 경우에,

beschäftigt werden, so wählen die nichtständig Beschäftigten in geheimer Wahl
bei 21 bis 50 nichtständig Beschäftigten einen Vertreter,
bei 51 bis 100 nichtständig Beschäftigten zwei Vertreter,
bei mehr als 100 nichtständig Beschäftigten drei Vertreter.
Der Personalrat bestimmt den Wahlvorstand und seinen Vorsitzenden. Im übrigen gelten für die Wahl der Vertreter § 13 Abs. 1 und 3, §§ 14, 17 Abs. 6 und 7, §§ 19, 24 Abs. 1 Satz 1 und 2, Abs. 2 und § 25 mit Ausnahme der Vorschriften über die Dauer der Zugehörigkeit zum Geschäftsbereich der obersten Dienstbehörde und zum öffentlichen Dienst entsprechend.
(2) Die Amtszeit der in Absatz 1 bezeichneten Vertreter endet mit Ablauf des für die Beschäftigung der nichtständig Beschäftigten vorgesehenen Zeitraums oder mit Wegfall der Voraussetzungen für ihre Wahl. § 26 Satz 2, § 27 Abs. 2 Nr. 2 bis 4, Abs. 3 und §§ 28 bis 31 gelten entsprechend.
(3) Für die in Absatz 1 bezeichneten Vertreter gelten §§ 43 bis 45, § 46 Abs. 1, 2, 3 Satz 1 und § 67 Abs. 1 Satz 3 sinngemäß.
(4) An den Sitzungen des Personalrates nehmen die in Absatz 1 bezeichneten Vertreter nach Maßgabe des § 40 Abs. 2 teil.

## Fünftes Kapitel Beteiligung der Personalvertretung

### Erster Abschnitt Allgemeines

§ 66

(1) Der Leiter der Dienststelle und die Personalvertretung sollen mindestens einmal im Monat zu Besprechungen zusammentreten. In ihnen soll auch die Gestaltung des Dienstbetriebes behandelt werden, insbesondere alle Vorgänge, die die Beschäftigten wesentlich berühren. Sie haben über strittige Fragen mit dem ernsten Willen zur Einigung zu verhandeln und Vorschläge für die Beilegung von Meinungsverschiedenheiten zu machen.
(2) Dienststelle und Personalvertretung haben alles zu unterlassen, was geeignet ist, die Arbeit und den Frieden der Dienststelle zu beeinträchtigen. Insbesondere dürfen Dienststelle und Personalvertretung keine Maßnahmen des Arbeitskampfes gegeneinander durchführen. Arbeitskämpfe tariffähiger Parteien werden hierdurch nicht berührt.
(3) Außenstehende Stellen dürfen erst angerufen werden, wenn eine Einigung in der Dienststelle nicht erzielt worden ist.

§ 67

(1) Dienststelle und Personalvertretung haben darüber zu wachen, dass alle Angehörigen der Dienststelle nach Recht und Billigkeit behandelt werden, insbesondere, dass jede Benachteiligung

비상임직원은 비밀선거로,
21명~50명의 비상임직원의 경우에 1명의 대표자를,
51명~100명의 비상임직원의 경우에 2명의 대표자를,
100명을 초과한 비상임직원의 경우에 3명의 대표자를 선출한다.
직원평의회는 선거위원회를 구성하고 선거위원회위원장을 정한다. 그 이외에 그 대표자 선거에 대해, 최상급행정관청의 업무영역에 속한 기간과 공공부문에 속한 기간에 관한 규정을 제외하고 제13조 제1항, 제3항, 제14조, 제17조 제6항, 제7항, 제19조, 제24조 제1항 제1문, 제2문, 제2항, 제25조를 준용한다.
② 제65조 제1항상의 대표자의 임기는 비상임직원의 고용(Beschäftigung der nichtständig Beschäftigten)에 대해 규정된 기간의 만료로써 종료되거나 그 대표자 선거에 대한 요건의 상실로 종료된다. 제26조 제2문, 제27조 제2항 제호 내지 제4호, 제3항, 제28조 내지 제31조를 준용한다.
③ 제65조 제1항상의 대표자에 대하여 제43조 내지 제45조, 제46조 제1항, 제2항, 제3항 제1문, 제67조 제1항 제3문을 준용한다.
④ 제65조 제1항상의 대표자는 제40조 제2항의 기준에 따라 직원평의회 회의(會議)에 참석한다.

## 제5장 직원평의회의 의사결정참가

### 제1절 총칙

제66조

① 공공관서장과 직원대표기구는 매월 1차례 이상 평의회(Besprechungen ; 評議會)를 위해 회합(會合)해야 한다. 그 평의에서 기관운영(Dienstbetrieb)의 형성도 다뤄지고, 특히 직원에게 중대하게 영향을 미치는 모든 사안(alle Vorgänge, die die Beschäftigten wesentlich berühren)이 다뤄진다. 공공관서장과 직원대표기구는 다툼이 있는 문제에 대해 합의를 위해 진지하게 교섭(交涉)해야 하고 의견대립이 있는 사안의 해결을 위한 제안을 해야 한다.
② 공공관서와 직원대표기구는 공공관서의 업무와 평화(Arbeit und den Frieden der Dienststelle)를 저해할 가능성이 있는 모든 행위를 삼가야 한다. 특히 공공관서와 직원대표기구는 상호간에 쟁의행위(Maßnahmen des Arbeitskampfes)를 해서는 안 된다. 단체협약당사자의 쟁의행위는 이에 영향을 받지 않는다.
③ 공공관서에서 합의가 성사되지 않은 경우에 비로소 외부 기관(Außenstehende Stellen)에 도움을 요청할 수 있다.

제67조

① 공공관서와 직원대표기구는 공공관서의 모든 소속원(alle Angehörigen der Dienststelle)이 법과 공평원칙에 따라(nach Recht und Billigkeit) 대우를 받는지에 관하여 감시해야 하고, 특히

von Personen aus Gründen ihrer Rasse oder wegen ihrer ethnischen Herkunft, ihrer Abstammung oder sonstigen Herkunft, ihrer Nationalität, ihrer Religion oder Weltanschauung, ihrer Behinderung, ihres Alters, ihrer politischen oder gewerkschaftlichen Betätigung oder Einstellung oder wegen ihres Geschlechts oder ihrer sexuellen Identität unterbleibt. Dabei müssen sie sich so verhalten, daß das Vertrauen der Verwaltungsangehörigen in die Objektivität und Neutralität ihrer Amtsführung nicht beeinträchtigt wird. Der Leiter der Dienststelle und die Personalvertretung haben jede parteipolitische Betätigung in der Dienststelle zu unterlassen; die Behandlung von Tarif-, Besoldungs- und Sozialangelegenheiten wird hierdurch nicht berührt.

(2) Beschäftigte, die Aufgaben nach diesem Gesetz wahrnehmen, werden dadurch in der Betätigung für ihre Gewerkschaft auch in der Dienststelle nicht beschränkt.

(3) Die Personalvertretung hat sich für die Wahrung der Vereinigungsfreiheit der Beschäftigten einzusetzen.

§ 68

(1) Die Personalvertretung hat folgende allgemeine Aufgaben:

1. Maßnahmen, die der Dienststelle und ihren Angehörigen dienen, zu beantragen,
2. darüber zu wachen, daß die zugunsten der Beschäftigten geltenden Gesetze, Verordnungen, Tarifverträge, Dienstvereinbarungen und Verwaltungsanordnungen durchgeführt werden,
3. Anregungen und Beschwerden von Beschäftigten entgegenzunehmen und, falls sie berechtigt erscheinen, durch Verhandlung mit dem Leiter der Dienststelle auf ihre Erledigung hinzuwirken,
4. die Eingliederung und berufliche Entwicklung Schwerbeschädigter und sonstiger schutzbedürftiger, insbesondere älterer Personen zu fördern,
5. Maßnahmen zur beruflichen Förderung Schwerbeschädigter zu beantragen,

5a. die Durchsetzung der tatsächlichen Gleichberechtigung von Frauen und Männern insbesondere bei der Einstellung, Beschäftigung, Aus-, Fort- und Weiterbildung und dem beruflichen Aufstieg, zu fördern,

6. die Eingliederung ausländischer Beschäftigter in die Dienststelle und das Verständnis zwischen ihnen und den deutschen Beschäftigten zu fördern,
7. mit der Jugend- und Auszubildendenvertretung zur Förderung der Belange der in § 57 genannten Beschäftigten eng zusammenzuarbeiten.

(2) Die Personalvertretung ist zur Durchführung ihrer Aufgaben rechtzeitig und umfassend zu unterrichten. Ihr sind die hierfür erforderlichen Unterlagen vorzulegen. Personalakten dürfen nur mit Zustimmung des Beschäftigten und nur von den von ihm bestimmten Mitgliedern der Personalvertretung eingesehen werden. Dienstliche Beurteilungen sind auf Verlangen des Beschäftigten der Personalvertretung zur Kenntnis zu bringen.

인종, 인종적 출신(ethnischen Herkunft), 혈통(Abstammung)이나 기타 출신(sonstigen Herkunft), 국적, 종교, 세계관(Weltanschauung), 장애, 연령, 정치적 또는 노동조합의 활동 내지 태도(gewerkschaftlichen Betätigung oder Einstellung), 고용, 성 또는 성정체성을 이유로 하는 사람에 대한 모든 불이익이 발생하지 않도록 감시해야 한다. 이 경우 공공관서와 직원대표기구는 그 행정소속원에 대한 신뢰가 행정소속원의 직무수행의 객관성 및 중립성(Objektivität und Neutralität ihrer Amtsführung)에 있어 침해되지 않도록 행동을 해야만 한다. 공공관서장과 직원대표기는 공공관서에서 모든 정당정치적 활동을 삼가야 한다; 단체협약사항·보수사항·사회적 사항(Tarif-, Besoldungs- und Sozialangelegenheiten)의 처리는 이에 영향을 받지 않는다.

② 이 법에 따른 임무를 수행하는 직원은 이에 의하여 자신이 가입한 노동조합을 위한 활동을 함에 있어 공공관서에서도 제한을 받지 않는다;

③ 직원대표기구는 직원의 결사의 자유 보호를 위하여(für die Wahrung der Vereinigungsfreiheit der Beschäftigten) 진력(盡力)해야 한다.

第68조

① 직원평의회는 다음 각 호의 임무를 가진다,

1. 공공관서와 그 소속원에 도움이 되는 조치를 신청하는 것,
2. 직원을 위해 적용되는 법률, 명령, 단체협약, 근무협정 및 행정명령이 시행되는지에 대해 감독하는 것,
3. 직원의 제안과 고충제기를 받은 다음, 그것이 정당한 것으로 보이는 경우에 공공관서장과의 논의를 통해 그 처리를 위해 노력하는 것,
4. 중증장애인, 기타 보호필요성이 있는 사람, 특히 장년(長年)직원의 직장 내 통합(Eingliederung)과 직업적 경력을 촉진하는 것,
5. 중증장애인의 경력 향상을 위한 조치를 신청하는 것,

5a. 실질적인 남녀평등의 시행, 특히 채용(Einstellung), 고용(Beschäftigung), 직업훈련·직업능력향상교육·직업능력개발교육(Aus-, Fort- und Weiterbildung) 및 승진(beruflichen Aufstieg)에서의 실질적인 남녀평등 시행을 촉진하는 것,

6. 공공관서 내 외국인직원의 직장 내 통합과 그 외국인직원과 독일인 직원들 간의 의사소통을 촉진하는 것,
7. 제57조상의 직원의 이익(Belange)의 증진(增進)을 위해 연소자·직업훈련생대표단과 긴밀(緊密)하게 협력하는 것.

② 직원대표기구는 자신의 임무수행을 위하여 적시에 포괄적으로 통지를 받아야 한다. 직원대표기구는 그 직무수행을 위해 필요한 서류를 제공받는다. 인사서류(Personalakten)는 해당 직원의 동의가 있는 경우에만 그 직원이 지정한 직원평의회구성원이 열람(閱覽)할 수 있다. 근무평가(Dienstliche Beurteilungen)는 해당 직원의 요청이 있는 경우 직원대표기구에 알려야 한다.

## Zweiter Abschnitt Formen und Verfahren der Mitbestimmung und Mitwirkung

§ 69

(1) Soweit eine Maßnahme der Mitbestimmung des Personalrates unterliegt, kann sie nur mit seiner Zustimmung getroffen werden.

(2) Der Leiter der Dienststelle unterrichtet den Personalrat von der beabsichtigten Maßnahme und beantragt seine Zustimmung. Der Personalrat kann verlangen, daß der Leiter der Dienststelle die beabsichtigte Maßnahme begründet; der Personalrat kann außer in Personalangelegenheiten auch eine schriftliche Begründung verlangen. Der Beschluß des Personalrates über die beantragte Zustimmung ist dem Leiter der Dienststelle innerhalb von zehn Arbeitstagen mitzuteilen. In dringenden Fällen kann der Leiter der Dienststelle diese Frist auf drei Arbeitstage abkürzen. Die Maßnahme gilt als gebilligt, wenn nicht der Personalrat innerhalb der genannten Frist die Zustimmung unter Angabe der Gründe schriftlich verweigert. Soweit dabei Beschwerden oder Behauptungen tatsächlicher Art vorgetragen werden, die für einen Beschäftigten ungünstig sind oder ihm nachteilig werden können, ist dem Beschäftigten Gelegenheit zur Äußerung zu geben; die Äußerung ist aktenkundig zu machen.

(3) Kommt eine Einigung nicht zustande, so kann der Leiter der Dienststelle oder der Personalrat die Angelegenheit binnen sechs Arbeitstagen auf dem Dienstwege den übergeordneten Dienststellen, bei denen Stufenvertretungen bestehen, vorlegen. In Körperschaften, Anstalten oder Stiftungen des öffentlichen Rechtes ist als oberste Dienstbehörde das in ihrer Verfassung für die Geschäftsführung vorgesehene oberste Organ anzurufen. In Zweifelsfällen bestimmt die zuständige oberste Bundesbehörde die anzurufende Stelle. Absatz 2 gilt entsprechend. Legt der Leiter der Dienststelle die Angelegenheit nach Satz 1 der übergeordneten Dienststelle vor, teilt er dies dem Personalrat unter Angabe der Gründe mit.

(4) Ergibt sich zwischen der obersten Dienstbehörde und der bei ihr bestehenden zuständigen Personalvertretung keine Einigung, so entscheidet die Einigungsstelle (§ 71); in den Fällen des § 77 Abs. 2 stellt sie fest, ob ein Grund zur Verweigerung der Zustimmung vorliegt. Die Einigungsstelle soll binnen zwei Monaten nach der Erklärung eines Beteiligten, die Entscheidung der Einigungsstelle herbeiführen zu wollen, entscheiden. In den Fällen der §§ 76, 85 Abs. 1 Nr. 7 beschließt die Einigungsstelle, wenn sie sich nicht der Auffassung der obersten Dienstbehörde anschließt, eine Empfehlung an diese. Die oberste Dienstbehörde entscheidet sodann endgültig.

(5) Der Leiter der Dienststelle kann bei Maßnahmen, die der Natur der Sache nach keinen Aufschub dulden, bis zur endgültigen Entscheidung vorläufige Regelungen treffen. Er hat dem Personalrat die vorläufige Regelung mitzuteilen und zu begründen und unverzüglich das Verfahren nach den Absätzen 2 bis 4 einzuleiten oder fortzusetzen.

## 제2절 공동결정과 의사결정참가의 방식 및 절차

제69조

① 어느 조치가 직원평의회의 공동결정의 적용을 받는 경우에, 그 조치는 직원평의회의 동의가 있어야만 취해질 수 있다.

② 공공관서장은 직원평의회에게 계획하고 있는 조치를 통지하고 동의를 구한다. 직원평의회는 공공관서장이 계획하고 있는 조치에 대한 근거를 제시할 것을 요구할 수 있다; 직원평의회는 인사사항 이외에도(außer in Personalangelegenheiten auch) 서면에 의한 근거제시(Begründung)를 요구할 수 있다. 요청된 동의 여부에 대한 직원평의회의 결의는 공공관서장에게 10일의 근무일 이내에 통지되어야 한다. 긴급한 경우(In dringenden Fällen)에 공공관서장은 이러한 기간을 3일의 근무일로 단축할 수 있다. 직원평의회가 이러한 기간 내에 서면으로 근거를 기재하여 동의를 거부하지 않는 경우에는 그 조치에 대한 동의가 있는 것으로 간주한다. 이때 어느 직원에게 불이익하거나 불리할 수 있는 사실적인 고충 또는 주장(Beschwerden oder Behauptungen tatsächlicher Art)이 제기된 경우에, 그 직원에게 의견을 표명할 기회(Gelegenheit zur Äußerung)가 주어져야 한다; 그 의견진술은 기록되어야 한다(die Äußerung ist aktenkundig zu machen).

③ 합의가 이뤄지지 않은 경우에 공공관서장 또는 직원평의회는 6일의 근무일 내에 공식적 절차를 밟아 단계적 직원대표기구가 있는 직상(直上)의 공공관서(übergeordneten Dienststellen)에 그 안건(Angelegenheit)을 제출한다. 공법상 사단·영조물·재단에서는 그 정관에서 사무처리를 위해 규정된 최상급기관이 최상급행정관청으로서(als oberste Dienstbehörde) 재평의(再評議)를 담당한다. 관할에 의문이 있는 경우에(In Zweifelsfällen) 관할 연방최상급행정관청이 재평의(再評議)를 담당할 기관을 정한다. 제69조 제2항을 준용한다. 공공관서장이 그 안건을 제1문에 따라 직상(直上)의 공공관서에 제출한 경우에 공공관서장은 이유를 기재하여 직원평의회에 이를 통지한다.

④ 최상급행정관청과 이에 존재하는 관할 직원평의회(obersten Dienstbehörde und der bei ihr bestehenden zuständigen Personalvertretung) 간에 합의가 도출되지 않은 경우에, 중재위원회(제71조)가 이에 대해 결정한다; 제77조 제2항의 경우에 중재위원회가 동의 거부에 대한 근거가 타당한지 여부에 대해 결정한다. 중재위원회는 중재위원회에서 결정을 받기로 하는 이해관계인의 의사표시를 받은 때로부터 2개월 이내에 결정해야 한다. 제76조, 제85조 제1항 제7호의 경우에 중재위원회가 최상급행정관청의 견해에 동의하지 않는 때에는, 그 중재위원회가 최상급행정관청에 대한 권고(勸告)를 결정(決定)한다. 그후 최상급행정관청이 최종적으로(endgültig) 결정한다.

⑤ 공공관서장은 사안의 성질상(Natur der Sache) 연기를 할 수 없는 조치의 경우에 최종적 결정시까지 잠정적 조치(vorläufige Regelungen)를 취할 수 있다. 공공관서장은 직원평의회에 잠정적 조치를 통지해야 하고 근거를 제시하며 지체 없이 제69조 제2항 내지 제4항에 따른 절차를 밟거나 이를 속행(續行)해야 한다.

§ 70

(1) Beantragt der Personalrat eine Maßnahme, die nach § 75 Abs. 3 Nr. 1 bis 6 und 11 bis 17 seiner Mitbestimmung unterliegt, so hat er sie schriftlich dem Leiter der Dienststelle vorzuschlagen. Entspricht dieser dem Antrag nicht, so bestimmt sich das weitere Verfahren nach § 69 Abs. 3 und 4.

(2) Beantragt der Personalrat eine Maßnahme, die nach anderen als den in Absatz 1 Satz 1 bezeichneten Vorschriften seiner Mitbestimmung unterliegt, so hat er sie schriftlich dem Leiter der Dienststelle vorzuschlagen. Entspricht dieser dem Antrag nicht, so bestimmt sich das weitere Verfahren nach § 69 Abs. 3; die oberste Dienstbehörde entscheidet endgültig.

§ 71

(1) Die Einigungsstelle wird bei der obersten Dienstbehörde gebildet. Sie besteht aus je drei Beisitzern, die von der obersten Dienstbehörde und der bei ihr bestehenden zuständigen Personalvertretung bestellt werden, und einem unparteiischen Vorsitzenden, auf dessen Person sich beide Seiten einigen. Unter den Beisitzern, die von der Personalvertretung bestellt werden, muß sich je ein Beamter und ein Arbeitnehmer befinden, es sei denn, die Angelegenheit betrifft lediglich die Beamten oder die im Arbeitsverhältnis stehenden Beschäftigten. Kommt eine Einigung über die Person des Vorsitzenden nicht zustande, so bestellt ihn der Präsident des Bundesverwaltungsgerichts.

(2) Die Verhandlung ist nicht öffentlich. Der obersten Dienstbehörde und der zuständigen Personalvertretung ist Gelegenheit zur mündlichen Äußerung zu geben. Im Einvernehmen mit den Beteiligten kann die Äußerung schriftlich erfolgen.

(3) Die Einigungsstelle entscheidet durch Beschluß. Sie kann den Anträgen der Beteiligten auch teilweise entsprechen. Der Beschluß wird mit Stimmenmehrheit gefaßt. Er muß sich im Rahmen der geltenden Rechtsvorschriften, insbesondere des Haushaltsgesetzes, halten.

(4) Der Beschluß ist den Beteiligten zuzustellen. Er bindet, abgesehen von den Fällen des § 69 Abs. 4 Sätze 3, 5 die Beteiligten, soweit er eine Entscheidung im Sinne des Absatzes 3 enthält.

§ 72

(1) Soweit der Personalrat an Entscheidungen mitwirkt, ist die beabsichtigte Maßnahme vor der Durchführung mit dem Ziele einer Verständigung rechtzeitig und eingehend mit ihm zu erörtern.

(2) Äußert sich der Personalrat nicht innerhalb von zehn Arbeitstagen oder hält er bei Erörterung seine Einwendungen oder Vorschläge nicht aufrecht, so gilt die beabsichtigte Maßnahme als gebilligt. Erhebt der Personalrat Einwendungen, so hat er dem Leiter der Dienststelle die Gründe mitzuteilen. § 69 Abs. 2 Satz 6 gilt entsprechend.

(3) Entspricht die Dienststelle den Einwendungen des Personalrates nicht oder nicht in vollem

제70조

① 직원평의회가 제75조 제3항 제1호 내지 제6호, 제11호 내지 제17호에 따라 직원평의회의 공동결정을 필요로 하는 조치를 신청하는 경우에, 직원평의회는 공공관서장에게 서면으로 이를 제출한다. 공공관서장이 그 신청에 응하지 않은 경우에 제69조 제3항, 제4항에 따른 추가적인 절차가 정해진다.

② 직원평의회가 제70조 제1항에 기재된 이외의 규정에 따라 직원평의회의 공동결정을 필요로 하는 조치를 신청하는 경우에, 직원평의회는 공공관서장에게 서면으로 이를 제출한다. 공공관서장이 그 신청에 응하지 않은 경우에 제69조 제3항에 따른 추가적인 절차가 정해진다; 최상급행정관청(oberste Dienstbehörde)이 최종적으로 결정한다.

제71조

① 중재위원회는 최상급행정관청에 설치된다. 중재위원회는 최상급행정관청과 최상급행정관청에 존재하는 관할 직원평의회가 각각 임명한 3명씩의 위원과 최상급행정관청과 그 직원평의회가 누구로 할 것인지 합의한 중립적 의장(unparteiischen Vorsitzenden)으로 구성된다. 직원평의회가 임명한 위원 중에는 1명의 공무원과 1명의 근로자가 있어야만 하고, 다만 안건이 공무원에만 관련되거나 근로자에게만 관련된 경우에는 그러하지 아니하다(es sei denn, die Angelegenheit betrifft lediglich die Beamten oder die im Arbeitsverhältnis stehenden Beschäftigten). 누구를 의장으로 할 것인지에 대해 합의가 이뤄지지 않은 경우에 연방행정대법원장(Präsident des Bundesverwaltungsgerichts)이 의장을 임명한다.

② 심의는 비공개로 한다. 최상급행정관청과 관할 직원대표기구에 구술로 의견을 진술할 기회가 주어져야 한다. 이해관계인의 합의가 있는 경우에(Im Einvernehmen mit den Beteiligten) 의견진술은 서면으로 실시될 수 있다.

③ 중재위원회는 결의로 결정한다. 중재위원회는 이해관계인의 안건에 대해 부분적으로 결정할 수 있다. 그 결의는 과반수로 행해진다. 중재위원회는 적용되는 법규명령의 범위를 준수해야만 하고, 특히 예산법(Haushaltsgesetzes)의 범위를 준수해야만 한다.

④ 그 결의는 이해관계인에게 송달되어야 한다. 그 결의가 제71조 제3항상의 결정을 포함하는 경우에, 제69조 제4항 제3문, 제5문의 경우를 불문하고 그 결의는 이해관계인을 기속한다.

제72조

① 직원평의회가 결정에 의사결정참가를 하는 경우에, 계획 중인 조치는 그 시행 전에 합의를 목표로 적시에 포괄적으로 직원평의회와 논의되어야 한다.

② 직원평의회가 10일의 근무일 이내에 의견을 표명하지 않거나 논의에서 자신의 이의 또는 제안을 유지하지 않는 경우에, 계획중인 조치는 동의를 받은 것으로 본다. 직원평의회가 이의를 제기하는 경우에, 직원평의회는 공공관서장에게 이유를 통지해야 한다. 제69조 제2항 제6문을 준용한다.

③ 공공관서가 직원평의회의 이의(異議)를 전부 수용하지 않거나 부분적으로 수용하지 않은

Umfange, so teilt sie dem Personalrat ihre Entscheidung unter Angabe der Gründe schriftlich mit.

(4) Der Personalrat einer nachgeordneten Dienststelle kann die Angelegenheit binnen drei Arbeitstagen nach Zugang der Mitteilung auf dem Dienstwege den übergeordneten Dienststellen, bei denen Stufenvertretungen bestehen, mit dem Antrag auf Entscheidung vorlegen. Diese entscheiden nach Verhandlung mit der bei ihnen bestehenden Stufenvertretung. § 69 Abs. 3 Sätze 2, 3 gilt entsprechend. Eine Abschrift seines Antrages leitet der Personalrat seiner Dienststelle zu.

(5) Ist ein Antrag gemäß Absatz 4 gestellt, so ist die beabsichtigte Maßnahme bis zur Entscheidung der angerufenen Dienststelle auszusetzen.

(6) § 69 Abs. 5 gilt entsprechend.

§ 73

(1) Dienstvereinbarungen sind zulässig, soweit sie dieses Gesetz ausdrücklich vorsieht. Sie werden durch Dienststelle und Personalrat gemeinsam beschlossen, sind schriftlich niederzulegen, von beiden Seiten zu unterzeichnen und in geeigneter Weise bekanntzumachen.

(2) Dienstvereinbarungen, die für einen größeren Bereich gelten, gehen den Dienstvereinbarungen für einen kleineren Bereich vor.

§ 74

(1) Entscheidungen, an denen der Personalrat beteiligt war, führt die Dienststelle durch, es sei denn, daß im Einzelfall etwas anderes vereinbart ist.

(2) Der Personalrat darf nicht durch einseitige Handlungen in den Dienstbetrieb eingreifen.

Dritter Abschnitt Angelegenheiten, in denen der Personalrat zu beteiligen ist

§ 75

(1) Der Personalrat hat mitzubestimmen in Personalangelegenheiten der Arbeitnehmer bei

1. Einstellung,
2. Übertragung einer höher oder niedriger zu bewertenden Tätigkeit, Höher- oder Rückgruppierung, Eingruppierung,
3. Versetzung zu einer anderen Dienststelle, Umsetzung innerhalb der Dienststelle, wenn sie mit einem Wechsel des Dienstortes verbunden ist (das Einzugsgebiet im Sinne des Umzugskostenrechts gehört zum Dienstort),
4. Abordnung für eine Dauer von mehr als drei Monaten,

4a. Zuweisung entsprechend § 29 des Bundesbeamtengesetzes für eine Dauer von mehr als drei Monaten,

5. Weiterbeschäftigung über die Altersgrenze hinaus,
6. Anordnungen, welche die Freiheit in der Wahl der Wohnung beschränken,

경우에, 공공관서는 이유를 기재하여 서면으로 그 결정을 직원평의회에 통지한다.
④ 소속된 공공관서의 직원평의회는 통지를 받은 때로부터 3일의 근무일 내에 절차를 밟아 그 안건을 결정 신청과 함께 단계적 직원대표기구가 있는 직상(直上)의 공공관서에 제출할 수 있다. 직상(直上)의 공공관서는 직상의 공공관서에 있는 단계적 직원대표기구와 논의를 거쳐(nach Verhandlung) 결정한다. 제69조 제3항 제2문, 제3문을 준용한다. 그 직원평의회는 그 신청서의 사본을 자신이 속한 공공관서에 송부한다.
⑤ 그 신청이 제72조 제4항에 따라 제기된 경우에, 계획중인 조치는 재평의를 담당하는 공공관서의 결정이 날 때까지 미뤄진다.
⑥ 제69조 제5항을 준용한다.

제73조

① 근무협정은 이 법이 명시적으로 규정한 경우에는 허용된다. 근무협정은 공공관서와 직원평의회에 의해 공동으로 체결되고, 서면으로 작성되며, 양 당사자의 서명이 있어야 하며 적절한 방식으로 공고되어야 한다.
② 그 적용 범위가 보다 큰 근무협정(Dienstvereinbarungen, die für einen größeren Bereich gelten)은 적용 범위가 작은 근무협정에 우선한다.

제74조

① 직원평의회가 의사결정참가를 한 결정은 공공관서가 시행하고, 다만 사안별로 다른 합의가 있는 경우에는 그러하지 아니하다.
② 직원평의회는 일방적인 행위(einseitige Handlungen)로 기관운영에 개입해서는 안 된다.

제3절 직원평의회가 의사결정 참가를 해야 하는 사항

제75조

① 직원평의회는 다음 각 호의 근로자의 인사사항에 대해 공동결정을 해야 한다,
1. 채용,
2. 등급이 더 높게 평가되거나 더 낮게 평가되는 직무(Tätigkeit)로의 이전, 임금등급의 상향조정 또는 하향조정(Höher- oder Rückgruppierung), 임금등급설정(Eingruppierung),
3. 근무지의 변경이 수반되는, 다른 공공관서로의 배치전환(Versetzung) 또는 동일한 공공관서 내의 전보(Umsetzung)(이사비용법상의 전입지가 근무지에 속한다; das Einzugsgebiet im Sinne des Umzugskostenrechts gehört zum Dienstort),
4. 3개월을 초과하는 기간 동안의 파견,
4a. 연방공무원법(Bundesbeamtengesetzes) 제29조를 준용하는, 3개월을 초과하는 기간 동안의 직무배정(Zuweisung),
5. 정년(Altersgrenze)을 초과한 계속고용,
6. 주거선택의 자유(Freiheit in der Wahl der Wohnung)를 제한하는 합의,

7. Versagung oder Widerruf der Genehmigung einer Nebentätigkeit.

(2) Der Personalrat hat mitzubestimmen in sozialen Angelegenheiten bei

1. Gewährung von Unterstützungen, Vorschüssen, Darlehen und entsprechenden sozialen Zuwendungen,
2. Zuweisung und Kündigung von Wohnungen, über die die Dienststelle verfügt, sowie der allgemeinen Festsetzung der Nutzungsbedingungen,
3. Zuweisung von Dienst- und Pachtland und Festsetzung der Nutzungsbedingungen.

Hat ein Beschäftigter eine Leistung nach Nummer 1 beantragt, wird der Personalrat nur auf seinen Antrag beteiligt; auf Verlangen des Antragstellers bestimmt nur der Vorstand des Personalrates mit. Die Dienststelle hat dem Personalrat nach Abschluß jedes Kalendervierteljahres einen Überblick über die Unterstützungen und entsprechenden sozialen Zuwendungen zu geben. Dabei sind die Anträge und die Leistungen gegenüberzustellen. Auskunft über die von den Antragstellern angeführten Gründe wird hierbei nicht erteilt.

(3) Der Personalrat hat, soweit eine gesetzliche oder tarifliche Regelung nicht besteht, gegebenenfalls durch Abschluß von Dienstvereinbarungen mitzubestimmen über

1. Beginn und Ende der täglichen Arbeitszeit und der Pausen sowie die Verteilung der Arbeitszeit auf die einzelnen Wochentage,
2. Zeit, Ort und Art der Auszahlung der Dienstbezüge und Arbeitsentgelte,
3. Aufstellung des Urlaubsplanes, Festsetzung der zeitlichen Lage des Erholungsurlaubs für einzelne Beschäftigte, wenn zwischen dem Dienststellenleiter und den beteiligten Beschäftigten kein Einverständnis erzielt wird,
4. Fragen der Lohngestaltung innerhalb der Dienststelle, insbesondere die Aufstellung von Entlohnungsgrundsätzen, die Einführung und Anwendung von neuen Entlohnungsmethoden und deren Änderung sowie die Festsetzung der Akkord- und Prämiensätze und vergleichbarer leistungsbezogener Entgelte, einschließlich der Geldfaktoren,
5. Errichtung, Verwaltung und Auflösung von Sozialeinrichtungen ohne Rücksicht auf ihre Rechtsform,
6. Durchführung der Berufsausbildung bei Arbeitnehmern,
7. Auswahl der Teilnehmer an Fortbildungsveranstaltungen für Arbeitnehmer,
8. Inhalt von Personalfragebogen für Arbeitnehmer,
9. Beurteilungsrichtlinien für Arbeitnehmer,
10. Bestellung von Vertrauens- oder Betriebsärzten als Arbeitnehmer,
11. Maßnahmen zur Verhütung von Dienst- und Arbeitsunfällen und sonstigen Gesundheitsschädigungen,
12. Grundsätze über die ,
13. Aufstellung von Sozialplänen einschließlich Plänen für Umschulungen zum Ausgleich oder zur Milderung von wirtschaftlichen Nachteilen, die dem Beschäftigten infolge von

7. 부업에 대한 거부 또는 동의의 철회.

② 직원평의회는 다음 각 호의 사회적 사항에 대하여 공동결정해야 한다,

1. 보조금, 선불금, 대출금과 관련 사회적 급부의 지급,
2. 공공관서가 보유한 사택(社宅)의 배정 및 배정회수, 사택에 대한 일반적 이용조건의 설정,
3. 부역(賦役)토지[부역의무(賦役義務)가 부과된 토지를 말함] 및 임대토지의 배정(Zuweisung von Dienst- und Pachtland)과 그에 대한 이용조건의 설정,

직원이 제1호에 따른 급부를 신청한 경우에, 직원평의회는 그 직원의 신청이 있는 때에만 공동결정을 한다; 신청권자의 신청이 있는 경우 오직 직원평의회이사회가 공동결정을 한다. 공공관서는 매분기 경과 후에 직원평의회에 보조금과 관련 사회적 급부의 개관(Überblick über die Unterstützungen und entsprechenden sozialen Zuwendungen)을 제출해야 한다. 이 경우에 그에 대한 신청 및 지급을 대조해야 한다. 신청권자가 제시한 이유에 대한 정보는 여기서 제공하지 않는다.

③ 직원평의회는, 법규정 또는 단체협약이 규정하지 않는 한, 필요한 경우 근무협정의 체결에 의하여 다음 각 호에 대하여 공동결정을 해야 한다,

1. 1일 근무시간 및 휴게시간의 개시와 종료, 근무시간의 각 근무일(einzelnen Wochentage)에 대한 배분,
2. 보수 및 임금의 지급 시기·장소·방식,
3. 휴가계획의 수립(樹立), 공공관서장과 해당 직원 간에 합의(合意)가 이뤄지지 않은 경우에 그 각 직원에 대한 연차휴가의 시기의 결정(Festsetzung der zeitlichen Lage des Erholungsurlaubs),
4. 공공관서 내 임금형성의 문제, 특히 임금원칙의 수립, 새로운 임금산정방법의 도입·적용 및 그 변경(Einführung und Anwendung von neuen Entlohnungsmethoden und deren Änderung)과, 화폐요소(Geldfaktoren)를 포함하여 직무임금률·상여금요율(Akkord- und Prämiensätze)과 이에 유사한 성과관련 임금의 설정,
5. 그 법적 형식을 불문하고(ohne Rücksicht auf ihre Rechtsform) 복리후생제도(Sozialeinrichtungen)의 설치·운영·폐지,
6. 근로자에 대한 직업훈련의 실시,
7. 근로자를 위한 직업능력향상교육과정(Fortbildungsveranstaltungen) 참가자의 선발,
8. 근로자에 대한 인사질문지(Personalfragebogen)의 내용,
9. 근로자에 대한 평가기준(Beurteilungsrichtlinien),
10. 수임(受任)의사 또는 기업소속의사(Betriebsärzten)의 근로자로서 고용,
11. 공무상재해 및 산업재해(Dienst- und Arbeitsunfällen)와 건강침해를 방지하기 위한 조치,
12. 사업 내 제안제도의 틀 내에서 수용된 제안에 관한 평가(Bewertung von anerkannten Vorschlägen im Rahmen des betrieblichen Vorschlagwesens)에 관한 원칙
13. 전직직업훈련계획을 포함하여, 경영합리화조치로 인해 직원에게 발생한 경제적 불이익을

Rationalisierungsmaßnahmen entstehen,

14. Absehen von der Ausschreibung von Dienstposten, die besetzt werden sollen,
15. Regelung der Ordnung in der Dienststelle und des Verhaltens der Beschäftigten,
16. Gestaltung der Arbeitsplätze,
17. Einführung und Anwendung technischer Einrichtungen, die dazu bestimmt sind, das Verhalten oder die Leistung der Beschäftigten zu überwachen.

(4) Muß für Gruppen von Beschäftigten die tägliche Arbeitszeit (Absatz 3 Nr. 1) nach Erfordernissen, die die Dienststelle nicht voraussehen kann, unregelmäßig und kurzfristig festgesetzt werden, so beschränkt sich die Mitbestimmung auf die Grundsätze für die Aufstellung der Dienstpläne, insbesondere für die Anordnung von Dienstbereitschaft, Mehrarbeit und Überstunden.

(5) Arbeitsentgelte und sonstige Arbeitsbedingungen, die durch Tarifvertrag geregelt sind oder üblicherweise geregelt werden, können nicht Gegenstand einer Dienstvereinbarung (Absatz 3) sein. Dies gilt nicht, wenn ein Tarifvertrag den Abschluß ergänzender Dienstvereinbarungen ausdrücklich zuläßt.

§ 76

(1) Der Personalrat hat mitzubestimmen in Personalangelegenheiten der Beamten bei

1. Einstellung, Anstellung,
2. Beförderung, Übertragung eines anderen Amtes mit höherem Endgrundgehalt ohne Änderung der Amtsbezeichnung, Verleihung eines anderen Amtes mit anderer Amtsbezeichnung beim Wechsel der Laufbahngruppe, Laufbahnwechsel,
3. Übertragung einer höher oder niedriger zu bewertenden Tätigkeit,
4. Versetzung zu einer anderen Dienststelle, Umsetzung innerhalb der Dienststelle, wenn sie mit einem Wechsel des Dienstortes verbunden ist (das Einzugsgebiet im Sinne des Umzugskostenrechts gehört zum Dienstort),
5. Abordnung für eine Dauer von mehr als drei Monaten,

5a. Zuweisung nach § 29 des Bundesbeamtengesetzes für eine Dauer von mehr als drei Monaten,

6. Anordnungen, welche die Freiheit in der Wahl der Wohnung beschränken,
7. Versagung oder Widerruf der Genehmigung einer Nebentätigkeit,
8. Ablehnung eines Antrages nach den §§ 91, 92, 92a, 92b oder § 95 des Bundesbeamtengesetzes auf Teilzeitbeschäftigung, Ermäßigung der regelmäßigen Arbeitszeit oder Urlaub,
9. Hinausschiebung des Eintritts in den Ruhestand wegen Erreichens der Altersgrenze.

(2) Der Personalrat hat, soweit eine gesetzliche oder tarifliche Regelung nicht besteht, gegebenenfalls durch Abschluß von Dienstvereinbarungen mitzubestimmen über

1. Auswahl der Teilnehmer an Fortbildungsveranstaltungen für Beamte,

조정하거나 이를 완화하기 위한 사회적지원계획의 수립,
14. 설치되어야 하는 업무용우편에 대한 입찰의 예측,
15. 공공관서 내 질서와 직원의 행동에 대한 규율,
16. 일자리의 형성,
17. 직원의 행동과 근무(Leistung)를 감시하기 위해 설치된 기술적 장치의 도입 및 사용(Einführung und Anwendung technischer Einrichtungen).

④ 1일 근무시간(제75조 제3항 제1호)이 공공관서가 예상하지 못한 필요로 인하여(nach Erfordernissen, die die Dienststelle nicht voraussehen kann) 직원 집단에 대하여 이례적으로 단축되어 설정되어만 하는 경우에, 근무계획(Dienstpläne)의 수립에 대한 원칙, 특히 대기근로, 초과근로 및 연장근무시간(Dienstbereitschaft, Mehrarbeit und Überstunden)의 명령에 대한 원칙에 관한 공동결정은 제한된다.

⑤ 단체협약으로 규율되어 있거나 통상적으로 규율되는 임금 및 기타 근로조건(Arbeitsentgelte und sonstige Arbeitsbedingungen, die durch Tarifvertrag geregelt sind oder üblicherweise geregelt werden)은 근무협정(제75조 제3항)의 규율대상이 될 수 없다. 이는 단체협약이 보충적 근무협정의 체결을 명시적으로 허용하는 경우에는 적용하지 않는다.

제76조

① 직원평의회는 다음 각 호의 공무원의 인사사항에 대해 공동결정을 해야 한다,
1. 채용, 고용,
2. 승진, 기본급의 인상이 수반되나 관직명의 변경이 없는 다른 직무(Amt)로의 이전, 경력군 변경시, 경력변경시 관직명이 변경되는 다른 직무의 부여(Verleihung eines anderen Amtes mit anderer Amtsbezeichnung beim Wechsel der Laufbahngruppe, Laufbahnwechsel),
3. 등급이 더 높게 평가되거나 더 낮게 평가되는 직무(Tätigkeit)로의 이전,
4. 근무지의 변경이 수반되는, 다른 공공관서로의 전보 또는 동일 공공관서 내의 전보(이사비용법상의 전입지가 근무지에 속한다; das Einzugsgebiet im Sinne des Umzugskostenrechts gehört zum Dienstort),
5. 3개월을 초과하는 기간 동안의 파견,
5a. 연방공무원법 제29조를 준용하는, 3개월을 초과하는 기간 동안의 직무배정(Zuweisung),
6. 주거선택의 자유를 제한하는 합의,
7. 부업(Nebentätigkeit)에 대한 거부 또는 동의 철회,
8. 단시간고용, 통상적인 근무시간 또는 휴가의 단축과 관련한 연방공무원법 제91조, 제92조, 제92a조, 제92b조 또는 제95조 따른 신청의 거부,
9. 정년의 도달을 이유로 하는 퇴직개시의 연기.

② 직원평의회는, 법률 또는 단체협약에서 정하지 않는 한, 필요한 경우 근무협정의 체결에 의하여 다음 각 호의 사항에 대하여 공동결정해야 한다,
1. 공무원에 대한 직업능력향상교육과정(Fortbildungsveranstaltungen) 참가자의 선발,

2. Inhalt von Personalfragebogen für Beamte,
3. Beurteilungsrichtlinien für Beamte,
4. Bestellung von Vertrauens- oder Betriebsärzten als Beamte,
5. Maßnahmen zur Hebung der Arbeitsleistung und Erleichterung des Arbeitsablaufs,
6. allgemeine Fragen der Fortbildung der Beschäftigten,
7. Einführung grundlegend neuer Arbeitsmethoden,
8. Erlaß von Richtlinien über die personelle Auswahl bei Einstellungen, Versetzungen, Umgruppierungen und Kündigungen,
9. Geltendmachung von Ersatzansprüchen gegen einen Beschäftigten,
10. Maßnahmen, die der Durchsetzung der tatsächlichen Gleichberechtigung von Frauen und Männern, insbesondere bei der Einstellung, Beschäftigung, Aus-, Fort- und Weiterbildung und dem beruflichen Aufstieg dienen.

In den Fällen der Nummer 9 bestimmt der Personalrat nur auf Antrag des Beschäftigten mit; dieser ist von der beabsichtigten Maßnahme rechtzeitig vorher in Kenntnis zu setzen.

§ 77

(1) In Personalangelegenheiten der in § 14 Abs. 3 bezeichneten Beschäftigten, der Beamten auf Zeit, der Beschäftigten mit überwiegend wissenschaftlicher oder künstlerischer Tätigkeit bestimmt der Personalrat nach § 75 Abs. 1, § 76 Abs. 1 nur mit, wenn sie es beantragen. § 75 Abs. 1 und 3 Nr. 14, § 76 Abs. 1 gelten nicht für die in § 54 Abs. 1 des es bezeichneten Beamten und für Beamtenstellen von der Besoldungsgruppe A 16 an aufwärts.

(2) Der Personalrat kann in den Fällen des § 75 Abs. 1 und des § 76 Abs. 1 seine Zustimmung verweigern, wenn

1. die Maßnahme gegen ein Gesetz, eine Verordnung, eine Bestimmung in einem Tarifvertrag, eine gerichtliche Entscheidung, den Frauenförderplan oder eine Verwaltungsanordnung oder gegen eine Richtlinie im Sinne des § 76 Abs. 2 Nr. 8 verstößt oder
2. die durch Tatsachen begründete Besorgnis besteht, daß durch die Maßnahme der betroffene Beschäftigte oder andere Beschäftigte benachteiligt werden, ohne daß dies aus dienstlichen oder persönlichen Gründen gerechtfertigt ist, oder
3. die durch Tatsachen begründete Besorgnis besteht, daß der Beschäftigte oder Bewerber den Frieden in der Dienststelle durch unsoziales oder gesetzwidriges Verhalten stören werde.

§ 78

(1) Der Personalrat wirkt mit bei

1. Vorbereitung von Verwaltungsanordnungen einer Dienststelle für die innerdienstlichen, sozialen und persönlichen Angelegenheiten der Beschäftigten ihres Geschäftsbereiches, wenn nicht nach

2. 공무원에 대한 인사질문지(Personalfragebogen)의 내용,
3. 공무원에 대한 평가기준(Beurteilungsrichtlinien),
4. 수임(受任)의사 또는 기업소속의사(Betriebsärzten)의 공무원으로 임명,
5. 노동성과(Arbeitsleistung)의 제고와 업무과정의 경감을 위한 조치,
6. 직원에 대한 직업능력향상교육(Fortbildung)에 관한 일반적 문제,
7. 혁신적인 업무방식(Arbeitsmethoden)의 도입,
8. 채용, 배치전환, 보수등급재설정(Umgruppierungen), 해임에 있어 인사선발 기준의 공포
9. 직원에 대한 손해배상청구의 행사,
10. 실질적인 남녀평등, 특히 채용, 고용, 직업훈련·직업능력향상교육·직업능력개발교육 및 승진(beruflichen Aufstieg)에서의 실질적인 남녀평등(tatsächlichen Gleichberechtigung von Frauen und Männern)에 기여하는 조치.

제9호의 경우에 직원평의회는 해당 직원의 신청이 있어야만 공동결정을 한다; 그 직원은 계획 중인 조치에 관한 정보를 적시에 미리 제공받아야 한다.

제77조

① 제14조 제3항상의 직원, 임기제공무원(Beamten auf Zeit) 주로 학술적 또는 예술적 직무를 부여받은 직원(Beschäftigten mit überwiegend wissenschaftlicher oder künstlerischer Tätigkeit)의 인사사항에 있어, 직원평의회는 그들이 이를 신청하는 경우에만 제75조 제1항, 제76조 제1항에 따라 공동결정을 한다. 제75조 제1항, 제3항 제14호, 제76조 제1항은 연방공무원법 제54조 제1항상의 공무원과 보수등급군(Besoldungsgruppe; 報酬等級群) A 16 이상의 공무원에 대하여 적용하지 않는다.

② 직원평의회는 제75조 제1항과 제77조 제1항의 경우에 다음 각 호의 경우에 동의를 거부할 수 있다,

1. 그 조치가 법률, 명령, 단체협약상의 규정, 법원의 재판, 양성평등촉진계획(Frauenförderplan; 兩性平等促進計劃) 또는 행정명령에 반하거나 제76조 제2항 제8호상의 기준에 위반하는 경우,
2. 그것이 직무상 또는 개인적 이유에 의해 정당화되는 경우를 제외하고, 사실에 의해 뒷받침되는 우려로, 그 조치에 의해 관련 직원 또는 다른 직원이 불이익(不利益)을 받을 것이라는 우려가 있는 경우,
3. 직원 또는 후보자가 공공관서 내 평화를 반사회적 또는 위법적 행위(unsoziales oder gesetzwidriges Verhalten)로 교란할 것이라는, 사실에 의해 뒷받침되는 우려가 있는 경우.

제78조

① 직원평의회는 다음 각 호의 의사결정에 참가한다,

1. 관할 노동조합의 정상조직(Spitzenorganisationen der zuständigen Gewerkschaften)이 연방공무원법(Bundesbeamtengesetz) 제118조에 따라 그 준비(準備)에 참여(參與)하지 않는 경우에,

§ 118 des Bundesbeamtengesetzes die Spitzenorganisationen der zuständigen Gewerkschaften bei der Vorbereitung zu beteiligen sind,

2. Auflösung, Einschränkung, Verlegung oder Zusammenlegung von Dienststellen oder wesentlichen Teilen von ihnen,
3. Erhebung der Disziplinarklage gegen einen Beamten,
4. Entlassung von Beamten auf Probe oder auf Widerruf, wenn sie die Entlassung nicht selbst beantragt haben,
5. vorzeitiger Versetzung in den Ruhestand.

(2) In den Fällen des Absatzes 1 Nr. 3 bis 5 gilt für die Mitwirkung des Personalrates § 77 Abs. 1 Satz 2 entsprechend. In den Fällen des Absatzes 1 Nr. 3 bis 5 wird der Personalrat nur auf Antrag des Beschäftigten beteiligt; in diesen Fällen ist der Beschäftigte von der beabsichtigten Maßnahme rechtzeitig vorher in Kenntnis zu setzen. Der Personalrat kann bei der Mitwirkung nach Absatz 1 Nr. 3 Einwendungen auf die in § 77 Abs. 2 Nr. 1 und 2 bezeichneten Gründe stützen.

(3) Vor der Weiterleitung von Personalanforderungen zum Haushaltsvoranschlag ist der Personalrat anzuhören. Gibt der Personalrat einer nachgeordneten Dienststelle zu den Personalanforderungen eine Stellungnahme ab, so ist diese mit den Personalanforderungen der übergeordneten Dienststelle vorzulegen. Das gilt entsprechend für die Personalplanung.

(4) Absatz 3 gilt entsprechend für Neu-, Um- und Erweiterungsbauten von Diensträumen.

(5) Vor grundlegenden Änderungen von Arbeitsverfahren und Arbeitsabläufen ist der Personalrat anzuhören.

§ 79

(1) Der Personalrat wirkt bei der ordentlichen Kündigung durch den Arbeitgeber mit. § 77 Abs. 1 Satz 2 gilt entsprechend. Der Personalrat kann gegen die Kündigung Einwendungen erheben, wenn nach seiner Ansicht

1. bei der Auswahl des zu kündigenden Arbeitnehmers soziale Gesichtspunkte nicht oder nicht ausreichend berücksichtigt worden sind,
2. die Kündigung gegen eine Richtlinie im Sinne des § 76 Abs. 2 Nr. 8 verstößt,
3. der zu kündigende Arbeitnehmer an einem anderen Arbeitsplatz in derselben Dienststelle oder in einer anderen Dienststelle desselben Verwaltungszweiges an demselben Dienstort einschließlich seines Einzugsgebietes weiterbeschäftigt werden kann,
4. die Weiterbeschäftigung des Arbeitnehmers nach zumutbaren Umschulungs- oder Fortbildungsmaßnahmen möglich ist oder
5. die Weiterbeschäftigung des Arbeitnehmers unter geänderten Vertragsbedingungen möglich ist und der Arbeitnehmer sein Einverständnis hiermit erklärt.

공공관서의 업무영역에 속한 직원의 직무관련적·사회적·개인적 사항(innerdienstlichen, sozialen und persönlichen Angelegenheiten)에 대한 공공관서의 행정명령의 준비,

2. 공공관서의 전부 또는 중요한 일부의 해산, 축소, 이전 또는 통합(Auflösung, Einschränkung, Verlegung oder Zusammenlegung),
3. 공무원에 대한 징계소송(Disziplinarklage)의 제기,
4. 그 공무원이 스스로 의원면직을 신청하지 않은 경우에, 시용(試用)공무원 또는 철회권유보부(撤回權留保附) 공무원(Beamten auf Probe oder auf Widerruf)의 직권면직(Entlassung),
5. 조기퇴직(vorzeitiger Versetzung in den Ruhestand).

② 제78조 제1항 제3호 내지 제5호의 경우에 직원평의회의 의사결정참가(Mitwirkung des Personalrates)에 대하여 제77조 제1항 제2문을 준용한다. 제78조 제1항 제3호 내지 제5호의 경우에 직원평의회는 해당 직원의 신청이 있는 경우에만(nur auf Antrag des Beschäftigten) 그에 의사결정참가를 한다; 이러한 경우에 해당 직원은 계획 중인 조치에 대해 사전에 적시에 정보를 제공받아야 한다. 직원평의회는 제 78조 제1항 제3호에 따른 의사결정참가를 함에 있어 제77조 제2항 제1호 내지 제2호상의 사유에 따른 이의를 제기할 수 있다.

③ 인사수요에 대한 예산추계(Haushaltsvoranschlag; 豫算推計)를 하기 전에 직원평의회의 의견을 청취해야 한다. 소속된 공공관서의 직원평의회가 인사수요에 대해 의견진술을 한 경우에, 이러한 의견은 직상(直上)의 공공관서의 인사수요(Personalanforderungen der übergeordneten Dienststelle)와 함께 제출되어야 한다. 이는 인력계획에 대해 준용한다.

④ 제78조 제3항은 사무소의 신축, 개축 및 증축에 준용한다.

⑤ 업무절차와 업무과정(Arbeitsverfahren und Arbeitsabläufen)의 근본적인 변경에 앞서 직원평의회의 의견을 청취해야 한다.

제79조

① 직원평의회는 사용자에 의한 통상해고에 참가해야 한다. 제77조 제1항 제2문을 준용한다. 직원평의회는 자신의 견해에 따라(nach seiner Ansicht) 다음 각 호의 경우에, 그 해고에 대해 이의를 제기할 수 있다,

1. 해고되는 근로자의 선발에서 사회적 관점(soziale Gesichtspunkte)이 고려되지 않거나 충분하게 고려되지 않은 경우,
2. 해고가 제76조 제2항 제8호상의 기준에 위반되는 경우,
3. 해고되는 근로자가 동일한 공공관서 내 다른 일자리로, 전입지(轉入地)를 포함하여 동일한 근무지에 있는 일자리에서 계속 고용되거나, 동일한 행정부문의 다른 공공관서 내 다른 일자리로, 전입지를 포함하여 동일한 근무지에 있는 일자리에서 계속 고용될 수 있는 경우,
4. 감당할 수 있는 전직직업훈련조치 또는 직업능력향상교육조치(Umschulungs- oder Fortbildungsmaßnahmen) 후에 근로자의 계속고용이 가능한 경우,
5. 변경된 근로계약조건으로(unter geänderten Vertragsbedingungen) 근로자의 계속고용이 가능하고 근로자가 이러한 고용에 동의의 의사표시를 한 경우,

Wird dem Arbeitnehmer gekündigt, obwohl der Personalrat nach Satz 3 Einwendungen gegen die Kündigung erhoben hat, so ist dem Arbeitnehmer mit der Kündigung eine Abschrift der Stellungnahme des Personalrates zuzuleiten, es sei denn, daß die Stufenvertretung in der Verhandlung nach § 72 Abs. 4 Satz 2 die Einwendungen nicht aufrechterhalten hat.

(2) Hat der Arbeitnehmer im Falle des Absatzes 1 Satz 4 nach dem Kündigungsschutzgesetz Klage auf Feststellung erhoben, daß das Arbeitsverhältnis durch die Kündigung nicht aufgelöst ist, so muß der Arbeitgeber auf Verlangen des Arbeitnehmers diesen nach Ablauf der Kündigungsfrist bis zum rechtskräftigen Abschluß des Rechtsstreits bei unveränderten Arbeitsbedingungen weiterbeschäftigen. Auf Antrag des Arbeitgebers kann das Arbeitsgericht ihn durch einstweilige Verfügung von der Verpflichtung zur Weiterbeschäftigung nach Satz 1 entbinden, wenn

1. die Klage des Arbeitnehmers keine hinreichende Aussicht auf Erfolg bietet oder mutwillig erscheint oder
2. die Weiterbeschäftigung des Arbeitnehmers zu einer unzumutbaren wirtschaftlichen Belastung des Arbeitgebers führen würde oder
3. der Widerspruch des Personalrates offensichtlich unbegründet war.

(3) Vor fristlosen Entlassungen und außerordentlichen Kündigungen ist der Personalrat anzuhören. Der Dienststellenleiter hat die beabsichtigte Maßnahme zu begründen. Hat der Personalrat Bedenken, so hat er sie unter Angabe der Gründe dem Dienststellenleiter unverzüglich, spätestens innerhalb von drei Arbeitstagen schriftlich mitzuteilen.

(4) Eine Kündigung ist unwirksam, wenn der Personalrat nicht beteiligt worden ist.

§ 80

An Prüfungen, die eine Dienststelle von den Beschäftigten ihres Bereichs abnimmt, kann ein Mitglied des für diesen Bereich zuständigen Personalrates, das von diesem benannt ist, beratend teilnehmen.

§ 81

(1) Der Personalrat hat bei der Bekämpfung von Unfall- und Gesundheitsgefahren die für den Arbeitsschutz zuständigen Behörden, die Träger der gesetzlichen Unfallversicherung und die übrigen in Betracht kommenden Stellen durch Anregung, Beratung und Auskunft zu unterstützen und sich für die Durchführung der Vorschriften über den Arbeitsschutz und die Unfallverhütung in der Dienststelle einzusetzen.

(2) Der Dienststellenleiter und die in Absatz 1 genannten Stellen sind verpflichtet, bei allen im Zusammenhang mit dem Arbeitsschutz oder der Unfallverhütung stehenden Besichtigungen und Fragen und bei Unfalluntersuchungen den Personalrat oder die von ihm bestimmten Personalratsmitglieder derjenigen Dienststelle hinzuzuziehen, in der die Besichtigung oder

직원평의회가 제3문에 따라 이의를 제기했음에도 불구하고 근로자가 해고된 경우에, 직원평의회의 표명된 의견의 사본이 해고된 근로자에게 송달되어야 하고, 단계적 직원대표기구(Stufenvertretung)가 그 평의에서 제72조 제4항 제2문에 따라 이의제기를 유지하지 않은 경우에는 그러하지 아니하다.

② 근로자가 제79조 제1항 제4문의 경우에 해고보호법에 따라 그 해고에 의해 근로관계가 종료되지 않았다는 해고무효확인소송을 제기하는 경우에, 사용자는 해당 근로자의 청구가 있는 때에는 해고기간이 도과한 때로부터 그 법적 분쟁에 대한 확정력 있는 재판에 의한 종결시까지bis zum rechtskräftigen Abschluß des Rechtsstreits) 기존의 근로조건으로 그 근로자를 계속적으로 고용해야만 한다. 다음 각 호의 경우에 사용자의 신청이 있는 때에는, 지방노동법원(Arbeitsgericht)은 가처분으로 제1문에 따른 계속고용의 의무에서 그를 면하게 할 수 있다,

1. 근로사의 소송이 상당한 정도의 승소가능성이 없거나 그 소송이 남용된 것으로(mutwillig) 보이는 경우,
2. 근로자의 계속고용이 사용자 감당(堪當)하기 어려운 경제적 부담(unzumutbaren wirtschaftlichen Belastung)을 야기하는 경우,
3. 직원평의회의 이의제기가 이유 없음이 명백(明白)한 경우.

③ 즉시해임·즉시해고를 하기 전에 직원평의회의 의견을 청취해야 한다. 공공관서장은 계획중인 그 조치에 대해 근거를 제시해야 한다. 직원평의회가 이의를 제기한 경우에, 직원평의회는 이유를 기재하여 공공관서장에게 이를 지체 없이, 늦어도 3일의 근무일 내에 서면으로 통지해야 한다.

④ 직원평의회의 참가가 행해지지 않은 그 해고는 무효이다.

제80조

공공관서가 자신의 영역에 속한 직원을 감축하는 심의(Prüfungen)에, 이러한 영역을 관할하는 직원평의회의 구성원(Mitglied des für diesen Bereich zuständigen Personalrates)으로 그 직원평의회가 지정한 구성원은 옵서버로 참석할 수 있다.

제81조

① 직원평의회는 산업재해위험·건강상 위험을 대처하는 데에 제안·협의를 하고 정보를 제공함으로써 산업안전보건을 관할하는 행정관청, 법률상 산업재해보험 담당기관(Träger der gesetzlichen Unfallversicherung), 기타 문제가 되는 기관(die übrigen in Betracht kommenden Stellen)을 지원해야 하고, 공공관서 내 산업안전보건 및 산업재해방지에 관한 규정의 시행을 노력하여야 한다.

② 공공관서장과 제81조 제1항에 언급된 기관은, 직원평의회 또는 직원평의회가 지정한 직원평의회구성원으로 검사 또는 조사가 실시되는 공공관서의 직원평의회구성원을 산업안전보건 또는 산업재해방지와 관련되어 시행된 모든 검사 및 조사(allen im Zusammenhang mit dem Arbeitsschutz oder der Unfallverhütung stehenden Besichtigungen und Fragen), 산업재해조사에

Untersuchung stattfindet. Der Dienststellenleiter hat dem Personalrat unverzüglich die den Arbeitsschutz und die Unfallverhütung betreffenden Auflagen und Anordnungen der in Absatz 1 genannten Stellen mitzuteilen.

(3) An den Besprechungen des Dienststellenleiters mit den Sicherheitsbeauftragten im Rahmen des § 22 Abs. 2 des Siebten Buches Sozialgesetzbuch nehmen vom Personalrat beauftragte Personalratsmitglieder teil.

(4) Der Personalrat erhält die Niederschriften über Untersuchungen, Besichtigungen und Besprechungen, zu denen er nach den Absätzen 2 und 3 hinzuzuziehen ist.

(5) Der Dienststellenleiter hat dem Personalrat eine Durchschrift der nach § 193 Abs. 5 des Siebten Buches Sozialgesetzbuch vom Personalrat zu unterschreibenden Unfallanzeige oder des nach beamtenrechtlichen Vorschriften zu erstattenden Berichts auszuhändigen.

Vierter Abschnitt Beteiligung der Stufenvertretungen und des Gesamtpersonalrates

§ 82

(1) In Angelegenheiten, in denen die Dienststelle nicht zur Entscheidung befugt ist, ist an Stelle des Personalrates die bei der zuständigen Dienststelle gebildete Stufenvertretung zu beteiligen.

(2) Vor einem Beschluß in Angelegenheiten, die einzelne Beschäftigte oder Dienststellen betreffen, gibt die Stufenvertretung dem Personalrat Gelegenheit zur Äußerung. In diesem Falle verdoppeln sich die Fristen der §§ 69 und 72.

(3) Die Absätze 1 und 2 gelten entsprechend für die Verteilung der Zuständigkeit zwischen Personalrat und Gesamtpersonalrat.

(4) Für die Befugnisse und Pflichten der Stufenvertretungen und des Gesamtpersonalrates gelten die §§ 69 bis 81 entsprechend.

(5) Werden im Geschäftsbereich mehrstufige Verwaltungen personelle oder soziale Maßnahmen von einer Dienststelle getroffen, bei der keine für eine Beteiligung an diesen Maßnahmen zuständige Personalvertretung vorgesehen ist, so ist die Stufenvertretung bei der nächsthöheren Dienststelle, zu deren Geschäftsbereich die entscheidende Dienststelle und die von der Entscheidung Betroffenen gehören, zu beteiligen.

## Sechstes Kapitel Gerichtliche Entscheidungen

§ 83

(1) Die Verwaltungsgerichte, im dritten Rechtszug das Bundesverwaltungsgericht, entscheiden außer in den Fällen der §§ 9, 25, 28 und 47 Abs. 1 über

1. Wahlberechtigung und Wählbarkeit,
2. Wahl und Amtszeit der Personalvertretungen und der in den §§ 57, 65 genannten Vertreter

임석하게 할 의무가 한다. 공공관서장은 지체 없이 직원평의회에게 산업안전보건, 산업재해 방지와 관련된, 제81조 제1항상의 기관의 제한 및 명령(die den Arbeitsschutz und die Unfallverhütung betreffenden Auflagen und Anordnungen)을 통지해야 한다.

③ 직원평의회에게서 위임을 받은 직원평의회구성원은 사회법전 제7권 제22조 제2항의 범위 내에서 공공관서장과 안전보건수임인의 평의(Besprechungen des Dienststellenleiters mit den Sicherheitsbeauftragten)에 참여한다.

④ 직원평의회는 제81조 제2항, 제3항에 따라 임석한 조사, 검사 및 평의에 관한 의사록을 제공받는다.

⑤ 공공관서장은 직원평의회에게 사회법전 제7권 193조 제5항에 따라 직원평의회가 서명해야 하는 산업재해신고서(Unfallanzeige) 또는 공무원법상의 규정에 따라 보고해야 하는 보고서의 사본을 교부해야 한다.

제4절 단계적 직원대표기구와 전체직원평의회의 의사결정참가

제82조

① 당해 공공관서가 결정하도록 권한을 부여받지 못한 사안과 관련하여 직원평의회에 갈음하여 관할하는 공공관서에 조직된 단계적 직원대표기구가 의사결정참가를 한다.

② 각각의 직원 또는 공공관서가 관련된 사항의 결의에 앞서, 단계적 직원대표기구는 직원평의회에 의견진술의 기회를 부여한다. 이러한 경우에 제69조, 제72조상의 기간은 두 배로 늘어난다.

③ 제82조 제1항, 제2항은 직원평의회와 전체직원평의회 간의 관할의 분배(Verteilung der Zuständigkeit)에 준용한다.

④ 단계적 직원대표기구와 전체직원평의회의 권한 및 의무에 대하여 제69조 내지 제81조를 준용한다.

⑤ 관할 직원대표기구가 그 조치에 대한 의사결정참가를 하도록 규정되어 있지 않은 공공관서가 다단계행정의 업무영역에서 인사조치 또는 사회적 조치를 취한 경우에, 결정하는 공공관서와 그 결정에 대한 이해관계인이 속하는 직상(直上)의 공공관서(nächsthöheren Dienststelle, zu deren Geschäftsbereich die entscheidende Dienststelle und die von der Entscheidung Betroffenen gehören)의 직원대표기구가 의사결정참가를 해야 한다.

## 제6장 법원의 재판

제83조

① 지방행정법원은, 제3심의 경우 연방행정대법원은 제9조, 제25조, 제28조 및 제47조 제1항의 경우를 제외하고 다음 각 호 사항에 대하여 재판한다,

1. 선거권과 피선거권,
2. 직원대표기구(Personalvertretungen)와 제57조, 제65조상의 대표자(代表者)의 선거 및 임기,

sowie die Zusammensetzung der Personalvertretungen und der Jugend- und Auszubildendenvertretungen,

3. Zuständigkeit, Geschäftsführung und Rechtsstellung der Personalvertretungen und der in den §§ 57, 65 genannten Vertreter,
4. Bestehen oder Nichtbestehen von Dienstvereinbarungen.

(2) Die Vorschriften des Arbeitsgerichtsgesetzes über das Beschlußverfahren gelten entsprechend.

§ 84

(1) Für die nach diesem Gesetz zu treffenden Entscheidungen sind bei den Verwaltungsgerichten des ersten und zweiten Rechtszuges Fachkammern (Fachsenate) zu bilden. Die Zuständigkeit einer Fachkammer kann auf die Bezirke anderer Gerichte oder Teile von ihnen erstreckt werden.

(2) Die Fachkammer besteht aus einem Vorsitzenden und ehrenamtlichen Richtern. Die ehrenamtlichen Richter müssen Beschäftigte im öffentlichen Dienst des Bundes sein. Sie werden je zur Hälfte durch die Landesregierung oder die von ihr bestimmte Stelle auf Vorschlag

1. der unter den Beschäftigten vertretenen Gewerkschaften und
2. der in § 1 bezeichneten Verwaltungen und Gerichte

berufen. Für die Berufung und Stellung der ehrenamtlichen Richter und ihre Heranziehung zu den Sitzungen gelten die Vorschriften des Arbeitsgerichtsgesetzes über ehrenamtliche Richter entsprechend.

(3) Die Fachkammer wird tätig in der Besetzung mit einem Vorsitzenden und je zwei nach Absatz 2 Satz 3 Nr. 1 und 2 berufenen Besitzern. Unter den in Absatz 2 Satz 3 Nr. 1 bezeichneten Beisitzern muß sich je ein Beamter und ein Arbeitnehmer befinden.

## Siebentes Kapitel Vorschriften für besondere Verwaltungszweige und die Behandlung von Verschlußsachen

§ 85

(1) Für die Bundespolizei gilt dieses Gesetz mit folgenden Abweichungen:

1. Die Beschäftigten der Bundespolizeibehörden und der ihnen nachgeordneten Dienststellen wählen Bundespolizeipersonalvertretungen (Bundespolizeipersonalrat, Bundespolizeibezirkspersonalrat, Bundespolizeihauptpersonalrat).
2. Polizeivollzugsbeamte sind nur wahlberechtigt (§ 13 Abs. 1), wenn sie am Wahltag die Grundausbildung bereits beendet haben und nicht bei der Berufung in das Beamtenverhältnis schriftlich erklärt haben, nur eine Dienstzeit von zwei Jahren ableisten zu wollen.
3. In Angelegenheiten, die lediglich die Polizeivollzugsbeamten betreffen, die nach Nummer 2 nicht wahlberechtigt sind, wirkt die Bundespolizeipersonalvertretung mit, wenn ein Vertrauensmann (Absatz 2) dies im Einzelfalle beantragt.

직원대표기구와 연소자·직업훈련생대표단의 구성,

3. 직원대표기구와 제57조, 제65조상의 대표자의 관할, 사무처리 및 법적지위(Zuständigkeit, Geschäftsführung und Rechtsste(,
4. 근무협정의 존재 또는 부존재(Bestehen oder Nichtbestehenllung).

② 결정절차에 관한 노동법원법의 규정을 준용한다.

제84조

① 본 법에 따라 이뤄져야 하는 재판을 하기 위해, 1심 및 2심의 행정법원에 전문참심재판부(전문참심재판부; Fachsenate)가 구성된다. 전문참심재판부의 관할은 다른 법원의 관할구역과 그 관할구역의 일부 관할구역에 미친다.

② 전문참심재판부는 재판장 1명과 명예법관들로 구성된다. 명예법관은 연방의 공공부문종사자이어야만 한다. 명예법관은 다음 각 호의 추천에 따라 주정부 또는 주정부에 의해 지정된 기관에 의해 각 절반씩 임명된다,

1. 그 직원 중에 조합원인 직원이 있는 노동조합,
2. 제1호상의 행정과 법원,

명예법관의 임명 및 그 지위(Berufung und Stellung), 그의 심리의 소환(Heranziehung zu den Sitzungen)에 대하여 명예법관에 관한 노동법원법의 규정(Vorschriften des Arbeitsgerichtsgesetzes über ehrenamtliche Richter)을 준용한다.

③ 전문참심재판부는 1명의 재판장과 제84조 제2항 제3문 제1호, 제2호에 따라 임명된 2명씩의 배석판사로 구성되어 활동한다. 제84조 제2항 제3문 제1호상의 배석판사 중에서 1명의 공무원과 1명의 근로자가 각각 있어야 한다.

## 제7장 특별한 행정부문과 기밀서류의 처리에 대한 규정

제85조

① 연방경찰에 대해 본 법은 다음 각 호의 예외하에 적용된다:

1. 연방경찰청과 그에 소속된 공공관서의 직원은 연방경찰직원대표기구(연방경찰직원평의회, 연방경찰광역직원평의회, 연방경찰최상급직원평의회; Bundespolizeipersonalrat, Bundespolizeibezirkspersonalrat, Bundespolizeihauptpersonalrat)를 선거에 의해 구성한다.
2. 선거일 기준으로 기본교육을 이미 이수했고, 공무원관계 임명시 2년의 복무기간(Dienstzeit von zwei Jahren)을 채우기로 서면에 의한 의사를 밝힌 경찰관(警察官)만이 선거권을 갖는다.
3. 오로지 제2호에 따라 선거권이 없는 경찰관에만 관련되는 사안의 경우에, 제85조 제2항상의 직장대표자(Vertrauensmann)가 사안별로 이를 신청하는 때에는, 연방경찰직원대표기구가 의사결정참가를 한다.

4. Die in Nummer 3 bezeichneten Polizeivollzugsbeamten werden bei der Ermittlung der Zahl der vom Dienst freizustellenden Personalratsmitglieder nach § 46 Abs. 4 nicht berücksichtigt.
5. Die Vorschriften über die Jugend- und Auszubildendenvertretung gelten nicht für die Polizeivollzugsbeamten.
6. Eine Beteiligung der Bundespolizeipersonalvertretung findet nicht statt bei
   a) Anordnungen für Polizeivollzugsbeamte, durch die Einsatz oder Einsatzübungen geregelt werden,
   b) der Einstellung von Polizeivollzugsbeamten für die Grundausbildung.
7. Die Bundespolizeipersonalvertretung bestimmt bei der Berufsförderung von Polizeivollzugsbeamten mit, soweit der Beamte dies beantragt.

(2) Die Polizeivollzugsbeamten, die nach Absatz 1 Nr. 2 nicht das Wahlrecht zu den Bundespolizeipersonalvertretungen besitzen, wählen in jeder Einheit einen Vertrauensmann und zwei Stellvertreter. Einheiten im Sinne des Satzes 1 sind die Hundertschaften oder vergleichbare Einheiten und Dienststellen nach näherer Bestimmung des Bundesministers des Innern. Für die Wahl, die Amtszeit und die Aufgaben des Vertrauensmannes gilt folgendes:

1. Wahlberechtigt und wählbar sind ohne Rücksicht auf ihr Alter die in Satz 1 genannten Polizeivollzugsbeamten; im übrigen gelten § 13 Abs. 1, § 14 Abs. 1 Satz 2 entsprechend.
2. Der Bundespolizeipersonalrat bestimmt spätestens drei Wochen vor dem unter Nummer 4 Satz 2 genannten Zeitpunkt drei Wahlberechtigte als Wahlvorstand und einen von ihnen als Vorsitzenden. Hat der Bundespolizeipersonalrat den Wahlvorstand nicht fristgemäß bestimmt oder besteht in der Dienststelle kein Bundespolizeipersonalrat, so bestellt der Leiter der Dienststelle den Wahlvorstand.
3. Der Wahlvorstand hat unverzüglich eine Versammlung der Wahlberechtigten einzuberufen. In dieser Versammlung ist die Wahl des Vertrauensmannes und seiner Stellvertreter durchzuführen. Gewählt wird durch Handaufheben. Widerspricht ein Wahlberechtigter diesem Verfahren, so wird eine geheime Wahl mit Stimmzetteln vorgenommen. § 24 gilt entsprechend.
4. Für die Amtszeit des Vertrauensmannes und seiner Stellvertreter gelten § 29 Abs. 1 Nr. 2, 4, 5 und § 30 entsprechend. § 31 Abs. 1, 2 ist mit der Maßgabe anzuwenden, daß eine Neuwahl stattfindet, wenn nach Eintreten beider Stellvertreter kein Vertrauensmann mehr vorhanden ist.
5. Für die Geschäftsführung und Rechtsstellung des Vertrauensmannes gelten die §§ 43 bis 45, 46 Abs. 1, 2, 3 Satz 1 und 6 entsprechend. Für die Aufgaben und Befugnisse des Vertrauensmannes gelten § 2, § 47 Abs. 2, §§ 66 bis 68 entsprechend. In den Fällen des § 75 Abs. 2 Satz 1 Nr. 1, Abs. 3 Nr. 3, 14, 15, § 76 Abs. 1 Nr. 2, 4, 5, Abs. 2 Nr. 1, 5, 6, 9, § 78 Abs. 1 Nr. 4 ist, soweit Polizeivollzugsbeamte, die nach Absatz 1 Nr. 2 nicht das Wahlrecht zu den Bundespolizeipersonalvertretungen besitzen, betroffen sind, der Vertrauensmann rechtzeitig von dem Dienststellenleiter zu hören, in den Fällen des § 76 Abs. 2 Nr. 9, § 78

4. 제3호상의 경찰관은 제46조 제4항에 따라 근무면제가 되는 직원평의회구성원수(Zahl der vom Dienst freizustellenden Personalratsmitglieder) 산정에서 고려되지 않는다.
5. 연소자·직업훈련생대표단(Jugend- und Auszubildendenvertretung)에 관한 규정은 경찰관에 대해 적용되지 않는다.
6. 연방경찰공무원대표기구의 의사결정참가는 다음의 경우에 이뤄지지 않는다,
   a) 경찰관에 대한 명령으로 출동 또는 출동훈련(Einsatz oder Einsatzübungen)에 관한 명령(Anordnungen),
   b) 기본교육(Grundausbildung)을 위한 경찰관의 채용.
7. 그 공무원이 이를 신청하는 경우에는, 연방경찰공무원대표기구는 경찰관(Berufsförderung)의 승진에서 공동결정을 한다.

② 제85조 제1항 제2호에 따라 연방경찰직원대표기구에 대한 선거권이 없는 경찰관은 각 단위마다 1명의 직장대표자와 2명의 부(副)직장대표자(einen Vertrauensmann und zwei Stellvertreter)를 선출한다. 제1문상의 단위는 연방내무부의 상세한 규정에서 정하는, 백 명 단위 또는 이에 유사한 단위 및 공공관서(vergleichbare Einheiten und Dienststellen)를 말한다. 직장대표자의 선거, 임기와 임무에 대해서는 다음 각 호와 같이 정해진다:

1. 그 연령을 불문하고(ohne Rücksicht auf) 제1문상의 경찰관은 선거권과 피선거권을 갖는다; 기타의 경우 제13조 제1항, 제14조 제1항 제2문을 준용한다.
2. 연방경찰직원대표기구(Bundespolizeipersonalrat)는 늦어도 제4호 제2문상의 시기 3주 전까지 3명의 선거권자로 선거위원회를 구성하고 그 중 1명을 선거위원회위원장으로 정한다. 연방경찰직원평의회가 기간에 맞게 선거위원회를 구성하지 않거나 당해 공공관서에 연방경찰직원평의회(Bundespolizeipersonalrat)가 없는 경우에는, 공공관서장이 선거위원회를 구성한다.
3. 선거위원회는 지체 없이 선거권자총회(Versammlung der Wahlberechtigten)를 소집해야 한다. 이러한 선거권자총회에서 직장대표자(Vertrauensmannes)와 부(副)직장대표자의 선거가 실시된다. 거수투표(Handaufheben; 擧手投票)로 선출한다. 어느 선거권자가 이러한 절차에 이의를 제기하는 경우에, 투표용지에 의한 비밀선거가 실시된다. 제24조를 준용한다.
4. 직장대표자와 부직장대표자의 임기에 대해 제29조 제1항, 제2호, 제4호, 제5호, 제30조를 준용한다. 2명의 부직장대표자가 취임한 후 직장대표자가 없게 된 경우에 새로운 선거가 실시된다는 기준하에 제31조 제1항, 제2항을 적용한다.
5. 직장대표자의 사무처리와 법적지위에 대해 제43조 내지 제45조, 제46조 제1항, 제2항, 제3항 제1문, 제6문을 준용한다. 직장대표자의 임무와 권한에 대해 제2조, 제47조 제2항, 제66조 내지 제68조를 준용한다. 제75조 제2항 제1항 제1호, 제3항 제3호, 제14호, 제15호, 제76조 제1항 제2호, 제4호, 제5호, 제2항 제1호, 제5호, 제6호, 제9호, 제78조 제1항 제4호의 경우에, 제85조 제1항 제2호에 따라 연방경찰직원대표기구에 대한 선거권이 없는 경찰관이 관련된 때에는, 공공관서장은 직장대표자의 의견을 적시에 청취해야 하고, 다만 제76조

Abs. 1 Nr. 4 jedoch nur auf Antrag des Betroffenen. Der Vertrauensmann kann an den Sitzungen des Bundespolizeipersonalrates beratend teilnehmen; in den Fällen des Absatzes 1 Nr. 3 hat er im Bundesgrenzschutzpersonalrat Stimmrecht.

(3) Die Dienstleistenden (§ 49 Abs. 1 des Bundesgrenzschutzgesetzes vom 18. August 1972 (BGBl. I S. 1834), das zuletzt durch Artikel 3 des Gesetzes vom 19. Oktober 1994 (BGBl. I S. 2978) geändert worden ist,) stehen bei der Anwendung dieses Gesetzes den Polizeivollzugsbeamten gleich, die nach Absatz 1 Nr. 2 nicht das Wahlrecht zu den Bundesgrenzschutzpersonalvertretungen besitzen; sie wählen gemeinsam mit diesen den Vertrauensmann und dessen Stellvertreter (Absatz 2). Erleidet ein Dienstleistender anläßlich der Wahrnehmung von Rechten oder Erfüllung von Pflichten nach diesem Gesetz durch einen Unfall eine gesundheitliche Schädigung, die eine Grenzschutzdienstbeschädigung wäre, so sind die dafür geltenden Vorschriften entsprechend anzuwenden.

§ 86

Für den Bundesnachrichtendienst gilt dieses Gesetz mit folgenden Abweichungen:

1. Teile und Stellen des Bundesnachrichtendienstes, die nicht zur Zentrale des Bundesnachrichtendienstes gehören, gelten als Dienststellen im Sinne des § 6 Abs. 1. In Zweifelsfällen entscheidet der Leiter des Bundesnachrichtendienstes über die Dienststelleneigenschaft.
2. Die Mitgliedschaft im Personalrat ruht bei Personen, die zu einer sicherheitsempfindlichen Tätigkeit nicht zugelassen sind.
3. Die Personalversammlungen finden nur in den Räumen der Dienststelle statt, sie werden in der Zentrale nur als Teilversammlungen durchgeführt. Über die Abgrenzung entscheidet der Leiter des Bundesnachrichtendienstes. Der Leiter des Bundesnachrichtendienstes kann nach Anhörung des Personalrates bestimmen, dass Personalversammlungen als Vollversammlung durchgeführt werden.
4. Der Leiter der Dienststelle kann nach Anhörung des Personalrates bestimmen, das Beschäftigte, bei denen dies wegen ihrer dienstlichen Aufgaben zwingend geboten ist, nicht an Personalversammlungen teilnehmen.
5. Die Tagesordnung der Personalversammlung und die in der Personalversammlung sowie im Tätigkeitsbericht zu behandelnden Punkte legt der Personalrat im Benehmen mit dem Leiter der Dienststelle fest. Andere Punkte dürfen nicht behandelt werden. Der Leiter der Dienststelle nimmt an den Personalversammlungen teil.
6. In den Fällen des § 20 Abs. 2, der §§ 21 und 23 sowie des § 28 Absatz 2 bestellt der Leiter der Dienststelle den Wahlvorstand.
7. Die Beschäftigten des Bundesnachrichtendienstes wählen keine Stufenvertretung. Soweit eine Stufenvertretung zuständig ist, ist an ihrer Stelle der Gesamtpersonalrat zu beteiligen.

제2항 제9호, 제78조 제1항 제4호의 경우는 이해관계인의 신청이 있는 경우에만 이를 적용한다. 직장대표자는 연방경찰직원평의회의 회의에 옵서버로 참여할 수 있다; 제85조 제1항 제3호의 경우에 직장대표자는 연방국경수비대직원평의회에서 투표권을 갖는다.

③ 1972년 8월 18일의 연방국경보호법(Bundesgrenzschutzgesetzes; BGBl. I S. 1834)으로, 1994년 10월 19일의 법률(BGBl. I S. 2978) 제3조에 의해 최근에 개정된 그 법률 제49조 제1항상의 의무복무자(Dienstleistenden[30]))는 이 법의 적용에 있어 제85조 제1항 제2호에 따라 연방국경수비대직원대표기구(Bundesgrenzschutzpersonalvertretungen)에 관한 선거권이 없는 경찰관과 동동한 지위를 갖는다; 의무복무자는 그러한 경찰관과 공동으로 직장대표자와 부직장대표자(제85조 제2항)를 선출한다. 의무복무자가 이 법에 따른 권리의 행사하는 도중(anläßlich der Wahrnehmung von Rechten) 또는 이 법에 따른 의무이행의 도중의 재해로 인하여 '국경수비대복무 공무상재해'(Grenzschutzdienstbeschädigung)에 해당하는 건강침해(gesundheitliche Schädigung)를 입은 경우에는, 이에 대해 적용되는 규정을 준용한다.

제86조

연방해외정보원(Bundesnachrichtendienst)에 대해 이 법은 다음 각 호의 예외하에 적용된다:

1. 연방해외정보원본부에 속하지 않는 연방해외정보원의 일부부서 및 기관(Teile und Stellen des Bundesnachrichtendienstes)은 제6조 제1항상의 공공관서로 본다. 그에 대해 의문이 있는 경우에 연방해외정보원장이 공공관서의 지위를 결정한다.
2. 보안에 민감한 활동에 대한 권한을 부여받지 못한 사람의 경우에 직원평의회의 구성원자격은 정지된다.
3. 직원총회는 공공관서 내 장소에서만 개최되고, 그 본부에서는 일부직원총회로서만(in der Zentrale nur als Teilversammlungen) 개최된다. 그 경계획정(Abgrenzung)에 대하여 연방해외정보원장이 결정한다. 연방해외정보원장은 직원평의회의 의견을 청취한 후(ach Anhörung des Personalrates) 직원총회가 전체직원총회로서(als Vollversammlung) 개최(開催)될지를 결정한다.
4. 공공관서장은 직원평의회의 의견을 청취한 다음, 그의 직무상 임무로 인해 그 불출석이 긴급하게 필요한 직원(Beschäftigte, bei denen dies wegen ihrer dienstlichen Aufgaben zwingend geboten ist)은 직원총회에 참석하지 않는다는 점을 결정한다.
5. 직원총회의 의사일정과 직원총회(Tagesordnung der Personalversammlung) 및 활동보고서에서 다뤄야 할 사항(die in der Personalversammlung sowie im Tätigkeitsbericht zu behandelnden Punkte)은 직원평의회가 공공관서의 장과 협의 후(im Benehmen mit) 결정한다. 기타 사항은 다뤄져서는 안 된다. 공공관서장은 직원총회에 참석한다.
6. 제20조 제2항, 제21조, 제23조, 제28조 제2항의 경우에 공공관서장은 선거위원회를 구성한다.
7. 연방해외정보원의 직원은 단계적 직원대표기구를 구성(構成)할 수 없다. 단계적 직원대표기구 관할에 속한 경우에, 그 대신에 전체직원평의회가 의사결정참가를 해야 한다.

Die Aufgaben der obersten Dienstbehörde nach diesem Gesetz nimmt der Chef des Bundeskanzleramtes wahr.

8. An die Stelle der Mitbestimmung und der Zustimmung tritt die Mitwirkung des Personalrates. Die oberste Dienstbehörde und der Gesamtpersonalrat können durch Dienstvereinbarung ergänzende Regelungen über die Beteiligung der Personalvertretungen im Bundesnachrichtendienst treffen oder jederzeit widerruflich von Regelungen des § 86, ausgenommen die Nummern 2, 7, 10 und 13, abweichen.

9. § 93 ist mit folgender Maßgabe anzuwenden:
   a) Personalvertretungen bei Dienststellen im Sinne der Nummer 1 bilden keine Ausschüsse, an ihre Stelle tritt der Ausschuß des Gesamtpersonalrates.
   b) Der Leiter des Bundesnachrichtendienstes kann außer in den Fällen des § 93 Abs. 5 auch bei Vorliegen besonderer nachrichtendienstlicher Gründe Anordnungen im Sinne des § 93 Abs. 5 treffen oder von einer Beteiligung absehen.
   c) § 93 Absatz 1 Satz 1 ist nur anzuwenden, wenn nicht alle Mitglieder der zuständigen Personalvertretung ermächtigt sind, von Verschlusssachen des entsprechenden Geheimhaltungsgrades Kenntnis zu erhalten.

10. Bei Vorliegen besonderer Sicherheitsvorfälle oder einer besonderen Einsatzsituation, von der der Bundesnachrichtendienst ganz oder teilweise betroffen ist, ruhen die Rechte und Pflichten der zuständigen Personalvertretungen. Beginn und Ende des Ruhens der Befugnisse der Personalvertretung werden jeweils vom Leiter des Bundesnachrichtendienstes im Einvernehmen mit dem Chef des Bundeskanzleramtes festgestellt.

11. § 70 Absatz 1 und § 79 Absatz 2 sind nicht anzuwenden. Die Vorschriften über eine Beteiligung von Vertretern oder Beauftragten der Gewerkschaften und Arbeitgebervereinigungen (§ 20 Absatz 1, die §§ 36 und 39 Absatz 1 sowie § 52) sind nicht anzuwenden. Der Leiter des Bundesnachrichtendienstes kann bestimmen, dass Beauftragte der Gewerkschaften zu einer sicherheitsempfindlichen Tätigkeit zugelassen sein müssen. Der Leiter des Bundesnachrichtendienstes kann die Anwendung des § 12 Absatz 2 ausschließen.

12. Soweit sich aus den Nummern 1 bis 11 nichts anderes ergibt, gelten die §§ 59 bis 63 des Soldatenbeteiligungsgesetzes entsprechend.

13. Für gerichtliche Entscheidungen nach § 83 Abs. 1 ist im ersten und letzten Rechtszug das Bundesverwaltungsgericht zuständig. Im gerichtlichen Verfahren ist § 99 der Verwaltungsgerichtsordnung entsprechend anzuwenden.

§ 87

Für das Bundesamt für Verfassungsschutz gilt dieses Gesetz mit folgenden Abweichungen:

1. Der Leiter des Bundesamtes für Verfassungsschutz kann nach Anhörung des Personalrates

본 법에 따른 최상급행정관청의 임무는 연방수상청장(Chef des Bundeskanzleramtes)이 행한다.

8. 직원평의회의 의사결정참가가 그 공동결정 및 동의를 갈음한다. 최상급행정관청(oberste Dienstbehörde)과 전체직원평의회(Gesamtpersonalrat)는 근무협정으로(durch Dienstvereinbarung) 연방해외정보원 내 직원대표기구의 의사결정참가에 관한 보충적 규정(ergänzende Regelungen)을 정할 수 있거나 언제든지 철회가능하게 제86조 제2호, 제7호, 제10호, 제13호를 제외하고, 제86조와 달리 정할 수 있다.
9. 제93조는 다음 각 목의 기준하에 적용된다:
   a) 제1호상의 공공관서의 직원대표기구에서 부문위원회가 조직되지 않고, 전체직원평의회의 부문위원회가 그 부문위원회를 대신한다.
   b) 연방해외정보원장은 제93조 제5항 이외에 정보기관 특별한 직무상사유 있는 경우에도(auch bei Vorliegen besonderer nachrichtendienstlicher Gründe) 제93조 제5항상의 명령을 발할 수 있거나, 의사결정참가를 고려하지 않을 수 있다.
   c) 제93조 제1항 제1문은, 관할 직원대표기구의 모든 구성원이 기밀등급에 따른 기밀서류(Verschlusssachen des entsprechenden Geheimhaltungsgrades)에 대한 정보를 취득할 권한이 주어지지 않은 경우에만 적용한다.
10. 관할 직원대표기구의 권리의무는 특별한 보안사고(besonderer Sicherheitsvorfälle)가 있는 동안 또는 연방해외정보원이 전체적으로 또는 부분적으로 관련된 특별한 작전상황(besonderen Einsatzsituation) 동안에 정지된다. 직원대표기구의 권리의 정지의 개시시점 및 만료시점은 연방해외정보원장이 그때그때에 연방수상청장과 협의하여(im Einvernehmen mit) 정한다.
11. 제70조 제1항, 제79조 제2항은 적용하지 않는다. 노동조합과 사용자단체(제20조 제1항, 제36조, 제39조 제1항, 제52조)의 대리인 또는 수임인의 의사결정참가에 대한 규정도 적용하지 않는다. 연방해외정보원장은 노동조합의 대리인이 보안에 민감한 활동에 권한을 부여받아야만 하는지에(dass Beauftragte der Gewerkschaften zu einer sicherheitsempfindlichen Tätigkeit zugelassen sein müssen) 대하여 정한다. 연방해외정보원장은 제12조 제2항의 적용을 배제할 수 있다.
12. 제1호 내지 제11호와 다른 정함이 없는 한, 군인참가법(Soldatenbeteiligungsgesetzes) 제59조 내지 제63조를 준용한다.
13. 제83조 제1항에 따른 법원의 재판에 대해 1심이자 최종심급으로(im ersten und letzten Rechtszug) 연방행정대법원이 관할한다. 재판절차에서 행정법원법규칙(Verwaltungsgerichtsordnung)을 준용한다.

제87조

연방헌법수호청에 대해 본 법은 다음 각 호의 예외하에 적용한다:

1. 연방헌법수호청장은 직원평의회의 의견(Anhörung des Personalrates)을 청취(聽取)한 다음,

bestimmen, daß Beschäftigte, bei denen dies wegen ihrer dienstlichen Aufgaben dringend geboten ist, nicht an Personalversammlungen teilnehmen.

2. Die Vorschriften über eine Beteiligung von Vertretern oder Beauftragten der Gewerkschaften und Arbeitgebervereinigungen (§ 20 Abs. 1, §§ 36, 39 Abs. 1, § 52) sind nicht anzuwenden.
3. Bei der Beteiligung der Stufenvertretung und der Einigungsstelle sind Angelegenheiten, die lediglich Beschäftigte des Bundesamtes für Verfassungsschutz betreffen, wie Verschlußsachen des Geheimhaltungsgrades "VS-VERTRAULICH" zu behandeln (§ 93), soweit nicht die zuständige Stelle etwas anderes bestimmt.

§ 88

Für bundesunmittelbare Körperschaften und Anstalten des öffentlichen Rechts im Bereich der Sozialversicherung und für die Bundesagentur für Arbeit gilt dieses Gesetz mit folgenden Abweichungen:

1. Behörden der Mittelstufe im Sinne des § 6 Abs. 2 Satz 2 sind die der Hauptverwaltungsstelle unmittelbar nachgeordneten Dienststellen, denen andere Dienststellen nachgeordnet sind.
2. Abweichend von § 7 Satz 1 handelt für die Körperschaft oder Anstalt der Vorstand, soweit ihm die Entscheidungsbefugnis vorbehalten ist; für die Agenturen für Arbeit und die Regionaldirektionen der Bundesagentur für Arbeit handelt die Geschäftsführung. Der Vorstand oder die Geschäftsführung kann sich durch eines oder mehrere der jeweiligen Mitglieder vertreten lassen. § 7 Satz 3 und 4 bleibt unberührt.
3. Als oberste Dienstbehörde im Sinne des § 69 Abs. 3, 4 und des § 71 gilt der Vorstand. § 69 Abs. 3 Satz 2 ist nicht anzuwenden.

§ 89

Für die Deutsche Bundesbank gilt dieses Gesetz mit folgenden Abweichungen:

1. Als Behörden der Mittelstufe im Sinne des § 6 Abs. 2 Satz 2 gelten die Landeszentralbanken, denen Zweiganstalten unterstehen.
2. Oberste Dienstbehörde ist der Präsident der Deutschen Bundesbank. Der Zentralbankrat gilt als oberste Dienstbehörde, soweit ihm die Entscheidung zusteht, § 69 Abs. 3 Satz 2 ist nicht anzuwenden.
3. Der Zentralbankrat, das Direktorium und der Vorstand einer Landeszentralbank können sich durch eines oder mehrere ihrer Mitglieder vertreten lassen. § 7 Satz 2 bleibt unberührt.

§ 89a

-

§ 90

그 직무상 임무로 인해 불출석이 긴급하게 필요가 있는 직원은 직원총회에 참석하지 않는다는 점을 결정한다.

2. 노동조합과 사용자단체(제20조 제1항, 제36조, 제39조 제1항, 제52조)의 대리인과 수임인에 관한 규정은 적용하지 않는다.
3. 단계적 직원대표기구의 의사결정참가(Beteiligung)에 있어 오로지 연방헌법수호청(Bundesamtes für Verfassungsschutz)의 직원에 관련된 사항(Angelegenheiten, die lediglich Beschäftigte des Bundesamtes für Verfassungsschutz betreffen)은, 관할 기관에서 달리 정하지 않는 한, '기밀등급 중 3급기밀[31]'과 같이(wie Verschlußsachen des Geheimhaltungsgrades "VS-VERTRAULICH") 취급(取扱)되어야 한다.

第88조

사회보험영역의 연방직할의 공법상 사단·영조물(bundesunmittelbare Körperschaften und Anstalten des öffentlichen Rechts)과 연방노동사무소에 대하여 본 법은 다음 각 호의 예외하에 적용된다:

1. 제6조 제2항 제2문상의 중급행정관청은 다른 공공관서가 소속된 본부행정기관(Hauptverwaltungsstelle)의 직속(直屬) 공공관서를 말한다.
2. 그 이사회에 결정권한(Entscheidungsbefugnis)이 유보(留保)된 경우에, 제7조 제1문과 달리 '이사회'가 그 사단 또는 영조물(Körperschaft oder Anstalt)에 대해 제7조 제1문상 행위를 한다. 이사회 또는 사무처리는 그때그때의 1인 또는 수인(Vorstand oder die Geschäftsführung)의 이사회구성원에 의해 대표(代表)될 수 있다. 제7조 제3문, 제4문은 이에 영향(影響)을 받지 않는다.
3. 이사회를 제69조 제3항, 제4항 및 제71조상의 최상급행정관청으로 본다. 제69조 제3항 제2문을 적용하지 않는다.

第89조 독일연방중앙은행에 대해 본 법은 다음 각 호의 예외하에 적용된다:

1. 그 은행지점이 소속된 주(州)중앙은행을 제6조 제2항 제2문상의 중급행정관청(Behörden der Mittelstufe)으로 본다.
2. 최상급행정관청은 독일중앙은행 총재(Präsident der Deutschen Bundesbank)를 말한다. 그 이사회에 결정권이 부여된 경우에 연방중앙은행 이사회를 최상급행정관청으로 간주하고, 제69조 제3항 제2문을 적용하지 않는다.
3. 연방중앙은행, 이사회(Direktorium), 주(州)중앙은행 이사회는 1인 또는 수인의 그 구성원에 의해 대표될 수 있다. 제7조 제2문은 이에 영향을 받지 않는다.

第89a조

-

第90조

Für die Rundfunkanstalt des Bundesrechts "Deutsche Welle" gilt dieses Gesetz mit folgenden Abweichungen:

1. Die Einrichtungen der Deutschen Welle am Sitz Köln und die Einrichtungen der Deutschen Welle am Sitz Berlin bilden je eine Dienststelle im Sinne dieses Gesetzes. Diese Aufteilung auf zwei Dienststellen bleibt bei Verlegung des Sitzes von Köln nach Bonn bestehen. Andere Einrichtungen der Deutschen Welle werden vom Intendanten der Deutschen Welle einer Dienststelle zugeteilt. § 6 Abs. 3 findet keine Anwendung.
2. Die Beschäftigten in beiden Dienststellen wählen - neben den örtlichen Personalräten - einen Gesamtpersonalrat. Dieser wirkt bei der Entscheidung nach Nummer 1 Satz 3 mit. Er ist zuständig für die Behandlung dienststellenübergreifender Angelegenheiten. Der Gesamtpersonalrat hat seinen Sitzort am Sitz des Intendanten. Die für den Gesamtpersonalrat maßgebenden Bestimmungen finden im übrigen entsprechende Anwendung.
3. Die Beschäftigten im Sinne des § 57 in beiden Dienststellen wählen - neben den örtlichen Jugend- und Auszubildendenvertretungen - eine Gesamt-Jugend- und Auszubildendenvertretung. Nummer 2 Satz 3 gilt entsprechend. Der Sitzort der Gesamt-Jugend- und Auszubildendenvertretung ist am Sitzort des Gesamtpersonalrats. Die für die Gesamt-Jugend- und Auszubildendenvertretung maßgebenden Bestimmungen finden im übrigen entsprechende Anwendung.
4. Leiter der Dienststellen ist der Intendant. Er gilt als oberste Dienstbehörde im Sinne dieses Gesetzes; § 69 Abs. 3 Satz 2 findet keine Anwendung. § 7 ist entsprechend anzuwenden.
5. Beschäftigte der Deutschen Welle im Sinne dieses Gesetzes sind die durch Arbeitsvertrag unbefristet oder auf Zeit angestellten Beschäftigten der Deutschen Welle einschließlich der zu ihrer Berufsausbildung Beschäftigten. Beschäftigte im Sinne dieses Gesetzes sind nicht:
   a) der Intendant, die Direktoren und der Justitiar,
   b) Personen in einem arbeitnehmerähnlichen Verhältnis, sonstige freie Mitarbeiter und Personen, die auf Produktionsdauer beschäftigt sind.

   Beschäftigte, die in einer Einrichtung der Deutschen Welle im Ausland eingesetzt sind, sowie Volontäre sind nicht wählbar.
6. § 44 Abs. 1 Satz 2 findet mit der Maßgabe Anwendung, daß an die Stelle des Bundesreisekostengesetzes die Reisekostenordnung der Deutschen Welle tritt.
7. a) Bei Beschäftigten, deren Vergütung sich nach der Vergütungsgruppe I des Vergütungstarifvertrags der Deutschen Welle bemißt oder deren Vergütung über der höchsten Vergütungsgruppe liegt, wird der Personalrat in den Fällen des § 75 Abs. 1 und 3 Nr. 14 nicht beteiligt.
   b) Bei im Programmbereich Beschäftigten der Vergütungsgruppe II des Vergütungstarifvertrags der Deutschen Welle tritt in Fällen des § 75 Abs. 1 an die Stelle der Mitbestimmung des Personalrats die Mitwirkung.

"독일의 소리"라는 연방법상의 방송국(Rundfunkanstalt des Bundesrechts)에 대해 본 법은 다음 각 호의 예외하에 적용된다:

1. 쾰른에 본점소재지가 있는 '독일의 소리'라는 방송국과 베를린에 주소가 있는 '독일의 소리'라는 방송국은 각각 이 법상의 공공관서에 해당한다. 2개의 공공관서로의 이러한 분할은 쾰른(Köln)에서 본(Bonn)으로의 다국적기업본사의 이전시 지속된다. '독일의 소리'라는 기타 기관은 '독일의 소리'라는 이사장(Intendanten)에 의해 어느 공공관서로 편입된다. 제6조 제3항은 적용하지 않는다.
2. 2개의 기관에 속한 직원은 지역의 직원평의회 이외에 전체직원평의회를 선거로 구성한다. 전체직원평의회가 제1호 제3문에 따른 결정의 경우에 의사결정참가를 한다. 전체직원평의회는 기관을 초월하는 사안의 처리에 대해 관할한다. 전체직원평의회는 이사장이 있는 본점소재지에(Sitzort am Sitz des Intendanten) 자신의 본점소재지를 둔다. 전체직원평의회에 적용되는 규정을 나머지 경우에 준용한다.
3. 양 공공관서에 속한 제57조상의 직원은 지역의 연소자·직업훈련생대표단(örtlichen Jugend- und Auszubildendenvertretungen) 이외에 전체연소자·직업훈련생대표단을 선거로 구성한다. 제2호 제3문을 준용한다. 전체연소자·직업훈련생대표단의 주소는 이사장이 있는 본점소재지로 한다. 전체연소자·직업훈련생대표단에 적용되는 규정을 나머지 경우에 준용한다.
4. 공공관서장은 이사장을 말한다. 이사장은 본 법상의 최상급행정관청으로 간주된다; 제69조 제3항 제2문을 준용하지 않는다. 제7조를 준용한다.
5. 본 법상의 '독일의 소리'라는 방송국 직원은 직업훈련생을 포함하여 근로계약에 의하여 기간의 정함이 없거나 있는 '독일의 소리'라는 방송국 직원을 말한다. 다음 사람은 본 법상의 직원이 아니다.
   a) 이사장(Intendant), 이사(Direktoren), 법률고문(Justitiar),
   b) 근로자와 유사한 관계에 있는 사람(Personen in einem arbeitnehmerähnlichen Verhältnis), 기타 프리랜서, 제작기간 동안에 고용된 사람.

   외국에 있는 '독일의 소리'라는 방송국에 배치된 직원, 자원봉사자는 피선거권이 없다.
6. '독일의 소리'라는 방송국의 여비규정(Reisekostenordnung)이 연방여비법(Bundesreisekostengesetzes)을 대신한다는 기준하에 제44조 제1항 제2문이 적용된다.
7. a) '독일의 소리'라는 방송국의 임금계약상의 보수 Ⅰ에 따라 그 보수가 책정되거나, 그 보수가 가장 상위의 임금등급을 초과한 직원에 대하여, 제75조 제1항 제1호, 제3항 제14호의 경우에 직원평의회가 의사결정참가를 하지 않는다.
   b) '독일의 소리'라는 방송국의 임금계약상의 임금등급 Ⅱ(Vergütungsgruppe II des Vergütungstarifvertrags)에 속한, 프로그램부문의 직원에 대하여는, 제75조 제1항의 경우에 직원평의회의 의사결정참가(des Personalrats Mitwirkung)가 공동결정(Mitbestimmung)에 갈음한다.

c) Bei Beschäftigten mit überwiegend wissenschaftlicher oder künstlerischer Tätigkeit sowie bei Beschäftigten, die maßgeblich an der Programmgestaltung beteiligt sind, bestimmt der Personalrat in den Fällen des § 75 Abs. 1 nur mit, wenn sie dies beantragen. § 69 Abs. 4 Satz 3 und 4 gilt entsprechend.

§ 91

(1) Für Dienststellen des Bundes im Ausland gilt dieses Gesetz mit folgenden Abweichungen:

1. Ortskräfte sind nicht Beschäftigte im Sinne des § 4.
2. Die Beschäftigten sind nicht in eine Stufenvertretung oder in einen Gesamtpersonalrat bei einer Dienststelle im Inland wählbar.
3. Die nach § 13 wahlberechtigten Beschäftigten im Geschäftsbereich des Auswärtigen Amtes im Ausland ohne die Dienststellen des Deutschen Archäologischen Instituts sind außer zur Wahl des Personalrates ihrer Dienststelle auch zur Wahl des Personalrates des Auswärtigen Amtes wahlberechtigt, jedoch nicht wählbar. Zur Wahl des Hauptpersonalrates des Auswärtigen Amtes sind sie nicht wahlberechtigt. Soweit eine Stufenvertretung zuständig wäre, ist an ihrer Stelle der Personalrat des Auswärtigen Amtes zu beteiligen. § 47 Abs. 2 gilt nicht für die nach Satz 1 zur Wahl des Personalrates des Auswärtigen Amtes wahlberechtigten Beschäftigten.
4. § 47 Abs. 2 gilt für Mitglieder von Personalräten im Geschäftsbereich des Bundesministeriums der Verteidigung im Ausland nur für die Dauer einer regelmäßigen Amtszeit in dem durch § 26 festgelegten Umfang.
5. Für gerichtliche Entscheidungen nach § 83 ist das Verwaltungsgericht zuständig, in dessen Bezirk die oberste Dienstbehörde ihren Sitz hat.

(2) In Dienststellen des Bundes im Ausland, in denen in der Regel mindestens fünf Ortskräfte (Absatz 1 Nr. 1) beschäftigt sind, wählen diese einen Vertrauensmann und höchstens zwei Stellvertreter. Gewählt wird durch Handaufheben; widerspricht ein Wahlberechtigter diesem Verfahren, so wird eine geheime Wahl mit Stimmzetteln vorgenommen. § 24 Abs. 1 Satz 1 und 2, Abs. 2 gilt entsprechend. Die Amtszeit des Vertrauensmannes und seiner tellvertreter beträgt zwei Jahre; im übrigen gilt § 29 Abs. 1 sinngemäß. § 31 ist mit der Maßgabe anzuwenden, daß eine Neuwahl stattfindet, wenn nach Eintreten der Stellvertreter kein Vertrauensmann mehr vorhanden ist. Der Vertrauensmann nimmt Anregungen, Anträge und Beschwerden der Ortskräfte in innerdienstlichen, sozialen und persönlichen Angelegenheiten entgegen und vertritt sie gegenüber dem Dienststellenleiter und dem Personalrat. Vor der Beschlußfassung in Angelegenheiten, die die besonderen Interessen der Ortskräfte wesentlich berühren, hat der Personalrat dem Vertrauensmann Gelegenheit zur Äußerung zu geben. Für den Vertrauensmann gelten die §§ 43 bis 45, 46 Abs. 1, 2, 3 Satz 1 und § 67 Abs. 1 Satz 3 sinngemäß.

c) 주로 학술적 또는 예술적 활동을 하는 직원(Beschäftigten mit überwiegend wissenschaftlicher oder künstlerischer Tätigkeit)과 주로 프로그램 제작에 참여하는 직원에 대하여, 직원평의회가 제75조 제1항의 경우에 그들이 이를 신청하는 때에만 공동결정을 한다. 제69조 제4항 제3문, 제4문을 준용한다.

제91조

① 외국에 있는 연방에 속한 공공관서에 대하여 본 법은 다음 각 호의 예외하에 적용된다:

1. 현지인력(現地人力; Ortskräfte)은 제4조상의 직원이 아니다.
2. 직원은 외국에 있는 공공관서의 단계적 직원대표기구 또는 전체직원평의회에 대한 피선거권을 가지지 못한다.
3. 독일 고고학연구소라는 공공관서가 없는 외국에 있는 외국관청의 업무영역에 속한, 제13조에 따라 선거권이 있는 직원은, 그 공공관서의 직원평의회선거 이외에도 외국관청의 직원평의회선거에 대한 선거권을 갖으나, 외국관청의 직원평의회의 피선거권을 갖지 못한다. 그 직원은 외국관청의 최상급직원평의회선거에 대한 선거권을 가지지 못한다. 단계적 직원대표기구가 관할하는 경우에는 그에 대신하여 외국관청의 직원평의회가 의사결정참가를 해야 한다. 제47조 제2항은 제1문에 따라 외국관청의 직원평의회선거에 대해 선거권이 있는 직원에 대하여 적용하지 않는다.
4. 제47조 제2항은 국방부(Bundesministeriums der Verteidigung)의 업무영역 내의 직원평의회 구성원에 대해서는 외국에서 제26조에서 정한 범위 내의 통상적 임기(regelmäßigen Amtszeit) 동안에만 적용한다.
5. 제83조에 따른 법원의 재판에 대해 최상급행정관청의 본점소재지가 그 관할구역 내에 있는 지방행정법원이 관할한다.

② 상시 5명 이상의 현지인력(Ortskräfte)이 고용된, 외국에 있는 연방에 속한 공공관서에서 1명의 직장대표자와 최대 2명의 부(副)직장대표자(einen Vertrauensmann und höchstens zwei Stellvertreter)를 선출한다. 거수투표(Handaufheben)로 선출된다; 어느 선거권자가가 이러한 절차에 이의를 제기하는 경우에는, 투표용지에 의한 비밀투표가 실시된다. 제24조 제1항 제1문 제1문, 제2문, 제2항을 준용한다. 직장대표자와 부(副)직장대표자의 임기는 2년이다; 기타 경우에 제29조 제1항을 준용한다. 부직장대표자가 취임한 후 직장대표자가 없게 된 경우에는 새로운 선거가 실시된다는 기준하에 제31조를 적용한다. 직장대표자는 직무관련적·사회적·개인적 사항(innerdienstlichen, sozialen und persönlichen Angelegenheiten)에 관한 현지인력의 제안, 신청 및 고충제기를 받은 다음, 이를 공공관서와 직원평의회에서 대표자로서 제기한다. 현지인력의 특별한 이익에 중대하게 영향을 미치는 사항(Angelegenheiten, die die besonderen Interessen der Ortskräfte wesentlich berühren)의 결의에 앞서, 직원평의회는 직장대표자에게 의견진술의 기회를 부여해야 한다. 직장대표자에 대하여 제43조 내지 제45조, 제46조 제1항, 제2항, 제3항 제1문, 제67조 제1항 제3문을 준용한다.

§ 92

Für den Geschäftsbereich des Bundesministeriums der Verteidigung gilt § 82 Abs. 5 mit folgender Maßgabe:

1. Werden personelle oder soziale Maßnahmen von einer Dienststelle, bei der keine für eine Beteiligung an diesen Maßnahmen zuständige Personalvertretung vorgesehen ist, mit Wirkung für einzelne Beschäftigte einer ihr nicht nachgeordneten Dienststelle getroffen, so ist der Personalrat dieser Dienststelle von deren Leiter zu beteiligen, nachdem zuvor ein Einvernehmen zwischen den Dienststellen über die beabsichtigte Maßnahme hergestellt worden ist.
2. Bei innerdienstlichen oder sozialen Angelegenheiten, die Liegenschaften eines Dienstortes betreffen, wird die Beteiligung durch einen Ausschuss ausgeübt, der bei der für die Entscheidung zuständigen Stelle eingerichtet ist, sofern ein solcher gebildet worden ist und das gesetzlich zuständige Beteiligungsgremium zugestimmt hat. Die Aufgaben und Befugnisse des Dienststellenleiters werden in diesen Fällen durch die für die Entscheidung zuständige Stelle wahrgenommen. Kommt im Beteiligungsverfahren eine Einigung nicht zustande, richtet sich das weitere Verfahren nach § 69 Absatz 3 und 4 oder nach § 72 Absatz 4 und 5.

§ 93

(1) Soweit eine Angelegenheit, an der eine Personalvertretung zu beteiligen ist, als Verschlußsache mindestens des Geheimhaltungsgrades "VS-VERTRAULICH" eingestuft ist, tritt an die Stelle der Personalvertretung ein Ausschuß. Dem Ausschuß gehört höchstens je ein in entsprechender Anwendung des § 32 Abs. 1 gewählter Vertreter der im Personalrat vertretenen Gruppen an. Die Mitglieder des Ausschusses müssen nach den dafür geltenden Bestimmungen ermächtigt sein, Kenntnis von Verschlußsachen des in Betracht kommenden Geheimhaltungsgrades zu erhalten. Personalvertretungen bei Dienststellen, die Behörden der Mittelstufe nachgeordnet sind, bilden keinen Ausschuß; an ihre Stelle tritt der Ausschuß des Bezirkspersonalrates.

(2) Wird der zuständige Ausschuß nicht rechtzeitig gebildet, ist der Ausschuß der bei der Dienststelle bestehenden Stufenvertretung oder, wenn dieser nicht rechtzeitig gebildet wird, der Ausschuß der bei der obersten Dienstbehörde bestehenden Stufenvertretung zu beteiligen.

(3) Die Einigungsstelle (§ 71) besteht in den in Absatz 1 Satz 1 bezeichneten Fällen aus je einem Beisitzer, der von der obersten Dienstbehörde und der bei ihr bestehenden zuständigen Personalvertretung bestellt wird, und einem unparteiischen Vorsitzenden, die nach den dafür geltenden Bestimmungen ermächtigt sind, von Verschlußsachen des in Betracht kommenden Geheimhaltungsgrades Kenntnis zu erhalten.

(4) §§ 40, 82 Abs. 2 und die Vorschriften über die Beteiligung der Gewerkschaften und Arbeitgebervereinigungen in den §§ 36 und 39 Abs. 1 sind nicht anzuwenden. Angelegenheiten, die als Verschlußsachen mindestens des Geheimhaltungsgrades "VS-VERTRAULICH" eingestuft sind,

제92조

국방부의 업무영역(Geschäftsbereich des Bundesministeriums der Verteidigun)에 대하여 제82조 제5항은 다음 각 호의 기준에 따라 적용된다:

1. 그 조치에 관한 의사결정참가에 대해 관할하는 직원대표기구가 정해지지 않은 공공관서의 인사적·사회적 조치(personelle oder soziale Maßnahmen von einer Dienststelle)가, 그 공공관서에 소속되지 않은 공공관서의 각각의 직원에 대한 효력으로써 취해진 경우에, 그 공공관서의 직원평의회는 계획 중인 조치에 대하여 공공관서 간의 합의를 사전에 한 다음, 그 공공관서장의 의사결정에 참가해야 한다.
2. 근무지의 특성과 관련된(die Liegenschaften eines Dienstortes betreffen) 직무관련적 사항 또는 사회적 사항의 경우에, 그러한 부문위원회(Ausschuss)가 조직되고 법률상 관할 직원대표기구(Beteiligungsgremium)가 동의를 한 때에는 그 결정에 대해 관할하는 기관에 설치된 부문위원회가 의사결정참가를 한다. 이러한 경우 그 공공관서장의 임무와 권한은 그 결정을 관할하는 기관에 의해 행사된다. 의사결정참가절차에서 합의가 이뤄지지 않은 경우에는 제69조 제3항, 제4항에 따르거나 제72조 제4항, 제5항에 따른 추가적 절차(weitere Verfahren)가 진행된다.

제93조

① 직원대표기구가 의사결정참가를 해야 하는 사안이 최소 '기밀등급 3급기밀'(mindestens des Geheimhaltungsgrades "VS-VERTRAULICH")로 정해진 경우에, 부문위원회가 직원대표기구를 대신한다. 최대 제32조 제1항의 준용에 의해 선출된 대표자로, 직원평의회에서 대표되는 집단의 대표자 1명씩이 그 부문위원회에 속한다. 부문위원회의 구성원은 이에 대해 적용되는 규정에 따라 문제가 되고 있는 기밀등급의 기밀서류에 대한 정보를 취득할 권한이 있어야만 한다. 중급행청청에 소속된 공공관서에 있는 직원대표기구에서는 부문위원회가 조직되지 않는다; 광역(廣域)직원평의회의 부분위원회(Ausschuß des Bezirkspersonalrates)가 그 부문위원회를 대신한다.

② 관할 부문위원회가 적시에 조직되지 않은 경우에, 그 공공관서의 단계적 직원대표기구에 있는 부문위원회 또는 단계적 직원대표기구의 부문위원회가 적시에 조직되지 않은 경우에 최상급행정관청의 단계적 직원대표기구에 있는 부문위원회가 의사결정참가를 한다.

③ 중재위원회(제71조)는 제93조 제1항 제1문상의 경우에 최상급행정관청(obersten Dienstbehörde)과 최상급행정관청에 존재하는 관할 직원대표기구(der bei ihr bestehenden zuständigen Personalvertretung)가 임명한 각 1명씩의 위원과, 그에 적용되는 규정에 따라 문제되는 기밀등급의 기밀서류의 정보를(Verschlußsachen des in Betracht kommenden Geheimhaltungsgrades) 취득할 권한이 있는 중립적인 의장 1명으로 구성된다.

④ 제40조, 제82조 제2항과 노동조합과 사용자단체의 의사결정참가에 관한 규정은 제36조, 제39조 제1항의 경우에 적용하지 않는다. 최소(最小) 기밀등급이 3급기밀이상으로(als Verschlußsachenmindestens des Geheimhaltungsgrades "VS-VERTRAULICH") 정해진 사항(事項)은

werden in der Personalversammlung nicht behandelt.
(5) Die oberste Dienstbehörde kann anordnen, daß in den Fällen des Absatzes 1 Satz 1 dem Ausschuß und der Einigungsstelle Unterlagen nicht vorgelegt und Auskünfte nicht erteilt werden dürfen, soweit dies zur Vermeidung von Nachteilen für das Wohl der Bundesrepublik Deutschland oder eines ihrer Länder oder auf Grund internationaler Verpflichtungen geboten ist. Im Verfahren nach § 83 sind die gesetzlichen Voraussetzungen für die Anordnung glaubhaft zu machen.

## Zweiter Teil Personalvertretungen in den Ländern

### Erstes Kapitel Rahmenvorschriften für die Landesgesetzgebung

§ 94

Für die Gesetzgebung der Länder sind die §§ 95 bis 106 Rahmenvorschriften.

§ 95

(1) In den Verwaltungen und Betrieben der Länder, Gemeinden, Gemeindeverbände und der sonstigen nicht bundesunmittelbaren Körperschaften, Anstalten und Stiftungen des öffentlichen Rechts sowie in den Gerichten der Länder werden Personalvertretungen gebildet; für Beamte im Vorbereitungsdienst und Beschäftigte in entsprechender Berufsausbildung, Staatsanwälte, Polizeibeamte und Angehörige von Rundfunk- und Fernsehanstalten sowie von Dienststellen, die bildenden, wissenschaftlichen oder künstlerischen Zwecken dienen, können die Länder eine besondere Regelung unter Beachtung des § 104 vorsehen.
(2) In den einzelnen Dienststellen ist die Bildung von Jugend- und Auszubildendenvertretungen vorzusehen. Einem Vertreter der Jugend- und Auszubildendenvertretung ist die Teilnahme an allen Sitzungen der Personalvertretung mit beratender Stimme zu gestatten. Die Länder haben zu regeln, in welchen Fällen der gesamten Jugend- und Auszubildendenvertretung ein Teilnahmerecht mit beratender Stimme und in welchen Fällen ihr das Stimmrecht in der Personalvertretung einzuräumen ist.
(3) Der Schwerbehindertenvertretung ist die Teilnahme an allen Sitzungen der Personalvertretung zu gestatten.

§ 96

Die Aufgaben der Gewerkschaften und der Vereinigungen der Arbeitgeber werden durch das Personalvertretungsrecht nicht berührt.

§ 97

Durch Tarifvertrag oder Dienstvereinbarung darf eine von den gesetzlichen Vorschriften

직원총회에서 다뤄지지 않는다.
⑤ 그러한 명령 발령이 독일연방공화국이나 그 주(州)들의 이익(Wohl)에 대한 해악(Nachteilen)을 방지하기 위하여 필요하거나 국제법상 의무에 근거하여 필요한 경우에는, 최상급행정관청은 제93조 제1항 제1문의 경우에 부문위원회와 중재위원회에 그 서류를 제출하지 말고 그 정보를 제공하지 말 것을 명령할 수 있다. 제83조에 따른 소송절차에서 이러한 명령의 법적 요건이 증명되어야 한다.

## 제2편 주에서의 직원대표

### 제1장 주입법부에 기본규정

제94조

주의 입법부에 대해 제105조 내지 제106조가 기본규정이다.

제95조

① 주, 게마인데(Gemeinde), 게마인데연합(Gemeindeverband) 및 연방직할이 아닌 기타 공법상 사단·영조물·재단의 행정부문·사업과 주법원에서 직원대표기구가 구성된다; 실습 중인 공무원 및 관련 직업훈련생(Beschäftigte im Vorbereitungsdienst und Beschäftigte in entsprechender Berufsausbildung), 검사(Staatsanwälte), 경찰관, 라디오·텔레비전방송국 소속원(Angehörige von Rundfunk- und Fernsehanstalten)과 교육적·학술적·예술적 목적(bildenden, wissenschaftlichen oder künstlerischen Zwecken)에 기여하기 위해 설치된 공공관서의 소속원에 대하여 주정부는 제104조를 준수하며 특별한 규율을 할 수 있다.
② 각각의 공공관서에서 연소자·직업훈련생대표단의 교육(Bildung von Jugend- und Auszubildendenvertretungen)을 규정해야 한다. 연소자·직업훈련생대표단대표자에게 직원대표기구의 모든 회의에 대하여 옵서버로서의 참석이 허용되어야 한다. 주(州)는 연소자·직업훈련생대표단 전원에게, 어느 경우에 옵서버로서의 참석권(Teilnahmerecht mit beratender Stimme)이 인정되고 어느 경우에 직원대표기구에서의 의결권(Stimmrecht)이 인정되는지를 규율해야 한다.
③ 중증장애인대표단에게 직원대표기구의 모든 회의(allen Sitzungen der Personalvertretung)의 참석이 허용되어야 한다.

제96조

노동조합과 사용자단체의 임무(任務)는 직원대표기구의 권리(權利)에 의해 영향을 받지 않는다.

제97조

단체협약 또는 근무협정으로(Durchh Tarifvertrag oder Dienstvereinbarung) 법적 규정과 다른

abweichende Regelung des Personalvertretungsrechts nicht zugelassen werden.

§ 98

(1) Die Personalvertretungen werden in geheimer und unmittelbarer Wahl und bei Vorliegen mehrerer Wahlvorschläge nach den Grundsätzen der Verhältniswahl gewählt.

(2) Sind in einer Dienststelle Angehörige verschiedener Gruppen wahlberechtigt, so wählen die Angehörigen jeder Gruppe ihre Vertreter in getrennten Wahlgängen, sofern nicht die Mehrheit der Wahlberechtigten jeder Gruppe in getrennter geheimer Abstimmung die gemeinsame Wahl beschließt.

(3) Über Angelegenheiten, die nur die Angehörigen einer Gruppe betreffen, kann die Personalvertretung nicht gegen den Willen dieser Gruppe beschließen.

(4) Die Geschlechter sollen in den Personalvertretungen und den Jugend- und Auszubildendenvertretungen entsprechend dem Zahlenverhältnis vertreten sein.

§ 99

(1) Wahl und Tätigkeit der Personalvertretungen und der Jugendvertretungen oder der Jugend- und Auszubildendenvertretungen dürfen nicht behindert oder in einer gegen die guten Sitten verstoßenden Weise beeinflußt werden.

(2) Mitglieder der Personalvertretungen und der Jugendvertretungen oder der Jugend- und Auszubildendenvertretungen dürfen gegen den Willen nur versetzt oder abgeordnet werden, wenn dies aus wichtigen dienstlichen Gründen auch unter Berücksichtigung der Mitgliedschaft in der Personalvertretung oder der Jugendvertretung sowie der Jugend- und Auszubildendenvertretung unvermeidbar ist und die Personalvertretung zustimmt.

§ 100

(1) Die Mitglieder der Personalvertretungen führen ihr Amt unentgeltlich als Ehrenamt.

(2) Durch die Wahl und die Tätigkeit der Personalvertretungen dürfen den Beschäftigten wirtschaftliche Nachteile nicht entstehen.

(3) Die durch die Wahl und die Tätigkeit der Personalvertretungen entstehenden Kosten trägt die Verwaltung.

§ 101

(1) Die Sitzungen der Personalvertretungen sind nicht öffentlich.

(2) Personen, die Aufgaben oder Befugnisse nach dem Personalvertretungsrecht wahrnehmen oder wahrgenommen haben, haben über die ihnen dabei bekanntgewordenen Angelegenheiten und Tatsachen Stillschweigen zu bewahren.

(3) Den Personalvertretungen sind auf Verlangen die zur Durchführung ihrer Aufgaben

단체협약 직원대표기구의 권리의 규율은 정하는 것은 허용되지 않는다.

제98조

① 직원대표기구는 비밀·직접투표에 의해(in geheimer und unmittelbarer Wahl), 그리고 수개의 후보자추천서가 제출된 경우에는 비례대표선거의 원칙에 따라 선출된다.

② 공공관서에 수개의 집단의 소속원이 선거권을 갖는 경우에 각 집단의 소속원들은, 각 집단의 선거권자의 과반수가 각각의 비밀투표에 의한 의결로(in getrennter geheimer Abstimmung) 공동선거를 결의하지 않은 한, 분리된 선거과정에 의해(in getrennten Wahlgängen) 자신의 대표자를 선출한다.

③ 직원대표기구는 어느 집단소속원에만 관련된 사안에 대하여 그 집단의 의사에 반하여(gegen den Willen dieser Gruppe) 의결할 수 없다.

④ 각 성(性)은 직원대표기구와 연소자·직업훈련생대표단에서 그 수에 비례하여(entsprechend dem Zahlenverhältnis) 대표되어야 한다.

제99조

① 직원대표기구와 연소자대표단 또는 연소자·직업훈련생대표단의 선거와 활동은 방해받거나 선량한 풍속에 반하는 방법으로(in einer gegen die guten Sitten verstoßenden Weise) 영향을 받아서는 안 된다.

② 그 배치전환 또는 파견이 직원대표기구 및 연소자대표단 또는 연소자·직업훈련생대표단의 구성원자격을 고려하더라도(auch unter Berücksichtigung der Mitgliedschaft) 중대한 이유에서 불가피하고 직원대표기구가 이에 동의한 경우에는, 직원대표기구와 연소자대표단 또는 연소자·직업훈련생대표단의 구성원은 자신의 의사에 반하여(gegen den Willen) 배치전환되거나 파견될 수 있다.

제100조

① 직원대표기구의 구성원은 무보수 명예직으로 자신의 직무를 수행한다.

② 직원대표기구의 선거와 활동으로 직원에게 경제적 불이익(wirtschaftliche Nachteile)이 발생해서는 안 된다.

③ 직원대표기구의 선거와 활동으로 인하여 발생한 비용은 각 행정당국(Verwaltung)이 부담한다.

제101조

① 직원대표기구의 회의는 비공개로 한다.

② 직원대표법 규정에 따라 임무를 수행하고 권한을 행사하는 사람은 그 과정에서 지득한 사항 및 사실(die ihnen dabei bekanntgewordenen Angelegenheiten und Tatsachen)에 관하여 묵비해야 한다.

③ 직원대표기구의 요구(要求)가 있는 경우에 그 직원대표기구는 자신의 임무수행에 필요한

erforderlichen Unterlagen zur Verfügung zu stellen. Personalakten dürfen Mitgliedern der Personalvertretungen nur mit Zustimmung des Beschäftigten vorgelegt werden.

§ 102

(1) Die Personalvertretungen sind in angemessenen Zeitabständen neu zu wählen.

(2) Die Personalvertretungen können wegen grober Vernachlässigung ihrer gesetzlichen Befugnisse oder wegen grober Verletzung ihrer gesetzlichen Pflichten durch gerichtliche Entscheidung aufgelöst werden. Das gleiche gilt für den Ausschluß einzelner Mitglieder.

§ 103

Die Personalvertretungen haben darauf hinzuwirken, daß die zugunsten der Beschäftigten geltenden Vorschriften und Bestimmungen durchgeführt werden.

§ 104

Die Personalvertretungen sind in innerdienstlichen, sozialen und personellen Angelegenheiten der Beschäftigten zu beteiligen; dabei soll eine Regelung angestrebt werden, wie sie für Personalvertretungen in Bundesbehörden in diesem Gesetz festgelegt ist. Für den Fall der Nichteinigung zwischen der obersten Dienstbehörde und der zuständigen Personalvertretung in Angelegenheiten, die der Mitbestimmung unterliegen, soll die Entscheidung einer unabhängigen Stelle vorgesehen werden, deren Mitglieder von den Beteiligten bestellt werden. Entscheidungen, die wegen ihrer Auswirkungen auf das Gemeinwesen wesentlicher Bestandteil der Regierungsgewalt sind, insbesondere Entscheidungen in personellen Angelegenheiten der Beamten, über die Gestaltung von Lehrveranstaltungen im Rahmen des Vorbereitungsdienstes einschließlich der Auswahl der Lehrpersonen und in organisatorischen Angelegenheiten, dürfen jedoch nicht den Stellen entzogen werden, die der Volksvertretung verantwortlich sind.

§ 105

Die Personalvertretungen haben gemeinsam mit dem Leiter der Dienststelle für eine sachliche und gerechte Behandlung der Angelegenheiten der Beschäftigten zu sorgen. Insbesondere darf kein Beschäftigter wegen seiner Abstammung, Religion, Nationalität, Herkunft, politischen oder gewerkschaftlichen Betätigung oder Einstellung, wegen seines Geschlechtes oder wegen persönlicher Beziehungen bevorzugt oder benachteiligt werden. Der Leiter der Dienststelle und die Personalvertretung haben jede parteipolitische Betätigung in der Dienststelle zu unterlassen; die Behandlung von Tarif-, Besoldungs- und Sozialangelegenheiten wird hierdurch nicht berührt.

§ 106

Zu gerichtlichen Entscheidungen sind die Verwaltungsgerichte berufen.

서류를 제공받아야 한다. 인사서류는 해당 직원의 동의가 있어야만 직원대표기구의 구성원에게 제출될 수 있다.

제102조

① 직원대표기구는 적절한 시간적 간격을 두고 새롭게 선거에 의해 구성되어야 한다.

② 직원대표기구는 법적 권한 행사의 중대한 해태(Vernachlässigung) 또는 법적 의무의 중대한 위반(Verletzung)을 이유로 법원의 재판에 의해 해산(解散)될 수 있다. 이는 각 직원대표기구구성원의 제명에 대해서도 또한 같다.

제103조

직원대표기구는 직원을 위하여 적용되는 규정 및 조항(Vorschriften und Bestimmungen)이 시행되도록 노력해야 한다.

제104조

직원대표기구는 직원의 직무관련적·사회적·인사적 사항(innerdienstlichen, sozialen und personellen Angelegenheiten)에 의사결정참가를 해야 한다; 이 경우 본 법에서 연방행정관청에 있는 직원대표기구에 대해 정해진 규정을 찾아 적용해야 한다. 공동결정을 필요로 하는 사항(Angelegenheiten, die der Mitbestimmung unterliegen)에 대해 최상급행정관청과 관할 직원대표기구 간에 합의가 되지 않은 경우에, 그 구성원이 관계당사자(Beteiligten)에 의해 임명된 독립된 기구의 결정에 대해 규율되어야 한다. 그럼에도 지역공동체(Gemeinwesen)에 대한 그 영향으로 인하여 통치권의 본질적인 구성요소(wesentlicher Bestandteil der Regierungsgewalt)인 결정권한(Entscheidungen), 특히 공무원의 인사사항, 교사의 선발을 포함하여 교생실습의 범위 내의 교육과정의 형성에 관한 사항 및 조직 사항에 대한 결정권한(Gestaltung von Lehrveranstaltungen im Rahmen des Vorbereitungsdienstes einschließlich der Auswahl der Lehrpersonen und in organisatorischen Angelegenheiten)은 그 기관에서 박탈되어서는 안 된다.

제105조

직원대표기구는 공공관서장과 공동으로 직원에 관계되는 사안의 객관적이고도 공정한 처리(sachliche und gerechte Behandlung)에 부응해야 한다. 특히 직원은 혈통, 종교, 국적, 출신, 정치적 또는 노동조합의 활동 내지 태도, 성을 이유로 또는 개인적 관계를 이유로(wegen seiner Abstammung, Religion, Nationalität, Herkunft, politischen oder gewerkschaftlichen Betätigung oder Einstellung, wegen seines Geschlechtes oder wegen persönlicher Beziehungen) 우대받거나 불이익한 대우를 받아서는 안 된다. 공광관서장과 직원대표기구는 공공관서 내 모든 정당정치적 활동을 삼가야 한다; 단체협약사항·보수사항·사회적 사항은 이에 영향을 받지 않는다.

제106조

행정법원이 법원의 재판을 관할한다.

## Zweites Kapitel Unmittelbar für die Länder geltende Vorschriften

§ 107

Personen, die Aufgaben oder Befugnisse nach dem Personalvertretungsrecht wahrnehmen, dürfen darin nicht behindert und wegen ihrer Tätigkeit nicht benachteiligt oder begünstigt werden; dies gilt auch für ihre berufliche Entwicklung. § 9 gilt entsprechend.

§ 108

(1) Die außerordentliche Kündigung von Mitgliedern der Personalvertretungen, der Jugendvertretungen oder der Jugend- und Auszubildendenvertretungen, der Wahlvorstände sowie von Wahlbewerbern, die in einem Arbeitsverhältnis stehen, bedarf der Zustimmung der zuständigen Personalvertretung. Verweigert die zuständige Personalvertretung ihre Zustimmung oder äußert sie sich nicht innerhalb von drei Arbeitstagen nach Eingang des Antrags, so kann das Verwaltungsgericht sie auf Antrag des Dienststellenleiters ersetzen, wenn die außerordentliche Kündigung unter Berücksichtigung aller Umstände gerechtfertigt ist. In dem Verfahren vor dem Verwaltungsgericht ist der betroffene Arbeitnehmer Beteiligter.

(2) Eine durch den Arbeitgeber ausgesprochene Kündigung des Arbeitsverhältnisses eines Beschäftigten ist unwirksam, wenn die Personalvertretung nicht beteiligt worden ist.

§ 109

Erleidet ein Beamter anläßlich der Wahrnehmung von Rechten oder Erfüllung von Pflichten nach dem Personalvertretungsrecht einen Unfall, der im Sinne der beamtenrechtlichen Unfallfürsorgevorschriften ein Dienstunfall wäre, so finden diese Vorschriften entsprechende Anwendung.

## Dritter Teil Strafvorschriften

§§ 110 und 111 (weggefallen)

## Vierter Teil Schlußvorschriften

§ 112

Dieses Gesetz findet keine Anwendung auf Religionsgemeinschaften und ihre karitativen und erzieherischen Einrichtungen ohne Rücksicht auf ihre Rechtsform; ihnen bleibt die selbständige Ordnung eines Personalvertretungsrechtes überlassen.

§§ 113 und 114 (weggefallen)

## 제2장 직접적으로 주에 적용되는 규정

### 제107조

직원대표법 규정에 따른 임무를 수행하고 권한을 행사하는 사람은 그에 있어서 방해받아서는 안 되고 그 활동을 이유로 불이익한 대우나 유리한 대우를 받아서 안 된다; 이는 그 직업적 경력(berufliche Entwicklung)에도 또한 같다. 제9조를 준용한다.

제108조

① 직원대표기구, 연소자대표단 또는 연소자·직업훈련생대표단의 구성원과 선거입후보자에 대한 해고로, 근로관계에 있는 구성원과 그 입후보자에 대한 즉시해고는 관할 직원대표기구의 동의를 필요로 한다. 관할 직원대표기구가 그 동의를 거부하거나 그 동의신청이 도달한 때로부터 3일의 근무일 이내에 의사를 표시하지 않은 경우에, 지방행정법원은 비통상적 해고가 제반사정을 고려하여 정당한 경우에는(wenn die außerordentliche Kündigung unter Berücksichtigung aller Umstände gerechtfertigt ist) 공공관서장의 신청에 따라 대신 동의를 부여한다. 이러한 지방행정법원의 절차에서 해당 근로자(betroffene Arbeitnehmer)는 이해관계인(Beteiligter)이 된다.

② 사용자에 의한 직원에 대한 근로관계의 종료의 의사표시는 직원대표기구가 의사결정참가를 하지 않은 경우에는 효력이 없다.

제109조

공무원이 직원대표법 규정에 따른 권리를 행사하거나 의무를 이행하는 도중에 공무원법의 공무상재해규정상의 공무상재해에 해당하는 재해(Unfall, der im Sinne der beamtenrechtlichen Unfallfürsorgevorschriften ein Dienstunfall wäre)를 당한 경우에, 이러한 규정은 준용된다.

## 제3편 형벌규정

제110조 내지 제111조 삭제

## 제4편 종결규정

제112조

본 법은 그 법적 형식을 불문하고 종교공동체, 종교공동체의 자선·교육기관(Religionsgemeinschaften und ihre karitativen und erzieherischen Einrichtungen)에 적용되지 않는다; 직원대표법에 대한 독립적 규율은 그 종교단체가 정한다.

제113조 내지 제114조 삭제

§ 115

Die Bundesregierung wird ermächtigt, zur Durchführung der in den §§ 12 bis 25, 55 bis 57, 64, 65, 85 Abs. 2 sowie den §§ 86, 89a und 91 bezeichneten Wahlen durch Rechtsverordnung, die nicht der Zustimmung des Bundesrates bedarf, Vorschriften zu erlassen über

1. die Vorbereitung der Wahl, insbesondere die Aufstellung der Wählerlisten und die Errechnung der Vertreterzahl,
2. die Frist für die Einsichtnahme in die Wählerlisten und die Erhebung von Einsprüchen,
3. die Vorschlagslisten und die Frist für ihre Einreichung,
4. das Wahlausschreiben und die Fristen für seine Bekanntmachung,
5. die Stimmabgabe,
6. die Feststellung des Wahlergebnisses und die Fristen für seine Bekanntmachung,
7. die Aufbewahrung der Wahlakten.

§ 116

-

§ 116a

(1) Die erstmaligen Wahlen zu den Jugend- und Auszubildendenvertretungen, die an die Stelle der in § 57 in der Fassung des Gesetzes vom 15. März 1974 (BGBl. I S. 693) bezeichneten Jugendvertretungen treten, finden abweichend von § 60 Abs. 2 Satz 3 in der Zeit vom 1. Oktober bis 30. November 1988 statt. Sie finden unabhängig davon statt, seit wann zum Zeitpunkt dieser Wahlen die bestehenden in Satz 1 genannten Jugendvertretungen im Amt sind; § 27 Abs. 5 findet keine entsprechende Anwendung. Die Amtszeit der gemäß Satz 1 erstmalig gewählten Jugend- und Auszubildendenvertretungen endet spätestens am 31. Mai 1991; die nächsten regelmäßigen Wahlen finden demgemäß in der Zeit vom 1. März bis 31. Mai 1991 statt.

(2) Die Rechte und Pflichten der bis zum Beginn der Amtszeit der erstmalig gewählten Jugend- und Auszubildendenvertretungen bestehenden in Absatz 1 genannten Jugendvertretungen richten sich im übrigen nach diesem Gesetz in der Fassung des Gesetzes vom 15. März 1974 (BGBl. I S. 693), zuletzt geändert durch Artikel 4 des Gesetzes vom 24. Juli 1986 (BGBl. I S. 1110).

(3) Wahlen zu den in Absatz 1 genannten Jugendvertretungen finden nicht statt, wenn eine der Voraussetzungen für eine solche Wahl in entsprechender Anwendung des § 27 Abs. 2 Nr. 2 bis 5 nach dem Zeitpunkt eintritt, von dem an dieses Gesetz die Bildung von Jugend- und Auszubildendenvertretungen vorsieht. Im übrigen finden Wahlen zu den in Absatz 1 genannten Jugendvertretungen nach dem 31. Juli 1988 nicht statt.

(4) Artikel 1 Satz 2 des Gesetzes vom 18. Dezember 1987 (BGBl. I S. 2746) findet in den in Absatz 3 genannten Fällen keine Anwendung.

제115조

연방정부는 제12조 내지 제25조, 제55조 내지 제57조, 제64조, 제65조, 제85조 제2항, 제86조, 제89a조, 제91조상의 선거의 시행을 위해 연방참사원(Zustimmung des Bundesrates)의 동의를 요하는 법규명령으로 다음 각 호의 사항에 대해 규정을 공포할 수 있다,

1. 선거의 준비, 특히 선거인명부의 작성(Aufstellung der Wählerlisten)과 대표자수 충족(Errechnung der Vertreterzahl),
2. 선거인명부의 열람 기간과 그에 대한 이의제기 기간,
3. 후보자명부와 그 명부의 제출 기간,
4. 선거공고와 그 선거공고 기간,
5. 투표,
6. 선거결과의 확정과 선거결과 공고 기간,
7. 선거서류의 보관.

제116조

-

제116a조

① 제1974년 3월 15일의 개정법률(BGBl. I S. 693) 제57조상의 연소자대표단을 대신하는 연소자·직업훈련생대표단의 최초의 선거(erstmaligen Wahlen zu den Jugend- und Auszubildendenvertretungen)는 제60조 제2항 제3문과 달리 1988년 10월 1일부터 11월 30일까지의 기간에 실시된다. 이러한 선거 기간을 기준으로 제1문상의 연소자대표단(Jugendvertretungen)이 언제부터 활동을 시작하였는지를 불문하고 그 선거는 실시된다; 제27조 제5항을 준용하지 않는다. 제1문에 따른 최초로 선출된 연소자·직업훈련생대표단의 임기는 늦어도 1991년 3월 31일에 만료된다; 이에 따라 다음 정례적 선거가 1991년 3월 1일부터 5월 31일까지의 기간에 실시된다.

② 또한 최초로 선출된 연소자·직업훈련생대표단의 임기 개시시까지 존재하는, 제116a조 제1항상의 연소자대표단의 권리의무는 1974년 3월 15일의 법률 형식(BGBl. I S. 693)에 의한 이 법률로, 최근에 1986년 7월 24일의 법률(BGBl. I S. 1110) 제4조에 의해 최종적으로 개정된 이 법률에 따른다.

③ 제27조 제2항 제2호 내지 제5호의 준용에 의한 그러한 선거에 대한 요건 중 하나가, 본법이 연소자·직업훈련생대표단(Jugend- und Auszubildendenvertretungen)의 조직을 규정한 시기부터 나타나는 경우에는 제116a조 제1항상의 연소자대표단선거(Jugendvertretungen)는 실시되지 않는다. 기타의 경우에 제116a조 제1항상의 연소자대표단선거는 1988년 7월 31일 후에는 실시되지 않는다.

④ 1987년 11월 18일의 법률(BGBl. I S. 2746) 제1조 제2문은 제116a조 제3항상의 경우에 적용하지 않는다.

(5) Wird eine in Absatz 1 genannte Jugendvertretung durch Gerichtsbeschluß aufgelöst, so findet § 28 Abs. 2 Satz 2 entsprechende Anwendung nur, wenn eine Verpflichtung des Wahlvorstands zur Einleitung von Neuwahlen von Jugendvertretungen unter Beachtung der Regelung nach Absatz 3 besteht. Die Wahrnehmung der Befugnisse und Pflichten der Jugendvertretung durch den Wahlvorstand in entsprechender Anwendung des § 28 Abs. 2 Satz 3 endet mit dem Beginn der Amtszeit der erstmals gewählten Jugend- und Auszubildendenvertretung.

§ 116b

§ 26 und § 27 Abs. 1 finden in der auf eine Amtszeit des Personalrats von vier Jahren abstellenden Fassung erstmalig Anwendung auf Personalräte, die nach dem 28. Februar 1991 gewählt werden. Entsprechendes gilt für die auf vierundzwanzig Monate abstellende Vorschrift des § 27 Abs. 2 Nr. 1. Auf vor dem 1. März 1991 gewählte Personalräte finden - unbeschadet des § 27 Abs. 5 - die Vorschriften des § 26, des § 27 Abs. 1 und Abs. 2 Nr. 1 in der Fassung des Gesetzes vom 15. März 1974 (BGBl I S. 693) Anwendung.

§ 117

Soweit in anderen Vorschriften auf Vorschriften verwiesen wird oder Bezeichnungen verwendet werden, die durch dieses Gesetz aufgehoben oder geändert werden, treten an ihre Stelle die entsprechenden Vorschriften dieses Gesetzes

§ 118

Dieses Gesetz gilt nach Maßgabe des § 13 Abs. 1 des Dritten Überleitungsgesetzes vom 4. Januar 1952 (Bundesgesetzbl. I S. 1) auch im Land Berlin. Rechtsverordnungen, die auf Grund dieses Gesetzes erlassen werden, gelten im Land Berlin nach § 14 des Dritten Überleitungsgesetzes.

§ 119

Dieses Gesetz tritt am 1. April 1974 in Kraft.

Schlußformel

Die Bundesregierung hat dem vorstehenden Gesetz die nach Artikel 113 des Grundgesetzes erforderliche Zustimmung erteilt.

⑤ 제116a조 제1항상의 연소자대표단이 법원의 결정(Gerichtsbeschluß)에 의해 해산(解散)된 경우에, 제28조 제2항 제2문은, 새로운 선거 실시에 대한 선거위원회의 의무(Verpflichtung des Wahlvorstands zur Einleitung von Neuwahlen von Jugendvertretungen)가 제116a조 제3항상에 따른 규정에 따라 있는 때에만 준용된다. 제28조 제2항 제3문의 준용에 의한 선거위원회의 연소자대표단의 권한 행사와 의무 수행(Wahrnehmung der Befugnisse und Pflichten der Jugendvertretung)은 최초로 선출된 연소자·직업훈련생대표단의 임기 개시로써 만료된다.

제116b조

제26조, 제27조 제1항은 4년의 직원평의회의 임기로 조정하는 개정법률과 관련하여 1991년 2월 28일 후에 선거로 구성된 직원평의회에 대해 최초로 적용한다. 이러한 조항은 24개월로 조정하는 제27조 제2항 제1호의 규정(die auf vierundzwanzig Monate abstellende Vorschrift des § 27 Abs. 2 Nr. 1)에 대해 준용된다. 1974년 3월 15일의 개정법률(BGBl. I S. 693)에 의한 제26조, 제27조 제1항, 제2항 제1호의 규정은 제27조 제5항에 상관없이 1991년 3월 1일 전에 선거로 구성된 직원평의회에 대해 적용한다.

제117조

다른 법률의 규정에서 본 법상의 규정이 언급되거나 본 법에 의해 폐지되거나 개정된 명칭(Bezeichnungen)이 사용된 경우에, 본 법에 따른 규정 또는 명칭이 그에 갈음한다(treten an ihre Stelle die entsprechenden Vorschriften dieses Gesetzes).

제118조

본 법은 1952년 1월 4일의 제3차 과도기법(BGBl. I S. 1) 제13조 제1항의 기준에 따라 베를린주에서도 적용된다. 본 법에 근거하여 공포된 법규명령은 제3차 과도기법(Dritten Überleitungsgesetzes) 제14조에 따라 베를린주에서 적용된다.

제119조

본 법은 1974년 4월 1일에 발효된다.

종결문언(Schlußformel)

연방정부는 앞서 언급한 법률에 기본법 제113조에 따라 필요한 동의(die nach Artikel 113 des Grundgesetzes erforderliche Zustimmung)를 부여했다.

# 연방직원대표법선거령

(BGBl. I S. 2906)

# Wahlordnung zum Bundespersonalvertretungsgesetz

(BPersVWO)

# Wahlordnung zum Bundespersonalvertretungsgesetz(BPersVWO)

https://www.gesetze-im-internet.de/bpersvwo/BJNR023370974.html

## Erster Teil Wahl des Personalrates

### Erster Abschnitt Gemeinsame Vorschriften über Vorbereitung und Durchführung der Wahl

§ 1 Wahlvorstand, Wahlhelfer

(1) Der Wahlvorstand führt die Wahl des Personalrates durch. Er kann wahlberechtigte Beschäftigte seiner Dienststelle als Wahlhelfer zu seiner Unterstützung bei der Durchführung der Stimmabgabe und bei der Stimmenzählung bestellen. § 24 Abs. 2 Satz 2 und 3 des Gesetzes gilt auch für die Tätigkeit der Wahlhelfer.

(2) Die Dienststelle hat den Wahlvorstand bei der Erfüllung seiner Aufgaben zu unterstützen, insbesondere die notwendigen Unterlagen zur Verfügung zu stellen und, wenn erforderlich, zu ergänzen sowie die erforderlichen Auskünfte zu erteilen. Für die Vorbereitung und Durchführung der Wahl hat die Dienststelle in erforderlichem Umfang Räume, den Geschäftsbedarf und Schreibkräfte zur Verfügung stellen.

(3) Der Wahlvorstand gibt die Namen seiner Mitglieder und gegebenenfalls der Ersatzmitglieder unverzüglich nach seiner Bestellung, Wahl oder Einsetzung in der Dienststelle durch Aushang bis zum Abschluß der Stimmabgabe bekannt.

(4) Der Wahlvorstand faßt seine Beschlüsse mit einfacher Stimmenmehrheit seiner Mitglieder.

(5) Der Wahlvorstand soll dafür sorgen, daß ausländische Beschäftigte rechtzeitig über das Wahlverfahren, die Aufstellung des Wählerverzeichnisses und der Vorschlagslisten, den Wahlvorgang und die Stimmabgabe in geeigneter Weise, wenn nötig, in ihrer Muttersprache, unterrichtet werden.

§ 2 Feststellung der Beschäftigtenzahl, Wählerverzeichnis

(1) Der Wahlvorstand stellt die Zahl der in der Regel Beschäftigten und ihre Verteilung auf die Gruppen fest. Übersteigt diese Zahl 50 nicht, stellt der Wahlvorstand außerdem die Zahl der nach § 13 des Gesetzes Wahlberechtigten fest.

(2) Der Wahlvorstand stellt ein nach Gruppen getrenntes Verzeichnis der wahlberechtigten Beschäftigten (Wählerverzeichnis) auf. Innerhalb der Gruppen sind die Anteile der Geschlechter festzustellen.

(3) Das Wählerverzeichnis oder eine Abschrift ist unverzüglich nach Einleitung der Wahl bis zum Abschluß der Stimmabgabe an geeigneter Stelle zur Einsicht auszulegen.

§ 3 Einsprüche gegen das Wählerverzeichnis

# 연방직원대표법선거령(BGBl. I S. 2906)

명령 공포일: 1974년 9월 23일
최근 명령 개정일: 2005년 9월 28일(BGBl. I S. 2906)

## 제1편 직원평의회

### 제1장 선거의 준비와 시행에 관한 총칙

제1조 선거위원회, 선거보조인

① 선거위원회가 직원평의회선거를 실시한다. 선거위원회는 자신이 속한 공공관서의 선거권이 있는 직원을 투표의 시행과 개표에 있어 선거위원회를 지원하는 선거보조인(Wahlhelfer)으로 임명할 수 있다. 연방직원대표법(이하 법이라 함) 제24조 제2항 제2문, 제3문을 선거보조인의 활동에 대해서도 적용한다.

② 공공관서는 선거위원회 임무의 수행에 있어 선거위원회를 지원해야 하고, 특히 필요한 서류를 이용하도록 제공해야 하며, 필요한 경우 필요한 서류를 보완해야 하며, 필요한 정보를 제공해야 한다. 선거의 준비와 실시에 대하여(Für die Vorbereitung und Durchführung der Wahl) 공공관서는 필요한 범위 내에서 공간, 사무처리에 필요한 것(Geschäftsbedarf), 타이피스트를 이용하도록 제공해야 한다.

③ 선거위원회는 그 임명, 선출 또는 지명(Bestellung, Wahl oder Einsetzung) 후 지체 없이 선거위원회위원의 성명을, 경우에 따라서는 그 대체구성원의 성명을 공공관서에서 투표종료시까지 게시함으로써 공고한다.

④ 선거위원회는 선거위원회위원들의 단순과반수투표로 결의한다.

⑤ 선거위원회는 외국인 직원이 적시에 선거절차(Wahlverfahren), 선거인명부 및 후보자명부 작성(Aufstellung des Wählerverzeichnisses und der Vorschlagslisten), 선거과정, 투표를 적정한 방법으로, 필요한 경우 외국인의 모국어로 통지받도록 해 주어야 한다.

제2조 직원수의 확정, 선거인명부

① 선거위원회는 상시적 직원수와 집단에 대한 직원수 할당(ihre Verteilung auf die Gruppen)을 확정한다. 또한 직원수가 50명을 넘지 않는 경우에 선거위원회는 법 제13조에 따른 선거권자수도 확정한다.

② 선거위원회는 선거권이 있는 직원의 집단별명부(선거인명부; Wählerverzeichnis)를 작성한다. 집단 내의 성별비율도 확정되어야 한다.

③ 선거인명부 또는 그 사본은 선거개시 후 지체 없이 투표종료시까지 적당한 장소에 열람을 위해 게시되어야 한다.

제3조 선거인명부에 대한 이의

(1) Jeder Beschäftigte kann beim Wahlvorstand schriftlich binnen sechs Arbeitstagen seit Auslegung des Wählerverzeichnisses (§ 2 Abs. 3) Einspruch gegen seine Richtigkeit einlegen.

(2) Über den Einspruch entscheidet der Wahlvorstand unverzüglich. Die Entscheidung ist dem Beschäftigten, der den Einspruch eingelegt hat, unverzüglich, spätestens jedoch einen Arbeitstag vor Beginn der Stimmabgabe, schriftlich mitzuteilen. Ist der Einspruch begründet, so hat der Wahlvorstand das Wählerverzeichnis zu berichtigen.

(3) Nach Ablauf der Einspruchsfrist soll der Wahlvorstand das Wählerverzeichnis nochmals auf seine Vollständigkeit prüfen. Danach ist das Wählerverzeichnis nur bei Schreibfehlern, offenbaren Unrichtigkeiten, zur Erledigung rechtzeitig eingelegter Einsprüche, bei Eintritt oder Ausscheiden eines Beschäftigten und bei Änderung der Gruppenzugehörigkeit bis zum Abschluß der Stimmabgabe zu berichtigen oder zu ergänzen.

§ 4 Vorabstimmungen

(1) Vorabstimmungen über

1. eine von § 17 des Gesetzes abweichende Verteilung der Mitglieder des Personalrates auf die Gruppen (§ 18 Abs. 1 des Gesetzes) oder
2. die Durchführung gemeinsamer Wahl (§ 19 Abs. 2 des Gesetzes) oder
3. die Geltung von Nebenstellen oder Teilen einer Dienststelle als selbständige Dienststelle (§ 6 Abs. 3 des Gesetzes)

werden nur berücksichtigt, wenn ihr Ergebnis dem Wahlvorstand binnen sechs Arbeitstagen seit der Bekanntgabe nach § 1 Abs. 3 vorliegt und dem Wahlvorstand glaubhaft gemacht wird, daß das Ergebnis unter Leitung eines aus mindestens drei wahlberechtigten Beschäftigten bestehenden Abstimmungsvorstandes in geheimen und in den Fällen der Nummern 1 und 2 nach Gruppen getrennten Abstimmungen zustande gekommen ist. Dem Abstimmungsvorstand muß ein Mitglied jeder in der Dienststelle, in den Fällen des Satzes 1 Nr. 3 der Nebenstelle oder des Teils der Dienststelle, vertretenen Gruppe angehören.

(2) Der Wahlvorstand hat in der Bekanntgabe nach § 1 Abs. 3 auf die in Absatz 1 bezeichneten Fristen hinzuweisen.

§ 5 Ermittlung der Zahl der zu wählenden Personalratsmitglieder, Verteilung der Sitze auf die Gruppen

(1) Der Wahlvorstand ermittelt die Zahl der zu wählenden Mitglieder des Personalrates (§§ 16 und 17 Abs. 4 des Gesetzes). Ist eine von § 17 des Gesetzes abweichende Verteilung der Mitglieder des Personalrates auf die Gruppen (§ 18 Abs. 1 des Gesetzes) nicht beschlossen worden, so errechnet der Wahlvorstand die Verteilung der Personalratssitze auf die Gruppen (§ 17 Abs. 1 bis 5 des Gesetzes) nach dem Höchstzahlverfahren (Absätze 2 und 3).

① 모든 직원은 선거인명부를 게시한 때로부터(제2조 제3항) 6일의 근무일 이내에 서면으로 선거위원회에 그 적확성에 대해 이의를 제기할 수 있다.

② 선거위원회는 지체 없이 그 이의에 대해 결정한다. 그 결정은 이의를 제기한 직원에게 지체 없이, 늦어도 투표 개시로부터 1일의 근무일 전에(spätestens jedoch einen Arbeitstag vor Beginn der Stimmabgabe) 서면으로 통지되어야 한다. 이의가 정당한 경우에(Ist der Einspruch begründet) 선거위원회는 선거인명부를 정정한다.

③ 이의제기기간 도과 후 선거위원회는 다시 한 번 선거인명부의 완전성에 대해 점검한다. 이의제기기간 도과 후에는 오기(誤記)나 명백한 부적확성(不的確性)이 있는 경우이거나, 적시에 제기된 이의의 처리를 위한 경우이거나 또는 직원의 입사나 사직과 집단소속의 변경의 경우에만 선거인명부(Wählerverzeichnis)가 투표 종료시까지 정정(訂正)되거나 보완(補完)되어야 한다.

제4조 사전결의

① 다음 각 호에 관한 사전결의가,

1. 법 제17조와 다른 내용으로 하는, 직원평의회구성원(Verteilung der Mitglieder des Personalrates)의 집단에 대한 할당(법 제18조 제1항),
2. 공동선거의 시행(법 제19조 제2항),
3. 공공관서의 부속기관(Nebenstellen) 및 일부부서들(Teile)에 대한 독립된 공공관서로의 간주(법 제6조 제3항),

그 사전결의 결과가 제1조 제3항에 따른 공고를 한 때로부터 6일의 근무일 이내에 선거위원회(Wahlvorstand)에 제출되고, 그 사전결의 결과가 최소 3명의 선거권이 있는 직원으로 구성된 투표위원회 의 관리하에 비밀투표로, 또 제1호, 제2호의 경우에 집단별 투표로 도출된 점이 선거위원회(選擧委員會)에 대하여 증명된 경우에만, 고려된다. 공공관서에서 대표되거나 제1문 제3호의 경우에 공공관서의 부속기관 또는 일부부서들(Nebenstelle oder des Teils der Dienststelle)에서 대표되는 각 집단의 구성원 1명이 그 투표위원회(Abstimmungsvorstand)에 속해야만 한다.

② 선거위원회는 제1조 제3항에 따른 공고에서 제4조 제1항에 기재된 기간에 대해 명시해야 한다.

제5조 선출해야 하는 직원평의회구성원수의 산정, 집단에 대한 그 수의 할당(Verteilung der Sitze auf die Gruppen)

① 선거위원회는 선출해야 하는 직원평의회구성원의 수를 산정한다(법 제16조, 제17조 제4항). 법 제17조와 다른 직원평의회구성원의 집단에 내한 할당(Verteilung der Personalratssitze auf die Gruppen)(제18조 제1항)이 결의되지 않은 경우에, 선거위원회는 직원평의회구성원자리의 그 집단에 대한 할당(법 제17조 제1항 내지 제5항)을 최대수산정절차(제5조 제2항, 제3항)에 따라 산정한다.

(2) Die Zahlen der der Dienststelle angehörenden Beschäftigten der einzelnen Gruppen (§ 2 Abs. 1) werden nebeneinandergestellt und der Reihe nach durch 1, 2, 3 usw. geteilt. Auf die jeweils höchste Teilzahl (Höchstzahl) wird so lange ein Sitz zugeteilt, bis alle Personalratssitze (§§ 16 und 17 Abs. 4 des Gesetzes) verteilt sind. Jede Gruppe erhält soviel Sitze, wie Höchstzahlen auf sie entfallen. Ist bei gleichen Höchstzahlen nur noch ein Sitz oder sind bei drei gleichen Höchstzahlen nur noch zwei Sitze zu verteilen, so entscheidet das Los.

(3) Entfallen bei der Verteilung der Sitze nach Absatz 2 auf eine Gruppe weniger Sitze, als ihr nach § 17 Abs. 3 des Gesetzes mindestens zustehen, so erhält sie die in § 17 Abs. 3 des Gesetzes vorgeschriebene Zahl von Sitzen. Die Zahl der Sitze der übrigen Gruppen vermindert sich entsprechend. Dabei werden die jeweils zuletzt zugeteilten Sitze zuerst gekürzt. Ist bei gleichen Höchstzahlen nur noch ein Sitz zu kürzen, entscheidet das Los, welche Gruppe den Sitz abzugeben hat. Sitze, die einer Gruppe nach den Vorschriften des Gesetzes mindestens zustehen, können ihr nicht entzogen werden.

(4) Haben in einer Dienststelle alle Gruppen die gleiche Anzahl von Angehörigen, so erübrigt sich die Errechnung der Sitze nach dem Höchstzahlverfahren; in diesen Fällen entscheidet das Los, wem die höhere Zahl von Sitzen zufällt.

§ 6 Wahlausschreiben

(1) Nach Ablauf der in § 4 bestimmten Frist und spätestens sechs Wochen vor dem letzten Tag der Stimmabgabe erläßt der Wahlvorstand ein Wahlausschreiben. Es ist von sämtlichen Mitgliedern des Wahlvorstandes zu unterschreiben.

(2) Das Wahlausschreiben muß enthalten

1. Ort und Tag seines Erlasses,
2. die Zahl der zu wählenden Mitglieder des Personalrates, getrennt nach Gruppen,

2a. Angaben über die Anteile der Geschlechter innerhalb der Dienststelle, getrennt nach Gruppen,

3. Angaben darüber, ob die Gruppen ihre Vertreter in getrennten Wahlgängen wählen (Gruppenwahl) oder vor Erlaß des Wahlausschreibens gemeinsame Wahl beschlossen worden ist,
4. die Angabe, wo und wann das Wählerverzeichnis und diese Wahlordnung zur Einsicht ausliegen,
5. den Hinweis, daß nur Beschäftigte wählen können, die in das Wählerverzeichnis eingetragen sind,

5a. den Hinweis, daß die Geschlechter im Personalrat entsprechend dem Zahlenverhältnis vertreten sein sollen,

6. den Hinweis, daß Einsprüche gegen das Wählerverzeichnis nur binnen sechs Arbeitstagen seit seiner Auslegung schriftlich beim Wahlvorstand eingelegt werden können, der letzte Tag der Einspruchsfrist ist anzugeben,
7. die Mindestzahl von wahlberechtigten Beschäftigten, von denen ein Wahlvorschlag unterzeichnet

② 공공관서에 속한 각각의 집단의 직원수(제2조 제1항)를 병치(竝置)되게 배열한 후 1, 2, 3 등으로 차례차례로 나눈다. 모든 직원평의회구성원자리(법 제16조, 제17조 제4항)가 배분될 때까지 직원평의회구성원자리가 각각의 가장 큰 나눈 값(최대수; Höchstzahl)에 할당된다. 각 집단은 자신에게 최대수가 할당되는 만큼의 직원평의회구성원자리를 배분받는다. 동일한 최대수가 둘인 경우에 직원평의회구성원자리 1자리가 또는 동일한 최대수가 셋인 경우에 직원평의회구성원자리 2자리가 배분되어야 할 때에는 추첨으로 결정한다.

③ 제5조 제2항에 따른 직원평의회구성원자리의 배분에 있어, 법 제17조 제3항에 따라 집단에 배분되는 최소한의 직원평의회구성원자리보다 적은 그 자리가 어느 집단에 배분되는 경우에, 그 집단은 법 제17조 제3항에 규정된 수의 직원평의회구성원자리를 배분받는다. 나머지 집단의 직원평의회구성원자리수는 상응하여 감소된다. 이 때 각각 가장 최근에 배분된 직원평의회구성원자리가 먼저 탈락된다. 최대수가 동일한 경우에 직원평의회구성원자리 한 자리만을 탈락해야 하는 경우에 어느 집단의 그 자리를 탈락시킬 것인지에 대해 추첨으로 결정한다. 법의 규정에 따라 어느 집단에 최소한으로 배분되어야 할 직원평의회구성원자리는 그 집단에서 탈락하지 않는다.

④ 어느 공공관서에서 각 집단소속원수가 동일한 경우에 최대수산정절차에 따른 직원평의회구성원자리 할당을 활용하지 않는다; 이러한 경우에 보다 많은 수의 직원평의회구성원자리가 어느 집단에 배분될 것인지는 추첨으로 결정한다.

제6조 선거공고

① 제4조에서 정해진 기간의 도과 후 또 늦어도 투표 마지막 날로부터 6주 전에 선거위원회는 선거공고를 공포한다. 그 선거공고에 선거위원회위원 전원이 서명해야 한다.

② 선거공고에 다음 각 호 사항이 포함되어야 한다,

1. 선고공고 공포의 장소·날짜,
2. 선출해야 하는, 집단별 직원평의회구성원수,
2a. 공공관서 내 성별비율사항, 집단별 그 성별비율사항,
3. 집단이 분리된 선거과정을 통해 자신의 대표자를 선출할지 여부에 관한 사항 또는 선거공고를 공표하기 전에 공동선거가 결의되었는지 여부에 관한 사항,
4. 선거인명부와 본 선거명령이 어디서, 언제까지 열람을 위해 게시되는지 하는 사항,
5. 선거인명부에 등재된 직원(die in das Wählerverzeichnis eingetragen sind)만이 선거를 할 수 있다는 명시,
5a. 성별의 비율에 상응하여(entsprechend dem Zahlenverhältnis) 직원평의회에서 대표되어야 한다는 명시,
6. 선거인명부에 대한 이의(Einsprüche gegen das Wählerverzeichnis)는 선거인명부를 게시한 때로부터 6일의 근무일 내에만 선거위원회에 서면으로 제출할 수 있다는 명시, 그 이의제기기간의 마지막 날이 기재되어야 한다,
7. 후보자추천서에 서명(署名)해야만 하는 선거권(選擧權)이 있는 최소 직원수(Mindestzahl von

sein muß, und den Hinweis, daß jeder Beschäftigte für die Wahl des Personalrates nur auf einem Wahlvorschlag benannt werden kann,

7a. den Hinweis, daß der Wahlvorschlag einer in der Dienststelle vertretenen Gewerkschaft von zwei Beauftragten unterzeichnet sein muß (§ 19 Abs. 9 des Gesetzes),

8. die Aufforderung, Wahlvorschläge binnen achtzehn Kalendertagen nach dem Erlaß des Wahlausschreibens beim Wahlvorstand einzureichen, der letzte Tag der Einreichungsfrist ist anzugeben,

9. den Hinweis, daß nur fristgerecht eingereichte Wahlvorschläge berücksichtigt werden und daß nur gewählt werden kann, wer in einen solchen Wahlvorschlag aufgenommen ist,

10. den Ort, an dem die Wahlvorschläge bekanntgegeben werden,

11. den Ort und die Zeit der Stimmabgabe,

12. einen Hinweis auf die Möglichkeit der schriftlichen Stimmabgabe, gegebenenfalls auf die Anordnung der schriftlichen Stimmabgabe nach § 19,

13. den Ort und die Zeit der Stimmenauszählung und der Sitzung des Wahlvorstandes, in der das Wahlergebnis abschließend festgestellt wird,

14. den Ort, an dem Einsprüche, Wahlvorschläge und andere Erklärungen gegenüber dem Wahlvorstand abzugeben sind.

(3) Der Wahlvorstand hat eine Abschrift oder einen Abdruck des Wahlausschreibens vom Tage des Erlasses bis zum Abschluß der Stimmabgabe an einer oder an mehreren geeigneten, den Wahlberechtigten zugänglichen Stellen auszuhängen und in gut lesbarem Zustand zu erhalten.

(4) Offenbare Unrichtigkeiten des Wahlausschreibens können vom Wahlvorstand jederzeit berichtigt werden.

(5) Mit Erlaß des Wahlausschreibens ist die Wahl eingeleitet.

§ 7 Wahlvorschläge, Einreichungsfrist

(1) Zur Wahl des Personalrates können die wahlberechtigten Beschäftigten und die in der Dienststelle vertretenen Gewerkschaften Wahlvorschläge machen.

(2) Die Wahlvorschläge sind binnen achtzehn Kalendertagen nach dem Erlaß des Wahlausschreibens beim Wahlvorstand einzureichen. Bei Gruppenwahl sind für die einzelnen Gruppen getrennte Wahlvorschläge einzureichen.

§ 8 Inhalt der Wahlvorschläge

(1) Jeder Wahlvorschlag soll mindestens doppelt soviel Bewerber enthalten, wie

1. bei Gruppenwahl Gruppenvertreter,
2. bei gemeinsamer Wahl Personalratsmitglieder

zu wählen sind.

wahlberechtigten Beschäftigten), 모든 직원이 직원평의회선거에 대하여 하나의 후보자추천서에만 등재될 수 있다는 명시,

7a. 공공관서에 조합원인 직원이 있는 노동조합의 후보자추천서에 2명의 그 대리인이 서명해야 한다(법 제19조 제9항)는 명시,

8. 후보자추천서가 선거공고 공포 후(nach dem Erlaß des Wahlausschreibens) 18일의 역일(曆日) 내에 선거위원회(選擧委員會)에 제출되어야 한다는 요구사항, 그 제출기간의 마지막 날을 명시해야 한다,

9. 제출기간에 맞게 제출된 후보자추천서만이 득표에서 고려되고 그러한 후보자추천서에 등재된 사람만이 당선될 수 있다는 명시,

10. 후보자추천서가 공고되는 장소,

11. 투표 장소·시간,

12. 서면투표 가능성(Möglichkeit der schriftlichen Stimmabgabe)에 대한 언급, 필요한 경우에 제19조에 따른 서면투표 명령에 대한 언급

13. 개표 장소·시간(Ort und die Zeit der Stimmenauszählung)과 선거결과가 최종적으로 확정되는 선거위원회 회의의 장소·시간,

14. 선거위원회에 대한 이의, 후보자추천 및 다른 의사표시(Einsprüche, Wahlvorschläge und andere Erklärungen)가 행해지는 장소.

③ 선거위원회는 선고공고의 등본 또는 사본(Abschrift oder einen Abdruck)을 공포일로부터 투표종료시까지 선거권자가 접근할 수 있는 적당한 한 곳 또는 여러 곳에 게시해야 하고, 읽을 수 있는 상태로 유지해야 한다.

④ 선거공고의 명백한 부적확성(不的確性)(Offenbare Unrichtigkeiten des Wahlausschreibens)은 언제든지 선거위원회가 정정할 수 있다.

⑤ 선고공고의 공포로써 선거가 개시된다.

제7조 후보자추천서, 이의제기기간

① 선거권이 있는 직원들과 당해 공공관서에 조합원인 직원이 있는 노동조합은 직원평의회선거에 대한 후보자추천을 할 수 있다.

② 후보자추천서는 선거공고 공표시로부터 18일의 역일(曆日) 내에 선거위원회에 제출되어야 한다. 집단별선거의 경우 각각의 집단에 대해 분리된 후보자추천서(für die einzelnen Gruppen getrennte Wahlvorschläge)가 제출되어야 한다.

제8조 후보자추천 내용

① 각 후보자추천서에는 다음 각 호의 사람의 최소 두 배의 후보자가,

1. 집단별선거의 경우에 선출되어야 할 집단대표자,

2. 공동선거의 경우에 선출되어야 할 직원평의회구성원,

포함되어야 한다,

(2) Die Namen der einzelnen Bewerber sind auf dem Wahlvorschlag untereinander aufzuführen und mit fortlaufenden Nummern zu versehen. Außer dem Familiennamen sind der Vorname, das Geburtsdatum, die Amts- oder Funktionsbezeichnung, die Gruppenzugehörigkeit und, soweit Sicherheitsbedürfnisse nicht entgegenstehen, die Beschäftigungsstelle anzugeben. Bei gemeinsamer Wahl sind in dem Wahlvorschlag die Bewerber jeweils nach Gruppen zusammenzufassen. Der Wahlvorschlag darf keine Änderungen enthalten; gegebenenfalls ist ein neuer Wahlvorschlag zu fertigen und zu unterzeichnen.

(3) Jeder Wahlvorschlag der Beschäftigten muß nach § 19 Abs. 4, 5 und 6 des Gesetzes

1. bei Gruppenwahl von mindestens einem Zwanzigstel der wahlberechtigten Gruppenangehörigen, jedoch mindestens von drei wahlberechtigten Gruppenangehörigen,
2. bei gemeinsamer Wahl von mindestens einem Zwanzigstel der wahlberechtigten Beschäftigten, jedoch mindestens von drei wahlberechtigten Beschäftigten,
3. bei gemeinsamer Wahl, wenn gruppenfremde Bewerber vorgeschlagen werden, von mindestens einem Zehntel der wahlberechtigten Angehörigen der Gruppe, für die sie vorgeschlagen sind,

unterzeichnet sein. Bruchteile eines Zehntels oder Zwanzigstels werden auf ein volles Zehntel oder Zwanzigstel aufgerundet. In jedem Falle genügen bei Gruppenwahl die Unterschriften von 50 wahlberechtigten Gruppenangehörigen, bei gemeinsamer Wahl die Unterschriften von 50 wahlberechtigten Beschäftigten. Macht eine in der Dienststelle vertretene Gewerkschaft einen Wahlvorschlag, so muß dieser von zwei in der Dienststelle beschäftigten Beauftragten, die einer der in der Dienststelle vertretenen Gewerkschaften angehören, unterzeichnet sein. Hat der Wahlvorstand Zweifel, ob eine Beauftragung durch eine in der Dienststelle vertretene Gewerkschaft tatsächlich vorliegt, kann er verlangen, daß die Gewerkschaft den Auftrag bestätigt; dies soll schriftlich erfolgen. Entsprechendes gilt bei Zweifeln, ob ein Beauftragter einer in der Dienststelle vertretenen Gewerkschaft als Mitglied angehört.

(4) Aus dem Wahlvorschlag der Beschäftigten soll zu ersehen sein, welcher Beschäftigte zur Vertretung des Vorschlages gegenüber dem Wahlvorstand und zur Entgegennahme von Erklärungen und Entscheidungen des Wahlvorstandes berechtigt ist (Listenvertreter). Fehlt eine Angabe hierüber, gilt der Unterzeichner als berechtigt, der an erster Stelle steht. In den Fällen des Absatzes 3 Satz 4 kann die Gewerkschaft einen der von ihr beauftragten Vorschlagsberechtigten oder einen anderen in der Dienststelle Beschäftigten, der Mitglied der Gewerkschaft ist, als Listenvertreter benennen.

(5) Der Wahlvorschlag soll mit einem Kennwort versehen werden.

## § 9 Sonstige Erfordernisse

(1) Jeder Bewerber kann für die Wahl des Personalrates nur auf einem Wahlvorschlag vorgeschlagen werden.

② 각 후보자의 성명은 후보자추천서에서 일련번호를 부여해 아래로 차례차례 배열되어야 한다. 성씨 이외에 이름, 생년월일, 관직명 또는 직함, 집단소속(Vorname, das Geburtsdatum, die Amts- oder Funktionsbezeichnung, die Gruppenzugehörigkeit)과, 보안요구에 배치되지 않는 한, 근무기관(Beschäftigungsstelle)을 기재해야 한다. 공동선거의 경우에 각 집단별 후보자(Bewerber jeweils nach Gruppen)가 후보자추천서에 함께 등재되어야 한다. 후보자추천서는 수정사항(Änderungen)을 포함해서는 안 된다; 필요한 경우 새로운 후보자추천서가 작성되고 서명되어야 한다.

③ 직원들의 각 후보자추천서에 법 제19조 제4항, 제5항, 제6항에 따라 다음 각 호 사람들이,

1. 집단별 선거의 경우 선거권이 있는 집단소속원의 1/20 이상으로 선거권이 있는 3명 이상의 집단소속원,
2. 공동선거의 경우 선거권(選擧權)이 있는 직원의 1/20 이상으로 선거권이 있는 3명 이상의 직원,
3. 공동선거의 경우 그룹에 속하지 않은 후보자가 추천된 때에는 후보자가 대표되도록 추천된 집단의 선거권이 있는 소속원의 1/10 이상의 소속원,

서명해야만 한다. 1/10 또는 1/20의 잔여수(Bruchteile)는 1/10 또는 1/20의 정수로 반올림한다. 어떤 경우에도 집단별선거의 경우 선거권이 있는 집단소속원의 50명의 서명, 공동선거의 경우 선거권이 있는 직원 50명의 서명으로 충분하다. 당해 공공관서에 조합원인 직원이 있는 노동조합(eine in der Dienststelle vertretene Gewerkschaft)이 1개의 후보자추천서를 제출하는 경우에, 그 공공관서에 고용된 대리인으로, 당해 공공관서에 조합원인 직원이 있는 노동조합에 속한 2명의 대리인이 그 후보자추천서에 서명을 해야만 한다. 선거위원회가 당해 공공관서에 조합원인 직원이 있는 노동조합이 그 위임(Beauftragun)을 했는지에 관해 의심을 갖는 경우에, 선거위원회는 그 노동조합에 위임을 확인해줄 것을 요구할 수 있다; 이는 서면으로 해야 한다. 대리인이 당해 공공관서에 조합원인 직원이 있는 노동조합에 조합원으로 속하고 있는지에 의문이 있는 경우에도 이를 준용한다.

④ 어느 직원이 선거위원회에 대하여 추천을 대표하고 선거위원회의 의사표시와 결정을 수령할 자격이 있는지가 직원들의 후보자추천서에서 알 수 있도록 정해져야 한다(후보자명부대리인; Listenvertreter). 후보자명부대리인에 관한 사항의 기재가 흠결된 경우에(Fehlt eine Angabe hierüber), 첫 번째로 등재된 서명자를 그러한 권리가 있는 것으로 본다. 제8조 제3항 제4문의 경우에 노동조합은 자신이 위임한 후보자추천권자 1명 또는 조합원인 공공관서의 다른 직원 1명(einen der von ihr beauftragten Vorschlagsberechtigten oder einen anderen in der Dienststelle Beschäftigten)을 후보자명부대리인으로 임명할 수 있다.

⑤ 후보자추천서에 선거표어가 기재될 수 있다.

제9조 기타 요건

① 각 후보자는 직원평의회선거에 있어(für die Wahl des Personalrates) 1개의 후보자추천서에만 추천될 수 있다.

(2) Dem Wahlvorschlag ist die schriftliche Zustimmung der in ihm aufgeführten Bewerber zur Aufnahme in den Wahlvorschlag beizufügen; die Zustimmung kann nicht widerrufen werden.

(3) Jeder vorschlagsberechtigte Beschäftigte (§ 8 Abs. 3) kann seine Unterschrift zur Wahl des Personalrates rechtswirksam nur für einen Wahlvorschlag abgeben. Jede vorschlagsberechtigte Gewerkschaft kann durch ihre Beauftragten rechtswirksam nur einen Wahlvorschlag für jede Gruppe unterzeichnen lassen.

(4) Eine Verbindung von Wahlvorschlägen ist unzulässig.

§ 10 Behandlung der Wahlvorschläge durch den Wahlvorstand, ungültige Wahlvorschläge

(1) Der Wahlvorstand vermerkt auf den Wahlvorschlägen den Tag und die Uhrzeit des Eingangs. Im Falle des Absatzes 5 ist auch der Zeitpunkt des Eingangs des berichtigten Wahlvorschlages zu vermerken.

(2) Wahlvorschläge, die ungültig sind, insbesondere, weil die Bewerber nicht in erkennbarer Reihenfolge aufgeführt sind, weil sie bei der Einreichung nicht die erforderliche Anzahl von Unterschriften aufweisen, weil sie nicht fristgerecht eingereicht worden sind oder weil sie Änderungen enthalten (§ 8 Abs. 2 Satz 4), gibt der Wahlvorstand unverzüglich nach Eingang unter Angabe der Gründe zurück. Die Zurückziehung von Unterschriften nach Einreichung des Wahlvorschlages beeinträchtigt dessen Gültigkeit nicht; Absatz 4 bleibt unberührt.

(3) Der Wahlvorstand hat einen Bewerber, der mit seiner schriftlichen Zustimmung auf mehreren Wahlvorschlägen benannt ist, aufzufordern, binnen drei Arbeitstagen zu erklären, auf welchem Wahlvorschlag er benannt bleiben will. Gibt der Bewerber diese Erklärung nicht fristgerecht ab, so wird er von sämtlichen Wahlvorschlägen gestrichen.

(4) Der Wahlvorstand hat einen vorschlagsberechtigten Beschäftigten (§ 8 Abs. 3), der mehrere Wahlvorschläge unterzeichnet hat, schriftlich gegen Empfangsbestätigung, erforderlichenfalls durch eingeschriebenen Brief, aufzufordern, binnen drei Arbeitstagen seit dem Zugang der Aufforderung zu erklären, welche Unterschrift er aufrechterhält. Gibt der Beschäftigte diese Erklärung nicht fristgerecht ab, so zählt seine Unterschrift auf keinem Wahlvorschlag. Entsprechendes gilt für Wahlvorschläge der Gewerkschaften, die mit § 9 Abs. 3 Satz 2 nicht in Einklang stehen.

(5) Wahlvorschläge, die

1. den Erfordernissen des § 8 Abs. 2 Satz 1 bis 3 nicht entsprechen,
2. ohne die schriftliche Zustimmung der Bewerber eingereicht sind,
3. infolge von Streichungen gemäß Absatz 4 nicht mehr die erforderliche Anzahl von Unterschriften aufweisen,

hat der Wahlvorstand gegen schriftliche Empfangsbestätigung, erforderlichenfalls durch eingeschriebenen Brief, mit der Aufforderung zurückzugeben, die Mängel binnen drei Arbeitstagen seit dem Zugang der Aufforderung zu beseitigen. Werden die Mängel nicht fristgerecht beseitigt, sind diese

② 후보자추천서에 후보자추천 등재에 대한 후보자추천서에 등재된 후보자의 서면동의서가 첨부되어야 한다; 그 동의는 철회될 수 없다.

③ 후보자추천권이 있는 각 직원(제8조 제3항)은 1개의 후보자추천서에만 법적으로 유효하게 직원평의회선거에 관한 자신의 서명을 할 수 있다. 후보자추천권이 있는 각 노동조합(Jede vorschlagsberechtigte Gewerkschaft)은 그 대리인이 법적으로 유효하게 각 집단을 위한 1개의 후보자추천서에만 서명하게 할 수 있다.

④ 결합후보자추천서는 허용되지 않는다.

제10조 선거위원회의 후보자추천서 처리, 무효인 후보자추천서

① 선거위원회는 후보자추천서에 도달 날짜 및 시각을 후보자추천서에 표시한다. 제10조 제5항의 경우에 정정한 후보자추천서의 도달 시기(der Zeitpunkt des Eingangs des berichtigten Wahlvorschlages)도 표시해야 한다.

② 후보자가 식별할 수 있는 순서로 등재되지 않거나 제출시 필요한 수의 서명을 충족하지 못하거나, 기간에 맞게 제출하지 않거나 또는 수정사항을 포함(제8조 제2항 제4문)하여, 무효인 후보자추천서는 선거위원회가 접수 후 지체 없이 이유를 기재하여(unverzüglich nach Eingang unter Angabe der Gründe) 반환한다. 후보자추천서의 제출 후 서명의 철회(Zurückziehung von Unterschriften nach Einreichung des Wahlvorschlages)로 인해 그 유효성이 영향을 받지 않는다; 제10조 제4항은 이에 영향을 받지 않는다.

③ 선거위원회는 서면동의로 수개의 후보자추천서에 등재된 후보자에게 3일의 근무일 내에 어느 후보자추천서의 등재를 유지할 것인지에 관한 의사를 밝히도록 요구해야 한다. 후보자가 기간에 맞게 이러한 의사를 밝히지 않은 경우에 그 후보자는 전체 후보자추천서(sämtlichen Wahlvorschlägen)에서 제외된다.

④ 선거위원회는 수개의 후보자추천서에 서명한 후보자추천권이 있는 직원(제8조 제3항)에게 서면으로 그러한 요구가 도달한 때로부터 3일의 근무일 내에 어느 서명을 유지할 것인지에 관해 의사를 밝힐 것을 수령확인을 받는 서신으로, 필요하면 등기우편으로 요구해야 한다. 그 직원이 이러한 의사를 기간에 맞게 밝히지 않은 경우에, 후보자추천서의 모든 그의 서명을 산정하지 않는다. 제9조 제3항 제2문에 어긋나는, 노동조합(勞動組合)의 후보자추천서에도 이를 준용한다.

⑤ 다음 각 호의 후보자추천서에 대해,

1. 제8조 제2항 제1문 내지 제3문의 요건에 부합하지 않은 후보자추천서,
2. 후보자의 서면동의 없이 제출된 후보자추천서,
3. 제10조 제4항에 따른 제외로 인해 필요한 수의 서명이 더 이상 충족되지 않는 후보자추천서,

선거위원회는 반환하며 반송되는 수령확인을 받는 서신으로, 필요하면 반송되는 등기우편으로(durch eingeschriebenen Brief) 그 요구가 도달한 때로부터 3일의 근무일 내에 흠결(Mängel)을 시정할 것을 요구해야 한다. 그 흠결이 기간 내에 시정되지 않은 경우 이러한 후보자추선서는

Wahlvorschläge ungültig.

§ 11 Nachfrist für die Einreichung von Wahlvorschlägen

(1) Ist nach Ablauf der Fristen nach § 7 Abs. 2 und § 10 Abs. 5 Satz 1 Nr. 1 und 2 bei Gruppenwahl nicht für jede Gruppe ein gültiger Wahlvorschlag, bei gemeinsamer Wahl überhaupt kein gültiger Wahlvorschlag eingegangen, so gibt der Wahlvorstand dies sofort durch Aushang an den gleichen Stellen, an denen das Wahlausschreiben ausgehängt ist, bekannt. Gleichzeitig fordert er zur Einreichung von Wahlvorschlägen innerhalb einer Nachfrist von sechs Arbeitstagen auf.

(2) Im Falle der Gruppenwahl weist der Wahlvorstand in der Bekanntmachung darauf hin, daß eine Gruppe keine Vertreter in den Personalrat wählen kann, wenn auch innerhalb der Nachfrist für sie kein gültiger Wahlvorschlag eingeht. Im Falle gemeinsamer Wahl weist der Wahlvorstand darauf hin, daß der Personalrat nicht gewählt werden kann, wenn auch innerhalb der Nachfrist kein gültiger Wahlvorschlag eingeht.

(3) Gehen auch innerhalb der Nachfrist gültige Wahlvorschläge nicht ein, so gibt der Wahlvorstand sofort bekannt

1. bei Gruppenwahl, für welche Gruppe oder für welche Gruppen keine Vertreter gewählt werden können,
2. bei gemeinsamer Wahl, daß diese Wahl nicht stattfinden kann.

§ 12 Bezeichnung der Wahlvorschläge

(1) Nach Ablauf der Fristen nach § 7 Abs. 2, § 10 Abs. 5 und § 11 Abs. 1 ermittelt der Wahlvorstand durch das Los die Reihenfolge der Wahlvorschläge auf dem Stimmzettel. Finden Wahlen für Personalvertretungen mehrerer Stufen gleichzeitig statt, ist für Wahlvorschläge mit demselben Kennwort für die Wahlen auf allen Stufen die Losentscheidung auf der obersten Stufe maßgebend. Für Wahlvorschläge, die an der Losentscheidung auf der obersten Stufe nicht beteiligt sind, werden die folgenden Plätze auf dem Stimmzettel ausgelost. Die Listenvertreter (§ 8 Abs. 4) sind zu der Losentscheidung rechtzeitig einzuladen.

(2) Der Wahlvorstand bezeichnet die Wahlvorschläge mit den Familien- und Vornamen der in dem Wahlvorschlag an erster und zweiter Stelle benannten Bewerber, bei gemeinsamer Wahl mit den Familien- und Vornamen der für die Gruppen an erster Stelle benannten Bewerber. Bei Wahlvorschlägen, die mit einem Kennwort versehen sind, ist auch das Kennwort anzugeben.

§ 13 Bekanntmachung der Wahlvorschläge

(1) Unverzüglich nach Ablauf der Fristen nach § 7 Abs. 2, § 10 Abs. 5 und § 11 Abs. 1, spätestens jedoch fünf Arbeitstage vor Beginn der Stimmabgabe, gibt der Wahlvorstand die als gültig anerkannten Wahlvorschläge durch Aushang bis zum Abschluß der Stimmabgabe an den gleichen Stellen wie das Wahlausschreiben bekannt. Die Stimmzettel sollen in diesem Zeitpunkt

무효이다.

제11조 후보자추천서 제출에 대한 추가기간

① 제7조 제2항, 제10조 제5항 제1문, 제2문에 따른 기간이 도과한 후에 집단별선거의 경우 각 집단에 대해 유효한 후보자추천서 1부도 접수되지 않거나 공동선거의 경우 유효한 후보자추천서가 전혀 접수되지 않은 경우에 선거위원회는 즉시 선거공고를 한 동일한 장소에 게시함으로써 이를 공고한다. 선거위원회는 동시에 6일의 추가기간 내에 후보자추천서를 제출하도록 요구한다.

② 집단별선거의 경우에(Im Falle der Gruppenwahl) 선거위원회는 그 공고에서, 추가기간 내에도 유효한 후보자추천서가 접수되지 않은 경우에 그 집단은 직원평의회의 대표자를 선출할 수 없다는 점을 명시한다. 공동선거의 경우에(Im Falle der Gruppenwahl) 선거위원회는 추가기간 내에도 유효한 후보자추천서가 접수되지 않는 경우에 직원평의회 선거가 실시될 수 없다는 점을 명시한다.

③ 추가기간 내에도 유효한 후보자추천서가 제출되지 않은 경우에 선거위원회는 즉시 다음 각 호를 공고한다.

1. 집단별선거의 경우(bei Gruppenwahl) 어느 집단(集團)에 대해 대표자(代表者)가 선출될 수 없다는 점,
2. 공동선거의 경우 그 선거가 실시될 수 없다는 점.

제12조 후보자추천서의 표시

① 선거위원회는 제7조 제2항, 제10조 제5항, 제11조 제1항에 따른 기간이 도과한 후에 추첨으로 투표용지 관련 후보자추천서의 순서를 정한다. 몇 단계의 직원대표기구에 대한 선거가 동시에 실시되는 경우에 모든 단계의 선거에서 최상위단계의 추첨결정이 동일한 선거표어가 있는 후보자추천서에 대해 적용된다. 최상위단계의 추첨결정에 참가하지 않는(die an der Losentscheidung auf der obersten Stufe nicht beteiligt sind) 후보자추천서에 대해 다음 자리가 투표용지에서 추첨으로 부여된다. 후보자명부대리인(제8조 제4항)은 추첨결정에 적시에 소환되어야 한다.

② 선거위원회는 후보자추천서에서 첫째 및 둘째 순서에 배치된 후보자의 성명으로 후보자추천서를 표기하고, 공동선거의 경우 집단에 대해 첫째 순서에 배치된 후보자의 성명(Familien- und Vornamen der für die Gruppen an erster Stelle benannten Bewerber)으로 후보자추천서를 표기한다. 선거표어가 갖춰진 후보자추천서의 경우에 그 선거표어도 기재해야 한다.

제13조 후보자추천서의 공고

① 선거위원회는 제7조 제2항, 제10조 제5항, 제11조 제1항에 따른 기간이 도과한 후에 지체없이, 늦어도 투표개시일로부터 5일의 근무일 전에 유효한 것으로 인정한 후보자추천서를 투표종료시까지 선거공고와 같은 동일 장소에 게시함으로써(durch Aushang bis zum Abschluß der Stimmabgabe an den gleichen Stellen wie das Wahlausschreiben) 공고한다. 투표용지는

vorliegen.

(2) Die Namen der Unterzeichner der Wahlvorschläge werden nicht bekanntgemacht.

§ 14 Sitzungsniederschriften

Der Wahlvorstand fertigt über jede Sitzung, in der er einen Beschluß gefaßt hat, eine Niederschrift, die mindestens den Wortlaut des Beschlusses enthält. Sie ist von sämtlichen Mitgliedern des Wahlvorstandes zu unterzeichnen.

§ 15 Ausübung des Wahlrechts, Stimmzettel, ungültige Stimmabgabe

(1) Wählen kann nur, wer in das Wählerverzeichnis eingetragen ist.

(2) Das Wahlrecht wird durch Abgabe eines Stimmzettels in einem Wahlumschlag ausgeübt. Bei Gruppenwahl müssen die Stimmzettel für jede Gruppe, bei gemeinsamer Wahl alle Stimmzettel dieselbe Größe, Farbe, Beschaffenheit und Beschriftung haben. Dasselbe gilt für die Wahlumschläge. Gehören der Dienststelle ausländische Beschäftigte an, so sind Musterstimmzettel nebst einer Übersetzung in die Muttersprache der Beschäftigten im Wahllokal an gut sichtbarer Stelle auszuhängen.

(3) Ist nach den Grundsätzen der Verhältniswahl zu wählen (§ 25 Abs. 1), so kann die Stimme nur für den gesamten Wahlvorschlag (Vorschlagsliste) abgegeben werden. Ist nach den Grundsätzen der Personenwahl zu wählen (§ 28 Abs. 1, § 30 Abs. 1), so wird die Stimme für die zu wählenden einzelnen Bewerber abgegeben.

(4) Ungültig sind Stimmzettel,

1. die nicht in einem Wahlumschlag abgegeben sind,
2. die nicht den Erfordernissen des Absatzes 2 Satz 2 entsprechen,
3. aus denen sich der Wille des Wählers nicht zweifelsfrei ergibt,
4. die ein besonderes Merkmal, einen Zusatz oder einen Vorbehalt enthalten.

(5) Mehrere in einem Wahlumschlag für eine Wahl enthaltene Stimmzettel, die gleich lauten, werden als eine Stimme gezählt.

(6) Hat der Wähler einen Stimmzettel verschrieben, diesen oder seinen Wahlumschlag versehentlich unbrauchbar gemacht, so ist ihm auf Verlangen gegen Rückgabe der unbrauchbaren Wahlunterlagen ein neuer Stimmzettel und gegebenenfalls ein neuer Wahlumschlag auszuhändigen. Der Wahlvorstand hat die zurückgegebenen Unterlagen unverzüglich in Gegenwart des Wählers zu vernichten.

§ 16 Wahlhandlung

(1) Der Wahlvorstand trifft Vorkehrungen, daß der Wähler den Stimmzettel im Wahlraum unbeobachtet kennzeichnen und in den Wahlumschlag legen kann. Für die Aufnahme der Umschläge sind Wahlurnen zu verwenden. Vor Beginn der Stimmabgabe sind die Wahlurnen vom Wahlvorstand zu verschließen. Sie müssen so eingerichtet sein, daß die eingeworfenen Umschläge nicht vor Öffnung der Urne entnommen werden können. Findet Gruppenwahl statt, so kann die

이 시기에 제출되어야 한다.

② 후보자추천서에 대한 서명자의 성명은 공고되지 않는다.

제14조 회의의사록

선거위원회는 의결이 이뤄진 모든 회의에 대하여 최소한 결의원문을 포함하는 의사록을 작성한다. 그 의사록에 전체 선거위원회위원들이(von sämtlichen Mitgliedern des Wahlvorstandes) 서명을 해야 한다.

제15조 투표권의 행사, 투표용지, 무효인 투표

① 선거인명부에 등재된 사람만이 투표를 할 수 있다.

② 투표권은 선거봉투에 투표용지를 투입함으로써 행사한다. 집단별선거의 경우 각 집단에 대한 투표용지가, 공동선거의 경우 모든 투표용지가 크기, 색깔, 상태 및 문자(Größe, Farbe, Beschaffenheit und Beschriftung)가 동일해야만 한다. 공공관서에 외국인 직원이 있는 경우에 견본투표용지가 그 직원의 모국어로 번역된 투표용지와 나란히 투표소 내 잘 볼 수 있는 장소에 게시되어야 한다.

③ 비례대표원칙에 좇아(Grundsätzen der Verhältniswahl) 선거가 이뤄지는 경우(제25조 제1항), 투표는 일체화된 후보자추천서(후보자명부)에 대해서만 행사될 수 있다. 인물선거의 원칙(Grundsätzen der Personenwahl)에 좇아 선거가 이뤄지는 경우(제28조 제1항, 제30조 제1항)에 투표는 선출해야 할 각각의 후보자에 대해 행사된다.

④ 다음 각 호의 투표용지는 무효이다,

1. 투표봉투에 투입하지 않은 투표용지,
2. 제15조 제2항 제2문의 요건에 부합하지 않은 투표용지,
3. 투표자의 의사가 분명하게 드러나지 않은 투표용지,
4. 특별한 표지(標識), 추가기재 또는 유보표시(Vorbehalt; 留保標示)가 있는 투표용지.

⑤ 선거를 위한 투표봉투에 있는, 동일하게 기표된 수개의 투표용지(投票用紙)는 하나의 투표로 본다.

⑥ 투표자가 하나의 투표용지에 기표하고, 자신의 투표봉투를 실수로 사용할 수 없게 만든 경우에, 그 투표자의 요구가 있는 때에는 사용할 수 없게 된 투표서류를 반환받고서 새로운 투표용지와 필요한 경우에 새로운 투표봉투를 그에게 교부해야 한다. 선거위원회는 반환받은 투표서류를 지체 없이 투표자가 보는 앞에서 파쇄해야 한다.

제16조 투표행위

① 선거위원회(選擧委員會)는 투표자가 기표소에서 노출되지 않게 투표용지에 기표한 후 투표봉투에 투입할 수 있도록 준비한다. 투표봉투의 수용을 위해(Für die Aufnahme der Umschläge) 투표함을 사용해야 한다. 선거위원회가 투표개시 전에 투표함을 봉인해야 한다. 투입된 봉투가 투표함의 개함 전에(vor Öffnung der Urne) 꺼낼 수 없도록 투표함이 마련되어야 한다. 집단별선거가 실시되는 경우에(Findet Gruppenwahl statt) 투표가 집단별로 분리되어

Stimmabgabe nach Gruppen getrennt durchgeführt werden; in jedem Fall sind jedoch getrennte Wahlurnen zu verwenden.

(2) Ein Wähler, der durch körperliches Gebrechen in der Stimmabgabe behindert ist, bestimmt eine Person seines Vertrauens, deren er sich bei der Stimmabgabe bedienen will, und gibt dies dem Wahlvorstand bekannt. Die Hilfeleistung hat sich auf die Erfüllung der Wünsche des Wählers zur Stimmabgabe zu beschränken. Die Vertrauensperson darf gemeinsam mit dem Wähler die Wahlzelle aufsuchen, soweit das zur Hilfeleistung erforderlich ist. Die Vertrauensperson ist zur Geheimhaltung der Kenntnisse verpflichtet, die sie bei der Hilfeleistung von der Wahl eines anderen erlangt hat. Wahlbewerber, Mitglieder des Wahlvorstandes und Wahlhelfer dürfen nicht zur Hilfeleistung herangezogen werden.

(3) Solange der Wahlraum zur Stimmabgabe geöffnet ist, müssen mindestens zwei Mitglieder des Wahlvorstandes im Wahlraum anwesend sein; sind Wahlhelfer bestellt (§ 1 Abs. 1), genügt die Anwesenheit eines Mitgliedes des Wahlvorstandes und eines Wahlhelfers.

(4) Vor Einwurf des Wahlumschlages in die Urne ist festzustellen, ob der Wähler im Wählerverzeichnis eingetragen ist. Ist dies der Fall, übergibt der Wähler den Umschlag dem mit der Entgegennahme der Wahlumschläge betrauten Mitglied des Wahlvorstandes, das ihn in Gegenwart des Wählers ungeöffnet in die Wahlurne legt. Der Wähler kann den Wahlumschlag auch selbst in die Urne legen, wenn das mit der Entgegennahme der Wahlumschläge betraute Mitglied des Wahlvorstandes es gestattet. Die Stimmabgabe ist im Wählerverzeichnis zu vermerken.

(5) Wird die Wahlhandlung unterbrochen oder wird das Wahlergebnis nicht unmittelbar nach Abschluß der Stimmabgabe festgestellt, so hat der Wahlvorstand für die Zwischenzeit die Wahlurne so zu verschließen und aufzubewahren, daß der Einwurf oder die Entnahme von Stimmzetteln ohne Beschädigung des Verschlusses unmöglich ist. Bei Wiedereröffnung der Wahl oder bei Entnahme der Stimmzettel zur Stimmenzählung hat sich der Wahlvorstand davon zu überzeugen, daß der Verschluß unversehrt ist.

### § 17 Schriftliche Stimmabgabe

(1) Einem wahlberechtigten Beschäftigten, der im Zeitpunkt der Wahl verhindert ist, seine Stimme persönlich abzugeben, hat der Wahlvorstand auf sein Verlangen

1. die Wahlvorschläge,
2. den Stimmzettel und den Wahlumschlag,
3. eine vorgedruckte, vom Wähler abzugebende Erklärung, in der dieser gegenüber dem Wahlvorstand versichert, daß er den Stimmzettel persönlich gekennzeichnet hat oder, soweit unter den Voraussetzungen des § 16 Abs. 2 erforderlich, durch eine Person seines Vertrauens hat kennzeichnen lassen sowie
4. einen größeren Freiumschlag, der die Anschrift des Wahlvorstandes und als Absender den

시행될 수 있다; 어느 경우라도(in jedem Fall) 분리된 투표함(getrennte Wahlurnen)이 이용되어야 한다.

② 신체적 장애로 인해 투표에 지장이 있는 투표자(Ein Wähler, der durch körperliches Gebrechen in der Stimmabgabe behindert ist)는 투표시 자신을 돕는 투표보조자를 정해서 이를 선거위원회에 알린다. 이러한 도움제공은 투표자의 투표에 대한 의사의 이행에 한정되어야 한다. 투표보조인은 도움제공에 필요한 경우에(soweit das zur Hilfeleistung erforderlich ist) 투표자와 함께 기표소에 들어갈 수 있다. 그 투표보조인은 자신이 타인에 대한 도움제공시 지득한 정보에 대한 비밀엄수를 할 의무가 있다. 후보자, 선거위원회위원과 선거보조인(Wahlbewerber, Mitglieder des Wahlvorstandes und Wahlhelfer)은 그러한 도움을 제공하도록 요구받아서는 안 된다.

③ 투표소가 투표를 위해 열려 있는 동안에 최소 선거위원회위원 2명이 투표소에 임석해야 한다; 선거보조인(제1조 제1항)이 임명된 경우에 선거위원회위원 1명과 선거보조인 1명의 임석으로 족하다.

④ 투표봉투를 투표함에 투입하기 전에 투표자가 선거인명부에 등재되었는지를 확인한다. 이러한 확인을 한 후, 투표자는 투표봉투의 수령을 맡은 선거위원회위원으로 투표자가 보는 앞에서 그 투표봉투를 투표함에 투입하는 그 위원에게 투표봉투를 넘긴다. 투표봉투의 수령을 맡은 선거위원회위원이 이를 허락한 경우에(wenn das mit der Entgegennahme der Wahlumschläge betraute Mitglied des Wahlvorstandes es gestattet) 투표자는 투표봉투를 직접 투표함에 투입할 수 있다.

⑤ 투표행위가 중단되거나 선거결과가 투표종료 직후에 확정되지 않은 경우에, 선거위원회는 투표함을 투표용지의 투입 또는 꺼냄이 봉인을 손상하지 않고서는 불가능도록(daß der Einwurf oder die Entnahme von Stimmzetteln ohne Beschädigung des Verschlusses unmöglich ist) 한동안 봉인해서 보관해야 한다. 투표의 재개하거나 개표를 위해 투표용지를 꺼낼 경우에(Bei Wiedereröffnung der Wahl oder bei Entnahme der Stimmzettel zur Stimmenzählung) 선거위원회는 봉인이 손상되지 않았다는 점을 확인해야 한다.

제17조 서면투표

① 선거위원회는 투표시에 자신의 투표를 직접 할 수 없는 선거권이 있는 직원에게 그 요구에 따라 다음 각 호 서류를,

1. 후보자추천서,
2. 투표용지와 투표봉투,
3. 투표자가 선거위원회에 자신이 투표용지에 직접 기표했다는 점을 보증하는 확인서로, 투표자가 작성하는 미리 인쇄된 확인서(eine vorgedruckte, vom Wähler abzugebende Erklärung) 또는 제16조 제2항의 요건하에 필요한 경우에 투표보조인이 기표하게 했다는 점을 보증하는 확인서로, 투표자가 작성하는 미리 인쇄된 확인서,
4. 선거위원회의 주소(Anschrift des Wahlvorstandes), 발신인(發信人)으로서 투표자(投票者)의

Namen und die Anschrift des Wahlberechtigten sowie den Vermerk "Schriftliche Stimmabgabe" trägt,

auszuhändigen oder zu übersenden. Der Wahlvorstand soll dem Wähler ferner ein Merkblatt über die Art und Weise der schriftlichen Stimmabgabe (Absatz 2) aushändigen oder übersenden. Auf Antrag ist auch ein Abdruck des Wahlausschreibens auszuhändigen oder zu übersenden. Der Wahlvorstand hat die Aushändigung oder Übersendung im Wählerverzeichnis zu vermerken.

(2) Der Wähler gibt seine Stimme in der Weise ab, daß er

1. den Stimmzettel unbeobachtet persönlich kennzeichnet und in den Wahlumschlag legt,
2. die vorgedruckte Erklärung unter Angabe des Ortes und des Datums unterschreibt und
3. den Wahlumschlag, in den der Stimmzettel gelegt ist, und die unterschriebene Erklärung (Absatz 1 Satz 1 Nr. 3) in dem Freiumschlag verschließt und diesen so rechtzeitig an den Wahlvorstand absendet oder übergibt, daß er vor Abschluß der Stimmabgabe vorliegt.

Der Wähler kann, soweit unter den Voraussetzungen des § 16 Abs. 2 erforderlich, die in den Nummern 1 bis 3 bezeichneten Tätigkeiten durch eine Person seines Vertrauens verrichten lassen.

§ 18 Behandlung der schriftlich abgegebenen Stimmen

(1) Unmittelbar vor Abschluß der Stimmabgabe öffnet der Wahlvorstand in öffentlicher Sitzung die bis zu diesem Zeitpunkt eingegangenen Freiumschläge und entnimmt ihnen die Wahlumschläge und die vorgedruckten Erklärungen (§ 17 Abs. 1 Satz 1 Nr. 3). Ist die schriftliche Stimmabgabe ordnungsgemäß erfolgt (§ 17 Abs. 2), so legt der Wahlvorstand den Wahlumschlag nach Vermerk der Stimmabgabe im Wählerverzeichnis ungeöffnet in die Wahlurne.

(2) Verspätet eingehende Briefumschläge hat der Wahlvorstand mit einem Vermerk über den Zeitpunkt des Eingangs ungeöffnet zu den Wahlunterlagen zu nehmen. Die Briefumschläge sind einen Monat nach Bekanntgabe des Wahlergebnisses ungeöffnet zu vernichten, wenn die Wahl nicht angefochten worden ist.

§ 19 Stimmabgabe bei Nebenstellen und Teilen von Dienststellen

Für die Beschäftigten von

1. nachgeordneten Stellen einer Dienststelle, die nicht nach § 6 Abs. 2 Satz 1 Halbsatz 2 des Gesetzes selbständig sind, oder
2. Nebenstellen oder Teilen einer Dienststelle, die räumlich weit von dieser entfernt liegen und nicht als selbständige Dienststellen nach § 6 Abs. 3 des Gesetzes gelten,

kann der Wahlvorstand die Stimmabgabe in diesen Stellen durchführen oder die schriftliche Stimmabgabe anordnen. Wird die schriftliche Stimmabgabe angeordnet, so hat der Wahlvorstand den wahlberechtigten Beschäftigten die in § 17 Abs. 1 bezeichneten Unterlagen zu übersenden.

§ 20 Feststellung des Wahlergebnisses

성명 및 주소(Namen und die Anschrift des Wahlberechtigten)와 “서면투표”라는 표시(Vermerk "Schriftliche Stimmabgabe")가 기재된, 회송용선거대봉투,

이를 교부하거나 송부해야 한다, 또한 선거위원회(選擧委員會)는 투표자(投票者)에게 서면투표(제17조 제2항)의 방식과 방법에 관한 팜플렛을 교부하거나 송부해야 한다. 신청이 있는 경우에 선거공고의 사본도 교부하거나 송부해야 한다. 선거위원회는 선거인명부에 그 교부 또는 송부를 표기해야 한다.

② 투표자는 자신의 투표를 다음과 같은 방식으로 한다,

1. 노출되지 않게 투표용지에 직접 기표를 하고 투표봉투에 투입하며,
2. 미리 인쇄된 확인서에 장소 및 날짜를 기재하여 서명하고,
3. 투표용지가 들어 있는 투표봉투와 서명한 확인서(제17조 제1항 제1문 제3호)를 회송용선거대봉투에 넣어 봉인하고 이를 선거위원회에게 적시에 발송하거나 송부하여 그 봉투가 투표종료 전에 제출되도록 한다.

투표자는 제16조 제2항의 요건하에 필요한 경우에 제1호 내지 제3호에 기재된 행위를 투표보조인이 하게 할 수 있다.

제18조 서면투표의 처리

① 선거위원회는 투표의 종료 직전에 공개된 회의 석상에서(in öffentlicher Sitzung) 그때까지 도달한 회송용선거대봉투(die bis zu diesem Zeitpunkt eingegangenen Freiumschläge)를 개봉하여 투표봉투와 확인서(제17조 제1항 제1문 제3호)를 꺼낸다. 서면투표가 규정에 맞게 이뤄진 경우(제17조 제2항), 선거위원회는 선거인명부에 투표표시를 한 후 개봉하지 않은 채 투표봉투를 투표함에 투함한다.

② 회송용선거대봉투가 늦게 도달한 경우(Verspätet eingehende Briefumschläge) 선거위원회(選擧委員會)는 미개봉한 채로 선거서류에 도달시기를 넘겼다는 표기를 해야 한다. 선거취소가 되지 않는 한, 선거결과 공포한 때로부터 1개월 후에 그 회송용선거대봉투를 미개봉한 채로 파쇄해야 한다.

제19조 공공관서의 부속기관 및 일부부서들에서의 투표

다음 각 호에 속한 직원에 대해,

1. 법 제6조 제2항 제1문 둘째소문(小文)에 따라 독립되지 않은 어느 공공관서의 부속기관(nachgeordneten Stellen einer Dienststelle),
2. 공공관서와 공간적으로 멀리 떨어져 있고 법 제6조 제3항에 따라 독립된 공공관서로 보지 않는, 공공관서의 부속기관 또는 부서들,

선거위원회(選擧委員會)는 이러한 기관에서 투표를 실시하거나 서면투표를 명할 수 있다. 서면투표를 명한 경우에 선거위원회는 선거권이 있는 직원들에게 제17조 제1항의 기재된 서류를 송부해야 한다.

제20조 선거결과의 확정

(1) Unverzüglich nach Abschluß der Wahl nimmt der Wahlvorstand öffentlich die Auszählung der Stimmen vor und stellt das Ergebnis fest.

(2) Nach Öffnung der Wahlurne entnimmt der Wahlvorstand die Stimmzettel den Wahlumschlägen und prüft ihre Gültigkeit.

(3) Der Wahlvorstand zählt

1. im Falle der Verhältniswahl die auf jede Vorschlagsliste,
2. im Falle der Personenwahl die auf jeden einzelnen Bewerber

entfallenen gültigen Stimmzettel zusammen.

(4) Stimmzettel, über deren Gültigkeit oder Ungültigkeit der Wahlvorstand beschließt, weil sie zu Zweifeln Anlaß geben, sind mit fortlaufender Nummer zu versehen und von den übrigen Stimmzetteln gesondert bei den Wahlunterlagen aufzubewahren.

§ 21 Wahlniederschrift

(1) Über das Wahlergebnis fertigt der Wahlvorstand eine Niederschrift, die von sämtlichen Mitgliedern des Wahlvorstandes zu unterzeichnen ist. Die Niederschrift muß enthalten

1. bei Gruppenwahl die Summe der von jeder Gruppe abgegebenen Stimmen, bei gemeinsamer Wahl die Summe aller abgegebenen Stimmen,
2. bei Gruppenwahl die Summe der von jeder Gruppe abgegebenen gültigen Stimmen, bei gemeinsamer Wahl die Summe aller abgegebenen gültigen Stimmen,
3. die Zahl der für jede Gruppe abgegebenen ungültigen Stimmen, bei gemeinsamer Wahl die Summe aller abgegebenen ungültigen Stimmen,
4. die für die Gültigkeit oder die Ungültigkeit zweifelhafter Stimmen maßgebenden Gründe,
5. im Falle der Verhältniswahl die Zahl der auf jede Vorschlagsliste entfallenen gültigen Stimmen sowie die Errechnung der Höchstzahlen und ihre Verteilung auf die Vorschlagslisten, im Falle der Personenwahl die Zahl der auf jeden Bewerber entfallenen gültigen Stimmen,
6. die Namen der gewählten Bewerber.

(2) Besondere Vorkommnisse bei der Wahlhandlung oder der Feststellung des Wahlergebnisses sind in der Niederschrift zu vermerken.

§ 22 Benachrichtigung der gewählten Bewerber

Der Wahlvorstand benachrichtigt die als Personalratsmitglieder Gewählten unverzüglich schriftlich gegen Empfangsbestätigung, erforderlichenfalls durch eingeschriebenen Brief, von ihrer Wahl. Erklärt ein Gewählter nicht binnen drei Arbeitstagen nach Zugang der Benachrichtigung dem Wahlvorstand, daß er die Wahl ablehne, so gilt die Wahl als angenommen.

§ 23 Bekanntmachung des Wahlergebnisses

Der Wahlvorstand gibt das Wahlergebnis und die Namen der als Personalratsmitglieder gewählten

① 투표종료 후 지체 없이 선거위원회는 공개적으로 개표(改票)에 착수하고 선거결과(Ergebnis)를 확정한다.

② 선거위원회는 투표함을 개함한 후 투표용지를 투표봉투에서 꺼내 투표용지의 유효성(ihre Gültigkeit)을 검사한다.

③ 선거위원회는,

1. 비례대표선거의 경우에 각 후보자명부에,
2. 인물투표선거의 경우에 각 후보자에,

할당된 유효 득표를 합산한다.

④ 선거위원회가 그에 대한 의심의 계기가 있어, 그 유효 또는 무효 여부를 결의하게 한 투표용지(Stimmzettel, über deren Gültigkeit oder Ungültigkeit der Wahlvorstand beschließt)는 일련번호를 기재하여 나머지 투표용지와 분리하여 선거서류와 함께 보관해야 한다.

제21조 투표의사록

① 선거위원회는 전원이 서명해야 하는 선거결과에 관한 의사록을 작성한다. 그 의사록은 다음 각 호를 포함해야만 한다,

1. 집단별선거의 경우에(bei Gruppenwahl) 각 집단(集團)이 얻은 총득표수, 공동선거의 경우 총득표수,
2. 집단별선거의 경우에(bei Gruppenwahl) 각 집단(集團)이 얻은 총유효득표수, 공동선거의 경우 총유효득표수,
3. 각 집단이 얻은 무효득표수(Zahl der für jede Gruppe abgegebenen ungültigen Stimmen), 공동선거의 경우 총무효득표수,
4. 유효 또는 무효의 의심이 가는 투표에 적용되는 그 사유,
5. 비례대표선거의 경우에(im Falle der Verhältniswahl) 각 후보자명부에 할당된 유효득표수, 최내수의 산정 및 그 최대수의 후보사명부에 대한 할낭, 인물선거의 경우에(im Falle der Personenwahl) 각 후보자에 할당된 유효득표수,
6. 당선된 후보자의 성명.

② 투표행위나 선거결과 확정시(bei der Wahlhandlung oder der Feststellung des Wahlergebnisses)의 특별한 사건을 그 의사록에 기재한다.

제22조 당선인에 대한 통지

선거위원회는 직원평의회구성원으로 당선된 사람에게 지체 없이 수령확인을 받는 서신으로, 필요한 경우에 등기우편으로 그 당선에 대해 통지한다. 당선인이 그 통지가 도달한 때로부터 3일의 근무일 내에 선거위원회에 당선을 거부한다는 의사를 표시하지 않는 경우에 그 당선은 수용된 것으로 본다.

제23조 선거결과의 공고und die

선거위원회는 선거결과(Wahlergebnis)와 직원평의회구성원으로 당선된 후보자의 성명

Bewerber durch zweiwöchigen Aushang an den Stellen bekannt, an denen das Wahlausschreiben bekanntgemacht worden ist.

§ 24 Aufbewahrung der Wahlunterlagen

Die Wahlunterlagen (Niederschriften, Bekanntmachungen, Stimmzettel, Freiumschläge für die schriftliche Stimmabgabe usw.) werden vom Personalrat mindestens bis zur Durchführung der nächsten Personalratswahl aufbewahrt.

## Zweiter Abschnitt Besondere Vorschriften für die Wahl mehrerer Personalratsmitglieder oder Gruppenvertreter

### Erster Unterabschnitt Wahlverfahren bei Vorliegen mehrerer Wahlvorschläge (Verhältniswahl)

§ 25 Voraussetzungen für Verhältniswahl, Stimmzettel, Stimmabgabe

(1) Nach den Grundsätzen der Verhältniswahl (Listenwahl) ist zu wählen, wenn

1. bei Gruppenwahl für die betreffende Gruppe mehrere gültige Wahlvorschläge,
2. bei gemeinsamer Wahl mehrere gültige Wahlvorschläge

eingegangen sind. In diesen Fällen kann jeder Wähler seine Stimme nur für den gesamten Wahlvorschlag (Vorschlagsliste) abgeben.

(2) Auf dem Stimmzettel sind die Vorschlagslisten in der nach § 12 Abs. 1 ermittelten Reihenfolge unter Angabe von Familienname, Vorname, Amts- oder Funktionsbezeichnung und Gruppenzugehörigkeit der an erster und zweiter Stelle benannten Bewerber, bei gemeinsamer Wahl der für die Gruppen an erster Stelle benannten Bewerber untereinander aufzuführen; bei Listen, die mit einem Kennwort versehen sind, ist auch das Kennwort anzugeben.

(3) Der Wähler hat auf dem Stimmzettel die Vorschlagsliste anzukreuzen, für die er seine Stimme abgeben will.

§ 26 Ermittlung der gewählten Gruppenvertreter bei Gruppenwahl

(1) Bei Gruppenwahl werden die Summen der auf die einzelnen Vorschlagslisten jeder Gruppe entfallenen Stimmen nebeneinandergestellt und der Reihe nach durch 1, 2, 3 usw. geteilt. Auf die jeweils höchste Teilzahl (Höchstzahl) wird so lange ein Sitz zugeteilt, bis alle der Gruppe zustehenden Sitze (§ 5) verteilt sind. Ist bei gleichen Höchstzahlen nur noch ein Sitz oder sind bei drei gleichen Höchstzahlen nur noch zwei Sitze zu verteilen, so entscheidet das Los.

(2) Enthält eine Vorschlagsliste weniger Bewerber als ihr nach den Höchstzahlen Sitze zustehen würden, so fallen die überschüssigen Sitze den übrigen Vorschlagslisten in der Reihenfolge der nächsten Höchstzahlen zu.

(3) Innerhalb der Vorschlagslisten sind die Sitze auf die Bewerber in der Reihenfolge ihrer

(Namen)을 선거공고가 게시된 선거위원회는 선거결과와 직원평의회구성원으로 당선된 후보자의 성명을 선거공고가 게시된 장소에 2주 동안 게시함으로써 공고한다.

제24조 선거서류의 보관

선거서류(투표의사록, 공고서류, 투표용지, 서면투표를 위한 회송용선거대봉투 등)는 직원평의회가 최소 차기 직원평의회선거를 실시할 때까지(mindestens bis zur Durchführung der nächsten Personalratswahl) 보관한다.

## 제2장 수인의 직원평의회구성원 또는 집단대표자의 선거에 대한 특별규정

### 제1절 수개의 후보자추천서 제출시 선거절차(비례대표선거)

제25조 비례대표선거의 요건, 투표용지, 투표

① 다음 각 호의 경우에 비례대표선거원칙(후보자명부선거)에 따라 선거가 실시되어야 한다,

1. 집단별선거의 경우 해당 집단에 대해 수개의 유효한 후보자추천서가 접수된 경우,
2. 공동선거의 경우 수개의 유효한 후보자추천서가 접수된 경우.

이러한 경우에 각 투표자는 자신의 투표를 일체화된 후보자추천서(후보자명부)에 대해서만 행사할 수 있다.

② 첫째 내지 넷째 순위로 배치된 후보자의 성명, 관직명 또는 직함 및 집단소속을 기재하여, 공동선거의 경우 집단에 대해 첫째 순위로 배치된 후보자의 성명, 관직명 또는 직함 및 집단소속을 기재하여, 투표용지상에서 후보자명부가 제12조 제1항에 따라 결정된 순서대로 아래로 차례차례 배열되어야 한다; 선거표어가 갖춰진 후보자명부의 경우에 그 선거표어도 기재해야 한다.

③ 투표자(投票者)는 투표용지(投票用紙)에서 자신이 투표하고자 하는 후보자명부에 '×'로 기표해야 한다.

제26조 집단별선거시 집단대표자 당선인의 결정

① 집단별선거에서 각각의 집단의 각 후보자명부에 할당된 총득표수를 나란히 배열하여 1, 2, 3 등으로 차례차례로 나눈다. 모든 집단에 할당되어야 할 직원평의회구성원자리(제5조)가 배분될 때까지 직원평의회구성원자리가 각각의 가장 큰 나눈 값(최대수)에 할당된다. 동일한 최대수가 둘인 경우에 직원평의회구성원자리 1자리가 배분되어야 할 때 또는 동일한 최대수가 셋인 경우에 직원평의회구성원자리 2자리가 배분되어야 할 때에는 추첨으로 결정한다.

② 후보자명부에 최대수에 따라 후보자명부에 할당되어야 할 직원평의회구성원자리보다 후보자가 적게 있는 경우에, 그 초과하는 직원평의회구성원자리는 그 다음으로 큰 최대수의 순서에 따라 나머지 후보자명부에 할당된다.

③ 후보자명부(Vorschlagslisten) 내에서는 직원평의회구성원자리(Sitze)가 명부배치순위에 따

Benennung (§ 8 Abs. 2) zu verteilen.

§ 27 Ermittlung der gewählten Gruppenvertreter bei gemeinsamer Wahl

(1) Bei gemeinsamer Wahl werden die Summen der auf die einzelnen Vorschlagslisten entfallenen Stimmen nebeneinandergestellt und der Reihe nach durch 1, 2, 3 usw. geteilt. Die jeder Gruppe zustehenden Sitze werden getrennt, jedoch unter Verwendung derselben Teilzahlen ermittelt. § 26 Abs. 1 Satz 2 und 3 gilt entsprechend.

(2) Enthält eine Vorschlagsliste weniger Bewerber einer Gruppe, als dieser nach den Höchstzahlen Sitze zustehen würden, so fallen die restlichen Sitze dieser Gruppe den Angehörigen derselben Gruppe auf den übrigen Vorschlagslisten in der Reihenfolge der nächsten Höchstzahlen zu.

(3) Innerhalb der Vorschlagslisten werden die den einzelnen Gruppen zustehenden Sitze auf die Angehörigen der entsprechenden Gruppe in der Reihenfolge ihrer Benennung verteilt.

**Zweiter Unterabschnitt Wahlverfahren bei Vorliegen eines Wahlvorschlages (Personenwahl)**

§ 28 Voraussetzungen für Personenwahl, Stimmzettel, Stimmabgabe

(1) Nach den Grundsätzen der Personenwahl ist zu wählen, wenn

1. bei Gruppenwahl für die betreffende Gruppe nur ein gültiger Wahlvorschlag,
2. bei gemeinsamer Wahl nur ein gültiger Wahlvorschlag

eingegangen ist. In diesen Fällen kann jeder Wähler nur solche Bewerber wählen, die in dem Wahlvorschlag aufgeführt sind.

(2) In den Stimmzettel werden die Bewerber aus dem Wahlvorschlag in unveränderter Reihenfolge unter Angabe von Familienname, Vorname, Amts- oder Funktionsbezeichnung und Gruppenzugehörigkeit übernommen. Der Wähler hat auf dem Stimmzettel die Namen der Bewerber anzukreuzen, für die er seine Stimme abgeben will. Der Wähler darf

1. bei Gruppenwahl nicht mehr Namen ankreuzen, als für die betreffende Gruppe Vertreter zu wählen sind,
2. bei gemeinsamer Wahl nicht mehr Namen ankreuzen, als Personalratsmitglieder zu wählen sind.

§ 29 Ermittlung der gewählten Bewerber

(1) Bei Gruppenwahl sind die Bewerber in der Reihenfolge der jeweils höchsten auf sie entfallenen Stimmenzahlen gewählt.

(2) Bei gemeinsamer Wahl werden die den einzelnen Gruppen zustehenden Sitze mit den Bewerbern dieser Gruppen in der Reihenfolge der jeweils höchsten auf sie entfallenen Stimmenzahlen besetzt.

(3) Bei gleicher Stimmenzahl entscheidet das Los.

라 후보자에게 배분되어야 한다.

제27조 공동선거시 집단대표자 당선인의 결정

① 공동선거의 경우 각 후보자명부에 할당된 총득표수를 나란히 배열하여 1, 2, 3 등으로 차례차례로 나눈다. 각 집단에 할당되어야 할 직원평의회구성원자리(Die jeder Gruppe zustehenden Sitze)는 집단별로, 그럼에도 동일한 나눈 값을 사용하여 결정된다. 제26조 제1항 제2문, 제3문을 준용한다.

② 후보자명부에 최대수에 따라 집단의 후보자에 할당되어야 직원평의회구성원자리보다 집단의 후보자가 적게 있는 경우에, 그 집단의 초과하는 직원평의회구성원자리는 그 다음으로 큰 최대수의 순서에 따라 나머지 후보자명부상의 동일한 집단의 소속원에 할당된다.

③ 후보자명부 내에서는 각 집단에 할당되어야 할 직원평의회구성원자리는 명부배치순위에 따라 해당 집단의 소속원에 배분된다.

## 제2절 1개의 후보자명부가 제출된 경우에 선거절차(인물선거)

제28조 인물선거의 요건, 투표용지, 투표

① 다음 각 호의 경우에 인물선거의 원칙에 따라 선거가 실시되어야 한다,

1. 집단별선거의 경우에 해당 집단에 대해 1개의 유효한 후보자명부만이 제출된 경우,
2. 공동선거의 경우에 1개의 유효한 후보자명부만이 제출된 경우.

이러한 경우에 각 투표자(投票者)는 후보자명부에 등재(登載)된 후보자에 대해서만 투표(投票) 할 수 있다.

② 후보자는 성명, 관직명 또는 직함 및 집단소속을 기재하여 그 동일한 순위대로 후보자추천서에서 투표용지로 그대로 옮겨 기재된다. 투표자는 투표용지에서 자신이 투표하고자 하는 후보자의 성명에 '×'로 기표해야 한다. 투표자는, 다음과 같이 해서는 안 된다,

1. 집단별선거의 경우에 선출되어야 할 해당 집단대표자보다 더 많은 후보자 성명에 '×'로 기표하는 것,
2. 공동선거의 경우에 선출되어야 할 직원평의회구성원보다 더 많은 후보자 성명에 '×'로 기표하는 것,

제29조 당선인의 결정

① 집단별선거의 경우에 후보자는 자신에 할당된, 각각의 가장 큰 득표수 순위에 따라 당선된다.

② 공동선거의 경우에 각 집단에 할당될 직원평의회구성원자리(die den einzelnen Gruppen zustehenden Sitze)는 각 집단에 할당된, 각각의 가장 큰 득표수 순위에 따라 그 집단의 후보자에 의해 당선된다.

③ 득표수가 동일한 경우에는 추첨으로 결정한다.

### Dritter Abschnitt Besondere Vorschriften für die Wahl eines Personalratsmitgliedes oder eines Gruppenvertreters (Personenwahl)

§ 30 Voraussetzungen für Personenwahl, Stimmzettel, Stimmabgabe, Wahlergebnis

(1) Nach den Grundsätzen der Personenwahl ist zu wählen, wenn

1. bei Gruppenwahl nur ein Vertreter,
2. bei gemeinsamer Wahl nur ein Personalratsmitglied

zu wählen ist.

(2) In den Stimmzettel werden die Bewerber aus den Wahlvorschlägen in alphabetischer Reihenfolge unter Angabe von Familienname, Vorname, Amts- oder Funktionsbezeichnung übernommen.

(3) Der Wähler hat auf dem Stimmzettel den Namen des Bewerbers anzukreuzen, für den er seine Stimme abgeben will.

(4) Gewählt ist der Bewerber, der die meisten Stimmen erhalten hat. Bei gleicher Stimmenzahl entscheidet das Los.

### Vierter Abschnitt Wahl der Vertreter der nichtständig Beschäftigten

§ 31 Vorbereitung und Durchführung der Wahl

(1) Für die Vorbereitung und Durchführung der Wahl der Vertreter der nichtständig Beschäftigten gelten die §§ 1 bis 30 entsprechend mit der Abweichung, daß sich die Zahl der Vertreter der nichtständig Beschäftigten ausschließlich aus § 65 Abs. 1 des Gesetzes ergibt, die den Gruppen zustehenden Vertreter ausschließlich nach dem Höchstzahlverfahren errechnet werden und daß die Vorschriften über den Minderheitenschutz (§ 17 Abs. 3 und 4 des Gesetzes) keine Anwendung finden. Dem Wahlvorstand muß mindestens ein nach § 14 des Gesetzes wählbarer Beschäftigter angehören.

(2) Findet Gruppenwahl statt und erhält eine Gruppe bei der Verteilung der Sitze auf die Gruppen nach dem Höchstzahlverfahren keine Vertreter, so kann sich jeder wahlberechtigte Angehörige dieser Gruppe durch Erklärung gegenüber dem Wahlvorstand einer anderen Gruppe anschließen.

## Zweiter Teil Wahl des Bezirkspersonalrates

§ 32 Entsprechende Anwendung der Vorschriften über die Wahl des Personalrates

Für die Wahl des Bezirkspersonalrates gelten die §§ 1 bis 30 entsprechend, soweit sich aus den §§ 33 bis 41 nichts anderes ergibt.

### 제3절 직원평의회구성원 1명 또는 집단대표자 1명의 선거에 대한 특별규정

제30조 인물선거의 요건, 투표용지, 투표, 선거결과

① 다음 각 호의 경우에,

1. 집단별선거의 경우 1명의 집단대표자가 선출되어야 할 경우,
2. 공동선거의 경우 1명의 직원평의회구성원이 선출되어야 할 경우,

인물선거의 원칙에 따라 선거가 실시되어야 한다.

② 후보자는 성명, 관직명 또는 직함 및 집단소속을 기재하여(unter Angabe von Familienname, Vorname, Amts- oder Funktionsbezeichnung) 알파벳순서대로 후보자추천서에서 투표용지로 그대로 옮겨 기재된다.

③ 투표자(投票者)는 투표용지(投票用紙)에서 자신이 투표하고자 하는 후보자의 성명에 '×'로 기표해야 한다.

④ 최대득표를 얻은 후보자가 당선된다. 득표수가 동일한 경우(Bei gleicher Stimmenzahl) 추첨으로 결정한다.

### 제4절 임시직 직원대표자선거

제31조 선거의 준비와 실시

① 임시직 직원대표자선거의 준비와 실시에 대해(Für die Vorbereitung und Durchführung der Wahl der Vertreter der nichtständig Beschäftigten), 임시직 직원대표자수는 오로지 법 제65조 제1항에서 산출되고, 집단에 할당될 그 대표자는 오로지 최대수산정절차에 따라 결정되며, 소수자보호에 관한 규정(법 제17조 제3항, 제4항)은 적용되지 않는다는 예외하에[daß die Vorschriften über den Minderheitenschutz (§ 17 Abs. 3 und 4 des Gesetzes) keine Anwendung finden], 제1조 내지 제30조를 준용한다. 법 제14조에 따라 피선거권이 있는 직원 1명 이상이 선거위원회에 속해야만 한다.

② 집단별선거가 실시되고 어느 집단이 임시직 직원대표자자리의 배분에서 최대수산정절차에 따라 그 집단에 임시직 직원대표자가 1명도 배분받지 못하는 경우에, 선거권(選擧權)이 있는 이러한 집단의 각 소속원은 선거위원회에 대한 의사표시로 다른 집단(集團)에 가입할 수 있다.

## 제2편 광역직원평의회선거

제32조 직원평의회선거 규정의 준용

제33조 내지 제41조에서 달리 규정되어 있지 않는 한, 광역직원평의회선거에 대해 제1조 내지 제30조를 준용한다.

§ 33 Leitung der Wahl

(1) Der Bezirkswahlvorstand leitet die Wahl des Bezirkspersonalrates. Die Durchführung der Wahl in den einzelnen Dienststellen übernehmen die örtlichen Wahlvorstände im Auftrag und nach Richtlinien des Bezirkswahlvorstandes.

(2) Der örtliche Wahlvorstand gibt die Namen der Mitglieder des Bezirkswahlvorstandes und gegebenenfalls der Ersatzmitglieder und die dienstliche Anschrift seines Vorsitzenden in der Dienststelle durch Aushang bis zum Abschluß der Stimmabgabe bekannt.

§ 34 Feststellung der Beschäftigtenzahl, Wählerverzeichnis

(1) Die örtlichen Wahlvorstände stellen die Zahl der in den Dienststellen in der Regel Beschäftigten und ihre Verteilung auf die Gruppen fest und teilen diese Zahlen unverzüglich schriftlich dem Bezirkswahlvorstand mit.

(2) Die Aufstellung der Wählerverzeichnisse und die Behandlung von Einsprüchen ist Aufgabe der örtlichen Wahlvorstände. Sie teilen dem Bezirkswahlvorstand die Zahl der wahlberechtigten Beschäftigten, getrennt nach Gruppenzugehörigkeit, unverzüglich schriftlich mit. Innerhalb der Gruppen sind die Anteile der Geschlechter festzustellen.

§ 35 Ermittlung der Zahl der zu wählenden Bezirkspersonalratsmitglieder, Verteilung der Sitze auf die Gruppen

(1) Der Bezirkswahlvorstand ermittelt die Zahl der zu wählenden Mitglieder des Bezirkspersonalrates und die Verteilung der Sitze auf die Gruppen.

(2) Ist eine abweichende Verteilung der Mitglieder des Bezirkspersonalrates auf die Gruppen nicht beschlossen worden und entfallen bei der Verteilung der Sitze nach § 5 Abs. 2 auf eine Gruppe weniger Sitze, als ihr nach § 53 Abs. 5 des Gesetzes mindestens zustehen, so erhält sie die in § 53 Abs. 5 des Gesetzes vorgeschriebene Zahl von Sitzen.

§ 36 Gleichzeitige Wahl

Die Wahl des Bezirkspersonalrates soll möglichst gleichzeitig mit der Wahl der Personalräte in demselben Bezirk stattfinden.

§ 37 Wahlausschreiben

(1) Der Bezirkswahlvorstand erläßt das Wahlausschreiben.

(2) Der örtliche Wahlvorstand gibt das Wahlausschreiben in der Dienststelle an einer oder mehreren geeigneten, den Wahlberechtigten zugänglichen Stellen durch Aushang in gut lesbarem Zustande bis zum Abschluß der Stimmabgabe bekannt.

(3) Das Wahlausschreiben muß enthalten

1. Ort und Tag seines Erlasses,

제33조 선거의 관리

① 광역선거위원회(Bezirkswahlvorstand)는 광역직원평의회선거를 관리한다. 각각의 공공관서 내 선거의 시행(Durchführung der Wahl in den einzelnen Dienststellen)은 지역선거위원회가 광역선거위원회의 위임과 지침에 따라 맡는다.

② 지역선거위원회가 광역선거위원회위원의 성명(Mitglieder des Bezirkswahlvorstandes)과 경우에 따라서는 그 대체구성원의 성명, 광역선거위원회위원장의 사무실주소를 투표종료시까지 공공관서에서 게시함으로써 공고한다.

제34조 직원수의 확정, 선거인명부

① 지역선거위원회(örtlichen Wahlvorstände)는 공공관서에서 상시적으로 고용된 직원수와 그 직원수의 집단별 할당을 확정하고, 이를 지체 없이 서면으로 광역선거위원회(Bezirkswahlvorstand)에 통지한다.

② 선거인명부의 작성과 이의의 처리(Aufstellung der Wählerverzeichnisse und die Behandlung von Einsprüchen)는 지역선거위원회(örtlichen Wahlvorstände)가 담당한다. 지역선거위원회는 선거권이 있는 직원수를 광역선거위원회에 집단소속별로 분리하여 지체 없이 서면으로 통지한다. 집단 내에서 성별비율도 확정해야 한다.

제35조 선출되어야 할 광역직원평의회구성원수의 결정, 광역직원평의회구성원자리의 집단에 대한 배분

① 광역선거위원회는 선출되어야 할 광역직원평의회구성원수와 광역직원평의회구성원자리의 집단에 대한 배분을 결정한다.

② 집단에 대한 광역직원평의회구성원의 다른 배분이 결의되지 않고, 제5조 제2항에 따른 광역직원평의회구성원자리 배분에서 법 제53조 제5항에 따라 그 집단에 최소한으로 할당되어야 할 광역직원평의회구성원자리보다 적게 어느 집단에 할당된 경우에, 그 집단은 법 제53조 제5항에서 규정된 의석수를 배분받는다.

제36조 동시선거

광역직원평의회선거는 동일한 광역지역 내의 직원평의회선거와 가능한 한 동시에 실시되어야 한다.

제37조 선거공고

① 광역선거위원회가 선고공고를 공포한다.

② 지역선거위원회가 선고공고를 공공관서에서 선거권자가 접근할 수 있는 적당한 한 곳 또는 여러 곳에(an einer oder mehreren geeigneten, den Wahlberechtigten zugänglichen Stellen) 읽을 수 있는 상태로 투표종료시까지 게시함으로써 공고한다.

③ 선거공고에 다음 각 호 사항이 포함되어야 한다,

1. 선고공고 공포의 장소 및 일자,

2. die Zahl der zu wählenden Mitglieder des Bezirkspersonalrates, getrennt nach Gruppen,
2a. Angaben über die Anteile der Geschlechter innerhalb des Geschäftsbereichs, getrennt nach Gruppen,
3. Angaben darüber, ob die Gruppen ihre Vertreter in getrennten Wahlgängen wählen (Gruppenwahl) oder vor Erlaß des Wahlausschreibens gemeinsame Wahl beschlossen worden ist,
4. den Hinweis, daß nur Beschäftigte wählen können, die in das Wählerverzeichnis eingetragen sind,
4a. den Hinweis, daß die Geschlechter im Bezirkspersonalrat entsprechend dem Zahlenverhältnis vertreten sein sollen,
5. die Mindestzahl von wahlberechtigten Beschäftigten, von denen ein Wahlvorschlag unterzeichnet sein muß, und den Hinweis, daß jeder Beschäftigte nur auf einem Wahlvorschlag benannt werden kann,
5a. den Hinweis, daß der Wahlvorschlag einer im Geschäftsbereich der Behörde der Mittelstufe vertretenen Gewerkschaft von zwei Beauftragten unterzeichnet sein muß (§ 53 Abs. 3 in Verbindung mit § 19 Abs. 9 des Gesetzes),
6. die Aufforderung, Wahlvorschläge binnen achtzehn Kalendertagen nach dem Erlaß des Wahlausschreibens beim Bezirkswahlvorstand einzureichen, der letzte Tag der Einreichungsfrist ist anzugeben,
7. den Hinweis, daß nur fristgerecht eingereichte Wahlvorschläge berücksichtigt werden und daß nur gewählt werden kann, wer in einen solchen Wahlvorschlag aufgenommen ist,
8. den Tag oder die Tage der Stimmabgabe.

(4) Der örtliche Wahlvorstand ergänzt das Wahlausschreiben durch die folgenden Angaben:
1. die Angabe, wo und wann das für die örtliche Dienststelle aufgestellte Wählerverzeichnis und diese Wahlordnung zur Einsicht ausliegen,
2. den Hinweis, daß Einsprüche gegen das Wählerverzeichnis nur binnen sechs Arbeitstagen seit seiner Auslegung schriftlich beim örtlichen Wahlvorstand eingelegt werden können, der letzte Tag der Einspruchsfrist ist anzugeben,
3. den Ort, an dem die Wahlvorschläge bekanntgegeben werden,
4. den Ort und die Zeit der Stimmabgabe,
5. einen Hinweis auf die Möglichkeit der schriftlichen Stimmabgabe, gegebenenfalls auf die Anordnung der schriftlichen Stimmabgabe nach § 19,
6. den Ort und die Zeit der Stimmenauszählung,
7. den Ort, an dem Einsprüche und andere Erklärungen gegenüber dem Wahlvorstand abzugeben sind.

(5) Der örtliche Wahlvorstand vermerkt auf dem Wahlausschreiben den ersten und letzten Tag des Aushanges.

(6) Offenbare Unrichtigkeiten des Wahlausschreibens können vom Bezirkswahlvorstand jederzeit

2. 선출해야 하는 광역직원평의회구성원수, 집단별 그 수,
2a. 업무범위 내 성별비율사항(die Anteile der Geschlechter innerhalb des Geschäftsbereichs), 집단별 그 성별비율사항,
3. 집단이 분리된 선거과정을 통해 자신의 대표자를 선출할지 여부 또는 선거공고를 하기 전에 공동선거가 결의될지 여부에 관한 사항,
4. 선거인명부에 등재된(die in das Wählerverzeichnis eingetragen sind) 직원만이 선거를 할 수 있다는 명시,
5. 1개의 후보자추천서에 서명을 해야만 하는 선거권(選擧權)이 있는 직원의 최소수(Mindestzahl von wahlberechtigten Beschäftigten), 각 직원(職員)이 1개의 후보자추천서에만 등재될 수 있다는 명시,
5a. 중급행정관청의 업무범위에서 조합원인 직원이 있는 노동조합(einer im Geschäftsbereich der Behörde der Mittelstufe vertretenen Gewerkschaft)의 후보자추천서에 2명의 노동조합 대리인이 서명을 해야만 한다는 명시(법 제19조 제9항을 준용하는 제53조 제3항),
6. 선거공고 공포한 때로부터 8일의 역일(曆日) 이내에 후보자추천서를 광역선거위원회에 제출하라는 요구, 그 제출기간의 마지막 날이 명시되어야 한다,
7. 제출기간에 맞게 제출된 후보자추천서만이 득표에서 고려되고 그러한 후보자추천서에 등재된 사람만이 당선될 수 있다는 명시,
8. 1일 또는 수일의 투표일.

④ 지역선거위원회(örtliche Wahlvorstand)는 위 선거공고(Wahlausschreiben)에 다음 각 호 사항을 보충한다:
1. 지역의 공공관서에 대해 작성된 선거인명부와 본 선거명령이 언제, 어디서 열람을 위해 게시되는지 하는 사항,
2. 선거인명부에 대한 이의(異議)는 선거인명부를 게시한 때로부터 6일의 근무일 내에만 지역선거위원회에(beim örtlichen Wahlvorstand) 서면으로 제출할 수 있다는 명시, 그 이의제기 기간의 마지막 날이 기재되어야 한다,
3. 후보자추천서가 공고되는 장소,
4. 투표 장소·시간,
5. 서면투표 가능성(Möglichkeit der schriftlichen Stimmabgabe)에 대한 언급, 필요한 경우에 제19조에 따른 서면투표 명령에 대한 언급,
6. 개표 장소·시간,
7. 선거위원회에 대한 이의 및 다른 의사표시(Einsprüche und andere Erklärungen)가 행해져야 하는 장소.

⑤ 지역선거위원회는 선거공고에서 그 게시의 초일과 마지막 날(ersten und letzten Tag des Aushanges)을 표기한다.

⑥ 선거공고의 명백한 부적확성(不的確性)(Offenbare Unrichtigkeiten des Wahlausschreibens)은

berichtigt werden.

(7) Mit Erlaß des Wahlausschreibens ist die Wahl eingeleitet.

§ 38 Bekanntmachungen des Bezirkswahlvorstandes

Bekanntmachungen nach den §§ 11 und 13 sind in gleicher Weise wie das Wahlausschreiben in den Dienststellen auszuhängen.

§ 39 Sitzungsniederschriften

(1) Der Bezirkswahlvorstand fertigt über jede Sitzung, in der er einen Beschluß gefaßt hat, eine Niederschrift. Die Niederschrift ist von sämtlichen Mitgliedern des Bezirkswahlvorstandes zu unterzeichnen.

(2) Die Niederschrift über die Sitzungen, in denen über Einsprüche gegen das Wählerverzeichnis entschieden ist, fertigt der örtliche Wahlvorstand.

§ 40 Stimmabgabe, Stimmzettel

Findet die Wahl des Bezirkspersonalrates zugleich mit der Wahl der Personalräte statt, so kann für die Stimmabgabe zu beiden Wahlen derselbe Umschlag verwendet werden. Für die Wahl des Bezirkspersonalrates sind Stimmzettel von anderer Farbe als für die Wahl des Personalrates zu verwenden.

§ 41 Feststellung und Bekanntmachung des Wahlergebnisses

(1) Die örtlichen Wahlvorstände zählen die auf die einzelnen Vorschlagslisten oder, wenn Personenwahl stattgefunden hat, die auf die einzelnen Bewerber entfallenen Stimmen. Sie fertigen eine Wahlniederschrift gemäß § 21.

(2) Die Niederschrift ist unverzüglich nach Feststellung des Wahlergebnisses dem Bezirkswahlvorstand eingeschrieben oder fernschriftlich zu übersenden. Die bei der Dienststelle entstandenen Unterlagen für die Wahl des Bezirkspersonalrates (§ 24) werden zusammen mit einer Abschrift der Niederschrift vom Personalrat aufbewahrt.

(3) Der Bezirkswahlvorstand zählt unverzüglich die auf jede Vorschlagsliste oder, wenn Personenwahl stattgefunden hat, die auf jeden einzelnen Bewerber entfallenen Stimmen zusammen und stellt das Ergebnis der Wahl fest.

(4) Sobald die Namen der als Mitglieder des Bezirkspersonalrates gewählten Bewerber feststehen, teilt sie der Bezirkswahlvorstand den örtlichen Wahlvorständen mit. Die örtlichen Wahlvorstände geben sie durch zweiwöchigen Aushang in der gleichen Weise wie das Wahlausschreiben bekannt.

## Dritter Teil Wahl des Hauptpersonalrates

광역선거위원회가 언제든지(Bezirkswahlvorstand jederzeit) 시정할 수 있다.
⑦ 선거공고의 공포로써 선거가 개시된다.

제38조 광역선거위원회의 공고
제11조, 제13조에 따른 공고는 선거공고와 동일한 방식으로(in gleicher Weise wie das Wahlausschreiben) 공공관서에서 게시되어야 한다.

제39조 회의의사록
① 광역선거위원회는 의결이 이뤄지는 모든 회의(jede Sitzung, in der er einen Beschluß gefaßt hat)에 대해 의사록(Niederschrift)을 작성한다. 그 의사록에 광역선거위원회위원 전원이 서명해야 한다.
② 선거인명부에 대한 이의가 결정되는 회의에 관한 의사록(Niederschrift)은 지역선거위원회가 작성한다.

제40조 투표, 투표용지
광역직원평의회선거가 직원평의회선거와 동시에 실시되는 경우에, 양 선거에 대한 투표를 위해 동일한 투표봉투가 사용될 수 있다. 광역직원평의회선거에 대해(Für die Wahl des Bezirkspersonalrates) 직원평의회선거에 대한 색깔 이외의 다른 색깔의 투표용지(anderer Farbe als für die Wahl des Personalrates)를 사용해야 한다.

제41조 선거결과의 확정 및 공고
① 지역선거위원회(Die örtlichen Wahlvorstände)는 각 후보자명부 또는 인물선거가 실시된 경우에는 각 후보자에 할당된 득표수를 계산한다. 지역선거위원회는 제21조에 따른 투표의사록을 작성한다.
② 그 의사록은 선거결과의 확정 후 지체 없이 광역선거위원회에 등기우편으로 부치거나 국제가입전신으로 보내야 한다. 공공관서에서 생산된 광역직원평의회의 선거서류(Die bei der Dienststelle entstandenen Unterlagen für die Wahl des Bezirkspersonalrates)(제24조)는 직원평의회가 투표의사록의 사본과 함께 보관한다.
③ 광역선거위원회는 지체 없이 각 후보자명부(jede Vorschlagsliste) 또는 인물선거(Personenwahl)가 실시된 경우에는 각 후보자에게 할당된 득표수를 합산한 다음 선거결과를 확정한다.
④ 광역직원평의회구성원으로 당선된 후보자의 성명이 확정된 때에는 바로 광역선거위원회는 그 성명을 지역선거위원회에 통지한다. 지역선거위원회는 그 성명을 선거공고와 동일한 방법으로 2주 동안 게시함으로써 공고한다.

## 제3편 최상급직원평의회선거

§ 42 Entsprechende Anwendung der Vorschriften über die Wahl des Bezirkspersonalrates

Für die Wahl des Hauptpersonalrates gelten die §§ 32 bis 41 entsprechend, soweit sich aus den §§ 43 und 44 nichts anderes ergibt.

§ 43 Leitung der Wahl

Der Hauptwahlvorstand leitet die Wahl des Hauptpersonalrates.

§ 44 Durchführung der Wahl nach Bezirken

(1) Der Hauptwahlvorstand kann die bei den Behörden der Mittelstufe bestehenden oder auf sein Ersuchen bestellten örtlichen Wahlvorstände beauftragen,

1. die von den örtlichen Wahlvorständen im Bereich der Behörde der Mittelstufe festzustellenden Zahlen der in der Regel Beschäftigten und ihre Verteilung auf die Gruppen zusammenzustellen,
2. die Zahl der im Bereich der Behörde der Mittelstufe wahlberechtigten Beschäftigten, getrennt nach ihrer Gruppenzugehörigkeit und innerhalb der Gruppen nach den Anteilen der Geschlechter, festzustellen,
3. die bei den Dienststellen im Bereich der Behörde der Mittelstufe festgestellten Wahlergebnisse zusammenzustellen,
4. Bekanntmachungen des Hauptwahlvorstandes an die übrigen örtlichen Wahlvorstände im Bereich der Behörde der Mittelstufe weiterzuleiten.

Die Wahlvorstände bei den Behörden der Mittelstufe unterrichten in diesen Fällen die übrigen örtlichen Wahlvorstände im Bereich der Behörde der Mittelstufe darüber, daß die in den Nummern 1 bis 3 genannten Angaben an sie einzusenden sind.

(2) Die Wahlvorstände bei den Behörden der Mittelstufe fertigen über die Zusammenstellung der Wahlergebnisse (Absatz 1 Satz 1 Nr. 3) eine Niederschrift.

(3) Die Wahlvorstände bei den Behörden der Mittelstufe übersenden dem Hauptwahlvorstand unverzüglich eingeschrieben oder fernschriftlich die in Absatz 1 Satz 1 Nr. 1, 2 genannten Zusammenstellungen und die Niederschrift über die Zusammenstellung der Wahlergebnisse (Absatz 2).

## Vierter Teil Wahl des Gesamtpersonalrates

§ 45 Entsprechende Anwendung der Vorschriften über die Wahl des Personalrates

Für die Wahl des Gesamtpersonalrates gelten die §§ 32 bis 41 entsprechend.

## Fünfter Teil Wahl der Jugend- und Auszubildendenvertreter

제42조 광역직원평의회선거에 관한 규정의 준용

제43조, 제44조에서 달리 규정되어 있지 않는 한, 최상급직원평의회선거에 대해 제32조 내지 제41조를 준용한다.

제43조 선거의 관리

최상급선거위원회가 최상급직원평의회선거를 관리한다.

제44조 광역지역별 선거의 시행

① 최상급선거위원회는 중급행정관청에 있거나 그 행정관청의 요구에 따라 구성된 지역선거위원회에 다음 각 호를 위임할 수 있다,

1. 지역선거위원회가 중급행정관청의 범위 내에서 확정한, 상시적으로 고용된 직원수와 그 직원수의 집단에 대한 할당을 합산하는 것,
2. 중급행정관청의 범위 내의 선거권이 있는 직원수(die Zahl der im Bereich der Behörde der Mittelstufe wahlberechtigten Beschäftigten), 그 집단소속별 직원수와 성별비율에 따른 집단 내 직원수를 확정하는 것,
3. 중급행정관청의 범위 내의 공공관서에서 확정된 선거결과(bei den Dienststellen im Bereich der Behörde der Mittelstufe festgestellten Wahlergebnisse)를 합산하는 것,
4. 최상급선거위원회의 공고를 중급행정관청의 범위 내의 나머지 지역선거위원회에 전달하는 것.

이러한 경우에 중급행정관청의 선거위원회는 중급행정관청 내의 나머지 지역선거위원회에게, 제1호 내지 제3호에 기재된 사항은 그 나머지 지역선거위원회에 송달되어야 한다는 점을 통지한다.

② 중급행정관청의 선거위원회는 선거결과의 합산(제44조 제1항 제1문 제호)에 관한 의사록을 작성한다.

③ 중급행정관청의 선거위원회는 등기우편으로(eingeschrieben) 또는 국제가입전신으로(fernschriftlich) 제44조 제1항 제1문 제1호, 제2호에 기재된 합산작업결과와 선거결과 합산에 관한 의사록(제44조 제2항)을 최상급선거위원회에 지체 없이 송부한다.

## 제4편 전체직원평의회선거

제45조 직원평의회선거에 관한 규정의 준용

전체직원평의회선거에 대하여 제32조 내지 제41조를 준용한다.

## 제5편 연소자·직업훈련생대표자선거

§ 46 Vorbereitung und Durchführung der Wahl der Jugend- und Auszubildendenvertretung

(1) Für die Vorbereitung und Durchführung der Wahl der Jugend- und Auszubildendenvertreter gelten die §§ 1 bis 3, 6 bis 25, 28, 30 und § 31 Abs. 1 Satz 2 entsprechend mit der Abweichung, daß sich die Zahl der zu wählenden Jugend- und Auszubildendenvertreter ausschließlich aus § 59 Abs. 1 des Gesetzes ergibt und daß die Vorschriften über Gruppenwahl (§ 19 Abs. 2 des Gesetzes), über den Minderheitenschutz (§ 17 Abs. 3 und 4 des Gesetzes) und über die Zusammenfassung der Bewerber in den Wahlvorschlägen nach Gruppen (§ 8 Abs. 2 Satz 3) keine Anwendung finden.

(2) Sind mehrere Jugend- und Auszubildendenvertreter zu wählen und ist die Wahl auf Grund mehrerer Vorschlagslisten durchgeführt worden, so werden die Summen der auf die einzelnen Vorschlagslisten entfallenen Stimmen nebeneinandergestellt und der Reihe nach durch 1, 2, 3 usw. geteilt. Auf die jeweils höchste Teilzahl (Höchstzahl) wird so lange ein Sitz zugeteilt, bis alle Sitze (§ 59 Abs. 1 des Gesetzes) verteilt sind. § 26 Abs. 1 Satz 3, Abs. 2 und 3 findet Anwendung.

(3) Sind mehrere Jugend- und Auszubildendenvertreter zu wählen und ist die Wahl auf Grund eines Wahlvorschlages durchgeführt worden, so sind die Bewerber in der Reihenfolge der jeweils höchsten auf sie entfallenen Stimmenzahlen gewählt; bei Stimmengleichheit entscheidet das Los.

§ 47 Wahl der Jugend- und Auszubildendenstufenvertretungen

(1) Für die Wahl der Jugend- und Auszubildendenstufenvertretungen nach § 64 Abs. 1 des Gesetzes (Bezirks-Jugend- und Auszubildendenvertretung, Haupt-Jugend- und Auszubildendenvertretung) gelten die §§ 33 bis 41, 43, 44 und 46 entsprechend. Für in § 57 des Gesetzes genannte Beschäftigte in nachgeordneten Dienststellen mit in der Regel weniger als fünf solchen Beschäftigten führt der Bezirks- oder Hauptwahlvorstand die Wahl der Jugend- und Auszubildendenstufenvertretungen durch, in den genannten nachgeordneten Dienststellen werden keine Wahlvorstände bestellt; der Bezirks- oder Hauptwahlvorstand kann die schriftliche Stimmabgabe anordnen. In diesem Fall hat der Bezirks- oder Hauptwahlvorstand den wahlberechtigten in § 57 des Gesetzes genannten Beschäftigten die in § 17 Abs. 1 bezeichneten Unterlagen zu übersenden.

(2) Für die Wahl der Gesamt-Jugend- und Auszubildendenvertretung nach § 64 Abs. 2 des Gesetzes gelten Absatz 1 und § 46 entsprechend.

## Sechster Teil Besondere Verwaltungszweige

§ 48 Vertrauensmann in der Bundespolizei

(1) Ist eine geheime Wahl mit Stimmzetteln vorzunehmen (§ 85 Abs. 2 Nr. 3 Satz 4 des Gesetzes), so ist wie folgt zu verfahren:

제46조 연소자·직업훈련생대표단선거의 준비와 시행

① 연소자·직업훈련생대표단대표자선거의 준비와 시행에 대해(Für die Vorbereitung und Durchführung der Wahl der Jugend- und Auszubildendenvertreter), 선출해야 할 연소자·직업훈련생대표자수는 오로지 법 제59조 제1항에 따라 산출되고, 집단별선거(법 제19조 제2항), 소수자보호규정(법 제17조 제3항, 제4항) 및 후보자의 후보자추천서에서 집단별 공동등재(Zusammenfassung der Bewerber in den Wahlvorschlägen nach Gruppen)(제8조 제2항 제3문)에 관한 규정은 적용되지 않는다는 예외하에, 제1조 내지 제3조, 제6조 내지 제25조, 제28조, 제30조, 제31조 제1항 제2문을 준용한다.

② 수인의 연소자·직업훈련생대표자가 선출되어야 하고 선거가 수개의 후보자명부에 기초하여 시행된 경우에, 각 후보자명부에 할당된 총득표수를 나란히 배열하여 차례차례 1, 2, 3 등으로 나눈다. 모든 연소자·직업훈련생대표자리(법 제59조 제1항)가 배분될 때까지 연소자·직업훈련생대표자자리가 각각의 가장 큰 나눈 값(최대수)에 할당된다. 제26조 제1항 제3문, 제2항, 제3항을 적용한다.

③ 수인의 연소자·직업훈련생대표자가 선출되어야 하고 선거가 1개의 후보자추천서에 기초하여 실시될 경우에, 후보자에게 할당된 득표수가 각각의 가장 큰 순서에 따라 후보자가 당선된다; 득표수가 동일한 경우에 추첨으로 결정한다.

제47조 연소자·직업훈련생대표단선거

① 법 제64조 제1항에 따른 연소자·직업훈련생대표단(광역연소자·직업훈련생대표단, 최상급연소자·직업훈련생대표단; Bezirks-Jugend- und Auszubildendenvertretung, Haupt-Jugend- und Auszubildendenvertretung)에 대하여, 제33조 내지 제41조, 제43조, 제44조, 제46조를 준용한다. 상시적으로 5명 미만의 법 제57조에 기재된 직원이 있는 소속 공공관서의 그러한 직원에 대해 광역선거위원회 또는 최상급선거위원회가 연소자·직업훈련생대표단선거를 실시하는데, 그 공공관서에 선거위원회가 구성되어 있지 않다; 광역선거위원회 또는 최상급선거위원회는 서면투표를 명령할 수 있다. 이러한 경우에 광역선거위원회 또는 최상급선거위원회는 법 제57조에 기재된 선거권이 있는 직원에게 제17조 제1항에 기재된 서류를 송부해야 한다.

② 법 제64조 제2항에 따른 전체연소자·직업훈련생대표단선거에 대해 제47조 제1항, 제46조를 준용한다.

## 제6편 특별행정분야

제48조 경찰 내 직장대표자

① 투표용지에 의한 비밀투표가 시행되어야 하는 경우(법 제85조 제2항 제3호 제4문)에, 다음과 같은 절차에 의한다:

Der Wahlvorstand verteilt unbeschriebene Stimmzettel von gleicher Farbe und Größe. Jeder Wähler schreibt den Namen eines Kandidaten auf seinen Stimmzettel, faltet diesen so, daß der Name verdeckt wird, und übergibt ihn dem Wahlvorstand. Dieser legt den Stimmzettel in Gegenwart des Wählers ungeöffnet in einen dafür bestimmten Behälter und hält den Namen des Wählers in einer Liste fest. Der Wahlvorstand trifft Vorkehrungen, daß die Wähler ihren Stimmzettel unbeobachtet beschreiben können. Hat der Wahlvorstand festgestellt, daß die Wahlhandlung beendet ist, zählt er unverzüglich und ohne Unterbrechung öffentlich die Stimmen aus und stellt das Ergebnis fest.

(2) Zum Vertrauensmann gewählt ist der Kandidat, der die meisten Stimmen erhalten hat. Der Kandidat mit der zweithöchsten Stimmenzahl ist zum ersten Stellvertreter, der mit der dritthöchsten Stimmenzahl zum zweiten Stellvertreter gewählt. Bei gleicher Stimmenzahl entscheidet das Los.

§ 49 Personalvertretungen im Bundesnachrichtendienst

Für den Bundesnachrichtendienst gilt diese Wahlordnung mit folgenden Abweichungen:

1. Bei der Erstellung der Wahlunterlagen sind die Sicherheitsbestimmungen des Bundesnachrichtendienstes zu beachten. An die Stelle der Bekanntmachung durch Aushang tritt die im Bundesnachrichtendienst übliche Bekanntmachung. Die Bekanntmachungen müssen den Beschäftigten für die Dauer der in den einzelnen Vorschriften bestimmten Zeiträume zur Einsichtnahme während der Dienststunden zugänglich sein.
2. § 2 Abs. 3 ist mit der Maßgabe anzuwenden, daß die Beschäftigten nur das Wählerverzeichnis ihrer Gruppe einsehen dürfen.
3. Wird nach § 17 Abs. 1 Satz 3 ein Abdruck des Wahlausschreibens ausgehändigt oder versandt, so darf dieser nicht die Angaben nach § 6 Abs. 2 Nr. 2 und 7 enthalten.
4. Die Beschäftigten von Teilen einer Dienststelle, die räumlich von dieser entfernt liegen, geben ihre Stimme schriftlich ab.

§ 49a

\-

§ 50 Wahl einer Personalvertretung im Inland durch Beschäftigte in Dienststellen des Bundes im Ausland

(1) Der Haupt- oder Bezirkswahlvorstand kann für die Wahl der Stufenvertretung durch Beschäftigte in Dienststellen des Bundes im Ausland die schriftliche Stimmabgabe anordnen. Entsprechendes gilt für die Wahl eines Gesamtpersonalrates.

(2) Auf die Wahl des Personalrates des Auswärtigen Amtes durch die in § 91 Abs. 1 Nr. 3 Satz 1 des Gesetzes bezeichneten Beschäftigten sind die §§ 32 bis 41 sinngemäß anzuwenden. Der Wahlvorstand kann für die Wahl durch die in Satz 1 bezeichneten Beschäftigten die schriftliche

선거위원회는 아무것도 쓰여 있지 않은 같은 색깔 및 크기의 투표용지를 나눠준다. 각 투표자는 자신의 투표용지에 후보자의 성명을 적어 성명이 드러나지 않게 이를 접어서 선거위원회에 넘겨준다. 선거위원회는 투표자가 보는 앞에서 투표용지를 펴지 않고 이를 위해 제작된 상자 안에 넣고 투표자 성명을 목록에 기입한다. 선거위원회는 투표자가 노출되지 않고 자신의 투표용지에 후보자의 성명을 적을 수 있도록 조치를 취한다. 선거위원회가 투표행위가 종료되었다는 점을 확인한 경우에(Hat der Wahlvorstand festgestellt, daß die Wahlhandlung beendet ist), 선거위원회는 지체 없이 중단 없이 공개적(公開的)으로 개표(開票)를 하고 그 결과를 확정해야 한다.

② 최대득표를 얻은 후보자가 직장대표자로 선출된다. 차순위(次順位)득표자가 제1직장부대표자로, 차차순위(次次順位)득표자(der dritthöchsten Stimmenzahl)가 제2직장부대표자로 선출된다. 득표수가 동일한 경우에 추첨으로 결정한다.

제49조 연방해외정보원(Bundesnachrichtendienst) 내 직원대표기구

연방해외정보원에 대해 다음 각 호와 같은 예외하에 본 선거명령을 적용한다:

1. 선거서류의 생산에 있어 연방해외정보원의 보안결정사항(Sicherheitsbestimmungen des Bundesnachrichtendienstes)을 존중해야 한다. 연방해외정보원 내 통상적인 공고가 게시에 의한 공고를 대신한다. 공고는 직원이 각각의 규정이 정한 열람시기 동안에 업무시간 중에(für die Dauer der in den einzelnen Vorschriften bestimmten Zeiträume zur Einsichtnahme während der Dienststunden) 접근할 수 있어야만 한다.
2. 제2조 제3항은 직원이 자신이 속한 집단의 선거인명부만을 열람할 수 있다는 기준하에 적용한다.
3. 제17조 제1항 제3문에 따라 선거공고가 교부되거나 송부된 경우에 이 선거공고에는 제6조 제2항 제2호, 제7호가 포함되어서는 안 된다.
4. 공공관서와 공간적으로 멀리 떨어진 공공관서부서들의 직원은 서면투표(ihre Stimme schriftlich)를 행사한다.

제49a조

-

제50조 외국에 있는 연방공공관서의 직원에 의한(durch Beschäftigte in Dienststellen des Bundes im Ausland) 독일 내 직원대표기구선거

① 최상급선거위원회 또는 광역선거위원회는 외국에 있는 연방공공관서의 직원에 의한 독일단계적 대표기구선거에 대해 서면투표를 명령할 수 있다. 전체직원평의회선거에 대해 이를 준용한다.

② 법 제91조 제1항 제3호 제1문에 기재된 직원에 의한(durch die in § 91 Abs. 1 Nr. 3 Satz 1 des Gesetzes bezeichneten Beschäftigten) 외국 관청의 직원평의회선거에 대해 제32조 내지 제41조를 준용한다. 선거위원회(選擧委員會)는 제1문에 기재된 직원(職員)에 의한 선거에 대해

Stimmabgabe anordnen.

(3) Wird nach Absatz 1 oder 2 die schriftliche Stimmabgabe angeordnet, hat der Wahlvorstand den wahlberechtigten Beschäftigten die in § 17 Abs. 1 bezeichneten Unterlagen zu übersenden.

§ 51 Vertrauensmann der Ortskräfte (§ 91 Abs. 2 des Gesetzes)

(1) Der Personalrat bestellt spätestens drei Wochen vor dem Ablauf der Amtszeit des Vertrauensmannes der Ortskräfte drei Ortskräfte als Wahlvorstand und bestimmt einen von ihnen als Vorsitzenden. Hat der Personalrat den Wahlvorstand nicht fristgemäß bestellt oder besteht in der Dienststelle kein Personalrat, so bestellt der Leiter der Dienststelle den Wahlvorstand. Sind Ortskräfte nicht oder nicht in ausreichender Zahl zur Übernahme des Wahlvorstandsamtes bereit, können wahlberechtigte Beschäftigte bestellt werden.

(2) Der Wahlvorstand hat unverzüglich eine Versammlung der Ortskräfte einzuberufen. In dieser Versammlung ist die Wahl des Vertrauensmannes und seiner Stellvertreter durchzuführen.

(3) Ist eine geheime Wahl mit Stimmzetteln vorzunehmen (§ 91 Abs. 2 Satz 2 des Gesetzes), so ist wie folgt zu verfahren:

Der Wahlvorstand verteilt unbeschriebene Stimmzettel von gleicher Farbe und Größe. Jeder Wähler schreibt den Namen eines Kandidaten auf seinen Stimmzettel, faltet diesen so, daß der Name verdeckt wird, und übergibt ihn dem Wahlvorstand. Dieser legt den Stimmzettel in Gegenwart des Wählers ungeöffnet in einen dafür bestimmten Behälter und hält den Namen des Wählers in einer Liste fest. Der Wahlvorstand trifft Vorkehrungen, daß die Wähler ihren Stimmzettel unbeobachtet beschreiben können. Hat der Wahlvorstand festgestellt, daß die Wahlhandlung beendet ist, zählt er unverzüglich und ohne Unterbrechung öffentlich die Stimmen aus und stellt das Ergebnis fest.

(4) Zum Vertrauensmann gewählt ist der Kandidat, der die meisten Stimmen erhalten hat. Der Kandidat mit der zweithöchsten Stimmenzahl ist zum ersten Stellvertreter, der mit der dritthöchsten Stimmenzahl zum zweiten Stellvertreter gewählt. Bei gleicher Stimmenzahl entscheidet das Los.

## Siebter Teil Schlußvorschriften

§ 52 Berechnung von Fristen

Für die Berechnung der in dieser Verordnung festgelegten Fristen finden die §§ 186 bis 193 des Bürgerlichen Gesetzbuchs entsprechende Anwendung. Arbeitstage im Sinne dieser Wahlordnung sind die Wochentage Montag bis Freitag mit Ausnahme der gesetzlichen Feiertage.

서면투표를 명령할 수 있다.

③ 제50조 제1항 또는 제2항에 따라 서면투표가 명령된 경우에, 선거위원회는 선거권이 있는 직원에게 제17조 제1항에 기재된 서류를 송부해야 한다.

제51조 현지인력에 대한 직장대표자(법 제91조 제2항)

① 직원평의회는 늦어도 현지인력에 대한 직장대표자의 임기가 만료하기 3주 전까지 3명의 현지인력으로 선거위원회를 구성한 후 그 중에서 1명을 위원장으로 임명한다. 직원평의회가 선거위원회를 기간에 맞게 구성하지 않거나 그 공공관서에 직원평의회가 없는 경우에, 공공관서장이 선거위원회를 구성한다. 현지인력이 없거나 선거위원회직을 맡을 정도로 그 수가 충분하지 않은 경우에(Sind Ortskräfte nicht oder nicht in ausreichender Zahl zur Übernahme des Wahlvorstandsamtes bereit) 선거권이 있는 직원이 임명될 수 있다.

② 선거위원회는 지체 없이 현지인력총회를 소집해야 한다. 그 총회에서 직장대표자선거와 직장부대표자선거가 실시되어야 한다.

③ 투표용지에 의한 비밀투표가 시행되어야 하는 경우(법 제85조 제2항 제3호 제4문)에, 다음과 같은 절차에 의한다:

선거위원회는 아무것도 쓰여 있지 않은 같은 색깔 및 크기의 투표용지(unbeschriebene Stimmzettel von gleicher Farbe und Größe)를 나눠준다. 각 투표자는 자신의 투표용지에 후보자의 성명을 적어 성명이 드러나지 않게 이를 접어서 선거위원회에 넘겨준다. 선거위원회는 투표자가 보는 앞에서 투표용지를 펴지 않고 이를 위해 제작된 상자 안에 넣고 투표자의 성명을 목록에 기입한다. 선거위원회는 투표자가 노출되지 않고 자신의 투표용지에 후보자의 성명을 적을 수 있도록 조치를 취한다. 선거위원회가 투표행위가 종료되었다는 점을 확인한 경우에(Hat der Wahlvorstand festgestellt, daß die Wahlhandlung beendet ist), 선거위원회는 지체 없이 중단 없이 공개적으로 개표를 하고 그 결과를 확정해야 한다.

④ 최대득표를 얻은 후보자가 직장대표자로 선출된다. 득표수가 동일한 경우에 추첨으로 결정한다. 차순위(次順位)득표자가 제1직장부대표자로, 차차순위(次次順位)득표자(der dritthöchsten Stimmenzahl)가 제2직장부대표자로 선출된다. 득표수가 동일한 경우에(Bei gleicher Stimmenzahl) 추첨으로 결정한다.

## 제7편 종결규정

제52조 기간의 산정

이 명령에서 정해진 기간의 산정에 대해 민법전 제186조 내지 제193조를 준용한다. 본 선거명령상의 근무일은 법정축일을 제외한 월요일부터 금요일까지의 주간요일이다.

§ 53 Übergangsregelung

Für Wahlen, zu deren Durchführung der Wahlvorstand spätestens vor dem 1. Oktober 2005 bestellt worden ist, ist die Wahlordnung zum Bundespersonalvertretungsgesetz in der bis zum 30. September 2005 geltenden Fassung anzuwenden.

§ 54 (Inkrafttreten)

-

제53조 경과규정

늦어도 2005년 10월 1일 전까지 선거위원회가 구성된 선거에 대하여 2005년 9월 30일까지 적용된 연방직원대표법의 선거명령(Wahlordnung zum Bundespersonalvertretungsgesetz)을 적용한다.

제54조 발효

-

# 베를린주직원대표법

(GVBl. S. 446)

# Personalvertretungsgesetz

(PersVG)(GVBl. S. 695)

# Personalvertretungsgesetz(PersVG)(GVBl. S. 695)

http://gesetze.berlin.de/jportal/portal/t/eec/page/bsbeprod.psml?pid=Dokumentanzeige&showdoccase=1&js_peid=Trefferliste&documentnumber=1&numberofresults=1&fromdoctodoc=yes&doc.id=jlr-PersVGBErahmen&doc.part=X&doc.price=0.0&doc.hl=1#focuspoint

## Abschnitt I Einleitende Vorschriften

§ 1 Allgemeines

(1) In den Verwaltungen, den Gerichten und Betrieben des Landes Berlin sowie in den landesunmittelbaren Körperschaften, Anstalten und Stiftungen des öffentlichen Rechts werden Personalvertretungen gebildet.

(2) Personalvertretungen im Sinne dieses Gesetzes sind die Personalräte, die Gesamtpersonalräte und der Hauptpersonalrat.

§ 2 Grundsätze

(1) Dienststellen, Dienstbehörden, oberste Dienstbehörden und Personalvertretungen arbeiten unter Beachtung der Gesetze und Tarifverträge vertrauensvoll und im Zusammenwirken mit den in den Dienststellen vertretenen Gewerkschaften und Arbeitgebervereinigungen zum Wohle der Dienstkräfte und zur Erfüllung der dienstlichen Aufgaben zusammen.

(2) Zur Wahrnehmung der in diesem Gesetz genannten Aufgaben und Befugnisse der in der Dienststelle vertretenen Gewerkschaften ist deren Beauftragten nach Unterrichtung des Dienststellenleiters oder seines Vertreters Zugang zu der Dienststelle zu gewähren, soweit dem nicht zwingende Sicherheitsvorschriften oder der Schutz von Dienstgeheimnissen entgegenstehen.

(3) Die Aufgaben der Gewerkschaften und Vereinigungen der Arbeitgeber, insbesondere die Wahrnehmung der Interessen ihrer Mitglieder, werden durch dieses Gesetz nicht berührt.

(4) Durch Tarifvertrag kann das Personalvertretungsrecht nicht abweichend von diesem Gesetz geregelt werden.

§ 3 Dienstkräfte und Gruppen

(1) Dienstkräfte im Sinne des Gesetzes sind die Arbeitnehmer und Beamten einschließlich der zu ihrer Berufsausbildung Beschäftigten. Dienstkräfte im Sinne dieses Gesetzes sind auch Personen, die sich ausschließlich zum Zwecke einer über- oder außerbetrieblichen Ausbildung im Sinne des § 1 Abs. 5 des Berufsbildungsgesetzes in einer Einrichtung des öffentlichen Dienstes befinden.

(2) Je eine Gruppe bilden

1. die Arbeitnehmer,
2. die Beamten.

# 베를린주직원대표법(GVBl. S. 446)

법률 형식(Fassung): 1994년 7월 14일
최근 법률 개정: 2018년 6월 21일(GVBl. S. 446)

## 제1장 통칙(通則)

제1조 총칙

① 베를린주의 행정, 법원 및 사업에서(In den Verwaltungen, den Gerichten und Betrieben des Landes Berlin) 또 베를린주직할의 공법상 사단·영조물·재단에서(in den landesunmittelbaren Körperschaften, Anstalten und Stiftungen des öffentlichen Rechts) 직원대표기구가 조직된다.

② 본 법상의 직원대표기구는 직원평의회(Personalräte), 전체직원평의회(Gesamtpersonalräte)와 최상급직원평의회(Hauptpersonalrat)이다.

제2조 원칙

① 공공관서, 상급행정관청(Dienstbehörden), 최상급행정관청(oberste Dienstbehörden)과 직원대표기구는 직원들의 복리와 직무상 임무의 수행을 위하여)zum Wohle der Dienstkräfte und zur Erfüllung der dienstlichen Aufgaben) 법과 단체협약을 깊은 신뢰로 준수하고 공공관서에 조합원인 직원이 있는 노동조합과 사용자단체와 협조하며 서로 협력한다.

② 강행적 보안규정 또는 직무상비밀 보호(zwingende Sicherheitsvorschriften oder der Schutz von Dienstgeheimnissen)에 배치되지 않는 한, 당해 공공관서에서 조합원인 직원이 있는 노동조합의 본 법상의 임무 및 권한을 수행하고 행사하기 위하여 그 노동조합의 대리인은 공공관서장 또는 그 대리인에게 통지한 후 공공관서에 출입할 수 있다.

③ 노동조합과 사용자단체의 임무, 특히 그 구성원의 이익대변(Wahrnehmung der Interessen)은 본 법의 영향을 받지 않는다.

④ 직원대표기구법(Personalvertretungsrecht)은 단체협약(Tarifvertrag)으로 본 법과 달리 규율될 수 없다.

제3조 직원과 집단

① 본 법상의 직원은 직업훈련종사자(der zu ihrer Berufsausbildung Beschäftigten)를 포함하여 근로자와 공무원이다. 본 법상의 직원에 오로지 직업훈련법 제1조 제5항상의 기업 간 직업훈련 또는 사업 외 직업훈련의 목적을 위하여(zum Zwecke einer über- oder außerbetrieblichen Ausbildung) 공공부문의 기관에 재직하고 있는 자도 포함한다.

② 다음 각 호의 사람들은 각각 하나의 집단을 이룬다,

1. 근로자,
2. 공무원.

(3) Dienstkräfte im Sinne dieses Gesetzes sind nicht

1. a) die Professoren (§ 99 des Berliner Hochschulgesetzes),
   b) die Gastprofessoren und Gastdozenten (§ 113 des Berliner Hochschulgesetzes),
   c) das nebenberuflich tätige Personal (§ 114 Nr. 1 bis 3 des Berliner Hochschulgesetzes)
2. Personen, die im Rahmen der Arbeitsbeschaffungsmaßnahmen nach den §§ 260 bis 271 des Dritten Buches Sozialgesetzbuch eingesetzt sind,
3. Personen, die nach § 16 Abs. 3 Satz 2 des Zweiten Buches Sozialgesetzbuch tätig sind,
4. Personen, deren Beschäftigung vorwiegend durch Beweggründe karitativer oder religiöser Art bestimmt ist,
5. Personen, die vorwiegend zu ihrer Heilung, Wiedereingewöhnung, sittlichen Besserung oder Erziehung beschäftigt werden, es sei denn, es handelt sich um Dienstkräfte im Sinne des Absatzes 1 Satz 2.

§ 4 Begriffsbestimmungen

(1) Arbeitnehmer sind Angehörige des öffentlichen Dienstes, die nach ihrem Arbeitsvertrag als Arbeitnehmer beschäftigt werden. Als Arbeitnehmer gelten auch Angehörige des öffentlichen Dienstes, die sich in einer beruflichen Ausbildung befinden.

(2) Wer Beamter ist, bestimmen die Beamtengesetze. Als Beamte gelten auch Dienstanwärter, Lehrlinge und Praktikanten, die zur Ausbildung für eine Beamtenlaufbahn eingestellt sind, einschließlich der in einem öffentlich-rechtlichen Praktikantenverhältnis beschäftigten Dienstkräfte.

§ 5 Dienststellen

(1) Die Dienststellen im Sinne dieses Gesetzes ergeben sich aus der Anlage zu diesem Gesetz.

(2) Als Dienststellen im Sinne dieses Gesetzes gelten die Gesamtheit

1. (aufgehoben)
2. (aufgehoben)
3. der Amtsanwälte,
4. der Referendare im Bezirk des Kammergerichts, einschließlich der in einem entsprechenden öffentlich-rechtlichen Praktikantenverhältnis beschäftigten Dienstkräfte,
5. der studentischen Hilfskräfte (§ 121 des Berliner Hochschulgesetzes) jeder Hochschule.

§ 6 Zusammenlegung und Trennung

(1) Bestandteile einer Dienststelle können zu Dienststellen im Sinne des § 5 Abs. 1 erklärt werden, wenn sie

1. räumlich weit von der Hauptdienststelle oder dem Hauptbetrieb entfernt oder
2. durch Aufgabenbereich und Organisation eigenständig sind und in einer Personalversammlung des betreffenden Teils der Dienststelle die Mehrheit der anwesenden Dienstkräfte einen

③ 다음 각 호의 사람은 본 법상의 직원이 아니다,

1. a) 교수(베를린단과대학법; Berliner Hochschulgesetzes 제99조)
   b) 객원교수(Gastprofessoren) 및 객원강사(Gastdozenten)(베를린단과대학법 제113조),
   c) 부업종사자(nebenberuflich tätige Personal)(베를린단과대학법 제114조 제1호 내지 제3호),
2. 사회법전 제3권 제260조 내지 제271조에 따른 일자리창출조치의 일환(一環)으로(im Rahmen der Arbeitsbeschaffungsmaßnahmen) 고용된 사람,
3. 사회법전 제2권 제16조 제3항 제2문에 따라 일하는 사람,
4. 그 고용이 주로 자선적 또는 종교적 종류의 동기에서(durch Beweggründe karitativer oder religiöser Art) 결정된 사람,
5. 주로 치료, 회복, 도덕개선 또는 교육(Heilung, Wiedereingewöhnung, sittlichen Besserung oder Erziehung)을 위해 고용된 사람, 다만 제3조 제1항 제2문상의 직원에 해당하는 경우를 제외한다.

제4조 정의규정

① 근로자는 근로계약에 따라 근로자로서 고용된, 공공부문에 소속된 사람(Angehörige des öffentlichen Dienstes)이다. 직업훈련을 받고 있는(die sich in einer beruflichen Ausbildung befinden) 공공부문 소속원도 근로자로 본다.

② 누가 공무원인지는 공무원법(Beamtengesetze)에 따른다. 공법상 실습생관계(Praktikantenverhältnis)에 있는 직원을 포함하여, 공무원임용대기자(Dienstanwärter), 공무원경력을 위한 직업훈련에 종사하는 견습생(Lehrlinge) 및 실습생(Praktikanten)을 공무원으로 본다.

제5조 공공관서Dienstanwärter,

① 본 법상의 공공관서는 본 법의 부록(Anlage)에서 나오는 바와 같다.

② 다음 각 호 전체를 각각 본 법상의 공공관서로 본다,

1. 삭제,
2. 삭제,
3. 지방검사(Amtsanwälte),
4. 관련 공법상 실습생관계에 있는 직원을 포함하여 베를린주고등통상(通常)법원[Kammergericht[32]]의 관할구역 내 판검사시보(Referendare),
5. 각 단과대학의 학생조교(studentischen Hilfskräfte)(베를린단과대학법 제121조).

제6조 통합과 분리

① 공공관서의 부속기관(Bestandteile)은 다음 각 호의 경우에 제5조 제1항상 공공관서로 볼 수 있다,

1. 본부(本部) 또는 주(主)사업과 공간적으로 멀리 떨어진 경우,
2. 업무영역과 조직면에서 독자성이 있고(durch Aufgabenbereich und Organisation eigenständig sind), 공공관서의 해당 부문(部門)의 직원총회에서 참석한 직원(職員)의 과반수(過半數)가

entsprechenden Antrag beschlossen hat.

(2) Mehrere Dienststellen können zu einer Dienststelle im Sinne dieses Gesetzes zusammengefaßt werden, wenn

1. sie räumlich sowie durch Aufgabenbereich und Organisation miteinander verbunden sind und
2. in getrennten Personalversammlungen dieser Dienststellen die Mehrheit der jeweils anwesenden Dienstkräfte entsprechende Anträge beschlossen hat.

(3) Über Anträge nach den Absätzen 1 und 2 entscheidet die oberste Dienstbehörde im Einvernehmen mit der für das Personalvertretungsrecht zuständigen Senatsverwaltung und dem Hauptpersonalrat. Bei Körperschaften, Anstalten und Stiftungen des öffentlichen Rechts tritt an die Stelle des Hauptpersonalrats der zuständige Personalrat oder, falls ein solcher besteht, der Gesamtpersonalrat.

§ 7 Dienstbehörden

Dienstbehörde im Sinne dieses Gesetzes ist für die Dienstkräfte

1. der Hauptverwaltung: die Behörde oder Stelle, die für personalrechtliche Entscheidungen unmittelbar zuständig ist, im Geschäftsbereich der Polizeibehörde der Polizeipräsident in Berlin,
2. beim Abgeordnetenhaus: der Präsident des Abgeordnetenhauses,
3. des Rechnungshofs: der Präsident des Rechnungshofs,
3. a) beim Berliner Beauftragten für Datenschutz und Informationsfreiheit: der Berliner Beauftragte für Datenschutz und Informationsfreiheit,
4. der Bezirksverwaltungen: das Bezirksamt, der Krankenhausbetriebe, soweit es sich nicht um Einzelpersonalangelegenheiten handelt, für die der Krankenhausbetrieb nicht zuständig ist: die Krankenhausleitung,
5. der Körperschaften, Anstalten und Stiftungen des öffentlichen Rechts: das durch Gesetz, Satzung oder in sonstiger Weise mit Genehmigung der Aufsichtsbehörde hierzu berufene Organ, soweit das Personal nicht im Dienste des Landes Berlin steht.

§ 8 Oberste Dienstbehörden

Oberste Dienstbehörde im Sinne dieses Gesetzes ist für die Dienstkräfte

1. der Hauptverwaltung: die Senatsverwaltung, zu deren Geschäftsbereich die Dienstbehörde gehört,
2. beim Abgeordnetenhaus: der Präsident des Abgeordnetenhauses,
3. des Rechnungshofs: der Präsident des Rechnungshofs,
3. a) beim Berliner Beauftragten für Datenschutz und Informationsfreiheit: der Berliner Beauftragte für Datenschutz und Informationsfreiheit,
4. der Bezirksverwaltungen: für grundsätzliche allgemeine beamtenrechtliche Angelegenheiten zuständige Senatsverwaltung, für Dienstkräfte des Volkshochschuldienstes die für das Schulwesen zuständige Senatsverwaltung,

관련 의안을 결의한 경우.

② 수개의 공공관서는 다음 경우에는 본 법상의 하나의 공공관서로(zu einer Dienststelle) 통합(統合)될 수 있다.

1. 공간적으로 또 업무영역(業務領域)과 조직(組織)면에서 상호 연관(聯關)되고,
2. 그 수개의 공공관서의 각각의 직원총회에서 참석한 각각의 직원 과반수가 관련 의안(entsprechende Anträge)을 결의한 경우.

③ 최상급행정관청은 직원대표법을 관할하는 주정부부처(州政府部處)(der für das Personalvertretungsrecht zuständigen)와 최상급직원평의회와 협의하여 직원대표법상의 관할 제6조 제1항 및 제2항에 따른 의안에 관하여 결정한다. 공법상 사단·영조물·재단의 경우 관할 직원평의회나 직원평의회가 있는 경우에 전체직원평의회가 최상급직원평의회를 대신한다.

제7조 상급행정관청

본 법상의 상급행정관청은 다음 각 호에서 정하는 바와 같다,

1. 주중앙(州中央)행정(Hauptverwaltung): 인사법상의 결정을 직접 관할하는 행정관청 또는 기관, 경찰청의 업무영역에서는 베를린경찰청장,
2. 주(州)의회의 경우(beim Abgeordnetenhaus): 주의회의장,
3. 주(州)감사원(Rechnungshofs): 주감사원장,
3. a) 베를린주정보보호·정보자유수임청(受任廳)의 경우(beim Berliner Beauftragten für Datenschutz und Informationsfreiheit): 베를린주정보보호·정보자유수임청(受任廳),
4. 구(區)행정(Bezirksverwaltungen): 구청(區廳), 병원사업체가 관할하지 않는 개별적 인사사항에 해당하지 않은 경우에 있어 병원사업체의 경우에는 그 병원이사회,
5. 공법상 사단·영조물·재단: 그 직원이 베를린주의 기관에 근무하지 않은 경우에, 법률, 정관에 의하거나 감독청의 허가에 의한 기타 방식에 의해 상급행정관청으로 지정된 기관(in sonstiger Weise mit Genehmigung der Aufsichtsbehörde hierzu berufene Organ).

제8조 최상급행정관청

본 법상의 최상급행정관청은 다음 각 호의 직원(直員)에 대하여 다음과 같이 정하는 바와 같다,

1. 주중앙(州中央)행정: 상급행정관청의 업무영역을 관할하는 주정부부처(州政府部處),
2. 주(州)의회: 주의회의장,
3. 주(州)감사원: 주감사원장,
3. a) 정보보호와 정보자유를 위한 베를린수임청(受任廳): 정보보호와 정보자유를 위한 베를린수임청(Berliner Beauftragte für Datenschutz und Informationsfreiheit),
4. 구(區)행정: 공무원법상 기본적 일반사항에 대하여는 관할 주정부부처, 시민단과대학의 직원과 학교제도에 대하여는 관할 주정부부처(für Dienstkräfte des Volkshochschuldienstes die für das Schulwesen zuständige Senatsverwaltung),

5. der Körperschaften, Anstalten und Stiftungen des öffentlichen Rechts: das durch Gesetz, Satzung oder in sonstiger Weise mit Genehmigung der Aufsichtsbehörde hierzu berufene Organ, soweit das Personal nicht im Dienste des Landes Berlin steht.

§ 9 Vertretung

(1) Für die Dienststelle handelt ihr Leiter. Er kann sich vertreten lassen; dem Vertreter muß die gleiche Entscheidungsbefugnis zustehen. Der Leiter der für das Schulwesen zuständigen Senatsverwaltung beauftragt für bestimmte Aufgabenbereiche einen der für die jeweilige Region zuständigen Schulaufsichtsbeamten (Leiter der Außenstelle und im Verhinderungsfall einen Vertreter) mit seiner Vertretung in der jeweiligen Dienststelle nach Nummer 12 Buchstabe a der Anlage zu § 5 Abs. 1.

(2) Als Leiter der Dienststelle gilt

1. im Bereich der Bezirksverwaltungen: der Leiter der Abteilung Personal und Verwaltung, für die Krankenhausbetriebe die Krankenhausleitung,
2. für die in Nummer 12 Buchstabe a bis c der Anlage zu § 5 Abs. 1 genannten Dienstkräfte der Leiter der für das Schulwesen zuständigen Senatsverwaltung,
3. (aufgehoben)
4. für die Gesamtheit der Referendare im Bezirk des Kammergerichts (§ 5 Abs. 2 Nr. 4): der Präsident des Kammergerichts,
5. für die Gesamtheit der Tutoren und der studentischen Hilfskräfte (§ 5 Abs. 2 Nr. 5): der Präsident, Rektor oder Direktor der Hochschule,
6. für die nach § 6 Abs. 2 gebildeten Dienststellen:
   a) im Bereich der Hauptverwaltung: der Leiter der Dienstbehörde; soweit mehrere Dienstbehörden betroffen sind, der Leiter der gemeinsamen obersten Dienstbehörde,
   b) im Bereich der Bezirksverwaltungen: der Leiter der Abteilung Personal und Verwaltung,
7. bei den Körperschaften, Anstalten und Stiftungen des öffentlichen Rechts: das zuständige Vertretungsorgan, bei Kollegialorganen deren zuständige Mitglieder, für die Kranken-, Heil- und Pflegeanstalten ihre Direktion.

(3) Wer für die Dienstbehörde und die oberste Dienstbehörde handelt, richtet sich nach der Geschäftsverteilung dieser Behörden.

§ 10 Schutz nach Beendigung der Ausbildung

(1) Beabsichtigt die Dienststelle, einen in einem Berufsausbildungsverhältnis nach dem Berufsbildungsgesetz, dem Krankenpflegegesetz, dem Hebammengesetz oder einem entsprechenden Gesetz stehenden Beschäftigten (Auszubildenden), der Mitglied oder Ersatzmitglied einer Personalvertretung oder einer Jugend- und Auszubildendenvertretung ist, nach erfolgreicher Beendigung des

5. 공법상 사단·영조물·재단: 그 직원이 베를린주의 기관에 근무하지 않은 경우에, 법률, 정관에 의하거나 감독청의 허가(Genehmigung)에 의한 기타 방식에 의해 상급행정관청으로 지정된 기관.

제9조 대리

① 그 공관관서장이 공공관서를 대표한다. 공공관서장은 대리될 수 있다; 동일한 결정권한이 대표자에게 부여되어야만 한다. 학교제도를 관할하는 주정부부처(州政府部處)장관은 특정한 업무영역에 대해 각각의 지역을 관할하는 학교감독공무원(der für die jeweilige Region zuständigen Schulaufsichtsbeamten)[원외(院外)기관장(Leiter der Außenstelle)과 직무수행장애사고의 경우에 직무대리인]에게 제5조 제1항에 대한 부록 제12호 a)목에 따른 각 공공관서에서 자신을 대리하게 할 수 있다.

② 다음 각 호와 같이 공공관서장으로 본다,

1. 구(區)행정기관(Bezirksverwaltungen)의 영역의 경우: 인사·관리부서장, 병원사업체에 대하여는 병원이사회(Krankenhausleitung),
2. 제5조 제1항에 대한 부록 제12호 a)목 내지 c)목상의 직원에 대하여는 학교제도(Schulwesen) 를 관할하는 주정부부처(州政府部處)장관,
3. 삭제,
4. 베를린주고등통상(通常)법원의 관할구역 내 전체 판검사시보(Gesamtheit der Referendare im Bezirk des Kammergerichts)(제5조 제2항 제4호): 베를린주고등통상법원장,
5. 강사 및 학생조교(제5조 제2항 제5호)의 전체: 단과대학의 총장, 학장 또는 교장,
6. 제6조 제2항에 따라 조직된 공공관서에 대하여는 다음 각 목과 같다,
   a) 주중앙(州中央)행정기관(Hauptverwaltung)의 영역의 경우: 상급행정관청장; 수개의 상급행정관청에 관련된 경우에는 공동의 최상급행정관청장,
   b) 구(區)행정기관(Bezirksverwaltungen)의 영역의 경우: 인사·관리부서장
7. 공법상 사단·영조물·재단: 관할 대표기관, 합의제기관(Kollegialorganen)의 경우 그 관리하의 병원·치료·돌봄영조물을 관할하는 합의제기관구성원(zuständige Mitglieder, für die Kranken-, Heil- und Pflegeanstalten ihre Direktion).

③ 상급행정관청과 최상급행정관청을 대표하는 사람은 그러한 관청의 사무분담(Geschäftsverteilung)에 따른다.

제10조 직업훈련 종료에 따른 보호

① 공공관서가 직업훈련법(Berufsbildungsgesetz), 질병요양법(Krankenpflegegesetz), 산파법(Hebammengesetz) 또는 관련 법률에 따라 직업훈련관계에 있는 자(직업훈련생; Auszubildenden)로, 직원대표기구 또는 연소자·직업훈련생대표단(Mitglied oder Ersatzmitglied einer Personalvertretung oder einer Jugend- und Auszubildendenvertretung)의 구성원 또는 대체구성원을 직업훈련관계(Berufsausbildungsverhältnis)의 성공적(成功的)인 이수 후 기간의 정함이

Berufsausbildungsverhältnisses nicht in ein Arbeitsverhältnis auf unbestimmte Zeit zu übernehmen, so hat sie dies drei Monate vor Beendigung des Berufsausbildungsverhältnisses dem Auszubildenden schriftlich unter Angabe der Gründe mitzuteilen.

(2) Verlangt ein in Absatz 1 genannter Auszubildender innerhalb der letzten drei Monate vor Beendigung des Berufsausbildungsverhältnisses schriftlich von der Dienststelle seine Weiterbeschäftigung, so gilt zwischen dem Auszubildenden und dem Arbeitgeber im Anschluß an das erfolgreiche Berufsausbildungsverhältnis ein Arbeitsverhältnis auf unbestimmte Zeit als begründet.

(3) Die Absätze 1 und 2 gelten auch, wenn das Berufsausbildungsverhältnis vor Ablauf eines Jahres nach Beendigung der Amtszeit der Personalvertretung oder der Jugend- und Auszubildendenvertretung erfolgreich endet.

(4) Die Dienststelle kann spätestens bis zum Ablauf von zwei Wochen nach Beendigung des Berufsausbildungsverhältnisses beim Verwaltungsgericht beantragen,

1. festzustellen, daß ein Arbeitsverhältnis nach den Absätzen 2 oder 3 nicht begründet wird, oder
2. das bereits nach den Absätzen 2 oder 3 begründete Arbeitsverhältnis aufzulösen, wenn Tatsachen vorliegen, auf Grund derer dem Arbeitgeber unter Berücksichtigung aller Umstände die Weiterbeschäftigung nicht zugemutet werden kann. In dem Verfahren vor dem Verwaltungsgericht ist die Personalvertretung, bei einem Mitglied der Jugend- und Auszubildendenvertretung auch diese beteiligt.

(5) Die Absätze 2 bis 4 sind unabhängig davon anzuwenden, ob die Dienststelle ihrer Mitteilungspflicht nach Absatz 1 nachgekommen ist.

§ 11 Schweigepflicht

Personen, die Aufgaben oder Befugnisse nach diesem Gesetz wahrnehmen oder wahrgenommen haben, sind verpflichtet, über die ihnen dabei bekanntgewordenen Angelegenheiten und Tatsachen Stillschweigen zu bewahren, deren Geheimhaltung vorgeschrieben, angeordnet oder ihrer Bedeutung nach erforderlich ist. Soweit dies zur ordnungsgemäßen Wahrnehmung ihrer Aufgaben erforderlich ist, gilt die Schweigepflicht nicht für Mitglieder der Personalvertretung und der Jugend- und Auszubildendenvertretung gegenüber den übrigen Mitgliedern der Vertretung und für die in Satz 1 bezeichneten Personen gegenüber der zuständigen Personalvertretung sowie gegenüber der Dienststelle, Dienstbehörde und obersten Dienstbehörde und gegenüber anderen Personalvertretungen und Jugend- und Auszubildendenvertretungen. Satz 2 gilt im Falle der Anrufung der Einigungsstelle entsprechend.

## Abschnitt II Personalrat

1. Wahl und Zusammensetzung

없는 근로관계로 인수하려고 하지 않는 경우에, 공공관서는 직업훈련관계 종료일로부터 3개월 전에 그 직업훈련생(Auszubildenden)에게 이유를 기재하여 서면(書面)으로 이를 통지해야 한다.

② 제10조 제1항상의 직업훈련생이 직업훈련관계 종료하기 전(vor Beendigung des Berufsausbildungsverhältnisses) 최종 3개월 이내에 서면으로 공공관서에 계속고용을 청구하는 경우에, 그 직업훈련생과 사업주 사이에 직업훈련의 성공적인 이수에 이어서 기간의 정함이 없는 근로관계가 성립한 것으로 본다.

③ 직원대표기구 또는 연소자·직업훈련생대표단의 임기가 만료한 때로부터 1년이 경과하기 전에 직업훈련관계가 성공적으로 종료된 경우에도 제10조 제1항 및 제2항을 적용한다.

④ 공공관서는 늦어도 직업훈련관계가 종료한 때로부터 2주가 경과하기 전까지 지방행정법원에 다음 각 호의 신청을 할 수 있다,

1. 제10조 제2항 또는 제3항에 따라 근로관계가 성립되지 않았다는 확인을 구하는 신청,
2. 제반사정을 고려하여 사용자에게 계속고용을 감당하기 어려운 사정이 있는 경우에는, 제10조 제2항 또는 제3항에 따라 성립된 근로관계가 이미 종료되었다는 확인을 구하는 신청.

직원대표기구는 지방행정법원에의 소송절차에서(In dem Verfahren vor dem Verwaltungsgericht) 이해관계인이고, 연소자·직업훈련생대표단원의 경우에도 그 직원대표기구는 마찬가지로 이해관계인이다.

⑤ 공공관서가 제10조 제1항상의 자신의 통지의무를 이행했는지 여부를 불문하고, 제10조 제2항 내지 제4항을 적용한다.

제11조 비밀엄수의무

본 법에 따른 임무와 권한을 행사하거나 행사했던 사람은 그 과정에서 지득한 사항 및 사실(die ihnen dabei bekanntgewordenen Angelegenheiten und Tatsachen)로, 비밀유지가 규정되거나 명령되거나 또는 그 의미에 따라 비밀유지가 필요한 사항 및 사실에 대해 비밀을 엄수해야 한다. 이것이 자신의 임무의 원활한 수행을 위하여 필요한 경우에(Soweit dies zur ordnungsgemäßen Wahrnehmung ihrer Aufgaben erforderlich ist), 직원대표기구와 연소자·직업훈련생대표단의 구성원의 나머지 구성원에 대한 비밀엄수의무(Schweigepflicht)는 적용되지 않고, 제1문에 기재된 사람의 비밀엄수의무는 관할하는 직원대표기구에 대하여 또 공공관서, 상급행정관청 및 최상급행정관청(Dienststelle, Dienstbehörde und obersten Dienstbehörde), 기타 직원대표기구 및 연소자·직업훈련생대표단(anderen Personalvertretungen und Jugend- und Auszubildendenvertretungen)에 대하여도 적용되지 않는다. 제2문은 중재위원회에 대한 이의(Anrufung der Einigungsstelle)에도 준용한다.

## 제2장 직원평의회

제1절 선거와 구성

§ 12 Wahlberechtigung

(1) Wahlberechtigt sind alle Dienstkräfte, die am Wahltage das 16. Lebensjahr vollendet haben, es sei denn, daß sie infolge Richterspruchs das Recht, in öffentlichen Angelegenheiten zu wählen oder zu stimmen, nicht besitzen.

(2) Abgeordnete Dienstkräfte, Beamte im Vorbereitungsdienst und Dienstkräfte in entsprechender Ausbildung sind nur bei ihrer Stammbehörde wahlberechtigt.

§ 13 Wählbarkeit

(1) Wählbar sind alle Wahlberechtigten, die am Wahltage

1. das 18. Lebensjahr vollendet haben,
2. seit einem Jahre im öffentlichen Dienst und seit drei Monaten im Dienste des Landes Berlin oder einer landesunmittelbaren Körperschaft, Anstalt oder Stiftung des öffentlichen Rechts beschäftigt sind.

Nicht wählbar ist, wer infolge Richterspruchs die Fähigkeit, Rechte aus öffentlichen Wahlen zu erlangen, nicht besitzt.

(2) Absatz 1 Nr. 2 findet keine Anwendung:

1. auf Referendare, Lehreranwärter und die in § 5 Abs. 2 Nr. 4 und 5 bezeichneten Dienstkräfte,
2. wenn die Dienststelle weniger als drei Jahre besteht,
3. wenn nicht mindestens fünfmal soviel wählbare Dienstkräfte jeder Gruppe vorhanden sind, wie nach den §§ 14 und 15 zu wählen sind.

(3) Nicht wählbar sind

1. die in § 9 genannten Personen und deren ständige Vertreter;
2. Dienstkräfte, die zu selbständigen Entscheidungen in Personalangelegenheiten von nicht untergeordneter Bedeutung befugt sind.

§ 14 Mitgliederzahl

(1) Der Personalrat besteht in Dienststellen mit in der Regel

bis 20 Dienstkräften aus einer Person,

21 bis 50 Dienstkräften aus drei Mitgliedern,

51 bis 150 Dienstkräften aus fünf Mitgliedern,

151 bis 300 Dienstkräften aus sieben Mitgliedern,

301 bis 600 Dienstkräften aus neun Mitgliedern,

601 bis 1000 Dienstkräften aus elf Mitgliedern.

(2) Die Zahl der Mitglieder erhöht sich in Dienststellen

1. mit 1001 bis 5000 Dienstkräften um je zwei für je weitere angefangene 1000 Dienstkräfte,
2. mit 5001 und mehr Dienstkräften um je zwei für je weitere angefangene 2000 Dienstkräfte.

Die Höchstzahl der Mitglieder beträgt 29.

제12조

① 선거일 기준으로 만 16세에 달한 모든 직원은 선거권을 갖되, 다만 직원이 판결로 인하여 공적 사항(öffentlichen Angelegenheiten)에 대한 선거권이나 투표권을 보유하지 못한 경우는 그러하지 아니하다.

② 주의회 직원, 실습 중인 공무원과 관련 직업훈련 중인 직원은 자신의 원(原)행정관청(Stammbehörde)에서만 선거권을 가진다.

제13조 피선거권

① 선거일 기준으로 다음 각 호 요건을 모두 충족한 사람은 피선거권을 가진다,

1. 만 18세에 달하고,
2. 1년간 공공부문에 고용되고 3개월간 베를린주의 공공부문(Dienste des Landes Berlin) 또는 배를린주직할의 공법상의 사단, 영조물 또는 재단(landesunmittelbaren Körperschaft, Anstalt oder Stiftung des öffentlichen Rechts)에 고용된 사람.

판결로 인해 공적인 선거에서 파생되는 권리를 획득할 능력을 보유하지 못한 사람은 피선거권이 없다.

② 다음 각 호의 경우에는 제13조 제1항 제2호를 적용하지 않는다,

1. 교생, 교사임용대기자와 제5조 제2항 제4호 내지 제5호에 기재된 직원의 경우,
2. 존속기간이 3개월 미만인 공공관서의 경우,
3. 제14조와 제15조에 따라 선출되어야 할, 각 집단의 직원수의 5배 이상이 각 집단에 존재하지 않은 경우.

③ 다음 각 호 사람은 피선거권을 갖지 못한다,

1. 제9조상의 사람과 그 상시대리인,
2. 중요한 인사사항에 대한 독립적 결정권한을 부여받은 직원.

제14조 직원평의회구성원수

① 상시 다음의 직원이 있는 공공관서의 경우 다음과 같이,

20명 이하의 직원의 경우에 1명의 직원평의회구성원으로,

21명~50명 직원의 경우에 3명의 직원평의회구성원으로,

51명~150명 직원의 경우에 5명의 직원평의회구성원으로,

151명~300명 직원의 경우에 7명의 직원평의회구성원으로,

301명~600명 직원의 경우에 9명의 직원평의회구성원으로,

601명~1,000명 직원의 경우에 11명의 직원평의회구성원으로 직원평의회가 구성된다.

② 직원평의회구성원수가 다음 각 호의 공공관서의 경우에 다음과 같이,

1. 1,001~5,000명의 직원이 있는 공공관서의 경우에 추가되는 직원 1,000명당 2명의 꼴로,
2. 5,001명 이상의 직원이 있는 공공관서의 경우 2,000명당 2명꼴로 증가된다. 직원평의회구성원수의 상한은 29명이다.

§ 15 Gruppenvertretung

(1) Sind in der Dienststelle Angehörige verschiedener Gruppen beschäftigt, so muß jede Gruppe entsprechend ihrer Stärke im Personalrat vertreten sein, wenn dieser aus mindestens drei Mitgliedern besteht. Bei gleicher Stärke der Gruppen entscheidet das Los, falls eine Einigung nicht möglich ist. Macht eine Gruppe von ihrem Recht, im Personalrat vertreten zu sein, keinen Gebrauch, so verliert sie ihren Anspruch auf Vertretung.

(2) Der Wahlvorstand errechnet die Verteilung der Sitze auf die Gruppen nach den Grundsätzen der Verhältniswahl.

(3) Eine Gruppe erhält mindestens einen Vertreter bei weniger als 51 Gruppenangehörigen,
zwei Vertreter bei 51 bis 200 Gruppenangehörigen,
drei Vertreter bei 201 bis 600 Gruppenangehörigen,
vier Vertreter bei 601 bis 1000 Gruppenangehörigen,
fünf Vertreter bei 1001 bis 3000 Gruppenangehörigen,
sechs Vertreter bei 3001 und mehr Gruppenangehörigen.

(4) Eine Gruppe, der in der Regel nicht mehr als fünf Dienstkräfte angehören, erhält keine Vertretung. Finden Gruppenwahlen statt, so kann sich jeder Angehörige dieser Gruppe durch Erklärung gegenüber dem Wahlvorstand einer anderen Gruppe anschließen.

(5) Die Verteilung der Mitglieder des Personalrats auf die Gruppen kann abweichend von den Absätzen 1 bis 4 geordnet werden, wenn jede Gruppe dies vor der Wahl in getrennter, geheimer Abstimmung beschließt.

§ 16 Wahl

(1) Der Personalrat wird in geheimer und unmittelbarer Wahl gewählt.

(2) Besteht der Personalrat aus mehr als einer Person, so wählen die Angehörigen der Gruppen ihre Vertreter (§ 15) je in getrennten Wahlgängen, es sei denn, daß die Mehrheit der wahlberechtigten Angehörigen jeder Gruppe vor der Wahl in getrennten, geheimen Abstimmungen die gemeinsame Wahl beschließt.

(3) Die Wahl wird nach den Grundsätzen der Verhältniswahl durchgeführt. Wird nur ein Wahlvorschlag eingereicht, so findet Mehrheitswahl statt. In Dienststellen, deren Personalrat aus einer Person besteht, wird dieser mit einfacher Stimmenmehrheit gewählt. Das gleiche gilt für Gruppen, denen nur ein Vertreter im Personalrat zusteht.

(4) Zur Wahl des Personalrats können die wahlberechtigten Dienstkräfte und die in der Dienststelle vertretenen Gewerkschaften Wahlvorschläge machen. Jeder Wahlvorschlag der Dienstkräfte muß von mindestens einem Zwanzigstel der wahlberechtigten Gruppenangehörigen, jedoch von mindestens drei Wahlberechtigten unterstützt sein. In jedem Fall genügt die Unterstützung durch 50 wahlberechtigte Gruppenangehörige. Die nach § 13 Abs. 3 Nr. 2 nicht

제15조 집단대표(Gruppenvertretung)

① 공공관서에 수개의 집단에 속하는 사람들이 고용되어 있는 경우에 직원평의회가 3명 이상으로 구성되는 때에는, 각 집단은 그 집단인원수(Stärke)에 비례하여 직원평의회에서 대표되어야만 한다. 집단인원수가 동일한 경우에 그 합의가 이뤄지지 않을 때에는 추첨으로 결정한다. 어느 집단이 직원평의회에서 대표될 수 있는 권리를 행사하지 않은 경우에 그 집단은 직원평의회에서의 대표권을 상실한다.

② 선거위원회는 비례대표선거원칙에 따라 각 집단에 대한 구성원자리 배분(Verteilung der Sitze)을 계산한다.

③ 한 집단은 최소 다음과 같이,
집단소속원이 51명 미만인 경우에 1명의 대표자,
51명~200명의 집단소속원의 경우에 2명의 대표자,
201명~600명의 집단소속원의 경우에 3명의 대표자,
601명~1,000명의 집단소속원의 경우에 4명의 대표자,
1,001명~3,000명의 집단소속원의 경우에 5명의 대표자,
3001명 이상의 집단소속원의 경우에 6명의 대표자를 배정받는다.

④ 상시 5명을 초과하여 직원이 없는 집단은 대표자를 배정받지 못한다. 집단별선거가 실시되는 경우에, 이러한 집단의 각 소속원은 선거위원회에 대한 의사표시로 다른 집단에 가입할 수 있다.

⑤ 각 집단이 그 선거 전에 각각 분리된 비밀투표로 이를 결의한 경우에, 직원평의회구성원수의 각 집단에 대한 배분은 제15조 제1항 내지 제4항과 달리 이뤄질 수 있다.

제16조

① 직원평의회는 비밀·직접선거로 구성된다.

② 직원평의회가 1명을 초과하는 구성원으로 구성되는 경우에, 각 집단의 소속원들은 자신의 대표자를 각각 분리된 선거과정을 통해(in getrennten Wahlgängen) 선출하되, 선거권이 있는 각 집단의 소속원들의 과반수가 선거 전에 각각 비밀투표로 공동선거를 결의한 경우에는 그러하지 아니하다.

③ 선거는 비례대표선거원칙에 따라 실시된다. 하나의 후보자추천서(Wahlvorschlag)가 제출된 경우에는 다수대표제선거가 실시된다. 직원평의회가 1명의 구성원으로 구성되는 공공관서에서 그 구성원은 단순과반수투표로 선출된다. 직원평의회에서 1명의 대표자만을 배정받는 집단에 대해서도 또한 같다.

④ 선거권이 있는 직원들과 당해 공공관서에 조합원인 직원이 있는 노동조합은 직원평의회 선거를 위해 후보자추천을 할 수 있다. 직원들의 각 후보자추천서에는 선거권이 있는 집단소속원 1/20(Zwanzigstel der wahlberechtigten Gruppenangehörigen) 이상으로, 3명 이상의 선거권자가 서명을 해야만 한다. 어떤 경우라도 50명의 선거권이 있는 집단소속원(Unterstützung durch 50 wahlberechtigte Gruppenangehörige)의 서명으로 족하다. 제13조 제2항 제2호에 따라

wählbaren Dienstkräfte dürfen keine Wahlvorschläge machen oder unterstützen. Ist gemeinsame Wahl beschlossen worden, so muß jeder Wahlvorschlag der Dienstkräfte von mindestens einem Zwanzigstel der wahlberechtigten Dienstkräfte unterstützt sein; die Sätze 2 bis 4 gelten entsprechend.

(5) Jede Dienstkraft kann nur auf einem Wahlvorschlag benannt werden. Jede Gruppe kann auch Angehörige der anderen Gruppe wählen. In diesem Falle gelten die Gewählten insoweit als Angehörige der Gruppe, die sie gewählt hat; dies gilt auch für Ersatzmitglieder.

(6) Jeder Wahlvorschlag einer Gewerkschaft muß von zwei Beauftragten unterzeichnet sein; die Beauftragten müssen Dienstkräfte der Dienststelle sein und einer in der Dienststelle vertretenen Gewerkschaft angehören. Bei Zweifeln an der Beauftragung kann der Wahlvorstand verlangen, daß die Gewerkschaft die Beauftragung bestätigt.

§ 17 Bildung des Wahlvorstandes

(1) Spätestens zwei Monate vor Ablauf seiner Amtszeit bestellt der Personalrat mindestens drei Wahlberechtigte als Wahlvorstand und einen von ihnen als Vorsitzenden. Sind in der Dienststelle Angehörige verschiedener Gruppen beschäftigt, so muß jede Gruppe im Wahlvorstand vertreten sein. Je ein Beauftragter der in der Dienststelle vertretenen Gewerkschaften ist berechtigt, an den Sitzungen des Wahlvorstandes mit beratender Stimme teilzunehmen.

(2) Besteht sechs Wochen vor Ablauf der Amtszeit des Personalrats kein Wahlvorstand, so beruft die Dienststelle auf Antrag von mindestens drei Wahlberechtigten oder einer in der Dienststelle vertretenen Gewerkschaft eine Personalversammlung zur Wahl des Wahlvorstandes ein. Die Personalversammlung wählt einen Versammlungsleiter. Absatz 1 gilt entsprechend.

(3) Besteht in einer Dienststelle kein Personalrat, so beruft die Dienststelle eine Personalversammlung zur Wahl des Wahlvorstandes ein. Absatz 2 Satz 2 gilt entsprechend.

§ 18 Bestellung des Wahlvorstandes

Findet eine Personalversammlung (§ 17 Abs. 2 und 3) nicht statt oder wählt die Personalversammlung keinen Wahlvorstand, so bestellt ihn die Dienststelle auf Antrag von mindestens drei Wahlberechtigten oder einer in der Dienststelle vertretenen Gewerkschaft.

§ 19 Vorbereitung zur Wahl

(1) Der Wahlvorstand hat die Wahl unverzüglich einzuleiten; sie soll spätestens nach sieben Wochen stattfinden.

(2) Kommt der Wahlvorstand dieser Verpflichtung nicht nach, so beruft die Dienststelle auf Antrag von mindestens drei Wahlberechtigten oder einer in der Dienststelle vertretenen Gewerkschaft eine Personalversammlung zur Wahl eines neuen Wahlvorstandes ein. § 17 Abs. 2 Satz 2 und § 18 gelten entsprechend.

피선거권(被選擧權)을 가지지 못한 직원은 후보자추천을 해서는 안 되고 이에 서명해서도 안 된다. 공동선거(gemeinsame Wahl)가 결의된 경우에 직원들의 각 후보자추천서(jeder Wahlvorschlag)에 선거권이 있는 1/20 이상의 직원들이 서명(署名)을 해야만 한다; 제2문 내지 제4문을 준용한다.

⑤ 모든 직원들은 하나의 후보자추천서에만 후보자로 등재될 수 있다. 각 집단은 다른 집단의 소속원도 직원평의회구성원으로 선출할 수 있다. 이러한 경우에 당선인은 그러한 범위 내에서 자신을 선출한 그 집단의 소속원으로 간주된다; 이는 대체구성원에 대하여도 적용한다.

⑥ 노동조합의 각 후보자추천서에는 2명의 그 대리인이 서명해야 한다; 그 대리인은 공공관서의 직원이어야만 하고, 당해 공공관서에 조합원인 직원이 있는 노동조합에 소속된 자이어야만 한다. 그 위임에 의심이 가는 경우에(Bei Zweifeln an der Beauftragung)선거위원회는 노동조합에게 위임을 확인해줄 것을 요구할 수 있다.

제17조 선거위원회의 구성

① 늦어도 그 임기가 만료되기 2개월 전까지 직원평의회는 최소한 3명의 선거권이 있는 직원들로 선거위원회를 구성하고 나서, 그 중에서 1명을 선거위원회위원장으로 임명한다. 공공관서에 수개의 집단에 속한 사람들이 고용된 경우에, 각 집단은 선거위원회에서 대표되어야만 한다. 당해 공공관서에 조합원인 직원이 있는 각각의 노동조합의 대리인은 선거위원회의 회의에 옵서버로(mit beratender Stimme) 참여할 자격을 갖는다.

② 늦어도 직원평의회의 임기가 만료되기 6주 전까지 선거위원회가 구성되지 않은 경우에, 공공관서장(公共官署長)은 3명 이상의 선거권이 있는 직원 또는 당해 공공관서에 조합원인 직원이 있는 노동조합의 신청이 있는 경우에, 선거위원회 구성을 위한 직원총회를 소집한다. 직원총회에서 직원총회의장이 선출된다. 제20조 제1항을 준용한다.

③ 어느 공공관서에 직원평의회가 없는 경우에, 공공관서가 선거위원회 선거를 위한 직원총회를 소집한다. 제17조 제2항 제2문을 준용한다.

제18조 선거위원회의 구성

직원총회(제17조 제2항, 제3항)가 열리지 않거나 직원총회에서 선거위원회가 구성되지 않은 경우에, 공공관서장은 3명 이상의 선거권이 있는 직원들 또는 당해 공공관서에 조합원인 직원이 있는 노동조합의 신청이 있는 경우에 선거위원회를 구성한다.

제19조 선거의 준비

① 선거위원회는 지체 없이(unverzüglich) 선거에 착수해야 한다; 선거가 늦어도 6주 내에 실시되어야 한다.

② 선거위원회가 이러한 의무를 이행하지 않은 경우에, 공공관서장(公共官署長)은 3명 이상의 선거권이 있는 직원들 또는 당해 공공관서에 조합원인 직원이 있는 노동조합의 신청이 있는 때에는 새로운 선거위원회 선거에 의한 구성을 위한 직원총회를 소집한다. 제17조 제2항 제2문, 제18조를 준용한다.

§ 20 Verbot der Wahlbehinderung und -beeinflussung

Niemand darf die Wahl des Personalrats behindern oder in einer gegen die guten Sitten verstoßenden Weise beeinflussen; insbesondere darf kein Wahlberechtigter in der Ausübung des aktiven und passiven Wahlrechts beschränkt werden. § 44 gilt für Mitglieder des Wahlvorstandes und Wahlbewerber (§ 16 Abs. 4) entsprechend.

§ 21 Wahlkosten

Die sächlichen Kosten der Wahl trägt die Dienststelle. Notwendige Versäumnis von Arbeitszeit infolge der Ausübung des Wahlrechtes, der Teilnahme an den in den §§ 17 und 19 genannten Personalversammlungen oder der Betätigung im Wahlvorstand hat keine Minderung der Bezüge einschließlich Zulagen, Zuschlägen und sonstigen Entschädigungen zur Folge. Soweit die in Satz 2 genannten Befugnisse oder Tätigkeiten außerhalb der Arbeitszeit wahrgenommen werden müssen, gilt dies als Arbeitsleistung. Sie ist durch Dienstbefreiung in entsprechendem Umfang auszugleichen. Die für Arbeitnehmer geltenden tariflichen Regelungen bleiben unberührt.

§ 22 Wahlanfechtung

(1) Die Wahl des Personalrats oder einer Gruppe kann von mindestens drei Wahlberechtigten, jeder in der Dienststelle vertretenen Gewerkschaft oder dem Leiter der Dienststelle binnen einer Frist von zwei Wochen, vom Tage der Bekanntgabe des Wahlergebnisses an gerechnet, beim Verwaltungsgericht angefochten werden, wenn gegen wesentliche Vorschriften über das Wahlrecht, die Wählbarkeit oder das Wahlverfahren verstoßen worden und eine Berichtigung nicht erfolgt ist, es sei denn, daß durch den Verstoß das Wahlergebnis nicht geändert oder beeinflußt werden konnte.

(2) Bis zur rechtskräftigen Entscheidung über die Anfechtung bleibt der Personalrat, dessen Wahl angefochten ist, im Amt; das gleiche gilt für die Gruppe. Wird die Ungültigkeit der Wahl festgestellt, so sind unverzüglich Neuwahlen anzuberaumen. Die Mitglieder einer Gruppe werden für den Rest der Amtszeit des Personalrats gewählt.

2. Amtszeit

§ 23 Dauer

Die regelmäßige Amtszeit des Personalrats beträgt vier Jahre, die der Personalräte der in § 5 Abs. 2 Nr. 4 und 5 sowie Nummer 12 Buchstabe c der Anlage zu § 5 Abs. 1 bezeichneten Dienstkräfte ein Jahr. Die Amtszeit beginnt mit dem Tage der Konstituierung des neugewählten Personalrats. Sie endet spätestens am 15. Dezember des Jahres, in dem nach § 24 Abs. 1 die regelmäßigen Personalratswahlen stattfinden.

제20조 선거방해 금지와 선거에 대한 영향 금지

누구든지 직원평의회 선거를 방해해서는 안 되고, 선량한 풍속에 반하는 방법으로(in einer gegen die guten Sitten verstoßenden Weise) 이에 영향을 미쳐서는 안 된다; 특히 선거권자는 선거권 및 피선거권의 행사에 제한을 받아서는 안 된다. 제44조를 선거위원회위원과 선거입후보자에 대해서 준용한다.

제21조 선거비용

공공관서가 선거의 물적 비용을 부담한다. 선거권 행사, 제17조 내지 제19조상의 직원총회에 참석 또는 선거위원회 활동으로 인한 불가피한 근무시간손실에 의해 보너스(Zulagen), 할증임금 및 기타 보수를 포함하여 보수의 감소가 발생해서는 안 된다. 선거위원회위원에 대해 제44조 제1항 제2문, 제46조 제2항 제2문을 준용한다. 제2문상의 권한 또는 활동이 근무시간 이외에 이뤄져야만 하는 경우에, 이는 근로를 제공한 것으로 본다. 그에 대하여는 상응하는 범위의 근무시간면제(Dienstbefreiung)에 의해 보상되어야 한다. 근로자에게 적용되는 단체협약상의 규율은 영향을 받지 않는다.

제22조 선거의 취소

① 선거권, 피선거권 또는 선거절차에 관한 중요한 규정에 위반되고(gegen wesentliche Vorschriften über das Wahlrecht, die Wählbarkeit oder das Wahlverfahren verstoßen worden) 그 시정이 이뤄지지 않은 경우에, 3명 이상의 선거권이 있는 직원들, 당해 공공관서에 조합원인 직원이 있는 모든 노동조합, 공공관서장은 직원평의회선거 또는 집단선거에 대하여 선거결과 공고일로부터 기산하여 2주의 기간 이내에 지방행정법원(Verwaltungsgericht)에 그 선거의 취소를 청구할 수 있고, 다만 그 위반으로 인해 선거결과가 바뀌지 않거나 그에 영향이 없는 경우에는 그러하지 아니하다.

② 선거취소에 관한 확정된 재판시까지(Bis zur rechtskräftigen Entscheidung über die Anfechtung) 그 선거에 취소한 제기된 직원평의회는 그 직을 유지한다; 집단에 대하여도 또한 같다. 그 선거의 무효(Ungültigkeit der Wahl)가 확정된 경우에, 지체 없이 재선거(Neuwahlen)의 날짜를 잡아야 한다.

제2절 임기

제23조

통상적인 직원평의회의 임기는 4년이고, 제5조 제2항 제4호, 제5호, 제5조 제1항에 대한 부록 제12호 c)목에 기재된 직원들의 직원평의회의 임기는 1년이다. 그 임기는 새롭게 선거가 진행된 직원평의회의의 구성시로부터 기산(起算)한다. 그 임기는 늦어도 제24조 제1항에 따라 정례적인 직원평의회선거(regelmäßigen Personalratswahlen)가 실시되는 해의 12월 15일에 만료(滿了)된다.

§ 24 Neuwahl aus besonderen Gründen

(1) Die regelmäßigen Personalratswahlen finden alle vier Jahre in der Zeit vom 1. Oktober bis 15. Dezember statt. Außerhalb dieser Zeit ist der Personalrat neu zu wählen, wenn

1. mit Ablauf von vierundzwanzig Monaten, vom Tage der Wahl gerechnet, die Zahl der regelmäßig Beschäftigten um die Hälfte, mindestens aber um 50 gestiegen oder gesunken ist oder
2. die Gesamtzahl der Mitglieder des Personalrats auch nach Eintreten sämtlicher Ersatzmitglieder um mehr als ein Viertel der vorgeschriebenen Zahl gesunken ist oder
3. der Personalrat mit der Mehrheit seiner Mitglieder seinen Rücktritt beschlossen hat oder
4. der Personalrat durch gerichtliche Entscheidung aufgelöst ist oder
5. in der Dienststelle kein Personalrat besteht oder
6. Dienststellen ganz oder wesentliche Teile von Dienststellen in eine oder mehrere andere Dienststellen eingegliedert werden oder Dienststellen oder wesentliche Teile von Dienststellen zu einer neuen Dienststelle zusammengeschlossen werden und die betreffenden Personalräte einen entsprechenden Beschluss gefasst haben.

In den Fällen der Nummern 1 bis 3 führt der Personalrat die Geschäfte weiter, bis der neue Personalrat gewählt ist.

(2) In den Fällen des Absatzes 1 Nr. 6 führen die bisherigen Personalräte die Geschäfte gemeinsam weiter, bis die neuen Personalräte gewählt sind, längstens jedoch bis zur Dauer von sechs Monaten. Die Aufgaben des Vorsitzenden werden von Sitzung zu Sitzung abwechselnd von den Vorsitzenden der bisherigen Personalräte wahrgenommen. Der Wahlvorstand wird von den bisherigen Personalräten gemeinsam bestellt.

(3) Ist eine der in der Dienststelle vorhandenen Gruppen, die bisher im Personalrat vertreten war, durch kein Personalratsmitglied mehr vertreten, so wählt diese Gruppe neue Mitglieder.

(4) Hat außerhalb des für die regelmäßigen Personalratswahlen festgelegten Zeitraumes eine Personalratswahl stattgefunden, so ist der Personalrat in dem auf die Wahl folgenden nächsten Zeitraum der regelmäßigen Personalratswahlen neu zu wählen. Hat die Amtszeit des Personalrats zu Beginn des für die regelmäßigen Personalratswahlen festgelegten Zeitraumes noch nicht ein Jahr betragen, so ist der Personalrat in dem übernächsten Zeitraum der regelmäßigen Personalratswahlen neu zu wählen.

§ 25 Ausschluß und Auflösung

(1) Auf Antrag eines Viertels der Wahlberechtigten oder einer in der Dienststelle vertretenen Gewerkschaft kann das Verwaltungsgericht den Ausschluß eines Mitgliedes aus dem Personalrat oder die Auflösung des Personalrats wegen grober Vernachlässigung seiner gesetzlichen Befugnisse oder wegen grober Verletzung seiner gesetzlichen Pflichten beschließen.

제24조 특별한 사유에 의한 새로운 선거

① 정례적인 직원평의회선거는 4년마다 10월 1일부터 12월 31일까지의 기간에 실시된다. 다음 각 호의 경우에는 그 시기 이외의 시기에도 직원평의회선거가 새롭게 실시되어야 한다,

1. 선거일로부터 기산하여(vom Tage der Wahl gerechnet) 24개월이 경과한 이후에 상시적인 직원수(Zahl der regelmäßig Beschäftigten)가 절반으로, 최소 50명이 증가(增加)하거나 감소(減少)한 경우,
2. 전체 대체구성원이 충원이 이뤄진 후에도 규정된 직원평의회구성원총수의 1/4을 초과하는 수가 감소한 경우,
3. 직원평의회가 구성원 과반수 결의로 해산(Rücktritt)을 결의한 경우,
4. 직원평의회가 법원의 재판으로 해산된 경우,
5. 공공관서에 직원평의회가 없는 경우,
6. 공공관서 전체 또는 중요한 일부가 1개 또는 수개의 공공관서의 조직 일부가 되거나(Dienststellen ganz oder wesentliche Teile von Dienststellen in eine oder mehrere andere Dienststellen eingegliedert werden) 공공관서 전체 또는 중요한 일부가 새로운 공공관서로 통합되고, 관련 공공관서가 관련 결의를 한 경우.

제1호 내지 제3호의 경우에 직원평의회는 새로운 직원평의회가 선거로 구성될 때까지 계속적으로 사무를 처리한다.

② 제24조 제1항 제6호의 경우에 종전의 직원평의회는 새로운 직원평의회가 구성될 때까지, 최대한 6개월까지 공동으로(gemeinsam) 계속하여 사무(社務)를 처리한다. 직원평의회의장의 임무(Aufgaben des Vorsitzenden)는 종전의 직원평의회의 의장이 회의를 번갈아가며(abwechselnd) 행사한다. 선거위원회는 종전의 직원평의회(bisherigen Personalräten)에 의해 공동으로 구성(構成)된다.

③ 공공관서에 이제까지 직원평의회에서 대표되었으나 직원평의회구성원으로 더 이상 대표되지 않은 하나의 집단이 있는 경우에, 이러한 집단은 새로운 구성원을 선출한다.

④ 정례적인 직원평의회선거(regelmäßigen Personalratswahlen)의 시기로 정해진 시기 이외에 직원평의회선거가 실시된 경우에, 그 직원평의회는 정례적 선거시기 직후의 다음 정례적 선거시기에 선거에 의해 새롭게 구성된다. 정례적 직원평의회선거로 정해진 시기의 개시 시점 기준으로 직원평의회의 임기가 1년에 달하지 않은 경우에는, 직원평의회는 정례적 직원평의회선거의 다음다음의 정례적 선거시기에(in dem übernächsten Zeitraum der regelmäßigen Personalratswahlen) 선거에 의해 새롭게 구성된다.

제25조 제명과 해산

① 선거권이 있는 직원의 1/4 이상 또는 당해 공공관서에 조합원인 직원이 있는 노동조합의 신청이 있는 경우에, 지방행정법원은 법률상 권한 행사의 중대한 해태(Vernachlässigung) 또는 법률상 의무의 중대한 위반(Verletzung)을 이유로 그 구성원의 직원평의회에서의 제명 또는 직원평의회의 해산을 결정할 수 있다.

Der Personalrat kann aus den gleichen Gründen den Ausschluß eines Mitgliedes beantragen.
(2) Wird der Personalrat aufgelöst, so setzt der Vorsitzende der Fachkammer des Verwaltungsgerichtes innerhalb von zwei Wochen einen Wahlvorstand ein. Dieser hat unverzüglich eine Neuwahl einzuleiten. Bis zur Neuwahl nimmt der Wahlvorstand die dem Personalrat nach diesem Gesetz zustehenden Befugnisse und Pflichten wahr.

§ 26 Erlöschen

(1) Die Mitgliedschaft im Personalrat erlischt durch

1. Ablauf der Amtszeit,
2. Niederlegung des Amtes,
3. Beendigung des Dienstverhältnisses,
4. Ausscheiden aus der Dienststelle,
5. Verlust der Wählbarkeit,
6. gerichtliche Entscheidung nach § 25,
7. Feststellung nach Ablauf der in § 22 bezeichneten Frist, daß der Gewählte nicht wählbar war.

(2) Die Mitgliedschaft im Personalrat wird durch einen Wechsel der Gruppenzugehörigkeit eines Mitgliedes nicht berührt; dieses bleibt Vertreter der Gruppe, die es gewählt hat.

§ 27 Ruhen

(1) Die Mitgliedschaft eines Beamten im Personalrat ruht, solange ihm die Führung der Dienstgeschäfte verboten oder er wegen eines gegen ihn schwebenden Disziplinarverfahrens vorläufig des Dienstes enthoben ist. Satz 1 gilt für Arbeitnehmer sinngemäß.
(2) (aufgehoben)

§ 28 Ersatzmitglieder

(1) Scheidet ein Mitglied aus dem Personalrat aus, so tritt ein Ersatzmitglied ein. Das gleiche gilt für die Zeit, in der ein Mitglied nach der Feststellung des Personalrats verhindert ist.
(2) Die Ersatzmitglieder werden der Reihe nach aus den nicht gewählten Dienstkräften derjenigen Vorschlagslisten entnommen, denen die zu ersetzenden Mitglieder angehören. Ist das ausgeschiedene oder verhinderte Mitglied mit einfacher Stimmenmehrheit gewählt, so tritt die nicht gewählte Dienstkraft mit der nächsthöheren Stimmenzahl als Ersatzmitglied ein.
(3) Im Falle des § 24 Abs. 1 Nr. 4 treten Ersatzmitglieder nicht ein. § 26 Abs. 2 gilt entsprechend bei einem Wechsel der Gruppenzugehörigkeit vor dem Eintritt des Ersatzmitgliedes in den Personalrat.

3. Geschäftsführung

직원평의회는 동일한 이유로 직원평의회구성원의 제명을 신청할 수 있다.

② 직원평의회가 해산된 경우에 지방행정법원의 전문참심재판부의 재판장은 선거위원회를 구성한다. 그 선거위원회는 지체 없이 새로운 선거에 착수한다. 선거위원회가 새로운 선거까지 본 법에 따라 직원평의회에 부여된 권한을 행사하고 의무(nach diesem Gesetz zustehenden Befugnisse und Pflichten)를 부담한다.

제26조 구성원자격 상실

① 직원평의회의 구성원자격은 다음 각 호에 의해 상실한다,

1. 임기 만료,
2. 사직,
3. 근무관계(Dienstverhältniss)의 종료,
4. 공공관서에서의 사임,
5. 피선거권의 상실,
6. 제25조에 따른 법원의 재판,
7. 제22조에 기재된 기간의 경과 후에 당선자가 피선거권을 가지지 않았다는 확인결정(Feststellung).

② 직원평의회 구성원자격은 집단소속의 변경에 의하여 영향을 받지 않는다; 그 구성원은 자신을 선출한 집단의 대표자의 자격을 유지한다.

제27조 구성원자격 정지

① 직원평의회 내 공무원의 구성원자격은 그 공무원에게 공무의 수행이 금지되거나 그 공무원에 대해 계류 중인 징계절차를 이유로 그 공무원이 일시적으로 직무(Dienst)에서 배제된 동안에 정지된다. 제1문을 근로자에 대해 준용한다.

② 삭제

제28조 대체구성원

① 직원평의회구성원이 직원평의회직에서 사임하는 경우에 대체구성원이 선출된다. 직원평의회 설립(Feststellung) 후 직원평의회구성원에게 직무수행장애가 있는 때에도 또한 같다.

② 대체구성원은 제15조 제2항의 고려하에, 대체되어야 하는 구성원이 속한 후보자명부에 있는 선출되지 않은 후보자 중에서 순위에 따라 선출된다. 사임한 구성원 또는 직무수행장애가 있는 구성원이 단수과반수투표로 선출된 경우에, 그 다음으로 많은 득표수를 얻은 당선되지 않은 후보자가 대체구성원으로 선출된다.

③ 제24조 제1항 제4호의 경우에 대체구성원이 선출되지 않는다. 직원평의회에서 대체구성원이 선출되기 전에 소속변경시에(bei einem Wechsel der Gruppenzugehörigkeit) 제26조 제2항을 준용한다.

제3절 사무처리

§ 29 Vorstand

(1) Der Personalrat bildet aus seiner Mitte den Vorstand. Diesem muß mindestens ein Mitglied jeder im Personalrat vertretenen Gruppe angehören, es sei denn, daß die Vertreter einer Gruppe darauf verzichten. Die Vertreter jeder Gruppe wählen die auf sie entfallenden Vorstandsmitglieder. Der Vorstand führt die laufenden Geschäfte.

(2) Der Personalrat bestimmt mit einfacher Mehrheit, welches Vorstandsmitglied den Vorsitz übernimmt. Er bestimmt zugleich die Vertretung des Vorsitzenden. Dabei ist die Gruppe zu berücksichtigen, der der Vorsitzende des Personalrats nicht angehört, es sei denn, dass die Vertreter dieser Gruppe darauf verzichten.

(3) Der Vorsitzende vertritt den Personalrat im Rahmen der von diesem gefaßten Beschlüsse. In Angelegenheiten, die nur eine Gruppe betreffen, vertritt der Vorsitzende, wenn er nicht selbst dieser Gruppe angehört, gemeinsam mit einem der Gruppe angehörenden Vorstandsmitglied den Personalrat.

§ 30 Anberaumung von Sitzungen

(1) Spätestens eine Woche nach dem Wahltage hat der Wahlvorstand die Mitglieder des Personalrats zu den in § 29 vorgeschriebenen Wahlen einzuladen und diese durchzuführen. Er leitet die Sitzung bis zur Wahl des Vorsitzenden.

(2) Die weiteren Sitzungen beraumt der Vorsitzende des Personalrats an. Er setzt die Tagesordnung fest und leitet die Verhandlung. Der Vorsitzende hat die Mitglieder des Personalrats zu den Sitzungen rechtzeitig unter Mitteilung der Tagesordnung zu laden. Satz 3 gilt auch für die Mitteilung der Tagesordnung an die Schwerbehindertenvertretung und die Mitglieder der Jugend- und Auszubildendenvertretung und deren Ladung, soweit sie ein Recht auf Teilnahme an der Sitzung haben.

(3) Auf Antrag eines Viertels der Mitglieder des Personalrats, der Mehrheit der Vertreter einer Gruppe, des Leiters der Dienststelle oder in Angelegenheiten, die besonders schwerbehinderte Dienstkräfte betreffen, der Schwerbehinderten-Vertretung oder in Angelegenheiten, die besonders jugendliche oder auszubildende Dienstkräfte betreffen, der Mehrheit der Mitglieder der Jugend- und Auszubildendenvertretungen hat der Vorsitzende binnen einer Woche eine Sitzung anzuberaumen und den Gegenstand, dessen Beratung beantragt ist, auf die Tagesordnung zu setzen.

§ 31 Sitzungen

(1) Die Sitzungen des Personalrats sind nicht öffentlich; sie finden grundsätzlich während der Arbeitszeit statt. Der Personalrat hat bei der Anberaumung seiner Sitzungen auf die dienstlichen Erfordernisse Rücksicht zu nehmen. Die Dienststelle ist von der Sitzung vorher zu verständigen.

제29조 이사회

① 직원평의회는 자신의 구성원 중에서 이사회를 구성한다. 직원평의회에서 대표되는 각 집단의 구성원이 이러한 이사회에 포함되어야만 하고, 어느 집단의 대표자가 이를 포기한 경우에는 그러하지 아니하다. 각 집단의 대표자는 자신의 집단에 할당된 이사회구성원을 선출한다. 이사회는 상무(laufenden Geschäfte; 常務)를 처리한다.

② 직원평의회는 어느 이사회구성원이 의장의 직을 맡을 것인지를 단순과반수로(mit einfacher Mehrheit) 결의한다. 또한 직원평의회는 동시에 부의장을 정한다. 이 경우 의장이 속하지 않는 집단의 구성원을 부의장으로 고려해야 하고, 다만 이러한 집단의 대표자가 이를 포기하는 경우에는 그러하지 아니하다.

③ 의장은 직원평의회가 행한 결의의 범위 내에서 직원평의회를 대표한다. 어느 집단에만 관련된 사안과 관련하여 의장이 그 집단에 속하지 않은 경우에는 의장은 그 집단에 속하는 이사회구성원(einem der Gruppe angehörenden Vorstandsmitglied)과 공동으로 직원평의회를 대표한다.

제30조 회의의 주재

① 선거위원회는 늦어도 선거일로부터 1주일까지 제29조에 규정된 선거를 위한 회의에 직원평의회구성원을 소집해야 하고 그 회의를 진행해야 한다. 선거위원회가 의장을 선출할 때까지 회의를 주재한다.

② 차기회의의 날짜(weiteren Sitzungen)는 직원평의회 의장이 잡는다. 그 의장은 의사일정을 정하고 회의를 주재한다. 그 의장은 의사일정을 통지하여 적시에 직원평의회구성원을 회의에 소환해야 한다. 그들이 회의에 참석할 권리가 있는 한, 제3문은 중증장애인대표단과 연소자·직업훈련생대표단원에 대한 의사일정 통지와 그 소환(Mitteilung der Tagesordnung an die Schwerbehindertenvertretung und die Mitglieder der Jugend- und Auszubildendenvertretung und deren Ladung)에 대해서도 적용한다.

③ 직원평의회구성원의 1/4, 어느 집단의 대표자의 과반수, 공공관서장의 신청이 있는 경우에, 특히 중증장애가 있는 직원에 관련된 사안(Angelegenheiten, die besonders jugendliche oder auszubildende Dienstkräfte betreffen)과 관련해서는 중증장애인대표의 신청이 있거나, 특히 연소자 또는 직업훈련생에 관련된 사안과 관련하여 연소자·직업훈련생대표단원의 과반수의 신청이 있는 경우에는, 그 의장은 1주일 이내에 회의의 날짜를 잡아야 하고, 논의 의안으로 신청된 의안을 의사일정에 포함시켜야 한다.

제31조 회의

① 직원평의회 회의는 비공개로 한다; 그 회의는 원칙적으로 근무시간 중에 개최된다. 직원평의회는 회의의 일정을 잡음에 있어 업무상 필요사항(dienstlichen Erfordernisse)을 고려해야 한다. 회의에 관하여 공공관서와 사전에 협의해야 한다.

(2) Der Vertreter der Dienststelle nimmt an den Sitzungen, die auf Vorschlag des Leiters der Dienststelle anberaumt sind, und an den Sitzungen, zu denen er ausdrücklich eingeladen ist, teil. Auf Antrag eines Viertels seiner Mitglieder oder der Mehrheit einer Gruppe hat der Personalrat je einen Beauftragten der unter den Mitgliedern des Personalrats vertretenen Gewerkschaften einzuladen: in diesem Fall sind der Zeitpunkt der Sitzung und die Tagesordnung den Gewerkschaften rechtzeitig mitzuteilen. Die Beschlußfassung findet jedoch in Abwesenheit der in den Sätzen 1 und 2 genannten Personen statt. Die Sätze 2 und 3 finden auf Sitzungen des Personalrats der Verfassungsschutzabteilung bei der Senatsverwaltung für Inneres keine Anwendung.

(3) Bei der Beratung und Abstimmung über Angelegenheiten eines Mitgliedes des Personalrats darf dieses Mitglied nicht anwesend sein. Dasselbe gilt für Angelegenheiten von Angehörigen eines Mitgliedes des Personalrats, hinsichtlich derer ihm nach § 383 Abs. 1 Nr. 1 bis 3 der Zivilprozeßordnung ein Zeugnisverweigerungsrecht zusteht.

§ 32 Beschlüsse

(1) Die Beschlüsse des Personalrats werden mit einfacher Stimmenmehrheit der anwesenden Mitglieder gefaßt. Stimmenthaltungen bleiben bei der Ermittlung der Mehrheit außer Betracht. Bei Stimmengleichheit ist ein Antrag abgelehnt. Bei Stimmberechtigung der Jugend- und Auszubildendenvertretung (§ 35 Satz 2) werden die Stimmen der Jugend- und Auszubildendenvertreter mitgezählt.

(2) Der Personalrat ist nur beschlußfähig, wenn mindestens die Hälfte seiner Mitglieder anwesend oder durch Ersatzmitglieder (§ 28 Abs. 1) vertreten ist. Stimmenthaltungen stehen der Beschlußfähigkeit nicht entgegen.

§ 33 Verfahren

(1) Über die gemeinsamen Angelegenheiten der Angehörigen der Gruppen wird vom Personalrat gemeinsam beraten und beschlossen.

(2) In Angelegenheiten, die nur eine im Personalrat vertretene Gruppe betreffen, sind nach gemeinsamer Beratung im Personalrat nur die Vertreter dieser Gruppe zur Beschlussfassung berufen, es sei denn, dass die Vertreter der betroffenen Gruppe mit Mehrheit einer gemeinsamen Beschlussfassung zustimmen. § 32 Abs. 2 findet entsprechende Anwendung.

(3) Ist eine Gruppe im Sinne des § 3 Abs. 2 nicht im Personalrat vertreten, gilt Absatz 1 entsprechend.

(4) Die Absätze 1 und 2 gelten auch für Aufgaben und Befugnisse des Personalrats, die sich aus anderen Rechtsvorschriften ergeben.

§ 34 Aussetzung

(1) Erachtet die Mehrheit der Vertreter einer Gruppe oder der Jugend- und Auszubildendenvertretung

② 공공관서의 대리인은 공공관서장의 신청에 의해 잡힌 회의와 명시적으로 소환된 회의에 참석한다. 직원평의회는 직원평의회구성원 1/4이나 어느 집단의 과반수의 신청이 있는 경우 직원평의회구성원으로 대표되는 노동조합의 대리인 1명씩을 소환해야 한다: 이 경우에 회의 시기와 의사일정(Zeitpunkt der Sitzung und die Tagesordnung)은 노동조합에 적시에 통지되어야 한다. 그럼에도 결의는 제1문, 제2문상의 사람의 부재시에도(in Abwesenheit der in den Sätzen 1 und 2 genannten Personen) 이뤄질 수 있다. 제2문, 제3문은 내무부의 헌법보호국의 직원평의회 회의(Sitzungen er Personalrats der Verfassungsschutzabteilung bei der Senatsverwaltung für Inneres)에 적용하지 않는다.

③ 직원평의회구성원에 관한 사안의 협의와 표결시 그 구성원은 참석해서는 안 된다. 민사소송법 제383조 제1항 제1호 내지 제3호에 따라 그 구성원에게 증언거부권이 주어지는 사안으로, 직원평의회구성원의 가족(ngehörigen eines Mitgliedes des Personalrats)에 관한 사안에 대하여도 또한 같다.

제32조 결의

① 직원평의회의 결의는 참석한 구성원의 단수과반수투표로 이뤄진다. 투표에서 기권(Stimmenthaltungen; 棄權)은 과반수 산정에서 고려되지 않는다. 가부동수의 경우에는(Bei Stimmengleichheit) 의안은 부결된다. 연소자·직업훈련생대표단의 투표자격(Stimmberechtigung der Jugend- und Auszubildendenvertretung)(제35조 제2항)이 주어진 경우 연소자·직업훈련생대표단대표자의 투표를 산입한다.

② 직원평의회는 직원평의회구성원 절반 이상이 참석하거나 대체구성원(제28조 제1항)에 의해 대표된 경우에만 의결할 수 있다. 기권으로 결의능력(Beschlußfähigkeit)의 흠결이 발생하지 않는다.

제33조 절차

① 집단에 속한 공통사안은 직원평의회에 의해 공동으로 논의되고 결의된다.

② 직원평의회에서 대표되는 집단에 대해서만 관련된 사안과 관련하여 직원평의회에서 공동으로 평의를 한 후 그 집단의 대표자만이 결의를 위하여 소환되고, 다만, 관련 집단의 대표자가 공동의 결의에 대해 그 과반수로 동의한 경우에는 그러하지 아니하다. 제32조 제2항을 준용한다.

③ 제3조 제2항상의 집단이 직원평의회에서 대표되지 않은 경우에, 제33조 제1항 제1문을 준용한다.

④ 제33조 제1항, 제2항은 다른 법규명령에서 생긴, 직원평의회의 임무와 권한에 대해서도(auch für Aufgaben und Befugnisse des Personalrats) 적용한다.

제34조 결의유보

① 어느 집단 대표자 또는 연소자·직업훈련생대표단 대표자의 과반수(Mehrheit der Vertreter einer Gruppe oder der Jugend- und Auszubildendenvertretung)가 직원평의회의 결의를 그 집단

einen Beschluß des Personalrats als eine erhebliche Beeinträchtigung wichtiger Interessen der durch sie vertretenen Dienstkräfte, so ist auf ihren Antrag der Beschluß auf die Dauer von zwei Wochen auszusetzen. In dieser Frist soll, gegebenenfalls mit Hilfe der unter den Mitgliedern des Personalrats oder der Jugend- und Auszubildendenvertretung vertretenen Gewerkschaften, eine Verständigung versucht werden. Im Bereich der Verfassungsschutzabteilung bei der Senatsverwaltung für Inneres findet in den Fällen des Satzes 2 eine Beteiligung der Gewerkschaften nicht statt.

(2) Nach Ablauf der Frist ist über die Angelegenheit neu zu beschließen. Wird der erste Beschluß bestätigt, so kann der Antrag auf Aussetzung nicht wiederholt werden.

(3) Die Absätze 1 und 2 gelten entsprechend, wenn die Schwerbehindertenvertretung einen Beschluß des Personalrats als eine erhebliche Beeinträchtigung wichtiger Interessen der Schwerbehinderten erachtet.

§ 35 Beteiligung der Jugend- und Auszubildendenvertretung

Die Jugend- und Auszubildendenvertretung kann zu allen Sitzungen des Personalrats einen Vertreter zur beratenden Teilnahme entsenden. Werden Angelegenheiten behandelt, die besonders jugendliche oder auszubildende Dienstkräfte betreffen, so hat zu diesem Tagesordnungspunkt die gesamte Jugend- und Auszubildendenvertretung Teilnahme- und Stimmrecht.

§ 36 Beteiligung der Frauenvertreterin und der Schwerbehindertenvertretung

(1) Die Frauenvertreterin hat das Recht, an allen Sitzungen des Personalrats beratend teilzunehmen.

(2) Die Schwerbehindertenvertretung hat das Recht, an allen Sitzungen des Personalrats beratend teilzunehmen. Sie hat den Personalrat bei der Förderung der Eingliederung und beruflichen Entwicklung Schwerbehinderter zu beraten und zu unterstützen.

§ 37 Niederschrift

(1) Über jede Verhandlung des Personalrats ist eine Niederschrift aufzunehmen, die mindestens den Wortlaut der Beschlüsse und die Stimmenmehrheit enthält, mit der sie gefaßt sind. Die Niederschrift ist vom Vorsitzenden und von einem weiteren Mitglied zu unterzeichnen. Der Niederschrift ist eine Anwesenheitsliste beizufügen, in die sich jeder Teilnehmer eigenhändig einzutragen hat.

(2) Hat der Vertreter der Dienststelle oder haben Beauftragte von Gewerkschaften an der Sitzung teilgenommen, so ist ihnen der entsprechende Teil der Niederschrift in Abschrift zuzuleiten. Einwendungen gegen die Niederschrift sind unverzüglich schriftlich zu erheben und vom Personalrat der Niederschrift beizufügen.

§ 38 Geschäftsordnung

Der Personalrat kann sich eine Geschäftsordnung geben, in der sonstige Bestimmungen über die

는 대표단에 의해 대표되는 직원의 중대한 이익에 대한 현저한 침해(erhebliche Beeinträchtigung wichtiger Interessen der durch sie vertretenen Dienstkräfte)로 보는 경우에, 그 과반수의 신청에 따라 그 결의는 2주간 후로 연기되어야 한다. 이러한 기간 내에, 필요한 경우에는 직원평의회 구성원 또는 연소자·직업훈련생대표단원으로 대표되는 노동조합의 도움을 받아 합의가 시도된다. 내무부(Senatsverwaltung für Inneres)의 헌법보호부문에서 제2문과 관련한 노동조합의 참여가 시행되지 않는다.

② 그 기간이 도과한 후에 그 사안에 대하여 새롭게 결의를 해야 한다. 최초의 결의가 확인되더라도, 연기 신청(Antrag auf Aussetzung)은 다시 반복되지 않는다.

③ 중증장애인대표단이 직원평의회의 결의를 중증장애인의 중대한 이익에 대한 현저한 침해(erhebliche Beeinträchtigung wichtiger Interessen der Schwerbehinderten)로 보는 경우에 제34조 제1항, 제2항을 준용한다.

제35조 연소자·직업훈련생대표단의 의사결정참가

연소자·직업훈련생대표단은 직원평의회의 모든 회의에 논의 참석을 위한 대표자를 파견할 수 있다. 특히 연소자 또는 직업훈련생에 관련된 사안이 다뤄지는 경우에, 전체 연소자·직업훈련생대표단(gesamte Jugend- und Auszubildendenvertretung)은 이러한 의안에 대해 참석권 및 투표권(Teilnahme- und Stimmrecht)을 갖는다.

제36조 여성대표자와 중증장애인대표단의 의사결정참가

① 여성대표자는 직원평의회의 모든 회의에 옵서버로 참석할 권리를 갖는다.

② 중증장애인대표단은 직원평의회의 모든 회의에 옵서버로 참석할 권리를 갖는다. 중증장애인대표단은 중중장애인의 통합과 직업적 발전(Eingliederung und beruflichen Entwicklung Schwerbehinderter)의 촉진에 있어 직원평의회와 논의를 해야 하고 지원을 해야 한다.

제37조 의사록

① 직원평의회의 모든 회의에 대하여 최소한 결의의 내용과 이뤄진 다수결(mindestens den Wortlaut der Beschlüsse und die Stimmenmehrheit)을 포함하는 의사록을 작성해야 한다. 의사록에는 직원평의회 의장과 추가적인 그 위원(Vorsitzenden und von einem weiteren Mitglied)이 서명해야 한다. 의사록에 모든 참석자가 자필로 기재한 참석자목록(Anwesenheitsliste)을 첨부해야 한다.

② 공공관서장 또는 노동조합의 대리인이 회의에 참석한 경우에, 그들에게 관련 의사록 부분(entsprechende Teil der Niederschrift)의 사본이 제공되어야 한다. 의사록에 대한 이의(Einwendungen gegen die Niederschrift)는 지체 없이 서면으로 제기되어야 하고 직원평의회에 의해 그에 의사록이 첨부되어야 한다.

제38조 사무규정

직원평의회(Personalrat)는 사무처리(Geschäftsführung)에 관한 기타 규정(規定)이 정해진 사무

Geschäftsführung getroffen werden.

§ 39 Sprechstunden

(1) Der Personalrat kann Sprechstunden während der Arbeitszeit einrichten. Zeit und Ort bestimmt er im Einvernehmen mit der Dienststelle.

(2) Bekanntmachungen des Personalrats in seinem Aufgabenbereich bedürfen nicht der Zustimmung der Dienststelle.

§ 40 Geschäftsbedarf

(1) Die durch die Tätigkeit des Personalrats entstehenden Kosten trägt die Verwaltung. Mitglieder der Personalvertretung erhalten bei Reisen, die zur Erfüllung ihrer Aufgaben notwendig sind, Reisekostenvergütung nach § 77 des Landesbeamtengesetzes in der jeweils geltenden Fassung.

(2) Für die Sitzungen, die Sprechstunden und die laufende Geschäftsführung hat die Verwaltung in erforderlichem Umfange Räume, den Geschäftsbedarf und Bürokräfte zur Verfügung zu stellen.

(3) Der Personalrat kann bei der Durchführung seiner Aufgaben, sofern hierdurch Kosten entstehen jedoch nur im Einvernehmen mit der Dienststelle, Sachverständige hinzuziehen, soweit dies zur ordnungsgemäßen Erfüllung seiner Aufgaben erforderlich ist.

§ 41 Ausschluß von Beiträgen

Der Personalrat darf für seine Zwecke von den Dienstkräften keine Beiträge erheben oder annehmen.

§ 42 Stellung der Mitglieder

(1) Die Mitglieder des Personalrats führen ihr Amt unentgeltlich als Ehrenamt.

(2) Versäumnis von Arbeitszeit, die zur Durchführung der Aufgaben des Personalrats erforderlich ist, hat keine Minderung der Bezüge einschließlich Zulagen, Zuschlägen und sonstigen Entschädigungen zur Folge. Nehmen Mitglieder des Personalrats abweichend von § 31 Abs. 1 Satz 1 außerhalb ihrer Arbeitszeit an Sitzungen des Personalrats teil, so gilt dies als Arbeitsleistung. Sie ist durch Dienstbefreiung in entsprechendem Umfang auszugleichen. Die für Arbeitnehmer geltenden tariflichen Regelungen bleiben unberührt.

(3) Die Mitglieder des Personalrats sind unter Fortzahlung der Bezüge für die Teilnahme an Schulungs- und Bildungsveranstaltungen vom Dienst freizustellen, soweit diese Kenntnisse vermitteln, die für die Tätigkeit im Personalrat erforderlich sind.

(4) Unbeschadet des Absatzes 3 hat jedes Mitglied des Personalrats während seiner regelmäßigen Amtszeit Anspruch auf Freistellung vom Dienst unter Fortzahlung der Bezüge für insgesamt drei Wochen zur Teilnahme an Schulungen und Bildungsveranstaltungen, die von der Landeszentrale für politische Bildungsarbeit als geeignet anerkannt sind. Beschäftigte, die erstmals das Amt eines

규정을 정할 수 있다.

제39조 상담시간

① 직원평의회는 근무시간 중에 상담시간을 가질 수 있다. 직원평의회가 공공관서와 협의하여 그 시간 및 장소를 정한다.

② 자신의 업무영역에서의 직원평의회의 공고는 공공관서의 동의를 필요로 하지 않는다.

제40조 사무처리에 필요한 것

① 직원평의회의 활동으로 인하여 생긴 비용은 공공관서(Verwaltung)가 부담한다. 직원평의회구성원은 자신의 업무수행에 필요한 여행을 한 경우에 그때그때 적용되는 주공무원법(Landesbeamtengesetzes in der jeweils geltenden Fassung) 제77조에 따른 여비보상을 받는다.

② 공공관서는 회의, 상담시간, 일상적 사무처리를 위해 필요한 범위 내의 사무실, 사무처리에 필요한 것(Geschäftsbedarf), 사무직원을 지원해야 한다.

③ 그 초청이 원활한 자신의 임무수행에 필요한 경우에, 직원평의회는, 이로 인하여 발생한 비용이 공공관서와 합의한 범위 내에서, 자신의 임무를 수행함에 있어 전문가(Sachverständige)를 초청할 수 있다.

제41조 회비의 배제

직원평의회는 자신의 목적을 위해 직원에게서 회비(Beiträge)를 징수하거나 받아서는 안 된다.

제42조 구성원의 법적지위

① 직원평의회구성원은 무보수 명예직으로 자신의 직무를 수행한다.

② 직원평의회의 임무의 원활한 수행을 위해 필요한 근무시간손실로 인해 보너스, 할증임금 및 기타 보수(Zulagen, Zuschlägen und sonstigen Entschädigungen)를 포함하여 보수가 감액되지 않는다. 직원평의회구성원이 제31조 제1항 제1문과 달리 자신의 근무시간 이외에 직원평의회 회의에 참석하는 경우에, 이는 근무한 것으로 본다. 그 구성원은 근무시간면제에 의하여 상응하는 범위 내에서 보상을 받아야 한다. 근로자에게 적용되는 단체협약 규정은 영향을 받지 않는다.

③ 그것이 직원평의회에서의 활동을 위해 필요한 지식을 전수하는 한, 직원평의회구성원은 직업교육·훈련행사의 참가를 위한 유급으로(unter Fortzahlung der Bezüge) 근무면제를 받아야 한다.

④ 제42조 제3항을 불문하고 각 직원평의회구성원은 자신의 통상적(通常的) 임기 중에(während seiner regelmäßigen Amtszeit) '정치적 교육활동을 위한 주센터'(Landeszentrale für politische Bildungsarbeit)가 공인(公認)한 직업교육·훈련행사에 참가할 수 있는 총 3주간의 유급의 근무시간면제청구권(Anspruch auf Freistellung vom Dienst unter Fortzahlung der Bezüge)을 갖는다. 직원평의회구성원직(Amt eines Personalratsmitgliedes)을 처음으로(erstmals) 맡고

Personalratsmitgliedes übernehmen und nicht zuvor Jugend- und Auszubildendenvertreter gewesen sind, haben Anspruch nach Satz 1 für insgesamt vier Wochen.

§ 43 Freistellungen

(1) Von ihrer dienstlichen Tätigkeit sind auf Antrag des Personalrats freizustellen in Dienststellen mit in der Regel
300 bis 600 Dienstkräften ein Personalratsmitglied,
601 bis 1000 Dienstkräften zwei Personalratsmitglieder,
1001 bis 2000 Dienstkräften drei Personalratsmitglieder,
2001 bis 3000 Dienstkräften vier Personalratsmitglieder,
3001 bis 4000 Dienstkräften fünf Personalratsmitglieder,
4001 bis 5000 Dienstkräften sechs Personalratsmitglieder,
5001 bis 6000 Dienstkräften sieben Personalratsmitglieder,
6001 bis 7000 Dienstkräften acht Personalratsmitglieder,
7001 bis 8000 Dienstkräften neun Personalratsmitglieder,
8001 bis 9000 Dienstkräften zehn Personalratsmitglieder,
9001 bis 10000 Dienstkräften elf Personalratsmitglieder.
In Dienststellen mit über 10000 Dienstkräften ist für je weitere angefangene 2000 Dienstkräfte ein weiteres Personalratsmitglied freizustellen. Bei der Freistellung sind die Gruppen angemessen zu berücksichtigen. Die Freistellung darf nicht zur Beeinträchtigung des beruflichen Werdeganges führen. Beamte im Vorbereitungsdienst, in der Einführungszeit und in der Probezeit sowie andere in der Ausbildung stehende Dienstkräfte können nicht freigestellt werden. § 42 Abs. 2 Satz 1 gilt entsprechend. Zulagen, Zuschläge und sonstige Entschädigungen sind in dem Umfang weiterzugewähren, als wäre das Personalratsmitglied nicht freigestellt worden.

(2) Die oberste Dienstbehörde kann Ausnahmen von Absatz 1 Satz 1 und 2 zulassen, wenn und soweit es nach Umfang und Art der Dienststelle zur ordnungsgemäßen Durchführung der Aufgaben des Personalrats erforderlich ist. Sie kann ferner Ausnahmen von Absatz 1 Satz 5 für Beamte in der Probezeit zulassen, soweit nicht die Gefahr besteht, daß der Zweck der Probezeit hierdurch beeinträchtigt wird.

§ 44 Schutz der Mitglieder

Über den Kündigungsschutz nach § 108 Bundespersonalvertretungsgesetz und § 15 Kündigungsschutzgesetz hinaus dürfen Mitglieder des Personalrats gegen ihren Willen nur versetzt oder abgeordnet werden, wenn dies auch unter Berücksichtigung der Mitgliedschaft im Personalrat aus wichtigen dienstlichen Gründen unvermeidbar ist und der Personalrat zustimmt; das gleiche gilt bei der Übertragung eines anderen Arbeitsgebietes.

이전에 연소자·직업훈련생대표자를 지낸 적이 없는 직원은
총 4주간의 제1문에 따른 청구권을 갖는다.

제43조 근무면제

① 상시적으로 다음과 같은 직원이 있는 공공관서의 경우 다음과 같이 자신의 직무상 활동에서,
300명~500명의 경우 1명의 직원평의회구성원이,
601명~1,000명의 경우 2명의 직원평의회구성원이,
1,001명~2,000명의 경우 3명의 직원평의회구성원이,
2,001명~3,000명의 경우 4명의 직원평의회구성원이,
3,001명~4,000명의 경우 5명의 직원평의회구성원이,
4,001명~5,000명의 경우 6명의 직원평의회구성원이,
5,001명~6,000명의 경우 7명의 직원평의회구성원이,
6,001명~7,000명의 경우 8명의 직원평의회구성원이,
7,001명~8,000명의 경우 9명의 직원평의회구성원이,
8,001명~9,000명의 경우 10명의 직원평의회구성원이,
9,001명~10,000명의 경우 11명의 직원평의회구성원이 근무면제를 받아야 한다.
10,000명을 초과하는 직원이 있는 공공관서의 경우에 추가되는 2,000명의 직원당 1명꼴로 추가로 근무면제가 이뤄져야 한다. 근무면제를 정함에 있어 집단을 적절하게 고려해야 한다. 근무면제는 직업적 경력에 대한 불이익을 초래해서는 안 된다. 실습 중인 공무원(Beamte im Vorbereitungsdienst), 준비기간 중의 공무원(Beamte in der Einführungszeit), 시용기간 중의 공무원(Beamte in der Probezeit)과 기타 직업훈련 중인 직원은 근무면제를 받을 수 없다. 제42조 제2항 제1문을 준용한다. 보너스, 할증임금 및 기타 보수는 그 직원평의회구성원이 근무면제를 받지 않았더라면 받을 정도로 계속적으로 지급되어야 한다.

② 최상급행정관청은 공공관서의 규모와 종류에 따라(nach Umfang und Art der Dienststelle) 직원평의회의 원활한 임무수행에 필요한 경우에 그 범위 내에서 제43조 제1항 제1문, 제2문의 예외를 허용할 수 있다. 또한 최상급행정관청은 그 예외의 허용에 의하여 시용의 목적이 침해된다는 위험이 없는 한 시용 중인 공무원에 대하여 제43조 제1항 제5문의 예외를 허용할 수 있다.

제44조 구성원에 대한 보호

그것이 직원평의회 구성원자격을 고려하더라도 중대한 직무상 이유에서 불가피하고 직원평의회가 동의를 한 경우에, 연방직원대표법(Bundespersonalvertretungsgesetz) 제108조, 해고보호법 제15조(Kündigungsschutzgesetz)에 따른 해고보호에 위반하여 직원평의회구성원은 자신의 의사에 반하여 배치전환되거나 파견되어서는 안 된다; 다른 업무지역으로 보내는 경우(bei der Übertragung eines anderen Arbeitsgebietes)에도 또한 같다.

## Abschnitt III Personalversammlung

§ 45 Allgemeines

(1) Die Personalversammlung besteht aus den Dienstkräften der Dienststelle. Sie wird, abgesehen von den Fällen des § 17 Abs. 3 und des § 19, vom Vorsitzenden des Personalrats geleitet.

(2) Kann nach den dienstlichen Verhältnissen eine gemeinsame Versammlung aller Dienstkräfte nicht stattfinden, so sind Teilversammlungen abzuhalten.

§ 46 Nichtöffentlichkeit

(1) Die Personalversammlung ist nicht öffentlich.

(2) Beauftragte der im Personalrat vertretenen Gewerkschaften dürfen an der Personalversammlung beratend teilnehmen.

(3) Der Vertreter der Dienststelle kann an der Personalversammlung teilnehmen. An Versammlungen, die auf seinen Wunsch einberufen sind oder zu denen er ausdrücklich eingeladen ist, hat er teilzunehmen. Nimmt der Vertreter der Dienststelle an der Personalversammlung teil, so kann er Beauftragte der Arbeitgebervereinigungen hinzuziehen, in denen die Dienststelle vertreten ist. Satz 1 gilt für Beauftragte des Hauptpersonalrats und des zuständigen Gesamtpersonalrats entsprechend.

(4) Die Absätze 2 und 3 Satz 3 und 4 finden auf Personalversammlungen der Verfassungsschutzabteilung bei der Senatsverwaltung für Inneres keine Anwendung.

§ 47 Einberufung

(1) Der Personalrat hat mindestens einmal in jedem Kalenderjahr in einer Personalversammlung einen Tätigkeitsbericht zu erstatten.

(2) Der Personalrat ist berechtigt und auf Wunsch der Dienststelle oder eines Viertels der wahlberechtigten Dienstkräfte verpflichtet, eine Personalversammlung einzuberufen und den Gegenstand, dessen Beratung beantragt ist, auf die Tagesordnung zu setzen.

§ 48 Durchführung

Die Personalversammlung findet während der Arbeitszeit statt, soweit nicht zwingende dienstliche Gründe entgegenstehen. Die Teilnahme an Personalversammlungen während der Arbeitszeit hat keine Minderung der Bezüge einschließlich Zulagen, Zuschlägen und sonstigen Entschädigungen zur Folge. Zum Ausgleich der durch die Personalversammlung ausgefallenen Arbeitszeit darf Vor- oder Nacharbeit nur bei unabweisbarem Bedürfnis angeordnet werden; sie ist nach den bestehenden Vorschriften abzugelten. § 21 Satz 3 bis 5 gilt entsprechend.

§ 49 Beratungsgegenstände

Die Personalversammlung kann dem Personalrat Anträge unterbreiten und zu seinen Beschlüssen

## 제3장 직원총회

제45조 총칙

① 직원총회는 공공관서의 직원들로 구성된다. 직원총회는, 제17조 제3항, 제19조를 제외하고 직원평의회의장이 주재한다.

② 직무상 사정으로 인해 모든 직원의 공동의 총회가 개최될 수 없는 경우에, 일부직원총회가 개최되어야 한다.

제46조 회의의 비공개

① 직원총회는 비공개로 한다.

② 직원평의회에서 대표되는 노동조합 대리인(Beauftragte der im Personalrat vertretenen Gewerkschaften)은 직원총회에 옵서버로 참석해도 된다.

③ 공공관서의 대리인은 직원총회(Personalversammlung)에 참석할 수 있다. 그 대리인의 요구로 소집하거나 명시적으로 소환된 직원총회에 그 대리인은 참석한다. 공공관서의 대리인이 참석하는 경우에, 그는 그 공공관서가 가입한 사용자단체의 대리인(Beauftragte der Arbeitgebervereinigungen)도 참석하게 할 수 있다. 최상급직원평의회의 대리인과 관할 전체직원평의회에 대해서도 제1문을 준용한다.

④ 제46조 제2항, 제3항 제3문, 제4문은 내무부 헌법보호국(Verfassungsschutzabteilung bei der Senatsverwaltung für Inneres)의 직원총회에 대해서는 적용하지 않는다.

제47조 직원총회 소집

① 직원평의회가 역년마다(in jedem Kalenderjahr) 한 차례 직원총회(Personalversammlung)에서 활동보고를 한다.

② 직원평의회는 직원총회를 소집할 수 있고 직원의 1/4이 요구하는 경우에는 이를 소집할 의무가 있으며, 또 논의 의안으로 신청된 의안을 의사일정에 포함시킬 수 있으며 직원의 1/4이 요구하는 경우에는 그 의안(Gegenstand)을 의사일정에 포함시킬 의무가 있다.

제48조 총회의 진행

급박한 직무상 사유가 없는 한, 직원총회는 근무시간 중에 개최된다. 근무시간 중에 직원총회에 참석하는 것으로 보너스, 할증임금 및 기타 보수(Zulagen, Zuschlägen und sonstigen Entschädigungen)를 포함하여 보수가 감액되지 않는다. 직원총회로 인하여 결손된 근무시간을 벌충하기 위하여(Zum Ausgleich der durch die Personalversammlung ausgefallenen Arbeitszeit) 불가피한 필요가 있는 경우에 한하여 사전작업 또는 시간외작업(Vor- oder Nacharbeit)이 명령된다; 그에 대하여는 현행 규정에 따라 보수가 지급되어야 한다. 제21조 제3문 내지 제5문을 준용한다.

제49조 논의안건

직원총회는 직원평의회(Personalrat)에 의안(Anträge)을 제출할 수 있고 직원평의회 결의에

Stellung nehmen. Sie kann alle Angelegenheiten behandeln, die zur Zuständigkeit des Personalrats gehören, insbesondere Tarif-, Besoldungs- und Sozialangelegenheiten. § 70 Abs.2 Satz 1 gilt für die Personalversammlung entsprechend.

## Abschnitt IV Gesamtpersonalrat und Hauptpersonalrat

1. Gesamtpersonalrat

§ 50 Bildung

(1) Ein Gesamtpersonalrat ist zu bilden für

1. den Geschäftsbereich der Polizeibehörde,
2. die Gesamtheit der der Senatsverwaltung für Justiz unterstehenden Gerichte und Behörden der Staats- und Amtsanwaltschaft, des Justizvollzugs und der Sozialen Dienste der Justiz, soweit sie nicht nach § 5 Absatz 2 Nummer 4 als Dienststelle gelten,
3. die Finanzämter,
4. jede Universität,
5. die Berliner Stadtreinigungsbetriebe (BSR), die Berliner Verkehrsbetriebe (BVG) und die Berliner Wasserbetriebe (BWB),
6. die Dienststellen nach Nummer 12 Buchstabe a der Anlage zu § 5 Abs. 1.

(2) Sind Bestandteile von Dienststellen nach § 6 Abs. 1 zu Dienststellen erklärt worden, so können die einzelnen Personalräte mit Zustimmung der obersten Dienstbehörde, der für das Personalvertretungsrecht zuständigen Senatsverwaltung und, soweit es sich um Behörden, Gerichte und nichtrechtsfähige Anstalten des Landes Berlin handelt, des Hauptpersonalrats einen Gesamtpersonalrat bilden. Der Beschluß zur Bildung des Gesamtpersonalrats bedarf der Zustimmung der Personalräte, und zwar jeweils so vieler Dienststellen, wie zwei Dritteln der vertretenen Dienstkräfte entspricht.

(3) Sind im Bereich einer Körperschaft, Anstalt oder Stiftung des öffentlichen Rechts mehrere Dienststellen vorhanden, so kann mit Zustimmung des jeweils zuständigen Verwaltungsorgans ein Gesamtpersonalrat gebildet werden. Der Beschluß zur Bildung des Gesamtpersonalrats bedarf der Zustimmung der Personalräte aller Dienststellen.

§ 51 Wahl

(1) Zur Wahl des Gesamtpersonalrats bilden die Angehörigen der Gruppen der betroffenen Dienststellen je einen Wahlkörper, es sei denn, daß die Dienstkräfte jeder Gruppe in getrennter, geheimer Abstimmung die gemeinsame Wahl beschließen.

(2) Der Wahlvorstand wird, wenn ein Gesamtpersonalrat nicht besteht, von den Personalräten des Geschäftsbereichs, für den der Gesamtpersonalrat gewählt werden soll, gemeinsam bestellt.

의견을 표명할 수 있다. 직원총회는 직원평의회의 관할에 속하는 모든 사안을 다룰 수 있고 특히 단체협약사항·보수사항·사회적 사항을 다룰 수 있다.
제70조 제2항 제1문을 직원총회에 준용한다.

## 제4장 전체직원평의회와 최상급직원평의회

### 제1절 전체직원평의회

제50조 조직

① 다음 각 호에 전체직원평의회가 조직되어야 한다,

1. 경찰청의 업무영역,
2. 제5조 제2항 제4호에 따라 공공관서로 보지 않는 경우에 법무부(Senatsverwaltung für Justiz)에 관할에 속하는 법원, 주검찰청·지방검찰청(Staats- und Amtsanwaltschaft), 교정청(Justizvollzug), 보호관찰소(Justizvollzugs und der Sozialen Dienste der Justiz)의 전체 기관,
3. 세무서,
4. 각 대학교
5. 베를린청소공단(Berliner Stadtreinigungsbetriebe), 베를린교통공단(Berliner Verkehrsbetriebe), 베를린수도공단(Berliner Wasserbetriebe),
6. 제5조 제1항에 대한 부록 제12호 a)목에 따른 공공관서

② 제6조 제1항에 따른 공공관서의 부속기관(Bestandteile)을 (별개의) 공공관서로 보는 경우에, 각 직원평의회는 그 직원대표법을 관할하는 주정부부처상급행정관청(obersten Dienstbehörde, der für das Personalvertretungsrecht zuständigen Senatsverwaltung)과, 베를린주의 행정관청, 법원 및 권리능력 없는 영조물(Behörden, Gerichte und nichtrechtsfähige Anstalten des Landes Berlin)에 해당하는 때에는 최상급직원평의회의 동의를 얻어, 전체직원평의회를 조직할 수 있다.

③ 공법상 사단, 영조물 또는 재단의 영역에 수개의 공공관서가 있는 경우에, 각각의 관할 행정기관의 동의를 얻어 전체직원평의회가 조직될 수 있다. 전체직원평의회 조직에 관한 결의는 모든 공공관서에 속한 직원평의회의 동의를 필요로 한다.

제51조 선거

① 전체직원평의회의 선거를 위하여 해당 공공관서의 집단에 속한 사람들은 1개씩의 선거위원회(Wahlkörper)를 조직하고, 다만 각 집단이 분리·비밀투표로 공동선거를 결의한 경우에는 그러하지 아니하다.

② 그 선거위원회는, 전체직원평의회가 없는 경우에는 전체직원평의회가 선거로 구성되어야 하는 업무영역의 직원평의회에 의해 공동으로 구성된다.

In den Fällen des § 18 und des § 19 bestellt die oberste Dienstbehörde den Wahlvorstand.
(3) Die Wahl kann von mindestens 20 Wahlberechtigten angefochten werden. Im übrigen gelten die §§ 12 bis 16, § 17 Abs. 1 und §§ 20 bis 22 über Wahl und Wahlanfechtung entsprechend.

§ 52 Amtszeit und Geschäftsführung
Für die Amtszeit und die Geschäftsführung des Gesamtpersonalrats gelten die §§ 23 bis 34, die §§ 37 bis 42 und § 44 entsprechend.

§ 53 Freistellungen
Von ihrer dienstlichen Tätigkeit sind auf Antrag des Gesamtpersonalrats freizustellen im Bereich eines Gesamtpersonalrats mit in der Regel
2001 bis 4000 Dienstkräften ein Mitglied des Gesamtpersonalrats,
4001 bis 6000 Dienstkräften zwei Mitglieder des Gesamtpersonalrats,
6001 bis 10000 Dienstkräften drei Mitglieder des Gesamtpersonalrats.
Gehören zum Geschäftsbereich des Gesamtpersonalrats mehr als 10000 Dienstkräfte, so ist für je weitere angefangene 5000 Dienstkräfte ein weiteres Mitglied des Gesamtpersonalrats vom Dienst freizustellen. § 42 Abs. 3 und 4 und § 43 Abs. 1 Satz 3 bis 7 und Abs. 2 gelten entsprechend.

§ 54 Zuständigkeit
(1) Der Gesamtpersonalrat ist zuständig für die Beteiligung an Angelegenheiten, die mehrere Dienststellen seines Geschäftsbereichs betreffen. Er hat die Personalräte bei der Durchführung ihrer Aufgaben zu beraten und zu unterstützen. Die Personalräte können dem Gesamtpersonalrat mit dessen Zustimmung ihnen obliegende Aufgaben und Befugnisse übertragen; dies gilt nicht für Einzelpersonalangelegenheiten, soweit sie nicht von grundsätzlicher Bedeutung sind. § 50 Abs. 2 Satz 2 gilt entsprechend.
(2) Für Versetzungen und Ausschreibungen bei der für das Schulwesen zuständigen Senatsverwaltung ist der Gesamtpersonalrat zuständig.

2. Hauptpersonalrat

§ 55 Bildung
(1) Die Dienstkräfte der Behörden, der Gerichte und der nichtrechtsfähigen Anstalten des Landes Berlin wählen einen Hauptpersonalrat.
(2) Der Hauptpersonalrat besteht aus 31 Mitgliedern. Jede Gruppe muß entsprechend der Zahl ihrer wahlberechtigten Angehörigen, mindestens jedoch mit einem Mitglied, im Hauptpersonalrat vertreten sein.

§ 56 Wahl

제18조, 제19조의 경우에 최상급행정관청이 선거위원회를 구성한다.

③ 최소한 선거권이 있는 20명 이상의 직원들은 선거취소를 제기할 수 있다. 또한 제12조 내지 제16조, 제17조 제1항, 제20조 내지 제22조를 그 선거 및 선거취소에 대해 준용한다.

제52조 임기와 사무처리

직원평의회의 임기와 사무처리에 대하여 제23조 내지 제34조, 제37조 내지 제42조, 제44조를 준용한다.

제53조 근무면제

상시적으로 다음과 같은 직원이 있는 전체직원평의회의 영역의 경우 전체직원평의회의 신청에 따라 다음과 같이 자신의 직무상 활동에서,

2,001명~4,000명의 경우 1명의 전체직원평의회구성원이,

4,001명~6,000명의 경우 2명의 전체직원평의회구성원이,

6,001명~10,000명의 경우 3명의 전체직원평의회구성원이 근무면제를 받아야 한다.

10,000명을 초과하는 직원이 전체직원평의회의 업무영역에 있는 경우에 추가되는 5,000명의 직원당 1명꼴로 추가로 근무면제가 되어야 한다. 제42조 제3항, 제4항, 제43조 제1항 제3문 내지 제7문, 제2항을 준용한다.

제54조 관할

① 전체직원평의회는 자신의 업무영역에 속한 다수의 공공관서에 관련된 사안에 대한 의사결정참가를 관할한다. 전체직원평의회는 자신의 임무수행에 있어 직원평의회와 협의해야 하고 이를 지원해야 한다. 직원평의회는 전체직원평의회의 동의를 얻어 자신에게 속한 임무와 권한을 전체직원평의회에 이양(移讓)할 수 있다; 이는 중차대한 의미를 지니지 않는 한(soweit sie nicht von grundsätzlicher Bedeutung sind), 개별적 인사사안(Einzelpersonalangelegenheiten)에 적용하지 않는다. 제50조 제2항 제2문를 준용한다.

② 전체직원평의회가 학교제도를 관할하는 주정부부처에서(bei der für das Schulwesen zuständigen Senatsverwaltung) 배지전환과 공고에 대하여 관할한다.

제2절 최상급직원평의회

제55조 구성

① 베를린주의 행정관청, 법원 및 권리능력 없는 영조물에 속한 직원은 최상급직원평의회를 선거로 구성한다.

② 최상급직원평의회는 31명의 구성원으로 구성된다. 각 집단은 최상급직원평의회에서 선거권이 있는 직원수비율로(entsprechend der Zahl ihrer wahlberechtigten Angehörigen) 대표되어야 하고, 그럼에도 최소한 1명 이상으로 대표되어야 한다.

제56조

(1) Der Wahlvorstand wird, wenn ein Hauptpersonalrat nicht besteht, von der für das Personalvertretungsrecht zuständigen Senatsverwaltung nach § 18 bestellt.

(2) Die Wahl zum Hauptpersonalrat kann von mindestens 100 Wahlberechtigten angefochten werden. Im übrigen gelten § 12, § 13, § 15 Abs. 2, § 16, § 17 Abs. 1 und die §§ 20 bis 22 über die Wahl und Wahlanfechtung entsprechend.

§ 57 Amtszeit und Geschäftsführung

Für die Amtszeit und die Geschäftsführung des Hauptpersonalrats gelten die §§ 23 bis 25, § 26 (mit Ausnahme der Nr. 4), die §§ 27 bis 30, § 31 (mit Ausnahme des Absatzes 2 Satz 1 und 2), die §§ 32 bis 34, § 37 Abs. 1 und 2 Satz 2, die §§ 38 bis 42 und § 44 mit folgenden Maßgaben:

1. Das Antragsrecht der Dienststelle nach § 30 Abs. 3 entfällt.
2. Die in § 40 Abs. 1 und 2 genannten Verpflichtungen obliegen der für das Personalvertretungsrecht zuständigen Senatsverwaltung.

§ 58 Freistellungen

Der Vorsitzende des Hauptpersonalrats und 12 Vorstandsmitglieder sind auf Antrag des Hauptpersonalrats vom Dienst freizustellen. Dabei ist jede Gruppe entsprechend der Zahl ihrer wahlberechtigten Angehörigen zu berücksichtigen. § 43 Abs. 1 Satz 4 bis 7 und Abs. 2 Satz 2 gilt entsprechend.

§ 59 Zuständigkeit

Der Hauptpersonalrat ist zuständig für die Beteiligung an Angelegenheiten, die über den Geschäftsbereich eines Personalrats oder, soweit ein Gesamtpersonalrat besteht, über dessen Geschäftsbereich hinausgehen. Er hat die Personalräte und Gesamtpersonalräte bei der Wahrnehmung ihrer Aufgaben und Befugnisse zu beraten und zu unterstützen. Die Personalräte und Gesamtpersonalräte können dem Hauptpersonalrat mit dessen Zustimmung ihnen obliegende Aufgaben und Befugnisse übertragen; dies gilt nicht für Einzelpersonalangelegenheiten, soweit sie nicht von grundsätzlicher Bedeutung sind. § 50 Absatz 2 Satz 2 gilt entsprechend.

**Abschnitt V Jugend- und Auszubildendenvertretung und Jugend- und Auszubildendenversammlung**

§ 60 Bildung

Jugend- und Auszubildendenvertretungen sind zu bilden

1. in Dienststellen, bei denen ein Personalrat gebildet ist und in denen mindestens fünf wahlberechtigte Dienstkräfte (§ 61 Abs. 1) beschäftigt sind; dies gilt nicht in den Fällen des § 5 Abs. 2 Nr. 4 und Nr. 12 Buchstabe c der Anlage zu § 5 Abs. 1,

① 최상급직원평의회가 존재하지 않는 경우에 선거위원회가 직원대표법을 관할하는 제18조에 따른 주정부부처를 구성한다.

② 선거취소는 선거권이 있는 직원의 100명 이상에 의해 제기될 수 있다. 또한 제12조, 제13조, 제15조 제2항, 제16조, 제17조 제1항, 제20조 내지 제22조를 그 선거 및 선거취소(Wahl und Wahlanfechtung)에 준용한다.

제57조 임기 및 사무처리

최상급직원평의회의 임기 및 사무처리에 대하여(Für die Amtszeit und die Geschäftsführung des Hauptpersonalrats) 제23조 내지 제25조, 제26조(동조 제4호 제외), 제27조 내지 제30조, 제31조(동조 제2항 제1문, 제2문 제외), 제32조 내지 제34조, 제37조 제1항, 제2항 제2문, 제38조 내지 제42조, 제44조를 다음과 같은 기준하에 준용한다:

1. 제30조 제3항에 따른 공공관서의 신청권은 적용하지 않는다.
2. 제40조 제1항, 제2항상의 의무는 직원대표법을 관할하는 주정부부처(der für das Personalvertretungsrecht zuständigen Senatsverwaltung)가 부담한다.

제58조 근무면제

최상급행정관청의 신청이 있는 경우 최상급행정관청의 의장과 12명의 그 이사회구성원은 근무면제를 받아야 한다. 이 경우 각 집단은 선거권이 있는 구성원수 비율대로(entsprechend der Zahl ihrer wahlberechtigten Angehörigen) 고려되어야 한다. 제43조 제1항 제4문 내지 제7문, 제2항 제2문을 준용한다.

제59조 관할

최상급직원평의회는 한 직원평의회의 업무영역을 넘어서거나, 전체직원평의회가 있는 경우에 전체직원평의회의 업무영역을 넘어서는 사안에 대한 의사결정참가를 관할한다(ist zuständig für die Beteiligung an Angelegenheiten). 최상급직원평의회는 자신의 임무와 권한 행사시 직원평의회 및 전체직원평의회와 협의해야 하고 이를 지원해야 한다. 직원평의회와 전체직원평의회는 최상급직원평의회에게 그 동의를 얻어 자신들에게 속한 임무와 권한(obliegende Aufgaben und Befugnisse)을 전체직원평의회에 이양할 수 있다. 이는 중차대한 의미를 지니지 않는 한, 개별적 인사사안에 적용하지 않는다. 제50조 제2항 제2문을 준용한다.

## 제5장 연소자·직업훈련생대표단과 연소자·직업훈련생총회

제60조 조직

연소자·직업훈련생대표단은 다음 각 호의 경우에 조직되어야 한다,

1. 직원평의회가 조직되어 있고 5명 이상의 선거권이 있는 제61조 제1항상의 직원이 고용된 공공관서; 이는 제5조 제2항 제4호, 제5조 제1항에 대한 부록(Anlage) 제12호 c호의 경우에 적용하지 않는다,

2. in der Berufsfachschule für Bauhandwerker des Oberstufenzentrums Bautechnik/Holztechnik mit Auszubildenden im Sinne des Berufsbildungsgesetzes,
3. beim Berufsamt Berlin und
4. beim Jugendausbildungszentrum beim Bezirksamt Zehlendorf.

§ 61 Wahlberechtigung und Wählbarkeit

(1) Wahlberechtigt sind die Dienstkräfte, die am Wahltage das 18. Lebensjahr noch nicht vollendet haben (jugendliche Dienstkräfte), und die auszubildenden Dienstkräfte, die am Wahltage das 27. Lebensjahr noch nicht vollendet haben.

(2) Wählbar sind Dienstkräfte, die am Wahltage das 27. Lebensjahr noch nicht vollendet haben. § 12 Abs. 2, § 13 Abs. 1 Satz 2 und Abs. 3 gelten entsprechend.

§ 62 Mitgliederzahl

(1) Die Jugend- und Auszubildendenvertretung besteht in Dienststellen mit in der Regel
5 bis 20 wahlberechtigten Dienstkräften aus einer Person,
21 bis 50 wahlberechtigten Dienstkräften aus drei Mitgliedern,
51 bis 100 wahlberechtigten Dienstkräften aus fünf Mitgliedern,
101 bis 200 wahlberechtigten Dienstkräften aus sieben Mitgliedern,
201 bis 300 wahlberechtigten Dienstkräften aus neun Mitgliedern.
Bei mehr als 300 Wahlberechtigten erhöht sich die Anzahl der Mitglieder für jeweils weitere angefangene 200 Wahlberechtigte um je zwei weitere Mitglieder; die Höchstzahl beträgt 15 Mitglieder.

(2) Die Jugend- und Auszubildendenvertretung soll sich nach Möglichkeit aus Vertretern der verschiedenen Beschäftigungsarten der der Dienststelle angehörenden Wahlberechtigten zusammensetzen.

(3) Die Geschlechter sollen in der Jugend- und Auszubildendenvertretung entsprechend ihrem zahlenmäßigen Verhältnis vertreten sein.

§ 63 Wahl- und Amtszeit

(1) Der Personalrat bestimmt im Einvernehmen mit der Jugend- und Auszubildendenvertretung den Wahlvorstand und seinen Vorsitzenden. Im übrigen gelten § 16 Abs. 1, 3 bis 5, § 17 Abs. 1 Satz 3, § 20 Satz 1, §§ 21 und 22 über die Wahl und Wahlanfechtung entsprechend.

(2) Die regelmäßige Amtszeit der Jugend- und Auszubildendenvertretung beträgt zwei Jahre und endet spätestens am 31. Mai des Jahres, in dem nach Satz 2 die regelmäßigen Wahlen der Jugend- und Auszubildendenvertretungen stattfinden. Die regelmäßigen Wahlen finden alle zwei Jahre in der Zeit vom 1. März bis zum 31. Mai statt. Die Mitgliedschaft in der Jugend- und Auszubildendenvertretung erlischt nicht dadurch, daß ein Mitglied im Laufe der Amtszeit das 27. Lebensjahr vollendet. § 23 Satz 2, § 24 Abs. 1 Satz 2 Nr. 2 bis 4, Satz 3 und Absatz 4 und die §§ 25 bis 28 gelten sinngemäß.

2. 직업훈련법상의 직업훈련생이 있는 '건축기술/목재기술고급과정센터'(Oberstufenzentrums Bautechnik/Holztechnik)에 속한 건축노동자에 대한 직업학교,
3. 베를린직업청(Berufsamt Berlin),
4. 찰렌도르프(Zehlendorf)구청의 연소자직업교육센터.

제61조 선거권과 피선거권

① 선거일 기준으로 만 18세 미만의 직원(연소직원)과 선거일 기준으로 만 27세에 달하지 않은 직업훈련생(Dienstkräfte, die am Wahltage das 27. Lebensjahr noch nicht vollendet haben)은 선거권을 갖는다.

② 선거일 기준으로 만 27세 미만의 직원은 피선거권을 갖는다. 제12조 제2항, 제13조 제1항 제2문, 제3항을 준용한다.

제62조 구성원수

① 상시적으로 다음의 직원이 있는 공공관서의 경우 다음과 같이,
직원 5명~20명이 있는 경우에 1명의 연소자·직업훈련생대표자로,
직원 21명~50명이 있는 경우에 3명의 연소자·직업훈련생대표자로,
직원 51명~100명이 있는 경우에 5명의 연소자·직업훈련생대표자로,
직원101명~200명이 있는 경우에 7명의 연소자·직업훈련생대표자로,
직원 201명~300명이 있는 경우에 9명의 연소자·직업훈련생대표자로 연소자·직업훈련생대표단이 구성된다. 300명을 초과하는 직원이 있는 공공관서의 경우에 추가되는 200명의 직원당 2명꼴로(um je zwei weitere Mitglieder) 구성원수가 추가로 증가된다; 그 구성원의 상한(Höchstzahl)은 15이다.

② 연소자·직업훈련생대표단은 가능한 한 공공관서에 속한 선거권자들(Wahlberechtigten)의 다양한 고용형태의 대표자들로 구성된다.

③ 각 성은 연소자·직업훈련생대표단에서 그 수에 비례하여 대표되어야 한다.

제63조 선거시기와 임기

① 직원평의회는 연소자·직업훈련생대표단과 협의하여 선거위원회를 구성한 다음 그 위원장을 임명한다. 또한 제16조 제1항, 제3항 내지 제5항, 제17조 제1항 제3문, 제20조 제1문, 제21조, 제22조를 그 선거와 선거취소에 준용한다.

② 연소자·직업훈련생대표단(regelmäßige Amtszeit der Jugend- und Auszubildendenvertretung)의 통상적인 임기는 2년이고, 그 임기는 늦어도 연소자·직업훈련생대표단의 정례적 선거가 실시되는 해의 5월 31일에 만료된다. 그 정례적인 선거는 2년마다 3월 1일부터 5월 31일까지의 기간에 실시된다. 연소자·직업훈련생대표단 구성원자격(Mitgliedschaft in der Jugend- und Auszubildendenvertretung)은, 임기 중에 어느 구성원이 만 27세에 달함으로써 소멸하지 않는다. 제23조 제2문, 제24조 제1항 제2문 제2호 내지 제4호, 제3문, 제4항, 제25조 내지 제28조를 준용한다.

(3) Besteht die Jugend- und Auszubildendenvertretung aus drei oder mehr Mitgliedern, so wählt sie aus ihrer Mitte einen Vorsitzenden und dessen Stellvertreter.

§ 64 Freistellungen

(1) Auf Antrag der Jugend- und Auszubildendenvertretung sind von ihrer dienstlichen Tätigkeit freizustellen in Dienststellen mit in der Regel

150 bis 600 wahlberechtigten Dienstkräften (§ 61 Abs. 1) ein Mitglied,

über 600 wahlberechtigten Dienstkräften zwei Mitglieder.

Anstelle von Vollfreistellungen können im entsprechenden zeitlichen Umfang auch Teilfreistellungen vorgenommen werden.

(2) Freistellungen können nur für Mitglieder vorgenommen werden, die sich nicht mehr in der Ausbildung oder in der Einführung befinden. Im übrigen dürfen Freistellungen von Beamten in der Probezeit nur vorgenommen werden, soweit nicht die Gefahr besteht, daß der Zweck der Probezeit dadurch beeinträchtigt wird.

(3) Auf Antrag der Jugend- und Auszubildendenvertretung können abweichend von Absatz 1 Satz 1 weitere Freistellungen vorgenommen werden, wenn und soweit es nach Umfang und Art der Dienststelle zur ordnungsgemäßen Durchführung der Aufgaben der Jugend- und Auszubildendenvertretung erforderlich ist; die Entscheidung trifft die Dienstbehörde (§ 7), außerhalb der Bezirksverwaltungen im Einvernehmen mit der obersten Dienstbehörde (§ 8).

(4) § 43 Abs. 1 Satz 4, 6 und 7 gilt entsprechend.

§ 65 Aufgaben

(1) Die Jugend- und Auszubildendenvertretung hat folgende allgemeine Aufgaben:

1. Maßnahmen, die den jugendlichen und auszubildenden Dienstkräften dienen, insbesondere in Fragen der Berufsbildung und der Übernahme in ein Arbeitsverhältnis, gemeinsam mit dem Personalrat zu beantragen;
2. darüber zu wachen, daß die zugunsten der jugendlichen und auszubildenden Dienstkräfte geltenden Gesetze, Verordnungen, Unfallverhütungsvorschriften, Tarifverträge, Dienstvereinbarungen und Verwaltungsanordnungen durchgeführt werden;
3. Anregungen und Beschwerden von jugendlichen und auszubildenden Dienstkräften, insbesondere bezüglich ihrer Belange als jugendliche weibliche Beschäftigte und in Fragen der Berufsbildung, entgegenzunehmen und, falls sie berechtigt erscheinen, gemeinsam mit dem Personalrat auf eine Erledigung hinzuwirken; die Jugend- und Auszubildendenvertretung hat betroffene jugendliche und auszubildende Dienstkräfte über den Stand und das Ergebnis der Verhandlungen zu informieren.

(2) Die Zusammenarbeit der Jugend- und Auszubildendenvertretung mit dem Personalrat bestimmt

③ 연소자·직업훈련생대표단이 3명 이상으로 구성되는 경우에 연소자·직업훈련생대표단은 그 구성원 중에서 1명의 의장과 그 부의장을 선출한다.

제64조 근무면제

① 연소자·직업훈련생대표단의 신청에 따라 상시적으로 다음과 같은 직원이 있는 공공관서에서 다음과 같이 자신의 직무상 활동에서,
선거권이 있는 제61조 제1항상의 직원이 150명~600명인 경우 1명의 그 구성원이,
선거권이 있는 제61조 제1항상의 직원이 600명을 초과하는 경우 2명의 그 구성원이 근무면제를 받아야 한다. 전면적 근무면제 대신에(Anstelle von Vollfreistellungen) 상응하는 시간 범위 내에서 일부근무면제(Teilfreistellungen)도 이뤄질 수 있다.
② 근무면제는 더 이상 직업훈련 중에 있지 않거나 준비기간에 있지 않은 구성원을 위해서만 이뤄질 수 있다. 또한 시용 중인 공무원에 대한 근무면제(reistellungen von Beamten in der Probezeit)는 그 근무면제로 인하여 시용(試用)의 목적이 침해될 위험이 없는 경우에 한하여 이뤄진다.
③ 연소자·직업훈련생대표단의 신청이 있는 경우 제64조 제1항 제1문과 달리 추가적인 근무면제가, 공공관서의 범위와 종류에 따라 연소자·직업훈련생대표단의 원활한 임무수행을 위하여 필요한 경우 공공관서의 범위와 종류에 따라 이뤄질 수 있다: 상급행정관청(제7조)가 이에 대하여 결정하고, 그밖에 경우에는 구(區)행정기관이 최상급행정관청(제8조)와 협의하여 결정한다.
④ 제43조 제1항 제4문, 제6문, 제7문을 준용한다.

제65조

① 연소자·직업훈련생대표단은 다음 각 호의 일반적인 임무는 갖는다:
1. 연소자·직업훈련생인 직원에 기여하는 조치, 특히 직업훈련 문제와 근로관계로의 인수 문제(in Fragen der Berufsbildung und der Übernahme in ein Arbeitsverhältnis)를 직원평의회와 공동으로 신청하는 것;
2. 연소자·직업훈련생인 직원을 위하여 적용되는 법률, 명령, 산업재해보호규정, 단체협약, 근무협정(Dienstvereinbarungen) 및 행정명령(Verwaltungsanordnungen)이 집행되는지에 대하여 감시하는 것;
3. 연소자·직업훈련생인 직원의 제안과 고충제기(Anregungen und Beschwerde), 특히 여성 연소직원으로서의 이익에 관련된 것과 직업훈련 문제에 관하여 제안과 이의제기를 받은 다음, 그것이 정당한 것으로 보이는 경우에 직원평의회와 공동으로 이를 처리하도록 노력하는 것; 연소자·직업훈련생단은 해당 연소자·직업훈련생인 직원에게(betroffene jugendliche und auszubildende Dienstkräfte) 평의의 상황과 결과에 관하여(über den Stand und das Ergebnis der Verhandlungen) 정보를 제공해야 한다.

② 연소자·직업훈련생대표단의 직원평의회와의 협력(Zusammenarbeit協力)은 제30조 제3항,

sich nach § 30 Abs. 3, §§ 34 und 35. Sie bezieht sich auf die in §§ 85 bis 88 und § 90 genannten Angelegenheiten, soweit sie jugendliche und auszubildende Dienstkräfte betreffen.

(3) Zur Durchführung ihrer Aufgaben ist die Jugend- und Auszubildendenvertretung durch den Personalrat und gemeinsam mit dem Personalrat durch die Dienststelle rechtzeitig und umfassend zu unterrichten. Die Jugend- und Auszubildendenvertretung kann verlangen, daß ihr der Personalrat die zur Durchführung ihrer Aufgaben erforderlichen Unterlagen zur Verfügung stellt.

(4) Die Jugend- und Auszubildendenvertretung kann nach Unterrichtung des Personalrats Arbeits- und Ausbildungsplätze begehen. Dem Personalrat ist Gelegenheit zur Teilnahme an der Begehung zu geben.

(5) Der Personalrat hat ein Mitglied der Jugend- und Auszubildendenvertretung zu den Besprechungen zwischen dem Vertreter der Dienststelle und dem Personalrat nach § 70 Abs. 1 beizuziehen; soweit Angelegenheiten behandelt werden, die jugendliche und auszubildende Dienstkräfte betreffen, kann die Jugend- und Auszubildendenvertretung teilnehmen.

(6) Die Jugend- und Auszubildendenvertretung kann nach Verständigung des Personalrats Sitzungen abhalten; § 30 Abs. 1 und 2 und § 31 Abs. 1 Satz 4 gelten sinngemäß. An den Sitzungen der Jugend- und Auszubildendenvertretung kann ein vom Personalrat beauftragtes Personalratsmitglied teilnehmen. Auf Antrag eines Viertels der Mitglieder der Jugend- und Auszubildendenvertretung hat der Vorsitzende eine Sitzung anzuberaumen und den Gegenstand, dessen Beratung beantragt ist, auf die Tagesordnung zu setzen.

§ 66 Geschäftsführung

Für die Jugend- und Auszubildendenvertretung gelten die §§ 32, 39 bis 42 und 44 sinngemäß, § 44 jedoch nicht für Mitglieder der Jugend- und Auszubildendenvertretung, die sich in der Ausbildung oder in der Probezeit befinden.

§ 67 Jugend- und Auszubildendenversammlung

Die Jugend- und Auszubildendenvertretung hat einmal in jedem Kalenderjahr eine Jugend- und Auszubildendenversammlung durchzuführen. Sie wird vom Vorsitzenden der Jugend- und Auszubildendenvertretung geleitet. Der Personalratsvorsitzende oder ein vom Personalrat beauftragtes Mitglied soll an der Jugend- und Auszubildendenversammlung teilnehmen. Die für die Personalversammlung geltenden Vorschriften sind sinngemäß anzuwenden. Außer der in Satz 1 bezeichneten Jugend- und Auszubildendenversammlung ist die Jugend- und Auszubildendenvertretung berechtigt, mindestens eine weitere, nicht auf Wunsch der Dienststelle einberufene Versammlung während der Arbeitszeit einzuberufen.

§ 68 Gesamt-Jugend- und Auszubildendenvertretung

Für die Bildung von Gesamt-Jugend- und Auszubildendenvertretungen gelten § 50, § 51 Abs. 2,

제34조, 제35조에 따라 정해진다. 그 사안이 연소자·직업훈련생인 직원이 관련되는 한, 연소자·직업훈련생대표단은 제85조 내지 제88조, 제90조상의 사안에 관여한다.
③ 연소자·직업훈련생대표단은 그 임무수행을 위하여 직원평의회에게서 또 공공관서에게서 직원평의회와 공동으로, 적시에 또 포괄적으로 통지를 받아야 한다. 연소자·직업훈련생대표단은 직원평의회에게 자신에게 그 임무수행에 필요한 서류(die zur Durchführung ihrer Aufgaben erforderlichen Unterlagen)를 제공하도록 요구할 수 있다.
④ 연소자·직업훈련생대표단은 직원평의회에서 통지를 받은 후 작업장 및 직업훈련장에 순시(巡視)할 수 있다. 직원평의회는 그 순시에 참여할 기회(Gelegenheit zur Teilnahme an der Begehung)를 부여받아야 한다.
⑤ 직원평의회는 연소자·직업훈련생대표단원을 제70조 제1항에 따른 공공관서 대리인과 직원평의회 간의 평의(Besprechungen zwischen dem Vertreter der Dienststelle und dem Personalrat)에 참석하게 해야 한다; 연소자·직업훈련생인 직원에 관련된 사안이 다뤄지는 한, 연소자·직업훈련생대표단은 참석할 수 있다.
⑥ 연소자·직업훈련생대표단은 직원평의회와 협의 후 회의를 개최할 수 있다; 제30조 제1항, 제2항, 제31조 제1항 제4문을 준용한다. 직원평의회의 위임을 받은 직원평의회구성원(ein vom Personalrat beauftragtes Personalratsmitglied)은 연소자·직업훈련생대표단 회의에 참석할 수 있다. 그 의장은 연소자·직업훈련생대표단원들 중 1/4의 신청에 따라 회의 날짜를 잡아야 하고, 그 논의안건으로 신청된 의안(Gegenstand, dessen Beratung beantragt ist)을 의사일정에 회부해야 한다.

제66조 사무처리

연소자·직업훈련생대표단에 대하여(Für die Jugend- und Auszubildendenvertretung) 제32조, 제39조 내지 제42조, 제44조를 준용하고, 제44조는 직업훈련 중이거나 시용 중인 연소자·직업훈련생대표단원에 대하여 적용하지 않는다.

제67조 연소자·직업훈련생총회

연소자·직업훈련생대표단은 역년마다 1차례 연소자·직업훈련생총회를 개최해야 한다. 연소자·직업훈련생총회는 연소자·직업훈련생대표단의장이 주재한다. 직원평의회의장과 직원평의회에게서 수임을 받은 그 구성원은 연소자·직업훈련생총회에 참석해야 한다. 직원총회에 적용되는 규정을 준용한다. 연소자·직업훈련생대표단은 제1문상의 연소자·직업훈련생총회 이외의 그 총회(Außer der in Satz 1 bezeichneten Jugend- und Auszubildendenversammlung)를 한 차례 이상 근무시간 중에 소집할 수 있고, 다만 공공관서의 요구로 소집된 그 총회(auf Wunsch der Dienststelle einberufene Versammlung)는 근무시간 중에(während der Arbeitszeit) 소집할 수 있다.

제68조 전체연소자·직업훈련생대표단

전체연소자·직업훈련생대표단의 조직(組織)에 대하여(Für die Bildung) 제50조, 제51조 제2항,

die §§ 60 bis 62 und § 63 Abs. 1 Satz 2, Abs. 2 und 3 entsprechend. Im übrigen finden § 54 und die §§ 64 bis 66 entsprechende Anwendung, § 64 Abs. 1 Satz 1 mit der Maßgabe, daß bei über 500 wahlberechtigten Dienstkräften ein Mitglied freizustellen ist.

§ 69 Haupt-Jugend- und Auszubildendenvertretung

(1) Die in § 60 genannten Dienstkräfte der Behörden, der Gerichte und der nichtrechtsfähigen Anstalten des Landes Berlin wählen eine Haupt-Jugend- und Auszubildendenvertretung. Sie besteht aus neun Mitgliedern.

(2) Die Wahl kann von mindestens 20 Wahlberechtigten angefochten werden. Im übrigen gelten für die Wahl, Geschäftsführung und Rechtsstellung § 56 Abs. 1, § 59, § 61, § 63 Abs. 1 Satz 2, Abs. 2 und 3 und die §§ 64 bis 66 entsprechend, § 64 Abs. 1 Satz 1 mit der Maßgabe, daß unabhängig von der Zahl der wahlberechtigten Dienstkräfte drei Mitglieder freizustellen sind.

## Abschnitt VI Beteiligung der Personalvertretung

### 1. Allgemeines

§ 70 Grundsätze

(1) Die Vertreter der Dienststelle und der Personalrat sollen mindestens einmal im Monat zu gemeinschaftlichen Besprechungen, an denen auch die Schwerbehindertenvertretung und die Frauenvertreterin teilnehmen können, zusammentreten. In ihnen soll auch die Gestaltung des Dienstbetriebes behandelt werden, insbesondere alle Vorgänge, die die Dienstkräfte wesentlich berühren. Der Vertreter der Dienststelle und der Personalrat haben über strittige Fragen mit dem ernsten Willen zur Einigung zu verhandeln und Vorschläge für die Beilegung von Meinungsverschiedenheiten zu machen.

(2) Dienststelle und Personalrat haben alles zu unterlassen, was geeignet ist, die Arbeit und den Frieden der Dienststelle zu gefährden. Insbesondere dürfen Dienststelle und Personalrat keine Maßnahmen des Arbeitskampfes gegeneinander durchführen. Arbeitskämpfe tariffähiger Parteien werden hierdurch nicht berührt.

(3) Dienststelle und Personalrat dürfen andere Stellen erst anrufen, nachdem eine Einigung nicht erzielt worden ist; § 2 bleibt unberührt.

§ 71 Neutralitätsgebot

(1) Dienststelle, Dienstbehörde, oberste Dienstbehörde und Personalvertretungen haben darüber zu wachen, daß alle Dienstkräfte nach Recht und Billigkeit behandelt werden, insbesondere, daß jede unterschiedliche Behandlung wegen Geschlecht, sexueller Identität, Abstammung, Religion, Nationalität, Herkunft, die freiheitliche demokratische Grundordnung bejahender politischer oder

제60조 내지 제62조, 제63조 제1항 제2문, 제2항, 제3항을 준용한다. 또한 제54조, 제64조 내지 제66조를 준용하고, 제64조 제1항 제1문은, 선거권이 있는 직원이 500명을 초과하는 경우에 1명의 그 구성원이 근무면제를 받아야 한다는 기준하에 준용한다.

제69조 최상급연소자·직업훈련생대표단

① 베를린주의 행정관청, 법원 및 권리능력이 없는 영조물의 제60조상의 직원은 최상급연소자·직업훈련생대표단(Haupt-Jugend- und Auszubildendenvertretung)을 선거로 구성한다. 그 대표단은 9명의 구성원으로 구성된다.

② 그 선거에 대해 최소한 선거권이 있는 직원 20명은 취소신청을 제기할 수 있다. 또한 그 선거, 사무처리, 법적지위에 대하여 제56조 제1항, 제59조, 제61조, 제63조 제1항 제2문, 제2항, 제3항, 제64조 내지 제66조를 준용하고, 제64조 제1항 제1문은 선거권이 있는 직원수를 불문하고 3명의 구성원이 근무면제를 받아야 한다는 기준하에 준용한다.

## 제6장 직원대표기구의 의사결정참가

제1절 총칙

제70조

① 공공관서대표자와 직원대표기구는 매월 1차례 이상 중증장애인대표단과 여성대표자도 참석할 수 있는 공동의 평의회(評議會)를 위해(zu gemeinschaftlichen Besprechungen) 회합(會合)해야 한다. 그 평의에서 기관운영(Dienstbetrieb)의 형성도 다뤄지고, 특히 직원에게 중대하게 영향을 미치는 모든 사안(alle Vorgänge, die die Dienstkräfte wesentlich berühren)이 다뤄진다. 공공관서장과 직원대표기구는 다툼이 있는 문제(strittige Fragen)에 대해 합의를 위해 진지하게 교섭해야 하고 의견대립이 있는 사안의 해결을 위한 제안(Vorschläge für die Beilegung von Meinungsverschiedenheiten)을 해야 한다.

② 공공관서와 직원대표기구는 공공관서의 업무와 평화를 위태롭게 하는 데 적합한 모든 것을 삼가야 한다. 특히 공공관서와 직원대표기구는 상호간에 쟁의행위(Maßnahmen des Arbeitskampfes)를 해서는 안 된다. 단체협약 당사자의 쟁의행위(Arbeitskämpfe tariffähiger Parteien)는 이에 영향을 받지 않는다.

③ 공공관서에서 합의가 성사되지 않은 경우에 비로소 다른 기관에 도움을 요청할 수 있다; 제2조는 영향을 받지 않는다.

제71조 불평부당한 명령

① 공공관서, 행정관청, 상급행정관청, 직원대표기구는 공공관서의 모든 소속원이 법과 공평원칙에 따라 대우를 받는지에 관하여 감시해야 하고, 특히 성(Geschlecht), 성정체성(sexueller Identität), 혈통, 종교(Religion), 국적(Nationalität), 인종적 출신(Herkunft), 자유민주적 기본질서(freiheitliche demokratische Grundordnung)를 긍정하는 정치적 또는 노동조합적 활동 또는 태

gewerkschaftlicher Betätigung oder Einstellung unterbleibt.

(2) Dienstkräfte, die Aufgaben nach diesem Gesetz wahrnehmen, werden dadurch in der Betätigung für ihre Gewerkschaft auch in der Dienststelle nicht beschränkt; dabei müssen sie sich so verhalten, daß das Vertrauen der Dienstkräfte in die Objektivität und Neutralität ihrer Amtsführung nicht beeinträchtigt wird. Der Vertreter der Dienststelle und die Personalvertretung haben jede parteipolitische Betätigung in der Dienststelle zu unterlassen; die Behandlung von Tarif-, Besoldungs- und Sozialangelegenheiten wird hierdurch nicht berührt.

(3) Die Personalvertretungen haben sich für die Wahrung der Vereinigungsfreiheit der Dienstkräfte einzusetzen.

§ 72 Allgemeine Aufgaben

(1) Der Personalrat hat folgende allgemeine Aufgaben:

1. Maßnahmen, die der Dienststelle und ihren Angehörigen dienen, zu beantragen,
2. darüber zu wachen, daß die für die Dienstkräfte geltenden Rechts- und Verwaltungsvorschriften, Tarifverträge und Dienstvereinbarungen durchgeführt werden,
3. Anregungen und Beschwerden von Dienstkräften entgegenzunehmen, und, falls sie berechtigt erscheinen, auf ihre Erledigung hinzuwirken,
4. die Eingliederung und berufliche Entwicklung Schwerbehinderter und sonstiger schutzbedürftiger, insbesondere älterer Personen zu fördern,
5. Maßnahmen zur beruflichen Förderung Schwerbehinderter zu beantragen,
6. die Eingliederung ausländischer Dienstkräfte in die Dienststelle und das Verständnis zwischen ihnen und den deutschen Dienstkräften zu fördern,
7. mit der Jugend- und Auszubildendenvertretung zur Förderung der Belange der jugendlichen und auszubildenden Dienstkräfte eng zusammenzuarbeiten,
8. die Dienstkräfte in den Verwaltungsräten und den entsprechenden Organen von Einrichtungen des Landes Berlin nach den hierfür geltenden Vorschriften zu vertreten,
9. darüber zu wachen, daß die Chancengleichheit von Frauen und Männern herbeigeführt wird, Frauenförderpläne erstellt und durchgeführt werden,
10. die Akzeptanz gegenüber Menschen unterschiedlicher sexueller Identität zu fördern und darauf hinzuwirken, dass Benachteiligungen von weiblichen und männlichen Homosexuellen, Bisexuellen und Transsexuellen abgebaut werden.

(2) Der Personalrat ist an Prüfungen der Dienstkräfte zu beteiligen. Das Nähere regeln die Prüfungsordnungen.

§ 73 Informationsrecht

(1) Die Personalvertretung ist zur Durchführung ihrer Aufgaben rechtzeitig und umfassend zu unterrichten. Ihr sind sämtliche zur Durchführung ihrer Aufgaben erforderlichen Unterlagen zur

도를 이유로 한 모든 차별적 대우가 일어나지 않도록 감시해야 한다.
② 이 법에 따른 임무를 수행하는 직원은 이에 의하여 자신이 가입한 노동조합을 위한 활동을 함에 있어 공공관서에서도 제한을 받지 않는다; 이 경우 그 직원은 자신의 직무수행의 객관성과 중립성에 있어서의 직원에 대한 신뢰가 침해되지 않도록 행위를 해야만 한다. 공공관서의 대표자와 직원대표기구는 공공관서 내 모든 정당정치적 활동을 삼가야 한다; 단체협약사항·보수사항·사회적 사항의 처리(Bhandlung von Tarif-, Besoldungs- und Sozialangelegenheiten)는 이에 영향을 받지 않는다.
③ 직원대표기구는 직원의 결사의 자유 보호(Wahrung der Vereinigungsfreiheit der Dienstkräfte)를 위하여 진력(盡力)해야 한다.

제72조 일반적 임무
① 직원평의회는 다음 각 호의 임무를 가진다,
1. 공공관서와 그 소속원에 도움이 되는 조치를 신청하는 것,
2. 직원에 대해 법규정 및 행정규칙, 단체협약, 근무협정이 집행(執行)되는지에 대해 감독(監督)하는 것,
3. 직원의 제안(Anregungen)과 고충제기(Beschwerden)를 받은 다음, 그것이 정당한 것으로 보이는 경우에 공공관서장과의 협의를 통해 그 처리를 위해 노력하는 것,
4. 중증장애인, 기타 보호필요성이 있는 사람, 특히 장년(長年)직원(älterer Personen)의 직장 내 통합(Eingliederung)과 직업적 경력(berufliche Entwicklung)을 촉진하는 것,
5. 중증장애인의 경력 향상을 위한 조치를 신청하는 것,
6. 공공관서 내 외국인직원의 직장 내 통합과 그 외국인직원과 독일인 직원들 간의 의사소통(Verständnis zwischen ihnen und den deutschen Dienstkräften)을 촉진하는 것,
7. 연소자·직업훈련생인 직원의 이익의 증진을 위해 연소자·직업훈련생대표단과 긴밀하게 협력하는 것.
8. 운영이사회(Verwaltungsräten)와 베를린주에 속한 기관(機關)의 관련 기관에서 본 법의 적용규정에 따라 직원들을 대표하는 것,
9. 남녀 간의 기회균등이 구현되고 양성평등촉진계획(Frauenförderpläne)이 마련되고 실행되는지를 감시하는 것,
10. 남성에 비하여 다른 성정체성의 수용을 촉진하고 여성과 남성의 동성애자, 양성애자 및 성전환자에 대한 차별(Benachteiligungen von weiblichen und männlichen Homosexuellen, Bisexuellen und Transsexuellen)이 제거되도록 노력하는 것.
② 직원평의회는 직원의 시험에 참가해야 한다. 상세한 사항은 시험규정으로 정한다.

제73조 정보권
① 직원대표기구는 자신의 임무수행을 위하여 적시(適時)에 포괄적(包括的)으로 통지를 받아야 한다. 직원대표기구는 그 직무수행을 위해 필요한 일체의 서류(sämtliche zur Durchführung

Verfügung zu stellen. Personalakten dürfen nur mit Einwilligung des Betroffenen vorgelegt werden. Die Personalvertretung ist auch über die Wirtschaftsplanung oder Haushaltsplanung der Dienststelle sowie über die sich daraus ergebenden Auswirkungen auf die Personalplanung zu unterrichten.

(2) Die Vorschriften über die Behandlung von Verschlußsachen bleiben unberührt.

§ 74 Dienstvereinbarungen

(1) Dienstvereinbarungen sind zulässig, soweit Rechtsvorschriften nicht entgegenstehen. Sie werden von der Dienststelle und dem Personalrat geschlossen, sind schriftlich niederzulegen, von beiden Seiten zu unterzeichnen und in geeigneter Weise bekanntzumachen.

(2) Dienstvereinbarungen, die für einen größeren Bereich gelten, gehen den Dienstvereinbarungen für einen kleineren Bereich vor. Sie sind, sofern sie für einen über eine Dienststelle hinausgehenden Bereich bestimmt sind, zwischen der obersten Dienstbehörde und dem Hauptpersonalrat im Einvernehmen mit der für das Personalvertretungsrecht zuständigen Senatsverwaltung zu schließen. Dienstvereinbarungen, die für einen über eine oberste Dienstbehörde hinausgehenden Bereich bestimmt sind, schließt die für das Personalvertretungsrecht zuständige Senatsverwaltung im Einvernehmen mit den beteiligten obersten Dienstbehörden mit dem Hauptpersonalrat. Dienstvereinbarungen, die für die gesamte Berliner Verwaltung bestimmt sind, schließt die für das Personalvertretungsrecht zuständige Senatsverwaltung mit dem Hauptpersonalrat.

(3) Besteht für den Bereich, für den eine Dienstvereinbarung geschlossen werden soll, ein Gesamtpersonalrat, so tritt dieser an die Stelle des Personalrats oder des Hauptpersonalrats. Im Geschäftsbereich der Polizeibehörde tritt an die Stelle der obersten Dienstbehörde die Dienstbehörde.

§ 75 Ausschluß von Dienstvereinbarungen

Arbeitsentgelte und sonstige Arbeitsbedingungen, die durch Tarifvertrag geregelt sind oder üblicherweise geregelt werden, können nicht Gegenstand einer Dienstvereinbarung sein. Dies gilt nicht, wenn ein Tarifvertrag den Abschluß ergänzender Dienstvereinbarungen ausdrücklich zuläßt.

§ 76 Krankenhausbetriebe

In den Krankenhausbetrieben hat die Personalvertretung die Krankenhausleitung in der Erfüllung der Betriebszwecke durch Beratung und Mitarbeit zu unterstützen. Zur Erfüllung dieser Aufgabe steht der Personalvertretung das Recht auf Auskunft und laufende Berichterstattung über die Betriebsvorgänge und die Entwicklung des Betriebes sowie auf Vorlage der erläuterten Bilanz mit Gewinn- und Verlustrechnung zu.

§ 77 Arbeitsschutz

ihrer Aufgaben erforderlichen Unterlagen)를 제공받는다. 인사서류는 해당 직원의 사전동의가 있는 경우에만 (직원대표기구에) 제출된다. 직원대표기구는 공공관서의 재정계획(Wirtschaftsplanung) 및 예산계획(Haushaltsplanung), 그러한 계획으로 생기는, 인력계획 (Personalplanung)에 대한 영향에 대해서도 통지를 받아야 한다.

② 기밀서류(Verschlußsachen)에 대한 규정은 영향을 받지 않는다.

제74조 근무협정

① 근무협정은 법규정에 배치되지 않는 한, 허용된다. 근무협정은 공공관서와 직원평의회 간 체결되고, 서면으로 작성되어야 하며, 양 당사자가 서명을 해야 하며 적절한 방법으로 공고해야 한다.

② 적용 범위가 보다 큰 근무협정(Dienstvereinbarungen, die für einen größeren Bereich gelten)은 적용 범위가 작은 근무협정에 우선한다. 근무협정이 어느 공공관서를 초월한 범위에 대하여 규율하는 경우에, 그 근무협정은 직원대표법을 관할하는 주정부부처와 협의하여(im Einvernehmen mit der für das Personalvertretungsrecht zuständigen Senatsverwaltun) 최상급행정관청과 최상급직원평의회 간에 체결되어야 한다. 근무협정이 어느 최상급행정관청을 초월한 범위에 대하여 규율하는 경우에, 직원대표법을 관할하는 주정부부처가, 의사결정을 하는 최상급행정관청과 협의하여(im Einvernehmen mit den beteiligten obersten Dienstbehörden) 최상급직원평의회와 체결한다. 베를린 행정 전체에 대하여 규율하는 근무협정은 직원대표법을 관할하는 주정부부처가 최상급직원평의회와 체결한다.

③ 근무협정이 체결된 영역에 전체직원평의회가 있는 경우에, 전체직원평의회가 직원평의회 또는 최상급직원평의회를 대신한다. 경찰청의 업무영역에서(Im Geschäftsbereich der Polizeibehörde) 상급행정관청(Dienstbehörde)이 최상급행정관청(obersten Dienstbehörde)을 대신한다.

제75조 근무협정의 배제

단체협약으로 규율되어 있거나 통상적으로 규율되는 임금 및 기타 근로조건은 근무협정의 규율대상(Gegenstand)이 될 수 없다. 단체협약에서 보충적 근무협정의 체결(Abschluß ergänzender Dienstvereinbarungen)이 명시적으로 허용된 경우에는 이는 적용하지 않는다.

제76조 병원사업

병원사업에서 직원대표기구는 사업목적의 수행에 있어 협의와 협력으로 병원사업을 지원해야 한다. 직원대표기구는 이러한 임무수행을 위하여 그 사업의 사업경과 및 그 추이(Betriebsvorgänge und die Entwicklung des Betriebes)에 관한 정보와 일상적 보고에 대한 권리와 손익계산이 이뤄진, 해설이 첨부된 대차대조표(erläuterten Bilanz)의 제출에 대한 권리를 갖는다.

제77조 노동보호

(1) Die Personalvertretung hat bei der Bekämpfung von Unfall- und Gesundheitsgefahren die für den Arbeitsschutz zuständigen Behörden, die Träger der gesetzlichen Unfallversicherung und die übrigen in Betracht kommenden Stellen durch Anregung, Beratung und Auskunft zu unterstützen und sich für die Durchführung der Vorschriften über den Arbeitsschutz und die Unfallverhütung in der Dienststelle einzusetzen.

(2) Die Dienststelle und die in Absatz 1 genannten Stellen sind verpflichtet, die Personalvertretung oder die von ihr bestimmten Mitglieder der Personalvertretung bei allen im Zusammenhang mit dem Arbeitsschutz oder der Unfallverhütung stehenden Besichtigungen und Fragen und bei Unfalluntersuchungen hinzuzuziehen. Die Dienststelle hat der Personalvertretung unverzüglich die den Arbeitsschutz und die Unfallverhütung betreffenden Auflagen und Anordnungen der in Absatz 1 genannten Stellen mitzuteilen.

(3) An den Besprechungen der Dienststelle mit den Sicherheitsbeauftragten oder dem Sicherheitsausschuß nach § 719 Abs. 4 der Reichsversicherungsordnung nehmen von der Personalvertretung beauftragte Mitglieder der Personalvertretung teil.

(4) Die Personalvertretung erhält die Niederschriften über Untersuchungen, Besichtigungen und Besprechungen, zu denen sie nach den Absätzen 2 und 3 hinzuzuziehen ist.

(5) Die Dienststelle hat dem Personalrat eine Durchschrift der nach § 1552 der Reichsversicherungsordnung von der Personalvertretung zu unterschreibenden Unfallanzeige oder der nach beamtenrechtlichen Vorschriften zu fertigenden Niederschrift oder Unfallanzeige auszuhändigen.

(6) Vor der Verpflichtung oder Entpflichtung eines freiberuflich tätigen Arztes für betriebsärztliche Aufgaben, einer freiberuflich tätigen Fachkraft für Arbeitssicherheit oder eines überbetrieblichen Dienstes von Betriebsärzten oder Fachkräften für Arbeitssicherheit ist die Personalvertretung zu hören.

§ 78 Durchführung von Entscheidungen

(1) Entscheidungen, an denen die Personalvertretung beteiligt war, führt je nach Zuständigkeit die Dienststelle, die Dienstbehörde oder die oberste Dienstbehörde durch, es sei denn, daß im Einzelfall mit der Personalvertretung etwas anderes vereinbart ist.

(2) Die Personalvertretung darf nicht einseitig in den Dienstbetrieb eingreifen.

2. Mitbestimmung und Mitwirkung

§ 79 Mitbestimmung

(1) Soweit eine Maßnahme der Mitbestimmung der Personalvertretung unterliegt, bedarf sie ihrer vorherigen Zustimmung.

① 직원대표기구는 산업재해위험·건강상 위험에 대처하는 데에 대한 제안·협의를 하고 정보를 제공함으로써(durch Anregung, Beratung und Auskunft) 산업안전보건을 관할하는 행정관청, 법률상 산업재해보험 담당기관, 기타 문제가 되는 기관(die übrigen in Betracht kommenden Stellen)을 지원해야 하고, 공공관서 내 산업안전보건 및 산업재해방지에 관한 규정의 시행을 노력하여야 한다.
② 공공관서장과 제77조 제1항에 언급된 기관은, 직원대표기구 또는 직원대표기구가 지정한 직원대표기구구성원을 산업안전보건 또는 산업재해방지와 관련되어 시행된 모든 검사 및 조사(allen im Zusammenhang mit dem Arbeitsschutz oder der Unfallverhütung stehenden Besichtigungen), 산업재해조사에 임석(臨席)하게 할 의무가 있다. 공공관서장은 지체 없이 직원대표기구에게 산업안전보건, 산업재해방지와 관련된, 제77조 제1항상의 기관의 관련 제한 및 명령(betreffenden Auflagen und Anordnungen)을 통지해야 한다.
③ 직원대표기구에게서 위임을 받은 직원대표기구구성원은 공공관서장과 제국보험법(Reichsversicherungsordnung) 제719조 제4항에 따른 안전보건수임인(Sicherheitsbeauftragten) 또는 안전보건위원회(Sicherheitsausschuß)의 평의에 참여한다.
④ 직원대표기구는 제77조 제2항, 제3항에 따라 임석한 조사, 검사 및 평의(Untersuchungen, Besichtigungen und Besprechungen)에 관한 의사록을 제공받는다.
⑤ 공공관서장은 직원대표기구에게 제국보험법 제1552조 제4항에 따라 직원대표기구가 서명해야 하는 산업재해신고서(von der Personalvertretung zu unterschreibenden Unfallanzeige)나 공무원법상의 규정에 따라 작성해야 하는 의사록(Niederschrift) 또는 산업재해신고서(Unfallanzeige)의 사본(Durchschrift)을 교부해야 한다.
⑥ 프리랜서로 활동하는 사업소속의사의 임무의 부여 또는 그 임무의 해임(Verpflichtung oder Entpflichtung eines freiberuflich tätigen Arztes), 프리랜서로 활동하는 전문가의 산업안전보건에 대한 임무 부여 또는 그 임무 해임 또는 사업소속의사(Betriebsärzten) 또는 전문가의 기업업무의 부여 또는 그 해임을 하기 전에 직원평의회의 의견을 청취해야 한다.

제78조 결정의 시행

① 직원대표기구가 의사결정참가를 한 결정은 공공관서, 상급행정관청 또는 최상급행정관청의 각각의 관할에 따라 시행되고, 다만 사안별로(im Einzelfall) 다른 합의가 있는 경우에는 그러하지 아니하다.
② 직원대표기구는 일방적인 행위로 기관운영(Dienstbetrieb)에 개입해서는 안 된다.

제2절 공동결정과 의사결정참가

제79조 공동결정

① 어느 조치가 직원대표기구의 공동결정의 적용을 받아야 하는 경우에, 그 조치는 직원대표기구의 사전동의(vorherigen Zustimmung)를 필요로 한다.

(2) Die Dienststelle unterrichtet die Personalvertretung von der beabsichtigten Maßnahme und beantragt die Zustimmung. Die Personalvertretung kann verlangen, daß die Dienststelle die beabsichtigte Maßnahme begründet. Der Beschluß der Personalvertretung ist der Dienststelle innerhalb von zwei Wochen, im Falle der außerordentlichen Kündigung innerhalb einer Woche seit Zugang des Antrages schriftlich mitzuteilen und im Falle der Ablehnung zu begründen. Die Maßnahme gilt als gebilligt, wenn nicht die Personalvertretung innerhalb der genannten Frist die Zustimmung schriftlich verweigert; dies gilt nicht, wenn die Personalvertretung schriftlich Fristverlängerung beantragt hat. Ist die Dienststelle nach allgemeinen Vorschriften an eine Frist gebunden, so kommt eine Fristverlängerung höchstens bis zu einer Woche vor Ablauf dieser Frist in Betracht; hat die Personalvertretung bis zum Ablauf der Fristverlängerung die Zustimmung nicht schriftlich verweigert, so gilt die Maßnahme als gebilligt.

(3) Verweigert die Personalvertretung die Zustimmung und trägt sie dabei Beschwerden oder Behauptungen tatsächlicher Art vor, die für eine Dienstkraft ungünstig sind oder ihr nachteilig werden können, hat die Dienststelle der Dienstkraft Gelegenheit zur Äußerung zu geben; die Äußerung ist auf Antrag der Dienstkraft aktenkundig zu machen.

(4) Beantragt die Personalvertretung eine Maßnahme, die ihrer Mitbestimmung unterliegt, so hat sie sie schriftlich der Dienststelle vorzuschlagen. Wird dem Antrage nicht entsprochen, so hat die Dienststelle der Personalvertretung innerhalb zweier Wochen ihre Entscheidung schriftlich mitzuteilen und zu begründen. Ist eine Entscheidung innerhalb zweier Wochen nicht möglich, so ist ein Zwischenbescheid zu erteilen.

(5) Als Dienststelle im Sinne der Absätze 1 bis 4 gelten auch die Dienstbehörden und obersten Dienstbehörden.

§ 80 Verfahren bei Nichteinigung

(1) Kommt eine Einigung nicht zustande, so entscheidet nach Verhandlung zwischen der Dienstbehörde und dem Hauptpersonalrat im Bereich

1. der Hauptverwaltung: der Leiter der Dienstbehörde;
2. der Verwaltung des Abgeordnetenhauses: der Präsident des Abgeordnetenhauses;
3. des Rechnungshofs: der Präsident des Rechnungshofs;
3. a) des Datenschutzbeauftragten: der Berliner Beauftragte für Datenschutz und Informationsfreiheit;
4. der Bezirksverwaltungen: der Leiter der Abteilung Personal und Verwaltung, im Bereich der Krankenhausbetriebe, soweit es sich nicht um Einzelpersonalangelegenheiten handelt, für die der Krankenhausbetrieb nicht zuständig ist: nach Maßgabe des Landeskrankenhausgesetzes die Krankenhauskonferenz oder die Krankenhausleitung. Die für die Verhandlung erforderlichen Unterlagen sind dem Hauptpersonalrat unverzüglich nach Feststellung der Nichteinigung zu übersenden.

② 공공관서장은 직원대표기구에게 계획하고 있는 조치를 통지하고 동의를 구한다. 직원대표기구는 공공관서장이 계획하고 있는 조치에 대한 근거를 제시할 것을 요구할 수 있다. 요청된 동의 여부에 대한 직원대표기구의 결의는 공공관서장에게 2주 이내에, 즉시해고의 경우에는 그 요구를 받은 때로부터 1주일 이내에 서면으로 통지되어야 하고, 거부하는 경우에는 그 이유가 제시되어야 한다. 직원대표기구가 그 기간 내에 동의를 서면으로 거부하지 않은 경우에는(wenn nicht die Personalvertretung innerhalb der genannten Frist die Zustimmung schriftlich verweigert) 그 조치는 동의를 받은 것으로 본다; 이는 직원대표기구가 서면으로 기간 연장을 신청한 경우에는 적용하지 않는다. 공공관서가 일반적 규정에 따라 기간에 구속된 경우에(Ist die Dienststelle nach allgemeinen Vorschriften an eine Frist gebunden), 기간연장은 최대 이러한 기간이 도과하기 1주일 전까지 고려된다; 직원대표기구가 연장된 기간이 경과할 때까지 서면으로 거부하지 않은 경우에 그 조치에 대해 동의한 것으로 간주한다.
③ 직원대표기구가 동의를 거부하면서 직원대표기구가 직원에게 불이익 또는 불리할 수 있는, 사실적 종류의 고충 또는 주장(Beschwerden oder Behauptungen tatsächlicher Art)을 제기한 경우에, 공공관서는 그 직원에게 의견을 표명할 기회를 부여해야 한다; 그 의견진술은 직원의 신청이 있는 경우 기재되어야 한다.
④ 직원평의회가 자신의 공동결정을 적용받는 조치에 대해 신청을 한 경우에, 직원평의회는 이를 서면으로 공공관서에 제출해야 한다. 그 신청을 따르지 않을 경우에, 공공관서는 직원대표기구에 2주 이내에 자신의 결정을 서면으로 통지해야 하고 이유도 부기해야 한다. 결정이 2주 이내에 불가능한 경우(Ist eine Entscheidung innerhalb zweier Wochen nicht möglich) 가(假)통지(Zwischenbescheid)가 행해져야 한다.
⑤ 상급행정관청 및 최상급행정관청(Dienstbehörden und obersten Dienstbehörden)도 제79조 제1항 내지 제4항상의 공공관서로 본다.

제80조 불합의시의 절차

① 합의가 성립되지 않은 경우 다음 각 호의 부문에서 상급행정관청과 최상급직원평의회 간의 논의 후 다음의 각 호의 자가 결정한다,

1. 주중앙(州中央)행정: 상급행정관청의 장(der Leiter der Dienstbehörde);
2. 주의회의 행정: 주하원의장(Präsident des Abgeordnetenhauses);
3. 주감사원: 주감사원장(Präsident des Rechnungshofs);
3. a) 정보보호수임부문: 베를린 정보보호 및 정보자유 수임청;
4. 구(區)행정: 인사관리부서장이나, 병원사업체에서 관할하지 않는 개별적 인사사항에 해당하지 않는 한, 병원사업체의 영역 내에서는 주병원법의 기준에 따라(nach Maßgabe des Landeskrankenhausgesetzes) 병원협의회 또는 병원이사회(Krankenhauskonferenz oder die Krankenhausleitung). 그 논의에 필요한 서류(Die für die Verhandlung erforderlichen Unterlagen)가 합의불성립 확정 후(nach Feststellung der Nichteinigung) 최상급직원평의회에 지체 없이 송부되어야 한다.

Die Verhandlung soll innerhalb von zwölf Arbeitstagen nach Eingang der Unterlagen beim Hauptpersonalrat stattfinden; die Frist kann einvernehmlich verlängert werden. Die Entscheidung soll innerhalb von zwölf Arbeitstagen nach Abschluß der Verhandlung getroffen werden.

(2) In den Dienstbereichen, in denen ein Gesamtpersonalrat besteht und die zuständige Dienstbehörde nicht zugleich oberste Dienstbehörde ist, tritt in den Fällen des Absatzes 1 an die Stelle des Hauptpersonalrats der Gesamtpersonalrat. Gegen die Entscheidung kann der Gesamtpersonalrat innerhalb von zwei Wochen die oberste Dienstbehörde anrufen. Diese entscheidet nach Verhandlung mit dem Hauptpersonalrat. Die Sätze 1 bis 3 gelten nicht, soweit der Gesamtpersonalrat nach § 54 anstelle eines Personalrats entschieden hat; in diesen Fällen gilt Absatz 1.

(3) Bei den Körperschaften, Anstalten und Stiftungen des öffentlichen Rechts entscheidet in den Fällen der Absätze 1 und 2 das zuständige Organ.

§ 81 Einigungsstelle

(1) Gegen die Entscheidung nach § 80 kann der Hauptpersonalrat auf Antrag der zuständigen Personalvertretung binnen zwei Wochen die Einigungsstelle anrufen. Sieht der Hauptpersonalrat von der Anrufung der Einigungsstelle ab, so hat er dies der zuständigen Personalvertretung unverzüglich mitzuteilen. Bei Körperschaften, Anstalten und Stiftungen des öffentlichen Rechts tritt an die Stelle des Hauptpersonalrats die zuständige Personalvertretung.

(2) In den in § 85 Abs. 1 Satz 1 Nr. 13 Buchstabe a, Abs. 2 Nr. 1,2 und 8 bis 10, § 86 Abs. 3 Satz 1 Nr.1 genannten Angelegenheiten, in den in § 87 Nr. 1 und 8 genannten Angelegenheiten der Arbeitnehmer, die in ihrer Tätigkeit zeitlich überwiegend hoheitsrechtliche Befugnisse im Sinne von Artikel 33 Abs. 4 des Grundgesetzes ausüben, sowie in den in § 85 Abs. 2 Nr. 3 bis 7, § 86 Abs. 3 Satz 1 Nr. 2 bis 6 und § 88 genannten Angelegenheiten der Beamten kann die oberste Dienstbehörde, für die Körperschaften, Anstalten und Stiftungen des öffentlichen Rechts die Aufsichtsbehörde binnen eines Monats nach Zustellung des Beschlusses der Einigungsstelle die Entscheidung des Senats von Berlin beantragen. Für die Verwaltung des Abgeordnetenhauses, für den Rechnungshof und für den Berliner Beauftragten für Datenschutz und Informationsfreiheit entscheidet anstelle des Senats von Berlin binnen eines Monats nach Zustellung des Beschlusses der Einigungsstelle der Präsident des Abgeordnetenhauses, der Präsident des Rechnungshofs oder der Berliner Beauftragte für Datenschutz und Informationsfreiheit.

§ 82 Zusammensetzung

(1) Die Einigungsstelle wird bei der für das Personalvertretungsrecht zuständigen Senatsverwaltung gebildet und führt die Bezeichnung "Einigungsstelle für Personalvertretungssachen". Sie besteht aus sechs Beisitzern und einem unparteiischen Vorsitzenden oder dessen Vertreter.

논의는 서류를 송달받은 후 2주의 근무일 이내에 최상급직원평의회에서 개최된다: 결정은 논의 종결 후 2주의 근무일 이내에 이뤄져야 한다: 그 기간은 합의하에 연장될 수 있다. 결정은 논의 종결 후 12일의 근무일 내에 내려져야 한다.

② 전체직원평의회가 있고 관할 상급행정관청이 동시에 최상급행정관청에 해당하지 않는(die zuständige Dienstbehörde nicht zugleich oberste Dienstbehörde ist) 업무영역에서, 제80조 제1항의 경우에 전체직원평의회(Gesamtpersonalrat)가 최상급직원평의회를 대신한다. 전체직원평의회는 그 결정에 대하여 2주 이내에 최상급행정관청에 이의를 제기할 수 있다. 최상급행정관청은 최상급직원평의회와의 논의 후 그에 대해 결정한다. 전체직원평의회가 제54조에 따라 직원평의회를 대신하여 결정한 경우에는 제80조 제1항 내지 제3항을 적용하지 않는다; 이 경우에 제80조 제1항을 적용한다.

③ 공법상 사단법·영조물·재단의 경우에 제80조 제1항, 제2항와 관련하여 관할 기관(zuständige Organ)이 결정한다.

제81조 중재위원회

① 최상급직원평의회(Hauptpersonalrat)는 관할 직원대표기구의 신청이 있는 경우 제80조에 따른 결정에 대해 2주 이내에 중재위원회에 이의를 제기할 수 있다. 최상급직원평의회가 중재위원회에 대한 이의를 포기한 경우에, 최상급직원평의회는 이를 관할 직원대표기구(zuständigen Personalvertretung)에 지체 없이 통지해야 한다. 공법상 사단·영조물·재단의 경우에 관할 직원대표기구가 최상급직원평의회를 대신한다.

② 제85조 제1항 제1문 제13호 a)목, 제2항 제1호, 제2호, 제8호 내지 제10호, 제86조 제3항 제1문 제1호에 기재된 사항의 경우에, 제87조 제1호, 제8호에 기재된 사항으로 자신의 활동에 있어 시간적으로 주로 기본법 제33조 제4항상의 고권적 권한을 행사하는 근로자(Arbeitnehmer, die in ihrer Tätigkeit zeitlich überwiegend hoheitsrechtliche Befugnisse im Sinne von Artikel 33 Abs. 4 des Grundgesetzes ausüben)에 대한 사항의 경우에, 제85조 제2항 제3호 내지 제7호, 제86조 제3항 제1문 제2호 내지 제6호, 제88조에 기재된 공무원에 사항의 경우에, 최상급행정관청이, 공법상 사단·영조물·재단의 경우에 감독청이, 중재위원회의 결정을 송달받은 후 1개월 이내에 베를린주 담당부처의 결정(Entscheidung des Senats von Berlin)을 신청할 수 있다. 주의회, 주감사원, 베를린 정보보호 및 정보자유 수임청의 경우에 있어, 주의회의장(Präsident des Abgeordnetenhauses), 주감사원장(Präsident des Rechnungshofs) 또는 베를린 정보보호 및 정보자유 수임청이 베를린주 담당부처 대신에 중재위원회의 결정을 송달받은 후 1개월 이내에 그에 대하여 결정한다.

제82조 편성

① 중재위원회는 직원대표법을 관할하는 주정부부처에 설치되고, “직원대표사건 처리를 위한 중재위원회”(Einigungsstelle für Personalvertretungssachen)라는 명칭으로 불리운다. 중재위원회는 6명의 위원과 중립적 의장과 그 부의장으로 구성된다.

(2) Der Vorsitzende und drei Vertreter werden von der für das Personalvertretungsrecht zuständigen Senatsverwaltung nach Einigung mit dem Hauptpersonalrat für die Dauer von vier Jahren bestellt. Kommt innerhalb von drei Monaten nach dem Ausscheiden des Vorsitzenden oder eines Vertreters eine Einigung über die Person nicht zustande, so bestellt sie der Präsident des Oberverwaltungsgerichts Berlin.

(3) Die Beisitzer werden von der für das Personalvertretungsrecht zuständigen Senatsverwaltung für die Dauer von vier Jahren bestellt.

(4) Die Beisitzer müssen je zur Hälfte

1. von den obersten Dienstbehörden des Landes Berlin oder der obersten Dienstbehörde der jeweiligen Körperschaft, Anstalt oder Stiftung des öffentlichen Rechts und
2. von dem Hauptpersonalrat, für Angelegenheiten des Personals der Körperschaften, Anstalten oder Stiftungen des öffentlichen Rechts von deren Gesamtpersonalrat oder, falls ein solcher nicht besteht, von deren Personalrat vorgeschlagen sein. Unter den von den Personalvertretungen vorgeschlagenen Beisitzern sollen die in den betroffenen Dienststellen vorhandenen Gruppen (§ 3 Abs. 2) vertreten sein. Betrifft die Angelegenheit lediglich eine Gruppe, so sollen die in Satz 2 genannten Beisitzer dieser Gruppe angehören.

§ 83 Verfahren vor der Einigungsstelle

(1) Die Verhandlungen der Einigungsstelle sind nicht öffentlich. Den Vertretern der Verwaltungen und der Personalvertretungen ist die Anwesenheit zu gestatten und Gelegenheit zur schriftlichen oder mündlichen Äußerung zu geben. Andere Personen, die ein berechtigtes Interesse nachweisen, können zur Verhandlung zugelassen werden.

(2) Die Einigungsstelle entscheidet nach mündlicher Verhandlung durch Beschluß. Sie kann den Anträgen der Beteiligten auch teilweise entsprechen. Der Beschluß wird mit Stimmenmehrheit gefaßt.

(3) Der Beschluß soll binnen zwei Monaten gefaßt werden; dies gilt auch dann, wenn die Stellungnahmen der Beteiligten nicht rechtzeitig vorliegen. Der Beschluß ist den Beteiligten, in den Fällen des § 81 Abs. 2 auch der obersten Dienstbehörde oder der Aufsichtsbehörde zuzustellen. Er bindet die Beteiligten, soweit er eine Entscheidung enthält; § 81 Abs. 2 bleibt unberührt. Entscheidungen, die im Einzelfall wegen ihrer Auswirkungen auf das Gemeinwesen wesentlicher Bestandteil der Regierungsgewalt sind, dürfen jedoch nicht dem Senat von Berlin entzogen werden.

§ 84 Mitwirkung

(1) Soweit die Personalvertretung an Entscheidungen mitwirkt, ist die beabsichtigte Maßnahme vor der Durchführung mit dem Ziele einer Verständigung rechtzeitig und eingehend mit ihr zu

② 그 의장과 3명의 부의장은 직원대표법을 관할하는 주정부부처(der für das Personalvertretungsrecht zuständigen Senatsverwaltung)가 최상급직원평의회와 합의 후 4년 임기로 임명한다. 의장 또는 부의장 사직 후 3개월 이내에 후임자에 관하여 합의(合意)가 성립하지 않은 경우에, 베를린주고등행정법원장(Präsident des Oberverwaltungsgerichts Berlin)이 이를 임명한다.

③ 그 위원은 직원대표법을 관할하는 주정부부처(der für das Personalvertretungsrecht zuständigen Senatsverwaltung)가 4년 임기로 임명한다.

④ 그때그때의 그 위원의 절반까지,

1. 베를린주의 최상급행정관청(obersten Dienstbehörden des Landes Berlin)이나 공법상 각각의 사단, 영조물 또는 재단이 속한 최상급행정관청이 추천해야만 하고,
2. 공법상 사단, 영조물 또는 재단의 직원에 대한 사항에 대하여는(für Angelegenheiten des Personals der Körperschaften, Anstalten oder Stiftungen des öffentlichen Rechts) 최상급직원평의회, 전체직원평의회 또는 그러한 평의회들이 없는 경우에 직원평의회가 추천해야 한다. 해당 공공관서에 있는 집단(제3조 제2항)이 직원대표기구가 추천한 위원에 의해서 대표되어야 한다. 의안이 어느 집단에만 관련된 경우에(Betrifft die Angelegenheit lediglich eine Gruppe) 제2문상의 위원은 그 집단에 속해야 한다.

제83조 중재위원회에서의 절차

① 중재위원회의 심의는 비공개로 한다. 행정 및 직원대표기구의 대리인은 출석이 허용되고 서면진술 또는 구술변론을 할 기회(Gelegenheit zur schriftlichen oder mündlichen Äußerung)를 부여받는다. 정당한 이해관계가 있음을 증명한 기타 사람(Andere Personen, die ein berechtigtes Interesse nachweisen)은 그 심의에 참여가 허용될 수 있다.

② 중재위원회는 구술변론 후 결정으로 심판한다. 중재위원회는 이해관계인의 신청을 부분적으로도 인용할 수 있다(Sie kann den Anträgen der Beteiligten auch teilweise entsprechen). 그 결정은 과반수로 이뤄진다.

③ 그 결정은 2개월 이내에 이뤄진다; 이해관계인의 의견진술이 적시에 제출되지 않은 경우에도 이는 또한 같다. 그 결정은 이해관계인에게, 제81조 제2항의 경우에는 최상급행정관청 또는 감독청에도 송달되어야 한다. 그 결정에 포함된 심판취지는 이해관계인을 기속한다(Er bindet die Beteiligten, soweit er eine Entscheidung enthält); 제81조 제2항은 영향을 받지 않는다. 그럼에도 개별 사안별로 공동체에 대한 그 영향으로 인하여 통치권에 대한 중대한 구성부분에 해당하는 심판(Entscheidungen)은 베를린주중앙부처(Senat von Berlin)에 의해 취소되어서는 안 된다.

제84조 의사결정참가

① 직원대표기구가 결정에 의사결정참가를 하는 경우에, 계획된 조치는 합의를 목표로 그 실행 전에(vor der Durchführung mit dem Ziele einer Verständigung) 적시에 또 포괄적으로 직원대

erörtern.

(2) Äußert sich die Personalvertretung nicht innerhalb von zwei Wochen oder hält sie bei Erörterung ihre Einwendungen oder Vorschläge nicht aufrecht, so gilt die beabsichtigte Maßnahme als gebilligt; dies gilt nicht, wenn die Personalvertretung Fristverlängerung beantragt hat. § 79 Abs. 2 Satz 5 und Abs. 3 gilt entsprechend.

(3) Wird den Einwendungen der Personalvertretung nicht oder nicht in vollem Umfange entsprochen, so ist die Entscheidung der Personalvertretung unverzüglich schriftlich mitzuteilen. Dabei sind die Gründe anzugeben, die einer Berücksichtigung der Einwendungen oder Vorschläge der Personalvertretung entgegenstehen.

(4) Bei Maßnahmen, die der Natur der Sache nach keinen Aufschub dulden, können bis zur endgültigen Entscheidung vorläufige Regelungen getroffen werden. Die Personalvertretung ist hiervon unverzüglich zu unterrichten.

(5) § 79 Abs. 4 gilt entsprechend.

3. Mitbestimmungsangelegenheiten

§ 85 Allgemeine Angelegenheiten

(1) Die Personalvertretung bestimmt, soweit keine Regelung durch Rechtsvorschrift oder Tarifvertrag besteht, gegebenenfalls durch Abschluß von Dienstvereinbarungen mit über

1. Beginn und Ende der täglichen Arbeitszeit und der Pausen sowie die Verteilung der Arbeitszeit auf die einzelnen Wochentage,
2. Anordnung von Mehrarbeit und Überstunden,
3. Zeit, Ort und Art der Auszahlung der Bezüge und Arbeitsentgelte,
4. Aufstellung und Änderungen des Urlaubsplanes,
5. Durchführung der Berufsausbildung und Umschulung bei Arbeitnehmern,
6. Regelung der Ordnung in der Dienststelle und des Verhaltens der Dienstkräfte,
7. Maßnahmen zur Verhütung von Dienst- und Arbeitsunfällen und sonstigen Gesundheitsschädigungen,
8. Errichtung, Verwaltung und Auflösung von Sozialeinrichtungen,
9. Aufstellung von Sozialplänen einschließlich Plänen für Umschulungen zum Ausgleich oder zur Milderung von wirtschaftlichen Nachteilen, die den Dienstkräften infolge von Rationalisierungsmaßnahmen entstehen,
10. Fragen der Lohngestaltung innerhalb der Dienststelle, insbesondere die Aufstellung von Entlohnungsgrundsätzen, die Einführung und Anwendung von neuen Entlohnungsmethoden und deren Änderung sowie die Festsetzung der Akkord- und Prämiensätze und vergleichbarer leistungsbezogener Entgelte einschließlich der Geldfaktoren,
11. Grundsätze über die Bewertung von anerkannten Vorschlägen im Rahmen des betrieblichen

표기구와 논의되어야 한다.

② 직원평의회가 2주 이내에 의견을 표명하지 않거나 논의에서 자신의 이의 또는 제안(Einwendungen oder Vorschläge)을 유지하지 않는 경우에, 계획 중인 조치는 동의를 받은 것으로 본다; 직원평의회가 기간연장(Fristverlängerung)을 신청한 경우에는 이는 적용하지 않는다. 제79조 제2항 제5문, 제3항을 준용한다.

③ 직원평의회의 이의가 전부 인용되지 않거나 일부라도 인용되지 않은 경우(nicht in vollem Umfange entsprochen)에, 그 결정은 직원대표기구에 지체 없이 서면으로(unverzüglich schriftlich )통지되어야 한다. 이 경우 직원대표기구의 이의 또는 제안을 인용하지 않은 이유가 기재되어야 한다.

④ 사안의 성질상 연기를 할 수 없는 조치의 경우에 최종적 결정시까지(bis zur endgültigen Entscheidung) 잠정적 조치(vorläufige Regelungen)가 취해질 수 있다. 직원대표기구는 그에 대하여 지체 없이 통지를 받아야 한다.

⑤ 제79조 제4항을 준용한다.

### 제3절 공동결정사항

#### 제85조 일반 사항

① 직원평의회는, 법규정 또는 단체협약이 규정하지 않는 한, 필요한 경우 근무협정의 체결에 의하여 다음 각 호에 대하여 공동결정한다,

1. 1일 근무시간 및 휴게시간의 개시와 종료, 근무시간의 주간의 각 근무일에 대한 배분(Verteilung der Arbeitszeit auf die einzelnen Wochentage),
2. 초과근로 및 연장근무시간에 대한 명령(Anordnung von Mehrarbeit und Überstunden),
3. 보수 및 임금(Bezüge und Arbeitsentgelte)의 지급 시기·장소·방식,
4. 휴가계획(Urlaubsplanes)의 수립 및 변경,
5. 근로자에 대한 직업훈련의 시행과 전직직업훈련(Umschulung)의 시행,
6. 공공관서 내 질서 및 직원들의 행위(Verhaltens)의 규율,
7. 공무상재해 및 산업재해(Dienst- und Arbeitsunfällen)와 기타 건강침해를 방지하기 위한 조치,
8. 복리후생제도(Sozialeinrichtungen)의 설치·운영·폐지,
9. 전직직업훈련계획(Plänen für Umschulunge)을 포함하여, 경영합리화조치로 인해 직원에게 발생한 경제적 불이익을 조정하거나 이를 완화하기 위한 사회적지원계획의 수립(Aufstellung von Sozialplänen),
10. 공공관서 내 임금형성의 문제, 특히 임금원칙의 수립, 새로운 임금산정방법의 도입·적용 및 그 변경과, 화폐요소(Geldfaktoren)를 포함하여 직무임금률·상여금요율과 이에 유사한 성과관련 임금의 설정(Festsetzung der Akkord- und Prämiensätze und vergleichbarer leistungsbezogener Entgelte),
11. 사업 내 제안제도의 틀 내에서 수용된 제안(Bewertung von anerkannten Vorschlägen)에 관

Vorschlagwesens,

12. Gestaltung der Arbeitsplätze,
13. Einführung und Anwendung
    a) technischer Einrichtungen, die dazu bestimmt sind, Beginn, Ende und Dauer der Arbeitszeit zu erfassen,
    b) sonstiger technischer Einrichtungen, die dazu bestimmt sind, das Verhalten oder die Leistung der Dienstkräfte zu überwachen.

Nummer 2 gilt nicht, soweit bei unvorhergesehener dienstlicher Notwendigkeit

1. im Geschäftsbereich der Verfassungsschutzabteilung bei der Senatsverwaltung für Inneres, der Polizeibehörde, der Feuerwehr und der Berliner Stadtreinigungsbetriebe sowie in Krankenanstalten, Kindertagesstätten, Kinderheimen und Altenheimen Mehrarbeit oder Überstunden und
2. bei Lehrern zur Vermeidung eines Unterrichtsausfalles Mehrarbeit oder Überstunden im Umfange von bis zu drei Unterrichtsstunden im Kalendermonat angeordnet werden. Die Personalvertretung ist unverzüglich zu unterrichten.

(2) Die Personalvertretung bestimmt, soweit keine Regelung durch Rechtsvorschrift oder durch Tarifvertrag besteht, gegebenenfalls durch Abschluß von Dienstvereinbarungen nach Maßgabe des § 81 Abs. 2 mit über

1. allgemeine Fragen der Fortbildung der Dienstkräfte,
2. Maßnahmen zur Hebung der Arbeitsleistung und zur Erleichterung des Arbeitsablaufs,
3. Durchführung der Fortbildung von Dienstkräften, soweit es sich nicht um Polizeivollzugskräfte handelt,
4. Bestellung von Vertrauens- und Betriebsärzten,
5. Inhalt von Personalfragebogen,
6. Beurteilungsrichtlinien,
7. Erlaß von Trageordnungen für Dienstkleidung,
8. Einführung und Anwendung von automatisierter Verarbeitung personenbezogener Daten der Dienstkräfte außerhalb von Besoldungs-, Gehalts-, Lohn- und Versorgungsleistungen sowie die Änderung oder Erweiterung dieser Verarbeitung, wenn sie aufgrund ihres Umfanges einer Einführung vergleichbar sind; Absatz I Nr. 13 bleibt unberührt,
9. Einführung neuer Arbeitsmethoden im Rahmen der Informations- und Kommunikationstechnik sowie die Änderung oder Ausweitung dieser Arbeitsmethoden, wenn sie aufgrund ihres Umfanges einer Einführung vergleichbar sind,
10. Einführung betrieblicher Informations- und Kommunikationsnetze sowie die Änderung oder Ausweitung dieser Netze, wenn sie aufgrund ihres Umfanges einer Einführung vergleichbar sind.

한 평가 원칙,
12. 일자리 형성(Gestaltung der Arbeitsplätze),
13. 다음 각 목의 도입과 적용,
 a) 근무시간의 개시·종료·길이(Beginn, Ende und Dauer der Arbeitszeit)를 측정하기 위해 설치된 기술적 장치,
 b) 직원의 행동과 근무(Verhalten oder die Leistung der Dienstkräfte)를 감시하기 위해 설치된 기타 기술적 장치의 도입 및 사용,

다음 각 호와 같은 예기치 못한 업무상 필요성이 있는 경우에, 제2호를 적용하지 않는다,
1. 내무부 산하 헌법보호국, 경찰청, 소방서, 베를린청소사업(Berliner Stadtreinigungsbetriebe)의 업무영역에서 또 병원영조물(Krankenanstalten), 유아원, 유치원, 양로원에서 초과근로 또는 연장근무시간이 명령된 경우,
2. 교사의 경우 수업결손을 피하기 위하여(zur Vermeidung eines Unterrichtsausfalles Mehrarbeit oder Überstunden) 역월 내에서 3시간의 수업시간 이내의 초과근로 또는 연장근무시간이 명령된 경우. 직원대표기구는 그에 대하여 지체 없이 통지를 받아야 한다.

② 직원대표기구는 법규정 또는 단체협약이 규정하지 않는 한, 필요한 경우 제81조 제2항의 기준에 따른 근무협정의 체결에 의하여(gegebenenfalls durch Abschluß von Dienstvereinbarungen nach Maßgabe des § 81 Abs. 2) 다음 각 호에 대하여 공동결정한다,
1. 직원에 대한 직업능력향상훈련(Fortbildung)에 관한 일반적 문제,
2. 노동성과의 제고(提高)(Hebung der Arbeitsleistung)와 업무과정의 경감을 위한 조치,
3. 경찰에 해당하지 않는 경우로, 직원에 대한 직업능력향상훈련(Fortbildung)의 시행,
4. 수임(受任)의사 또는 기업소속의사(Vertrauens- und Betriebsärzten)의 임명,
5. 인사질문지의 내용,
6. 평가기준(Beurteilungsrichtlinien),
7. 근무복에 대한 착용규정의 반포,
8. 보수, 봉급, 임금 및 수당(Besoldungs-, Gehalts-, Lohn- und Versorgungsleistungen) 이외의 직원에 대한 인사관련 정보의 자동적 처리의 도입 및 적용(Einführung und Anwendung von automatisierter Verarbeitung)과, 그것이 그 범위에서 도입시와 유사한 한, 이러한 처리의 변경 또는 확대; 제85조 제1항 제13호는 영향을 받지 않는다,
9. 정보통신기술의 틀 내에서의 새로운 업무방식의 도입(Einführung neuer Arbeitsmethoden im Rahmen der Informations- und Kommunikationstechnik)과, 그것이 그 범위에서 도입시와 유사한 한, 이러한 업무방식의 변경 또는 확대,
10. 사업 내 정보통신기술망의 도입(Einführung betrieblicher Informations- und Kommunikationsnetze)과, 그것이 그 범위에서 도입시와 유사한 한, 이러한 정보통신기술망의 변경 또는 확대.

§ 86 Gemeinsame Angelegenheiten

(1) In Angelegenheiten sämtlicher Dienstkräfte bestimmt der Personalrat mit bei

1. Gewährung von Unterstützungen und entsprechenden sozialen Zuwendungen,
2. Gewährung von Vorschüssen,
3. Verschickung von Dienstkräften,
4. Geltendmachung von Ersatzansprüchen gegen eine Dienstkraft, soweit diese der Mitbestimmung des Personalrats nicht widerspricht,
5. Zuweisung und Kündigung von Wohnungen, über die die Dienststelle verfügt, außer im Bereich der Polizeibehörde, sowie der allgemeinen Festsetzung der Nutzungsbedingungen,
6. Zuweisung von Dienst- und Pachtland und Festsetzung der Nutzungsbedingungen.

(2) Im Falle des Absatzes 1 Nr. 1 obliegt die Mitbestimmung nicht dem gesamten Personalrat, sondern dem Vorstand.

(3) In Angelegenheiten sämtlicher Dienstkräfte bestimmt der Personalrat nach Maßgabe des § 81 Abs. 2 mit bei

1. Versetzung,
2. Umsetzung innerhalb der Dienststelle, wenn sie mit einem Wechsel des Dienstortes verbunden ist(das Einzugsgebiet im Sinne des Umzugskostenrechts gehört zum Dienstort),
3. Abordnung für eine Dauer von mehr als drei Monaten oder sobald die Abordnung diese Dauer überschreitet, soweit es sich nicht um in der Ausbildung stehende Dienstkräfte handelt,

3. a) Zuweisung nach § 20 des Beamtenstatusgesetzes für eine Dauer von mehr als 3 Monaten,

4. Versagung oder Widerruf der Genehmigung einer Nebentätigkeit,
5. Anordnungen, welche die freie Wahl der Wohnung beschränken,
6. Bestellung und Abberufung von Betriebsärzten und Fachkräften für Arbeitssicherheit sowie bei Erweiterung oder Einschränkung ihrer Aufgaben.

Im Falle der Versetzung bestimmen beim Wechsel des Zuständigkeitsbereichs des Personalrats die Personalräte der bisherigen und der neuen Dienststelle mit. Als Versetzung im Sinne dieses Gesetzes gilt auch die Änderung der Geschäftsverteilung, wenn die Dienstkraft damit den Zuständigkeitsbereich des Personalrats wechselt. Der Wechsel von einer Schule zur anderen gilt nicht als Versetzung im Sinne dieses Gesetzes; er stellt auch keine Abordnung dar.

§ 87 Arbeitnehmer

In Angelegenheiten der Arbeitnehmer bestimmt der Personalrat mit bei

1. Einstellung,
2. nicht nur vorübergehender Übertragung einer höher zu bewertenden Tätigkeit,
3. Gewährung von Leistungs- und Funktionszulagen,
4. Höhergruppierung,

제86조 공동 사항

① 직원평의회는 전체 직원의 사항에 있어 다음 각 호에 대하여 공동결정한다,

1. 보조금(Unterstützungen)과 관련 사회적 급부(sozialen Zuwendungen)의 지급,
2. 선불금의 지급(Gewährung von Vorschüssen),
3. 직원의 파견(Verschickung von Dienstkräften),
4. 이것이 직원평의회의 공동결정에 반하지 않는 한, 직원에 대한 손해배상청구권의 행사(Geltendmachung von Ersatzansprüchen),
5. 공공관서가 보유한 사택(社宅)의 배정 및 배정회수(Zuweisung und Kündigung von Wohnungen), 경찰청 영역 이외에서 사택에 대한 일반적 이용조건의 설정,
6. 부역(賦役)토지 및 임대토지(Dienst- und Pachtland)의 배정과 그에 대한 이용조건의 설정.

② 제86조 제1항 제1호의 경우에 그 공동결정은 직원평의회 전체가 책임을 지는 것이 아니라, 그 이사회의 책임을 진다.

③ 직원평의회는 전체 직원의 사항에 있어 제81조 제2항의 기준에 따라 다음 각 호에 대하여 결정한다,

1. 배치전환,
2. 이것이 근무지변경을 초래한 경우에 있어 공공관서 내 전보(이사비용법(Umzugskostenrechts) 상의 전입지가 근무지에 속한다),
3. 직업훈련 중인 직원이 아닌 한, 3개월을 초과하는 파견시의 경우 또는 그 파견이 3개월을 초과하는 때 그 즉시의 경우,
3. a) 공무원지위법 제20조에 따른, 3개월을 초과하는 기간 동안의 직무배정,
4. 부업(Nebentätigkeit)에 대한 승인의 부여 또는 철회,
5. 주거(Wohnung)의 자유로운 선택을 제한하는 명령,
6. 기업소속의사와 산업안전전문가의 임명 및 해임(Bestellung und Abberufung von Betriebsärzten und Fachkräften für Arbeitssicherheit), 또는 그들의 임무의 확대 또는 제한.

배치전환의 경우에 직원평의회의 관할구역(Zuständigkeitsbereich)의 변경시 종전의 공공관서와 새로운 공공관서의 직원평의회는 공동결정을 한다. 직원에 대한 사무분담의 변경으로 직원평의회의 관할구역이 변경되는 경우에 그 사무분담의 변경(Änderung der Geschäftsverteilung)도 본 법상의 배치전환(Versetzung)으로 본다. 어느 학교에서 다른 학교로의 전근은 본 법상의 배지전환으로 보지 않는다: 그 전근은 파견에 해당하지 않는다.

제87조 근로자

직원평의회는 다음 각 호의 근로자에 대한 사항에 관하여 공동결정을 해야 한다,

1. 채용(Einstellung),
2. 등급이 더 높게 평가되는 직무(Tätigkeit)로의 비일시적인 이전,
3. 성과보너스 및 직책보너스(Leistungs- und Funktionszulagen)의 부여,
4. 임금등급의 상향조정 조정(Höhergruppierung),

5. nicht nur vorübergehender Übertragung einer niedriger zu bewertenden Tätigkeit,
6. Herabgruppierung,
7. Weiterbeschäftigung über die Altersgrenze hinaus,
8. Kündigung.

§ 88 Beamte

In Angelegenheiten der Beamten bestimmt der Personalrat mit bei
1. Einstellung,
2. Verlängerung der Probezeit,
3. (aufgehoben)
4. Vorschlägen der Dienstbehörde an die Gesamtkonferenz für die Benennung von Schulleitern, ihren ständigen Vertretern, von Gesamtschuldirektoren als Leiter einer Mittelstufe, von pädagogischen Koordinatoren und Ausbildungsbereichsleitern sowie Vorschlägen der Dienstbehörde an die Abteilungskonferenzen für die Benennung von Abteilungsleitern und pädagogischen Koordinatoren der Abteilungen an Oberstufenzentren,
5. Beförderung und gleichstehender Verleihung eines anderen Amtes(§ 13 Absatz 1 des Laufbahngesetzes),
6. Laufbahnwechsel und Wechsel des Laufbahnzweiges (§ 16 des Laufbahngesetzes),
7. nicht nur vorübergehender Übertragung einer höher oder niedriger bewerteten Tätigkeit,
8. Ablehnung von Anträgen nach den §§ 54 und 55 des Landesbeamtengesetzes,
9. Hinausschiebung des Eintritts in den Ruhestand wegen Erreichens der Altersgrenze,
10. vorzeitiger Versetzung in den Ruhestand ohne eigenen Antrag, soweit der Beamte der Mitbestimmung des Personalrats nicht widerspricht,
11. Entlassung von Beamten auf Probe oder auf Widerruf ohne eigenen Antrag,
12. Rücknahme der Ernennung eines Beamten.

§ 89 Besonderheiten für bestimmte Dienstkräfte

(1) Bei personalrechtlichen Entscheidungen, die Dienstkräfte mit vorwiegend wissenschaftlicher oder künstlerischer Tätigkeit betreffen, tritt an die Stelle des Mitbestimmungsrechts das Mitwirkungsrecht.

(2) Das Mitbestimmungsrecht entfällt mit Ausnahme des Schuldienstes an der Berliner Schule für Stellen ab Besoldungsgruppe 16 der Besoldungsordnung A und für Arbeitsgebiete der Vergütungsgruppe I des Bundes-Angestelltentarifvertrages oder vergleichbare Arbeitsgebiete. Es entfällt ferner für personalrechtliche Entscheidungen, die Schulaufsichtsbeamte, Dirigierende Ärzte (Chefärzte) sowie die Arbeitnehmer an Bühnen betreffen, mit denen ein festes Gehalt (Gage) auf Grund eines Normalvertrages vereinbart ist.

(3) Das Mitbestimmungsrecht entfällt für Stellen der in § 13 Abs. 3 Nr. I und 2 genannten

5. 등급이 더 낮게 평가되는 직무(Tätigkeit)로의 비일시적인 이전,
6. 임금등급의 하향조정 조정(Herabgruppierung),
7. 정년을 초과한 계속고용(Weiterbeschäftigung über die Altersgrenze hinaus),
8. 해고.

제88조 공무원

직원평의회는 다음 각 호의 공무원에 대한 사항에 관하여 공동결정을 해야 한다,

1. 채용, 고용
2. 시용기간의 연장
3. 삭제
4. 학교장, 학교장의 상시적 직무대리인의 임명 또는 중간단계의 책임자로서 전체학교장(Gesamtschuldirektoren)의 임명, 교육조정가 및 직업교육분야책임자의 임명을 위한 교원회의에 대한 상급행정관청의 추천과, 상급단계센터의 부서의 부서장 및 교육조정가의 임명을 위한 부서장회의에 대한 상급행정관청의 추천(Vorschlägen der Dienstbehörde an die Abteilungskonferenzen),
5. 승진과 이와 동등한 다른 직위의 부여(Beförderung und gleichstehender Verleihung eines anderen Amtes)(경력법 제13조 제1항),
6. 경력변경(Laufbahnwechsel)과 경력분야변경(Wechsel des Laufbahnzweiges)(경력법 제16조),
7. 등급이 더 높게 평가되거나 낮게 평가되는 직무(Tätigkeit)로의 비일시적인 이전,
8. 주공무원법 제54조, 제55조에 따른 신청의 거부,
9. 정년의 도달로 인한 퇴직 개시의 연기(Hinausschiebung des Eintritts in den Ruhestand),
10. 공무원이 직원평의회의 공동결정에 이의를 제기하지 않는 한, 공무원 자신의 신청 없이 행하는 조기퇴직(vorzeitiger Versetzung in den Ruhestand),
11. 시용 중인 공무원 또는 철회권유보부 공무원에 대한 직권면직(職權免職),
12. 공무원 임용의 철회(Rücknahme der Ernennung).

제89조 일정한 공무원에 대한 특별사항

① 주로 학술적 또는 예술적 활동에 종사하는 직원이 관련된 인사법상 결정의 경우에, 의사결정참가권이 공동결정권을 대신한다.

② 공동결정권은 베를린학교의 교직(教職)을 제외하고, 보수등급 A 중 보수등급 16부터의 직위(Stellen ab Besoldungsgruppe 16 der Besoldungsordnung A)와 연방보수단체협약의 보수등급 I 에 속하는 업무영역(Arbeitsgebiet) 또는 이에 유사한 업무영역에 대하여는 적용하지 않는다. 또한 인사법적 결정, 학교감독공무원, 지휘명령권을 갖는 의사(Dirigierende Ärzte) [(수(首)의사; Chefärzte), 정규직계약에 의하여 고정급(festes Gehalt; Gage)이 약정된 무대근로자에 대하여는 적용하지 않는다.

③ 공동결정권(Mitbestimmungsrecht)은 제13조 제3항 제1호, 제2호상의 직위(職位)에 대해서는

Dienstkräfte.

4. Mitwirkungsangelegenheiten

§ 90

Die Personalvertretung wirkt mit bei

1. Verwaltungsvorschriften über die personelle Auswahl bei Einstellungen, Versetzungen, Umgruppierungen und Kündigungen,
2. Verwaltungsvorschriften, die für die innerdienstlichen, sozialen oder persönlichen Angelegenheiten der Dienstkräfte erlassen werden,
3. der Einführung grundlegender neuer Arbeitsmethoden und grundlegenden Änderungen von Arbeitsverfahren und Arbeitsabläufen,
4. der Auflösung, Einschränkung, Verlegung oder Zusammenlegung von Dienststellen oder wesentlichen Teilen von ihnen,
5. Anmeldung für Dienstkräfte im Rahmen der Entwürfe für den Haushaltsplan, Änderungen der Stellenrahmen und der Dienstposten- und Arbeitsbewertung sowie Stellenverlagerungen,
6. Ausschreibung freier Stellen und Ausschreibung beabsichtigter Einstellungen,
7. Abgabe von dienstlichen Beurteilungen, soweit es sich nicht um in § 89 Abs. 2 genannte oder in der Ausbildung stehende Dienstkräfte handelt,
8. Disziplinarverfügungen und der Erhebung der Disziplinarklage gegen Beamte.
9. Einstellung von Personen, die im Rahmen der Arbeitsbeschaffungsmaßnahmen nach den §§ 260 bis 271 des Dritten Buches Sozialgesetzbuch eingesetzt werden, für eine Dauer von bis zu neun Monaten,
10. Einstellung von Personen, die nach § 16 Abs. 3 Satz 2 des Zweiten Buches Sozialgesetzbuch tätig werden, für eine Dauer von bis zu sechs Monaten.

## Abschnitt VII Rechtsweg

§ 91 Zuständigkeit

(1) Die Verwaltungsgerichte, im dritten Rechtszug das Bundesverwaltungsgericht, entscheiden außer in den Fällen der §§ 22 und 25 über

1. Wahlberechtigung und Wählbarkeit,
2. Wahl und Amtszeit der Personalvertretungen und der Jugend- und Auszubildendenvertretungen sowie Zusammensetzung der Personalvertretungen und der Jugend- und Auszubildendenvertretungen,
3. Zuständigkeit, Geschäftsführung und Rechtsstellung der Personalvertretungen und der Jugend- und Auszubildendenvertretungen,

적용하지 않는다.

### 제4절 의사결정사항

제90조

직원대표기구는 다음 각 호 사항에 대하여 의사결정참가를 한다,

1. 채용, 배치전환, 보수등급재설정(Umgruppierungen), 해임에 있어 인사선발기준(personelle Auswahl)에 관한 행정규칙
2. 직원의 내부복무사항, 사회적 사항 또는 인사사항(innerdienstlichen, sozialen oder persönlichen Angelegenheiten der Dienstkräfte)에 관하여 공포된 행정규칙,
3. 혁신적인 업무방식의 도입(Einführung grundlegender neuer Arbeitsmethoden), 업무절차 및 업무과정(Arbeitsverfahren und Arbeitsabläufen)의 근본적 변경,
4. 공공관서 전부 또는 중요한 일부의 폐지, 축소, 이전 또는 통합(Auflösung, Einschränkung, Verlegung oder Zusammenlegung),
5. 예산안 틀 내에서의 직원의 신청, 직무틀(Stellenrahmen)·업무용우편·직무평가의 변경, 직무이전(Stellenverlagerungen),
6. 공석인 일자리의 공고와 예정된 채용의 공고,
7. 제89조 제2항상의 직원 또는 직업훈련 중인 직원에 해당하지 않는 한, 근무평정의 통지(Abgabe von dienstlichen Beurteilungen),
8. 공무원에 대한 징계처분과 징계소송의 제기,
9. 사회법전 제3권 제260조 내지 제271조에 따른 일자리창출조치의 틀 내에서(im Rahmen der Arbeitsbeschaffungsmaßnahmen) 사용되는 인력의 9개월 이내의 기간 동안(für eine Dauer von bis zu neun Monaten)의 고용,
10. 사회법전 제2권(Zweiten Buches Sozialgesetzbuch) 제16조 제3항 제2문에 따라 일하는 인력의 6개월 이내의 기간 동안 고용.

## 제7장 제소(提訴)

제91조 관할

① 지방행정법원, 3심의 경우 연방행정대법원이, 제22조 내지 제25조의 경우를 제외하고 다음 각 호 사항을 재판한다,

1. 선거권 및 피선거권,
2. 직원대표기구 및 연소자·직업훈련생대표단의 선거와 임기와 직원대표기구 및 연소자·직업훈련생대표단의 구성,
3. 직원대표기구 및 연소자·직업훈련생대표단의 관할, 사무처리 및 법적지위(Zuständigkeit, Geschäftsführung und Rechtsstellung),

4. Bestehen oder Nichtbestehen von Dienstvereinbarungen.

(2) Die Vorschriften des Arbeitsgerichtsgesetzes über das Beschlußverfahren gelten entsprechend.

§ 92 Fachkammer und Fachsenat

(1) Bei dem Verwaltungsgericht Berlin ist eine Fachkammer und bei dem Oberverwaltungsgericht Berlin ein Fachsenat zu bilden.

(2) Die Fachkammer und der Fachsenat bestehen aus einem Vorsitzenden und ehrenamtlichen Richtern. Die ehrenamtlichen Richter müssen Dienstkräfte der in § 1 Abs. 1 genannten Behörden, Gerichte oder nichtrechtsfähigen Anstalten sein. Sie werden je zur Hälfte auf Vorschlag

1. des Hauptpersonalrats und

2. der in § 1 Abs. 1 bezeichneten Behörden, Gerichte und nichtrechtsfähigen Anstalten

von der für das Personalvertretungsrecht zuständigen Senatsverwaltung berufen.

Für die Berufung und Stellung der ehrenamtlichen Richter und ihre Heranziehung zu den Sitzungen gelten die Vorschriften des Arbeitsgerichtsgesetzes über die ehrenamtlichen Richter am Arbeitsgericht und am Landesarbeitsgericht entsprechend. Wird während der Amtszeit die Bestellung neuer ehrenamtlicher Richter erforderlich, so werden sie für den Rest der Amtszeit bestellt.

(3) Die Fachkammer und der Fachsenat entscheiden in der Besetzung mit einem Vorsitzenden und je zwei nach Absatz 2 Nr. 1 und 2 berufenen ehrenamtlichen Richtern. Unter den in Absatz 2 Nr. 1 bezeichneten ehrenamtlichen Richtern muß sich je ein Arbeitnehmer und ein Beamter befinden. Betrifft eine Angelegenheit lediglich eine Gruppe, so müssen die nach Absatz 2 Nr. 1 berufenen ehrenamtlichen Richter der betroffenen Gruppe angehören.

(4) Von der Ausübung des Amtes als Richter oder ehrenamtlicher Richter ist auch ausgeschlossen, wer bei dem vorangegangenen Verwaltungsverfahren mitgewirkt hat.

## ABSCHNITT VIII Behandlung von Verschlusssachen der Verfassungsschutzbehörde

§ 92a Behandlung von Verschlusssachen der Verfassungsschutzbehörde

(1) Der Personalrat der Verfassungsschutzabteilung bei der Senatsverwaltung für Inneres ist in Angelegenheiten nach Abschnitt VI insgesamt zu beteiligen, soweit seine Mitglieder nach den dafür geltenden Bestimmungen ermächtigt sind, Kenntnis von Verschlusssachen des in Betracht kommenden Geheimhaltungsgrades zu erhalten. Er hat für die Beteiligung aus seiner Mitte einen Ausschuss zu bilden, wenn die Ermächtigung aller Mitglieder nicht zustande kommt. Für die Mitglieder des Ausschusses gelten Satz 1 und § 29 Abs. 1 Satz 2 entsprechend. § 11 Satz 2 findet für die Mitglieder des Ausschusses keine Anwendung.

(2) In den in Absatz 1 genannten Angelegenheiten sind § 30 Abs. 3, 4. Alternative (Schwerbehindertenvertretung) und 5. Alternative (Jugend- und Auszubildendenvertretungen), § 31

4. 근무협정의 존재 또는 부존재.

② 결정절차에 관한 노동법원법의 규정을 준용한다.

제92조 1심의 전문참심재판부와 2심의 전문참심재판부

① 베를린지방행정법원의 경우 1개의 전문참심재판부가 설치되고, 베를린주고등행정법원에서도 1개의 전문참심재판부가 설치된다.

② 그 전문참심재판부들은 1명의 재판장과 명예법관으로 구성된다. 명예법관은 제1조 제1항상의 행정관청, 법원 또는 권리능력이 없는 영조물의 직원이어야 한다. 명예법관은 각각 절반까지 다음 각 호의 추천으로,

1. 최상급직원평의회,
2. 제1조 제1항상의 행정관청, 법원 및 권리능력 없는 영조물,

직원대표법을 관할하는 주정부부처에 의해 임명된다.

명예법관의 임명과 지위와 그의 심리의 참석에 대하여 지방노동법원 및 주고등노동법원에서의 명예법관에 관한 노동법원법의 규정(Vorschriften des Arbeitsgerichtsgesetzes über die ehrenamtlichen Richter am Arbeitsgericht)을 준용한다. 임기 도중에 새로운 명예법관의 임명이 필요한 경우 새로운 명예법관이 남은 임기 동안 임명된다.

③ 위 전문참심재판부들은 1명의 재판장과 제92조 제2항 제1호, 제2호에 따라 임명된 명예법관 2명씩의 참여로 재판한다. 제92조 제2항 제1호에 기재된 명예법관 중에 각각 1명의 근로자와 1명의 공무원이 있어야만 한다. 사안이 어느 집단에만 관련된 경우에(Betrifft eine Angelegenheit lediglich eine Gruppe) 제92조 제2항 제1호에 따라 명예법관은 해당 집단에 속해야만 한다.

④ 전심(前審)의 행정절차에 참가한 사람은 법관 또는 명예법관으로서의 직무의 행사에서 배제된다.

## 제8장 헌법보호관청의 기밀서류의 처리

제92a 헌법보호관청의 기밀서류의 취급

① 그 구성원이 그 사항에 대하여 적용되는 규정에 따라 문제가 되는 기밀유지등급의 기밀서류에 대한 정보를 취득할 권한을 부여받은 경우에, 내무부 산하 헌법보호국의 직원평의회(Personalrat der Verfassungsschutzabteilung bei der Senatsverwaltung für Inneres)는 제6장에 따른 사항에 있어 전체적으로 의사결정참가를 해야 한다. 모든 그 구성원의 수권(授權) (Ermächtigung aller Mitglieder)이 이뤄지지 않은 경우에 그 직원평의회는 그 참가를 위하여 그 구성원 중에서 위원회를 설치해야 한다. 그 위원회위원에 대하여 제1문, 제29조 제1항 제2문을 준용한다. 제11조 제2문을 그 위원회위원에 대하여 적용하지 않는다.

② 제92a조 제1항상의 사항에 있어, 제30조 제3항의 넷째 사항(事項)(중증장애인대표단; Schwerbehindertenvertretung), 동항의 다섯번째 사항(연소자·직업훈련생대표단), 제31조

Abs. 1 Satz 4 und Abs. 2 Satz 2 und 3 sowie die §§ 35 und 36 nicht anzuwenden; in den Fällen des § 34 Abs. 1 Satz 2 findet eine Beteiligung der Gewerkschaften nicht statt. Diese Angelegenheiten werden in der Personalversammlung nicht behandelt.

(3) Im Verfahren nach § 80 gelten für den Hauptpersonalrat die Absätze 1 und 2 entsprechend.

(4) Für das Verfahren vor der Einigungsstelle und die Beteiligten nach den §§ 81 bis 83 gilt Absatz 1 entsprechend. § 83 Abs. 1 Satz 3 ist nicht anzuwenden. Kommt die Ermächtigung aller Mitglieder der Einigungsstelle nicht zustande, tritt an ihre Stelle ein Gremium, das aus dem unparteiischen Vorsitzenden der Einigungsstelle und zwei Beisitzern besteht. Ein Beisitzer wird von der für das Personalvertretungsrecht zuständigen Senatsverwaltung auf Vorschlag des Hauptpersonalrats bestellt. Der weitere Beisitzer wird ebenfalls von der für das Personalvertretungsrecht zuständigen Senatsverwaltung bestellt; er soll Dienstkraft der für den Verfassungsschutz zuständigen Verwaltung sein. Absatz 1 gilt entsprechend.

(5) Der Leiter der Dienststelle kann anordnen, dass in den Fällen des Absatzes 1 dem Personalrat, dem Hauptpersonalrat und der Einigungsstelle Unterlagen nicht vorgelegt und Auskünfte nicht erteilt werden dürfen, soweit dies zur Vermeidung von Nachteilen für das Wohl der Bundesrepublik Deutschland oder eines ihrer Länder oder auf Grund internationaler Verpflichtungen geboten ist. Im Verfahren nach § 91 sind die gesetzlichen Voraussetzungen für die Anordnung glaubhaft zu machen.

(6) Der Leiter der Dienststelle kann bestimmen, dass Dienstkräfte, bei denen dies wegen ihrer dienstlichen Aufgabe dringend geboten ist, nicht an Personalversammlungen teilnehmen.

## Abschnitt IX Übergangs- und Schlußvorschriften

§ 93

Dienstvereinbarungen, die den §§ 1 bis 69 widersprechen, treten mit Inkrafttreten dieses Gesetzes insoweit außer Kraft. Dienstvereinbarungen, die diesem Gesetz widersprechende Regelungen der Zuständigkeit und Befugnisse der Personalvertretungen enthalten, treten insoweit mit Ablauf von sechs Monaten nach Inkrafttreten dieses Gesetzes außer Kraft.

§ 94

Die in diesem Gesetz für die Gewerkschaften vorgesehenen Rechte und Pflichten gelten auch für die nach § 83 des Landesbeamtengesetzes bei der Vorbereitung allgemeiner Regelungen der beamtenrechtlichen Verhältnisse zu beteiligenden Berufsverbände.

§ 95

Dieses Gesetz findet keine Anwendung auf Religionsgemeinschaften und ihre karitativen und erzieherischen Einrichtungen ohne Rücksicht auf ihre Rechtsform.

제1항 제4문, 제2항 제2문, 제3문, 제35조, 제36조를 적용하지 않는다; 제34조 제1항 제2문의 경우에 노동조합의 의사결정참가는 실시되지 않는다. 이러한 사항은 직원총회에서(in der Personalversammlung) 다뤄지지 않는다.
③ 제80조에 따른 절차에서 최상급직원평의회에 대하여 제92a조 제1항, 제2항을 준용한다.
④ 중재위원회에서의 절차와 제81조 내지 제83조에 따른 이해관계인에 대하여 제92a조 제1항을 준용한다. 제83조 제1항 제1문을 적용하지 않는다. 중재위원회의 모든 구성원에 대한 수권(授權)이 이뤄지지 않은 경우에, 중립적 중재위원회의장(unparteiischen Vorsitzenden der Einigungsstelle)과 2명의 위원으로 구성된 위원회가 대신한다. 1명의 위원은, 직원대표법을 관할하는 주정부부처가 최상급직원평의회의 추천에 따라 임명한다. 기타 위원은 직원대표법을 관할하는 주정부부처(der für das Personalvertretungsrecht zuständigen Senatsverwaltung)가 마찬가지로 임명한다; 그는 헌법보호를 관할하는 행정기관의 직원이어야 한다. 제92a조 제1항을 준용한다.
⑤ 그 명령 발령이 독일연방공화국 또는 주들의 복리에 대한 해악을 방지하기 위해 필요하거나(zur Vermeidung von Nachteilen für das Wohl der Bundesrepublik Deutschland oder eines ihrer Länder) 국제법상 의무에 기하여 필요한 경우에는, 공공관서장은 제92a조 제1항의 경우에 직원평의회, 최상급직원평의회 및 중재위원회에 서류를 제출하지 말고 정보를 제공하지 말 것을 명령할 수 있다. 제91조에 따른 절차에서 그 명령에 대한 법적 요건(gesetzlichen Voraussetzungen für die Anordnung)은 증명되어야 한다.
⑥ 공공관서장은, 그의 직무상 임무로 인해(wegen ihrer dienstlichen Aufgabe) 그 불출석이 긴급하게 필요한 직원이 직원총회에 참석하지 않는다는 것을 결정한다.

## 제9장 경과규정 및 종결규정

제93조

제1조 내지 제69조에 상충하는 근무협정(Dienstvereinbarungen, die den §§ 1 bis 69 widersprechen)은, 이 법의 시행으로 그 한도 내에서 효력을 상실한다. 이 법에 모순되는 관할과 직원대표기구의 권한 규정을 포함하는 근무협정은 이 법이 시행된 때로부터 6개월이 경과함으로써 효력을 그 한도 내에서 상실한다.

제94조

이 법에서 노동조합에 대하여 규정한 권리의무는 주공무원법(Landesbeamtengesetze) 제83조에 따라 공무원관계의 일반적 규정의 처리에 있어 의사결정참가를 해야 하는 직업협회(beteiligenden Berufsverbände)에도 적용한다.

제95조

이 법은 그 법적 형식을 불문하고(ohne Rücksicht auf ihre Rechtsform) 종교공동체와 종교공동체의 자선적·교육적 기관에 적용하지 않는다.

§ 96

Soweit in anderen Gesetzen für die in § 1 Abs. 1 genannten Bereiche den Betriebsräten Aufgaben oder Befugnisse übertragen sind, gelten diese als Aufgaben oder Befugnisse der nach diesem Gesetz zu bildenden Personalvertretungen.

§ 97

(weggefallen)

§ 98

(1) Zur Regelung der in den §§ 12 bis 19, § 51, § 56, § 63, §§ 68 und 69 bezeichneten Wahlen erläßt der Senat durch Rechtsverordnung Vorschriften über

1. die Vorbereitung der Wahl, insbesondere die Aufstellung der Wählerlisten und die Errechnung der Vertreterzahl,
2. die Frist für die Einsichtnahme in die Wählerlisten und die Erhebung von Einsprüchen,
3. die Vorschlagslisten und die Frist für ihre Einreichung,
4. das Wahlausschreiben und die Fristen für seine Bekanntmachung,
5. die Stimmabgabe,
6. die Feststellung des Wahlergebnisses und die Fristen für seine Bekanntmachung,
7. die Aufbewahrung der Wahlakten.

(2) Die zur Ausführung dieses Gesetzes erforderlichen Verwaltungsvorschriften erläßt die für das Personalvertretungsrecht zuständige Senatsverwaltung.

§ 99

(1) Das Personalvertretungsgesetz (PersVG) vom 22. Juli 1968 (GVBl. S. 1004), zuletzt geändert durch Gesetz vom 22. Februar 1974 (GVBl. S. 466), tritt außer Kraft.

(2) Für Dienststellen im Bereich der Polizeibehörde, die beim Inkrafttreten des Neunten Landesbeamtenrechtsänderungsgesetzes vom 22. Februar 1974 (GVBl. S. 466) bestanden haben und noch bestehen, gilt bis zu ihrer Auflösung Nummer 5 der Anlage zu § 5 Abs. 1 des in Absatz 1 genannten Gesetzes in der vor dem Inkrafttreten des Neunten Landesbeamtenrechtsänderungsgesetzes geltenden Fassung weiter. Artikel V §§ 2 und 3 des Neunten Landesbeamtenrechtsänderungsgesetzes bleibt unberührt, § 3 jedoch mit der Maßgabe, daß an die Stelle der §§ 47 und 48 des in Absatz 1 genannten Gesetzes die entsprechenden Vorschriften dieses Gesetzes treten.

(3) Entscheidungen nach § 5 Abs. 3 und 4 des in Absatz 1 genannten Gesetzes werden durch dessen Außerkrafttreten nicht berührt.

(4) Ist in Rechts- oder Verwaltungsvorschriften auf Vorschriften oder Bezeichnungen Bezug genommen, die nach Absatz 1 nicht mehr gelten, treten an deren Stelle die entsprechenden Vorschriften und Bezeichnungen dieses Gesetzes.

제96조

다른 법에 따라 제1조 제1항에 기재된 영역에 있어서 근로자평의회가 임무 또는 권한을 이양받은 경우에, 그 임무와 권한은 이 법에 따라 조직된 직원대표기구의 임무 또는 권한(Aufgaben oder Befugnisse der nach diesem Gesetz zu bildenden Personalvertretungen)으로 본다.

제97조

삭제

제98조

① 제12조 내지 제19조, 제51조, 제56조, 제63조, 제68조, 제69조에 기재된 선거의 규율을 위하여 그 담당부처가 법규명령으로 다음 각 호에 관한 규정을 발령한다,

1. 선거의 준비, 특히 선거인명부의 작성과 대표자수 산정(Aufstellung der Wählerlisten und die Errechnung der Vertreterzahl),
2. 선거인명부의 열람 기간과 그에 대한 이의제기 기간,
3. 후보자명부와 그 명부의 제출 기간,
4. 선거공고와 그 선거공고 기간,
5. 투표,
6. 선거결과의 확정과 선거결과 공고 기간,
7. 선거서류의 보관,

② 직원대표법을 관할하는 주정부부처가 이 법의 집행을 위하여 필요한 행정규칙(Die zur Ausführung dieses Gesetzes erforderlichen Verwaltungsvorschriften)을 발령한다.

제99조

① 1968년 7월 22일의 직원대표법(GVBl. S. 1004)으로, 1974년 2월 22일의 법률(GVBl. S. 466)에 의하여 최종적으로 개정된 그 법은 효력을 상실한다.

② 1974년 2월 22일의 제9차 주공무원법개정법률(GVBl. S. 466)의 시행 당시에 존재하였고 여전히 존재하는 경찰청의 영역에 속한 공공관서에 대하여, 제99조 제1항상의 법률로 제9차 주공무원법개정법률의 시행 전에 적용되는 형식에 의한 법률 제5조 제1항에 대한 부록 제5호는 그 해산시까지(bis zu ihrer Auflösung) 계속적으로 적용된다. 그럼에도 제9차 주공무원법개정법률(Neunten Landesbeamtenrechtsänderungsgesetzes) 제5항의 제2조, 제3조는 이 법을 준용하는 규정이 제99조 제1항상의 법률 제47조, 제48조를 대신한다는 기준하에(mit der Maßgabe) 영향을 받지 않는다.

③ 제99조 제1항상의 법률 제5조 제3항, 제4항에 따른 결정은 그 법의 시행에 의하여 영향을 받지 않는다.

④ 제99조 제1항에 따라 더 이상 적용되지 않는 법규정 또는 행정규칙에서(in Rechts- oder Verwaltungsvorschriften) 그 규정 또는 명칭이 언급된 경우에, 이 법상의 관련 규정 및 명칭이 그 규정 및 명칭을 대신한다.

§ 99a Übergangsregelung hinsichtlich des Gesetzes zur Angleichung des Richterrechts der Länder Berlin und Brandenburg

Der bei Inkrafttreten des Gesetzes zur Angleichung des Richterrechts der Länder Berlin und Brandenburg vom 9. Juni 2011 (GVBl. S. 238) amtierende Gesamtpersonalrat der Berliner Justiz vertritt für die Dauer seiner Amtszeit (§§ 52, 23) auch die Amtsanwälte.

§ 99b (aufgehoben)

§ 99c (aufgehoben)

§ 99d Sondervorschriften für Schulen

(1) Bei Einstellungen in befristete Arbeitsverhältnisse für eine Dauer von nicht mehr als drei Monaten nach § 7 Abs. 3 Satz 3 des Schulgesetzes für das Land Berlin findet eine unverzügliche Unterrichtung des Personalrates statt.

(2) Bei Einstellungen in befristete Arbeitsverhältnisse für eine Dauer von mehr als drei Monaten nach § 7 Abs. 3 Satz 3 des Schulgesetzes für das Land Berlin gilt ein abgekürztes Mitbestimmungsverfahren nach Maßgabe der Sätze 2 bis 9. Die Aufgaben des Leiters der Dienststelle nimmt insoweit die Schulleiterin oder der Schulleiter wahr. Der Beschluss des Personalrates ist innerhalb von fünf Arbeitstagen nach Zugang des Antrages schriftlich mitzuteilen und im Falle einer Ablehnung zu begründen. Der zuständige Personalrat kann sein Mitbestimmungsrecht durch einstimmigen Beschluss auf einen Ausschuss übertragen, der aus mindestens drei Mitgliedern des Personalrates besteht, die vom Personalrat benannt werden. Lehnt der zuständige Personalrat Einstellungen ab, ist innerhalb von einem Arbeitstag eine besondere Einigungsstelle anzurufen. Sie besteht aus zwei Beisitzern und dem nach § 82 Abs. 2 bestellten unparteiischen Vorsitzenden. Je ein Beisitzer ist dem nach § 82 Abs. 4 Satz I Nr. 1 1. Alternative und Nr. 2 I. Alternative bestellten Personenkreis zu entnehmen. Kommt hier eine Einigung innerhalb von einem Arbeitstag nicht zustande, entscheidet die für das Schulwesen zuständige Senatsverwaltung. In diesen Fällen findet eine Anrufung der Einigungsstelle gemäß § 81 nicht statt.

(3) Auf Verträge nach den Absätzen I und 2 findet § 10 Abs. I Satz 4 des Landesgleichstellungsgesetzes in der Fassung vom 6. September 2002 (GVBl. S. 280), das zuletzt durch Gesetz vom 19. Juni 2006 (GVBl. S. 575) geändert worden ist, in der jeweils geltenden Fassung keine Anwendung.

§ 100

Dieses Gesetz tritt einen Monat nach der Verkündung im Gesetz- und Verordnungsblatt für Berlin in Kraft. Abweichend von Satz 1 treten § 40 Abs. 2, § 42 Abs. 3 und 4 und § 43 am 15. Dezember 1974 in Kraft; bis zu diesem Zeitpunkt gelten § 37 Abs. 2 und § 38 Abs. 3 des in § 99 Abs. 1 genannten Gesetzes weiter.

제99a조 베를린·브란덴브르크주의 법관법의 조정을 위한 이 법의 경과규정(Gesetzes zur Angleichung des Richterrechts der Länder Berlin und Brandenburg)

2011년 6월 9일의 베를린·브란덴브르크주의 법관법의 조정을 위한 법률(GVBl. S. 238) 시행 당시 활동하는, 베를린법무부에 속한 전체직원평의회는 그 임기 동안(제52조, 제23조)에 지방검사도 대표한다.

제99b조 삭제

제99c조 삭제

제99d조 학교에 대한 특별규정

① 베를린주 학교법 제7조 제3항 제3문에 따른, 3개월 이하의 기간을 정함이 있는 근로관계의 고용에 있어(Bei Einstellungen in befristete Arbeitsverhältnisse für eine Dauer von nicht mehr als drei Monaten) 직원평의회의 지체 없는 통지가 시행된다.

② 베를린주 학교법 제7조 제3항 제3문에 따라 3개월 이하의 기간을 정함이 있는 근로관계의 고용에 있어 제2문 내지 제9문의 기준에 따른 간소화된 공동결정절차(abgekürztes Mitbestimmungsverfahren)가 적용된다. 공공관서장의 임무(Aufgaben des Leiters der Dienststelle)는 학교장이 그 범위 내에서 행사한다. 직원평의회의 결의는 신청을 받은 후 5일의 근무일 이내에 서면으로 통지되어야 하고 거부하는 경우에 이유를 기재해야 한다. 관할 직원평의회는 만장일치 결의로(durch einstimmigen Beschluss) 직원평의회가 임명한 3명 이상의 직원평의회구성원으로 구성된 위원회에 자신의 공동결정권(sein Mitbestimmungsrecht)을 이양(移讓)할 수 있다. 관할 직원평의회가 그 수용을 거부한 경우에 1일의 근무일 이내에 특별중재위원회(besondere Einigungsstelle)에 이의를 제기해야 한다. 그 중재위원회는 2명의 위원과 제82조 제2항에 따른 중립적 의장으로 구성된다. 각 1명씩 위원은 제82조 제4항 제1문의 첫째 사항과 동문 제2호 첫째 사항에 따라 임명된 사람범위(bestellten Personenkreis)에서 선출된다. 1일의 근무일 이내에 협약이 체결되지 않은 경우에, 학교를 관할하는 주정부부처(die für das Schulwesen zuständige Senatsverwaltung)가 결정한다. 이 경우에 중재위원회에 대한 이의제기는 제81조에 따라 시행되지 않는다.

③ 제99d조 제1항, 제2항에 따른 협약에 대하여 2002년 9월 6일 형식에 의한 주균등화법(Landesgleichstellungsgesetzes)(GVBl. S. 280)으로, 2006년 6월 19일의 법률(GVBl. S. 575)에 의하여 최종적으로 개정된, 각각의 적용 형식에 의한(in der jeweils geltenden Fassung) 그 법률의 제10조 제1항 제4문을 적용하지 않는다.

제100조

이 법은 베를린법률명령관보에 게재한 때로부터(nach der Verkündung im Gesetz- und Verordnungsblatt für Berlin) 1개월 후에 발효된다. 제1문과 달리 제40조 제2항, 제42조 제3항, 제4항, 제43조는 1974년 12월 15일에 효력을 발생한다; 그 당시까지 제99조 제1항상의 법률 제37조 제2항, 제38조 제3항은 계속 적용된다.

Anlage

Dienststellen im Sinne des § 5 Abs. 1

1. Jede Senatsverwaltung mit den ihr nachgeordneten Behörden (Sonderbehörden) und nichtrechtsfähigen Anstalten, soweit nachstehend nichts anderes bestimmt ist,
2. die Senatskanzlei,
3. die Verwaltung des Abgeordnetenhauses,
4. der Rechnungshof,
4. a) der Berliner Beauftragte für Datenschutz und Informationsfreiheit
5. bei der Polizeibehörde
   a) das Polizeipräsidium,
   b) jede Direktion,
   c) das Landeskriminalamt und
   d) die Polizeiakademie,
6. jedes Gericht, jede Staatsanwaltschaft und die Amtsanwaltschaft,
7. die Sozialen Dienste der Justiz,
8. jede Justizvollzugsanstalt,
9. jedes Finanzamt,
10. (aufgehoben),
11. die Feuerwehr,
12. bei der für das Schulwesen zuständigen Senatsverwaltung:
    a) in Regionen, die den Bezirken entsprechen, jeweils die Gesamtheit der in Schulen, ausgenommen die in Buchstabe b genannten Schulen, tätigen Lehrkräfte, Erzieher, Pädagogischen Unterrichtshilfen, Sozialpädagogen, Handwerksmeister, Laboranten, technischen, verwaltungsfachlichen und sonstigen Dienstkräfte,
    b) die Dienstkräfte in zentral verwalteten Schulen,
    c) die Studienreferendare und Lehreranwärter,
13. das Landesamt für Gesundheit und Soziales Berlin,
14. in den Bezirken die gesamte Bezirksverwaltung, jedoch ohne die Krankenhausbetriebe,
15. jeder Krankenhausbetrieb und jede andere Kranken-, Heil- und Pflegeanstalt,
16. jede Körperschaft, Anstalt und Stiftung des öffentlichen Rechts, jedoch ohne Kranken-, Heil- und Pflegeanstalten.
17. der Landesbetrieb für Gebäudebewirtschaftung,
18. die Verfassungsschutzabteilung bei der Senatsverwaltung für Inneres.
19. jeder Eigenbetrieb,
20. die Medizinische Fakultät Charité - Universitätsmedizin Berlin,

부록

제5조 제1항상의 공공기관은 다음 각 호와 같다,

1. 아래에서 달리 정함이 없는 한, 주정부처에 소속된 행정관청이 있는 각 주정부처(특별행정관청), 각 권리능력이 없는 영조물(nichtrechtsfähigen Anstalten),
2. 주총리청(Senatskanzlei),
3. 주의회에 속한 행정부문(Verwaltung des Abgeordnetenhauses),
4. 주감사원,
4. a) 베를린정보보호 · 정보자유수임청,
5. 주경찰청의 경우(bei der Polizeibehörde),
   a) 주경찰본부(Polizeipräsidium),
   b) 각 지역경찰국(jede Direktion),
   c) 주범죄청(Landeskriminalamt),
   d) 경찰학교(Polizeiakademie),
6. 각 법원, 각 검찰청(Staatsanwaltschaft), 지방검찰청(Amtsanwaltschaft),
7. 법무사회기관(Sozialen Dienste der Justiz),
8. 각 교도소(Justizvollzugsanstalt),
9. 각 세무서(Finanzamt),
10. 삭제,
11. 소방서
12. 학교제도를 관할하는 주정부부처의 경우,
   a) 관할구역에 상응하는 지역에서, b)목에서 언급된 학교를 제외한 학교에서 근무하는 교원, 교사, 보조교사(Pädagogischen Unterrichtshilfen), 사회교육강사, 기능장, 실험실인력, 기술자, 행정전문인력 및 기타 직원(Sozialpädagogen, Handwerksmeister, Laboranten, technischen, verwaltungsfachlichen und sonstigen Dienstkräfte)의 각각의 전체인력,
   b) 중앙학교관리청의 직원,
   c) 교생과 교사임용대기자(Studienreferendare und Lehreranwärter),
13. 베를린주건강사회담당청(Landesamt für Gesundheit und Soziales Berlin),
14. 구(區)의 경우 병원사업체를 제외한, 전체 구(區)행정기관(gesamte Bezirksverwaltung),
15. 각 병원사업체와 각 기타 질병 · 치료 · 돌봄영조물(Kranken-, Heil- und Pflegeanstalt),
16. 질병 · 치료 · 돌봄영조물을 제외한 공법상 사단 · 영조물 · 재단,
17. 건물관리를 위한 주공단(Landesbetrieb für Gebäudebewirtschaftung),
18. 내무부 산하 헌법보호국,
19. 각 베를린주소유기업(Eigenbetrieb),
20. 베를린샤리테(Charité)의대(醫大)(Medizinische Fakultät Charité - Universitätsmedizin Berlin),

21. das Universitätsklinikum Charité - Universitätsmedizin Berlin.
22. das Landesamt für Bürger- und Ordnungsangelegenheiten,
23. das Landesverwaltungsamt Berlin,
24. das Landesamt für Flüchtlingsangelegenheiten,
25. das Sekretariat der Ständigen Konferenz der Kultusminister der Länder in der Bundesrepublik Deutschland (KMK-Sekretariat).

21. 베를린샤리테(Charité)의대의료원(Universitätsklinikum Charité - Universitätsmedizin Berlin),
22. 주(州)시민질서담당청(Landesamt für Bürger- und Ordnungsangelegenheiten),
23. 베를린주행정청(Landesverwaltungsamt Berlin),
24. 주난민담당청(Landesamt für Flüchtlingsangelegenheiten),
25. 독일연방공화국 주(州)들의 문화부장관 산하 상설회의(Ständigen Konferenz der Kultusminister der Länder in der Bundesrepublik Deutschland) 비서실(KMK-비서설)

# 베를린주직원대표법선거령

(GVBl. S. 227)

# Wahlordnung zum Personalvertretungsgesetz

(WOPersVG)

# Wahlordnung zum Personalvertretungsgesetz(WOPersVG)

http://gesetze.berlin.de/jportal/portal/t/ur/page/bsbeprod.psml?pid=Dokumentanzeige&showdoccase=1&js_peid=Trefferliste&documentnumber=3&numberofresults=3&fromdoctodoc=yes&doc.id=jlr-PersVGWahlOBErahmen&doc.part=X&doc.price=0.0&doc.hl=1#focuspoint

## ERSTER TEIL Wahl des Personalrates

### ERSTER ABSCHNITT Gemeinsame Vorschriften über Vorbereitung und Durchführung der Wahl

§ 1 Wahlvorstand

(1) Der Wahlvorstand führt die Wahl des Personalrates durch. Er kann wahlberechtigte Dienstkräfte als Wahlhelfer zu seiner Unterstützung bei der Durchführung der Stimmabgabe und bei der Stimmenzählung bestellen.

(2) Die Dienststelle hat den Wahlvorstand bei der Erfüllung seiner Aufgaben zu unterstützen, insbesondere die notwendigen Unterlagen zur Verfügung zu stellen und die erforderlichen Auskünfte zu erteilen.

(3) Der Wahlvorstand gibt die Namen seiner Mitglieder und gegebenenfalls der Ersatzmitglieder unverzüglich nach seiner Bestellung, Wahl oder Einsetzung in der Dienststelle durch Aushang bis zum Abschluss der Stimmabgabe bekannt.

(4) Die Beschlüsse des Wahlvorstandes werden mit einfacher Stimmenmehrheit der anwesenden Mitglieder gefasst. Stimmenthaltungen bleiben bei der Ermittlung der Mehrheit außer Betracht. Bei Stimmengleichheit ist ein Antrag abgelehnt.

(5) Der Wahlvorstand soll dafür sorgen, dass ausländische Dienstkräfte rechtzeitig über das Wahlverfahren, die Aufstellung des Wählerverzeichnisses und der Vorschlagslisten, den Wahlvorgang und die Stimmabgabe in geeigneter Weise, wenn nötig in ihrer Muttersprache, unterrichtet werden.

§ 2 Feststellung der Zahl der Dienstkräfte, Wählerverzeichnis

(1) Der Wahlvorstand stellt die Zahl der in der Regel beschäftigten Dienstkräfte und ihre Verteilung auf die Gruppen (§ 4 des Gesetzes) fest.

(2) Der Wahlvorstand stellt ein Verzeichnis der wahlberechtigten Dienstkräfte (Wählerverzeichnis), getrennt nach den Gruppen der Arbeitnehmer und Beamten auf. Er hat bis zum Abschluss der Stimmabgabe das Wählerverzeichnis auf dem Laufenden zu halten und zu berichtigen.

(3) Das Wählerverzeichnis oder eine Abschrift ist unverzüglich nach Einleitung der Wahl bis zum Abschluss der Stimmabgabe an geeigneter Stelle zur Einsicht auszulegen.

# 베를린주직원대표법선거령(GVBl. S. 227)

법률형식: 2000. 2. 16.
최근 개정일: 2008. 8. 1(GVBl. S. 227)

## 제1편 직원평의회선거

### 제1장 선거의 준비와 실시에 관한 총칙

제1조 선거위원회

① 선거위원회가 직원평의회선거를 실시한다. 선거위원회는 선거권이 있는 직원을 투표의 시행과 개표에 있어(bei der Durchführung der Stimmabgabe und bei der Stimmenzählung) 선거위원회를 지원하는 선거보조인으로 임명할 수 있다.

② 공공관서는 선거위원회 임무의 수행에 있어(bei der Erfüllung seiner Aufgaben) 선거위원회(選擧委員會)를 지원해야 하고, 특히 필요한 서류를 이용하도록 제공해야 하며, 필요한 정보를 제공해야 한다.

③ 선거위원회는 그 임명, 선출 또는 지명 후 지체 없이(unverzüglich nach seiner Bestellung, Wahl oder Einsetzung in der Dienststelle) 선거위원회위원의 성명을, 경우에 따라서는 그 대체구성원의 성명을 공공관서에서 투표종료시까지 게시함으로써 공고한다.

④ 선거위원회는 참석한 선거위원회위원들의 단순과반수투표로(mit einfacher Stimmenmehrheit der anwesenden Mitglieder) 결의한다. 기권은 과반수 산정에서 고려하지 않는다. 가부동수인 경우에 그 안건은 부결된다.

⑤ 선거위원회(選擧委員會)는 외국인 직원이 적시에 선거절차, 선거인명부 및 후보자명부 작성, 선거과정, 투표(das Wahlverfahren, die Aufstellung des Wählerverzeichnisses und der Vorschlagslisten, den Wahlvorgang und die Stimmabgabe)를 적정한 방법으로, 필요한 경우 외국인의 모국어로 통지받도록 해 주어야 한다.

제2조 직원수의 확정, 선거인명부

① 선거위원회는 상시적으로 고용된 직원수와 집단(법 제4조)에 대한 직원수 할당(ihre Verteilung auf die Gruppen)을 확정한다.

② 선거위원회는 선거권이 있는 직원들 명부(선거인명부; Wählerverzeichnis)를 근로자 및 공무원 집단별로 작성한다. 선거위원회는 투표종료시까지 선거인명부에 대해 계속적으로 정보를 제공하고 이를 정정해야 한다.

③ 선거인명부 또는 그 사본(Wählerverzeichnis oder eine Abschrift)은 선거개시 후 지체 없이(unverzüglich nach Einleitung der Wahl) 투표종료시까지 적당한 장소(an geeigneter Stelle)에 열람을 위해 게시되어야 한다.

(4) Einsprüche gegen die Richtigkeit des Wählerverzeichnisses müssen spätestens am Werktag vor Beginn der Stimmabgabe, 12 Uhr, beim Wahlvorstand eingelegt werden. Über den Einspruch entscheidet der Wahlvorstand unverzüglich. Die Entscheidung ist dem Betreffenden unverzüglich, möglichst noch vor Beginn der Stimmabgabe, mitzuteilen.

§ 3 Vorabstimmungen Vorabstimmungen über

1. eine von § 15 Abs. 1 bis 5 des Gesetzes abweichende Verteilung der Mitglieder des Personalrates auf die Gruppen (§ 15 Abs. 6 des Gesetzes) oder
2. die Durchführung gemeinsamer Wahl (§ 16 Abs. 2 des Gesetzes)

werden nur berücksichtigt, wenn ihr Ergebnis dem Wahlvorstand binnen einer Woche seit der Bekanntgabe nach § 1 Abs. 3 vorliegt und dem Wahlvorstand glaubhaft gemacht wird, dass das Ergebnis unter Leitung eines aus mindestens drei wahlberechtigten Dienstkräften bestehenden Abstimmungsvorstandes in geheimen und nach Gruppen getrennten Abstimmungen zustande gekommen ist. Dem Abstimmungsvorstand muss ein Mitglied jeder in der Dienststelle vertretenen Gruppe angehören.

§ 4 Ermittlung der Zahl der zu wählenden Personalratsmitglieder, Verteilung der Sitze auf die Gruppen

(1) Der Wahlvorstand ermittelt die Zahl der zu wählenden Mitglieder des Personalrates (§ 14 des Gesetzes). Ist eine von § 15 Abs. 1 bis 5des Gesetzes abweichende Verteilung der Mitglieder des Personalrates auf die Gruppen (§ 15 Abs. 6des Gesetzes) nicht beschlossen worden, so errechnet der Wahlvorstand die Verteilung der Personalratssitze auf die Gruppen (§ 15 Abs. 1 und 3 bis 5des Gesetzes) nach dem Höchstzahlverfahren (Absätze 2 und 3).

(2) Die Zahlen der der Dienststelle angehörenden Arbeitnehmer und Beamten (§ 2 Abs. 1) werden nebeneinander gestellt und der Reihe nach durch 1, 2, 3 usw. geteilt. Auf die jeweils höchste Teilzahl (Höchstzahl) wird so lange ein Sitz zugeteilt, bis alle Personalratssitze (§ 14des Gesetzes) verteilt sind. Jede Gruppe erhält so viele Sitze wie Höchstzahlen auf sie entfallen. Ist bei gleichen Höchstzahlen nur noch ein Sitz zu verteilen, so entscheidet das Los.

(3) Entfallen bei der Verteilung der Sitze nach Absatz 2 auf eine Gruppe weniger Sitze als ihr nach § 15 Abs. 3 des Gesetzes mindestens zustehen, so erhält sie die in § 15 Abs. 3 des Gesetzes vorgeschriebene Zahl von Sitzen. Die Zahl der Sitze der anderen Gruppe vermindert sich entsprechend. Dabei werden die jeweils zuletzt zugeteilten Sitze zuerst gekürzt. Sitze, die einer Gruppe nach den Vorschriften des Gesetzes mindestens zustehen, können ihr nicht entzogen werden.

(4) Haben in einer Dienststelle beide Gruppen die gleiche Anzahl von Angehörigen, so erübrigt sich die Errechnung der Sitze nach dem Höchstzahlverfahren; in diesen Fällen entscheidet das Los, wem die höhere Zahl von Sitzen zufällt.

④ 선거인명부의 적확성(的確性)에 대한 이의(Einsprüche gegen die Richtigkeit des Wählerverzeichnisses)는 늦어도 투표개시 전의 근무일 12시간 전까지 선거위원회에 제출되어야만 한다. 선거위원회는 지체 없이 결정한다. 그 결정은 이해관계인에게 지체 없이, 가능한 한 투표종료 개시 전에 송달되어야 한다.

제3조 사전결의

그 사전결의 결과가 제1조 제3항에 따른 공고를 한 때로부터 1주일 이내에 선거위원회에 제출되고, 그 사전결의 결과가 최소 3명의 선거권이 있는 직원으로 구성된 투표위원회의 관리하에 비밀투표로, 또 집단별 투표로 도출된 점이 선거위원회에 대하여 증명된 경우에만, 다음 각 호에 관한 사전결의가,

1. 법 제15조 제1항 내지 제5항과 다른 직원평의회구성원의 집단에 대한 배분(제15조 제6항),
2. 공동선거의 시행(법 제16조 제2항),

고려된다. 공공관서에서 대표되는 각 집단의 구성원 1명(ein Mitglied jeder in der Dienststelle vertretenen Gruppe)이 그 투표위원회에 속해야만 한다.

제4조 선출해야 하는 직원평의회구성원수의 산정, 집단에 대한 그 수의 할당(Verteilung der Sitze auf die Gruppen)

① 선거위원회는 선출해야 하는 직원평의회구성원의 수를 산정한다(법 제14조). 법 제15조 제1항 내지 제5항과 다른 직원평의회의구성원의 집단에 대한 할당(제15조 제6항)이 결의되지 않은 경우에, 선거위원회는 직원평의회구성원자리의 그 집단에 대한 할당(Verteilung der Personalratssitze auf die Gruppen)(법 제15조 제1항, 제3항 내지 제5항)을 최대수산정절차(Höchstzahlverfahren)(제5조 제2항, 제3항)에 좇아 산정한다.

② 공공관서에 속한 근로자수 및 공무원수(제2조 제1항)를 병치(竝置)되게 배열한 후 1, 2, 3 등으로 차례차례로 나눈다. 모든 직원평의회구성원자리(법 제14조)가 배분될 때까지 직원평의회구성원자리가 각각의 가장 큰 나눈 값(최대수)에 할당된다. 각 집단은 자신에게 최대수가 할당되는 만큼의 직원평의회구성원자리를 배분받는다. 동일한 최대수가 둘인 경우에 직원평의회구성원자리 1자리만이 배분되어야 할 때에는 추첨으로 결정한다.

③ 제5조 제2항에 따른 직원평의회구성원자리의 배분에 있어, 법 제15조 제3항에 따라 집단에 배분되는 최소한의 직원평의회구성원자리보다 적은 그 자리가 어느 집단에 배분되는 경우에, 그 집단은 법 제15조 제3항에 규정된 수의 직원평의회구성원자리를 배분받는다. 나머지 집단의 직원평의회구성원자리수는 상응하여 감소된다. 이 때 각각 가장 최근에 배분된 직원평의회구성원자리가 먼저 탈락된다. 법의 규정에 따라 어느 집단에 최소한으로 배분되어야 할 직원평의회구성원자리는 그 집단에서 탈락하지 않는다.

④ 어느 공공관서에서 양 집단에 동일한 집단소속원수가 있는 경우에 최대수산정절차에 따른 직원평의회구성원자리 할당을 활용하지 않는다; 이러한 경우에 보다 많은 수의 직원평의회구성원자리가 어느 집단에 배분될 것인지는 추첨으로 결정한다.

§ 5 Wahlausschreiben

(1) Nach Ablauf der in § 3 bestimmten Frist und spätestens sieben Wochen vor dem letzten Tage der Stimmabgabe erlässt der Wahlvorstand ein Wahlausschreiben. Es ist von sämtlichen Mitgliedern des Wahlvorstandes zu unterschreiben.

(2) Das Wahlausschreiben muss enthalten

1. Ort und Tag seines Erlasses,
2. die Zahl der zu wählenden Mitglieder des Personalrates getrennt nach Arbeitnehmern und Beamten,
3. Angaben darüber, ob die Arbeitnehmer und Beamten ihre Vertreter in getrennten Wahlgängen wählen (Gruppenwahl) oder vor Erlass des Wahlausschreibens gemeinsame Wahl beschlossen worden ist,
4. die Angabe, wo und wann das Wählerverzeichnis und diese Wahlordnung zur Einsicht ausliegen,
5. den Hinweis, dass nur Dienstkräfte wählen können, die in dem Wählerverzeichnis eingetragen sind,
6. den Hinweis, dass Einsprüche gegen das Wählerverzeichnis bis zum Werktag vor Beginn der Stimmabgabe, 12 Uhr, beim Wahlvorstand eingelegt werden können,
7. die Mindestzahl von wahlberechtigten Dienstkräften, von denen ein Wahlvorschlag unterzeichnet sein muss, und den Hinweis, dass jede Dienstkraft für die Wahl des Personalrates nur auf einem Wahlvorschlag benannt werden kann,
8. den Hinweis, dass der Wahlvorschlag einer in der Dienststelle vertretenen Gewerkschaft von zwei Beauftragten unterzeichnet sein muss (§ 16 Abs. 6 des Gesetzes),
9. die Aufforderung, Wahlvorschläge innerhalb von achtzehn Kalendertagen nach dem Erlass des Wahlausschreibens beim Wahlvorstand einzureichen; der letzte Tag der Einreichungsfrist ist anzugeben,
10. den Hinweis, dass nur fristgerecht eingereichte Wahlvorschläge berücksichtigt werden und dass nur gewählt werden kann, wer in einem solchen Wahlvorschlag aufgenommen ist,
11. den Ort, an dem die Wahlvorschläge bekannt gegeben werden,
12. den Ort und die Zeit der Stimmabgabe,
13. einen Hinweis auf die Möglichkeit der schriftlichen Stimmabgabe.

(3) Der Wahlvorstand hat eine Abschrift oder einen Abdruck des Wahlausschreibens und dieser Wahlordnung vom Tage des Erlasses bis zum Abschluss der Stimmabgabe an einer oder an mehreren geeigneten den Wahlberechtigten zugänglichen Stellen auszuhängen und in gut lesbarem Zustand zu erhalten.

(4) Offenbare Unrichtigkeiten des Wahlausschreibens können vom Wahlvorstand jederzeit berichtigt werden.

(5) Mit Erlass des Wahlausschreibens ist die Wahl eingeleitet.

제5조 선거공고

① 선거위원회는 제3조에서 정해진 기간의 도과 후 또 늦어도 투표 마지막 날로부터 7주 전에 선거공고를 공포한다. 그 선거공고에 선거위원회위원 전원이(von sämtlichen Mitgliedern des Wahlvorstandes) 서명해야 한다.

② 선거공고에 다음 각 호 사항이 포함되어야 한다,

1. 선고공고 공포의 장소·날짜,
2. 선출해야 하는, 공무원별 및 근로자별(getrennt nach Arbeitnehmern und Beamten) 직원평의회구성원수,
3. 근로자들과 공무원들이 분리된 선거과정을 통해 자신의 대표자를 선출할지 여부(집단별선거; Gruppenwahl)에 관한 사항 또는 선거공고를 공표하기 전에 공동선거가 결의되었는지 여부에 관한 사항,
4. 선거인명부와 본 선거명령이 어디서, 언제까지 열람을 위해 게시되는지 하는 사항,
5. 선거인명부에 등재된 직원만이 선거를 할 수 있다는 명시,
6. 선거인명부에 대한 이의는 투표개시 전의 근무일 12시까지 선거위원회에 서면으로 제출할 수 있다는 명시,
7. 후보자추천서에 서명해야만 하는 선거권(選擧權)이 있는 최소 직원수, 모든 직원이 직원평의회선거에 대하여(für die Wahl des Personalrates) 하나의 후보자추천서에만 등재될 수 있다는 명시,
8. 공공관서에 조합원인 직원이 있는 노동조합의 후보자추천서에 2명의 그 대리인이 서명해야만 한다(법 제16조 제6항)는 명시,
9. 선거공고 공표 후 18일의 역일 이내에 후보자추천서가 선거위원회(選擧委員會)에 제출되어야 한다는 요구사항; 그 제출기간의 마지막 날(der letzte Tag der Einreichungsfrist)이 명시되어야 한다,
10. 제출기간에 맞게 제출된 후보자추천서만이 득표에서 고려되고 그러한 후보자추천서에 등재된 사람만이 당선될 수 있다는 명시,
11. 후보자추천서가 공고되는 장소,
12. 투표 장소·시간,
13. 서면투표 가능성에 대한 언급.

③ 선거위원회는 선거공고의 사본 또는 복사물과 본 선거령을 공고한 때부터 투표종료시까지 선거권자들이 접근할 수 있는 적절한 수개의 장소(an einer oder an mehreren geeigneten den Wahlberechtigten zugänglichen Stellen)에 게시해야 하고 이를 알 수 있는 상태(狀態)로 유지해야 한다.

④ 선거공고의 명백한 부적확성(不的確性)(Offenbare Unrichtigkeiten des Wahlausschreibens)은 언제든지 선거위원회가 정정할 수 있다.

⑤ 선고공고의 공포로써 선거가 개시된다.

§ 6 Wahlvorschläge, Einreichungsfrist

(1) Zur Wahl des Personalrates können die wahlberechtigten Dienstkräfte und die in der Dienststelle vertretenen Gewerkschaften schriftlich oder in einer Personalversammlung oder in einer Gruppenversammlung Wahlvorschläge machen. In der Versammlung hat der Versammlungsleiter festzustellen, wie viele der anwesenden Wahlberechtigten die Wahlvorschläge unterstützen. Die Wahlvorschläge, die Zahl der sie unterstützenden Wahlberechtigten und den Namen mindestens eines Unterstützenden hat der Versammlungsleiter zu Protokoll zu nehmen und innerhalb von achtzehn Kalendertagen nach Erlass des Wahlausschreibens dem Wahlvorstand schriftlich zu melden. Hierbei ist die Reihenfolge anzugeben, in der die Vorschläge in der Versammlung abgegeben worden sind.

(2) Schriftliche Wahlvorschläge sind ebenfalls innerhalb von achtzehn Kalendertagen nach dem Erlass des Wahlausschreibens einzureichen.

(3) Bei Gruppenwahl sind für die einzelnen Gruppen getrennte Wahlvorschläge zu machen.

§ 7 Inhalt der Wahlvorschläge

(1) Jeder Wahlvorschlag soll mindestens doppelt so viele Bewerber enthalten wie

1. bei Gruppenwahl Gruppenvertreter,
2. bei gemeinsamer Wahl Personalratsmitglieder

zu wählen sind.

(2) Die Namen der einzelnen Bewerber sind auf dem Wahlvorschlag untereinander aufzuführen und mit fortlaufenden Nummern zu versehen. Außer dem Familiennamen sind der Vorname, das Geburtsdatum, die Amts- oder Berufsbezeichnung und die Gruppenzugehörigkeit anzugeben.

(3) Jeder Wahlvorschlag muss

1. bei Gruppenwahl von mindestens einem Zwanzigstel der wahlberechtigten Gruppenangehörigen, jedoch mindestens von drei wahlberechtigten Gruppenangehörigen,
2. bei gemeinsamer Wahl von mindestens einem Zwanzigstel der wahlberechtigten Dienstkräfte, jedoch mindestens von drei wahlberechtigten Dienstkräften

unterstützt sein. Bruchteile eines Zwanzigstels werden auf ein volles Zwanzigstel aufgerundet. In jedem Fall genügen bei Gruppenwahl die Unterstützung von 50 wahlberechtigten Gruppenangehörigen, bei gemeinsamer Wahl die Unterstützung von 50 wahlberechtigten Dienstkräften. Macht eine in der Dienststelle vertretene Gewerkschaft einen Wahlvorschlag, so muss dieser von zwei in der Dienststelle beschäftigten Beauftragten, die einer der in der Dienststelle vertretenen Gewerkschaften angehören, unterzeichnet sein. Hat der Wahlvorstand Zweifel, ob eine Beauftragung durch eine in der Dienststelle vertretene Gewerkschaft tatsächlich vorliegt, kann er verlangen, dass die Gewerkschaft den Auftrag bestätigt; dies soll schriftlich erfolgen. Entsprechendes gilt bei Zweifeln, ob ein Beauftragter einer in der Dienststelle vertretenen Gewerkschaft als Mitglied angehört.

제6조 후보자추천서, 이의제기기간

① 선거권이 있는 직원들과 당해 공공관서에 조합원인 직원이 있는 노동조합은 서면으로 또는 직원총회나 집단별직원총회에서 직원평의회선거에 대한 후보자추천을 할 수 있다. 그 총회에서 총회의장은 참석한 선거권자 중 몇 명이 추천을 했는지(wie viele der anwesenden Wahlberechtigten die Wahlvorschläge unterstützen)를 확인해야 한다. 후보자추천, 후보자추천에 동의한 선거권자수, 1명 이상의 추천자의 성명(Wahlvorschläge, die Zahl der sie unterstützenden Wahlberechtigten und den Namen mindestens eines Unterstützenden)을 그 총회의장은 의사록에 기재해야 하고, 선거공고 공표 후 18일의 역일 이내에 선거위원회에 이를 서면으로 통지해야 한다. 여기서 후보자추천(in der die Vorschläge)이 그 총회에서 행해진 순서대로 기재되어야 한다.

② 후보자추천서는 선거공고 공표시로부터 18일의 역일(曆日) 내에 선거위원회에 제출되어야 한다.

③ 집단별선거의 경우 각각의 집단에 대해 분리된 후보자추천서가 제출되어야 한다.

제7조 후보자추천 내용

① 각 후보자추천서에는 다음 각 호의 사람의 최소 두 배의 후보자가,

1. 집단별선거의 경우에 선출되어야 할 집단대표자,
2. 공동선거의 경우에 선출되어야 할 직원평의회구성원,

포함되어야 한다.

② 각 후보자의 성명은 후보자추천서에서 일련번호를 부여해 아래로 차례차례 배열되어야 한다. 성씨 이외에 이름, 생년월일, 관직명 또는 직함, 집단소속(Vorname, das Geburtsdatum, die Amts- oder Berufsbezeichnung und die Gruppenzugehörigkeit)을 기재해야 한다.

③ 직원들의 각 후보자추천서에 다음 각 호 사람들이,

1. 집단별 선거의 경우 선거권이 있는 집단소속원의 1/20 이상으로 선거권이 있는 3명 이상의 집단소속원,
2. 공동선거의 경우 선거권이 있는 직원의 1/20 이상으로 선거권(選擧權)이 있는 3명 이상의 직원,

서명해야만 한다. 1/20의 잔여수는 1/20의 정수(ein volles Zwanzigstel)로 반올림한다. 어떤 경우에도 집단별선거의 경우 선거권이 있는 집단소속원의 50명의 서명, 공동선거의 경우 선거권이 있는 직원 50명의 서명으로 충분하다. 당해 공공관서에 조합원인 직원이 있는 노동조합이 1개의 후보자추천서를 제출하는 경우에, 그 공공관서에 고용된 대리인으로, 당해 공공관서에 조합원인 직원이 있는 노동조합에 속한 2명의 대리인이 그 후보자추천서에 서명을 해야만 한다. 선거위원회가 당해 공공관서에 조합원인 직원이 있는 노동조합이 그 위임을 했는지에 관해 의심을 갖는 경우에, 선거위원회는 그 노동조합에 위임을 확인해줄 것을 요구할 수 있다; 이는 서면으로 해야 한다. 대리인이 당해 공공관서에 조합원인 직원이 있는 노동조합에 조합원으로 속하고 있는지에 의문이 있는 경우에도 이를 준용한다.

(4) Aus dem Wahlvorschlag soll zu ersehen sein, welcher der Unterstützenden zur Vertretung des Vorschlages gegenüber dem Wahlvorstand und zur Entgegennahme von Erklärungen und Entscheidungen des Wahlvorstandes berechtigt ist. Fehlt eine Angabe hierüber, gilt der Unterstützende als berechtigt, der an erster Stelle steht oder (im Falle des § 6 Abs. 1 Satz 2 und 3) als Einziger benannt ist. In den Fällen des Absatzes 3 Satz 4 kann die Gewerkschaft einen der von ihr beauftragten Vorschlagsberechtigten oder einen anderen in der Dienststelle Beschäftigten, der Mitglied der Gewerkschaft ist, als Listenvertreter benennen.

(5) Der Wahlvorschlag kann mit einem Kennwort versehen werden.

§ 8 Sonstige Erfordernisse

(1) Jeder Bewerber kann für die Wahl des Personalrates nur auf einem Wahlvorschlag vorgeschlagen werden (§ 16 Abs. 5 des Gesetzes).

(2) Dem Wahlvorschlag ist die schriftliche Zustimmung der in ihm aufgeführten Bewerber zur Aufnahme in den Wahlvorschlag beizufügen.

(3) Eine Verbindung von Wahlvorschlägen ist unzulässig.

§ 9 Behandlung der Wahlvorschläge durch den Wahlvorstand, ungültige Wahlvorschläge

(1) Der Wahlvorstand vermerkt auf den Wahlvorschlägen den Tag und die Uhrzeit des Eingangs. Im Falle des Absatzes 5 ist auch der Zeitpunkt des Eingangs des berichtigten Wahlvorschlages zu vermerken. Bei den in einer Personalversammlung oder Gruppenversammlung abgegebenen Wahlvorschlägen gilt als Tag und Uhrzeit des Eingangs der Beginn der Versammlung.

(2) Der Wahlvorstand prüft, ob die auf den Wahlvorschlägen benannten Bewerber nach § 13 des Gesetzes wählbar sind und streicht die Bewerber, deren Nichtwählbarkeit festgestellt wird. Von solchen Streichungen hat der Wahlvorstand die betroffenen Bewerber und den zur Vertretung des Vorschlags Berechtigten (§ 7 Abs. 4) unverzüglich schriftlich zu benachrichtigen.

(3) Wahlvorschläge, die ungültig sind, weil sie nicht von der erforderlichen Zahl von Wahlberechtigten unterstützt oder weil sie nicht fristgerecht eingereicht worden sind oder weil sie nur Namen von nichtwählbaren Bewerbern enthalten, gibt der Wahlvorstand unverzüglich nach Eingang unter Angabe der Gründe zurück.

(4) Der Wahlvorstand hat einen Bewerber, der mit seiner schriftlichen Zustimmung auf mehreren Wahlvorschlägen benannt ist, aufzufordern, innerhalb von drei Kalendertagen zu erklären, auf welchem Wahlvorschlag er benannt bleiben will. Gibt der Bewerber diese Erklärung nicht fristgerecht ab, so wird er von sämtlichen Wahlvorschlägen gestrichen.

(5) Wahlvorschläge, die

1. den Erfordernissen des § 7 Abs. 2 nicht entsprechen,
2. ohne die schriftliche Zustimmung der Bewerber eingereicht sind,

④ 서명자 중 누가 선거위원회에 대하여 추천을 대표하고 선거위원회의 의사표시와 결정(Entgegennahme von Erklärungen und Entscheidungen des Wahlvorstandes)을 수령할 자격이 있는지가 직원들의 후보자추천서에서 알 수 있도록 정해져야 한다. 이에 관한 사항의 기재가 흠결된 경우에, 첫 번째로 등재된 서명자 또는 제6조 제1항 제2문, 제3문의 경우에 유일한 서명자로 등재된 자를 그러한 권리가 있는 것으로 본다. 제7조 제3항 제4문의 경우에 노동조합은 자신이 위임한 후보자추천권자 1명 또는 조합원인 공공관서의 다른 직원 1명을 후보자명부대리인으로 임명할 수 있다.

⑤ 후보자추천서에 선거표어가 기재될 수 있다.

제8조 기타 요건

① 각 후보자는 직원평의회선거에 있어 1개의 후보자추천서에만 추천될 수 있다(법 제16조 제5항).

② 후보자추천서에 후보자추천 등재에 대한 후보자추천서에 등재된 후보자의 서면동의서가 첨부되어야 한다.

③ 결합후보자추천서는 허용되지 않는다.

제9조 선거위원회의 후보자추천서 처리, 무효인 후보자추천서

① 선거위원회는 후보자추천서에 도달 날짜 및 시각을 후보자추천서에 표시한다. 제9조 제5항의 경우에 정정한 후보자추천서의 도달 시기도 표시해야 한다. 직원총회 또는 집단별직원총회(Personalversammlung oder Gruppenversammlung)에서 행해진 후보자추천서의 경우에 그 총회 개시를 도달 날짜와 시각으로 본다.

② 선거위원회는 후보자추천서에 등재된 후보자가 제13조에 따라 피선거권이 있는지 여부를 심사한 다음, 그 후보자의 피선거권부존재가 확정된 후보자를 명부에서 삭제한다. 선거위원회는 그러한 삭제에 대하여 해당 후보자와 그 추천의 대표 자격이 있는 사람(제7조 제4항)에게 지체 없이 통지해야 한다.

③ 후보자가 필요한 수의 서명을 충족하지 못하거나, 기간에 맞게 제출하지 않거나 선거권이 없는 후보자의 성명만이 등재되어 무효인 후보자추천서(Wahlvorschläge)는 선거위원회가 접수 후 지체 없이 (unverzüglich nach Eingang) 이유를 기재하여(unter Angabe der Gründe) 반환한다.

④ 선거위원회는 서면동의로 수개의 후보자추천서에 등재된 후보자에게 3일의 역일 이내에 어느 후보자추천서의 등재를 유지할 것인지에 관한 의사를 밝히도록 요구해야 한다. 후보자가 기간에 맞게 이러한 의사를 밝히지 않은 경우에 그 후보자는 전체 후보자추천서에서 제외된다.

⑤ 다음 각 호의 후보자추천서에 대해,

1. 제8조 제2항상의 요건에 부합하지 않은 후보자추천서,
2. 후보자의 서면동의 없이 제출된 후보자추천서,

hat der Wahlvorstand mit der Aufforderung zurückzugeben, die Mängel innerhalb einer Frist von sechs Kalendertagen zu beseitigen. Werden die Mängel nicht fristgerecht beseitigt, sind diese Wahlvorschläge ungültig.

§ 10 Nachfrist für die Einreichung von Wahlvorschlägen

(1) Ist nach Ablauf der in § 6 Abs. 1 und 2 und § 9 Abs. 5 genannten Frist bei Gruppenwahl nicht für jede Gruppe ein gültiger Wahlvorschlag, bei gemeinsamer Wahl überhaupt kein gültiger Wahlvorschlag eingegangen, so gibt der Wahlvorstand dies sofort durch Aushang an den gleichen Stellen, an denen das Wahlausschreiben ausgehängt ist, bekannt. Gleichzeitig fordert er zur Einreichung von Wahlvorschlägen innerhalb einer Nachfrist von sechs Kalendertagen auf.

(2) Im Falle der Gruppenwahl weist der Wahlvorstand in der Bekanntmachung darauf hin, dass eine Gruppe keine Vertreter in den Personalrat wählen kann, wenn auch innerhalb der Nachfrist für sie kein gültiger Wahlvorschlag eingeht. Im Falle gemeinsamer Wahl weist der Wahlvorstand darauf hin, dass der Personalrat nicht gewählt werden kann, wenn auch innerhalb der Nachfrist kein gültiger Wahlvorschlag eingeht.

(3) Gehen auch innerhalb der Nachfrist gültige Wahlvorschläge nicht ein, so gibt der Wahlvorstand sofort bekannt

1. bei Gruppenwahl, für welche Gruppe oder für welche Gruppen keine Vertreter gewählt werden können,
2. bei gemeinsamer Wahl, dass diese Wahl nicht stattfinden kann.

§ 11 Bezeichnung der Wahlvorschläge

(1) Der Wahlvorstand versieht die Wahlvorschläge in der Reihenfolge ihres Eingangs (§ 9 Abs. 1 in Verbindung mit § 6 Abs. 1 Satz 4) mit Ordnungsnummern (Vorschlag 1 usw.). Ist ein Wahlvorschlag berichtigt worden, so ist der Zeitpunkt des Eingangs des ursprünglichen Wahlvorschlages maßgebend. Sind mehrere schriftliche Wahlvorschläge gleichzeitig eingegangen, so entscheidet das Los über die Reihenfolge.

(2) Der Wahlvorstand bezeichnet die Wahlvorschläge mit den Familien- und Vornamen der in dem Wahlvorschlag an erster und zweiter Stelle benannten Bewerber, bei gemeinsamer Wahl mit den Familien- und Vornamen der für die Gruppen an erster Stelle benannten Bewerber. Bei Wahlvorschlägen, die mit einem Kennwort versehen sind, ist das Kennwort anzugeben.

§ 12 Bekanntgabe der Wahlvorschläge

(1) Unverzüglich nach Ablauf der in § 6 Abs. 1 und 2 und § 10 Abs. 1 genannten Fristen, spätestens jedoch fünf Kalendertage vor Beginn der Stimmabgabe, gibt der Wahlvorstand die als gültig anerkannten Wahlvorschläge durch Aushang bis zum Abschluss der Stimmabgabe an den gleichen Stellen wie das Wahlausschreiben bekannt. Die Stimmzettel sollen in diesem Zeitpunkt

선거위원회는 반환하며 6일의 역일 이내에(innerhalb einer Frist von sechs Kalendertagen) 흠결을 시정할 것을 요구해야 한다. 그 흠결이 기한 내에 시정되지 않은 경우에는 그 후보자추천서는 무효이다.

제10조 후보자추천서 제출에 대한 추가기간

① 제6조 제1항, 제2항, 제10조 제5항에 따른 기간이 도과한 후에 집단별선거의 경우 각 집단에 대해 유효한 후보자추천서가 1개도 접수되지 않거나 공동선거의 경우 유효한 후보자추천서가 전혀 접수되지 않은 경우에, 선거위원회는 즉시 선거공고를 한 동일한 장소에 게시함으로써 이를 공고한다. 선거위원회는 동시에 6일의 추가기간 내에 후보자추천서를 제출하도록 요구한다.

② 집단별선거의 경우에(Im Falle der Gruppenwahl) 선거위원회는 그 공고에서, 추가기간 내에도 유효한 후보자추천서가 접수되지 않는 경우에 그 집단은 직원평의회의 대표자를 선출할 수 없다는 점을 명시한다. 공동선거의 경우에(Im Falle gemeinsamer Wahl) 선거위원회는 추가기간 내에도 유효한 후보자추천서가 접수되지 않는 경우에 직원평의회 선거가 실시될 수 없다는 점을 명시한다.

③ 추가기간 내에도 유효한 후보자추천서가 접수되지 않은 경우에 선거위원회는 즉시 다음 각 호를 공고한다,

1. 집단별선거의 경우(bei Gruppenwahl) 어느 집단(集團)에 대해서도 대표자가 선출될 수 없다는 점,
2. 공동선거의 경우 그 선거가 실시될 수 없다는 점.

제11조 후보자추천서의 표시

① 선거위원회(選擧委員會)는 그 접수 순서대로(제6조 제1항 제4호를 준용하는 제9조 제1항) 후보자추천서에 대해 일련번호(Ordnungsnummern)를 부여한다. 후보자추천서가 정정된 경우에(Ist ein Wahlvorschlag berichtigt worden) 본래의 후보자추천서의 접수시기가 기준이 된다. 수개의 후보자추천서가 동시에 접수된 경우에 순서는 추첨으로(das Los über die Reihenfolge) 정한다.

② 선거위원회(選擧委員會)는 후보자추천서에서 첫째 및 둘째 순서에 배치된 후보자의 성명으로 후보자추천서를 표기하고, 공동선거의 경우 집단에 대해 첫째 순서에 배치된 후보자의 성명으로 후보자추천서를 표기한다. 선거표어가 갖춰진 후보자추천서의 경우에 그 선거표어도 기재해야 한다.

제12조 후보자추천서의 공고

① 선거위원회는 제6조 제1항, 제2항, 제10조 제1항상의 기간이 도과한 후에 지체 없이, 늦어도 투표개시로부터 5일의 역일 전에 유효한 것으로 인정한 후보자추천서를 투표종료시까지 선거공고와 동일한 장소에 게시함으로써(durch Aushang bis zum Abschluss der Stimmabgabe an den gleichen Stellen wie das Wahlausschreiben) 공고한다. 투표용지는 이 시기에 제출되어야

vorliegen.

(2) Die Namen der die Wahlvorschläge Unterstützenden werden nicht bekannt gegeben.

§ 13 Sitzungsniederschriften

Der Wahlvorstand fertigt über jede Sitzung, in der über Einsprüche gegen das Wählerverzeichnis (§ 2), die Ermittlung der Zahl der zu wählenden Personalratsmitglieder und die Verteilung der Personalratssitze auf die Gruppen (§ 4), über die Zulassung von Wahlvorschlägen (§ 9) und über die Gewährung von Nachfristen (§ 10) entschieden wird, eine Niederschrift. Sie ist von sämtlichen Mitgliedern des Wahlvorstandes zu unterzeichnen.

§ 14 Ausübung des Wahlrechts, Stimmzettel, ungültige Stimmabgabe

(1) Wählen kann nur, wer in dem Wählerverzeichnis eingetragen ist.

(2) Das Wahlrecht wird durch Abgabe eines mindestens einmal nach innen gefalteten Stimmzettels ausgeübt. Bei Gruppenwahl müssen die Stimmzettel einer Gruppe, bei gemeinsamer Wahl alle Stimmzettel dieselbe Größe, Farbe, Beschaffenheit und Beschriftung haben.

(3) Ist nach den Grundsätzen der Verhältniswahl zu wählen (§ 23 Abs. 1), so kann die Stimme nur für den gesamten Wahlvorschlag (Vorschlagsliste) abgegeben werden. Ist nach den Grundsätzen der Mehrheitswahl zu wählen (§ 26 Abs. 1, § 28 Abs. 1), so wird die Stimme für die zu wählenden einzelnen Bewerber abgegeben.

(4) Ungültig sind Stimmzettel,

1. die nicht den Erfordernissen des Absatzes 2 entsprechen,
2. aus denen sich der Wille des Wählers nicht zweifelsfrei ergibt
3. die ein besonderes Merkmal, einen Zusatz oder einen Vorbehalt enthalten.

§ 15 Wahlhandlung

(1) Der Wahlvorstand trifft Vorkehrungen, dass der Wähler den Stimmzettel im Wahlraum unbeobachtet kennzeichnen kann. Für die Aufnahme der Stimmzettel sind Wahlurnen zu verwenden. Vor Beginn der Stimmabgabe sind die Wahlurnen vom Wahlvorstand zu verschließen. Sie müssen so eingerichtet sein, dass die eingeworfenen Stimmzettel nicht vor Öffnung der Urne entnommen werden können. Bei Gruppenwahl sind getrennte Wahlurnen zu verwenden.

(2) Ein Wähler, der durch körperliches Gebrechen in der Stimmabgabe behindert ist, bestimmt eine Person seines Vertrauens, derer er sich bei der Stimmabgabe bedienen will, und gibt dies dem Wahlvorstand bekannt. Die Hilfeleistung hat sich auf die Erfüllung der Wünsche des Wählers zur Stimmabgabe zu beschränken. Die Vertrauensperson darf gemeinsam mit dem Wähler die Wahlzelle aufsuchen, soweit das zur Hilfeleistung erforderlich ist. Die Vertrauensperson ist zur Geheimhaltung der Kenntnisse verpflichtet, die sie bei der Hilfeleistung von der Wahl eines anderen erlangt hat. Wahlbewerber, Mitglieder des Wahlvorstandes und Wahlhelfer dürfen nicht

한다.

② 후보자추천서에 대한 서명자의 성명은 공고되지 않는다.

제13조 회의의사록

선거위원회(選擧委員會)는 모든 회의, 즉 선거인명부(제2조)에 대한 이의, 선출되어야 할 직원평의회구성원수 산정(der Zahl der zu wählenden Personalratsmitglieder)과 집단(集團)에 대한 직원평의회구성원자리의 배분(제4조), 추가기간의 부여(제10조)에 대하여 결정이 이뤄지는 회의의 의사록을 작성한다. 그 의사록에 선거위원회위원들 전원이(von sämtlichen Mitgliedern des Wahlvorstandes) 서명(署名)을 해야 한다.

제14조 투표권의 행사, 투표용지, 무효인 투표

① 선거인명부에 등재된 사람만이 투표를 할 수 있다.

② 투표권은 한 차례 이상 접은 투표용지 사용에 의해 행사된다. 집단별선거의 경우에 집단에 대한 투표용지가, 공동선거의 경우 모든 투표용지가 크기, 색깔, 상태 및 문자(Größe, Farbe, Beschaffenheit und Beschriftung)가 동일해야만 한다.

③ 비례대표원칙에 좇아(nach den Grundsätzen der Verhältniswahl) 선거가 이뤄지는 경우(제23조 제1항), 투표는 일체화된 후보자추천서(후보자명부)에 대해서만 행사될 수 있다. 다수대표제선거원칙에 좇아(nach den Grundsätzen der Mehrheitswahl) 선거가 이뤄지는 경우(제26조 제1항, 제28조 제1항)에 투표는 선출해야 할 각각의 후보자에 대해 행사된다.

④ 다음 각 호의 투표용지는 무효이다,

1. 제15조 제2항의 요건에 부합하지 않은 투표용지,
2. 투표자의 의사가 분명하게 드러나지 않은 투표용지,
3. 특별한 표지(標識), 추가기재 또는 유보표시(Vorbehalt; 留保標示)가 있는 투표용지.

제15조 투표행위

① 선거위원회는 투표자가 기표소에서 노출되지 않게 투표용지에 기표할 수 있도록 준비한다. 투표용지의 수용을 위해 투표함을 사용해야 한다. 선거위원회가 투표개시 전에 투표함을 봉인해야 한다. 투입된 봉투가 투표함의 개함 전에 꺼낼 수 없도록(dass die eingeworfenen Stimmzettel nicht vor Öffnung der Urne entnommen werden können) 투표함이 마련되어야 한다. 집단별선거의 경우에 분리된 투표함이 이용되어야 한다.

② 신체적 장애로 인해 투표에 지장이 있는 투표자(Ein Wähler, der durch körperliches Gebrechen in der Stimmabgabe behindert ist)는 투표시 자신을 돕는 투표보조자를 정해서 이를 선거위원회에 알린다. 이러한 도움제공은 투표자의 투표에 대한 의사의 이행(Erfüllung der Wünsche des Wählers zur Stimmabgabe)에 한정되어야 한다. 투표보조인은 도움제공에 필요한 경우에 투표자와 함께 기표소에 들어갈 수 있다. 그 투표보조인은 자신이 타인에 대한 도움제공시(bei der Hilfeleistung von der Wahl eines anderen) 지득한 정보에 대한 비밀엄수(Geheimhaltung der Kenntnisse)를 할 의무가 있다. 후보자, 선거위원회위원과 선거보조인은 그

zur Hilfeleistung herangezogen werden.

(3) Solange der Wahlraum zur Stimmabgabe geöffnet ist, müssen mindestens zwei Mitglieder des Wahlvorstandes im Wahlraum anwesend sein; sind Wahlhelfer bestellt (§ 1 Abs. 1), genügt die Anwesenheit eines Mitgliedes des Wahlvorstandes und eines Wahlhelfers.

(4) Vor Einwurf des Stimmzettels in die Urne ist festzustellen, ob der Wähler im Wählerverzeichnis eingetragen ist. Die Stimmabgabe ist im Wählerverzeichnis zu vermerken.

(5) Wird die Wahlhandlung unterbrochen oder wird das Wahlergebnis nicht unmittelbar nach Abschluss der Stimmabgabe festgestellt, so hat der Wahlvorstand für die Zwischenzeit die Wahlurne so zu verschließen und aufzubewahren, dass der Einwurf oder die Entnahme von Stimmzetteln ohne Beschädigung des Verschlusses unmöglich ist. Bei Wiedereröffnung der Wahl oder bei Entnahme der Stimmzettel zur Stimmzählung hat sich der Wahlvorstand davon zu überzeugen, dass der Verschluss unversehrt ist.

§ 15a Schriftliche Stimmabgabe

(1) Einem Wahlberechtigten, der im Zeitpunkt der Wahl verhindert ist seine Stimme persönlich abzugeben, hat der Wahlvorstand auf sein Verlangen

1. die Wahlvorschläge,
2. den Stimmzettel und den Wahlumschlag,
3. eine vorgedruckte vom Wähler abzugebende Erklärung, in der dieser gegenüber dem Wahlvorstand versichert, dass er den Stimmzettel persönlich gekennzeichnet hat oder, soweit unter den Voraussetzungen des § 15 Abs. 2 erforderlich, durch eine Person seines Vertrauens hat kennzeichnen lassen sowie
4. einen größeren Freiumschlag, der die Anschrift des Wahlvorstandes und als Absender den Namen und die Anschrift des Wahlberechtigten sowie den Vermerk "schriftliche Stimmabgabe" trägt,

auszuhändigen oder zu übersenden; das Verlangen ist dem Wahlvorstand spätestens bis 12 Uhr des dem Beginn der Stimmabgabe vorangehenden Werktages bekannt zu geben. Der Wahlvorstand soll dem Wähler ferner ein Merkblatt über die Art und Weise der schriftlichen Stimmabgabe (Absatz 2) aushändigen oder übersenden. Auf Antrag ist auch ein Abdruck des Wahlausschreibens auszuhändigen oder zu übersenden. Der Wahlvorstand hat die Aushändigung oder Übersendung im Wählerverzeichnis zu vermerken.

(2) Der Wähler gibt seine Stimme in der Weise ab, dass er

1. den Stimmzettel unbeobachtet persönlich kennzeichnet und in den Wahlumschlag legt,
2. die vorgedruckte Erklärung unter Angabe des Ortes und des Datums unterschreibt und
3. den Wahlumschlag, in den der Stimmzettel gelegt ist, und die unterschriebene Erklärung (Absatz 1 Satz 1 Nr. 3) in dem verschließt und diesen so rechtzeitig an den Wahlvorstand

러한 도움을 제공하도록 요구받아서는 안 된다.
③ 투표소가 투표를 위해 열려 있는 동안에 최소 선거위원회위원 2명이 투표소에 임석해야 한다; 선거보조인(제1조 제1항)이 임명된 경우에 선거위원회위원 1명과 선거보조인 1명의 임석으로 족하다.
④ 투표봉투를 투표함에 투입하기 전에 투표자가 선거인명부에 등재되었는지를 확인한다. 투표행사는 선거인명부에 표시되어야 한다.
⑤ 투표행위가 중단되거나 선거결과가 투표종료 직후 확정되지 않은 경우에, 선거위원회는 그 동안 투표용지를 투입하거나 꺼내는 것이 봉인(封印)을 손상하지 않고서는 불가능하게 투표함을 봉인해야 하고 보관해야 한다. 투표를 재개하는 경우 또는 개표를 위한 투표용지를 꺼내는 경우(Bei Wiedereröffnung der Wahl oder bei Entnahme der Stimmzettel zur Stimmzählung) 선거위원회는 봉인이 해제되지 않았다는 점(dass der Verschluss unversehrt ist)을 보증(保證)해야 한다.

제15a조 서면투표
① 선거위원회는 투표시에 자신의 투표를 직접 할 수 없는 선거권자에게 그 요구에 따라, 다음 각 호 서류를 교부하거나 송부해야 한다,
1. 후보자추천서,
2. 투표용지와 투표봉투,
3. 투표자가 선거위원회에 자신이 투표용지에 직접 기표했다는 점을 보증하는 확인서로, 투표자가 작성하는 미리 인쇄된 확인서 또는 제15조 제2항의 요건하에 필요한 경우에 투표보조인이 기표하게 했다는 점을 보증하는 확인서로, 투표자(投票者)가 작성하는 미리 인쇄된 확인서,
4. 선거위원회의 주소(Anschrift des Wahlvorstandes), 발신인으로서 투표자의 성명 및 주소(als Absender den Namen und die Anschrift des Wahlberechtigten)와 “서면투표”라는 표시(Vermerk "schriftliche Stimmabgabe")가 기재된 회송용선거대봉투.

그 요구는 늦어도 투표개시 전에 있는 근무일의 12시까지(spätestens bis 12 Uhr des dem Beginn der Stimmabgabe vorangehenden Werktages) 행해져야 한다. 또한 선거위원회는 투표자에게 서면투표(제17조 제2항)의 방식과 방법에 관한 팜플렛을 교부하거나 송부해야 한다. 신청이 있는 경우에 선거공고의 사본도 교부하거나 송부해야 한다. 선거위원회는 선거인명부에 그 교부 또는 송부를 표기해야 한다(Der Wahlvorstand hat die Aushändigung oder Übersendung im Wählerverzeichnis zu vermerken).
② 투표자는 자신의 투표를 다음과 같은 방식으로 한다,
1. 노출되지 않게 투표용지에 직접 기표를 하고 투표봉투에 투입하며,
2. 미리 인쇄된 확인서에 장소 및 날짜를 기재하여 서명하고,
3. 투표용지(投票用紙)가 들어 있는 투표봉투와 서명한 확인서(die unterschriebene Erklärung)(제15a조 제1항 제1문 제3호)를 회송용선거대봉투(Freiumschlag)에 넣어 봉인(封人)하고 이

absendet oder übergibt, dass er vor Abschluss der Stimmabgabe vorliegt. Der Wähler kann, soweit unter den Voraussetzungen des § 15 Abs. 2 erforderlich, die in den Nummern 1 bis 3 bezeichneten Tätigkeiten durch eine Person seines Vertrauens verrichten lassen.

§ 15b Behandlung der schriftlich abgegebenen Stimmen

(1) Unmittelbar vor Abschluss der Stimmabgabe öffnet der Wahlvorstand in öffentlicher Sitzung die bis zu diesem Zeitpunkt eingegangenen Freiumschläge und entnimmt ihnen die Wahlumschläge und die vorgedruckten Erklärungen (§ 15 a Abs. 1 Satz 1 Nr. 3). Ist die schriftliche Stimmabgabe ordnungsgemäß erfolgt (§ 15a Abs. 2), so entnimmt der Wahlvorstand die Stimmzettel aus den Wahlumschlägen und legt sie nach Vermerk der Stimmabgabe in die Wahlurne.

(2) Verspätet eingehende Briefumschläge hat der Wahlvorstand mit einem Vermerk über den Zeitpunkt des Eingangs ungeöffnet zu den Wahlunterlagen zu nehmen. Die Briefumschläge sind einen Monat nach Bekanntgabe des Wahlergebnisses ungeöffnet zu vernichten, wenn die Wahl nicht angefochten worden ist.

§ 16 Stimmabgabe in räumlich entfernten Teilen der Dienststelle

Für die Dienstkräfte von nachgeordneten Stellen einer Dienststelle (§ 5 Abs. 1 des Gesetzes) und von solchen Nebenstellen oder Teilen einer Dienststelle, die räumlich weit von dieser entfernt liegen und nicht nach § 6 Abs. 1 des Gesetzes zu selbständigen Dienststellen erklärt sind, kann der Wahlvorstand die Stimmabgabe in diesen Stellen durchführen. Das Gleiche gilt sinngemäß für die nach § 5 Abs. 2 des Gesetzes als Dienststellen geltenden Wahlkörper.

§ 17 Ordnung im Wahlraum

Jegliche mündliche oder schriftliche Wahlwerbung im Wahlraum ist unzulässig. Der Vorsitzende des Wahlvorstandes, in seiner Abwesenheit das ihn vertretende Mitglied des Wahlvorstandes, kann jede Person aus dem Wahlraum verweisen, die hiergegen verstößt oder die Ruhe und Ordnung sowie die ordnungsgemäße Durchführung der Wahlhandlung stört. Der Vorsitzende des Wahlvorstandes, in seiner Abwesenheit das von ihm betraute Mitglied des Wahlvorstandes, übt das Hausrecht im Sinne des § 123 des Strafgesetzbuches aus.

§ 18 Feststellung des Wahlergebnisses

(1) Unverzüglich, spätestens am dritten Kalendertage nach Beendigung der Stimmabgabe, stellt der Wahlvorstand das Wahlergebnis fest.

(2) Nach Öffnung der Wahlurne entnimmt der Wahlvorstand die Stimmzettel und prüft ihre Gültigkeit.

(3) Der Wahlvorstand zählt

1. im Falle der Verhältniswahl die auf jede Vorschlagsliste,

를 선거위원회에게 적시에 발송하거나 제출하여 그 봉투가 투표종료 전에 제출되도록 한다. 투표자(投票者)는 제15조 제2항의 요건하에 필요한 경우에 제1호 내지 제3호에 기재된 행위(行爲)를 투표보조인이 하게 할 수 있다.

제15b조 서면투표의 처리

① 선거위원회(選擧委員會)는 투표의 종료 직전에 공개된 회의 석상에서 그때까지 도달한 회송용선거대봉투를 개봉하여 투표봉투와 확인서(제15a조 제1항 제1문 제3호)를 꺼낸다. 서면투표가 규정에 맞게 이뤄진 경우(제15a조 제2항), 선거위원회는 투표봉투에서 투표용지를 꺼내어 투표표시를 한 후(nach Vermerk der Stimmabgabe) 개봉하지 않은 채 이를 투표함(投票函)에 투함한다.

② 회송용선거대봉투가 늦게 도달한 경우(Verspätet eingehende Briefumschläge) 선거위원회는 미개봉한 채로 선거서류에 도달시기를 넘겼다는 표기(表記)를 해야 한다. 선거취소가 되지 않는 한, 선거결과를 공표(公表)한 때로부터 1개월 후에 그 회송용선거대봉투를 미개봉한 채로 파쇄해야 한다.

제16조 공간적으로 떨어진 공공관서의 일부부서들에서의 투표

공공관서의 소속기관(법 제5조 제1항)의 직원(Dienstkräfte von nachgeordneten Stellen einer Dienststelle)과, 공간적으로 공공관서와 멀리 떨어지고 법 제6조 제1항에 따라 독립된 공공관서로 보지 않은, 공공관서의 부속기관 및 일부부서들의 직원을 위하여, 선거위원회는 이러한 기관에서의 투표를 진행할 수 있다. 법 제5조 제2항에 따라 공공관서로 보는 선거기구에 대해서도 이를 준용한다.

제17조 투표소 내 질서유지

투표소 내 구술 또는 서면에 의한 모든 선거운동은 금지된다. 선거위원회위원장 또는 그 부재시 선거위원회를 대표하는 구성원은 본 규정에 위반하거나 평온과 질서 및 규정에 맞는 투표행위의 진행을 교란하는(die hiergegen verstößt oder die Ruhe und Ordnung sowie die ordnungsgemäße Durchführung der Wahlhandlung stört) 모든 사람에게 투표소에서 퇴정할 것을 명할 수 있다. 선거위원회위원장 또는 그 부재시 선거위원회를 대표하는 구성원은 형법전 제123조상의 주거권자의 권리를 행사한다.

제18조 선거결과의 확정

① 투표종료 후 지체 없이, 늦어도 투표종료시로부터 3일째 되는 역일에 선거위원회는 선거결과를 확정한다.

② 선거위원회는 투표함을 개함한 후 투표용지를 꺼내 투표용지의 유효성(ihre Gültigkeit)을 검사한다.

③ 선거위원회는,

1. 비례대표선거의 경우에 각 후보자명부에,

2. im Falle der Mehrheitswahl die auf jeden einzelnen Bewerber entfallenen gültigen Stimmzettel zusammen.

(4) Stimmzettel, über deren Gültigkeit oder Ungültigkeit der Wahlvorstand beschließt, weil sie zu Zweifeln Anlass geben, sind mit fortlaufender Nummer zu versehen und von den übrigen Stimmzetteln gesondert bei den Wahlunterlagen aufzubewahren.

(5) Die Sitzung, in der das Wahlergebnis festgestellt wird, muss den Dienstkräften zugänglich sein.

§ 19 Wahlniederschrift

(1) Über das Wahlergebnis fertigt der Wahlvorstand eine Niederschrift, die von sämtlichen Mitgliedern des Wahlvorstandes zu unterzeichnen ist. Die Niederschrift muss enthalten

1. bei Gruppenwahl die Summe der von jeder Gruppe abgegebenen Stimmen, bei gemeinsamer Wahl die Summe aller abgegebenen Stimmen,

2. bei Gruppenwahl die Summe der von jeder Gruppe abgegebenen gültigen Stimmen, bei gemeinsamer Wahl die Summe aller abgegebenen gültigen Stimmen,

3. die Zahl der ungültigen Stimmen,

4. die für die Gültigkeit oder Ungültigkeit zweifelhafter Stimmen maßgebenden Gründe,

5. im Falle der Verhältniswahl die Zahl der auf jede Vorschlagsliste entfallenen gültigen Stimmen sowie die Errechnung der Höchstzahlen und ihre Verteilung auf die Vorschlagslisten (§ 24 Abs. 1), im Falle der Mehrheitswahl die Zahl der auf jeden Bewerber entfallenen gültigen Stimmen,

6. die Namen der gewählten Bewerber.

(2) Besondere Vorkommnisse bei der Wahlhandlung oder der Feststellung des Wahlergebnisses sind in der Niederschrift zu vermerken.

§ 20 Benachrichtigung der gewählten Bewerber

Der Wahlvorstand benachrichtigt die als Personalratsmitglieder Gewählten unverzüglich schriftlich von ihrer Wahl.

§ 21 Bekanntmachung des Wahlergebnisses

Der Wahlvorstand gibt die Namen der als Personalratsmitglieder gewählten Bewerber durch zweiwöchigen Aushang an den gleichen Stellen bekannt, an denen das Wahlausschreiben ausgehängt war.

§ 22 Aufbewahrung der Wahlunterlagen

Die Wahlunterlagen (Niederschriften, Bekanntmachungen, Stimmzettel, Freiumschläge für die schriftliche Stimmabgabe usw.) werden vom Personalrat mindestens bis zur Durchführung der nächsten Personalratswahl aufbewahrt.

**ZWEITER ABSCHNITT Besondere Vorschriften für die Wahl**

2. 다수대표제선거의 경우에 각 후보자에,

할당된 유효 득표를 합산한다.

④ 선거위원회가 그에 대한 의심의 계기가 있어서, 그 유효 또는 무효 여부를 결의한 투표용지는 일련번호(fortlaufender Nummer)를 기재하여  나머지 투표용지와 분리하여 선거서류와 함께 보관해야 한다.

⑤ 선거결과를 확정하는 회의에 직원들이 출입할 수 있어야만 한다.

제19조 투표의사록

① 선거위원회는 전원이 서명해야 하는 선거결과에 관한 의사록을 작성한다. 그 의사록은 다음 각 호 사항을 포함해야만 한다,

1. 집단별선거의 경우(bei Gruppenwahl)에 각 집단이 얻은 총득표수, 공동선거의 경우 총득표수,
2. 집단별선거의 경우(bei Gruppenwahl)에 각 집단이 얻은 총유효득표수, 공동선거의 경우 총유효득표수,
3. 무효득표수,
4. 유효 또는 무효의 의심이 가는 투표에 적용되는 그 사유,
5. 비례대표선거의 경우에 각 후보자명부에 할당된 유효득표수, 최대수의 산정 및 그 최대수의 후보자명부에 대한 할당(제24조 제1항), 다수대표제선거의 경우에 각 후보자에 할당된 유효득표수,
6. 당선된 후보자의 성명.

② 투표행위나 선거결과 확정시(bei der Wahlhandlung oder der Feststellung des Wahlergebnisses)의 특별한 사건을 그 의사록에 기재한다.

제20조 당선인에 대한 통지

선거위원회는 직원평의회구성원으로 당선된 사람(Gewählten)에게 지체 없이 그 당선에 대해 통지한다.

제21조 선거결과의 공고

선거위원회는 직원평의회구성원으로 당선된 후보자의 성명을 선거공고가 게시된 동일한 장소에 2주 동안 게시함으로써 공고한다.

제22조 선거서류의 보관

선거서류(투표의사록, 공고서류, 투표용지, 서면투표를 위한 회송용선거대봉투 등)는 직원평의회가 최소 차기 직원평의회선거를 실시할 때까지(mindestens bis zur Durchführung der nächsten Personalratswahl) 보관한다.

## 제2장 수인의 직원평의회구성원 또는

**mehrerer Personalratsmitglieder oder Gruppenvertreter**

**Erster Unterabschnitt Wahlverfahren bei Vorliegen mehrerer Wahlvorschläge (Verhältniswahl)**

§ 23 Voraussetzungen für Verhältniswahl, Stimmzettel, Stimmabgabe

(1) Nach den Grundsätzen der Verhältniswahl (Listenwahl) ist zu wählen, wenn

1. bei Gruppenwahl für die betreffende Gruppe mehrere gültige Wahlvorschläge,
2. bei gemeinsamer Wahl mehrere gültige Wahlvorschläge

eingegangen sind. In diesen Fällen kann jeder Wähler seine Stimme nur für den gesamten Wahlvorschlag (Vorschlagsliste) abgeben.

(2) Auf dem Stimmzettel sind die Vorschlagslisten in der Reihenfolge der Ordnungsnummern unter Angabe von Familienname, Vorname, Amts- oder Berufsbezeichnung und Gruppenzugehörigkeit der an erster bis vierter Stelle benannten Bewerber, bei gemeinsamer Wahl der für die Gruppen an erster Stelle benannten Bewerber untereinander aufzuführen; bei Listen, die mit einem Kennwort versehen sind, ist das Kennwort anzugeben.

(3) Der Wähler hat auf dem Stimmzettel die Vorschlagsliste anzukreuzen, für die er seine Stimme abgeben will.

§ 24 Ermittlung der gewählten Gruppenvertreter bei Gruppenwahl

(1) Bei Gruppenwahl werden die Summen der auf die einzelnen Vorschlagslisten jeder Gruppe entfallenen Stimmen nebeneinander gestellt und der Reihe nach durch 1, 2, 3 usw. geteilt. Auf die jeweils höchste Teilzahl (Höchstzahl) wird so lange ein Sitz zugeteilt, bis alle der Gruppe zustehenden Sitze (§ 4) verteilt sind. Ist bei gleichen Höchstzahlen nur noch ein Sitz oder sind bei drei gleichen Höchstzahlen nur noch zwei Sitze zu verteilen, so entscheidet das Los.

(2) Enthält eine Vorschlagsliste weniger Bewerber, als ihr nach den Höchstzahlen Sitze zustehen würden, so fallen die überschüssigen Sitze den übrigen Vorschlagslisten in der Reihenfolge der nächsten Höchstzahlen zu.

(3) Innerhalb der Vorschlagslisten sind die Sitze auf die Bewerber in der Reihenfolge ihrer Benennung (§ 7 Abs. 2) zu verteilen.

§ 25 Ermittlung der gewählten Gruppenvertreter bei gemeinsamer Wahl

(1) Bei gemeinsamer Wahl werden die Summen der auf die einzelnen Vorschlagslisten entfallenen Stimmen nebeneinander gestellt und der Reihe nach durch 1, 2, 3 usw. geteilt. Die jeder Gruppe zustehenden Sitze werden getrennt, jedoch unter Verwendung derselben Teilzahlen ermittelt. § 24 Abs. 1 Satz 2 und 3 gilt entsprechend.

(2) Enthält eine Vorschlagsliste weniger Bewerber einer Gruppe als dieser nach den Höchstzahlen Sitze zustehen würden, so fallen die restlichen Sitze dieser Gruppe den Angehörigen derselben Gruppe auf den übrigen Vorschlagslisten in der Reihenfolge der nächsten Höchstzahlen zu.

## 집단대표자의 선출에 대한 특별규정

### 제1절 수인의 후보자추천서 제출시 선거절차(비례대표선거)

제23조 비례대표선거의 요건, 투표용지, 투표

① 다음 각 호의 경우에 비례대표선거원칙(후보자명부선거)에 따라 선거가 실시되어야 한다,
1. 집단별선거의 경우 해당 집단에 대해 수개의 유효한 후보자추천서가 접수된 경우,
2. 공동선거의 경우 수개의 유효한 후보자추천서가 접수된 경우.
이러한 경우에 각 투표자는 자신의 투표를 일체화된 후보자추천서(후보자명부)에 대해서만 행사할 수 있다.

② 첫째 내지 넷째 순위로 배치된 후보자의 성명, 관직명 또는 직함 및 집단소속을 기재하여, 공동선거의 경우 집단에 대해 첫째 순위로 배치된 후보자의 성명, 관직명 또는 직함 및 집단소속(Familienname, Vorname, Amts- oder Berufsbezeichnung und Gruppenzugehörigkeit)을 기재하여, 투표용지상에서 후보자명부가 일련번호의 순서대로 아래로 차례차례 배열되어야 한다; 선거표어가 갖춰진 후보자명부의 경우에 그 선거표어도 기재해야 한다.

③ 투표자(投票者)는 투표용지상에서 자신이 투표하고자 하는 후보자명부에 '×'로 기표해야 한다.

제24조 집단별선거시 집단대표자 당선인의 결정

① 집단별선거에서 각각의 집단의 각 후보자명부에 할당된 총득표수를 나란히 배열하여 1, 2, 3 등으로 차례차례로 나눈다. 모든 집단에 할당되어야 할 직원평의회구성원자리(제4조)가 배분될 때까지 직원평의회구성원자리가 각각의 가장 큰 나눈 값(최대수)에 할당된다. 동일한 최대수가 둘인 경우에 직원평의회구성원자리 1자리가 배분되어야 할 때 또는 동일한 최대수가 셋인 경우에 직원평의회구성원자리 2자리가 배분되어야 할 때에는 추첨으로 결정한다.

② 후보자명부에 최대수에 따라 후보자명부에 할당되어야 하는 직원평의회구성원자리보다 후보자가 적게 있는 경우에, 그 초과하는 직원평의회구성원자리는 그 다음으로 큰 최대수의 순서에 따라 나머지 후보자명부에 할당된다.

③ 후보자명부 내에서는 직원평의회구성원자리가 명부배치순위(제7조 제2항)에 따라 후보자에게 배분된다.

제25조 공동선거시 집단대표자 당선인의 결정

① 공동선거의 경우 각 후보자명부에 할당된 총득표수를 나란히 배열하여 1, 2, 3 등으로 차례차례로 나눈다. 각 집단에 할당되어야 할 직원평의회구성원자리는 집단별로, 그럼에도 동일한 나눈 값을 사용하여 결정된다. 제24조 제1항 제2문, 제3문을 준용한다.

② 후보자명부에 최대수에 따라 집단의 후보자에 할당되어야 하는 직원평의회구성원자리보다 집단의 후보자가 적게 있는 경우에, 그 집단의 초과하는 직원평의회구성원자리는 그 다음으로 큰 최대수의 순서에 따라 나머지 후보자명부상의 동일한 집단의 소속원에 할당된다.

(3) Innerhalb der Vorschlagslisten werden die den einzelnen Gruppen zustehenden Sitze auf die Angehörigen der entsprechenden Gruppe in der Reihenfolge ihrer Benennung verteilt.

## Zweiter Unterabschnitt Wahlverfahren bei Vorliegen eines Wahlvorschlages (Mehrheitswahl)

§ 26 Voraussetzungen für Mehrheitswahl, Stimmzettel, Stimmabgabe

(1) Nach den Grundsätzen der Mehrheitswahl (Personenwahl) ist zu wählen, wenn

1. bei Gruppenwahl für die betreffende Gruppe nur ein gültiger Wahlvorschlag,
2. bei gemeinsamer Wahl nur ein gültiger Wahlvorschlag eingegangen ist. In diesen Fällen kann jeder Wähler nur solche Bewerber wählen, die in dem Wahlvorschlag aufgeführt sind.

(2) In den Stimmzettel werden die Bewerber aus dem Wahlvorschlag in unveränderter Reihenfolge unter Angabe von Familienname, Vorname, Amts- oder Berufsbezeichnung und Gruppenzugehörigkeit übernommen. Der Wähler hat auf dem Stimmzettel die Namen der Bewerber anzukreuzen, für die er seine Stimme abgeben will. Der Wähler darf

1. bei Gruppenwahl nicht mehr Namen ankreuzen, als für die betreffende Gruppe Vertreter zu wählen sind,
2. bei gemeinsamer Wahl nicht mehr Namen ankreuzen, als Personalratsmitglieder zu wählen sind.

§ 27 Ermittlung der gewählten Bewerber

(1) Bei Gruppenwahl sind die Bewerber in der Reihenfolge der jeweils höchsten auf sie entfallenen Stimmenzahlen gewählt. Bei gleicher Stimmenzahl entscheidet das Los.

(2) Bei gemeinsamer Wahl werden die den einzelnen Gruppen zustehenden Sitze mit den Bewerbern dieser Gruppen in der Reihenfolge der jeweils höchsten auf sie entfallenen Stimmen besetzt. Absatz 1 Satz 2 findet Anwendung.

## DRITTER ABSCHNITT Besondere Vorschriften für die Wahl eines Personalratsmitgliedes oder eines Gruppenvertreters (Mehrheitswahl)

§ 28 Voraussetzungen für Mehrheitswahl, Stimmzettel, Stimmabgabe, Wahlergebnis

(1) Nach den Grundsätzen der Mehrheitswahl (Personenwahl) ist zu wählen, wenn

1. bei Gruppenwahl nur ein Vertreter,
2. bei gemeinsamer Wahl nur ein Personalratsmitglied zu wählen ist.

(2) In den Stimmzettel werden die Bewerber aus den Wahlvorschlägen in alphabetischer Reihenfolge unter Angabe von Familienname, Vorname, Amts- oder Berufsbezeichnung übernommen.

(3) Der Wähler hat auf dem Stimmzettel den Namen des Bewerbers anzukreuzen, für den er seine Stimme abgeben will.

(4) Gewählt ist der Bewerber, der die meisten Stimmen erhalten hat. Bei gleicher Stimmenzahl

③ 후보자명부 내에서는 각 집단에 할당되어야 할 직원평의회구성원자리는 명부배치순위에 따라 해당 집단의 소속원에 배분된다.

### 제2절 하나의 후보자추천서 제출시의 선거절차(다수대표제선거)

제26조 다수대표제선거의 요건, 투표용지, 투표

① 다음 각 호의 경우에 다수대표제선거(인물선거)의 원칙에 따라 선거가 실시되어야 한다.

1. 집단별선거의 경우에 해당 집단에 대해 1개의 유효한 후보자명부만이 제출된 경우,
2. 공동선거의 경우에 1개의 유효한 후보자명부만이 제출된 경우.

이러한 경우에 각 투표자는 후보자명부에 등재된 후보자에 대해서만 투표할 수 있다.

② 후보자는 성명, 관직명 또는 직함 및 집단소속을 기재하여그 동일한 순위대로 후보자추천서에서 투표용지로 그대로 옮겨 기재된다. 투표자는 투표용지에서 자신이 투표하고자 하는 후보자의 성명에 '×'로 기표해야 한다. 투표자는,

1. 집단별선거의 경우에 선출되어야 할 해당 집단대표자보다 더 많은 후보자 성명에 '×'로 기표해서는 안 되고,
2. 공동선거의 경우에 선출되어야 할 직원평의회구성원보다 더 많은 후보자 성명에 '×'로 기표해서는 안 된다.

제27조 당선인의 결정

① 집단별선거의 경우에 후보자는 자신에 할당된, 각각의 가장 큰 득표수 순위에 따라 당선된다. 득표수가 같은 경우에 추첨으로 결정한다.

② 공동선거의 경우에 각 집단에 할당될 직원평의회구성원자리는 각 집단에 할당된, 각각의 가장 큰 득표수 순위(順位)에 따라 그 집단의 후보자에 의해 당선된다. 제27조 제1항 제2문을 적용한다.

## 제3장 1인의 직원평의회구성원 선거에 대한 특별규정 (다수대표제)

제28조 다수대표제의 요건, 투표용지, 투표, 선거결과

① 다음 각 호의 경우에 다수대표제선거(인물선거)의 원칙에 따라 선거가 실시되어야 한다,

1. 집단별선거의 경우 1명의 집단대표자가 선출되어야 할 경우,
2. 공동선거의 경우 1명의 직원평의회구성원이 선출되어야 할 경우.

② 후보자는 성명, 관직명 또는 직함 및 집단소속을 기재하여 알파벳순서대로 후보자추천서에서 투표용지로 그대로 옮겨진다.

③ 투표자는 투표용지(投票用紙)에서 자신이 투표하고자 하는 후보자의 성명에 '×'로 기표해야 한다.

④ 최대득표를 얻은 후보자가 당선된다. 득표수가 동일한 경우(Bei gleicher Stimmenzahl) 추첨

entscheidet das Los.

## VIERTER ABSCHNITT Wahl der Jugend- und Auszubildendenvertreter

§ 29 Vorbereitung und Durchführung der Wahl

(1) Für die Vorbereitung und Durchführung der Wahl der Jugend- und Auszubildendenvertreter gelten die §§ 1 und 2, 5 bis 23, 26 und 28 entsprechend mit der Abweichung, dass sich die Zahl der zu wählenden Jugend- und Auszubildendenvertreter ausschließlich aus § 62 des Gesetzes ergibt und dass die Vorschriften über die Gruppenwahl (§ 16 Abs. 2 des Gesetzes) und über den Minderheitenschutz (§ 15 Abs. 3 und 4 des Gesetzes) keine Anwendung finden.

(2) Sind mehrere Jugend- und Auszubildendenvertreter zu wählen und ist die Wahl auf Grund mehrerer Vorschlagslisten durchgeführt worden, so werden die Summen der auf die einzelnen Vorschlagslisten entfallenen Stimmen nebeneinander gestellt und der Reihe nach durch 1, 2, 3 usw. geteilt. Auf die jeweils höchste Teilzahl (Höchstzahl) wird so lange ein Sitz zugeteilt, bis alle Sitze (§ 62 des Gesetzes) verteilt sind. § 24 Abs. 1 Satz 3, Abs. 2 und 3 findet Anwendung.

(3) Sind mehrere Jugend- und Auszubildendenvertreter zu wählen und ist die Wahl auf Grund eines Wahlvorschlages durchgeführt worden, so sind die Bewerber in der Reihenfolge der jeweils höchsten auf sie entfallenen Stimmenzahlen gewählt; bei Stimmengleichheit entscheidet das Los.

## ZWEITER TEIL Wahl des Gesamtpersonalrates und der Gesamt-Jugend- und Auszubildendenvertretung

§ 30 Entsprechende Anwendung der Vorschriften über die Wahl des Personalrates und der Jugend- und Auszubildendenvertreter

(1) Für die Wahl des Gesamtpersonalrates gelten die Vorschriften der §§ 1 bis 28 entsprechend, soweit sich aus den §§ 31 bis 38 nichts anderes ergibt.

(2) Für die Wahl der Gesamt-Jugend- und Auszubildendenvertretung gelten § 29, die §§ 31 bis 33 Abs. 1 und die §§ 34 bis 38 entsprechend.

§ 31 Leitung der Wahl

(1) Der nach § 51 Abs. 2 oder 3 des Gesetzes gebildete Gesamtwahlvorstand leitet die Wahl des Gesamtpersonalrates. Die Durchführung der Wahl in den einzelnen Dienststellen übernehmen die örtlichen Wahlvorstände im Auftrag und nach Richtlinien des Gesamtwahlvorstandes.

(2) Der örtliche Wahlvorstand gibt die Namen der Mitglieder des Gesamtwahlvorstandes und die dienstliche Anschrift seines Vorsitzenden in der Dienststelle durch Aushang bis zum Abschluss der Stimmabgabe bekannt.

으로 결정한다.

## 제4장 연소자 · 직업훈련생대표자

제29조 선거의 준비와 실시

① 연소자 · 직업훈련생대표자 선거의 준비와 실시에 대하여(Für die Vorbereitung und Durchführung der Wahl der Jugend- und Auszubildendenvertreter), 선출되어야 할 연소자 · 직업훈련생대표자수는 오로지 법 제62조에서 도출된다는 점과 집단별선거(법 제16조 제2항)와 소수자보호(법 제15조 제3항, 제4항)에 관한 규정은 적용하지 않는다는 예외하에, 제1조, 제2조, 제5조 내지 제23조, 제26조, 제28조가 준용된다.

② 수인의 연소자 · 직업훈련생대표자가 선출되어야 하고 수개의 후보자명부에 기하여 선거가 실시된 경우에, 각 후보자명부에 할당된 총득표수를 나란히 배열하여 1, 2, 3 등으로 차례차례로 나눈다. 모든 직원평의회구성원자리(법 제62조)가 배분될 때까지 직원평의회구성원가 각각의 가장 큰 나눈 값(최대수; Höchstzahl))에 할당된다. 제24조 제1항 제3문, 제2항, 제3항을 적용한다.

③ 수인의 연소자 · 직업훈련생대표자가 선출되어야 하고 1개의 후보자명부에 기하여 선거가 실시된 경우에, 후보자에 할당된 각각의 가장 큰 득표수 순위에 따라 후보자가 선출된다: 득표수가 동수인 경에는 추첨으로 결정한다.

# 제2편 전체직원평의회선거와 전체연소자 · 직업훈련생대표단

제30조 전체직원평의회 및 전체연소자 · 직업훈련생대표자(Jugend- und Auszubildendenvertreter)에 관한 규정의 준용

① 제31조 내지 제38조에서 달리 정함이 없는 한, 전체직원평의회선거에 대하여 제1조 내지 제28조의 규정을 준용한다.

② 전체연소자 · 직업훈련생대표단선거에 대하여 제29조, 제31조 내지 제33조 제1항, 제34조 내지 제38조를 준용한다.

제31조 선거의 관리

① 법 제51조 제2항 또는 제3항에 따라 설치된 전체선거위원회가 전체직원평의회선거를 관리한다. 각 공공관서에서의 선거의 실시는 지역선거위원회가 전체선거위원회의 위임과 지침에 따라 책임진다.

② 지역선거위원회는 전체선거위원회위원의 성명과 전체선거위원회의 사무실주소를 공공관서에서 투표종료시까지 게시함으로써(durch Aushang bis zum Abschluss der Stimmabgabe) 공고한다.

(3) Werden in einer Dienststelle der Personalrat und der Gesamtpersonalrat gleichzeitig gewählt, so führt der bei dieser Dienststelle bestehende Wahlvorstand auch die Wahl zum Gesamtpersonalrat im Auftrag des Gesamtwahlvorstandes durch. Besteht bei der Dienststelle kein örtlicher Wahlvorstand, wird dieser auf Ersuchen des Gesamtwahlvorstandes vom Personalrat oder, wenn ein solcher nicht besteht, vom Leiter der Dienststelle für die Wahl des Gesamtpersonalrates bestellt.

§ 32 Feststellung der Zahl der Dienstkräfte, Wählerverzeichnis

(1) Die örtlichen Wahlvorstände stellen die Zahl der in den Dienststellen in der Regel beschäftigten Dienstkräfte und ihre Verteilung auf die Gruppen fest und teilen diese Zahlen unverzüglich schriftlich dem Gesamtwahlvorstand mit.

(2) Die Aufstellung der Wählerverzeichnisse und die Behandlung von Einsprüchen ist Aufgabe der örtlichen Wahlvorstände. Sie teilen dem Gesamtwahlvorstand die Zahl der wahlberechtigten Dienstkräfte, getrennt nach den Gruppen der Arbeitnehmer und Beamten unverzüglich schriftlich mit.

§ 33 Ermittlung der Zahl der zu wählenden Gesamtpersonalratsmitglieder, Verteilung der Sitze auf die Gruppen

(1) Der Gesamtwahlvorstand ermittelt die Zahl der zu wählenden Mitglieder des Gesamtpersonalrates und die Verteilung der Sitze auf die Gruppen.

(2) Ist eine abweichende Verteilung der Mitglieder des Gesamtpersonalrates auf die Gruppen nicht beschlossen worden und entfallen bei der Verteilung der Sitze nach § 4 Abs. 2 auf eine Gruppe weniger Sitze als ihr nach § 15 Abs. 3 des Gesetzes mindestens zustehen, so erhält sie die in § 15 Abs. 3 des Gesetzes vorgeschriebene Zahl von Sitzen.

§ 34 Wahlausschreiben

(1) Der Gesamtwahlvorstand erlässt das Wahlausschreiben.

(2) Der örtliche Wahlvorstand gibt das Wahlausschreiben in der Dienststelle an einer oder mehreren geeigneten den Wahlberechtigten zugänglichen Stellen durch Aushang in gut lesbarem Zustand bis zum Abschluss der Stimmabgabe bekannt.

(3) Das Wahlausschreiben muss enthalten

1. Ort und Tag seines Erlasses,
2. die Zahl der zu wählenden Mitglieder des Gesamtpersonalrates getrennt nach Arbeitnehmern und Beamten,
3. Angaben darüber, ob die Arbeitnehmer und Beamten ihre Vertreter in getrennten Wahlgängen wählen (Gruppenwahl) oder vor Erlass des Wahlausschreibens gemeinsame Wahl beschlossen worden ist,
4. den Hinweis, dass nur Dienstkräfte wählen können, die in dem Wählerverzeichnis eingetragen sind,
5. die Mindestzahl von wahlberechtigten Dienstkräften, von denen ein Wahlvorschlag unterzeichnet

③ 공공관서에서 직원평의회와 전체직원평의회가 동시에 선거로 구성되는 경우에, 그 공공관서에 있는 선거위원회가 전체선거위원회의 위임에 따라 전체직원평의회선거도 실시한다. 공공관서에 지역선거위원회가 없는 경우에, 그 선거위원회는 전체선거위원회의 요구에 따라 직원평의회에 의해, 또는 직원평의회가 없는 경우에 전체직원평의회선거를 관할하는 공공관서장에 의해 구성된다.

제32조 직원수의 확정, 선거인명부

① 지역선거위원회는 공공관서에서 상시적으로 고용된 직원수와 그 직원수의 집단에 대한 배분(ihre Verteilung auf die Gruppen)을 확정한 다음 지체 없이 그 수를 전체선거위원회에 통지한다.

② 선거인명부의 작성과 그에 대한 이의의 처리는 지역선거위원회의 임무이다. 지역선거위원회는 선거권이 있는 직원수를 근로자별 및 공무원별로 구분하여 전체선거위원회에 지체 없이 서면으로 통지한다.

제33조 선출해야 할 전체직원평의회구성원수의 산정, 집단에 대한 그 구성원자리의 배분(Verteilung der Sitze auf die Gruppen)

① 전체선거위원회는 선출해야 할 전체직원평의회구성원수와 집단에 대한 그 구성원자리의 배분을 산정한다.

② 집단에 대한 전체직원평의회구성원의 다른 배분이 결의되지 않았고, 제4조 제2항에 따른 구성원자리의 배분에 있어 법 제15조 제3항에 따라 최소한으로 집단에 귀속되어야 할 구성원자리보다 어느 집단에 작은 구성원자리가 할당된 경우에, 그 집단은 법 제15조 제3항에 규정된 수의 구성원자리를 배분받는다.

제34조 선거공고

① 전체선거위원회가 선고공고를 공표한다.

② 지역선거위원회는 선거공고를 공공관서에서 선거권자가 접근할 수 있는 1개 또는 수개의 장소에(an einer oder mehreren geeigneten den Wahlberechtigten zugänglichen Stellen) 읽을 수 있는 상태로 투표종료시까지 게시함으로써 공고한다.

③ 선거공고에 다음 각 호 사항이 포함되어야 한다,

1. 선고공고 공표의 장소·날짜,
2. 선출해야 하는, 공무원별 및 근로자별(getrennt nach Arbeitnehmern und Beamten) 전체직원평의회구성원수,
3. 근로자들과 공무원들이 분리된 선거과정을 통해 자신의 대표자를 선출할지 여부(집단별선거)에 관한 사항 또는 선거공고를 공표하기 전에 공동선거가 결의되었는지 여부에 관한 사항,
4. 선거인명부에 등재된 직원만이 선거를 할 수 있다는 명시,
5. 후보자추천서에 서명해야만 하는 선거권(選擧權)이 있는 최소 직원(Mindestzahl von

sein muss, und den Hinweis, dass jede Dienstkraft nur auf einem Wahlvorschlag benannt werden kann,

6. den Hinweis, dass der Wahlvorschlag einer in der Dienststelle vertretenen Gewerkschaft von zwei Beauftragten unterzeichnet sein muss (§ 16 Abs. 6 des Gesetzes),
7. die Aufforderung, Wahlvorschläge innerhalb von achtzehn Kalendertagen nach dem Erlass des Wahlausschreibens beim Gesamtwahlvorstand einzureichen; der letzte Tag der Einreichungsfrist ist anzugeben,
8. den Hinweis, dass nur fristgerecht eingereichte Wahlvorschläge berücksichtigt werden und dass nur gewählt werden kann, wer in einem solchen Wahlvorschlag aufgenommen ist.

(4) Der örtliche Wahlvorstand ergänzt das Wahlausschreiben durch die folgenden Angaben:

1. Die Angabe, wo und wann das für die örtliche Dienststelle aufgestellte Wählerverzeichnis und diese Wahlordnung zur Einsicht ausliegen,
2. den Hinweis, dass Einsprüche gegen das Wählerverzeichnis bis zum Werktag vor Beginn der Stimmabgabe, 12 Uhr, beim örtlichen Wahlvorstand eingelegt werden können,
3. den Ort, an dem die Wahlvorschläge bekannt gegeben werden,
4. den Ort und die Zeit der Stimmabgabe,
5. einen Hinweis auf die Möglichkeit der schriftlichen Stimmabgabe.

(5) Der örtliche Wahlvorstand vermerkt auf dem Wahlausschreiben den ersten und letzten Tag des Aushanges.

(6) Offenbare Unrichtigkeiten des Wahlausschreibens können vom Gesamtwahlvorstand jederzeit berichtigt werden.

(7) Mit Erlass des Wahlausschreibens ist die Wahl eingeleitet.

### § 35 Bekanntmachungen des Gesamtwahlvorstandes

Bekanntmachungen nach den §§ 10 und 12 sind in gleicher Weise wie das Wahlausschreiben in den Dienststellen auszuhängen.

### § 36 Sitzungsniederschriften

(1) Der Gesamtwahlvorstand fertigt eine Niederschrift über jede Sitzung, in der über die Ermittlung der Zahl der zu wählenden Mitglieder des Gesamtpersonalrates und die Verteilung der Sitze im Gesamtpersonalrat auf die Gruppen, über die Zulassung von Wahlvorschlägen und über die Gewährung von Nachfristen entschieden wird. Die Niederschrift ist von sämtlichen Mitgliedern des Gesamtwahlvorstandes zu unterzeichnen.

(2) Die Niederschrift über die Sitzungen, in denen über Einsprüche gegen das Wählerverzeichnis entschieden ist, fertigt der örtliche Wahlvorstand.

### § 37 Stimmzettel

wahlberechtigten Dienstkräften)의 수, 모든 직원이 직원평의회선거에 대하여 하나의 후보자추천서에만 등재될 수 있다는 명시,

6. 공공관서에 조합원인 직원이 있는 노동조합의 후보자추천서에 2명의 그 대리인이 서명해야만 한다(법 제16조 제6항)는 명시,
7. 선거공고 공표 후 18일의 역일 이내에 후보자추천서가 선거위원회(選擧委員會)에 제출되어야 한다는 요구사항; 그 제출기간의 마지막 날(der letzte Tag der Einreichungsfrist)이 명시되어야 한다,
8. 제출기간에 맞게 제출된 후보자추천서만이 득표에서 고려되고 그러한 후보자추천서에 등재된 사람만이 당선될 수 있다는 명시.

④ 지역선거위원회는 다음 각 호 사항으로 선거공고를 보충한다:

1. 지역의 공공관서에서 작성한 선거인명부와 본 명령이 어디서, 언제 열람을 위해 게시되는지 하는 사항,
2. 선거인명부에 대한 이의는 투표개시 전의 근무일 12시까지 지역선거위원회에 서면으로 제출할 수 있다는 명시,
3. 후보자추천서가 공고되는 장소,
4. 투표 장소·시간,
5. 서면투표의 가능성에 대한 명시.

⑤ 지역선거위원회는 선고공고에 게시의 최초 날짜와 마지막 날짜(ersten und letzten Tag des Aushanges)를 기재한다.

⑥ 선거공고의 명백한 부적확성(不的確性)(Offenbare Unrichtigkeiten des Wahlausschreibens)은 전체선거위원회가 언제든지 정정할 수 있다.

⑦ 선거공고의 공표로써 선거가 개시된다.

제35조 전체선거위원회의 공고

제10조, 제12조에 따른 공고는 공공관서에서 선거공고와 동일한 방식으로(in gleicher Weise wie das Wahlausschreiben) 게시되어야 한다.

제36조 회의의사록

① 전체선거위원회는 모든 회의, 즉 선거인명부(제2조)에 대한 이의, 선출되어야 할 전체직원평의회구성원수 산정(Ermittlung der Zahl der zu wählenden Mitglieder des Gesamtpersonalrates)과 집단에 대한 전체직원평의회구성원자리의 배분, 후보자추천서의 승인, 추가기간의 부여에 대하여 결정이 이뤄지는 회의의 의사록을 작성한다. 그 의사록에 전체선거위원회위원 전원이 서명을 해야 한다.

② 선거인명부에 대한 이의에 관하여 결정이 이뤄지는 회의에 대한 의사록은 지역선거위원회가 작성한다.

제37조 투표용지

Für die Wahl des Gesamtpersonalrates sind Stimmzettel von anderer Farbe als für die Wahl des Personalrates zu verwenden.

§ 38 Feststellung und Bekanntmachung des Wahlergebnisses

(1) Die örtlichen Wahlvorstände zählen die auf die einzelnen Vorschlagslisten oder, wenn Mehrheitswahl stattgefunden hat, die auf die einzelnen Bewerber entfallenen Stimmen. Sie fertigen eine Wahlniederschrift gemäß § 19.

(2) Die Niederschrift ist unverzüglich nach Feststellung des Wahlergebnisses dem Gesamtwahlvorstand gegen Empfangsschein zu übersenden. Die bei der Dienststelle entstandenen Unterlagen für die Wahl des Gesamtpersonalrates (§ 22) werden zusammen mit einer Abschrift der Niederschrift vom Personalrat aufbewahrt.

(3) Der Gesamtwahlvorstand zählt unverzüglich die auf jede Vorschlagsliste oder, wenn Mehrheitswahl stattgefunden hat, die auf jeden einzelnen Bewerber entfallenen Stimmen zusammen und stellt das Ergebnis der Wahl fest.

(4) Sobald die Namen der als Mitglieder des Gesamtpersonalrates gewählten Bewerber feststehen, teilt sie der Gesamtwahlvorstand den örtlichen Wahlvorständen mit. Die örtlichen Wahlvorstände geben sie durch zweiwöchigen Aushang in der gleichen Weise wie das Wahlausschreiben bekannt.

## DRITTER TEIL Wahl des Hauptpersonalrates und der Haupt-Jugend- und Auszubildendenvertretung

§ 39 Entsprechende Anwendung der Vorschriften über die Wahl des Gesamtpersonalrates und der Gesamt-Jugend- und Auszubildendenvertretung

(1) Für die Wahl des Hauptpersonalrates gelten § 30 Abs. 1 und die §§ 31 bis 38 entsprechend, soweit sich aus den §§ 40 und 41 nichts anderes ergibt. Für die Wahl der Haupt-Jugend- und Auszubildendenvertretung gelten § 30 Abs. 2 und die §§ 40 und 41.

(2) Findet die Wahl des Hauptpersonalrates gleichzeitig mit der Wahl von Gesamtpersonalräten statt, so gilt die vom Hauptwahlvorstand im Wahlausschreiben nach den §§ 30 Abs. 1 und 39 Abs. 1 Satz 1 festzusetzende Zeit der Stimmabgabe auch für die Stimmabgabe zur Wahl der Gesamtpersonalräte.

(3) Findet die Wahl der Haupt-Jugend- und Auszubildendenvertretung gleichzeitig mit der Wahl von Gesamt-Jugend- und Auszubildendenvertretungen statt, so gilt Absatz 2 entsprechend.

§ 40 Leitung der Wahl

Der nach § 56 des Gesetzes gebildete Hauptwahlvorstand leitet die Wahl des Hauptpersonalrates.

§ 41 Durchführung der Wahl

전체직원평의회선거에 대하여 직원평의회선거에 사용되는 것과 다른 색깔의 투표용지가 사용되어야 한다.

제38조 선거결과의 확정 및 공고

① 지역선거위원회는 각 후보자명부에 할당된 득표 또는 다수대표제선거가 실시된 경우에는 각 후보자에 대해 할당된 득표를 계산한다. 지역선거위원회는 제19조에 따른 의사록을 작성한다.

② 그 의사록은 선거결과 확정 후 지체 없이 전체선거위원회에 수령증서를 교부받는 방식으로 송부한다. 공공관서에서 전체직원평의회선거와 관련하여 생긴 서류(Die bei der Dienststelle entstandenen Unterlagen für die Wahl des Gesamtpersonalrates)(제22조)는 의사록사본과 함께 직원평의회가 보관한다.

③ 전체직원평의회는 지체 없이 각 후보자명부에 할당된 득표 또는 다수대표제선거가 실시된 경우에는 각 후보자(候補者)에 대해 할당된 득표수를 합산하여 선거결과(Ergebnis der Wahl)를 확정한다.

④ 전체직원평의회구성원으로 당선된 후보자의 성명이 결정되는 때에 전체선거위원회는 지역선거위원회에 그 성명을 통지한다. 지역선거위원회는 선거공고와 동일한 방식으로 2주간 게시함으로써 그 성명을 공고한다.

## 제3편 최상급직원평의회과 최상급연소자·직업훈련생대표단

제39조 전체직원평의회와 전체연소자·직업훈련생대표단(Gesamt-Jugend- und Auszubildendenvertretung)의 선거에 관한 규정의 준용

① 제40조, 제41조에서 달리 정함이 없는 한, 최상급직원평의회선거에 대하여 제30조 제1항, 제31조 내지 제38조를 준용한다.최상급연소자·직업훈련생대표단 선거에 대하여 제30조 제2항, 제40조, 제41조를 적용한다.

② 최상급직원평의회선거는 전체직원평의회선거와 동시에 실시되는 경우에, 최상급직원평의회가 제30조 제1항, 제39조 제1항 제1문에 따라 선거공고에서 정한 투표시기는 전체직원평의회선거의 투표에 대해서도 적용한다.

③ 최상급연소자·직업훈련생대표단 선거와 전체연소자·직업훈련생대표단 선거와 동시에 실시되는 경우에 제39조 제2항을 준용한다.

제40조 선거의 관리

법 제56조에 따라 설치된 최상급선거위원회가 최상급직원평의회선거를 관리한다.

제41조 선거의 실시

§ 41 Durchführung der Wahl

(1) Für Bereiche, für die ein Gesamtpersonalrat gewählt oder gleichzeitig zu wählen ist, kann der Hauptwahlvorstand die Gesamtwahlvorstände beauftragen,

1. die von den örtlichen Wahlvorständen ihres Bereiches festzustellenden Zahlen der in der Regel beschäftigten Dienstkräfte und ihre Verteilung auf die Gruppen zusammenzustellen,
2. die Zahl der in ihrem Bereich wahlberechtigten Dienstkräfte getrennt nach den Gruppen der Arbeitnehmer und Beamten festzustellen,
3. die bei den Dienststellen ihres Bereiches festgestellten Wahlergebnisse zusammenzustellen,
4. Bekanntmachungen des Hauptwahlvorstandes an die übrigen örtlichen Wahlvorstände in ihrem Bereich weiterzuleiten.

Die Gesamtwahlvorstände unterrichten in diesen Fällen die örtlichen Wahlvorstände in ihrem Bereich darüber, dass die in den Nummern 1 bis 3 genannten Angaben an sie einzusenden sind.

(2) Die Gesamtwahlvorstände fertigen über die Zusammenstellung der Wahlergebnisse (Absatz 1 Nr. 3) eine Niederschrift.

(3) Die Gesamtwahlvorstände übersenden dem Hauptwahlvorstand unverzüglich gegen Empfangsschein die in Absatz 1 Nr. 1 und 2 genannten Zusammenstellungen und die Niederschrift über die Zusammenstellung der Wahlergebnisse (Absatz 2).

## VIERTER TEIL Schlussvorschriften

§ 42 Berechnung von Fristen

Für die Berechnung der in dieser Verordnung festgelegten Fristen finden die §§ 186 bis 193 des Bürgerlichen Gesetzbuches entsprechende Anwendung.

§ 43* Inkrafttreten

Diese Verordnung tritt am Tage nach der Verkündung in Kraft.

Fußnoten

*Die Vorschrift betrifft das Inkrafttreten der Verordnung in der ursprünglichen Fassung vom 6. September 1974 (GVBl. S. 2226)

① 전체직원평의회의 선거로 구성되거나 동시에 선거로 구성되어야 하는 부문에 대하여 최상급선거위원회는 다음 각 호 사항을 전체선거위원회에 위임할 수 있다,

1. 그 부문의 지역선거위원회가 확정해야 하는 상시적으로 고용된 직원수, 그 직원수의 집단에 대한 배분을 종합하는 것,
2. 그 부문의 선거권이 있는 직원수를 근로자별 및 공무원 집단별로(nach den Gruppen der Arbeitnehmer und Beamten) 확정하는 것,
3. 그 부문의 공공관서에 확정된 선거결과를 합치는 것,
4. 최상급선거위원회의 공고를 그 부문에 있는 기타 지역선거위원회(übrigen örtlichen Wahlvorstände)에 전달하는 것.

이 경우에 전체선거위원회는 그 부분에 있는 지역선거위원회에 제1호 내지 제3호상의 사항이 전체선거위원회로 송부되어야 한다는 점을 통지한다.

② 전체선거위원회는 선거결과(Wahlergebnisse)(제41조 제1항 제3호)의 종합에 관한 의사록을 작성한다.

③ 전체선거위원회는 제41조 제1항 제1호, 제2호상의 종합된 결과와 선거결과의 종합에 관한 의사록(제41조 제2항)을 최상급선거위원회에 지체 없이 수령증(受領證)을 교부받는 방식으로 송부한다.

## 제4편 종결규정

제42조 기간의 산정

본 명령에 정해진 기간의 산정에 대하여 민법전(Bürgerlichen Gesetzbuch) 제186조 내지 제193조를 준용한다.

제43조 효력 발생

본 명령은 공포한 날의 다음날에 발효된다.

각주

이 규정은 1974년 9월 6일의 최초 형식(ursprünglichen Fassung) (GVBl. S. 2226)의 명령의 효력 발생에 관련된다.

# 사회법전 제9권 – 장애인의 사회복귀와 사회참여

(사회법전 제9권 – SGB IX)(BGBl. I S. 1025)(일부)

# Sozialgesetzbuch Neuntes Buch – Rehabilitation und Teilhabe von Menschen mit Behinderungen –

(Neuntes Buch Sozialgesetzbuch – SGB IX)(BGBl. I S. 2541)

# Sozialgesetzbuch Neuntes Buch – Rehabilitation und Teilhabe von Menschen mit Behinderungen – (Neuntes Buch Sozialgesetzbuch – SGB IX)(BGBl. I S. 2541)

http://www.gesetze-im-internet.de/sgb_9_2018/BJNR323410016.html

## Teil 1 Regelungen für Menschen mit Behinderungen und von Behinderung bedrohte Menschen

### Kapitel 1 Allgemeine Vorschriften

§ 1 Selbstbestimmung und Teilhabe am Leben in der Gesellschaft

Menschen mit Behinderungen oder von Behinderung bedrohte Menschen erhalten Leistungen nach diesem Buch und den für die Rehabilitationsträger geltenden Leistungsgesetzen, um ihre Selbstbestimmung und ihre volle, wirksame und gleichberechtigte Teilhabe am Leben in der Gesellschaft zu fördern, Benachteiligungen zu vermeiden oder ihnen entgegenzuwirken. Dabei wird den besonderen Bedürfnissen von Frauen und Kindern mit Behinderungen und von Behinderung bedrohter Frauen und Kinder sowie Menschen mit seelischen Behinderungen oder von einer solchen Behinderung bedrohter Menschen Rechnung getragen.

§ 2 Begriffsbestimmungen

(1) Menschen mit Behinderungen sind Menschen, die körperliche, seelische, geistige oder Sinnesbeeinträchtigungen haben, die sie in Wechselwirkung mit einstellungs- und umweltbedingten Barrieren an der gleichberechtigten Teilhabe an der Gesellschaft mit hoher Wahrscheinlichkeit länger als sechs Monate hindern können. Eine Beeinträchtigung nach Satz 1 liegt vor, wenn der Körper- und Gesundheitszustand von dem für das Lebensalter typischen Zustand abweicht. Menschen sind von Behinderung bedroht, wenn eine Beeinträchtigung nach Satz 1 zu erwarten ist.

(2) Menschen sind im Sinne des Teils 3 schwerbehindert, wenn bei ihnen ein Grad der Behinderung von wenigstens 50 vorliegt und sie ihren Wohnsitz, ihren gewöhnlichen Aufenthalt oder ihre Beschäftigung auf einem Arbeitsplatz im Sinne des § 156 rechtmäßig im Geltungsbereich dieses Gesetzbuches haben.

(3) Schwerbehinderten Menschen gleichgestellt werden sollen Menschen mit Behinderungen mit einem Grad der Behinderung von weniger als 50, aber wenigstens 30, bei denen die übrigen Voraussetzungen des Absatzes 2 vorliegen, wenn sie infolge ihrer Behinderung ohne die Gleichstellung einen geeigneten Arbeitsplatz im Sinne des § 156 nicht erlangen oder nicht behalten können (gleichgestellte behinderte Menschen).

Fußnote

(+++ § 2: Zur Anwendung vgl. § 211 Abs. 3 +++)

# 사회법전 제9권 – 장애인의 사회복귀와 사회참여 (사회법전 제9권 – SGB IX)(BGBl. I S. 1025)(일부)

법률 공포일: 2016년 12월 23일
최근 법률 개정일: 2019년 7월 8일(BGBl. I S. 1025)

## 제1편 장애인과 장애 위험이 있는 사람에 대한 규율

### 제1장 총칙

제1조 사회생활에서의 자기결정과 참여

장애인 또는 장애 위험이 있는 사람(Menschen mit Behinderungen oder von Behinderung bedrohte Menschen)은 사회생활에서의 자기결정과 완전하고도 효과적이며 평등한 사회생활에서의 참여를 증진시키기 위하여(um ihre Selbstbestimmung und ihre volle, wirksame und gleichberechtigte Teilhabe am Leben in der Gesellschaft), 또 차별을 예방하거나 이를 방지하기 위하여 본 법과 사회복귀담당기관에게 적용되는 급부법의 따른 급부를 지급받는다. 이 경우 장애가 있는 여성 및 아동, 장애 위험이 있는 여성 및 아동, 지적 장애가 있거나 지적 장애 위험이 있는 사람의 특별한 필요가 고려된다.

제2조 정의규정

① 장애인은 신체적 장애, 지적 장애, 정신적 장애 또는 감각장애를 가진(die körperliche, seelische, geistige oder Sinnesbeeinträchtigungen haben) 사람으로, 그러한 장애는 조절적·환경적인 장벽이 있는 상호작용에 의하여 6개월을 초과하여 그 사람의 평등한 사회 참여를 방해할 고도의 개연성이 있는 장애이다. 신체적 또는 정신적 상태가 그 연령의 전형적 상태에서 벗어나는 경우에는 제1문상의 장애에 해당한다. 제1문에 따른 장애가 예상되는 경우에는 장애 위험이 있는 사람이다.
② 장애율이 50 이상이고(bei ihnen ein Grad der Behinderung von wenigstens 50 vorliegt), 본법의 적용범위 내에서 합법적으로, 자신의 주거지 또는 통상적 체류지를 가지고 있거나 제156조상의 일자리에 고용된 사람은 제3편상의 중증장애인이다.
③ 장애율이 30 이상 50 미만의 장애인으로(mit Behinderungen mit einem Grad der Behinderung von weniger als 50) 제2조 제2항상의 나머지 요건을 충족하는 장애인은, 평등대우가 없더라면 자신의 장애로 인하여 제156조상의 적임인 일자리를 얻지 못할 수 있거나 이를 유지할 수 없는 경우에는, 중증장애인에 준하는 대우를 받는다(중증장애인에 준하는 장애인).

각주
(제2조: 그 적용에 대하여 제211조 제3항을 참조하라)

§ 3 Vorrang von Prävention

(1) Die Rehabilitationsträger und die Integrationsämter wirken bei der Aufklärung, Beratung, Auskunft und Ausführung von Leistungen im Sinne des Ersten Buches sowie im Rahmen der Zusammenarbeit mit den Arbeitgebern nach § 167 darauf hin, dass der Eintritt einer Behinderung einschließlich einer chronischen Krankheit vermieden wird.

(2) Die Rehabilitationsträger nach § 6 Absatz 1 Nummer 1 bis 4 und 6 und ihre Verbände wirken bei der Entwicklung und Umsetzung der Nationalen Präventionsstrategie nach den Bestimmungen der §§ 20d bis 20g des Fünften Buches mit, insbesondere mit der Zielsetzung der Vermeidung von Beeinträchtigungen bei der Teilhabe am Leben in der Gesellschaft.

(3) Bei der Erbringung von Leistungen für Personen, deren berufliche Eingliederung auf Grund gesundheitlicher Einschränkungen besonders erschwert ist, arbeiten die Krankenkassen mit der Bundesagentur für Arbeit und mit den kommunalen Trägern der Grundsicherung für Arbeitsuchende nach § 20a des Fünften Buches eng zusammen.

§ 4 Leistungen zur Teilhabe

(1) Die Leistungen zur Teilhabe umfassen die notwendigen Sozialleistungen, um unabhängig von der Ursache der Behinderung

1. die Behinderung abzuwenden, zu beseitigen, zu mindern, ihre Verschlimmerung zu verhüten oder ihre Folgen zu mildern,
2. Einschränkungen der Erwerbsfähigkeit oder Pflegebedürftigkeit zu vermeiden, zu überwinden, zu mindern oder eine Verschlimmerung zu verhüten sowie den vorzeitigen Bezug anderer Sozialleistungen zu vermeiden oder laufende Sozialleistungen zu mindern,
3. die Teilhabe am Arbeitsleben entsprechend den Neigungen und Fähigkeiten dauerhaft zu sichern oder
4. die persönliche Entwicklung ganzheitlich zu fördern und die Teilhabe am Leben in der Gesellschaft sowie eine möglichst selbständige und selbstbestimmte Lebensführung zu ermöglichen oder zu erleichtern.

(2) Die Leistungen zur Teilhabe werden zur Erreichung der in Absatz 1 genannten Ziele nach Maßgabe dieses Buches und der für die zuständigen Leistungsträger geltenden besonderen Vorschriften neben anderen Sozialleistungen erbracht. Die Leistungsträger erbringen die Leistungen im Rahmen der für sie geltenden Rechtsvorschriften nach Lage des Einzelfalles so vollständig, umfassend und in gleicher Qualität, dass Leistungen eines anderen Trägers möglichst nicht erforderlich werden.

(3) Leistungen für Kinder mit Behinderungen oder von Behinderung bedrohte Kinder werden so geplant und gestaltet, dass nach Möglichkeit Kinder nicht von ihrem sozialen Umfeld getrennt und gemeinsam mit Kindern ohne Behinderungen betreut werden können. Dabei werden Kinder mit

제3조 예방의 우선

① 사회복귀담당기관과 장애인통합지원청(Die Rehabilitationsträger und die Integrationsämter)은 사회법전 제1권상의 급부의 설명·협의·정보제공과 그 이행에 있어 또한 제167조에 따라 사업주와 협력의 틀 내에서 만성적 질병을 포함하여(einschließlich einer chronischen Krankheit) 장애의 발생이 예방되도록 노력한다.

② 제6조 제1항 제1호 내지 제4호, 제6호에 따른 사회복귀담당기관과 그 협회는, 사회법전 제5권 제20d조 내지 제20g의 정의규정에 따른 국가적 예방전략의 발전 및 시행에서(bei der Entwicklung und Umsetzung der Nationalen Präventionsstrategie) 협력하고, 특히 사회생활의 참여에서 장애의 예방을 목표를 가지고 협력한다.

③ 건강상 제약으로 인해 직업에로의 편입에서 특히 어려움을 겪는 사람에 대한 급부의 이행에 있어, 건강보험기금(Krankenkassen)은 연방노동사무소(Bundesagentur für Arbeit)와 사회법전 제5권 20a조에 따른 구직자에 대한 지역기초생활수급 담당기관(kommunalen Trägern der Grundsicherung für Arbeitsuchende)과 긴밀하게 협력한다.

제4조 참여를 위한 급부

① 참여를 위한 급부는 장애의 원인을 불문하고 다음 각 호의 필수적 사회급부(notwendigen Sozialleistungen)를 포함한다,

1. 장애의 예방, 제거 또는 완화를 하거나 장애의 악화를 방지하거나 장애의 결과를 완화하기 위한 사회적 급부,
2. 노동능력(Erwerbsfähigkeit) 제약 또는 돌봄필요성의 예방, 극복 또는 완화를 하거나 그 악화를 방지하기 위한 사회적 급부와, 다른 사회적 급부의 조기 수령을 예방하거나 지급되고 있는 사회적 급부부담을 경감하기 위한 사회적 급부,
3. 성향 및 능력에 상응하는(entsprechend den Neigungen und Fähigkeiten) 직업생활의 참여를 안정적으로 확보하기 위한 사회적 급부,
4. 개인의 발전을 전체적으로 촉진하기 위한 사회적 급부와, 사회생활의 참여와 가능한 한 독립적이고도 자기결정적인 생계영위(selbstbestimmte Lebensführung)를 가능하게 하거나 용이하게 하기 위한 사회적 급부.

② 위 참여를 위한 급부(Die Leistungen zur Teilhabe)는 제4조 제1항상의 목적의 도달을 위하여 본 법과 관할 급부담당기관(die zuständigen Leistungsträger)에게 적용되는 특별한 규정이 정하는 기준에 따라 다른 사회적 급부와 더불어 지급된다. 그 급부담당기관은 자신에게 적용되는 규정의 범위 내에서 개별사안의 사정에 따라 완전하고도 포괄적으로 또 동등한 질로 급부를 지급해서 다른 담당기관의 급부(Leistungen eines anderen Trägers)가 가능한 필요로 하지 않도록 한다.

③ 장애가 있거나 장애 위험이 있는 아동에 대한 급부(Leistungen für Kinder mit Behinderungen oder von Behinderung bedrohte Kinder)는 가능한 한 아동이 자신의 사회적 환경과 분리되지 않고 장애가 없는 아동과 함께 돌봄을 받을 수 있도록 계획되고 설계된다. 이

Behinderungen alters- und entwicklungsentsprechend an der Planung und Ausgestaltung der einzelnen Hilfen beteiligt und ihre Sorgeberechtigten intensiv in Planung und Gestaltung der Hilfen einbezogen.

(4) Leistungen für Mütter und Väter mit Behinderungen werden gewährt, um diese bei der Versorgung und Betreuung ihrer Kinder zu unterstützen.

§ 5 Leistungsgruppen

Zur Teilhabe am Leben in der Gesellschaft werden erbracht:

1. Leistungen zur medizinischen Rehabilitation,
2. Leistungen zur Teilhabe am Arbeitsleben,
3. unterhaltssichernde und andere ergänzende Leistungen,
4. Leistungen zur Teilhabe an Bildung und
5. Leistungen zur sozialen Teilhabe.

§ 6 Rehabilitationsträger

(1) Träger der Leistungen zur Teilhabe (Rehabilitationsträger) können sein:

1. die gesetzlichen Krankenkassen für Leistungen nach § 5 Nummer 1 und 3,
2. die Bundesagentur für Arbeit für Leistungen nach § 5 Nummer 2 und 3,
3. die Träger der gesetzlichen Unfallversicherung für Leistungen nach § 5 Nummer 1 bis 3 und 5; für Versicherte nach § 2 Absatz 1 Nummer 8 des Siebten Buches die für diese zuständigen Unfallversicherungsträger für Leistungen nach § 5 Nummer 1 bis 5,
4. die Träger der gesetzlichen Rentenversicherung für Leistungen nach § 5 Nummer 1 bis 3, der Träger der Alterssicherung der Landwirte für Leistungen nach § 5 Nummer 1 und 3,
5. die Träger der Kriegsopferversorgung und die Träger der Kriegsopferfürsorge im Rahmen des Rechts der sozialen Entschädigung bei Gesundheitsschäden für Leistungen nach § 5 Nummer 1 bis 5,
6. die Träger der öffentlichen Jugendhilfe für Leistungen nach § 5 Nummer 1, 2, 4 und 5 sowie
7. die Träger der Eingliederungshilfe für Leistungen nach § 5 Nummer 1, 2, 4 und 5

(2) Die Rehabilitationsträger nehmen ihre Aufgaben selbständig und eigenverantwortlich wahr.

(3) Die Bundesagentur für Arbeit ist auch Rehabilitationsträger für die Leistungen zur Teilhabe am Arbeitsleben für erwerbsfähige Leistungsberechtigte mit Behinderungen im Sinne des Zweiten Buches, sofern nicht ein anderer Rehabilitationsträger zuständig ist. Die Zuständigkeit der Jobcenter nach § 6d des Zweiten Buches für die Leistungen zur beruflichen Teilhabe von Menschen mit Behinderungen nach § 16 Absatz 1 des Zweiten Buches bleibt unberührt. Mit Zustimmung und Beteiligung des Leistungsberechtigten kann die Bundesagentur für Arbeit mit dem zuständigen Jobcenter eine gemeinsame Beratung zur Vorbereitung des Eingliederungsvorschlags

경우 장애가 있는 아동은 연령 및 발달정도에 상응하여 개별적 부조(扶助)의 계획 및 설계에 관련되고, 아동의 양육권자는 부조의 계획 및 형성에 집중적으로 관련된다.

④ 장애를 가진 부모에 대한 급부는 그 아동을 부양하고 돌보는 데 그 부모를 지원하기 위하여 지급된다.

제5조 급부군(給付群)

장애인의 사회생활의 참여를 위하여 다음 각 호의 급부가 지급된다,

1. 의료재활급부,
2. 직업생활참여급부,
3. 기초생활급부와 기타 보충급부,
4. 교육참여급부,
5. 사회참여급부.

제6조 사회복귀담당기관

① 다음 각 호의 기관이 장애인의 사회참여를 위한 급부담당기관(사회복귀담당기관)이 될 수 있다:

1. 제5조 제1호, 제3호에 따른 급부에 대하여는 법상 건강보험기금,
2. 제5조 제2호, 제3호에 따른 급부에 대하여는 연방노동사무소,
3. 제5조 제1호 내지 제3호, 제5호에 따른 급부에 대하여는 법상 산업재해보험담당기관; 제5조 제1호 내지 제5호에 따른 급부에 대하여는 사회법전 제7권 제2조 제1항 제8호에 따른 보험수급권자를 관할하는 산업재해보험담당기관,
4. 제5조 제1호 내지 제3호에 따른 급부에 대하여는 법상 연금보험담당기관, 제5조 1호, 제3호에 따른 급부에 대하여는 농부에 대한 노령연금담당기관,
5. 제5조 제1호 내지 제5호에 따른 급부에 대하여는 기관으로, 건강침해시 사회적 보상법의 범위 내의 전쟁희생자원호담당기관 및 전쟁희생자부조담당기관,
6. 제5조 제1호, 제2호, 제4호, 제5호에 따른 급부에 대하여는 공공청소년부조담당기관,
7. 제5조 제1호, 제2호, 제4호, 제5호에 따른 급부에 대하여는 통합부조담당기관.

② 사회복귀담당기관은 자신의 임무를 독자적이고도 자신의 책임하에 수행한다.

③ 다른 사회복귀담당기관이 관할기관이 아닌 경우에(sofern nicht ein anderer Rehabilitationsträger zuständig ist), 연방노동사무소(Die Bundesagentur für Arbeit)는 사회법전 제2권상의 장애가 있는 일할 능력이 있는 수급권자에 대한 직업생활참여급부를 담당하는 사회복귀담당기관도 된다. 사회법전 제2권 제16조 제1항에 따른 장애인의 직업참여를 위한 급부를 담당하는, 사회법전 제2권 제6d조에 따른 잡센터의 관할(Zuständigkeit der Jobcenter)은 영향을 받지 않는다. 제20조에 따른 참여계획회의가 개최되지 않는 경우에, 연방노동사무소는 수급권자의 동의와 참가하에(Mit Zustimmung und Beteiligung des Leistungsberechtigten), 관할 잡센터와 함께 직장편입제안의 준비(Vorbereitung des Eingliederungsvorschlags)를 위한 공

durchführen, wenn eine Teilhabeplankonferenz nach § 20 nicht durchzuführen ist. Die Leistungsberechtigten und das Jobcenter können der Bundesagentur für Arbeit in diesen Fällen die Durchführung einer gemeinsamen Beratung vorschlagen. § 20 Absatz 3 und § 23 Absatz 2 gelten entsprechend. Die Bundesagentur für Arbeit unterrichtet das zuständige Jobcenter und die Leistungsberechtigten schriftlich oder elektronisch über den festgestellten Rehabilitationsbedarf und ihren Eingliederungsvorschlag. Das Jobcenter entscheidet unter Berücksichtigung des Eingliederungsvorschlages innerhalb von drei Wochen über die Leistungen zur beruflichen Teilhabe.

§ 7 Vorbehalt abweichender Regelungen

(1) Die Vorschriften im Teil 1 gelten für die Leistungen zur Teilhabe, soweit sich aus den für den jeweiligen Rehabilitationsträger geltenden Leistungsgesetzen nichts Abweichendes ergibt. Die Zuständigkeit und die Voraussetzungen für die Leistungen zur Teilhabe richten sich nach den für den jeweiligen Rehabilitationsträger geltenden Leistungsgesetzen. Das Recht der Eingliederungshilfe im Teil 2 ist ein Leistungsgesetz im Sinne der Sätze 1 und 2.

(2) Abweichend von Absatz 1 gehen die Vorschriften der Kapitel 2 bis 4 den für die jeweiligen Rehabilitationsträger geltenden Leistungsgesetzen vor. Von den Vorschriften in Kapitel 4 kann durch Landesrecht nicht abgewichen werden.

§ 8 Wunsch- und Wahlrecht der Leistungsberechtigten

(1) Bei der Entscheidung über die Leistungen und bei der Ausführung der Leistungen zur Teilhabe wird berechtigten Wünschen der Leistungsberechtigten entsprochen. Dabei wird auch auf die persönliche Lebenssituation, das Alter, das Geschlecht, die Familie sowie die religiösen und weltanschaulichen Bedürfnisse der Leistungsberechtigten Rücksicht genommen; im Übrigen gilt § 33 des Ersten Buches. Den besonderen Bedürfnissen von Müttern und Vätern mit Behinderungen bei der Erfüllung ihres Erziehungsauftrages sowie den besonderen Bedürfnissen von Kindern mit Behinderungen wird Rechnung getragen.

(2) Sachleistungen zur Teilhabe, die nicht in Rehabilitationseinrichtungen auszuführen sind, können auf Antrag der Leistungsberechtigten als Geldleistungen erbracht werden, wenn die Leistungen hierdurch voraussichtlich bei gleicher Wirksamkeit wirtschaftlich zumindest gleichwertig ausgeführt werden können. Für die Beurteilung der Wirksamkeit stellen die Leistungsberechtigten dem Rehabilitationsträger geeignete Unterlagen zur Verfügung. Der Rehabilitationsträger begründet durch Bescheid, wenn er den Wünschen des Leistungsberechtigten nach den Absätzen 1 und 2 nicht entspricht.

(3) Leistungen, Dienste und Einrichtungen lassen den Leistungsberechtigten möglichst viel Raum zu eigenverantwortlicher Gestaltung ihrer Lebensumstände und fördern ihre Selbstbestimmung.

동논의를 시행할 수 있다. 그 수급권자와 잡센터(Die Leistungsberechtigten und das Jobcenter)는 이러한 경우에 연방노동사무소에 공동논의의 시행을 제안할 수 있다. 제20조 제3항, 제23조 제2항을 준용한다. 연방노동사무소(Die Bundesagentur für Arbeit)는 관할 잡센터와 수급권자에 서면 또는 전자문서로 정해진 사회복귀수요와 직장편입제안(den festgestellten Rehabilitationsbedarf und ihren Eingliederungsvorschlag)에 관하여 통지한다. 잡센터(Das Jobcenter)는 직장편입제안을 고려하여 그 통지로부터 3주 이내에(unter Berücksichtigung des Eingliederungsvorschlages innerhalb von drei Wochen) 직업참여를 위한 급부(給付)에 관하여 결정한다.

제7조 법률과 다른 규정의 유보

① 각각의 사회복귀담당기관에 적용되는 급부법이 다른 내용을 규정하지 않는 한, 제1편의 규정은 위 참여를 위한 급부에 적용된다. 위 참여를 위한 급부에 대한 관할 및 요건은 각각의 사회복귀담당기관에 적용되는 급부법에 따른다. 제2편상의 직장편입원조법은 제1문, 제2문상의 급부법에 해당한다.

② 제7조 제1항과 달리 제2장 내지 제4장의 규정은 각각의 사회복귀담당기관에 적용되는 급부법(den für die jeweiligen Rehabilitationsträger geltenden Leistungsgesetzen)에 우선한다. 주법으로 제4장상의 규정과 달리 정해질 수 있다.

제8조 수급권자의 요구권과 선택권

① 급부에 관하여 결정하고 위 참여를 위한 급부를 이행함에 있어 수급권자의 정당한 요구(berechtigten Wünschen der Leistungsberechtigten)는 수용된다. 이때 수급권자의 개인적 생활상황, 연령, 성별, 가족 및 종교적·세계관적 필요(die persönliche Lebenssituation, das Alter, das Geschlecht, die Familie sowie die religiösen und weltanschaulichen Bedürfnisse der Leistungsberechtigten)도 고려된다; 기타의 경우에 사회법전 제1권 제33조를 적용한다. 장애인을 둔 부모의 교육과제의 이행시 그 부모의 특수한 필요와 장애 아동의 특수한 필요(Den besonderen Bedürfnissen von Müttern und Vätern mit Behinderungen bei der Erfüllung ihres Erziehungsauftrages)는 고려된다.

② 그 급부가 현금급부에 의해 경제적 면에서 최소한 동등한 가치의 효과를 실현할 수 있을 것으로 예상되는 경우에는(wenn die Leistungen hierdurch voraussichtlich bei gleicher Wirksamkeit wirtschaftlich zumindest gleichwertig ausgeführt werden können), 사회복귀담당기관(Rehabilitationseinrichtungen)이 이행하지 않은 참여를 위한 물질급부는 수급권자의 신청이 있는 경우에 현금급부로 지급된다. 수급권자는 그 효과의 판단을 위하여 적합한 서류를 사회복귀담당기관에게 제공한다. 사회복귀담당기관은 제8조 제1항, 제2항에 다른 수급권자의 요구를 따를 수 없는 경우에 결정으로 이유를 제시한다.

③ 급부, 서비스, 시설은 수급권자에게 가능한 한 수급권자 생활여건의 자기책임하의 형성에 관한 여지를 남겨주고 수급권자의 자기결정을 증진시킨다.

(4) Die Leistungen zur Teilhabe bedürfen der Zustimmung der Leistungsberechtigten.

## Teil 3 Besondere Regelungen zur Teilhabe schwerbehinderter Menschen (Schwerbehindertenrecht)

### Kapitel 1 Geschützter Personenkreis

§ 151 Geltungsbereich

(1) Die Regelungen dieses Teils gelten für schwerbehinderte und diesen gleichgestellte behinderte Menschen.

(2) Die Gleichstellung behinderter Menschen mit schwerbehinderten Menschen (§ 2 Absatz 3) erfolgt auf Grund einer Feststellung nach § 152 auf Antrag des behinderten Menschen durch die Bundesagentur für Arbeit. Die Gleichstellung wird mit dem Tag des Eingangs des Antrags wirksam. Sie kann befristet werden.

(3) Auf gleichgestellte behinderte Menschen werden die besonderen Regelungen für schwerbehinderte Menschen mit Ausnahme des § 208 und des Kapitels 13 angewendet.

(4) Schwerbehinderten Menschen gleichgestellt sind auch behinderte Jugendliche und junge Erwachsene (§ 2 Absatz 1) während der Zeit ihrer Berufsausbildung in Betrieben und Dienststellen oder einer beruflichen Orientierung, auch wenn der Grad der Behinderung weniger als 30 beträgt oder ein Grad der Behinderung nicht festgestellt ist. Der Nachweis der Behinderung wird durch eine Stellungnahme der Agentur für Arbeit oder durch einen Bescheid über Leistungen zur Teilhabe am Arbeitsleben erbracht. Die Gleichstellung gilt nur für Leistungen des Integrationsamtes im Rahmen der beruflichen Orientierung und der Berufsausbildung im Sinne des § 185 Absatz 3 Nummer 2 Buchstabe c.

§ 152 Feststellung der Behinderung, Ausweise

(1) Auf Antrag des behinderten Menschen stellen die für die Durchführung des Bundesversorgungsgesetzes zuständigen Behörden das Vorliegen einer Behinderung und den Grad der Behinderung zum Zeitpunkt der Antragstellung fest. Auf Antrag kann festgestellt werden, dass ein Grad der Behinderung oder gesundheitliche Merkmale bereits zu einem früheren Zeitpunkt vorgelegen haben, wenn dafür ein besonderes Interesse glaubhaft gemacht wird. Beantragt eine erwerbstätige Person die Feststellung der Eigenschaft als schwerbehinderter Mensch (§ 2 Absatz 2), gelten die in § 14 Absatz 2 Satz 2 und 3 sowie § 17 Absatz 1 Satz 1 und Absatz 2 Satz 1 genannten Fristen sowie § 60 Absatz 1 des Ersten Buches entsprechend. Das Gesetz über das Verwaltungsverfahren der Kriegsopferversorgung ist entsprechend anzuwenden, soweit nicht das

④ 위 참여를 위한 급부는 수급권자의 동의를 필요로 한다.

## 제3편 중증장애인의 사회참여에 관한 특별한 규율 (중증장애인의 권리)

### 제1장 보호되는 인적범위

제151조 적용범위

① 이 편의 규정은 중증장애인과 중증장애인에 준하는 장애인(schwerbehinderte und diesen gleichgestellte behinderte Menschen)에 적용된다.

② 장애인의 중증장애인에 준하는 대우(Die Gleichstellung behinderter Menschen mit schwerbehinderten Menschen)(제2조 제3항)는 그 장애인의 신청이 있는 경우 제152조에 따른 장애인결정에 기하여 연방노동사무소에 의해 이뤄진다. 중증장애인에 준하는 대우는 신청을 접수한 때로부터 개시된다. 중증장애인에 준하는 대우에 기간을 설정할 수 있다.

③ 중증장애인에 준하는 장애인에 대해 제208조와 제13장을 제외하고 중증장애인에 대한 특별한 규정이 적용된다.

④ 장애청소년과 장애청년(제2조 제1항)도 장애율이 30 미만이거나 장애율이 정해지지 않았을지라도(auch wenn der Grad der Behinderung weniger als 30 beträgt oder ein Grad der Behinderung nicht festgestellt ist), 사업과 공공관서 내 직업훈련 시기 동안이나 직업 오리엔테이션의 시기 동안에 중증장애인과 동등한 대우를 받는다. 장애 증명은 노동사무소의 입장표명에 의하거나 직업생활참여급부에 관한 통지에 의해 이뤄진다. 이러한 동등한 대우는 직업 오리엔테이션과 제185조 제3항 제2호 c)목상의 직업훈련의 범위 내의 장애인통합지원청의 급부(für Leistungen des Integrationsamtes im Rahmen der beruflichen Orientierung und der Berufsausbildung)에 대해서만 적용된다.

제152조 장애의 결정, 증명서

① 장애인의 신청이 있는 경우에 전쟁희생자원호법의 시행을 관할하는 행정관청(die für die Durchführung des Bundesversorgungsgesetzes zuständigen Behörden)은 신청제기시를 기준으로 장애의 존부와 그 정도(Vorliegen einer Behinderung und den Grad der Behinderung zum Zeitpunkt der Antragstellung)를 결정한다. 이에 대한 특별한 이익이 증명된 경우에(wenn dafür ein besonderes Interesse glaubhaft gemacht wird), 신청에 따라 장애의 정도 또는 건강상의 표지(Grad der Behinderung oder gesundheitliche Merkmale)가 신청제기시 이전 시기에 이미 존재했는지가 결정된다. 취업자가 중증장애인(schwerbehinderter Mensch)(제2조 제2항)으로서 특성의 결정을 신청한 경우에 제14조 제2항 제2문, 제3문, 제17조 제1항 제1문, 제2항 제1문상의 기간과 사회법전 제1권 제60조 제1항을 준용한다. 사회법전 제10권이 적용되지 않는 한, 전쟁

Zehnte Buch Anwendung findet. Die Auswirkungen auf die Teilhabe am Leben in der Gesellschaft werden als Grad der Behinderung nach Zehnergraden abgestuft festgestellt. Eine Feststellung ist nur zu treffen, wenn ein Grad der Behinderung von wenigstens 20 vorliegt. Durch Landesrecht kann die Zuständigkeit abweichend von Satz 1 geregelt werden.

(2) Feststellungen nach Absatz 1 sind nicht zu treffen, wenn eine Feststellung über das Vorliegen einer Behinderung und den Grad einer auf ihr beruhenden Erwerbsminderung schon in einem Rentenbescheid, einer entsprechenden Verwaltungs- oder Gerichtsentscheidung oder einer vorläufigen Bescheinigung der für diese Entscheidungen zuständigen Dienststellen getroffen worden ist, es sei denn, dass der behinderte Mensch ein Interesse an anderweitiger Feststellung nach Absatz 1 glaubhaft macht. Eine Feststellung nach Satz 1 gilt zugleich als Feststellung des Grades der Behinderung.

(3) Liegen mehrere Beeinträchtigungen der Teilhabe am Leben in der Gesellschaft vor, so wird der Grad der Behinderung nach den Auswirkungen der Beeinträchtigungen in ihrer Gesamtheit unter Berücksichtigung ihrer wechselseitigen Beziehungen festgestellt. Für diese Entscheidung gilt Absatz 1, es sei denn, dass in einer Entscheidung nach Absatz 2 eine Gesamtbeurteilung bereits getroffen worden ist.

(4) Sind neben dem Vorliegen der Behinderung weitere gesundheitliche Merkmale Voraussetzung für die Inanspruchnahme von Nachteilsausgleichen, so treffen die zuständigen Behörden die erforderlichen Feststellungen im Verfahren nach Absatz 1.

(5) Auf Antrag des behinderten Menschen stellen die zuständigen Behörden auf Grund einer Feststellung der Behinderung einen Ausweis über die Eigenschaft als schwerbehinderter Mensch, den Grad der Behinderung sowie im Falle des Absatzes 4 über weitere gesundheitliche Merkmale aus. Der Ausweis dient dem Nachweis für die Inanspruchnahme von Leistungen und sonstigen Hilfen, die schwerbehinderten Menschen nach diesem Teil oder nach anderen Vorschriften zustehen. Die Gültigkeitsdauer des Ausweises soll befristet werden. Er wird eingezogen, sobald der gesetzliche Schutz schwerbehinderter Menschen erloschen ist.

Fußnote

(+++ § 152: Zur Anwendung vgl. § 211 Abs. 3 +++)

§ 153 Verordnungsermächtigung

(1) Die Bundesregierung wird ermächtigt, durch Rechtsverordnung mit Zustimmung des Bundesrates nähere Vorschriften über die Gestaltung der Ausweise, ihre Gültigkeit und das Verwaltungsverfahren zu erlassen.

(2) Das Bundesministerium für Arbeit und Soziales wird ermächtigt, durch Rechtsverordnung mit Zustimmung des Bundesrates die Grundsätze aufzustellen, die für die Bewertung des Grades der Behinderung, die Kriterien für die Bewertung der Hilflosigkeit und die Voraussetzungen für die

희생자원호법의 행정절차에 관한 법률을 준용한다. 사회생활의 참여에 대한 영향은 10등급에 따른 장애율로 등급화되어 결정된다. 장애율이 20 이상인 경우에(wenn ein Grad der Behinderung von wenigstens 20 vorliegt) 한하여 장애결정을 내린다. 그 관할은 주법에(Durch Landesrecht) 의해 제1문과 달리 정해질 수 있다.

② 장애의 존재와 장애로 인한 소득능력감소의 정도에 관한 결정이 연금결정이나 관련 행정관청결정 또는 법원결정(entsprechenden Verwaltungs- oder Gerichtsentscheidung)이나, 이러한 결정을 관할하는 공공관서의 임시증명(einer vorläufigen Bescheinigung der für diese Entscheidungen zuständigen Dienststellen)에서 이미 이뤄진 경우에는 제152조 제1항에 따른 장애결정은 하지 않고, 다만, 장애인이 그 다른 결정에 대한 이익을 제152조 제1항에 따라 증명한 경우에는 그러하지 아니하다. 제1항에 따른 결정은 또한 장애율의 결정(Feststellung des Grades der Behinderung)으로 본다.

③ 사회생활 참여에 대한 중복장애가 있는 경우에(Liegen mehrere Beeinträchtigungen der Teilhabe am Leben in der Gesellschaft vor), 장애율은 장애의 상호관계를 고려한, 장애의 전체적인 영향에 따라 결정된다. 제152조 제2항에 따른 결정에서 장애율에 관한 전체적 판단(Gesamtbeurteilung)이 이미 이뤄진 경우를 제외하고, 이러한 결정에 대해 제152조 제1항을 적용한다.

④ 장애의 존재 이외에 불이익보상에 대한 권리행사를 위한 추가적인 건강상 표지요건이 있는 경우에, 관할 행정관청은 제152조 제1항에 따른 절차에서 필요한 결정(die erforderlichen Feststellungen)을 한다.

⑤ 장애인의 신청이 있는 경우에 관할 행정관청은 장애결정에 기초하여(auf Grund einer Feststellung der Behinderung) 중증장애인으로서의 특성, 장애율과, 제152조 제4항의 경우에 추가적 건강상 표지에 관한 증명서를 발급한다. 그 증명서는, 이 편에 따르거나 다른 규정에 따라 중증장애인에게 귀속된 급부 및 기타 부조(扶助)에 대한 권리행사에 대한 증명(Nachweis für die Inanspruchnahme von Leistungen und sonstigen Hilfen, die schwerbehinderten Menschen nach diesem Teil oder nach anderen Vorschriften zustehen)에 이용된다. 그 증명서의 유효기간이 설정되어야 한다. 중증장애인의 법상 보호가 소멸되는 즉시 그 증명서는 회수된다.

각주

(제152조: 그 적용에 대하여 제211조 제3항을 참조하라)

제153조 명령 발령권한

① 연방정부는 연방참사원의 동의를 얻은 법규명령으로 증명서의 설계, 증명서의 효력 및 행정절차(Gestaltung der Ausweise, ihre Gültigkeit und das Verwaltungsverfahren)에 관한 상세한 규정을 공포할 권한을 갖는다.

② 연방노동사회부(Das Bundesministerium für Arbeit und Soziales)는 연방참사원의 동의(同意)를 얻은 법규명령(法規命令)으로 장애율 평가(Bewertung des Grades der Behinderung), 부조상실 평가기준(Kriterien für die Bewertung der Hilflosigkei)과 연방법에 따라 중증장애인증명서

Vergabe von Merkzeichen maßgebend sind, die nach Bundesrecht im Schwerbehindertenausweis einzutragen sind.

## Kapitel 2 Beschäftigungspflicht der Arbeitgeber

§ 154 Pflicht der Arbeitgeber zur Beschäftigung schwerbehinderter Menschen

(1) Private und öffentliche Arbeitgeber (Arbeitgeber) mit jahresdurchschnittlich monatlich mindestens 20 Arbeitsplätzen im Sinne des § 156 haben auf wenigstens 5 Prozent der Arbeitsplätze schwerbehinderte Menschen zu beschäftigen. Dabei sind schwerbehinderte Frauen besonders zu berücksichtigen. Abweichend von Satz 1 haben Arbeitgeber mit jahresdurchschnittlich monatlich weniger als 40 Arbeitsplätzen jahresdurchschnittlich je Monat einen schwerbehinderten Menschen, Arbeitgeber mit jahresdurchschnittlich monatlich weniger als 60 Arbeitsplätzen jahresdurchschnittlich je Monat zwei schwerbehinderte Menschen zu beschäftigen.

(2) Als öffentliche Arbeitgeber im Sinne dieses Teils gelten

1. jede oberste Bundesbehörde mit ihren nachgeordneten Dienststellen, das Bundespräsidialamt, die Verwaltungen des Deutschen Bundestages und des Bundesrates, das Bundesverfassungsgericht, die obersten Gerichtshöfe des Bundes, der Bundesgerichtshof jedoch zusammengefasst mit dem Generalbundesanwalt, sowie das Bundeseisenbahnvermögen,
2. jede oberste Landesbehörde und die Staats- und Präsidialkanzleien mit ihren nachgeordneten Dienststellen, die Verwaltungen der Landtage, die Rechnungshöfe (Rechnungskammern), die Organe der Verfassungsgerichtsbarkeit der Länder und jede sonstige Landesbehörde, zusammengefasst jedoch diejenigen Behörden, die eine gemeinsame Personalverwaltung haben,
3. jede sonstige Gebietskörperschaft und jeder Verband von Gebietskörperschaften,
4. jede sonstige Körperschaft, Anstalt oder Stiftung des öffentlichen Rechts.

§ 155 Beschäftigung besonderer Gruppen schwerbehinderter Menschen

(1) Im Rahmen der Erfüllung der Beschäftigungspflicht sind in angemessenem Umfang zu beschäftigen:

1. schwerbehinderte Menschen, die nach Art oder Schwere ihrer Behinderung im Arbeitsleben besonders betroffen sind, insbesondere solche,
   a) die zur Ausübung der Beschäftigung wegen ihrer Behinderung nicht nur vorübergehend einer besonderen Hilfskraft bedürfen oder
   b) deren Beschäftigung infolge ihrer Behinderung nicht nur vorübergehend mit außergewöhnlichen Aufwendungen für den Arbeitgeber verbunden ist oder
   c) die infolge ihrer Behinderung nicht nur vorübergehend offensichtlich nur eine wesentlich verminderte Arbeitsleistung erbringen können oder
   d) bei denen ein Grad der Behinderung von wenigstens 50 allein infolge geistiger oder

(Schwerbehindertenausweis)에 기재할 표시의 기재 요건을 결정하는 원칙을 수립할 권한을 갖는다.

## 제2장 사업주의 고용의무

제154조 중증장애인 고용에 대한 사업주의 의무

① 연평균한 월기준으로 20개 이상의 제156조상의 일자리가 있는 민간부문 및 공공부문 사업주(사업주)[Private und öffentliche Arbeitgeber (Arbeitgeber) mit jahresdurchschnittlich monatlich mindestens 20 Arbeitsplätzen]는 그 일자리의 최소 5프로의 일자리에 중증장애인을 고용해야 한다. 이 때 여성중증장애인이 특별히 고려되어야 한다. 제1문과 달리 연평균한 월기준으로 40개 미만의 일자리를 가진 사업주는 연평균 매달마다 1명의 중증장애인을, 연평균한 월기준으로 60개 미만의 일자리를 가진 사업주(事業主)는 연평균 매달마다 2명의 중증장애인을 고용해야 한다.

② 다음 각 호의 경우는 본 편상의 공공부문 사업주로 본다,

1. 소속 공공관서가 있는 각 연방최상급행정관청, 연방대통령청, 연방의회 및 연방참사원 행정당국, 연방헌법재판소, 각 연방대법원, 연방철도기금, 다만 연방통상대법원은 연방대검찰청과 합쳐(Bundesgerichtshof jedoch zusammengefasst mit dem Generalbundesanwalt) 사업주가 된다,
2. 소속 공공관서가 있는, 주의 각 최상급행정관청 및 주총리실, 주의회 행정당국, 주감사원(Rechnungskammern), 주의 헌법재판권 속하는 기관, 공동의 인사행정을 가진(die eine gemeinsame Personalverwaltung haben) 행정관청(行政官廳)에 통합된 각 기타 주 행정관청(行政官廳),
3. 각 기타 지역사단법인, 각 지역사단법인의 협회,
4. 기타 공법상의 사단, 영조물 또는 재단.

제155조 특별한 중증장애인군(群)의 고용

① 고용의무의 이행의 범위 내에서 적절한 범위에서 다음 각 호의 중증장애인이 고용되어야 한다.

1. 그 장애의 종류와 정도에 따라 직업생활에 특히 관련된 중증장애인, 특히
   a) 자신의 장애로 인하여 근로를 제공하는 데 지속적으로 개별적 보조인을 필요로 하는 중증장애인,
   b) 그 장애로 인하여 그의 고용이 지속적으로 사업주의 이례적인 경비지출을 유발한 중증장애인,
   c) 그 장애로 인하여 지속적으로 중대하게 축소된 직업생활만을 영위할 수 있는 것이 명백한 중증장애인,
   d) 정신적 장애나 지적 장애 또는 발작장애만으로 50 이상의 장애율(Behinderung von

seelischer Behinderung oder eines Anfallsleidens vorliegt oder

e) die wegen Art oder Schwere der Behinderung keine abgeschlossene Berufsbildung im Sinne des Berufsbildungsgesetzes haben,

2. schwerbehinderte Menschen, die das 50. Lebensjahr vollendet haben.

(2) Arbeitgeber mit Stellen zur beruflichen Bildung, insbesondere für Auszubildende, haben im Rahmen der Erfüllung der Beschäftigungspflicht einen angemessenen Anteil dieser Stellen mit schwerbehinderten Menschen zu besetzen. Hierüber ist mit der zuständigen Interessenvertretung im Sinne des § 176 und der Schwerbehindertenvertretung zu beraten.

§ 156 Begriff des Arbeitsplatzes

(1) Arbeitsplätze im Sinne dieses Teils sind alle Stellen, auf denen Arbeitnehmerinnen und Arbeitnehmer, Beamtinnen und Beamte, Richterinnen und Richter sowie Auszubildende und andere zu ihrer beruflichen Bildung Eingestellte beschäftigt werden.

(2) Als Arbeitsplätze gelten nicht die Stellen, auf denen beschäftigt werden:

1. behinderte Menschen, die an Leistungen zur Teilhabe am Arbeitsleben nach § 49 Absatz 3 Nummer 4 in Betrieben oder Dienststellen teilnehmen,
2. Personen, deren Beschäftigung nicht in erster Linie ihrem Erwerb dient, sondern vorwiegend durch Beweggründe karitativer oder religiöser Art bestimmt ist, und Geistliche öffentlich-rechtlicher Religionsgemeinschaften,
3. Personen, deren Beschäftigung nicht in erster Linie ihrem Erwerb dient und die vorwiegend zu ihrer Heilung, Wiedereingewöhnung oder Erziehung erfolgt,
4. Personen, die an Arbeitsbeschaffungsmaßnahmen nach dem Dritten Buch teilnehmen,
5. Personen, die nach ständiger Übung in ihre Stellen gewählt werden,
6. Personen, deren Arbeits-, Dienst- oder sonstiges Beschäftigungsverhältnis wegen Wehr- oder Zivildienst, Elternzeit, unbezahlten Urlaubs, wegen Bezuges einer Rente auf Zeit oder bei Altersteilzeitarbeit in der Freistellungsphase (Verblockungsmodell) ruht, solange für sie eine Vertretung eingestellt ist.

(3) Als Arbeitsplätze gelten ferner nicht Stellen, die nach der Natur der Arbeit oder nach den zwischen den Parteien getroffenen Vereinbarungen nur auf die Dauer von höchstens acht Wochen besetzt sind, sowie Stellen, auf denen Beschäftigte weniger als 18 Stunden wöchentlich beschäftigt werden.

§ 157 Berechnung der Mindestzahl von Arbeitsplätzen und der Pflichtarbeitsplatzzahl

(1) Bei der Berechnung der Mindestzahl von Arbeitsplätzen und der Zahl der Arbeitsplätze, auf denen schwerbehinderte Menschen zu beschäftigen sind (§ 154), zählen Stellen, auf denen Auszubildende beschäftigt werden, nicht mit. Das Gleiche gilt für Stellen, auf denen Rechts- oder Studienreferendarinnen und -referendare beschäftigt werden, die einen Rechtsanspruch auf Einstellung haben.

wenigstens 50)에 달하는 중증장애인.

e) 장애의 종류와 정도로 인하여 직업훈련법상의 직업훈련(Berufsbildung)을 이수하지 못하는 중증장애인.

2. 만 50세에 달한 중증장애인.

② 직업교육에 관한 기관이 있는 사업주, 특히 직업훈련생이 있는 사업주는 고용의무의 이행의 범위 내에서 이러한 기관의 적절한 비율을 중증장애인으로 충원해야 한다. 사업주는 이에 관하여 제176조상의 관할 이해관계대변기구(der zuständigen Interessenvertretung) 및 중증장애인대표단과 협의를 해야 한다.

제156조 일자리의 개념

① 본 편상의 일자리는 근로자(勤勞者), 공무원(公務員), 판사(判事), 직업훈련생(Auszubildende) 및 기타 직업교육종사자(andere zu ihrer beruflichen Bildung Eingestellte)가 고용된 모든 일자리(alle Stellen)이다.

② 다음 각 호의 사람이 고용된 일자리는 본 조상의 일자리로 보지 않는다:

1. 제49조 제3항 제4호에 따라 사업(事業) 또는 공공관서에서 직업생활참여급부에 참가하는 장애인,
2. 그의 고용이 주로 영리를 위한 것이 아니라 주로 자선적 또는 종교적 종류의 동기에 의해 이뤄진(vorwiegend durch Beweggründe karitativer oder religiöser Art bestimmt ist) 사람과 공법상 종교공동체의 성직자,
3. 그의 고용이 주로 영리를 위한 것이 아니라 주로 치유, 갱생(更生) 또는 교육을 위해 이뤄진 사람,
4. 사회법전 제3권에 따라 일자리창출조치에 참여하는 사람,
5. 지속적 훈련 후 그 일자리에 선발된 사람,
6. 그 대체인력이 고용되는 한, 그의 근로관계·근무관계·기타 고용관계가 병역의무 또는 대체복무의무, 부모휴가, 무급연차휴가, 일시적 연금소득 또는 장년(長年)단시간근로의 경우 근무면제단계 진입(저지모델; Verblockungsmodell)으로 인하여 정지된 사람.

③ 또한 노동의 성질에 따라 또는 당사자 간 체결된 협정에 따라(nach der Natur der Arbeit oder nach den zwischen den Parteien getroffenen Vereinbarungen) 최대 8주 동안만 고용된 일자리와 피고용인(Beschäftigte)이 주당 18시간 미만으로 고용된 일자리는 본 편상의 일자리로 보지 않는다.

제157조 일자리의 최소수와 의무일자리수의 산정

① 중증장애인이 고용되어야 하는(제154조) 일자리의 최소수와 그 일자리수의 산정에 있어(Bei der Berechnung der Mindestzahl von Arbeitsplätzen und der Zahl der Arbeitsplätze), 직업훈련생이 고용된 일자리는 포함하지 않는다. 고용에 대한 법적청구권을 가진 판검사시보(試補) 또는 교생(敎生)이 고용된 일자리에 대해서도 또한 같다.

(2) Bei der Berechnung sich ergebende Bruchteile von 0,5 und mehr sind aufzurunden, bei Arbeitgebern mit jahresdurchschnittlich weniger als 60 Arbeitsplätzen abzurunden.

§ 158 Anrechnung Beschäftigter auf die Zahl der Pflichtarbeitsplätze für schwerbehinderte Menschen

(1) Ein schwerbehinderter Mensch, der auf einem Arbeitsplatz im Sinne des § 156 Absatz 1 oder Absatz 2 Nummer 1 oder 4 beschäftigt wird, wird auf einen Pflichtarbeitsplatz für schwerbehinderte Menschen angerechnet.

(2) Ein schwerbehinderter Mensch, der in Teilzeitbeschäftigung kürzer als betriebsüblich, aber nicht weniger als 18 Stunden wöchentlich beschäftigt wird, wird auf einen Pflichtarbeitsplatz für schwerbehinderte Menschen angerechnet. Bei Herabsetzung der wöchentlichen Arbeitszeit auf weniger als 18 Stunden infolge von Altersteilzeit gilt Satz 1 entsprechend. Wird ein schwerbehinderter Mensch weniger als 18 Stunden wöchentlich beschäftigt, lässt die Bundesagentur für Arbeit die Anrechnung auf einen dieser Pflichtarbeitsplätze zu, wenn die Teilzeitbeschäftigung wegen Art oder Schwere der Behinderung notwendig ist.

(3) Ein schwerbehinderter Mensch, der im Rahmen einer Maßnahme zur Förderung des Übergangs aus der Werkstatt für behinderte Menschen auf den allgemeinen Arbeitsmarkt (§ 5 Absatz 4 Satz 1 der Werkstättenverordnung) beschäftigt wird, wird auch für diese Zeit auf die Zahl der Pflichtarbeitsplätze angerechnet.

(4) Ein schwerbehinderter Arbeitgeber wird auf einen Pflichtarbeitsplatz für schwerbehinderte Menschen angerechnet.

(5) Der Inhaber eines Bergmannsversorgungsscheins wird, auch wenn er kein schwerbehinderter oder gleichgestellter behinderter Mensch im Sinne des § 2 Absatz 2 oder 3 ist, auf einen Pflichtarbeitsplatz angerechnet.

§ 159 Mehrfachanrechnung

(1) Die Bundesagentur für Arbeit kann die Anrechnung eines schwerbehinderten Menschen, besonders eines schwerbehinderten Menschen im Sinne des § 155 Absatz 1 auf mehr als einen Pflichtarbeitsplatz, höchstens drei Pflichtarbeitsplätze für schwerbehinderte Menschen zulassen, wenn dessen Teilhabe am Arbeitsleben auf besondere Schwierigkeiten stößt. Satz 1 gilt auch für schwerbehinderte Menschen im Anschluss an eine Beschäftigung in einer Werkstatt für behinderte Menschen und für teilzeitbeschäftigte schwerbehinderte Menschen im Sinne des § 158 Absatz 2.

(2) Ein schwerbehinderter Mensch, der beruflich ausgebildet wird, wird auf zwei Pflichtarbeitsplätze für schwerbehinderte Menschen angerechnet. Satz 1 gilt auch während der Zeit einer Ausbildung im Sinne des § 51 Absatz 2, die in einem Betrieb oder einer Dienststelle durchgeführt wird. Die Bundesagentur für Arbeit kann die Anrechnung auf drei Pflichtarbeitsplätze für schwerbehinderte Menschen zulassen, wenn die Vermittlung in eine berufliche

② 그 산정에서 생긴 0.5 이상의 잔여수(Bruchteile)는 반올림하고, 연평균 60개 미만의 일자리를 가진 사업주의 경우에는 내림한다.

제158조 피고용인에 대한 중증장애인을 위한 의무일자리수에서의 고려

① 제156조 제1항이나 제2항 제1호 또는 제4호상의 일자리(Arbeitsplatz)에 고용된 중증장애인은 중증장애인을 위한 의무일자리(einen Pflichtarbeitsplatz für schwerbehinderte Menschen)에서 고려된다.

② 사업 내 통상적인 근무시간보다 더 짧게 단시간근로로 고용되었으나 주당 근무시간이 18시간 이상인 중증장애인은 중증장애인을 위한 의무일자리(einen Pflichtarbeitsplatz für schwerbehinderte Menschen)에서 고려된다. 장년(長年)단시간을 이유로 18시간 미만으로의 주당 근무시간의 단축하는 것에 대해서도 제1문을 준용한다. 중증장애인이 18시간 미만으로 고용된 경우에 장애(障碍)의 종류 또는 정도로 인하여 단시간근로가 필요한 때에는, 연방노동사무소(die Bundesagentur für Arbeit)는 그를 이러한 의무일자리 중 하나로 고려(考慮)하는 것을 승인한다.

③ 장애인을 위한 일터에서 일반적 노동시장(den allgemeinen Arbeitsmarkt)으로의 이행을 촉진하기 위한 조치[직장명령(Werkstättenverordnung) 제5조 제4항 제1문]의 틀 내에서 고용된 중증장애인(schwerbehinderten Menschen)은 이러한 기간 동안에 의무일자리수(die Zahl der Pflichtarbeitsplätze)에 고려된다.

④ 중증장애인인 사업주(Ein schwerbehinderter Arbeitgeber)는 중증장애인을 위한 일자리에서 고려된다.

⑤ 광부부조(鑛夫扶助)증명서 소지자는(Der Inhaber eines Bergmannsversorgungsscheins), 제2조 제2항 또는 제3항상의 중증장애인 또는 중증장애인에 준하는 장애인이 아닐지라도, 의무일자리에서 고려된다.

제159조 복수의 일자리고려

① 그의 직업생활에 참여가 특별한 어려움을 겪는 경우에는(wenn dessen Teilhabe am Arbeitsleben auf besondere Schwierigkeiten stößt), 연방노동사무소는 1명의 중증장애인, 특히 제155조 제1항상의 중증장애인을 1개를 초과하여 3개 이내의 중증장애인을 위한 의무일자리에서 고려하는 것을 승인할 수 있다. 장애인(障碍人)을 위한 직장 내의 고용에 이어서 고용된 중증장애인과 제158조 제2항상의 단시간(短時間)으로 고용된 중증장애인에 대해서도 제1문을 적용한다.

② 직업훈련을 받는 중증장애인(Ein schwerbehinderter Mensch, der beruflich ausgebildet wird)은 중증장애인을 위한 2개의 의무일자리에서 고려된다. 사업(事業) 또는 공공관서에서 실시되는, 제51조 제2항상의 직업훈련 기간 동안에도 제1문을 적용한다. 장애(障碍)의 종류 또는 정도로 인하여 직업훈련일자리에 소개하는 것이 특별한 어려움을 겪는 경우에는, 연방노동사무소(Die Bundesagentur für Arbeit)는 중증장애인을 위한 3개의 의무일자리(Pflichtarbeitsplätze)에

Ausbildungsstelle wegen Art oder Schwere der Behinderung auf besondere Schwierigkeiten stößt. Bei Übernahme in ein Arbeits- oder Beschäftigungsverhältnis durch den ausbildenden oder einen anderen Arbeitgeber im Anschluss an eine abgeschlossene Ausbildung wird der schwerbehinderte Mensch im ersten Jahr der Beschäftigung auf zwei Pflichtarbeitsplätze angerechnet; Absatz 1 bleibt unberührt.

(3) Bescheide über die Anrechnung eines schwerbehinderten Menschen auf mehr als drei Pflichtarbeitsplätze für schwerbehinderte Menschen, die vor dem 1. August 1986 erlassen worden sind, gelten fort.

§ 160 Ausgleichsabgabe

(1) Solange Arbeitgeber die vorgeschriebene Zahl schwerbehinderter Menschen nicht beschäftigen, entrichten sie für jeden unbesetzten Pflichtarbeitsplatz für schwerbehinderte Menschen eine Ausgleichsabgabe. Die Zahlung der Ausgleichsabgabe hebt die Pflicht zur Beschäftigung schwerbehinderter Menschen nicht auf. Die Ausgleichsabgabe wird auf der Grundlage einer jahresdurchschnittlichen Beschäftigungsquote ermittelt.

(2) Die Ausgleichsabgabe beträgt je unbesetztem Pflichtarbeitsplatz

1. 125 Euro bei einer jahresdurchschnittlichen Beschäftigungsquote von 3 Prozent bis weniger als dem geltenden Pflichtsatz,
2. 220 Euro bei einer jahresdurchschnittlichen Beschäftigungsquote von 2 Prozent bis weniger als 3 Prozent,
3. 320 Euro bei einer jahresdurchschnittlichen Beschäftigungsquote von weniger als 2 Prozent.

Abweichend von Satz 1 beträgt die Ausgleichsabgabe je unbesetztem Pflichtarbeitsplatz für schwerbehinderte Menschen

1. für Arbeitgeber mit jahresdurchschnittlich weniger als 40 zu berücksichtigenden Arbeitsplätzen bei einer jahresdurchschnittlichen Beschäftigung von weniger als einem schwerbehinderten Menschen 125 Euro und
2. für Arbeitgeber mit jahresdurchschnittlich weniger als 60 zu berücksichtigenden Arbeitsplätzen bei einer jahresdurchschnittlichen Beschäftigung von weniger als zwei schwerbehinderten Menschen 125 Euro und bei einer jahresdurchschnittlichen Beschäftigung von weniger als einem schwerbehinderten Menschen 220 Euro.

(3) Die Ausgleichsabgabe erhöht sich entsprechend der Veränderung der Bezugsgröße nach § 18 Absatz 1 des Vierten Buches. Sie erhöht sich zum 1. Januar eines Kalenderjahres, wenn sich die Bezugsgröße seit der letzten Neubestimmung der Beträge der Ausgleichsabgabe um wenigstens 10 Prozent erhöht hat. Die Erhöhung der Ausgleichsabgabe erfolgt, indem der Faktor für die Veränderung der Bezugsgröße mit dem jeweiligen Betrag der Ausgleichsabgabe vervielfältigt wird. Die sich ergebenden Beträge sind auf den nächsten durch fünf teilbaren Betrag abzurunden. Das

서 고려하는 것을 승인할 수 있다. 직업훈련 이수 후 그 직업훈련 사업주 또는 다른 사업주에 의해 근로관계 또는 고용관계로 편입된 경우에(Bei Übernahme in ein Arbeits- oder Beschäftigungsverhältnis durch den ausbildenden oder einen anderen Arbeitgeber im Anschluss an eine abgeschlossene Ausbildung) 중증장애인은 그 고용의 첫 해에 2개의 의무일자리에서 고려된다; 제159조 제2항은 이에 영향을 받지 않는다.

③ 1인의 중증장애인을 3개의 의무일자리를 초과하는 중증장애인을 위한 의무일자리(Pflichtarbeitsplätze)에서 고려하는 통지로, 1986년 9월 1일 전에 행해진 통지(Bescheide)는 계속적으로 효력(效力)을 갖는다.

제160조 상쇄부담금

① 사업주가 규정된 수의 중증장애인을 고용하지 않는 한(Solange Arbeitgeber die vorgeschriebene Zahl schwerbehinderter Menschen nicht beschäftigen), 그는 장애인을 위한 각각의 미고용된 의무일자리에 대해 상쇄부담금(相殺負擔金; Ausgleichsabgabe)을 납부한다. 상쇄부담금의 납부로 중증장애인의 고용을 위한 의무가 소멸하는 것이 아니다. 상쇄부담금은 '연평균 고용비율'을 기초로 하여 산정된다.

② 상쇄부담금은 미고용된 의무일자리 개수에 다음 각 호의 금원을 곱한 금원이다,

1. 연평균 고용비율(bei einer jahresdurchschnittlichen Beschäftigungsquote)이 3프로 이상 적용되는 의무비율미만인 경우에는 125유로,
2. 연평균 고용비율(bei einer jahresdurchschnittlichen Beschäftigungsquote)이 2프로 이상 3프로 미만인 경우에는 220유로,
3. 연평균 고용비율이 2프로 미만인 경우에는 320유로.

제1문과 다른 내용의 상쇄부담금은 중증장애인을 위한 미고용된 의무일자리 개수(je unbesetztem Pflichtarbeitsplatz für schwerbehinderte Menschen)에 다음 각 호의 금원을 곱한 금원이다,

1. 연평균하여 고려되어야 하는 일자리가 40개 미만인 사업주에 대하여(für Arbeitgeber mit jahresdurchschnittlich weniger als 40 zu berücksichtigenden Arbeitsplätzen) 연평균하여 1명 미만의 중증장애인을 고용한 경우에는 125유로,
2. 연평균하여 고려되어야 하는 일자리가 60개 미만인 사업주에 대하여(für Arbeitgeber mit jahresdurchschnittlich weniger als 60 zu berücksichtigenden Arbeitsplätzen) 연평균하여 2명 미만의 중증장애인을 고용한 경우에는 125유로, 연평균하여 1명 미만의 중증장애인을 고용한 경우에는 220유로.

③ 상쇄부담금(Die Ausgleichsabgabe)은 사회법전 제4권 제18조 제1항에 따라 소득기준금액(Bezugsgröße)의 변경을 준용하여 인상된다. 상쇄부담금액을 가장 최근 새롭게 결정한 이래 소득기준금액이 최소 10프로가 인상된 경우에는 상쇄부담금은 역년상 1월 1일 기준으로 인상된다. 소득기준금액의 변경의 요소가 그때그때의 상쇄부담액에 의해 인상됨으로써 상쇄부담금의 인상이 이뤄진다. 산출된 금액은 5로 나눌 수 있는 금액의 다음 금액으로 내림한다.

Bundesministerium für Arbeit und Soziales gibt den Erhöhungsbetrag und die sich nach Satz 3 ergebenden Beträge der Ausgleichsabgabe im Bundesanzeiger bekannt.
(4) Die Ausgleichsabgabe zahlt der Arbeitgeber jährlich zugleich mit der Erstattung der Anzeige nach § 163 Absatz 2 an das für seinen Sitz zuständige Integrationsamt. Ist ein Arbeitgeber mehr als drei Monate im Rückstand, erlässt das Integrationsamt einen Feststellungsbescheid über die rückständigen Beträge und zieht diese ein. Für rückständige Beträge der Ausgleichsabgabe erhebt das Integrationsamt nach dem 31. März Säumniszuschläge nach Maßgabe des § 24 Absatz 1 des Vierten Buches; für ihre Verwendung gilt Absatz 5 entsprechend. Das Integrationsamt kann in begründeten Ausnahmefällen von der Erhebung von Säumniszuschlägen absehen. Widerspruch und Anfechtungsklage gegen den Feststellungsbescheid haben keine aufschiebende Wirkung. Gegenüber privaten Arbeitgebern wird die Zwangsvollstreckung nach den Vorschriften über das Verwaltungszwangsverfahren durchgeführt. Bei öffentlichen Arbeitgebern wendet sich das Integrationsamt an die Aufsichtsbehörde, gegen deren Entscheidung es die Entscheidung der obersten Bundes- oder Landesbehörde anrufen kann. Die Ausgleichsabgabe wird nach Ablauf des Kalenderjahres, das auf den Eingang der Anzeige bei der Bundesagentur für Arbeit folgt, weder nachgefordert noch erstattet.
(5) Die Ausgleichsabgabe darf nur für besondere Leistungen zur Förderung der Teilhabe schwerbehinderter Menschen am Arbeitsleben einschließlich begleitender Hilfe im Arbeitsleben (§ 185 Absatz 1 Nummer 3) verwendet werden, soweit Mittel für denselben Zweck nicht von anderer Seite zu leisten sind oder geleistet werden. Aus dem Aufkommen an Ausgleichsabgabe dürfen persönliche und sächliche Kosten der Verwaltung und Kosten des Verfahrens nicht bestritten werden. Das Integrationsamt gibt dem Beratenden Ausschuss für behinderte Menschen bei dem Integrationsamt (§ 186) auf dessen Verlangen eine Übersicht über die Verwendung der Ausgleichsabgabe.
(6) Die Integrationsämter leiten den in der Rechtsverordnung nach § 162 bestimmten Prozentsatz des Aufkommens an Ausgleichsabgabe an den Ausgleichsfonds (§ 161) weiter. Zwischen den Integrationsämtern wird ein Ausgleich herbeigeführt. Der auf das einzelne Integrationsamt entfallende Anteil am Aufkommen an Ausgleichsabgabe bemisst sich nach dem Mittelwert aus dem Verhältnis der Wohnbevölkerung im Zuständigkeitsbereich des Integrationsamtes zur Wohnbevölkerung im Geltungsbereich dieses Gesetzbuches und dem Verhältnis der Zahl der im Zuständigkeitsbereich des Integrationsamtes in den Betrieben und Dienststellen beschäftigungspflichtiger Arbeitgeber auf Arbeitsplätzen im Sinne des § 156 beschäftigten und der bei den Agenturen für Arbeit arbeitslos gemeldeten schwerbehinderten und diesen gleichgestellten behinderten Menschen zur entsprechenden Zahl der schwerbehinderten und diesen gleichgestellten behinderten Menschen im Geltungsbereich dieses Gesetzbuchs.

연방노동사회부는 인상된 금액과 제3문에 따라 산출된 상쇄부담금액을 연방관보에(im Bundesanzeiger) 공표한다.

④ 사업주는 매년 제163조 제2항에 따른 신고서를 제출함과 동시에 자신의 본점소재지를 관할하는 장애인통합지원청에 상쇄부담금을 납부한다. 사업주가 3개월을 초과하여 상쇄부담금을 체납하는 경우에, 장애인통합지원청(Integrationsamt)은 체납된 금액에 관한 결정통지서를 통지하여 이를 징수한다. 장애인통합지원청은 체납된 상쇄부담금액에 대해 3월 31일이 지난 후에는 사회법전 제4권 제24조 제1항의 기준에 따라 지연가산금(Säumniszuschläge)을 징수한다; 그 사용에 대해 제160조 제5항을 준용한다. 장애인통합지원청(Integrationsamt)은 정당한 예외의 경우에 지연가산금의 징수를 하지 않을 수 있다. 결정통지서에 대한 이의와 취소소송(Widerspruch und Anfechtungsklage gegen den Feststellungsbescheid)으로 그 납부의 연기효가 발생하지 않는다. 민간부문의 사업주에 대해서 행정절차에 관한 규정에 따라 강제집행이 실시된다. 공공부문 사업주의 경우에 장애인통합지원청은 그 결정에 대해 장애인통합지원청이 연방최상급행정관청 또는 주최상급행청청의 결정(Entscheidung der obersten Bundes- oder Landesbehörde)을 받기 위해 이의를 제기할 수 있는 감독청에 도움을 요청한다. 상쇄부담금은 통지서가 연방노동사무소에 도달한 역년의 다음 역년이 지난 후에는 상환되지도 반환되지도 않는다.

⑤ 동일한 목적을 위한 자금이 다른 기관에 의해 지급되지 않거나 지급된 경우에(soweit Mittel für denselben Zweck nicht von anderer Seite zu leisten sind oder geleistet werden), 상쇄부담금은 직업생활 내의 부수적 부조(제185조 제1항 제3호)를 포함하여 중증장애인의 직업생활의 참여를 촉진하기 위한 특별한 급부에만 사용되어야 한다. 개인적·물질적 행정비용 및 절차비용(persönliche und sächliche Kosten der Verwaltung und Kosten des Verfahrens)은 상쇄부담금에 대한 수입에서 지출돼서는 안 된다. 장애인통합지원청은 장애인통합지원청 내 장애인을 위한 자문위원회(제186조)에 그 위원회의 요구가 있는 경우에 상쇄부담금의 사용에 관한 개요를 제공한다.

⑥ 장애인통합지원청은 제162조에 따른 법규명령에서 정해진 상쇄부담금에 대한 수입 비율을 상쇄부담금기금(제161조)에 교부한다[Die Integrationsämter leiten den in der Rechtsverordnung nach § 162 bestimmten Prozentsatz des Aufkommens an Ausgleichsabgabe an den Ausgleichsfonds (§ 161) weiter]. 장애인통합지원청 간에 조정이 이뤄진다. 개별적 장애인통합지원청에 할당된 상쇄부담금에 대한 수입 '비율'(Der auf das einzelne Integrationsamt entfallende Anteil am Aufkommen an Ausgleichsabgabe)은, 장애인통합지원청 관할지역 내 거주인구의 본 법전의 적용범위 내 거주인구에 대한 '비율'과, 장애인통합지원청 관할지역 내에서 고용의무가 있는 사업주의 사업 및 공공관서 내의 제156조상의 일자리에 고용되고 노동사무소에 실업자로 신고된 중증장애인 및 중증장애인에 준하는 장애인의 수의 본 법전의 적용범위 내 그 상응하는 중증장애인 및 중증장애인에 준하는 장애인의 수에 대한 '비율'에 따른 '평균'으로 산출된다.

(7) Die bei den Integrationsämtern verbleibenden Mittel der Ausgleichsabgabe werden von diesen gesondert verwaltet. Die Rechnungslegung und die formelle Einrichtung der Rechnungen und Belege regeln sich nach den Bestimmungen, die für diese Stellen allgemein maßgebend sind.

(8) Für die Verpflichtung zur Entrichtung einer Ausgleichsabgabe (Absatz 1) gelten hinsichtlich der in § 154 Absatz 2 Nummer 1 genannten Stellen der Bund und hinsichtlich der in § 154 Absatz 2 Nummer 2 genannten Stellen das Land als ein Arbeitgeber.

Fußnote

(+++ § 160 Abs. 3: Zur Anwendung vgl. § 228 Abs. 2 +++)

§ 161 Ausgleichsfonds

Zur besonderen Förderung der Einstellung und Beschäftigung schwerbehinderter Menschen auf Arbeitsplätzen und zur Förderung von Einrichtungen und Maßnahmen, die den Interessen mehrerer Länder auf dem Gebiet der Förderung der Teilhabe schwerbehinderter Menschen am Arbeitsleben dienen, ist beim Bundesministerium für Arbeit und Soziales als zweckgebundene Vermögensmasse ein Ausgleichsfonds für überregionale Vorhaben zur Teilhabe schwerbehinderter Menschen am Arbeitsleben gebildet. Das Bundesministerium für Arbeit und Soziales verwaltet den Ausgleichsfonds.

§ 162 Verordnungsermächtigungen

Die Bundesregierung wird ermächtigt, durch Rechtsverordnung mit Zustimmung des Bundesrates

1. die Pflichtquote nach § 154 Absatz 1 nach dem jeweiligen Bedarf an Arbeitsplätzen für schwerbehinderte Menschen zu ändern, jedoch auf höchstens 10 Prozent zu erhöhen oder bis auf 4 Prozent herabzusetzen; dabei kann die Pflichtquote für öffentliche Arbeitgeber höher festgesetzt werden als für private Arbeitgeber,
2. nähere Vorschriften über die Verwendung der Ausgleichsabgabe nach § 160 Absatz 5 und die Gestaltung des Ausgleichsfonds nach § 161, die Verwendung der Mittel durch ihn für die Förderung der Teilhabe schwerbehinderter Menschen am Arbeitsleben und das Vergabe- und Verwaltungsverfahren des Ausgleichsfonds zu erlassen,
3. in der Rechtsverordnung nach Nummer 2
   a) den Anteil des an den Ausgleichsfonds weiterzuleitenden Aufkommens an Ausgleichsabgabe entsprechend den erforderlichen Aufwendungen zur Erfüllung der Aufgaben des Ausgleichsfonds und der Integrationsämter,
   b) den Ausgleich zwischen den Integrationsämtern auf Vorschlag der Länder oder einer Mehrheit der Länder abweichend von § 160 Absatz 6 Satz 3 sowie
   c) die Zuständigkeit für die Förderung von Einrichtungen nach § 30 der Schwerbehinderten-Ausgleichsabgabeverordnung abweichend von § 41 Absatz 2 Nummer 1 dieser Verordnung

⑦ 상쇄부담금 중 장애인통합지원청에 남은 자금은 장애인통합지원청이 별도로 관리한다. 회계와 계정의 공식적 배열과 영수증(領收證)은 이러한 기관에 일반적으로 적용되는 규정에 따라 규율된다.

⑧ 상쇄부담금 지급에 관한 의무에 있어(Für die Verpflichtung zur Entrichtung einer Ausgleichsabgabe)(제160조 제1항), 제154조 제2항 제1호상의 연방기관과 제154조 제2항 제2호상의 주(州)기관을 하나의 사업주로 본다.

주석

(제160조 제3항: 그 적용에 대하여 제228조 제2항을 참조하라)

제161조 상쇄부담금기금

중증장애인의 일자리에 대한 채용 및 고용을 특별하게 촉진하기 위하여(Zur besonderen Förderung der Einstellung und Beschäftigung schwerbehinderter Menschen auf Arbeitsplätzen), 또 중증장애인의 직업생활 참여를 증진하는 분야에 대한 다수 주의 이익에 기여하는 제도 및 조치를 촉진하기 위하여 연방노동사회부에 특정한 목적 자산으로서 중증장애인의 직업생활에 참여에 관한 지역을 뛰어넘는 구상을 위한 상쇄부담금기금(ein Ausgleichsfonds für überregionale Vorhaben)이 조성된다. 연방노동사회부(Das Bundesministerium für Arbeit und Soziales)가 그 상쇄부담금기금을 관리한다.

제162조 명령 발령권한

연방정부는 연방참사원의 동의를 얻은 법규명령으로 다음 각 호를 할 수 있다,

1. 중증장애인을 위한 그때그때의 일자리 수요에 따라 제154조 제1항에 따른 의무고용비율을 변경할 권한을 갖되, 최대한 10프로로 올리거나 4프로까지 낮출 수 있다; 이 때 공공부문 사업주에 대한 의무고용비율(die Pflichtquote für öffentliche Arbeitgeber)은 민간부문 사업주보다 더 높게 설정된다,
2. 제160조 제5항에 따른 상쇄부담금의 사용, 제161조에 따른 상쇄부담금기금의 형성, 중증장애인의 직업생활 참여를 촉진하기 위한, 그 기금에 의한 자금 사용(die Verwendung der Mittel durch ihn für die Förderung der Teilhabe schwerbehinderter Menschen am Arbeitsleben)과 상쇄부담금기금의 배정·관리절차에 관한 보다 상세한 규정을 공포할 권한을 갖는다,
3. 제2호에 따른 법규명령으로 다음 각 목에 대하여,
   a) 상쇄부담금 및 장애인통합지원청의 임무(任務)의 수행을 위해 필요한 경비(經費)에 따라 상쇄부담금기금에 교부하는 수입의 상쇄부담금에 대한 비율(Anteil des an den Ausgleichsfonds),
   b) 주의 제안 또는 주의 과반수의 제안에 의한, 제160조 제6항 제3문과 다른 장애인통합지원청 간의 조정,
   c) 중증장애인-상쇄부담금명령 제41조 제2항 제1호와 달리 그 명령 제30조에 따른 제도의 증진에 대한 관할과,

und von Inklusionsbetrieben und -abteilungen abweichend von § 41 Absatz 1 Nummer 3 dieser Verordnung

zu regeln,

4. die Ausgleichsabgabe bei Arbeitgebern, die über weniger als 30 Arbeitsplätze verfügen, für einen bestimmten Zeitraum allgemein oder für einzelne Bundesländer herabzusetzen oder zu erlassen, wenn die Zahl der unbesetzten Pflichtarbeitsplätze für schwerbehinderte Menschen die Zahl der zu beschäftigenden schwerbehinderten Menschen so erheblich übersteigt, dass die Pflichtarbeitsplätze für schwerbehinderte Menschen dieser Arbeitgeber nicht in Anspruch genommen zu werden brauchen.

## Kapitel 3 Sonstige Pflichten der Arbeitgeber; Rechte der schwerbehinderten Menschen

§ 163 Zusammenwirken der Arbeitgeber mit der Bundesagentur für Arbeit und den Integrationsämtern

(1) Die Arbeitgeber haben, gesondert für jeden Betrieb und jede Dienststelle, ein Verzeichnis der bei ihnen beschäftigten schwerbehinderten, ihnen gleichgestellten behinderten Menschen und sonstigen anrechnungsfähigen Personen laufend zu führen und dieses den Vertretern oder Vertreterinnen der Bundesagentur für Arbeit und des Integrationsamtes, die für den Sitz des Betriebes oder der Dienststelle zuständig sind, auf Verlangen vorzulegen.

(2) Die Arbeitgeber haben der für ihren Sitz zuständigen Agentur für Arbeit einmal jährlich bis spätestens zum 31. März für das vorangegangene Kalenderjahr, aufgegliedert nach Monaten, die Daten anzuzeigen, die zur Berechnung des Umfangs der Beschäftigungspflicht, zur Überwachung ihrer Erfüllung und der Ausgleichsabgabe notwendig sind. Der Anzeige sind das nach Absatz 1 geführte Verzeichnis sowie eine Kopie der Anzeige und des Verzeichnisses zur Weiterleitung an das für ihren Sitz zuständige Integrationsamt beizufügen. Dem Betriebs-, Personal-, Richter-, Staatsanwalts- und Präsidialrat, der Schwerbehindertenvertretung und dem Inklusionsbeauftragten des Arbeitgebers ist je eine Kopie der Anzeige und des Verzeichnisses zu übermitteln.

(3) Zeigt ein Arbeitgeber die Daten bis zum 30. Juni nicht, nicht richtig oder nicht vollständig an, erlässt die Bundesagentur für Arbeit nach Prüfung in tatsächlicher sowie in rechtlicher Hinsicht einen Feststellungsbescheid über die zur Berechnung der Zahl der Pflichtarbeitsplätze für schwerbehinderte Menschen und der besetzten Arbeitsplätze notwendigen Daten.

(4) Die Arbeitgeber, die Arbeitsplätze für schwerbehinderte Menschen nicht zur Verfügung zu stellen haben, haben die Anzeige nur nach Aufforderung durch die Bundesagentur für Arbeit im Rahmen einer repräsentativen Teilerhebung zu erstatten, die mit dem Ziel der Erfassung der in Absatz 1 genannten Personengruppen, aufgegliedert nach Bundesländern, alle fünf Jahre durchgeführt wird.

(5) Die Arbeitgeber haben der Bundesagentur für Arbeit und dem Integrationsamt auf Verlangen

그 명령 제41조 제1항 제3호와 달리 포괄사업 및 포괄분야(Inklusionsbetrieben und -abteilungen)의 증진에 대한 관할,

을 규율할 권한이 있다.

4. 고용된 중증장애인수가 중증장애인을 위한 미고용된 의무일자리의 수(Zahl der unbesetzten Pflichtarbeitsplätze für schwerbehinderte Menschen)를 현저하게 초과하여 중증장애인을 위한 의무일자리가 이러한 사업주에게 요구될 필요가 없는 경우에 있어(bei Arbeitgebern, die über weniger als 30 Arbeitsplätze verfügen), 30개 미만의 일자리를 가지고 있는 사업주의 경우에 일정한 시기 동안에 전체 연방주 또는 개별 연방주에 대해 상쇄부담금을 인하하거나 면제할 권한을 갖는다.

## 제3장 사업주의 기타 의무: 중증장애인의 권리

제163조 사업주와 연방노동사무소 및 장애인통합지원청 간의 협력

① 사업주는 각 사업·공공관서별로, 자신이 고용한 중증장애인, 중증장애인에 준하는 장애인과 기타 고려할 수 있는 사람의 목록을 지속적으로 작성해야 하고, 그 요구가 있는 경우에 사업 또는 공공관서의 본점소재지를 관할하는 연방노동사무소 및 장애인통합지원청의 대리인(Vertretern oder Vertreterinnen der Bundesagentur für Arbeit und des Integrationsamtes)에게 이를 제출해야 한다.

② 사업주는 매년 1차례 늦어도 3월 31일까지 직전 역년에 대해 월별로 분류하여 자신의 본점소재지를 관할하는 노동사무소에게 고용의무의 범위의 산정과 그 의무 및 상쇄부담금 이행의 감독에 필요한(die zur Berechnung des Umfangs der Beschäftigungspflicht, zur Überwachung ihrer Erfüllung und der Ausgleichsabgabe notwendig sind) 정보를 신고해야 한다. 그 신고서에는 제163조제1항에 따라 작성한 목록, 사업주의 본점소재지를 관할하는 장애인통합지원청에 교부할 신고서(Anzeige) 및 그 목록(Verzeichniss)의 사본이 첨부되어야 한다. 근로자평의회, 직원평의회, 법관평의회, 검사평의회, 법관인사평의회, 중증장애인대표단 및 사업주의 포괄대리인에게 그 신고서 및 목록의 사본 1부씩이 송부되어야 한다.

③ 사업주가 그 정보를 6월 30일까지 제출하지 않거나, 올바르게 제출하지 않거나 또는 불완전하게 제출한 경우에, 연방노동사무소는 실질적이고도 법적인 관점에서 심사 후 중증장애인을 위한 의무일자리수와 미고용된 그 일자리수의 산정을 위해 필요한 정보에 관한 결정통지서를 발급한다.

④ 중증장애인을 위한 일자리를 제공하지 못한 사업주(Arbeitgeber, die Arbeitsplätze für schwerbehinderte Menschen nicht zur Verfügung zu stellen haben)는 연방노동사무소의 요구에 따라서만 제163조 제1항상의 인적 그룹을 파악할 목적으로 연방주별로 5년마다 실시되는 대표부분조사의 틀 내에서(im Rahmen einer repräsentativen Teilerhebung) 그 신고(申告)를 해야 한다.

⑤ 사업주는 그 요구가 있는 경우 연방노동사무소(der Bundesagentur für Arbeit)와 장애인통

die Auskünfte zu erteilen, die zur Durchführung der besonderen Regelungen zur Teilhabe schwerbehinderter und ihnen gleichgestellter behinderter Menschen am Arbeitsleben notwendig sind.

(6) Für das Verzeichnis und die Anzeige des Arbeitgebers sind die mit der Bundesarbeitsgemeinschaft der Integrationsämter und Hauptfürsorgestellen abgestimmten Vordrucke der Bundesagentur für Arbeit zu verwenden. Die Bundesagentur für Arbeit soll zur Durchführung des Anzeigeverfahrens in Abstimmung mit der Bundesarbeitsgemeinschaft ein elektronisches Übermittlungsverfahren zulassen.

(7) Die Arbeitgeber haben den Beauftragten der Bundesagentur für Arbeit und des Integrationsamtes auf Verlangen Einblick in ihren Betrieb oder ihre Dienststelle zu geben, soweit es im Interesse der schwerbehinderten Menschen erforderlich ist und Betriebs- oder Dienstgeheimnisse nicht gefährdet werden.

(8) Die Arbeitgeber haben die Vertrauenspersonen der schwerbehinderten Menschen (§ 177 Absatz 1 Satz 1 bis 3 und § 180 Absatz 1 bis 5) unverzüglich nach der Wahl und ihren Inklusionsbeauftragten für die Angelegenheiten der schwerbehinderten Menschen (§ 181 Satz 1) unverzüglich nach der Bestellung der für den Sitz des Betriebes oder der Dienststelle zuständigen Agentur für Arbeit und dem Integrationsamt zu benennen.

§ 164 Pflichten des Arbeitgebers und Rechte schwerbehinderter Menschen

(1) Die Arbeitgeber sind verpflichtet zu prüfen, ob freie Arbeitsplätze mit schwerbehinderten Menschen, insbesondere mit bei der Agentur für Arbeit arbeitslos oder arbeitsuchend gemeldeten schwerbehinderten Menschen, besetzt werden können. Sie nehmen frühzeitig Verbindung mit der Agentur für Arbeit auf. Die Bundesagentur für Arbeit oder ein Integrationsfachdienst schlägt den Arbeitgebern geeignete schwerbehinderte Menschen vor. Über die Vermittlungsvorschläge und vorliegende Bewerbungen von schwerbehinderten Menschen haben die Arbeitgeber die Schwerbehindertenvertretung und die in § 176 genannten Vertretungen unmittelbar nach Eingang zu unterrichten. Bei Bewerbungen schwerbehinderter Richterinnen und Richter wird der Präsidialrat unterrichtet und gehört, soweit dieser an der Ernennung zu beteiligen ist. Bei der Prüfung nach Satz 1 beteiligen die Arbeitgeber die Schwerbehindertenvertretung nach § 178 Absatz 2 und hören die in § 176 genannten Vertretungen an. Erfüllt der Arbeitgeber seine Beschäftigungspflicht nicht und ist die Schwerbehindertenvertretung oder eine in § 176 genannte Vertretung mit der beabsichtigten Entscheidung des Arbeitgebers nicht einverstanden, ist diese unter Darlegung der Gründe mit ihnen zu erörtern. Dabei wird der betroffene schwerbehinderte Mensch angehört. Alle Beteiligten sind vom Arbeitgeber über die getroffene Entscheidung unter Darlegung der Gründe unverzüglich zu unterrichten. Bei Bewerbungen schwerbehinderter Menschen ist die Schwerbehindertenvertretung nicht zu beteiligen, wenn der schwerbehinderte

종합지원청에 중증장애인과 증장애인에 준하는 장애인의 직장생활에 참여에 대한 특별한 규정(besonderen Regelungen zur Teilhabe schwerbehinderter und ihnen gleichgestellter behinderter Menschen)의 시행에 필요한 정보를 제공해야 한다.
⑥ 사업주의 목록과 신고에 대하여(Für das Verzeichnis und die Anzeige des Arbeitgebers) 연방장애인통합지원·중앙부조협회와 연방노동사무소의 통일된 인쇄된 양식을 이용해야 한다. 연방노동사무소는 그 협회와 통일된 신고절차의 시행을 위해(zur Durchführung des Anzeigeverfahrens in Abstimmung mit der Bundesarbeitsgemeinschaft) 전자적 전송절차(ein elektronisches Übermittlungsverfahren)를 승인해야 한다.
⑦ 그것이 중증장애인의 이해관계에 필요하고 기업비밀 또는 직무상비밀(Betriebs- oder Dienstgeheimnisse)을 위태롭게 하지 않는 한, 사업주는 그 요구가 있는 경우 연방노동사무소와 장애인통합지원청(zuständigen Agentur für Arbeit und dem Integrationsamt)이 자신의 사업 또는 공공관서를 시찰하게 해야 한다.
⑧ 사업주는 그 선거 후 지체 없이 중증장애인직장대표자(제177조 제1항 제1문 내지 제3문, 제180조 제1항 제1문 내지 제5문)에 대해, 또 그 임명 후 지체 없이 중증장애인 사안을 담당하는 사업주의 포괄대리인(제181조 제1문)에 대해, 자신의 본점소재지를 관할하는 노동사무소 및 장애인통합지원청(der für den Sitz des Betriebes oder der Dienststelle zuständigen Agentur für Arbeit und dem Integrationsamt)에 호칭을 붙여 신고해야 한다.

제164조 사업주의 의무와 중증장애인의 권리

① 사업주는 공석인 일자리에 중증장애인, 특히 노동사무소에 실업자로 또는 구직자로 신고한 중증장애인을 충원할 수 있는지(insbesondere mit bei der Agentur für Arbeit arbeitslos oder arbeitsuchend gemeldeten schwerbehinderten Menschen, besetzt werden können)를 검토할 의무가 있다. 사업주는 조기에 노동사무소와 연락을 취한다. 연방노동사무소 또는 장애인통합전문기관(Integrationsfachdienst)은 사업주에게 적임의 장애인(geeignete schwerbehinderte Menschen)을 알선한다. 사업주는 알선도달 직후 장애인알선과 중증장애인응시자 현황에 관하여 중증장애인대표단과 제176조상의 대표기구에(Schwerbehindertenvertretung und die in § 176 genannten Vertretungen) 통지해야 한다. 법관인사평의회가 그 임명에 의사결정참가를 해야 하는 경우에 중증장애인 판사의 응시에 있어 법관인사평의회는 통지를 받고 의견을 진술한다. 제1문에 따른 검토에 있어 사업주는 제178조 제2항에 따른 중증장애인대표단과 협력하고 제176조상의 대표기구의 의견을 청취한다. 사업주가 자신의 고용의무를 이행하지 않고 중증장애인대표단 또는 제176조상의 대표기구가 계획 중인 사업주의 결정에 동의하지 않은 경우에, 사업주는 그 결정에 대해 이유를 설명하며 중증장애인대표단 또는 그 대표기구와 논의해야 한다. 이때 해당 중증장애인(der betroffene schwerbehinderte Mensch)의 의견을 청취한다. 모든 이해관계인(Alle Beteiligten)은 사업주에게서 이유에 대한 설명을 들으며 지체 없이 이뤄진 결정에 대해 통지를 받아야 한다. 중증장애인의 응시에 있어(Bei Bewerbungen schwerbehinderter Menschen) 중증장애인이 중증장애인대표단(Schwerbehindertenvertretung)의 의사결정참가를

Mensch die Beteiligung der Schwerbehindertenvertretung ausdrücklich ablehnt.

(2) Arbeitgeber dürfen schwerbehinderte Beschäftigte nicht wegen ihrer Behinderung benachteiligen. Im Einzelnen gelten hierzu die Regelungen des Allgemeinen Gleichbehandlungsgesetzes.

(3) Die Arbeitgeber stellen durch geeignete Maßnahmen sicher, dass in ihren Betrieben und Dienststellen wenigstens die vorgeschriebene Zahl schwerbehinderter Menschen eine möglichst dauerhafte behinderungsgerechte Beschäftigung finden kann. Absatz 4 Satz 2 und 3 gilt entsprechend.

(4) Die schwerbehinderten Menschen haben gegenüber ihren Arbeitgebern Anspruch auf

1. Beschäftigung, bei der sie ihre Fähigkeiten und Kenntnisse möglichst voll verwerten und weiterentwickeln können,
2. bevorzugte Berücksichtigung bei innerbetrieblichen Maßnahmen der beruflichen Bildung zur Förderung ihres beruflichen Fortkommens,
3. Erleichterungen im zumutbaren Umfang zur Teilnahme an außerbetrieblichen Maßnahmen der beruflichen Bildung,
4. behinderungsgerechte Einrichtung und Unterhaltung der Arbeitsstätten einschließlich der Betriebsanlagen, Maschinen und Geräte sowie der Gestaltung der Arbeitsplätze, des Arbeitsumfelds, der Arbeitsorganisation und der Arbeitszeit, unter besonderer Berücksichtigung der Unfallgefahr,
5. Ausstattung ihres Arbeitsplatzes mit den erforderlichen technischen Arbeitshilfen

unter Berücksichtigung der Behinderung und ihrer Auswirkungen auf die Beschäftigung. Bei der Durchführung der Maßnahmen nach Satz 1 Nummer 1, 4 und 5 unterstützen die Bundesagentur für Arbeit und die Integrationsämter die Arbeitgeber unter Berücksichtigung der für die Beschäftigung wesentlichen Eigenschaften der schwerbehinderten Menschen. Ein Anspruch nach Satz 1 besteht nicht, soweit seine Erfüllung für den Arbeitgeber nicht zumutbar oder mit unverhältnismäßigen Aufwendungen verbunden wäre oder soweit die staatlichen oder berufsgenossenschaftlichen Arbeitsschutzvorschriften oder beamtenrechtliche Vorschriften entgegenstehen.

(5) Die Arbeitgeber fördern die Einrichtung von Teilzeitarbeitsplätzen. Sie werden dabei von den Integrationsämtern unterstützt. Schwerbehinderte Menschen haben einen Anspruch auf Teilzeitbeschäftigung, wenn die kürzere Arbeitszeit wegen Art oder Schwere der Behinderung notwendig ist; Absatz 4 Satz 3 gilt entsprechend.

§ 165 Besondere Pflichten der öffentlichen Arbeitgeber

Die Dienststellen der öffentlichen Arbeitgeber melden den Agenturen für Arbeit frühzeitig nach einer erfolglosen Prüfung zur internen Besetzung des Arbeitsplatzes frei werdende und neu zu besetzende sowie neue Arbeitsplätze (§ 156). Mit dieser Meldung gilt die Zustimmung zur Veröffentlichung der Stellenangebote als erteilt. Haben schwerbehinderte Menschen sich um einen

명시적으로 거부한 경우에는 중증장애인대표단은 의사결정참가를 할 수 없다.

② 사업주는 중증장애인인 피고용인에게 그 장애를 이유로 불이익을 줘서는 안 된다. 개별 사안에 있어 보편적 평등대우법의 규정이 적용된다.

③ 사업주는 적절한 조치에 의하여(durch geeignete Maßnahmen) 자신의 사업 또는 공공관서에서 최소 규정된 수 이상의 중증장애인이 가능한 한 지속적이고도 장애인친화적 일자리(möglichst dauerhafte behinderungsgerechte Beschäftigung)를 찾을 수 있도록 보장한다. 제164조 제4항 제2문, 제3문을 준용한다.

④ 중증장애인은 자신의 사업주에 대해 다음 각 호의 청구권을 갖되,

1. 중증장애인이 자신의 능력과 지식을 가능한 한 충분히 활용하고 계속적으로 이를 계발할 수 있는 일자리,
2. 자신의 직업생활의 향상을 위한 사업 내 직업훈련조치에서의 우선적 고려(bevorzugte Berücksichtigung),
3. 사업 외 직업훈련조치에 참여를 위한, 감당 가능한 범위 내의 업무경감(Erleichterungen im zumutbaren Umfang),
4. 산업재해위험을 특별하게 고려한, 사업시설, 기계, 기구, 직무·노동환경·노동조직·근무시간의 형성을 포함하여(einschließlich der Betriebsanlagen, Maschinen und Geräte sowie der Gestaltung der Arbeitsplätze, des Arbeitsumfelds, der Arbeitsorganisation und der Arbeitszeit) 장애인친화적 직장 내 제도 및 지원,
5. 필요한 기술적 작업도구가 있는, 사업주의 직장 내 설비,

장애의 고려와 장애의 고용에 대한 영향을 고려된다. 제1문 제1호, 제4호에 따른 조치의 시행에 있어 연방노동사무소와 장애인통합지원청은 고용에 있어 중증장애인의 본질적인 특성을 고려하여(unter Berücksichtigung der für die Beschäftigung wesentlichen Eigenschaften der schwerbehinderten Menschen) 사업주를 지원한다. 사업주의 그 의무 이행이 기대할 수 없거나 과도한 비용지출을 유발하거나, 국가의 노동보호규정 또는 직업보험조합의 노동보호규정(staatlichen oder berufsgenossenschaftlichen Arbeitsschutzvorschriften)이나 공무원법 규정에 위배되는 경우에는, 제1문에 다른 청구권은 인정되지 아니한다.

⑤ 사업주는 단시간근로일자리의 도입을 촉진한다. 사업주는 이 때 장애인통합지원청의 지원을 받는다. 장애의 종류 또는 정도로 인하여(wegen Art oder Schwere der Behinderung) 근무시간 단축이 필요한 경우에 중증장애인은 단시간근로고용에 대한 청구권(Anspruch auf Teilzeitbeschäftigung)을 갖는다.

제165조 공공부문 사업주의 특별한 의무

공공부분 사업주에 속하는 공공관서는 그 일자리에 대한 내부 충원을 위한 시험이 성과 없이 끝난 후에 이른 시일 내에, 공석이 되고 새롭게 충원되어야 하는 일자리와 새로운 일자리(제156조)에 대해 노동사무소에 보고한다. 이러한 보고로써 결원인 일자리로 공표하는 것(Veröffentlichung der Stellenangebote)에 동의한 것으로 본다. 중증장애인이 그러한 일자리에

solchen Arbeitsplatz beworben oder sind sie von der Bundesagentur für Arbeit oder einem von dieser beauftragten Integrationsfachdienst vorgeschlagen worden, werden sie zu einem Vorstellungsgespräch eingeladen. Eine Einladung ist entbehrlich, wenn die fachliche Eignung offensichtlich fehlt. Einer Inklusionsvereinbarung nach § 166 bedarf es nicht, wenn für die Dienststellen dem § 166 entsprechende Regelungen bereits bestehen und durchgeführt werden.

§ 166 Inklusionsvereinbarung

(1) Die Arbeitgeber treffen mit der Schwerbehindertenvertretung und den in § 176 genannten Vertretungen in Zusammenarbeit mit dem Inklusionsbeauftragten des Arbeitgebers (§ 181) eine verbindliche Inklusionsvereinbarung. Auf Antrag der Schwerbehindertenvertretung wird unter Beteiligung der in § 176 genannten Vertretungen hierüber verhandelt. Ist eine Schwerbehindertenvertretung nicht vorhanden, steht das Antragsrecht den in § 176 genannten Vertretungen zu. Der Arbeitgeber oder die Schwerbehindertenvertretung kann das Integrationsamt einladen, sich an den Verhandlungen über die Inklusionsvereinbarung zu beteiligen. Das Integrationsamt soll dabei insbesondere darauf hinwirken, dass unterschiedliche Auffassungen überwunden werden. Der Agentur für Arbeit und dem Integrationsamt, die für den Sitz des Arbeitgebers zuständig sind, wird die Vereinbarung übermittelt.

(2) Die Vereinbarung enthält Regelungen im Zusammenhang mit der Eingliederung schwerbehinderter Menschen, insbesondere zur Personalplanung, Arbeitsplatzgestaltung, Gestaltung des Arbeitsumfelds, Arbeitsorganisation, Arbeitszeit sowie Regelungen über die Durchführung in den Betrieben und Dienststellen. Dabei ist die gleichberechtigte Teilhabe schwerbehinderter Menschen am Arbeitsleben bei der Gestaltung von Arbeitsprozessen und Rahmenbedingungen von Anfang an zu berücksichtigen. Bei der Personalplanung werden besondere Regelungen zur Beschäftigung eines angemessenen Anteils von schwerbehinderten Frauen vorgesehen.

(3) In der Vereinbarung können insbesondere auch Regelungen getroffen werden

1. zur angemessenen Berücksichtigung schwerbehinderter Menschen bei der Besetzung freier, frei werdender oder neuer Stellen,
2. zu einer anzustrebenden Beschäftigungsquote, einschließlich eines angemessenen Anteils schwerbehinderter Frauen,
3. zu Teilzeitarbeit,
4. zur Ausbildung behinderter Jugendlicher,
5. zur Durchführung der betrieblichen Prävention (betriebliches Eingliederungsmanagement) und zur Gesundheitsförderung,
6. über die Hinzuziehung des Werks- oder Betriebsarztes auch für Beratungen über Leistungen zur Teilhabe sowie über besondere Hilfen im Arbeitsleben.

(4) In den Versammlungen schwerbehinderter Menschen berichtet der Arbeitgeber über alle

응시하거나, 연방노동사무소 또는 연방노동사무소로부터 위임받는 장애인통합전문기관 중 한 기관이 중증장애인을 알선하는 경우에, 중증장애인을 입사면접에 응시하게 한다. 직업적 적임성(適任性) 결여가 명백한 경우에는 그러한 응시기회부여는 불필요하다. 공공관서에서 제166조에 상응하는 규정이 이미 존재하고 시행된 경우에는 제166조에 따른 장애인포용협약을 필요로 하지 않는다.

제166조 장애인포용협약

① 사업주는 사업주의 포괄대리인(제181조)과 협력하여 중증장애인대표단과 제176조상의 대표기구와 구속력 있는 장애인포용협약(verbindliche Inklusionsvereinbarung)을 체결한다. 중증장애인대표단의 신청이 있는 경우 제176조상의 대표기구의 참여하에 이에 대해 교섭한다. 중증장애인표단이 없는 경우에 제176조상의 대표기구에 그 신청권이 귀속된다. 사업주 또는 중증장애인대표단은 장애인통합지원청이 장애인포용협약의 교섭에 참여하도록(sich an den Verhandlungen über die Inklusionsvereinbarung zu beteiligen) 요청할 수 있다. 이 경우에 장애인통합지원청은 특히 차별적 견해가 극복되도록(dass unterschiedliche Auffassungen überwunden werden) 노력해야 한다. 사업주의 본점소재지를 관할하는 노동사무소 및 장애인통합지원청(Der Agentur für Arbeit und dem Integrationsamt, die für den Sitz des Arbeitgebers zuständig sind)에 그 협약이 송부된다.

② 장애인포용협약은 중증장애인의 직장편입(Eingliederung), 특히 인력계획, 직무형성, 노동환경의 형성, 노동조직, 노동시간에 관한 규정과 사업 및 공공관서 내 시행(Arbeitsplatzgestaltung, Gestaltung des Arbeitsumfelds, Arbeitsorganisation, Arbeitszeit sowie Regelungen über die Durchführung in den Betrieben und Dienststellen)에 관한 규정을 포함한다. 이 경우에 중증장애인의 직업생활에 동등한 참여가 노동과정 및 기본조건의 형성에서 처음부터 고려되어야 한다. 인력계획의 경우에 특히 여성중증장애인의 적절한 비율의 고용을 위한 특별한 규율이 규정된다.

③ 장애인포용협약으로 특히 다음 각 호에 관한 규정도 정해질 수 있다,

1. 이미 공석이거나 공석(空席)이 된 일자리 또는 새로운 일자리의 충원시 중증장애인의 적절한 고려,
2. 여성중증장애인의 적정한 비율을 포함하여 달성하기 위해 노력해야 하는 고용비율(zu einer anzustrebenden Beschäftigungsquote),
3. 단시간근로,
4. 청소년장애인의 직업훈련,
5. 사업(事業) 내 예방의 시행(사업 내 편입관리; betriebliches Eingliederungsmanagement)과 건강증진,
6. 상담을 위한 사업장소속의사 또는 기업소속의사의 초청, 위 참여를 위한 급부와 직업생활 내 특별한 부조.

④ 중증장애인의 총회에서(In den Versammlungen) 사업주는 중증장애인의 직장편입에 관한

Angelegenheiten im Zusammenhang mit der Eingliederung schwerbehinderter Menschen.

§ 167 Prävention

(1) Der Arbeitgeber schaltet bei Eintreten von personen-, verhaltens- oder betriebsbedingten Schwierigkeiten im Arbeits- oder sonstigen Beschäftigungsverhältnis, die zur Gefährdung dieses Verhältnisses führen können, möglichst frühzeitig die Schwerbehindertenvertretung und die in § 176 genannten Vertretungen sowie das Integrationsamt ein, um mit ihnen alle Möglichkeiten und alle zur Verfügung stehenden Hilfen zur Beratung und mögliche finanzielle Leistungen zu erörtern, mit denen die Schwierigkeiten beseitigt werden können und das Arbeits- oder sonstige Beschäftigungsverhältnis möglichst dauerhaft fortgesetzt werden kann.

(2) Sind Beschäftigte innerhalb eines Jahres länger als sechs Wochen ununterbrochen oder wiederholt arbeitsunfähig, klärt der Arbeitgeber mit der zuständigen Interessenvertretung im Sinne des § 176, bei schwerbehinderten Menschen außerdem mit der Schwerbehindertenvertretung, mit Zustimmung und Beteiligung der betroffenen Person die Möglichkeiten, wie die Arbeitsunfähigkeit möglichst überwunden werden und mit welchen Leistungen oder Hilfen erneuter Arbeitsunfähigkeit vorgebeugt und der Arbeitsplatz erhalten werden kann (betriebliches Eingliederungsmanagement). Soweit erforderlich, wird der Werks- oder Betriebsarzt hinzugezogen. Die betroffene Person oder ihr gesetzlicher Vertreter ist zuvor auf die Ziele des betrieblichen Eingliederungsmanagements sowie auf Art und Umfang der hierfür erhobenen und verwendeten Daten hinzuweisen. Kommen Leistungen zur Teilhabe oder begleitende Hilfen im Arbeitsleben in Betracht, werden vom Arbeitgeber die Rehabilitationsträger oder bei schwerbehinderten Beschäftigten das Integrationsamt hinzugezogen. Diese wirken darauf hin, dass die erforderlichen Leistungen oder Hilfen unverzüglich beantragt und innerhalb der Frist des § 14 Absatz 2 Satz 2 erbracht werden. Die zuständige Interessenvertretung im Sinne des § 176, bei schwerbehinderten Menschen außerdem die Schwerbehindertenvertretung, können die Klärung verlangen. Sie wachen darüber, dass der Arbeitgeber die ihm nach dieser Vorschrift obliegenden Verpflichtungen erfüllt.

(3) Die Rehabilitationsträger und die Integrationsämter können Arbeitgeber, die ein betriebliches Eingliederungsmanagement einführen, durch Prämien oder einen Bonus fördern.

## Kapitel 4 Kündigungsschutz

Fußnote

(+++ Kapitel 4 (§§ 168 bis 175: Zur Anwendung vgl. § 173 +++)

(+++ Kapitel 4 (§§ 168 u. 170 bis 175: Zur Anwendung vgl. § 174 +++)

§ 168 Erfordernis der Zustimmung

Die Kündigung des Arbeitsverhältnisses eines schwerbehinderten Menschen durch den Arbeitgeber

모든 사항을 보고한다.

제167조 예방조치

① 근로관계나 기타 고용관계에서의 개인적 어려움, 행태적 어려움 또는 경영상 어려움으로, 그러한 관계에 위험을 초래할 수 있는 어려움이 발생한 경우에, 사업주는 그러한 곤란함이 제거될 수 있고 근로관계 또는 기타 고용관계가 가능한 안정적으로 지속될 수 있는 것으로, 협의와 재정지원의 가능성에 관한 모든 가능성 및 취할 수 있는 모든 지원방안을 중증장애인 대표단, 제176조상의 대표기구 및 장애인통합지원청(Schwerbehindertenvertretung und die in § 176 genannten Vertretungen sowie das Integrationsamt)과 논의하기 위하여, 가능한 한 조기에 그러한 기구 및 관청에 연락을 취한다.

② 피고용인이 1년 중 6주를 초과하는 기간 동안에 지속적으로 또는 반복적으로 노동능력을 상실한 경우에(Sind Beschäftigte innerhalb eines Jahres länger als sechs Wochen ununterbrochen oder wiederholt arbeitsunfähig), 사업주는 제176조상의 관할 이해대변기구와 함께, 중증장애인의 경우에는 중증장애인대표단도 포함하여, 그 관계인의 동의와 참여로, 노동능력상실이 가능한 한 어떻게 극복되고 어떤 급부 또는 부조로 노동능력상실의 재발이 방지되며 일자리를 얻을 수 있는지(사업 내 장애인통합관리)에 관한 가능성을 분명하게 밝힌다. 필요한 경우 사업장소속의사 또는 기업소속의사를 참석시킨다(Soweit erforderlich, wird der Werks- oder Betriebsarzt hinzugezogen). 그 관계인 또는 그의 법정대리인은 사업 내 장애인통합관리와 이를 위해 조사하고 활용한 정보의 종류와 범위에 대한 언급을 받는다. 참여급부와 부수적 부조급부가 고려되는 경우에(Kommen Leistungen zur Teilhabe oder begleitende Hilfen im Arbeitsleben in Betracht), 사업주는 사회복귀담당기관 또는 중증장애인의 경우 장애인통합지원청의 참석을 요청한다. 그 기관 및 관청은 필요한 급부 또는 부조가 지체 없이 신청되고 제14조 제2항 제2문상의 기간 내에 지급되도록 노력한다. 중증장애인의 경우에는 중증장애인대표단도 포함하여 제176조상의 관할 이해관계대변기구는, 위와 같은 가능성의 표명을 요구할 수 있다. 그 이해관계대변기구는 사업주가 그 규정에 따라 그에게 귀속된 책임을 이행하는지를 감시한다.

③ 재활담당기관과 장애인통합지원청(Die Rehabilitationsträger und die Integrationsämter)은 사업 내 장애인통합관리를 도입한 사업주에게 장려금과 보너스를 지원할 수 있다.

## 제4장 해고보호

각주

(제4장 제168조 내지 제175조: 그 적용에 대해 173조를 참조하라)

(제4장 제168조, 제170조 내지 175조: 그 적용에 대해 174조를 참조하라)

제168조 동의 필요

사업주에 의한 중증장애인에 대한 근로관계에 대한 해지(Kündigung)는 장애인통합지원청

bedarf der vorherigen Zustimmung des Integrationsamtes.

Fußnote

(+++ Kapitel 4 (§§ 168 bis 175: Zur Anwendung vgl. § 173 +++)

(+++ Kapitel 4 (§§ 168 u. 170 bis 175: Zur Anwendung vgl. § 174 +++)

§ 169 Kündigungsfrist

Die Kündigungsfrist beträgt mindestens vier Wochen.

Fußnote

(+++ Kapitel 4 (§§ 168 bis 175: Zur Anwendung vgl. § 173 +++)

§ 170 Antragsverfahren

(1) Die Zustimmung zur Kündigung beantragt der Arbeitgeber bei dem für den Sitz des Betriebes oder der Dienststelle zuständigen Integrationsamt schriftlich oder elektronisch. Der Begriff des Betriebes und der Begriff der Dienststelle im Sinne dieses Teils bestimmen sich nach dem Betriebsverfassungsgesetz und dem Personalvertretungsrecht.

(2) Das Integrationsamt holt eine Stellungnahme des Betriebsrates oder Personalrates und der Schwerbehindertenvertretung ein und hört den schwerbehinderten Menschen an.

(3) Das Integrationsamt wirkt in jeder Lage des Verfahrens auf eine gütliche Einigung hin.

Fußnote

(+++ Kapitel 4 (§§ 168 bis 175: Zur Anwendung vgl. § 173 +++)

(+++ Kapitel 4 (§§ 168 u. 170 bis 175: Zur Anwendung vgl. § 174 +++)

§ 171 Entscheidung des Integrationsamtes

(1) Das Integrationsamt soll die Entscheidung, falls erforderlich, auf Grund mündlicher Verhandlung, innerhalb eines Monats vom Tag des Eingangs des Antrages an treffen.

(2) Die Entscheidung wird dem Arbeitgeber und dem schwerbehinderten Menschen zugestellt. Der Bundesagentur für Arbeit wird eine Abschrift der Entscheidung übersandt.

(3) Erteilt das Integrationsamt die Zustimmung zur Kündigung, kann der Arbeitgeber die Kündigung nur innerhalb eines Monats nach Zustellung erklären.

(4) Widerspruch und Anfechtungsklage gegen die Zustimmung des Integrationsamtes zur Kündigung haben keine aufschiebende Wirkung.

(5) In den Fällen des § 172 Absatz 1 Satz 1 und Absatz 3 gilt Absatz 1 mit der Maßgabe, dass die Entscheidung innerhalb eines Monats vom Tag des Eingangs des Antrages an zu treffen ist. Wird innerhalb dieser Frist eine Entscheidung nicht getroffen, gilt die Zustimmung als erteilt. Die Absätze 3 und 4 gelten entsprechend.

Fußnote

의 사전 동의를 필요로 한다.

각주

(제4장 제168조 내지 제175조: 그 적용에 대해 173조를 참조하라)

(제4장 제168조, 제170조 내지 175조: 그 적용에 대해 174조를 참조하라)

제169조 해고기간

해고기간은 최소한 8주이다.

각주

(제4장 제168조 내지 제175조: 그 적용에 대해 173조를 참조하라)

제170조 신청절차

① 해고에 대한 동의는 사업주(事業主)가 사업 또는 공공관서를 관할하는 장애인통합지원청에 서면으로 또는 전자문서로 신청한다. 본 편상의 사업과 공공관서의 개념(Der Begriff des Betriebes und der Begriff der Dienststelle im Sinne dieses Teils)은 사업조직법과 직원대표법에 따라 정해진다.

② 장애인통합지원청은 근로자평의회 또는 직원평의회와 중증장애인대표단의 입장표명을 듣고 중증장애인의 의견을 청취한다.

③ 장애인통합지원청(Das Integrationsamt)은 그 절차의 모든 상황에서 최선의 합의를 위해 노력한다.

각주

(제4장 제168조 내지 제175조: 그 적용에 대해 173조를 참조하라)

(제4장 제168조, 제170조 내지 175조: 그 적용에 대해 174조를 참조하라)

제171조 장애인통합지원청의 결정

① 장애인통합지원청은 필요한 경우 구술심의를 거쳐, 신청을 접수한 때로부터 1개월 이내에 그 동의 여부를 결정해야 한다.

② 그 결정(決定)은 사업주와 중증장애인에게 송달된다. 연방노동사무소는 결정서 사본을 송부받는다.

③ 장애인통합지원청이 해고에 대해 동의를 한 경우 사업주는 그 송달을 받은 때로부터 1개월 이내에만 그 해고의 의사표시를 할 수 있다.

④ 장애인통합지원청의 동의(同意)에 대한 이의제기와 취소소송으로 해고의 연기효(延期效)가 발생하지 않는다.

⑤ 제172조 제1항 제1문, 제3항의 경우에 제171조 제1항을 신청을 접수한 때로부터 1개월 이내에 결정이 이뤄져야 한다는 기준하에 준용한다. 이러한 기간 내에 결정이 이뤄지지 않은 경우에(Wird innerhalb dieser Frist eine Entscheidung nicht getroffen) 동의를 한 것으로 본다. 제171조 제3항, 제4항을 준용한다.

각주

(+++ Kapitel 4 (§§ 168 bis 175: Zur Anwendung vgl. § 173 +++)

(+++ Kapitel 4 (§§ 168 u. 170 bis 175: Zur Anwendung vgl. § 174 +++)

§ 172 Einschränkungen der Ermessensentscheidung

(1) Das Integrationsamt erteilt die Zustimmung bei Kündigungen in Betrieben und Dienststellen, die nicht nur vorübergehend eingestellt oder aufgelöst werden, wenn zwischen dem Tag der Kündigung und dem Tag, bis zu dem Gehalt oder Lohn gezahlt wird, mindestens drei Monate liegen. Unter der gleichen Voraussetzung soll es die Zustimmung auch bei Kündigungen in Betrieben und Dienststellen erteilen, die nicht nur vorübergehend wesentlich eingeschränkt werden, wenn die Gesamtzahl der weiterhin beschäftigten schwerbehinderten Menschen zur Erfüllung der Beschäftigungspflicht nach § 154 ausreicht. Die Sätze 1 und 2 gelten nicht, wenn eine Weiterbeschäftigung auf einem anderen Arbeitsplatz desselben Betriebes oder derselben Dienststelle oder auf einem freien Arbeitsplatz in einem anderen Betrieb oder einer anderen Dienststelle desselben Arbeitgebers mit Einverständnis des schwerbehinderten Menschen möglich und für den Arbeitgeber zumutbar ist.

(2) Das Integrationsamt soll die Zustimmung erteilen, wenn dem schwerbehinderten Menschen ein anderer angemessener und zumutbarer Arbeitsplatz gesichert ist.

(3) Ist das Insolvenzverfahren über das Vermögen des Arbeitgebers eröffnet, soll das Integrationsamt die Zustimmung erteilen, wenn

1. der schwerbehinderte Mensch in einem Interessenausgleich namentlich als einer der zu entlassenden Arbeitnehmer bezeichnet ist (§ 125 der Insolvenzordnung),
2. die Schwerbehindertenvertretung beim Zustandekommen des Interessenausgleichs gemäß § 178 Absatz 2 beteiligt worden ist,
3. der Anteil der nach dem Interessenausgleich zu entlassenden schwerbehinderten Menschen an der Zahl der beschäftigten schwerbehinderten Menschen nicht größer ist als der Anteil der zu entlassenden übrigen Arbeitnehmer an der Zahl der beschäftigten übrigen Arbeitnehmer und
4. die Gesamtzahl der schwerbehinderten Menschen, die nach dem Interessenausgleich bei dem Arbeitgeber verbleiben sollen, zur Erfüllung der Beschäftigungspflicht nach § 154 ausreicht.

Fußnote

(+++ Kapitel 4 (§§ 168 bis 175: Zur Anwendung vgl. § 173 +++)

(+++ Kapitel 4 (§§ 168 u. 170 bis 175: Zur Anwendung vgl. § 174 +++)

§ 173 Ausnahmen

(1) Die Vorschriften dieses Kapitels gelten nicht für schwerbehinderte Menschen,

1. deren Arbeitsverhältnis zum Zeitpunkt des Zugangs der Kündigungserklärung ohne Unterbrechung noch nicht länger als sechs Monate besteht oder
2. die auf Stellen im Sinne des § 156 Absatz 2 Nummer 2 bis 5 beschäftigt werden oder

(제4장 제168조 내지 제175조: 그 적용에 대해 173조를 참조하라)
(제4장 제168조, 제170조 내지 175조: 그 적용에 대해 174조를 참조하라)

제172조 결정재량의 제한

① 일시적으로만 사업이 중단되지 않거나 해산한 사업 또는 공공관서에서의 해고의 경우에(bei Kündigungen in Betrieben und Dienststellen, die nicht nur vorübergehend eingestellt oder aufgelöst werden) 해고 날짜와 보수 또는 임금이 지급된 날짜 간의 간격이 최소 3개월에 달할 때에는, 장애인통합지원청은 해고에 대한 동의를 한다. 계속적으로 고용된 중증장애인의 총수(die Gesamtzahl der weiterhin beschäftigten schwerbehinderten Menschen)가 제154조에 따른 고용의무의 이행에 충분한 때에는 동일한 요건하에, 장애인통합지원청은 사업이 지속적으로 중대하게 축소된 사업 또는 공공관서에서의 해고의 경우에도 동의를 한다. 동일한 사업 또는 공공관서의 다른 일자리에서의 계속고용(eine Weiterbeschäftigung auf einem anderen Arbeitsplatz desselben Betriebes oder derselben Dienststelle)이나, 동일한 사업주의 다른 사업 또는 공공관서의 공석인 일자리에서의 계속고용이 중증장애인의 동의를 얻어 가능하고 또 사업주가 이를 감당할 수 있는 때에는 제1문, 제2문을 적용하지 않는다.

② 장애인통합지원청은 다른 적절하고도 감당할 수 있는 일자리가 중증장애인에게 확보되지 않은 경우에는 그에 동의를 해야 한다.

③ 사업주의 재산에 대해 파산절차가 개시된 경우로 다음 경우에는 장애인통합지원청은 그에 동의를 해야 한다,

1. 중증장애인이 이해관계조정서에서 특히 해고되어야 할 근로자 중 1명으로 기재되고(파산법 제125조),
2. 중증장애인대표단이 제178조 제2항에 따른 이해관계조정의 성립(成立)에서 의사결정참가를 하며,
3. 고용된 중증장애인수에 대한 이해관계조정에 따라 해고되어야 할 중증장애인의 비율이 고용된 나머지 근로자수에 대한 해고되어야 할 나머지 근로자의 비율보다 크지 않으며,
4. 이해관계조정에 따라 사업주가 고용해야 하는 중증장애인의 총수가 제154조의 고용의무 이행에 충분한 경우.

각주

(제4장 제168조 내지 제175조: 그 적용에 대해 173조를 참조하라)
(제4장 제168조, 제170조 내지 175조: 그 적용에 대해 174조를 참조하라)

제173조 예외

① 본장의 규정은 다음 각 호의 중증장애인에 대해서는 적용되지 않는다,

1. 해고의 의사표시 도달시를 기준으로(zum Zeitpunkt des Zugangs der Kündigungserklärung) 그 근로관계가 6개월 이하인 경우,
2. 제165조 제2항 제2호 내지 제5호상의 일자리에 고용된 경우,

3. deren Arbeitsverhältnis durch Kündigung beendet wird, sofern sie
   a) das 58. Lebensjahr vollendet haben und Anspruch auf eine Abfindung, Entschädigung oder ähnliche Leistung auf Grund eines Sozialplanes haben oder
   b) Anspruch auf Knappschaftsausgleichsleistung nach dem Sechsten Buch oder auf Anpassungsgeld für entlassene Arbeitnehmer des Bergbaus haben.

Satz 1 Nummer 3 (Buchstabe a und b) finden Anwendung, wenn der Arbeitgeber ihnen die Kündigungsabsicht rechtzeitig mitgeteilt hat und sie der beabsichtigten Kündigung bis zu deren Ausspruch nicht widersprechen.

(2) Die Vorschriften dieses Kapitels finden ferner bei Entlassungen, die aus Witterungsgründen vorgenommen werden, keine Anwendung, sofern die Wiedereinstellung der schwerbehinderten Menschen bei Wiederaufnahme der Arbeit gewährleistet ist.

(3) Die Vorschriften dieses Kapitels finden ferner keine Anwendung, wenn zum Zeitpunkt der Kündigung die Eigenschaft als schwerbehinderter Mensch nicht nachgewiesen ist oder das Versorgungsamt nach Ablauf der Frist des § 152 Absatz 1 Satz 3 eine Feststellung wegen fehlender Mitwirkung nicht treffen konnte.

(4) Der Arbeitgeber zeigt Einstellungen auf Probe und die Beendigung von Arbeitsverhältnissen schwerbehinderter Menschen in den Fällen des Absatzes 1 Nummer 1 unabhängig von der Anzeigepflicht nach anderen Gesetzen dem Integrationsamt innerhalb von vier Tagen an.

Fußnote

(+++ Kapitel 4 (§§ 168 bis 175: Zur Anwendung vgl. § 173 +++)

(+++ Kapitel 4 (§§ 168 u. 170 bis 175: Zur Anwendung vgl. § 174 +++)

§ 174 Außerordentliche Kündigung

(1) Die Vorschriften dieses Kapitels gelten mit Ausnahme von § 169 auch bei außerordentlicher Kündigung, soweit sich aus den folgenden Bestimmungen nichts Abweichendes ergibt.

(2) Die Zustimmung zur Kündigung kann nur innerhalb von zwei Wochen beantragt werden; maßgebend ist der Eingang des Antrages bei dem Integrationsamt. Die Frist beginnt mit dem Zeitpunkt, in dem der Arbeitgeber von den für die Kündigung maßgebenden Tatsachen Kenntnis erlangt.

(3) Das Integrationsamt trifft die Entscheidung innerhalb von zwei Wochen vom Tag des Eingangs des Antrages an. Wird innerhalb dieser Frist eine Entscheidung nicht getroffen, gilt die Zustimmung als erteilt.

(4) Das Integrationsamt soll die Zustimmung erteilen, wenn die Kündigung aus einem Grund erfolgt, der nicht im Zusammenhang mit der Behinderung steht.

(5) Die Kündigung kann auch nach Ablauf der Frist des § 626 Absatz 2 Satz 1 des Bürgerlichen Gesetzbuchs erfolgen, wenn sie unverzüglich nach Erteilung der Zustimmung erklärt wird.

3. 그 근로관계가 해고에 의해 종료된 경우로 다음 각 목의 경우,
   a) 중증장애인이 만 58세에 달하고 사회적지원계획에 근거한 배상청구권, 보상청구권 또는 이에 유사한 급부청구권을 갖는 경우
   b) 사회법전 제6권에 따른 광부조정급부청구권 또는 해고된 광산근로자에 대한 적응수당 청구권을 가진 경우

사업주가 중증장애인에게 해고의사를 적시에 통지하고 중증장애인이 계획 중인 해고(beabsichtigten Kündigung)에 대해 그 언급된 기간 내에 이의를 제기하지 않은 경우에 제1문 제3호[(a)목, b)목]을 적용한다.

② 또한 중증장애인의 계속고용이 작업의 재개시 보장되는 한, 본 장의 규정은 기상(氣象)상 이유에서 행해진(die aus Witterungsgründen vorgenommen werden) 해고에 대해서는 적용하지 않는다.

③ 또한 해고시를 기준으로 중증장애인으로서의 특성이 증명되지 않거나(zum Zeitpunkt der Kündigung die Eigenschaft als schwerbehinderter Mensch nicht nachgewiesen ist), 사회부조청[33]이 제152조 제1항 제3문에 따른 기간 경과 후에 협력 결여를 이유로 장애인결정을 내릴 수 없는 경우에 본 장의 규정은 적용되지 않는다.

④ 제173조 제1항 제1호의 경우에 사업주는 다른 법률에 따른 신고의무를 불문하고 중증장애인의 시용(試用)적 고용과 그에 대한 근로관계의 종료에 대해 장애인통합지원청(근로관계종료일로부터)에 4일 이내에 보고한다.

각주

(제4장 제168조 내지 제175조: 그 적용에 대해 173조를 참조하라)

제174조 즉시해고

① 다음 조항에서 달리 정함이 없는 한, 본 장의 규정은 제169조를 제외하고 즉시해고에도 적용한다.

② 해고(解雇)에 대한 동의는 2주 이내에만 신청될 수 있다; 장애인통합지원청에 신청 접수를 기준으로 한다. 그 기간은 사업주(事業主)가 그 해고에 중요한 사실에 대해 알게 된(in dem der Arbeitgeber von den für die Kündigung maßgebenden Tatsachen Kenntnis erlangt) 때부터 기산한다.

③ 장애인통합지원청은 그 신청을 접수한 때로부터 2주 이내에 결정을 한다. 그 기간 내에 결정이 이뤄지지 않은 경우에(Wird innerhalb dieser Frist eine Entscheidung nicht getroffen), 동의를 한 것으로 본다.

④ 장애에 관련되지 않은 이유로 해고(解雇)가 이뤄진 경우에 장애인통합지원청은 동의를 해야 한다.

⑤ 그 해고가 동의가 이뤄진 후에 지체 없이 단행된 경우에는 해고는 민법전 제626조 제2항 제1문의 기간이 지난 후에도 단행될 수 있다.

(6) Schwerbehinderte Menschen, denen lediglich aus Anlass eines Streiks oder einer Aussperrung fristlos gekündigt worden ist, werden nach Beendigung des Streiks oder der Aussperrung wieder eingestellt.

Fußnote

(+++ Kapitel 4 (§§ 168 bis 175: Zur Anwendung vgl. § 173 +++)

(+++ Kapitel 4 (§§ 168 u. 170 bis 175: Zur Anwendung vgl. § 174 +++)

§ 175 Erweiterter Beendigungsschutz

Die Beendigung des Arbeitsverhältnisses eines schwerbehinderten Menschen bedarf auch dann der vorherigen Zustimmung des Integrationsamtes, wenn sie im Falle des Eintritts einer teilweisen Erwerbsminderung, der Erwerbsminderung auf Zeit, der Berufsunfähigkeit oder der Erwerbsunfähigkeit auf Zeit ohne Kündigung erfolgt. Die Vorschriften dieses Kapitels über die Zustimmung zur ordentlichen Kündigung gelten entsprechend.

Fußnote

(+++ Kapitel 4 (§§ 168 bis 175: Zur Anwendung vgl. § 173 +++)

(+++ Kapitel 4 (§§ 168 u. 170 bis 175: Zur Anwendung vgl. § 174 +++)

## Kapitel 5 Betriebs-, Personal-, Richter-, Staatsanwalts- und Präsidialrat, Schwerbehindertenvertretung, Inklusionsbeauftragter des Arbeitgebers

§ 176 Aufgaben des Betriebs-, Personal-, Richter-, Staatsanwalts- und Präsidialrates

Betriebs-, Personal-, Richter-, Staatsanwalts- und Präsidialrat fördern die Eingliederung schwerbehinderter Menschen. Sie achten insbesondere darauf, dass die dem Arbeitgeber nach den §§ 154, 155 und 164 bis 167 obliegenden Verpflichtungen erfüllt werden; sie wirken auf die Wahl der Schwerbehindertenvertretung hin.

Fußnote

(+++ § 176: Zur Anwendung vgl. § 211 Abs. 3 +++)

§ 177 Wahl und Amtszeit der Schwerbehindertenvertretung

(1) In Betrieben und Dienststellen, in denen wenigstens fünf schwerbehinderte Menschen nicht nur vorübergehend beschäftigt sind, werden eine Vertrauensperson und wenigstens ein stellvertretendes Mitglied gewählt, das die Vertrauensperson im Falle der Verhinderung vertritt. Ferner wählen bei Gerichten, denen mindestens fünf schwerbehinderte Richter oder Richterinnen angehören, diese einen Richter oder eine Richterin zu ihrer Schwerbehindertenvertretung. Satz 2 gilt entsprechend für Staatsanwälte oder Staatsanwältinnen, soweit für sie eine besondere Personalvertretung gebildet wird. Betriebe oder Dienststellen, die die Voraussetzungen des Satzes 1 nicht erfüllen, können für die Wahl mit räumlich nahe liegenden Betrieben des Arbeitgebers oder gleichstufigen Dienststellen

⑥ 오로지 쟁의행위 또는 직장폐쇄를 이유에 기해서(lediglich aus Anlass eines Streiks oder einer Aussperrung) 해고 기간 없이 해고를 당한 중증장애인은, 그 파업 또는 직장폐쇄 종료 후에 다시 고용된다.

각주

(제4장 제168조 내지 제175조: 그 적용에 대해 173조를 참조하라)

(제4장 제168조, 제170조 내지 175조: 그 적용에 대해 174조를 참조하라)

제175조 근로관계종료보호의 확대

부분적인 소득능력감소, 일시적인 소득능력감소 또는 일시적인 직업무능력 또는 노동무능력이 발생한 경우(im Falle des Eintritts einer teilweisen Erwerbsminderung, der Erwerbsminderung auf Zeit, der Berufsunfähigkeit oder der Erwerbsunfähigkeit)에 해고 없이 근로관계 종료가 이뤄진 때에는, 중증장애인의 근로관계(勤勞關係)의 종료는 장애인통합지원청의 사전동의를 필요로 한다.

각주

(제4장 제168조 내지 제175조: 그 적용에 대해 173조를 참조하라)

(제4장 제168조, 제170조 내지 175조: 그 적용에 대해 174조를 참조하라)

## 제5장 근로자평의회, 직원평의회, 법관평의회, 검사평의회 및 법관인사평의회, 중증장애인대표단, 사업주 포괄대리인

제176조 근로자평의회, 직원평의회, 법관평의회, 검사평의회 및 법관인사평의회의 임무

근로자평의회, 직원평의회, 법관평의회, 검사평의회 및 법관인사평의회는 장애인의 통합을 촉진한다. 이러한 평의회들은 특히 제154조, 제155조, 제164조 내지 제167조에 따라 사업주에게 귀속된 책임이 이행되는지에 대해 감시한다; 그 평의회들은 중증장애인대표단의 선출을 위해 노력한다.

각주

(제176조: 그 적용에 관하여 제211조 제3항을 참고하라)

제177조 중증장애인대표단의 선출과 임기

① 5명 이상의 장애인이 일시적으로만 고용되지 않은 사업과 공공관서에서 1명의 중증장애인직장대표자와 직무수행장애가 있는 경우에 중증장애인직장대표자를 대리하는 1명 이상의 부대표자를 선출된다. 또한 5명 이상의 중증장애인인 판사가 있는(denen mindestens fünf schwerbehinderte Richter oder Richterinnen angehören) 법원에서 그 장애인인 판사들은 1명의 판사를 자신의 중증장애인대표단으로 선출한다. 검사에 대하여(für Staatsanwälte oder Staatsanwältinnen) 특별한 직원대표기구가 조직된 경우에 제2문은 검사에 대해서 준용한다. 제1문의 요건을 충족하지 못한 사업 또는 공공관서는(die die Voraussetzungen des Satzes 1 nicht erfüllen) 당해 사업주(事業主)의 공간적으로 인접한 사업 또는 동일한 행정부문의 동등한

derselben Verwaltung zusammengefasst werden; soweit erforderlich, können Gerichte unterschiedlicher Gerichtszweige und Stufen zusammengefasst werden. Über die Zusammenfassung entscheidet der Arbeitgeber im Benehmen mit dem für den Sitz der Betriebe oder Dienststellen einschließlich Gerichten zuständigen Integrationsamt.

(2) Wahlberechtigt sind alle in dem Betrieb oder der Dienststelle beschäftigten schwerbehinderten Menschen.

(3) Wählbar sind alle in dem Betrieb oder der Dienststelle nicht nur vorübergehend Beschäftigten, die am Wahltag das 18. Lebensjahr vollendet haben und dem Betrieb oder der Dienststelle seit sechs Monaten angehören; besteht der Betrieb oder die Dienststelle weniger als ein Jahr, so bedarf es für die Wählbarkeit nicht der sechsmonatigen Zugehörigkeit. Nicht wählbar ist, wer kraft Gesetzes dem Betriebs-, Personal-, Richter-, Staatsanwalts- oder Präsidialrat nicht angehören kann.

(4) In Dienststellen der Bundeswehr sind auch schwerbehinderte Soldatinnen und Soldaten wahlberechtigt und auch Soldatinnen und Soldaten wählbar.

(5) Die regelmäßigen Wahlen finden alle vier Jahre in der Zeit vom 1. Oktober bis 30. November statt. Außerhalb dieser Zeit finden Wahlen statt, wenn

1. das Amt der Schwerbehindertenvertretung vorzeitig erlischt und ein stellvertretendes Mitglied nicht nachrückt,
2. die Wahl mit Erfolg angefochten worden ist oder
3. eine Schwerbehindertenvertretung noch nicht gewählt ist.

Hat außerhalb des für die regelmäßigen Wahlen festgelegten Zeitraumes eine Wahl der Schwerbehindertenvertretung stattgefunden, wird die Schwerbehindertenvertretung in dem auf die Wahl folgenden nächsten Zeitraum der regelmäßigen Wahlen neu gewählt. Hat die Amtszeit der Schwerbehindertenvertretung zum Beginn des für die regelmäßigen Wahlen festgelegten Zeitraums noch nicht ein Jahr betragen, wird die Schwerbehindertenvertretung im übernächsten Zeitraum für regelmäßige Wahlen neu gewählt.

(6) Die Vertrauensperson und das stellvertretende Mitglied werden in geheimer und unmittelbarer Wahl nach den Grundsätzen der Mehrheitswahl gewählt. Im Übrigen sind die Vorschriften über die Wahlanfechtung, den Wahlschutz und die Wahlkosten bei der Wahl des Betriebs-, Personal-, Richter-, Staatsanwalts- oder Präsidialrates sinngemäß anzuwenden. In Betrieben und Dienststellen mit weniger als 50 wahlberechtigten schwerbehinderten Menschen wird die Vertrauensperson und das stellvertretende Mitglied im vereinfachten Wahlverfahren gewählt, sofern der Betrieb oder die Dienststelle nicht aus räumlich weit auseinanderliegenden Teilen besteht. Ist in einem Betrieb oder einer Dienststelle eine Schwerbehindertenvertretung nicht gewählt, so kann das für den Betrieb oder die Dienststelle zuständige Integrationsamt zu einer Versammlung schwerbehinderter Menschen zum Zwecke der Wahl eines Wahlvorstandes einladen.

단계의 공공관서와 그 선거를 위해 통합될 수 있다; 필요한 경우에 법원은 다른 법원종류의 법원과 다른 심급법원(unterschiedlicher Gerichtszweige und Stufen)에 통합될 수 있다. 사업주는 법원을 포함한 사업 또는 공공관서의 소재지를 관할하는 장애인통합지원청과 협의하여 그 통합에 관하여 결정한다.

② 사업 또는 공공관서(Betrieb oder der Dienststelle)에 고용된 모든 중증장애인은 선거권(選擧權)을 갖는다.

③ 사업 또는 공공관서에 일시적으로만 고용되지 않은 피고용인으로, 선거일 기준으로 만 18세에 달하고 그 사업 또는 공관관서에 6개월간 소속된 모든 피고용인은 피선거권을 갖는다; 사업 또는 공공관서의 존속기간이 1년 미만인 경우에 6개월의 소속기간은 피선거권과 관련하여 필요로 하지 않는다. 법률에 의하여 근로자평의회, 직원평의회, 법관평의회, 검사평의회 및 법관인사평의회에 속할 수 없는 사람은 피선권거권을 갖지 못한다.

④ 연방군의 공공관서에서(In Dienststellen der Bundeswehr) 중증장애를 가진 군인도 선거권을 가지고 피선거권을 갖는다.

⑤ 정례적인 선거는 10월 1일부터 11월 30일까지의 기간에 4년마다 실시된다. 다음 각 호의 경우에는 이러한 시기 이외의 시기에 선거가 실시된다,

1. 중증장애인대표의 직이 임기 이전에 상실되고 그 직무대리인(職務代理人)이 그 직을 승계하지 않은 경우,
2. 그 선거에 대한 선거취소가 인용된 경우,
3. 중증장애인대표단이 아직 선거에 의해 구성되지 않은 경우,

정례적 중증장애인대표단선거로 정해진 시기 이외의 시기에 중증장애인대표단선거가 실시된 경우에, 중증장애인대표단은 정례적 선거시기 직후의 다음 정례적 선거시기에 선거에 의해 새롭게 구성된다. 정례적 중증장애인대표단선거로 정해진 시기의 개시 시점기준으로 중증장애인대표단의 임기가 1년에 달하지 않은 경우에는, 중증장애인대표단(Schwerbehindertenvertretung)은 정례적 중증장애인대표단선거의 다음다음의 정례적 선거시기(übernächsten Zeitraum für regelmäßige Wahlen)에 선거에 의해 새롭게 구성된다.

⑥ 중증장애인직장대표자와 직무대행자는 다수대표선거원칙에 따라 비밀·직접투표로 선출된다. 기타의 경우에 근로자평의회, 직원평의회, 법관평의회, 검사평의회 및 법관인사평의회의 선거에서(bei der Wahl des Betriebs-, Personal-, Richter-, Staatsanwalts- oder Präsidialrates) 그 선거취소, 선거보호, 선거보호에 관한 규정을 준용한다. 그 사업 또는 공공관서가 공간적으로 멀리 떨어져 있는 사업부서들로 구성되어 있지 않는 한, 50명 미만의 중증장애인이 있는 사업 또는 공공관서에서 중증장애인직장대표자와 부대표자(Vertrauensperson und das stellvertretende Mitglied)는 간소화된 선거절차에 의해 선출된다. 하나의 사업 또는 공공관서에서 중증장애인대표단이 선거에 의해 구성되지 않은 경우에, 그 사업 또는 공공관서를 관할하는 장애인통합지원청은 선거위원회 구성을 위하여 중증장애인총회(Versammlung schwerbehinderter Menschen)를 소집할 수 있다.

(7) Die Amtszeit der Schwerbehindertenvertretung beträgt vier Jahre. Sie beginnt mit der Bekanntgabe des Wahlergebnisses oder, wenn die Amtszeit der bisherigen Schwerbehindertenvertretung noch nicht beendet ist, mit deren Ablauf. Das Amt erlischt vorzeitig, wenn die Vertrauensperson es niederlegt, aus dem Arbeits-, Dienst- oder Richterverhältnis ausscheidet oder die Wählbarkeit verliert. Scheidet die Vertrauensperson vorzeitig aus dem Amt aus, rückt das mit der höchsten Stimmenzahl gewählte stellvertretende Mitglied für den Rest der Amtszeit nach; dies gilt für das stellvertretende Mitglied entsprechend. Auf Antrag eines Viertels der wahlberechtigten schwerbehinderten Menschen kann der Widerspruchsausschuss bei dem Integrationsamt (§ 202) das Erlöschen des Amtes einer Vertrauensperson wegen grober Verletzung ihrer Pflichten beschließen.

(8) In Betrieben gilt § 21a des Betriebsverfassungsgesetzes entsprechend.

Fußnote

(+++ § 177: Zur Anwendung vgl. § 211 Abs. 3 +++)

(+++ § 177 Abs. 1 S. 4 und 5: Zur Anwendung vgl. § 240 +++)

(+++ § 177 Abs. 2, 3, 6 und 7: Zur Anwendung vgl. § 239 +++)

§ 178 Aufgaben der Schwerbehindertenvertretung

(1) Die Schwerbehindertenvertretung fördert die Eingliederung schwerbehinderter Menschen in den Betrieb oder die Dienststelle, vertritt ihre Interessen in dem Betrieb oder der Dienststelle und steht ihnen beratend und helfend zur Seite. Sie erfüllt ihre Aufgaben insbesondere dadurch, dass sie

1. darüber wacht, dass die zugunsten schwerbehinderter Menschen geltenden Gesetze, Verordnungen, Tarifverträge, Betriebs- oder Dienstvereinbarungen und Verwaltungsanordnungen durchgeführt, insbesondere auch die dem Arbeitgeber nach den §§ 154, 155 und 164 bis 167 obliegenden Verpflichtungen erfüllt werden,
2. Maßnahmen, die den schwerbehinderten Menschen dienen, insbesondere auch präventive Maßnahmen, bei den zuständigen Stellen beantragt,
3. Anregungen und Beschwerden von schwerbehinderten Menschen entgegennimmt und, falls sie berechtigt erscheinen, durch Verhandlung mit dem Arbeitgeber auf eine Erledigung hinwirkt; sie unterrichtet die schwerbehinderten Menschen über den Stand und das Ergebnis der Verhandlungen.

Die Schwerbehindertenvertretung unterstützt Beschäftigte auch bei Anträgen an die nach § 152 Absatz 1 zuständigen Behörden auf Feststellung einer Behinderung, ihres Grades und einer Schwerbehinderung sowie bei Anträgen auf Gleichstellung an die Agentur für Arbeit. In Betrieben und Dienststellen mit in der Regel mehr als 100 beschäftigten schwerbehinderten Menschen kann sie nach Unterrichtung des Arbeitgebers das mit der höchsten Stimmenzahl gewählte stellvertretende Mitglied zu bestimmten Aufgaben heranziehen. Ab jeweils 100 weiteren beschäftigten schwerbehinderten Menschen kann jeweils auch das mit der nächsthöheren

⑦ 중증장애인대표단의 임기는 4년이다. 그 임기는 선거결과의 공고로써 또는 중증장애인대표단의 이전 임기가 아직 만료되지 않은 경우에는 그 임기 만료로써 개시된다. 중증장애인직장대표자가 사직하거나, 근로관계, 근무관계 또는 판사관계에서 벗어나거나(aus dem Arbeits-, Dienst- oder Richterverhältnis ausscheidet) 또는 피선거권을 상실하는 경우에는 그 직은 임기 전에 상실된다. 중증장애인직장대표자가 임기 전에 사직하는 경우에는 가장 많은 득표수로 선출된 직무대행자가 나머지 임기 동안에 그 직을 승계한다; 그 직무대행자에 대해서도 이를 준용한다. 선거권이 있는 중증장애인의 1/4의 신청이 있는 경우에 제202조의 장애인통합지원청에 설치된 이의위원회가 그 의무의 중대한 위반을 이유로(wegen grober Verletzung ihrer Pflichten) 중증장애인직장대표자의 직의 상실을 결의할 수 있다.
⑧ 사업에서는 사업조직법 제21a조를 준용된다.
각주
(제177조: 그 적용에 대해 제211조 제3항을 참조하라)
(제177조 제1항 제4문, 제5문: 그 적용에 대해 제240조를 참조하라)
(제177조 제2항, 제3항, 제6항, 제7항: 그 적용에 대해 제239조를 참조하라)

제178조 중증장애인대표단의 임무

① 중증장애인대표단은 사업 또는 공공관서 내 중증장애인의 직장편입을 촉진하고, 사업 또는 공공관서 내 그들의 이익을 대변하며, 자문과 도움으로 그들을 원조한다. 중증장애인대표단은 특히 다음 각 호에 의한 자신의 임무를 수행한다,

1. 중증장애인을 위하여 적용되는 법률, 명령, 단체협약, 사업협정 또는 근무협정과 행정명령(Gesetze, Verordnungen, Tarifverträge, Betriebs- oder Dienstvereinbarungen und Verwaltungsanordnungen)이 집행되는지, 특히 제154조, 제155조, 제164 내지 제167조에 따라 사업주에게 귀속되는 책임이 이행되는지를 감시하는 것,
2. 중증장애인에게 도움이 되는 조치, 특히 예방적 조치도(auch präventive Maßnahmen) 관할기관에 신청하는 것,
3. 중증장애인의 제안과 고충제기(Anregungen und Beschwerden)를 받은 다음, 그것이 정당한 것으로 보이는 경우에 사업주와의 논의를 통해 그 처리를 위해 노력하는 것; 중증장애인대표단은 중증장애인들에게 평의 상황 및 결과(Stand und das Ergebnis der Verhandlungen)에 대해 통지한다.

중증장애인대표단은 제152조 제1항에 따라 관할 행정관청에 대해 하는 장애, 장애비율 및 중증장애의 결정(Feststellung einer Behinderung, ihres Grades und einer Schwerbehinderung)의 신청의 경우와 노동사무소에 대한 평등대우의 신청의 경우에도 피고용인을 지원한다. 상시 100명을 초과하는 고용된 중증장애인이 있는 사업 또는 공공관서에서(In Betrieben und Dienststellen mit in der Regel mehr als 100 beschäftigten schwerbehinderten Menschen) 중증장애인대표단은 사업주에게 통지 후 가장 많은 득표수로 선출된 직무대행자를 일정한 임무에 참가시킬 수 있다. 고용된 중증장애인 100명이 추가될 때마다 각각 그 다음으로 많은 득표수로

Stimmenzahl gewählte Mitglied herangezogen werden. Die Heranziehung zu bestimmten Aufgaben schließt die Abstimmung untereinander ein.

(2) Der Arbeitgeber hat die Schwerbehindertenvertretung in allen Angelegenheiten, die einen einzelnen oder die schwerbehinderten Menschen als Gruppe berühren, unverzüglich und umfassend zu unterrichten und vor einer Entscheidung anzuhören; er hat ihr die getroffene Entscheidung unverzüglich mitzuteilen. Die Durchführung oder Vollziehung einer ohne Beteiligung nach Satz 1 getroffenen Entscheidung ist auszusetzen, die Beteiligung ist innerhalb von sieben Tagen nachzuholen; sodann ist endgültig zu entscheiden. Die Kündigung eines schwerbehinderten Menschen, die der Arbeitgeber ohne eine Beteiligung nach Satz 1 ausspricht, ist unwirksam. Die Schwerbehindertenvertretung hat das Recht auf Beteiligung am Verfahren nach § 164 Absatz 1 und beim Vorliegen von Vermittlungsvorschlägen der Bundesagentur für Arbeit nach § 164 Absatz 1 oder von Bewerbungen schwerbehinderter Menschen das Recht auf Einsicht in die entscheidungsrelevanten Teile der Bewerbungsunterlagen und Teilnahme an Vorstellungsgesprächen.

(3) Der schwerbehinderte Mensch hat das Recht, bei Einsicht in die über ihn geführte Personalakte oder ihn betreffende Daten des Arbeitgebers die Schwerbehindertenvertretung hinzuzuziehen. Die Schwerbehindertenvertretung bewahrt über den Inhalt der Daten Stillschweigen, soweit sie der schwerbehinderte Mensch nicht von dieser Verpflichtung entbunden hat.

(4) Die Schwerbehindertenvertretung hat das Recht, an allen Sitzungen des Betriebs-, Personal-, Richter-, Staatsanwalts- oder Präsidialrates und deren Ausschüssen sowie des Arbeitsschutzausschusses beratend teilzunehmen; sie kann beantragen, Angelegenheiten, die einzelne oder die schwerbehinderten Menschen als Gruppe besonders betreffen, auf die Tagesordnung der nächsten Sitzung zu setzen. Erachtet sie einen Beschluss des Betriebs-, Personal-, Richter-, Staatsanwalts- oder Präsidialrates als eine erhebliche Beeinträchtigung wichtiger Interessen schwerbehinderter Menschen oder ist sie entgegen Absatz 2 Satz 1 nicht beteiligt worden, wird auf ihren Antrag der Beschluss für die Dauer von einer Woche vom Zeitpunkt der Beschlussfassung an ausgesetzt; die Vorschriften des Betriebsverfassungsgesetzes und des Personalvertretungsrechts über die Aussetzung von Beschlüssen gelten entsprechend. Durch die Aussetzung wird eine Frist nicht verlängert. In den Fällen des § 21e Absatz 1 und 3 des Gerichtsverfassungsgesetzes ist die Schwerbehindertenvertretung, außer in Eilfällen, auf Antrag einer betroffenen schwerbehinderten Richterin oder eines schwerbehinderten Richters vor dem Präsidium des Gerichtes zu hören.

(5) Die Schwerbehindertenvertretung wird zu Besprechungen nach § 74 Absatz 1 des Betriebsverfassungsgesetzes, § 66 Absatz 1 des Bundespersonalvertretungsgesetzes sowie den entsprechenden Vorschriften des sonstigen Personalvertretungsrechts zwischen dem Arbeitgeber und den in Absatz 4 genannten Vertretungen hinzugezogen.

(6) Die Schwerbehindertenvertretung hat das Recht, mindestens einmal im Kalenderjahr eine

선출된 직무대행자도 그 임무에 관련될 수 있다. 이러한 일정한 임무에 대한 참가는 상호간의 조정도 포함한다.

② 사업주는 중증장애인대표단에게 개별적 중증장애인 또는 집단으로서 중증장애인에게 영향을 끼치는 모든 사항(allen Angelegenheiten, die einen einzelnen oder die schwerbehinderten Menschen als Gruppe berühren)에 대해 지체 없이 포괄적으로 통지해야 하고 그 결정에 앞서 의견을 청취해야 한다; 사업주는 중증장애인대표단에게 행한 결정을 지체 없이 통지해야 한다. 제1문에 따른 의견 청취 없이 행해진 결정의 이행 또는 집행은 연기되어야 하고 그 의사결정참가가 7일 이내에 보완되어야 한다. 제1문에 따른 의사결정참가 없이 행한 중증장애인에 대한 해고(Die Kündigung eines schwerbehinderten Menschen, die der Arbeitgeber ohne eine Beteiligung nach Satz 1 ausspricht)는 무효이다. 중증장애인대표단은 제164조 제1항에 따른 절차에 대한 의사결정참가권을 갖고 제164조 제1항에 따라 연방노동사무소의 일자리알선 또는 중증장애인의 응시가 있는 경우에 응시서류 중 채용결정에 중요한 부분에 대한 열람권 또는 채용면접에 대한 참여권을 갖는다.

③ 중증장애인은 자신에 대해 작성된 인사서류 또는 자신에 관련된 사업주의 정보를 열람하는 경우에 중증장애인대표단을 참석시킬 권리를 갖는다. 중증장애인대표단은 중증장애인에게서 이러한 묵비의무를 면제받지 않는 한, 그 정보내용에 관하여 묵비의무(Inhalt der Daten Stillschweigen)를 부담한다.

④ 중증장애인대표단은 근로자평의회·직원평의회·법관평의회·검사평의회 또는 법관인사평의회와 그 각 부문위원회의 회의(allen Sitzungen des Betriebs-, Personal-, Richter-, Staatsanwalts- oder Präsidialrates und deren Ausschüssen)와 산업안전보건위원회의 회의에 옵서버로 참여할 권리를 갖는다; 중증장애인대표단은 개별적 중증장애인 또는 집단으로서 중증장애인에 특히 관련된 사안을 다음 회의의 의사일정에 부의할 수 있다. 중증장애인대표단이 근로자평의회·직원평의회·법관평의회·검사평의회 또는 법관인사평의회의 결의(Beschluss des Betriebs-, Personal-, Richter-, Staatsanwalts- oder Präsidialrates)가 중증장애인의 이익을 중대하게 침해하는 것으로 보거나 제178조 제2항 제1문에 반하여 그 결정에 의사결정참가가 행해지지 않은 경우에, 중증장애인대표단의 신청이 있는 때에는 그 결의가 있었던 때로부터 1주일의 기간 동안에 그 결의는 연기된다; 결의의 유보에 관한 사업조직법 및 직원대표법의 규정을 준용한다; 그 연기로 인해 그 기간은 연장되지 않는다. 법원조직법 제21e 제1항, 제3항의 경우에 긴급한 경우를 제외하고, 관련 장애인 판사의 신청에 따라 중증장애인대표단은 법원의 운영위원회에서(vor dem Präsidium des Gerichtes) 의견을 진술해야 한다.

⑤ 중증장애인대표단은 사업조직법 제74조 제1항, 연방직원대표법 제66조 제1항과 기타직원대표법의 준용규정에 따른(entsprechenden Vorschriften des sonstigen Personalvertretungsrechts), 사업주와 제178조 제4항상의 중증장애인대표단 간(zwischen dem Arbeitgeber und den in Absatz 4 genannten Vertretungen)의 평의에 참석한다.

⑥ 중증장애인대표단(Schwerbehindertenvertretung)은 사업 또는 공공관서 내 중증장애인총회

für Betriebs- und Personalversammlungen geltenden Vorschriften finden entsprechende Anwendung.

(7) Sind in einer Angelegenheit sowohl die Schwerbehindertenvertretung der Richter und Richterinnen als auch die Schwerbehindertenvertretung der übrigen Bediensteten beteiligt, so handeln sie gemeinsam.

(8) Die Schwerbehindertenvertretung kann an Betriebs- und Personalversammlungen in Betrieben und Dienststellen teilnehmen, für die sie als Schwerbehindertenvertretung zuständig ist, und hat dort ein Rederecht, auch wenn die Mitglieder der Schwerbehindertenvertretung nicht Angehörige des Betriebes oder der Dienststelle sind.

Fußnote

(+++ § 178: Zur Anwendung vgl. § 211 Abs. 3 +++)

§ 179 Persönliche Rechte und Pflichten der Vertrauenspersonen der schwerbehinderten Menschen

(1) Die Vertrauenspersonen führen ihr Amt unentgeltlich als Ehrenamt.

(2) Die Vertrauenspersonen dürfen in der Ausübung ihres Amtes nicht behindert oder wegen ihres Amtes nicht benachteiligt oder begünstigt werden; dies gilt auch für ihre berufliche Entwicklung.

(3) Die Vertrauenspersonen besitzen gegenüber dem Arbeitgeber die gleiche persönliche Rechtsstellung, insbesondere den gleichen Kündigungs-, Versetzungs- und Abordnungsschutz, wie ein Mitglied des Betriebs-, Personal-, Staatsanwalts- oder Richterrates. Das stellvertretende Mitglied besitzt während der Dauer der Vertretung und der Heranziehung nach § 178 Absatz 1 Satz 4 und 5 die gleiche persönliche Rechtsstellung wie die Vertrauensperson, im Übrigen die gleiche Rechtsstellung wie Ersatzmitglieder der in Satz 1 genannten Vertretungen.

(4) Die Vertrauenspersonen werden von ihrer beruflichen Tätigkeit ohne Minderung des Arbeitsentgelts oder der Dienstbezüge befreit, wenn und soweit es zur Durchführung ihrer Aufgaben erforderlich ist. Sind in den Betrieben und Dienststellen in der Regel wenigstens 100 schwerbehinderte Menschen beschäftigt, wird die Vertrauensperson auf ihren Wunsch freigestellt; weitergehende Vereinbarungen sind zulässig. Satz 1 gilt entsprechend für die Teilnahme der Vertrauensperson und des mit der höchsten Stimmenzahl gewählten stellvertretenden Mitglieds sowie in den Fällen des § 178 Absatz 1 Satz 5 auch des jeweils mit der nächsthöheren Stimmenzahl gewählten weiteren stellvertretenden Mitglieds an Schulungs- und Bildungsveranstaltungen, soweit diese Kenntnisse vermitteln, die für die Arbeit der Schwerbehindertenvertretung erforderlich sind.

(5) Freigestellte Vertrauenspersonen dürfen von inner- oder außerbetrieblichen Maßnahmen der Berufsförderung nicht ausgeschlossen werden. Innerhalb eines Jahres nach Beendigung ihrer Freistellung ist ihnen im Rahmen der Möglichkeiten des Betriebes oder der Dienststelle Gelegenheit zu geben, eine wegen der Freistellung unterbliebene berufliche Entwicklung in dem Betrieb oder der Dienststelle nachzuholen. Für Vertrauenspersonen, die drei volle aufeinander folgende Amtszeiten freigestellt waren, erhöht sich der genannte Zeitraum auf zwei Jahre.

를 역년에 1회 이상을 개최할 권리가 있다. 근로자총회 및 직원총회에 적용되는 규정을 준용한다.

⑦ 법관 중증장애인대표단(Schwerbehindertenvertretung der Richter und Richterinnen)과 나머지 공무원 중증장애인대표단이 모두 어느 사항에 대해 의사결정참가를 하는 경우에 그 중증장애인대표단들은 공동으로 행동한다.

⑧ 중증장애인대표단은, 중증장애인대표단원이 그 사업 또는 공공관서에 소속원이 아닐지라도(auch wenn die Mitglieder der Schwerbehindertenvertretung nicht Angehörige des Betriebes oder der Dienststelle sind), 자신이 중증장애인대표단으로서 관할하는 사업 또는 공공관서 내 근로자총회 및 직원총회에 참가할 수 있고, 거기서 발언할 수 있다.

주석

(제178조: 그 적용에 대해 제211조 제3항을 참조하라)

제179조 중증장애인직장대표자의 개인적 권리의무

① 직장대표자는 무모수 명예직으로 자신의 직무를 수행한다.

② 중증장애인직장대표자는 자신의 직무를 수행함에 있어 방해를 받아서 안 되고 그 직무수행으로 인해 불이익 또는 이익을 받아서는 안 된다; 자신의 직업적 경력에서도 적용한다.

③ 중증장애인직장대표자는 사업주에 대해 동등한 인적 법상지위를 향유하고, 특히 근로자평의회구성원 · 직원평의회구성원 · 검사평의회구성원 · 법관평의회구성원(Mitglied des Betriebs-, Personal-, Staatsanwalts- oder Richterrates)과 동등한 해고보호 · 배치전환보호 · 파견보호를 누린다. 그 직무대행자는 대행기간 및 제178조 제1항 제4문, 제5문에 따른 참가기간의 동안에 중증장애인직장표자와 동등한 인적 법상지위를 향유하고, 기타 경우에 제1문상의 평의회구성원들의 대체구성원과 동등한 지위를 누린다.

④ 중증장애인직장대표자(Vertrauenspersonen)는 임금 또는 보수의 감액 없이 그것이 자신의 임무 수행을 위해 필요한 경우 그 임무 수행을 위한 필요한 범위 내에서 자신의 직무상 활동에서 면제된다. 사업 또는 공공관서에서 상시적으로 최소 100명의 중증장애인이 고용된 경우에, 중증장애인직장대표자의 요구가 있는 때에는 중증장애인직장대표자는 근무면제가 된다; 보다 상세한 협정이 허용된다. 그 행사가 중증장애인대표단의 직무에 필요한 지식을 전달하는 한, 중증장애인직장대표자, 가장 많은 득표수로 선출된 그 직무대행자의 교육 · 훈련행사(Schulungs- und Bildungsveranstaltungen)에 참석과, 제178조 제1항 제5문의 경우에 각각 그 다음으로 많은 득표수로 선출된 추가적 직무대행자의 교육 · 훈련행사에 참석에 대해 제1문을 준용한다.

⑤ 근무면제가 된 중증장애인직장대표자는 사업내외의 승진상 조치에서 배제되어서는 안 된다. 중증장애인직장대표자는 근무면제 종료 후 1년 이내에 사업 또는 공공관서의 가능성의 범위 내에서, 근무면제로 인해 생긴 직업적 경력을 사업 또는 공공관서에서 만회할 기회를 부여받아야 한다. 연속적으로 이어진 3번의 만기 임기 동안에 근무면제가 이뤄진 중증장애인대표단에 대해서는 그 기간은 2년으로 확대된다.

(6) Zum Ausgleich für ihre Tätigkeit, die aus betriebsbedingten oder dienstlichen Gründen außerhalb der Arbeitszeit durchzuführen ist, haben die Vertrauenspersonen Anspruch auf entsprechende Arbeits- oder Dienstbefreiung unter Fortzahlung des Arbeitsentgelts oder der Dienstbezüge.

(7) Die Vertrauenspersonen sind verpflichtet,

1. ihnen wegen ihres Amtes anvertraute oder sonst bekannt gewordene fremde Geheimnisse, namentlich zum persönlichen Lebensbereich gehörende Geheimnisse, nicht zu offenbaren und
2. ihnen wegen ihres Amtes bekannt gewordene und vom Arbeitgeber ausdrücklich als geheimhaltungsbedürftig bezeichnete Betriebs- oder Geschäftsgeheimnisse nicht zu offenbaren und nicht zu verwerten.

Diese Pflichten gelten auch nach dem Ausscheiden aus dem Amt. Sie gelten nicht gegenüber der Bundesagentur für Arbeit, den Integrationsämtern und den Rehabilitationsträgern, soweit deren Aufgaben den schwerbehinderten Menschen gegenüber es erfordern, gegenüber den Vertrauenspersonen in den Stufenvertretungen (§ 180) sowie gegenüber den in § 79 Absatz 1 des Betriebsverfassungsgesetzes und den in den entsprechenden Vorschriften des Personalvertretungsrechts genannten Vertretungen, Personen und Stellen.

(8) Die durch die Tätigkeit der Schwerbehindertenvertretung entstehenden Kosten trägt der Arbeitgeber; für öffentliche Arbeitgeber gelten die Kostenregelungen für Personalvertretungen entsprechend. Das Gleiche gilt für die durch die Teilnahme der stellvertretenden Mitglieder an Schulungs- und Bildungsveranstaltungen nach Absatz 4 Satz 3 entstehenden Kosten. Satz 1 umfasst auch eine Bürokraft für die Schwerbehindertenvertretung in erforderlichem Umfang.

(9) Die Räume und der Geschäftsbedarf, die der Arbeitgeber dem Betriebs-, Personal-, Richter-, Staatsanwalts- oder Präsidialrat für dessen Sitzungen, Sprechstunden und laufende Geschäftsführung zur Verfügung stellt, stehen für die gleichen Zwecke auch der Schwerbehindertenvertretung zur Verfügung, soweit ihr hierfür nicht eigene Räume und sächliche Mittel zur Verfügung gestellt werden.

Fußnote

(+++ § 179: Zur Anwendung vgl. § 211 Abs. 3 +++)

(+++ § 179 Abs. 7 S. 3: Zur Anwendung vgl. § 240 +++)

§ 180 Konzern-, Gesamt-, Bezirks- und Hauptschwerbehindertenvertretung

(1) Ist für mehrere Betriebe eines Arbeitgebers ein Gesamtbetriebsrat oder für den Geschäftsbereich mehrerer Dienststellen ein Gesamtpersonalrat errichtet, wählen die Schwerbehindertenvertretungen der einzelnen Betriebe oder Dienststellen eine Gesamtschwerbehindertenvertretung. Ist eine Schwerbehindertenvertretung nur in einem der Betriebe oder in einer der Dienststellen gewählt, nimmt sie die Rechte und Pflichten der Gesamtschwerbehindertenvertretung wahr.

⑥ 중증장애인대표자는 경영상 이유 또는 근무상 이유에서(aus betriebsbedingten oder dienstlichen Gründen) 근무시간 이외의 시간에 수행되어야 하는 활동에 대한 보상을 위하여 유급의(unter Fortzahlung) 상응하는 근무면제 또는 복무면제(Arbeits- oder Dienstbefreiung)에 대한 청구권을 갖는다.

⑦ 중증장애인직장대표자는,

1. 직무상 이유에서 지득하거나 기타 이유로 지득한 타인의 비밀, 특히 개인적 생활영역에 속하는 비밀을 누설해서는 안 되고,
2. 직무상 이유로 지득하고 사업주에 의해 명시적으로 비밀유지필요가 기재된 기업비밀 또는 사업비밀(ausdrücklich als geheimhaltungsbedürftig bezeichnete Betriebs- oder Geschäftsgeheimnisse)을 누설하거나 이용해서는 안 될 의무가 있다.

이러한 의무는 그 직에서 이탈한 후에도(auch nach dem Ausscheiden aus dem Amt) 적용된다. 그 임무가 중증장애인에 대해 이를 필요로 하는 한(soweit deren Aufgaben den schwerbehinderten Menschen gegenüber es erfordern), 그 의무는 연방노동사무소, 장애인통합지원청, 사회복귀담당기관, 단계적 직원대표기구(제180조)에서의 중증장애인대표단, 사업조직법 제79조 제1항상과 직원대표법의 준용규정에 기재된 대표자(代表者), 사람 및 기관(機關)에 대해서는 적용되지 않는다.

⑧ 중증장애인대표단 활동으로 인해 생긴 비용(Die durch die Tätigkeit der Schwerbehindertenvertretung entstehenden Kosten)은 사업주가 부담한다; 직원대표기구의 비용규정을 공공부문 사업주에 대해 준용한다. 직무대행자의 제179조 제4항 제3문에 따른 교육·훈련행사에 참석으로 생긴 비용도 또한 같다. 제1문은 중증장애인대표단의 사무실인력도 필요한 범위 내에서 포함한다.

⑨ 이러한 목적을 위해 자신의 공간 또는 물품이 중증장애인대표단에게 제공되지 않는 경우에, 사업주(事業主)가 근로자평의회·직원평의회·법관평의회·검사평의회 또는 법관인사평의회에게 그 회의, 상담시간, 일상적 사무처리를 위해 제공한 공간(空間) 및 사무처리에 필요한 것(Geschäftsbedarf)은 그와 같은 목적을 위해 중증장애인대표단에게도 이용할 수 있도록 제공된다.

각주

(제179조: 그 적용에 대해 제211조 제3항을 참조하라)

(제179조 제7항 제3문: 그 적용에 대해 제240조를 참조하라)

제180조 콘체른·전체·광역·최상급중증장애인대표단

① 하나의 사업주의 다수의 사업에 대하여 하나의 기업근로자평의회가 조직되거나 다수의 공공관서 업무범위에 대해 하나의 전체직원평의회가 조직된 경우에, 각각의 사업 또는 공공관서의 중증장애인대표단은 하나의 전체중증장애인대표단을 선거로 구성한다. 1개의 중증장애인대표단이 하나의 사업 또는 공공관서에서만 선출된 경우에는 그 중증장애인대표단이 전체중증장애인대표단의 권리의무를 행사한다.

(2) Ist für mehrere Unternehmen ein Konzernbetriebsrat errichtet, wählen die Gesamtschwerbehindertenvertretungen eine Konzernschwerbehindertenvertretung. Besteht ein Konzernunternehmen nur aus einem Betrieb, für den eine Schwerbehindertenvertretung gewählt ist, hat sie das Wahlrecht wie eine Gesamtschwerbehindertenvertretung.

(3) Für den Geschäftsbereich mehrstufiger Verwaltungen, bei denen ein Bezirks- oder Hauptpersonalrat gebildet ist, gilt Absatz 1 sinngemäß mit der Maßgabe, dass bei den Mittelbehörden von deren Schwerbehindertenvertretung und den Schwerbehindertenvertretungen der nachgeordneten Dienststellen eine Bezirksschwerbehindertenvertretung zu wählen ist. Bei den obersten Dienstbehörden ist von deren Schwerbehindertenvertretung und den Bezirksschwerbehindertenvertretungen des Geschäftsbereichs eine Hauptschwerbehindertenvertretung zu wählen; ist die Zahl der Bezirksschwerbehindertenvertretungen niedriger als zehn, sind auch die Schwerbehindertenvertretungen der nachgeordneten Dienststellen wahlberechtigt.

(4) Für Gerichte eines Zweiges der Gerichtsbarkeit, für die ein Bezirks- oder Hauptrichterrat gebildet ist, gilt Absatz 3 entsprechend. Sind in einem Zweig der Gerichtsbarkeit bei den Gerichten der Länder mehrere Schwerbehindertenvertretungen nach § 177 zu wählen und ist in diesem Zweig kein Hauptrichterrat gebildet, ist in entsprechender Anwendung von Absatz 3 eine Hauptschwerbehindertenvertretung zu wählen. Die Hauptschwerbehindertenvertretung nimmt die Aufgabe der Schwerbehindertenvertretung gegenüber dem Präsidialrat wahr.

(5) Für jede Vertrauensperson, die nach den Absätzen 1 bis 4 neu zu wählen ist, wird wenigstens ein stellvertretendes Mitglied gewählt.

(6) Die Gesamtschwerbehindertenvertretung vertritt die Interessen der schwerbehinderten Menschen in Angelegenheiten, die das Gesamtunternehmen oder mehrere Betriebe oder Dienststellen des Arbeitgebers betreffen und von den Schwerbehindertenvertretungen der einzelnen Betriebe oder Dienststellen nicht geregelt werden können, sowie die Interessen der schwerbehinderten Menschen, die in einem Betrieb oder einer Dienststelle tätig sind, für die eine Schwerbehindertenvertretung nicht gewählt ist; dies umfasst auch Verhandlungen und den Abschluss entsprechender Inklusionsvereinbarungen. Satz 1 gilt entsprechend für die Konzern-, Bezirks- und Hauptschwerbehindertenvertretung sowie für die Schwerbehindertenvertretung der obersten Dienstbehörde, wenn bei einer mehrstufigen Verwaltung Stufenvertretungen nicht gewählt sind. Die nach Satz 2 zuständige Schwerbehindertenvertretung ist auch in persönlichen Angelegenheiten schwerbehinderter Menschen, über die eine übergeordnete Dienststelle entscheidet, zuständig; sie gibt der Schwerbehindertenvertretung der Dienststelle, die den schwerbehinderten Menschen beschäftigt, Gelegenheit zur Äußerung. Satz 3 gilt nicht in den Fällen, in denen der Personalrat der Beschäftigungsbehörde zu beteiligen ist.

(7) § 177 Absatz 3 bis 8, § 178 Absatz 1 Satz 4 und 5, Absatz 2, 4, 5 und 7 und § 179 gelten

② 다수의 기업에 대해 콘체른근로자평의회가 조직된 경우에, 전체중증장애인대표단은 1개의 콘체른중증장애인대표단을 선거로 구성한다. 하나의 콘체른기업이 중증장애인대표단이 선거로 구성된 하나의 사업만으로 구성된 경우에는, 그 중증장애인대표단은 하나의 전체중증장애인대표단과 같은 선거권을 갖는다.

③ 광역직원평의회 또는 최상급직원평의회가 조직된 다단계행정의 업무영역에 대하여, 제180조 제1항은 중급행정관청의 경우 중급행정관청의 중증장애인대표단과 중급행정관청에 소속된 공공관서의 중증장애인대표단에 의하여 1개의 '광역중증장애인대표단'이 선거로 조직된다는 기준하에 준용한다. 최상급행정관청의 경우에 최상급행정관청의 중증장애인대표단과 그 업무범위에 속한 '광역중증장애인대표단'에 의해(von deren Schwerbehindertenvertretung und den Bezirksschwerbehindertenvertretungen des Geschäftsbereichs) 하나의 최상급중증장애인대표단이 선거로 구성된다; 광역중증장애인대표단의 수가 10개 미만인 경우에 중급행정관청에 소속된 공공관서의 중증장애인대표단도 선거권을 갖는다.

④ 광역법관평의회, 최상급법관평의회가 조직된, 하나의 재판권부문에 속하는 법원에 대하여, 제180조 제3항을 준용한다. 주법원의 하나의 재판권부문에서(Sind in einem Zweig der Gerichtsbarkeit bei den Gerichten der Länder) 수개의 중증장애인대표단이 제177조에 따라 선거로 구성되고, 이러한 재판권부문에서 최상급법관평의회가 선거로 조직되지 않은 경우에 제180조 제3항을 준용에 의하여 1개의 최상급중증장애인대표단이 선거로 구성된다. 최상급중증장애인대표단이 법관인사평의회에 대하여 권한을 행사한다.

⑤ 제180조 제1항 내지 제4항에 따라 새롭게 선출되는 각 중증장애인직장대표자에 대해 최소한 1명 이상의 부대표자가 선출된다.

⑥ 전체중증장애인대표단은 기업 전체나 사업주의 다수의 사업 또는 공공관서에 관련되고 각 사업 또는 공공관서의 중증장애인대표단에 의해 규율될 수 없는(die Interessen der schwerbehinderten Menschen in Angelegenheiten, die das Gesamtunternehmen oder mehrere Betriebe oder Dienststellen des Arbeitgebers betreffen und von den Schwerbehindertenvertretungen der einzelnen Betriebe oder Dienststellen nicht geregelt werden können) 사안에서 중증장애인의 이해관계와, 중증장애인대표단이 선거로 구성되지 않은 사업 또는 공공관서에서 근무하는 중증장애인의 이해관계를 대변한다; 이에는 관련 장애인포용협정의 교섭 및 체결도 포함된다. 여러단계행정부문에서 단계적 직원대표기구가 선거로 구성되지 않은 경우에, 제1문을 콘체른중증장애인대표단·광역중증장애인대표단·최상급중증장애인대표단(für die Konzern-, Bezirks- und Hauptschwerbehindertenvertretung)과 최상급행정관청의 중증장애인대표단에 준용한다. 제2문에 따른 관할 중증장애인대표단은 직상의 공공관서가 결정한, 중증장애인의 인사사항에 있어서도 관할한다; 그 중증장애인대표단은 중증장애인을 고용한 공공관서의 중증장애인대표단에게 의견진술의 기회를 부여한다. 제3문은 고용행정관청의 직원평의회가 의가결정참가를 해야 하는 경우에는 적용하지 않는다.

⑦ 제177조 제3항 내지 제8항, 제178조 제1항 제4문, 제5문, 제2항, 제4항, 제5항, 제7항, 제179

entsprechend, § 177 Absatz 5 mit der Maßgabe, dass die Wahl der Gesamt- und Bezirksschwerbehindertenvertretungen in der Zeit vom 1. Dezember bis 31. Januar, die der Konzern- und Hauptschwerbehindertenvertretungen in der Zeit vom 1. Februar bis 31. März stattfindet, § 177 Absatz 6 mit der Maßgabe, dass bei den Wahlen zu überörtlichen Vertretungen der zweite Halbsatz des Satzes 3 nicht gilt.

(8) § 178 Absatz 6 gilt für die Durchführung von Versammlungen der Vertrauens- und der Bezirksvertrauenspersonen durch die Gesamt-, Bezirks- oder Hauptschwerbehindertenvertretung entsprechend.

Fußnote

(+++ § 180: Zur Anwendung vgl. § 211 Abs. 3 +++)

(+++ § 180: Zur Anwendung vgl. § 240 +++)

(+++ § 180 Abs. 6 S. 1: Zur Anwendung vgl. § 239 +++)

§ 181 Inklusionsbeauftragter des Arbeitgebers

Der Arbeitgeber bestellt einen Inklusionsbeauftragten, der ihn in Angelegenheiten schwerbehinderter Menschen verantwortlich vertritt; falls erforderlich, können mehrere Inklusionsbeauftragte bestellt werden. Der Inklusionsbeauftragte soll nach Möglichkeit selbst ein schwerbehinderter Mensch sein. Der Inklusionsbeauftragte achtet vor allem darauf, dass dem Arbeitgeber obliegende Verpflichtungen erfüllt werden.

Fußnote

(+++ § 181: Zur Anwendung vgl. § 211 Abs. 3 +++)

§ 182 Zusammenarbeit

(1) Arbeitgeber, Inklusionsbeauftragter des Arbeitgebers, Schwerbehindertenvertretung und Betriebs-, Personal-, Richter-, Staatsanwalts- oder Präsidialrat arbeiten zur Teilhabe schwerbehinderter Menschen am Arbeitsleben in dem Betrieb oder der Dienststelle eng zusammen.

(2) Die in Absatz 1 genannten Personen und Vertretungen, die mit der Durchführung dieses Teils beauftragten Stellen und die Rehabilitationsträger unterstützen sich gegenseitig bei der Erfüllung ihrer Aufgaben. Vertrauensperson und Inklusionsbeauftragter des Arbeitgebers sind Verbindungspersonen zur Bundesagentur für Arbeit und zu dem Integrationsamt.

Fußnote

(+++ § 182: Zur Anwendung vgl. § 211 Abs. 3 +++)

§ 183 Verordnungsermächtigung

Die Bundesregierung wird ermächtigt, durch Rechtsverordnung mit Zustimmung des Bundesrates nähere Vorschriften über die Vorbereitung und Durchführung der Wahl der Schwerbehindertenvertretung und ihrer Stufenvertretungen zu erlassen.

조를 준용하고, 제177조 제5항은 전체중증장애인대표단 및 광역중증장애인대표단의 선거는 12월 1일부터 1월 31일까지의 기간에, 콘체른장애인대표단과 최상급장애인대표단의 선거는 2월 1일부터 3월 31일까지의 기간에 각각 실시된다는 기준하에, 제177조 제6항은 그 지역의 대표단의 선거의 경우에 제177조 제6항 제3문의 소문(小文)은 적용하지 않는다는 기준하에 준용한다.

⑧ 제178조 제6항은 전체중증장애인대표단·광역중증장애인대표단·최상급중증장애인대표단에 의한 중증장애인직장대표자총회와 광역중증장애인직장대표자총회의 개최(開催)에 대해 적용한다.

각주

(제180조: 그 적용에 대하여 제211조 제3항을 참조하라)

(제180조: 그 적용에 대하여 제240조를 참조하라)

(제180조 제6항 제1문: 그 적용에 대하여 제239조를 참조하라)

제181조 사업주의 포괄대리인

사업주(Arbeitgeber)는 중증장애인의 사항에 있어 그를 책임지고 대표할 포괄대리인을 임명한다; 필요한 경우에는 수인의 그 포괄대리인을 임명한다. 그 포괄대리인은 가능한 한 장애인(nach Möglichkeit selbst ein schwerbehinderter Mensch)이어야 한다. 그 포괄대리인(Inklusionsbeauftragte)은 우선적으로 사업주에게 귀속된 책임(責任)이 이행되는지를 감시(監視)한다.

각주

(제181조: 그 적용에 대하여 제211조 제3항을 참조하라)

제182조 협력

① 사업주, 사업주의 포괄대리인과 중증장애인대표단 및 근로자평의회·직원평의회·법관평의회·검사평의회 또는 법관인사평의회는 중증장애인인의 사업 또는 공공관서 내 직업생활에 참여를 위해 긴밀하게 협력한다.

② 제182조 제1항상의 사람 및 대표단, 본 장의 시행을 위임받은 기관과 사회복귀담당기관은 자신의 임무 수행에 있어(bei der Erfüllung ihrer Aufgaben) 상호간 원조한다. 사업주의 중증장애인직장대표자 및 포괄대리인은 연방노동사무소와 장애인통합지원청과의 연락을 담당하는 사람(Verbindungspersonen)이다.

각주

(제182조: 그 적용에 대하여 제211조 제3항을 참조하라)

제183조 명령 발령 권한

연방정부는 연방참사원의 동의를 얻은 법규명령으로(durch Rechtsverordnung mit Zustimmung des Bundesrates) 중증장애인대표단과 그 단계적 대표기구의 선거의 준비 및 시행에 관한 보다 상세한 규정을 공포할 권한을 갖는다.

# 독일법관법

(BGBl. I S. 1570)(일부)

# Deutsches Richtergesetz

# Deutsches Richtergesetz

https://www.gesetze-im-internet.de/drig/BJNR016650961.html

## Zweiter Abschnitt Richtervertretungen

§ 49 Richterrat und Präsidialrat

Bei den Gerichten des Bundes werden als Richtervertretungen errichtet

1. Richterräte für die Beteiligung an allgemeinen und sozialen Angelegenheiten,
2. Präsidialräte für die Beteiligung an der Ernennung eines Richters.

§ 50 Zusammensetzung des Richterrats

(1) Der Richterrat besteht bei dem

1. Bundesgerichtshof und Bundespatentgericht aus je fünf gewählten Richtern,
2. Bundesverwaltungsgericht, Bundesfinanzhof, Bundesarbeitsgericht und Bundessozialgericht aus je drei gewählten Richtern.

(2) Für die Richter der Truppendienstgerichte wird ein Richterrat aus drei gewählten Richtern errichtet. Der Richterrat bestimmt seinen Sitz bei einem Truppendienstgericht.

(3) Der Präsident des Gerichts und sein ständiger Vertreter können dem Richterrat nicht angehören.

§ 51 Wahl des Richterrats

(1) Die Mitglieder des Richterrats und eine gleiche Anzahl von Stellvertretern werden auf jeweils vier Jahre geheim und unmittelbar gewählt.

(2) Zur Vorbereitung der Wahl beruft der Präsident des Gerichts, bei den Truppendienstgerichten der lebensälteste Richter, eine Versammlung der Richter ein. Die Versammlung beschließt unter dem Vorsitz des lebensältesten Richters das Wahlverfahren.

§ 52 Aufgaben des Richterrats

Für die Befugnisse und Pflichten des Richterrats gelten § 2 Abs. 1, §§ 66 bis 74, 75 Abs. 2 und 3 Nr. 1 bis 5 und 11 bis 16, § 76 Abs. 2, § 78 Abs. 1 Nr. 1, 2 und Abs. 2 bis 4, §§ 80 und 81 des Bundespersonalvertretungsgesetzes vom 15. März 1974 (Bundesgesetzbl. I S. 693) sinngemäß.

§ 53 Gemeinsame Aufgaben von Richterrat und Personalvertretung

(1) Sind an einer Angelegenheit sowohl der Richterrat als auch die Personalvertretung beteiligt, so entsendet der Richterrat für die gemeinsame Beschlußfassung Mitglieder in die Personalvertretung.

# 독일법관법(BGBl. I S. 1570)(일부)

법률 공포일: 1961년 9월 8일
최근 법률 개정일: 2017년 6월 8일(BGBl. I S. 1570)

## 제2장 법관대표기구

제49조 법관평의회와 법관인사평의회

연방법원에 법관대표기구로 다음 각 호의 기구가 조직된다,

1. 일반적·사회적 사항에 의사결정참가를 위한 법관평의회,
2. 법관의 임명에 대한 의사결정참가를 위한 법관인사평의회.

제50조 법관평의회의 구성

① 법관평의회는 다음과 같이 구성된다,

1. 연방통상대법원과 연방특허법원의 경우 각각 선출된 5명씩의 법관,
2. 연방행정대법원, 연방재정대법원, 연방노동대법원 및 연방사회대법원의 경우 각각 선출된 3명씩의 법관.

② 군사법원의 법관들에 대하여 3명의 선출된 법관으로 구성된 법관평의회가 조직된다. 법관평의회는 군사법원의 법관평의회구성원자리를 정한다.

③ 법원장과 그 상시적 직무대리인(ständiger Vertreter)은 법관평의회에 속할 수 없다.

제51조 법관평의회선거

① 법관평의회구성원과 동수의 직무대리인은 4년마다 비밀·직접선거(geheim und unmittelbar)로 선출된다.

② 그 선거 준비(準備)를 위하여 법원장, 군사법원의 경우 최연장자인 법관이 판사총회(Versammlung der Richter)를 소집한다. 그 총회에서 최연장자인 법관의 주재하에 선거절차를 결의한다.

제52조 법관평의회의 임무

법관평의회의 권한 및 의무에 대하여(Für die Befugnisse und Pflichten des Richterrats) 1974년 3월 15일의 연방직원대표법(BGBl. I S. 693) 제2조 제1항, 제66조 내지 제74조, 제75조 제2항, 제3항 제1호 내지 제5호, 제11호 내지 제16호, 제76조 제2항, 제78조 제1항 제1호, 제2호, 제2항 내지 제4항, 제80조, 제81조를 준용한다.

제53조 법관평의회와 직원대표기구의 공동임무

① 법관평의회와 직원대표기구가 모두 어느 사안에 의사결정참가를 해야 하는 경우에, 법관평의회는 공동의 결의를 위하여 구성원을 직원대표기구에 파견한다.

(2) Die Zahl der entsandten Mitglieder des Richterrats muß zur Zahl der Richter im gleichen Verhältnis stehen wie die Zahl der Mitglieder der Personalvertretung zu der Zahl der Beamten, Angestellten und Arbeiter. Jedoch entsendet der Richterrat mindestens die in § 17 Abs. 3 und Abs. 5 Satz 1 des Bundespersonalvertretungsgesetzes bestimmte Zahl von Mitgliedern.

§ 54 Bildung des Präsidialrats

(1) Bei jedem obersten Gerichtshof des Bundes wird ein Präsidialrat errichtet. Der Präsidialrat beim Bundesverwaltungsgericht ist zugleich für die Truppendienstgerichte zuständig. Er besteht bei

1. dem Bundesgerichtshof aus dem Präsidenten als Vorsitzendem, seinem ständigen Vertreter, zwei vom Präsidium aus seiner Mitte gewählten Mitgliedern und drei weiteren Mitgliedern,
2. den anderen obersten Gerichtshöfen des Bundes aus dem Präsidenten als Vorsitzendem, seinem ständigen Vertreter, einem vom Präsidium aus seiner Mitte gewählten Mitglied und zwei weiteren Mitgliedern.

Ist kein ständiger Vertreter ernannt, so wirkt an seiner Stelle der dienstälteste, bei gleichem Dienstalter der lebensälteste Vorsitzende Richter mit. Die weiteren Mitglieder werden von den Richtern des Gerichts, bei dem der Präsidialrat errichtet ist, geheim und unmittelbar gewählt. § 51 Abs. 2 gilt entsprechend.

(2) An die Stelle der beiden von den Richtern des Bundesverwaltungsgerichts gewählten Mitglieder treten in Angelegenheiten der Richter der Truppendienstgerichte zwei von den Richtern dieser Gerichte gewählte Mitglieder; Absatz 1 Satz 5 und 6 gilt entsprechend.

(3) Für die Richter des Bundespatentgerichts wird ein Präsidialrat errichtet; er besteht aus dem Präsidenten als Vorsitzendem, seinem ständigen Vertreter, zwei vom Präsidium aus seiner Mitte gewählten Mitgliedern und drei weiteren Mitgliedern. Absatz 1 Satz 5 und 6 gilt entsprechend.

(4) Die Amtszeit des Präsidialrats beträgt vier Jahre.

§ 55 Aufgabe des Präsidialrats

Vor jeder Ernennung oder Wahl eines Richters ist der Präsidialrat des Gerichts, bei dem der Richter verwendet werden soll, zu beteiligen. Das gleiche gilt, wenn einem Richter ein Richteramt an einem Gericht eines anderen Gerichtszweigs übertragen werden soll.

§ 56 Einleitung der Beteiligung

(1) Die oberste Dienstbehörde beantragt die Stellungnahme des Präsidialrats. Dem Antrag sind die Bewerbungsunterlagen und die Personal- und Befähigungsnachweise beizufügen. Personalakten dürfen nur mit Zustimmung des Bewerbers oder Richters vorgelegt werden.

(2) Auf Ersuchen eines Mitglieds eines Richterwahlausschusses hat die oberste Dienstbehörde die Stellungnahme zu beantragen.

② 파견된 법관평의회구성원수(Zahl der entsandten Mitglieder des Richterrats)는 공무원, 사무직근로자 및 현업(現業)근로자의 수에 대한 직원대표기구구성원수와 같은 비율의 법관수로 유지되어야만 한다. 그럼에도 법관평의회는 연방직원대표법 제17조 제3항, 제5항 제1문에 정해진 구성원수 이상으로 파견해야 한다.

제54조 법관인사평의회

① 각 연방최고법원에 법관인사평의회(Präsidialrat)가 조직된다. 연방행정대법원의 법관인사평의회는 동시에 군사법원을 관할한다. 법관인사평의회는 다음 각 호와 같이 조직된다,

1. 연방통상대법원의 경우 의장으로서 법원장, 그 상시적 직무대리인, 연방통상대법원구성원 중에서 선출된 구성원으로 구성된 법원운영위원회에서 2명 위원, 3명의 추가적 위원,
2. 기타 연방대법원의 경우 의장으로서 법원장, 그 상시적 직무대리인, 그 연방대법원구성원 중에서 선출된 구성원으로 구성된 법원운영위원회에서 1명 위원, 2명의 추가적 위원.

상시적 직무대리인이 임명되지 않은 경우에 최선임인 법관이, 재직기간이 동일한 경우 최연장자인 법관이 그 대신에 참가한다. 추가적 위원(weiteren Mitglieder)은 법관인사평의회가 조직된 법원의 법관에 의해 비밀·직접선거로 선출된다. 제51조 제2항을 준용한다.

② 군사법원(Truppendienstgerichte)의 법관에 의해 선출된 2명의 구성원이 군사법원법관의 사항에 있어 연방행정대법원의 법관에 의해 선출된 2명을 대신한다. 제54조 제1항 제5문, 제6문을 준용한다.

③ 연방특허법원의 법관에 대하여 법관인사평의회가 조직된다; 법관인사평의회는 의장으로서 법원장, 그 상시적 직무대리인, 그 연방특허법원구성원 중에서 선출된 구성원으로 구성된 법원운영위원회(Präsidium)에서 뽑은 위원 2명, 3명의 추가적 위원으로 구성된다. 제1항 제5문, 제6문을 준용한다.

④ 법관인사평의회의 임기는 4년이다.

제55조 법관인사평의회의 임무

법관이 근무해야 하는 법원의 법관인사평의회는 법관의 모든 임명 또는 선발 전에 의사결정참가를 해야 한다. 다른 법원부문(Gerichtszweigs[34)])의 법원의 직무가 어느 법관에게 부여가 되어야 하는 경우에도 또한 같다.

제56조 의사결정참가의 개시

① 최상급행정관청이 법관인사평의회의 의견진술을 신청한다. 그 신청서에 지원서류와 신분증명서 및 자격증명서를 첨부되어야 한다. 인사서류는 지원자 또는 법관의 동의가 있어야만 제출될 수 있다.

② 최상급행정관청이 법관선발위원회구성원의 요청에 대하여(Auf Ersuchen eines Mitglieds eines Richterwahlausschusses) 의견진술을 신청해야 한다.

§ 57 Stellungnahme des Präsidialrats

(1) Der Präsidialrat gibt eine schriftlich begründete Stellungnahme ab über die persönliche und fachliche Eignung des Bewerbers oder Richters. Die Stellungnahme ist zu den Personalakten zu nehmen.

(2) Der Präsidialrat hat seine Stellungnahme binnen eines Monats abzugeben.

(3) Ein Richter darf erst ernannt oder gewählt werden, wenn die Stellungnahme des Präsidialrats vorliegt oder die Frist des Absatzes 2 verstrichen ist.

§ 58 Geschäftsführung, Rechtsstellung der Mitglieder

(1) Die Richtervertretungen regeln ihre Beschlußfassung und Geschäftsführung in einer Geschäftsordnung.

(2) Die Kosten der Richtervertretungen fallen dem Haushalt der Gerichte zur Last. Die Gerichtsverwaltung stellt Räume und Geschäftsbedarf zur Verfügung.

(3) Die Mitgliedschaft in der Richtervertretung ist ein Ehrenamt. Für die Rechte und Pflichten der Mitglieder gelten die §§ 8 bis 11, 46 Abs. 3 bis 7, § 47 Abs. 2 des Bundespersonalvertretungsgesetzes sinngemäß.

§ 59 Abgeordnete Richter

(1) Ein an ein Gericht des Bundes abgeordneter Richter wird zum Richterrat dieses Gerichts wahlberechtigt, sobald die Abordnung länger als drei Monate gedauert hat. Wird ein Richter im Bundesdienst an ein anderes Gericht oder an eine Verwaltungsbehörde abgeordnet, so verliert er sein Wahlrecht zum Richterrat bei dem bisherigen Gericht nach Ablauf von drei Monaten.

(2) Ein abgeordneter Richter kann dem Präsidialrat für das Gericht des Bundes, an das er abgeordnet ist, nicht angehören; er ist für diesen Präsidialrat nicht wahlberechtigt. Ein Richter im Bundesdienst scheidet mit Beginn der Abordnung aus dem Präsidialrat seines bisherigen Gerichts aus; seine Wahlberechtigung bleibt jedoch unberührt.

§ 60 Rechtsweg in Angelegenheiten der Richtervertretungen

Für Rechtsstreitigkeiten aus der Bildung oder Tätigkeit der Richtervertretungen steht der Rechtsweg zu den Verwaltungsgerichten offen. Das Verwaltungsgericht entscheidet bei Rechtsstreitigkeiten aus der gemeinsamen Beteiligung von Richterrat und Personalvertretung (§ 53 Abs. 1) nach den Verfahrensvorschriften und in der Besetzung des § 83 Abs. 2 und § 84 des Bundespersonalvertretungsgesetzes.

제57조 법관인사평의회의 의견진술

① 법관인사평의회는 지원자 또는 법관의 개인적 적성과 직무적성에 관하여(persönliche und fachliche Eignung des Bewerbers oder Richters) 서면으로 근거를 밝힌 의견을 제시한다. 그 의견진술은 인사서류에 기재되어야 한다.

② 법관인사평의회는 1개월 이내에 의견을 표명해야 한다.

③ 법관인사평의회의 의견진술이 제시되거나 제57조 제2항의 기간이 도과한 경우에 비로소 법관은 임명되거나 선발될 수 있다.

제58조 사무처리, 구성원의 법적지위

① 법관대표기구(Richtervertretungen)는 그 결의와 사무규정에 의한 사무처리를 규율한다.

② 법관대표기구의 비용은 법원의 예산으로 처리한다. 법원행정은 공간과 사무처리에 필요한 것(Geschäftsbedarf)을 이용할 수 있도록 제공한다.

③ 법관대표기구의 직(Mitgliedschaft in der Richtervertretung)은 명예직이다. 그 구성원의 권리 의무에 대하여 연방직원대표법(Bundespersonalvertretungsgesetz) 제8조 내지 제11조, 제46조 제3항 내지 제7항, 제47조 제2항을 준용한다.

제59조 법관의 파견

① 연방법원에 파견된 법관은 그 파견이 3개월을 초과하여 지속되는 경우 그 법원의 법관평의회(Richterrat)에 대하여 선거권을 갖는다. 연방법관이 기타 법원 또는 행정관청에 파견된 경우 그 법관은 3개월이 경과한 후 종전의 법원에서의 법관평의회에 대한 선거권(Wahlrecht zum Richterrat)을 상실한다.

② 파견된 법관은 파견된 연방법원에 대한 법관인사평의회에 속할 수 없다; 그는 이 법관인사평의회에 대하여(für diesen Präsidialrat) 선거권을 갖지 못한다. 연방법관은 파견 개시로써 자신의 종전 법원에 있는 법관인사평의회에서 탈퇴된다; 그럼에도 그 선거권(seine Wahlberechtigung)은 영향을 받지 않는다.

제60조 법관대표기구의 사항에 대한 제소

법관대표기구의 조직 또는 활동에서 기인한 쟁송(Für Rechtsstreitigkeiten aus der Bildung oder Tätigkeit der Richtervertretungen)에 지방행정법원에 제소될 수 있다. 지방행정법원은 법관평의회와 직원평의회의 공동의 의사결정참가(제53조 제1항)에서 기인한 법적 쟁송에 대해 행정소송규정에 따라 재판하고 연방직원대표법 제83조 제2항, 제84조의 임명에 대해 재판한다.

## <독일경영참가법전 미주>

1) 연방노동대법원의 확립된 판결에 따르면, 사업조직법상의 사업은, 그 조직적 단위 내에서 사업주가 자신이 고용한 근로자들과 함께 일정한 노동 목적을 지속적으로 추구하는 조직적 단위이고, 이를 위해 작업장에 존재하는 유무형의 자원이 결합되고 조직되며 또 목표 달성을 위해 투입되며, 통일적 경영기구에 의해 인간의 노동력이 관리된다(BAG, Beschluss vom 17. 1. 2007 – 7 ABR 63/05).

2) 'Betriebsrat'에 대하여 번역자에 따라 근로자협의회, 근로자대표위원회, 사업장(직장)협의회, 사업위원회 등으로 번역되나, 근로자들이 자주적으로 조직한 'Betriebsrat'에서 공동결정을 비롯한 광범위한 의사결정참가를 하는 만큼 '근로자평의회(勤勞者評議會)'가 가장 적절한 번역어라고 본다. 이러한 근로자평의회는 우리나라의 기준으로 볼 때 기업별로 설치된 '기업별 노조의 실질'을 가지고 있는 조직으로 본다.

3) 근로자평의회의 조직에 관한 문언이 '구성되어야 한다'('sollen', 'zu 동사~ haben' 내지 zu 동사 sein) 혹은 법적 책임을 발생시키는 '구성해야만 한다'(müssen)을 사용하지 않고 단순히 수동형태의 '구성된다'는 문언이 사용된 점을 고려하면, 그 조직은 노동자들의 '자율적 선택의 결과로 임의적'인 것이라 할 것이다.

4) "사업일부는 주사업의 목적에 맞춰 주사업의 조직에 편입된 것이다. 사업일부는 물론 주사업과 경계를 획정할 수 있고 상대적으로 독립적이다. 사업과 사업일부의 경계획정에 대해 지휘력(Leitungsmacht)의 범위 내에서 표현되는 독립성획득(Verselbständigung)의 정도가 기준이 된다. 조직적 단위에서 행사되는 지휘력이 인사사항 및 사회적 사항에서의 사용자의 모든 중요 기능에 미치는 경우에 사업조직법상의 독자적인 사업에 해당한다. 사업일부의 존재 여부와 관련하여 주사업에 대한 최소한의 조직적 독립성으로 족하다. 이에 관련하여 조직적 단위에서 일반적으로 근로자의 투입을 결정하는 지휘로, 사업주의 지시권을 행사하는 지휘가 제도화된다는 점으로 충분하다. 사업조직법 제4조 제1항의 요건하에서 사업일부는 독자적 사업으로 간주된다. 사업조직법 제4조 제1항의 요건이 존재하지 않은 경우에, 사업일부는 사업조직법적으로 주사업에 속한다."(BAG, Beschluss vom 17. 1. 2007 – 7 ABR 63/05)

5) 현업(現業)근로자(Arbeiter) 및 사무직근로자(Angestellte)은 이른바 화이트칼라(white-collar), 블루칼라(blue-collar)에 대응하는 용어이다.

6) '3심인 연방노동대법원' 산하에 있는 노동사건을 전속적으로 관할하는 1심 법원을 말하고, 2심은 '주고등노동법원'에서 담당하는데 주별로 18개소가 설치되어 있음.

7) "사업조직법상의 기업은 그 권리주체의 업무영역 및 활동영역(Geschäfts- und Tätigkeitsbereich)을 초월하여 미칠 수 없다. 오히려 권리주체는 자신의 업무영역 및 활동영역으로 기업의 경계를 표시한다. 이로써 기업의 개념은 사업조직법 제47조 제1항에서도 운영되는 기업의 단일성 및 법적 동일성을 전제로 한다. 따라서 기업근로자평의회를 조직하기 위하여, 동일한 기업이 다수의 사업 모두를 운영해야만 한다. 권리주체가 다른 사업에 있어 공동의 평의회는 설치될 수 없다."(Urteil vom 17.3.2010, 7 AZR 706/08).

8) "콘체른은 그 구체적 형성에 상관 없이 통일적 관리에도 불구하고 단일한 기업이 아니라 그 결합으로 인하여 기업으로서의 그 법적 독립성은 상실하지 않는 법적으로 독립된 기업의 결합체이다"(Urteil vom 17.3.2010, 7 AZR 706/08).

9) "콘체른은 그 구체적 형성에 상관 없이 통일적 관리에도 불구하고 단일한 기업이 아니라 그 결합으로 인하여 기업으로서의 그 법적 독립성은 상실하지 않는 법적으로 독립된 기업의 결합체이다"(Urteil vom 17.3.2010, 7 AZR 706/08).

10) 인간의 능력에 작업 환경·기계 따위를 적합(適合)시키는 연구.

11) 실업수당, 고용촉진, 직업소개 등의 업무를 관할하는 연방행정관청 중 하나로 자치행정권이 있는 공법상 사단이다. 연방노동사회부의 감독을 받으며, 중앙본부(Zentrale), 지역본부(Regionaldirektionen), 지역사무소(Agenturen für Arbeit)가 있음.

12) 항공사업에 종사하는 근로자에 대해서도 단체협약에 기한 근로자대표기구가 없는 경우에 사업조직법이 적용된다는 내용은, 사업조직법 제117조 제2항상의 '제1문, 제2문에 따른 단체협약에 대하여 단체협약법 제4조 제5항을 적용한다'는 내용과 더불어, 2018년 12월 18일에 공포된 '실업보험에서의 보호 확대 및 수급자격에 대한 기회 강화를 위한 법률'(Gesetz zur Stärkung der Chancen für Qualifizierung und für mehr Schutz in der Arbeitslosenversicherung)(BGBl. I S. 2651)에 의해서 개정된 것으로 2019. 5. 1.부터 시행된다.

13) 이 조항 등에 의할 때, 사업조직법은 공공부분종사자들(공무원과 비공무원으로 직원이라 함)의 공동결정 등 의사결정참가에 관하여는 연방차원에서는 대표적으로 연방직원대표법에 의해, 주차원에서는 주차원의 직원대표법 등에 의해서 규율된다.

14) 차기통지서에 대응하는 것으로서 이 통지서의 발행자가 상대방계정에 입금시켰다는 것을 나타내는 전표를 말한다.

15) 이익준비금 중 하나로 정관에 의해 적립되는 준비금이다. 이에 비하여 법에 의하여 적립되는 이익준비금은 법정준비금이다.

16) 이러한 절차를 통상 '명의개서'라 한다.

17) 서면에 요지를 기술하는 방식.

18) 바이에른주의 'Oberlandesgericht'에 해당하는 2심 법원, 바이에른 주의 'Obersten Landesgericht'는 2006년 7월 1일부터 해산되어 'Oberlandesgericht'로 개칭되었다.

19) 그 노조정상조직에 속한 노동조합이 당해 사업에 가진 조합원인 근로자수의 비율을 말함.

20) 유한회사의 경우 업무집행사원 또는 사원임(업무집행사원이 없는 경우)(유한책임이 있는 회사에 관한 법률 제35조).

21) Bruchteile은 어떤 나눈 값이 정수와 소수점 이하의 수로 구성되어 있을 때 소수점 이하의 수를 말함.

22) 이는 독자적 임무영역을 가지고 행정조직의 내에서 독립한 조직적 단위를 말하는 용어로(BVerwG 13. 8. 1986 NVwZ 1987, 807), 우리나라에서의 공무원조직인 행정관청과 비공무원조직인 공공기관을 아우르는 용어로, 적당한 용어가 없어 공공관서라 칭한다.

23) '직원'은 '공무원'과 '비공무원'을 포괄하는 용어임, 이하 같음.

24) 연방범죄청(Bundeskriminalamt), 연방법무청(Bundesamt für Justiz), 연방환경청(Umweltbundesamt), 연방경찰본부(Bundespolizeipräsidium) 등 70여개 기관이 있다. 연방 각 정부부처의 직속 기관으로 고유한 권리능력은 없는 기관이다. 각 관할권은 연방 전체 영토에 미친다.

25) 사경제(私經濟)에서 이용되는 노동수단(Arbeitsmitteln)으로 일반공중의 수요를 충족시키는 임무를 수행하는 단위(BVerwG 13. 8. 1986 NVwZ 1987, 807).

26) 각 연방정부부처와 연방하급행정기관 사이의 행정관청으로 36개가 있으며 특정한 지역에서만 관할권을

갖는다.

27) 연방대통령청(Bundespräsidialamt), 연방수상청(Bundeskanzleramt), 법무부, 국방부 등 14개의 각 정부부처(部處), 연방회계감사원(Bundesrechnungshof), 행정관청으로 활동하는 경우에 있어 연방헌법재판소장 및 연방의회의장, 연방정보보호·정보자유수임청 등 25개 기관이 있다. 각 관할권은 연방 전체 영토에 미친다.

28) 돌봄업법은 2017. 7. 17. 공포된 '돌봄업혁신법'(Gesetz zur Reform der Pflegeberufe; https://www.buzer.de/s1.htm?g=PflBG&f=1)에 따라 입법화되었으나, 그 돌봄업법의 거의 대부분 조항은 2020. 1. 1.부터 시행된다. 또 연방직원대표법상의 해당 부분도 돌봄업혁신법에 의해서 개정된 것인데 2020. 1. 1.부터 시행된다.

29) 재정·노동·사회법원에서 관할하는 행정사건을 제외한 연방행정대법원 산하의 행정사건을 관할하는 1심 법원임.

30) 연방국경수비대에서 의무경찰로 복무하는 만 18세 이상의 독일인을 말함.

31) VS-VERTRAULICH; 'STRENG GEHEIM'(1급기밀)/'GEHEIM'(2급기밀)/'VERSCHLUSSSACHE – VERTRAULICH'(3급기밀)/'VERSCHLUSSSACHE – NUR FÜR DEN DIENSTGEBRAUCH'(4급기밀) 중 3단계 기밀로 그 취급이 허가받지 않은 자의 정보취득이 독일연방공화국과 그 주에 해악을 끼칠 수 있는 기밀을 말함.

32) 다른 주의 'Oberlandesgericht'(주고등통상법원)에 해당함.

33) 사회부조청은 독일에서 사회보장 틀 내의 임무, 특별한 당사자에 대한 개인 보상차원 내의 임무와 중증장애인사항을 관할하는 가진 기관으로, 주마다 그에 대하여 다른 명칭을 가지고 있다. 가령, 베를린주에서는 베를린건강사회청(Landesamt für Gesundheit und Soziales)이고, 브레멘주에서는 브레멘사회부조청(Versorgungsamt Bremen)이다.

34) 독일의 경우 연방차원에서의 사법권(Gerichtsbarkeit)은 5개의 부문최고법인, 연방통상대법원, 연방노동대법원, 연방사회대법원 및 연방재정대법원과 연방헌법재판소에 의하여 행사되는데, 각 부문최고법원 산하의 1, 2심 법원들이 '법원의 한 부문'(Gerichtszweig)을 이루게 된다(https://de.wikipedia.org/wiki/Rechtsweg). 연방헌법재판소는 이러한 5개의 법원의 재판 등에 대한 헌법소원을 담당하는 그야말로 독일 내 최고의 법원이다.

[저자 약력]

오 윤 식

한양대학교 법학과 졸업
고려대학교 노동대학원 졸업(노사관계학 석사)
제44회 사법시험 합격
대법원 산하 사법연수원 제34기 수료
현 변호사
　한국소비자원 산하 소비자분쟁조정위원회 상임위원
서울교통공사 (비상임)이사(전)
서울지방변호사회 인권위원회 인권위원(전)
민주사회를 위한 변호사모임 대의원(전)
법무법인 공간 파트너변호사(전)
법률사무소 로정 대표변호사(전)

주요 저서 및 논문
– 2016. 1. '후보자와 정당을 위한 공직선거법 해설'(피앤씨미디어, 단독 저서)
– 2009. 12. '쫄지마 형사절차'(분담 집필)
– 2018. 9. '근로자개념에 대한 새로운 접근', 사법(학술진흥재단 등재후보지)
– 2017. 3. '쟁의행위 개념에 대한 체계적 이해', 사법(학술진흥재단 등재지)
– 2016. 9. '독일 연방선거법상 비례대표의석배분의 실무적 이해와 그 수용방안의 모색', 사법(학술진흥재단 등재지)
– 2014. 3. '노동조합의 사용자에 대한 비재산적 손해배상청구권', 사법(학술진흥재단 등재지)
– 2014. 2. '업무상 재해 요건과 증명책임', 저스티스(학술진흥재단 등재후보지)
– 그 이외 '학술진흥재단 등재지' 4편, 등재후보지 2편, 기타 3편 등 총 14편 논문 발표

**독일경영참가법전**

초판인쇄　2019년 9월 10일
초판발행　2019년 9월 20일

옮긴이　오윤식
펴낸이　박노일

총괄기획　김중용 · 최준규
편　집　심성보 · 김인숙

펴낸곳　피앤씨미디어
경기도 고양시 일산동구 강송로 153 310-1501
등록 제396-2012-000203호
전　화　070)7550-3758　팩　스　02)718-8554
홈페이지　www.pncmedia.co.kr　이메일　pnc@pncmedia.co.kr
ISBN　979-11-5730-701-2　93360



정 가　60,000원